補充説明

1. /'/ 代表主重音，位於主重讀音節之前，如 **music** /'mjuːzɪk/。
2. /ˌ/ 代表次重音，位於次重讀音節之前，如 **afternoon** /ˌɑːftə'nuːn/。
3. 左頁 "元音" 及 "輔音" 兩表中的示例注音，分號 (;) 前為 Jones 音標，分號後為 K.K. 音標。
4. 本詞典正文採用 Jones 音標注音，以英式發音為標準。英美發音差異可參見附錄 11。
5. K.K. 音標一般用以標注美式讀音，與 Jones 音標差別不大，可通過對比掌握兩者的異同。
6. 在英式讀音中，(r) 只在後接元音時發音，以動詞 **tear** /teə(r)/ 為例，**tear off** 讀作 /teə rɒf/，**tear down** 讀作 /teə daʊn/。

名詞複數的發音；
動詞現在式第三人稱單數的發音

1. 以輔音 /s/, /z/, /ʃ/, /ʒ/, /tʃ/, /dʒ/ 結尾的規則名詞或動詞，詞尾 -s 或 -es 讀作 /ɪz/。
   名詞： **boxes** /'bɒksɪz/   **garages** /'gærɑːʒɪz/   **bridges** /'brɪdʒɪz/
   動詞： **rises** /'raɪzɪz/   **pushes** /'pʊʃɪz/   **watches** /'wɒtʃɪz/
2. 以清輔音 /p/, /t/, /k/, /f/, /θ/ 結尾的規則名詞或動詞，詞尾 -s 或 -es 讀作 /s/。
   名詞： **cups** /kʌps/   **books** /bʊks/   **months** /mʌnθs/
   動詞： **gets** /gets/   **laughs** /lɑːfs/
3. 以元音及濁輔音 /b/, /d/, /g/, /v/, /ð/, /m/, /n/, /ŋ/, /l/ 結尾的規則名詞或動詞，詞尾 -s 或 -es 讀作 /z/。
   名詞： **boys** /bɔɪz/   **dogs** /dɒgz/   **pens** /penz/
   動詞： **shows** /ʃəʊz/   **moves** /muːvz/   **sings** /sɪŋz/

動詞過去式及過去分詞的發音

1. 以輔音 /t/ 或 /d/ 結尾的規則動詞，詞尾 -d 或 -ed 讀作 /ɪd/。
   started /'stɑːtɪd/   **decided** /dɪ'saɪdɪd/
2. 以清輔音 /p/, /k/, /f/, /s/, /ʃ/, /tʃ/ 結尾的規則動詞，詞尾 -d 或 -ed 讀作 /t/。
   stopped /stɒpt/   **laughed** /lɑːft/   **washed** /wɒʃt/
3. 以元音及濁輔音 /b/, /g/, /v/, /ð/, /z/, /ʒ/, /dʒ/, /m/, /n/, /ŋ/, /l/ 結尾的規則動詞，後接詞尾 -d 或 -ed 讀作 /d/。
   played /pleɪd/   **robbed** /rɒbd/   **loved** /lʌvd/
   plesased /pliːzd/   **judged** /dʒʌdʒd/   **planned** /plænd/

商務學生英漢詞典

CP STUDENT'S ENGLISH-CHINESE DICTIONARY

姚乃強 主編

姓名：＿＿＿＿＿＿＿＿＿＿＿＿＿＿＿

班別：＿＿＿＿＿＿＿＿＿＿＿＿＿＿＿

商務印書館

商務學生英漢詞典

CP Student's English-Chinese Dictionary

主　　編 …… 姚乃強

副 主 編 …… 嚴維明　潘永樑

編　　者 …… 李公昭　嚴辰松　李紹山　趙小江　于海江

繪　　圖 …… 王秀蘭　楊志強

責任編輯 …… 莊雪韻

責任校對 …… 陳蓉蓉　朱滿玲

出　　版 …… 商務印書館（香港）有限公司
　　　　　　香港筲箕灣耀興道 3 號東滙廣場 8 樓
　　　　　　http://www.commercialpress.com.hk

發　　行 …… 香港聯合書刊物流有限公司
　　　　　　香港新界荃灣德士古道220-248號荃灣工業中心16樓

印　　刷 …… 美雅印刷製本有限公司
　　　　　　九龍觀塘榮業街 6 號海濱工業大廈 4 樓 A 室

版　　次 …… 2024 年 4 月第 21 次印刷
　　　　　　© 2000 商務印書館（香港）有限公司
　　　　　　ISBN 978 962 07 0237 2
　　　　　　Printed in Hong Kong

目　錄

出版説明

　　《商務學生英漢詞典》是一本專為中小學生以及廣大英語初學者編寫的簡明英漢詞典。

　　英語詞典林林總總，紛然雜陳。就使用語言來説，有英語單語詞典，有英漢雙語詞典，有英漢雙解詞典。就規模來説，有只具釋義不收例證的袖珍本詞典，也有釋義詳盡例證豐富的多卷本詞典。對中小學生和英語初學者來説，要選擇一本合適的詞典，殊非易事。

　　本詞典編者針對英語初學者的實際需要，以豐富的教學經驗為基礎，運用語言學的最新研究成果，將英語初學者所必須掌握的核心知識匯集於本詞典中。英語初學者的首要任務，是確切掌握英語核心詞匯的主要用法，以打好穩固的基礎，使用本詞典就能達到這一目的。

　　下面介紹一下本詞典的主要特色：

1. 收詞嚴謹

運用詞頻分析統計的最新成果，並參考國內外各類教科書和詞典，精心挑選出 8,000 多個詞匯，能覆蓋初中教科書的用字範圍。選詞以常用語匯和課室應用語匯為主，兼收入部分百科知識詞匯。既注重書面語言，又兼顧口頭語言。對於英美用詞的差異，也予以適當照顧。

2. 釋義簡明

針對讀者對象的實際需要，力求表述準確明瞭。對於易生歧義的中文解釋，注重説明使用場合和感情色彩，使讀者不但理解詞義，還懂得如何運用。如 people 用作單數時解作 "人民"（the people of China 中國人民），用作複數時解作 "民族"（the peoples of the world 世界各民族）；breed 作為動詞解作 "生孩子" 時帶貶意，等等。

3. **例證充實**

　　一般釋義都設一至兩個典型、實用、語言規範地道的例證，更收入不少常用配搭和短語，以及膾炙人口的諺語。如 a bird in hand 指"已到手的東西"，one cannot put the clock back 指"時光不能倒流"。

4. **用法説明**

　　分析相似詞語在用法上的區別和提醒讀者注意避免一些常見錯誤。如 pretty, beautiful, handsome 同解作"美麗的"，用法上卻各有不同。形容詞 afraid 雖與 frightened 同解作"害怕"，但 afraid 不能用在名詞前面。

5. **資料翔實**

　　本詞典在編寫過程中，注意收集各種有用的資料，包含數以千計的諺語、成語、複合詞、派生詞、同義詞、反義詞等。近400幅插圖可補充文字説明之不足。附錄備有大量參考資料，供即時查閲。

　　為了更好地發揮本詞典的各種特色，建議讀者於使用前先閲讀封底內頁的"使用説明"及正文前的"體例説明"，以充分了解本詞典所提供的各種信息。

　　本詞典雖經切磋琢磨，力求完美，然疵漏之處仍在所難免，懇切希望廣大讀者和專家不吝批評指正。

商務印書館（香港）有限公司

編輯部

二〇〇〇年一月

體例説明

一 · 詞目

1. 所有詞目按英文字母順序從 A 到 Z 排列。一個典型的詞條包括詞目、注音、詞性、屈折變化形式、釋義、例證、習語、複合詞、派生詞、同義詞、反義詞等部分。一個詞條含多少部分，視各個具體詞目而定。

2. 詞目用黑正體字標示。多音節詞用中黑點劃分音節。如：

   a·ban·don /əˈbændən/ *vt* ...
   a·bil·i·ty /əˈbɪlɪtɪ/ *n* ...

3. 同形異義詞作為不同詞目出現時，在詞目右上角用阿拉伯數字標示。如：

   bank¹ ... 堤岸 ...
   bank² ... 銀行 ...

4. 詞目因英美兩地拼法不一或新舊拼法不一時，或以括號括起可增減部分，或並列於詞條內，以英式拼法或新式拼法先行。如：

   col·our, col·or ...
   en·cy·clo·p(a)e·dia ...

二 · 注音

1. 注音用國際音標，採用寬式注音法。音標符號見封面內頁之"發音指南"。

2. 音標緊接詞目注出，置於雙斜線號 "/ /" 之間。如因詞性或釋義不同而發音產生變化時，則改為在有關詞性或釋義後注音。如：

   col·lect /kəˈlekt/ **I** *vt, vi* ... **II** *adj, adv* ...
   com·pound **I** /ˈkɒmpaʊnd/ *n* ... **II** /kəmˈpaʊnd/ *vt, vi* ...

3. 每個詞目一般標注一個發音，有時也收入常見異讀。英美發音差異如屬常規變化者，可參閱附錄十一，不可類推的差異一般註出，英音在前，美音在後，中間用分號分隔。如：

   a·dult /ˈædʌlt; əˈdʌlt/ ...
   sched·ule /ˈʃedjuːl; ˈskedʒʊl/ ...

4. 重音符號" ' "置於重讀音節左上方，次重音符號" ˌ "置於次重讀音節左下方。如：
con·ser·va·tion /ˌkɒnsə'veɪʃn/ *n*...

三 · 詞性

1. 詞性按語法範疇以英語縮略形式，用斜體字標於注音後。本詞典採用的詞性有：

名詞 *n*　　　　　　　冠詞 *art*
動詞 *v*　　　　　　　代詞 *pron*
及物動詞 *vt*　　　　　介詞 *prep*
不及物動詞 *vi*　　　　數詞 *num*
助動詞 *v aux*　　　　　連接詞 *conj*
形容詞 *adj*　　　　　　感嘆詞 *int*
副詞 *adv*

2. 多詞性的詞在各詞性前標以黑體羅馬數字 **I**、**II**、**III** ... 等。動詞兼有vt，vi，v aux 等功能時加標陰文數字 ❶、❷ ... 等。如：

ac·id /'æsɪd/ **I** *n* ... **II** *adj* ...
ad·just /ə'dʒʌst/ ❶ *vt*... ，❷ *vi* ...

3. 詞綴、組合語素及縮略詞按構詞法以英語縮略形式，用斜體字標注：

前綴 *pref*　　　　　　後綴 *suf*
組合語素 *com form*　　省略語 *abbr*

四 · 屈折變化

1. 詞目的屈折變化指動詞的過去式、過去分詞和現在分詞；名詞的數；形容詞及副詞的級。凡屬不規則變化者，均予以注出。

2. 不規則屈折變化置於圓括號內，一般注在詞性之後。動詞的過去式與過去分詞拼法相同時只注一次。如：

be·gin / ... / (began, begun, beginning)
buy / ... / **I** *vt, vi* (bought) ...
foot / ... / *n* （複＝feet）...
well / ... / **I** *adv* (better, best) ...

五 · 釋義

1. 多義詞的義項，較常用的排在前；各不同義項前標以陰文阿拉伯數字 **1**，**2**，
   3 ... 等。同一義項中的諸義，用分號分隔。如：

   bear¹ ... *n* **1** 熊 **2** 粗魯的人；笨拙的人 ...

2. 對釋義中作語法、用法等方面的補充説明或標註詞形變化等時，用方括號"[ ]"加
   註。註文置於各釋義項前，表示適用各釋義項；置於某釋義項後，表示只通用於
   該釋義項：

   [c] 表示可數

   [u] 表示不可數

   [用作單] 表示與單數動詞連用

   [用作複] 表示與複數動詞連用

   [Government] 表示首字母必須大寫

   [the people] 表示必須與定冠詞 the 連用

   [waters] 表示必須為複數形式

3. 方括號"[ ]"亦用於標註地區及修辭略語，詳見"略語表"。

4. 專業學科略語用尖括號"〈 〉"標註， 詳見"略語表"。

5. 其他補充説明如使用範圍和搭配關係等， 用圓括號"( )"標註。如：

   con·duc·tor ... **1** （樂隊）指揮 ...

   con·sist ... **1** 由 ... 組成 (of) ...

六 · 例證

1. 釋義後根據需要設例證。例證盡可能採用英語中的諺語、成語、格言或名人名
   言，一般不超過兩個，全部用漢語譯出。釋義與例證之間，用冒號分隔。有若干
   例證時，例證之間用斜線號"/"分隔。如：

   cut ... **1** 剪；裁：cut your coat according to your cloth. [諺] 看布裁衣。
   （量入為出。）...

   6 削減；縮短：cut a story short 把故事縮短 / cut the price by half 把價格砍
   至一半 ...

2. 例證中出現的首詞詞目採用全寫，並用斜體字標示。

七 · 習語

1. 習語集中收列在全部釋義及例證之後，用黑體字標示，以菱形號"◇"引導。習語
   與習語之間用斜線號" / "分隔。如：

       bread ... ◇ **beg one's bread** 乞食；討飯 / **bread and butter** 塗
黃油的麵包；生活的必需品 / bread and cheese 麵包和乾酪；家常食品 ...

2. 為節省篇幅，習語中以 sth 代表 something，以 sb 代表 somebody。

3. 習語的詞條歸屬，以習語的關鍵詞來定。

八‧複合詞

1. 複合詞係指由一個詞目與另一個詞組成的詞。有的複合詞在兩個單詞之間分分字
符號"—"，有的設有分字符號。

2. 複合詞置於習語之後，用黑體字標示，以方格號"□"引導。複合詞之詞，用斜
線號" / "分隔。如：

       bread ... ◇ **beg one's bread** ... □ **bread crumb** 麵包屑 / **bread
winner** 負擔家庭生計者

九‧派生詞

1. 派生詞由詞目加常用字尾組成。詞義較多的派生詞常作正規詞目處理。

2. 派生詞置於複合詞後，用黑體標示，以三角號"▷"引導。派生詞之間，用斜線
號" / "分隔。如：

       break ... □ **breakaway** 脫離 ... ▷ **breakable** *adj.*

十‧同義詞、反義詞

1. 同義詞、反義詞置於詞條末尾。並非所有同反義詞均已立為詞目，主要目的在於
幫助讀者擴充詞匯量。

2. 同反義詞用黑體標示。同義詞以" ● "引導；反義詞以"◐"引導。如：

       big / bɪg / *adj*...

          ● **large, great**
          ◐ **little, small**

略語表

一 · 地區與修辭略語

「口」口語　　　　　　　「古」古語
「俚」俚語　　　　　　　「方」方言
「罕」罕用　　　　　　　「美」美國英語
「英」英國英語　　　　　「拉」拉丁語
「書」書面語　　　　　　「諷」諷刺語
「諺」諺語　　　　　　　「謔」戲謔語
「婉」委婉　　　　　　　「俗」俗語
「澳」澳大利亞英語　　　「貶」貶義語
「加」加拿大英語　　　　「喻」比喻

二 · 專業學科略語

《心》心理學　　　　《羅神》羅馬神話　　　《哲》哲學
《語》語言學、語法　　《電》電工、電學　　　《史》歷史
《天》天文學　　　　《生化》生物化學　　　《軍》軍事
《無》無線電　　　　《動》動物、動物學　　《戲》戲劇
《氣》氣象學　　　　《植》植物、植物學　　《希神》希臘神話
《體》體育　　　　　《生》生物學　　　　　《生理》生理學
《工》工業　　　　　《邏》邏輯學　　　　　《機》機械工程
《化》化學　　　　　《經》經濟　　　　　　《交》交通運輸
《水》水利　　　　　《律》法律　　　　　　《宇》宇宙空間技術
《宗》宗教　　　　　《音》音樂　　　　　　《印》印刷
《訊》電訊、通訊　　《商》商業　　　　　　《攝》攝影
《農》農業　　　　　《醫》醫學　　　　　　《冶》冶金
《空》航空　　　　　《紡》紡織工業　　　　《建》建築工程
《船》造船　　　　　《海》航海　　　　　　《礦》礦業、礦物學
《測》測量　　　　　《藥》藥物　　　　　　《物》物理學
《解》解剖學　　　　《原》原子能　　　　　《數》數學
《計》計算機　　　　《牌》牌戲　　　　　　《聖》聖經
《石油》石油工業、石油化學　　　　　　　　《地》地質學、地理學

A, a

A, a /eɪ/ 英語字母表的第一個字母

a /重讀 eɪ; 輕讀 ə/， **an** /重讀 æn; 輕讀 ən/ *art*

1 （任何）**一個**（泛指）：a stamp 一枚郵票 / an apple 一個蘋果　**2** 某一：I know *a* Dr. Smith. 我認識一個名叫史密斯的博士。　**3** 每一：two at *a* time 每次兩個 / Petrol costs one pound *a* litre. 汽油每升價格一鎊。

> 用法説明：**A** 用於輔音前，如：a boy，a house。**An** 用於元音前，如：an ant, an egg。選用時，應注意後字的首字母讀音，而不是首字母的書寫形式，如：a uniform /ˈjuːnɪfɔːm/, an hour /aʊə/。

a·ban·don /əˈbændən/ *vt*

1 離棄；拋棄：The boy *abandoned* his bicycle in the ditch. 那男孩把自行車扔在路邊水溝裏。　**2** 放棄；停止做某事：*abandon* smoking 戒煙

◇ **abandon oneself to sth** 沉湎於某事；縱情於　▷ **abandoned** *adj* / **abandonment** *n*

➊ leave, desert

➋ keep, maintain

ab·bey /ˈæbɪ/ *n* [C] 修道院；寺院

ab·do·men /ˈæbdəmen/ *n*

〈醫〉腹；下腹部

a·bil·i·ty /əˈbɪlɪtɪ/ *n*

1 [U] 能力：to the best of one's *ability* 盡最大的努力 / He has the *ability* to speak several foreign languages. 他有講

幾種外語的能力。　**2** [C] 本領；才能；[abilities] 技能：leadership *ability* 領導才能 / musical *ability* 音樂才能 / a man of many *abilities* 多才多藝的人

➊ power, capacity, faculty

➋ inability

a·ble /ˈeɪbl/ *adj*

1 具有…能力的：He is *able* to solve the problem. 他能解決這個問題。　**2** 有才幹的；能幹的：an *able* football coach 一位能幹的足球教練　**3** 顯示出才能的：an *able* speech 一篇精彩的演説

◇ **be able to** (inf) 有能力做某事（= can，常用來表示未來或完成的概念）：She *hasn't been able* to finish the work in time. 她未能按時完成工作。　□ **able-bodied** *adj* 體格健全的；熟練的

➊ competent, capable, qualified

➋ unable

ab·nor·mal /æbˈnɔːml/ *adj*

反常的；變態的；不規則的；畸形的

▷ **abnormally** *adv*

➊ irregular, unusual, odd

➋ normal, regular

a·board /əˈbɔːd/ *adv, prep*

1 在船（飛機、火車、公共汽車）上　**2** 上船（飛機、火車、公共汽車）：All *aboard*! 請各位上船（車、飛機等）！ / Welcome *aboard*!（服務員用語）歡迎搭乘（船、火車、飛機）！

a·bol·ish /əˈbɒlɪʃ/ *vt*

廢除（法律、習慣等）；取消；使失效：

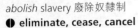
abolish slavery 廢除奴隸制
◗ **eliminate, cease, cancel**
◖ **establish**

ab·o·li·tion /ˌæbəˈlɪʃn/ n [U]
1 (法律、習慣等的) 廢除；取消
2 〈美史〉廢除黑奴制度

ab·o·rig·i·ne /ˌæbəˈrɪdʒənɪ/ n [C]
土著居民；[Aborigines] 澳大利亞土著居
民 ▷ **aboriginal** adj, n

a·bound /əˈbaʊnd/ vi
1 盛產；富於：The region *abounds* in
oil. 這地區盛產石油。**2** 豐富：Forests
abound in eastern Russia. 俄羅斯東部森
林資源豐富。**3** 充滿；多：These
dictionaries *abound* in pictures. 這些字
典插圖很多。 ▷ **abounding** adj /
aboundingly adv

a·bout /əˈbaʊt/
I prep **1** 在…的周圍；在…的附近：
There is a fence *about* the garden. 花園
周圍有道籬笆。**2** 關於；對於：What
is all this *about*? 這是怎麼回事？/ a
book *about* space travel 一本關於宇宙旅
行的書 **3** (時間、大小、數量等) 近
於；左右：of *about* your age 與你的年
紀差不多的 / *about* five o'clock 大約五
點鐘
◇ **How/What about ...?** (你以為) …
怎麼樣？/ **That's about it.** 大概如此。
II adv **1** 周圍；附近：Don't leave
litter *about*. 不要亂扔廢物。**2** 大約；
差不多：The work is *about* finished. 工
作快幹完了。**3** 到處；各處：Children
are running *about* in the snow. 孩子們在
雪地裏跑來跑去。**4** (轉到) 相反方
向：*About* turn! ([美] *About* face!) 向
後轉。

◇ **be about to** (inf) 即將；剛要：We
are (just) *about to* leave. 我們正準備離
開。□ **about face** (= [英, 加] *about*
turn) 向後轉
◗ **around, round**

a·bove /əˈbʌv/
I prep **1** (位置、職位) 高於…；在…
之上：fly *above* the clouds 在雲層上面
飛行 / Good health is *above* wealth. [諺]
健康勝於財富。**2** (數量、年齡等) 大
於：The machine weighs *above* five
tons. 機器有五噸多重。**3** (品德、行
為、能力等) 超出；超乎…所及：a
man *above* vulgar interests 一個脫離低
級趣味的人 / His integrity is *above*
question. 他的為人正直不容置疑。
◇ **above all** 首先；首要 / **above
oneself** 自高自大；興高采烈
II adv **1** 在上面；以上：leaves dark
above and light below 上面色深、下面
色淺的葉子 **2** 上述：as was mentioned
above 如上所述 **3** 向天上；在天上：
Thank Him *above*! 感謝上蒼！
□ **above-average** adj 超常的 / **above-
mentioned** adj 上述的
◗ **over**
◖ **below**

用法說明：**Above**、**over**、**on** 在表示位
置時都有“在…之上”的含義，**above** 表示
“在上方”，**over** 表示“在正上方”，**on** 表示
“在…上”並有接觸。例如：Those trees can
grow 2,000 meters above the sea level. (這些
樹能在海拔 2000 公尺處生長。) There is a
lamp hanging over the table. (桌子正上方掛着
一盞燈。) There is a fly on the window. (窗子
上有一隻蒼蠅。)

a·bridge /ə'brɪdʒ/ vt

❶ 節略：abridge a long novel 刪節一部長篇小説 ❷ 縮短：The Prime Minister abridged his visit. 首相縮短了訪問日程。▷ **abridged** adj / **abridg(e)able** adj / **abridger** n / **abridg(e)ment** n

a·broad /ə'brɔːd/ adv

去國外；在國外：go abroad 出國 / at home and abroad 國內外

◑ home

a·brupt /ə'brʌpt/ adj

❶ 突然的；意外的：an abrupt departure 突然離去 ❷ （舉止、言語等）唐突的；魯莽的：an abrupt manner 粗魯的舉止 / an abrupt answer 唐突的回答

▷ **abruptly** adv / **abruptness** n

◐ sudden, rude, rough

◑ gradual, slow

ab·sence /'æbsəns/ n

❶ [C, U] 不在；缺席：absence from work (school) 缺勤（課）/ Absence sharpens love. [諺] 別後情更濃。

❷ [U] 缺乏：in the absence of favourable conditions 在缺乏有利條件的情況下

◇ **absence of mind** 心不在焉

◐ want, lack, need

◑ presence

ab·sent /'æbsənt/ adj

❶ 不在的；缺席的：I will be absent from work for a few days. 我要有幾天不上班。/ He is absent in Scotland. 他外出在蘇格蘭。/ Long absent, soon forgotten. [諺] 別久情疏。 ❷ 缺乏的：These animals are absent in that region. 那個地區沒有這些動物。

◇ **absent without leave** （尤指軍隊中）擅離職守的（略作 AWOL）▷ **absently** adv / **absentness** n

◐ away, out, off

◑ present

ab·sent-mind·ed

/ˌæbsənt'maɪndɪd/ adj 心不在焉的

▷ **absent-mindedly** adv

◐ forgetful

◑ attentive

ab·so·lute /'æbsəluːt/ adj

❶ 完全的；十足的：absolute trust 充分信任；毫無保留的信任 / an absolute fool 十足的笨蛋 ❷ 無限制的；專制的：enjoy absolute power 享受無限的權力 / absolute monarchy 專制君主制 ❸ 絕對的：absolute zero 絕對零度

□ **absolute alcohol** 〈化〉無水酒精 / **absolute altitude** 〈空〉絕對高度 / **absolute constant** 〈數〉絕對常數 / **absolute majority** 絕對多數 / **absolute music** 純音樂 / **absolute pressure** 〈物〉絕對壓力 / **absolute unit** 〈物〉絕對單位 / **absolute value** 〈數〉絕對值 / **absolute zero** 〈物〉絕對零度

▷ **absoluteness** n

◐ pure

◑ relative

ab·so·lute·ly /'æbsəluːtlɪ/

I adv ❶ 完全；非常：You are absolutely right. 你完全正確。 ❷ 肯定；確實：I could do absolutely nothing. 我實在能為力。 **II** int [口]（表示無條件贊同）一點不錯；完全對

ab·sorb /əb'sɔːb/ vt

❶ 吸收（液體、氣體、光等）：A sponge absorbs water. 海綿吸水。 ❷ 消解（振動）；緩衝（震動）：The reinforced concrete structure *absorbed* the impact of the earthquake. 加固的混凝土結構吸收了地震的衝擊力。 **3** 併入；同化： The new airport has *absorbed* millions of workers. 新機場吸納了數以百萬計的工人。

◇ **be absorbed in...** 專心於；全神貫注於 ▷ **absorbable** adj / **absorbed** adj / **absorber** n

ab·sorp·tion /əb'sɔ:pʃn/ n [U]
1 吸收；〈物〉〈化〉〈生〉吸收（作用）
2 專注（in）
□ **absorption band** n〈物〉吸收（頻）帶

ab·stract /'æbstrækt/
I adj **1** 抽象的： an *abstract* noun 抽象名詞 / an *abstract* number 抽象數 **2** 難解的；深奧的 **3** 純理論的；純概念的： *abstract* reasoning 抽象推理
II n **1** [C] 摘要；梗概： make an *abstract* of 做…的摘要 **2** [U] 抽象概念；抽象名稱： in the *abstract* 抽象地
III /æb'strækt/ vt **1** 使抽象化： *abstract* the idea of virtue from good qualities of people 從人們好的品性中概括出美德的觀念 **2** 做…的摘要 **3** 提取；抽取： *abstract* petrol from crude oil 從原油中提煉汽油
□ **abstract art** 抽象藝術 / **abstract language** 抽象語言 ▷ **abstracted** adj / **abstractly** adv / **abstractness** n
◗ **concrete**

ab·surd /əb'sɜ:d/ adj
1 荒謬的；可笑的： Don't be *absurd*. 別説傻話。/ The donkey wearing a silk hat looks *absurd*. 毛驢戴上了真絲禮帽看起來真可笑。 **2** 荒誕派的

□ **absurd theatre** 荒誕派戲劇
▷ **absurdity** n / **absurdly** adv / **absurdness** n
◉ ridiculous, foolish, silly
◑ sensible, rational

a·bun·dance /ə'bʌndəns/ n [U]
1 大量；豐富： Oil flows in *abundance*. 石油滾滾流。 **2** 富有；富裕： a life of *abundance* 富裕的生活 / a year of *abundance* 豐年

a·bun·dant /ə'bʌndənt/ adj
1 大量的；充足的： *abundant* rainfall 充足的雨量 **2** 豐富的；富裕的： an *abundant* land 富饒的土地 / an area *abundant* in iron ore 蘊藏大量鐵礦的地區 **3** 充分的： *abundant* proof 充分的證據
□ **abundant number**〈數〉過剩數
▷ **abundantly** adv
◉ plentiful, rich
◑ scarce, poor

a·buse /ə'bju:s/
I n **1** [C, U] 濫用；妄用： drug *abuse* 嗜用麻醉品 **2** [U] 虐待；凌辱： child *abuse* 虐待兒童 / human right *abuse* 侵犯人權的行為 **3** [C] 辱罵： heap *abuses* on sb 肆意謾罵某人 **4** [C] 陋習；弊端： remedy *abuses* in the government work 糾正政府中的弊端
II /ə'bju:z/ vt **1** 濫用；妄用： *abuse* one's authority 濫用職權 **2** 虐待；凌辱（常用被動態）： The hostages have been physically *abused*. 人質遭到了肉體上的凌辱。 **3** 辱罵；毀謗： They *abused* each other. 他們互相謾罵。
▷ **abusable** adj / **abuser** n

ac·a·dem·ic /ˌækə'demik/

I *adj* **1** 學術的：an *academic* discussion 學術討論 **2**（高等）院校的 **3** 教學的：*academic* staff 教學人員 **4** 純理論的；學究式的：an *academic* thinker 學究式的思想家 **II** *n* **1** 大學學生 **2** 大學教師 **3** 學究 **4** 學會會員
□ **academic freedom** 學術自由 / **academic year**（大學的）學年 ▷ **academical** *adj* / **academically** *adv*

a·cad·e·my /ə'kædəmɪ/ *n* [C]
1 學院；大學；研究院：the Chinese *Academy* of Sciences 中國科學院 **2**（中等以上）專門學校：a military *academy* 軍事院校 **3**（文藝或自然科學的）學會：the Royal *Academy* of Arts（英國）皇家藝術學會
□ **Academy Award** 美國電影藝術與科學學院頒發的年度獎，即奧斯卡（Oscar）金像獎

ac·cel·e·rate /ək'seləreɪt/ *vt, vi*
1（使）加速：*accelerate* economic growth 加速經濟發展 / Inflation rates began to *accelerate*. 通貨膨脹率開始上升。 **2** 促進：*accelerate* world peace 促進世界和平 ▷ **accelerable** *adj* / **accelerated** *adj*

ac·cent /'æksənt/
I *n* **1** 重音 **2** 口音：speak with (without) an *accent* 說話帶（不帶）地方口音 **3** 着重；強調（on）：put the *accent* on the development of economy 注重發展經濟
□ **accent mark** 重音符號
II /æk'sent/ *vt* **1** 以重音讀出；重讀：*accent* the last syllable 重讀最後一個音節 **2** 着重；突出：The overall programme *accents* the importance of his project. 整體計劃突出了他的課題的重要性。

ac·cept /ək'sept/
❶ *vt* **1** 接受；領受：*accept* a gift 接受禮物 **2** 承認；應允：The new theory has been widely *accepted*. 新理論得到了廣泛的承認。 **3** 承兑（票據）：*accept* a bill of exchange 承兑匯票。 **❷** *vi* 接受；同意（of）
◑ receive, admit
◐ refuse, reject

ac·cep·ta·ble /ək'septəbl/ *adj*
1 可接受的：The proposal is *acceptable* to all. 這個建議大家都可以接受。 **2** 合意的；受到歡迎的；令人滿意的：It is *acceptable* that both parties take the responsibility. 最好是雙方都承擔責任。 ▷ **acceptability** *n*

ac·cept·ance /ək'septəns/ *n*
1 接受；領受；接納：an *acceptance* test 驗收試驗 **2** 承認；相信 **3**（票據的）承兑

ac·cess /'ækses/
I *n* **1** [U] 接近；進入：a place of easy (difficult) *access* 易於（難以）進入的地方 **2** [C] 通道；入口：the *access* to the building 進入大樓的通道 / the *access* road 入口路徑 **3** [C] 接近的方法（機會等）：He has easy *access* to the President. 他很容易就能見到總統。
II *vt*（計算機）存取；接入：The visiting scholars can *access* the central data bank. 訪問學者可以利用中央數據庫。
□ **access road**（通向幹道、建築物等的）支路 / **access time**〈計〉存取（數據所需的）時間

ac·ces·so·ry /əkˈsesərɪ/ n

1 [常作 accessories] 附件：The hi-fi is sold with all the *accessories*. 這台音響組合出售時帶有全套附件。 **2** 〈法律〉同謀；從犯

ac·ci·dent /ˈæksɪdənt/ n

1 [C：without + U] 意外事情；偶然因素：It was no (quite an) *accident* that... …決不是（完全是）偶然的 **2** [C] 事故；事端：a traffic *accident* 交通事故 / *Accidents* will happen in the best regulated families. [諺] 家規再嚴，事端難免。

◇ **by accident** 偶然 / **without accident** 順利而安全地 □ **accident insurance** 人身事故保險 ▷ **accidently** adv

● event, incident

ac·ci·den·tal /ˌæksɪˈdentl/ adj

意外的；偶然的：an *accidental* meeting 偶然的會見；邂逅

□ **accidental president** 〈美〉意外總統（指總統在任期內因死亡等原因由副總統接任）▷ **accidentally** adv

ac·com·mo·date /əˈkɒmədeɪt/ vt

1 接待；容納：The new hotel *accommodates* 1,000 guests. 這座新旅館可接待一千名住客。 **2** 使適應；使符合：*accommodate* oneself to the new situation 使自己適應新的形勢

▷ **accommodatable** adj / **accommodating** adj

ac·com·mo·da·tion /əˌkɒməˈdeɪʃn/ n

1 住處；膳宿（[英] ~；[美] ~s）：All the *accommodation* in the town has been booked. 城中所有的旅館都已經給預訂了。 **2** [C] 方便；方便設施：office *accommodations* 辦公室設施 / sanitary *accommodation*（房子的）衛生設備

□ **accommodation train** [美] 普通旅客列車；慢車

ac·com·pa·ny /əˈkʌmpənɪ/ vt

1 陪同；陪伴：*accompany* a friend on a walk 陪朋友散步 **2** 伴隨；與…一起發生：Thunder *accompanies* lightning. 雷鳴伴隨着閃電。 **3**（為…）伴奏；伴唱：She *accompanied* the singer with the violin. 她用小提琴為歌手伴奏。

▷ **accompaniment** n

● attend

ac·com·plish /əˈkʌmplɪʃ/ vt

1 完成（任務）；達到（目的）；實現（計劃等）：*accomplish* a purpose 達到目的 **2** 做到；成就：If you don't try hard, you will never *accomplish* anything. 你如果不努力，就會一事無成。 ▷ **accomplishable** adj / **accomplisher** n

● fulfill, complete, achieve

● foil

ac·com·plished /əˈkʌmplɪʃt/ adj

1 達到的；實現的：an *accomplished* fact 既成事實 **2** 熟練的；有造詣的；有素養的：an *accomplished* orator 有才華的演說家

ac·com·plish·ment /əˈkʌmplɪʃmənt/ n

1 [C] 成就；成績：It is a real *accomplishment* to build this bridge in a year. 在一年之內建成了這座大橋，真是一件了不起的大事。 **2** [U] 完成；實現：The task is difficult (easy) of *accomplishment*. 這任務難以（容易）完成。

ac·cord /əˈkɔːd/

I ❶ vt **❶** 使一致；調解：accord controversies 調解爭論 **❷** 給予（歡迎等）；授予：accord the soldier an honorary title 授予該軍人榮譽稱號 **❷** vi 相符合；一致：His view accords with yours. 他的觀點與你的相一致。

II n **❶** [U] 一致；和諧：national accord 全國團結一致 **❷** [C]（尤指國與國之間）諒解；協議：a peace accord reached between the two countries 兩國之間達成的和約

◇ **in (out of) accord with** 與…一致（不一致）/ **of one's own accord** 出於自願 / **with one accord** 一致地
❶ agree
◑ conflict, disagree

ac·cord·ance /əˈkɔːdəns/ n [U]

❶ 一致；協調；符合 **❷** 授予；給予
◇ **in accordance with**（[美] in ~ to）與…一致；依照；根據

ac·cord·ing /əˈkɔːdɪŋ/ adj

相符的；一致的
◇ **according to** 根據；按照：We should work and rest according to the schedule. 我們應按時作息。

ac·cord·ing·ly /əˈkɔːdɪŋlɪ/ adv

❶ 照着；相應地：The officer gave orders, and the men acted accordingly. 軍官下了命令，士兵照着做。**❷** 因此；於是：It was lunch time；accordingly, the men stopped work. 午飯時間已到，因此工人停止了工作。

ac·count /əˈkaʊnt/

I n **❶** [C] 賬目；賬戶：bank account 銀行存款 / current account 活期存款 **❷** [C] 記述；報導；陳述：a newspaper account 報紙報導 **❸** [U] 原因 **❹** [U] 重要性；價值：a matter (person) of considerable (no) account 相當（完全不）重要的一件事（一個人）/ make (little, no) account of 對…十分（不大、完全不）重視

◇ **bring (call) sb to account** 要求就自己的行為作出解釋 / **by one's own account** 根據自己所講的 / **by (from) all accounts** 根據各種説法 / **in accounts with** 與…有賬務來往 / **keep accounts** 記帳 / **on account of** 因為；由於 / **on all accounts, on every account** 無論如何 / **on no account** 決不 / **take (no) account of** (不) 考慮到

II ❶ vt 認為：They account him wise. 他們認為他聰明。**❷** vi 解釋；説明 (for)：account for one's actions 為自己的行為解釋 / There is no accounting for tastes. 無法解釋為何人們的趣味各異。▷ **accountable** adj
❶ story, report

ac·coun·tant /əˈkaʊntənt/ n [C]

會計人員；會計師

ac·cu·mu·late /əˈkjuːmjʊleɪt/

❶ vt 積累；堆積：accumulate wealth 積累財富 / accumulate funds for 為…積累資金 **❷** vi 堆積；聚積：When the workers were on strike, rubbish accumulated in the street. 工人罷工時，街上垃圾堆積了起來。

ac·cu·mu·la·tion /əˌkjuːmjʊˈleɪʃn/ n

❶ [U] 堆積；積累：the accumulation of knowledge 知識的積累 **❷** [C] 堆積物；聚積物：huge accumulations of sand on the bottom of the reservoir 水庫底部沉積的大量泥沙

□ accumulation point〈數〉聚點

ac·cu·mu·la·tor /ə'kju:mjʊleɪtə(r)/ n [C]

1 積累者 **2** [英] 蓄電池 **3** 記存器；累加器

ac·cu·ra·cy /'ækjərəsɪ/ n [U]

準確性；精確性

ac·cu·rate /'ækjərət/ adj

準確的；精確的：an accurate timepiece 走時準確的鐘（錶）/ an accurate memory 精確的記憶 ▷ **accurately** adv / **accurateness** n

◖ exact, precise

◗ inaccurate

ac·cu·sa·tion /ˌækju:'zeɪʃn/ n

1 [C] 指控；指責：make (level) an accusation about sth 就某事提出控告 **2** [U]（被控告的）罪名；罪狀：The accusation is murder. 被指控的罪名是謀殺。**3** [C] 非難；譴責

ac·cuse /ə'kju:z/ vt

1 指控；控告：The police accused him of stealing the car. 警方指控他偷車。**2** 指責；歸咎於：accuse a person for the mistake 把錯誤歸咎於某人 ▷ **accused** adj / **accuser** n

ac·cus·tom /ə'kʌstəm/ vt

使習慣於（to）：accustom oneself to getting up early 使自己習慣於早起 / accustom oneself to the hot climate 使自己適應炎熱的氣候 ▷ **accustomed** adj

ace /eɪs/

I n [C] **1** A 紙牌（俗讀作 "愛司"）；（A 紙牌的）一點；（骨牌）幺點 **2** 傑出人才；專家：an ace pilot 王牌飛行員 / a tennis ace 王牌網球手

◇ have/keep an ace up one's sleeve 手中握有王牌 / play one's ace 打出王牌

II adj 第一流的；傑出的：an ace reporter 第一流的記者

ache /eɪk/

I vi **1** 痛：My tooth often aches. 我的牙齒常常痛。**2** [口] 哀憐；同情（for）；感到痛苦不安；渴望（to）：My heart aches for the war orphans. 我十分同情戰爭孤兒。/ ache to join the army 渴望參軍 **II** n [C]（持續的）疼痛：headache 頭痛 / toothache 牙痛 / have aches and pains all over 渾身感到疼痛

◖ pain, agony

a·chieve /ə'tʃi:v/ vt

1 完成：He has achieved only a part of the task. 他只完成了一部分任務。**2** 實現；得到；達到：achieve one's purpose (aim) 達到目的 / achieve fame 成名

▷ **achievable** adj / **achiever** n

◖ gain, obtain, win, reach

◗ fail

a·chieve·ment /ə'tʃi:vmənt/ n

1 [U] 達到；完成；實現：achievement of the goal 目標的實現 **2** [C] 成就；成績：great achievements in developing the country's economy 發展國家經濟中的偉大成就

□ achievement test〈心〉成績測驗

ac·id /'æsɪd/

I n **1** [C, U] 酸性物質 **2** [U]〈化〉酸：the acid test 酸性檢測；[喻] 嚴峻的考驗 **II** adj **1**〈化〉酸的；酸性的：an acid solution 酸性的溶液 **2** 酸味的 **3** 尖刻的；譏諷的：She has an acid tongue. 她說話刻薄。/ acid satire 尖刻的諷刺

☐ **acid rain** 酸雨 / **acid-tongued** *adj* 言語尖刻的 / **acid value** 〈化〉酸值

▷ **acidly** *adv* / **acidness** *n*

ac·knowl·edge /ək'nɒlɪdʒ/ *vt*

1 承認；承認…的權威（主張）：*acknowledge* a mistake 承認錯誤 / *acknowledge* one's authority 承認某人的權威 **2** 告知收到；確認：*acknowledge* one's letter 告知收悉某人的來信 **3** 表示感謝；鳴謝：The government *acknowledged* their contribution to the project. 政府感謝他們對這一計劃所作的貢獻。

▷ **acknowledgeable** *adj* / **acknowledged** *adj*

● admit, own

◐ deny

ac·knowl·edg(e)·ment /ək'nɒlɪdʒmənt/ *n*

1 [U] 承認；確認：the *acknowledgement* of one's error 承認自己的錯誤 **2** [C] 確認收到；回音：We have not yet received any *acknowledgement* of our letter. 我們還未接到對方對我們信的回音。 **3** [C] 致謝；鳴謝：This is a slight *acknowledgement* of your timely help. 這是對你及時幫助所表示的一點微薄的謝意。 / the author's *acknowledgements* 作者致謝

ac·quaint /ə'kweɪnt/ *vt*

使認識；介紹；使熟悉；使了解

◇ **acquaint oneself with** 熟悉；了解 / **acquaint sb with** 使某人了解；把某人介紹給… / **be acquainted with** 與…相識；了解 / **become (get) acquainted with** 開始認識；開始了解

ac·quaint·ance /ə'kweɪntəns/ *n*

1 [U] 相識；了解；熟悉：I have some *acquaintance* with him. 我對他有一定的了解。 **2** [C] 初交；相識的人；[總稱] 熟人：He has many *acquaintances* but few real friends. 他熟人很多，但沒有幾個真正的朋友。

◇ **a nodding acquaintance** 點頭之交 / **a speaking acquaintance** 見了面談幾句的朋友；泛泛之交 / **drop an acquaintance** 斷絕交往 / **make the acquaintance of sb (make sb's acquaintance)** 結識某人 / **upon (further) acquaintance** 隨著（進一步）相識 ▷ **acquaintanceship** *n*

ac·quire /ə'kwaɪə(r)/ *vt*

1 學到；開始具有：*acquire* a good command of English 很好地掌握了英語 **2** 得到；獲得：*acquire* land and property 佔有土地和財產 / *acquire* a good reputation 獲得良好名聲

▷ **acquired** *adj* 獲得的；後天的：*acquired* taste 後天養成的嗜好 / **acquirer** *n* / **acquirement** *n*

● gain, obtain, get

ac·qui·si·tion /ˌækwɪ'zɪʃn/ *n*

1 [U] 取得；獲得；學會：the *acquisition* of new skills 學會新的技巧 **2** [C]（尤指有用和受歡迎的）獲得的人或物：This old coin is his new *acquisition*. 這枚古幣是他的最新收藏。

▷ **acquisitional** *adj* / **acquisitor** *n*

a·cre /'eɪkə(r)/ *n*

1 英畝（= 6.07 畝或 4047 平方米） **2** (acres) [口] 大量：*acres* of books 大批書籍

a·cre·age /'eɪkərɪdʒ/ *n* [U]

英畝數；（以英畝計算的）土地面積：

the *acreage* of the waste land 荒地的英畝面積 / the vast *acreage* of fertile land 大片肥沃的土地 / the *acreage* under cultivation 耕地面積

ac·ro·bat /ˈækrəbæt/ *n* [C]

雜技演員 ▷ acrobatic *adj*

a·cross /əˈkrɒs/

I *prep* **1** 穿過；越過；橫過：an overpass *across* the highway 橫跨公路的一條立交橋 / *across* the years 多年以來 **2** 在…的對面；在…另一邊：Japan lies *across* the sea. 日本在海的那一邊。 **3** 與…相交叉：The tree fell *across* the road. 樹橫倒在路上。

II *adv* **1** 從一邊到另一邊：What's the distance *across*? 到對面的距離是多少？ **2** 成十字形；交叉着：sit with legs *across* 兩腿交叉坐着

◇ come/run across sb/sth 與…相遇

◑ along, over, through

act /ækt/

I *n* [C] **1** 行為；行動：an *act* of war 戰爭行為 **2** 行動過程：We caught him in the *act*. 我們當場捉住了他。 **3** 法令；條例：an *act* of Parliament 議會通過的法令 **4** 〈戲〉一幕：a play in three *acts* 一齣三幕話劇

◇ put on an act 裝腔作勢

II ❶ *vt* 扮演：*act* the part of the heroine 扮演女主角 ❷ *vi* **1** 做事；行動：Think carefully before *acting*. 三思而後行。 **2** 舉止：He *acted* foolishly. 他舉止愚蠢。 **3** 充當：He *acted* as director of the office. 他擔任辦公室主任。

◇ act against 違反 / act for 代理 / act on/upon 遵照…行動；奉行

◑ behave

ac·tion /ˈækʃn/ *n*

1 [C] 行動：military *action* 軍事行動 **2** [C] 行為；舉止：He often offends others with his rude *actions*. 他常常以他的粗魯行為得罪他人。 **3** [U] 作用：the *action* of the wind on the sails 風對船帆的作用 **4** [C] 動作：easy *action* of the engine 發動機運轉自如 **5** [C] 情節：an *action* film 情節曲折的影片

◇ **Actions speak louder than words.** [諺] 行動比言語更響亮（行動勝於雄辯）。 / bring (call) into action 使行動起來 / go into action 幹起來；投入戰鬥 / in action 在活動中 / out of action 不（再）活動 / take action 採取行動 □ action group 行動小組 / action station 戰鬥崗位

◑ reaction

ac·tive /ˈæktɪv/ *adj*

1 活動的；劇烈的：an *active* volcano 活火山 **2** 活躍的：an *active* market 活躍的市場 **3** 積極的；勤奮的：an *active* member of the club 俱樂部的積極分子/ take an *active* part in doing sth 積極參與某事 **4** 現役的；現行的：on the *active* service 服現役

□ active duty (service) 現役 / active mass 〈化〉有效質量 ▷ actively *adv* / activeness *n*

◑ inactive, lazy

ac·tiv·i·ty /ækˈtɪvətɪ/ *n*

1 [U] 活動；活動力：mental (physical) *activity* 腦力（體力）活動 / a man full of *activity* 一個精力旺盛的人 **2** [U] 活躍；敏捷：the *activity* of the market 市場的繁榮 **3** [C]（某一領域中的）特殊活

動：outdoor *activities* 戶外活動

ac·tor /ˈæktə(r)/ *n* [C]

1 演員；男演員 **2** 行動者；參與者

❶ player, performer

ac·tress /ˈæktrɪs/ *n* [C] 女演員

ac·tu·al /ˈæktjʊəl/ *adj*

實際的；事實的；真實的：*actual* state of affairs 實際情況 / in *actual* fact 事實上 / *actual* value of goods 商品的實際價值 ▷ **actually** *adv*

❶ true, real

❶ unreal, untrue

ac·u·punc·ture /ˈækjʊpʌŋktʃə(r)/

I *n* [U] 針刺；針刺療法：an *acupuncture* needle 針灸針 / an operation under *acupuncture* 針刺麻醉下的手術 **II** *vt, vi* /ˌækjʊˈpʌŋktʃə(r)/（對⋯）施行針灸治療（麻醉）

▷ **acupuncturist** *n*

a·cute /əˈkjuːt/ *adj*

1 尖的；銳的：an *acute* angle 銳角 / an *acute* triangle 銳角三角形 **2** 尖銳的；敏銳的：an *acute* thinker 思想敏銳的人 / *acute* eyesight 銳利的目光 **3** 激烈的；劇烈的：*acute* pain 劇痛 / *acute* sorrow 深切的悲哀 **4** 嚴重的：an *acute* situation 嚴重的局勢 **5**〈醫〉急性的；治療急性病的：an *acute* disease 急性病 ▷ **acutely** *adv* / **acuteness** *n*

❶ sharp, intense, critical

❶ blunt

A.D. /ˌeɪ ˈdiː/ *abbr*

公元（[拉] Anno Domini 的縮略語）：1994 A.D. 公元 1994 年

ad /æd/ *n* [C][口]

廣告（為 advertisement 的縮略詞）

a·dapt /əˈdæpt/

❶ *vt* **1** 使適應；使適合：*adapt* oneself to a new job 使自己適應新的工作 **2** 改編；改寫：*adapt* a story for the stage 把一個故事改編成舞台劇本 **3** 改裝：They *adapted* the storeroom for a kitchen. 他們把儲藏室改裝成廚房。 **❷** *vi* 適應：The freshman *adapted* very well to the college campus life. 新生很好地適應了大學校園的生活。 ▷ **adaptable** *adj* / **adapter** *n*

❶ adjust

ad·ap·ta·tion /ˌædæpˈteɪʃn/ *n*

1 [U] 適應；適合：He made a good *adaptation* to the new job. 他在新的工作中適應得很好。 **2** [C] 改編（本）；改寫（本）；改製（物）：a stage *adaptation* of stories 將故事改編作舞台演出之用 **3** [U]〈生理〉適應性變化；適應（作用）

add /æd/

❶ *vt* **1** 加：If you *add* two and two, you get four. 二加二等於四。 **2** 增加；附加；擴大：*add* a garage to the house 為房子添建一個車庫 **3** 進一步説；附帶地説（寫）：It may be *added* that... 可以附帶補充一句：⋯ **❷** *vi* 增加：This *added* to our difficulties. 這樣就增加了我們的困難。

◇ **add up to** [口] 總括起來；意味着；相當於

❶ subtract

ad·dict /ˈædɪkt/

I *n* [C] 有癮的人；對⋯入迷的人：a drug *addict* 吸毒成癮的人 **II** *vt* 使沉溺；沉迷於：*addict* oneself to gambling 沉溺於賭博 / He is *addicted* to computer programming and hopes to be a computer expert one day. 他迷上了電腦程序設計，希望有一天會成為電腦專家。 ▷ **addicted** adj

ad·dic·tion /əˈdɪkʃn/ n

1 [C, U] 入迷；嗜好：an addiction to watching TV 電視迷 **2** [U] （毒）癮：drug addiction 麻醉劑癮；吸毒成癮

ad·di·tion /əˈdɪʃn/ n

1 [U] 加；〈數〉加法：The addition of tin into liquid copper can make bronze. 把錫加入銅液能合成青銅。 **2** [C] 增加；增加的人或物；（建築物）增建部分：This department will be a very important addition to the university. 該系將是大學中很重要的一個新增單位。/ This is an addition on the original complex of buildings. 這是原有建築群的擴充部分。

◇ **in addition** 另外；加之 / **in addition to** 除…以外（還）

ad·di·tion·al /əˈdɪʃənl/ adj

附加的；補充的；添加的；額外的：additional charges for delivery 附加運費 / It took the workers an additional two months to finish the extended wing. 工人們又花了兩個月才完成了擴建的側廳。 ▷ **additionally** adv

ad·dress /əˈdres/

I n **1** [C] 演說；講話：a television address 電視講話 **2** 地址：He forgot to write the address on the envelope. 他忘記在信封上寫地址。

II vt **1** 對…發表演說；對…說話：address the Congress 對國會講話 / He addressed himself to the young people. 他對青年講話。 **2** 提出（警告、抗議等）：address a petition to the local government 向地方政府請願 **3** 稱呼：How do you address her? 你怎麼稱呼她？ **4** （在郵件上）寫姓名地址：address a letter (parcel) to sb 把信（包裹）寄給某人

◇ **address oneself to** 致力於；把注意力放在：He addressed himself to the homework. 他專心致志做作業。

▷ **addressee** n / **addresser** n
◑ greet, salute, hail

ad·e·quate /ˈædɪkwət/ adj

1 足夠的；充足的：The supply is not adequate to the demand. 供不應求。 **2** 適當的；妥當的；勝任的：adequate to the task of doing sth 能勝任做某事 / take adequate measures 採取適當措施

▷ **adequately** adv / **adequateness** n
◑ enough, sufficient, competent
◐ inadequate, insufficient

ad·here /ədˈhɪə(r)/ vi

1 粘附；粘着（to）：paper adhering to the wall 貼在牆上的紙 **2** 堅持；遵守（to）：adhere to principles 堅持原則 **3** 追隨；擁護：adhere to a political party 支持一個政黨 ▷ **adherer** n / **adherence** n

ad·ja·cent /əˈdʒeɪsnt/ adj

1 鄰近的；毗連的（to）：adjacent countries 毗鄰的國家 / a field adjacent to the highway 靠着公路的田野 **2** 前後連接的：a seminar adjacent to the lecture 講座前（後）的研討會

□ **adjacent angles** 〈數〉鄰角
▷ **adjacently** adv
◑ adjoining, neighbouring

ad·jec·tive /ˈædʒɪktɪv/

I n [語] 形容詞

II *adj* 形容詞的；用作形容詞的

ad·join /əˈdʒɔɪn/

❶ *vt* 鄰近；毗連：The sports ground *adjoins* the school. 運動場與學校鄰接。 ❷ *vi* 貼近；接界；毗連：The two countries *adjoin*. 這兩個國家接壤。

▷ **adjoining** *adj*

ad·just /əˈdʒʌst/

❶ *vt* **1** 調整；調節：*adjust* the seat to the height of the child 按孩子的身高調整座位高度 **2** 校正；對準：*adjust* a watch 把表校準 / *adjust* his spectacles 整了整他的眼鏡 **3** 解決；調解：*adjust* a difference of opinion 消除意見分歧 ❷ *vi* 適應（to）：He *adjusts* well to the city life. 他非常適應城市生活。

▷ **adjustable** *adj* / **adjusted** *adj* / **adjustment** *n*

ad·min·is·ter /ədˈmɪnɪstə(r)/

❶ *vt* **1** 管理；治理；處理；料理；支配：*administer* a business 處理一件事務 / *administer* the funds 管理資金 **2** 執行；實施：*administer* justice 執行審判 **3** 給予；派給：*administer* relief 發救濟品 / *administer* first aid 進行急救 ❷ *vi* 有助於；提供好處：*administer* to the poor 幫助窮人

◑ manage, govern

ad·min·is·tra·tion
/ədˌmɪnɪˈstreɪʃn/ *n*

1 [U] 管理；經營；支配：business *administration* 工商（企業）管理 **2** [U] 給予；執行：*administration* of justice 法律的執行 **3** [C, U] 行政（機關）；政府 **4** [C] 政府官員的任期 ▷ **administrative** *adj* / **administrator** *n*

ad·mi·ra·ble /ˈædmərəbl/ *adj*

1 令人欽佩的；值得讚美的：The essay is *admirable* for its new view-points. 這篇文章因觀點新而引人讚賞。 **2** 絕妙的；極好的：You have done an *admirable* piece of work. 你做了一件極好的工作。 ▷ **admirably** *adv*

ad·mi·ral /ˈædmərəl/ *n* [C]

1 海軍上將；海軍元帥 **2** 艦隊司令

ad·mi·ra·tion /ˌædməˈreɪʃn/ *n*

1 [U] 欽佩；讚賞；羨慕：*admiration* for heroism 對英雄主義的欽佩 / arouse the *admiration* of the young people 引起年輕人的傾慕 **2** [C] 引人讚美的東西；令人欽佩的人：Tolstoy's *War And Peace* is one of my *admirations*. 托爾斯泰的《戰爭與和平》是我最欣賞的作品之一。

ad·mire /ədˈmaɪə(r)/

❶ *vt* **1** 欽佩；佩服；羨慕：*admire* a man for his courage 佩服某人的勇氣 **2** 欣賞；讚美；誇獎：*admire* the scenery 欣賞風景 / He forgot to *admire* his wife's new handbag. 他忘了誇獎一下妻子的新手提包。 ❷ *vi* 驚奇：*admire* at a miracle 對奇跡感到驚奇

▷ **admirable** *adj* / **admiringly** *adv*

◑ like, esteem
◑ detest, hate

ad·mir·er /ədˈmaɪərə(r)/ *n* [C]

1 讚賞者；羨慕者：The singer has a lot of *admirers*. 這位歌手有很多仰慕者。 **2**（女人的）愛慕者；情人

ad·mis·sion /ədˈmɪʃn/ *n*

1 [U] 許可進入（加入）：*admission* to (into) a school 入學 **2** [U] 入場費 **3** [C] 承認；確認的事實：His *admission* of the robbery solved the mystery. 他承認

搶劫，從而解決了疑案。 **4** [U] 採用；
任用；任命

◇ **on/by sb's own admission** 根據某
人自己承認；據某人自述

ad·mit /əd'mɪt/

❶ vt **1** 承認；供認： admit a mistake
承認錯誤 **2** 許可進入： admit sb to
membership 接納某人為會員 / Each
ticket admits two persons. 每張入場券可
供兩人入場。 **3** 可容納： The new hall
admits more people. 新建的大廳可容納
更多的人。 **4** 允許；許可： This rule
admits (no) exceptions. 這條規則（不）
允許有例外。

◇ **admitting that...** 即使…是事實；假
使…是事實

❷ vi **1** 通往；開向（to）： This gate
admits to the front garden. 這扇門通前
花園。 **2** 容許（of）： The will admits of
different interpretations. 這份遺囑可以
有不同的解釋。 ▷ **admittable** adj /
admitted adj / **admittedly** adv

❶ acknowledge, own

❶ reject

ad·o·les·cent /ˌædə'lesnt/

I n [C]（尤指 16 歲以下）青少年： a
film not for the adolescents 對青少年不
宜的電影 **II** adj **1** 青春期的： an
adolescent out-patient clinic 青春期疾病
門診所 **2** 青少年的： adolescent gang
青少年犯罪集團 ▷ **adolescence** n

a·dopt /ə'dɒpt/ vt

1 採取；採納；採用： adopt an idea (a
policy) 採納一個意見（一種政策） **2** 收
養： adopt an orphan 收養孤兒 **3** 正式
通過；批准： Congress adopted a new
resolution. 國會通過了一個新決議。

▷ **adoptee** n 被收養的人 / **adopter** n

a·dop·tion /ə'dɒpʃn/ n

1 [U] 採用；採取；正式通過： the
adoption of the new law 新法律的表決
通過 **2** [C, U] 收養： the adoption of a
puppy 收養小狗

a·dore /ə'dɔː(r)/ vt

1 崇拜；敬重；愛慕： People adore
him for his heroism. 人們敬重他的英雄
行為。 **2** [口] 極喜愛： I adore comic
cross-talks. 我最喜愛滑稽的相聲。

▷ **adorer** n

❶ worship, love, respect, esteem

❶ detest, hate

a·dult /'ædʌlt; ə'dʌlt/

I n [C] **1** 成年人 **2** 〈生〉成體；成蟲

II adj **1** 成年人的： adult education
成人教育 **2** 成熟的；老成的： Mary is
a rather adult child. 瑪麗是個相當大人氣
的孩子。

▷ **adulthood** n / **adultlike** adj

ad·vance /əd'vɑːns/

I **❶** vt **1** 推進；促進： advance the
growth of crops 促進農作物的生長 **2**
提出（建議、看法、理論等） **3** 提升
（某人）；提高（價格）： The worker has
been advanced to the foreman. 這個工
人已提升為工長。 **4** 提前（未來事件的
日期）： The watch has been advanced
an hour. 表已經撥快了一個小時。 **5** 預
付；貸款： advance money to someone
預先給某人付款（貸款） **❷** vi **1** 提
升；提高： The quality of the goods has
advanced to a new level. 商品質量已提
高到一個新水平。 **2** 前進；進展： He
who does not advance falls backward.
[諺] 不進則退。 / advance against the

a

enemy 向敵人進擊

II *n* [C] **1** 進展；前進：a new *advance* in technology 技術上的新進展 **2** 擢升；高升 **3**（數量等）增高；增加：wage *advances* 工資的增加 / The production this year shows a sharp *advance* over the last year's figure. 今年的產量遠遠超過了去年的數字。 **4** 預付：an *advance* on salary 預付工資

◇ **in advance** 在前面；預先 / **in advance of** 在…之前；超過

III *adj* **1** 先行的；前面的：the *advance* party 先遣人員 **2** 預先的；事先的：an *advance* notice 預告

□ **advance(d) guard**〈軍〉先遣部隊；先驅；先鋒 / **advance man**（演出、競選等活動的）先遣人員；先行人員

▷ **advancement** *n*

❶ promote, forward

❶ retreat

ad·vanced /əd'vɑːnst/ *adj*

1 在前面的：an *advanced* position 前沿陣地 **2** 高級的；先進的；超前的：*advanced* algebra 高等代數 / *advanced* technology 先進技術 **3** 年邁的；後階段的：the *advanced* age of 95 九十五歲的高齡 / The night is well *advanced*. 夜深了。

□ **advanced credit (standing)** [美] 免修學分 / **advanced degree** 學士以上的學位 / **advanced level** [英]（即 A level）有資格投考大學的高考學歷

▷ **advancement** *n*

❶ elementary, backward

ad·van·tage /əd'vɑːntɪdʒ/ *n*

1 [C] 有利條件；優點；長處：Every *advantage* has its disadvantage. [諺] 每

個有利條件都有它不利的一面。 **2** [U] 好處；利益：draw/gain *advantage* from siding with the victor 從站在勝利者一邊中撈取好處 **3** [C, U] 優勢；優越性；有利地位：At the end of the first round, the *advantage* clearly lay with the guest team. 第一輪比賽結束時，客隊明顯佔優勢。

◇ **at an advantage** 處於有利地位 / **have the advantage of** 勝過；比…處於有利地位 / **take advantage of ...** 利用（時機、他人的弱點等）；佔…的便宜 / **to sb's advantage** (to the advantage of sb) 對某人有利 / **turn...to advantage** 充分利用

❶ benefit, interest, profit

❶ disadvantage

ad·van·ta·geous /ˌædvən'teɪdʒəs/ *adj*

有利的；有助的；有益的：an *advantageous* position 有利地位（陣地）/ a treaty *advantageous* to both countries 對兩國都有利的條約

▷ **advantageously** *adv* / **advantageousness** *n*

ad·ven·ture /əd'ventʃə(r)/

I *n* **1** [U] 冒險（性）：spirit of *adventure* 冒險精神 **2** [C] 奇遇；冒險的經歷：an *adventure* into the Antarctic 南極探險 **3** 投機活動 **II** ❶ *vt* 拿…冒險：*adventure* one's loan in business 拿貸款去冒險做生意 ❷ *vi* 冒險；擔風險：*adventure* to do (upon doing) sth 冒險做某事 / *adventure* into a place 冒險進入某地 ▷ **adventurer** *n* / **adventurism** *n* 冒險主義 / **adventurist** *adj, n* 冒險主義者（的）

A

ad·ven·tur·ous /əd'ventʃərəs/ adj

1 愛冒險的；大膽的：an adventurous businessman 一個敢冒風險的商人 **2** 有進取心的：an adventurous people 一個有進取心的民族 **3** 有危險的：an adventurous expedition 驚險的遠征

▷ **adventurously** adv

ad·verb /'ædvɜːb/ 〈語〉

I n [C] 副詞 **II** adj 副詞的

ad·ver·bi·al /əd'vɜːbɪəl/ 〈語〉

I adj **1** 副詞的；狀語的 **2** 構成副詞的 **3** 愛用狀語的；含有狀語的 **II** n 狀語

ad·ver·tise, ad·ver·tize
/'ædvətaɪz/

❶ vt **1** 為⋯做廣告；宣傳：advertise one's goods for sale 為銷售自己的商品做廣告 **2** （在大眾媒體中）公告；公布：the notice advertising the next market day 宣布下次集市日期的布告 **❷** vi 登廣告：advertise for pen pals 登廣告徵求筆友

▷ **advertiser** n / **advertising** n, adj

**ad·ver·tise·ment,
ad·ver·tize·ment**
/əd'vɜːtɪsmənt; ædvə'taɪzmənt/ n

1 [C] 廣告；公告；啟事：an advertisement column 廣告欄 / They placed (put) an advertisement in the newspaper for an engineer. 他們在報紙上登廣告招聘一名工程師。 **2** [U] 宣傳；張揚：attract more customers by advertisement 用廣告宣傳吸引更多顧客

ad·vice /əd'vaɪs/ n

[U] 勸告；忠告；建議：take the doctor's advice 聽從醫生的建議

◇ **act on sb's advice** 按某人的勸告行事 / **keep one's own advice** (keep one's advice to oneself) 不宣布自己的看法

❶ warning, caution, suggestion

ad·vis·a·ble /əd'vaɪzəbl/ adj

1 可取的；適當的；明智的：A compromise is advisable. 妥協是明智的。 **2** 願意接受意見的

▷ **advisability** n / **advisably** adv

ad·vise /əd'vaɪz/

❶ vt **1** 勸告；忠告：advise sb to do sth 建議某人做某事 **2** 建議：advise caution (secrecy, security measures) 建議要謹慎（嚴守秘密、採取安全措施等） **3** 通知；告知：advise sb of sth 把某事通知某人 / We are to advise you that the meeting has been called off. 會議已經取消，特此通知。 **❷** vi **1** 提出意見；建議：The assistant advised on the company development programme. 助手提出了有關公司發展規劃的意見。 / I shall act as you advise. 我將按你的意見行事。 **2** 商量：advise with sb on /about sth 同某人商量某事

❶ caution, warn, suggest

ad·vis·er, ad·vis·or /əd'vaɪzə(r)/

1 [C] 顧問；勸告者；提供意見者；參謀：an adviser on agriculture to the committee 委員會的農業顧問 **2** [美]（學生的）指導教師

ad·vi·so·ry /əd'vaɪzərɪ/

I adj **1** 顧問的；諮詢的：an advisory committee 顧問委員會 **2** 勸告的；忠告的：an advisory opinion (speed, note) 參考性意見（推薦的車速、規勸性的按語） **II** n 報告（尤指氣象方面等）

ad·vo·cate /'ædvəkeɪt/

I *vt* 擁護；提倡；主張：*advocate* the opening-up policy 主張開放政策 / *advocate* controlling pollution 提倡控制污染 II /ˈædvəkət/ *n* [C] **1** 擁護者；提倡者：an *advocate* of economic reform 經濟改革的擁護者 **2** 辯護者；律師（尤指法國、蘇格蘭的）

aer·i·al /ˈeərɪəl/
I *adj* **1** 航空的；飛機的：an *aerial* survey 航空測量 **2** 空中的：an *aerial* view 空中鳥瞰圖 **3** 輕如空氣的；虛幻的；想像的：*aerial* music 夢幻般的音樂 II *n* [C] 天線

aer·o·nau·tic, aer·o·nau·ti·cal /ˌeərəˈnɔːtɪk; -kl/ *adj*
航空（學）的：*aeronautic* medicine 航空醫學

aer·o·plane /ˈeərəpleɪn/ *n* [C] [英] 飛機

aes·thet·ic, aes·thet·i·cal /iːsˈθetɪk; -kl/
I *adj* **1** 美學的；美感的：an *aesthetic* theory 美學理論 **2** 美的；藝術的：The sculpture has a high *aesthetic* charm. 這件雕塑具有高度的藝術魅力 **3** 審美的：She has an *aesthetic* taste. 她有審美情趣。II *n* **1** [C] 審美觀；美感：advocate a new *aesthetic* 主張一種新的審美觀 **2** [aesthetics，用作單] 美學 **3** [C] 唯美主義者；審美家
▷ **aesthetically** *adv*

af·fair /əˈfeə(r)/ *n* [C]
1 事情；事件：a public (private) *affair* 公（私）事 / The birthday party was a lavish *affair*. 生日聚會辦得很豪華。**2** [affairs] 事務；事態：current *affairs* 時事 / family *affairs* 家事 **3** [口] 東西；物件：The computer is a complicated *affair*. 電腦是個很複雜的玩意。**4** 風流韻事；戀愛事件：have an *affair* with sb 與某人發生曖昧關係
◇ **settle one's affairs**（在從事某件事情以前）處理完個人事務

af·fect¹ /əˈfekt/ *vt*
1 假裝；佯裝；裝出⋯的樣子：*affect* indifference 假裝漠然 / *affect* ignorance 假裝不知道 **2** 模仿：He can *affect* quite a few accents. 他能模仿好幾種口音。**3** 喜愛；老是愛⋯：She *affects* fashionable hats. 她喜歡時髦的帽子。/ Tigers *affect* the jungle. 老虎出沒在叢林中。▷ **affected** *adj* / **affectedly** *adv* / **affectedness** *n*
❶ pretend, feign, fake, assume

af·fect² /əˈfekt/ *vt*
1 影響：His illness *affected* his career. 他的病影響了他的事業。**2** 感動：The story deeply *affected* her. 這故事深深地感動了她。**3**（疾病）侵襲：He was *affected* with high fever yesterday. 他昨天發高燒。▷ **affected** *adj*
❶ effect, influence

用法說明：Affect 和 **effect** 兩詞音形義相似，但詞性不同，**affect** 是動詞，**effect** 是名詞。例如：Those changes affected them greatly.（那些變故對他們影響很大。）Those changes will have great effect on their lives.（那些變故將對他們的生活產生很大影響。）

af·fec·tion¹ /əˈfekʃn/ *n*
1 [C, U] 影響：the *affections* of the time and place 時間和地點的影響 **2** [C] 特性；屬性 **3** [C] 疾病：the primary

A

(secondary) *affection* 原發（繼發）病

af·fec·tion² /əˈfekʃn/ *n*

1 [U] 喜愛；慈愛：the maternal *affection* 母愛 **2** [常作 affections] 愛慕；感情：win/gain sb's *affection(s)* 獲得某人的愛慕 **3** [C] 傾向；意向

◑ hatred

af·fec·tion·ate /əˈfekʃənət/ *adj*

1 表示愛的；摯愛的：an *affectionate* brother 感情誠摯的兄弟 **2** 親切的：His tone was *affectionate*. 他的語氣很親切。 ▷ **affectionately** *adv* 親切地：*affectionately* yours (Yours *affectionately*) 你的親愛的（英文信尾具名處表示親切關係的用語）

af·firm /əˈfɜːm/ *vt*

1 斷言；肯定：He *affirmed* his love for her. 他明確表示了對她的愛。 **2** 批准；確認：The higher court *affirmed* the lower court's decision. 上級法院批准了下級法院的判決。 ▷ **affirmable** *adj*

◐ state, assert, declare, confirm

◑ deny

af·firm·a·tive /əˈfɜːmətɪv/

I *adj* **1** 肯定的：an *affirmative*, not a negtive, answer 一個肯定的而不是否定的回答 **2** （態度、方法等）樂觀的；積極的；有希望的：an *affirmative* approach 積極的態度 **II** *n* **1** 肯定詞；肯定語 **2** 贊成的方面

◇ **in the affirmative** 以肯定的方式；表示贊成：All votes were *in the affirmative*. 全部投票贊成。

□ **affirmative action** [美]（有利於婦女、少數民族等社會成員的）積極措施；贊助性政策 ▷ **affirmatively** *adv*

◑ negative

af·flu·ent /ˈæfluənt/

I *adj* **1** 富裕的：an *affluent* society 富裕社會 **2** 充裕的；富饒的：to be *affluent* in natural resources 自然資源豐富 **II** *n* **1** 支流 **2** 富裕的人 ▷ **affluence** *n* / **affluently** *adv*

◐ abounding, rich, wealthy

◑ poor, scarce

af·ford /əˈfɔːd/ *vt*

1 負擔得起（費用、損失、後果等）；抽得出（時間等）：I like this house very much, but I can't *afford* the price. 我很喜歡這房子，但出不起這麼大的價錢。/ Can you *afford* the time? 你抽得出時間來嗎？ **2** 提供；給予；出產：His expression *affords* no clue to his emotions. 他的表情絲毫不流露內心感情。/ Some trees *afford* resin. 有些樹生產樹脂。 ▷ **affordable** *adj*

a·fraid /əˈfreɪd/ *adj*

1 害怕的；恐懼的：She is *afraid* of the dark. 她怕黑。/ A straight foot is not *afraid* of a crooked shoe. [諺] 腳正不怕鞋歪。 **2** （在提出異議、拒絕、說出令人不快的事實等場合，為使語氣婉轉）遺憾的；恐怕：I'm *afraid* she is ill. 恐怕她病了。/ I'm *afraid* not. 恐怕不是這樣吧。

◐ awful, fearful, dreadful

◑ bold, brave

A·fri·ca /ˈæfrɪkə/ *n* 非洲；阿非利加洲 ⇨ 插圖見 WORLD

A·fri·can /ˈæfrɪkən/

I *adj* **1** 非洲的；非洲來的 **2** 非洲人的；非洲語的；非洲文化的 **3** [美] 黑人的 **II** *n* [C] **1** 非洲人；非洲居民 **2** [美] 黑人

af·ter /ˈɑːftə(r); ˈæf- /

I *prep* **1** (時間、位置、順序等) 在…後面；在…以後：(the) day *after* tomorrow 後天 / *After* you. (客套語) 您先請。/ Step *after* step the ladder is ascended. [諺] 梯子是一級一級地爬上去的。**2** 以…為追求的目標：If you run *after* two hares, you will catch neither. [諺] 如果同時追逐兩隻野兔,那麼就一隻也抓不着。**3** 由於;因為;考慮到：*After* what has happened, he won't go there again. 由於發生了那件事,他不願再去那兒。**4** 儘管：*After* all our advice, he still insisted on going. 儘管我們勸阻他,他還是堅持要走。**5** 仿照;依照：a fable *after* Aesop 一篇伊索式的寓言 / He was named *after* his father. 他以他父親的名字命名。

◇ **after all** 畢竟;到底 / **after one's (own) heart** 完全合乎自己的心意 / **one after another** 一個接一個地

II *adv* **1** 以後;過後;後來：two days *after* 兩天以後 **2** 向後;在後面：look before and *after* 向前看再向後看 (瞻前顧後)

III *conj* 在…以後：I found your gloves *after* you had left the house. 你離開房子後,我發現了你的手套。

IV *adj* 以後的;靠後的：in *after* years (times) 在以後的歲月 (時代) / the *after* deck 後甲板

□ **aftercare** 病後護理 / **aftereffect** 後果;餘波;副作用 / **afterglow** 餘輝;晚霞 / **afterlife** 死後;餘生 / **aftermath** 後果;結果 / **after-school** 課外的 / **afterthought** 事後的想法;後來補充的事情

❶ **behind**
❶ **before**

af·ter·noon /ˌɑːftəˈnuːn/

I *n* 下午;午後：Good *afternoon*! 下午好! **II** /ˈɑːftəˈnuːn/ *adj* 下午 (用) 的：the *afternoon* tea 午後的茶點

◇ **of an afternoon** 往往在下午

af·ter·ward(s) /ˈɑːftəwəd(z)/ *adv* 以後;過後;後來：before the incident and *afterwards* 事件的前前後後

a·gain /əˈgen; əˈgeɪn/ *adv* **1** 再;又：try *again* 再試一次 **2** 再者;此外：*Again*, there is another matter to consider. 此外,還有一件事得考慮。

◇ **again and again** 再三地;反覆不止地 / **as many (much) again as** (比…) 多一倍 / **ever and again** 時時;不時地 / **now and again** 常常;不時地 / **time and again** 一次又一次;反覆地

❶ **once more**

a·gainst /əˈgenst; əˈgeɪnst/ *prep* **1** 對;逆着;衝着;冒着：advance *against* difficulties 迎着困難上 **2** 反對;違背：*against* the law 違法 / *against* reason 悖理 **3** 倚在;靠着：lean *against* the wall 靠在牆上 **4** 防御;防備：be prepared *against* war 備戰 **5** 襯托;映襯：The steamer appeared *against* the sky. 汽船在天際出現。

◇ **against a rainy day** 未雨綢繆 / **over against** 在…對面;與…相反

age /eɪdʒ/

I *n* **1** [C, U] 年齡：What is your *age*? 你多大了? **2** [U] 成年：The voting *age* is 18. 法定選舉年齡是十八歲。**3**

[C] （一）代；時代；時期：the atomic *age* 原子時代 / the ice *age* 冰川時期 / The *age* of miracle is past. [諺] 奇跡的時代已經過去（指當代人見怪不怪）。**4** [ages] [口] 長時間；多年：I haven't seen you for *ages*. 我好久沒見你了。/ Hours passed like *ages*. 時間過得真慢。

◇ **act one's age** 舉止與年齡相稱 / **of age** 成年的 / **over age** 超齡的 / **the age of consent**（在婚戀等方面）自主的年齡 / **under age** 未成年的；不到年齡的 **II** （aged; aging, ageing）❶ *vt* 使（顯）老：Worry *ages* a man. 憂愁催人老。❷ *vi* 變老：After her husband's death she *aged* quickly. 丈夫去世後她老得很快。

□ **age-old** *adj* 古老的 ▷ **ageless** *adj*
❶ period, era, epoch, time
❶ youth

a·ged /ˈeɪdʒɪd/
I *adj* **1** 老的；老年的；舊的：an *aged* man 老翁 **2** /ˈeɪdʒd/ ⋯歲的：My daughter is *aged* ten. 我的女兒十歲。**3** （酒、食物等）陳的；陳年的；成熟的：*aged* wine 陳酒 **II** *n* [the aged] 老人們
❶ old, ancient, elderly
❶ young
⇨ 用法説明見 OLD

a·gen·cy /ˈeɪdʒənsɪ/ *n*
1 [C] 代理處：an advertising *agency* 廣告代理處 / an employment *agency* 職業介紹所 **2** [C] 機構：a news *agency* 通訊社 / government *agencies* 政府機關 **3** [U] 作用；力量；影響：Iron is melted by the *agency* of heat. 鐵在熱的作用下熔化。

a·gen·da /əˈdʒendə/ *n*

（原為 agendum 的複數，現用作單數）**1** 議事日程 **2** 日常工作事項

a·gen·dum /əˈdʒendəm/ *n*
（複 = agendums, agenda）[C] **1** （= agenda）議事日程 **2** 議事（工作）日程上的一個項目

a·gent /ˈeɪdʒənt/ *n* [C]
1 代理人；代理商：a sole *agent* in China for an American company 一家美國公司在中國的獨家代理商 / secret *agent* 特工員；特務；間諜 **2** （發生作用或影響的）動因；力量：a natural *agent* 自然力（風、水等）/ a moral *agent* 一種道義力量 **3** 媒介；中介（的人或物）**4** 〈化〉劑：a drying *agent* 乾燥劑

ag·gres·sion /əˈɡreʃn/ *n*
1 [U] 侵略；侵犯：armed *aggression* 武裝入侵 **2** [C] 侵略行為；侵犯行為：an *aggression* upon sb's rights 對某人權利的侵犯

ag·gres·sive /əˈɡresɪv/ *adj*
1 侵略的：an *aggressive* war 侵略戰爭 **2** 活躍有為的；積極進取的：an *aggressive* salesman 一個得力的推銷員 **3** （行為等）過分的；放肆的 ▷ **aggressively** *adv* / **aggressiveness** *n*

ag·gres·sor /əˈɡresə(r)/ *n* [C]
侵略者；挑釁者

a·go /əˈɡəʊ/ *adv*
（用於被修飾的詞之後）以前：He left ten minutes *ago*. 他十分鐘前走了。/ long *ago* 很久以前 / The event took place three weeks *ago* tomorrow. 事件發生在三星期前的明天。
❶ before
⇨ 用法説明見 BEFORE

a·go·ny /ˈæɡənɪ/ n

1 [U]（極度的）**痛苦**：He lay in *agony* until the doctor arrived. 他極痛苦地躺着，直到醫生到來。 **2** [C]（感情上）**突然的爆發**：in an *agony* of joy 高興到極點

◇ **agony column** 登載尋人、離婚等啟事的專欄 / **pile (put, turn) on the agony** [英，口] 渲染悲痛的事情 / **the death (last) agony** 臨死的痛苦

❶ pain, distress, torment

❿ comfort

a·gree /əˈɡriː/

❶ vt **承認**：He *agreed* that he was wrong. 他承認自己錯了。 **❷** vi **1 同意；贊同**：I *agree* with you. 我同意你的意見。 **2 相符；一致**：The story *agrees* with the facts. 報導與事實相符。 **3 答應；應允**：He *agreed* to help us. 他答應幫助我們。 **4 商定；達成協議**（about, on）：*agree* about the price 商定價格 **5**（氣候、食物等）**相宜；適應**（with）：This beer doesn't *agree* with me. 這種啤酒不合我的口味。

◇ **agree to differ** 同意保留不同意見

▷ **agreed** adj 商定的；意見一致的

❿ disagree, differ

用法説明：**Agree to**、**agree with** 和 **agree on/about** 三種表達方式都義為"同意"。**Agree to** 尤指接受或同意某事物、某觀點，如：The teacher agreed to the plan.（老師同意了那個計劃。）**Agree with** 指與某人持相同的意見，如：We agreed with them.（我們與他們意見一致。）如果要進一步説明在甚麼事情上意見一致，可以再加 **on** 或 **about**，如：We agreed on this matter.（我們在這件事情上意見一致。）

---

a·gree·a·ble /əˈɡriːəbl/ adj

1 令人愉快的；宜人的：*agreeable* weather 宜人的天氣 / an *agreeable* voice 悦耳的聲音 **2 欣然贊同的**：He was *agreeable* to doing (to do) what we suggested. 他對我們的提議欣然贊同。 **3 適合的；符合的**：The arrangement is *agreeable* to both sides. 那安排對雙方都合適。

◇ **do the agreeable** 使自己討人喜歡；獻殷勤 ▷ **agreeably** adv

❶ pleasant

a·gree·ment /əˈɡriːmənt/ n

1 [U] **同意；達成協議**：win sb's *agreement* 獲得某人的同意 **2** [U] **一致；協調**：be in *agreement* on (about, upon) sth 對某事意見一致 **3** [C] **協議；協定；契約**：make (arrive at, come to) an *agreement* 達成協議 **4** [U]〈語〉（在人稱、數、格等方面）**一致；呼應**

❶ contract, understanding, deal, treaty

❿ disagreement

a·gri·cul·tur·al /ˌæɡrɪˈkʌltʃərəl/ adj

1 農業的；務農的；農用的：*agricultural* products 農產品 **2 農藝的；農學的**：an *agricultural* college 農學院 ▷ **agriculturally** adv

a·gri·cul·ture /ˈæɡrɪkʌltʃə(r)/ n [U]

1 農業；農業生產 2 農藝；農學

▷ **agriculturist**（[美] = agriculturalist）n 農學家；農民

⇨ 用法説明見 FARMING

ah /ɑː/ int

啊（表示喜悦、驚訝、痛苦、蔑視等）

a·head /əˈhed/ adv

1 在前面；在前頭：Danger *ahead*! 前

A

面有危險！/ There is a bright future *ahead* of him. 他前途光明。**2** 向前；朝前：forge *ahead* 向前進 / look *ahead* 向前看；展望未來 **3** 提前：finish the work *ahead* of schedule/time 提前完成工作

◇ **get ahead** [美] 成功 / **go ahead** 前進 / **go ahead with** 着手（某事）/ **get ahead of** 超過；勝過

❶ **behind**

aid /eɪd/

I ❶ *vt* 幫助；援助；救援：*aid* sb with money 資助某人 ❷ *vi* 幫助：The new medicine *aided* greatly in his recovery. 那新藥對他的康復大有神益。

II *n* **1** [U] 幫助；援助；救助：give (extend, offer) *aid* to sb 向某人提供幫助 **2** [C] 幫助者；助手；輔助手段：His wife is his chief *aid* in business. 他的妻子是他商務上的主要幫手。/ an hearing *aid* 助聽器

◇ **come/go to sb's aid** 幫助某人；救援某人

❶ **support, help, assist**

❶ **hinder**

⇨ 用法說明見 HELP

aim /eɪm/

I ❶ *vt* 把⋯瞄準；把⋯對準：*aim* a flashlight into a dark corner 把手電筒的光對準一個暗角落 ❷ *vi* **1** 對準；瞄準：*aim* carefully before firing 在射擊前先仔細瞄準 **2** 目的在於：*aim* for quality 旨在提高質量 / The discussion *aims* to solve the problems. 討論的目的在於解決問題。**3** 打算；企圖：She *aims* to be helpful. 她志在助人。/ If you don't *aim* high, you will never hit high.

[諺] 標準不高就不會成大器。

II *n* **1** [U] 瞄準；對準；對準的方向：take *aim* 瞄準 **2** [C] 目的；志向：His *aim* in research is to develop a new material. 他研究的目的是開發一種新材料。**3** [C] 目標；靶子：miss one's *aim* 沒有打中目標

❶ **end, goal, purpose, target**

aim·less /'eɪmlɪs/ *adj* 無目的的；無目標的

▷ **aimlessly** *adv*

air /eə(r)/

I *n* **1** [U] 空氣；大氣；新鮮空氣：I opened the window to let in some *air*. 我開窗放進一點新鮮空氣。**2** [U] 天空；空中：Eagles hovered in the *air*. 鷹在天空中翔翔。**3** [C] 神態；樣子：act with an *air* of importance 行動中有一種自命不凡的樣子 **4** [C] 氣氛：The *air* grew tense. 氣氛變得緊張。**5** [airs] 不自然的態度；做作的樣子

◇ **clear the air** 使空氣清新；消除誤會（緊張、猜疑）氣氛 / **in the air** 傳播的；未決定的；拿不準的 / **on the air** 在廣播 / **put on airs** 擺架子 / **take the air** 到戶外；開始廣播 / **walk on air** 洋洋得意

II ❶ *vt* **1** 吹風；晾乾；曬乾：*air* clothes 晾曬衣服 **2** 使人知道；公開發表：*air* one's views in public 在公眾場合發表自己的意見 ❷ *vi* 通風；晾曬

□ **air attack** 空襲 / **airblower** 鼓風機 / **airborne** 升空的；空運的 / **airbus** 空中客車（一種大型的噴氣式客機）/ **air castle** 空中樓閣 / **aircrew**（飛機）機組人員 / **airdrop** 空投 / **air force** 空軍 / **air hostess** 空中小姐 / **airlift** 空運 /

Aircraft 飛機

fighter 戰鬥機　　bomber 轟炸機　　helicopter 直升機　　airliner 民航機

airproof 不透氣的 / **air time**（無線電或電視的）廣播時間 / **air traffic** 空中交通 / **airwave** 電波；無線電頻率

◐ atmosphere
◑ land

air·con·di·tion /ˈeəkəndɪʃn/ *vt*
1 給…裝空氣調節設備　**2** 用空氣調節設備調節（空氣）▷ **air-conditioning** *n*

air·con·di·tion·er /ˈeəkəndɪʃənə/ *n*
空氣調節器；空調設備
⇨ 插圖見〈專題圖說 1〉

air·craft /ˈeəkrɑːft/ *n*
（複 = aircraft）飛行器；飛機；飛艇

air·field /ˈeəfiːld/ *n* [C] 機場；飛行場

air·line /ˈeəlaɪn/
I *n* [C] **1** 航空系統；航空公司　**2** 航線　**II** *adj* **1** 飛行的；最短的；筆直的：the *airline* distance 飛行距離　**2** 航線的；航空公司的

air·li·ner /ˈeəlaɪnə(r)/ *n* [C]
大型客機；班機
⇨ 插圖見 AIRCRAFT

air·mail /ˈeəmeɪl/
I *n* [U] 航空郵件；航空郵政（亦作 air mail）；航空信；航空郵票　**II** *vt* 航空郵寄：*airmail* a parcel 寄航空郵包　**III** *adj* 航空郵遞的：an *airmail* letter 一封航空信　**IV** *adv* 通過航空郵遞：send a parcel *airmail* 用航空郵寄包裹

air·plane /ˈeəpleɪn/
I *n* [C] 飛機　**II** *vi* 乘飛機

air·port /ˈeəpɔːt/ *n* [C]
機場；航空站；航空港

air·tight /ˈeətaɪt/ *adj*
1 不透氣的；密封的：an *airtight* cabin 密封艙　**2** 沒有漏洞的；嚴密的：an *airtight* argument 嚴密的論據

air·way /ˈeəweɪ/ *n* [C]
1 風道；氣道　**2** 航空路線；航路　**3** [airways] 航空公司

aisle /aɪl/ *n* [C]
（教堂、禮堂、劇院、飛機、課堂等處）座席間的縱向走道；任何窄長的通道

a·larm /əˈlɑːm/
I *n* **1** [U] 驚恐；擔心：This is no cause for *alarm*. 不必驚慌。　**2** [C] 警報：give a false *alarm* 虛發警報　**3** [C] 警報器；（鬧鐘的）鬧鈴
◇ **give/raise the alarm** 報警；告急 / **sound an alarm** 發警報；敲警鐘
II *vt* **1**（使）驚恐；（使）擔心：be *alarmed* by an explosion 被爆炸聲嚇了一跳　**2** 向…報警
□ **alarm bell** 警鐘；警鈴；警告 / **alarm clock** 鬧鐘
◐ fear, fright, terror, panic

◑ **calm, comfort**

a·las /əˈlæs/ *int*
哎呀；唉（表示悲痛、憐憫、遺憾、關切、恐懼等感情）

al·bum /ˈælbəm/ *n* [C]
1（用以黏貼照片、郵票等的）黏貼簿；簽名簿 **2** 一套唱片；一套錄音磁帶；歌曲專輯：a Michael Jackson *album* 歌星邁克爾 · 杰克遜的唱片集 **3** 集子

al·co·hol /ˈælkəhɒl/ *n* [U]
1〈化〉酒精；醇 **2** 含酒精的飲料；酒

al·co·ho·lic /ˌælkəˈhɒlɪk/
I *adj* **1** 酒精的：This drink has some *alcoholic* content. 這種飲料有點酒精成分。**2** 酒精中毒的：an *alcoholic* patient 酒精中毒病人 **II** *n* [C] 酒精中毒者；嗜酒者

al·der·man /ˈɔːldəmən/
（複 = aldermen）*n* [C]
1（美國、澳大利亞的）市政委員會委員 **2**（英格蘭、愛爾蘭的）高級市政官（地位僅次於市長）

al·der·men /ˈɔːldəmən/
alderman 的複數

ale /eɪl/ *n* [U] 麥芽酒；濃啤酒

a·lert /əˈlɜːt/
I *adj* **1** 警覺的；注意的：an *alert* guard 一位警惕的警衛員 / be *alert* to danger 對危險保持警惕 **2** 靈活的；敏捷的：*alert* movements 靈活的動作
II *n* **1** 警報 **2** 戒備：a round-the-clock *alert* 晝夜戒備
◇ **on (the) alert** 警戒着；密切注意着：go *on alert* 進入警戒狀態
III *vt* **1** 使警覺；使認識到：*alert* sb

to danger 使某人對危險保持警惕 **2** 命令（部隊）待命 ▷ **alertly** *adv* / **alertness** *n*
◐ **attentive, watchful, aware**
◑ **asleep**

al·ga /ˈælɡə/ *n*
（常用複數 algae）水藻；海藻

al·gae /ˈældʒiː/ *n* alga 的複數

al·ge·bra /ˈældʒɪbrə/ *n* [U]
代數；邏輯演算

al·ge·bra·ic, al·ge·bra·i·cal
/ˌældʒɪˈbreɪk; -kl/ *adj*
代數的；代數學的

al·ien /ˈeɪljən/
I *adj* **1** 外國的；外國人的；陌生的：an *alien* culture 異族文化 **2** 外僑的：*alien* property 外僑產業 **3** 性質不同的；不相容的：This practice is *alien* to his nature. 這種做法與他的性格不合。
II *n* [C] 外國人；外人；外國僑民
III *vt* 使疏遠 ▷ **alienable** *adj*〈律〉可轉讓的 / **alienate** *vt* 使疏遠；使轉移
◐ **strange, foreign**
◑ **native**

a·like /əˈlaɪk/
I *adv* 一樣地；相似地；同樣程度地：The twin sisters dress *alike*. 這兩個孿生姐妹穿着一樣。/ Great minds think *alike*. [諺] 哲人所見略同。
II *adj*（一般作表語）同樣的；相像的：The two problems are *alike* in nature. 兩個問題在性質上是相似的。/ All music sounds *alike* to me. 所有音樂我聽上去都一樣。▷ **alikeness** *n*
◐ **like**
◑ **unlike**

al·i·ment /ˈælɪmənt/ *n* [U]

∎ 食物；營養物 **❷** 生活必需品；生計
◆ food

al·i·men·ta·ry /ˌælɪˈmentərɪ/ adj
飲食的；營養的；提供營養的

a·live /əˈlaɪv/ adj （一般作表語）
∎ 活的：Is she still *alive*? 她還活着嗎？
❷ 活動中的；起作用的：keep hope(s)
alive 讓希望的火花不熄滅 **❸** 有生氣
的；活躍的：In the early morning, the
old market came *alive*. 古老的市場在清
晨熱鬧起來。 **❹** 充滿（生命和活的東西）
（with）：the playground *alive* with
children 到處是孩子的操場
◇ **alive and kicking** 活蹦亂跳的；健在
的 / **alive to** 覺察；認識到；體會到 /
Man alive! [口]（表示驚奇、不耐煩等）
哎呀！我的天呀！
◆ live, living, active, alert
◑ dead

al·ka·li /ˈælkəlaɪ/
I n [C, U]〈化〉鹼；鹼金屬 **II** adj 鹼
性的；含鹼的

al·ka·line /ˈælkəlaɪn/ adj
鹼的；含鹼的；鹼性的

all /ɔːl/
I adj **∎** 全部的；全體的；整個的：*all*
the country 全國 **❷** 所有的；每一個
的：*All* men are created equal. 人生而
平等。 **❸** 盡量的；極度的：with *all*
speed 以最高速度 **❹** 任何的：beyond
all doubt 毫無疑問 **❺**（後接表示身體部
位的名詞）顯著突出的：be *all* eyes 雙
目注視；全神貫注 / She was *all* smiles.
她滿臉笑容。
II adv **∎** 十分；完全；都：I'm *all*
wrong. 我全錯了。 **❷**（接 the 和比較級）
更加；更其：After the event, the pupils
liked their teacher *all* the more. 從那一
事件以後，孩子們更加喜歡老師了。 **❸**
（球賽等）雙方；各方：The score was
three *all*. 雙方以三分打平。
◇ **all along** 始終；一貫 / **all but** 幾
乎；差不多 / **all for** 完全贊同；支持 /
all in all 總的說來；總之；總共 / **all
out** 竭盡全力；全力以赴 / **all right** 安然
無恙；好的；同意；行
III pron 一切；全部；大家：*All* is
well. 一切順利。/ *All* are gone. 大家都走
了。/ We saw it *all*. 我們親眼見到了那一
切。/ Time tries *all*. [諺] 一切都要經受時
間的考驗。
IV n （與物主代詞連用）所有的一切：
They lost their *all* in the earthquake. 他
們在地震中失去了一切。
◇ **above all** 尤其是；最重要的是 /
after all 畢竟；究竟；終究 / **All's well
that ends well.** [諺] 結果好就是好。/
All is not gold that glitters. [諺] 閃閃
發光的東西未必都是黃金。/ **at all**（用
於疑問）在任何情況下；（用於否定）根
本；絲毫 / **for all** 雖然；儘管 / **for all
sb cares** 與某人完全不相干 / **in all** 總
共；合計 / **when all comes (goes) to
all** 概括一切之後 / **when all is said and
done** 終於；畢竟
◑ none

用法説明：**All** 指三者或三者以上 "都"，
反義詞是 **none**。**Both** 指二者 "都"，反
義詞是 **neither**。

---

al·lege /əˈledʒ/ vt
∎ 斷言；聲稱；（證據不足地）硬說：
The newspaper *alleges* that the mayor is
guilty of bribery. 報紙聲稱市長犯了受賄

罪。**2**（作為理由、借口、證據等）提出：*allege* sth as a reason 提出某事為理由 ▷ **alleged** *adj* 被説成的；所謂的 / **allegedly** *adv*

◑ state, assert

◐ deny

al·ley /ˈælɪ/ *n* [C]

1 小巷；小街；小徑：blind *alley* 死胡同（引申為沒有前途的事）**2**（保齡球）球場；球道

al·li·ance /əˈlaɪəns/ *n*

1 [U] 結盟；同盟；聯姻：a treaty of *alliance* 同盟條約 / form (enter into) an *alliance* with 與…結盟（聯姻）**2** [C] 同盟者；同盟國；姻親

◑ union

al·lied /əˈlaɪd; ˈælaɪd/ *adj*

1 結盟的；聯姻的：*allied* nations 同盟國 **2** [Allied]（第一次世界大戰的）協約國的；（第二次世界大戰的）同盟國的 **3**（由共同特徵）聯繫起來的；有親緣關係的（to）：French is *allied* to Spanish. 法語與西班牙語屬同一語系。

al·li·ga·tor /ˈælɪgeɪtə(r)/

I *n* 鱷（魚）；短吻鱷魚；鱷魚皮 **II** *adj* 鱷魚的；鱷魚皮的：an *alligator* bag 鱷魚皮皮包 **III** *vi*（油漆層）皺裂

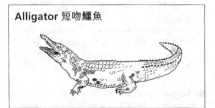

Alligator 短吻鱷魚

al·lo·cate /ˈæləkeɪt/ *vt*

1 分配；分派：They *allocated* the tasks to the people on duty. 他們把任務分配給了值班人員。**2** 把…撥給；把…劃歸：This piece of land has been *allocated* to a development company. 這塊地已撥給了一家開發公司。

al·lo·ca·tion /ˌæləˈkeɪʃn/ *n*

1 [U] 分配；分派；配給：the *allocation* of funds (houses, seats) 分配資金（住房、席位）**2** [C] 分配物；劃撥款項：an additional budget *allocation* for defense 國防追加預算

al·low /əˈlaʊ/ *vt*

1 允許；許可：Smoking is not *allowed* here. 這裏禁止吸煙。/ *allow* sb to do sth 允許某人做某事 **2** 承認：*allow* sb to be a genius 承認某人是天才 **3** 允給：They *allowed* us only two days to consider the proposal. 他們只給了我們兩天時間考慮這個建議。**4** 酌量加減；留有餘地：*allow* two extra days for any possible delay 為可能的耽擱額外多留兩天時間 **5** [美] 認為；猜想

◇ **allow for** 考慮到；顧及；體諒 **allow of** 容許；容許有…的可能

▷ **allowable** *adj* / **allowably** *adv*

◑ let, permit, admit

◐ forbid, refuse

al·low·ance /əˈlaʊəns/ *n*

1 [C] 津貼；補助：an education *allowance* 教育津貼 **2** [C] 可以寬容的事物（如限額、限期、折扣等）：a baggage *allowance* 行李重量限額 / an *allowance* on a second-hand piano 對一架舊鋼琴的折舊費 **3** [U] 承認；允許；容忍：the *allowance* of a claim 對一項要求的承認

◇ **make allowance(s) for** 體諒；原

諒；考慮到

al·loy

I /'ælɔɪ/ n [C, U] **1** 合金：Bronze is an *alloy* of copper and tin. 青銅是銅和錫的合金。 **2** 雜質；摻雜物

II /ə'lɔɪ/ **❶** vt （通過摻雜作用）影響；減少（幸福、樂趣等）：They hope that nothing would happen to *alloy* their happiness. 他們希望不會有甚麼事情將影響他們的幸福。 **❷** vi **鑄成合金**：Copper *alloys* well. 銅易於鑄成合金。

al·ly

I /'ælaɪ/ n [C] **1** 同盟者；同盟國：the Second World War *allies* 第二次世界大戰的同盟國 / find an *ally* in him 找到他作為朋友 **2** 助手；支持者；輔助物 **3** 同類的植物、動物或事物

II /ə'laɪ/ vt **1** 結盟；聯姻：The two countries are closely *allied* by treaties. 兩國按條約緊密結盟。 **2** （在起源或性質上）與…聯繫：This company is *allied* with several other companies. 這家公司與其他幾家公司有業務聯繫。/ Diamond is chemically *allied* with coal. 金剛石與煤在化學性質上是相關聯的。

◑ unite, join, combine
◐ enemy

al·ma·nac, al·ma·nack

/'ɔːlmənæk/ n

曆書；曆本；日曆；年曆；年鑒：nautical *almanac* 航海天文曆 / The World *Almanac*《世界年鑒》

al·might·y /ɔːl'maɪtɪ/

I adj **1** 全能的；有強大力量的：*almighty* God 全能的上帝 / an *almighty* army 一支強大的軍隊 **2** [口] 極度的；非常的：an *almighty* mess 一團糟 **II**

adv [口] 非常；很 **III** n（Almighty 或 the Almighty）上帝

al·mond /'ɑːmənd/

I n **1** 杏仁；扁桃；巴旦杏 **2** 類似扁桃的果子；類似扁桃的樹 **3** 杏仁色；淡黃褐色 **II** adj 杏仁製的；杏仁狀的；杏仁味的

al·most /'ɔːlməʊst/ adv

幾乎；差不多；將近：*Almost* everyone spoke at the meeting. 會上幾乎每個人都發了言。/ It was *almost* midnight when we arrived. 我們到達時已是半夜了。

◑ hardly

用法説明：**Almost** 和 **nearly** 兩詞都可用在 **all**、**every**、**everybody** 等詞的前面，如：Almost / Nearly all (of) my students are from the northern part of the country.（我的所有學生幾乎都來自北方。）**Almost** 能用在 **any** 及 **no**、**nobody**、**never**、**nothing** 等具有否定意義的詞前面，但 **nearly** 則不能這樣用，如：Almost no one spoke at the meeting.（會上幾乎無人發言。）但不能説 *Nearly no one spoke at the meeting。

---

a·lone /ə'ləʊn/

I adj **1** 單獨的；獨自的：It is better to be *alone* than in bad company. [諺] 與其結交損友，不如獨自一人。 **2** （用在名詞或代詞後面）單單；僅；只：One man *alone* can carry this box. 只要一個人就能搬這隻箱子。 **3** 獨一的；唯一的：I'm not *alone* in thinking so. 不只是我一個人有這種想法。

II adv **1** 單獨地；獨自地：I went there *alone*. 我獨自去了那兒。 **2** 僅僅；只：Time *alone* will show who was right. 只有時間將證明誰是正確的。

◇ **leave alone** 聽其自然；不要去打擾 /
let alone 不消說；不用說；聽其自然；
不要去打擾

◐ **lonely, single, only**

◑ **accompanied, together**

> 用法說明：**Alone** 表示單獨一個，沒有陪
> 伴，詞義沒有褒貶色彩，如：He just
> wanted to stay alone for a while. (他只想
> 獨處一會兒。) **Lonely** 表示孤單、孤獨，
> 如 She feels lonely living away from home.
> (她離家感到孤獨。) **Lone** 指單獨一個人
> 或物，有時使人產生孤獨感，如：I saw a
> lone tree growing on the bank of the river.
> (我看見河岸上單獨地長着一棵樹。)

a·long /ə'lɒŋ/

I *prep* **1** 沿着；循着：There are trees
along the river bank. 沿河岸長着樹。**2**
依照；根據：think *along* certain lines
按某種原則思考

II *adv* **1** 縱長地；平行地：He walked
along beside me. 他跟我並排走。**2** 向
前：Pass the note *along*, please. 請把便
條向前傳。**3** 一道；一起 (with)：I
posted the letter *along* with the
pictures. 我把照片與信一起寄了。**4** 在
手邊：He always takes his umbrella
along. 他總是帶着雨傘。

◇ **all along** 始終；一貫 / **come along**
出現；進展；過來 / **get along** 取得進
展；成功；與人和睦相處

a·long·side /ə'lɒŋsaɪd/

I *adv* 在旁邊；沿着邊：The truck
came over and parked *alongside*. 卡車開
了過來，停在旁邊。

◇ **alongside of** 在…之側；與…並排

II *prep* 在…旁邊；橫靠；和…在一
起：We parted our car *alongside* the
curb. 我們把車子停在人行道邊上。

a·loof /ə'luːf/

I *adv* **1** 遠離地；分離地：He kept
himself *aloof* from the others at the
party. 晚會上他獨自一個，不跟別人在一
起。**2** 冷漠超然地：He stood *aloof*
from worldly affairs. 他對世事漠不關
心。**II** *adj* **1** 遠離的：an *aloof*
building in the valley 河谷中的一座孤屋
2 冷漠的；超然離群的：His manner is
aloof. 他的態度冷漠。

a·loud /ə'laʊd/ *adv*

1 出聲地；聽得見地：read *aloud* 朗讀
2 高聲地；大聲地：cry *aloud* 高聲喊叫

◇ **think aloud** 自言自語 / **wonder
(out) aloud** 說出內心的疑惑

◐ **loud**

al·pha·bet /'ælfəbet/ *n*

1 (一種語言的) 全部字母；字母表：
the English *alphabet* 英語字母表 **2** (用
於表示意義、聲音等的) 符號系統：the
international phonetic *alphabet* 國際音
標 **3** 初步；入門

al·pine /'ælpaɪn/

I *adj* **1** (像) 高山的：an *alpine* plant
高山植物 **2** [Alpine] 阿爾卑斯山的；具
有阿爾卑斯山特徵的 **II** *n* **1** 高山植物
2 阿爾卑斯山人

al·read·y /ɔːl'redi/ *adv*

業已；早已；已經：The meeting is
already over. 會議早已結束了。/ (在疑
問句和否定句中表示驚訝之意) Are you
back *already*? 你怎麼已經回來了？

◐ **still, yet**

◑ **not yet**

al·so /ˈɔːlsəʊ/
I adv **1** 而且（也）；此外（還）：The book is useful, it is *also* inexpensive. 這本書很有用，而且也不貴。 **2** 同樣地；也：He has finished his homework, and I *also*. 他已經完成了作業，我也做完了。 **II** conj 另外；又；並；還：*Also*, he is late. 再說，他也遲到了。
◇ **not only...but also** 不但…而且…

用法說明：Also、too、as well 是同義詞。在隨意語體和口語中 too 和 as well 用得比 also 更普遍。在較正式的語體中 also 用得更多些。在語法結構上，also 通常不用在句末，但 too 和 as well 經常出現在句末。

al·tar /ˈɔːltə(r)/ n [C]
1 （教堂內的）聖壇；祭台 **2** 祈禱及祭拜的場所
◇ **lead (a woman) to the altar** 與（某女）結婚；娶（某女）為妻

al·ter /ˈɔːltə(r)/
1 vt **1** 改變：An old dog cannot *alter* its way of barking. [諺] 老狗不能改變其吠叫的方式。 **2** 修改；改動：The coat has been *altered*, it was too large. 這件外衣已改小了，它原來太大。 **2** vi 變化：The weather *alters* almost daily. 天氣幾乎一天一個樣。
1 modify, adjust, change
⇨ 用法說明見 CHANGE

al·ter·a·tion /ˌɔːltəˈreɪʃn/ n [C, U]
改變；改動：make *alterations* for the better 作出改進 / the *alteration* of the plan 計劃的變更

al·ter·nate /ˈɔːltɜːneɪt; ˈɔːltə-/
I adj **1** 輪流的；交替的：*alternate* rain and sunshine 時晴時雨 **2** 間隔的：He works on *alternate* days. 他隔天上班。 **3** 〈電〉交流的：*alternate* current 交流電（略作 AC） **4** 〈植〉互生的；輪生的：*alternate* leaves 互生葉
II n [C] **1** 選擇對象 **2** 替換者 **3** [美] 替換者；代理人：There are several *alternates* on the football team. 足球隊有幾個替補隊員。
III /ˈɔːltəneɪt/ **1** vt 使輪流；使交替：*alternate* crops 輪作 / We *alternated* our shifts of duty. 我們輪流值班。 **2** vi 輪流；交替：Night and day *alternate*. 晝夜交替。
□ **alternate angles** 〈數〉（一對）錯角

al·ter·na·tive /ɔːlˈtɜːnətɪv/
I n **1** 兩者（兩者以上）擇一；取捨；抉擇：face the *alternative* of going on to college or starting to work 面臨要麼升學要麼就業的抉擇 **2** 供選擇的東西；供替代的選擇：There are several *alternatives* to your proposal. 除了你的建議以外，還有幾個建議可供選擇。 **3** 選擇的餘地；變通辦法：They have no *alternative* in the matter. 在這件事上他們沒有選擇的餘地。
II adj **1** 兩者（兩者以上）擇一的：the *alternative* results of success or failure 成功或失敗兩者只能擇一的結果 **2** 供選擇的；供替代的：several *alternative* approaches 幾種可供選擇的辦法
◇ **have (there is) no alternative but** 除…外別無選擇 ▷ **alternatively** adv

al·though /ɔːlˈðəʊ/ conj
1 （只能用於從句之首）雖然；儘管：*Although* he is very young, he is quite

experienced. 他雖然年輕，卻很有經驗。
2 （從句位置於主句後時）然而：He is quite experienced, *although* he is very young. 他頗有經驗，然而很年輕。

用法說明：**Although**、**though**、**in spite of** / **despite** 都有"雖然，儘管"的意義。**In spite of** / **Despite** 是介詞，與名詞或名詞短語連用；**although** 是連詞，引導一個從句。如：Although Jack had some difficulties in his studies, he passed the exams. / In spite of the difficulties in his studies, Jack passed the exams. （儘管杰克學習中有些困難，但他考試及格。）另外，如果在從句開始時用 **even** 加強語氣，那麼，**even** 後面接 **though**，不接 **although**。如：Even though he couldn't swim, he jumped into water to help the little boy. （即使他不會游泳，他仍然跳入水中救小孩。）

al·ti·tude /'æltɪtjuːd/ *n*
1 [C, U] 高度；海拔：The plane began to climb to gain *altitude* (lose *altitude*). 飛機開始爬高（下降）。 **2** [常作 altitudes] 高處；高地：mountain *altitudes* 高山地帶 **3** 〈數〉從底邊到頂點的垂直距離；頂垂線

al·to·ge·ther /ˌɔːltə'geðə(r)/ *adv*
1 完全地；全部地：Their effort failed *altogether*. 他們的努力完全失敗了。 **2** 總之；總而言之：*Altogether*, the project was a success. 總的說來，課題是成功的。 **3** 總共：He wrote twenty novels *altogether* in his life time. 他一生總共寫了二十本小說。
◑ partly

a·lu·min·i·um, a·lu·mi·num /ˌæljʊ'mɪnɪəm; əˈluːmɪnəm/ 〈化〉
I *n* 鋁 **II** *adj* （含）鋁的；鋁製的

al·ways /'ɔːlweɪz/ *adv*
1 總是；老是；一直；無例外地：Great men are not *always* wise. [諺] 偉人並不總是明智。 **2** 永遠；始終：I *always* love my country. 我永遠熱愛我的祖國。
◇ **as always** 如平時一樣；在通常情況下 / **for always** 永遠
◐ often, sometimes, usually
◑ never

用法說明：句中如果沒有助動詞，**always** 應放在主要動詞之前，如：He always has excuses. （他總有辯解的藉口。）如主要動詞是 **be**，則 **always** 應放在 **be** 之後，如：He is always kind to me. （他對我一直很和藹。）在其他情況下，**always** 緊接在（第一個）助動詞之後，如：When you attend his lectures, your mind should always be active. （當你聽他講課時，你必須一直保持積極思維。）

a·mal·gam·ate /əˈmælɡəmeɪt/
I *vt* **1** （使金屬）汞齊化；成為汞合金 **2** （使）混合；（使）合併：*amalgamate* ten companies into two 把十個公司合併成兩個 **II** *adj* 混合的 ▷ **amalgamated** *adj* / **amalgamation** *n*

am /æm; əm/
動詞 be 的第一人稱單數現在式

am·a·teur /'æmətə(r); æməˈtɜː(r)/
I *n* [C] **1** （藝術、科學等的）業餘愛好者；業餘運動員 **2** 非專業人員；粗通（某一行）的人；外行 **II** *adj* **1** 業餘愛好的；業餘的：an *amateur* brass band 業餘銅管樂隊 **2** 外行的

> **amateurish** adj / **amateurism** n 外
行做法；業餘特點

a·maze /əˈmeɪz/ vt
（使）驚奇；（使）驚愕；（使）驚異：
Your knowledge amazes me. 你的知識使
我驚訝。/ be amazed to see (hear, find)
sth 見到（聽到、發現）某事使某人驚奇
> **amazed** adj / **amazement** n
● surprise, astonish

a·maz·ing /əˈmeɪzɪŋ/ adj
使人十分驚奇的；令人吃驚的；驚人
的：The country is developing at an
amazing speed. 這國家發展速度驚人。
> **amazingly** adv

am·bas·sa·dor
/æmˈbæsədə(r)/ n [C]
❶ 大使 ❷（派駐國際組織的）代表：
an ambassador to the United Nations 駐
聯合國代表 ❸ [喻] 使者；代表

am·ber /ˈæmbə(r)/
I n [U] ❶ 琥珀 ❷ 琥珀色；黃褐色 ❸
（指揮交通的）黃燈信號 II adj 琥珀製
的；琥珀色的

am·big·u·ous /æmˈbɪɡjʊəs/ adj
❶ 含糊不清的；不明確的：an
ambiguous reply 一個含糊的回答 / an
ambiguous plant 一種難以歸類的植物
❷ 分歧的；引起歧義的：an ambiguous
case 〈數〉歧例 > **ambiguity**
/ˌæmbɪˈɡjuːətɪ/ n / **ambiguously** adv /
ambiguousness n

am·bi·tion /æmˈbɪʃn/ n
❶ [C, U]（對名利的）強烈欲望；雄心；
抱負；野心；奢望：a high ambition 遠
大的抱負 / one's ambitions to fame 想出
人頭地的強烈願望 ❷ [C] 追求的目標：
The multi-national company is his

ambition. 跨國公司是他追求的目標。
> **ambitionless** adj

am·bi·tious /æmˈbɪʃəs/ adj
❶ 野心勃勃的；有抱負的；心懷奢望
的：an ambitious man 一個有抱負的人
/ be ambitious to succeed in one's career
有雄心壯志做出一番事業來 ❷ 產生或顯
示雄心（野心）的：an ambitious plan
雄心勃勃的計劃 / an ambitious attempt
勁頭十足的嘗試 > **ambitiously** adv
● aspiring, enterprising
◑ apathetic, humble

am·bu·lance /ˈæmbjʊləns/ n [C]
救護車；救護船；救護飛機

a·mend /əˈmend/
❶ vt ❶ 修改；修訂：amend the
Constitution 修訂憲法 ❷ 改進；改善：
amend one's ways 改過自新 ❷ vi 改
進；改善；改過：try to amend 努力改
進
> **amendable** adj / **amender** n

a·mend·ment /əˈmendmənt/ n
❶ [C] 修改；修訂；修正案（條款）：
make amendments to the law 修訂法律
❷ [U] 改進；改善：The rule need some
amendment before it is announced. 這
條規定在公佈前需要修改。

a·men·i·ty /əˈmiːnətɪ; əˈmen-/ n
❶ [U]（環境、氣候等）舒服；（心情等）
愉快：My hometown has the amenity
of a warm climate. 我的家鄉有宜人的溫
暖氣候。❷ [常作 amenities] 生活便利
設施：cultural (tourist) amenities 文化
（旅遊）設施 ❸ [amenities] 令人愉快的
舉動；禮節：amenities of diplomacy 外
交禮節 / The guests exchanged (social)
amenities. 客人們寒暄了一番。

A·mer·i·ca /əˈmerɪkə/ n
1 亞美利加洲；美洲 **2** 北美洲 **3** 南美洲 **4** 美國（即 the United States of America，略作 U.S.A.）
⇨ 插圖見 WORLD

A·mer·i·can /əˈmerɪkən/
I adj **1** 美洲的：American countries 美洲國家 / American plants and animals 美洲的動植物 **2** 美國的；美國人的：the American way of life 美國生活方式 **3** 美洲印第安人的 II n **1** [C] 出生於美洲的人 **2** [C] 美國人；美國公民 **3** [C] 美洲印第安人 **4** [U] 美國式英語

a·mid /əˈmɪd/ prep
在…中間；在…之中：amid friends 在朋友們中間 / That generation was brought up amid miseries of war. 那一代人是在戰爭的苦難中長大的。

a·mi·no /əˈmiːnəʊ/ adj
〈化〉氨基的：amino acid 氨基酸

a·miss /əˈmɪs/
I adv **1** 錯誤地；不正確地：The manager judged the situation amiss. 經理對形勢判斷錯了。 **2** 不順當；出錯：Things always go amiss in his work. 他工作中老是出差錯。 II adj （一般作表語）**1** 錯誤的；有缺陷的：Nothing is amiss with the patient. 病人沒有問題。 **2** （常用於否定句）不合適的；不合時宜的：In that situation, talking about weather may not be amiss. 在那情況下，談談天氣倒很得體。
◇ **take sth amiss**（尤指出於誤解而）對…介意；見怪

am·me·ter /ˈæmɪtə(r)/ n 〈電〉安培計

am·mo·ni·a /əˈməʊnɪə/ n
〈化〉氨；阿摩尼亞；氨水

am·mu·ni·tion /ˌæmjʊˈnɪʃn/ n
1 [U] 彈藥；軍火：This army unit used a lot of ammunition in the exercise. 這支部隊在演習中使用了很多彈藥。 **2** [U] 進攻（防禦）的手段；[喻] 炮彈（指可以用來攻擊別人或為自己辯護的材料）：provide ammunition for sb against... 給某人提供攻擊…的炮彈

a·moe·ba /əˈmiːbə/ n
（複 = amoebas, amoebae）〈動〉變形蟲（舊稱 "偽足蟲"，或譯 "阿米巴"）

a·moe·bae /əˈmiːbiː/
amoeba 的一種複數

a·mong, a·mongst /əˈmʌŋ; -st/ prep
1 在…之中：This singer is popular among the young people. 這位歌手在年輕人中很受歡迎。 **2** 被…所圍繞：a house among the trees 一幢樹木環繞的房子
◇ **among others** 其中；尤其

用法說明：**Among(st)** 用於三個或三個以上的事物之間，如：I couldn't find anything interesting among the books on the shelf.（在書架上的書中，我連一本有趣的讀物也找不到。）**Between** 常用於兩個或兩個以上的個體之間，如：You can choose between the two.（你可以從兩個中選一個。）

a·mount /əˈmaʊnt/
I n **1** [U] 總數；總額：the amount of the monthly production 每月生產總額 **2** [常用 amounts] 數額；數量：Large amounts of money have been spent on the project. 在這一課題上已花了大量的錢。 **3** [U] 總的含義；總的價值：The

amount of his remarks is that... 他講話總的意思是…

II *vi* **1** 合計；共計（to）：The bill *amounts* to 100 dollars. 賬單共計一百美元。 **2** （在數量、結果、價值、力量等方面）相當於；等於（to）：All his fine words *amount* to little (nothing). 他的漂亮言詞沒有甚麼實際意義。

◖ sum

> 用法説明：**Amount**、**quantity**、**number** 都表示數量。**Amount** 一般與不可數名詞連用，如 an amount of money。當與大多數複數名詞連用時，應當用 **number** 或 **quantity**。**Amount** 也可使用複數形式，表示數量大，這時後面的動詞也應當用相應的複數形式，如：Large amounts of money are required to finish the work. (完成這項工作需要大量的資金。)

am·pere /'æmpeə(r)/ *n*
〈電〉安（培）（電流單位，據法國物理學家 André Marie Ampère 的姓命名）

am·phib·i·an /æm'fɪbɪən/
I *n* [C] **1** 兩棲動物 **2** 水旱兩生植物 **3** 水陸（兩用）車輛；飛機 **II** *adj* 兩棲的；水陸兩用的

am·ple /'æmpl/ *adj*
1 大量的；充裕的；足夠的：This region has *ample* resources for its development. 這地區有豐富的資源以資開發。/ There is *ample* reason to feel doubtful. 有充分的理由感到懷疑。 **2** 廣大的；寬敞的：an *ample* room 一間寬敞的房間 / an *ample* space 很大的空間 ▷ **ampleness** *n* / **amply** *adv*

am·pli·fy /'æmplɪfaɪ/ *vt*
1 放大；增強：*amplify* the sound 增強

聲音 **2** 進一步論述：*amplify* one's remarks 進一步説明自己的意見
▷ **amplification** *n*

a·muse /ə'mjuːz/ *vt*
1 逗樂；逗笑：The play *amuses* me. 這戲使我發笑。 **2** 給…提供娛樂；使高興；使感興趣：The toy train *amuses* children for hours. 玩具火車讓孩子們玩幾個小時也不會厭。 ▷ **amusable** *adj* / **amused** *adj* / **amuser** *n*
◖ entertain, please
◗ bore

a·muse·ment /ə'mjuːzmənt/ *n*
1 [U] 樂趣；興味：excite much *amusement* 引人發笑 / He creased his eyes in *amusement*. 他樂得眯起了眼睛。 **2** [C] 娛樂（活動）；消遣（方式）：There are a lot of *amusements* in the city. 城市中有許多消遣的方式。
□ **amusement park** [主美] 公共露天遊樂場 / **amusement tax** 娛樂税

a·mus·ing /ə'mjuːzɪŋ/ *adj*
1 有趣的；娛人的：an *amusing* book 一本有趣的書 **2** 逗笑的：The actor tried to be *amusing*, but the audience did not respond. 演員試圖逗笑，但觀眾沒有反應。 ▷ **amusingly** *adv*
◖ entertaining, pleasing, delightful, funny
◗ boring, tedious

a·nal·o·gy /ə'nælədʒɪ/ *n* [C, U]
1 相似；類似：There is an *analogy* between the two incidents. 兩個事件有類似之處。 **2** 比喻；比擬；類推；類比：a forced *analogy* 勉強的類推
◇ **by analogy** 用類推的方法 / **on the analogy of** 根據…類推 □ **analogy**

A

test 類推測驗

a·na·lyse, a·na·lyze /ˈænəlaɪz/ *vt*
1 分析；〈化〉分解：*analyse* water into hydrogen and oxygen 把水分解成氫和氧 **2** 分析研究；認真檢查：*analyse* all the factors 分析所有的因素 / *analyse* a sentence 分析句子 ▷ **analyst** *n* 分析者；分析家：political *analyst* 政治分析家

a·na·ly·sis /əˈnæləsɪs/
（複 = analyses /əˈnæləsiːz/）*n* [C, U]
1 分析；分解；分析結果：The *analysis* of the drinking water showed that there was serious pollution. 對飲用水的分析說明有嚴重的污染。 **2**〈化，物，數〉分析；解析
◇ **in the last (final) analysis** 歸根結底；總而言之

a·nat·o·my /əˈnætəmɪ/ *n*
1 [U] 解剖；解剖學：human *anatomy* 人體解剖學 **2** [C] 剖析；分析：an *anatomy* of the complicated situation 對複雜形勢的剖析

an·ces·tor /ˈænsestə(r)/ *n*
1 祖先；祖宗：Our *ancestors* settled on this part of the country centuries ago. 我們的祖先在幾個世紀以前就在這塊土地上定居。 **2** 原型：the *ancestor* of the engine 發動機的原型 **3**〈生〉原種：the wild *ancestor* of rice 稻米的野生原種
□ **ancestor worship** 敬奉祖先
▷ **ancestral** *adj* / **ancestry** *n*
◑ **descendant**

an·chor /ˈæŋkə(r)/
I *n* **1** [C] 錨：drop (cast) *anchor* 拋錨；停泊 / weigh *anchor* 起航；離開 /

The *anchor* has come home. [諺] 錨已收起。（喻儘管採取了措施，但事情還是失敗了。） **2** [U] 給人安慰之物；靠山：In times of difficulties, faith is his only *anchor*. 在困難的時候，信念是他唯一的依靠。 **3** [U]（電台、電視台）新聞節目總編排：Who is doing the *anchor* now? 誰在主持新聞廣播節目？
II **1** *vt* 繫住；固定：He *anchored* the tie with a stud. 他用一顆扣子固定領帶。 **2** *vi* 拋錨；停泊：The ship *anchored* off the harbour. 船停在港口外。
▷ **anchorage** *n* / **anchorless** *adj*

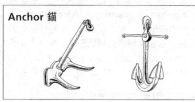

Anchor 錨

an·chor·man /ˈæŋkəmæn/ *n* [C]
（複 = anchormen）
1 電（視）台新聞節目主持人：They are selecting a new *anchorman* for this TV programme. 他們在為這個電視節目物色一個新的主持人。 **2**（接力賽）最後一棒 **3**（畢業班）成績末名者 **4**（機構、組織的）骨幹人物

an·chor·men /ˈæŋkəmen/
anchorman 的複數

an·chor·per·son
/ˈæŋkəˌpɜːsən/ *n* [C] 新聞節目主持人

an·chor·wo·man
/ˈæŋkəˌwʊmən/ *n* [C]
（複 = anchorwomen）新聞節目女主持人

an·chor·wo·men /ˈæŋkəˌwɪmɪn/
anchorwoman 的複數

an·cient /ˈeɪnʃənt/

I adj **1** 古代的：ancient Rome and Greece 古代羅馬和希臘 **2** 古老的：ancient customs 古風 **3** 老式的：The scholar wears a pair of ancient spectacles. 那學者戴一副老式的眼鏡。

II n **1** [U] 老年人 **2** [U] 古代人 **3** [the ancients] 古代民族（如希臘和羅馬等）

◑ **modern**

⇨ 用法説明見 OLD

and /ænd; ənd; ən/ conj

1（用於連接語法上同類的結構；表示並列和附加關係）和；與；及；又；並；兼；同；也；而且：Children and fools speak the truth. [諺] 孩子和傻子講真話。 **2**（表示結果）那麼；則：Water the flowers and they will look fresh again. 給花澆點水，花就又會鮮艷起來。 **3**（連接重複的詞）又；越：The little boy cried and cried. 小男孩哭個不停。 **4** 加：2 and 2 make 4. 2 加 2 等於 4。 **5** [口]（用於 come, go, try 等動詞後）為了：Try and come this afternoon. 爭取今天下午來。

◇ **and all that** 諸如此類 / **and so on** (and so forth, and so on and so forth) 等等 / **and that** 而且 / **and then** 於是；然後 / **and what not** 諸如此類 / **and yet** 可是

> **用法説明**：列舉兩個事物，在肯定句中用 **and**，在否定句中用 **or**，如：The boy has a brother and a sister.（那男孩有兩個兄妹。）The refugees did not have any food or shelter.（難民沒有食物，沒有住處。）但兩個事物如果當作一個整體，則可在否定句中使用 **and**，如：He didn't want any fish and chips.（他不想吃炸魚和土豆片。）

an·ec·dote /ˈænɪkdəʊt/ n [C]

（複 = anecdotes, anecdota）**1** 軼事；趣聞：This newspaper carries a lot of anecdotes about famous people. 這份報紙刊登許多有關名人的軼聞趣事。 **2** 秘聞

an·ec·do·ta /ˌænɪkˈdəʊtə/

anecdote 的一種複數

an·gel /ˈeɪndʒl/ n [C]

1 天使：Speak of an angel, and you will hear his wings. [諺] 説到天使，即聞其鼓翼聲。（説到某人，某人就到。） **2** 完美、善良、可愛的人（常指女人或小孩）；善人

◇ **on the side of the angels** 在道義的一方

an·ger /ˈæŋɡə(r)/

I n [U] 怒；憤怒：be filled with anger 滿腔怒火 / Anger is harmful to health. 發怒傷身體。 **II** vt, vi 激怒；（使）發怒：The old man angers easily. 這個老人動輒發怒。

◐ **fury, rage**

◑ **patience, pleasure**

an·gle¹ /ˈæŋɡl/

I n [C] **1**〈數〉角；角度：the right angle 直角 / an acute angle 鋭角 / an obtuse angle 鈍角 **2** 角；隅；稜：The mouse hid in an angle of the room. 老鼠躲在房間的一隅。 **3** 角度；觀點；立場：We began to look at the matter from a new angle. 我們開始從另一個角度來看這件事。

II vi **1** 斜向地移動；成一定角度地行進：The moon light angled in through the window. 月光從窗戶中斜進來。 **2** 轉變角度：The river angles to the

A

left. 河流折向左方。

□ **angle iron** 角鐵 / **angle of reflection** 〈物〉反射角 / **angle of view** 〈物〉視角 ▷ **angled** adj

◑ **corner**

an·gle² /ˈæŋgl/ vi 釣魚

an·gry /ˈæŋgrɪ/ adj

1 發怒的;憤怒的;生氣的: To be angry with a weak man is proof that you are not very strong yourself. 對弱者發脾氣說你自己不是強者。 **2** (天、雲、風浪等)狂暴的;翻滾的: angry winds and angry waves 狂風怒濤 **3** (患處)發炎作痛: an angry wound 腫痛的傷

▷ **angrily** adv

◑ **annoyed, mad**

◐ **patient, mild**

an·gu·lar /ˈæŋgjʊlə(r)/ adj

1 有角的;尖的: an angular block of ice 有尖角的冰塊 **2** 瘦骨嶙峋的: a tall, angular old man 身材瘦削的老人 **3** 生硬的;笨拙的: This foreign student talked in his angular Chinese. 那個外國學生用生硬的漢語講話。

an·hy·drous /ænˈhaɪdrəs/ adj 〈化〉無水的

a·ni·mal /ˈænɪml/

I n [C] **1** 動物: Snakes, fish and birds are all animals. 蛇、魚和鳥都是動物。/ a domestic animal 家畜 **2** 畜生般的人;殘暴的人 **3** 與眾不同的人(物): a political animal 善搞政治的人

II adj **1** 動物的;取自動物的: the animal world 動物世界 **2** 動物性的: animal courage 蠻勇 **3** 人的肉體方面的: the animal desire 肉慾

□ **animal heat** 體溫 / **animal king-dom** 動物界 / **animal park** [美](模擬自然環境的)野生動物園

▷ **animallike** adj

◑ **creature, beast**

◐ **human, man**

an·kle /ˈæŋkl/ n [C]

踝;踝關節: She twisted (sprained) her ankle in the long jump. 她在跳遠時扭傷了腳踝。

⇨ 插圖見 FOOT

an·nals /ˈænlz/ n [複]

1 編年史: the annals of the English people 英國人民編年史 **2** 歷史;歷史記載: a great event in the annals of exploration 探險史上一次壯舉

an·nex /əˈneks/

I vt **1** 附加;添加;附帶: annex an index to the book 在書中附加一個索引 **2** 把…併入轄區;併吞(領土等): These small counties have been annexed into the city area. 這些小縣城已劃入了城市區。 **3** 得到;獲得;佔有: She easily annexed all the prizes in the contest. 她囊括了這次賽事的全部大獎。

II /ˈæneks/ n (亦作 annexe) [C] **1** 附加物;附件 **2** 附屬建築物;添加的建築物: His office is in the annex to the building. 他的辦公室在大樓的增建部分。

an·ni·ver·sa·ry /ˌænɪˈvɜːsərɪ/

I n [C] 週年紀念(日): mark the 20th anniversary of the children fund foundation 紀念兒童基金會成立二十週年 **II** adj 週年的;週年紀念的: anniversary celebrations 週年慶祝活動

an·nounce /əˈnaʊns/

❶ vt **1** 宣佈;宣告;發表: They have

announced their wedding in a local newspaper. 他們已在一份地方報紙上刊登了結婚啟事。 **2** 報告…的到來： *announce* a guest 通報一位客人的到來 **3** 作為…的跡象；顯示： Warm winds and swallows *announce* the coming of spring. 暖風和燕子顯示春天的到來。

❷ *vi* 當播音員；當報幕員

◐ proclaim, declare, publicize

an·nounce·ment /ə'naʊsmənt/ *n* [C]

1 宣佈；宣告 **2** 通知；通告；佈告： make an *announcement* that... 宣佈… / a broadcast *announcement* 廣播通知

an·nounc·er /ə'naʊnsə/ *n* [C]

1 宣告者 **2** 電（視）台新聞廣播員；播音員；報幕員： She is an *announcer* of Radio Hong Kong. 她是香港電台的播音員。

an·noy /ə'nɔɪ/ *vt*

1 使生氣；使惱怒；使煩惱： She was *annoyed* by his teasing. 她被他逗惱了。 **2** 打擾；騷擾；干擾： The flies are *annoying* me. 蒼蠅使我不得安寧。

▷ annoyance *n* / annoying *adj*

◐ bother, tease, harass, worry, rouble

◑ comfort, soothe

an·nu·al /'ænjʊəl/

I *adj* **1** 一年一次的： an *annual* report 年度報告 / *annual* celebrations 一年一度的慶祝活動 **2** 全年的： *annual* rainfall 全年降雨量 **3** 一年生的： an *annual* plant 一年生植物 **II** *n* **1** 年報；年刊；年鑒 **2** 一年或一季生植物

▷ annually *adv*

an·nul /ə'nʌl/ *vt*

1 廢除；取消（法律、合同等）： *annul* a contract 取消合同 **2** 使消失；抹去： Time cannot *annul* these sad memories. 時間不能抹掉這些傷心的回憶。

▷ annullable *adj*

an·num /'ænəm/ [拉]

一年： per *annum* 每年

an·ode /'ænəʊd/ *n*

〈電，電子，化〉陽極

a·non·y·mous /ə'nɒnɪməs/ *adj*

1 匿名的；無名的；來源不明的： an *anonymous* letter 匿名信 / an *anonymous* gift 來源不明的禮物 **2** 無特色的： the *anonymous* scene of the railway station 火車站那種千篇一律的景色 **▷** anonymously *adv*

an·oth·er /ə'nʌðə(r)/

I *adj* **1** （同類中）又一的；再一個的： I'd like to have *another* piece of cake. 我還要吃一塊餅。 **2** 另一的；別的： That's quite *another* matter. 那完全是另外一回事。/ I'll see you *another* time. 下回我再來看你。

II *pron* **1** （同類中）又一個；再一個： This coat is a bit too large, I'd like to try *another*. 這件外套有點大，我想再找一件試試。 **2** 另一個： from one house to *another* 挨家逐戶

◇ one after another 一個接一個 / one another 互相 / taken (taking) one with another 總的看來

an·swer /'ɑːnsə(r)/

I **❶** *vt* **1** 回答；答覆： They can't *answer* the question promptly. 他們不能立即回答這個問題。 **2** 解答；解決： Can you *answer* this problem? 你能解答這個問題嗎？ **3** 響應；對…作出反應： I telephoned this morning, but nobody *answered*. 我今天早晨打電話，但沒有人接。 **4** 符合；適應（目的、願望等）： The village school *answers* the local needs for primary education. 鄉村小學滿足了本地初等教育的需要。 **❷** *vi* 負責；須作交代（to, for）： *answer* to sb for sth 為某事對某人負責

II *n* [C, U] **1** 回答；答覆： No *answer* is also *answer*. [諺] 不回答也就是回答。 **2** 解答；解決： The shortest *answer* is doing. [諺] 最簡捷的解決辦法就是動手幹。

◇ **in answer to** 作為對…的答覆
▷ **answerable** *adj*
❶ reply, response
◑ ask, question

用法説明： **Answer**、**reply**、**respond** 都有 "回答" 的意義。回答問題通常用的動詞是 **answer**，也可用 **reply**，但有直接引語時，更多用動詞 **reply**。如： She was too nervous to answer/reply. （她緊張得答不上來。） 'That is easy,' she replied. （她答道："那容易。"） **Respond** 用得較少些，語體比較正式，尤指對某種説法作出反應，如： The coach hasn't responded to the criticism yet. （教練還沒對批評作答。） **Reply** 和 **respond** 都是不及物動詞，不可直接跟名詞賓語。 **Answer** 是及物動詞，可以説 answer a question / an advertisement / a person 等，但 answer to somebody 則具有 "向人解釋或匯報" 的含義。

ant /ænt/ *n* [C] 螞蟻
◇ **have ants in one's pants** 坐立不安；急欲行動
an·tag·o·nism

/æn'tægənɪzəm/ *n* [C, U]
對抗；對立；敵對： the *antagonism* between good and evil 善惡之對立 / A's *antagonism* against (to) B A 跟 B 的對立
an·tag·o·nist /æn'tægənɪst/ *n* [C]
對抗者；對手；敵手： an *antagonist* in the conflict 衝突中的對手
ant·arc·tic /æn'tɑːktɪk/
I *adj* 南極的；南極區的： the *Antarctic* Circle 南極圈 / the *Antarctic* Continent 南極洲 **II** *n* 南極區；南極圈
an·te·ced·ent /æntɪ'siːdnt/
I *n* [C] **1** 前事；前例： Such a case does not have any *antecedent*. 這樣的案件沒有先例。 **2** 〈語〉先行詞 **3** 〈數〉前項 **4** [antecedents] 祖先；經歷 **II** *adj* **1** 先前的；先時的： writing *antecedent* to the invention of paper 紙張發明以前的書面文字 **2** 〈邏〉前提的；前件的
an·ten·na /æn'tenə/ *n*
（複 = antennas, antennae） **1** 〈動〉觸角；觸鬚 **2** （複 = antennas）天線（= [英] aerial）： a directional (disc, telescopic, outside, whip) *antenna* 定向（圓盤狀、套筒式、室外、鞭狀）天線
an·ten·nae /æn'teniː/
antenna 的一種複數
an·them /'ænθəm/ *n* [C]
1 〈宗〉聖歌；讚美詩 **2** 讚歌；頌歌： the national *anthem* 國歌
an·ther /'ænðə(r)/ *n*
〈植〉花藥；花粉囊
an·ti·bi·ot·ic /æntɪbaɪ'ɒtɪk/ *adj*
〈微〉抗菌素；抗生素
an·ti·ci·pate /æn'tɪsɪpeɪt/ *vt*
1 期望；預料： We *anticipate* a lot of

opposition to our proposal. 我們預料對我們的建議會有很多反對意見。 **2** 先人一着：*anticipate* the enemy 先發制敵人 / The Chinese *anticipated* the Europeans in discovering gunpowder. 中國人先於歐洲人發現火藥。 **3** 預先準備：We *anticipated* their visit by staying at home. 我們呆在家中，準備他們來訪。 **4** 提前使用：*anticipate* one's wage 提前使用工資（寅吃卯糧）

◑ foresee, expect, forecast, expect

an·ti·ci·pa·tion /æn͵tɪsɪˈpeɪʃn/ *n*

1 [U] 預期；預料：in *anticipation* of a reply 期待答覆 **2** [C] 預期的事物 **3** [C] 預感；預知 **4** [U] 先期採取的行動；先發制人：He is a chess player with good *anticipation*. 他是一個具有良好的先發制人本領的棋手。

◇ in anticipation 預先 / in anticipation of 期待着；預計到

an·ti·clock·wise
/͵æntɪˈklɒkwaɪz/ *adj, adv*
反時針的；反時針地

an·ti·log·a·rithm
/͵æntɪˈlɒgərɪðəm/ *n*
〈數〉反對數；逆對數

an·tique /ænˈtiːk/
I *adj* **1** （與希臘和羅馬等有關的）古時的；古老的：*antique* nations 古國 **2** 古風的；古式的：an *antique* mirror 古鏡 **3** （經營）古董的：an *antique* shop 古玩店 **II** *n* **1** [C] 古物；古董：a fake *antique* 假古董 **2** [U] [the antique] 古式；古風（尤指希臘羅馬時代的藝術） ▷ **antiquehood** *n* / **antiquely** *adv*

◑ ancient, old, early, obsolete

◑ modern, new

an·ti·sep·tic /͵æntɪˈsɛptɪk/
I *adj* **1** 抗菌的；防腐的：*antiseptic* gauze 消毒紗布 **2** 不受感染的；無菌的：an *antiseptic* solution 無菌溶液 **3** [喻] 一塵不染的 **II** *n* [C] 抗菌劑；防腐劑

an·ti·tox·in /͵æntɪˈtɒksɪn/ *n*
〈生〉抗毒素；抗毒素血清

an·to·nym /ˈæntənɪm/ *n* [C]
反義詞：'Tall' is an *antonym* of 'short'. "高" 是 "矮" 的反義詞。

anx·i·e·ty /æŋˈzaɪətɪ/ *n*
1 [U] 焦慮；掛慮：Her sudden departure caused him great *anxiety*. 她的突然離去使他焦慮不已。 **2** [C] 憂慮的事：Everybody has some *anxieties*. 每個人都有憂慮的事情。 **3** [U] 渴望；熱望：her *anxiety* to please the guests 她急切取悅客人的心情

◑ fear, worry

◑ ease

anx·ious /ˈæŋkʃəs/ *adj*
1 焦慮的；發愁的（about, at）：He was *anxious* about his son's health. 他為他兒子的健康發愁。 **2** 令人焦慮的；在不安中度過的：He cannot forget those *anxious* days of waiting. 他不能忘記那些焦慮不安的日子。 ▷ **anxiously** *adv* / **anxiousness** *n*

◑ concerned, worried, uneasy

◑ certain, sure, confident

any /ˈɛnɪ/
I *adj* **1** 任何的；（三個或以上的人和物中）任一的：*Any* child would know that. 那種事即使小孩都懂。 / You may borrow *any* book in my library. 你可以借

我藏書中的任何書。 **2**（常用於疑問、否定、條件句中；或與有疑問、否定意義的詞連用）**甚麼；一些**: I haven't got *any* money with me. 我身上沒有錢。/ *Any* suggestions? 有甚麼建議嗎？

◇ **at any rate, in any case** 無論如何 **II** *pron* **1** 任何人；任何東西；任何部分: Does *any* of you know the stranger? 你們中有誰認識這個陌生人？ **2** 一個；一些: I'd like some pepper, have you got *any*? 我想要點辣椒，你有嗎？

III *adv*（常與比較級連用）**稍微；絲毫**: He hasn't got *any* better. 他沒有任何好轉。

◇ **if any** 若有的話 / **(not) any longer**（不）再 / **(not) any more**（不）再

any·bo·dy /ˈenɪbɒdɪ/ *pron*
1（一般用於疑問句、條件句、否定句中）**任何人**: Has *anybody* been here? 有人來過嗎？ **2**（用於肯定句）**隨便哪個人**: *Anybody* can tell you why. 任何人都可以告訴你為甚麼。 **3** 重要人物: If you want to be *anybody*, you must work hard. 如果你想出人頭地，就必須努力工作。

◇ **anybody's guess** 拿不準的事 / **if anybody** 倘若有誰的話；如果有（符合這種要求的）人的話

any·how /ˈenɪhaʊ/ *adv*
1 不管怎麼説；無論如何；至少: They may not like my proposal, but I'll raise it at the meeting *anyhow*. 他們可能不喜歡我的建議，但我無論如何要在會上提出來。 **2** 隨隨便便地: He has his three meals a day just *anyhow*. 他一日三頓，吃得很馬虎。 **3** 不論用甚麼方法；無論

從甚麼角度
◇ **feel anyhow**（身體）感到不舒服
any·one /ˈenɪwʌn/ *pron*
任何人（= anybody）

any·thing /ˈenɪθɪŋ/
I *pron* **1**（一般用於疑問句、否定句、條件句中）**任何東西；任何事情；任何事物**: Do you have *anything* for me to do? 你有甚麼事情要讓我做的嗎？ **2**（用於肯定句中）**無論甚麼東西；隨便甚麼事情**: When one is really hungry, one would eat *anything*. 要是真餓了，就甚麼東西都要吃。

◇ **for anything** 無論如何 / **for anything sb cares** 與某人不相干 / **for anything sb knows** 與某人所知的相反 / **if anything** 要説有甚麼區別的話；甚至正相反 / **or anything** 或其他甚麼

II *adv* 在任何方面；在任何程度上；全然: Is this watch *anything* like what you want? 你想買的錶有點像這一隻嗎？

any·way /ˈenɪweɪ/ *adv*（= anyhow）
1 不管怎麼説；無論如何；至少: They may not like my proposal, but I'll raise it at the meeting *anyway*. 他們可能不喜歡我的建議；但我無論如何要在會上提出來。 **2** 隨隨便便地 **3** 不論以甚麼方式；無論從甚麼角度

any·where /ˈenɪweə(r)/ *adv*
（在或到）任何地方；無論哪裏: I can't find my dictionary *anywhere*. 我哪裏都找不到我的字典。/ You can sit *anywhere* you like. 你坐哪兒都行。

◇ **anywhere near** [口] 在任何程度上；全然；幾乎；差不多 / **if anywhere** 如果有甚麼地方的話 / **or anywhere** 或

Ape 猿

chimpanzee
黑猩猩

gibbon
長臂猿

gorilla 大猩猩　　orang-utan 猩猩

在其他某地

a·part /ə'pɑːt/

I *adv* **1** 成零碎：Huge waves tore the boat *apart*. 巨浪把船打爛了。 **2** （在時間、空間上）成距離；相隔：These farms are three miles *apart*. 這些農場相隔三英里。 **3** 在一邊；在一旁：She stood *apart* from the others. 她不跟別人站在一起。 **4** 除去；不考慮：A few little things *apart*, I think the project is a success. 除了幾個枝節問題外，我認為這課題是成功的。

II *adj* **1** 分離的；分隔的：We will soon be together though we are now *apart*. 我們雖然現在分開，但不久就能在一起。 **2** 與眾不同的；獨特的：He is a man *apart* from all the others. 他是個與眾不同的人。 **3** 意見不一的；分歧的：The two brothers are very *apart* in ideas. 這兩兄弟想法很不一致。

◇ **apart from** 除…以外（別無）；若無；要不是 / **joking apart** 說正經的；言歸正傳 / **tell (know) apart** 能分辨；能區別 / **take apart** 拆開；剖析

a·part·ment /ə'pɑːtmənt/ *n* [C]

1 房間 **2** [英] [apartments] 一套房間（有傢具，供出租用） **3** [美]（公寓）套房 **4** [美] 公寓大樓

□ **apartment building** [美] 公寓大樓（= apartment house）

ape /eɪp/

I *n* [C] **1** 猿 **2** 猴 **3** 模仿者；學樣的人 **II** *vt* 模仿；學…的樣：He does not like to *ape* the ways of other people. 他不喜歡模仿別人的舉止。

◇ **play the ape** 學樣；模仿

▷ **apelike** *adj*

a·per·ture /'æpətʃə(r)/ *n* [C]

1 孔；隙縫；缺口：the *aperture* at the top of the cave 洞穴頂部的隙縫 **2** （光學儀器鏡頭的）孔徑；光圈

a·pol·o·gize, -ise /ə'pɒlədʒaɪz/ *vt*

1 道歉；認錯；謝罪：I *apologized* to him for not writing back earlier. 我因沒有及早回信而向他表示歉意。 **2** 辯解；辯護

a·pol·o·gy /ə'pɒlədʒɪ/ *n*

1 道歉；認錯；謝罪：make an *apology* for being late 因遲到而表示歉意 / Please accept my *apologies*. 請接受我的歉意。 **2** 辯解；辯護

▷ **apologetic** *adj*

❶ excuse, plea, explanation

ap·pall·ing /ə'pɔːlɪŋ/ *adj*

1 駭人的；可怕的：*appalling* crimes 駭人聽聞的罪行 **2** [口] 令人震驚的；低

劣得不像話的：They live in *appalling* conditions. 他們生活在十分惡劣的環境裏。▷ **appallingly** *adv*

◑ **frightening, horrifying, terrifying, shocking**

ap·pa·ra·tus /ˌæpəˈreɪtəs/ *n*
（複 = apparatus(es)）

1 器械；儀器；設備；裝置：medical *apparatus* 醫療器械 **2** 器官：the digestive *apparatus* 消化器官 **3** 機構；機關；組織：the government *apparatus* 政府機關

ap·par·ent /əˈpærənt/ *adj*
1 清晰可見的；顯然的；明白的：The crack in the bowl is *apparent*. 碗上的裂紋清晰可見。/ His mistake is *apparent* to all. 他的錯誤大家都清楚。**2** 表面上的；未必真實的：Their good relationship is *apparent* rather than real. 他們是面和心不和。▷ **apparently** *adv*

◑ **plain, clear, evident, obvious, visible**

◐ **concealed, real**

ap·peal /əˈpiːl/
I ❶ *vt* 〈律〉（將⋯）上訴：The defence will *appeal* the case to the higher court. 被告將把案件向高一級法院上訴。**❷** *vi* **1** 呼籲；懇請；請求：*appeal* to sb for sth 為某事向某人呼籲 **2** 有吸引力；有感染力；投合所好 (to)：Modern music *appeals* to us. 現代音樂對我們有吸引力。**3** 訴諸；求助於；請⋯裁決：*appeal* to force (reason) 訴諸武力（理性）

II *n* **1** 懇求；要求；呼籲：make an *appeal* to sb for sth **2** 感染力；吸引力；號召力：This singer has lost his

appeal. 歌手已沒有吸引力。**3** 〈律〉上訴；申訴

▷ **appealing** *adj* 感人的；吸引人的；懇求的；哀訴的

ap·pear /əˈpɪə(r)/ *vi*
1 出現；呈現：The full moon *appeared* above the trees. 滿月現樹梢。**2** 顯得；似乎：She *appears* younger than she is. 她看上去比實際年齡年輕。**3** 出版；發表：Your article will *appear* in the next number of the magazine. 你的文章在雜志的下一期發表。**4** （公開）露面；出場；登台：*appear* on the stage 登台表現 **5** 變得明顯；顯得明白：It *appears* (to me) that he is wrong. （據我）看來他錯了。

◑ **disappear**

ap·pear·ance /əˈpɪərəns/ *n*
1 [C] 出現；顯露；出場；出席：a public *appearance* 在公共場合露面 **2** [U] 外表；外觀；容貌：Judge not according to the *appearance*. 不要以貌取人。**3** [U] 出版：The *appearance* of the book brought the author some unexpected troubles. 該書的出版給作者帶來了一些意外的麻煩。

◇ **at first appearance** 乍看起來 / **by (from, to) all appearances** 顯然 / **keep up (save) appearances** 維持門面；保持體面 / **put in an appearance** （短時間）露面；出席

ap·pe·tite /ˈæpɪtaɪt/ *n* [C, U]
1 食慾；胃口：lose one's *appetite* 食慾不振 **2** 慾望；愛好；趣味 (for)：He has a great *appetite* for classic music. 他熱愛古典音樂。▷ **appetizer** *n* 開胃小吃或飲料

ap·plaud /əˈplɔːd/
❶ *vt* ❶ （給…）鼓掌；喝彩：*applaud* the actors at the end of a play 劇終時給演員們鼓掌 ❷ 稱讚；讚許；贊成：The young soldier is warmly *applauded* for his bravery. 這個年輕的軍人由於勇敢而受到讚揚。 ❷ *vi* 鼓掌；喝彩；叫好
▷ **applaudable** *adj*

ap·plause /əˈplɔːz/ *n* [U]
❶ 鼓掌；喝彩；叫好：win the *applause* of the audience 博得觀眾的喝彩 ❷ 稱讚；讚許：The new policy met with *applause*. 新政策獲得讚譽。
□ **applause line**（演說中）引起鼓掌的一句話

ap·ple /ˈæpl/ *n*
❶ 蘋果；蘋果樹 ❷ 蘋果狀果實
◇ **the apple of one's eye** 掌上明珠；瞳孔；眼珠 □ **apple pie** 蘋果餡餅 / **apple-pie** [口] 整齊的；完美的
⇨ 插圖見〈專題圖說 9〉

ap·pli·ance /əˈplaɪəns/ *n* [C]
❶（用於特定目的）器具：an *appliance* for opening cans 開罐頭的器具 ❷ 器械；裝置：a medical *appliance* 醫療器械 / electrical *appliances* 電器

ap·pli·cant /ˈæplɪkənt/ *n* [C]
申請人；請求者：a job *applicant* 求職者 / an *applicant* for relief (scholarship) 申請救濟（獎學金）的人

ap·pli·ca·tion /ˌæplɪˈkeɪʃn/ *n*
❶ [C] 申請；請求：make an *application* to sb for help 請求某人幫助 ❷ [U] 應用；實施：the *application* of a theory to practice 理論在實踐中的應用 ❸ [C, U] 敷用；塗抹；搽劑：three *applications* a day 每日敷三次 / for

external *application* only 僅用於外敷

ap·ply /əˈplaɪ/
❶ *vt* ❶ 把…施於（如塗、敷、抹、貼等）：*apply* a plaster to a wound 給傷口貼膏藥 ❷ 適用；有關係：This rule cannot be *applied* to every case. 這條規則不是在各種情況下都適用。 ❷ *vi*（尤指書面形式的）申請；請求：*apply* to sb for help 請求某人幫助
◇ **apply oneself to** 致力於；專注於 / **apply one's mind to** 專心於
▷ **applier** *n*
❶ use, employ

ap·point /əˈpɔɪnt/ *vt*
❶ 任命；委派：They *appointed* him as head of the department. 他們任命他為系主任。 ❷ 指定（時間、地點等）：Would you *appoint* a time for the next meeting? 你能確定下次會議的時間嗎？
▷ **appointable** *adj* / **appointee** *n* 被委派者 / **appointive** *adj* 任命的
❶ nominate, elect, select, designate
❶ dismiss, strip

ap·point·ment /əˈpɔɪntmənt/ *n*
❶ [C] 約會；約定：I have a previous *appointment*. 我已早有約會。 ❷ [U] 委任；任命：the *appointment* of a proper person to an office 任命一個適當的人擔任某一職務 ❸ [appointments]（尤指旅館和輪船的）傢具；陳設：a hotel famous for its elegant *appointments* 一家以精緻的傢具聞名的旅館
◇ **by appointment** 按約定的時間和地點

ap·pre·ci·ate /əˈpriːʃɪeɪt/
❶ *vt* ❶ 賞識：His talent is not fully *appreciated* in the company. 在公司裏他

的天才沒有得到充分的賞識。 **2** 感激：
I *appreciate* your help. 我感謝你的幫
助。 **3** 了解；充分意識到： Do you
appreciate the dangers of this job? 你明
白這項工作的危險性嗎？ **❷** *vi* 增多；
漲價： The land has *appreciated* in
value. 土地增值了。 ▷ **appreciator** *n*
❶ enjoy, value
◑ scorn

ap·pre·ci·a·tion /əˌpriːʃɪˈeɪʃn/ *n* [U]
1 重視；賞識；欣賞： Their
appreciation of the performance is
shown in their long standing applause.
他們對演出的讚賞表現在長時間的
掌聲中。 **2** 感激： express one's
appreciation of the help 表示對幫助的感
謝 **3** 估價；鑒別： They are quite right
in their *appreciation* of the international
situation. 他們對國際形勢的估價是十分
正確的。 **4** 漲價；增值： the
appreciation of the U.S. dollar against
the German mark 美元對德國馬克匯率
的增值

ap·pre·ci·a·tive /əˈpriːʃɪətɪv/ *adj*
1 有欣賞力的： an *appreciative*
audience 有欣賞力的觀眾 **2** 表示讚賞
的；表示感激的： We are deeply
appreciative of your timely help. 對你的
及時幫助我們深表感激。
▷ **appreciatively** *adv*

ap·pren·tice /əˈprentɪs/
I *n* [C] **1** 學徒；藝徒： an *apprentice*
electrician 實習電工 / an *apprentice* to a
blacksmith 鐵匠的學徒 **2** 初學者；生手
II *vi* 當學徒；習藝 ▷ **apprenticeship**
n 學徒身份；見習期

ap·proach /əˈprəʊtʃ/

I *vt* **1** 接近；走近： The soldiers
approached the enemy camp with care.
士兵們小心地接近敵人的營地。 **2** （在
數量、質量、性質等方面）近似；近
於： Few people can *approach* him in
achievements. 很少有人在成就上能與他
媲美的。 **3** 向⋯接洽；找⋯商量：
They *approached* us for renewing the
contract. 他們與我們接洽，商談重新簽
約事宜。 **4** （着手）處理；對付；探
討： We *approached* the problem from
a different angle. 我們從另一角度探討了
這一問題。

II *n* **1** [U] 接近；臨近： The *approach*
of spring brings wild flowers. 春天來臨
時，野花開放了。 **2** [C] 通道；道路：
All *approaches* to the disaster area are
opened. 通向災區的道路都開放了。 **3**
[C] 方法；態度： He adopts a different
approach to the problem. 他對問題採取
一種不同的態度。 **4** [C] 親近的表示：
make *approaches* to sb 試圖親近某人
▷ **approachable** *adj*

ap·pro·pri·ate
I /əˈprəʊprɪət/ *adj* 適當的；相稱的（to,
for）： His bright clothes were not
appropriate to the funeral. 他的鮮艷衣
服與葬禮不相稱。

II /əˈprəʊprɪeɪt/ *vt* **1** 撥出（款項等）
供專用： *appropriate* funds for the
scientific research 撥出資金供科研之用
2 私佔；挪用： The assistant is found
to have *appropriated* a great deal of
money. 該助手被發現挪用了大筆款項。
▷ **appropriately** *adv* / **appropriator**
挪用公款者
❶ fitting, suitable, proper

◐ inappropriate

ap·pro·val /ə'pruːvl/ n
1 [U] 贊成；同意；嘉許：The new policy won the *approval* of many voters. 新政策贏得了許多選民的支持。 **2** [C, U] 批准；認可：There is yet no Congressional *approval* for the treaty. 條約還未得到國會的批准。
◇ **on approval**（商品）供試用：包退包換

ap·prove /ə'pruːv/
❶ vt 批准；認可：The committee *approved* the plan. 委員會批准了這個計劃。 **❷** vi 贊成；同意；讚許；讚揚：I don't *approve* of wasting time. 我不贊成浪費時間。 ▷ **approver** n / **approving** adj
◑ authorize, confirm, ratify
◐ disapprove

ap·prox·i·mate /ə'prɒksɪmət/
I adj **1** 大約的：The *approximate* figure is 100, while the exact figure is 102. 約數為 100，確數為 102。 **2** 近似的：an *approximate* value 近似值 / an *approximate* estimate 約略的估計
II /ə'prɒksɪmeɪt/ **❶** vt 使接近；使靠近：This statue *approximates* perfection. 這尊雕像幾乎是完美的。 / He *approximated* the statue to perfection. 他使雕像幾乎達到盡善盡美的程度。 **❷** vi 近似；幾乎相等：His statement *approximated* to the truth. 他的說法與實際情況差不多。
▷ **approximately** adv

ap·prox·i·ma·tion
/ə,prɒksɪ'meɪʃn/ n [C, U]
接近；近似；近似值

Apr. abbr **April** 的縮寫

ap·ri·cot /'eɪprɪkɒt/
I n **1** [C] 杏子；杏樹 **2** [U] 杏黃色
II adj **1** 杏子（製）的 **2** 杏黃色的
⇨ 插圖見〈專題圖說 9〉

A·pril /'eɪprəl/ n
1 四月（略作 Apr.） **2** 春天

a·pron /'eɪprən/ n
1 [C] 圍裙；工作裙 **2** 停機坪

apt /æpt/ adj
1 適當的；恰當的：an *apt* reply 恰當的答覆 **2** 聰明的；敏捷的：The boy is very *apt* at learning foreign languages. 這個男孩擅長於學習外語。 **3**（後接動詞不定式）易於…的；有…傾向的：A man *apt* to promise is *apt* to forget. [諺] 輕諾者多寡信。
◑ inclined, prone, liable

ap·ti·tude /'æptɪtjuːd/ n [C, U]
1 自然傾向；習性：Swallows have an *aptitude* for migrating south in winter. 燕子有冬天南遷的習性。 **2** 天資；才能；聰明；聰穎：a pupil of great *aptitude* 極為聰穎的學生 / *aptitude* test 能力傾向測驗；性向測驗

a·quat·ic /ə'kwætɪk/
I adj **1** 水生的；水棲的：*aquatic* plants 水生植物 **2** 水上的；水中的：*aquatic* sports 水上運動 **II** n **1** 水生植物；水生動物 **2** [aquatics, 用作單或複] 水上運動

A·ra·bi·a /ə'reɪbɪə/
阿拉伯半島（在亞洲西南部）

A·ra·bi·an /ə'reɪbɪən/
I adj 阿拉伯（半島）的；阿拉伯人的：the *Arabian* camel 阿拉伯（單峰）駱駝 / The *Arabian Nights*《一千零一夜》（舊

譯《天方夜譚》，古代阿拉伯民間故事集）**II** *n* [C] **1** 阿拉伯人；居住在阿拉伯的人 **2** 阿拉伯馬

Ar·a·bic /'ærəbɪk/
I *n* 阿拉伯語 **II** *adj* **1** 阿拉伯人的；阿拉伯語言的（尤指其語言或文學）**2** 阿拉伯（半島）的
□ **Arabic numerals (figures)** [複] 阿拉伯數字

ar·able /'ærəbl/
I *adj* 可耕種的；可開墾的：*arable* land 可耕地 **II** *n* 可耕地；耕地

ar·bi·trar·y /'a:bɪtrərɪ/ *adj*
1 任性的；武斷的；專橫的：an *arbitrary* decision 武斷的決定 / an *arbitrary* government 專制的政府 **2** 任意（性）的：an *arbitrary* constant〈數〉任意常數 / an *abitrary* combination 任意組合 ▷ **arbitrarily** *adv*

arc /a:k/
I *n* [C] **1** 弧；圓弧：an *arc* of 87° 一個 87 度的弧 **2** 弓形（物）；弧形（物）；電弧 **II** *vi*（arced, arcked; arcing, arcking）**1** 形成電弧 **2** 呈弧形；循弧線前進

arch¹ /a:tʃ/
I *n* **1** [C]〈建〉拱；拱門；拱形結構：an *arch* bridge 拱橋 **2** [C, U] 拱形；拱形物：the *arch* of the sky 蒼穹 **II ❶** *vt* **1**（使）拱起；成拱形；呈弧形：The cat *arched* its back. 貓拱起了背。 **2** 用拱覆蓋；用拱連接；橫跨：A bridge *arches* the river. 一橋橫跨河流。 **❷** *vi* 形成拱形跨越（across, over）：Swallows *arched* across the sky. 燕子呈弧形掠過天空。

arch² /a:tʃ/ *adj*

主要的；為首的：*arch* enemy 大敵
□ **archangel**〈聖經〉天使長

ar·chae·o·log·ic,
ar·chae·o·log·i·cal
/ˌa:kɪə'lɒdʒɪk; -kl/ *adj*
考古（學）的；古代文物的

ar·chae·o·lo·gist
/ˌa:kɪ'ɒlədʒɪst/ *n* [C] 考古學家

ar·chae·ol·o·gy /ˌa:kɪ'ɒlədʒɪ/ *n* [U]
1 考古學 **2**〔總稱〕古代文物：the *archaeology* of the Shang period 商代文物

arch·bish·op /ˌa:tʃ'bɪʃəp/ *n* [C]
大主教；主教長

ar·chi·tect /'a:kɪtekt/ *n* [C]
1 建築師 **2**（船舶等）設計師 **3**〔喻〕設計師；創造者；締造者：an *architect* of the government policy 政府政策的設計師 / Everyman is the *architect* of his own fortune. [諺] 每個人都在創造自己的命運。

ar·chi·tec·ture /'a:kɪtektʃə(r)/ *n*
1 [U] 建築學；建築業：practice *architecture* 當建築師 **2** [U] 建築式樣；建築工程：Chinese *architecture* 中國式建築 / the grand *architecture* of the Palace Museum 故宮的宏偉建築工程 **3** [C]（一座）建築物；[U]〔總稱〕建築物：civil *architecture* 民用建築

arch·way /'a:tʃweɪ/ *n* [C]
〈建〉**1** 拱道 **2** 拱門；牌樓

arcked /a:kt/
arc 的一種過去式或過去分詞

arc·tic /'a:ktɪk/
I *n* [常作 Arctic] 北極；北極圈 **II** *adj* **1** [常作 Arctic] 北極的；北極區的：an *Arctic* exploration 一次北極探險 **2** 嚴寒

的：It's simply *arctic* here these days. 這幾天這兒冷極了。 **3** 冷淡的：an *arctic* expression on the face 一臉冷若冰霜 **4** 適用於北極的

□ **Arctic Circle** 北極圈 / **Arctic Ocean** 北冰洋 / **Arctic Zone** 北寒帶
⇨ 插圖見 WORLD

are /ɑː(r); ə(r)/
be 的第一、二、三人稱複數和第二人稱單數現在式

ar·ea /ˈeərɪə/ n
1 [C] 地區：mountain *areas* 山區 / the sterling *area* 英鎊區 **2** [C, U] 面積：the *area* of a triangle 三角形面積 **3** [C] 範圍；領域；方面：the *areas* of scientific research 科學研究的領域
□ **area code** 分區電話號碼
◑ **region**

用法説明：**Area**、**region**、**district** 都有"地區"的意義。**Area** 最常用，可指大小各種地區，如：the shopping area of the city（市內購物區）, the rural area（鄉村地區）。**Region** 通常指大的地區，如：the northeastern region of China（中國東北地區）, the arctic region of Russia（俄羅斯的北極地區）。**District** 比 **region** 小，常指國家與城市中固定的區，如：the Lake District（大湖區）, the central district of the city（城市的中心區）。

a·re·na /əˈriːnə/ n [C]
1 （古羅馬）角鬥場 **2** （四周有座位；供表演用的）場地；室內運動場：a boxing *arena* 拳擊場 **3** [喻] 競爭場所；活動場所：the political *arena* 政界
□ **arena theatre** 圓形劇場

ar·gue /ˈɑːgjuː/
❶ vt 辯論：He often *argues* philosophy with his friends. 他常與朋友辯論哲學問題。 **❷** vi **1** 爭論；爭執：*argue* with sb about sth 與某人爭論某一問題 **2** 用辯論證明；主張：They *argued* for a new ecomonic policy. 他們主張實行新經濟政策。
◇ **argue away (off)** 把…辯解過去 / **argue down** 駁倒
◐ debate, dispute, reason
◑ agree

ar·gu·ment /ˈɑːgjuːmənt/ n
1 [U] 辯論；爭論：beyond *argument* 無可爭辯地 / open to *argument* 可爭辯的 **2** [C] 論據；論點：state one's *argument* 提出論點 / refute one's *argument* 駁斥某人的論點 **3** [C]（文學作品等）情節；內容；主題：the central *argument* of the book 書的主要內容

a·rid /ˈærɪd/ adj
1 乾旱的；乾燥的：an *arid* desert 乾旱的沙漠 **2**（土地）貧瘠的；[喻] 無結果的：an *arid* mission 一次沒有成果的行動 **3** 枯燥無味的；無生氣的：*arid* legal documents 枯燥的法律文件
▷ **aridity** n / **aridly** adv / **aridness** n

a·rise /əˈraɪz/（arose /əˈrəʊz/; arisen /əˈrɪzn/）vi
1 升起：The sun *arose* above the horizon. 太陽在地平線上升起。 **2** 起來；起立；起身：*arise* early in the morning 早晨早起 **3** 出現；形成；發生：Difficulties may *arise*. 困難可能會出現。/ Many great men have *arisen* from humble beginning. [諺] 偉人多起於微

末。**4** 起而反對：*arise* in struggle 起
來鬥爭

◑ rise, raise, lift

ar·is·toc·ra·cy /ˌærɪˈstɒkrəsɪ/ *n*

1 [the aristocracy] [總稱] 貴族 **2** 貴族
統治；貴族政府 **3** (知識界等) 精英

a·ris·to·crat /ˈærɪstəkræt; əˈrɪst-/ *n*

1 (一個) 貴族 **2** 有貴族氣派 (觀點)
的人 **3** (同類事物中) 勝過其他者

a·ris·to·cra·tic /ˌærɪstəˈkrætɪk/ *adj*

1 (屬於) 貴族的 **2** 貴族氣派的

a·rith·me·tic /əˈrɪθmətɪk/

I *n* [U] **1** 算術；四則運算；演算：
mental *arithmetic* 心算 **2** 估計；打算
II /ˌærɪθˈmetɪk/ *adj* 算術上的；根據算
術法則的

arm¹ /ɑːm/ *n*

1 [C] 臂；前肢 **2** [C] 臂狀物：the
arms of a chair 椅子的臂 / an *arm* of the
sea 海灣 **3** [C] 職能部門；分部：the
intelligence *arm* of the organization 這
個組織的情報部門 **4** [C, U] 權力；力
量：the *arm* of the law 法律的力量 /
Justice has long *arms*. [諺] 天網恢恢，疏
而不漏。

◇ arm in arm 臂挽臂地 / **in sb's arms**
在某人的懷抱中 / **make a long arm for**
sth 伸臂去夠 (東西)；努力攫取某物 /
with folded arms 抱着胳膊 (意為袖手
旁觀) / **with open arms** 熱烈地；友好
地

⇨ 插圖見 BODY

arm² /ɑːm/

I *n* [C] **1** (一件) 武器；兵器；[常作
arms] 武器，軍火：an *arms* race 軍備競
賽 **2** 軍種；兵種 **3** [arms] 軍事行動；
軍事工作：a profession of *arms* 軍人的

職業

◇ appeal to arms 訴諸武力 / **in arms**
武裝的 / **lay down one's arm** 放下武
器；投降 / **rise in arms** 武裝起義 / **take**
up arms 開始戰鬥；起義

II *vt* **1** 武裝：*arm* the troops 武裝軍
隊 **2** 提供；裝備；支持：*arm* oneself
with knowledge 用知識充實頭腦

◇ be armed to the teeth 武裝到牙齒

◑ disarm

ar·ma·ture /ˈɑːmətʃə(r)/ *n* [C]

1 〈電〉電樞；轉子 **2** 盔甲；(動物的)
防護器官

arm·chair /ˈɑːmˈtʃeə(r); ˈɑːm-/

I *n* [C] 扶手椅 **II** *adj* **1** 空想的；理
論上的；不切實際的：an *armchair*
general 紙上談兵的將軍 **2** 非身臨其境
的：an *armchair* traveler 足不出戶的神
遊旅遊者

⇨ 插圖見 CHAIR

ar·mour, ar·mor /ˈɑːmə(r)/

I *n* [U] **1** 盔甲 **2** 潛水服；甲殼 **3**
[總稱] (軍艦、坦克、飛機等的) 裝甲
4 [總稱] 裝甲部隊；裝甲兵 (種) **II** *vt*
1 為…裝甲 **2** 為…提供防禦

ar·my /ˈɑːmɪ/ *n*

1 軍隊：join the *army* 參軍 **2** [Army]
(一國的) 陸軍 **3** 野戰軍 **4** 大群；大
批：an *army* of unemployed workers 失
業大軍

□ army corps 集團軍 / **army group** 集
團軍群

◑ troop

a·round /əˈraʊnd/

I *prep* **1** 環繞着；在…四周：The
earth goes *around* the sun. 地球繞着太
陽轉。**2** 繞過；越過：Let's drive

around the town to avoid the traffic jam. 讓我們開車繞過城鎮，避開交通阻塞。 **3** 在…附近: Please stay *around* the campus. 請你別離校園太遠。 **4** 大約: *around* nine o'clock 九點左右

◇ **around the clock** 晝夜不停地

II *adv* **1** 在附近；在周圍: They looked *around*, but could not see their boy. 他們往四周瞧，但沒有看見他們的孩子。 **2** 轉圈；迂回地: The wheel kept turning *around*. 輪子不停地轉。 **3** 各處；到處: show sb *around* 帶人參觀 **4** 朝相反方向；向着對立面: turn *around* 轉過身來

◇ **the other way around** 從相反方向；用相反方法

III *adj* 存在着的；活躍的；可得到的；走動的: Some singers were only *around* for a few years. 有些歌手只能活躍幾年。/ She is still up and *around* at ninety. 她已九十歲了，還能走動。

◇ **have been around** [口] 見過世面；老於世故

⇨ 用法說明見 ROUND

a·rouse /əˈraʊz/ *vt*

1 喚起；激起；使…奮發: The new social climate has *aroused* the people's patriotism. 新的社會氣氛激發了人民的愛國主義精神。 **2** 喚醒: *arouse* sb from sleep 把某人從睡夢中喚醒

➊ stir, rouse, awaken, excite, stimulate

➋ calm

ar·range /əˈreɪndʒ/

➊ *vt* **1** 排列；整理: I *arranged* my books in the bookcase. 我把書櫃中的書整理好。 **2** 調解；調停: *arrange*

differences between the two parties 調解兩派之間的分歧

➋ *vi* 安排；準備；籌劃；商定: I've *arranged* with them to meet you here. 我已安排他們與你在這裏見面。

▷ **arrangeable** *adj*

ar·range·ment /əˈreɪndʒmənt/ *n* [C, U]

1 排列；整理；佈置: the *arrangement* of books in the bookshelf 把書櫃中的書整理好 **2** 準備；籌劃: make *arrangements* for a trip to Thailand 為到泰國旅行作準備 **3** 調解；調停；商定: No *arrangement* can solve the disputes between them. 他們之間的爭執沒有調解的辦法。

ar·ray /əˈreɪ/

I *n* **1** (軍隊等的)排列；隊形；編隊: a mighty *array* of tank units 坦克部隊的強大軍陣 **2** 一批(物品)；一群(人): an *array* of domestic problems before the president 總統面臨的一大堆國內問題 **3** 衣服；盛裝: She put on her bridal *array*. 她穿上了新娘禮服。 **4** 〈數〉數組；陣列

II *vt* **1** 部署(部隊等)；排列；制訂: The battleships were *arrayed* in an arc. 戰列艦排成了弧形陣。 **2** 打扮；裝飾: She was *arrayed* in twinkling jewelry. 她穿金戴銀，打扮一新。

ar·rest /əˈrest/

I *vt* **1** 逮捕；拘留: A man was *arrested* for robbery. 一名男子因搶劫被捕。 **2** 停止；控制: We hope that the spread of AIDS can be *arrested*. 我們希望愛滋病的蔓延可以得到控制。 **3** 吸引(注意): The beautiful scenery *arrested*

A

my attention. 美麗的景色吸引了我的注意。

II *n* **1** [C] 逮捕；拘留：The police made some *arrests* yesterday. 警察昨天逮捕了一些人。 **2** [U] 抓住；奪取 **3** [U] 阻止；抑制：the *arrest* of the dangerous disease 對這一危險疾病的控制

◇ **under arrest** 被捕的；在押的

◑ release

ar·ri·val /əˈraɪvl/ *n*

1 [U] 到達；到來：We are expecting your *arrival*. 我們盼着你的到來。 **2** [C] 到達者；到達物：There are several new *arrivals* in the workshop. 車間裏新來了幾個工人。

◑ departure

ar·rive /əˈraɪv/ *vi*

1 到達：*arrive* home late 到家很遲 **2** (時間等) 來臨：At last the summer vacation *arrived*. 暑假終於來臨了。 **3** (孩子) 出生：The baby *arrived* in the early morning. 嬰兒是在清晨出生的。 **4** 成功；成名：When he won the first prize, he felt he had *arrived*. 他獲得了一等獎後，感到自己成功了。

◇ **arrive at** 抵達；到達；達到；作出

◐ get, reach

◑ depart

⇨ 用法説明見 REACH

ar·ro·gance /ˈærəgəns/ *n* [U]

傲慢；自大

◐ haughtiness, pride, conceit

◑ humility

ar·ro·gant /ˈærəgənt/ *adj*

傲慢的；自大的：*arrogant* manners 自高自大的態度 / an *arrogant* official 傲慢

的官員

◐ haughty, proud, overbearing, conceited

◑ humble

ar·row /ˈærəʊ/

I *n* **1** [C] 箭；矢：shoot an *arrow* at a target 對準靶子射箭 **2** 箭狀物；箭號：*arrows* of sunlight 一道道日光 **II** *vt* **1** 用箭頭標出：*arrow* the important parts in the notes 在筆記中用箭頭標出重點 **2** 像箭一樣前進；像箭一樣穿過

◇ **A word spoken is an arrow let fly.** [諺] 一言既出，駟馬難追。 / **have an arrow left in one's quiver** [諺] 箭筒中還有箭（喻還有招數，還有本錢。）

art /ɑːt/

I *n* **1** [U] 藝術；美術：She is interested in *art*. 她對藝術感興趣。 **2** [總稱] 美術品；藝術品：the ancient Chinese *art* 中國古代藝術品 **3** [C, U] 技藝；方法：the *art* of a salesman 推銷商品的技術 / the *art* of war 兵法 **4** (一門) 人文學科；[arts]文科：an *arts* degree 文科學位

II *adj* 藝術的；美術的；具有藝術性的：an *art* college 美術學院 / an *art* film 美術影片

◇ **art for art's sake** 為藝術而藝術；藝術至上主義 □ **art form** 藝術形式 / **artful** 狡猾的；巧妙的；人工的 / **art glass** 美術玻璃器皿

ar·ter·y /ˈɑːtərɪ/ *n* [C]

1 〈解〉動脈 **2** 幹線；要道：the railway *artery* from the north to the south 南北鐵路幹線

ar·ti·cle /ˈɑːtɪkl/ *n* [C]

1 文章；論文：write an *article* on art

寫一篇關於藝術的文章 **2**（一件）**物
品；物件；貨色**：toilet *articles* 盥洗物
品 / several *articles* of clothes 幾件衣服
3 條款；條文；規定 **4**〈語〉冠詞：
the definite *article* 'the' 定冠詞 the

ar·ti·fi·cial /ˌɑːtɪˈfɪʃl/
I *adj* **1 人工的；人造的；人為的**：an
artificial lake 人造湖 **2 模擬的；虛假
的；矯揉造作的**：an *artificial* laugh 假
笑 / *artificial* behaviour 不自然的舉止
II *n* [C] **1 仿真人造物 2** [artificials]
化肥
□ **artificial intelligence**〈計〉人工智
能 / **artificial language** 人造語言；
〈計〉人工語言 / **artificial person**〈律〉
法人 / **artificial manure** 人造肥；化肥
▷ **artificially** *adv*

ar·til·ler·y /ɑːˈtɪlərɪ/ *n* [U]
1 [總稱] **火炮；大炮**：a piece of
artillery 一門大炮 **2** [the artillery] **炮兵
部隊 3** [喻] **武器**

art·ist /ˈɑːtɪst/ *n* [C]
1 藝術家；美術家（尤指畫家）**2**（某
方面的）**能手；大師**：an *artist* in words
語言大師 **3 表演藝術家**

ar·tis·tic /ɑːˈtɪstɪk/ *adj*
1 藝術的；美術的；藝術家的：*artistic*
creation 藝術創作 **2 藝術性強的；精美
的**：an *artistic* design 精美的圖案 **3 有
藝術鑒賞力的；愛好藝術的**：He has an
artistic taste. 他具有藝術鑒賞力。
▷ **artistically** *adv* / **artistry** *n* 藝術性；
藝術才能

as /æz; əz/
I *adv*（表示程度）**同樣地**：I just run *as*
fast. 我跑得一樣快。
◇ **as for/to** 至於；關於；就…而論 / **as
if/though** 好似；好像；彷彿 / **as yet**
到目前為止；到這裏為止；到這種程度
為止
II *prep* **1 作為…；當作**：He was
famous *as* a comedian. 他作為喜劇演員
而聞名。**2 如同；像**：He behaved *as* a
child. 他的舉止像小孩。**3**（正式用語）
例如；如；像：Some animals, *as* dogs
and cats, are friends of man. 有些動物，
諸如狗和貓，是人類的朋友。
III *conj* **1 與…一樣；和…一般**：
When in Rome do *as* the Romans do.
[諺] 入境隨俗。/ She is *as* clever *as* (she
is) beautiful. 她既漂亮又聰明。**2 正當
…的時候；一面…一面**：She listened to
the radio *as* she did her homework. 她一
面做作業，一面聽收音機。**3 由於；因
為**：*As* it rained, I stayed at home. 由於
天下雨，我就在家中。**4 雖然；儘管**：
(As) unbelievable *as* it seems, it is true.
這事儘管難以置信，卻是真的。**5 以至
於；以便**：He so arranged the work *as*
to suit everybody. 他把事情安排得人人
滿意。

> **用法說明**：**As** 和 **like** 都可解作 "似乎、
> 好像"。在規範英語中，**as** 是連結詞，引
> 導從句；**like** 是介詞，後接名詞或名詞短
> 語。例如，可以說 He started to cry like a
> little girl.（她像小女孩一樣地哭起來。）不
> 能說 *He started to cry as a little girl. 可以
> 說 He talked on as if he hadn't heard of
> the bad news.（他繼續談話，就像沒有聽
> 說壞消息一樣。）不能說 *He talked on
> like he hadn't heard of the bad news. 但在
> 隨意的口語中常常可以聽到兩者混用的情
> 況。

as·bes·tos /æz'bestɒz/
　I *n*〈礦〉石棉　II *adj* 石棉的；石棉製
　的：*asbestos* gloves 石棉手套

as·cend /ə'send/
　❶ *vt* ■ 登高；升高；攀登：*ascend* a
　hill 登山　■ 追溯；上溯：The explorers
　ascended the Yangtze River. 探險者們溯
　長江而上。　❷ *vi* 登高；升高：It is
　easier to *ascend* than to descend. [諺]
　上去容易；下來難。

as·cent /ə'sent/ *n*
　■ 上升；升高：the *ascent* of the kite
　in the air 風箏在空中上升　■ 登高；爬
　坡：The *ascent* of this snowy mountain
　is very difficult. 攀登這座雪山是很困 難
　的。　■ 上坡路；坡度：the steep
　ascent of a hill 山的陡坡　■ 追溯；上溯

ash /æʃ/ *n* [U]
　[常作 ashes，意義為單數]
　■ 灰；灰燼：remove the *ash(es)* from
　the stove 清除爐灰　■ 淡灰色　■
　[ashes] 骨灰；遺骸　■ [ashes] 廢墟
　▷ **ashy** *adj*

a·shamed /ə'ʃeɪmd/ *adj*
　■ 慚愧的；羞愧的：He felt *ashamed*
　for his ignorance. 他為自己的無知感到
　羞愧。　■ 恥於；因羞愧而不願：He
　who is afraid of asking is *ashamed* of
　learning. [諺] 怕請教者恥於學。
　❶ abashed, humiliated, embarrassed

a·shore /ə'ʃɔː(r)/ *adv*
　向岸邊；向陸地：come (go) *ashore*（水
　手等）離船上岸 / They swam *ashore*. 他
　們游向岸邊。

ash·tray /'æʃtreɪ/ *n* [C]
　煙灰盒；煙灰盤

A·sia /'eɪʃə/ *n* 亞洲；亞細亞洲

⇨ 插圖見 WORLD
A·sian /'eɪʃn/
　I *n* [C] 亞洲人
　II *adj* 亞洲的；亞洲人的

a·side /ə'saɪd/
　I *adv* ■ 在旁邊；到（向）一邊：move
　the table *aside* 把桌子搬到一邊　■ 擱
　置；撇開：When the fish is caught, the
　net is laid *aside*. [諺] 魚捕到後，魚網就
　被擱在一邊。
　◇ **aside from** [美] 且不說；暫且不論；
　除…以外 / **set aside** 不考慮；撇開
　II *n* ■ 小聲說的話；插入的話；離題的
　話　■〈戲〉旁白

ask /ɑːsk/
　❶ *vt* ■ 問；詢問：May I *ask* a
　question? 我可以問一個問題嗎？　■ 要
　求；請求：She *asked* a favour from
　him. 她請他幫個忙。　■ 邀請；約請：
　ask sb to dinner 邀請某人吃飯　❷ *vi* ■
　請求；要求　■ 問；詢問
　◇ **ask after** 問候 / **ask for** 要；要求；
　找（人）/ **ask for it** [口] 自找麻煩；活
　該 / **ask for trouble** 自找麻煩 / **if you
　ask me** [口] 據我看；我認為
　❶ question, inquire (enquire)
　❶ answer

> 用法說明：**Ask**、**inquire**、**question**
> 都可解作 "詢問、提問"。**Ask** 用得最普
> 遍；**inquire/enquire** 的語氣比較正式，
> 而且不能與名詞或代詞直接連用。例如，
> 你可以說 May I inquire about the time for
> the next meeting? 但不能說 *May I
> inquire the time for the next meeting?
> **Question** 當動詞用時，後面的賓語通常是
> 人，常指正式地向人提問題。

a·sleep /əˈsliːp/
  I *adj* （用作表語）**1** 睡着的：be fast (sound) *asleep* 熟睡 **2** 麻木的；不活躍的：After I had sat for hours, my legs were *asleep*. 我坐了幾個小時後，兩腿麻木了。 **II** *adv* 在睡眠狀態中；在靜止狀態中
  ◇ **fall (drop) asleep** 入睡；睡着
  ❶ **awake**

as·pect /ˈæspekt/ *n* [C]
  1 外表；狀況：The building has a grand *aspect*. 房子的外觀很有氣派。 **2** 容貌；神色：a man of fierce *aspect* 相貌很兇的人 **3** 方面：We must study every *aspect* of the question before we give an answer. 回答這個問題以前，我們必須把方方面面都考慮到。 **4** 方位；方向：a building with a southern *aspect* 面朝南的建築物

as·phalt /ˈæsfælt/
  I *n* [U] **1** 瀝青；柏油 **2** 瀝青、碎石和砂的混合物 **II** *adj* 瀝青的；柏油的；用瀝青覆蓋的：an *asphalt* road 柏油路

as·pi·rin /ˈæspərɪn/ *n*
  1 〈化〉阿斯匹林 **2** 阿斯匹林藥片

ass¹ /æs/
  I *n* [C] **1** 驢 **2** 傻瓜；蠢人；固執的人
  ◇ **play (act) the ass** 做胡塗事；胡鬧 / **an ass in a lion's skin** 說大話的膽小鬼；色屬內荏的 / **The ass waggeth his ears.** [諺]驢子搖耳朵，傻瓜裝聰明。/ **make an ass of oneself** 做蠢事；鬧笑話 / **make an ass of sb** 捉弄某人
  II *vi* 胡鬧；鬼混（about, around）

ass² /æs/ *n* [美俚]
  1 屁股 **2** 壞運氣

◇ **break (bust) one's (sweet) ass** 拼命幹 / **kiss ass** 拍馬屁 / **on one's ass** 處境惡劣；毫無希望 / **up the ass** 完全地；徹底地 / **work one's ass off** 拼命幹 / **work the ass off sb** 使某人拼命幹

as·sas·si·nate /əˈsæsɪneɪt/ *vt*
  1 暗殺；對…行刺 **2** 詆毁；破壞；糟蹋（名譽等）▷ **assassination** *n*
  ⇨ 用法說明見 KILL

as·sault /əˈsɔːlt/
  I *n* [C] **1** （武力或口頭上）攻擊；襲擊：make an *assault* on the enemy 對敵人發動攻擊 **2** 〈軍〉突擊；襲擊：an *assault* force 突擊隊 **3** [婉] 強姦
  II ❶ *vt* **1** 攻擊；襲擊；突擊 **2** [婉] 強姦 ❷ *vi* 發動攻擊；進行突擊

as·sem·ble /əˈsembl/
  ❶ *vt* **1** 聚集；召集：*assemble* troops 調集軍隊 **2** 收集：*assemble* data 收集資料 **3** 裝配：*assemble* the parts into a computer 把元件裝配成電腦 **4** 〈計〉匯編（程序） ❷ *vi* 集合；聚集：*assemble* at eight o'clock 八點鐘集合

as·sem·bly /əˈsemblɪ/ *n*
  1 [C, U] 集合；集會；[總稱] 與會者：the right of *assembly* 集會權 **2** [Assembly] 立法機構：the United Nations General *Assembly* 聯合國大會 **3** [U] 裝配；組裝：an *assembly* line 裝配線 **4** [U]〈計〉匯編：*assembly* language 匯編語言
  □ **assembly hall** 禮堂 / **assembly room** 禮堂；聚會廳 / **assembly shop** 裝配車間

as·sert /əˈsɜːt/ *vt*
  1 宣稱；聲明；斷言：He boldly *asserted* his ideas. 他大膽地明確說出自

己的觀點。**2** 主張；維護；堅持（權
利、要求等）：*assert* one's rights 維護自
己的權益

◇ **assert oneself** 堅持自己的權利、意
見等；顯示自己的權威

▷ **assertable** *adj* / **assertative,
assertive** *adj*

◑ declare, affirm, maintain, allege
◐ contradict, deny

as·ser·tion /əˈsɜːʃn/ *n*
1 [C] 語氣肯定的話；斷言 **2** [U] 主
張；堅持（權利、意見等）

as·sess /əˈses/ *vt*
1 估價；a car *assessed* at 10,000
pounds 估價值一萬鎊的汽車 **2** 評價；
評定：*assess* the present situation 評價
當前形勢 ▷ **assessable** *adj*

as·sess·ment /əˈsesmənt/ *n* [C, U]
1 估價；估定：an *assessment* of the
cost 對成本的估價 **2** 評價；估計：
make an *assessment* of sth 對…作出評
估

as·set /ˈæset/ *n*
1 [常作 assets] 資產：He sold his *asset*
to pay the debts. 他賣掉家產還債。**2**
有價值的人或物；長處；有利條件：
Good memory is her *asset*. 記憶力好是
她的特長。

as·sign /əˈsaɪn/ *vt*
1 分配；給予：*assign* a task to sb 把任
務分配給某人 **2** 指派；選派：He was
assigned to the post. 他被選派到那個崗
位上。**3** 指定時間或地點等：*assign* a
day for the meeting 定一個開會時間 **4**
歸咎：*assign* the delay to the bad
weather 把耽誤歸咎於大氣不好

▷ **assignable** *adj*

as·sign·ment /əˈsaɪnmənt/ *n*
1 [C]（分配的）任務；（指定的）作
業：He thinks the *assignments* are too
heavy. 他認為分配的任務（作業）太
重。**2** [C, U] 指派；選派：I'll soon
take up a new *assignment* in another
city. 我不久將到另一城市就任新職。

as·sist /əˈsɪst/ *vt*
幫助；協助；援助；促進：*assist* sb in
doing (to do) sth 幫助某人做某事 / The
warm climate will *assist* his recovery. 溫
暖的氣候將有助於他康復。/ She *assists*
her husband in running the shop. 她協
助丈夫開店。

◑ help, support, aid
◐ obstruct, hinder
⇨ 用法説明見 HELP

as·sist·ance /əˈsɪstəns/ *n* [U]
1 幫助；援助：give (extend, lend,
render) *assistance* to sb 給某人予幫助
2 補助：people on *assistance* 靠補助生
活的人

as·sist·ant /əˈsɪstənt/
I *n* [C] **1** 助手；助理：a shop
assistant 店員 **2** 助教：He works as an
assistant in physics. 他是物理學助教。
II *adj* **1** 助理的；輔助的：an
assistant cook 見習廚師 **2** 有幫助的：
the animals *assistant* to the com-
munication 對通訊有幫助的動物

▷ **assistantship** *n*

as·so·ci·ate
I /əˈsəʊʃɪeɪt/ **❶** *vt* **1** 把…聯繫（想）
在一起：We *associate* the American
War of Inde-pendence with George
Washington's name. 我們把美國獨立戰
爭與喬治‧華盛頓的名字聯繫在一起。

2 （使）結合；（使）聯合：*associate* the two companies 聯合兩家公司 **2** *vi* 結交；交往：We *associate* with friends from all walks of life. 我們結交各行各業的朋友。

◇ **associate oneself with** 參與；對…表示支持

II /əˈsəʊʃɪət/ *n* [C] **1** 夥伴；合夥人；同事：a business *associate* 業務合夥人 **2** （團體裏只具有部分權利的）準委員

III /əˈsəʊʃɪət/ *adj* **1** 合夥的；共事的；非正式的；副的：an *associate* member of the society 協會的非正式成員 / the *associate* editor 副編輯 / an *associate* professor 副教授 **2** 有關係的；伴隨的；聯想的：the *associate* meaning 有關的意義

◑ **companion**

as·so·ci·a·tion /əˌsəʊsɪˈeɪʃn/ *n*
1 [C] 協會；聯盟；社團：the writers' *association* 作家協會 **2** [C, U] 聯合；結合；交往；友誼：have an *association* with sb 與某人有交往 / daily *associations* 日常交往 **3** [C, U] （觀念的）聯想：an *association* of ideas 聯想

□ **association football** 英式足球

as·sume /əˈsjuːm; əˈsuːm/ *vt*
1 假定；假設：*assume* they will fail 假定他們會失敗 / They *assume* most who know the least. [諺] 懂得最少的人最會假設。 **2** 假裝；佯作：*assume* ignorance 假裝不知道 **3** 擔任；承擔；接受：*assume* new duties 承擔新的職責 **4** 呈現；具有；採取：Matter *assumes* certain forms. 物質具有一定的形式。

as·sump·tion /əˈsʌmpʃn/ *n*

1 [C, U] 假定；臆斷：His *assumption* was never proved. 他的假設從來沒有得到證明。 **2** [C, U] 假裝；作態：an *assumption* of ignorance 假裝無知 **3** [U] 擔任；承擔：*assumption* of new duties 承擔新的職責 **4** [U] 傲慢；自負：an air of *assumption* 自負的樣子

as·sur·ance /əˈʃɔːrəns/ *n*
1 [C] 保證；擔保：He has given us *assurances* of help. 他已經保證幫助我們。 **2** [U] 自信；信念；把握；鎮定：The applicant answered all the questions with *assurance*. 申請人充滿信心地回答了所有的問題。 **3** [U] 過分的自信；自負：His *assurance* of his own ability is overbearing. 他對自己能力的過分自信令人難以忍受。 **4** [英] [U] 保險：life *assurance* 人壽保險

as·sure /əˈʃɔː(r)/ *vt*
1 （向…）保證；擔保：He *assured* me of his help. 他向我保證提供幫助。 **2** 使安全；使放心：These measures *assured* the national security. 這些措施保障了國家的安全。 **3** 給…保險：*assure* a car against traffic accidents 給汽車作交通事故保險 ▷ **assurable** *adj*

as·sured /əˈʃɔːd/ *adj*
1 確定的；有保證的：an *assured* income 有保障的收入 **2** 自信的；放心的：When he received the letter, he felt *assured*. 他接到信，就感到放心了。 **3** [英] 被保了險的

as·ton·ish /əˈstɒnɪʃ/ *vt*
使驚訝；使驚異：His rudeness *astonished* me. 他的無禮使我驚訝。
▷ **astonished** *adj* / **astonishedly** *adv*
◑ **amaze, surprise, shock, startle,**

A

daze, stun

as·ton·ish·ing /əˈstɒnɪʃɪŋ/ adj
令人驚訝的;驚人的: astonishing news
驚人的新聞 ▷ **astonishingly** adv

as·ton·ish·ment /əˈstɒnɪʃmənt/ n
1 [U] 驚訝;驚愕: We all looked at
the scene in astonishment. 我們都驚訝
地看着這一景象。 **2** [C] 令人驚訝的事
情

as·tro·naut /ˈæstrənɔːt/ n [C]
1 宇航員;航天員 **2** 太空旅行者

as·tron·o·mer /əˈstrɒnəmə(r)/ n [C]
天文學家

as·tro·nom·i·cal
/ˌæstrəˈnɒmɪkl/ adj
1 天文學的;天文的;天體的: an
astronomical telescope 天文望遠鏡 **2**
極巨大的: astronomical expenses 巨大
的開支

as·tron·o·my /əˈstrɒnəmɪ/ n 天文學

at /æt; ət/ prep
1 (表示地點)在;於: at the gate 在
大門口 **2** 向…;朝…;向着: look at
him 朝他看 / Don't throw stones at the
birds. 不要向鳥扔石塊。 **3** (表示時間)
在: They left at six o'clock. 他們六點鐘
離開。 **4** (表示速度)以: We drove
at 60 miles an hour. 我們以每小時六十
英里的速度開車。 **5** (表示價格等)
以;用: He bought the bike at 100
dollars. 他出一百元美金買了那輛自行
車。 **6** (表示從入口處或出口處)經
由;經過: The burglars came in at the
window last night. 昨夜竊賊越窗而入。/
in at one ear and out at the other [諺] 左
耳朵進右耳朵出(當作耳邊風)

ate /et; eɪt/ eat 的過去式

ath·lete /ˈæθliːt/ n [C]
1 運動員;體育家;[英] 田徑運動員 **2**
身強力壯的人
□ **athlete's foot** 〈醫〉足癬

ath·let·ic /æθˈletɪk/ adj
1 運動的;體育的;運動員的;體育家
的: an athletic field 運動場 / athletic
sports 體育運動;田徑運動 **2** 強壯的;
體格健美的 **3** 運動員用的: athletic
shoes 運動鞋 ▷ **athletically** adv

ath·let·ics /æθˈletɪks/ n
1 [用作單或複] 體育運動;競技;[英]
田徑運動 **2** [用作單] 體育課
◐ games, sports

At·lan·tic /ətˈlæntɪk/
I n (= Atlantic Ocean) 大西洋 **II** adj
1 大西洋的;臨近大西洋的;橫跨大西
洋的 **2** [美] 美國大西洋沿岸的
⇨ 插圖見 WORLD

at·las /ˈætləs/ n 地圖冊;地圖集
⇨ 用法説明見 MAP

at·mos·phere /ˈætməsfɪə(r)/ n
1 大氣;大氣層(圈) **2** 空氣: a
damp atmosphere 潮氣 **3** 〈物〉(標準)
大氣壓 **4** 環境;氣氛: an atmosphere
of disorder 雜亂的環境 / The music hall
has a lot of atmosphere. 音樂廳很有藝
術氣氛。

at·mos·pher·ic /ˌætməsˈferɪk/ adj
大氣的;大氣中的;大氣層的:
atmospheric polution 大氣污染 /
atmospheric pressure 大氣壓力

a·tom /ˈætəm/ n
1 〈理、化〉原子 **2** [the atom] 原子
能;核能 **3** 微粒;微量: There is not
an atom of truth in his words. 他的話裏
沒有一點兒真實性。

Athletics 田徑運動

discus 擲鐵餅

hammer 擲鏈球

hight jump 跳高

hurdles 跨欄

javelin 擲標槍

long jump 跳遠

marathon 馬拉松

pole vault 撐竿跳

relay 接力

walking 競步

running 賽跑

shot put 推鉛球

□ **atom bomb** 原子彈 (= atomic bomb)

atom·ic /ə'tɒmɪk/ *adj*
1 原子的；原子能的：*atomic* energy 原子能 / *atomic* bomb 原子彈 **2** 原子武器的：*atomic* control 原子控制 **3** 極微小的
□ **atomic age** 原子時代 / **atomic energy** 原子能 / **atomic mass** 原子質量 / **atomic number** 原子序數 / **atomic pile** 原子反應堆 / **atomic structure** 原子結構 / **atomic weight** 原子量

at·tach /ə'tætʃ/ *vt*
1 系；貼；裝；連接：*attach* a label to the box 把標籤貼在箱子上 **2** 附加；隸屬：an index *attached* to the book 附在書中的索引 **3** (attach oneself) 使自己成為…的一部分：He *attached* himself to the football team. 他參加了足球隊。 **4** 委派；指派：The head of the department *attached* them to our office. 系主任派他們到我們的辦公室工作。 **5** 喜愛；依戀：She was deeply *attached* to him. 她深愛着他。 ▷ **attachable** *adj*
◑ **detach**

attaché /ə'tæʃeɪ ˌætəˈʃeɪ/ *n*
(大使館的) 隨員；(外交使團的) 專員：a military *attaché* 武官 / a commercial *attaché* 商務專員

at·tack /ə'tæk/
I ❶ *vt* **1** 進攻；攻擊：*attack* the enemy position 進攻敵人的陣地 **2** 抨擊：*attack* a government policy 抨擊政府的政策 **3** 着手：*attack* the problem 着手解決問題 / begin to *attack* the weeds 開始清除雜草 **4** 侵襲；侵害：Recently many people have been *attacked* by flu. 最近許多人患流行性感

冒。 **❷** *vi* 進攻：The enemy *attacked* at dawn. 敵人於黎明發動進攻。
II *n* **1** [C, U] 攻擊；進攻；抨擊：make a personal *attack* on him 對他進行人身攻擊 **2** [C] (疾病等) 突然發作；(某種情緒等) 突然影響：a heart *attack* 心臟病發作 / have an *attack* of homesickness 感到思鄉心切 **3** [C] (工作、運動等) 開始：make a new *attack* on the problem 重新着手解決問題
▷ **attacker** *n*
◑ **defend**

at·tain /ə'teɪn/
❶ *vt* **1** 完成；獲得；達到：*attain* one's hopes 達到目的 **2** 達；至：*attain* the top of the mountain 到達山頂 **❷** *vi* 到達；達到；獲得 (to)：*attain* to perfection 臻於完美 ▷ **attainable** *adj* / **attainment** *n*
◑ **fail**

at·tempt /ə'tempt/
I *vt* **1** 企圖；嘗試；試圖 (做)：They *attempted* a reform. 他們試圖改革。 **2** 試圖征服 (高山)；試圖攻克 (堡壘)；企圖謀害 (生命) **II** *n* [C] **1** 企圖；嘗試 (尤指不成功的)：make an *attempt* to escape 企圖逃跑 **2** 攻擊；進攻：make an *attempt* on sb's life 謀殺某人 / an *attempt* on the new world record 向新的世界紀錄衝擊
◑ **try**

at·tend /ə'tend/
❶ *vt* **1** 出席；參加 (會議)；上 (學)：*attend* school 上學 / *attend* a conference 參加會議 **2** 照顧；服侍：Nurses *attend* the sick. 護士照顧病人。 **3** 陪伴；伴隨：Success *attended* his

efforts. 隨着他的努力，成功接踵而來。

❷ *vi* 專心於；致力於 (to)：*attend* to one's work 致力於工作

at·tend·ance /ə'tendəns/ *n*

1 [C] 出席；參加；出席次數：He missed two *attendances* during the course. 他缺了兩次課。 **2** [U] 出席人數；聽眾：The *attendance* at the lecture was very high. 聽課人數很多。 **3** [U] 侍候；護理；照料：a doctor in *attendance* 值班護理醫生

◇ **take attendance** 點名

□ **attendance centre** 少年犯教育中心

at·tend·ant /ə'tendənt/

I *n* [C] **1** 隨從；陪伴者；侍者；服務員：a queen's *attendant* 女王的侍者 **2** 出席者；在場的人：*attendants* at the ceremony 典禮的參加者 **3** 伴隨的事物

II *adj* **1** 伺候的；照料的：an *attendant* nurse 主管護士 **2** 伴隨的；隨之而來的：sufferings *attendant* on war 伴隨戰爭而來的各種苦難 **3** 出席的；在場的

at·ten·tion /ə'tenʃn/ *n* [U]

1 照顧；護理：medical *attention* 治療 **2** [attentions] 殷勤；禮貌：give polite *attentions* to the guests 給客人以禮遇 **3** 注意；專心；留意：pay *attention* to the current affairs 關心時事 **4** 立正（姿勢或口令）；（有事要宣佈時所說）注意

◇ **call (bring, draw) sb's attention to** 叫某人注意某事

❶ **inattention, apathy, disregard**

at·ten·tive /ə'tentɪv/ *adj*

1 注意的；專心的；留意的：an *attentive* listener 專心的聽眾 / He was

very *attentive* to what I said. 他很注意我說的話。 **2** 殷勤的；關心的；有禮貌的：an *attentive* husband 體貼的丈夫

at·ti·tude /'ætɪtjuːd/ *n*

1 態度；看法：What's your own *attitude* on this matter? 你自己對這件事的態度怎樣呢？ **2** 姿勢；姿態：a kneeling *attitude* 跪姿

◇ **attitude of mind** 態度；看法 / **catch a quick attitude** 動輒發怒 / **strike an attitude** 裝腔作勢；做出某種姿勢

at·tor·ney /ə'tɜːnɪ/ *n*

1 [美] 律師 (=[英] solicitor) **2**（業務或法律事務的）代理人

□ **attorney general** 首席檢察官；[Attorney General] [美] 司法部長

at·tract /ə'trækt/

❶ *vt* **1** 吸引：A magnet *attracts* iron. 磁石吸鐵。/ Flowers *attract* bees. 花兒吸引蜜蜂。/ Likes *attract* likes. [諺] 物以類聚。 **2** 引人注意；引起注意：*attract* sb's attention 引起某人的注意 / Such a film does not *attract* me. 這樣的電影不吸引我。 ❷ *vi* 有吸引力；引人注目

❶ **draw, captivate, charm**

❶ **repel**

at·trac·tion /ə'trækʃn/ *n*

1 [U] 吸引；吸引力；〈物〉引力：City life has no *attraction* for me. 城市生活對我沒有吸引力。 **2** [C] 具有吸引力的事物或人：a tourist *attraction* 對旅遊者有吸引力的景觀 / The clown is the chief *attraction* in a circus. 小丑是馬戲團裏有吸引力的主要角色。

at·trac·tive /ə'træktɪv/ *adj*

1 吸引的：*attractive* forces between planets 行星間的吸引力 **2** 有吸引力

的；動人的；誘人的：an *attractive* smile 嫵媚的笑容 ▷ **attractively** *adv* / **attractiveness** *n*

auc·tion /'ɔ:kʃn/
I *n* 拍賣：The painting will be sold by *auction*. 這幅畫將要拍賣。
◇ **put up to (at, for) auction** 把⋯交付拍賣
II *vt, vi* 拍賣
◇ **auction off** 拍賣掉

au·di·ence /'ɔ:dɪəns/ *n*
1 [C, U] 聽眾；觀眾：The *audience* was (were) enjoying every minute of the show. 觀眾自始至終欣賞這次演出。 **2** [C] 讀者：Being too technical, the book has a very limited *audience*. 這本書太專門，所以讀者有限。 **3** [C] 謁見；正式接見：He was given an *audience* with the President. 他獲准謁見總統。

au·di·o /'ɔ:dɪəʊ/
I *adj* **1** 音頻的；聲頻的 **2** 聲音的；播音的；收音的；錄下音的 **II** *n* **1** 音頻信號；聲音 **2** 音響裝置 **3** 播音

au·di·o- /'ɔ:dɪəʊ/ *comb form*
1 表示"聽覺的"、"聽力的"：*audiometer* 聽力計 **2** 表示"聲的"、"錄了音的"：an *audiotape* 錄了音的磁帶 **3** 表示"聽覺和⋯的"：*audio-visual* 視聽的；視聽教學的

au·di·o-vis·u·als /ɔ:dɪəʊ'vɪʒʊəlz/ *n*
[複] 視聽教具；直觀教具

au·dit /'ɔ:dɪt/ *vt*
1 查賬：*audit* the company 替公司查賬 **2** [美] 旁聽大學課程：*audit* classes 旁聽課程 ▷ **auditor** *n* 旁聽生；審計員

au·di·to·ri·um /ɔ:dɪ'tɔ:rɪəm/ *n*
（複 = auditoriums, auditoria） **1** 聽眾席；觀眾席 **2** [美] 禮堂；會堂

au·di·to·ri·a /ɔ:dɪ'tɔ:rɪə/
auditorium 的一種複數

Aug. *abbr* **August** 的縮寫

Au·gust /'ɔ:gəst/ *n*
八月（略作 Aug.）

aunt /ɑ:nt/ *n* [C]
1 姑母；姨母 **2** 伯母；嬸母；舅母 **3** （對年長婦女的尊稱）阿姨；大媽；大娘
◇ **my aunt** 哎呀；天哪
▷ **auntlike** *adj*

au·ral /'ɔ:rəl/ *adj*
1 氣味的；香味的 **2** 耳的；聽覺器官的：an *aural* surgeon 耳科醫生 **3** 聽力的：an *aural* method in the English teaching 英語教學中的聽覺法 ▷ **aurally** *adv*

Aus·tra·lia /ɒ'streɪlɪə/ *n*
澳大利亞；澳洲

Aus·tral·ian /ɒ'streɪlɪən/
I *adj* **1** 澳大利亞的；澳大利亞人的 **2** 澳大利亞土著語言的 **II** *n* **1** 澳大利亞人；澳大利亞居民 **2** 澳大利亞土著語言

Aus·tria /'ɒstrɪə/ *n* 奧地利

Aus·tri·an /'ɒstrɪən/
I *adj* 奧地利的；奧地利人的 **II** *n* 奧地利人；奧地利的居民

au·thor /'ɔ:θə(r)/
I *n* [C] **1** 作家：Who is your favorite *author*? 誰是你最喜愛的作家？ **2** 發起人；創作者；唆使者：the *author* of the science project 科研項目的發起人 **II** *vt* **1** [美] 著作；編寫：He *authored* quite a few best sellers. 他寫了好幾本暢銷書。 **2** 發起；創作；創造

au·thor·i·ta·tive /ɔ:'θɒrɪtətɪv/ *adj*
1 權威的；可信的：an *authoritative*

reference book 一本權威的參考書 **2** 官方的；當局的：*authoritative* information 官方消息 **3** 專斷的；命令式的：Don't be so *authoritative* when you ask me to do sth. 你讓我做甚麼事時，別用這種命令式的口氣。

au·thor·i·ty /ɔːˈθɒrətɪ/ *n*
1 [U] 權力；權威；權勢：wield *authority* 行使權力 / Who is in *authority* here? 這裏誰當權？ **2** [U] 職權；權限；許可：On whose *authority* have you done this? 誰授權你這麼幹的？/ exceed one's *authority* 越權 **3** [authorities] 當局；官方：the military *authorities* 軍事當局 **4** [C] 當權者：The *authority* is not happy about this. 領導對此不太高興。 **5** [C] 權威人士；權威的典籍：He frequently quoted *authorities* in his article. 他在文章中經常引用權威人士的話。

au·thor·ize, -ise /ˈɔːθəraɪz/ *vt*
1 授權；委託：be *authorized* to issue the following statement 授權發表以下聲明 **2** 批准；許可：*authorize* the research project 批准這個研究課題
● empower, approve
◐ forbid, prohibit

au·to /ˈɔːtəʊ/ *n*
（複 = autos）[美口] 汽車

au·to·bi·og·ra·phy /ˌɔːtəbaɪˈɒɡrəfɪ/ *n* [C] 自傳

au·to·mat·ic /ˌɔːtəˈmætɪk/
I *adj* **1** 自動的：an *automatic* instrument 自動儀器 **2** 不經思索的；機械的：He learned mathematics so well that his solution of the problem was almost *automatic*. 他數學學得非常好，

幾乎不加思索地解了這道題。 **3** 必然的；自然的：He worked so half-heartedly that his failure was almost *automatic*. 他工作如此不認真，失敗幾乎是必然的。 **II** *n* **1** 自動武器 **2** 自動裝置 ▷ **automatically** *adv*

au·to·mo·bile /ˈɔːtəməbiːl; ˌɔːtəməˈbiːl/ *n*
[美] 汽車（= [英] motor car, car）

au·tumn /ˈɔːtəm/ *n*
I **1** 秋；秋季（= [美] fall）：in early (late) *autumn* 在初秋（晚秋） **2** 成熟期；衰退期：a man in the *autumn* of his life 已過中年的男子 **II** *adj* 秋天的；秋季的：*autumn* leaves 秋葉 / *autumn* wind 秋風 / *autumn* tints 秋色

aux·il·ia·ry /ɔːɡˈzɪlɪərɪ/
I *adj* **1** 輔助的；從屬的：an *auxiliary* worker 輔助工 / an *auxiliary* department store 附屬的百貨公司 **2** 備用的；後備的：an *auxiliary* tyre 備用輪胎
II *n* [C] **1** 輔助者；輔助物：an *auxiliary* (working) under a doctor 醫助 **2** [auxiliaries] 外國援軍；僱傭軍 **3** 〈語〉助動詞（= auxiliary verb）

a·vail·a·ble /əˈveɪləbl/ *adj*
1 在手邊的；可獲得的：There are no French books *available* in the reading room. 閱覽室裏借不到法語書。 **2** 有效的；通用的：The ticket is *available* for one week. 這張票一個星期內有效。

a·venge /əˈvendʒ/ *vt, vi*
為…進行報復（報仇）：*avenge* an insult on sb 因受辱而報復某人 / *avenge* one's father 為父報仇 / *avenge* oneself（或用於被動語態）報復；報仇 ▷ **avengeful** *adj* / **avenger** *n*

◑ revenge

av·e·nue /ˈævənjuː/ *n* [C]

1 林蔭道；大道：the Fifth *Avenue* of New York 紐約第五大道　**2** 通道；路線：The Silk Road was once a great *avenue* of trade between the East and the West. 絲綢之路曾是東西方之間的貿易大通道。　**3** [喻] 途徑；渠道：an *avenue* to success 成功之路

av·er·age /ˈævərɪdʒ/

I *n* **1** 平均；平均數：The *average* of 5, 6 and 10 is 7. 五、六和十的平均數是七。　**2** 一般水平；平均標準：above (below) the *average* 高於（低於）平均水準

◇ **on (the) average** 按平均值；通常

II *adj* **1** 平均的：an *average* speed 平均速度 / What is the *average* score of the class? 班級的平均分是多少？　**2** 平常的；正常的；一般標準的：a product of *average* quality 普通質量的產品

III *vt* 算出…的平均數；平均為；平均達到：*average* 5, 6 and 10 求出五、六和十的平均數 / We *average* 40 hours of work per week. 我們每週平均工作四十小時。/ The workers in this workshop *average* 20 years of age. 這個車間的工人平均年齡為二十歲。

◇ **average out** 平均為；（使）達到平衡　▷ **averagely** *adv*

a·vi·a·tion /ˌeɪviˈeɪʃn/ *n*

1 航空（學）；飛行（術）：an *aviation* school 航空學校 / civil *aviation* 民航　**2** 飛機製造業　**3** [總稱] 飛機（尤指軍用飛機）

a·void /əˈvɔɪd/ *vt*

1 避免；防止：The boy *avoided* punishment by running away. 那男孩逃走，避免了處罰。　**2** 避開（人、事物或地方）：I don't know why he always *avoids* me. 我不明白他為甚麼總是躲着我。

◑ evade, escape, elude
◐ meet, face

a·wait /əˈweɪt/ *vt*

1 等待；期待：I am *awaiting* your reply. 我等待你的答覆。　**2** 將降臨；備好以待：Death *awaits* all men alike. 人固有一死。/ A warm welcome *awaits* you on your arrival. 你到達時將會受到熱烈歡迎。

⇨ 用法說明見 WAIT

a·wake /əˈweɪk/

I *vt, vi* (awoke, awoken) **1** 喚醒；覺醒：The alarm clock *awakes* me at seven every morning. 鬧鐘每晨七時把我喚醒。/ He *awoke* one morning and found himself famous. 一個早晨醒來，他發現自己已經出了名。　**2** （希望等）被激起；被喚起：The diary *awakes* my old memories. 日記使我回首往事。　**3** （使）意識到；（使）認識到：*awake* to the danger 意識到危險

II *adj* **1** 醒着的；警覺的：stay *awake* 未睡着；保持清醒　**2** 意識到的；認識到的 (to)：We are *awake* to the difficulties. 我們意識到困難。

◇ **wide awake** 清醒的；不易受騙的

a·wak·en /əˈweɪkən/ *vt, vi*

1 喚醒；覺醒：China has long *awakened* from age-old isolation. 中國早已從長期與世隔絕的狀態中醒來了。　**2** （使）意識到；（使）認識到 (to)：We must *awaken* the people to the difficulties facing our country. 我們必須使人民認識到國家所面臨的困難。

▷ **awakening** adj

a·ward /ə'wɔːd/

I vt ❶ 授予；賞給；給予：award a prize 授獎 ❷〈律〉判給：award sb the damages 判給某人損害賠償金 II n ❶ [C] 獎；獎品；獎狀：win an award 獲獎 ❷ [C] 獎學金 ❸〈律〉判決；裁定（書）▷ **awardable** adj / **awarder** n 頒獎者 / **awardee** n 受獎者

aware /ə'weə(r)/ adj

❶（作表語）知道的；意識到的：Are you aware of the difficulties? 你意識到這些困難嗎？ ❷（在某方面）有覺悟的；有知識的：a politically aware person 有政治覺悟的人 / an artistically aware person 有藝術素養的人 ❸ 懂事的；明智的：I'd like to work with such an aware person. 我喜歡與這種明白事理的人共事。

◑ conscious

◐ unaware

a·way /ə'weɪ/

I adv ❶ 向遠處；（離）開：Go away! 走開！ ❷ 在別處；在一定距離的地方：Stand away from that pit. 站得離那個坑遠一點。 ❸ 表示不存在：throw sth away 把某物扔掉 ❹ 向別處：She looked away. 她扭頭看別處。 ❺ 繼續不斷地：The rain tapped away on the roof. 雨點在屋頂上滴嗒不停。 ❻ 立刻：straight (right) away 馬上

II adj ❶ 在遠處的；遠離的：The nearest school is two miles away. 最近的學校有兩英里遠。 ❷ 不在的；已去的：He has been away for weeks. 他已經離

開幾個星期了。/ When the cat's away, the mice will play. [諺] 貓兒不在家，耗子就玩耍。

◇ **away with**（用於祈使句）拿走；帶走；走開；滾開 / **do away with** 廢除；去掉

◑ off

awe /ɔː/ n 畏懼；敬畏

aw·ful /'ɔːfl/ adj

❶ 可怕的；令人敬畏的：an awful storm 可怕的暴風雨 / awful wonders of nature 令人敬畏的自然界奇觀 ❷ 極壞的；極難看的；非常的：awful weather 壞天氣 ▷ **awfully** adv

awk·ward /'ɔːkwəd/ adj

❶ 笨拙的；無技巧的：He is still awkward with chopsticks. 他使用筷子還不熟練。 ❷ 難操縱的；不便的：an awkward tool 使用不便的工具 ❸ 不宜的；令人尷尬的：a long awkward silence 長時間的令人難堪的沉默 ❹ 難處理的；棘手的：an awkward situation 困難的處境

□ **awkward age**（思想尚未成熟而又缺乏自信心的）青春期初期

▷ **awkwardly** adv

awoke /ə'wəʊk/ awake 的過去式

awoken /ə'wəʊkn/

awake 的過去分詞

axe, ax /æks/（複 = axes /'æksɪz/）

I n ❶ [C] 斧；戰斧 ❷ [口] [the axe] 裁員；撤消；取消

◇ **get the axe** [口] 被解僱；被革職 / **give the axe** 解僱某人；取消（機構等）/ **hang up one's axe** 退休；放棄無益的計劃 / **have an axe to grind** 別有企圖；懷有私心

II vt **1** 用斧削（砍、劈等） **2** [口] 解僱；削減；撤消：The TV program has been *axed*. 那個電視節目已取消了。

ax·i·om /'æksɪəm/ n [C]
1 〈數〉公理 **2** 原理；原則：*axioms* of social relationship 社交關係的常理 **3** 格言 ▷ **axiomatic** adj

ax·is /'æksɪs/ n（複 = axes /'æksiːz/）
1 軸；軸線；中心線：the earth's *axis* 地軸 **2** 核心；中心 **3** [喻] 軸心（指國與國之間的聯盟）；[the Axis] 第二次世界大戰中的軸心國

ax·le /'æksl/ n〈機〉軸；車軸

B, b

B, b /biː/ 英語字母表的第二個字母

ba·by /'beɪbɪ/
I n [C] **1** 嬰兒；嬰孩：have a *baby* 生孩子 **2** 孩子氣的人：Don't be such a *baby*! 別這麼孩子氣！ **3** 家中年齡最小的人：He is the *baby* of the family. 他是家中年齡最小的人。 **4** [口] 某人特別關注或得意的東西（如主意、發明、成就、職責等）：The project was his *baby*. 這個計劃是他的傑作。
II adj **1** 幼小的：a *baby* lamb 小羊羔 **2** 小型的：*baby* corn 小玉米 **3** 嬰兒的；嬰兒用的 **4** 幼稚的
□ **baby carriage** 嬰兒車 ▷ **babyhood** n / **babylike** adj

ba·by-sit /'beɪbɪsɪt/ vt, vi（baby-sat, baby-sitting）
1 代人（臨時）照看小孩：Don't worry, I'll *baby-sit* John. 別擔心，我來照看約翰。 **2** 代人負照料責任：She is *baby-sitting* her neighbour's cat. 她在為鄰居照看貓。

ba·by-sat /'beɪbɪsæt/
baby-sit 的過去式

bach·e·lor /'bætʃələ(r)/ n [C]
1 單身男子；單身者 **2** 學士；學士學位：a *Bachelor* of Arts (Science) 文（理）學士
□ **bachelor girl** 單身女子 / **bachelor mother** 未婚母親；單身母親
▷ **bachelorhood** n

back /bæk/
I n **1** 背部：He carried the child on his *back*. 他把小孩揹在背上。 **2** 背面；反面：The *back* of the moon is always dark. 月亮的背面總是黑暗的。 **3** 後部；末尾：sit in the *back* of the car 坐在車的後部 **4**（足球等）後衛隊員
◇ **at sb's back** 支持某人 / **break sb's back** 壓得人喘不過氣 / **break the back of sth** 做完某事中最困難或最大的部分 / **cast sth behind one's back** 把某事置於腦後；不再考慮 / **turn one's back on (upon)** 不予理睬；背棄
II adj（無比較級，最高級用 backmost）
1 後面的；背面的：the *back* garden 房後的園子 **2** 離開中心區的；偏僻的：a *back* street 後街 **3** 過去的：*back*

history 歷史陳跡 **4** 向後的；反向的：a *back* current 回流 **5** 拖欠的：*back* pay (rent) 欠薪（欠租）

III *adv* **1** 向後；後仰：She tied her hair *back*. 她把頭髮往後束。/ One cannot put the clock *back*. [諺] 時光不能倒流。 **2** 回原處；回原狀：I went *back* to the office. 我回到辦公室。/ Put the tool *back* in the box when you have finished. 你做完後把工具放回原處。 **3** 答覆：Write me *back* soon. 早日給我回信。 **4** 以前：I met her ten years *back*. 我十年前遇到她的。

◇ **back and forth** 來回 / **go back on (upon, from)** 拋棄（朋友等）；食言；違約

IV ❶ *vt* **1** 支持：We all *backed* our school football team. 我們都支持本校的足球隊。 **2** 加背書於；同意付償：*back* a cheque 背書支票 ❷ *vi* 向後退：The car *backed* through the gate. 汽車退出了大門。

◇ **back down** 放棄要求 / **back out (of)** 收回（諾言等）；停止不幹

□ **backache** 腰背疼痛 / **back answer** 回嘴 / **backbite** 背後説壞話 / **back breaking** 極其勞累的 / **back country** 偏遠地區 / **back street** 偏僻街道 / **backyard** 後院

❶ rear, end
❶ front

back·bone /'bækbəun/ *n*
1 [C] 脊柱；脊骨 **2** [C] 骨幹；支柱；基礎：Oil is the *backbone* of modern industry. 石油是現代工業的支柱。 **3** [U] 骨氣；毅力：a man with little *backbone* 缺乏骨氣的人

◇ **to the backbone** 徹底地

back·ground /'bækgrəund/
1 [C] 背景；經歷：the *background* of the picture 畫面的背景 / He has the right *background* for the job. 他具有擔任這一工作的合適的經歷。 **2** [U] 隱蔽的位置；幕後：Who is directing all this in the *background*? 誰在幕後指揮這一切？ **3** 背景音樂 **4** [U] 背景資料：For your *background* only. [美] 僅供參考。

□ **background music** 背景音樂；伴音

back·ward, back·wards /'bækwəd(z)/

I *adj* **1** 向後的：a *backward* glance 向後一瞥 **2** 落後的：He who does not advance falls *backward*. [諺] 不進步就要落後。 **3** 來遲的：The rainy season is *backward* this year. 今年雨季來得晚。 **4** 羞怯的；遲疑的：Come and dance with her, don't be so *backward*. 去跟她跳舞呀，別這麼扭扭捏捏。 **II** *adv* （= backwards）向後地；落後地；反向地

◇ **backward(s) and forward(s)** 來回地；反覆地

❶ rearward, behind, slow
❶ forward

ba·con /'beikən/ *n* [U]
燻鹹肉；臘肉

bac·te·ria /bæk'tiəriə/ *n*
（bacterium 的複數）細菌：Viruses are smaller than *bacteria*. 病毒比細菌小。

bad /bæd/ *adj* （worse, worst）
1 壞的；劣的：*Bad* news has wings. [諺] 惡事傳千里。/ Praise makes good men better, and *bad* men worse. [諺] 表揚使好人更好，壞人更壞。 **2** 令人厭惡的：a *bad* smell 難聞的氣味 / a *bad*

name 惡名 **3** 嚴重的： a *bad* cold 重感冒 / a *bad* defeat 慘敗 **4** 有害的： Smoking is *bad* for your health. 吸煙對身體有害。 **5** 頑皮的： a *bad* boy 不聽話的男孩

◇ **go from bad to worse** 越來越壞；每況愈下 / **not bad** [口] 不錯；還好 / **take the bad with the good** 好與不好都得忍受 / **with (a) bad grace** 勉強地；不情願地 □ **bad egg** [口] 壞蛋 / **bad tempered** 脾氣壞的

❶ evil, ill

❷ good

bade /bæd, beɪd/ **bid** 的一種過去式

badge /bædʒ/

I *n* **1** [U] 標記；象徵： A soldier's wound is the red *badge* of courage. 軍人受傷是標志勇敢的紅色勳章。 **2** [C] 徽章；獎章；證章： a school *badge* 校徽 **II** *vt* 授予…獎章；給予…標記

bad·ly /'bædlɪ/ (worse, worst)

I *adv* **1** 壞；差；拙劣地： He behaved *badly*. 他表現不好。/ The clothes were *badly* made. 衣服做得很差。 **2** 嚴重地；厲害地： The chess player was *badly* defeated in the game. 那位棋手在比賽中慘敗。 **3** [口] 非常；很： We *badly* need your help. 我們極其需要你們的幫助。

II *adj* [口] **1** 有病的： The baby has been *badly* for days. 嬰兒幾天來身體不舒服。 **2** 遺憾的；悲痛的： She felt *badly* for the loss. 她為這損失感到難過。

◇ **badly off** 境況不好 / **be badly off for sth** 需要某物

❶ well

bad·min·ton /'bædmɪntən/ *n* 羽毛球運動

⇨ 插圖見 SPORTS

bag /bæg/

I *n* **1** 一袋之量： a *bag* of grain 一袋糧食 **2** 各種袋或包（如口袋、手提袋、旅行袋等） **3** 獵人囊中的全部獵物；戰利品： We brought home a big *bag* that day. 那一天，我們打獵所獲甚豐。

◇ **a bag of bones** 骨瘦如柴的人 / **a bag of wind** 誇布其談的人 / **bag and baggage** 連人帶鋪蓋地；完全地 / **in the bag** [口] 十拿九穩的；喝醉了的 / **let the cat out of the bag** 露馬腳

II (bagged, bagging) ❶ *vt* **1** 裝進口袋： He *bagged* the money quietly. 他悄悄地把錢裝進了口袋。 **2** 捕獵： The boy *bagged* some birds. 這男孩捕到了幾隻鳥。 ❷ *vi* （像布袋一樣地）下垂；膨大： The tent *bagged* out in the wind. 帳篷在風中鼓了起來。

□ **bag lady** 無家可歸的女人；撿破爛的女人 ▷ **bagful** *adj* / **bagged** *adj* 袋狀的 / **baggy** *adj* 袋狀的；鼓出的

❶ sack

bag·gage /'bægɪdʒ/ *n* [U]

1 [美] 行李；包裹： Please send my *baggage* to the station. 請把我的行李送到車站。 **2** 輜重；裝備；設備 **3** [喻] 包袱（指因不合時而成為負擔的東西）： the theoretical *baggage* 理論包袱

❶ luggage

⇨ 用法說明見 LUGGAGE

bail, bale /beɪl/

I *n* [U] 保釋金；保釋人；保釋： be out on *bail* 交保釋放 / go (stand) *bail* for sb 為某人擔保 **II** *vt* **1** 保釋（某人）：

bail sb out 保釋某人 **2** 託付（財物）

bait /beɪt/
I *n* [U] 餌；毒餌；[喻] 誘餌；誘惑物
II *vt, vi* 裝誘餌於；誘惑
◇ **rise to (jump at, swallow, take) the bait** （魚）吞餌；（人）上鉤，中圈套

bake /beɪk/ *vt, vi*
I **1** 烘；焙；烤（麵包等） **2** 烘乾；烤硬（磚、陶器等）；烤熟 II *n* 烘；焙；烤；烘烤食品

ba·ker /'beɪkə(r)/ *n* [C]
1 麵包師傅；麵包店店主 **2** [美] 輕便烘爐
□ **baker's dozen** 十三；一打加一

bak·er·y /'beɪkərɪ/ *n*
1 [C] 麵包烘房；麵包店 **2** [U] 烘烤食品

ba·lance /'bæləns/
I *n* **1** [C] 天平；秤 **2** [U] 平衡；均勢：the globe *balance* of force 全球勢力均衡 **3** [C]（鐘錶等機械）擺輪；平衡輪 **4** [U] 協調；和諧；對稱：The layout of the garden lacks *balance*. 花園的設計缺乏協調。 **5** [C] [常作 balances] 差額；剩餘部分：the bank *balances* 存款餘額
◇ **a favourable (an unfavourable) balance** （貿易）順（逆）差 / **in (the) balance** 在危急狀態中；未定狀態 / **keep (lose) one's balance** 保持（失去）平衡 / **off balance** 不平衡；無準備；慌張 / **on balance** 總的說來 / **strike a balance** 結賬；找到折衷的辦法
II ❶ *vt* **1**（用天平）稱 **2** 權衡；對比；比較：*balance* the two plans 比較兩個計劃 **3** 使平衡；保持平衡：*balance* the national economy 平衡國民經濟 **4** 相抵（off, out, up）：The increase in production is often *balanced* out by the growth of population. 生產的增長常被人口的增長所抵消。 ❷ *vi* 平衡：*balance* on a tight rope 在一根繃緊的繩子上保持平衡
□ **balance of power** （國際間的）均勢 / **balance of trade** 貿易差額

bal·co·ny /'bælkənɪ/ *n*
1 陽台 **2** （戲院、電影院、禮堂等設施的）樓座；樓廳

bald /bɔːld/
I *adj* **1** 禿頭的；禿的 **2** 光禿的；無草木的；磨光的：a *bald* hill top 光禿禿的小山頂 **3** 明顯的；不加裝飾的：a *bald* lie 赤裸裸的謊言 II *vt, vi* （使）變禿

bale /beɪl/
I *n* **1** （打成的）大包；大捆：a *bale* of paper 一大捆紙 **2** 一捆量（某些商品的衡量單位，如在美國 500 磅棉花為一捆） II *vt* 把…打成大包或大捆

ball¹ /bɔːl/
I *n* [C] **1** 球：kick (hit, pit, pass, catch) a *ball* 踢（擊、投、傳、接）球 **2** 球狀物（如丸子、彈丸、眼珠等）；球狀部位：a *ball* of string 一團線繩 / the *ball* of the thumb 拇指球
◇ **keep the ball rolling** 不中斷某事（常指談話）/ **leave/put the ball in sb's court** 把球踢到某人的場地上（指等待某人採取行動）/ **set/start the ball rolling** 開始某項活動 □ **ball bearing** 〈機〉滾珠軸承 / **ball pen** 圓珠筆（= ballpoint pen）
II *vt, vi* （使）成球狀；（使）成團塊

ball² /bɔːl/ n 舞會

◇ **open the ball** 帶頭起舞；[口] 開始

bal·let /'bæleɪ; bæ'leɪ/ n

1 [U] 芭蕾舞；芭蕾舞藝術　**2** [C] 芭蕾舞劇；芭蕾舞曲　**3** [C] 芭蕾舞團

Ballet 芭蕾舞

bal·loon /bə'luːn/

I n [C] **1** 氣球　**2** 氣球形物　**3**（漫畫中以線條圈出人物講話，或校樣等上面圈出須添入部分的）氣球形圓圈　**II** **1** vt, vi **1**（使）像氣球般鼓起　**2**（使）增加；（使）擴大；（使）飛漲　**2** vi 乘氣球升空

bal·lot /'bælət/

I n **1** [C] 選票：cast a ballot for sb 投某人一票　**2** [C] 投票表決；投票選舉：take a ballot 提交表決 / The ballot is stronger than the bullet. 選舉比子彈更具威力。（美國第十六屆總統林肯名言）　**II** vi 投票；投票（抽籤）決定：ballot against sb 投票反對某人

ball·room /'bɔːlrʊm/ n [C] 舞廳

□ **ballroom dancing**（兩人跳的）交際舞

bam·boo /bæm'buː/

I n（複 = bamboos）竹子；竹桿　**II** adj 竹製的：a bamboo chair 竹椅

□ **bamboo shoot** 竹筍

ban /bæn/

I vt 禁止；取締：ban a film 查禁一部電影　**II** n [C] 禁令；禁止：declare a ban on cycling in the downtown area 宣佈在商業區不准騎自行車

◑ prohibit, forbid

◐ permit, allow

ba·nan·a /bə'nɑːnə/ n

1 香蕉；香蕉味　**2** 淺奶油色；草黃色

⇨ 插圖見〈專題圖説 9〉

band¹ /bænd/

I n [C] **1** 箍；帶；帶形物：iron bands around a bucket 水桶的鐵箍　**2** 鑲邊；（衣服的）環形部分：a vase with a golden band in the middle 中部有金色條紋的花瓶　**3** 範圍；〈物〉波段；頻道；〈光〉譜帶；光帶　**II** vt **1** 用帶扎　**2** 用條紋裝飾；飾以鑲邊：a red banner banded with yellow 鑲有黃飾邊的紅色旗幟

band² /bænd/ n [C]

1 一幫（人）；一夥（人）：a band of robbers 一幫強盜　**2** 樂隊（尤指管樂隊）：a brass band 銅管樂隊

□ **bandsman**（複 = bandsmen）管樂隊成員

band·age /'bændɪdʒ/

I n [C] 繃帶　**II** vt 用繃帶繫縛：bandage up the wounded arm 把受傷的胳臂用繃帶包紮起來

ban·dit /'bændɪt/ n

（複 = bandits, banditti）

1 強盜；土匪　**2** 歹徒；惡棍；犯罪集團成員

banditti /bæn'dɪtɪ/ bandit 的一種複數

bang /bæŋ/

I n [C] **1**（發出砰的一聲的）猛擊；猛撞：give the drum a bang 把鼓猛擂一下　**2** 突然的巨響：The boiler burst

with a *bang*. 鍋爐轟的一聲炸了。
◇ **with a bang** 砰的一聲;突然地;成功地
II ❶ *vt* (砰砰) 猛擊;猛撞: *bang* one's head against the wall 用頭撞牆 ❷ *vi* 發出砰砰的聲音: Somebody is *banging* upstairs. 樓上有人在砰砰地敲東西。

bank¹ /bæŋk/
I *n* ❶ (長條形的) 堆;埂;壟;層 ❷ 堤岸;河岸 ❸ 沙灘;洲 ❹ (飛機等) 轉彎時向內側傾斜
II *vi* ❶ 築堤 ❷ 形成堆積: Sand *bank* up at the mouth of the river. 河口泥沙堆積。 ❸ (使) 傾斜行進: The plane *banked* to avoid the mountain top. 飛機以大坡度傾側轉彎,以避開山頂。
❶ pile, heap, mount, dike; slope, shore, ridge
⇨ 用法說明見 SHORE

bank² /bæŋk/
I *n* [C] ❶ 銀行: The *Bank* of China 中國銀行 ❷ 儲蓄箱: the baby's *bank* 幼兒撲滿 ❸ 庫 (尤指儲血液、數據等以備應用的設備) II *vt* ❶ 把 (錢) 存入銀行 ❷ 把 (血液等) 儲藏入庫
◇ **bank on (upon)** 把希望寄託在…上;指望 □ **bank account** 銀行存款 / **bank holiday** (星期六與星期日以外的) 銀行假日;[英] 法定假日 / **bank note** 鈔票

bank·er /'bæŋkə(r)/ *n*
❶ [C] 銀行家;銀行高級職員 ❷ (賭博的) 莊家;坐莊

bank·ing¹ /'bæŋkɪŋ/ *n* [U]
❶ 築堤;築埂 ❷ 堤;埂;岸

bank·ing² /'bæŋkɪŋ/ *n* [U]

❶ 銀行業 ❷ 銀行業務: the *banking* hours 銀行營業時間

bank·rupt /'bæŋkrʌpt/
I *n* [C] ❶ 破產者;無力還債的人 ❷ (在某一方面) 淪喪到極點的人: a political *bankrupt* 喪失政治資本的政客
II *adj* ❶ 破產的: *bankrupt* laws 破產法 ❷ 徹底失敗的;徹底缺乏的 (in, of): be *bankrupt* in reputation 名譽掃地 III *vt* 使破產;使枯竭 ▷ **bankruptcy** *n*

ban·ner /'bænə(r)/
I *n* [C] ❶ 旗;旗幟 ❷ (寫有口號或標語的) 橫幅 ❸ 幌子;名義;旗號: under the *banner* of justice 在正義的旗號下 ❹ (報紙的) 通欄大字標題
◇ **follow/join the banner of** 投到…的旗幟下;支持…的事業
⇨ 用法說明見 FLAG
II *adj* ❶ 顯著的;醒目的 ❷ 該贏得錦旗的;特別好的: a *banner* workshop 成績優異的車間

ban·quet /'bæŋkwɪt/
I *n* [C] 宴會;盛宴;宴席: a state *banquet* 國宴 / a welcome (farewell) *banquet* 歡迎 (告別) 宴會 II *vi* 歡宴;赴宴

bap·tism /'bæptɪzəm/ *n*
❶ 浸禮;洗禮 ❷ [喻] 洗禮;考驗;初次經歷: a *baptism* of fire 戰火的洗禮 (指新兵第一次上前線)

Bap·tist /'bæptɪst/
〈宗〉I *n* [C] 浸禮會教友 II *adj* 浸禮會教友的;浸禮會教派的

bap·tize /bæp'taɪz/ *vt*
❶ (給) 施浸禮 (洗禮) ❷ 為…命名: The baby was *baptized* Mary. 嬰兒命名

為瑪麗。**3** 給…以精神上的洗禮：That generation was *baptized* in war. 那一代人經受了戰爭的洗禮。

bar /bɑː(r)/

I *n* **1** [C] 棒；桿；條：a *bar* of soap 一條肥皂 **2** [C] 柵欄；障礙物：*bars* of a gate 大門的欄杆 / a *bar* to further success 進一步成功的障礙 **3** [C]（樂譜上的）小節線 **4** [U] 律師業 **5** [C] 酒吧；餐櫃 **6** [C]（光、顏色等形成的）條紋；色帶：a *bar* of red in the evening sky 晚空中一抹紅色

◇ **behind the bar** 在牢裏 / **cross the bar (Bar)** 死去；去世 / **go to the bar (Bar)** 當律師

II *vt* **1** 閂上；在…設置柵欄：*bar* the gate 拴上大門 **2** 拒絕；排斥；不准：She *barred* him out of her room. 她不准他進入她的房間。/ Gambling is *barred* here. 這兒禁賭。**3** 阻擋；攔住：*bar* the way 攔路 **4** 在…上飾線條或色帶：The curtain is *barred* in red and yellow. 幕布飾有紅黃相間的條紋。

◑ prevent, restrain, block
◐ admit, allow, permit

bar·ba·rian /bɑːˈbeərɪən/ [貶]

I *n* [C] **1** 野蠻人；原始人 **2** 外國人；異邦人 **3** 缺乏文化素養的人：Only a *barbarian* like you would like such a book. 只有像你這樣的文化水平低的人才會喜歡這樣的書。**II** *adj* **1** 不文明的；粗野的；殘暴的：*barbarian* treatment 粗暴的虐待 **2** 未開化的；原始的：*barbarian* customs 原始的風俗

bar·ba·rous /ˈbɑːbərəs/ *adj*

1 未開化的；原始的 **2** 野蠻的；殘暴的：It is *barbarous* to mistreat the

prisoners of war. 虐待戰俘是不人道的。**3**（文體等）不規範的；粗糙的；拙劣的：a *barbarous* style 粗劣的文體 **4** 外國的；異邦的

bar·be·cue /ˈbɑːbɪkjuː/

I *n* **1**（在戶外烤製的）烤肉；烤雞；烤魚 **2** 吃烤炙食品的野餐 **II** *vi*（尤指在戶外）烤、炙（肉類）

bar·ber /ˈbɑːbə(r)/

I *n* [C]（為男子服務的）理髮師 **II** *vt* **1** 給…理髮：His hair was *barbered* in a strange style. 他理了一個奇怪的髮式。**2** 剪修；整理（草木等）：The lawn is freshly *barbered*. 草坪剛修剪過。

□ **barber pole** 理髮店紅白相間的柱形標志 / **barbershop (barber's shop)** 理髮店

bare /beə(r)/

I *adj* **1** 赤裸的；光的：a *bare* head 未戴帽子的頭 **2** 無遮蔽的；空的：a field *bare* of crops 不長莊稼的田地 **3** 剛夠的；僅有的：a *bare* possibility 極小的可能性 / *Bare* words make no bargain. [諺] 空話做不成交易。

◇ **escape with bare life** 僅以身免 / **lay bare** 暴露；透露；公開

II *vt* **1** 使裸露：*bare* one's head 摘帽（致敬）**2** 暴露；透露；公開：*bare* one's heart (soul, feelings) 訴衷情

◑ naked, bald
◐ covered

bare·foot /ˈbeəfʊt/ *adj, adv*
赤腳的（地）

bare·ly /ˈbeəlɪ/ *adv*

1 僅僅；幾乎不；簡直沒有：He *barely* remembers what he said that day. 他簡

直不記得那天説了些甚麼。 **2** 貧乏地；
光禿禿地：The room was furnished
barely. 房間家具很少。 **3** 公開地；不加
掩飾地

bar·gain /ˈbɑːgɪn/

I *n* **1** 交易：a losing *bargain* 一筆蝕
本生意 **2** 合同；協議：make
(conclude, strike) a *bargain* with sb over
sth 與某人就某事達成協議（就某事成
交）/ A *bargain* is a *bargain*. [諺] 協議總
要遵守。 **3** 廉價商品；便宜貨：That
shirt is a real *bargain*. 那件襯衫真便宜。

◇ **a good (bad) bargain** 一筆上算的
（不上算的）交易 / **drive a (hard)
bargain** 殺價 / **into the bargain** 此
外；再者

II *vi* **1** 議價；討價還價：*bargain* with
sb about sth 就某事與某人討價還價 **2**
成交；商定：We *bargained* on building
the dam jointly. 我們商定共建水壩。

◇ **bargain away** 以犧牲⋯作交易

□ **bargain day**（商店的）讓利優惠日 /
bargain hunter 覓購廉價商品的人

❶ **contract, compact, pact**

barge /bɑːdʒ/

I *n* [C] 平底載貨船；駁船 **II** ❶ *vt* 用
駁船運載 ❷ *vi* 像駁船一樣地慢慢移動

bark¹ /bɑːk/

I *n* [U] 樹皮：You cannot judge a tree
by its *bark*. [諺] 不能根據樹皮判定樹的
價值。（指不能以貌取人。） **II** *vt* **1**
剝去（植物的）皮 **2** 樹皮似地覆蓋

❶ **skin, peel, hide**

bark² /bɑːk/

I *n* **1**（狗等動物的）吠聲；叫聲 **2**
厲聲；厲聲説出的話：a foreman's *bark*
工頭的叱喝 / His *bark* is worse than his

bite. [諺] 他説話嚴厲，但沒有惡意。

II ❶ *vt* 厲聲説話；咆哮：The
commander *barked* out the orders. 司令
員大聲地下着命令。 ❷ *vi*（狗等動物）
吠叫：*Barking* dogs do not (seldom)
bite. [諺] 吠狗不咬人。

◇ **bark at the moon**（狂犬）吠月；徒
勞

bar·ley /ˈbɑːlɪ/ *n* [U] 大麥；大麥粒

barn /bɑːn/ *n* [C]

1 穀倉；糧倉；（放農具的）倉庫 **2**
牲口棚

□ **barn dance** [美] 穀倉舞 / **barn door**
穀倉大門；不可能打不中的目標

ba·rom·e·ter /bəˈrɒmɪtə(r)/ *n* [C]

1 氣壓錶；晴雨錶：The *barometer*
rises (falls). 氣壓上升（下降）。（意為天
要放晴（下雨）了。） **2** [喻] 變化的標
誌：a *barometer* of public opinion 輿論
變化的標誌

bar·on /ˈbærən/ *n* [C]

1（貴族等級中最低的一級）男爵 **2**
[英] 上議院議員 **3** 巨頭；大王；大亨：
an oil *baron* 石油大亨

bar·racks /ˈbærəks/ *n* [用作單或複]

1 營房；兵營：an army *barracks* 一座
兵營 **2**（工地的）臨時棚屋；工棚

□ **barracks bag** 士兵行李袋

bar·rel /ˈbærəl/ *n* [C]

1 大桶；琵琶桶 **2** 一桶之量：a *barrel*
of oil 一桶石油 **3** 圓筒；筒形物（如鼓
身、滾筒、槍管、炮筒、筆桿等）

▷ **barrelful** *n*

bar·ren /ˈbærən/

I *adj* **1**（土地等）貧瘠的；荒蕪的：
barren land 不毛之地 **2** 不生育的；不
結果的：a *barren* tree 不結果的樹 **3**

沉悶無趣的：*barren* lectures 乏味的講演 **4** 沒有的；缺乏的（of）：His head is *barren* of any new ideas. 他的頭腦一點新主意也沒有。

II *n* [常作 barrens]（北美洲的）**荒漠**

▷ **barrenly** *adv* / **barrenness** *n*

◑ **fertile**

bar·ri·er /ˈbærɪə(r)/ *n* [C]

1 障礙物；屏障；籬笆：A mountain is a natural *barrier*. 山脈是天然屏障。 **2** 障礙；隔閡：language *barriers* between nations 民族間的語言隔閡 **3** 分界；界線：a *barrier* between Asia and Europe 亞洲與歐洲之間的分界線

base¹ /beɪs/

I *n* **1** 底部；根基：The rocket rests on a solid *base* of concrete. 火箭置放在堅固的混凝土基座上。 **2** 基礎；根據：The *base* of his argument is wrong. 他的論據的出發點錯了。 **3**（任何混和物的）基本成分：Several kinds of soup can be made with this vegetable *base*. 這種蔬菜可以做好幾種湯。 **4** 基地：The climbers returned to the *base* after the first attempt. 登山者作了初次嘗試後回到了基地。 **5** 〈化〉鹽基 **6** 〈數〉底邊；底面

II *vt* **1** 以…基礎；基於：*base* one's arguments on facts 把論點建立在事實的基礎上 **2** 駐紮；設立：The U.N. Headquarters *based* in New York 設在紐約的聯合國總部

◇ **base oneself on**（在辯論中）以…為依據 □ **base angle** 底角 / **base pay** 基本工資 / **base price** 基價 ▷ **based** *adj* / **baseless** *adj*

◐ **basis, foundation**

◑ **top**

base² /beɪs/ *adj*

1 卑劣的；可鄙的：a *base* conduct 卑劣行為 **2** 卑下的；無價值的：a *base* copy of the original 真品的拙劣的仿製件 □ **base metal**（鐵、銅、鉛、鋅等）賤金屬 / **base-minded** 卑鄙的 ▷ **basely** *adv* / **baseness** *n*

◐ **low, vile, mean**

◑ **noble, moral**

base·ball /ˈbeɪsbɔːl/ *n*

1 [C] 棒球 **2** [U] 棒球運動：Baseball is the national game of the U.S. 棒球運動是美國的國球。 ▷ **baseballer** *n* 棒球手

⇨ 插圖見 SPORTS

base·ment /ˈbeɪsmənt/ *n*

1 [U] 建築的底部（如牆根、牆腳） **2** [C] 地下室

ba·ses /ˈbeɪsiːz/ **basis** 的複數

ba·sic /ˈbeɪsɪk/

I *adj* **1** 基本的；初步的；主要的；首要的：a *basic* concept 基本概念 **2** 〈化〉鹼的；鹼性的；鹼式的

II *n* [常作 basics] 基本原理（規律、因素）：the *basics* of economics 經濟學基礎 □ **basic industry** 基礎工業 ▷ **basically** *adv*

◐ **fundamental, principal, main, primary**

◑ **top, peak**

ba·sin /ˈbeɪsn/

I *n* [C] **1** 盤；盆：a *basin* of water 一盆水 **2** 水窪；水池：the *basin* of a fountain 噴泉池 **3** 〈地〉盆地；凹地 **4** 流域：the Yangtze River *basin* 長江流域 **II** *vi* 凹下成盆狀

ba·sis /ˈbeɪsɪs/ n

（複 = bases /ˈbeɪsiːz/）

1 基礎；基本原理；準則：on a friendly *basis* 在友好的基礎上 **2** 主要部分；基本成分：The *basis* of the expedition was looking for the source of the river, but the scientists also studied the wild life there. 那次遠征主要是為了找尋河源，但科學家也考察了野生動物。**3**〈數〉基

❶ base, foundation, ground, groundwork

bas·ket /ˈbɑːskɪt/ n [C]

I 1 籃；簍；筐：a wastepaper *basket* 廢紙簍 **2** 一籃（一筐、一簍）的量：a *basket* of vegetables 一筐蔬菜 **3**（籃球運動的）吊籃；投籃得分 **II** vt 把…裝入籃（筐、簍等）▷ **basketful** n

bas·ket·ball /ˈbɑːskɪtbɔːl/ n

1 [C] 籃球 **2** [U] 籃球運動：play *basketball* 打籃球

⇨ 插圖見 SPORTS

bass /beɪs/

I n **1** 男低音；男低音歌手 **2** 低音樂器 **3** 低沉的聲音 **II** adj **1** 男低音的 **2**（樂器）低音的

bat¹ /bæt/ n [C] 蝙蝠

◇ **blind as a bat** 完全看不見東西的

▷ **batlike** adj

Bat 蝙蝠

bat² /bæt/

I n [C] **1** 短棍 **2**（棒球）球棒；（板球）球板；（網球等）球拍

◇ **at bat**〈棒球〉上場擊球

II vt, vi (batted, batting)（用球棒等）擊球；打擊：He *batted* the ball 95 metres. 他把球擊出九十五米遠。

bat³ /bæt/ vt 眨（眼）

◇ **not bat (without batting) an eyelid** 沒有合眼；連眼也不眨一下（意為不動聲色）

bath /bɑːθ, bæθ/

I n（複 = baths /bɑːðz, bæðz/）**1** 沐浴；洗澡：have (take) a *bath* 洗個澡 **2** 浴水：Your *bath* is ready. 你的洗澡水準備好了。**3** 浴缸；浴盆 **4** 浴室；澡堂：a public *bath* 公共浴室 **5**（游泳）池：a swimming *bath* 游泳池

II vt, vi [英]（給…）洗澡

用法説明：**Bath** 和 **bathe** 都可作動詞 "洗澡" 解。**Bath** 是英國用法，**bathe** 是美國用法，如：He baths/bathes every morning.（他每天早晨洗澡。）但人們更多用短語 **have a bath**（英國用法）或 **take a bathe**（美國用法）來表示 "洗澡"。**Bathe** 作及物動詞用時意思是 "給…洗"，如：to bathe the wound / a baby（洗傷口、給嬰兒洗澡）。動詞 **bathe** 在英國英語中也有 "游泳" 的意思。

---

bathe /beɪð/

I ❶ vt **1** 浸洗；沖洗（身體的一部分）：*bathe* one's feet 洗腳 **2** 使濕淋淋；[喻] 沉浸；沐浴：a lake *bathed* in the sunshine 沐浴在陽光中的湖水 **❷** vi **1** 游泳 **2** 沐浴；洗澡（[英] 在江河中洗澡；[美] 也指在浴盆內洗澡）

II *n* 洗澡；游泳：go for a *bathe* [英]
去游泳；去洗海水（湖水、河水）浴
⇨ 用法説明見 BATH

bath·room /'bɑːθrʊm/ *n* [C]
1 洗澡間；盥洗室 **2**〈婉〉廁所

bat·ter /'bætə(r)/ *vt*
1（以連續猛擊）衝擊；擊傷；搗毀；
重創：Huge waves *battered* the shore.
驚濤裂岸。/ The big guns *battered* the
enemy positions. 大炮轟擊敵人陣地。
2 磨損；損壞；用舊：a *battered* old
hat 一頂戴得不成形狀的舊帽子
▷ **battered** *adj*

bat·ter·y /'bætərɪ/ *n*
1 [U] 連續猛擊 **2** [C]〈軍〉排炮 **3**
[C] 電池（組）：a dead flashlight
battery 一節沒有電的手電筒電池 **4** [C]
一套；一組；一批；一群
◇ **turn sb's battery against himself**
（在辯論中）以子之矛攻子之盾

bat·tle /'bætl/
I *n* **1** [C] 戰役；會戰；戰鬥：sea
battle 海戰 / decisive *battle* 決戰 / Fight
no *battle* until we can win it. 不戰則
已，戰則必勝。 **2** [U] 奮鬥；鬥爭；較
量：the *battle* of life 生存的鬥爭 **3**
[the battle] 勝利；成功：A good
beginning is half the *battle*. [諺] 好的開
端是成功的一半。
◇ **accept battle** 應戰 / **do battle** 作
戰；進行鬥爭 / **give (offer) battle** 挑戰
/ **gain (win) battle** 戰勝 / **join battle**
參戰
II *vt* **1** 戰鬥；作戰：*battle* the enemy
[美] 對敵作戰 **2** 與⋯鬥爭；與⋯搏鬥；
與⋯較量：*battle* the huge waves 與巨
浪搏鬥

◑ engagement, action, war, combat

bat·tle·field /'bætlfiːld/ *n* [C]
1 戰場：This area is an old *battlefield*.
這地區是個古戰場。 **2** 鬥爭的領域：
Pollution will be a political *battlefield* in
the coming year. 在今後的一年中污染問
題將是引起政界激烈爭論的一個領域。

baux·ite /'bɔːksaɪt/ *n* 鋁土礦；鋁礬土
▷ **bauxitic** *adj*

bay[1] /beɪ/ *n* [C]
1（湖泊或海的）灣：the *Bay* of Biscay
比斯開灣 **2** 與主體隔開的一泓水

bay[2] /beɪ/
I *n* 狗吠聲
◇ **at bay**（獵物）被圍；處於絕境：
hold (keep) *at bay*（獵物等）不使（獵
人等）逼近；使（人）不能接近 / stand
at bay 作困獸鬥
II *vi* **1**（狗）連續吠叫 **2** 大聲叫嚷

bay[3] /beɪ/ *n*
1 月桂（樹） **2** [bays]（詩人或勝利者
戴的）桂冠；榮譽

B.C. /ˌbiː ˈsiː/ *abbr*
公元前（= before Christ）
◑ A.D.

be /biː, bɪ/ *v*（am, are, is; was, were;
been; being）
1 是；就是 **2** [用作助動詞，與其他助
詞構成進行時態]：He *is* reading aloud.
他在朗讀。 **3** [用作助動詞，與其他助
詞構成被動語態]：The dam *was* built
last year. 這座壩是去年建的。 **4** 在；存
在；生存：To *be*, or not to *be*: that is
the question. 是存是亡，還是個問題。
5 發生；舉行：The meeting will *be* in
a week. 會議將於一星期後舉行。 **6** 逗
留；繼續：It won't *be* long. 時間不會很

長。**7** 做；成為：*Be* a good boy. 當個好孩子。**8** 到達；來到：I've never *been* there. 我從來沒有到過那兒。**9** 等於；值：Twice five *is* ten. 五的兩倍是十。

◇ **Be it so! (So be it!)** 就這樣吧！/ **be it that...** 即使 / **be it true or not** 不管是真是假 / **be that as it may** 即使如此；儘管這樣 / **Let him be.** [口] 隨他去。

beach /biːtʃ/

I *n* 海灘；湖濱；河灘：vacation at the *beach* 在海邊度假

II *vt, vi* (使船等) 沖上海岸；(使) 擱淺；(船等) 上岸：Some whales *beached* them-selves at Cape Town. 一些鯨魚在開普敦擱淺。

◇ **on the beach** 在海灘上；在岸上；失業 / **take (hit) the beach** (海員) 上岸休假

◑ strand, coast, shore, bank

bead /biːd/

I *n* [C] **1** 有孔的小珠 **2** [beads] 珠子項鏈；念珠；水珠：*beads* of sweat 汗珠 **3** (槍的) 準星

◇ **say (tell, count) one's beads** 數念珠；禱告 / **draw a bead on** 用槍向…瞄準

II *vt, vi* 形成珠狀；串成小珠：tears *beading* the eyelashes 掛在睫毛上的淚珠

beak /biːk/ *n* [C]

1 喙；鳥嘴 **2** 喙狀突出；喙狀物：the *beak* of a teapot 茶壺嘴

beak·er /'biːkə(r)/ *n* [C]

1 (無柄的) 大口酒杯 **2** (實驗室等處的) 燒杯

beam¹ /biːm/

I *n* **1** 橫梁；桁條 **2** 秤桿；秤：The elephant tipped the *beam* at a ton. 大象體重一噸。**3** 船寬 **II** *vt* 用梁支承

beam² /biːm/

I *n* [C] **1** 光線；光柱；光束：the *beam* of a searchlight 探照燈的光柱 **2** [喻] 笑容；喜色：'We are expecting you,' she said, with a *beam* of welcome. "我們正盼着你，" 她說道，臉上露出歡迎的笑容。

II **❶** *vt* 〈無〉向…播音：*beam* programmes to East Asia 向東亞播音 **❷** *vi* **1** 發光；照射：The sun *beamed* through clouds. 太陽光透過雲縫照耀着。**2** (面) 露喜色：The old man's face *beamed* with joy. 老人面露喜色。

□ **beam weapon** 粒子束武器；激光束武器

bear¹ /beə(r)/ *n* [C]

1 熊 **2** 粗魯的人；笨拙的人 **3** 〈天〉熊星：the Great *Bear* 大熊星 / the Little *Bear* 小熊星

◇ **like a bear with a sore head** 情緒惡劣 / **Sell the bear's skin before one has caught the bear.** [諺] 熊未到手先賣皮；過早樂觀 ▷ **bearlike** *adj*

⇨ 插圖見〈專題圖說 11〉

bear² /beə(r)/ *vt* (bore, borne)

1 扛；抬；攜帶；佩帶：*bear* a sword 佩劍 **2** 負擔；承擔：*bear* a burden 負重 **3** 承受；忍受：I can't *bear* the noise any longer. 我再忍受不了那種嘈雜聲。/ *Bear* this, *bear* all. [諺] 是可忍，孰不可忍？**4** 生育；生產；結實：*bear* a child 生孩子 / The bough that *bears* most, hangs lowest. [諺] 結果最多的樹

枝垂得最低。(指有成就者謙虛。) **5**
懷有（感情等）：I *bear* no hatred
against anyone. 我誰也不恨。

◇ **bear down on (upon)** 對…施加壓
力；逼近 / **bear in mind** 記住 / **bear
out** 支持；證實 / **bear up** 鼓起勇氣 /
bear with 容忍；對…有耐心

● **endure, tolerate, stand**

beard /bɪəd /

I *n* [C, U] 鬍鬚；髯

◇ **laugh in one's beard** 暗暗好笑 /
speak in one's beard 低聲含糊地說

II *vt, vi* **1** 長鬍鬚 **2** 抓住…的鬍鬚：
Beard the lion in his den. [諺] 在虎穴中
捋虎鬚。（喻太歲頭上動土。）

▷ **beardless** *adj*

bear·er /ˈbeərə(r)/ *n* [C]

1 負荷者；運載工具 **2** 持信人；持有
某種票的人 **3** 開花、結實的植物（尤指
果樹）

bear·ing /ˈbeərɪŋ/

I *n* **1** [U] 承受；忍受 **2** [C, U] 生產；
結實；結實期；果實：two *bearings* in a
year 一年兩熟 **3** [U] 舉止；風度：a
man of military *bearing* 一個軍人風度的
男子 **4** 關係；聯繫；方面；意義：This
project has an important *bearing* on the
whole year's research work. 這一課題對
全年的科研工作具有重大的意義。 **5** 方
位；方向；位置：He lost his *bearings* in
the forest. 他在森林中迷失了方向。 **6**
軸承

II *adj* **1** 承受重量的：a *bearing* wall
承重牆 **2** 豐產的：a *bearing* year 豐產
年

beast /biːst/ *n*

1 [C] 走獸；四足獸：a *beast* of burden
（供乘騎、拉車、耕作等用的）役畜 **2**
[C] [喻] 畜生；令人厭惡的人 **3** [the
beast] (人的)獸性：Jealousy brought
out the *beast* in him. 猜忌激發了他的獸
性。

◇ **drink like a beast** 痛飲 ▷ **beas-
tlike** *adj* / **beastly** [口] *adj* 非常；極：
He was *beastly* drunk. 他喝得爛醉。

● **animal, brute**

beat /biːt/

I **1** *vt* (beat, beaten 或 beat) **1**
打；敲；擊；拍：Do not *beat* the child.
不要打孩子。/ waves *beating* the shore
拍岸的波浪 **2** 戰勝；超越：*beat* the
enemy 打敗敵人 / The strange story
beats everything I have heard of. 那個怪
誕的故事我真是聞所未聞。 **3** 走出道
路；踏出：*beat* a path through the
forest 在森林中闢出一條小徑 **4** 攪拌：
beat eggs in a cup 在杯中打蛋 **2** *vi* **1**
有節奏地拍動；（心臟等）跳動：His
heart is *beating* fast. 他的心臟跳得很
快。 **2** 打節拍

◇ **beat about** 搜索 / **beat down** 打倒 /
beat off 擊退；打退 / **beat one's
brains** 絞腦汁

II *n* [C] **1** (接連的)敲打；敲擊聲：
the *beat* of waves on the beach 波浪沖
擊海灘聲 **2** 跳動；有節奏地鼓動：the
beat of the bird's wings 鳥翼的扇動 **3**
〈音樂〉節拍；拍子：four *beats* to a
measure 一小節四拍 **4** 巡邏（或巡回）
的路線：a policeman on his *beat* 正在
巡邏的警察

◇ **off (out of) one's beat** 不值勤；超
出自己熟悉的範圍 / **off (the) beat** 不合
拍 / **on (the) beat** 合拍

◑ hit, strike

beaten /ˈbiːtn/ **beat** 的一種過去分詞

beau·ti·ful /ˈbjuːtɪfl/
I *adj* **1** 美的；美麗的：*beautiful* scenery 美麗的風景 / *Beautiful* flowers are soon picked. [諺] 好花易折。 **2** 完美的；令人愉悅：*beautiful* weather 晴朗宜人的天氣 **II** *int* [口] 妙極；太好了
◑ lovely, handsome, pretty, fair
◐ ugly

> 用法說明：**Beautiful** 和 **pretty** 都可用來形容婦女、兒童和事物的美，如：a beautiful girl/voice（美麗的女孩 / 悅耳的聲音），a pretty child/picture（漂亮的小孩 / 照片）；兩詞通常不用於男性，因為如果用於男性，那就指他們的女性氣質。比較而言，**beautiful** 意義強，尤指亮麗動人、外形完美；**pretty** 泛指一般性的美麗。**Handsome** 常用在口語中，形容男性的美；如果用來形容女性，則指她們的健美。**Good-looking** 可以用來形容男人女人的好的容貌，一般不能用於事物。

beau·ty /ˈbjuːtɪ/ *n* （複 = beauties）
1 [U] 美；美麗；優美；美貌：*Beauty* is truth, truth is *beauty*. 美即真，真即美。/ *Beauty* is only skin deep. [諺] 美貌只是皮相。（指不能以貌取人。） **2** [U] 美點；美感：have a real sense of *beauty* 有真正的美感 **3** [C] 美人；美的東西：a *beauty* of the screen 銀幕美人 / *Beauty* fades like a flower. [諺] 紅顏易逝。
□ **beauty contest** 選美比賽 / **beauty parlour** 美容院

be·came /bɪˈkeɪm/ **become** 的過去式

be·cause /bɪˈkɒz/ *conj* 因為：He is absent today *because* he is ill. 今天他因病缺席。/ Do not give up your effort *because* you have difficulties. 不要因為有困難就放棄你的努力。
◇ **because of** 因為；由於：He is absent today *because of* illness. 今天他因病缺席。
◑ since, for, as
⇨ 用法說明見 OWING

be·come /bɪˈkʌm/ （became, become）
❶ *vt* 適合；同…相稱：Her skirt *becomes* her. 她的裙子穿着正合適。 **❷** *vi* **1** 變成；成為：A tadpole *becomes* a frog. 蝌蚪變成青蛙。 **2** 變得：He *became* very nervous. 他變得很緊張。
▷ **becoming** *adj* 合適的；好看的

bed /bed/
I *n* **1** [C] 床；床位；床墊；床架：a single *bed* 單人床 / a double *bed* 雙人床 / a feather *bed* 羽毛床墊 **2** [U] 睡覺：It's not yet time for *bed*. 還沒有到睡覺的時間。 **3** [C, U] 底座；路基；地基 **4** [C, U] 河床；水底 **5** [C] 花壇 **6** [C] 〈地〉層：a *bed* of coal 煤層
◇ **go to bed** 睡覺 / **lie on a bed of thorns** 坐立不安；如坐針氈 / **You have made your bed and you must lie on it.** [諺] 事情是你犯下的，後果須由你承擔。（自作自受。）
II **❶** *vt* **1** 為…提供睡處（down）：*bed* (down) a guest 為客人安排床鋪 **2** 把…安在某種基礎上；埋置；固定：The cable is *bedded* on the bottom of the sea. 電纜鋪設在海底。 **❷** *vi* 睡；臥（down）：*bed* down for the night 睡下過夜
□ **bedbound** 臥床不起的 / **bed bug** 臭

蟲 / **bedclothes** [複] 床上用品 / **bedroll** 鋪蓋捲 / **bedspread** 床罩 / **bedstand** 床頭櫃 / **bedwetting** 尿床

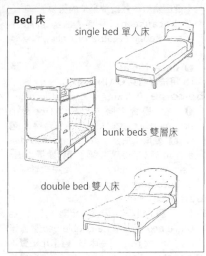

Bed 床
single bed 單人床
bunk beds 雙層床
double bed 雙人床

bed·room /'bedrʊm/ *n* [C]
臥室;寢室

bed·time /'bedtaɪm/
I *n* 上床時間;就寢時間 **II** *adj* (適用於) 臨睡前的: a *bedtime* story 給孩子臨睡前講的故事

bee¹ /biː/ *n* [C]
❶ 蜜蜂;蜂: a worker *bee* 工蜂 ❷ 工作忙碌的人 ❸ 奇思怪想;怪念頭
◇ **as busy as a bee** 忙得團團轉 / **have a bee in one's bonnet (head)** 想得入迷;胡思亂想 □ **beekeeper** 養蜂人 / **beeline** (兩地之間的) 最短距離

bee² /biː/ *n* [C] [美]
(為互助、競賽、取樂而舉行的) **聚會**: a spelling *bee* (學生的) 拼字比賽

beef /biːf/ *n*
❶ [U] 牛肉 ❷ (複 = beeves, beefs) 肉用牛 ❸ [U] (人的) 肌肉;力氣;[口] 體重: He has got plenty of *beef*. 他肌肉發達。
◇ **put on beef** 長膘;增加體重
beeves /biːvz/ **beef** 的一種複數
bee·hive /'biːhaɪv/ *n* [C]
❶ 蜂箱;蜂巢 ❷ 擁擠吵鬧的地方或場面: a *beehive* of activities 忙亂如蜂巢的場所 ❸ 蜂巢形建築
been /biːn/ **be** 的過去分詞
beer /bɪə(r)/ *n*
❶ [U] 啤酒: a bottle (can, glass) of *beer* 一瓶 (罐、杯) 啤酒 ❷ [U] 汽水;汽酒;淡酒 ❸ 一客啤酒: order a *beer* 要一份啤酒
◇ **beer and skittles** 吃喝玩樂;享受
beet /biːt/ *n* [U] 甜菜;糖蘿卜
bee·tle /'biːtl/ *n* [C]
❶ 甲蟲 ❷ 近視的人
be·fore /bɪ'fɔː(r)/
I *prep* ❶ (時間、位置、次序、重要性等) 在 … 前面: Business *before* pleasure. [諺] 工作在前,享受在後。 ❷ 寧願…而不…: True men choose death *before* surrender. 大丈夫寧死不屈。
II *adv* ❶ 在前面;在前頭;向前: look *before* and after 瞻前顧後 ❷ 提前: Come after five o'clock, not *before*. 五點鐘以後來,不要提前。 ❸ 以前;過去: I didn't know that *before*. 以前我不知道那件事。
III *conj* ❶ 在…以前: Look *before* you leap. [諺] 在跳躍前先要看一看;三思而後行。 ❷ (寧可…而) 不願…: I'd die *before* I'll tell. 我寧死也不講。

◐ in front of

> 用法説明：**Before** 和 **ago** 作 "以前" 解時，**before** 指從過去某一時刻算起的以前一段時間，如：The war ended a month before I was born. (在我出生之前一個月，戰爭就已結束了。) **Ago** 用於從現在算起的過去一段時間，如：I began to study English three years ago. (我三年前開始學習英語。)

be·fore·hand /bɪˈfɔːhænd/
I *adv* **1** 事先；預先：Get everything ready *beforehand*. 事先把一切準備好。 **2** 提前地；超出地：They arrived at the meeting place *beforehand*. 他們提前到達了會面地點。 II *adj* **1** 預先準備好的：be *beforehand* with your packing 提前打好行李 **2** 過早的；趕在前面的：Don't be *beforehand* in making up your mind. 不要過早地下決心。
◐ early, soon

beg /beg/
❶ *vt* 懇求；請求；請求得到：*beg* sb to help 請求某人幫助 **❷** *vi* 乞求；乞討：*beg* in the streets 沿街乞討
◇ beg off 請求免除 (義務、約束等) / **beg the question** 用未證明的假定來辯論 / **go begging** 去乞討
◐ entreat, implore
➡ 用法説明見 REQUEST

beg·gar /ˈbegə(r)/ *n* [C]
1 乞丐；窮光蛋 **2** 募捐者
◇ Beggars must not (cannot) be choosers. [諺] 乞丐不能挑肥揀瘦。

be·gan /bɪˈgæn/ begin 的過去式

be·gin /bɪˈgɪn/
(began, begun, beginning)

❶ *vt* 開始；創建：*begin* a new era 開始一個新紀元 **❷** *vi* **1** 開始；着手於：Life *begins* at forty. [諺] 人生從四十開始。 / A road of a thousand miles *begins* with one step. [諺] 千里之行始於足下。 **2** [口] 近於；接近：That hat doesn't even *begin* to suit you. 那頂帽子你戴根本不合適。
◇ begin at 從⋯開始 / **begin on** 着手進行 / **begin with** 以⋯為起點 / **to begin with** 首先；第一；原先；本來 / **Well begun is half done.** [諺] 開好頭就等於成功了一半。
◐ commence, start
◐ end

be·gin·ner /bɪˈgɪnə(r)/ *n* [C]
1 初學者；新手；生手：a *beginner* in politics 政界新手 **2** 創始人

be·gin·ning /bɪˈgɪnɪŋ/
I *n* **1** [C] 開始；開端：A bad *beginning* makes a bad ending. [諺] 開頭開不好，結局也糟糕。 **2** [U] 起源；起因：Border disputes are the *beginning* of the war between the two countries. 邊境爭端是兩國戰爭的起因。 **3** [常作 beginnings] 剛出現的事物；早期階段：the *beginnings* of science 科學的萌芽階段
◇ from beginning to end 從頭到尾；自始至終 / **the beginning of the end** 預示結果的先兆
II *adj* **1** 開始的；發端的：the *beginning* days 初期 **2** 初級的；基本的：*beginning* physics 初等物理

be·gun /bɪˈgʌn/ begin 的過去分詞

be·have /bɪˈheɪv/
❶ *vt* 舉止端正；循規蹈矩；檢點（自

己的行為）：*Behave* yourself!（對孩子用語）聽話！（規距點！）❷ *vi* ❶ 舉止；舉動；表現：*behave* well (badly) 行為好（行為壞）❷ 開動；轉動：The car *behaves* very well on the road. 汽車在路上運行良好。

◐ conduct
◑ misbehave

be·hav·iour, be·hav·ior
/bɪˈheɪvjə(r)/ *n* [U]

❶ 行為；舉止；表現；品行：good (bad) *behaviour* 好（壞）品行 ❷（待人的）態度 ❸（機器的）運轉情況；（事物在一定情況下產生的）反應；變化：the *behaviour* of the material under heat 材料受熱時的變化

◇ **be on (one's) good (best) behaviour**（在試用或接受考察期間）行為檢點 / **put sb on his best behaviour** 告誡某人檢點行為

be·hind /bɪˈhaɪnd/

I *prep* ❶ 在…的後面：Look *behind* you. 往你背後看看。/ *Behind* bad luck comes good luck. [諺] 惡運之後好運來。❷ 落後於；不如：His ideas are *behind* the times. 他的思想落後於時代了。❸ 遲於；較…為晚：The postman came *behind* the usual time today. 今天送信的人來得比平時晚。❹ 支持；作為…的後盾：He has his friends *behind* him. 他有朋友的支持。

II *adv* ❶ 在後；向後：look *behind* 回頭看背後 ❷ 靠後；落後；遲；不準時：be *behind* in (with, on) one's payment 逾期付款 / The clock runs *behind*. 鐘慢了。

◇ **come from behind** 迎頭趕上 / **fall**

(lag) behind 落在後面 / **remain (stay) behind** 依舊落在後面 □ **behind-the-scenes** 幕後的；秘密的

be·ing /ˈbiːɪŋ/

I be 的現在分詞

II *n* ❶ [U] 生命；存在；生存：What is the real nature of *being*? 生命的本質是甚麼？❷ [C] 人；生物：a human *being* 人 ❸ [U] 性質；本質；（人的）身心；本性：The news shockd me to the very roots of my *being*. 那消息深深地震撼了我。

◇ **bring (call) into being** 使出現；使存在 / **come into being** 出現；產生；形成 / **for the time being** 目前；暫時 / **in being** 存在的；現有的

be·lief /bɪˈliːf/ *n*

❶ [U] 相信；信任；信賴：I haven't much *belief* in him. 我不大相信他。❷ [C] 信念；看法：a common *belief* 普遍的看法 ❸ [C] 信仰：religious *beliefs* 宗教信仰 ❹ [C] 教義；信條：the *beliefs* of the Christian Church 基督教教義

◇ **beyond belief** 難以置信 / **to the best of my belief** 就我所相信的而言

◐ faith, confidence, credit
◑ disbelief

be·lieve /bɪˈliːv/

❶ *vt* ❶ 相信；相信…的真實性：A fool *believes* everything. [諺] 樣樣信，是蠢人。/ *Believe* no tales from the enemy. [諺] 敵人的話不可聽信。❷ 認為；以為：I *believe* that it is only a rumour. 我認為這只是諸傳而已。❷ *vi* ❶ 信任；信賴；*believe* in a person 依賴某人 / Seeing is *believing*. [諺] 眼見為實。❷ 信仰；信奉

◇ **believe it or not** [口] 信不信由你 / **make believe** 假裝 / **Would you believe it?** [口] 信不信由你。

▷ **believable** adj / **believer** n

❶ trust

❿ doubt

bell /bel/ n [C]

❶ 鐘;鈴;門鈴: a fire bell 火警鐘 ❷ 鐘聲;鈴聲: five minutes after the bell 鐘聲響後五分鐘 ❸ 鐘形物

◇ **bear (away) the bell** 得勝;得第一 / **clear as a bell** 極為清晰 / **lose the bell** 戰敗 / **That rings the bell.** 那使人想起某事。 □ **bell-bottoms** [複] 喇叭褲 / **bell-mouthed** 鐘口形的 / **bell tower** 鐘樓

⇨ 插圖見 BICYCLE

bel·low /ˈbeləʊ/ n, vi

❶ 牛吼 ❷ 吼叫;咆哮 ❸ 怒號;轟鳴

bel·ly /ˈbelɪ/

I n ❶ (人或動物的) 肚;腹;胃 ❷ 子宮 ❸ (物體的) 內部;凸部;凹部: the belly of a pot 罐子的腹部 ❹ 胃口;食慾 II vi 張滿;鼓起: The sails bellied in the wind. 船帆在風中張得鼓鼓的。

□ **bellyache** 胃痛;腹痛 / **bellylaugh** (肚子發顫的) 哈哈大笑

be·long /bɪˈlɒŋ/ vi

❶ 應歸入 (類別、範疇等);應該在 (某處);適宜於: A man of his ability belongs to teaching. 像他這樣能力的人適合教書。 ❷ 屬於: This world belongs to the energetic. [諺] 世界屬於充滿活力的人。 ❸ 居住: He belongs to ([美] in) Beijing. 他是北京的居民。

▷ **belonging** n [常作 belongings] 所有物;行李

be·lov·ed /bɪˈlʌvɪd, -ˈlʌvd/

I adj ❶ 深愛的;被鍾愛的: his beloved wife 他的愛妻 ❷ /bɪˈlʌvd/ (一般作表語) 被愛的 (by, of): She was beloved of all who knew her. 認識的人都喜歡她。 II n 心上人;情人

be·low /bɪˈləʊ/

I prep ❶ (位置、數量、程度、智力等) 在…的下面;低於: below the sea level 海平面以下 / an man below (the age of) fifty 一個年齡不到五十的男子 / His military rank is below a general. 他的軍銜低於將軍。 ❷ 有失…身份;不值得: The man thought that the job was below him. 這人認為自己的工作有失身份。

◇ **below (under) one's breath** 低聲

II adv ❶ 在下面;向下: We looked at the valley below. 我們往下看山谷。 ❷ 在樓下;在艙內 ❸ 頁末;下文: See the chapter below. 請見下面一章。 ❹ 地底下

III adj 頁末的;下文的: the information below 下列情況

❶ under, beneath

❿ above

⇨ 用法說明見 UNDER

belt /belt/

I n [C] ❶ 帶;皮帶;腰帶;肩帶: Please put on your seat belt when driving. 開車時請拴上座位的安全帶。 ❷ 綬帶;飾帶 ❸ 區;地帶: a coal belt 產煤地帶 / the green belt 綠化區 ❹ 帶狀物

◇ **hit below the belt** 用不正當手段傷人 / **hold the belt** (在拳擊等比賽中)

奪得錦標 / **pull in (tighten) one's belt** 束緊腰帶; 節約度日

II *vt* **1** 用帶束緊; 用帶拴: *belt* the tent 拴住帳篷 **2** 用皮帶抽打

□ **beltway (belt highway)** [美] (環繞城市或某一地區的) 環路

bench /bentʃ/ *n*

1 長凳; 板凳; 石凳 **2** (木工等的) 工作台 **3** 法官; 法官席: to speak from the *bench* 以法官身份講話 **4** 法院

◇ **be brought before the bench** 帶到法庭受審 / **on the bench** 當法官; (體育) 當替補隊員 □ **bench scientist** 在實驗室工作的科學家

bend /bend/

I (bent) **❶** *vt* **1** 挽; 拉; 彎曲: He *bent* the bamboo into a bow. 他把竹子彎成弓狀。 **2** 使 (思想、目光、注意力等) 轉向; 集中於 (to): He *bent* all his energy to the task. 他把全部精力集中於這項任務。 **❷** *vi* **1** 彎曲: Copper wires *bend* easily. 銅絲容易彎曲。 **2** 屈從 (before, to): *bend* to the pressure from above 屈服於上面來的壓力 / Better *bend* than break. [諺] 寧曲不斷。 **3** 彎腰; 曲身: She *bent* down and picked up the book. 她彎腰把書拾了起來。

◇ **bend over backwards (to do sth)** [貶] 賣力 (做某事)

II *n* **1** [C] 彎曲; (河流等的) 彎曲處 **2** [U] 彎腰; 曲身 ▷ **bendable** *adj*

◐ straighten

be·neath /bɪˈniːθ/

I *prep* **1** 在…之下: a coal mine *beneath* the town 這個城鎮下的一個煤礦 **2** (地位、級別等) 低於; 不如: I

am *beneath* him in ability. 我在能力上不如他。 **3** 連…也不值得; 有失…的身份; 有損…的尊嚴: *beneath* notice 不值得注意 / I think it's *beneath* me to do such a thing. 我認為做這樣的事有失我的身份。

II *adv* 在下方; 在底下: During the earthquake, we felt the ground trembling *beneath*. 地震時我們感到地在底下顫抖。

◑ below, under

ben·ificial /ˌbenɪˈfɪʃl/ *adj*

1 有益的; 有利的; 有幫助的: *benificial* to health 有益健康 / Some insects are *benificial* to the crops in the fields. 一些昆蟲對地裏的農作物是有益的。 ▷ **benificially** *adv*

◑ advantageous, profitable
◐ harmful

ben·e·fit /ˈbenɪfɪt/

I *n* **1** [U] 益處; 好處; 幫助: be of *benefit* to mankind 對人類有益 **2** [C, U] 津貼; 救濟金; 保險費 **3** [C] 義演; 義賽; 義賣: a *benefit* concert 義演音樂會

◇ **for the benefit of** 為…; 為了…的利益

II (benefit(t)ed, benefit(t)ing) **❶** *vt* 有益於: This economic reform *benefits* the workers. 這項經濟改革有益於工人。 **❷** *vi* 得益於 (by, from): We *benefit* by daily exercises. 每天做操對我們有好處。

□ **benefit society (benefit association, benefit-club)** 互助會

◑ profit
◐ harm, damage

bent /bent/ **bend** 的過去式或過去分詞

ber·ry /'berɪ/

I *n* **1** 漿果：Blackberries, straw-berries, and raspberries are all *berries*. 黑莓、草莓和木莓都是漿果。 **2** （某些植物的）乾果仁、乾種子：the coffee *berry* 咖啡豆 **II** *vi* **1** 採集漿果：go *berrying* 去採漿果 **2** 結出漿果 ▷ **berrylike** *adj*

berth /bɜːθ/ *n*

I **1** （船、車、飛機上的）鋪位；座位；睡處：book a sleeping *berth* to Shanghai 預訂一張去上海的臥鋪 **2** 停泊地；錨位：The sailors took up a good *berth*. 水手找了一個理想的下錨位置。 **3** [口] 職位；工作崗位

II *vt, vi* **1** 停泊：The captain *berthed* his ship in the evening. 船長在晚上停泊了船。 **2** 為（旅客等）提供鋪位

◇ **give a wide berth to**（為安全或謹慎起見）遠離；對⋯保持距離

be·side /bɪ'saɪd/ *prep*

1 在⋯旁邊；在⋯附近：We sat *beside* the fire. 我們坐在爐邊。 **2** 和⋯相比：*Beside* their efforts, ours seem small. 與他們所作的努力相比，我們做的就似乎少了。

◇ **beside the point (question, mark)** 不中肯；離題 / **beside oneself** 極度興奮；精神失常

be·sides /bɪ'saɪdz/

I *prep* **1** 除⋯之外（還有）：This area has many other advantages *besides* good weather. 這地區除了天氣好以外，還有許多其他長處。 **2** 除了⋯以外（不再有）：He has no other income *besides* his wages. 他除了工資外，沒有

其他收入。

II *adv* 并且；此外：I don't want to go, and *besides* I'm tired. 我不想去，另外，我也累了。 / We tried two other ways *besides*. 此外，我們還嘗試了兩種其他辦法。

● **but, except, except for**
⇨ 用法說明見 MOREOVER

be·siege /bɪ'siːdʒ/ *vt*

1 圍攻；包圍：The town was *besieged* for a month during the war. 小鎮在戰爭中被圍困了一個月。 **2** 擁在⋯周圍：Reporters *besieged* the spokesman with questions. 記者圍住了發言人提問。

▷ **besiegement** *n* / **besieging** *adj*

best /best/

I *adj* （good 的最高級） **1** 最好的：one's *best* friends 一個人最好的朋友 **2** 最大的；大半的：the *best* part of the month 大半個月

II *adv* （well 的最高級） **1** 最好地；最徹底地：Do as you think *best*. 你認為怎麼最好就怎麼幹吧。 **2** 最；極：a man *best* suited for the job 最適宜做這一工作的人

III *n* **1** 最好的人：He is the *best* in the class. 他是班裏最好的學生。 **2** 最好的東西（狀態、結果、衣服等）：She is wearing her holiday *best*. 她穿着節日的盛裝。 **3** 主要優點：That's the *best* of knowing English. 那就是懂得英語的好處。

◇ **(all) for the best** 完全出於好意；結局總算圓滿 / **all the best**（祝酒、告別時說的）祝一切順利 / **at best** 至多；充其量也不過 / **do (try) one's best** 盡最大努力 / **get (have) the best of** 勝過 /

had best 最好；頂好；應該 / at one's
best 處於最佳狀態；處於全盛時期 /
make the best of 充分利用（機會、時
間等）

IV vt 打敗；戰勝：We bested them in
the football match. 我們在足球比賽中踢
贏了他們。

□ best buy 買得最合算的東西 /
bestseller 暢銷書

◑ worst

be·stow /bɪˈstəʊ/ vt

1 把…贈予；把…給予（on , upon）：
Gifts were bestowed on the visitors. 給
來訪者贈了禮品。 **2** 使用；花費：
bestow much time and energy on the
work 在這項工作上花費了許多時間和心
血 **3** 放置；安置；貯藏 ▷ bestowal
n

◐ give, confer, present, donate

bet[1] /bet/ vt, vi

(bet / betted, betting)

1 敢斷定；有把握；確信：I'll bet that
it'll rain tomorrow. 我敢斷定明天會下
雨。 **2** 打賭；賭錢：bet ten dollars on
sth 對某事賭十元錢

◇ bet one's bottom dollar on 對…孤
注一擲 / you bet [口] 你可確信；當然

II n **1** 賭；打賭 **2** 賭金；賭注

◐ stake, pot

bet[2] /bet/ bet 的一種過去式或過去分詞

be·tray /bɪˈtreɪ/ vt

1 背叛；出賣：betray one's country 背
叛祖國 **2** 不忠於；辜負：betray one's
friends by breaking one's promise 不遵
守諾言，因而失信於朋友 **3** 顯示；表
現：His accent betrays his nationality.
從他的口音可以知道他的國籍。 **4** 泄露

（秘密等） ▷ betrayer n / betrayal n

bet·ter /ˈbetə(r)/

I adj （good 的比較級） **1** 更好的：a
better plan 一個更好的計劃 **2** 健康好
轉的：He is getting better now. 他現在
正在恢復健康。 **3** 超過一半的；較大的

◇ little (no) better than 幾乎一樣（壞）
/ the better part of 大半：Eight
months is the better part of a year. 八個
月是大半年。/ one's better half [謔] 某
人的妻子

II adv （well 的比較級） **1** 更好地：
We can do better next time. 我們下一次
能做得好一些。 **2** 更；更加：She
knows the story better than I do. 她比我
更知道這個故事。

◇ better off 景況較好 / think better
of 經過考慮後改變主意；變卦

III vt **1** 改良；改善；改進：better
the living conditions 改善生活條件 **2**
優於；超過：better a sports record 打
破一項運動紀錄

◇ better oneself 掙更多的錢；自學

IV n **1** （人或事物）較好者 **2**
[betters] 上司

◇ for better or (for) worse 不論好
壞；不管怎麼樣 / get (have) the better
of 克服；勝過；打敗 / had better 最
好；還是…好

□ better nature 人性中善良的一面

▷ betterment n

◐ improve

◑ worse

be·tween /bɪˈtwiːn/

I prep **1** 在（兩者）之間；在…的中
間：The river runs between the two
countries. 這河在兩國之間流過。/ a

b

colour *between* yellow and brown 介於黃色與褐色之間的一種顏色 / the relation *between* the two neighbours 兩家鄰居之間的關係 **2** 分隔着：the difference *between* right and wrong 是非之別 **3** 為…共有：We had a desk *between* us. 我們共用一張書桌。/ *Between* friends all is common. [諺] 朋友之間，不分彼此。 **4** 由於…共同作用的結果：We wrote an article *between* us. 我們合寫了一篇文章。

◇ **between you and me; between you, me and the gatepost; between ourselves** 只限在我們兩人之間；別跟別人去説 / **in between** 每間隔；介乎兩者之間 / **little (nothing) to choose between them** 兩者都差不多 / **There's no love lost between them.** [口] 他們互相厭惡。

II *adv* 當中；中間：a lecture with a short break *between* 中間有一次短暫休息的講座

◇ **few and far between** [口] 很少；偶爾 ▷ **betweenness** *n* 介於二者之間；〈數〉中間性

❶ **among**
⇨ 用法説明見 AMONG

bev·er·age /ˈbevərɪdʒ/ *n*
飲料（如牛奶、茶、咖啡、啤酒等）

be·ware /bɪˈweə(r)/（主要用於祈使句或與 must, should 等詞連用）

❶ *vt* 注意；提防；*Beware* (of) what you do with this dangerous substance. 要注意怎樣處理這種危險的材料。 ❷ *vi* 當心；小心；注意；提防：*Beware* of a silent dog and still water. [諺] 當心不叫的狗和表面寧靜的水流。

be·wil·der /bɪˈwɪldə(r)/ *vt*
1 使迷惑；使糊塗：Some problems in mathematics *bewilder* me. 一些數學題難住了我。 **2** 使迷路；使迷失方向：City traffic *bewilders* me. 城市交通弄得我暈頭轉向。 ▷ **bewildered** *adj* / **bewildering** *adj*

❶ **puzzle, mystify, confuse**

be·yond /bɪˈjɒnd/

I *prep* **1**（表示位置）在…的那一邊：*beyond* the river 在河流的那一邊 **2**（表示時間）遲於；晚於：Some shops keep open *beyond* midnight. 有些商店營業到半夜以後。 **3**（表示範圍、限度等）超出：This theory is quite *beyond* me. 這一理論我實弄不懂。 **4** 除…以外：*Beyond* that, there's nothing more I can say. 除此以外，我沒有更多的要説的。

◇ **beyond compare (all praise)** 無與倫比 / **beyond one's hopes (one's wildest dreams)** 比想像的還好

II *adv* **1** 在更遠處；後：The fields stretch to the horizon and *beyond*. 田地伸展到地平線以外。 **2** 此外

III *n* 更遠處；來世：the Great *Beyond* 來世；不可知的彼岸

❶ **within**

bias /ˈbaɪəs/

I *n* [C, U] **1**（織物的）斜紋 **2** 偏見；偏袒：*bias* towards (against) sth (sb) 對某事或某人有偏心（或偏見） **3** 傾向；趨勢；愛好：He showed an artistic *bias* in childhood. 他童年時就顯示出對藝術的愛好。 ◇ **on the bias** 偏斜地；歪斜地

II *adj* 斜紋的；斜的

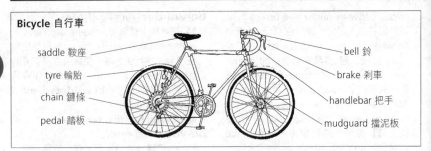

Bicycle 自行車

saddle 鞍座
tyre 輪胎
chain 鏈條
pedal 踏板
bell 鈴
brake 刹車
handlebar 把手
mudguard 擋泥板

▷ **biased** *adj* 偏袒的；偏見的

Bible /'baɪbl/ *n*

1 （基督教的）《聖經》 **2** （猶太教的）《聖經》 **3** 其他宗教經典；權威著作

□ **Bible oath** 莊嚴的誓言 ▷ **Biblical** *adj*

bi·car·bo·nate /baɪˈkɑːbənət/ *n*

〈化〉碳酸氫鹽；酸式碳酸鹽；重碳酸鹽

bi·cy·cle /'baɪsɪkl/

I *n* [C] 單車；自行車；腳踏車：go to school by *bicycle* 騎單車上學

II *vi* 騎單車；騎自行車

bid¹ /bɪd/

I *vt* （bade 或 bid, bidden 或 bid, bidding） **1** 命令；吩咐：Soldiers will do as they are *bidden*. 士兵按吩咐的去執行。 **2** 祝；表示（問候等）：He *bids* us farewell. 他向我們告別。 **3** 邀請：*bid* guests to a wedding 邀請來賓參加婚禮 **II** *n* **1** 命令；吩咐 **2** 邀請：She has a *bid* to the wedding. 她接到了參加婚禮的邀請。

◐ command, order, direct, instruct
◑ forbid

bid² /bɪd/

I （bid, bid） **❶** *vt* 出（價）；喊（價）；投標：He *bid* one hundred

pounds for an old vase. 他為一隻舊花瓶出價一百英鎊。 **❷** *vi* **1** 叫牌 **2** 企圖；努力（for）：They are *bidding* for our support by making promises. 他們許下許多諾言，爭取我們的支持。

◇ **bid fair** 有…的希望；有…的可能 / **bid for** 投標爭取；企圖獲得

II *n* **1** 出價：a *bid* of one hundred pounds for that old vase 為那隻舊花瓶出的一百英鎊的價 **2** 夠叫牌資格的一手牌 **3** 企圖；努力；爭取：make a *bid* for more support 為爭取更多的支持而努力 ▷ **bidder** *n*

bid·den /'bɪdn/ **bid** 的一種過去分詞

big /bɪg/ *adj*

1 大的；巨大的；大規模的；長大了的：a *big* box 大箱子/ The *bigger* they are, the harder they fall. [諺] 個兒越大，摔得越重。 **2** 重大的；重要的；出名的：a *big* news 重大新聞 **3** 自大的；傲慢的：*big* words 大話 **4** 寬宏的；大度的：have a *big* heart 寬宏大量 **5** （以某種特性而顯得）突出的：a *big* eater 食量大的人

◇ **as big as life** 與實物一般大小 / **talk big** 吹牛；説大話 / **too big for one's boots (breeches, trousers, pants)** 妄

b

自尊大；擺架子 □ **big business** 大企業；財團 / **big C** [口] 癌症 / **big cat**（獅、虎等）大型貓科動物 / **big lie**（用作政治目的的）大謊言 / **Big Science**（需大量投資的）大科學 / **big stick** 軍事（政治、經濟）威脅；大棒政策

● large, great
● little, small

用法説明：**Big** 和 **large** 都可用來表示"大"；**large** 的意思較正式些，一般不用來形容人，如：The hat is too big/large.（帽子太大。）What a big/large city!（多麼大的城市！）這兩個詞一般不用來修飾抽象名詞，而 **great** 常與抽象名詞連用，如：great happiness/sorrow/difficulty（莫大的幸福/痛苦 / 困難）。**Great** 表示"大"時，常見於文學作品和名字中，如：the great city of Rome（大羅馬城），the Great Wall of China（中國長城），Great Britain（大不列顛，英國）。**Great** 在口語中泛指極好的事物，如：That's a great idea.（真是個好主意。）We had a great time.（我們過得真愉快。）

bi·lin·gual /baɪˈlɪŋgwəl/
I adj **1** 兩種語言的；用兩種語言寫（印）的 **2**（能）使用兩種語言的 **II** n 能使用兩種語言的人
□ **bilingual education** 雙語教學（制）
▷ **bilingualism** n 使用兩種語言 / **bilingually** adv

bill¹ /bɪl/
I n [C] **1** 賬單：The waiter brought the bill. 服務員拿來了賬單。 **2** 招貼；廣告；傳單：Stick No Bills! 不准招貼！ **3** 票據；匯票 **4** 説明書；節目單 **5** 法案 **6** 鈔票：big bills 大面值鈔票
◇ **fill the bill** [口] 符合要求；適合需要 / **foot the bill** [口] 同意付賬；負擔費用 / **head (top) the bill** 居首位；（演員等）領銜主演
II vt **1** 給…開賬單 **2** 用招貼（廣告、報紙等）宣佈：The book was billed as a best seller. 廣告説，那本書是暢銷書。
□ **billboard**（戶外）廣告牌 / **bill broker** 證券經紀人 / **billposting (billsticking)** 廣告張貼
● act, statute, law

bill² /bɪl/ n
1 鳥喙 **2** 形似鳥喙的東西
● beak, nib

bil·lion /ˈbɪlɪən/ n, adj
1（英、德）萬億（的）；10^{12}（的）
2（美、法）十億（的）；10^9（的）
3 大量的；無數的

用法説明：過去英國以 **billion** 指"萬億"。但近年來，也漸以 **billion** 指"十億"。

bil·low /ˈbɪləʊ/
I n [C] **1** 巨浪；波濤：the billows of the sea 海浪 **2** 波浪般滾滾向前的東西（如煙、火、隊伍等）：The chimney puffed out billows of dense smoke. 煙囱噴出滾滾濃煙。 **II** vt, vi **1**（波浪）起伏；翻騰 **2**（使）翻騰；（使）起伏：The wheat fields billowed waves of green. 麥田翻綠浪。 **3**（使風帆等）鼓起 ▷ **billowing** adj

bi·na·ry /ˈbaɪnərɪ/ adj, n
1 由兩部分（事物）組成（的）；雙重（的）；一雙（的） **2**〈化、物〉二元（的） **3**〈數〉二進制（的） **4** 兩擇其

一（的）

□ **binary code**〈計〉二進制碼 / **binary compound** 二元化合物 / **binary scale**〈數〉二進數制

bind /baɪnd/（bound, bound）
❶ *vt* ❶ 捆綁；捆紮：Many straws may *bind* an elephant. [諺] 稻草編在一起可以捆住大象。/ The prisoner was *bound* hand and foot. 囚犯被捆得手腳都不能動彈。 ❷ 包紮：*bind* up a wound 包紮傷口 ❸ 裝訂：*bind* the loose leaves into a booklet 把活頁裝訂成小冊子 ❹ 使黏合；使結合：Trade *binds* the two areas together. 貿易把兩個地區結合在一起。 ❺ 使受約束：*bind* oneself to do sth 承諾某人幹某事 ❷ *vi* 起約束作用：the promise that *binds* 必須履行的諾言 ▷ **binder** *n* / **binding** *n, adj*

● tie, fasten, join
◐ loose, unbind

bi·no·cu·lar /baɪˈnɒkjʊlə(r), bɪˈn-/
I *adj* 同時用雙目的：*binocular* vision 雙目視覺 II *n* [binoculars] 雙目鏡；雙筒鏡：a pair of *binoculars* 雙筒望遠鏡

bi·no·mi·al /baɪˈnəʊmɪəl/
I *n* ❶〈數〉二項式 ❷ 雙名 II *adj* ❶〈數〉二項式的 ❷ 包含兩個名詞或名稱的

bi·o·che·mi·cal /ˌbaɪəʊˈkemɪkl/ *adj*
I ❶ 生物化學的 ❷ 具有生物化學反應特點的 II *n* 生物化學產物；生物化學物質

bi·o·che·mis·try /ˌbaɪəʊˈkemɪstrɪ/ *n* 生物化學

bi·og·ra·phy /baɪˈɒgrəfɪ/
I *n* ❶ [U] 傳記：I like *biography* better than poetry. 與詩歌比較，我更喜歡傳記。 ❷ [C]（對某個事物）形成、發展和終結過程的記載 II *vt* 為…作傳：That actor is well *biographied*. 那個演員的生平傳記頗為詳細。 ▷ **biographic, biographical** *adj* / **biographize** *vt, vi*

bi·o·log·ic, bi·o·log·i·cal /ˌbaɪəˈlɒdʒɪk, -kl/
I *adj* ❶ 生物的：*biologic* science 生物科學 ❷ 生物學的；用生物學手段的：*biologic* warfare 生物戰 II *n* 生物製品；生物製劑

bi·ol·o·gist /baɪˈɒlədʒɪst/ *n* [C] 生物學家

bi·ol·o·gy /baɪˈɒlədʒɪ/ *n*
❶ 生物學；生態學 ❷ [總稱] 一個地區的生物：the *biology* of the Tibetan Plateau 西藏高原的生物（生態）❸（某一生物或某一群生物的）生態史；生活規律和現象

birch /bɜːtʃ/
I *n* ❶ [U]〈植〉（白）樺；樺樹的木材 ❷ [C]（鞭打用的）樺條 II *adj* 樺樹的；樺木的 III *vt* 用樺樹條抽打
□ **birchbark** 樺樹皮 ▷ **birchen** *adj*

bird /bɜːd/
I *n* [C] ❶ 鳥；禽：a *bird* of passage 候鳥 ❷ 供捕獵的鳥 ❸ 人；傢伙：He's a queer *bird*. 他是個怪人。/ an early *bird* 早起者；早到者
◇ **a bird in the bush** 未到手的東西；未定局的事情 / **a bird in (the) hand** 已到手的東西；已定局的事情 / **A bird in hand is worth two in the bush.** [諺] 雙鳥在林不如一鳥在手。/ **Bird of a feather flock together.** [諺] 羽毛一樣的鳥飛到一處。（喻物以類聚。）/ **It's**

an ill bird that fouls its own nest. [諺] 再不好的鳥也不會糟蹋自己的窩。/ **Kill two birds with one stone.** [諺] 一石兩鳥；一箭雙雕。

II *vi* **1** 捕鳥 **2** 觀察鳥類

□ **birdbrain** 笨蛋；思想開小差 / **birdwatch**（在大自然中）觀察野鳥

▷ **birdlike** *adj*

⇨ 插圖見〈專題圖說 13〉

birth /bɜːθ/ *n* [U]

1 誕生；出生：the *birth* of a child 一個孩子的誕生 **2** 生產；分娩：She gave *birth* to a fine healthy boy. 她生了一個健康的男嬰。 **3** 出身；血統：Chinese by *birth* 中國血統的 **4** 起源；開始：the *birth* of the earth 地球的起源

◇ **birth and breeding** 良好的出身和教養 / **by birth** 在血統上；天生 / **give birth to** 生（孩子）；產生；引起 □ **birth control** 節育；避孕 / **birthmark** 胎記 / **birthright** 與生俱來的權利（財產）

birth·day /ˈbɜːθdeɪ/ *n* [C]

生日；誕生的日子；開始的日子：a *birthday* present 生日禮物

birth·place /ˈbɜːθpleɪs/ *n*

1 出生地；故鄉 **2**（事物的）發源地；發祥地

birth·rate /ˈbɜːθreɪt/ *n* 出生率

bis·cuit /ˈbɪskɪt/

I *n*（複 = biscuit(s)）**1** [英] 餅乾（= [美] cracker）；家常小甜餅 **2** 淡褐色；灰黃色 **3** 本色陶瓷；素坯 **II** *adj* 淡黃色的；淡褐色的

bi·sect /baɪˈsekt/ *vt, vi*

1 一分為二 **2** 對切；等分 **3**（與）交叉

bi·sec·tion /ˌbaɪˈsekʃn/ *n*

1 一分為二；對切；等分 **2** 分開的地方；分叉處 **3** 兩個相等部分的一個

bi·sec·tor /baɪˈsektə(r)/ *n*

1〈數〉等分線；平分線 **2** 二等分物

bish·op /ˈbɪʃəp/ *n* [C]

1（天主教、東正教、聖公會等）主教；（基督教衛理公會）會督 **2**（國際象棋的）象

bit[1] /bɪt/ *n* [C] 馬嚼子

◇ **draw the bit** 收緊勒馬；放慢速度

bit[2] /bɪt/ *n* [C]

1 一小塊；少量：only a *bit* of food 只有一點點食物 **2** 一點；一些：The hungry boy finished every *bit* of food. 那個饑餓的男孩把每一點食物都吃光了。 **3** 一會兒；片刻：Let's rest a *bit*. 讓我們休息一會。

◇ **a bit** 多少；有點兒；相當 / **bit by bit (by bits)** 一點點地；漸漸 / **bits and pieces** [口] 零星的東西 / **do one's bit** 盡自己的一份力量 / **every bit** 從頭至尾；完全 / **give sb a bit of one's mind** 對某人直言不諱 / **not a bit (of it)** 一點也不 / **quite a bit** 相當數量；相當程度 / **the least bit** 最低量；最低限度 / **tear (smash) sth to bits** 把…撕得粉碎

❶ **whole**

bite /baɪt/

I *n* **1** [C]（食物）一口；少量 **2** [C, U] 咬：He took a *bite* at the pear. 他咬了一口梨。 **3** [C] 咬傷；叮傷；（被咬的）傷口：insect *bites* 昆蟲叮咬傷 **4** [C, U]（利器等）刺穿；（寒風等）刺痛；（言詞等）尖銳；感染力：We feel that there is a *bite* to his words. 我們感到他言詞辛辣。

B

II（bit, bitten）❶ *vt* ❶ 咬；咬住；咬斷；咬掉：The dog *bit* away a large piece of the meat. 狗咬走了一大塊肉。❷ 咬；螫；叮：A snake will not *bite* you if you leave it alone. 不去驚動蛇，蛇是不會咬你的。/ Once *bit* (bitten), twice shy. [諺] 一次被咬，下次膽小。（喻從經驗取得教訓。）❸ 使…感到刺痛；引起不舒服感覺：This mustard *bites* my tougue. 這種芥末在舌頭上很辣。❷ *vi* ❶ 鉗住；夾住；咬得住：The car wheel would not *bite* on ice. 車輪在冰上打滑。❷（利器）刺
◇ **bite into** 咬進；刺入；腐蝕 / **bite off more than one can chew** [口] 承擔力所不及的事 / **bite one's lips** 努力不露聲色 / **bite the hand that feeds oneself** 恩將仇報 ▷ **biting** *adj*

bit·ten /ˈbɪtn/ **bite** 的過去分詞

bit·ter /ˈbɪtə(r)/
I *adj* ❶ 苦的；有苦味的：*Bitter* pills may have sweet effects. [諺] 良藥苦口。❷ 嚴寒的；刺骨的：a *bitter* winter wind from the north 冬天刺骨的北風 ❸ 厲害的；劇烈的；懷恨的：*bitter* hatred 刻骨的仇恨 ❹ 令人不愉快的；痛苦的：*bitter* experiences 痛苦的經歷 ❺ 堅定不移的：faith and *bitter* determination 信仰和堅定不移的決心
◇ **to the bitter end** 拚到底
II *n* ❶ 苦；苦味；苦味物：He who has not tasted *bitter* knows not what sweet is. [諺] 不吃苦安知甜。❷ [英]（一杯）苦啤酒
□ **bitter pill** 苦果；恥辱 / **bittersweet** *n, adj* 又苦又甜（的）

bit·ter·ly /ˈbɪtəlɪ/ *adv*

❶ 苦苦地 ❷ 悲痛地 ❸ 厲害地
bit·ter·ness /ˈbɪtənɪs/ *n* [U]
❶ 苦味 ❷ 心酸；悲痛 ❸ 苦難 ❹ 諷刺

black /blæk/
I *adj* ❶ 黑色的；烏黑的：*black* clouds 烏雲 ❷（頭髮、眼睛等）黑的；黑人的：*black* eyes and *black* hair 黑頭髮黑眼睛 / *black* people 黑人 ❸ 暗淡的；不妙的；不吉的：the *black* art 巫術 / Things look very *black* for them. 情況對他們不妙。❹ 髒的；丟臉的：a *black* mark 污點
◇ **as black as night** 漆黑一團 / **black and blue** 遍體鱗傷 / **black and white** 白紙黑字；黑白影片 / **black in the face**（因用力或發怒）臉色發紫 / **call white black (black white)** 顛倒黑白 / **go black**（人昏眩時眼前）變成一片黑 / **look black at sb** 惡狠狠地瞪某人 / **not as (so) black as one is painted**（人）不像傳說的那樣壞 / **There is a black sheep in every flock.** [諺] 每家都有不肖子孫；處處有害群之馬。
II *n* ❶ 黑色 ❷ 黑人 ❸ 黑色的物質（如黑漆、鞋油、染料等）❹ 漆黑；黑暗：the *black* of night 夜的漆黑
III ❶ *vt* ❶ 使變黑 ❷ 用黑鞋油擦鞋 ❷ *vi* 變黑
□ **black box**（飛機上的）黑盒子 / **black comedy** 黑色喜劇（20 世紀 60 年代出現的戲劇流派）/ **Black English** 黑人英語 / **black eye** 黑眼睛；（被打或撞成的）青腫眼眶 / **black frost** 黑霜；嚴重霜凍 / **black list** 黑名單 / **black mark** 污點；不足之處 / **black market** 黑市
◐ **white**

black·ber·ry /'blækbrɪ/ n [C, U]
黑刺莓（或其漿果）

black·bird /'blækbɜːd/
I n **1** 黑鳥；[英] 烏鶇；畫眉；[美] 燕
八哥 **2** 被抓去當奴隸的黑人（南太平洋
島民）II vi 販賣黑奴

black·board /'blækbɔːd/ n [C] 黑板

black·smith /'blæksmɪθ/ n [C]
1 鐵匠；鍛工 **2** 馬蹄鐵工人

blad·der /'blædə(r)/ n [C]
1 〈解〉膀胱：empty one's *bladder* 撒
尿 **2** 囊；泡 **3** 囊狀物；（可充氣或充
水的）囊袋
◇ **prick a/the bladder** 拆穿西洋鏡

blade /bleɪd/ n [C]
1 刀口；刀片；刀身 **2** 劍 **3** 槳片 **4**
草片；葉片；葉片狀物 **5** 前舌；肩胛骨

blame /bleɪm/
I vt **1** 指責；責怪；責備：They
blamed us (for the failure). 他們 (為那次
失敗而) 責備我們。 **2** 把…歸咎於；推
諉於：Football fans *blamed* the failure
of their team on the bad weather. 球迷
們把他們球隊的失敗歸咎於天氣不好。
◇ **A bad workman blames his tools.**
[諺] 拙匠常怪工具差。/ **and small
blame to him** 而這也不能多怪他
II n **1** [C] 指責；責備：You will bring
the *blame* of others upon yourself if you
fail in this. 如果你此事不成，就會招來別
人的責難。 **2** [U]（過錯、失敗的）責
任：The coach took the *blame* for the
failure in the football matches. 教練承擔
足球比賽失利的責任。
◇ **be to blame (for)** 該（為…）受責
備；應（為…）負責 ▷ **blamable** adj
❶ **guilt, fault**

❶ **praise**

blame·less /'bleɪmlɪs/ adj
無可指責的；無過錯的：a *blameless*
life 無瑕的一生

blank /blæŋk/
I adj **1** 空白的：a *blank* page 一頁空
白 **2** 茫然的：a *blank* look on one's
face 某人臉上茫然若失的表情 **3** 完全
的；絕對的：a *blank* refusal 斷然拒絕
4 空虛的；單調的；無益的：*blank*
days 單調沉悶的日子
II n [C] **1** 空白；空地；空格：Leave
a *blank* after each word. 每一個字的後
面留出空白。/ a *blank* in one's memory
記憶中的空白 **2** 空白表格：Each
applicant should first complete the
blank. 每位申請人應先填好這份空白表
格。
◇ **draw (a) blank** 抽空簽；[口] 失敗；
白搭 / **in blank** 留有空白待填寫 □
blank test 〈化〉空白試驗；對照試驗
❶ **void, empty, vacant**

blast /blɑːst, blæst/
I n **1** 一陣疾風：the icy *blasts* of
winter 一陣陣冬季冰冷的寒風 **2** 〈冶〉
鼓風；送風 **3** 爆炸；爆破：a *blast*
wave（爆炸）衝擊波 **4**（喇叭、號角等）
管樂器的聲音
◇ **at (in) full blast** 大力地；大規模
地；飛快地；聲音很響地
II vt, vi **1** 爆破；炸開 **2** 使枯萎；摧
毀：Frost *blasted* the blossoms. 霜把花
兒打掉了。
□ **blastproof** 防爆炸的

blaze¹ /bleɪz/
I n **1** [C] 火；火焰：The fire burst
into a *blaze*. 火一下子旺了起來。 **2** [U]

B

直射的強光；光輝： the *blaze* of the noon sun 中午直射的強光 **3** [C]（感情的）爆發： a *blaze* of rage 勃然大怒

II ❶ *vt* **1** 使燃燒；使冒火焰 **2** 閃耀出： Her eyes *blazed* anger. 她的眼中閃着怒火。 **❷** *vi* **1** 發光；閃耀： Lights were *blazing* on top of every building. 每座建築物的頂上燈火輝煌。 **2** 着火；冒火焰 **3** 顯示；炫耀

◇ **blaze away** 熱烈急促地講話；連續發射（子彈）/ **blaze up** 燃燒起來；發怒 ▷ **blazing** *adj*

◑ **flare, flame, glare, glow**

blaze² /bleɪz/ *vt*

公開；傳揚；宣佈（abroad, about）： This newspaper often *blazes* gossips and anecdotes about. 這份報紙常常傳播小道消息和奇聞軼事

bleach /bliːtʃ/

I *n* [U] **1** 漂白 **2** 漂白劑 **II** *vt, vi* **1** 漂白： *bleach* cloth 把布漂白 **2** 曬白；（使）脫色： The sun has *bleached* the paint on the door. 陽光已把門上的漆曬得褪了色。

bleak /bliːk/ *adj*

1 荒涼的： *bleak* hills swept by the cold wind 寒風吹颳下的荒涼小山 **2** 寒冷的；陰冷的： a *bleak* afternoon in December 十二月裏一個陰冷的下午 **3** 淒涼的；蕭瑟的： a *bleak* future 前途淒涼

bled /bled/ **bleed** 的過去式或過去分詞

bleed /bliːd/ （bled, bled）

❶ *vt* **1** 使出血 **2**〈醫〉放血 **3** 使（植物）滲出或流出液汁 **4** 勒索；榨取： *bleed* sb for five hundred pounds 向某人敲榨五百英鎊 **❷** *vi* **1** 流血：

The boxer's nose *bled* in the second round. 那拳擊手在打第二輪時鼻子流血了。 **2** 悲痛；痛心： My heart *bleeds* for those homeless people. 我同情那些無家可歸的人。

◇ **bleed white** 流盡鮮血；[喻]（被）榨盡血汗 / **make sb's heart bleed** 使某人心碎（傷心）/ **make sb bleed** 設法使某人掏血本；勒索某人

blend /blend/

I *n* **1** 混合；融合： a perfect *blend* of bright colours and quiet colours 暖色與靜色的完美交融 **2** 混合物；（不同品味的咖啡、茶、酒、煙的）混合品： a *blend* of coffee 混合咖啡

II （blended 或〈詩〉blent） **❶** *vt* 使混合： to *blend* oil and water 把油和水混和 **❷** *vi* **1** 混合；攙合： These colours *blend* very well. 這幾種顏色容易混合。 **2** 調和；協調；相稱： The new building *blends* nicely with the landscape. 那新建築與景色很協調。

▷ **blender** *n* 摻合者；攪和器

◑ **mix, merge, mingle**

◐ **resolve**

blent /blent/ **blend** 的一種過去式或過去分詞

bless /bles/ *vt* (blessed 或 blest)

1 為⋯祝福： *bless* sb for his kindness 感激某人的好意 / **2** 讚美（上帝）： God be *blessed*! 感謝主！ **3** 使有幸得到；使具有： He is *blessed* with a good memory. 他天生好記性。 **4** 保佑；保護；使免遭災禍

◇ **Bless me (Bless my soul)!** 哎呀！我的天哪！/ **I'm blest!** 哎呀！我的天哪！

▷ **blessed** *adj*

blest /blest/ **bless** 的一種過去式或過去分詞

bles·sing /'blesɪŋ/ n
1 [C] 祝福；祝願：*Blessings* are not valued until they are gone. [諺] 失掉幸福，方知可貴。 **2** [C] 幸事；喜事；恩惠：It's a *blessing* no one is hurt. 無一人受傷，真是幸事。 / a *blessing* in disguise 貌似災實為福之事 **3** [U] 允准；同意；贊助：Our project has the *blessing* of many experts. 我們的課題得到許多專家的贊同。

blew /bluː/ **blow** 的過去式

blind /blaɪnd/
I adj **1** 瞎的；失明的：*Blind* men can judge no colours. 盲人不能辨色。 **2** 盲人的：a *blind* school 盲人學校 **3** 視而不見的；難以理解的：He is *blind* to his own shortcomings. 他對自己的缺點視而不見。 **4** 盲目的；無目的的：make a *blind* guess 胡猜一通 **5** 沒有理智的：*blind* rage 暴怒 / Love is *blind*. [諺] 愛情是盲目的。 **6** 堵死的：a *blind* chimney 堵死的煙囪
II vt **1** 使瞎；使看不見：Tears *blinded* her view. 眼淚使她看不清東西。 **2** 遮蔽；使失去判斷能力：He was *blinded* by his ambition. 他由於野心而失去了理智。
III n **1** [總稱] 瞎子：(a case) of the *blind* leading the *blind* [諺] 盲人帶瞎子 **2** 遮光的東西（如窗簾等）
◇ **blind as a bat (mole)** 瞎的 / **turn a (one's) blind eye to** 對…熟視無睹；假裝不見 ▷ **blindly** adv / **blindness** n

blink /blɪŋk/
I ❶ vt **1** （使）眨眼；使閃光 **2** 不顧；不睬：You cannot *blink* the fact that... 你不能否認事實… **❷** vi **1** 眨（眼睛）；眨眼睛忍住或擠掉（眼淚等）：He *blinked* when he came out of the cinema. 他走出電影院時眨着眼睛。 **2** 閃爍不定：A lantern *blinked* in the darkness. 一盞燈在黑暗中閃爍。
II n **1** 眨眼睛；閃爍 **2** 一瞥
◇ **on the blink** [口] 壞了；需修理；奄奄一息 ▷ **blinker** n 眨眼睛的人；閃光信號燈；[blinkers] 眼罩
❶ wink

blis·ter /'blɪstə(r)/
I n [C] **1** 水疱；疱 **2** 泡狀物（如漆器的氣泡、金屬砂眼、疱狀突起等）
II vt, vi （使）起泡：He is not used to walking long distances, and his feet *blister* easily. 他不習慣走長路，腳上容易起泡。

block /blɒk/
I n [C] **1** 大塊：The statue is made of a *block* of marble. 這雕像是由一塊大理石製成的。 **2** 街區：The post office is just three *blocks* away. 過三條馬路就是郵電局。 **3** 大廈；大樓：an office *block* 辦公大樓 **4** 阻擋；障礙物：road *block* 路卡；路障 / a traffic *block* 交通阻塞 **5** 砧板；拍賣台
◇ **a chip of (off) the old block** 酷肖其父的兒子 / **cut blocks with a razor** 剃刀砍木頭（指用得不得當） / **go (be sent) to the block** （送）上斷頭台；被處死
II vt **1** 阻塞；封鎖：*block* the enemy's advance 封鎖敵人的進路 **2** 阻礙；妨礙：They are trying to *block* our plan. 他們力圖妨礙我們的計劃。

◇ **block in/out** 草擬（大綱等）

□ **block buster** 巨型炸彈；[喻] 起轟動效應的人或事 / **block head** 傻瓜；笨蛋

● hinder, obstruct, bar

block·ade /blɒˈkeɪd/

I *n* **1** 封鎖；堵塞；阻斷：enforce (break, raise) a *blockade* 實施（突破、解除）封鎖 **2** 堵塞物；障礙物：a natural *blockade* 天然屏障 / run the *blockade* 偷越封鎖線；突破封鎖

II *vt* 封鎖

● siege

blond /blɒnd/

I *adj* **1**（人的毛髮）淡黃色的；金黃色的 **2**（皮膚）白皙的；白裏透紅的 **3** 淺色的；淺黃色的：*blond* oak furniture 淺色橡木傢具 II *n* **1** 白膚金髮碧眼的男人 **2** 極淺的黃棕色

blonde /blɒnd/ *adj, n*

白膚金髮碧眼的（女人）

blood /blʌd/ *n* [U]

1 血液 **2** 血統：be of the same *blood* 屬同一家族 / *Blood* is thicker than water. [諺] 血濃於水。（指親屬總比外人親。） **3** 血氣；氣質：a person of hot *blood* 易動怒的人 **4** [總稱] 人員（尤指年輕人）：The company needs new *blood*. 公司需要新的人員。

◇ **blood and thunder** 流血和喧鬧；充滿暴力的鬧劇（或電影等）/ **freeze sb's blood** 使某人極度恐懼 / **in cold blood** 殘忍地；蓄意地 / **make sb's blood boil** 使某人憤怒 / **make sb's blood run cold** 使某人不寒而慄；使某人毛骨悚然 / **stir sb's blood** 激起某人的熱情（慾望）

□ **blood bank** 血庫 / **blood doner** 獻血者 / **blood group (blood type)** 血型 /

blood horse 良種馬 / **blood stream** 血流；血液循環 / **blood test** 驗血

blood·y /ˈblʌdɪ/

I *adj* **1** 流血的：a *bloody* nose 流血的鼻子 **2** 流血多的；死傷重的：a *bloody* rule 血腥統治 / a *bloody* battle 血戰 **3** [英俚] 該死的（有時僅用於加強語氣）：a *bloody* fool 大傻瓜 / not a *bloody* one 一個也沒有 II *vt* **1** 使流血 **2** 為血所染

bloom /bluːm/

I *n* **1** [C] 花 **2** [U] 開花：roses in full *bloom* 盛開的玫瑰花 **3** [U] 青春；壯盛時期；（臉色）紅潤：in the *bloom* of youth 青春煥發的時期

◇ **in full bloom** 花盛開着的；正充分地發展 / **take the bloom off** 使失去光彩；使陳舊

II *vi* **1** 開花；生長茂盛：The cherry trees are *blooming*. 櫻花正盛開。**2**（尤指女子）煥發健美的光彩 **3** 發展：Their friendship *bloomed*. 他們的友誼發展了。

● blossom, flower

◑ fade

blos·som /ˈblɒsəm/

I *n* **1** [C]（尤指果樹的）花；（樹上全部的）花 **2** [U] 開花；花期：pear trees in *blossom* 花期的梨樹 / The peonies are in full *blossom* now. 牡丹花現在正盛開。

◇ **nip sth in the blossom** 把…消滅在萌芽狀態

II *vi* **1** 開花：Peach trees *blossomed* in spring. 桃樹在春天開花。**2** 繁榮；發展：From then on his career *blossomed*. 從那時起，他的事業興旺起

來了。
◐ bloom, flower

blot /blɒt/

I *n* [C] **1** 污漬：a *blot* of ink on the paper 紙上的一個墨水漬 **2** 污點；瑕疵：a *blot* on one's character 某人人格上的污點

◇ **a blot on the landscape** 破壞風景美的東西；沒出息的人

II *vt* **1** （墨水）污染 **2** 吸墨水：*Blot* the paper before you put it into the envelope. 裝信封之前吸乾信箋上的墨水。

◇ **blot one's copybook** [口] 弄壞自己的名聲；失足 / **blot out** 抹掉；遮暗；消滅 ▷ **blotless** *adj* / **blotlike** *adj*

◐ stigma, brand, stain

blouse /blaʊz/ *n* [C]
1 寬大的短外套 **2** 女襯衫 **3** （腰間束帶的）工作衣；罩衫
⇨ 插圖見 CLOTHES

blow¹ /bləʊ/ (blew, blown)

❶ *vt* **1** 吹；吹氣：The wind *blew* his hat off. 風吹走了他的帽子。 **2** 吹動；吹製：She *blew* out the candle. 他吹滅了蠟燭。 / *blow* glass 吹製玻璃器皿 **3** 擤（鼻涕）：He *blew* his nose with a handkerchief. 他用手帕擤鼻子。 **4** 吹奏

❷ *vi* **1** 風吹：The wind is *blowing* hard outside. 外面風颳得很大。 **2** [口] 吹牛 **3** 爆炸：The boiler *blew* up. 鍋爐炸了。

◇ **blow hot and cold (about sth)** 忽而喜歡忽而不喜歡（出爾反爾）/ **blow off** [口] 吹掉；洩漏掉；放出（熱水、蒸汽等）/ **blow one's own horn (trumpet)** [口] 自吹自擂 / **blow the lid off** [美] 揭露醜事（罪惡）/ **blow the whistle (on)** 制止 / **I'll be blown if...** [口] 假如…，我就不是人。

blow² /bləʊ/ *n*

1 重擊：give sb a *blow* 打某人一拳 **2** 打擊；損失：His failure is a hard *blow* to his career. 他的失敗對他的事業是個沉重的打擊。 **3** 突然襲擊；攻擊：be at *blows* with each other 互相毆鬥

◇ **at one (a single) blow** 一下子 / **come to (exchange) blows** 開始毆鬥 / **get a blow in** [口] 打着；擊中 / **strike a blow for (against)** 擁護（反對）/ **without (striking) a blow** 不費一兵一卒地；毫不費力地 □ **blowup** 爆炸；發脾氣

blown /bləʊn/ blow 的過去分詞

blue /bluː/

I *adj* **1** 天藍色的；藍色的：the *blue* sky 蔚藍色的天空 **2** 悲傷的；憂鬱的：be *blue* about one's career 對事業感到悲觀 **3** （談吐、電影等）不道德的；下流的：a *blue* movie 黃色電影

◇ **be blue in the face** （因憤怒或用力）臉色突變

II *n* **1** 藍色；天藍色 **2** 藍染料 **3** 藍色衣服；穿藍色衣服的人 **4** [the blue] 晴空；大海 **5** [blues] [口] 沮喪；憂鬱：Visiting friends cured her *blues*. 拜訪朋友除去了她的憂鬱。 **6** [blues，用作單或複] 藍調音樂；勃魯斯樂（一種慢拍而傷感的黑人音樂）

◇ **once in a blue moon** 難得一次 / **out of the blue** 驀然地；突然地 / **sing the blues** 表示悲觀；抱怨 □ **blue blood** 貴族出身；名門出身 / **blue-eyed** 藍眼睛的 / **blueprint** 藍圖 / **blue stocking**

B

女學者；女才子

bluff¹ /blʌf/

I *n* 陡岸；峭壁 II *adj* **1** 壁立的；陡峭的 **2** 直率的

bluff² /blʌf/

I *n* **1** 嚇唬：Their action is only a *bluff*. 他們的行動只是虛張聲勢而已。 **2** 虛張聲勢的人；嚇唬別人的人

◇ **call sb's bluff** 接受某人挑戰 / **run a bluff on sb** [美] 嚇唬某人；欺騙某人

II *vt* 以假象欺騙；嚇唬：*bluff* one's way out 蒙混過關

blun·der /ˈblʌndə(r)/

I *n* [C] 大錯：make a *blunder* 犯大錯 II *vi* **1** 犯大錯誤；做蠢事：The President *blundered* in his foreign policy. 總統在外交政策上犯了大錯。 **2** 跌跌撞撞地走：He *blundered* out of the bar. 他跌跌撞撞地出了酒吧間。 **3** 笨拙地（欠考慮地）說出：He *blundered* out some secrets. 他說漏了一些秘密。

◇ **blunder on (upon)** 偶然踫上；無意中發現 ▷ **blunderer** *n* 犯大錯的人

❶ error, mistake, slip, lapse

⇨ 用法說明見 MISTAKE

blunt /blʌnt/

I *adj* **1** 鈍的：a *blunt* knife 鈍刀 **2** 遲鈍的：His senses have not become *blunt* with the old age. 他的感覺沒有因為年老而變得遲鈍。 **3** 率直的；生硬的：*blunt* criticism 直截了當的批評

II *vt, vi* （使）遲鈍；（使）變鈍：Grief has *blunted* her senses. 悲傷使她的感覺遲鈍。

▷ **bluntly** *adv*

❶ keen, sharp

blush /blʌʃ/

I *n* **1** 臉紅：She turned away to hide her *blushes*. 她轉過頭，以免人家看到她臉紅。/ put sb to the *blush* 使某人受窘臉紅 **2** 紅色；紅光：the *blush* of dawn 破曉的紅霞 / at (on) the first *blush* 乍看起來；驟觀之

II **❶** *vt* 使呈紅色 **❷** *vi* **1** 臉紅；羞愧：He *blushed* at their praise. 他被他們表揚得臉紅。 **2** （花等）變紅

▷ **blushing** *adj*

boar /bɔː(r)/ *n* **1** 公豬 **2** 野豬

board /bɔːd/

I *n* **1** [C] 木板 **2** [C]（為特殊目的使用的）板牌：a bulletin *board* 佈告板 / an ironing *board* 燙衣板 / sign *board* 招牌 **3** [U] 餐桌；擺在餐桌上的飯菜；伙食：*board* and lodging 膳宿 **4** [U] 船舷：We went on *board*. 我們上飛機（上船、車）。 **5** [C] 理事會；委員會；部門：a *board* of directors 董事會

◇ **above board** 在桌面上；公開的；誠實的 / **go by the board** 在船舷落水；被丟棄；被忽視 / **tread (walk) the boards** 上舞台；當演員

II **❶** *vt* **1** 上（車、船、飛機）：*board* a train 上火車 **2** 用板鋪（堵）：*board* up the window 用板條封住窗戶 **❷** *vi* 搭伙；（收費）供膳宿：*board* with a local family 在當地一家人家搭伙

board·ing·house

/ˈbɔːdɪŋhaʊs/ *n* [C] 供膳食的寄宿處

boast /bəʊst/

I **❶** *vt* **1** 誇口說 **2** 以有…而自豪；自特有：My hometown *boasts* beautiful scenery. 我的家鄉風景秀麗。 **❷** *vi* 自誇；吹牛：Every salesman *boasts* of his own wares. [諺] 賣貨的人

都誇自己的貨物好。 **II** *n* [C] **1** 自誇
的話 **2** 可以誇耀或自豪的事情
▷ **boaster** *n* / **boastful** *adj*
◑ **brag, vaunt, crow**
◐ **depreciate**

boat /bəʊt/
I *n* [C] **1** 船；艇：cross the river by
boat 坐船渡河 **2** 船形器皿；醬碟；鹵
汁碟 **II** ❶ *vt* 把…放在船中；用船裝
運 ❷ *vi* 乘船；划船：We often go
boating on the river. 我們常到河上划
船。
◇ **burn one's boat** 破釜沉舟；自絕退
路 / **have an oar in everyone's
(another's) boat** 多管閒事 / **in the
same boat** 處境相同；同舟共濟 / **miss
the boat** [俚] 失敗；失去機會 / **take
boat** 上船 □ **boatman** 船工；出租小
艇的人 / **boat race** 賽船 / **boatswain** 水
手長
◑ **vessel, ship, craft**

bo·di·ly /ˈbɒdɪlɪ/
I *adj* **1** 身體的；肉體的：do *bodily*
harm to sb 對某人進行肉體傷害 **2** 有軀
體的；有實體的 **II** *adv* **1** 親身地；以
肉體形式地：Hamlet saw his father's
ghost appear *bodily* before him. 哈姆雷
特看見他父親的陰魂活生生地出現在他
的面前。 **2** 整體地：The ant lifted the
large straw *bodily* into the air and
hurried off. 螞蟻把巨大的草棍整個地舉
到空中，匆忙地跑開了。
◑ **physical**

bod·y /ˈbɒdɪ/ *n* [C]
1 身體：A healthy mind is in a healthy
body. [諺] 健全的思想存在於健全的身體
中。 **2** 主要部分：the *body* of the

article 文章的主要部分 **3** 團體；機構：
a policy-making *body* 決策機構 / the
governing *body* of the university 大學的
管理機構 **4** [口] (某種) 人：Mr. Jones
is a queer *body*. 瓊斯先生是個怪人。/
Mrs. Jones is a busy *body*. 瓊斯太太是個
愛管閒事的人。 **5** 一批；一片：large
bodies of water 大片水面 **6** 死人；屍
體
◇ **body and soul** 全身全意地；整個地
/ **in a body** 一起；全體一致地 / **keep
body and soul together** 維持生計；勉
強度日 □ **body-builder** 健身機；滋補
的食物 / **work body** 汽車外殼；車身
◑ **corpse, carcass (carcase)**
◐ **spirit, soul**

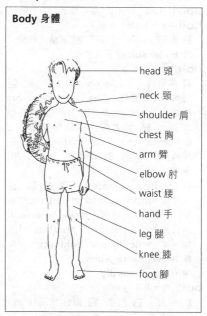

Body 身體

head 頭
neck 頸
shoulder 肩
chest 胸
arm 臂
elbow 肘
waist 腰
hand 手
leg 腿
knee 膝
foot 腳

bod·y·guard /'bɒdɪgɑːd/
　I n [C] 警衛（人員）；保鏢
　II vt 護送

boil¹ /bɔɪl/
　I ❶ vt （在沸水中）煮：He does not even know how to *boil* an egg. 他連煮雞蛋都不會。 ❷ vi ■ 沸騰；到達沸點：A watched pot never *boils*. [諺] 心急水不沸。 ■ 激動；發怒：The man *boiled* with anger. 他勃然大怒。
　◇ **boil down to** 歸結起來是；意味着 / **make sb's blood boil** 使人憤怒；使人怒火中燒
　II n 煮沸；沸騰
　❶ cook
　❶ freeze

boil² /bɔɪl/ n [C]〈醫〉癤腫

boil·er /'bɔɪlə/ n [C]
　■ 煮器（如壺、鍋等） ■ 鍋爐；汽鍋
　□ **boiler suit** 連衫工作褲

bold /bəʊld/ adj
　■ 無畏的：*bold* actions 勇敢的行動 ■ 冒失的；無禮的：She was sorry for her *bold* remarks. 她後悔説了一些唐突無禮的話。 ■ 粗大的；輪廓鮮明的：a drawing done in a few *bold* lines 幾筆粗線條畫出來的畫 ■ 陡峭的：a *bold* cliff 絕壁
　◇ **(as) bold as brass** 極其膽大妄為；極其無禮 / **make bold to** (make so bold as to) 不揣冒昧；擅自 / **make bold with** 擅自動用；隨意對待 □ **boldface**〈印〉黑體字 ▷ **boldly** adv / **boldness** n
　❶ brave, courageous
　❶ timid, cowardly

bolt /bəʊlt/
　I n [C] ■ 門閂 ■ 螺釘：nuts and *bolts* 鏍帽和鏍栓 ■ 閃電 ■ （布、紙等）一捲；一匹 ■ 弩箭；矢
　◇ **a bolt from the blue** 晴天霹靂；意外（不幸）事件 / **A/The fool's bolt is soon shot (spent).** [諺] 蠢人一下子把箭射完；蠢人容易智窮力竭。/ **bolt upright** 筆直 / **make a bolt (for it)** 趕快逃跑 / **shoot one's last bolt** 竭盡全力；智窮才盡
　II ❶ vt ■ 把食物囫圇吞下：The boy *bolted* (down) his breakfast and went to school. 男孩匆忙吃了早餐，就上學。 ■ [美] 拒絕支持自己的黨派；退出黨派 ❷ vi ■ 閂（門）；拴住：The door *bolts* on the inside. 這門是從裏邊閂的。 ■ 逃走；（馬）脱韁：The horse *bolted* and threw the rider to the ground. 馬脱韁跑了，把騎手摔在地上。

bomb /bɒm/
　I n [C] ■ 炸彈；爆炸裝置 ■ [the bomb 或 the Bomb] 原子彈；氫彈；核武器 ■ 意外發生的不愉快事件
　◇ **go like a bomb** [口] 飛速行駛；大獲成功
　II vt 轟炸；投彈：*bomb* the enemy position 轟炸敵人陣地
　□ **bomb-dropping** 投炸彈 / **bombproof** 防炸的 / **bombshell** 炸彈；突然引起注目的人或物 / **bomb shelter** 防空洞

bom·ber /'bɒmə(r)/ n [C]
　■ 轟炸機；投彈手 ■ （為進行破壞）投扔炸彈者
　⇨ 插圖見 AIRCRAFT

bond /bɒnd/
　I n [C] ■ 契約；公約：enter into a *bond* with 與…訂合同 ■ 約束；聯結；

聯繫：a *bond* of friendship between the two countries 兩國之間友好聯繫 **3** 結合物；黏合劑：The paste is a *bond*. 漿糊是一種黏合劑。**4** 公債；債券：issue economic *bonds* 發行經濟債券 **5** [bonds] 鐐銬；枷鎖；監禁

◇ **burst one's bonds** 打破枷鎖；贏得自由 / **One's word is (as good as) one's bond.** 説話算話，絕對可靠。

II *vt, vi* **1** 為…作保；以…作抵押：*bond* an employee 為僱員作保 **2**（使）黏合；（使）結合：These two substances won't *bond* together. 這兩種材料不能黏合到一塊。

□ **bond holder** 債券持有者 / **bondman** 奴隸；農奴 / **bond paper** 證券紙

bond·age /'bɒndɪdʒ/ *n* [U]
1 奴役；束縛 **2** 受習慣（影響、勢力等）約束：in *bondage* to the age-old local customs 受本地舊風俗的束縛

bone /bəʊn/ *n* [C]
1 骨；[bones] 骨骼：The old man broke a *bone* in his leg. 那老人跌斷了一根腿骨。**2** 骨狀物（如象牙等）；骨製品 **3**（劇本、小説等）基本結構；基本框架

◇ **all skin and bone** [口] 很瘦 / **as dry as a bone** [口] 乾透的 / **as hard as a bone** 極硬的 / **cast a bone between** 引起…之間的爭端 / **feel (it) in one's bones** 從內心感到；確信 / **have a bone to pick with sb** 與某人有爭論 / **make no bones about (of, to)** 對…毫不猶豫 / **roll the bones** 吹牛；閒談 / **to the bone** 透骨的；到極點的：chilled *to the bone* 凍得透骨寒

bo·nus /'bəʊnəs/ *n*
1 額外給予的東西：Every purchaser of the book receives a bookmark as a *bonus*. 每位購此書的人附贈一書簽。**2** 紅利；獎金：a Christmas *bonus* 聖誕節分紅

bo·ny /'bəʊnɪ/ *adj*
1 骨的；似骨的 **2** 多骨的 **3** 瘦削的 **4** 荒蕪的

book /bʊk/
I *n* [C] **1** 書；書籍：a *book* on physics 物理書 **2** 本子；簿冊；裝訂如書的東西：an address *book* 通訊錄 / a *book* of cheques 支票簿 **3** [books] 賬簿：balance one's *books* 結算賬目 **4**（歌劇的）唱詞；（戲劇的）劇本

◇ **an open book** 盡人皆知的事物 / **a close book** 無法理解的人或事物 / **a sealed book** 天書；深奧淵博的學問 / **be in sb's good (bad) books** 獲得（失去）某人的好感 / **by the book** 按常規 / **keep books** 記賬 / **kiss the book** 吻《聖經》宣誓 / **know like a book** 熟悉 / **on the books** 載入名冊 / **speak by the book** 説話有根據；説話古板 / **speak (talk) like a book** 説話文縐縐 / **take a leaf out of sb's book** 學某人的樣 / **without book** 憑記憶；無根據

II *vt* **1** 預訂；預約：*book* two rooms 預訂兩間房間 / The writer has been *booked* to lecture to us this evening. 那位作家已應約於今晚給我們講演。**2** 把…記載入冊；登記 **3** [口] 被（警方）登記以便指控；（足球裁判）記名警告：He has been *booked* twice this year for speeding. 今年他已因超速行駛兩次被控。

□ **book learning, booklore** 書本知識 /
bookmark 書簽 / **book-plate**（貼在書
上的）藏書票 / **book review** 書評

book·case /'bʊkkeɪs/ *n* [C]
書架；書櫥

book·keep·er /'bʊkˌkiːpə(r)/ *n* [C]
簿記員；記賬人

book·keep·ing /'bʊkˌkiːpɪŋ/ *n* [U]
簿記；登錄賬目

book·let /'bʊklɪt/ *n* [C]
小冊子（通常為紙面）

book·sell·er /'bʊkˌselə(r)/ *n* [C]
書商；書店老板；書店經理

book·shelf /'bʊkʃelf/ *n*
（複 = bookshelves）書架

book·shop /'bʊkʃɒp/ *n* [C] 書店

book·store /'bʊkstɔː(r)/ *n* [C]
[美] 書店（= bookshop）

boom /buːm/
I *n* **1** 低沉有回響的聲音；隆隆聲；嗡
嗡聲：the deep *boom* of a big bell 大鐘
低沉的聲音 **2** [美]（經濟、商業等）突
然繁榮；（價格等）猛漲；（事業、政
治等）突然好轉；（城市等）興起：a
business *boom* 商業的繁榮
II ❶ *vt* 使繁榮；使迅速發展：The
economic reform in the country has
boomed agriculture. 該國經濟改革使農
業迅速發展。❷ *vi* **1** 發出低沉有回響
的聲音；發出隆隆聲（嗡嗡聲等）：
The big bell *boomed*. 大鐘轟鳴。**2** 繁
榮；景氣：The economy is *booming*. 經
濟正在迅速發展。
III *adj* 繁榮的；發展中的；上漲的：a
boom town 突然繁榮起來的城市 / a
boom price 上漲的價格
◇ **boom and (or) bust** 大繁榮後緊接不

景氣

boot /buːt/ *n* [C]
1 長靴 **2**（汽車的）行李箱 **3** 一踢：
give the ball a *boot* 把球踢一腳
◇ **get the boot** 被解僱 / **give one the
boot** 解僱某人 / **go to bed in one's
boots** 酩酊大醉 / **have one's heart in
one's boots**（因害怕而）沮喪；絕望 /
lick the boots of 奉承；拍…馬屁 / **put
the boot on the wrong leg** 錯愛；錯
罵 / **The boot is on the other foot
(leg).** [口] 事實正與此相反；應由其他方
面負責。/ **wipe one's boots on sb** 辱
罵某人 □ **bootlace** 鞋帶 / **boot maker**
製靴工人
⇨ 插圖見 CLOTHES

booth /buːθ/ *n*
（複 = booths /buːðz; buːθs/）
1（市場或展覽會的）貨攤；攤位；展
點 **2** 公共電話間；崗亭 **3**（隔開的）
小房間；（餐館中的）火車座

bord·er /'bɔːdə(r)/
I *n* [C] **1** 邊；邊緣：the *border* of
the lake 湖邊 **2** 邊界；邊境：the
border between the two countries 兩國
邊界 **3**（衣服的）緄邊：a lace *border*
花邊 **4**（沿花園、人行道等邊沿修的）
狹長花草帶
II *vt* **1** 鄰接；形成邊界：China
borders Russia. 中國與俄羅斯毗鄰。/ a
wood *bordered* by roads 邊緣是道路的
樹林 **2** 形成邊緣；（在衣服等東西上）
鑲邊；緄邊：The fountain is *bordered*
with flower beds. 噴泉的周邊圍着花
床。
□ **borderland** 邊疆；模糊不清的領域 /
border line 分界；邊界 / **borderline** 邊

界上的；不明確的；兩可的

● boundary, frontier

bore¹ /bɔ:(r)/

I ❶ vt 鑽（孔）；挖（洞）：bore through the iron plate 在鐵板上鑽洞 ❷ vi ❶ 被鑽；鑽起來：This type of rock does not bore well. 這種岩石不易鑽洞。 ❷ 克服阻力前進；擠入；鑽進：The ship bore through the huge waves. 船在巨浪中前進。 II n ❶ （鑽成的）孔 ❷ （管道、汽缸、槍炮等的）內徑

bore² /bɔ:(r)/

I vt 使厭煩；使厭倦：The office routine bored him. 辦公室的日常工作使他厭倦了。 II n [C] 令人厭煩的人（事）：That film was a bore. 那部電影膩透了。 ▷ **boring** adj 令人生厭的

用法説明：Bored、boring、interested、interesting、frightened、frightening 等由動詞的分詞構成的形容詞中，以過去分詞詞尾-ed 結尾的詞一般具有被動色彩，用於形容人的感覺；以現在分詞詞尾-ing 結尾的詞一般具有主動色彩，用於形容引起人們某種感覺的客觀事物。如：I got bored doing the same exercises again and again.（同樣的作業做了一遍又一遍，使我感到心煩。）The exercises are boring.（作業很煩人。）the frightened children / the frightening thunder（被驚嚇的孩子 / 嚇人的雷聲）。

---

bore³ /bɔ:(r)/ bear 的過去式

born /bɔ:n/ adj

❶ 生來的；天生的：a born athlete 一個天生的運動員 / a born fool 十足的大傻瓜 ❷ 出生於；出身於：He was born

in a peasant's family. 他生於農家。 ❸ （用以構成複合詞）…出生的；…產生的：American-born 美國出生的 / desert-born winds 從沙漠中颳來的風

◇ **born and bred** 出生和長大 / **born of** 源於 / **born with a silver spoon in one's mouth** 生在富貴人家 / **in all one's born days** 一生；生平

borne /bɔ:(r)n/ bear 的過去分詞

bor·ough /ˈbʌrə, ˈbɜːrəʊ/ n [C]

❶ [美] 自治村鎮 ❷ [美] 紐約市五個行政區之一 ❸ [英] 享有自治特權的市鎮；議會中有代表的市鎮

bor·row /ˈbɒrəʊ/

❶ vt 借用；採用：English has borrowed a large number of words from French. 英語從法語中借用了大量的詞匯。 ❷ vi ❶ （向人）借；借入：borrow from the bank 從銀行借貸 ❷ [婉] 不告而取 ❸ （演算減法時）從某數借一位

◇ **borrowed plumes** 向別人借的漂亮衣服；靠別人得來的聲望 / **borrow trouble** 自找麻煩；自尋煩惱 / **not on borrowing terms** 沒有交情（尤指鄰居之間） ▷ **borrower** n

● lend

用法説明：Borrow 是向別人借東西，如：to borrow a book from the library（從圖書館借一本書）。Lend 是把東西借給別人，如：to lend some money to somebody / to lend somebody some money（把錢借給某人）。To borrow somebody something 雖然常見於口語中，但還不是規範用法。

---

bos·om /ˈbʊzəm/

I *n* **1** 胸;[喻] 懷抱: She held the baby to her *bosom*. 她把嬰兒摟在懷裏。 **2** 內心;感情;慾望: speak one's *bosom* 訴說衷腸 / Her *bosom* was torn by sorrow. 她的內心極其悲痛。 **3** 內部;當中;(湖、海等)廣闊的表面: the *bosom* of the hill 山的裏邊 / the *bosom* of the lake 湖面 **4** (衣服的)胸部 **II** *vt* **1** 抱;擁抱;珍愛 **2** 把…藏在心中 **III** *adj* 知心的;親密的: a *bosom* friend 知心朋友

boss /bɒs/

I *n* [C] **1** 老板;工頭;上司 **2** 發號施令的人;(政治機構中的)首領;頭子: Who's (the) *boss* of the family? 家中誰說了算? **II** *vt, vi* **1** 當…的首領 **2** 指揮;把…差來遣去: The new manager likes to *boss* about. 這個新經理愛指手劃腳。

□ **a straw boss** 工頭助手 ▷ **bossy** *adj* [口] 專橫的;愛管閒事的

bo·tan·ic, bo·tan·ical /bə'tænɪk, -kl/ *adj*

1 植物學的;植物的: a *botanic* garden 植物園 **2** 自然生長的;培植野生的

bot·a·ny /'bɒtənɪ/ *n*

1 植物學 **2** (一個地區的)植物生態 **3** 植物(一類植物的)性狀 **4** 植物學的書

▷ **botanist** 植物學家;研究植物的人

both /bəʊθ/

I *adj* (與定冠詞、指示形容詞、所有格代詞、名詞及其他形容詞連用時置於這些詞之前)兩;雙;兩個…都: *Both* his sisters are nurses. 他的兩個姐姐都是護士。

II *pron* 兩者(都);二人(都);雙方(都): *Both* of them are engineers. 他們兩位都是工程師。

III *adv* 在兩方面同樣地;不但…而且: She can sing and dance *both*. 她唱歌、跳舞兩樣都會。/ He *both* speaks and writes English well. 他的英語既說得好,又寫得好。

◑ **either**

⇨ 用法說明見 ALL

both·er /'bɒðə(r)/

I ❶ *vt* 打擾;煩擾;使惱怒: I'm very sorry to *bother* you. 很抱歉,打擾你了。 ❷ *vi* **1** 擔心;煩惱;操心;為…費腦筋: Don't *bother* about (with) it. 不要為這事費心。 **2** (表示不耐煩的感嘆)討厭: *Bother*! You've stepped on my toes again. 討厭!你又踩了我的腳趾頭。

◇ **bother oneself about (with)** 為…焦慮;為…操心 / **can't be bothered** 不願找麻煩;不想出力

II *n* **1** 打擾;麻煩: He had a lot of *bother* (in) repairing the house. 他修理房子很費事。 **2** 操心 **3** 討厭的人;引起麻煩的事物: His son is a great *bother* to him. 他的兒子使他大傷腦筋。/ That's not worth the *bother*. 那件事不值得為之焦慮。 ▷ **bothersome** *adj*

◑ **annoy, vex, irk**

◑ **comfort**

bot·tle /'bɒtl/

I *n* **1** [C] 瓶: pour water into the *bottle* 把水注入瓶裏 / put new wine into (in) old *bottles* (use old bottles for new wine) [喻] 用舊瓶裝新酒 **2** [C] 一瓶 (= bottleful): two *bottles* of wine 兩瓶葡

I *n* **1** 燃燒着的木頭 **2** 商標；用同一牌子的商品：the best *brands* of tea 名牌茶葉 **3** 烙鐵；烙印：These cattle have the *brand* of X on them. 這批畜牛帶有 X 字的烙印。 **4** （獨特的）一種；（自成一格的）一類：They have their own *brand* of politeness. 他們自有別具一格的禮貌。

II *vt* **1** 打烙印於 **2** 加商標於 **3** 被銘記：The voyage is *branded* on his memory. 那次航行深深地銘刻在他的記憶中。

◇ **the brand of Cain** 〈聖經〉該隱之標記；謀殺罪

bran·dy /'brændɪ/ *n* [C, U]
1 （一杯）白蘭地（酒）**2** （類似白蘭地的）果子酒

brass /brɑːs, bræs/ *n*
1 [U] 黃銅（銅鋅合金）**2** [C] 黃銅器；黃銅飾：clean the *brass* 擦亮銅器 **3** [總稱] 銅管樂器 **4** [美俚] [總稱] 高級官員；高級軍官；領袖人物；商界巨子：The big *brass* of the government 政府要人 **5** [U] [口] 厚臉皮；厚顏：How did she have the *brass* to do that? 她怎麼有臉做那種事？

◇ **as bold as brass** 極其膽大妄為；極為粗率無禮 □ **brass band** 銅管樂隊 / **brass plate** 黃銅名牌 ▷ **brassy** *adj* 似黃銅的；厚臉皮的

brave /breɪv/
I *adj* **1** 勇敢的：a *brave* soldier 勇敢的戰士 **2** 炫耀的；盛裝的：*brave* banners 五彩繽紛的旗幟 **3** 極好的；壯觀的：a *brave* new world 美好的新世界 **II** *n* [the brave] 勇敢的人；印第安武士 **III** *vt* **1** 勇敢地面對：*brave* the severe

cold weather 冒着嚴寒 **2** 向…挑戰：*brave* the old customs 向舊風俗挑戰

◇ **brave it out** （不顧懷疑或責難）勇敢地挺過去 ▷ **bravely** *adv*

❶ bold, courageous
❷ cowardly, timid

brav·er·y /'breɪvərɪ/ *n*
1 [U] 勇敢；無畏：He is known for *bravery*. 他以勇氣出名。**2** [U] 華麗；鮮艷的服飾

Bra·zil /brə'zɪl/ *n* 巴西（南美洲國家）
Bra·zil·ian /brə'zɪljən/
I *adj* 巴西的；巴西人的 **II** *n* 巴西人

breach /briːtʃ/
I *n* **1** 破壞；違反；（對他人權利等的）侵害：*breach* of peace 擾亂治安的行為；騷動 **2** 缺口；裂口；破口：a *breach* in the wall 牆上的缺口 **3** （友好關係的）決裂；裂痕：open a *breach* with sb 與某人絕交 / heal the *breach* 彌合裂痕；調解

◇ **stand in the breach** 獨力承受最厲害的攻擊；首當其衝 / **throw (fling) oneself into the breach** （在別人危難時）挺身相助

II *vt* 攻破；突破：The army *breached* the enemy defence line. 軍隊突破了敵軍的防線。

bread /bred/ *n* [U]
1 麵包：a loaf (slice, piece) of *bread* 一隻（一片、一塊）麵包 **2** 食物；（必需的）營養：our daily *bread* 必需的食物 **3** 生計；謀生之道：earn one's *bread* as a labourer 靠出賣勞力維持生計

◇ **beg one's bread** 乞食；討飯 / **bread and butter** 塗黃油的麵包；生活必需品；生計 / **bread and cheese** 麵包和乾

酪；家常食品 / **bread and water (diet)**
麵包和白開水；粗茶淡飯 / **bread
buttered (on) both sides** 好運；安適
的境遇 / **know which side one's bread
is buttered on** 明白自己利益之所在；
善於為自己謀利益 / **on the bread line**
極貧窮的 / **out of bread** 失業 / **take
bread and salt** 發誓 / **take the bread
out of one's mouth** 搶某人的飯碗；搶
在某人之前行動 □ **bread crumb** 麵包
屑 / **bread line** 等救濟食物的隊伍 /
bread winner 負擔家庭生計者

breadth /bredθ/ *n*

1 [C, U] **寬度；幅度**：two feet in
breadth 寬度兩英尺 **2** [U]（胸襟、眼
光、知識等）**寬廣；寬容**：the great
breadth of his learning 他知識之淵博 **3**
[C] **廣闊的區域**：the *breadth* of water
寬廣的水面 **4** [U]（音樂、藝術等）**雄
渾 5** [C]（布的）**幅面**：three *breadths*
of cloth 三幅布

◇ **the length and breadth of** [正式]
各地；處處 / **by a hair's breadth** 間不
容髮；險些兒 / **to a hair's breadth** 精
確地；絲毫不差 □ **breadthways
(breadthwise)** 橫向地

break /breɪk/（broke, broken）

❶ *vt* **1** **打破；折斷**：*break* a glass 打
碎一隻玻璃杯 **2** **違反；破壞**：*break*
the law 違法 **3** **使中止**：Nobody *broke*
the silence. 沒有人吭聲打破沉默。 **4** **減
弱；削弱**：The tree belt *breaks* the
desert wind. 樹林帶減弱了沙漠風的力
量。 **5** **心碎；憂傷**：The news *broke*
her heart. 那消息使她十分傷心。 ❷ *vi*
破曉：Dawn *breaks* in the east. 東方破
曉了。

◇ **break a butterfly on the wheel** 殺
雞用牛刀；浪費氣力 / **break down** 打
破；坍塌；失敗；垮掉；失去控制；分
解 / **break even** 打成平手；得失相當 /
break in 訓練；打斷 / **break loose** 掙
脫出來；擺脫出來 / **break off** 突然停
止；與…絕交 / **break one's word** 失
信；食言 / **break out** 開始；爆發；（皮
膚上）出疹 / **break sb's heart** 使某人傷
心 / **break the back of sth** 完成了某事
的最困難的部分 / **break the ice** 打破沉
默；使氣氛活躍起來 / **break the neck
of** 做完（工作等）最難的部分 / **break
through** 突圍；突破；衝垮 / **break
wind** 放屁

II *n* **1** **破裂；決裂**：a *break* between
the two countries 兩國的絕交 **2** **折斷；
裂縫**：There is a *break* in the clouds. 雲
層中有罅隙。 **3** **停頓；短暫休息**：Let's
have a *break*. 讓我們休息一下。 **4**（天
氣、態度、話題等）**突然的變化**：There
is a *break* in the government policy. 政府
政策發生了劇變。

□ **breakaway** 脫離 / **breakin** 闖入 /
breakneck 危險的 / **breakout** 爆發 /
breakthrough 突破 / **breakup** 分裂；
解體；停止 ▷ **breakable** *adj*

❶ **rest**

break·down /'breɪkdaʊn/ *n*

1（機器等）**損壞；故障**：His
motorbike had a *breakdown* on the way.
他的摩托車在路上出了故障。 **2**（身
體、精神方面的）**不支；病垮；衰竭**：a
nervous *breakdown* 神經衰弱 **3** **失敗；
崩潰**：a *breakdown* of negotiations 談
判破裂 **4** **分類**：a statistical
breakdown of data 數據的統計學分類

break·er /'breɪkə(r)/ n [C]
1 碎浪；浪花：*breakers* on the beach 拍擊岸邊的浪花 **2** 破碎者；破壞者：a rock *breaker* 碎石機 / image *breakers* 偶像的破壞者 **3** 馴服者：a horse *breaker* 馴烈馬的人
□ **ice-breaker** 破冰船

break·fast /'brekfəst/
I n 早餐；早飯 **II ❶** vt 給…供應早餐 **❷** vi 吃早餐

breast /brest/ n
1 胸膛；（衣服的）胸部：a *breast* pocket 衣胸袋 **2** 乳房；乳腺：*breast* cancer 乳腺癌 **3** 心窩；情感；思想：a troubled *breast* 心煩意亂
◇ **beat one's breast** 捶胸表示自責；張揚自己的成功 / **make a clean breast** 完全承認；徹底坦白 □ **breastbeating** （悲痛等）感情的強烈表示 / **breast-feed** 用母乳餵養 / **breaststroke** 〈體〉蛙泳

breath /breθ/ n
1 [C, U] 氣息；呼吸；空氣：draw a deep *breath* 深吸一口氣 **2** [C]（空氣等）輕拂；微風：There isn't any *breath* of wind. 一點風也沒有。 **3** 喘息時間；瞬間：The homework was finished in a *breath*. 家庭作業一會兒就做完了。 **4** [U] 生命：as long as I have *breath* 只要我一息尚存
◇ **above one's breath** 高聲地 / **below (under) one's breath** 低聲地 / **catch one's breath** 喘息；鬆一口氣 / **hold one's breath**（由於害怕等）屏住氣；不出聲 / **in the same breath** 同時 / **keep (save) one's breath to cool one's porridge** 省點力氣別開口（指說了也沒有用）/ **out of breath** 上氣不接

下氣 / **take breath** 歇口氣，歇會兒 / **take sb's breath away (knock the breath out of sb)** 使某人大吃一驚 / **waste (spend) one's breath** 白費口舌

breathe /briːð/
❶ vt **1** 低聲細氣地說（唱）；發出輕微的聲音：He *breathed* words of love into her ear. 他往她的耳中送去喁喁情話。/ The wind *breathed* through the trees. 風在樹林中輕輕吹過。 **2** 注入；灌輸：His son's return *breathed* life into the old man. 兒子的歸來給那老人帶來了活力。 **3** 散發；呈現；變得可覺察：Roses *breathes* fragrance. 玫瑰花散發着香氣。 **❷** vi 呼吸：*breathe* with difficulties 呼吸困難 / *breathe* hard 大口喘氣
◇ **as I live and breathe** [口]（表示驚奇）真想不到 / **(be able to) breathe again**（焦急、緊張、痛苦以後）鬆一口氣；恢復正常 / **breathe one's last** [口] [婉] 死

breath·less /'breθlɪs/ adj
1 氣喘吁吁的：He was quite *breathless* after climbing these steps. 他爬了這些台階後，有點喘不過氣來。 **2** 屏息的；不出聲的：The unexpected development of the story left them *breathless*. 故事出人意料的發展使他們屏息神往。 **3** 無風的；悶熱的：a *breathless* summer night 一個無風而沉悶的夏天晚上 **4** 氣絕的；死的

bred /bred/ breed 的過去式或過去分詞

breed /briːd/
I (bred) **❶** vt **1** 飼養：*breed* cattle 飼養家畜 **2** 養育；培養；教養：well (ill) *bred* 教養良好（不良）/ What's *bred* in the bone will come out in the flesh.

B

[諺] 本性總要表現出來的。 **3** 引起；釀成；產生：Rest *breeds* rust. [諺] 不用就要生銹。 **❷** *vi* 繁殖；[貶] 生孩子：Cats *breed* rapidly. 貓繁殖很快。 **II** *n* [C] **1** 品種：a new *breed* of cattle 新品種的畜牛 **2** 種類；類型：a special *breed* of aircraft 特種類型的飛機
▷ **breedable** *adj*

breeze /briːz/
I *n* **1** 微風：The flag fluttered in the *breeze*. 旗在風中飄揚。 **2** [美口] 容易做的事：The boy thought learning English was a *breeze*, but later he knew better. 那男孩原認為學英語易如反掌，但後來不這麼想了。 **3** 〈氣〉2 級至 6 級風
◇ **in a breeze** [主美、口] 毫不費力地 / **shoot (bat, fan) the breeze** [美俚] 閑聊；空談；吹牛
II *vi* **1** 吹微風：An east wind *breezed* from the lake. 從湖那邊吹來了一陣東風。 **2** [口] 輕快地走：She *breezed* along, humming a pleasant tune. 她輕盈地向前走着，一邊哼着快樂的小調。
▷ **breezeless** *adj* / **breezelike** *adj*

breth·ren /ˈbreðrən/
brother 的一種複數

brew /bruː/
I **❶** *vt* **1** 釀造（啤酒等）；調製（飲料等）；沖泡 **2** 醞釀；圖謀；策劃：*brew* a plot 策劃一個陰謀 **❷** *vi*（風暴、動亂等）醞釀中；行將發生：Trouble was *brewing* on the border. 邊境上醞釀着麻煩。
◇ **As you brew, so you will bake (so must you drink).** [諺] 自己釀酒自己喝（意自作自受）。

II *n* **1** 釀造的飲料（或酒類）：a home *brew* 家釀 **2** （一次）釀造量；一杯（一瓶、一罐）飲料：last year's *brew* 去年的釀酒量 **3** （酒、茶等的）品味：I like a strong *brew* of tea. 我喜歡濃茶。 ▷ **brewage** *n* 釀製（泡製）飲料 / **brewer** *n* 釀造者；泡製飲料的器皿

brew·er·y /ˈbruəri/ *n* [C]
啤酒廠；釀酒廠

bribe /braɪb/
I *n* 賄賂；行賄物：accept (take) a *bribe* from sb 接受某人賄賂 / offer large *bribes* 送大宗賄賂 **II** *vt, vi* 行賄：The businessman *bribed* local officials. 那商人賄賂了當地的官員。 ▷ **briber** *n* / **bribable** *adj* / **bribery** *n*

brick /brɪk/
I *n* **1** [C, U] 磚；磚塊：lay *bricks* 砌磚頭 **2** [C] [主英] 積木 **3** [C] 磚狀物：a *brick* of ice cream 一塊冰淇淋 **4** [C] [俚] 好漢；好心腸的人 **II** *adj* 用磚造的：a *brick* building 一座磚房 **III** *vt* 用磚砌（鋪、墊、圍等）
◇ **as dry as a brick** 乾透 / **as hard as a brick** 極硬 / **beat (run) one's head against a brick wall** 往牆上硬踫（意做徒勞而對自己有害的事）/ **drop a brick** 失言；失禮 / **make bricks without straw** 作無米之炊；做勞而無功的事 口 **bricklayer** 瓦工 / **brickmaker** 製磚工人 / **brickred** 磚紅色 / **brickwork** 磚建築物

bride /braɪd/ *n* [C] 新娘

bride·groom /ˈbraɪdgrʊm/ *n* [C]
新郎

bridge /brɪdʒ/
I *n* **1** 橋；橋梁 **2** （船的）橋台 **3** 鼻

梁；（眼鏡的）鼻架 **4**（提琴的）琴馬
5 橋牌

◇ **burn one's bridges** 破釜沉舟；背水
布陣 / **Don't cross your bridges
before you come to them.** [諺] 不要自
尋煩惱。

II **❶** vt 架橋於；用橋連接：bridge
the river 在河上架橋 **❷** vi [喻] 越過；
跨過：bridge over the difficulties 克服
困難

□ **bridge crane** 橋式起重機 / **bridge
head** 〈軍〉橋頭堡；據點

brief /briːf/

I adj **1** 短暫的；短時間的：Life is
brief. 生命是短暫的。 **2** 簡短的；簡潔
的：His words were brief but to the
point. 他言簡意賅。

◇ **to be brief** 簡單説來；簡言之

II n **1** 概要；摘要 **2** [律] 訴訟要點；
案情摘要；辯護狀 **3** [briefs] 三角褲；
短內褲

◇ **hold a (no) brief for**（不）為…辯
護；（不）贊同 / **in brief** 簡言之；以
扼要的形式 / **make brief of** 使簡短；把
…趕快做完

III vt **1** 作…的摘要；節錄：brief a
report 作報告的摘要 **2** 向…介紹基本情
況；向…下達任務：The manager
briefed us on the business situation. 經
理向我們介紹了業務狀況。

□ **briefcase** 公事皮包 ▷ **briefly** adv /
briefing n 下達簡令；情況簡介

❶ short

❶ prolonged

bri·gade /brɪˈɡeɪd/ n

1 〈軍〉旅 **2**（執行特定任務的）隊：
the fire brigade 消防隊；救火隊

bright /braɪt/ adj

1 明亮的；光明的：Look at the bright
side. [諺] 看到光明的一面。（指困難時
抱樂觀的態度。）**2** 晴朗的；清楚的：
a bright day with no clouds 晴天無纖雲
3 聰明的；才思敏捷的：a bright child
一個聰慧的孩子 **4** 鮮明的；鮮艷的：
bright red 鮮紅色 **5** 生氣勃勃的；歡快
的：a bright smile 愉快的微笑 /
Everybody was bright and gay at the
evening party. 在晚會上大家都興高采
烈。 **6** 有聲望的；光榮的：one of the
brightest moments of his career 他事業
中最榮耀的時刻之一

❶ brilliant, clever, wise

❶ dull, dim, stupid

bright·en /ˈbraɪtn/ vt, vi

1（使）發光；（使）發亮；（使）好
轉：The future is brightening (up). 前途
在光明起來。 **2**（使）快活；（使）活
躍：Her appearance brightened (up)
the evening party. 她的出現使晚會活躍
起來。

bright·ness /ˈbraɪtnɪs/ n [U]

1 明亮；光輝 **2** 亮度 **3** 聰穎；敏鋭

bril·liant /ˈbrɪliənt/ adj

1 光輝的；燦爛的；明亮的：brilliant
sunshine 燦爛的陽光 / a brilliant
example 光輝的榜樣 **2** 卓越的；英明
的；杰出的：brilliant leadership 卓越的
領導 **3** 有才能的；技藝高的：a
brilliant writer 才華橫溢的作家

▷ **brilliance** n / **brilliantly** adv

❶ bright

❶ dull, subdued

brim /brɪm/

I n [C] **1**（碗、杯等的）邊；邊沿；

（任何東西的）**邊緣**：The cup was full to the *brim*. 杯子滿到了邊沿。/ the *brim* of a volcano 火山口的邊緣 **2** 河**邊；水邊 3** 帽沿 **II** *vt, vi* （使）**滿**；（使）**充盈**；（使）**充溢**：Tears were *brimming* in her eyes. 她熱淚盈眶。

◇ **brim over** 充滿；充盈；洋溢：*brim over* with high spirits 興高采烈

▷ **brimful** *adj* / **brimless** *adj*

● **border, rim, edge, brink, verge, margin**

bring /brɪŋ/ *vt* （brought）

1 帶來；拿來：*Bring* me a dictionary. 給我帶一本字典來。 **2** 導致；產生；使處於某種狀態：Riches do not always *bring* happiness. [諺] 財富並不總會帶來幸福。/ *bring* the water to a boil 把水煮沸 **3** 影響；勸使；促使：His words and deeds *bring* me to believe in him. 他言行使我信任他。 **4** 提出（訴訟等）：*bring* a charge against sb 對某人提出訴訟 **5** 提出（理由、證據等） **6** （貨物）**售得**：This old car will *bring* a good price these days. 這輛舊車如今能賣個好價錢。

◇ **bring about** 帶來；引起；造成 / **bring down** 使倒入；打傷；打死；降低（溫度、物價等）/ **bring down the house** 博得滿場喝彩（鼓掌）/ **bring forth** 使產生；生（孩子）；開（花）；結（果）；（使）顯示 / **bring out** （使）顯示；出版；生產 / **bring sb around (round)** 使恢復知覺；說服 / **bring to** 使恢復知覺；使（船等）停下 / **bring up** 培養；撫養；教育；使車輛等突然停止

● **fetch**

◐ **take**

用法説明：**Bring** 作 "帶來" 解，指朝着説話人的方向或説話中談及的地方，如：He asked me to bring him an umbrella. （他要我給他帶一把雨傘。）**Take** 作 "帶走、帶去"，指向其他方向而去，如：Would you like me to take you to the library? （要我送你去圖書館嗎？）**Fetch** 在英國英語中指 "去帶來"，有往返的意義，如：Can you fetch the suitcase for me from the station? （您能給我把手提箱從車站取回來嗎？）**Carry** 義為 "運送"，完全沒有方向性，如：Shall I carry the case for you? （我可以為您提箱子嗎？）

brink /brɪŋk/ *n* [C]

1 邊；（河、岩石等的）**邊沿**：the *brink* of the cliff 峭壁邊緣 **2** [喻] 邊緣：at (on) the *brink* of disaster 處於災難的邊緣

◇ **shiver on the brink** （面臨險境）逡巡不前

▷ **brinkmanship** *n* 邊緣政策（尤指戰爭邊緣政策）

● **border, verge, edge, rim, margin**

brisk /brɪsk/

I *adj* **1** 快的；輕快的；活潑的：a *brisk* walk 輕快的漫步 / a *brisk* market 繁榮的市場 **2** （天氣等）**爽快的；清新的**：*brisk* morning air 早晨清新的空氣 **II** *vt, vi* （使）**活躍**；（使）**活潑**

▷ **briskly** *adv* / **briskness** *adj*

● **agile, nimble, spry**

◐ **sluggish**

bris·tle /ˈbrɪsl/

I *n* [C, U] **1** （動物身上）**剛毛；鬃毛** **2** 刷子毛；（短而粗的）**硬鐵絲 3** （男子）**粗硬的短鬚；鬍子楂**

◇ **set up sb's bristles** 激怒某人

II vt, vi **1** （使毛髮等）直立：His hair *bristled* (up) with anger. 他氣得頭髮都豎了起來。 **2** （給刷子）加鬃毛 **3** 使林立於：The battlefield *bristled* with mines. 戰場上佈滿了地雷。

▷ **bristly** adj

Brit·ain /ˈbrɪtn/ (= Great Britain) **1** 大不列顛島 **2** 大不列顛（大不列顛及北愛爾蘭聯合王國的簡稱，即英國。）

Brit·ish /ˈbrɪtɪʃ/ **I** adj **1** （大）不列顛的；英國的 **2** （大）不列顛人的；英國人的 **3** 英國英語的 **II** n **1** [the British] 英國人；英聯邦人民 **2** 英國英語 ▷ **Britishism** (= Briticism) [美] 英國人特用的語言現象

broad /brɔːd/ adj **1** 寬的；寬廣的：a road 10 meters *broad* 十米寬的道路 **2** 明亮的；晴朗的：in *broad* daylight 在光天化日下 **3** 非限制的；胸襟開闊的；坦率的：He is a man of *broad* views. 他是個寬宏大量的人。 **4** 概括性的；主要的：achieve *broad* agreement on an issue 就一個問題的主要方面達成協議 **5** 粗俗的；不雅的：a *broad* joke 粗俗的笑話

◇ **as broad as it is long** [英] 長寬一樣；都一樣；無關緊要 □ **broad bean** 蠶豆 / **broad jump** [美] 跳遠 / **broad-minded** 寬容的 / **broadsword** 大刀

▷ **broadly** adv

🌑 **wide**

🌓 **narrow**

broad·cast /ˈbrɔːdkɑːst/ **I** (broadcast 或 broadcasted) 🌑 vt 散佈；傳播：*broadcast* the news to all one's friends 把消息傳給所有的朋友 🌑 vi **1** 廣播；播出：This station *broadcasts* round the clock in eight languages. 這家電台用八種語言晝夜廣播。 **2** 參加廣播（電視）節目演出（講話等）：The public relations manager of the company *broadcast* yesterday. 公司的公關經理昨天發表了廣播講話。

II adj **1** 廣播的：*broadcast* news 廣播新聞 **2** 廣為散佈的；普遍的：*broadcast* rumours 四處傳播的謠言 / the *broadcast* policy 有關廣播的政策

III n **1** 廣播；廣播節目：listen to a news *broadcast* 收聽新聞廣播節目 **2** 散布；傳播 **3** 散播；廣播

▷ **broadcaster** n / **broadcasting** n

🌑 **declare, proclaim, publish, advertise, announce**

broad·en /ˈbrɔːdn/ vt, vi （使）變寬；（使）擴大；（使）拓寬：The river *broadens* at this point. 河面在這一地點變寬了。/ Travel *broadens* the mind. 旅遊開闊眼界。

broke /brəʊk/ break 的過去式

bro·ken /ˈbrəʊkən/ **I** break 的過去分詞

II adj **1** 被打碎的；破碎的：a *broken* vase 一隻打碎的花瓶 **2** 被損壞的：a *broken* watch 一隻不走的錶 **3** 被分裂的；不被遵守的：a *broken* marriage 破裂的婚姻 / a *broken* promise 背棄的諾言 **4** 衰弱的；頹喪的：a *broken* man 絕望的人 / *broken* health 虛弱的身體 **5** 被制服的；養馴的：a *broken* horse 一匹馴服的馬 **6** 不流暢的；斷斷續續的：*broken* English 講得結結巴巴的英語 **7** （地面等）不平的；有障礙的；不連貫的；（天氣）陰晴不定的：*broken* fields 不平坦的田野 / a *broken* sleep 時醒時睡的睡眠

□ **broken-hearted** 傷心的;心碎的 / **broken line** 虛線;〈數〉折線

▷ **brokenly** *adv* / **brokenness** *n*

bro·mide /ˈbrəʊmaɪd/ *n*

1 〈化〉溴化物 **2** 溴化鉀鎮靜劑;安眠藥 **3** 思想庸俗的人

bro·mine /ˈbrəʊmiːn/ *n* 〈化〉溴

bronze /brɒnz/

I *n* **1** [C] 青銅 **2** [C] 青銅像;青銅獎章;青銅製品: many fine *bronzes* at the exhibition 展覽會上許多青銅藝術品 **3** [U] 古銅色;青銅色 **II** *adj* **1** 青銅製的: a *bronze* plate 青銅盤 **2** 古銅色的;青銅色的 **III** *vt, vi* **1** (使)成青銅色 **2** (使)硬如青銅;[喻]變得無情

brood /bruːd/

I *n* [C] **1** 一窩孵出的雛雞(雛鳥等);一窩任何動物(如昆蟲、魚等) **2** [常有貶義] 一個家庭的全體孩子: When he went out, he would take his *brood* with him. 當他出去時,總要帶上他的孩子們。 **3** 一類;一夥;一群: a *brood* of young writers 一伙年輕的作家 **II** ❶ *vt* 孵蛋;孵出 ❷ *vi* **1** 沉思;盤算: *brood* over a mistake 細想一個錯誤 / Don't just sit there *brooding*. 別光坐在那兒冥想。 **2** (雲等)低覆;籠罩: Trouble seems to be *brooding* over the company. 公司似乎會有麻煩。

brook¹ /brʊk/ *n* [C] 溪;小川;小河

brook² /brʊk/ *vt* [常用於否定句中] 容忍;忍受: He would *brook* no delay. 他不能容忍拖延。

broom /bruːm/

I *n* [C] **1** 掃帚;長柄刷 **2** 〈植〉金雀花

◇ **A new broom sweeps clean.** [諺] 新官上任三把火。

II *vt* 用掃帚掃: I *broomed* up the pieces of the broken vase. 我把花瓶的碎片掃在一起。

□ **broomcorn** (可製掃帚的) 高粱;玉米 / **broomstick** 掃帚柄

broth /brɒθ/ *n* [C, U] (魚、肉等的)原汁清湯;(加了蔬菜、調味的)肉湯

broth·er /ˈbrʌðə(r)/ *n*

(複 = brothers, brethren)

1 兄弟: George and Peter are *brothers*. 喬治和彼得是兄弟。 **2** 摯友;伙伴;同胞: All men are *brothers*. 四海之內皆兄弟。 **3** [複數常作 brethren] 同行業(教會、社團)的人 **4** [俚] 老兄;朋友

broth·er·hood /ˈbrʌðəhʊd/ *n*

1 [U] 手足情誼;兄弟關係 **2** [C] 兄弟會;同志會;同業工會;修士會 **3** 全體同人 **4** (有共同利益或相似品質的)一伙;一群: the medical *brotherhood* 醫務界

broth·er·in·law /ˈbrʌðərɪnlɔː/ *n*

(複 = brothers-in-law)

1 內兄;內弟;大伯;小叔子 **2** 姐夫;妹夫 **3** 連襟;丈夫或妻子的姐夫(或妹婿)

broth·er·ly /ˈbrʌðəlɪ/ *adj*

1 兄弟的 **2** 兄弟般的;友愛的: *brotherly* relations 兄弟般的關係

▷ **brotherliness** *n*

brought /brɔːt/

bring 的過去式或過去分詞

brow /braʊ/ *n*

1 額,腦門子: a broad *brow* 寬闊的前額 **2** [常作 brows] 眉;眉毛: knit one's *brows* 皺眉 **3** 容貌;面部表情: an grim *brow* 嚴峻的表情 **4** 懸崖的邊緣;坡頂: the *brow* of a hill 山脊

□ **browbeat** 嚇唬;欺侮

brown /braʊn/
I *n* **1** 棕色;褐色 **2** 棕色(褐色的)織物(衣物) **3** 棕色皮膚的人;淺色皮膚的黑人 II *adj* **1** 棕色的;褐色的: *brown* bread 黑麵包 / *brown* paper 棕色包裝紙 / *brown* sugar 紅糖 **2** 膚色深的;皮膚給曬黑的 **3** 棕種人(如馬來人、印度人等)

◇ **be in a brown study** 沉思默想;空想;幻想

bruise /bruːz/
I *n* **1** (人體跌、踫以後產生的)青腫;挫傷;(水果、植物的)傷痕;(皮革等的)擦痕;磨損;(金屬等的)凹痕 **2** (感情方面的)挫折;傷害
II **❶** *vt* **1** 踫傷;擦破…的外皮: He stumbled over and *bruised* his knee. 他絆了一跤,擦傷了膝蓋。 **2** 傷害(感情等) **❷** *vi* 出現青腫;產生挫傷: His skin *bruises* easily. 他的皮膚很容易踫傷。

brush /brʌʃ/
I *n* **1** 刷;刷子: a laundry *brush* (洗衣服的)板刷 **2** 毛筆;畫筆: a paint *brush* 畫筆 **3** 刷狀物;動物粗大的尾巴(尤指狐狸尾巴) **4** (一)刷: He gave the horse a quick *brush*. 他很快地把馬刷了一下。 **5** 輕拂;輕抹;輕擦: He felt the *brush* of her skirt against him as she passed. 她走過時,他感到她的裙子擦着了他。 **6** 小接觸;小衝突

◇ **at the first brush** 初次相遇
II **❶** *vt* **1** 刷;擦;(用毛筆等)寫;畫: *brush* one's teeth (hair, shoes, hat,

etc.) 刷牙(頭髮、鞋子、帽子等) **2** 拭去;擦掉 **❷** *vi* 輕捷地經過;觸到;擦及(against);掠過(past, by, through): She *brushed* by me without saying a word. 她與我擦身而過,沒說一句話。

◇ **brush aside** 掃除(障礙等);漠視(事實);不顧(困難) / **brush off** 刷去;刷掉;[美口] 不願見(聽等);把…打發掉 / **brush up** 在…上刷漆;使整潔;重溫;通過學習提高;改進

□ **brush cut** 一種刷狀的短髮型 / **brush pencil** 畫筆 / **brushup** 擦亮;重新學習;改進 / **brushwork** 繪畫;畫法

bru·tal /'bruːtl/ *adj*
1 野獸般的;野蠻的;殘忍的: a *brutal* attack 野蠻的襲擊 **2** 令人難受的: *brutal* weather 嚴酷的天氣 / the *brutal* truth 嚴峻的事實 ▷ **brutally** *adv*

brute /bruːt/
I *n* **1** 野獸;畜生 **2** 殘忍的人;粗野的人;笨蛋 **3** (人的)獸性;[the brute] 色欲 II *adj* **1** 野獸的: the *brute* world 野獸世界 **2** 沒有理性的;身體的;肉體的: by *brute* force 憑着蠻力 **3** 殘忍的;蠻橫的: *brute* manners 蠻橫的舉止 ▷ **brutify** *vt* / **brutish** *adj*

❶ beast, animal

bub·ble /'bʌbl/
I *n* **1** [C] 泡;水泡;氣泡: Children like to blow soap *bubbles* for fun. 孩子們喜歡吹肥皂泡玩。 **2** [U] 冒泡(聲);沸騰(聲): I can hear the *bubble* of the kettle. 我能聽見水壺裏水的沸騰聲。 **3** [C] 幻想;泡影: a *bubble* company(為行騙而)虛設的公司;皮包公司

◇ **prick a bubble** 戳穿肥皂泡；揭穿真面貌

II *vi* **1** 沸騰：The kettle *bubbled* (away) on the stove. 壺中的水在爐子上沸騰。/ She was *bubbling* over with joy. 她喜氣洋洋。 **2** 冒泡；發出噗噗聲

□ **bubble gum** 可吹出泡泡的口香糖
▷ **bubbly** *adj*

buck¹ /bʌk/

I *n* **1** （雌性為 doe）雄鹿；公羊；牡兔 **2** [口] 小伙子：old *buck*（熟人間的稱呼語）老兄；老朋友 **3** [美俚] [澳俚] （一）元；（一筆）錢 **II** *vt, vi* **1** （馬）猛然弓背躍起；（山羊等）頂撞 **2** 頂着前進；強行通過：The ship *bucked* a headwind. 船頂風前進。

◇ **buck up** [美口] （使）振奮；（使）打起精神

buck² /bʌk/ *n*

[俚] 〈牌〉（打撲克時的）莊家標誌
◇ **pass the buck (to sb)** [口] 推諉責任（給某人）；歸罪（於某人）/ **The buck stops here.** 責任止於此。（原是美國總統杜魯門的辦公室座右銘，意為不推諉責任。）

buck·et /ˈbʌkɪt/

I *n* [C] **1** 水桶 **2** （一）桶；滿桶；[buckets] 大量：a *bucket* of water 一桶水 **3** 桶狀物；（挖土機等的）鏟斗

◇ **a drop in the bucket** 滄海一粟 / **give (receive) the bucket** 發出（接到）解僱通知 / **kick the bucket** [俚] 翹辮；死

II ❶ *vt* 用桶裝：*bucket* water from a ditch 從渠裏打水 **❷** *vi* [口] 急速（顛簸着）行進；溜達：The motorcar *bucketed* along the rocky road. 摩托車在不平的石路上顛簸前進。

buck·wheat /ˈbʌk(h)wiːt/ *n* [U]

1 蕎麥 **2** 蕎麥片；蕎麥粉；蕎麥糊

bud /bʌd/

I *n* **1** [C] 芽；葉芽；花蕾 **2** [U] [喻] 萌芽 **3** [C] 孩子；（尤指初入社交界的）女郎

◇ **in bud** 在發芽；含苞待放 / **nick sth in the bud** 把⋯消滅於萌芽狀態；防止

II *vi* **1** 發芽；萌芽：Some trees *bud* in early spring. 一些樹在早春就發芽。 **2** 開始生長（發展） ▷ **budded** *adj*

Bud·dhism /ˈbʊdɪzəm/ *n*

佛教；佛教教義

Bud·dhist /ˈbʊdɪst/

I *n* [C] 佛教徒 **II** *adj* 佛（教）的

budg·et /ˈbʌdʒɪt/

I *n* [C] 預算；（供某種用途的）專款：a family *budget* 家庭收支預算 / a company *budget* of £1,000,000 一筆一百萬英鎊的公司預算

II ❶ *vt* 安排；預定：He doesn't know how to *budget* his time. 他不知道如何安排時間。 **❷** *vi* 編預算；作安排：She saved money by *budgeting* carefully. 她小心安排，節約金錢。

◇ **budget for** 為⋯做預算

buf·fa·lo /ˈbʌfələʊ/ *n*

（複 = buffalo 或 buffaloes）
（北美）野牛；（亞洲）水牛

Buffalo 水牛

buf·fet¹ /'bʌfɪt/

I n ◼ 一擊；打擊 ◼ 敲打；衝擊；折磨：the *buffets* of fate 命運的打擊

II vt ◼ （用手或拳）打；猛擊 ◼ 反復打；連續擊：The dam is *buffeted* by the huge waves. 壩受着巨浪的衝擊。◼ 搏鬥；奮勇前進：The swimmers *buffeted* the wind and the waves. 游泳者與風浪搏鬥。

◇ **buffet about** 摔打；顛簸

buf·fet² /'bʊfeɪ, bʊ'feɪ/

I n ◼ 餐具架（櫃）◼ 自助餐；快餐 ◼ 快餐部

II adj （就餐時）自己取食的；自助的：a *buffet* reception 自助餐招待會

bug /bʌg/

I n [C] ◼ [美] 小蟲；蟲子（尤指蟑螂等害蟲）◼ 臭蟲 ◼ 竊聽器；防盜警報器 ◼ [口] 癖好；狂熱；有癖好者；[俚] 名人；要人：a photography *bug* 攝影迷 / a big *bug* 大亨 ◼ [美俚]（機器等）故障；缺陷

◇ **put (drop) a bug in sb's ear** [美口] 事先給某人暗示；私下向某人叮囑

II vt, vi ◼ [口] 在…裝竊聽器；通過竊聽器聽；在…設防盜報警器：*bug* telephone conversations 竊聽電話 ◼ （給…）捉蟲；除蟲

bu·gle /'bju:gl/

I n [C] 軍號；喇叭；號角 II vi 吹號；吹號（下某種命令）▷ **bugler** n

build /bɪld/

I vt, vi (built) ◼ 建築；營造：*build* bridges 造橋 ◼ 建設；創立：*build* a new theory on recent discoveries 在最近發現的基礎上建立一種新理論 / It is easier to pull down than to *build*. [諺] 破壞容易建設難。◼ 發展；鍛煉；積聚；增長；擴大：Hard work *builds* (up) character. 艱苦的工作鍛煉人的性格。

◇ **build into** 把…建成；使…固定於；使成為…的一部分 / **build on** 添造 / **build on (upon)** 把…建立於；依靠；把…寄託於 / **build up** 逐步建立；增長；增進；提高（聲譽、價值等）；結集

II n ◼ 構造；造型：The two houses are of the same *build*. 那兩座房子構造一樣。◼ 體格：a man of strong *build* 體格強壯的人

build·er /'bɪldə(r)/ n [C]

◼ 建築工人 ◼ 建設者；建立者

build·ing /'bɪldɪŋ/ n

◼ [C] 建築物；房屋：High *buildings* have a low foundation. [諺] 萬丈高樓平地起。◼ [U] 建築；建築術；營造術

□ **building block** 〈建〉建築塊；基礎材料 / **building society** [英] 建房互助會

built /bɪlt/ build 的過去式或過去分詞

bulb /bʌlb/ n [C]

◼ [植] 球莖；鱗莖 ◼ 球狀物 ◼ 電燈泡；電燈 ▷ **bulbous** adj

bull /bʊl/

I n [C] ◼ 公牛 ◼ （鯨、象、鹿等）雄性大動物 ◼ 彪形大漢 ◼ [美俚] 買進證券（商品）投機圖利者

◇ **a bull in a china shop** 魯莽的人；笨手笨腳動輒闖禍的人 / **milk the bull** 作徒勞無益的事 / **shoot the bull** 吹牛；閑聊 / **take the bull by the horns** 不畏艱險

II adj ◼ 公的；雄的 ◼ 哄抬價格的；上漲的：*bull* market 價格上漲的行情

III vt, vi ◼ 強行（使）…通過 ◼ 從事投機使（證券等）價格上漲

□ **bulldog** 鬥牛狗；強悍的人 / **bull fight** 鬥牛 / **bull shit** [俚] 廢話

bull·doz·er /'bʊlˌdəʊzə(r)/ *n* [C]

1 推土機 **2** 恐嚇者；威脅者

⇨ 插圖見〈專題圖說 6〉

bul·let /'bʊlɪt/ *n* [C]

槍彈；子彈；彈丸

◇ **a spent bullet** 衝力已盡的子彈；強弩之末 / **Every bullet has its billet.** [諺] 每顆子彈都有歸宿。（指在戰場上生死由命。）/ **like a bullet** 飛快地

□ **bullethead** 圓頭；圓頭人 / **bulletproof** 防彈的 / **bullet train** 高速火車

bul·le·tin /'bʊlətɪn/ *n*

1 公告；佈告；公報 **2** 學報；期刊；（大學）課程說明書 **3** 簡明新聞；最新消息

bul·ly /'bʊlɪ/

I *n* [C] **1** 惡霸；恃強凌弱的人 **2**（受人僱用的）流氓；打手 **II** *vt, vi* 威嚇；欺侮；欺壓人：*bully* sb into doing sth 脅迫某人做某事 / This big boy often *bullys* small boys. 這個大男孩常常欺負小男孩。

◑ intimidate, cow

bump /bʌmp/

I *vt, vi* **1** 碰；撞；衝擊：I *bumped* my head on (against) the door. 我的頭撞在門上。 **2** 顛簸地行進：The old car *bumped* along the path. 那輛舊車子在小道上顛簸地行駛。 **3**（使）衝撞；撞擊：*bump* a stick against a box 用杖擊箱子

◇ **bump into** [口] 偶然遇見 / **bump up** [口] 突然增加；提升

II *n* **1** 碰；撞；衝擊 **2**（因碰撞而起的）腫塊 **3** 隆起物；凸塊；腫塊：He stumbled over a *bump* on the sidewalk. 他被人行道上一塊隆起的地面絆了一下。

◇ **like a bump on a log** [口] 呆頭呆腦 / **with a bump** 突然地；意外地

III *adv* 突然地；猛烈地：run *bump* against a tree 突然撞到樹上

▷ **bumper** *n* 緩衝器；減震物 / **bumpy** *adj* 高低不平的；顛簸的

bump·kin /'bʌmpkɪn/ *n*

[常有貶義] 鄉巴佬；土包子

bun /bʌn/ *n* [C]

1 小圓麵包；小圓糕點 **2**（盤在後腦的）圓髮髻：She wears her hair in a *bun*. 她梳着圓髮髻。

◇ **have a bun in the oven** [謔] 懷着孩子；懷孕 / **take the bun** [俚] 得第一名，得獎

bunch /bʌntʃ/

I *n* [C] **1** 束；串；紮；捆：a *bunch* of flowers (grapes, keys) 一束花（一串葡萄、一串鑰匙等） **2** [俚] 群；夥：a *bunch* of sheep (thieves) 一群羊（一夥小偷等）

◇ **a bunch of fives** [英俚] 手；拳頭 / **the best (pick) of the bunch** 一批中最好的；精華

II *vt, vi* **1**（使）成一束（一群等）；群集；聚攏：The coach told the football players not to *bunch* (up) together, but to spread out over the field. 教練告訴足球運動員在場上散開；不要擠在一起。 **2**（使）打褶

bun·dle /'bʌndl/

I *n* [C] **1** 捆；束；包：a *bundle* of fire-wood 一捆柴火 **2** 包袱；包裹：I received a large *bundle* on my birthday. 我在生日那天收到了一個大包裹。 **3** [口] 一堆；一群：She was a *bundle* of nerves. 她是個神經質的人。

II *vt, vi* **1** 捆；束；包：*bundle* the old books 把舊書捆起來 **2** （使）匆匆地走；推出（away, off, out）：They *bundled* off. 他們匆匆離去。/ The thief was *bundled* into a car by two policemen. 小偷被兩個警察推進了汽車。 **3** 收集；歸攏；把…亂堆在一起：He *bundled* the clothes into the suitcase and left. 他把衣服塞進手提箱，走了。

◇ **bundle up** 把…捆紮起來；（使）穿得暖和（臃腫）/ **drop one's bundle** 不再抱希望；投降

❶ bunch, parcel, pack

buoy /bɔɪ/

I *n* [C] **1** 浮標；航標 **2** 救生圈；救生衣 **II** *vt, vi* **1** 為…設浮標；用浮標指示 **2** （使）浮起；（使）情緒高漲 **3** 支持；維持；鼓勵：His income is *buoyed* by part-time jobs. 他業餘兼職以增加收入。

◇ **buoy up** （使）浮起；飄起；使振作；使鼓舞

buoy·an·cy /'bɔɪənsɪ/,
buoy·ance /-əns/ *n* [U]
1 浮力：the *buoyancy* of cork 軟木的浮力 / the *buoyancy* of water 水的浮力 **2** 輕鬆愉快的心情；樂觀：His *buoyancy* of spirit is infectious. 他輕鬆樂天的情緒很有感染力。 ▷ **buoyant** *adj*

bur·den /'bɜːdn/

I *n* [C] **1** 重荷；負重：a beast of *burden* 馱獸 **2** （任務、責任、義務等）重擔；精神負擔；拖累：the *burdens* of

office 公務的壓力 / a *burden* of sorrow 心頭的傷心事

II *vt* **1** 加負荷於：The small boy was *burdened* with a heavy school bag. 那小男孩身上背着一個沉重的書包。 **2** 重壓；煩擾：I will not *burden* you with any more questions. 我不會用更多的提問來煩擾你。 ▷ **burdensome** *adj* 沉重的；繁重的

❶ load, cargo, freight

bur·eau /'bjʊərəʊ/ *n* （複 = bureaus, bureaux）
1 [美] 五斗櫥；衣櫃；梳妝台 **2** 書桌；寫字台 **3** （新聞等機構的）辦事處；社；分社；所：an information *bureau* 問訊處；新聞處 / a travel *bureau* 旅行社 **4** （政府等機構的）局；司；處；署：the Tax *Bureau* 稅務局

bureaux /'bjʊərəʊz/
bureau 的一種複數

bur·glar /'bɜːglə(r)/
I *n* [C] 夜盜；竊賊：a *burglar* alarm 防盜報警器 **II** *vt, vi* 盜竊；搶劫

bur·glar·y /'bɜːglərɪ/ *n*
1 [C] 竊賊行為；盜竊案：a *burglary* at a department store 發生於百貨公司的一起盜竊案 **2** [U] 盜竊罪

bur·ial /'berɪəl/ *n*
1 [U] 埋葬；葬禮：Many people attended his *burial*. 許多人參加了他的葬禮。 **2** [C] 葬地；墳墓 **3** [U] 棄絕；丟棄：The new policy means the *burial* of the old ideas. 新政策意味着摒棄陳舊的觀念。

□ **burial ground** 墳地；公墓 / **burial-service** 葬禮

burn /bɜːn/

B

I （burnt 或 burned） **❶** *vt* **❶** 燒；使燃燒 **❷** 燒製；燒成：*burn* clay to bricks 把泥燒成磚 **❷** *vi* **❶** 燃燒：The fire *burnt* late into the night. 火一直燒到了深夜。 **❷** 焚燒；燒壞：The theatre *burnt* last month. 那劇院在上個月燒毀了。 **❸** 發熱；發光；發亮：His face *burnt* with fever. 他燒得臉上滾燙。 **❹** 灼傷；燙傷；曬黑；有火辣感：Her cheeks *burnt* with shame. 她因羞愧面頰發燒。 **❺** 充滿某種熾熱的情感（如愛、恨、怒等）：*burn* with hatred 恨之切骨
◇ **burn one's boats (bridges)** 破釜沉舟；背水布陣 / **burn one's fingers (get one's fingers burnt)** 由於管閑事（魯莽）而吃苦頭 / **burn the candle at both ends** 過分地耗費精力 / **burn the midnight oil** 工作到深更半夜；開夜車 / **have money (time) to burn** 有用不完的金錢（時間） / **Money burns a hole in his pocket.** [諺] 他有錢就會用完。
II *n* **❶** 燒傷；燙傷；灼傷 **❷** （火箭發動機）飛行途中點火
❶ scorch, char, sear, singe
❷ cool

burn·er /ˈbɜːnə(r)/ *n* [C]
❶ 燃燒器；爐子 **❷** 煤氣頭；燈頭 **❸** 以燒某物為業的人：a brick *burner* 燒磚工人

burnt /bɜːnt/
burn 的一種過去式或過去分詞

burst /bɜːst/
I *vt, vi* （burst 或 bursted） **❶** 爆炸；爆裂；脹裂；潰決：The boiler *burst*. 鍋爐炸了。/ The river *burst* the banks. 河水暴漲，漫過了河岸。 **❷** （使）突然發生某一情況：The horse *burst* free. 馬突

然脫了韁。/ The police *burst* open the door. 警察猛然衝開大門。/ Trees *burst* into bloom. 樹木開花。 **❸** [常用現在分詞] 滿得幾乎要爆裂；充滿；充盈：He was *bursting* with joy. 他興高采烈。/ She is *bursting* to tell you the news. 她急着要告訴你這一消息。
◇ **burst at the seams** 脹破裂縫；過於擁擠；裂開 / **burst in (on, upon)** 闖入；突然出現；插嘴 / **burst into** 闖入；突然成為；開出（花）；長出（葉） / **burst out** 衝出；突然説出
II *n* **❶** 爆炸；爆裂；裂口：a *burst* in the water pipe 水管上的裂口 **❷** 爆發；突發；一陣猛勁；突然顯現：a *burst* of speed 突然加速 / a *burst* of laughter (weeping, applause) 一陣大笑（哭泣、鼓掌）
□ **burstproof** （門鎖等）防衝撞的

bur·y /ˈberɪ/ *vt*
❶ 埋葬：*bury* a dead person 埋葬死人 **❷** 沉浸於；專心於：He *buried* himself in his work. 他埋頭工作。 **❸** 忘卻：*bury* a feud 捐棄前嫌 **❹** 埋藏；掩蔽：The little boy *buried* his face in the pillow. 那小男孩把臉藏在枕頭裏。
◇ **be buried alive** 活埋；隱居 / **bury one's head in the sand** [口] 把頭埋在沙下；不正視現實

bus /bʌs/
I *n* （複 = buses 或 busses） **❶** 公共汽車 **❷** （循一定路線的）類似公共汽車的車輛：a sightseeing *bus* 游覽大客車 **❸** （送學童的）校車
◇ **miss the bus** [俚] 錯失機會
II *vt, vi* （bused 或 bussed, busing 或 bussing）用公共汽車載送

□ **bus stop** 公共汽車站

bush /buʃ/

I *n* [C] **1** 灌木；矮樹叢 **2** 濃密的一簇（一片）；蓬鬆的毛髮；蓬鬆的尾巴：a *bush* of hair 亂蓬蓬的頭髮 **3** [美、澳] 未開墾的（森林）地

◇ **beat about** ([美] around) **the bush** 不直截了當地説；轉彎抹角 / **Good wine needs no bush.** [諺] 酒好客自來。/ **go bush** [澳] 離開原來的居所；到鄉間；變野

II *vt, vi* 叢生；用灌木覆蓋

bush·el /'buʃl/ *n*

1 蒲式耳（谷物、水果、蔬菜等的容量單位，在英國為 36.386 升，在美國為 35.238 升） **2** [口] 大量：His visit caused *bushel* of trouble. 他的來訪引起了大量的麻煩。

◇ **hide one's light under a bushel** 不露鋒芒；過分謙遜

bus·ily /'bɪzɪlɪ/ *adv*

忙碌地；活躍地；起勁地：She was *busily* preparing supper when the gas pipe burst. 正當她忙着準備晚飯時，煤氣管炸裂了。

business /'bɪznɪs/ *n*

1 [C, U] 生意；商業；營業：They are in the oil *business*. 他們在做石油生意。/ *business* hours 營業時間 / *Business is business*. [諺] 公事公辦。 **2** [C] 商店；商行；企業；營業所：a shipping *business* 造船公司 / He is going to sell his *business*. 他將賣掉他的商店。 **3** [U] 職務；職責；工作；任務：I'm here on *business*, not for pleasure. 我是來工作的，不是來玩的。/ Everybody's *business* is nobody's *business*. [諺] 人人都管，人不管。 **4** [C] 事務；難事；所關心的事：the *business* of the day 日程 / What a strange *business*! 多麼奇怪的一件事！

◇ **business as usual** 照常營業；一切如常 / **get down to business** 開始幹正事；言歸正傳 / **go into business** 從事商業 / **go out of business** 停業；歇業 / **have no business (to)** 無權；沒有理由 / **know one's business** 精通自己的一行 / **mean business** [口] 是認真的；將一定採取行動 / **Mind your own business**! 不要你管（我的事）！ / **on business** 因公；因事 / **the business end**（工具、武器等）使用的一頭；鋭利的一頭

❶ work, affair, matter

business·man /'bɪznɪsmæn/ *n*（複 = businessmen）商人；實業家

business·men /'-mən/

businessman 的複數

bust[1] /bʌst/ *n*

1 [C] 胸像；半身像 **2** [U]（人的）前胸；（女人的）胸部；胸圍

bust[2] /bʌst/

I *vt, vi*（bust 或 busted）**1**（使）爆裂；（使）斷裂；（使）打破；弄壞：The boy *bust(ed)* his father's camera. 那男孩弄壞了他父親的照相機。 **2**（使）破產；（使）失敗：The large company went *bust*. 那家大公司破產了。 **3** 降級

II *n* **1** 爆裂；斷裂 **2** [口] 失敗（者）；無價值之物 **3** 破產；（經濟上）崩潰 **4** 歡鬧；鬧飲：have a *bust* 縱飲

III *adj* 破了產的

bust[3] /bʌst/ *vt, n*

逮捕；搜查：The police *busted* the house last night. 警察昨夜搜查了那座房子。

bus·y /'bɪzɪ/

  I *adj* **1** 忙碌的；沒有空閒的：He is *busy* with some important work. 他忙於要事。/ *Busiest* men find the most leisure time. [諺] 最忙的人，餘暇最多。 **2** 充滿活動的；熱鬧的：a *busy* day 忙碌的一天 / the *busy* shopping centre 熙熙攘攘的購物中心 **3** [美] 佔線的：The line is *busy*. (電話) 佔線。

  ◇ **as busy as a bee** 極其忙碌 / **get busy** [口] 幹起來

  II *vt* [常作 busy oneself] **使忙於** (about, in, of, with)：He *busied* himself with social work. 他忙於社會公益。

  ◐ free, idle

but /bʌt, bət/

  I *conj* **1** 但是；可是；然而：Life is limited, *but* art is eternal. 生命是有限的，但藝術是永恆的。 **2** 除卻；除去：Who *but* he would do such a thing? 除了他以外，還有誰會幹這樣的事？/ I never rains *but* it pours. [諺] 不雨則已，一雨傾盆。 **II** *prep* **除了；除卻**：last *but* one (two) 倒數第二 (倒數第三) / Nobody came *but* some young people. 除了一些年輕人外，沒有別人來。/ None *but* the bravest deserve the fair. [諺] 英雄配美人。 **III** *adv* **只有；僅僅**：A man can die *but* once. [諺] 人只能死一次。

  ◇ **all but** 幾乎；差一點 / **but for** 倘不是；若沒有 / **But me no buts.** 別老跟我說 "但是，但是" 了。/ **cannot but** 不得不；不會不；必然 / **cannot help but** 不得不

  ◐ however, still, yet

用法説明：**But** 是連接詞，在書面語中通常不用在句子的開頭，但在口語中經常用於句子的開頭，如：'I want to go swimming, Daddy.' 'But you haven't done your homework yet.' ("爸爸，我要去游泳。" "可你還沒有做作業呀。") **However** 表示同樣的轉折關係時，是副詞，常用在語體比較正式的句子中間，前後用逗號隔開，如：'We ought to go ahead with the new project.' 'You should remember, however, that the project has not been approved yet.' ("我們應當開展新課題的工作了。" "可是您該記得新課題還未獲得批准呢。")

butch·er /'bʊtʃə(r)/

  I *n* [C] **1** [英] 屠夫；賣肉人：the *butcher's* 鮮肉店 **2** 屠殺者；劊子手

  ◇ **the butcher, the baker, the candlestick maker** 各行各業的人

  II *vt* **1** 屠宰；宰割 **2** 屠殺；殘殺

  □ **butcher's knife** 屠刀 / **butcher shop** 鮮肉店 ▷ **butchery** *n* 屠宰場

but·ler /'bʌtlə(r)/ *n* [C] 男管家

butt¹ /bʌt/ *n*

  1 (工具、武器等) 粗大的一頭：the *butt* of a gun 槍托 **2** 殘端；殘樁；煙蒂 **3** 靶 **4** (嘲弄的) 對象；笑柄：make a *butt* of sb 取笑某人

butt² /bʌt/

  I *vt, vi* **1** (用頭、角等) 頂撞；衝撞：The goat *butted* me in the stomach. 山羊用角撞我的肚子。 **2** 伸出；突出

  ◇ **butt against** 把 (頭、角等) 撞在 / **butt into** 插手幹

  II *n* 用頭頂撞

but·ter /'bʌtə(r)/

I *n* [U] **1** 黃油（舊稱牛油、白脫油）
2 像黃油的食品：peanut *butter* 花生
醬 **3** [口] 奉承；甜言蜜語
◇ **Butter to butter is no relish.** [諺] 千
篇一律的東西令人生厭。/ **look as if
butter would not melt in one's
mouth** 看上去一本正經；裝得老老實實
II *vt* 塗黃油於：*butter* up (to) sb [口]
奉承某人；巴結某人 / Fair (Fine) words
butter no parsnips. [諺] 花言巧語是不中
用的。/ know on which side one's bread
is *buttered* 知道自己的利益之所在
□ **butterfingered** [口] 手拿不住東西
的；不當心的 / **buttermilk** 脫脂乳

but·ter·fly /ˈbʌtəflaɪ/ *n* [C]
1 蝴蝶 **2** 蝴蝶似的人（尤指衣着艷
麗、輕浮的人）
◇ **break a butterfly on a wheel** 殺雞
用牛刀；小題大作 / **have butterflies in
one's stomach** 因害怕而發抖
□ **butterfly stroke** 蝶泳

but·ton /ˈbʌtn/
I *n* [C] **1** 扣鈕 **2** 按鈕；開關 **3** 扣
鈕狀物；圓形小徽章
◇ **on the button** [美俚] 準確；確切；
準時 / **take by the button** 強留；拖住
（某人）談話
II *vt* 用扣鈕扣：*button* (up) one's coat
扣好上衣的扣鈕
□ **buttonhole** 鈕孔；抓住（某人的）
衣鈕（留住某人）

buy /baɪ/
I *vt, vi* (bought) **1** 買；買得：He
bought his son a present. 他給兒子買了
件禮物。 **2**（出一定的代價）獲得；贏
得：The peace was dearly *bought*. 和平
是以高昂的代價換來的。

◇ **buy off** 出錢擺脫（困擾等）；收買 /
buy out 出錢使（某人）放棄；買下全
部產權（股分）；出錢使（某人）免服
役 / **buy over** 收買；賄賂 / **buy time**
（用拖延等手法）贏得時間；爭取時間 /
buy up 全買；盡可能買進
II *n* **1** 購買 **2** 買賣；交易；買得上算
的東西
❶ purchase
❶ sell

buy·er /ˈbaɪə(r)/ *n* [C] 買主；進貨員

buzz /bʌz/
I *n* **1** 嗡嗡聲；營營聲；嘈雜聲 **2** [俗]
電話：give a *buzz* 打一個電話 **II** ❶ *vi*
作嗡嗡聲 ❷ *vt* **1** 使嗡嗡響 **2** 打電話

by /baɪ/
I *prep* **1** 在…旁邊；靠近：a cottage
by the river 河邊的一座農舍 **2** 經由；
沿着：come *by* the front door 由前門進
入 **3** 經過；路過：I passed *by* the post
office everyday. 我每天都要走過郵局。
4 不遲於；到…為止：The work should
be finished *by* this time next week. 這項
工作應該在下星期此時前完成。 **5** 被；
由：The tree was struck *by* lightning. 那
樹被閃電擊中。 **6**（表示方法、手段）
靠；用；通過：go *by* train 坐火車走 /
By doing we learn. [諺] 在實幹中學習。
7 按照；根據：It's twelve o'clock *by*
my watch. 我錶上是十二點鐘。 **8**（表
示乘、除、面積等）：a room three *by*
four metres 一間長 4 米、寬 3 米的房
間。 **9** [表示連續或反復]（一個）接着
（一個）；（一個）又（一個）：day *by*
day 日復一日地 / move *by* inches 慢慢向
前移動 **10** 在…期間：Do you prefer
traveling *by* night or *by* day？你喜歡白

天旅行還是夜間旅行？

II *adv* **1** 在近旁：sit close *by* 緊貼着坐在旁邊 **2** 經過：Ten years have gone *by* since then. 從那時以來，十年已經過去了。

◇ **by and by** 不久；遲早；終於 / **by and large** 總的來説；大體上；基本上 / **by the by (bye)** 順便提一句（= by the way）

bye /baɪ/,

bye-bye /ˌbaɪ'baɪ, 'baɪbaɪ/, [美] **bye now** /'baɪnaʊ/ *int* [口] 再見

by·prod·uct, by-prod·uct /'baɪˌprɒdʌkt/ *n* [C]

1 副產品 **2**（意外或無心的）附帶產生的結果

byte /baɪt/ *n* [C]〈計〉（二進制）字節；（二進）位組

C, c

C, c /siː/

1 英語字母表的第三個字母 **2** [C] 羅馬數字 100 **3** [C]〈化〉元素碳（carbon）的符號 **4** [C]〈音〉C 調

cab /kæb/ *n*

1 出租汽車；出租馬車：Shall we walk or go by *cab*? 我們是步行還是坐出租車去呢？ **2**（卡車、起重機等的）司機室

□ **cabman** *n* 出租汽車司機

cab·bage /'kæbɪdʒ/ *n* [C, U]

捲心菜；洋白菜

⇨ 插圖見〈專題圖説 10〉

cab·in /'kæbɪn/ *n* [C]

1 小屋；木屋 **2** 船艙 **3** 座艙；艙位

cab·i·net /'kæbɪnɪt/ *n*

1 [C]（存放餐具或文件等的）櫥櫃 **2** [the Cabinet] 內閣；[英] 內閣會議：a member of the *Cabinet* 內閣成員

ca·ble /'keɪbl/

I *n* [C, U] **1** 纜；索；鋼絲繩 **2** 電纜：*cable* TV 電纜（有線）電視 **3**（海

底）電報：*cable* address 電報掛號

II ❶ *vt* 給…打（海底）電報：He *cabled* the firm in New York. 他向紐約的公司發電報。 **❷** *vi* 發（海底）電報

ca·ble-car /'keɪblkɑː(r)/ *n*

纜車；索道車

ca·ble te·le·vi·sion /'keɪbl 'telɪvɪʒn/, **ca·ble TV** /ˌkeɪbl tiː'viː/ *n* [U] 有線電視

ca·ca·o /kə'kɑːəʊ; -'keɪ-/ *n*

〈植〉可可樹；可可豆

cac·ti /'kæktaɪ/ *n*

cactus 的複數形式之一

cac·tus /'kæktəs/ *n*

（複 = cactuses, cacti）〈植〉仙人掌

ca·det /kə'det/ *n*

軍官學校學員；軍官候補生

□ **cadet corps** 學生軍訓隊 / **cadetship** 軍官學校學員的身份

ca·fé /'kæfeɪ; kæ'feɪ/ *n*

咖啡館；小餐館；[英] 小茶館

caf·e·te·ri·a /ˌkæfəˈtɪərɪə/ n 自助餐廳

cage /keɪdʒ/
I n 籠子；牢房；電梯廂；升降機廂
II vt **1** 把…關進籠內：Wild animals are not *caged* in the nature reserve. 在自然保護區裏野生動物不關在籠子內。 **2** 把…關入牢房
◇ **cage up** 把…關起來

cake /keɪk/ n
1 [C, U] 餅；糕：You can't have your *cake* and eat it. [諺] 兩者不可兼得。 **2** 塊狀物：a *cake* of soap 一塊肥皂
◇ [口] **a piece of cake** 容易的事情 / **cakes and ale** 享樂；吃喝玩樂

cal·ci·um /ˈkælsɪəm/ n
〈化〉鈣（符號 Ca）

cal·cu·late /ˈkælkjʊleɪt/ vt, vi
計算；推算：*calculate* the cost of the wedding 計算婚禮的花費 / *calculate* when there will be an eclipse of the moon 預測何時有月蝕 ▷ **calculable** adj 可計算的 / **calculated** adj 計劃好了的；有意的；預謀的 / **calculating** adj / **calculation** /ˌkælkjʊˈleɪʃn/ n / **calculator** n 計算器
● compute

cal·cu·li /ˈkælkjʊlaɪ/ n
calculus 的複數形式之一

cal·cu·lus /ˈkælkjʊləs/ n
（複 = calculi, calculuses）
1 〈數〉[U] 微積分（學） **2** [C] 〈醫〉結石

cal·en·dar /ˈkælɪndə(r)/
I n 曆法；日曆：a perpetual *calendar* 萬年曆 / the lunar (solar) *calendar* 陰（陽）曆 II vt 把…記入日程表

calf¹ /kɑːf/ n （複 = calves）
1 [C] 小牛；（鯨、象等的）仔 **2** [U] 小牛皮
□ **calf love** [口] 少年時代的戀愛

calf² /kɑːf/ n （複 = calves）
腿肚子

call /kɔːl/
I **❶** vt **1** 叫；喊：Did you hear me *call*? 你聽到我叫你了嗎？ **2** 給…取名為；把…叫做：Their daughter is *called* Jane. 他們的女兒取名珍妮。/ *Call* a spade a spade. [諺] 是啥說啥，直言不諱。 **3** 叫來；召喚：*call* the police 叫來警察 / No one can *call* back yesterday. [諺] 沒人能喚回昨天。 **4** 叫醒：*Call* me at seven. 七點叫醒我。 **❷** vi **1** 叫；喊 **2** 訪問：Tell him I *called*. 告訴他我來過。
◇ **call at** 在…停留；訪問（某家）/ **call for** 召喚；要求：Please *call* for me when you are ready. 準備好了就叫我。/ **call off** 取消：The meeting is *called* off. 會議取消了。/ **call on 1** 訪問（某人）：The President *called* on the black couple. 總統訪問了這對黑人夫婦。 **2** 叫（號召）…做（某事）：The teacher *called* on the girl to answer the question. 老師請那女孩回答問題。/ **call up** 打電話給…：Would you please *call* up later? I'm busy at the moment. 請等一會再打電話來好嗎？我正忙着呢。
II n [C, U] **1** 叫（聲）；喊（聲）：the *call* of a bird 鳥叫聲 **2** （電話）通話：a telephone *call* 電話 **3** 號召；召喚：at *call* 隨叫隨到
□ **call-box** 電話亭 / **call girl** (用電話召喚的) 應召女郎；妓女 / **call of nature** 要解手；想上廁所

◗ shout
⇨ 用法説明見 TELEPHONE

call·er /ˈkɔːlə(r)/ n
呼喚者；招請者；訪問者；打電話者

calm /kɑːm/
I adj **1**（海洋、天氣）平靜的：a
calm day 無風的日子 **2** 安祥的；鎮定
的：stay calm 保持鎮定 / speak in a
calm voice 鎮靜自若地説話 II n 安
靜；鎮定 III vt, vi（使）安靜；（使）
鎮定：calm oneself 使自己鎮定下來

◇ **calm down** 平靜下來：The
frightened horse finally calmed down.
驚馬最終平靜下來了。

◗ quiet, still, cool
◖ rough, violent, excited
⇨ 用法説明見 QUIET

calm·ly /ˈkɑːmlɪ/ adv 鎮定地；平靜地

cal·o·rie /ˈkælərɪ/ n [C]
〈物〉（熱量單位）卡（路里），小卡；
[Calorie] 大卡，千卡

calves /kɑːvz, kævz/ n
calf 的複數形式

came /keɪm/ vi come 的過去式

cam·el /ˈkæml/ n 駱駝
□ camelback 駱駝的背；駝背 / camel
bird 鴕鳥

Camel 駱駝

one-humped 單峰

two-humped 雙峰

---

cam·e·ra /ˈkæmərə/ n
照相機；攝影（像）機
□ cameraman n 攝影記者；攝影師
⇨ 插圖見〈專題圖説 2〉

camp /kæmp/
I n [C, U] **1** 野營（地）**2** 軍營 **3** 陣
營；擁護某一黨派（或學説）的人：
They belong to different camps. 他們屬
於不同的陣營。 II vi 露營；宿營：
They camped in the woods. 他們在樹林
中宿營。

◇ **break (strike) camp** 拔營 / **in the
same camp** 觀點一致；志同道合
▷ camper n / camping n

cam·paign /kæmˈpeɪn/ n [C]
1 運動；競選運動：start a campaign
for gun control 發起控制槍械的運動 /
His election campaign ended in failure.
他的競選運動以失敗告終。 **2** 戰役

cam·pus /ˈkæmpəs/ n
校園：These students do not live on the
campus. 這些學生不住校。

can¹ /kæn; kən/ v aux
（could；否定形式 can't 或 cannot）
1 能；會：Can you play golf? 你會打
高爾夫球嗎？/ I can't speak Japanese. 我
不會説日語。 **2** 可能：It can't be true.
這不可能是真的。/ John can be
anywhere at the moment. No one
knows exactly where. 約翰此刻哪兒都可
能去，誰也説不準。/ She can have been
dismissed by her boss. 她可能被老闆辭
退了。 **3** 可以：Can I have an apple?
我可以吃個蘋果嗎？/ You can't go
swimming unless I allow you to. 除非我
允許，否則你不可以去游泳。 **4**（偶
爾、有時）會：The boy can be very

quiet—if he gets an interesting book to read. 要是有好看的書，那男孩有時會很安靜的。

◇ **cannot but** 不得不；不會不；不能不：I *cannot but* give it up. 我只好把它放棄了。/ One *cannot but* be moved by the story. 人們必然被這故事所感動。/ **cannot...too** 決不會…過分：Looking after a baby, you *cannot* be *too* careful. 在照看嬰兒時，你怎麼小心都不過分。

用法説明：Can、may、could、might 在日常口語中表示"允許"意義時，can 比 may 用得普遍，如：You can take this, too. （你也可以拿這一個。）May 表示"允許"意義時，只限於用在較正式的語境。在請求允許時，could 或 might 比 can 用得更為普遍，因為它們表示的語氣較為委婉和客氣，如：Could I use your dictionary? （我可以用您的詞典嗎？）用 may 請求允許時語氣比較正式，如海關工作人員説：May I see your passport? （可以看一下您的護照嗎？）

---

can² /kæn/ *n*
罐頭；聽 (= [英] tin)；一罐（之量）：a *can* of biscuits 一罐餅乾
□ **can opener** 開罐頭的用具
Can·a·da /ˈkænədə/ *n* 加拿大
Ca·na·dian /kəˈneɪdɪən/
 I *adj* 加拿大的；加拿大人的
 II *n* 加拿大人
ca·nal /kəˈnæl/ *n*
運河；水道：the Suez *Canal* 蘇伊士運河
ca·nar·y /kəˈneərɪ/ *n*
 1 [C]〈動〉金絲雀 **2** [U] 加那利白葡萄酒

□ **canary bird** 金絲雀
Ca·nar·y /kəˈneərɪ/ *adj*
加那利群島的：the *Canary* Islands 加那利群島（在北大西洋東部，亦稱 the Canaries）
can·cel /ˈkænsl/
(-led, -ling; [美]-ed, -ing)
 ❶ *vt* **1** 取消：*cancel* an appointment 取消約會 / *cancel* an order for goods 撤消訂貨單 **2** 注銷；蓋銷：*cancel* a cheque 蓋銷一張支票 / *cancel(l)ing* stamp 註銷用圖章 **3** 刪去；劃掉：*cancel* words (figures, paragraphs) 刪去詞（數字、段落）**❷** *vi* 互相抵消 (out)
can·cer /ˈkænsə(r)/ *n* [C, U]
 1〈醫〉癌（症）**2** [喻]（個人或社會的）罪惡；頑症
Can·cer /ˈkænsə(r)/ *n*
 1〈天〉巨蟹座；巨蟹宮 **2** 北回歸線 (= the Tropic of Cancer)
can·di·date /ˈkændɪdeɪt/ *n*
 1 候選人；候補人 **2** 投考者；應聘者；申請人：He became one of the *candidates* in the presidential election. 他成了競選總統的候選人之一。
can·dle /ˈkændl/ *n* [C]
 1 蠟燭；蠟燭狀物：A *candle* lights others and consumes itself. [諺] 蠟燭照亮別人，耗盡自己。**2**〈物〉燭光（光強度單位）
◇ **burn the candle at both ends** 過度耗費精力（財產）等 / **not hold a candle to** 不能與…相比 / **The game is not worth the candle.** 徒勞無功，得不償失。
can·dle·stick /ˈkændlstɪk/ *n* 燭臺

can·dle·pow·er /'kændlpaʊə(r)/ *n*
（單複數同）〈物〉燭光（光強度單位）

can·dy /'kændɪ/ *n*
1 [U] 冰糖；砂糖結晶：sugar *candy*
(= [美] rock candy) 冰糖 / *candy* bar 方
糖塊 **2** [C, U] [美] 糖果 (= [英] sweets)
3 [美俚] 可卡因 (= cocaine)
◑ sweets

cane /keɪn/
I *n* [C, U] **1**（藤、竹等的）莖，桿 **2**
甘蔗 (= sugar-cane) **3** 手杖；[美] 棍
II *vt* 用藤條（手杖）打
□ **cane-sugar** 蔗糖

ca·nine /'keɪnaɪn/
I *adj* 犬的；犬屬的 **II** *n* 犬；犬屬動
物
□ **canine madness**〈醫〉狂犬病 /
canine tooth 犬齒

can·non /'kænən/ *n*（複 = cannon(s)）
1 大炮；榴彈炮；（飛機上的）機關
炮：three *cannon*(s) 三尊大炮 **2**〈機〉
空心軸 **3** [美俚] 槍
□ **cannon fodder** 炮灰 / **cannon shot**
炮彈；射程；彈程
◑ gun

can·not /'kænɒt/ *v*
can 的否定形式（亦可分寫作 can not）

ca·noe /kə'nuː/ *n* 獨木舟

ca·non /'kænən/ *n*
1 教規；經典 **2** 規則；準則

can't /kɑːnt/ *v* = cannot

can·vas /'kænvəs/ *n*
1 [U] 帆布 **2** [C] 油畫布；油畫

can·yon /'kænjən/ *n* 峽谷

cap /kæp/
I *n* [C] **1** 便帽；制服帽：If the *cap*
fits, wear it. [諺] 帽子合適不妨戴上；

[喻] 批評恰當不如接受。**2** 鞘；套
蓋；罩 **II** *vt* **1** 給…戴帽 **2** 超過；壓
倒：*cap* (it) all 更有甚者；超群出眾 /
cap the climax 超過限度
◑ hat
⇨ 插圖見 HAT

ca·pa·bi·li·ty /ˌkeɪpə'bɪlətɪ/ *n* [C, U]
能力；才能：have the *capability* to do
sth 有做某事的能力 / the *capability* of
breaking through the enemy's air
defence 突破敵人防空屏障的能力
◑ ability, competence

ca·pa·ble /'keɪpəbl/ *adj*
有才能的；有本領的：a *capable*
teacher (nurse, coach) 一位能幹的教師
（護士、教練）
◇ **capable of 1**（指人）有能力做
…；有做…的傾向；易於做出…：Show
your boss what you are *capable of*. 把你
的能耐給老闆露一手。/ He is *capable of*
anything when he is in desperate
despair. 他極度沮喪時，甚麼事都幹得出
來。/ He is *capable of* mischief
sometimes. 有時他會淘氣。**2**（指事）
可以…的；容許…的；易接受…的：
The statement is *capable of* various
interpretations. 這句話可以有各種解
釋。/ The car is *capable of* five people.
這汽車可坐五個人。▷ **capableness** *n* /
capably *adv*
◑ able, competent
◐ incapable, incompetent

ca·pac·i·ty /kə'pæsətɪ/ *n*
1 [U] 容納力；負載量：*capacity*
tonnage 載重量（噸位）/ The *capacity*
of the theatre is 2000. 這劇院能坐兩千
人。**2** [U] 容積；容量：What is the

capacity of this cask? 這個桶的容量多大？ **3** 能力：to the utmost of one's *capacity* 盡自己所能 **4** [C] 資格；身份：in one's *capacity* as a mayor 以市長的身份 **5**〈物〉電容

cape /keɪp/ *n* 披肩；斗篷

cap·il·lar·y /kəˈpɪlərɪ; ˈkæpɪlɛrɪ/ *n*〈物〉毛細管

cap·i·tal /ˈkæpɪtl/
　I *n* **1** [C] 首都；首府：Rome is the *capital* of Italy. 羅馬是意大利的首都。**2** 大寫字母 **3** [U] 資本；資方：fixed *capital* 固定資本 / labour and *capital* 勞資雙方 **II** *adj* **1** 首位的；基本的：*capital* construction 基本建設 **2** 死罪（刑）的：*capital* punishment 死刑 **3** 大寫字母的
　□ **capital assets** 資本資產 / **capital bonus** 紅利；股息 / **capital-intensive** 資本密集的 / **capital structure** 資本構成

cap·i·tal·ism /ˈkæpɪtəlɪzəm/ *n* [U] 資本主義（制度）

cap·i·tal·ist /ˈkæpɪtəlɪst/
　I *n* 資本家；[口] 財主 **II** *adj* **1** 有資本的 **2** 資本主義的

cap·sule /ˈkæpsjuːl/ *n* [C]
　1〈藥〉膠囊 **2**〈宇〉密封艙：space *capsule* 太空艙 **3**〈化〉蒸發皿

cap·tain /ˈkæptɪn/
　I *n* **1** 首領；指揮者；頭兒：*captain* of a football team 足球隊隊長 **2** 船長；艦長；機長 **3** [英]（陸軍及海軍陸戰隊）上尉；[美]（陸、空軍及海軍陸戰隊）上尉 **II** *vt* 指揮；統領
　▷ **captaincy, captainship** *n* 船長（上尉等）的身份（資格，職權）

cap·tive /ˈkæptɪv/
　I *adj* 被拘禁的：take (hold, lead) sb *captive* 活捉；俘虜 **II** *n* 俘虜

cap·ture /ˈkæptʃə(r)/
　I *vt* **1** 捕獲；攻佔：They *captured* 600 enemy soldiers. 他們俘虜了 600 名敵兵。**2** 奪取；贏得；引起（注意等）：*capture* the prize 奪得獎品 / That placard *captured* his attention. 那張招貼吸引了他的注意。**II** *n* [U] 捕獲：the *capture* of a thief 抓住小偷
　▷ **capturer** *n*
　● catch, seize
　◑ release, free

car /kɑː(r)/ *n*
　1 車；（小）汽車 **2**（火車）車廂
　◇ **by car** 坐汽車（去）□ **dining-car** 餐車 / **freight-car** 貨車

car·a·van /ˈkærəvæn/ *n*
　1 大篷車 **2**（沙漠地帶）車馬隊；旅行隊

car·bide /ˈkɑːbaɪd/ *n*
　〈化〉碳化物；碳化鈣；電石

car·bo·hy·drate /ˌkɑːbəʊˈhaɪdreɪt/ *n* [C, U]
　〈化〉碳水化合物；糖類

car·bon /ˈkɑːbən/ *n*
　1 [U]〈化〉碳：*carbon* dioxide 二氧化碳 / *carbon* monoxide 一氧化碳 **2** [C]〈電〉碳精棒；碳精電極：*carbon* brush 碳刷 **3** [C, U] 複寫紙；複寫的副本
　□ **carbon copy** 複寫的副本 / **carbon paper** 複寫紙

car·bon·ate /ˈkɑːbənɪt/
　I *n*〈化〉碳酸鹽（脂）
　II *vt* /ˈkɑːbəneɪt/ 使與碳酸化合；使化合成碳酸鹽（脂）

car·cass, car·case /ˈkɑːkəs/ n

1 (獸類) 尸體 **2** (家畜屠宰後去頭的) 畜體 **3** [口] (人的) 身體；軀殼

card /kɑːd/ n

1 卡片 (紙)；卡；名片：Christmas card 聖誕卡 / birthday card 生日卡 / credit card 信用卡 **2** 紙牌

◇ **have (hold) the cards in one's hand(s)** 有成功的把握 / **hold all the cards** 有把握 / **play one's cards well** 辦事高明

card·board /ˈkɑːdbɔːd/ n [U]

卡紙板；硬紙板

car·di·nal /ˈkɑːdɪnl/

I adj 主要的；基本的：cardinal number (numeral) 〈數〉基數；純數
II n 〈宗〉樞機 (紅衣) 主教

care /keə(r)/

I n **1** [U] 憂念；責任；[C] 需要操心的事：Take your mind off your cares and relax. 別去想那些煩心的事了，放鬆一下吧。/ Little wealth, little care. [諺] 財富不多操心少。 **2** [U] 注意；小心：Care and diligence brings luck. [諺] 謹慎與勤奮，帶來幸運。

◇ **care of** (略作 C/O) 煩…轉交：write to him care of the BBC 通過 BBC 轉信給他 / **take care** 小心；保重 / **take care of** 照顧；處理 / **with care** 小心；注意

II vi **1** 掛念；憂慮：He cares only for his own interests. 他只關心自己的利益。/ A wise man cares not for what he cannot have. [諺] 聰明人不作非分之想。 **2** 看管；照顧；關懷：The child is well cared for. 孩子受到良好的照顧。 **3** 介意；計較：He couldn't care less. 他才不在乎呢！ **4** 願意：Do you care to join us? 你願意加入我們嗎？

◇ **care for** 愛；喜歡 / **for all one cares** (某人) 才不管：Do as you wish for all I care. 你愛幹啥幹啥，我才不管呢！

◑ **concern**

> 用法說明：**Care about** 和 **care for** 的意義不同。**Care about** 義為 "在乎，關心"，常用在否定句用，如：Some thieves don't care about being caught. (有些小偷不在乎被捉住。) **Care for** 義為 "喜歡" 或 "照顧"，如：Would you care for a walk after supper? (你喜歡在晚飯後散步嗎？) The children are well cared for in the nursery school. (孩子們在幼兒園裏得到很好的照顧。)

ca·reer /kəˈrɪə(r)/

I 1 n [C] (個人的) 事業；職業；謀生之道；前途：He has yet to make a career. 他還得求職謀生。/ When you graduate, there are a number of careers for you to choose from. 畢業以後，你有好幾個職業可以選擇。/ He has a bright career before him. 他前程遠大。 **2** 生涯；經歷：careers of great men 偉人的生活經歷 **II** adj 職業的；重個人事業的：a career diplomat 職業外交官 / a career woman 職業婦女

care·ful /ˈkeəfl/ adj

1 注意的；謹慎的：be careful about 對…小心翼翼；對…講究 / Be careful not to break the eggs. 小心別把雞蛋給打了。 **2** 仔細 (精心) 做成的：a careful piece of work 一件精緻的作品

▷ **carefulness** n

◑ **cautious**

◑ careless

care·ful·ly /ˈkeəfəlɪ/ adv

仔細地： Read the text *carefully*. 仔細地讀一讀課文。

◑ cautiously

care·less /ˈkeəlɪs/ adj

1 輕率的；不介意的；不關心的： a *careless* attitude 輕率的態度 / He was *careless* with money. 他花錢很隨便。/ He was quite *careless* about his own health. 他對自己的健康很不在乎。 **2** 粗心的： *Careless* drivers tend to have accidents. 粗心的司機易出事故。

◑ careful, cautious

care·less·ness /ˈkeəlɪsnɪs/ n [U]

輕率；粗心

◑ carefulness

car·go /ˈkɑːgəʊ/ n

（複 = cargoes, [美] cargos）

[C, U] 貨物： load (unload) a *cargo* 載（卸）貨

□ **cargo ship** 貨船 / **cargo capacity** 載貨量 / **cargo-liner** 大型的運貨班機

car·ni·vore /ˈkɑːnɪvɔː/ n

〈生〉食肉動物；食蟲植物

car·ol /ˈkærəl/ n

1 頌歌： Christmas *carols* 聖誕頌歌 **2** （人或鳥的）歡唱聲： the *carol* of a bird 小鳥的歡唱聲

car·pen·ter /ˈkɑːpəntə(r)/ n

木匠；木工

car·pet /ˈkɑːpɪt/ n [C]

地毯： red *carpet* 紅地毯；[喻] 隆重的接待

□ **carpet-bombing** 地毯式轟炸

car·pool /ˈkɑːpuːl/

I n [U] [美] 合夥使用汽車 **II** vt, vi 參加合夥用車；輪流駕車運送： *carpool* children to school 輪流開車送孩子上學

car·ri·age /ˈkærɪdʒ/ n

1 [C] 馬車 **2** [C] [英] 火車客車車廂 **3** [U] 運輸；運費： *carriage-free* 運費免付 / *carriage-paid* 運費已付

car·ri·er /ˈkærɪə(r)/ n

1 運送人；信差；送報人 **2** （車後）托架 **3** 運輸工具： an aircraft *carrier* 航空母艦 **4** 〈醫〉帶菌者

□ **carrier-based (= carrier-borne)** 艦載的 / **carrier-rocket** 運載火箭

car·rot /ˈkærət/ n

胡蘿蔔；引誘之物： *carrot* and stick 胡蘿蔔加大棒；[喻] 利誘與威脅並用，軟硬兼施

car·ry /ˈkærɪ/

❶ vt **1** 搬；攜帶： He *carried* the boxes on his head. 他用頭頂着箱子走。 **2** 傳送： the pipe *carrying* water to the house 把水送入房子的管道 / Little pigeons can *carry* great messages. 小信鴿能傳遞大信息。 **3** 支持；支撐： The pillars *carry* the roof. 柱子支撐着拱頂。 **4** 帶有；具有： He has *carried* the mark on his face all his life. 他臉上一輩子都帶着那標記。 **5** 獲勝： *carry* the motion by a small majority 以微弱多數通過動議 **❷** vi **1** 能達到： The guns won't *carry* so far. 槍打不到那麼遠。 **2** 被攜帶： This type of personal computers *carry* easily. 這種微機便於攜帶。

◇ **carry away 1** 搬走 **2** 使入迷；使神魂顛倒： The book *carried* him *away*. 那本書把他給迷住了。/ **carry off 1** 奪去；得（獎）： She *carried off* the first prize. 她奪得頭獎。 **2** 帶走；挾持：

The police seized and *carried* him *off*. 警察逮住他並把他帶走。 **3** （成功地）應付：He *carried* it *off* very well. 他裝作若無其事，應付了過去。/ **carry on** 繼續：*carry on* the current policy 繼續執行現行政策 / **carry out** 執行；完成：*carry out* one's plan 將計劃付諸實施

●) take, bring, bear, convey, transport

➪ 用法說明見 BRING

cart /kɑːt/ n

馬車；手推車：put the *cart* before the horse [喻] 本末倒置

car·ton /'kɑːtn/ n 紙板箱

car·toon /kɑː'tuːn/ n [C, U]

1 （報刊上的）漫畫；卡通；連環畫 **2** 〈影〉（= animated cartoon）動畫（片）

carve /kɑːv/

❶ *vt* **1** （雕）刻：The statue was *carved* in the 14th century. 這尊像是 14 世紀雕刻的。 **2** 割；切：*carve up* 切成幾份；瓜分 **❷** *vi* 雕刻工；（雕）刻

▷ **carver** n **1** 雕刻師 **2** 切肉刀

●) cut, slice, divide

carv·ing /'kɑːvɪŋ/ n

1 [U] 雕刻（術）；[C] 雕刻物 **2** （在餐桌上）切肉：*carving* knife 切肉刀

cas·cade /kæ'skeɪd/ n

小瀑布；人工瀑布

case¹ /keɪs/ n [C]

1 情況；狀況：in my *case* 就我的情況而言 / That's not the *case*. 情況並非那樣。 **2** 例子；問題：a *case* in point 恰當的例子 / in nine *cases* out of ten 十有八九 **3** 〈醫〉病案：a *case* of measles 麻疹病例 **4** 訴訟；案件：a civil *case* 民事案件 / a murder *case* 謀殺案 **5** 用以辯護的理由；辯論：a *case* for TV 為

電視一辯 / He has no *case*. 他無話可辯。 **6** 〈語〉格：the nominative *case* 主格 / the accusative *case* 賓格

◇ **as is often the case** …是常有的事 / **as the case may be** 根據具體情況 / **in any case** 無論如何 / **in case** 如果…發生：Carry an umbrella *in case* it rains. 帶把雨傘以防下雨。/ **in case of** 如果有：*in case of* need 有必要時 / **in this (that) case** 假如是這（那）樣的話

□ **case history** 病歷 / **case study** 個案研究

case² /keɪs/ n

1 箱；盒：a *case* of cigar 一箱雪茄 **2** 容器；套；鞘；框架：a knife *case* 刀鞘 / the *case* of the door 門框

●) box

cash /kæʃ/

I *n* [U] 現款：I'm short of *cash*. 我缺少現金。 **II ❶** *vt* 兌換現金：*cash* a cheque 兌現支票 **❷** *vi* 賺錢；兌換現金

cash·ier /kæ'ʃɪə(r)/ n 出納員

ca·si·no /kə'siːnəʊ/ n （複 = casinos） （有娛樂設施的）賭場

cask /kɑːsk/ n

木桶：a *cask* of beer 一桶啤酒

cas·sette /kə'set/ n [C]

1 匣子 **2** 盒式錄音帶：a *cassette* recorder 盒式帶錄音機 **3** 盒式攝影膠片

cast /kɑːst; kæst/

I (cast, cast, casting) **❶** *vt* **1** 投；擲 （限用於固定搭配）：*cast* anchor 拋錨 / *cast* a net 撒網 / *cast* a vote 投票 / *cast* a die 擲骰子 / *cast* a spell on sb 用魔法攝住某人 / *Cast* no dirt into the well that gives you water. [諺] 勿向你汲水的井裏投污物。/ His article *cast* a new light on this issue. 他的文章使人們對這個問題有了新的認識。 **2** 拋棄；脫；蛻；落：The snake has just *cast* its skin. 這蛇剛蛻了皮。 **3** 〈冶〉澆鑄 **4** 〈戲〉給…分配角色：He was *cast* for Caesar. 他被分配擔任凱撒的角色。 **❷** *vi* **1** 澆鑄成形 **2** 拋釣絲

II *n* [C, U] **1** 投；擲 **2** 澆鑄；模子；鑄型：*cast* iron 鑄鐵 / His leg was in a plaster *cast*. 他的腿上有石膏。 **3** 演員表 **4** （容貌、性格的）特徵；傾向：*cast* of mind 思維模式 **5** 輕微斜視

❶ throw, hurl, toss

caste /kɑːst/ *n* [C, U]
（印度的）世襲社會等級（制度）；種姓

cas·tle /ˈkɑːsl/ *n*
（古）城堡：An Englishman's home is his *castle*. [諺] 英國人的家就像個城堡（意指按英國習俗他人不得擅入私宅）。
◇ (build) castles in the air / in Spain （做）白日夢；空中樓閣

cas·u·al /ˈkæʒʊəl/ *adj*
1 偶然的：a *casual* meeting 不期而遇，偶然的會面 **2** 不經意的；隨便的：*casual* clothes 便服 / He is a *casual* person. 他是個隨隨便便的人。 **3** 臨時的：a *casual* labourer 臨時工
❶ accidental, informal
❶ formal

cas·u·al·ly /ˈkæʒʊəlɪ/ *adv*
偶然地；不在意地；臨時地

cas·u·al·ty /ˈkæʒʊəltɪ/ *n* [C, U]
（事故或戰爭中的）傷亡者：There were many *casualties* in the battle. 在此戰役中很多人傷亡。

cat /kæt/ *n*
貓；貓科動物：Care killed the *cat*. [諺]

久慮傷身。 / A *cat* has nine lives. [諺] 一貓九命（意指生命力強）。
◇ lead a cat-and-dog life 經常吵架（尤指夫婦）/ **let the cat out of the bag** 泄露天機；露出馬腳 / **no room to swing a cat in** 地方狹窄 / **rain cats and dogs** 大雨傾盆
⇨ 插圖見〈專題圖說 12〉

cat·a·log(ue) /ˈkætəlɒg/
I *n* [C, U] （商品或圖書）目錄
II *vt, vi* （把…）編成目錄

cat·a·ract /ˈkætərækt/ *n*
1 陡直的大瀑布 **2** 〈醫〉白內障

ca·tas·tro·phe /kəˈtæstrəfɪ/ *n* [C]
大災難；大禍 ▷ **catastrophic** *adj*

catch /kætʃ/
I (caught, catching) **❶** *vt* **1** 抓住；捉住；接住；截住：How many fish did you *catch*? 你抓了多少魚？ **2** 趕上：Try to *catch* me. 試試能不能追上我。 / *catch* the 8:30 train 趕上八點半的火車 **3** 偶然撞見：Don't let me *catch* you stealing again! 別再讓我撞見你偷東西！ **4** 聽清；明白（意思）：I didn't quite *catch* your meaning. 我不太明白你的意思。 **5** 染上（疾病）：She's *caught* a bad cold. 她得了重感冒。 **6** 着（火）：*catch* fire 着火 **❷** *vi* **1** 捉住；抓住(at)；領悟(at) **2** 被夾住；絆住；鎖住；閂住：Her dress *caught* on a nail. 釘子掛住了她的裙子。 / The door lock won't *catch*. 這門鎖鎖不上。 **3** 着火 **4** 流行；時興；傳染
◇ catch hold of 抓住 / **catch on** **1** 受大眾喜愛：The song has *caught* on. 這首歌曲流行起來了。 **2** 明白：I don't quite *catch* on. 我不大明白。 / **catch up**

with 趕上
II *n* [C] **1** 捕獲；捕獲（物或量）：We had a good *catch*. 我們抓了不少魚。 **2** 門扣；插銷 **3** 圈套：There's a *catch* in it somewhere. 這裏面有蹊蹺。
□ **catch phrase** 警句 / **catch word** 時髦口號 ▷ **catching** *adj* 傳染的 / **catchy** *adj* 易記住的；易使人上當的
● seize, take, capture, arrest

cat·e·go·ry /ˈkætəgərɪ/ *n* [C]
類 ▷ **categorize** *vt* 把…分類

ca·ter /ˈkeɪtə(r)/ *vi*
1 提供酒菜：*cater* for the wedding 為婚禮提供酒菜 **2** 迎合（趣味）：TV programmes usually *cater* for (to) all tastes. 電視節目常照顧到各種情趣。/ This restaurant *caters* for the moderate purse. 這家飯店專為錢包不鼓的人服務（提供大眾化的飯菜）。 ▷ **caterer** *n* 提供酒菜的人；旅店（飯店）老闆；逗人樂的人

cater·pil·lar /ˈkætəpɪlə/ *n*
1〈動〉毛蟲 **2** 履帶車

ca·the·dral /kəˈθiːdrəl/ *n* [C] **大教堂**

cath·ode /ˈkæθəʊd/ *n*
〈電〉陰極；負極：*cathode*-ray gun 電子槍

Cath·o·lic /ˈkæθəlɪk/ *adj*
1〈宗〉天主教的（要大寫）**2** [catholic] 普通的；包容一切的：a man with *catholic* interests 一個具有各種興趣的人

cat·tle /ˈkætl/ *n*
[總稱] 牛：100 heads of *cattle* 一百頭牛

cat·ty /ˈkætɪ/ *n* [C]
斤（東方各國的重量單位，約 0.5 至 0.6 千克）；（中國的）斤

caught /kɔːt/ *v*
catch 的過去式與過去分詞

cause /kɔːz/
I *n* **1** [C, U] 原因；起因：*cause* and effect 因果 / The *cause* of the fire is not known. 起火的原因不得而知。 **2** [U] 理由：There is no *cause* for anxiety. 沒有理由焦慮不安。 **3** [C] 共同目標；事業：fight for the *cause* of justice 為正義事業而鬥爭
◇ **in the cause of** 為了…事業；捍衛；支持
⇨ 用法説明見 REASON
II *vt* 是…的原因；給…帶來；使：What *caused* him to commit suicide? 他自殺的原因是甚麼？ / That boy *caused* a lot of trouble to the family. 那男孩給家裏帶來許多麻煩。
● reason

> 用法説明：**Cause** 和 **bring about** 都有"引起、帶來、造成"的含義。**Cause** 可以跟單賓語，也可跟雙賓語，如：cause death/trouble/crime etc（造成死亡／困難／犯罪等），cause somebody a problem（給某人製造一個疑難）。**Bring about** 後面只能接一個名詞，如：The new policy brought about some changes.（新政策帶來了一些變化。）

cau·tion /ˈkɔːʃn/
I *n* **1** [U] 小心；謹慎：exercise (use) *caution* 小心（謹慎）行事 / On the icy road, drive with *caution*. 在結了冰的路面上，開車要小心。 **2** [C] 警告：give a *caution* to (sb) 給以警告
II *vt* 使小心；警告：*caution* sb not to do sth 提醒（警告）某人別做某事

cau·tious /ˈkɔːʃəs/ adj
小心的；謹慎的：be cautious of 小心防範…

▷ **cautiously** adv / **cautiousness** n
🔴 careful
🔵 careless

cav·al·ry /ˈkævlrɪ/ n
[總稱] **1** 騎兵 **2** 〈軍〉高度機動的地面部隊；裝甲兵

cave /keɪv/
I n [C] 洞穴 **II** vt, vi 挖洞；（使）陷下；（使）塌下：cave in 陷下；塌下

ca·vi·ar(e) /ˈkævɪɑː(r)/ n [U] 魚子醬
◇ **caviar to the general** 不為常人所好之物；曲高和寡之物

cav·i·ty /ˈkævətɪ/ n [C]
洞穴；腔：cavity in the tooth 牙齒蛀孔 / oral cavity 口腔

cease /siːs/
I vt, vi （使）停止；（使）停息：The snow has ceased. 雪停了。/ The nation ceased supplying weapons to the area. 該國停止了向那個地區供應武器。/ The organization ceased to exist in 1979. 一九七九年該組織解散。
II n （只用於）without cease 不斷地
□ **cease-fire** 停火 ▷ **ceaseless** adj
🔴 stop, halt, end
🔵 continue

ceil·ing /ˈsiːlɪŋ/ n [C]
1 天花板 **2** （物價、工資等的）最高限度 **3** 〈空〉（飛機）升限

cel·e·brate /ˈselɪbreɪt/ vt
1 舉行（儀式）；慶祝：celebrate the wedding anniversary 慶祝結婚紀念日 / celebrate a victory 慶祝勝利 / As today is your birthday, we must celebrate. 今天

是你的生日，我們得慶祝一番。**2** 頌揚；讚美 ▷ **celebrated** adj 有名的 / **celebrater, celebrator** n

cele·bra·tion /ˌselɪˈbreɪʃn/ n [C, U]
慶祝；頌揚

cel·er·y /ˈselərɪ/ n [U] 芹菜；西芹
⇨ 插圖見〈專題圖説 10〉

cell /sel/ n
1 小室（如囚室）**2** 蜂窩 **3** 〈生〉細胞 **4** 電池：a solar cell 太陽能電池

cel·lar /ˈselə(r)/
I n [C] 地窖；地下室 **II** vt 把…藏入地窖

cel·lu·lose /ˈseljʊləʊs/ n [U]
植物纖維質；纖維素

ce·ment /sɪˈment/
I n [U] **1** 水泥：cement-mixer 水泥攪拌機 **2** 膠合劑；〈醫〉（牙科等用）黏固粉 **II** vt **1** 用水泥於；用水泥（膠合劑）黏接 **2** [喻] 鞏固：cement a friendship 加強友誼

cem·e·ter·y /ˈsemətrɪ/ n [C]
墓地；公墓

cen·sus /ˈsensəs/ n
1 （人口、交通、國情等的）普查 **2** 〈生〉種群普查

cent /sent/ n [C]
1 （美元或其他十進制貨幣單位）分；分幣 **2** 百：（只用於）per cent 百分之…

cen·ti·grade /ˈsentɪgreɪd/ adj
百分度的；攝氏溫度計量法的：Water boils at 100° centigrade (100° C). 水在攝氏 100 度沸騰。

cen·ti·me·tre, cen·ti·me·ter
/ˈsentɪmiːtə(r)/ n [C]
厘米；公分（略作 cm）

cen·tral /'sentrəl/ *adj*

■ 中心的；中央的：*central* bank 中央銀行 / *central* heating 集中供暖（法）；中央供暖系統 / *central* force 中心力 ■ 重要的；主要的：*central* figures 小說中的主要人物 ▷ **centralism** *n* 中央集權制 / **centralist** *n* 中央集權主義者；*adj* 中央集權的 / **centrally** *adv* / **centralness** *n*

cen·tre, cen·ter /'sentə(r)/ *n*

中心；中央；核心：*centre* of gravitation 重心 / control *centre* 控制中心

⇨ 用法說明見 MIDDLE

cen·tri·fuge /'sentrɪfju:dʒ/ *n* [C]

〈機〉離心（分離）機

cen·tu·ry /'sentʃərɪ/ *n* [C]

世紀；百年：the 21st *century* 二十一世紀

ce·re·al /'sɪərɪəl/

I *adj* 穀類的 II *n* [C] [常用 cereals] 穀類；[美] 穀類食品（如麥片粥）

cer·e·mo·ni·al /ˌserɪ'məʊnɪəl/

I *adj* 禮儀的；正式的：*ceremonial* dress 禮服 II *n* 儀式（程序）：*ceremonials* of religion 宗教儀式

▷ **ceremonialism** *n* 講究儀式；形式主義 / **ceremonialist** *n* 墨守禮儀的人

cer·e·mo·ny

/'serɪmənɪ; 'serɪˌməʊnɪ/ *n* [C]

儀式：a wedding *ceremony* 婚禮

◇ **with ceremony** 正式地；隆重地 / **without ceremony** 不拘禮節地；隨便地

cer·tain /'sɜːtn/ *adj*

■ 確鑿的；無疑的：The evidence is *certain*. 證據確鑿無疑。 ■ 有把握的；確信的（只用於表語）：He is *certain* to come. 他一定會來。/ You can be *certain* of winning the game. 這場比賽你肯定贏了。 ■ 某一；某些（只作定語）：There is a *certain* danger involved. 這涉及某種危險。

◇ **for certain** 準確地說：I can't say for *certain* when I'll be back. 我說不準甚麼時候回來。

◑ sure

◐ uncertain, doubtful

cer·tain·ly /'sɜːtnlɪ/ *adv*

■ 必然；無疑地：You will *certainly* fail in your examination if you do not get prepared. 你不做好準備，考試必然通不過。 ■ （用於回答）當然：'Don't you like it?' '*Certainly* not!' "你不喜歡嗎？" "當然不！"

◑ surely

cer·tain·ty /'sɜːtntɪ/ *n*

■ [C] 確鑿（確實）的事：He has resigned, that's a *certainty*. 他已辭職了，這已確鑿無疑。 ■ [U] 一定；無疑；確信：We have no *certainty* of success. 我們沒有成功的把握。

◑ confidence, fact

◐ uncertainty

cer·tif·i·cate /sə'tɪfɪkət/

I *n* [C] 執照；文憑；說明書：birth *certificate* 出生證 / *certificate* of origin 產地證明書 II *vt* /sə'tɪfɪkeɪt/ 證明；認可 ▷ **certificated** *adj* 經認可的；有證書的 / **certification** *n* 證明（書）

chain /tʃeɪn/

I *n* [C] ■ 鏈條：a bicycle *chain* 自行車鏈條 / A *chain* is no stronger than its weakest link. [諺] 鏈條的強度大不過它

Chair 椅子

stool 凳子

rocking chair 搖椅

armchair 扶手椅

wheelchair 輪椅

最弱的一環（一環薄弱，全功盡棄）。**2** 連續；一系列：a *chain* of events 一系列的事件

◇ **in chains** 受束縛

II *vt* 用鏈子拴住；連接

□ **chain reaction** 連鎖反應 / **chain-smoker** *n* 一支接着一支抽煙的人 / **chain store** *n* 聯號商店

⟹ 插圖見 BICYCLE

chair /tʃeə(r)/

I *n* [C] **1** 椅子：a rocking *chair* 搖椅 / One man makes a *chair* and another sits in it. [諺] 張三做的椅子李四來坐（意指為他人作嫁衣裳）。**2** 主席

II *vt* 當（會議）主席；主持（會議）：Professor Higgs *chaired* the conference. 海格斯教授主持會議。

chair·man /ˈtʃeəmən/ *n*

（複 = chairmen）主席；委員長；董事長

用法說明：**Chairman**、**chairwoman**、**chairperson** 都義為“主席”。**Chairman** 原為中性，沒有男女之別，後來有些人認為它有男性意味，就造了一個新詞 **chairwoman**（女主席），於是 **chairman** 就專指“男主席”了。結果，中性詞 **chairperson** 就應運而生。

chair·men /ˈtʃeəmən/ *n*

chairman 的複數

chalk /tʃɔːk/

I [U] *n* 粉筆；〈地〉白堊 **II** *vt* 用粉筆寫（畫）▷ **chalky** *adj*

chal·lenge /ˈtʃælɪndʒ/

I *n* [C] **1** 挑戰；（邀請比賽的）提議：meet the *challenge* 迎接挑戰 **2**（哨兵的）盤問；口令 **II** *vt* 對…挑戰：*challenge* sb to do sth 問某人敢不敢做某事（激勵他做）▷ **challenger** *n*

cham·ber /ˈtʃeɪmbə(r)/ *n*

1 房間；寢室 **2** 會議室；辦公室；會所；協會：*Chamber* of Commerce 商會 **3**（動、植物體內的）腔；室：*chambers* of the heart 心室

□ **chamber concert** 室內樂音樂會 / **chambermaid**（旅館的）女服務員 / **chamber music** 〈樂〉室內樂

cham·pagne /ʃæmˈpeɪn/ *n* [U]

香檳酒

cham·pi·on /ˈtʃæmpɪən/

I *n* [C] **1** 優勝者；冠軍：the *champion* horse 優勝馬 **2**（某項事業的）擁護者；提倡者；為…而鬥爭的人

II *vt* 支持（某項事業）

cham·pi·on·ship /ˈtʃæmpɪənʃɪp/ *n*

1 [U] 優勝 **2** [C] 優勝者（冠軍）稱號（地位）**3** [C] 錦標賽 **4** [U] 擁護；提倡；擁護（提倡）者的身份

chance /tʃɑːns/

I n **1** [U] 偶然；運氣；[C] 機會：Give me a second *chance*. 再給我一次機會。/ game of *chance* 靠運氣決定勝負的游戲（事情）/ Let's leave it to *chance*. 讓我們聽其自然吧。/ An evil *chance* never comes alone. [諺] 禍不單行。 **2** [C, U] 可能性；概率：You have no *chance* of winning. 你不可能贏。/ What *chance* of success is there? 成功的把握有多大？/ *Chances* are that... 大有可能的是…

II adj 偶然：a *chance* meeting 偶然的會面

◇ **by chance** 偶然地 / **stand a good (fair) chance** 有相當的把握 / **take one's chance** 試試運氣

III vi 碰巧：I *chanced* to see her in there. 我碰巧在那裏見到了她。

● opportunity

➡ 用法説明見 OCCASION

chan·cel·lor /'tʃɑːnsələ(r)/ n

1（德國等的）總理 **2** 大臣；司法官；首席法官；大學（名譽）校長

change /tʃeɪndʒ/

I ❶ vt **1** 更換：I'll *change* my clothes. 我要更衣。/ She *changed* into a formal evening dress. 她換上了晚禮服。/ You'll have to *change* train at Beijing. 你必須在北京換火車。 **2** 交換；兌換：Shall we *change* places? 我們換換地方好嗎？/ I'm afraid I can't *change* your money. 我恐怕換不了（找不開）你的錢。 **❷** vi 改變；變化：A mother's love never *changes*. 母愛永遠不會改

變。/ The wind has *changed* from north to east. 北風轉成了東風

◇ **change one's mind** 改變主意

II n **1** [C, U] 改變；變化：a *change* for the better 向好的方向轉變 **2** [C]（用以更換的）衣服：take a *change* of clothes with you 帶上你的換洗衣服 **3** [C] 轉乘 **4** [U] 零錢

◇ **for a change** 打破老一套，變變花樣：*For a change*, he will go there on foot, instead of by bus. 他想換換花樣，不坐公共汽車而是步行去那兒。

● alter, vary, turn, convert

用法説明：任何變化都可稱為 **change**。但 alter 只是在某方面改變，常常是外表的變化，整體不變，如：alter one's way of life（調整生活方式），alter the coat without changing its style（修改一下外衣，但不改變它的款式）。

---

change·a·ble /'tʃeɪndʒəbl/ adj 可變的；易變的：*changeable* weather 多變的天 ▷ **changeableness** n

chan·nel /'tʃænl/

I n [C] **1** 海峽；水道：the English *Channel* 英吉利海峽 **2** 河床；河底 **3** [喻] 渠道；途徑；系統：information obtained through the usual *channels* 經通常渠道獲得的信息 **4**〈無〉頻道

II vt **1** 在…開闢水道；形成水道 **2** 為…開闢途徑；使…通過某種渠道

cha·os /'keɪɒs/ n [U] 混亂 ▷ **chaotic** adj

chap /tʃæp/ n [口] 傢伙；小伙子

chap·el /'tʃæpl/ n （學校、監獄內的）小教堂

chap·ter /'tʃæptə(r)/ n [C]

1 (書的) 章: The first *chapter* is the introduction. 第一章是介紹。 **2** (歷史上的) 一段經過: a brilliant *chapter* in the history of the nation 該國歷史上輝煌的一頁

char·ac·ter /'kærəktə(r)/ *n*
1 [U] 性格；特性: a man of *character* (= a man of strong character) 性格堅強的人 / A man's actions show his *character*. 一個人的行為顯示他的個性。 **2** [C] (小説、戲劇中的) 角色，人物 **3** [C] [口] 怪人；與眾不同的人: He's quite a *character*. 他真是個怪人。 **4** [C] (印刷) 符號；字母: a Chinese *character* 一個漢字

char·ac·ter·is·tic /ˌkærəktə'rɪstɪk/
I *adj* 獨特的: the humour *characteristic* of Mark Twain 馬克·吐溫特有的幽默
II *n* [C] 特性；特點: To say little and perform much is the *characteristic* of great minds. 説得少做得多是有才智的人的特點。

char·coal /'tʃɑːkəʊl/ *n* [U]
(木) 炭: activated *charcoal* 活性炭 / a *charcoal* drawing 木炭畫

charge /tʃɑːdʒ/
I ❶ *vt* **1** 控告；指責；使…負有罪名: *charge* sb with murder 控告某人謀殺 **2** 要求支付；索 (價): How much do you *charge* me for the service? 這項服務要多少錢? / *Charge* your company for the travelling expenses. 讓你公司支付旅行費用。 **3** 充；填: *charge* the fuel tank with gas 給油箱加汽油 / *charge* a gun 給槍上子彈 / *charge* an electric battery 給電池充電 **4** 賦以責任: She was *charged* with the responsibility of personnel manager. 她受命擔任人事經理。 **5** 把…記在賬上；把…歸咎於: *charge* it to my account 把它記在我的賬下 ❷ *vi* **1** 收費；要價: You keep away customers if you *charge* too high. 要價太高，你會嚇跑顧客。 **2** (軍) 向…進擊；衝鋒
II *n* **1** 指控；罪名: make a *charge* against 指控；責備 / on a *charge* of 以…罪名被控告 **2** [U] 責任；委託；[C] 託管的人或事: put in my *charge* 把…託付我掌管 (照看) **3** [C] 費用: Are his *charges* reasonable? 他的收費合理嗎? **4** 裝填；負荷；(一定量的) 炸藥: a dynamite *charge* 一料炸藥 / An electron has a negative *charge*. 電子帶負電荷。 **5** [C] (軍) 衝鋒: sound the *charge* 吹衝鋒號
◇ **be in charge of** 負責；指揮 / **in the charge of** 由…照看 (掌管) / **take charge** (開始) 掌管 (負責)
❶ care, custody, cost
⇨ 用法説明見 COST

charge·a·ble /'tʃɑːdʒəbl/ *adj*
1 可控告的 **2** 可向某人收取 (費用) 的 **3** 可充電的

char·i·ot /'tʃærɪət/ *n*
(古代雙輪的馬拉) 戰車

char·i·ta·ble /'tʃærətəbl/ *adj*
慈善的；仁愛的
▷ **charitableness** *n* / **charitably** *adv*

char·i·ty /'tʃærətɪ/ *n*
1 [U] 慈善；慈善捐款；賑濟 (物): *charity* school 慈善學校 / *Charity* begins at home. [諺] 仁愛先及親友。 **2** [C] 慈善機構

charm /tʃɑːm/

I *n* [C, U] **1** 魅力；魔力：feminine *charms* 女性的嫵媚 / Music has *charms* to soothe the savage beast. [諺] 音樂具有安撫野獸的魅力。 **2** 符咒 II *vt* 迷人；使着魔：Nancy's smile *charmed* everyone. 南希的微笑迷住了所有的人。/ Goodness *charms* more than beauty. [諺] 德行比美貌更具魅力。 ▷ **charmer** *n* 迷人的人；玩蛇者（= a snake charmer）

🔵 attraction

charm·ing /'tʃɑːmɪŋ/ *adj*

迷人的；嫵媚的；可愛的：*charming* children 可愛的孩子

🔵 attractive, lovely, likable

🔵 unattractive

chart /tʃɑːt/

I *n* [C] **1** 圖表：a flow *chart* 工藝流程圖 / a temperature *chart* 溫度曲線表 **2** 航海圖 II *vt* 用圖標示；把…記入海圖；製圖表：*chart* progress 用圖標示進展情況

⇨ 用法說明見 MAP

chart·er /'tʃɑːtə(r)/

I *vt* **1** 租賃（車、船等）：*charter* a flight to Hawaii 包租一趟航班飛往夏威夷 **2** 給…發特許證

II *n* [C] **1** 租賃的車、船等：There's a *charter* leaving next Friday. 下週五有包機離境。 **2** 特許證；執照 **3** 憲章：the *Charter* of the U.N. 聯合國憲章

🔵 rent, hire, lease

chase /tʃeɪs/

I *vt, vi* 追趕：Dogs like to *chase* rabbits. 狗喜歡追兔子。/ The children *chased* after the procession. 孩子們追趕游行隊伍。 II *n* [C] 追逐；追擊：a long *chase* 長途追擊 ▷ **chaser** *n*

🔵 pursue, follow

chasm /'kæzəm/ *n*

1 〈地〉（地殼的）裂隙；斷層 **2** 分歧；隔閡：bridge a *chasm* 彌補隔閡

chat /tʃæt/

I *n* 閑談；聊天：Let's have a *chat*. 我們聊一會兒。 II *vi* 閑談；聊天：I *chatted* with him in the café. 我在咖啡館和他聊天。

🔵 talk

chat·ter /'tʃætə(r)/

I *n* [C] **1** 饒舌；瞎談 **2**（鳥）啁啾
□ **chatter-box** 嘮叨不休的人

II *vi* 喋喋不休地説

chauf·feur /'ʃəʊfə(r)/ *n* 汽車司機

🔵 driver

cheap /tʃiːp/ *adj*

1 廉價的；便宜的：Food is *cheap* at that supermarket. 那家超市市場的食品便宜。/ Nothing is *cheap* if you don't want it. [諺] 你不想要的東西都不便宜。 **2** 低劣的；可鄙的：It's *cheap* stuff. 那是低級的玩意兒。

◇ **feel cheap** 感到慚愧 / **hold sth (sb) cheap** 鄙視某事（某人）

▷ **cheapness** *n*

🔵 inexpensive

🔵 expensive, dear, costly

cheap·ly /'tʃiːplɪ/ *adv* 便宜地；可鄙地

cheat /tʃiːt/

I *vi, vt* 欺騙；作弊：*cheat* in an examination 考試作弊 / *Cheat* me in the price but not in the goods. [諺] 可叫高價，但勿賣假貨（價可不實，但貨要真）。 II *n* [C] 欺騙者；作弊者

🔵 deceive, fool

check /tʃek/
I ❶ vt ❶ 檢查；核實；核對：Please *check* these figures. 請把這些數字查對一下。/ I'll *check* (up) with the teacher to see if my answer is correct. 我會和老師核對一下看我的答案是否正確。 ❷ 用勾形符號標出：*check* sth off 打勾表示查訖 ❸ 制止；牽制：*check* the advance of the enemy 遏制敵人前進 ❹ 在⋯上標方格圖案；使產生裂縫 ❷ vi ❶ [美] 開支票 ❷〈棋〉將軍
◇ **check in** 登記住旅館 / **check out** 結賬離開旅館 / **check up on sth (sb)** 檢查（核對）某事（某人的身份）
II n [C] ❶ 檢查；核對 ❷ 遏制（物）：Wind acts as a *check* upon speed. 風起遏制速度的作用。 ❸ 方格圖案 ❹ [美] 支票（= [英] cheque） ❺ [美] 收據；發票；賬單 ❻〈棋〉將軍
◇ **hold (keep) in check** 制止；牽制
□ [美] **checkbook** n (= [英] cheque-book) 支票簿 / **checklist** n 核對用清單 / **checkin** n（入旅館）登記 / **checkout** n 離開旅館 / **check-point** n（公路上的）檢查關卡
❶ examine, study, stop, halt

cheek /tʃiːk/ n
❶ [C] 面頰：say sth with one's tongue in *cheek* 假心假意地說 ❷ [U] 厚臉皮：He had the *cheek* to ask me to do it for him! 他竟有臉讓我替他做！
□ **cheekbone** n 顴骨
⇨ 插圖見 HEAD

cheer /tʃɪə(r)/
I n ❶ [U] 高興；振奮：words of *cheer* 鼓勵的話 ❷ [C] 歡呼；鼓勵：give three *cheers* 歡呼三聲 / *Cheers*! 乾杯！ ❸ [U] 好菜肴（食品）：good *cheer* 豐盛的酒菜
II ❶ vt ❶ 使振奮；使高興：*cheer* sb up 使某人高興起來 ❷ 向⋯歡呼；對⋯喝彩：They *cheered* as the President rode by. 總統車子經過時，他們歡呼起來。/ The girls *cheered* the football team of their class. 女孩子們朝她們班的足球隊大呼"加油！" ❷ vi ❶ 快活；高興；振奮 ❷ 歡呼；喝彩
▷ **cheering** n 歡呼聲；adj 鼓舞人心的：the *cheering* news 振奮人心的消息 / **cheerless** adj 鬱鬱不樂的；沉悶的

cheer·ful /ˈtʃɪəfl/ adj
使人歡樂的：a *cheerful* day (room) 充滿快活的一天（房間）/ A *cheerful* look makes a dish a feast. [諺] 笑顏開，小菜變佳肴。 ▷ **cheerfulness** n
❶ joyful, happy, glad, merry
❶ cheerless, unhappy, gloomy, sad

cheer·ful·ly /ˈtʃɪəfəlɪ/ adv 歡樂地

cheese /tʃiːz/ n [C, U] 乳酪；乾酪

chem·i·cal /ˈkemɪkl/
I adj 化學的 II n [C] [常作 chemicals] 化學製品

chem·ist /ˈkemɪst/ n
化學家；藥品商；藥劑師

chem·is·try /ˈkemɪstrɪ/ n [U]
化學；化學作用；化學現象

cheque, check /tʃek/ n
支票：write a *cheque* 開支票 / pay by *cheque* 用支票付款
□ **chequebook** n 支票簿

cher·ish /ˈtʃerɪʃ/ vt
❶ 懷有（感情）；抱有（希望等）：*cherish* a deep love for one's country 深愛自己的祖國 / He *cherishes* the

ambition to become prime minister. 他有當首相的雄心壯志。 **2** 珍愛；愛護：The bride and the groom promised to *cherish* each other through sickness and health. 新郎新娘立誓互相恩愛，同甘共苦。

◑ love, treasure, value
◐ hate, dislike, abandon

cher·ry /'tʃerɪ/ *n*
1 [C] 櫻桃（樹） **2** [U] 櫻桃木

chess /tʃes/ *n* [U]
（國際）象棋
□ **chessboard** *n* 棋盤

chest /tʃest/ *n*
1 胸部；胸膛：get sth off one's *chest* 說出憋在心裏的話 **2** 箱；櫃：*chest* of drawers 五斗櫥
⇨ 插圖見 BODY

chest·nut /'tʃesnʌt/ *n* [C, U]
栗子；栗樹

chew /tʃuː/ *vt*
1 咀嚼：*chew* the cud（牛等）反芻 / bite off more than one can *chew* [喻] 不自量力 **2** 沉思；細想（over, upon）

chick /tʃɪk/
I *n* **1** 小雞；小鳥 **2** [美俚] 少婦；年輕女人 **II** *adj* 漂亮的

chick·en /'tʃɪkɪn/ *n*
[C] 雞；小雞；[U] 雞肉
⇨ 插圖見〈專題圖說 12〉

chief /tʃiːf/
I *adj* 主要的；首要的：*chief* clerk 書記長；秘書長 / Education is the *chief* defence of nations. [諺] 教育是國防的主要手段。 **II** *n* 首領；長官：*chief* of a tribe 部落酋長
□ **the Commander-in-Chief** 總司令

▷ **chiefship** *n* 首領的地位（身份）
◕ major, main, principal
◑ minor
⇨ 用法説明見 MAIN

chief·ly /'tʃiːflɪ/ *adv* 首先；主要
◕ mainly

child /tʃaɪld/ *n*（複 = children）
1 孩子；兒童：A little *child* is the sweetest and purest thing in the world. 世上兒童最可愛、最純真。/ The *child* is father of the man. [諺] 從小看大。 **2** 產物：*child* of the revolution 那次革命的產物
□ **childlike** *adj* 孩子似的 / **brainchild** *n* 腦力勞動的產物 ▷ **childless** *adj*

child·hood /'tʃaɪldhʊd/ *n* [U]
童年時代：Happy is he that is happy in *childhood*. [諺] 有歡樂童年的人一輩子幸福。

child·ish /'tʃaɪldɪʃ/ *adj*
孩子氣的；幼稚的

child·ren /'tʃɪldrən/ *n*
child 的複數：*Children* and fools speak the truth. [諺] 孩子與傻子不説謊。

chill /tʃɪl/
I *n* [C, U] 寒冷；寒顫：feel a *chill* 發冷；打冷顫 **II** *vt, vi*（使）變冷；（使）感覺冷；（使）冰凍（食品、飲料等）：*Chilled* soda water is nice on a hot day. 熱天冰凍汽水喝了舒服。
◕ coolness, cold
◑ warmth

chill·y /'tʃɪlɪ/ *adj*
寒冷的；使人打冷顫的：It's *chilly*, isn't it? 天挺冷的，不是嗎？/ That's a *chilly* story. 那是個聽了讓人毛骨悚然的故事。
◕ cool, cold

◑ warm
⇨ 用法說明見 COLD

chim·ney /'tʃɪmnɪ/ n 煙囪
□ **chimney-sweep(er)** n 掃煙囪的人

chin /tʃɪn/ n
下巴：He's got a jutting *chin*. 他有突出的下巴。/ keep one's *chin* up 精神昂揚；不洩氣
□ **chinbone** n 下頜骨 / **chindeep** adj 深及下巴的；深深陷入的

china /'tʃaɪnə/ n [U]
瓷器；瓷料：a piece of *china* 一件瓷器 / *china* clay 瓷土
□ **chinaware** n 瓷器 / **china wedding** n 瓷婚；結婚二十周年紀念

China /'tʃaɪnə/ n
中國：the People's Republic of *China* 中華人民共和國
□ **Chinatown** n 唐人街；中國城

Chi·nese /'tʃaɪ'niːz/
I adj 中國（人）的；漢語的：*Chinese* medicine 中醫；中藥 / I'm *Chinese*. 我是中國人。II n （單複數同）中國人；中國話；漢語：Do you speak *Chinese*? 你講中文嗎？

chip /tʃɪp/
I n [C] **1** 碎屑；碎片：a wood *chip* 小木片 / Little *chips* light great fires. [諺] 小木片生大火。 **2** [美] 炸土豆片 **3** （碎裂的）缺口：a *chip* on the edge of the cup 杯子邊上的缺口 **4** （賭博用）籌碼：When the *chips* are down. 籌碼已下；[喻] 緊急時刻。 **5** 集成電路塊
II vt, vi （一點一點地）削，鑿：*chip* off 切下來；削下來 ▷ **chippings** n 削（鑿）下來的碎片

◑ piece, scrap, slice, fragment

chis·el /'tʃɪzl/
I n [C] 鑿子；鑿刀；鏨子
II vt 鑿；鏨

chlo·ride /'klɔːraɪd/ n [U]
〈化〉氯化物；[口] 漂白粉（= chloride of lime）
□ **sodium chloride** 氯化鈉；食鹽

chlo·rine /'klɔːriːn/ n [U]
〈化〉氯（氣）；漂白液

chlo·ro·phyl(l) /'klɒrəfɪl/ n [U]
〈植〉葉綠素

chlo·ro·plast /'klɒrəplæst/ n [U]
〈植〉葉綠素

choc·o·late /'tʃɒklət/ n
[U] 巧克力；[C, U] 巧克力糖；巧克力色：*chocolate* cream 奶油夾心巧克力糖；奶油巧克力食品

choice /tʃɔɪs/
I n **1** 選擇；[U] 選擇的可能性：make a *choice* 作出選擇 / There is no *choice* in this shop. 這店裏的東西沒有挑選的餘地。 **2** 選上的東西：This one is my *choice*. 這個是我選中的。 II adj 精選的；質量上乘的：What he likes is *choice* wine. 他喜歡的是上等好酒。
▷ **choiceness** n / **choiceless** adj

choir /'kwaɪə(r)/
I n （教堂的）唱詩班；合唱團
II vt, vi 合唱；合奏

choke /tʃəʊk/
I vt, vi **1** （使）窒息；（使）噎：Big mouthfuls often *choke*. [諺] 貪多必噎着。/ The dust almost *choked* me. 塵土差點使我窒息。 **2** （使）堵塞；塞滿：The drain was *choked* (up) with dirt. 下水道給骯髒東西堵住了。 **3** 抑制住（眼淚、感情等）：*choke* back one's tears

忍住不哭 / choke down one's indignation 強壓憤怒

◇ **choke off** 把…悶死；[口] 使放棄做某事；責備 / **choke up** 使悶死；[口] 激動得説不出話來

II *n* [C, U] **1** 窒息；嗆 **2** 〈機〉阻氣門；扼流圈

◐ obstruct, block

chol·er·a /'kɒlərə/ *n* [U]
〈醫〉霍亂

choose /tʃuːz/
(chose, chosen, choosing)

❶ *vt* **1** 選；挑：Choose an author as you choose your friend. [諺] 擇書如擇友。/ There are only four to choose from. 只有四個可供選擇。**2** 決定（做某事）：The Canadian girl chose to live in China. 這位加拿大姑娘決定在中國定居。❷ *vi* 選；挑；喜歡：Do as you choose. 你愛怎麼做就怎麼做吧。

◇ **can not choose but** 無可選擇，只好：The enemy could not choose but surrender. 敵人只好投降。

▷ **choosy** 愛挑剔的

◐ select, pick

chop¹ /tʃɒp/

I *vt, vi* 砍；劈；剁：chop wood 劈柴 / The butcher chopped up the meat for me. 賣肉人替我把肉切好。

◇ **chop at** 朝…猛砍 / **chop away** 砍去；剁去 / **chop into** 切成 / **chop off** 切掉；砍掉

II *n* **1** [U] 砍；劈；剁 **2** [C] 帶骨肉塊；排骨

◐ cut

chop² /tʃɒp/ *n*
1 公章；官印 **2** 牌號；商標

◐ seal, brand

⇨ 插圖見〈專題圖説 4〉

chop·sticks /'tʃɒpstɪks/ *n* [複] 筷子

chord /kɔːd/

I *n* **1** （琴）弦；[喻] 心弦：touch the right chord 打動心弦 **2** 〈音〉和弦：the major (minor) chord 大（小）和弦 **3** 〈數〉弦 **4** 〈空〉翼弦 **5** 〈解〉索；帶：the vocal chords 聲帶

II ❶ *vt* **1** 調…的弦；上…的弦 **2** 使協調；使和諧 ❷ *vi* 協調；和諧

cho·rus /'kɔːrəs/

I *n* **1** 合唱隊 **2** 合唱；（歌曲的）合唱部分 **3** 齊聲説（喊等）：sing (answer) in chorus 齊聲唱（回答）

II *vt, vi* 合唱；齊聲説（喊等）

chose /tʃəʊz/ *v* choose 的過去式

cho·sen /'tʃəʊzn/ *v* choose 的過去分詞

Christ /kraɪst/ *n*
〈宗〉救世主；耶穌基督（= Jesus Christ）：Before Christ（略作 B.C.）公元前

Chris·tian /'krɪstʃən/
I *n* 基督教徒 II *adj* 基督（教）的：the Christian Church 基督教 / Christian era 西曆紀元 / Christian name 教名

Chris·ti·an·i·ty /ˌkrɪstɪˈænətɪ/ *n* [U]
基督教；基督教信仰

Christ·mas /'krɪsməs/ *n*
聖誕節（= Christmas Day）：Father Christmas 聖誕老人 / A Merry Christmas and a Happy New Year! （寫在聖誕賀卡上的祝詞）恭祝聖誕快樂，新年幸福！

▷ **Christmassy** *adj*

chro·nic /'krɒnɪk/
I *adj* **1** 慢性的；慣常的：a chronic

disease 慢性病 **2** [英俚] 劇烈的；頑固
的 **II** n 慢性病人 ▷ **chronically** adv

chron·i·cle /'krɒnɪkl/ n [C] 編年史

chrys·an·the·mum
/krɪ'sænθəməm/ n 〈植〉菊花
⇨ 插圖見〈專題圖說 8〉

chuckle /tʃʌkl/
I n **1** 輕聲笑 **2** (母雞) 咯咯叫 **II** vi
吃吃地笑：chuckle over sth 為某事暗自
發笑

church /tʃɜːtʃ/ n
1 [C] 教堂 **2** [U] (教堂的) 禮拜 (不
用定冠詞)：They are at (in) church. 他
們正做禮拜。**3** [C] [Church] 教會；教
會全體成員：the Church of England 英
國國教 / enter the Church 做牧師；任聖
職 (= go into the Church)
□ **churchman** n 教士；牧師

church·go·er /'tʃɜːtʃ'gəʊə(r)/ n
去教堂做禮拜的人

church·yard /'tʃɜːtʃjɑːd/ n
教堂庭院；教堂墓地

ci·der /'saɪdə(r)/ n [U]
蘋果汁；蘋果酒：All talk and no cider.
[諺] 空談而無結論；空談而無實惠。

ci·gar /sɪ'gɑː/ n 雪茄煙

cig·a·rette /ˌsɪgə'ret ; 'sɪgəret/ n
香煙：a pack of cigarettes 一包香煙 / a
cigarette end 煙頭 / a cigarette butt 煙
蒂

cin·e·ma /'sɪnəmɑː/ n [C]
1 電影院 **2** (用單數統稱) 電影；電
影製片業：go to (the) cinema 去看電影
➊ film, flick

cir·cle /'sɜːkl/
I n [C] **1** 圓；圓週；環狀物：draw a
circle 畫一個圓 / sit in a circle 坐成一圈 /

The wheel has come a full circle. 輪子轉
了整整一圈；[喻] 事情週而復始。/
circles of a tree 樹的年輪 **2** 週期；循
環：a vicious circle 惡性循環 **3** (社交)
圈子：the motion-picture circle 電影圈
的人 / He has a large circle of friends. 他
有一大批朋友。
II vt, vi 圍；環繞：the satellites
circling the earth 繞着地球轉的衛星
⇨ 插圖見〈專題圖說 14〉

cir·cuit /'sɜːkɪt/ n
1 週邊一圈；巡迴：make a circuit of
繞…一圈 / Judges go on circuit for part
of the year. 法官們一年中有部分時間作
巡回審判。**2** 〈電〉電路：circuit
diagram 電路圖

cir·cu·lar /'sɜːkjʊlə(r)/ adj
圓形的；環狀的

cir·cu·late /'sɜːkjʊleɪt/ vt, vi
(使) 循環；流通；流傳：Hot water
circulates through the pipe and keeps
the rooms warm. 熱水在管子中循環，保
持室內溫暖。/ Blood circulates more
quickly after one drinks some wine. 喝酒
以後，血液循環加快。

cir·cu·la·tion /ˌsɜːkjʊ'leɪʃn/ n
1 [U] 循環；流通：This denomination
has been taken out of circulation. 這個
面值的貨幣已不再流通。**2** [C] 發行
量：The magazine has a circulation of a
hundred thousand. 該雜誌的發行量為十
萬份。

circ·um·fer·ence /sə'kʌmfərəns/ n
圓週；週圍

circ·ums·tance /'sɜːkəmstəns/ n [C]
1 [circumstances] 情況；形勢：
favourable (adverse) circumstances 順

（逆）境 / in (under) present *circumstances* 在現在的情況下 / *Circumstances* alter cases. [諺] 事隨境遷（此一時彼一時）。 **2** （事情的）詳情；細節；事實：without omitting a single *circumstance* 毫無遺漏地 **3** [circumstances] 境況：in bad (reduced) *circumstances* 生活拮據 ◇ **in (under) no circumstances** 無論如何也不
◐ **condition**

cir·cus /'sɜːkəs/ n
1 環形馬戲場；（古羅馬）競技場 **2** 雜技團；馬戲團；雜技（馬戲）表演 **3** （見於地名）十字路口的廣場：Picadilly Circus（倫敦）皮卡迪利廣場

cite /saɪt/ vt
1 引用；舉⋯為例：*cite* Darwin 引用達爾文的著作 **2** [美] 嘉獎（作戰有功者）
▷ **citation** n 引用；例證；嘉獎
◐ **quote, mention**

cit·i·zen /'sɪtɪzn/ n
1 市民：the *citizens* of Paris 巴黎市民 **2** 公民：They have become *citizens* of Australia. 他們已成為澳大利亞公民。
▷ **citizenship** n 公民身份；國籍

cit·y /'sɪtɪ/ n
城市；市：the *City* of Shanghai 上海市 / *city* council 市議會 / *city* hall 市政廳
◐ **town**

cit·y-state /'sɪtɪsteɪt/ n [C]
〈史〉（古希臘）城邦

civ·ic /'sɪvɪk/ adj
城市的；市民的；公民的：*civic* rights 公民權 / *civic* ethics 公民道德

civ·il /'sɪvl/ adj
1 公民的；民用的；國內的；〈法〉民事的：*civil* rights 公民權 / *civil* engineering 土木工程 / *civil* law 民法 **2** 非軍職的；文職的：the *Civil* Service（總稱）文職人員；文職機構 **3** 有禮貌的；文明的 ▷ **civility** n 禮貌；文明 / **civilly** adv 有禮貌地

ci·vil·ian /sɪ'vɪlɪən/
I n 平民；市民：Casualties include some *civilians*. 傷亡人員中有平民。
II adj 平民的；非軍隊的：*civilian* industry 民用工業 / *civilian* life 平民生活

civ·i·li·za·tion, civ·i·li·sa·tion /ˌsɪvəlaɪ'zeɪʃn/ n
1 [U] 文明；開化 **2** [C] 文明世界（階段）：the Chinese *civilization* 中華文明 / *civilization* of mankind 人類文明

civ·i·lize /'sɪvəlaɪz/ vt
1 使文明（開化）：*civilized* people 文明開化的人 **2** 教育 ▷ **civilization** 文明 n

claim /kleɪm/
I ❶ vt **1** 要求（應得權利等）；認領：John *claimed* to be paid his wages. 約翰要求付給工錢。 / Did anyone *claim* the watch? 有人認領那塊手錶嗎？ **2** 要求承認；自稱：He *claimed* that he was the real Earl. 他自稱是真正的伯爵。 **3** 聲稱；斷言：Lucy *claimed* that those figures were correct. 露茜稱那數字正確。 ❷ vi 要求賠償損失（against）
II n [C] 要求；[U] 所要求的權利；[C] 所要求的東西：The woman made a *claim* for part of the property. 那婦人對部分財產提出要求。 / Several countries lay *claim* to the islands. 幾個國家都對這些島嶼提出了領土要求。
◐ **assert, demand**

clam /klæm/ n 蛤（肉）；蚌

clamp /klæmp/
I n [C] **1** 鉗;夾子 **2** (磚等的) 堆
II vt 用鉗等夾緊: *clamping* bolts 夾緊螺栓 / *clamp* down (on) 壓制;取締
□ **clampdown** n 壓制;取締
◑ clip, clasp

clan /klæn/ n 氏族;家族;宗派

clap /klæp/
I ❶ vt **1** 拍手 (喝彩): You cannot *clap* with one hand. [諺] 孤掌難鳴。 **2** 拍打: *clap* sb on the back 拍拍某人的背 (表示友好) **3** 趕忙處理: *clap* one's hat on 匆匆戴上帽子 ❷ vi **1** 拍手 **2** 發出啪聲
◇ **clap eyes on sb** 瞥見
II n **1** 啪聲: *clap* of thunder 雷鳴聲 **2** 輕拍 ▷ **clapping** n 鼓掌
◑ applaud, slap

clar·i·ty /'klærətɪ/ n [U]
清澈;清楚;明晰

clash /klæʃ/
I ❶ vi **1** (金屬等) 碰撞作聲: Their swords *clashed*. 他們的劍互相碰擊發出鏗鏘之聲。/ Do not *clash* the cymbal on the stone. 別在石頭上敲那鈸。 **2** 衝突: The two gangs *clashed*. 兩個幫派發生了衝突。/ The course *clashed* with my mathematics class so I had to give it up. 那門課與數學課發生衝突,我不得不放棄了。 ❷ vt 使碰撞作聲
II n 金屬碰擊聲;衝突;不一致: the *clash* of cymbals 鐃鈸聲 / a *clash* of views 觀點不一致 / The *clash* of colours is striking. 顏色不協調是極其明顯的。
◑ fight, battle, conflict

clasp /klɑːsp/
I n 搭扣;扣子: The necklace has lost

its *clasp*. 項鏈少了搭扣。
II vt, vi 扣住;握住: *clasp* hands (手指交叉) 兩手握住 / This belt won't *clasp*. 這皮帶扣不住。

class /klɑːs/ n [C]
1 班;班級;年級: We are in *Class* One. 我們在一班。/ the *class* of 1994 一九九四級學生 **2** 課: There is no *class* today. 今天不上課。 **3** 階級;社會等級: *class* distinction 等級區分 / upper *class* 上層階級 **4** 等級;類別: *first-class* 一流的;上等的 **5** 〈生〉綱
□ **class-conscious** adj 有階級 (等級) 意識的 ▷ **classless** adj

clas·sic /'klæsɪk/
I adj **1** 典範的;標準的: a *classic* example 典型 (有名) 的例子 **2** 最優秀的;經典的: His works have become *classic*. 他的著述已成為經典作品。 **3** 古典的;古希臘羅馬的: a *classic* myth 古典傳說 **4** 傳統的: a *classic* event 傳統的賽事 (慶典等,如中國的龍舟賽)
II n **1** 一流作家 (作品): Chaucer is a *classic*. 喬叟是大作家。 **2** [the classics] 經典著作: the *classics* of Shakespeare 莎士比亞的經典著作 **3** [classics,不用定冠詞] 古典作品 (課程): He studies *classics* at Oxford. 他在牛津大學學習古希臘羅馬文學。

clas·si·cal /'klæsɪkl/ adj
古典的;傳統的;經典的: *classical* music 古典音樂 ▷ **classicalism** n 古典主義;古典風格

clas·si·fi·ca·tion
/ˌklæsɪfɪ'keɪʃn/ n [U]
分類;類別;編目

clas·si·fy /'klæsɪfaɪ/ vt

1 把…分類：*classified* advertisements 分類廣告 / They can be *classified* by size. 它們可按照大小來分類。**2** 把…列為密件：*classified* information 秘密情報

▷ **classifiable** *adj* 可分類的 / **classified** *adj* 分類的；機密的 / **classifier** *n*

class·mate /ˈklɑːsmeɪt/ *n* 同班同學

class·room /ˈklɑːsruːm/ *n* [C] 教室

clause /klɔːz/ *n* [C]

1 〈語〉從句；分句：an adverbial *clause* 狀語從句 **2** （章程、條約等的）條；項：an additional *clause* 附加條款

claw /klɔː/

I *n* [C] **1** 腳爪；爪：Eagles have large *claws*. 鷹有很大的爪子。**2** （蝦等的）鉗，螯 **II** *vt* 用爪（手）抓住

clay /kleɪ/ *n* [U] 黏土；泥土

clean /kliːn/

I *adj* **1** 清潔的；乾淨的：a *clean* city 清潔的城市 / *Clean* and whole makes poor clothes shine. [諺] 清潔而健康，穿上粗衣也漂亮。**2** 未受污染的：*clean* water 潔淨水 **3** （精神、品質）純潔的；清白的：a *clean* record 清白的記錄 **4** 徹底的；整齊的：make a *clean* sweep of 一掃而清 / A sharp knife makes a *clean* cut. 快刀切得齊。

II *vt* 弄乾淨：have one's clothes *cleaned* 讓人把衣服洗乾淨 / Cut and *clean* your nails. 剪一剪、洗一洗你的指甲。

III *adv* 完全地：I've *clean* forgotten. 我忘得一乾二淨。

◇ **make a clean breast of** 徹底坦白 / **clean down** 清掃（牆壁等）/ **clean up** 收拾乾淨 □ **clean-cut** *adj* 輪廓分明的 / **clean-handed** *adj* 沒做過壞事的 /

clean-up *n* 清除；掃除 ▷ **cleaning** *n* 清潔（法）；大掃除 / **cleanness** *n*

➊ neat, tidy

➋ dirty

clean·er /ˈkliːnə(r)/ *n* 清潔工；清潔機（劑）；洗衣店

clear¹ /klɪə(r)/

I *adj* **1** 清楚的；明晰的；易懂的；明白的：*clear* proof 條理清楚的證明 / I'm not quite *clear* about that. 那一點我還不十分清楚。**2** 清澈的；明淨的：a *clear* day（sky, weather）晴朗的日子（天空、天氣）/ *clear* eyes 發亮的眼睛 **3** 清晰的：a *clear* voice 清楚的聲音 / The words are not *clear* through the loudspeaker. 喇叭裏傳出的話聽不清楚。**4** 無障礙的；暢通的；開闊的：The road is *clear* of obstacles. 道路上已無障礙。**5** 擺脫（債務等）的：be *clear* of debt（worry）無債（無憂）

II *adv* **1** 清楚地：speak loud and *clear* 響亮清楚地説 **2** 完全：He got *clear* away from the prison. 他遠遠地逃離了監獄。**3** 不接觸：Stay *clear* of the motor. 別靠近那馬達。

□ **clear-headed** *adj* 頭腦清楚的

➊ bright, cloudless, plain, obvious, free

➋ unclear, cloudy, ambiguous

clear² /klɪə(r)/

➊ *vt* **1** 掃清；清除（障礙）；使擺脫：*clear* the drain of dirt 清除下水道的髒物 / *clear* the road 清除道路上的障礙 / *clear* himself of blame 使他自己免受責備 **2** 使清楚；澄清：*clear* his ideas about 把他有關…的觀點説明白 **3** 跳過；穿過：He *cleared* the bar by about one inch. 他順利越過橫桿，約高出一英寸。 **4** （辦好手續）**通過**：The truck *cleared* the customs and was soon across the border. 卡車通過海關檢查，很快過了邊界。 **❷** *vi* **1** 變清楚；變清澈 **2** （辦好手續後）**離開**：The ship *cleared* from Hong Kong on July 14. 該船七月十四日結關後離開了香港。

◇ **clear away** **1** 清理：*clear away* the tea things 把茶具搬走 **2** 消散：The clouds have *cleared away*. 雲散開了。/ **clear off** **1** 清除；結束：*clear off* a debt 清理了債務 **2** （命令）走開 / **clear out** **1** 清理乾淨：*clear out* a room 把房間裏的東西清理出來 **2** 離開：He had to *clear out* of the country. 他不得不離開那個國家。/ **clear up** **1** （天氣）變晴：The sky is *clearing up*. 天正放晴。 **2** 收拾乾淨；整理好：*clear up* a mess 把亂糟糟的一堆東西整理好 **3** 澄清：*clear up* a misunderstanding 消除誤解

◐ empty, rid, clean, free
◑ obstruct, block

clear·ance /ˈklɪərəns/ *n*
1 清除 **2** [C, U] 間隙；空地 **3** 出入港手續

clear-cut /ˈklɪərkʌt/ *adj*
輪廓鮮明的；明確的

clear·ly /ˈklɪəlɪ/ *adv*
清楚地；明確地；無疑地

clear·way /ˈklɪərweɪ/ *n*
遇障方可停車的道路

clench /klentʃ/ *vt*
1 握緊（拳頭等）；咬緊（牙關）：*clench* one's teeth 咬緊牙關；[喻] 下定決心 **2** 緊握：*clench* sth in (with)

one's hand 緊握某物

◐ grasp, clutch, clasp
◑ loosen, relax, release

cler·gy /ˈklɜːdʒɪ/ *n*（集合名詞，動詞用複數形式）〈宗〉基督教牧師；教士

cler·gy·man /ˈklɜːdʒɪmən/ *n*（複 = clergymen）〈宗〉教士；牧師

cler·gy·men /ˈklɜːdʒɪmən/ *n*
clergyman 的複數

clerk /klɑːk; klɜːk/ *n*
1 職員；辦公室文員；[美] 店員：a town *clerk* 市政府公務員 **2** 〈宗〉教會文書（執事）

clev·er /ˈklevə(r)/ *adj*
1 聰明的；伶俐的：He is too *clever* for us. 他太狡黠了，我們不是他的對手。/ Be honest rather than *clever*. [諺] 聰明不如誠實。 **2** 機敏的：*clever* speech 機敏的講話 **3** 靈巧的：*clever* fingers 靈巧的手指 ▷ **cleverish** *adj* 有小聰明的

◐ smart, bright, intelligent, witty
◑ dull, stupid, clumsy

clev·er·ly /ˈklevəlɪ/ *adv*
聰明地；機敏地；靈巧地

cli·ent /ˈklaɪənt/ *n*（商店等的）顧客；訴訟（辯護）委託人：The lawyer has many *clients*. 有許多人請這位律師打官司。 ▷ **clientless** *adj*

cliff /klɪf/ *n* 懸崖；峭壁

cli·mate /ˈklaɪmɪt/ *n*
1 氣候：Kunming has a mild *climate*. 昆明氣候溫和。 **2** [C] 有某種氣候的地帶：A drier *climate* will do you good. 乾燥一些的氣候對你有好處。 **3** （社會的）一般趨勢；風氣：The political *climate* has changed. 政治大氣候已有變化。

◗ weather

cli·mat·ic /klaɪ'mætɪk/ adj
氣候的 ▷ **climatically** adv

cli·max /'klaɪmæks/ n [C]
1 高潮；頂點：The play has reached its climax. 戲已達到高潮。 **2** 〈語〉層進法（修辭）

climb /klaɪm/
I **❶** vi **1** 攀登；爬：climb over a wall 翻過一堵牆 **2**（植物等）攀緣而上；逐漸上升：a climbing plant 攀緣植物 / The plane is climbing. 飛機正在爬升。/ The sun has climbed up into the sky. 太陽已經升起來了。 **3**（在社會地位方面）向上爬：climb to power 向上爬至掌權 **❷** vt **1** 攀登；爬：climb a mountain (ladder) 登山（梯）/ He that would eat the fruit must climb the tree. [諺] 想吃果子的人必先爬樹（不勞不獲）。 **2**（植物等）在…上攀緣而上；使（飛機等）爬升 II n [C] 攀登；爬；爬升
▷ **climbable** adj / **climber** n / **climbing** adj 攀登（用）的；上升的：climbing boots 登山靴

Climb 爬

cling /klɪŋ/ (clung, clung, clinging) vi
1 貼緊；依附（to）：The wet shirt is clinging to the skin. 濕襯衣黏在身上。 **2** 依靠；依戀：Do not let her cling to you. 別讓她老纏着你。 **3** 抱定（希望）；堅持；忠實於：cling to the last hope 抱定最後希望 / cling to one's view 堅持某人的觀點 / cling to one's friends 忠於朋友
◗ hold, stick, grip
◖ separate, release, free

clin·ic /'klɪnɪk/ n
1 診所；門診部 **2** 臨床講授；臨床實習 **3** 門診時間 ▷ **clinical** adj 臨床的

clip¹ /klɪp/
I vt **1** 剪；剪下；剪…的毛：clip one's hair short 把頭髮剪短 / He clipped the article from a newspaper. 他從報上剪下這篇文章。/ clip sheep 剪羊毛 **2** 削減；縮略：clipped words 縮略詞（如 exam）**3** 軋（車票等）
II n 剪；一次剪毛量
◗ cut, trim

clip² /klɪp/
I n [C] 夾子；〈無〉接線夾：paper-clip 曲別針 / a diamond clip 鑽石別針 / clip-board 帶夾子的書寫板 II vt 夾住

cloak /kləʊk/
I n [C] **1** 斗篷；大氅 **2** 覆蓋物
II vt **1** 給…披斗篷 **2** 覆蓋；包藏

clock /klɒk/
I n [C] **1**（時）鐘：set the clock to ring at six 把鐘定在六時響鈴 / put back the clock 把鐘撥慢；[喻] 阻礙進步，開倒車 **2** 鐘式儀錶
◇ **around (round) the clock** 晝夜不停地
II **❶** vt 為…計時；記錄（時間等）**❷** vi（用計時器）記時：clock in and out 記下上下班到離的時間

□ **clockwork** *n* 鐘錶機構；發條裝置

clock·wise /ˈklɒkwaɪz/ *adj, adv*

順時針方向的（地）：turn *clockwise* 順時針轉動

close /kləuz/

I ❶ *vt* **1** 關；閉；蓋：*close* the gate 關上大門 / *close* one's eyes 合上眼 / *close* (up) the shop for the night 打烊過夜　**2** 使結束：The negotiation is *closed*. 談判結束了。❷ *vi* **1** 關；閉；結束；停止：The bank has *closed*. 銀行已經下班（倒閉）了。**2** 接近；靠攏

◇ **close down** 關閉；封閉：*Close down* the business, as you're bankrupt. 停了你那生意吧，你已破產了。

II *adj* **1** 接近的；緊挨着的：keep a *close* watch on sb 密切監視某人 / a *close* game 勢均力敵的比賽　**2** 仔細的；徹底的：take a *close* look at the picture 仔細察看照片　**3** 不公開的：a *close* secret 嚴守的秘密　**4** 密切的：a *close* friend 親密的朋友　**5** 悶熱的：The weather is very *close*. 天氣悶得讓人喘不過氣來。

◇ **a close shave** **1** 剃光髮鬚　**2** 僥幸脫險 / **close at hand** 就在身邊；伸手可及 / **close by** 在附近：The barber's is *close by*. 理髮店就在附近。

III *n* 結束：at the *close* of play 游戲結束時

◇ **bring (come) to a close** （使）結束…；（使）停止…：Peace talks *brought* the war *to a close*. 和談結束了那場戰爭。

IV *adv* 接近地：keep *close* to 緊挨着 / I'm *close* on fifty. 我年近五十了。

□ **close-cut** *adj* 剪短了的 / **close-down**

n 關閉；停業 / **close-fitting** *adj* 貼身的 / **close shot** （電影等的）近景 / **close-up** *n* （電影）特寫鏡頭　▷ **closed** *adj* / **closeness** *n* / **closer** *n* 關閉者；關閉器

❶ shut, end, finish, near, intimate
❷ open, start, begin, far, distant

close·ly /ˈkləuzlɪ/ *adv*

接近地；密切地；嚴密地

clos·et /ˈklɒzɪt/ *n* [C]

1 小房間；密室　**2** [美] 壁櫥；衣櫥　**3** 盥洗室

cloth /klɒθ/ *n*（複 = cloths）

1 [U] 布；衣料：made of *cloth* 布做的 / A spot is most seen on the finest *cloth*. [諺] 污點在最好的布上最顯眼。　**2** [C] 布塊：face-*cloth* 面巾 / clean it with a *cloth* 用布把它擦乾淨

□ **cloth-market** *n* 布料市場

clothes /kləuðz/ *n*

（複數形式，不與數字連用）衣服：Fine *clothes* make the man. [諺] 人靠衣裝，佛靠金裝。

> 用法說明：衣服的一般名稱是 **clothes**（注意不要與 **cloth** "布" 的複數 **cloths** 混淆），它在形式上是複數，但不可與數字一起使用，如：She's got some beautiful clothes（她有漂亮的衣服。）不能說：*She's got five beautiful clothes. **Clothing** 也是衣服的一般稱呼，語體上較為正式，它是個不可數名詞，因此表示 "一件衣服" 要說 a piece of clothing，"兩件衣服" two pieces of clothing。**Dress** 是女人的衣服，如：What a pretty dress she is wearing!（她穿的衣裙多漂亮呀！）

cloth·ing /ˈkləuðɪŋ/ *n* [U]

Clothes 衣服

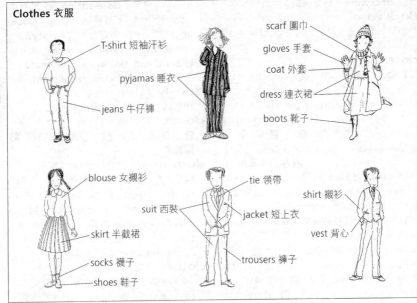

T-shirt 短袖汗衫
pyjamas 睡衣
jeans 牛仔褲

scarf 圍巾
gloves 手套
coat 外套
dress 連衣裙
boots 靴子

blouse 女襯衫
suit 西裝
skirt 半截裙
socks 襪子
shoes 鞋子

tie 領帶
jacket 短上衣
trousers 褲子

shirt 襯衫
vest 背心

[總稱] 衣服；被服：articles of *clothing* 各種服裝和衣着用品（包括帽子、手套等）

cloud /klaʊd/
I *n* [C, U] **1** 雲；雲狀物；一大片：Dark *clouds* mean rain. 烏雲意味着要下雨。/ a *cloud* of locusts 一大片蝗蟲 **2** [喻] 陰影；陰霾：dark *clouds* of war 戰爭陰霾 / under a *cloud* of suspicion 在疑團籠罩下 II **①** *vi* **1** 雲層密集：The sky *clouded* over. 天空彤雲密佈。 **2** （神色）黯然 **②** *vt* **1** 使佈滿雲 **2** 使黯然 ▷ **cloudless** *adj*

cloud·y /'klaʊdɪ/ *adj*
1 有雲的；多雲的 **2** 朦朧的 **3** 愁雲滿面的

clown /klaʊn/ *n*
小丑；丑角；滑稽演員

club /klʌb/ *n*
1 俱樂部；會；社：Would you like to join our water-skiing *club*? 你願意加入我們的滑水俱樂部嗎？ **2** 棍棒 **3** 〈牌〉梅花

clue /kluː/ *n* [C]
線索；跡象：Have you found any *clues*? 你們找到線索了嗎？

clum·sy /'klʌmzɪ/ *adj*
1 （手腳）笨拙的；（工具等）不好使的：That *clumsy* waiter dropped the tray to the ground. 那笨手笨腳的侍者把盤子掉到了地上。/ A screw-driver would be a *clumsy* tool to open a can with. 螺

絲起子不是開罐頭的合適工具。 **2** 不高明的；拙劣的： a *clumsy* apology 弄巧反拙的道歉 ▷ **clumsily** *adv*

clung /klʌŋ/ *v*
cling 的過去式和過去分詞

clus·ter /'klʌstə(r)/
I *n* [C] 簇；串；叢；群： a *cluster* of grapes 一串葡萄 / a *cluster* of potatoes 一簇土豆 / a *cluster* of houses 一片房子
II *vt, vi* 簇擁；（使）集聚： *cluster* round the teacher 簇擁在老師周圍
● **bunch, group**

clutch /klʌtʃ/
I *vt, vi* 抓（住）；攫（住）； A drowning man will *clutch* at a straw. 快要淹死的人見稻草就抓。 / The monkey *clutched* an apple to its breast. 那猴子把蘋果緊緊抱在胸前。
II *n* **1** 抓 **2** [clutches] 控制；掌握： be in (out of) the *clutches* of 陷入（掙脫）…的控制 **3** 〈機〉離合器
● **hold, grasp, grip**
◐ **loosen, free**

coach¹ /kəʊtʃ/ *n*
1 四輪馬車： mail-coach 郵車 **2** 鐵路客車 **3** 公共汽車： travel by *coach* 坐公共汽車旅行

coach² /kəʊtʃ/
I *n* **1** 私人教師 **2** 〈體〉教練： a tennis *coach* 網球教練 **II** *vt* 輔導；訓練： *coach* sb for an exam 輔導某人應考 / *coach* the team for a football game 訓練該隊以參加足球比賽

coal /kəʊl/
I *n* [U] 煤；[C] 煤塊： a live *coal* 燒紅的煤塊 / carry (take) *coals* to Newcastle 做純屬多餘的事；多此一舉（Newcastle

為英國產煤地） **II** *vt, vi* （給船）上煤，加煤： *Coaling* (a ship) takes time. 給船上煤需要時間。

coal·field /'kəʊlfiːld/ *n* 煤田；產煤區

co·a·li·tion /ˌkəʊə'lɪʃn/ *n* [U] 聯合；[C] 聯合體；（政黨之間的）聯盟： a *coalition* government 聯合政府 ▷ **coalitionist** *n* 聯合論者；參加聯盟者

coarse /kɔːs/ *adj*
1 粗糙的；粗劣的： *coarse* salt 粗粒鹽 / a *coarse* skin 粗糙的皮膚 / *coarse* cloth 粗布 **2** 粗俗的： *coarse* manners 粗魯的舉止 ▷ **coarsely** *adv* / **coarseness** *n*
● **rough, crude**
◐ **fine, delicate**

coast /kəʊst/
I *n* [C] 海岸；海濱地區： the cities on the east *coast* 東海之濱的城市 / There is a lighthouse off the *coast*. 海岸邊有一座燈塔。 **II** *vi, vt* **1** 沿海岸航行 **2** 滑行
□ **coast guard** 海岸警備隊 / **coast-guard(s)man** *n* 美國海岸巡邏隊隊員
▷ **coastward** *adj, adv* 向（朝）着海岸
⇨ 用法説明見 SHORE

coast·al /'kəʊstl/ *adj*
海岸的；沿海岸的

coast·land /'kəʊstlænd/ *n* 沿海地區

coast·line /'kəʊstlaɪn/ *n* 海岸線

coat /kəʊt/
I *n* **1** 外套；上衣： He took off his *coat*. 他脱去外衣。 **2** （動物）皮毛；（植物）表皮： a horse's *coat* 馬毛 **3** 表層；塗層： The cabinet needs another *coat* of paint. 櫃子還得上一層漆。
◇ **turn one's coat** 背叛；變節
II *vt* 給…穿上外套；在…上塗（蓋、包）： pills *coated* with sugar 糖衣片 /

Her tongue is *coated*. 她的舌苔較厚。
▷ **coating** *n* (覆蓋物);塗層;糖衣
↪ 插圖見 CLOTHES

co·balt /kə'bɔ:lt; 'kəubɔ:lt/ *n*
〈化〉鈷;鈷類顏料;深藍色

cob·bler /'kɒblə(r)/ *n*
1 皮匠;補鞋匠 **2** [美] 脆皮水果餡餅
3 [美] (用酒、糖、檸檬製成的) 冷飲

cob·web /'kɒbweb/ *n* [C]
蜘蛛網;蛛絲;蛛網狀的薄織物

co·caine /kə'keɪn/ *n* [U]
〈藥〉可卡因;古柯城

cock /kɒk/
I ❶ **1** 公雞;雄禽 **2** 〈機〉栓;開
關:a three-way *cock* 三通旋塞 **3** (槍
的) 扳機 **II** ❶ *vt* **1** 扳起槍的擊鐵 **2**
使朝上;使翹起 ❷ *vi* 朝上;翹起:
cock up 聳起;豎起;翹起
□ **cock-eyed** *adj* 斜視的 / **cocksure** *adj*
過於自信的 ▷ **cocker** 鬥雞迷

cock·roach /'kɒkrəutʃ/ *n* 〈動〉蟑螂

cock·tail /'kɒkteɪl/ *n* [C]
雞尾酒:a *cocktail* party 雞尾酒會

co·co /'kəukəu/ *n* 〈植〉椰子 (樹)

co·coa /'kəukəu/ *n* [U]
1 可可粉;可可茶;可可樹 **2** 深褐色

co·co·nut /'kəukənʌt/ *n*
〈植〉椰子 (樹);椰子肉
↪ 插圖見《專題圖說 9》

cod /kɒd/ *n*
(複 = cod) [C] 鱈魚;[U] 鱈魚肉

code /kəud/
I *n* [C] **1** 法典;規則:the moral
code 道德準則 / the criminal *code* 刑法
2 代碼;電碼;密碼;暗號:the
Morse *code* 摩爾斯電碼 / *code* flag 信號
旗 **II** *vt* **1** 把⋯編成法典 **2** 把⋯譯成

電碼;編碼

co·ef·fi·cient /ˌkəuɪ'fɪʃnt/ *n* 係數;率

cof·fee /'kɒfɪ/ *n*
1 [C, U] 咖啡 **2** [U] 咖啡樹;咖啡豆
(粉);咖啡色

cof·fin /'kɒfɪn/ *n* 棺材

coil /kɔɪl/
I ❶ *vt* 捲;盤繞;把⋯捲成圈:The
boa *coiled* around the snake charmer's
body. 蟒蛇纏繞着耍蛇人的身子。 ❷ *vi*
盤繞;成圈狀 **II** *n* **1** (一) 捲;(一)
圈:The hair is first done into *coils*. 頭
髮先做成一圈一圈的。 **2** 螺旋管;蛇管
3 〈物〉〈電〉線圈
❶ wind, loop, twist

coin /kɔɪn/
I *n* [C, U] 硬幣:subsidiary *coins* 輔幣
/ a heap of *coin(s)* 一堆硬幣 **II** *vt* **1** 鑄
幣 **2** 創造 (新詞):That's a newly-
coined word. 那是一個新造的詞。

coin·age /'kɔɪnɪdʒ/ *n*
1 [U] 造幣;鑄幣;[C] 硬幣;幣制 **2**
[U] 創造新詞;[C] 新造的詞語

co·in·cide /ˌkəuɪn'saɪd/ *vi*
1 (位置) 重合:The two circles
coincide. 這兩個圓重合。 **2** 與⋯相符合
(with):My birthday *coincides* with my
wife's. 我的生日與妻子的生日巧合。

co·in·ci·dence /kəu'ɪnsɪdəns/ *n* [U]
一致 (性);[C] 巧合;相合:a mere
coincidence 僅巧合而已

coke /kəuk/
I *n* [U] 焦炭 **II** *vt* 煉製焦炭

cold /kəuld/
I *adj* **1** 寒冷的:*cold* weather 寒冷的
天氣 / feel *cold* 感到冷 **2** 冷淡的;冷靜
的;無情的:a *cold* welcome 不熱情的

歡迎 **3** 給人冷感的（顏色）： *cold*
colours 冷色
◇ **give sb the cold shoulder** 怠慢某人
/ **have cold feet** 害怕；膽寒 / **make
one's blood run cold** 使某人不寒而栗 /
throw cold water on 對…潑冷水
II *n* **1** [C, U] 感冒；傷風： He has
caught (a) *cold*. 他感冒了。 **2** [U]（常
與定冠詞連用）寒冷： I was shivering
with *cold*. 我冷得發抖。/ She stood in
the *cold*, weeping. 她立在寒風中哭泣。
□ **cold-blooded** *adj* 冷血的；冷酷的 /
cold cream 冷霜 / **cold-hearted** *adj* 冷
酷的 / **cold-proof** *adj* 防寒的 ▷ **coldly**
adv / **coldness** *n*
◑ cool, chilly

用法說明： Cold 、 cool 、 chilly 的意義
都是 "冷"。 Cool 是 "涼快，涼爽"；
cold 的溫度比 cool 低，已給人不舒服的感
覺； chilly 用於描寫天氣或氣氛，使人感
到寒冷。

col·lab·o·ra·tion
/kəˌlæbəˈreɪʃn/ *n* [U]
1 合作： work in *collaboration* with
some American scientists 與一些美國科
學家合作 **2** 與敵合作；通敵
col·lapse /kəˈlæps/
❶ *vi* **1** 倒塌；崩潰；瓦解： The
drenched wall *collapsed*. 濕透了的牆倒
塌了。 **2** 價格暴跌 **3**（健康、精神方
面）垮下去 ❷ *vt* **1** 使倒塌；使崩潰
2 摺疊 ▷ **collapsible, collapsable** *adj*
可摺疊的；可壓扁的
◑ fall, fail
col·lar /ˈkɒlə(r)/
I *n* [C] **1** 衣領： The *collar* is not large

enough to go around his neck. 他脖子
粗，這領子小，圍不過來。 **2**（牲口的）
軛；脖圍；頸圈 **3** 環狀物 **II** *vt* **1** 揪
住…的領口 **2** 給（衣服）上領子；給…
上軛（套頸圈）
□ **collarbone** *n*〈解〉鎖骨
▷ **collarless** *adj*
col·league /ˈkɒliːɡ/ *n*
同事；同行；同學
col·lect /kəˈlekt/
I ❶ *vt* **1** 收集；收藏： *collect* tax 收
稅 / She *collects* time-pieces. 她收集鐘
錶。 **2** 領取；接走： I'm here to *collect*
my parcel. 我是來領取包裹的。 **3** 使鎮
定： *collect* oneself 使自己鎮定下來 ❷
vi 聚集： The women *collected* in front
of the city hall. 婦女們在市政廳前聚集。
II *adj, adv* 由收到者付款（的）；送到
即付款（的）： a *collect* telephone 向受
話者收費的電話 / send a package *collect*
以由收件人付款的方式寄包裹 / *collect*
on delivery 貨到付款
□ **collecting station** **1** 傷病員收容所
2 難民收容站 **3** 廢棄物資收集站
◑ gather
◐ disperse
col·lec·tion /kəˈlekʃn/ *n*
1 [U] 收集 **2** [C] 收集品；收集物： He
has a good *collection* of stamps. 他收藏
了不少郵票。 **3** [C] 集聚： a *collection*
of rubbish 一堆垃圾 **4** 徵收；募捐；募
集之款
col·lec·tive /kəˈlektɪv/
I *adj* 集合的；聯合的；集體的：
collective resignation 集體辭職
II *n* [C, U] 集體；〈語〉集合名詞
▷ **collectively** *adv* / **collectivism** *n* 集

體主義

col·lege /'kɒlɪdʒ/ n

1 （綜合大學中的）**學院**；**學院**；**高等專科學校**；[美] **大學**：Columbian College of Arts and Sciences, George Washington University 喬治・華盛頓大學的哥倫比亞文理學院 **2** **職業學校**：a secretarial college 秘書專科學校 **3** **社團**；**學會**：the College of Surgeons 外科醫生學會

🌓 institute, academy

col·le·gi·ate /kə'liːdʒɪət/

I adj 學院的；大學的；高等學校（學生）的 **II** n 高等學校學生

col·lide /kə'laɪd/ vi

1 （車、船）**猛撞**（with）：The lorry and the jeep collided. 卡車與吉普車相撞了。 **2** （意志等）**衝突**；**抵觸**（with）

▷ **collision** n 猛撞；衝突

🌓 clash, conflict

🌗 agree

col·loid /'kɒlɔɪd/ adj, n [U]

膠質（的）；膠體（的）；膠態（的）

colo·nel /'kɜːnl/ n

[英] 陸軍及海軍陸戰隊上校；[美] 陸軍、空軍及海軍陸戰隊上校 ▷ **colonelship** n 上校職銜

co·lo·ni·al /kə'ləʊnɪəl/

I adj **1** 殖民（地）的；有關殖民地的：a colonial country 殖民地國家 **2** [Colonial] [美] 殖民地時期的 **3** 〈生〉群體的；集群的 **II** n 殖民地居民

co·lo·ni·al·ist /kə'ləʊnɪəlɪst/ n

殖民主義者

col·o·nist /'kɒlənɪst/ n

殖民者；殖民地居民；移民

col·o·ny /'kɒlənɪ/ n

1 **殖民地**：the Colonies 美國獨立前的十三個州 / Most of the colonies of the Western nations have won their independance. 西方國家的大部分殖民地都已獲得獨立。 **2** **僑居地**；**僑民** **3** 〈生〉**群體**；**集群**：a colony of ants 一大群螞蟻

col·our, col·or /'kʌlə(r)/

I n **1** [C, U] **顏色**；**色彩**；[colours] **圖畫顏料**：In what colour are you going to paint it? 你打算把它漆成甚麼顏色？ / Blushing is virtue's colour. 〈諺〉臉紅是心善的表現。 **2** [U] **臉色**；**膚色**：a person of colour 非白種人 / She has very little colour. 她臉色不好。 **3** [U] **外觀**；（表面的）**真實性**：give (lend) colour to (sth) 使…帶有真實性 / The media have given a false colour to the incident. 傳媒歪曲了事件的本來面目。 **4** [C, U] **格調**；**情調**；**特色**：local colours 地方色彩 **5** [colours] **旗幟**；**綬帶**；**彩色裝飾**

◇ **appear in its true colours** 顯出了真面目 / **change colour** 變了臉色 / **come off with flying colours** 凱旋而歸，大告成功 / **get (win) one's colours** 當上運動選手

II vt **1** **給…着色**；**染**：colour it red 把它染成紅色 **2** **使帶上色彩**：The report is coloured by prejudice. 這個報道帶有偏見。

□ **colour-blind** adj 色盲的 / **colour-distinction** 種族歧視 ▷ **colouring** n 着色；血色；外貌：colouring matter 色素；染料

col·our·less, col·or·less /'kʌlələs/ adj 無色的；蒼白的

col·oured, col·ored /'kʌləd/ adj

1 有色的；有…顏色的　**2** 經過渲染的；有傾向的　**3** 有色人種的

col·our·ful, col·or·ful /'kʌləfl/ *adj*
色彩豐富的；生動活潑的

colt /kəult/ *n*
1 四至五齡的（雄性）馬駒　**2** 不懂事的男孩

col·umn /'kɒləm/ *n* [C]
1 〈建〉圓柱；圓柱狀物：the *column* supporting the marble roof 支撐大理石屋頂的柱子 / a *column* of smoke 煙柱 / spinal *column* 脊柱　**2** 〈軍〉縱隊：the fifth *column* 第五縱隊（指敵人派入的間諜或內奸）　**3**（報刊的）欄：He is the editor of the sports *column*. 他是體育專欄的編輯。▷ **columnist** *n* 專欄作家

comb /kəum/
I *n* **1** 梳子　**2** 雞冠；雞冠形物：*comb* of wave 浪峰　**II** **❶** *vt* 梳（髮）；搜尋　**❷** *vi*（浪）湧起

com·bat /'kɒmbæt/
I *n* 戰鬥；格鬥；搏鬥：*combat* orders 戰鬥命令　**II**（combated / combatted）**❶** *vt* 與…戰鬥；反對：*combat* corruption 與腐敗作鬥爭　**❷** *vi* 戰鬥；搏鬥（with, against）：*combat* with the wind and waves 與風浪搏鬥　▷ **combatant** *adj* 戰鬥的　*n* 鬥士；戰鬥員

❶ fight, battle

com·bi·na·tion
/ˌkɒmbɪ'neɪʃn/ *n* [C, U]
結合；聯合；組合；化合；共謀：in *combination* with 和…合作（協力、共謀）/ permutation and *combination*〈數〉排列組合

com·bine /kəm'baɪn/
I **❶** *vt* **1** 使結合；使聯合；使化合：

combined efforts 協力 / *combined* operations〈軍〉聯合作戰 / In the kindergarten, the teachers try to *combine* education with recreation. 在這所幼兒園，老師們嘗試把教育和娛樂結合起來。**2** 用聯合收割機收莊稼　**❷** *vi* 結合；聯合；化合：The workers *combined* to oppose the change. 工人們聯合起來反對這項變革。**II** *n* **1** 聯合；組合；聯合企業　**2** 聯合收割機（= combine-harvester）

com·bus·tion /kəm'bʌstʃən/ *n* [U]
燃燒；（有機物）氧化：spontaneous *combustion* 自燃 / an internal *combustion* engine 內燃機

come /kʌm/ *vi*
(came, come, coming)
1 來（到）：They *came* to a river. 他們來到一條河邊。/ Joy often *comes* after sorrow, like morning after night. [諺] 如同夜盡晝至，悲盡往往喜來。**2**（事物）來到；發生：*Come* what may, I will be with you. 不管發生甚麼事，我都將和你在一起。/ Nothing *comes* from nothing. [諺] 不耕耘，不會有收穫。**3** 達（到）；延伸至：The highway *comes* to our village. 公路直通我們村。**4** 到達（某一點）：We *came* to a conclusion. 我們得出了結論。/ It *comes* to \$10. 總共 10 元。**5**（與不定式連用）開始；終於：I have *come* to like him. 我竟喜歡上他了。/ How did you *come* to know her? 你怎麼會認識她的？**6**（與 how 連用）How *come* she quit her job? 她怎麼辭職了？**7**（作聯繫動詞用）成為：His dream has *come* true. 他夢想成真。**8**（表示鼓勵、安慰、不耐煩等）喂；

嗨;得啦;好啦: *Come, come, it's not so bad as all that!* 好啦!好啦!事情沒那麼糟糕!

◇ **come about** 發生: *How did it come about?* 此事是怎麼發生的?/ **come across** ◼ (越過…)來到 ◼ (偶然)遇見: *I came across him on my way home.* 我在回家的路上碰見了他。/ **come by** 得到: *The best things are hard to come by.* [諺] 最好的東西都不容易到手。/ **come down** 降;落;下跌;傳下來 / **come down on (upon)** 責備;襲擊;懲罰: *The boss came down hard on him.* 老闆狠狠訓了他一頓。/ **come forth** 出來;涌現 / **come forward** 站出來 / **come off** 脫落;(事情)完成: *The experiment came off well.* 實驗很成功。/ **come on** ◼ 來臨 ◼ (表示鼓勵、挑戰等): *Come on!* 快來吧!/ **come out** 出現;結果;結果是(第幾名) / **come out with** 提出;公布;伴隨着 / **come round** 過來;甦醒;改變立場 / **come under** 歸入…類 / **come up** 走近;上升 / **come up against** 遇到;遭到 / **come up to** 達到了(水平) / **come up with** 趕上

co·me·di·an /kə'miːdɪən/ *n* 喜劇演員
co·me·dy /'kɒmədɪ/ *n* [C, U] 喜劇
co·met /'kɒmɪt/ *n* 彗星
com·fort /'kʌmfət/
 I *n* ◼ [U] 舒適: *This hotel is known for its comfort.* 這家旅館以舒適著名。◼ [U] 安慰 ◼ [C] 帶來舒適(安慰)的東西
 II *vt* 安慰: *To promise and give nothing is to comfort a fool.* [諺] 口惠而實不至只能安慰傻瓜。

▷ **comfortless** *adj* / **comforter** *n*
com·fort·a·ble /'kʌmftəbl/ *adj* 舒適的;令人感到慰藉的
▷ **comfortably** *adv*
com·ic /'kɒmɪk/ *adj*
 ◼ 喜劇的;滑稽的;使人發笑的 ◼ 連環畫的: *comic strips* (報刊上的)連環(漫)畫 / *comic book* [美] 連環漫畫冊
com·mand /kə'mɑːnd/
 I ❶ *vt* ◼ 命令;指揮: *The colonel commands a regiment.* 上校指揮一個團。/ *Command your men and do it yourself.* [諺] 遇事自己能做,才能指揮別人(正人先正己)。◼ 控制;掌握: *Riches serve a wise man but command a fool.* [諺] 聰明人享用財富,傻瓜為財富所累。◼ 應得: *He is one of those teachers that command our respect.* 他是一個值得我們敬佩的老師。◼ 俯瞰: *The building commands a good view of the sea.* 從大樓上可一覽大海。❷ *vi* 指揮;控制
 II *n* ◼ [C] 命令: *He gave the command to charge.* 他發出衝鋒的命令。◼ [U] 指揮(權);統率(地位);支配: *General Lee was in command of the Southern army.* 李將軍指揮南方軍隊。/ *I'm at your command.* 我聽您調遣。◼ [U] 掌握;運用能力: *To do the job, you must have a good command of English.* 要做這件工作,你的英語必須很好。◼ [C] 〈軍〉防禦區;部隊;軍區: *Western command* 西部軍區
 ❶ order
com·mand·er /kə'mɑːndə(r)/ *n* 指揮官;司令: *Commander-in-Chief* 總司令

com·mand·ment /kə'mɑːndmənt/ *n*
戒律；〈宗〉誡：the ten *command-ments*（基督教）十誡

com·mem·o·rate /kə'meməreɪt/ *vt*
紀念：A monument has been built to *commemorate* the event. 為紀念這一事件而建碑。▷ **commemoration** *n*

com·mence /kə'mens/
❶ *vt* 開始：*commence* doing (to do) sth 開始做某事 ❷ *vi* ■ 開始 ■ [英] 得到學位：*commence* doctor 得到博士學位 ▷ **commencement** *n* 開始；開端；學位授予典禮；畢業典禮
◗ start, begin

com·mend /kə'mend/ *vt*
■ 褒獎；稱讚：*commend* sb upon his bravery 表揚某人的勇敢 / His deeds are highly *commended*. 他的事跡受到高度讚揚。 ■ 委託：*commend* sth to sb's care 委託某人照看某物 ■ 推薦：*commend* itself (oneself) to 給人留下好印象；為人接受 / The brand does not *commend* itself to me. 這牌子沒給我留下好印象。 ▷ **commendable** *adj* / **commendation** *n*
◗ praise, approve, recommend
◖ denounce, condemn

com·ment /'kɒment/
I *n* [C, U] ■ 評論；意見；批評：Have you any *comments* to make upon the incident? 對這件事你有何評論？ / No *comment*. 無可奉告。 ■ 評注
II *vi* 評論（on, upon）
▷ **commentary** *n* 評注；評論；註釋

com·merce /'kɒmɜːs/ *n* [U]
■ 商業；商務；貿易 ■ 社交；交流

com·mer·cial /kə'mɜːʃl/
I *adj* 商業的；商務的；以贏利為目的的：*commercial* activities 商業活動 / *commercial* attache 商務參贊 **II** *n* [C]（電台、電視上的）商業廣告節目
▷ **commercialize** *vt* 使商業化 / **commercially** *adv*

com·mis·sion /kə'mɪʃn/
I *n* ■ [U] 委託；代理（權）；[C] 任務：He was sent on a *commission* to China. 他被委任去中國執行一項公務。 ■ 佣金：draw a *commission* of eight percent on sales 從銷售中抽取百分之八的佣金 ■ [C]〈軍〉任職令；授銜令；委任狀：resign one's *commission* 辭去職務 ■ [C]（處理專門事務的）委員會 ■ [U] 犯（罪）
◇ **in commission**（艦、船）可起航的；可使用的；在服役中 / **out of commission** 不能使用的；退出現役的
II *vt* 委任；任命；委託：be *commissioned* to report on gambling 被授權調查並報告賭博的情況 / *commissioned* officers 已授銜的軍官

com·mis·sion·er /kə'mɪʃənə(r)/ *n*
■ 專員；政府特派員：the High *Commissioner* for Canada 駐加拿大高級專員 / the Civil Service *Commissioners* 主持公務員考試的督察 ■（某些地方或機構的）長官 ▷ **commissionership** *n* 專員等的職位（身份）

com·mit /kə'mɪt/ *vt*
■ 犯（罪）；犯（錯誤）；幹（壞事、傻事）：*commit* a crime 犯罪 / *commit* suicide 自殺 / He that *commits* a fault thinks everyone speaks of it. [諺] 做錯事的人總以為人人都在議論它。 ■ 把…託付給；把…提交給：*commit* a

patient to a mental hospital 把病人送進精神病院 / commit sth to paper 把某事記錄下來 **3** 把…判處：commit sb to ten years' imprisonment 判某人十年徒刑 **4** 使承擔義務（責任）：commit sb to do (doing) sth 責成某人做某事 / The President has committed himself to help the homeless. 總統已承諾幫助無家可歸者。

▷ **commitment** n 交託（保管或看管）；許諾；約定：Do I have your commitment? 你是否已對我作出承諾？

com·mit·tee /kə'mɪtɪ/ n
委員會：be (sit) on the committee 任委員會委員

com·mod·i·ty /kə'mɒdətɪ/ n [C]
日用品；商品：household commodities 家用商品

com·mon /'kɒmən/
I adj **1** 共有的；共同的；公用的：the common land 公有土地 / our common interests 我們共同的利益 / A common danger causes common action. [諺] 共同的危險導致共同的行動。 **2** 普通的；平常的：common people 普通人 / a girl who looks common 一個相貌平平的女孩 / Short sight is very common. 近視很常見。
II n **1** [C] 公共地 **2** [commons] 平民：the (House of) Commons [英] 下議院；眾議院
◇ **in common (with)** 共有；共通：Happy men and women have something in common. 幸福的人，不管男女，都有共同之處。/ **out of the common** 不平常
□ **common denominator**〈數〉公分母 / **common divisor (factor)** 公因子；公約數 / **common ground**（爭論、爭議中的）共同點 / **common market** 共同市場 / **common multiple** 公倍數 / **common sense** 常識 / **common stock** 普通股
① general, ordinary, plain

com·mon·ly /'kɒmənlɪ/ adv
共同地；普遍地

com·mon·place /'kɒmənpleɪs/
I adj 平凡的；陳腐的；平淡無奇的：a commonplace style 俗濫的風格 II n 常事；平常物：Computers are now a commonplace. 電腦現已到處都是。

com·mon·wealth /'kɒmənwelθ/ n
聯邦：the British Commonwealth of Nations 英聯邦

com·mune /'kɒmjuːn/ n
1（法、意、比利時等國的最小行政區）市鎮 **2**〈史〉公社 **3** 群居村

com·mu·ni·cate /kə'mjuːnɪkeɪt/
① vt **1** 傳遞（信息、情感、熱量、運動等）：I will communicate that to my superiors. 我將向我的上司轉達上述情況。 **2** 傳染（疾病） **②** vi **1** 交流；交際；通信：Some animals are known to communicate with one another. 已知有些動物互相之間能交流信息。/ They communicate daily. 他們每天有聯繫。 **2** 相通：This room communicates with the garden. 這個房間與花園相通。

com·mu·ni·ca·tion /kə͵mjuːnɪ'keɪʃn/ n
1 [U] 傳達；傳播；通訊；交際；傳染 **2** [C] 信息；書信；口信 **3** [C, U] 交際（交通）工具：road communications 道路交通

com·mun·ion /kəˈmjuːnɪən/ n
1 [U] 共享；共同參與 **2** [U]（親密地）交談；交流 **3**〈宗〉聖餐式

com·mu·nism /ˈkɒmjʊnɪzəm/ n [U] 共產主義

com·mu·nist /ˈkɒmjʊnɪst/
I adj 共產主義（者）的
II n 共產主義者；共產黨員

com·mu·ni·ty /kəˈmjuːnətɪ/ n
1 [C] 社區；社會；（同一地區的）全體居民：a community college 社區大學 / work for the welfare of the community 為公眾的福利而工作 / the Chinese community in San Francisco 舊金山的華人社會（社區）**2** [U] 共有；共同；共通性：community of interests 利益相通 **3** [C]〈生〉群落

com·mu·tate /ˈkɒmjuːteɪt/ vt〈電〉變換（電流）的方向；變交流電為直流電

com·mu·ta·tor /ˈkɒmjuːteɪtə(r)/ n〈電〉整流器；換向器

com·mu·ter /kəˈmjuːtə(r)/ n
1 每日往返住地和工作地點的人 **2**〈電〉= commutator

com·pact /kəmˈpækt/
I adj **1** 緊密的；安放緊湊的 **2**（文體）簡潔的；緊湊的 **II** vt 使緊密（緊湊）；使（文風）簡潔（緊湊）**III** n /ˈkɒmpækt/ 隨身攜帶的粉盒
▷ **compactly** adv / **compactness** n

com·pan·ion /kəmˈpænɪən/ n
1 同伴；伴侶；志趣相投者；同憂樂的人：You've got a companion to talk with on the journey. 旅行中你有了個可以聊天的同伴。/ Beauty and folly are often companions. [諺] 美貌往往與愚蠢結伴。**2** 指南；手冊：The Oxford Companion to English Literature 英國文學指南
❶ **guide**

com·pan·ion·ship /kəmˈpænɪənʃɪp/ n [U] 夥伴關係

com·pany /ˈkʌmpənɪ/ n
1 [U] 陪伴：Your company has given me great pleasure. 有你陪伴，我很開心。/ He went with her to the station for company. 他陪她一起去了車站。**2** [U] 同伴；朋友：A man is known by the company he keeps. [諺] 從其交友知其為人。**3** [C] 公司；商號：a limited liability company 有限公司（略作：Co. Ltd.）**4** [C]〈軍〉連：company commander 連長
◇ **in company** 有伴：He entered in company with four bodyguards. 他由四個保鏢陪着走進來。/ **keep company with** 和⋯結伴；和⋯常來往：Who keeps company with the wolf will learn to howl. [諺] 和狼作伴的人將學會狼叫；[喻] 近朱者赤，近墨者黑。/ **keep sb company** 陪伴某人

com·pa·ra·ble /ˈkɒmpərəbl/ adj 可相比的；可與⋯匹敵的（to）
▷ **comparably** adv

com·par·a·tive /kəmˈpærətɪv/
I adj **1** 比較（上）的：the comparative degree〈語〉比較級 **2** 相比較而言：live in comparative comfort 過着相對舒適的生活 **II** n [C]〈語〉比較級：'Worse' is the comparative of 'bad'. "Worse" 是 "bad" 的比較級。

com·par·a·tive·ly /kəmˈpærətɪvlɪ/ adv

比 較 地 ； 相 比 較 而 言 ： It is *comparatively* difficult to translate from one's mother tongue to a foreign language. 將母語譯成外語較為困難。

com·pare /kəm'peə(r)/
❶ *vt* **1** 比較；對照（with）： *Compare* your griefs with other men's and they will seem less. 若與別人的痛苦比較，自己的痛苦就會減輕一些。 **2** 把…比作（to）： Life is *compared* to a voyage. 人生被比作航行。 ❷ *vi* 比得上；相比： His work cannot *compare* with Emma's. 他的作品無法與愛瑪的相比。
◗ match, liken, equate

com·par·i·son /kəm'pærɪsn/ *n* [C, U]
1 比較；對照： the *comparison* of the two versions 兩個版本的比較 / There is no *comparison* between them. 兩者根本不能相比。/ Our losses are nothing in *comparison* with those of the Clarks. 和克拉克一家相比，我們的損失算不了甚麼。 **2** 比喻： a *comparison* of death to sleep 把死亡比作睡眠
◇ **beyond comparison** 無與倫比的 / **by comparison (with)** 比較起來

com·part·ment /kəm'pɑːtmənt/ *n*
1 分隔間；分隔層： Only the first-class railway carriage is divided into *compartments*. 只有頭等車廂才有包間。/ This suitcase has several *compartments*. 這個箱子有好幾層。 **2** 船艙： watertight *compartments* 不透水的密封艙

com·pass /'kʌmpəs/ *n*
1 羅盤；指南針： a *compass* course 羅盤航向 / Working without a plan is sailing without a *compass*. 工作無計劃如同航海無羅盤。 **2** [compasses] 圓規

Compass 指南針
north 北
northwest 西北　northeast 東北
west 西　　east 東
southwest 西南　southeast 東南
south 南

com·pel /kəm'pel/ *vt*
1 強迫；使不得不： *compel* sb to do sth 強迫某人做某事 / Poverty *compelled* him to quit school. 貧困使他輟學。 **2** 強行獲得： *compel* obedience from the children 強迫孩子們服從 ▷ **compelling** *adj* 使人非接受（相信）不可的
◗ force, drive

com·pen·sate /'kɒmpenseɪt/ *vt, vi*
賠償；補償： *compensate* (sb) for 補償；因…向某人賠償 / He was *compensated* for injuries at work. 他因工傷得到賠償。/ Nothing can *compensate* for what a mother does for her children. 甚麼都補償不了母親為孩子所做的一切。 ▷ **compensator** *n*

com·pen·sa·tion /ˌkɒmpen'seɪʃn/ *n* [C, U] 賠償；補償

com·pete /kəm'piːt/ *vi*
1 競爭（with）： *compete* with others for job opportunities 與其他人競爭就職機會 / Countries *compete* with one another in trade. 國與國展開貿易上的競爭。 **2** 比賽： About two thousand people *compete* in the race. 約兩千人參加了這場比賽。 ▷ **competing** *adj*

◐ contend, contest

com·pe·tence /'kɒmpɪtəns/ *n*
1 [U] 能力；勝任：I do not doubt your *competence* for the post. 我不懷疑你能勝任這個職位。**2**（法庭等的）權限：business that is within (beyond) the *competence* of the court 屬於（超出）法庭管轄權限的業務

◐ ability, capability, skill

com·pe·tent /'kɒmpɪtənt/ *adj*
1 有能力的；勝任的：He is *competent* as a foreman but not as a superintendent. 他作為領班還合適，但當主管不能勝任。/ The general is not *competent* to command an army. 那個將軍指揮不了一個軍。**2** 足夠的：*competent* knowledge 足夠的知識

◐ capable, skilled
◑ incompetent, incapable

com·pe·ti·tion
/ˌkɒmpə'tɪʃn/ *n* [C, U]
1 競爭：The design will be chosen in open *competition*. 設計方案將通過公開競爭的方式遴選。/ *Competition* lowers prices. 競爭使物價下落。**2** 比賽：a boxing *competition* 拳擊比賽

◐ contest

com·pe·ti·tive /kəm'petətɪv/ *adj*
競爭的；比賽的：*competitive* bidding system 招標制度 / Modern trade is highly *competitive*. 現代貿易具有高度的競爭性。

com·pe·ti·tor /kəm'petɪtə(r)/ *n*
競爭者；比賽者；對手

com·pile /kəm'paɪl/ *vt*
編輯；編制；編彙：*compile* an English textbook 編寫一本英語教科書 / *compile*
a budget 編制一份預算
▷ compilation *n* / **compiler** *n*

◐ edit

com·pla·cence /kəm'pleɪsns/ *n* [U]
1 自滿；自得（= complacency）**2** 漠不關心

◐ satisfaction

com·pla·cen·cy /kəm'pleɪsnsɪ/ *n* [U]
自滿；自得

com·plain /kəm'pleɪn/ *vi*
1 抱怨；發牢騷：They *complained* of (about) the bad food. 他們抱怨伙食太差。/ She *complained* that her husband had been unfaithful to her. 她抱怨丈夫一直對她不忠。**2** 自訴有…病痛：She *complained* of rheumatism. 她自訴有風濕病。**▷ complainant** *n* **1** 抱怨者；抗議者；控訴人 **2**〈律〉原告

com·plaint /kəm'pleɪnt/ *n*
1 [C, U] 抱怨；抱怨的緣由；控告：make (lodge, lay) a *complaint* against 控告…；抱怨… / He who makes constant *complaint* gets little compassion. [諺] 常發牢騷的人沒甚麼人同情。**2** [C] 病痛

com·ple·ment
I /'kɒmplɪmənt/ *n* **1** 補足物；〈語〉補（足）語：subject *complement* 主語補足語 **2**〈數〉餘數；餘角；餘弧
II /'kɒmplɪment/ *vt* 補充；補足

com·plete /kəm'pliːt/
I *adj* **1** 完整的；完全的：the *complete* works of Jane Austin 珍妮·奧斯汀全集 / You make the failure *complete* if you stop trying. 放棄努力你就真的徹底失敗了。**2** 完成的；結束的：The building is now *complete*. 大樓現在全蓋好了。

II vt 使…完整;完成;使…完善:
complete a project 完成一項工程 /
Education begins a gentlman,
conversation completes him. [諺] 教育孕
育一個有教養的人,與人交談使他完
美。
● entire, whole, full, finish, end
◐ incomplete, partial, start, begin

com·plete·ly /kəm'pli:tli/ adv
完全地;徹底地

com·plex /'kɒmpleks/
I adj **1** 複雜的;錯綜的;合成的:a
complex situation 複雜的形勢 / a
complex number〈數〉複數 / a complex
sentence〈語〉複合句
II n **1** 複雜;合成物;聯合企業;〈數〉
複數;〈化〉絡合物: a building
complex 建築群 **2**〈心〉心理;病態的
情緒反應: inferiority complex 自卑感
● complicated

com·plex·i·ty /kəm'pleksətɪ/ n
[U] 複雜(性);[C] 複雜的事物

com·pli·cat·ed /'kɒmplɪkeɪtɪd/ adj
結構複雜的;難解的: complicated
circuit 複雜的線路
● complex

com·pli·ment /'kɒmplɪmənt/
I n [C] **1** 稱讚的話;敬意: They paid
a compliment to the professor. 他們向教
授表示敬意。/ Your presence is a great
compliment to us. 承蒙光臨,不勝榮
幸。 **2** [compliments] 問候;道賀;賀
詞: With the compliments of the
season. (聖誕節祝詞) 謹賀佳節。
II vt 讚揚;向…致敬;向…問候: He
complimented me on my work. 他讚揚
我的工作。 ▷ **complimentary** adj **1**

讚美的;表敬意的 **2** [美] 贈送的

com·ply /kəm'plaɪ/ vi
遵從;依從(with): comply with the
rules 遵照規則行事 / At the customs,
you have to comply with some
formalities. 在海關你必須履行一些手
續。 ▷ **compliance** n 服從 / **compliant**
adj 服從的;照辦的
● conform, obey
◐ disobey, reject

com·po·nent /kəm'pəʊnənt/
I adj 組成的;成分的: component
parts 組成部分;部件 II n [C] **1** 組成
部(成)分;部件: components of the
machine 機器的部件 / components of
cost 費用(成本)的各部分 **2** 分力
● part, element

com·pose /kəm'pəʊz/ vt
1 組成;構成(常用被動態): the
parts that compose a camera 組成照相
機的部件 / The university is composed of
four colleges and a graduate school. 這
所大學由四個學院和一個研究生院組
成。 **2** 創作或撰寫(樂曲、詩歌等):
compose an opera 寫一部歌劇 **3**〈印〉
排(字);排(版) **4** 使安定下來:
Ann composed herself to open the door.
安妮定了定神,然後去開門。 **5** 使平
息: compose a dispute 調停紛爭
▷ **composed** adj 鎮靜的 / **composure**
n 鎮靜;沉着
● form, create, make, settle
◐ destroy
⇨ 用法説明見 COMPRISE

com·pos·er /kəm'pəʊzə(r)/ n
作曲者;創作者

com·po·si·tion /ˌkɒmpə'zɪʃn/ n

1 [U] 寫作；作曲；[C] 作品；作文；樂曲： a musical *composition* 一部音樂作品 / write an English *composition* on capital punishment 寫一篇有關死刑制度的作文 **2** [U] 組成；構成： the *composition* of white light 白色光的成分 **3** [U]〈印〉排字

com·pound

I /ˈkɒmpaʊnd/ *n* **1** [C] 混合物；〈化〉化合物 **2**〈語〉複合詞 **3** 牆或籬笆圍起的建築群或場地

II *adj* 混合的；複合的；化合的： *compound* interest 複利 / *compound* fracture〈醫〉哆開骨折

III /kəmˈpaʊnd/ **❶** *vt* **1** 使複合；使合成；使混合： *compound* a medication 配製藥劑 **2**（以互讓的辦法）解決（債務等）**3** 計算（複利）： interest *compounded* semiannually 半年計算一次的複利 **4** 使複雜化： *compound* a problem 使問題複雜化 **❷** *vi* 和解；妥協（with）

❶ mixture

com·pre·hen·sion

/ˌkɒmprɪˈhenʃn/ *n*
1 [U] 理解；理解力；[C] 理解能力測驗： reading *comprehension* 閱讀理解 / The sentence is beyond (above) my *comprehension*. 這句子我理解不了。**2** [U] 包含；包括： a term of wide *comprehension* 有廣泛含義的術語

com·pre·hen·sive

/ˌkɒmprɪˈhensɪv/ *adj*
1 廣泛的；內容多的；綜合的： *comprehensive* evaluation of the project 對項目全面的評估 / *comprehensive* ban on nuclear tests 全面禁止核試驗 **2** 理解的；有理解力的

▷ **comprehensively** *adv*

com·press

I /kəmˈpres/ *vt* 壓縮；使簡練： *compressed* air 壓縮空氣 / *compress* the three paragraphs into one 把這三段壓縮成一段 **II** /ˈkɒmpres/ *n*（止血、消炎用的）壓布；敷布 ▷ **compressible** *adj* / **compressor** *n* 壓縮機；壓氣機

❶ press, squeeze, condense
❶ stretch, spread

com·pres·sion /kəmˈpreʃn/ *n* [U]
壓縮

com·prise /kəmˈpraɪz/ *vt*
由…組成；包含；包括： The delegation *comprised* officials and experts. 代表團由官員和專家組成。

❶ include, contain

用法説明： **Comprise**、**be composed of**、**consist of** 都有"組成，構成"的含義。**Consist** 是個不及物動詞，只用在短語 **consist of** 中，一般可以説： A thing consists of / is made up of its parts.（一個事物是由它的各部分組成的。）在較為正式的語體中，可以説： A thing is composed of its parts. **Comprise** 是及物動詞，The city comprises five districts. 和 Five districts comprise the city. 意義都是"那城市由五個區組成。"

---

com·pul·so·ry /kəmˈpʌlsərɪ/ *adj*
強制執行的；義務的；必修的： a *compulsory* course 必修課程 / Military service is *compulsory* in some countries. 服兵役在一些國家裏是強制性的。

❶ obligatory
❶ voluntary, optional

com·put·er /kəm'pjuːtə(r)/ *n*
電腦；計算機
□ **computer dating** 計算機約會安排 / **computer game** 電腦游戲；電玩 / **computer language** 計算機語言；機器語言 ▷ **computerize** *vt*
⇨ 插圖見〈專題圖說 5〉

com·put·er·ho·lic /kəm'pjuːtəhɒlɪk/ *n* 計算機迷；電腦迷

com·rade /'kɒmreɪd/ *n*
同志；同事：*comrades* in arms 戰友 ▷ **comradely** *adj* / **comradeship** *n* 同志關係；友誼

con·cave /'kɒnkeɪv/
I *adj* 凹的；凹面的
II *n* [U] 凹；[C] 凹面物

con·ceal /kən'siːl/ *vt*
把…隱藏（隱蔽）起來；隱瞞：*conceal* sth from sb 對某人隱瞞某事 / a *concealed* exit 隱蔽的出口 / The highest art is to *conceal* art. [諺] 最好的藝術不露藝術創作的痕跡。 ▷ **concealment** *n*
❶ hide, cover
❷ reveal, disclose, expose

con·ceit /kən'siːt/ *n* [U]
自負；自大；自滿：*Conceit* is written on his face. 他滿臉傲氣。/ in one's own *conceit* 自以為是
❶ pride, vanity

con·ceit·ed /kən'siːtɪd/ *adj*
自負的；自大的；自滿的：He is *conceited* about his performance. 他對自己的成績很自負。
❶ arrogant, vain
❷ humble, modest

con·ceive /kən'siːv/
❶ *vt, vi* ❶ 想出；醞釀出（主意、計劃

等）；想像：a *well-conceived* plan 考慮周密的計劃 / I wonder who *conceived* the idea of water-skiing. 我在想是誰先想出滑水這主意。 ❷ 懷胎：*conceive* a child 懷孩子 ❷ *vi* ❶ 想像（of）：Can you *conceive* of Sherry becoming a model? 你能想像雪莉當模特兒嗎？ ❷ 懷孕 ▷ **conceivable** *adj* 可以想到的；可以想像的
❶ form, create

con·cen·trate /'kɒnsəntreɪt/
I ❶ *vt* ❶ 集中；使集中於一點：*concentrate* man power 集中人力 / *concentrate* one's attention on (upon) one's work 專心致志地幹活 ❷〈化〉濃縮 ❷ *vi* 集中；全神貫注（on, upon）：*concentrate* in class 專心聽講 / *concentrate* on her preparations 集中精力做她的準備工作 II *n* 濃縮物
▷ **concentrated** *adj* 集中了的；濃縮了的；聚精會神的：*concentrated* food 濃縮食品 / *concentrated* fire 密集的火力
❶ focus, mass, condense
❷ scatter, spread, dilute

con·cen·tra·tion /ˌkɒnsən'treɪʃn/ *n*
❶ [U] 集中；專心：*concentration* camp 集中營 / The boy lacks *concentration*. 那男孩不專心。 ❷ [U] 濃縮；濃度；[C] 濃縮物

con·cen·tric /kən'sentrɪk/ *adj*
同心的；同軸的：*concentric* circles 同心圓

con·cept /'kɒnsept/ *n* [C]
概念；觀念；思想：key *concepts* 重要概念

con·cep·tion /kən'sepʃn/ *n*
❶ [U] 概念的形成；構想；[C] 概念；看

法：his *conception* of the universe 他的宇宙觀 / have great power of *conception* 具有豐富的想像力 / He hasn't formed his *conception* of the play. 劇本他還沒構思好。 **2** 懷孕；妊娠

con·cep·tual /kən'septʃuəl/ *adj*
conceptual knowledge 概念知識（比較：perceptual knowledge 感性知識）

con·cern /kən'sɜːn/
I *vt* **1** 關係到；涉及；影響：This *concerns* you. 這與你有關。/ So far as children's safety is *concerned*, … 就兒童安全這一點來說，… **2** 使關心；使掛念；使擔心（about, for, over）：*concern* oneself with ecological problems 關心生態問題 / be *concerned* about (for) his health 擔心他的健康
◇ **to whom it may concern**（用作正式信件的開頭）敬啟者
II *n* **1** [C, U]（利害）關係；所關心的事：This is no *concern* of mine. 這不關我的事。/ I have enough *concerns* already. 我要操心的事已夠多的了。 **2** [U] 憂慮：There is some cause for *concern* but no need for alarm. 擔心有理由，但慌張沒必要。/ The mother looked at her sick child in *concern*. 母親關切地看着她生病的孩子。 **3** [C] 商行；企業；〈經〉康采恩
▷ **concerned** *adj* **1** 擔心的；掛念的 **2**（常用在名詞後面）有關的：the department *concerned* 有關部門 / the witnesses *concerned* 有關的證人
❶ care, anxiety, worry
❿ unconcern, indifference

con·cern·ing /kən'sɜːnɪŋ/ *prep*
有關；涉及：inquiries *concerning* the case 有關此案的查詢

con·cert /'kɒnsət/ *n*
1 [C] 音樂會；演奏會 **2** [U] 一致；協調：The sister cities acted in *concert*. 姐妹城市一致行動。

con·ces·sion /kən'seʃn/ *n*
1 [U] 讓步；[C] 讓與物：As a *concession* to the pressure from the U.N., the country allowed its nuclear facilities to be checked. 迫於聯合國的壓力，該國作出讓步，允許核設施接受檢查。 **2** [C]（政府對採礦權、土地使用權的）特許；特許權；租借地
▷ **concessive** *adj* 讓步的

con·cise /kən'saɪs/ *adj*
簡潔的；簡要的　▷ **concisely** *adv* / **conciseness** *n*
❶ brief

con·clude /kən'kluːd/
❶ *vt* **1** 結束：*conclude* a lecture 結束講課 **2** 締結；達成：*conclude* a treaty with 和…締結條約 / *conclude* the transaction with payment 付款後成交 **3** 斷定：The jury *concluded* from the evidence that he was guilty. 陪審團按證據斷定他有罪。 ❷ *vi* 結束；終了：The ceremony *concluded* with the national anthem. 儀式在國歌聲中結束。
▷ **concluding** *adj* 結束的；總結的：a *concluding* speech 最後的發言；閉幕詞
❶ close, finish, complete, settle
❿ begin, start, initiate

con·clu·sion /kən'kluːʒn/ *n* [C]
1 結束；結果；結尾：at the *conclusion* of his reign 在他的朝代結束時 / bring the controversy to an early *conclusion* 使爭議早日了結 **2** 締結；議

定：the *conclusion* of a peace treaty 締
結和平條約　**3** 結論；推論：draw a
conclusion from ... 從…得出結論

◇ **in conclusion** 在結束時；最後

con·crete /ˈkɒŋkriːt/

I *adj* 具體的；有形的；實在的：
concrete measures 具 體 的 措 施 /
concrete evidence 確實的證據 / *concrete*
number〈數〉名數

II *n* [U] 混凝土；凝結物：*concrete*
wall 混凝土牆

III /kɒnˈkriːt/ **❶** *vt* 用混凝土澆築：
concrete a road 用混凝土鋪路　**❷** *vi* 凝
固；固結

▷ **concretely** *adv* / **concreteness** *n*

con·demn /kənˈdem/ *vt*

1 譴責；責備；宣告…不適用（無
用）：We *condemn* the invasion. 我們
譴責此次入侵。/ The minister was
condemned for his neglect of duty. 部長
玩忽職守，受到譴責。**2** 宣判：The
murderer was *condemned* to death. 殺
人犯被判死刑。**3** 宣告…患不治之症；
使處於痛苦境界：Suffering from
cancer, he was *condemned*. 身患癌症，
他已屬不治。**4** 宣告沒收（走私貨
等）：The speedboat for smuggling
cigarettes has been *condemned*. 走私香
煙的快艇被宣告沒收。

❶ disapprove, denounce, sentence

❶ praise, commend

con·dem·na·tion

/ˌkɒndemˈneɪʃn/ *n* [U] 譴責；定罪；宣
告（不適用）；沒收；徵用

con·dense /kənˈdens/

❶ *vt* **1** 濃縮（液體）；冷凝（氣體）；
集聚（光線）：*condensed* milk 煉乳 /

collect the drops of liquid that *condense*
from the vapour 收集從蒸汽冷凝的液滴
/ The light is *condensed* through a lens.
光線通過透鏡集聚成一束。**2** 壓縮（文
章等）：a *condensed* version of the
story 故事經壓縮後的版本　**❷** *vi* **1** 濃
縮；凝結 **2**（氣體）變液體（固體）

❶ thicken, concentrate, shorten

❶ dilute, expand, enlarge, lengthen

con·dens·er /kənˈdensə(r)/ *n*
冷凝器；聚光器；電容器；縮寫者

con·di·tion /kənˈdɪʃn/

I *n* **1** [C] [conditions] 情況；環境；形
勢：In (under) war *conditions*, trade
with the enemy is often banned. 在戰爭
情況下與敵方的貿易往往被禁止。**2** [U]
狀況；狀態：The panda arrived in the
U.S. in good *condition*. 大熊貓安然無恙
抵達美國。/ The house is in a dirty
condition. 房子裏一片髒亂。**3** [C] 條
件：Are material *conditions* essential to
happiness? 幸福是否必須具備物質條
件？**4** [C] 身份；地位：all sorts and
conditions of men 各種身份的人

◇ **in (out of) condition** 健康好（不
好）；身體條件適宜（不適宜）：As I'm
out of condition, I'm unable to do the
job. 因身體不適，我做不了這工作。/ **on
condition** 以…為條件：You can have
the book *on condition* that you return it
within three days. 書你可以拿走，條件
是三日內必須歸還。/ **on no condition**
在任何情況下都不：You must *on no
condition* go too far away from the
shore. 在任何情況下，你都不要離岸太
遠。

II *vt* **1** 決定；制約；是…的條件：

factors that *condition* prices 決定價格的因素 / Ability *conditions* success. 能力是成功的條件。 **2 使處於理想的狀態**: *condition* the temperature of the room 調節房間的溫度 **3 使適應**: *condition* the wheat to the cold climate 使小麥適應寒冷的氣候 ▷ **conditioned** *adj* 有條件的；有…限制的；經調節的：a *conditioned* reflex〈心〉條件反射 / **conditioner** *n* 調節器 / **conditioning** *n* (空氣等的) 調節

❶ state, circumstance, term, provision

con·di·tion·al /kənˈdɪʃənl/ *adj* 以…為條件的；取決於：Financial aid is *conditional* upon your academic record. 資助取決於你的學習成績。/ a *conditional* clause〈語〉條件從句

con·do /ˈkɒndəʊ/ *n* [C] [美口] **分套購置的公寓** (condominium 的略語，住戶購買自己的公寓，並與其他住戶共用公寓所在地的公共場地)

con·duct

I /ˈkɒndʌkt/ *n* [U] **1 行為；品行**: the rules of *conduct* 行為準則 / Good *conduct* will be praised. 品行好將受到表揚。 **2 指揮；處理；管理**: The *conduct* of the campaign is in good hands. 指揮這項活動的人是高手 (儘可放心)。

II /kənˈdʌkt/ **❶** *vt* **1 帶領；引導**: The secretary *conducted* me into the manager's office. 秘書引我進了經理的辦公室。 **2 主持；管理；指揮**: Mr Forbes will *conduct* the meeting today. 福布斯先生將主持今天的會議。/ He refused to *conduct* the orchestra. 他拒絕指揮那支樂隊。 **3 傳導 4** (接反身代

詞) **表現**: He *conducts* himself well. 他表現不錯。 **❷** *vi* **帶領；引導；指導；指揮** ▷ **conductive** *adj* 傳導的；導電 (熱) 的

con·duc·tion /kənˈdʌkʃn/ *n* 傳導；導電 (熱等)

con·duc·tor /kənˈdʌktə(r)/ *n* **1** (樂隊) 指揮 **2** (公共汽車等的) 售票員；[美] 火車車廂服務員 **3 導體**

cone /kəʊn/ **I** *n* **1 圓錐；錐體；錐面 2 錐形物；錐形冰淇淋 3**〈植〉〈松樹的〉球果 **II** *vt, vi* 使成錐形；(松樹) 結球果 ➪ 插圖見〈專題圖説 14〉

con·fer·ence /ˈkɒnfərəns/ *n* [C, U] **會議；討論**: a press *conference* 記者招待會 / The headmaster is in *conference*. 校長正在開會。

❶ meeting, convention

con·fess /kənˈfes/ *vt, vi* **1 承認；供認；坦白**: He *confessed* his faults. 他認了錯。/ Simon *confessed* that he was a spy. 西蒙承認自己是間諜。 **2 懺悔；告罪**: *confess* one's sin 懺悔罪過 ▷ **confessor** *n* 供認者；懺悔者；聽懺悔的神父

❶ admit, acknowledge
◐ deny

con·fes·sion /kənˈfeʃn/ *n* **1** [C, U] **供認；坦白；懺悔**: He is ready to make a full *confession*. 他願意徹底坦白。/ *Confession* is good for the soul. [諺] 懺悔有益於靈魂。 **2** [C] **自白書**

con·fi·dence /ˈkɒnfɪdəns/ *n* **1** [U] **信任；信賴**: have (lose) *confidence* in sb 信任 (不信任) 某人 /

Don't put too much *confidence* in what he says. 別太相信他説的話。 **2** [U] 信心： *self-confidence* 自信 / He answered the examiner's questions with *confidence*. 他很有信心地回答了主考人的問題。 **3** [C] 知心話；私房話；秘密： She couldn't wait to share her *confidences* with her close friend. 她迫不及待要和她的朋友分享秘密。

◇ **in strict confidence** 嚴格保密： I'm telling you this *in strict confidence*. 這件事我告訴了你，但你必須嚴格保密。/ **take sb into one's confidence** 信任（信賴）某人；告訴某人秘密

❶ trust, secret
❶ distrust, doubt

con·fi·dent /ˈkɒnfɪdənt/ *adj*
確信的；有信心的；自信的： I'm *confident* that the Chinese team will win. 我相信中國隊一定會贏得比賽。/ Are you *confident* of passing the driving test? 你有信心通過駕駛考試嗎？

▷ **confidently** *adv*
❶ certain, sure, positive
❶ unconfident, uncertain, unsure

con·fi·den·tial /ˌkɒnfɪˈdenʃl/ *adj*
1 機密的： a *confidential* document 機密文件 **2** 極受信任的；參與機密的： *confidential* secretary 機要秘書 **3** 輕信的： Don't become too *confidential* with those you don't know very well. 別輕信你並不熟悉的人。

❶ secret
❶ public, open

con·fine /kənˈfaɪn/ *vt*
1 限制（to）： Today I will *confine* my subject to juvenile deliquency. 今天我的

題目只限於少年犯罪。 **2** 禁閉；使不能外出： The soldiers are *confined* to barracks. 士兵被禁止出兵營。

❶ limit, restrict, restrain

con·firm /kənˈfɜːm/ *vt*
1 使確定；證實；確認： The election *confirmed* his position. 選舉進一步確立了他的地位。/ The report of the crash has not yet been *confirmed*. 有關飛機失事的報道還未經證實。 **2** 批准： *confirm* a treaty 批准條約

▷ **confirmable** *adj* 可進一步確定（證實）的；可批准的 / **confirmed** *adj* 確定的；證實了的；成習慣的

❶ verify, prove, approve
❶ contradict, disprove, disapprove

con·fir·ma·tion
/ˌkɒnfəˈmeɪʃn/ *n* [C, U]
1 證實；確認： I'm waiting for *confirmation* of the plane ticket. 我正在等待飛機票認可。 **2** 批准

con·fis·cate /ˈkɒnfɪskeɪt/
I *vt* 沒收；充公： His property might be *confiscated*. 他的財產可能被沒收。
II *adj* 財產被沒收的；被充公的
▷ **confiscation** *n* / **confiscator** *n*

con·flict /ˈkɒnflɪkt/
I [C] *n* 鬥爭；傾軋；衝突： a *conflict* of views 觀點衝突 / be in *conflict* with 與…衝突（矛盾）/ Many civilians were killed in the *conflict*. 許多平民在衝突中喪生。
II *vi* 爭鬥；衝突： Their account of the accident *conflicts* with ours. 他們對事故的描述與我們的相矛盾。

❶ clash, disagreement, disagree, fight

◑ agreement, harmony, agree

con·form /kənˈfɔːm/
❶ *vi* 一致；符合；遵照；適合（to）: *conform* to the rules 遵守規則 / *conform* to the usages of the native speakers 遵從使用該語言的本國人的習慣用法 **❷** *vt* 使一致；使符合；使適合: *conform* one's habits to the local customs 改變習慣以順應當地的習俗
▷ **conformable** *adj*
◐ follow, comply, obey
◑ oppose, disobey, differ, reject

con·for·mi·ty /kənˈfɔːməti/ *n* [U]
❶ 遵從；順從: *conformity* to fashion 追隨時尚 **❷** 符合；一致: I acted in *conformity* with your request. 我遵照你的要求行事。

con·front /kənˈfrʌnt/ *vt*
❶ （使）面對（面臨）: *confront* him with the evidence of his guilt 對他顯示罪證 / We *confronted* the enemy's strong resistance on the way. 途中我們遭到敵人的強烈抵抗。 **❷** （困難等）橫阻在…的面前: the dangers that *confront* us 我們面臨的危險
▷ **confrontation** *n* 面對；遭遇；對抗: Try negotiation rather than *confrontation*. 試用談判而不是對抗的方式。
◐ face, encounter, defy
◑ avoid

con·fuse /kənˈfjuːz/ *vt*
❶ 混淆；弄錯；使糊塗；使困窘: He *confused* Mr Wang with Mr Li. 王先生還是李先生他分不清楚。 / My ideas are rather *confused* on this subject. 有關這個題目我的思緒像亂麻一團。 **❷** 使混

亂；弄亂: Don't *confuse* the two kinds of seeds. 別把兩種種子攪和在一起。
◐ muddle, baffle, puzzle
◑ enlighten, clarify, differentiate

con·fu·sion /kənˈfjuːʒn/ *n* [U]
混亂；混淆；慌亂: The meeting broke up in *confusion*. 會議在混亂中結束。 / There is *confusion* of ideas. 這兒有觀點的混亂。 / The enemy fled in *confusion*. 敵人慌慌張張地逃走了。
◐ chaos, disorder, mess
◑ order

con·ges·tion /kənˈdʒestʃən/ *n* [U]
❶ 擠滿；（交通）擁擠: Many cities are plagued by traffic *congestion*. 許多城市深受交通擁擠的困擾。 **❷**〈醫〉充血: *congestion* of the lung 肺充血
◐ jam

con·grat·u·late /kənˈɡrætʃuleit/ *vt*
❶ 祝賀: *congratulate* her on the birth of a son 恭喜她生了兒子 **❷** 慶幸: *congratulate* himself on having survived the plane crash 慶幸自己在飛機失事中幸免於難

con·grat·u·la·tion /kənˌɡrætʃuˈleiʃn/ *n*
[常作 congratulations] 祝賀: You've passed your oral defence. *Congratulations*! 你通過了答辯，祝賀你！
▷ **congratulatory** *adj* 表示祝賀的: *congratulatory* telegram 祝賀電報；禮儀電報

con·gre·ga·tion /ˌkɒŋɡrɪˈɡeiʃn/ *n*
❶ [U] 聚集；集會；[C] 人群 **❷** [C]（教堂中的）會眾

con·gress /ˈkɒŋɡres/ *n*
❶ [C] 議會；（代表）大會；專業人員代

表會議：The National People's *Congress* is in session. 全國人民代表大會正在開會。 **2** [Congress] 美國國會 ▷ **con-gressional** adj 國會的：*congressional* debates 國會辯論

con·gress·man /ˈkɒŋgresmən/ n
（複 = congressmen） 國會議員（尤指美國眾議員）

con·gress·wo·man
/ˈkɒŋgreswʊmən/ n
（複 = congresswomen） 女國會議員

con·gru·ence, con·gru·en·cy
/ˈkɒŋgruəns(ɪ)/ n [U]
1 一致；和諧 **2** 〈數〉相合；全等

con·gru·ent /ˈkɒŋgruənt/ adj
1 一致的；和諧的 **2** 〈數〉相合的；全等的

con·i·cal /ˈkɒnɪkl/ adj
圓錐的；圓錐形的

co·nif·er /ˈkɒnɪfə(r)/ n
〈植〉針葉樹（如松樹等）

co·nif·er·ous /kəˈnɪfərəs/ adj
針葉樹的

con·junc·tion /kənˈdʒʌŋkʃn/ n
1 [C] 〈語〉連接詞 **2** [U] 結合；聯合；連接：the *conjunction* of form and content 形式和內容的結合

con·nect /kəˈnekt/
❶ vt **1** 連接：*connect* the two wires 把這兩根電線接起來 **2** 把…相聯繫：I don't wish to be *connected* with this affair. 我不想與這件事發生關係。/ She is *connected* with the Sidneys by marriage. 她和西德尼一家是姻親。 **3** 給…接通電話：Please *connect* me with Professor Selden. 請替我接通塞爾登教授。 **❷** vi 連接；相通；銜接：The 6:00 p.m. bus from the plant *connects* with the 6:40 ferry. 下午六點的廠車與六點四十的渡船正好銜接。/ How does the washing-machine *connect* with the pipe? 洗衣機怎麼接水管呢？

❶ join, link, associate, relate
❶ disconnect, separate

con·nec·tion /kəˈnekʃn/ n
1 [C, U] 連接（物）；銜接；聯繫：You are in *connection*. 你的電話接通了。/ A gangway is a *connection* between a ship and the land. 舷梯把船和陸地連接在一起。/ I don't see the *connection* between A and B. 我看不出 A 和 B 的聯繫。 **2** [C] 社會關係；姻親：our relations and *connections* 我們的親戚和熟人 **3** [C]（車、船）聯運：The train was late and I missed my *connection*. 火車晚點，我誤了與它銜接的車（船）。

❶ linkage, tie, relation, association
❶ disconnection

con·quer /ˈkɒŋkə(r)/ vt
1 征服；攻克；戰勝：There are only two powers in the world, the sword and the pen; and in the end the former is always *conquered* by the latter. 世界上只有劍與筆兩種力量，而最終後者總是戰勝前者。（拿破崙語）/ Truth will *conquer*. [諺] 真理將戰勝一切。 **2** 克服（困難等）：*conquer* a bad habit 改掉壞習慣

❶ defeat, overcome, beat

con·quer·or /ˈkɒŋkərə(r)/ n
征服者；戰勝者

con·quest /ˈkɒŋkwest/ n
[U] 征服；[C] 獲得（物）；佔領地：the

Norman *Conquest* 指 1066 年，英國被威廉公爵征服
❶ defeat, triumph
❷ submission, surrender

con·science /'kɒnʃəns/ *n* [C, U]
良心： a clear (good) *conscience* 問心無愧 / A bad *conscience* is a snake in one's heart. [諺] 罪疚感就如同蛇蠍在心（使你寢食不安）。
◇ **have sth on one's conscience** 因某事而內疚 / **make sth a matter of conscience** 憑良心去做事 ▷ **con-scienceless** *adj*

con·sci·en·tious /ˌkɒnʃɪ'enʃəs/ *adj*
認真的；誠心誠意的；憑良心做事的： a *conscientious* student 認真的學生 / *conscientious* work 認真的工作

con·sci·en·tious·ly
/ˌkɒnʃɪ'enʃəslɪ/ *adv*
認真地；誠心誠意地

con·scious /'kɒnʃəs/ *adj*
❶ 有意識的；意識到的；自覺的： Few were *conscious* of its importance at the time. 那時很少人意識到它的重要性。/ She is *conscious* of being watched. 她覺着有人在看她。❷ 神志清醒的： He was quite *conscious* throughout the operation. 手術時他一直相當清醒。❸（用於複合詞中）有…意識的：*efficiency-conscious* 有效率意識的
▷ **consciously** *adv*
❶ sensible, aware
❷ unconscious, unaware

con·scious·ness /'kɒnʃəsnɪs/ *n* [U]
意識；知覺；覺悟： lose (regain, recover) *consciousness* 失去（恢復）知覺 / moral *consciousness* 道德意識

con·sec·u·tive /kən'sekjʊtɪv/
連續的；順序的： six *consecutive* days 連續六天 / *consecutive* number〈數〉連續數；相鄰數

con·sent /kən'sent/
I *vi* 同意；贊成；答應： *consent* to a proposal 同意一個建議 / *consent* to stay 同意留下來 / I wouldn't *consent* to your dating with that man. 我不同意你和那男人約會。
II *n* [U] 同意；贊成；答應： Silence gives *consent*. [諺] 沉默即同意。/ The board of directors refused *consent* to his plan. 董事會不同意他的計劃。
◇ **the age of consent**〈律〉（尤指少女在性關係和婚姻上的）承諾年齡；合法年齡
❶ agree, approve, approval
❷ disagpproval

con·se·quence /'kɒnsɪkwəns/ *n*
❶ [C] 結果；後果： I'm ready to take the *consequences*. 我願意承擔後果。
❷ [U] 重要（性）： Is it of much *consequence*? 這很要緊嗎？
◇ **in consequence** 結果是 / **in consequence of** 由於…的緣故
❶ result, outcome

con·se·quent /'kɒnsɪkwənt/ *adj*
作為結果的；隨之發生的： the accident and *consequent* argument 事故以及隨後的爭執 / the crisis *consequent* upon the assassination of the president 總統遇刺造成的危機

con·se·quent·ly /'kɒnsɪkwəntlɪ/ *adv*
結果；因此；所以

con·ser·va·tion /ˌkɒnsə'veɪʃn/ *n* [U]
❶（自然資源等的）保護；保存：

conservation of rare species 珍稀物種的保護 **2** 〈物〉守恆：*conservation* of energy 能量守恆 ▷ **conservational** *adj*
◑ preservation, protection

con·ser·va·tive /kən'sɜːvətɪv/
I *adj* **1** 保守的；守舊的：*conservative* politics 保守政治 / a *conservative* person 守舊的人 / the *Conservative* Party [英] 保守黨 **2** 謹慎的；穩健的：a *conservative* estimate 保守的估計 II *n* 保守的人；保守主義者；[Conservative] [英] 保守黨人 ▷ **conservatively** *adv*
◑ liberal, radical

con·serve /kən'sɜːv/
I *vt* 保存；保藏；保養：*conserve* the heat 保持熱量 / *conserve* one's health 保持健康 / *conserve* fruit（用糖漬等）保存水果 II *n* [U] 蜜餞；果醬
◑ preserve, save
◐ waste

con·sid·er /kən'sɪdə(r)/ *vt*
1 認為；以為；視作：*consider* him (to be) an incompetant leader 認為他是無能的領袖 / *consider* himself very clever 認為他自己很聰明 / We *consider* that he is responsible. 我們認為他負有責任。 **2** 考慮：*consider* well before you choose 仔細考慮後再挑選 / Have you *considered* where to land? 你想過在哪兒着陸嗎？ **3** 考慮到；體諒：We must *consider* his low income. 我們必須考慮到他的低收入。
◇ **all things considered** 考慮到所有情況：*All things considered*, he is the right candidate. 全面考慮，他是合適的人選。 ▷ **considering** *prep* 考慮到：*Considering* his age, the work is well

done. 考慮到他的年紀，這工作幹得不錯。
◑ think, regard
◐ ignore, neglect, disregard

con·sid·er·a·ble /kən'sɪdərəbl/ *adj* 值得考慮的；相當大（多、重要）的：A *considerable* amount of water is wasted because of the leaky tank. 由於水箱漏水，大量的水給浪費了。

con·sid·er·a·bly /kən'sɪdərəblɪ/ *adv* 相當地：The climate there is *considerably* warmer. 那裏的氣候暖和多了。

con·sid·er·ate /kən'sɪdərət/ *adj* 關心（愛護、體諒）的（of）：It was *considerate* of him to give us a first-aid kit. 難為他考慮週到，給了我們一個急救箱。/ Be *considerate* towards the poor. 要關心窮人。

con·sid·er·a·tion /kən,sɪdə'reɪʃn/ *n* **1** [C] 需要考慮的事；所考慮的事：Transportation is the first *consideration* of the municipal government. 交通是市政府首先考慮的事。 **2** [U] 考慮；細想：After careful *consideration*, he decided to resign. 仔細考慮之後，他決定辭職。 **3** [U] 體諒；照顧：show *consideration* for others' feelings 照顧別人的感情 **4** [C] 報酬；補償
◇ **in consideration of** 考慮到：*In consideration of* his poor health, we will relieve him of his post. 考慮到他身體不好，我們決定免除他的職務。/ **leave sth out of consideration** 對某事不加考慮 / **take sth into consideration** 考慮某事 / **under consideration** 在考慮中：The plan is *under consideration*. 該計劃

正在考慮中。

con·sist /kənˈsɪst/ vi

1 由…組成（構成）(of)：The committee *consists* of eleven members. 委員會由十一個成員組成。 **2** 存在於；在於：Happiness *consists* in contentment. [諺] 知足常樂。

◑ include, contain, lie

⇨ 用法說明見 COMPRISE

con·sis·tent /kənˈsɪstənt/ adj

1 一致的：What the spokesman said was not *consistent* with the premier's statement. 發言人所說與首相的聲明不符。 **2** 一貫的；堅定的：a *consistent* supporter of the Greenpeace movement 綠色和平運動的堅定支持者

▷ **consistently** adv

◑ steady

◐ contrary

con·sol·i·date /kənˈsɒlɪdeɪt/

❶ vt **1** 使堅固；鞏固；加強：*consolidate* the foundation 鞏固基礎 **2** 〈經〉合併；調整：*consolidate* business companies 合併商業公司 **❷** vi 鞏固；合併；聯合 ▷ **consolidation** n

con·so·nant /ˈkɒnsənənt/ n [C]

〈語〉輔音（字母）

con·spic·u·ous /kənˈspɪkjʊəs/ adj

顯眼的：The sign is so *conspicuous* that you won't miss it. 牌子很顯眼，你不會看不見。/ make oneself *conspicuous* 惹人注目；出風頭

◑ obvious, clear, evident

◐ inconspicuous

con·sta·ble /ˈkʌnstəbl/ n

[英] 警察；警官

con·stant /ˈkɒnstənt/

Ⅰ adj **1** 經常的；不斷的：*constant* change 不斷的變化 / A *constant* guest is never welcome. [諺] 常客招人嫌。 **2** 不變的；永恆的；堅定的：a *constant* temperature 恆溫 / a *constant* friend 永久的朋友 **Ⅱ** n [C] 常數

◑ steady, regular

◐ variable, irregular, inconstant

con·stant·ly /ˈkɒnstəntlɪ/ adv

不斷地；恆定不變地

con·stel·la·tion /ˌkɒnstəˈleɪʃn/ n [C]

〈天〉星座；星宿

cons·tit·u·en·cy /kənˈstɪtjʊənsɪ/ n [C]

1 全體選民；選區的居民；選區 **2** （一批）顧客等

con·sti·tute /ˈkɒnstɪtjuːt/ vt

1 構成；組成：The elements that *constitute* water are hydrogen and oxygen. 構成水的元素是氫和氧。/ Twelve pieces *constitute* a dozen. 十二件為一打。 **2** 設立；制定：the *constituted* authorities 合法當局 **3** 任命；指定：He *constituted* himself their supervisor. 他自命為他們的監管人。

◑ form, establish, delegate

con·sti·tu·tion /ˌkɒnstɪˈtjuːʃn/ n [C]

1 憲法 **2** 體格；體質：men with strong *constitutions* 具有健壯體魄的人 **3** 構成；構造；結構：the *constitution* of the brain 大腦的構造

con·sti·tu·tion·al /ˌkɒnstɪˈtjuːʃənl/ adj

組成的；體質上的；憲法（章程）的

con·struct /kənˈstrʌkt/ vt

1 建造：*construct* a Chinese-style garden 建造一座中式花園 **2** 構想；創

立：a *well-constructed* opera 一出構思
巧妙的歌劇 / *construct* a theory 創立理
論 **3** 構（詞）；造（句）：The
examples are *constructed* by the author.
例句由作者自擬。▷ **constructor** *n*
◑ build, make, create
◐ destroy, demolish

con·struc·tion /kənˈstrʌkʃn/ *n*
1 [U] 建造；建築；建設：the
construction of new roads 新道路的建設
/ The new factory is still under
construction. 新工廠仍在建設中。**2** [C]
建築物 **3** [C] 解釋；意義：put a bad
construction upon 惡意解釋⋯ **4**（詞、
句子的）結構：I'm still not clear about
the *construction* of the sentence. 這個句
子的結構我仍然不明白。

con·struc·tive /kənˈstrʌktɪv/ *adj*
建設（性）的；積極的：*constructive*
criticism 積極的批評 / *constructive*
proposals 建設性的建議
▷ **constructively** *adv*
◑ helpful, useful
◐ destructive, useless

con·sul /ˈkɒnsl/ *n*
1 領事 **2**〈史〉執政官 ▷ **consulship**
n 領事職位；執政官地位

con·su·late /ˈkɒnsjʊlət/ *n*
1 領事館；領事職位 **2**〈史〉（一七九
九至一八〇四年間法國）執政府

con·sult /kənˈsʌlt/
❶ *vt* **1** 與⋯商量；向⋯請教；找（醫
生）看病：*consult* a specialist 向專家咨
詢 / *consult* one's doctor 找醫生診治 **2**
查閱（地圖、字典等）：*consult* a map
查地圖 **❷** *vi* 商量；磋商：*consult*
with the advisers 與顧問們磋商 ▷

consultable *adj* 可以商量的 /
consultant *n* 請教者；顧問；會診醫生
consulting *adj* 咨詢的；顧問的：a
consulting engineer 咨詢工程師

con·sul·ta·tion /ˌkɒnslˈteɪʃn/ *n*
1 [U] 商量；磋商 **2** [C] 評議議會；專
家會議；〈醫〉會診

con·sume /kənˈsjuːm/
❶ *vt* **1** 消費；消耗：The city
consumes thousands of tons of meat
every day. 該市每日消費數千噸肉食。/
Lawsuits *consume* time, and money, and
rest, and friends. [諺] 打官司費時費錢，
寢食不安，還丟了朋友。**2** 用掉；毀
掉：He soon *consumed* all the money.
他很快揮霍掉了所有的錢。/ The fire
consumed all the wooden huts in
minutes. 大火幾分鐘內就吞噬了所有的
木棚屋。**❷** *vi* 消滅；毀滅
◇ **consume away** 憔悴；（花、葉等）
枯萎
◑ spend, destroy
◐ conserve, save

con·sum·er /kənˈsjuːmə(r)/ *n*
消費者；用戶；顧客：*consumer* goods
消費品 / *consumer* rights 消費者的各種
權利

con·sump·tion /kənˈsʌmpʃn/ *n* [U]
1 消費（量）；消耗：the water
consumption of the city 該市的每日耗水
量 **2**〈醫〉肺結核；結核病

con·tact /ˈkɒntækt/
I *n* **1** [U] 接觸；聯絡；聯繫：Our
troops came in *contact* with the enemy.
我們的部隊與敵人遭遇上了。/ The plane
is now out of *contact* with the airport.
飛機與機場失去了聯繫。**2** [C] 熟人；

門路；關係：He has got many useful *contacts*. 他有許多派得上用場的關係。
3 [C, U]〈電〉接點；觸點：make (break) *contact* 通（斷）電 **4**〈數〉相切
◇ **bring (come) into contact with** 使（與）…接觸：In a debate, one is *brought into contact with* opposing opinions. 在辯論中，人們接觸相反的意見。/ **make contact with** 與…聯繫上：They finally *made contact with* the headquarters. 他們最後與總部聯繫上了。

II *vt* 使接觸；與…接觸（聯繫）：Please *contact* our agency in Hong Kong. 請與我們在香港的代理商聯繫。
□ **contact lenses** 隱形眼鏡 / **contact man**（尤指秘密交易中的）中間人
◑ touch, connect, connection, meeting

con·ta·gious /kənˈteɪdʒəs/ *adj*
傳染病的；傳染性的：a *contagious* disease 傳染性疾病
◑ infectious

con·tain /kənˈteɪn/ *vt*
1 容納；包含；含有：This box *contains* one kilo of sugar. 這個盒子裝有一千克糖。/ These rocks *contain* gold. 這些岩石含有金。/ The angle *contained* by the lines AB and AC is a right angle. AB 和 AC 兩條邊組成的角是直角。**2** 等於；相當於：A gallon *contains* eight pints. 一加侖相當於八品脫。**3** 控制；抑制；遏制：*contain* the advance of the enemy 遏制敵人前進 / He couldn't *contain* himself in laughing. 他大笑不止。**4**〈數〉被…除盡：12 *contains* 3 and 4. 12 可被 3 和 4 除盡。

◑ hold, include, enclose
con·tain·er /kənˈteɪnə(r)/ *n* [C]
1 箱；罐；容器 **2** 集裝箱
con·tain·er·i·za·tion
/kənˌteɪnəraɪˈzeɪʃn/ *n* [U]
（運輸）集裝箱化
con·tain·er·port /kənˈteɪnəpɔːt/ *n*
集裝箱裝卸港
con·tain·er·ship
/kənˈteɪnəʃɪp/ *n* [C] 集裝箱船
con·tam·i·nate /kənˈtæmɪneɪt/ *vt*
1 弄髒；污染：*contaminated* syringes 被污染的注射器 / *contaminated* area（放射性粒子等的）污染區 / Flies *contaminate* food. 蒼蠅污染食品。**2** 毒害：His morals have been *contaminated* by bad companions. 他受壞朋友影響品行變壞了。
con·tam·i·na·tion
/kənˌtæmɪˈneɪʃn/ *n*
1 [U] 污染：the *contamination* of the blood plasma 血漿的污染 **2** [C] 污染物
con·tem·po·ra·ry /kənˈtemprərɪ/
I *adj* **1** 當代的：*contemporary* style 當代風格 **2** 同時代（時期）的：Leibniz was *contemporary* with Newton. 萊布尼茲和牛頓是同時代人。
II *n* **1** 同時代（時期）的人；同年齡的人 **2** 同時代（時期）的東西
◑ modern, current
◐ antique, old
⇨ 用法說明見 NEW
con·tempt /kənˈtempt/ *n* [U]
1 輕視；輕蔑：feel *contempt* for his behaviour 鄙視他的行為 / Such an accusation is beneath *contempt*. 這樣的指責不屑一顧。**2** 受輕視；受蔑視：

be held in *contempt* 被人瞧不起 / bring sb into *contempt* 使某人丟臉 **3** 不顧；不管：They rushed toward the fire in *contempt* of danger. 他們不顧危險，衝向大火。

▷ **contemptible** *adj*

con·temp·tu·ous
/kən'temptʃʊəs/ *adj*
輕視的；輕蔑的；傲慢的

con·tent¹ /'kɒntent/ *n* [C, U]
1 容量；含量：protein *content* 蛋白質含量 / a high sugar *content* 高含糖量 **2** 內容；[常作 contents] 容納的東西：*content* and form 內容和形式 / the table of *contents* 目錄

con·tent² /kən'tent/
I *adj* 滿足的；滿意的：I am *content* with my life. 我對生活心滿意足。 / No man is *content*. [諺] 人心不知足。

II *vt* 使滿意：We should not *content* ourselves with what we have achieved. 我們不可以滿足於已取得的成績。

III *n* [U] 滿足；滿意：*Content* is happiness. [諺] 知足常樂。

◇ **to one's heart's content** 盡情地；心滿意足地：Tonight you may dance to your heart's *content*. 今晚你可盡情地跳舞。

● satisfied, happy
◐ discontent

con·tent·ed /kən'tentɪd/ *adj*
滿足的；滿意的：a *contented* smile 心滿意足的笑容

● satisfied, happy
◐ discontented

con·ten·tion /kən'tenʃn/ *n*
1 [U] 競爭；鬥爭；爭論 **2** [C] (爭論中的) 論點：My *contention* is that ... 我的論點是⋯

con·test /'kɒntest/
I *n* [C] 競爭；較量；競賽：a *contest* of skill 技術的競爭 / a speech *contest* 演講比賽 / There will be a keen *contest* for the prize. 對該項獎勵將有激烈的競爭。

II /kən'test/ **❶** *vt* **1** 爭奪；競賽：*contest* seats in parliament 爭奪議會席位 **2** 爭論：*contest* a point 爭論一個觀點 **❷** *vi* 爭奪；競爭：*contest* with a rival 與對手競爭

▷ **contestable** *adj* 可競爭的；可爭論的 / **contestant** *n* 競爭者；比賽者

● competition, match, conflict

con·text /'kɒntekst/ *n* [C, U]
1 (文章的) 上下文；前後關係：You can get the meaning of the word from the *context*. 你可以從上下文知道這個詞的意義。 **2** 情況；場合；範圍：in the *context* of 在⋯的情況下

▷ **contextual** *adj*

con·ti·nent /'kɒntɪnənt/ *n*
大陸；陸地：the *continent* of Africa 非洲大陸 / the *Continent* 歐洲大陸

con·ti·nent·al /ˌkɒntɪ'nentl/ *adj*
大陸的；大陸性的：a *continental* climate 大陸性氣候 / *continental* shelf 〈地〉大陸架

con·tin·u·al /kən'tɪnjʊəl/ *adj*
經常不斷的；頻繁的：*continual* arguments 曠日持久的爭論 / A good conscience is a *continual* feast. [諺] 問心無愧恰如日日美餐（即：問心無愧，高枕無憂）。

● frequent, constant
◐ infrequent

用法説明：**Continual** 表示長時間內反覆發生的動作，常指不愉快的事情，如：I don't like the continual rain.（我不喜歡陰雨連綿。）The telephone has been ringing continually.（電話鈴聲一直響個不停。）**Continuous** 表示連續不斷或中間無停頓的行動、行為或行列，如：He talked continuously for an hour.（他連續講了一個小時。）A line of cars stretched continuously down the street.（一隊汽車在街上一字排開。）

con·tin·u·al·ly /kən'tɪnjʊəlɪ/ adv
持續地；頻繁地

con·tin·u·a·tion /kən,tɪnjʊ'eɪʃn/ n
1 [U] 繼續；持續；連續 **2** [C] 繼續部分：The continuation of the story will appear in the next issue. 故事續編將在下一期刊出。

con·tin·ue /kən'tɪnjuː/ vt, vi
（使）繼續；（使）連續；（使）延伸：He continued to do the work. 他接着幹活。/ The desert continued for miles. 沙漠綿延數英里。/ To be continued. 未完待續。

con·ti·nu·i·ty /,kɒntɪ'njuːətɪ/ n [U]
1 連續（性）**2** 電影分鏡頭劇本 **3** （廣播電視中）節目串聯

con·tin·u·ous /kən'tɪnjʊəs/ adj
連續的；無間斷的：continuous performance 連場演出（放映）/ continuous expanse 綿延一片 / continuous current〈電〉恆向電流；直流電 / continuous tense〈語〉進行時
 ⬤ uninterrupted
 ◐ interrupted
 ⇨ 用法説明見 CONTINUAL

con·tin·u·ous·ly /kən'tɪnjʊəslɪ/ adv
連續地；無間斷地；延伸地：It rained continuously for two days. 雨不停地下了兩天。

con·tour /'kɒntʊə(r)/
I n [C] **1** 輪廓（線）**2** 等高線；恆值線：contour line 等高線；恆值線 / contour map 等高線地圖 **II** vt 畫…的輪廓線

con·tract¹ /'kɒntrækt/
I n [C, U] 契約；合約；合同；承包：make (enter into) a contract with sb 與某人訂立合同 / bind oneself by contract 使自己受合同（契約）約束 / be built by contract 包工建造
 II /kən'trækt/ **❶** vt **1** 訂（約）；立（合同）：contract an alliance with 與…結盟 **2** 染（病）；沾上（壞習慣）**❷** vi 訂契約（合同）；承包：contract with a firm for 100 tons of paper 向一家公司訂購 100 噸紙 / contract to build a railway 承建鐵路

con·tract² /kən'trækt/ vt, vi
1 （使）縮小；（使）縮短：The cloth will contract after washing. 這布料洗滌後會縮水。/ 'Can't' is a contracted form. 'Can't' 是個縮略形式。**2** （使）皺起；（使）變窄：contract one's brows 蹙眉 / The road contracts as it goes uphill. 隨着山勢向上，道路變窄了。 ▷ **contractible** adj

con·trac·tion /kən'trækʃn/ n
1 [U] 收縮；縮小（短）**2** [C] 收縮物；〈語〉縮略形式

con·tra·dict /kɒntrə'dɪkt/ vt
1 反駁；否認：contradict a statement 否認一項聲明 / He allows no one to

contradict him. 他不允許任何人反駁他。 **2** 與…抵觸；與…矛盾：The reports *contradict* each other. 這些報道互相矛盾。/ The premier *contradicted* himself. 首相前後自相矛盾。
▷ **contradictable** *adj* 可加反駁的 / **contradictory** *adj* 矛盾的；對立的
❶ **deny**
❸ **confirm, verify**

con·tra·dic·tion
/ˌkɒntrə'dɪkʃn/ *n* [C, U]
否定；反駁；[C] 自相矛盾的說法

con·tra·ry /'kɒntrərɪ/
I *adj* **1** 相反的；相對的；對抗的：'Tall' is *contrary* to 'short'. 高與矮相對。/ The result was *contrary* to expectation. 結果與預期的相反。 **2** 相逆的：*contrary* wind 逆風 **3** /kən'treərɪ/ [口] 執拗的；彆扭的：a *contrary* child 不聽話的孩子
◇ **contrary to** (相當於介詞) 與…相反 (相違背)：act *contrary* to regulations 違反規定行事 / *Contrary* to what you think, he has remained in Hong Kong. 與你想的相反，他留在香港不走。
II *n* [C] 矛盾；對立物：Dreams go by *contraries*. 夢預示着相反的事情。
◇ **on the contrary** 正相反：'She hasn't written her composition yet, I think.' 'On the contrary, she has.' "我想她還沒寫作文呢。" "恰恰相反，她寫完了。" / **to the contrary** 和前述相反的：He provided evidence *to the contrary*. 他提出了相反的證據。
▷ **contrarily** *adv*
❶ **opposite, converse, contradictory**
❸ **consistent**

con·trast /kən'trɑːst/
I /kən'trɑːst/ **❶** *vt* 對照；對比：*contrast* our judicial system with that of the U. S. A. 把我國的司法系統與美國的進行對比 / It is interesting to *contrast* the two languages. 對比這兩種語言很有意思。 **❷** *vi* 形成對照；顯示差異：His deeds *contrast* sharply with his words. 他的言和行迥然不同。
II /'kɒntrɑːst/ *n* **1** [U] 對比；對照：*Contrast* shows that this dress is of better quality. 對比一下可以看出這件連衣裙更好。 **2** [C]（對比之下的）差異：The *contrast* between his shabby clothing and the expensive suitcase aroused the suspicion of the policemen. 他破舊的衣服與高級手提箱之間的反差引起警察的懷疑。▷ **contrastive** *adj*
❶ **differ**
❸ **resemble**

con·tri·bute /kən'trɪbjuːt/
❶ *vt, vi* **1** 貢獻出；捐贈：*contribute* new information on the subject 提供該題目的新信息 / *contribute* to the fund 為該項基金捐款 **2** 投稿：He often *contributes* (articles) to the magazine. 他經常向這家雜誌投稿。 **❷** *vi* 起一份作用；促成：Drinking *contributed* to his ruin. 酗酒毀了他。▷ **contributor** *n*

con·tri·bu·tion /ˌkɒntrɪ'bjuːʃn/ *n*
1 [U] 貢獻；捐助；捐贈 **2** [C] 捐獻物；捐款；來稿：The fund has received a lot of *contributions*. 基金會收到了很多捐款。
◇ **make a contribution to (towards)** 向…捐贈；對…作出貢獻

con·trol /kən'trəʊl/

I *n* **1** [U] 控制；支配；獲得對⋯的控制：The general lost *control* of (over) his troops. 將軍失去了對部隊的控制。/ The prince has 10,000 troops under his *control*. 王子控制着 10,000 人的部隊。 **2** [U] 管理：traffic *control* 交通管理 / birth *control* 生育控制 **3** [C]（實驗的）對照物；對照組：Group Two is used as a *control*. 第二組作為對照組。

◇ **beyond control** 無法控制：The inflation at the moment is *beyond control*. 目前通貨膨脹已失去控制。/ **be in control of** 控制着：The military is *in control of* the situation. 軍方控制着局勢。/ **be (get) out of control** 失去控制：The strikers *got out of control*. 罷工的人失去了控制。/ **keep (bring) under control** 控制；抑制 / **under the control of** 在⋯的控制下

II *vt* **1** 控制；支配：The hijackers *controlled* the plane. 劫機者控制了飛機。 **2** 管理；調整：Who is supposed to *control* prices? 物價應由誰來控制呢？ **3** 抑制：*control* one's temper 制怒；忍住火氣

con·tro·ver·sial /ˌkɒntrəˈvɜːʃl/ *adj* **1** 有爭議的：a *controversial* subject 有爭議的題目 **2** 好爭論的
▷ **controversially** *adv*

con·tro·ver·sy /ˈkɒntrəvɜːsɪ/ *n* [C, U] 爭議；爭論：engage in (a) *controversy* with (against) sb on (about) sth 捲入與某人有關某事的爭議

con·ur·ba·tion /ˌkɒnɜːˈbeɪʃn/ *n* 連帶衛星城鎮和市郊的大都市

con·vec·tion /kənˈvekʃn/ *n* [U] 〈物〉傳送；對流

con·ven·ience /kənˈviːnɪəns/ *n* **1** [U] 便利；方便（的機會）：It's great *convenience* to have the kitchen near the dining-room. 廚房建在餐廳旁邊十分方便。/ The books are arranged for *convenience*. 書是根據使用方便安放的。/ Bring it to me at your earliest *convenience*. 在你方便時盡早把它帶給我。 **2** [C] 便利設施：The house is complete with modern *conveniences*. 房子內各種現代化的便利設施齊備。 **3** [主英] 廁所
□ **convenience food** 方便食品 / **convenience store**（經特許延長經營時間的）方便小店

con·ven·ient /kənˈviːnɪənt/ *adj* 便利的；方便的：It's *convenient* to go from Hong Kong to Canton. 從香港去廣州很方便。/ Will it be *convenient* for you to come at once? 請你馬上過來，方便嗎？/ Please arrange a *convenient* place for the meeting. 請安排一個方便的會面地點。▷ **conveniently** *adv*

con·ven·tion /kənˈvenʃn/ *n* **1** [C] 集會；會議 **2** [C]（國際間）公約：the Geneva *Convention* 日內瓦公約 **3** [C, U] 習俗；常規：social *conventions* 社會習俗 / *Convention* requires that the newly-weds visit the bride's parents three days after the marriage. 習俗要求新婚夫婦結婚三天以後回娘家。
❶ conference, meeting

con·ven·tion·al /kənˈvenʃənl/ *adj* 常規的；約定的：*conventional* greetings 例行的問候 / *conventional*

weapons 常規武器
▷ **conventionality** *n* 習俗；慣例性
❶ traditional, customary
❶ unconventional

con·ver·sa·tion
/ˌkɒnvəˈseɪʃn/ *n* [C, U]
會話；談話：No free *conversation* is allowed in class. 上課不許隨便交談。/ The teacher had several *conversations* with him. 老師找他談了幾次話。
▷ **conversational** *adj*

con·verse¹ /kənˈvɜːs/ *vi*
交談；對話：*converse* with sb on (about) sth 與某人談論某事
❶ talk, chat

con·verse² /kənˈvɜːs/
I *adj* 逆的；反的 II *n* 〈邏〉逆命題；(詞) 換位；〈數〉逆；反
▷ **conversely** *adv*
❶ opposite, contrary, reverse
❶ identical, same

con·ver·sion /kənˈvɜːʃn/ *n* [C, U]
❶ 轉換；轉化；改變（信仰）：*conversion* to Christianity 皈依基督教 / the *conversion* of digested food into calories 把消化了的食物轉化為卡路里 ❷ 兌換；〈數〉換算：the *conversion* of HK dollars into pounds 把港元兌換成英鎊
❶ change, transformation

con·vert /kənˈvɜːt/
❶ *vt* ❶ 轉換；轉化；改變：*convert* the file into an ASCII text 把文件轉換為 ASCII 碼文件 / *convert* sea water into drinking water 將海水轉化成飲用水 ❷ 〈宗〉使皈依：*convert* him to Buddhism 使他皈依佛教 ❸ 兌換；〈數〉換算：

convert the securities into cash 把證券兌換成現金 ❷ *vi* ❶ 轉換：*convert* from the binary system to the decimal system 從二進制轉換成十進制 ❷ 皈依；改變宗教信仰
❶ change, transform, alter

con·vex /ˈkɒnveks/
I *adj* 凸面的；凸圓的 II *n* 凸面；凸圓體；凸狀物

con·vey /kənˈveɪ/ *vt*
❶ 輸送；運輸：*convey* goods from the factory to the port 把貨物從工廠運至碼頭 / Water is *conveyed* through pipes. 水是通過管道輸送的。❷ 傳達；表達：How can I *convey* the message to her? 我怎麼才能把這個信息轉告她呢？
▷ **conveyable** *adj*
❶ carry, transport

con·vict /kənˈvɪkt/
I *vt* ❶ 判…有罪；定…有罪：He was *convicted* of murder. 他被判謀殺罪。❷ 使知罪（錯）：*convict* sb of his errors 使某人認識自己犯了錯誤 II /ˈkɒnvɪkt/ *n* (已決) 罪犯；囚犯：*convict* system 徒刑制度 / escaped *convict* 逃犯

con·vic·tion /kənˈvɪkʃn/ *n*
❶ [C, U] 定罪；宣判有罪 ❷ [U] 使確信：carry *conviction*（話、論點）令人信服 ❸ [C] 確信；信念：act up to one's *convictions* 按自己的信念行事 / My *conviction* is that there is life in other parts of the universe. 我確信宇宙其他地方存在生命。
❶ belief
❶ doubt, uncertainty

con·vince /kənˈvɪns/ *vt*
使確信；說服：You have yet to

convince me of your theory. 你還沒説服我相信你的理論。/ I am fully *convinced* of its truth. 我完全相信它的真實性。

▷ **convincible** adj / **convincing** adj 令人信服的；有説服力的

❶ persuade

cook /kʊk/

I ❶ vt ❶ 烹調；煮：The boy can *cook* meals by himself. 那男孩自己會做飯。 ❷ 竄改；偽造：*cook* the account 偽造賬目 ❷ vi（食物）燒、煮：The fish is *cooking*. 魚正在做。/ It'll *cook* in half an hour. 半小時後它就燒好了。

II n 炊事員；廚子：Too many *cooks* spoil the broth. [諺] 廚子多了煮壞湯。

▷ **cooked** adj / **cooking** adj 烹調用的；適合於燒煮的：*cooking* stove 烹調爐 / *cooking* apples 宜煮熟吃的蘋果

cook·book /'kʊkbʊk/ n [C]
烹調書；食譜；説明詳盡的手冊

cook·er /'kʊkə(r)/ n
炊具（爐、鍋等）；[主英] 適合煮食的水果

cook·er·y /'kʊkərɪ/ n [U] 烹調（法）

cook-off /'kʊkɒf/ n 烹飪比賽

cool /kuːl/

I adj ❶ 涼快的；涼爽的：a *cool* wind 涼爽的風 / a nice *cool* drink 清涼宜人的飲料 ❷ 冷靜的；沉着的：Keep *cool*; don't lose your head! 要冷靜！別暈頭轉向！ ❸ 冷淡的：Her manners were distinctly *cool*. 她的舉止異常冷淡。

II ❶ vt ❶ 使涼快；使冷卻下來：Turn on the fan to *cool* your porridge. 打開電扇把粥吹涼吧。 ❷ 使平靜下來 ❷ vi（怒氣）平息；失去熱情：His anger has *cooled*. 他怒氣平息了。/ Her passion for

him has *cooled* down. 她對他的熱戀已冷了下來。

❶ chill, cold
❶ warm, hot
⇨ 用法説明見 COLD

cool·er /'kuːlə(r)/ n
冷卻器；冷藏間；冷卻劑；冷飲品

co·op·er·ate /kəʊ'ɒpəreɪt/ vi
❶ 合作；協作：*cooperate* with sb in doing sth 與人合作做某事 ❷（事物）配合：Everything *cooperated* to make our sports meet a success. 各種因素配合使我們的運動會非常成功。

co·op·er·a·tion /kəʊˌɒpə'reɪʃn/ n [U]
合作；協作；配合：In *cooperation* with the air force, the ground troops successfully took the city. 在空軍的配合下，地面部隊順利地攻佔了這座城市。

co·op·er·a·tive /kəʊ'ɒpərətɪv/
I adj 合作的；協作的：a *cooperative* society 協會；合作社 II n 合作社

co·or·di·nate /kəʊ'ɔːdɪnət/
I adj ❶ 同等的；配合的；〈語〉並列的：*coordinate* clauses 並列子句 ❷〈數〉坐標的 ❸ [美]（大學）實行男女分院（或分班）制的

II n [C] 同等物；同等者；〈數〉坐標：*coordinate* system 坐標系

III /kəʊ'ɔːdɪneɪt/ vt 使同等；使（各部分）協調：*coordinate* actions 使行動協調 / *coordinate* the movements of the arms and the legs when swimming 游泳時協調手和腿的動作

cop /kɒp/ n
[俚] 警察：traffic *cop* 交通警

cope /kəʊp/ vi

對付；應付（with）：*cope* with difficulties 對付困難 / We can hardly *cope* with such a formidable task. 我們幾乎無法應付如此棘手的任務。

cop·per /ˈkɒpə(r)/ *n* [U]

銅；紫銅；[C] 銅幣；銅器

□ **coppersmith** *n* 銅匠

cop·y /ˈkɒpɪ/

I *n* **1** [C]（書）一本；一冊；（報紙）一份：May I have two *copies* of 'Vanity Fair'? 我借兩本《名利場》好嗎？ **2** [C] 草稿；複本；複製品：rough *copy* 草稿；底稿 / fair *copy* 謄清稿 / the original and its *copy* 原作和它的複製品 **3** [C] 〈影〉拷貝：They sold only six *copies* of the film. 這部電影他們只賣了六個拷貝。 **4** [U] 送印的材料；新聞等的素材：The activities behind the scenes will make good *copy*. 幕後的活動將是新聞的好素材。

II *vt, vi* **1** 抄；謄；複寫；複製：Please *copy* out this letter. 請把這封信抄下來。 **2** 模仿：*copy* a picture 臨摹一幅畫

□ **copybook** *n* 習字帖；[美] 練習簿 / **copyright** *n* 版權；著作權

cor·al /ˈkɒrəl/ *n, adj*

[U] 珊瑚（的）；珊瑚蟲（的）；[C] 珊瑚工藝品：*coral* reef 珊瑚礁

cord /kɔːd/ *n*

1 [C, U] 細繩；索；〈電〉軟線：The toaster needs a new electric *cord*. 烤麵包器需要一根新的連接線。 **2** [C]〈解〉索狀組織：vocal *cords* 聲帶 / spinal *cord* 脊髓

core /kɔː(r)/

I *n* 果心；核；（事物、問題的）核心：

the *core* of the matter 事情的核心 / *core* English 基礎英語 / *core* courses 各專業的共同課

◇ **to the core** 透到骨子裏；徹底：be rotten *to the core* 透心腐爛；壞透了的

II *vt* 挖去…的核

cork /kɔːk/

I *n* **1** [U] 軟木；[C] 軟木塞：pull out the *cork* 拔出軟木塞 **2** [U]〈植〉外皮

II *vt* **1** 用軟木塞塞緊：*cork* a bottle 塞上瓶塞 **2** 壓抑；抑制：*cork* up one's feelings 壓抑感情

□ **corkscrew** *n* 拔瓶塞子的起子

▷ **corky** *adj* 軟木似的

corn /kɔːn/ *n*

I **1** [U] [英] 穀類；穀類莊稼；[美] 玉米；玉蜀黍：a *corn* field [英] 小麥地；[美] 玉米地 / In good years *corn* is hay, ill years straw is *corn*. [諺] 好年成穀物像草料，壞年成秸桿成寶貝。 **2** [C] 穀粒；籽：pepper *corn* 胡椒籽 II *vt* **1** 使成粒狀 **2** 給（土地）種上穀物

□ **corn-flour** *n* [英] 穀物磨成的粉（米粉等）；[美] 玉米粉 / **corn meal**（粗）玉米粉

◗ **grain, maize**

⇨ 插圖見〈專題圖說 10〉

corn·er /ˈkɔːnə(r)/

I *n* [C] **1** 角落；（街道）拐角：I've looking in every *corner*! 我哪兒都找遍了！/ The shop is at (on) the *corner* of the street. 商店在街角上。 **2** 冷僻處；秘密地點：She hoards her money in odd *corners*. 她把錢藏在了旯旯旮旮裏。 **3** 困境；絕路：in a tight *corner* 處於困境

◇ **drive sb into a corner** 使陷入困境 /

just round the corner 不遠；[喻] 就在眼前：Victory is *just round the corner*. 勝利在望。/ **turn the corner** 拐過街角（彎道）；[喻] 轉危為安，渡過難關

II *vt* 把…逼至角落；使走投無路：The robber was *cornered* at last. 搶劫犯最後被堵住，無法逃脫

□ **cornerstone** *n* 奠基石；（成功等的）基礎：Good education laid the *cornerstone* for his success. 良好的教育奠定了他成功的基礎。

cor·po·ral¹ /ˈkɔ:pərəl/ *adj*
人體的：*corporal* punishment 體罰

cor·po·ral² /ˈkɔ:pərəl/ *n* 〈軍〉下士

cor·po·ra·tion /ˌkɔ:pəˈreɪʃn/ *n*
1 公司；[美]（股份有限）公司：a trading *corporation* 貿易公司 **2** 法人；法人團體；社團 **3**（市鎮的）自治機關

corpse /kɔ:ps/ *n* 尸體

cor·rect /kəˈrekt/
I *adj* **1** 正確的；根據事實的：a *correct* answer 正確的回答 **2** 合適的；恰當的：*correct* behaviour 得體的行為 / *correct* dress 合適的衣着

II *vt* 改正；糾正；校正：*correct* proofs 修改校樣 / *correct* an instrument 校正儀器 / By others' faults, wise men *correct* their own. [諺] 聰明人用他人的過錯糾正自己的失誤。▷ **correctly** *adv*

🌑 **right**
🌓 **incorrect**

cor·rec·tion /kəˈrekʃn/ *n*
1 [U] 修改；改正；糾正；矯正；校正：the *correction* of an essay 文章的修改 / *correction* of the acidity of the soil 土壤酸度的調正 **2** [C] 修改處；改正處：The *corrections* are in red ink. 修改處為

紅筆。

cor·re·la·tion /ˌkɒrəˈleɪʃn/ *n*
相互關係；相關（性）：*correlation* coefficient 相關係數

cor·re·spond /ˌkɒrɪˈspɒnd/ *vi*
1 符合；一致：The measures I've taken *correspond* with the public interests. 我採取的措施符合人民的利益。**2** 相當；相應：50° Fahrenheit *corresponds* to 10° Centigrade. 華氏 50 度相當於攝氏 10 度。**3** 通信：I've been *corresponding* with the little girl for three months. 三個月來，我一直和那小女孩通信。

🌑 **agree, parallel, conform**
🌓 **differ, disagree**

cor·re·spond·ence
/ˌkɒrɪˈspɒndəns/ *n*
1 [C, U] 一致；相當；相應：There is little *correspondence* between his words and his deeds. 他言行很不一致。/ Is there any *correspondence* between language and culture? 語言和文化之間有對應關係嗎？**2** [U] [總稱] 通信；信件：keep up *correspondence* with sb 與某人保持通信 / I have a lot of *correspondence* to deal with. 我有許多信件要處理。

🌑 **similarity**
🌓 **difference**

cor·re·spond·ent
/ˌkɒrɪˈspɒndənt/ *n*
1 新聞記者：a BBC *correspondent* in Baghdad BBC駐巴格達記者 **2** 通信者

cor·re·spond·ing
/ˌkɒrɪˈspɒndɪŋ/ *adj*
1 相當的；對應的：*corresponding*

angles 〈數〉同位角 **2** 通信的：a *corresponding* member 通訊會員

cor·ri·dor /ˈkɒrɪdɔː(r)/ *n*
走廊；通道：a *corridor* train 有走廊的列車

cor·rupt /kəˈrʌpt/
I *adj* **1** 腐敗的；貪污的：*corrupt* practices 腐敗的種種做法（尤指行賄受賄）/ *corrupt* officials 貪官污吏 **2** 污濁的：*corrupt* blood 污染的血 **3** 多訛誤的；（詞語）不標準的：a *corrupt* usage 訛用
II ❶ *vt* **1** 使腐敗；腐蝕：Power tends to *corrupt*. [諺] 權力趨向於腐敗。/ Pornograpy *corrupts* our youths. 色情書畫腐蝕我們的青年。 **2** 使污濁；使腐壞 **❷** *vi* **1** 腐敗；墮落 **2** 腐壞 **3** 訛誤；訛傳

cor·rup·tion /kəˈrʌpʃn/ *n* [U]
1 腐敗；貪污：Where *corruption* is rampant, the government is to blame. 貪污猖獗的地方，政府難辭其咎。 **2** 訛誤

cos·met·ic /kɒzˈmetɪk/
I *n* [C] 化妝品：Lipstick and face-cream are *cosmetics*. 口紅和面霜是化妝品。 **II** *adj* 化妝用的；裝飾性的
□ **cosmetic surgery** 整容外科
▷ **cosmetician** *n* 製造（出售）化妝品者；美容師

cos·mo·pol·i·tan /ˌkɒzməˈpɒlɪtən/
I *adj* **1** 全世界的；世界性的；國際的：New York is a *cosmopolitan* city. 紐約是個國際大都市。 **2** 世界主義的；超民族（或地域）的：a *cosmopolitan* outlook 世界主義的觀點
II *n* 世界主義者

cost /kɒst/
I *n* **1** [C, U] 費用；花費；成本：*cost* of production 生產成本 / The *cost* of living here is very high. 這裏的生活費用很高。 **2** 代價；犧牲：The book was written, but only at a great *cost*: he almost lost his sight. 書雖然寫成，但代價很大，他幾乎喪失了視力。
◇ **at any cost, at all costs** 無論如何，不惜任何代價 / **at the cost of** 以…為代價 / **to one's cost** 歸某人負擔；某人付出代價後才…：I know it *to my cost*. 我是吃了苦頭後才知道的。
II (cost, cost, costing) **❶** *vt* **1** 使花費；使損失：Courtesy *costs* us nothing. [諺] 禮貌待人於己無損。/ It *cost* him 2,000 U.S. dollars to buy the second-hand car. 買那輛二手車花了他兩千美元。 **2** 價值為：It *costs* six dollars. 它價值六元。 **3** 估算成本：*cost* a project 估算工程造價 **❷** *vi* 花費：It is the first step that *costs*. [諺] 凡事開頭花費最大（最費事）。
❶ price, expense

用法說明：**Cost**、**price**、**charge**、**fare** 都有 "代價，費用" 的含義。**Price** 義為價格，最為常用。**Cost** 義為 "費用"，常指某些活動的費用，如：the cost of keeping a horse（養一匹馬的費用），cost of living（生活費用），cost of postage（郵費）。**Charge** 是要求交的服務費，如：We paid a small charge for admission.（我們交了少量的入場費。）**Fare** 是飛機、火車和汽車等交通工具的票價。

---

cost·ly /ˈkɒstlɪ/ *adj*
昂貴的；代價高的：The sacrifice of

time is the *costliest* of all sacrifices. [諺]
在所有的損失中，時間的損失是最為昂
貴的。
◐ dear, expensive
◑ cheap, inexpensive

cos·tume /'kɒstjuːm/
I *n* **1** [U] 服裝式樣；（化裝或演出等特
殊的）服飾：national *costume* 民族服
裝 / This is a theatrical shop where
historical *costume* is available. 這是家戲
劇道具店，可買到古戲裝。 **2** [C] 女子
套裝：a bathing *costume* 泳裝
II /kɒs'tjuːm/ *vt* 為…提供服裝

cot¹ /kɒt/ *n* 小屋；（家禽、家畜等的）
棚；手指（腳趾）護套

cot² /kɒt/ *n* 帆布床；吊床；兒童搖床

cot·tage /'kɒtɪdʒ/ *n*
1 村舍；小屋：a *cottage* by the lake
湖邊的小屋 **2**（避暑勝地的）小別墅

cot·ton /'kɒtn/ *n* [U]
棉花；棉：pick *cotton* 採棉花 / *cotton*
clothes 棉布衣服
□ **cotton-padded** *adj* 填棉絮的

couch¹ /kautʃ/ *n*
1 [文] 床 **2** 睡椅；長沙發椅：a studio
couch 坐臥兩用沙發椅

couch² /kautʃ/
❶ *vt* **1** 使躺下：*couch* oneself 躺下
2（正式）表達；隱含：flattery
couched in insincere terms 言不由衷的
奉承 **3**（獸類）蹲；俯伏在地 **❷** *vi*
躺下；蹲伏

cough /kɒf/
I *n* 咳嗽（聲）：have a nasty *cough* 咳
得很厲害 / Take the lozenge to relieve
your *cough*. 吃點止咳藥片咳嗽會好一
些。 II *vi, vt* 咳嗽；發出咳嗽聲；咳

出：He *coughed* to give a warning. 他
咳嗽一聲，以示警告。 / *cough* down a
speaker 用咳嗽聲趕講話者下台

could /kʊd/ *v aux*
（can 的過去式；否定形式為 couldn't）
1（表示過去的能力等）：When I was
young, I *could* do the 100-metre dash in
12 seconds. 年輕時，我跑一百米短跑只
需 12 秒。 **2**（主句動詞是過去時、用
於間接引語，表示 can 的各種意義）**3**
（請求，許可）：*Could* we go for a
swim? 我們可以去游泳嗎？/ You *could*
meet him now. 你現在可以見他了。 **4**
（條件）：You *could* have caught the
train (if you had tried). 你本可以趕上火
車的（如果你當時努力的話）。 **5**（可能
性、疑問）：That *could* be Jackson over
there. 那邊好像是傑克遜。 **6**（傾向、
意願）：I *could* spit in your face! 我真想
啐你的臉！
⇨ 用法說明見 CAN

couldn't /'kʊdnt/ *v aux*
could 的否定形式

coun·cil /'kaʊnsl/ *n*
政務會；理事會；委員會：a city
council 市政務會 / the U. N. Security
Council 聯合國安理會 / the Privy *Council*
[英] 樞密院 / *council-table* n 會議桌 /
council-house 會堂；市政廳

coun·cil·(l)or /'kaʊnsələ(r)/ *n*
（市、郡）政務會委員；委員；參贊；顧
問 ▷ **councillorship** *n*

coun·sel /'kaʊnsl/
I *n* **1** [U] 商議；建議；意見：hold
(take) *counsel* with sb 與某人商議 /
Counsel is no command. [諺] 忠告決非
命令。 **2** [C，複數不變] 辯護律師：

The murder suspect refused to answer the questions on the advice of his *counsel*. 殺人嫌疑犯按其辯護律師的意見拒絕回答問題。

◇ **a counsel of perfection** 絕妙但不能照辦的建議 / **keep one's own counsel** 對自己的觀點不事張揚

II (counsel(l)ed; counsel(l)ing) *vt* 勸告；建議：*counsel* sb to do sth 建議某人做某事

count /kaʊnt/

I ❶ *vt* ■ 點；數：*count* the coins 點一下硬幣 / Do not *count* your chickens before they are hatched. [諺] 雞還沒孵好先別忙着數（八字還沒一撇，先別高興）。 ❷ 算（入）：There are ten altogether if you *count* the children. 算上孩子一共十個人。 ❸ 認為；看作：He was counted as missing. 他被認為失蹤了。 ❷ *vi* ■ 數；計數：*count* from one to a hundred 從一數到一百 ❷ 有（考慮的）價值；算得上：What we say doesn't *count*. 我們說的都不算數。/ The Yangtse River *counts* among the longest rivers in the world. 長江算得上是世界上最長的河流之一。

◇ **count for nothing** 算不上甚麼；無足輕重：Your degree *counts* for little, but your working experience is essential. 你的學位並不十分重要，但你的工作經歷至關重要。/ **count on** 指望；依靠：The family *count* on his income to make a living. 這家人指望他的收入來生活。

II *n* 計數；數一遍；數目：I've done three *counts*. 我數了三遍了。/ *count* of white blood cells 白血球數目

◇ **keep count of** 保持對…的計數 /

lose count of 忘了…的數目；忘記數到哪兒了 □ **countdown** *n* 倒數（計時）

count·able /ˈkaʊntəbl/ *adj*
可數的：*countable* nouns〈語〉可數名詞

coun·ter¹ /ˈkaʊntə(r)/ *n*
■ 計數器；計算者：*revolution-counter* 轉速計 ❷ 櫃檯 ❸ 籌碼

◇ **under the counter**（買賣等）私下進行

coun·ter² /ˈkaʊntə(r)/
I *adv* 逆向地；相反地：act (go, run) *counter* to (sth) 與…背道而馳
II *adj* 相反的；對立的：the *counter* direction 相反的方向
III ❶ *vt* ■ 反對；反擊：He *countered* my argument with a quotation from Russell. 他引用羅素的話來反駁我。 ❷ 抵消 ❷ *vi* 反擊；報復 □ **counterattack** *n*, *v* 反擊；反攻 **counter current** *n* 逆流
❶ contrary, opposite

coun·ter·drug /ˈkaʊntədrʌg/ *n*
解癮藥；起相反作用的藥物

coun·ter·part /ˈkaʊntəpɑːt/ *n*
相對應的人或事物：the Japanese delegation and its U. S. *counterpart* 日本代表團與美國代表團

count·ess /ˈkaʊntɪs/ *n*
■ 伯爵夫人 ❷ 女伯爵

count·less /ˈkaʊntlɪs/ *adj*
無數的；不計其數的

coun·try /ˈkʌntrɪ/ *n*
■ [C] 國家；祖國：The *country* is rich in natural resources. 那個國家自然資源豐富。 ❷（常用定冠詞）鄉間；鄉村：town and *country* 城鎮和鄉村 / I'd like

to live in the *country*. 我喜歡住在鄉下。
3 [用作單、加修飾語但不用冠詞] (有特殊地貌、地理特徵的) **區域、土地；知識領域**: miles of open *country* 綿延數英里的開闊地 / Calculus is unknown *country* to me. 微積分對我來說是個陌生領域。**4** [the country] [總稱] **全體國民**
□ **country-born** *adj* 生在鄉村的 / **countrywide** *adj* 全國性的；全國範圍的

🔹 state, nation

用法說明: **Country**、**state**、**nation** 都有 "國家" 的含義。**Country** 是祖國，是具有主權的國家，是每個人的父母之邦，字眼很有感情色彩，如: A soldier's motto is duty, honour and country. (戰士的座右銘是責任、榮譽和祖國。) **State** 指國家的政府和政權機構，如: The railways are owned by the state. (鐵路是國有的。) **Nation** 指一個國家的人民及其社會和經濟結構，如: The President will speak to the nation this evening. (總統今晚要向全國人民講話。)

---

coun·try·man /'kʌntrɪmən/ *n*
 (複 = countrymen)
 1 同國人；同胞；同鄉 **2** 鄉下人
coun·try·men /'kʌntrɪmən/ *n*
 countryman 的複數
coun·try·side /'kʌntrɪsaɪd/ *n* [U]
 鄉下；農村
coun·ty /'kaʊntɪ/ *n* [C]
 1 [英] **郡；縣**: [英] *county* town (= [美] county seat) 郡府；縣城 **2** [the county] [總稱] **全郡 (縣) 居民**
cou·ple /'kʌpl/

I *n* **1** **對；雙；夫婦；情侶**: a *couple* of pandas 一對大熊貓 / A deaf husband and a blind wife are always a happy *couple*. [諺] 聾夫盲妻大都是幸福的伴侶。**2** [口] **兩、三個**: I'll stay for a *couple* of days. 我將逗留兩、三天。
II ❶ *vt* **1** **連接；聯繫**: An additional passenger car is *coupled* on No. 9 express. 在第 9 次快車上加掛了一節客車車廂。**2** **使成夫妻；使動物交配 ❷** *vi*
 1 **結合；結婚 2** 〈動〉**交配**
 ▷ **coupling** *n* **1** 連接；結合；〈動〉交配 **2** 連接器；聯軸節；火車掛鉤

🔹 pair
⇨ 用法說明見 PAIR

cour·age /'kʌrɪdʒ/ *n* [U]
 勇氣；膽量: take (pluck up, muster, summon up) *courage* 鼓起勇氣 / lose *courage* 失去勇氣 / *Courage* and resolution are the spirit and soul of virtue. [諺] 勇氣和決心，是德行的精神和靈魂。/ Dutch *courage* 酒後之勇
cou·ra·geous /kə'reɪdʒəs/ *adj*
 勇敢的；無畏的 ▷ **courageously** *adv*
 🔹 brave, bold
 🔹 cowardly
course /kɔːs/ *n*
 1 [U] **過程；經過；進程**: The *course* of my life has generally been smooth and uneventful. 我這一生總的來說是順利的。/ The river in its *course* to the sea runs past three countries and dozens of cities. 這條河經過三個國家、幾十座城市，流入大海。**2** [C] **航程；路線**: The ship is off her right *course*. 船偏離了正確的航線。/ A middle *course* is the safest. [諺] 中間道路最為穩健。**3** [C]

課程；療程：I have several *courses* to complete before I can graduate. 我還得修完幾門課程才能畢業。 **4** [C] 賽場；跑道：a *golf-course* 高爾夫球場 **5** [C] 一道菜

◇ **a matter of course** 當然的事 / **hold (keep on) one's course** 保持方向不變 / **in course of** 在…過程中 / **in due course** 經過自然發展的過程：He was born such an ugly little thing and *in due course* has grown into a handsome man. 他生下來是那麼個模樣難看的小東西，長啊長，長成了個英俊的小伙子。 / **of course** 當然 / **run (take) its (their) course** 走完自然發展的過程：Let things *take their course*. 讓事物自然發展吧。

□ **courseware** *n* 電腦輔助教學軟件

court /kɔːt/

I *n* **1** [C] 法庭：appear in *court* 出庭 / go to *court* 打官司 / The case was settled out of *court*. 案子在法庭外了結了。 **2** 宮庭；朝庭；（君主）受觀：the *Court* of St. James 英國宮廷（正式名稱）/ A friend in *court* is better than a penny in purse. [諺] 與其囊中有錢不如朝中有人。 **3** 院子；場地：*tennis-court* 網球場 **4** [U] 求愛

II ❶ *vt* **1**（男子）向…求愛：He *courted* Ann for two years. 他追求了安妮兩年。 **2** 尋求；企求：He has been *courting* support from the parliament. 他一直在尋求議會的支持。 ❷ *vi* 求愛

□ **courtship** *n* 求愛；求婚 / **court day** 開庭日 / **court game** 球場運動（如網球、羽毛球等）/ **courthouse 1** 法院（指處所）**2** [美] 縣政府所在地（辦公樓）

❶ **yard, courtyard**

cour·te·ous /ˈkɜːtɪəs/ *adj*
有禮貌的；殷勤的 ▷ **courteously** *adv*
❶ **polite**
❶ **discourteous, impolite**

cour·te·sy /ˈkɜːtəsɪ/ *n*
1 [U] 禮貌；殷勤；[C] 有禮貌的言詞（舉動）：a *courtesy* call 禮節性訪問 / *Courtesy* costs nothing. [諺] 講禮貌不費分文。 **2** 好意；優待：by *courtesy* of 蒙…允許刊用；蒙…惠贈；經由…的途徑

court·yard /ˈkɔːtjɑːd/ *n* 庭院；院子

cou·sin /ˈkʌzn/ *n*
1 堂（表）兄弟；堂（表）姐妹 **2** 親戚；遠親
◇ **a first cousin** 親的堂（表）兄弟；堂（表）姐妹 / **a second cousin** 父母的堂（表）兄弟姐妹所生的兒女

cove /kəʊv/
I *n* **1** 山凹 **2** 小（河）灣；小海灣 **3**〈建〉凹圓形；拱
II *vt, vi*（使）成穹形；（使）成內凹

cov·e·nant /ˈkʌvənənt/
I *n* 協議；協定；〈法〉契約 **II** *vt, vi* 訂協議；締結盟約

cov·er /ˈkʌvə(r)/
I *vt* **1** 覆蓋；蓋沒；鋪；包：*cover* it with sugar 在它上面加糖 / Clouds *covered* the sun. 雲層遮住了太陽。 **2** 包括；包含；適用於：The law does not *cover* this case. 該法不適用於本案。/ His article *covers* the subject thoroughly. 他的文章透徹地討論了這個題目。/ This will *cover* the expense. 這將足以支付這筆費用了。 **3** 行過（路程）：They

covered six kilometres in an hour. 他們一小時走了六千米。 **4** 掩蓋；掩飾： An honest look *covers* many faults. [諺] 老實面孔能遮蓋人的許多缺點。/ She *covered* her confusion by laughing. 她用笑臉掩飾她的慌亂。 **5** 掩護： The artillery *covered* the advance of the main army. 炮兵掩護大部隊向前推進。

◇ **cover up** 掩蓋；掩飾： *cover up* one's embarrassment 掩飾某人的窘迫

II *n* **1** [C] 覆蓋物；封皮： a sofa *cover* 沙發套 / a book *cover* 書封皮；書皮 / There is a photo under the same *cover*. 在同一信封內還有一張照片。 **2** [U] 掩護（物）；掩蔽（物）： They took *cover* behind a big rock. 他們掩蔽在一塊大石頭後面。/ The ground forces need air *cover*. 地面部隊需要空中掩護。

◇ **under cover** 有遮掩（掩護）

□ **cover girl** 封面女郎 / **cover story** 封面已有圖片的報道 / **cover-up** *n* 掩蓋（手法） ▷ **covered** *adj* / **covering** **1** *n* 覆蓋（物）；掩蔽（物）；掩護 **2** *adj* 掩護的；說明的

● hide, conceal, lid

cow /kaʊ/ *n*

1 母牛；奶牛： milk a *cow* 擠牛奶 **2**（象、鯨等的）母獸 **3** [美] 牛（兼指公母）

□ **cowboy** *n* 牛仔（惠）/ **cowherd** *n* 放牛的人 / **cowhide** *n* 牛皮

⇨ 插圖見〈專題圖說 12〉

cow·ard /ˈkaʊəd/

I *n* 懦夫；膽小鬼： *Cowards* die many times before their deaths. [諺] 懦夫在真死前已死了許多次。 II *adj* 膽怯的

cow·ard·ly /ˈkaʊədlɪ/ *adj, adv*

膽怯的（地）

◑ brave, courageous

crab /kræb/

I *n* **1** [C] 蟹；[U] 蟹肉 **2**〈天〉[the Crab] 巨蟹座 **3** [C]〈機〉起重機；絞車

II *vi* **1** 捕蟹 **2** 蟹似地側身前進

Crab 蟹

crack /kræk/

I *n* **1** 裂縫；縫隙： a *crack* in the plate 盤子上的一條裂紋 / *cracks* in the ground 地上的裂縫 **2** 破裂聲；爆裂聲： the *crack* of thunder 一聲霹靂

II *vt, vi* **1**（使）裂開；（使）爆裂： The bamboo pole *cracked*. 竹竿裂開了。/ A *cracked* bell can never sound well. 有裂紋的鐘敲不出好聲音。 **2**（使）發出爆裂（啪）聲： *crack* a whip 劈劈啪啪甩動鞭子 **3**（使）（嗓音）變粗 **4**〈化〉（使）裂化

◇ **crack down (on)** 鎮壓 / **crack open** 砸開；劈開 / **crack up 1** 撞壞；撞毀 **2** 衰退；垮掉

III *adj* 第一流的；頂呱呱的： a *crack* shot 神射手

□ **crack-brained** *adj* 發瘋的；愚蠢的 / **crackdown** *n* 鎮壓 / **crack-up** *n* **1** 撞壞；撞毀 **2**（精神等）衰退；衰弱 ▷ **cracked** *adj* 有裂（縫）紋的；（嗓音）嘶啞的

● break, split

crack·er /ˈkrækə(r)/ n
1 擊破者 **2** 爆竹 **3** [crackers] 胡桃夾
4 [美] 餅乾

cra·dle /ˈkreɪdl/
I n **1** 搖籃；策源地；發源地：What
is learnt in the *cradle* lasts to the grave.
[諺] 搖籃中所學到的伴隨一生。/ Greece
is the *cradle* of the Western culture. 希
臘是西方文化的發源地。**2** 搖籃狀物；
支架 **II** vt **1** 把⋯放在搖籃裏；把⋯兜
在手彎裏 **2** 把⋯擱在支架上

craft /krɑːft/ n
1 [C] 工藝；手藝：the weaver's *craft*
編織匠人的技藝 / arts and *crafts* 工藝美
術 **2** （用於各種複合詞）：needle-
craft 刺繡 / handicraft 手工藝（品）**3**
（集合名詞）行會（成員）：the *craft* of
carpenters 木工行會 **4** [複數不變] 船；
飛行器：a handy *craft* 方便的小船

crafts·man /ˈkrɑːftsmən/ n
（複 = craftsmen）手藝人；工匠；巧匠
▷ **craftsmanship** n （工匠的）手藝、
技藝

crafts·men /ˈkrɑːftsmən/ n
craftsman 的複數

craf·ty /ˈkrɑːftɪ/ adj
狡猾的；詭計多端的

crag /kræg/ n 岩崖
▷ **cragged, craggy** adj 多岩石的；嵯峨
的；崎嶇的

crane /kreɪn/
I n **1** 鶴 **2** [the Crane]〈天〉天鵝座
3 起重機 **II** ❶ vt 伸（頸）；用起重
機搬移：crane one's neck to see sth 伸
長脖子看某物 ❷ vi 伸長脖子（out,
over, down）
⇨ 插圖見〈專題圖説 13〉

crash /kræʃ/
I n **1** 雷、炮聲；玻璃粉碎聲；沉重物
體坍塌聲：the *crash* of thunder 隆隆的
雷聲 / The wall fell with a *crash*. 牆轟地
一聲坍塌了。**2** 墜毀；撞壞；坍塌；粉
碎：the plane *crash* 飛機墜毀 **3** 垮
台；崩潰：the *crash* of prices in the
stock market 股市價格狂瀉
II ❶ vi **1** （發出猛烈聲音）坍塌；爆
裂；踫撞：The big tree *crashed* to the
ground. 大樹砰然倒地。/ The taxi
crashed into the bus. 出租車猛地撞上了
大客車。**2** （飛機）墜毀 ❷ vt **1** 使
粉碎；撞擊；砸：crash the bottle
against a rock 把瓶子在石頭上碰碎 / The
door was *crashed* open. 門被砸開。**2**
（飛機）墜毀

crave /kreɪv/ vt, vi
懇求（請求）得到；渴望：crave (for)
knowledge 渴望得到知識 / What the eye
sees not, the heart *craves* not. [諺] 眼不
見，心不想。
❶ want, wish, desire

crawl /krɔːl/
I vi **1** 爬；蠕動；匍匐前進：The baby
crawled across the room. 孩子從房間的
這一邊爬到那一邊。**2** 緩慢地移動：
The train *crawled* into the station. 列車
緩緩地駛入車站。**3** 爬滿（充斥）着
（蟲、蟻等）：The ground was *crawling*
with ants. 地上爬滿了螞蟻。**4** 諂媚；
巴結：He *crawled* for a favour. 他拍馬
邀寵。
II n **1** [用不定冠詞] 爬；蠕動；緩慢地
移動：go at a *crawl* 慢吞吞地行進 / The
traffic is reduced to a *crawl*. 車輛慢到了
爬行的地步。**2** [常用定冠詞] 爬泳；

crawl stroke 自由式游泳

◑ **creep**

cray·on /'kreɪən/ n

彩色粉筆;蠟筆;顏色筆: a picture in *crayon(s)* 粉筆畫;蠟筆畫

cra·zy /'kreɪzɪ/ adj

1 狂熱的;着迷的: The girl is *crazy* for him. 那女孩迷上了他。/ The boys are *crazy* about football. 男孩子們對足球着了迷。 **2** 喪失理智的;愚蠢的: You date with that man. Are you *crazy*? 你和那種男人約會,你瘋了?

◑ **mad, insane, silly**

◐ **sane, sensible**

cream /kri:m/

I n [U] **1** 奶油;含奶油食品: skim off the *cream* 撇去奶油 / *ice cream* 冰淇淋 **2** 奶油狀物;膏狀物: salad *cream* 色拉油 / face *cream* 面霜 **3** [口] 精華: *cream* of the society 社會的精華

II ❶ vt **1** 提取奶油;提取精華: He *creamed* the best recruits for his regiment. 他為自己的團挑選最好的兵。 **2** 在…加奶油 ❷ vi 成奶油狀

cre·ate /kri:'eɪt/ vt

1 創造;創作: Do you believe that men are *created* equal? 你相信人生來平等嗎? **2** 產生;引起: New industries *create* new jobs. 新型工業創造新的就業機會。/ His behaviour *created* a bad impression. 他的行為造成了壞印象。 **3** 把…封為(貴族)

◑ **make, produce**

cre·a·tion /kri:'eɪʃn/ n

1 [U] 創造;創作;產生: the *creation* of literary works 文學著作的創作 / *creation* of chaos 騷亂的產生 **2** [U] 加

封(授予)爵位: *creation* of peers 增封新爵 **3** [C] 創造物;作品: the *creations* by Van Gogh 梵高的作品 **4** [U] [the Creation] 〈宗〉(上帝)創世

cre·a·tive /kri:'eɪtɪv/ adj

有創造力的;創造的: *creative* talent 創造才能

cre·a·tor /kri:'eɪtə(r)/ n

創造者;創作者;(事物的)起因;〈宗〉[the Creator] 造物主;上帝

crea·ture /'kri:tʃə(r)/ n [C]

1 生物;動物: What is this tiny *creature*? 這種小生物是甚麼? / A cockroach is a *creature* rather like the beetle. 蟑螂是一種形似甲蟲的生物。 **2** (含有愛憐或輕蔑的意思)人: What a lovely *creature* she is! 她真是個討人喜歡的小妞!

□ **creature comforts** 好吃的食品和飲料等

◑ **being**

cred·it /'kredɪt/

I n **1** [U] 信用;賒欠: buy (sell) on *credit* 賒購(銷) / *Credit* is limited to 100 dollars. 賒欠不得超過 100 元。 **2** [U] 存款;債權: I have 3000 dollars standing to my *credit*. 我的存款有 3,000 元。 **3** [C] 貸款: The bank refused further *credits* to the company. 銀行拒絕給那家公司繼續貸款。 **4** [C] 〈會計〉貸方(記錄): *credits* and debits 貸方與收方 **5** [U] 信譽;聲望;榮譽: *Credit*, like a looking-glass, broken once, is gone. [諺] 聲譽如同鏡子,一旦打破,永遠失去。 **6** [C] [美] 學分 **7** [U] 相信: The rumour is gaining *credit*. 相信這傳聞的人越來越多。

◇ **be a credit to** 給…帶來榮譽：What he has achieved *is a credit to* his parents. 他的成就給他父母增了光。/ **do sb credit, be to sb's credit** 為…帶來光榮：His fluency in English *does credit to* his teacher. 他流利的英語為他的老師增了光。/ **give sb credit for** 把…歸功於某人；認為某人具有（品質等）：I *gave* him *credit for* being more honest. 我原以為他是誠實的。/ **get (take) credit for** 因…取得名譽（稱讚等）：Do not *take credit for* what you haven't done. 你沒做的事別貪天之功據為己有。

II *vt* **1** 相信：I don't *credit* him with such intelligence. 我不信他有那麼聰明。 **2** 〈會計〉把…計入貸方

□ **credit account** 賒購賬 / **credit card** 信用卡；信用證 ▷ **creditable** *adj* 可信的；值得稱讚的

cred·i·tor /ˈkredɪtə(r)/ *n* 債權人

creed /kriːd/ *n* [C]
1 信條；教義 **2** [the Creed] 〈宗〉使徒信條

creek /kriːk/ *n*
1 [英] 小灣；小港 **2** [北美] 小河；支流

creep /kriːp/
I (crept, creeping) *vi* **1** 爬行：The turtle *crept* closer and closer. 龜爬得越來越近。 **2** （時間）緩緩過去；（感覺）慢慢來臨：The hours *crept* by. 時間一小時一小時地過去了。/ A feeling of drowsiness *crept* over him. 一陣睡意向他襲來。 **3** （植物根、蔓等）蔓延 **4** （身上）有蟲爬的感覺；毛骨悚然：The sight of the bloody scene made my flesh *creep*. 看到這血淋淋的場面，我不禁毛骨悚然。 II *n* **1** 爬行；蠕動 **2**

[creeps] 蟲爬似的感覺：give sb the *creeps* 使某人毛骨悚然
❶ **crawl**

crept /krept/ *v*
creep 的過去式和過去分詞

cres·cent /ˈkreznt; ˈkresnt/
I *n* **1** 新月；牙月 **2** 新月狀（物） **3** 伊斯蘭教：the Cross and the *Crescent* 基督教和伊斯蘭教 II *adj* 新月的；新月狀的
⇨ 插圖見〈專題圖說 14〉

crest /krest/ *n*
1 （雞、禽的）冠 **2** 盔上的羽毛飾 **3** （盾形的）徽章；紋飾；便箋的頂飾 **4** 山頂；浪尖：on the top of a wave *crest* 在浪尖上；[喻] 在最走運的時候
□ **crest-fallen** *adj* 沮喪的；垂頭喪氣的 ▷ **crested** *adj* 有頂飾的：*crested* notepaper 有頂飾的便箋紙

crew /kruː/ *n*
1 [the crew] （船、飛機等的）全體機務、乘務人員；中、下級船員（水手）：All the *crew* aboard survived. 飛機上的機組人員全都幸免於難。 **2** 一起工作的人們：ground *crew* 地勤人員
□ **crew-cut** *adj* （髮式）平頭 / **crewman** *n* 船員；水手

crib /krɪb/ *n* [C]
1 飼料槽 **2** （玉米、鹽等的）貯藏箱 **3** 嬰兒床

cric·ket¹ /ˈkrɪkɪt/ *n* 蟋蟀

Cricket 蟋蟀

cric·ket² /ˈkrɪkɪt/ n [U] 板球

crime /kraɪm/ n

1 [C] 罪;罪惡;[U] [總稱] 犯罪: commit a crime 犯罪 / prevent (detect, punish) crime 防止（偵破、懲治）犯罪 **2** [C] 愚蠢（錯誤）的做法: It would be a crime to send her to the mental hospital. 送她去精神病院是愚蠢的做法。▷ **crimeless** adj

crim·i·nal /ˈkrɪmɪnl/

I adj 犯罪的: a criminal act 犯罪行為
II n 罪犯

crim·son /ˈkrɪmzn/

I adj 深紅;緋紅
II vt, vi （使）變成緋紅色

crip·ple /ˈkrɪpl/

I n 跛子;癱子
II vt 使成癱子（跛子）;使殘廢;使喪失活動能力（戰鬥力）: He was crippled in the war. 他在戰爭中致殘。/ The tank was crippled by a missile. 坦克被導彈擊中，喪失戰鬥能力。
◗ disable

cri·ses /ˈkraɪsiːz/ n crisis 的複數

cri·sis /ˈkraɪsɪs/ n （複 = crises） （疾病、人生、歷史等的）轉折關頭;危急時刻;危機: a political crisis 政治危機 ◇ **bring sth to a crisis** 使危急;使至決定性的時刻 / **come (draw) to a crisis** 到了危急（關鍵）時刻;到了轉折點

crisp /krɪsp/

I adj **1** （尤指食品）脆的;易碎的: crisp biscuits 松脆的餅乾 **2** （空氣、天氣）清新的;爽快的: crisp air 清新的空氣 **3** 鮮嫩的 **4** 乾脆的;乾淨利落的: crisp manners of speaking 講話乾淨利落的風格

II n （常用 crisps）[英] 炸土豆片 (= [美] chips)

cri·te·ria /kraɪˈtɪəriə/ n criterion 的複數

cri·te·ri·on /kraɪˈtɪəriən/ n [複 = criteria] （判斷、評價的）標準: What is the criterion of success in life? 判斷人生成功的標準是甚麼？

crit·ic /ˈkrɪtɪk/ n

1 批評家;評論家: a literary (art) critic 文學（藝術）批評家 **2** 愛挑剔的人: He is a severe critic of all we do. 他對我們所做的一切都百般挑剔。

crit·i·cal /ˈkrɪtɪkl/ adj

1 危急的;關鍵的;危機的: At the critical moment, they withdrew their support. 在關鍵時刻，他們停止了支持。/ The patient's condition is critical. 病人的情況危急。 **2** 批評的;評論的: a critical review 評述 / Don't be too critical; they are only beginners. 別太苛刻了，他們還是初學者。 **3** 〈物〉臨界的: critical temperature 臨界溫度

▷ **critically** adv 危急地: She is critically ill. 她的病情危急。

crit·i·cise /ˈkrɪtɪsaɪz/ vt, vi = criticize

crit·i·cism /ˈkrɪtɪsɪzəm/ n [U]

1 批評;批判: Criticism is welcome. 歡迎批評。/ Criticism of literary works is sometimes biased. 文學批評有時帶有偏見。 **2** [C] 批判（評論）的意見: I'd like to hear your frank criticisms. 我希望能聽到你們坦率的批評意見。

crit·i·cize /ˈkrɪtɪsaɪz/ vt, vi 批評;批判;評論: criticize sb for doing sth 批評某人做了某事 / criticize one's work 評論某人的工作

cro·co·dile /ˈkrɒkədaɪl/ *n* 鱷魚

crop /krɒp/

I *n* [C] **1** [crops] 莊稼；growing crops 生長的作物，青苗 / get the crops in 把莊稼收回來 **2** 一季（年）作物的收穫量；產量：a good crop of wheat 小麥豐收 **3** 大量：His statement produced a crop of questions. 他的聲明引發了一大串問題。

II 1 *vt* **1**（羊、鳥等）嚙（草等）：The sheep cropped the grass. 羊群在吃草。 **2** 剪短：She had her hair cropped. 她把頭髮剪短了。 **3** 種植：They intended to crop a thousand acres with grass. 他們打算種植 1000 英畝牧草。 **2** *vi* **1** 收穫：The rice cropped well. 稻子收成很好。 **2** 產生；發生

◇ **crop up (out)**（問題等）突然發生；出現：The subject cropped up at the meeting. 在會上有人突然提出了這個問題。

cross /krɒs/

I *n* **1** 十字；十字形；叉：Red Cross (Society) 紅十字會 / When you press an arrow key, the cross moves on the screen. 按箭頭鍵時，十字就會在屏幕上移動。 **2** 十字架；十字形的東西：the Cross 耶穌受難的十字架；基督教教義 / the followers of the Cross 基督信徒 **3** 磨難，苦難：We all have our crosses to bear. 我們全都要經歷苦難。 **4**〈生〉雜交；雜交後代；混合物：A mule is a cross between a horse and an ass. 騾是馬和驢雜交後生的。

⇨ 插圖見〈專題圖説 14〉

II 1 *vt* **1** 使（與…）交叉；使相交：Line A crosses Line B at right angles. A 線與 B 線直角相交。 **2** 越過；穿過；橫過：cross the sea in a boat 坐小船渡海 / A bridge crosses the stream. 小河上橫跨着一座橋。 **3** 畫十字：cross oneself 在自己身上畫十字（表示敬畏或祈求上帝的保護） **4** 反對；阻撓：He crosses me in everything. 他甚麼事都與我作對。 **2** *vi* **1** 交叉；相交：You'll see the sign where two roads cross. 在兩條路交匯處你會看到那標誌的。 **2** 越過；穿過；橫過

◇ **cross one's fingers** 兩手指交叉（祈求好運氣） / **cross out (off)** 劃掉；刪除

III *adj* 脾氣壞的；易怒的：Don't be cross with me. 別朝我發脾氣。

□ **crossbar** *n* 門；橫桿（木） / **crossbones** *n* 交叉的大腿骨（畫在骷髏下，表示死亡，劇毒等） / **crossbreed** *vt, vi*（使）雜交 / **cross-check** *vt, vi, n* 交叉核對 / **cross-section** *n* 橫截面 / **crosswalk** *n* 人行橫道；過街人行道

▷ **crossly** *adv*

cross·ing /ˈkrɒsɪŋ/ *n*
1 越過；橫過：We had a smooth crossing. 我們渡海過來，很順利。 **2** 渡口；道口；人行橫道；交叉點 **3**〈生〉雜交

cross·road /ˈkrɒsrəud/ *n*
1 交叉路 **2** [crossroads] [用作單] 十字路口；村鎮中的活動、聚會中心 **3** [crossroads] [用作單] [喻] 需作抉擇的關頭

cross-sec·tion /ˌkrɒsˈsekʃn/ *n* [C]
橫截面；典型樣本：a cross-section of the urban population 城市人口的典型樣本

crouch /krautʃ/ *vi*

蹲伏；蜷縮；（動物）後蹲（以便躍起）：crouch down to dodge a blow 下蹲以閃開對方的打擊

crow¹ /krəʊ/ n

1 烏鴉 **2** 鐵挺；撬棍 **3** [the Crow] 〈天〉烏鴉座

⇨ 插圖見〈專題圖說 13〉

crow² /krəʊ/

I vi **1** （雄雞）啼 **2** （嬰兒）歡叫

II n 雞啼聲；嬰兒歡叫聲

crowd /kraʊd/

I n [C] **1** 人群：a large crowd in the street 街上聚集的一大群人 **2** 群眾；百姓：go with the crowd 隨大流 **3** 一大批，許多：a crowd of daffodils 一大簇水仙 II vt, vi 擠；聚集；客滿：They crowded into the room. 他們擠入房間。/ His fans crowded about (round) him. 他的崇拜者把他圍在了中間。/ The train is crowded with passengers. 火車上擠滿了旅客。

crown /kraʊn/

I n **1** 王冠；冕；[常作 Crown] 君權；王位：a crown prince 王儲；太子 / fight for the Crown 爭奪王位 **2** 花冠 **3** 頂；〈植〉冠；王冠狀的東西：crown of a hill 山頂

II vt **1** 為…加冕；立…為王；授以（桂冠、榮譽等）：crown a victor with glory 給優勝者以榮譽 **2** 為…加頂：Clouds crowned the hills. 雲團罩着山頂。**3** 使圓滿完成；（以榮譽等）酬報（with）：He crowned his career by being elected President. 他當選總統，事業達到了顛峰。▷ **crowned** adj（像）戴着王冠的；有…覆蓋的（構成複合詞）

cru·ci·ble /'kruːsɪbl/ n

坩堝；[喻] 熔爐

crude /kruːd/

I adj **1** 天然的；未加工的；不成熟的；粗製的；（食物）生的：crude rubber 生橡膠 / crude material 原料 **2** 粗魯的：crude manners 粗魯的舉止 **3** 粗糙的；未加修飾的：crude ideas 不成熟的想法 / crude methods 粗糙的方法 / crude facts 赤裸裸的事實 II n [U] 原料；天然物質 ▷ **crudely** adv

🟢 raw, unrefined, coarse

🔵 refined, delicate, processed

cru·el /'kruəl/ adj

1 殘忍的；殘酷的：a cruel person 殘酷的人 / his cruel deeds 他殘暴的行為 **2** 令人痛苦的；冷酷的：a cruel war 殘酷的戰爭 / his cruel death 他的令人悲慟的死 ▷ **cruelly** adv

cru·el·ty /'kruəltɪ/ n [U]

殘忍；殘酷；[C] [cruelties] 殘酷的行為

cruise /kruːz/

I vi **1** 巡航；巡游 **2** （船、飛機）以巡航速度航行；飛機以最省燃料的速度飛行 II n [C, U] 巡航：go on a cruise to Japan 航行去日本

cruis·er /'kruːzə(r)/ n

1 巡洋艦：missile-carrying cruiser 導彈巡洋艦 **2** （生活設施齊備的）遊艇 **3** 巡邏警車；巡航機（船）

⇨ 插圖見 SHIP

crumb /krʌm/ n

1 [C] （麵包等的）碎屑：clean the table of crumbs 把桌上的麵包屑收拾乾淨 **2** [U] 麵包心：crumb and crust 麵包心和麵包皮 **3** 少許：a few crumbs of information 少量信息

crum·ble /'krʌmbl/

❶ *vt* 弄碎：The boy *crumbled* the bread to feed the fish. 男孩把麵包揉碎喂魚。 ❷ *vi* 破碎；垮台；瓦解：The federation soon *crumbled*. 聯邦很快就解體了。/ hopes that *crumbled* to dust 破滅的希望

cru·sade /kruː'seɪd/
I *n* ❶〈史〉十字軍（東征）；（宗教）聖戰 ❷ 討伐；運動：*crusade* against (for, in favour of) 反對（支持）…的運動 II *vi* 參加討伐 ▷ **crusader** *n* 十字軍戰士；征者；參加運動者

crush /krʌʃ/
I ❶ *vt* ❶ 擠壓；壓扁；壓碎；榨：*crush* a beetle with one foot 用腳踩爛一隻甲蟲 / The empty cans are first *crushed* flat and then sent into a furnace to melt. 空罐子先壓扁，然後送入爐子熔化。❷ 壓倒；壓服；壓垮：*crush* one's enemy 征服敵人 / He *crushed* the opposition. 他壓服了反對意見。❸ 弄皺（衣服）：You'll *crush* your suit if you don't hang it up. 西服如果不掛起來，會弄得皺巴巴的。❹ 塞；擠：*crush* clothes into a bag 把衣服塞進包裹 ❷ *vi* ❶ （被）壓扁；壓碎；壓壞 ❷ 塞；擠：try to *crush* into the bus 試圖擠上公共汽車 ❸ 變皺
◇ **crush down** 鎮壓；壓服 / **crush up** 粉碎；碾碎
II *n* ❶ [用作單] 擠成一堆的人 ❷ [U] 榨出的果汁 ▷ **crusher** *n* 軋碎機；壓榨機 / **crushing** *adj* 壓倒的；決定性的：a *crushing* blow 致命的一擊
❶ smash, squash, suppress

crust /krʌst/
I *n* [C, U] ❶ 麵包皮；點心硬殼 ❷ 外殼：the earth's *crust* 地殼 / a *crust* of ice 冰層 ❸ 酒垢；〈醫〉痂 II *vt, vi* 給…加外殼；結成硬殼：The snow *crusted* over during the night. 夜間雪的表層結了冰。

cry /kraɪ/
I ❶ *vi* ❶ 叫；喊：He *cried* with pain when I stepped on his toes. 我踩了他的腳趾，他疼得喊了起來。❷ 哭：The baby is *crying* for food. 寶寶哭了，要吃東西。/ It is no use *crying* over spilt milk. [諺] 牛奶潑了，哭也沒用（喻事情做糟了，後悔無濟於事）。❷ *vt* ❶ 叫；喊；大聲説：*Cry* out wine and sell vinegar. [諺] 喊的是酒，賣的是醋（掛羊頭，賣狗肉）。❷ 哭出：*cry* bitter tears 痛哭流涕
II *n* [C] ❶ 叫；喊；（動物）叫：a *cry* for help 呼救聲 / *Cries* of joy burst out when the team scored a goal. 球隊踢進一球，引發出驚喜的叫聲。❷ 哭；哭泣：have a good *cry* 痛痛快快地哭一場
◇ **a far (long) cry from** 距離很遠；大不相同：Living in inland towns is a *far cry from* living in coastal cities. 生活在沿海城市與生活在內地城鎮有天壤之別。/ **cry one's eyes (heart) out** 傷心地痛哭 / **cry out against** 大聲疾呼反對 / **cry down** 貶低；轟下（演講者）/ **cry (out) for** 哭（吵）着要；迫切需要 ▷ **crying** *adj* ❶ 叫喊的；哭的 ❷ 引人注意的；急需處理的：a *crying* need 迫切的需要
❶ weep, sob

> **用法説明：Cry** 是哭，一般有聲響。**Sob** 是抽泣。**Weep** 是無聲地哭。

crys·tal /'krɪstl/

I *n* **1** [U] 水晶;[C] 水晶(玻璃)**飾品**:as clear as *crystal* 像水晶一樣透明 / The causes of the accident are now *crystal* clear. 事故的原因現已一清二楚。 **2** 結晶;晶體 **II** *adj* 水晶的;水晶似的;清澈的;透明的

cube /kju:b/
I *n* **1** 立方體;立方形:*cube* sugar 方糖 **2** 〈數〉立方;三次冪:The *cube* of 3 is 27. 3 的立方是 27。/ The *cube* root of 8 is 2. 8 的立方根是 2。
II *vt* 使自乘至三次冪:5 *cubed* is 125. 5 的立方是 125。
⇨ 插圖見〈專題圖說 14〉

cu·bic /'kju:bɪk/
I *adj* **1** 立方體的;立方形的:*cubic* content 容積;體積 / *cubic* centimetres(簡寫:cc 或 c.c.)毫升 **2** 〈數〉立方的;三次的;三次方程的 **II** *n* [C]〈數〉三次曲線;三次方程;三次多項式

cu·boid /'kju:bɔɪd/
I *adj* **1** 立方形的;骰子形的 **2** 〈解〉骰骨的 **II** *n* **1** 長方體 **2** 骰骨

cu·cum·ber /'kju:kʌmbə(r)/ *n* [C, U] 黃瓜
◇ **as cool as cucumber** [喻] 冷靜地;沉着地
⇨ 插圖見〈專題圖說 10〉

cuff /kʌf/ *n*
1 袖口 **2** [美] 褲腳摺邊(= [英] turn-up) **3** [cuffs] [口] 手拷
◇ **off the cuff** [口] 即興machine智,臨場發揮

cul·ti·vate /'kʌltɪveɪt/ *vt*
1 耕作;鋤地:*cultivate* the soil 耕地 **2** 培養;培育:*cultivate* a new strain of wheat 培養新的小麥種 **3** 培養(感情、友誼等);謀求…的發展;修習:

cultivate a friendship with one's colleagues 培養與同事的友誼 / *cultivate* a taste for classic music 培養對古典音樂的興趣 ▷ **cultivable** *adj* / **cultivated** *adj*

cul·ti·va·tion /ˌkʌltɪ'veɪʃn/ *n* [U] 耕作;開墾;培養;修習

cul·ti·va·tor /'kʌltɪveɪtə(r)/ *n*
1 耕種者;栽培者 **2** 修習者 **3** 〈農〉中耕機

cul·tur·al /'kʌltʃərəl/ *adj*
1 文化的:*cultural* differences 文化差異 **2** 教養的;修養的 **3** 栽培的;養殖的

cul·ture /'kʌltʃə(r)/
I *n* **1** [U] 文化;文明:a centre of *culture* 文化中心 / He is here to study Chinese *culture*. 他來這裏學習中國文化。 **2** [U] 教養;修養:moral *culture* 道德文化;德育 / physical *culture* 體育 / a man of considerable *culture* 文化修養很高的人 **3** [U] 栽培;養殖;〈生〉(細菌)培養;[C] 培養液:Part of the botanical garden is devoted to the *culture* of tropical plants. 植物園的一部分用於栽培熱帶植物。/ a *culture* of fluid 培養液 / *culture(d)* pearl 人工培育的珍珠 **II** *vt* **1** 使有修養 **2** 栽培;養殖;〈生〉培養(細菌) ▷ **cultured** *adj* 有教(修)養的;(人工)培養的

cul·ture·shock /'kʌltʃəʃɒk/ *n* 文化衝擊(異域文化的巨大差異所造成的心理震盪)

cun·ning /'kʌnɪŋ/
I *adj* **1** 狡猾的;詭詐的:Foxes are believed to be *cunning*. 狐狸被認為是狡猾的。 **2** [美] 伶俐的;可愛的:a

cunning little girl 伶俐的小女孩 **II** *n* 狡猾；詭詐 ▷ **cunningly** *adv*

cup /kʌp/
I *n* **1** 杯子：a *cup* and saucer 一副杯碟 **2** （一）杯：two *cups* of wine 兩杯酒 **3** 獎杯；優勝杯：a price *cup* 獎杯 / the World *Cup*〈體〉世界杯 **4** 經歷；遭遇：He had his *cup* of sorrow. 他嘗到了悲痛的滋味。 **5** 酒 **6** 杯狀物；〈醫〉火罐
◇ **between the cup and the lip** 事至垂成之際 / **sb's cup of tea** [口] 某人喜愛的事物；適宜某人的東西：Drawing is *his cup of tea*. 畫畫是他的特長。
II *vt* **1** 使成杯狀：*cup* one's hands 雙手作杯狀（如接球時） **2** 把⋯置於杯中；把⋯置於杯狀物中：with her chin *cupped* in her hand （她）手托着下巴
□ **cup event**〈體〉錦杯賽 / **cup holder**〈體〉獎杯保持者 ▷ **cupful** *n* （一）滿杯：a *cupful* of milk 一滿杯牛奶
◑ **glass, mug**

cup·board /ˈkʌbəd/ *n*
碗櫥；食櫥
◇ **a skeleton in the cupboard** 不願為外人知道的家醜

curb /kɜːb/
I *n* **1** 勒馬鏈（索） **2** 控制；約束：put (keep) a *curb* on one's anger 遏制怒氣 **3** （= kerb）路邊；路邊鑲邊石；井欄 **II** *vt* **1** 勒（馬） **2** 控制（情緒）：*curb* one's passions 遏制激情

cure /kjʊə(r)/
I ❶ *vt* **1** 治愈：Dr Blake *cured* me of my earache. 布萊克醫生治愈了我的耳痛病。 **2** 消除；糾正；解決：Can we

hope to *cure* all these social evils? 所有這些社會弊端可望根治嗎？ **3** （用腌、燻、曬、烤）加工處理：*cure* fish by salting 腌魚 / *cure* leather 加工皮革 ❷ *vi* **1** 醫治；治愈：Diet *cures* more than the doctor. [諺] 醫療不如食補。 **2** 加工處理
II *n* [C] **1** 治愈；痊愈：To know the disease is half the *cure*. [諺] 知道得了甚麼病即是治愈了一半。 **2** 治愈方法：Will there ever be a *cure* for cancer? 癌症會有治愈的方法嗎？ / Sleeping is the best *cure* of waking troubles. [諺] 要擺脫清醒時的麻煩，最好的辦法是睡覺。
□ **cure-all** *n* 萬靈藥
◑ **heal**

cu·ri·os·i·ty /ˌkjʊərɪˈɒsətɪ/ *n*
1 [U] 好奇（心）：*curiosity* about the mysterious cave 對那神秘的山洞的好奇 / *Curiosity* is ill manners in another's house. [諺] 在別人家裏表現出好奇是不禮貌的。 **2** [C] 奇事；珍品：a *curiosity* shop 古玩店

cu·ri·ous /ˈkjʊərɪəs/ *adj*
1 好奇的：Mary is *curious* about the contents of the letter. 瑪麗極想知道那封信的內容。 **2** 愛打聽的；好事的：Don't be so *curious*. It's none of your business. 別那麼好奇，這不關你的事。 **3** 稀奇的；古怪的；奇妙的：a *curious* object 奇特的物體
□ **curious-looking** *adj* 樣子奇特的

cu·ri·ous·ly /ˈkjʊərɪəslɪ/ *adv*
1 好奇地：He looked at me *curiously*. 他好奇地打量着我。 **2** 古怪地；難以理解地：She behaved *curiously*. 她的舉止很古怪。

curl /kɜːl/

I *n* **1** [C] 捲毛;捲髮: *curls* of hair lying about on the floor 滿地一綹一綹的頭髮 **2** [C] 捲狀物;螺旋狀物: *Curls* of smoke rose from the chimneys. 縷縷輕煙從煙囪裏升起。 **3** [U] 捲狀: His hair is in *curl*. 他的頭髮是捲曲的。

II *vt, vi* (使)捲曲;(使)捲繞: He wants to have his hair *curled*. 他想燙捲髮。/ The smoke *curled* up. 煙裊裊上升。

◇ **curl one's lips** 歪歪嘴;翹翹上唇 (表示輕蔑、厭惡)

◗ **roll**

cur·ren·cy /'kʌrənsɪ/ *n*

1 [U] 通用;流通;流傳: The coined word has now gained *currency*. 這新造的詞已用開了。/ Don't give *currency* to idle gossip. 別傳播流言蜚語。 **2** [C, U] 通貨: foreign *currencies* 外幣

cur·rent /'kʌrənt/

I *adj* **1** 通用的;流行的: *current* opinions 流行的看法 / These coins are no longer *current*. 這些硬幣已不再流通。 **2** 現時的;現行的: *current* assets 流動資產 / *current* events 時事 / the *current* issue of the journal 剛出版的這一期期刊

II *n* **1** 水流;氣流;電流: the warm *currents* of the Atlantic 大西洋暖流 / alternate *current* 交流電 / Cool *currents* are drawn from the underground tunnel by a pump. 用泵把一股股冷氣從地道中抽出來。

⇨ 用法説明見 NEW

curse /kɜːs/

I *n* **1** 詛咒;咒語: call down *curses*

(lay a curse) upon sb 祈求上蒼加禍於某人,詛咒某人 / lay sb under a *curse* 詛咒某人 **2** 禍害;禍根;禍因: Floods are a *curse* to that country. 洪水是那個國家的一大禍害。/ Too much money might be a *curse*. 錢太多了或許是禍害。

II ❶ *vt* **1** 咒罵;詛咒: She *cursed* the driver for being so slow. 她罵司機,説他車開得太慢。 **2** 使受災禍;使苦於: be *cursed* with an idiot of a son 為白痴兒子所苦 ❷ *vi* 咒罵;詛咒

◗ **damn**

cur·tain /'kɜːtn/

I *n* **1** 簾子: window *curtain* 窗簾 / draw the *curtains* 拉上窗簾 **2** (舞台的)幕: The *curtain* falls. 幕落。 **3** 幕狀物: a *curtain* of smoke 煙幕 / draw a *curtain* over 結束某事;掩蓋某事;停止談論某事

◇ **behind the curtain** 幕後;神秘地 / **lift the curtain on sth** 揭開某事的序幕

II *vt* **1** 給…裝上簾子: *curtained* windows 有窗簾的窗子 **2** 用簾子隔開: *curtain* off part of the room 用簾子隔開房間的一部分 □ **curtain-call** *n* 要求謝幕的歡呼聲(掌聲): take the *curtain-call* 應要求而謝幕

curve /kɜːv/

I *n* **1** 曲線;曲面: a hyperbolic *curve* 〈數〉雙曲線 / normal *curve* 〈數〉常態曲線 **2** 彎;彎曲: a *curve* in the road 公路的一處彎道 / Drive slowly when you go round *curves*. 轉彎時要慢速駕駛。

II ❶ *vt* 弄彎;使彎曲 ❷ *vi* (依)曲線前行: The river *curves* round the mountain. 這條河繞着大山流過。

cu·shion /'kʊʃn/

I *n* **1** 墊子；墊狀物：sofa *cushions* 沙發墊子 / a *cushion* of soft moss 一層軟軟的苔蘚 / a *cushion* of air 氣墊 **2** 〈機〉墊層；緩衝器 **3** 檯球桌內邊的彈性襯墊 **II** *vt* **1** 給…安上墊子；緩和…的衝擊：*cushioned* seats 軟椅；帶坐墊的椅子 / They are *cushioned* against inflation by governmental subsidies. 政府津貼減輕了通貨膨脹對他們的衝擊。

cus·to·dy /'kʌstədɪ/ *n* [U]
1 保護；監護；保管：Parents have the *custody* of their children. 父母有保護子女的責任。 **2** 拘留
◇ **be in the custody of** 在…的保護（監護）下；由…保管 / **in custody** 被拘留（監禁）中 / **take sb into custody** 拘留某人

cus·tom /'kʌstəm/
I *n* **1** [C, U] 習慣；習俗；慣例：Every country has its *customs*. 每個國家都有自己的習俗。 / It is sometimes difficult to go against *custom*. 違背習俗有時是困難的。 **2** [customs] 關稅；[the Customs] 海關：You have to go through the *Customs* formalities. 你必須履行海關的一系列手續。 **3** [U]（顧客對商店等的）惠顧：We are glad to have your *custom*. 我們很高興您惠顧本店。
II *adj* [美] 定製（做）的：*custom-built* adj 按專門要求建造（製造）的 / *custom-made* 定做的
▷ **customary** adj 通常的；按慣例的
❶ **convention**
⇨ 用法說明見 HABIT

cus·tom·er /'kʌstəmə(r)/ *n*
顧客；主顧；客戶

cut /kʌt/ (cut, cut, cutting)

I *vt* **1** 切；割；剪；裁：We need a sharp knife to *cut* meat with. 我們需要一把快刀來切肉。 / Oh, John, you *cut* your finger again! 呀，約翰，你又把手指割破了！ / *Cut* your coat according to your cloth. [諺] 看布裁衣。（量入為出。） **2** 相交；分割；在…穿過：Point P is where Line A *cuts* Line B. P點是直線A和直線B相交之處。 / The river *cuts* the village. 那條河穿過村莊。 **3** 刺入；刺痛；傷害（感情等）：The wind is not strong, yet it *cuts*. 風雖然不大，但刺骨地冷。 / Many words *cut* more than swords. [諺] 許多話語傷人比刀子還厲害。 **4** 掘成；鑿出：*cut* a path in the side of the hill 在山坡上開出一條小道 / *cut* a hole through the rock 在岩石上鑿穿一個洞 **5** 雕刻；琢磨：*cut* an inscription on a piece of marble 把題詞鐫刻在一塊大理石上 / The finest diamond must be *cut*. [諺] 最好的鑽石必須經過雕琢（玉不琢不成器）。 **6** 削減；縮短：*cut* a story short 把故事縮短 / *cut* the price by half 把價格砍至一半 **7** 中止；中斷：*Cut* the nonsense! 別胡說八道！
II *n* **1**（刀、劍、鞭等的）切、割、剪、砍、削、抽 **2** 切口；切面；傷口：make a clean *cut* with his knife 用刀乾淨利索地切開 **3** 切下的東西：a nice *cut* of pork 一刀好豬肉 **4** 削減；刪減：a *cut* in expenditure 縮減開支 **5** 近路；捷徑：There is no short *cut* to learning. [諺] 在學習上無捷徑可走。

cy·cle /'saɪkl/
I *n* **1** 週期；循環：the *cycle* of the seasons 四季循環 / the life *cycle* 〈生〉

生命週期，生活史 **2** 〈電〉週波；〈數〉
環 **3** 自行車；車
II ❶ *vt* 使輪轉；使循環 **❷** *vi* **1** 輪
轉；循環 **2** 騎自行車；騎單車

cy·clist /ˈsaɪklɪst/ *n*
[英] 騎自行車（單車）的人；騎摩托車
（機車）的人

cy·clone /ˈsaɪkləun/ *n*
1 〈氣〉氣旋；旋風 **2** 〈化〉環酮
▷ cyclonic *adj*

cyl·in·der /ˈsɪlɪndə(r)/ *n*
1 圓筒；機筒；滾筒；圓柱體 **2** 〈數〉
柱（面） **3** 汽缸：a *six-cylinder* engine

六汽缸的引擎
◇ **work on all cylinders** [口] 竭盡全力
（幹）
⇨ 插圖見〈專題圖說 14〉

cyl·in·dri·cal /sɪˈlɪndrɪkl/ *adj*
圓柱體的；圓柱性的：a *cylindrical*
surface 圓柱面

cyn·i·cal /ˈsɪnɪkl/ *adj*
憤世疾俗的；玩世不恭的；冷嘲熱諷的
▷ cynically *adv*

cy·to·plasm /ˈsaɪtəuplæzəm/ *n* [U]
〈生〉細胞質

czar /zɑ:(r); tsɑ:(r)/ *n* 沙皇（= Tsar）

D, d

D, d /di:/
1 英語字母表的第四個字母 **2** [D] 羅馬
數字 500 **3** [D] 〈化〉元素氘
（deuterium）的符號 **4** [D] 〈物、化〉
密度（density）的符號 **5** [D] 〈音〉D
調

dad /dæd/ *n* [口] 爹爹；爸爸

dad·dy /ˈdædɪ/ *n* [親昵] 爹爹；爸爸

dag·ger /ˈdægə/ *n*
1 短劍；匕首 **2** 〈印〉劍號（即 †，用
以指示讀者參看腳注的印刷符號）
◇ **at daggers drawn** 劍拔弩張；交手
在即 / **look daggers at sb** 對某人怒目而
視

dai·ly /ˈdeɪlɪ/
I *adj, adv* 每日（的）；日常（的）：
one's *daily* bread 每日食糧；生計 / *daily*
necessities 日常必需品；生活必需品 /

Thousands of people visit the museum
daily. 每日有數以萬計的人參觀博物館。
II *n* 日報（= daily newspaper 或 daily
paper）

dair·y /ˈdeərɪ/ *n*
1 牛奶房；牛奶場；製酪場 **2** 牛奶及
乳品店 **3** 製酪業：*dairy* products 奶製
品
□ **dairy cattle** [總稱] 奶牛 / **dairy-
farm** *n* 牛奶場 / **dairy-maid** *n* 牛奶場女
工 / **dairy-man** *n* **1** 牛奶場男工 **2** 牛
奶場場主 **3** 乳製品商人

dam /dæm/
I *n* 水壩；水閘：a storage *dam* 蓄水壩
II *vt* **1** 築壩攔水（up, off）**2** 抑制；
控制：*dam* up one's feelings 控制自己
的感情

dam·age /ˈdæmɪdʒ/

I *n* **1** [U] 損害；毀壞：The storm caused great *damage* to the town. 這場風暴給鎮裏帶來很大損害。/ It has done *damage* to his good name. 這給他的名譽造成了損害。 **2** [C] [damages]〈法〉損失賠償；賠償金：He stands to pay *damages* for breach of contract. 他因違反合同而作賠償。

II *vt* 損害；毀壞：goods *damaged* by sea water 被海水損壞了的貨物 / The act *damaged* his reputation. 這個行為有損他的聲譽。

❶ harm, hurt, impair
⇨ 用法說明見 INJURY

damn /dæm/
I *vt* **1** （上帝）罰⋯入地獄：God *damn* you! （或 Damn you!）你這該死的！ **2** 指責；把⋯罵得一文不值：The film was *damned* by the public. 這部影片遭到公眾指責。 **3** （用於詛咒、咒罵）表示憤怒；煩躁；失望等：I'll be *damned* if I give in. 我要是讓步，我決不是人！/ *Damn* (it)! 該死；糟了！

II *n* [C] **1** 詛咒 **2** 絲毫：not worth a *damn* 毫無價值 / not give a *damn* 毫不在乎

damned /dæmd/
I *adj* **1** 打入地獄的 **2** 該死的；糟透的；討厭的：You *damned*! 混蛋！

II *adv* [口] 非常：It's *damned* good! 這太棒了！

damp /dæmp/
I *adj* 有濕氣的；潮的：*damp* air 潮濕的空氣 / Don't wear *damp* clothes! 別穿潮濕的衣服！

II *n* [U] 潮濕；濕氣：There is rising *damp* in the wall. 牆上越來越潮濕。

III ❶ *vt* **1** 弄濕：*damp* the clothes before ironing 熨衣服之前先弄濕 **2** （= dampen） 給⋯潑冷水；使沮喪：Don't *damp* their hopes! 別使他們失望。 **3** 阻抑；〈物〉阻尼；使減幅；〈音〉制止（弦）振動 ❷ *vi* **1** 變濕 **2** （振幅）衰減

□ **damp down** （用灰）封（火）/ **damp off** （植物根莖因濕潤、細菌）霉爛；腐壞 ▷ **dampen** *vt, vi* 弄（變）濕；抑制 / **dampish** *adj* 濕漉漉的 / **damply** *adv* / **dampness** *n*

❶ moist, wet
❶ dry

dance /dɑːns/
I *n* [C] **1** 跳舞；舞蹈；舞曲：a country *dance* 鄉村舞蹈 / a social *dance* 交誼舞 / May I have the next *dance* with you? 能請你跳下一個舞嗎？

II ❶ *vi* **1** 跳舞：Will you *dance* with me? 願意和我一起跳舞嗎？ **2** 跳躍；搖曳；搖晃：The waves are *dancing*. 波浪起伏跌宕。 ❷ *vt* **1** 跳（某種舞蹈）；使跳舞：Can you *dance* the polka? 你會跳波爾卡舞嗎？ **2** 晃動（孩子）：Do not *dance* the baby that way. 別那樣搖晃孩子。

□ **dance-band, dance-orchestra** *n* 伴舞樂隊 ▷ **dancing** *n*

danc·er /'dɑːnsə/ *n*
舞蹈演員；跳舞者

dan·ger /'deɪndʒə/ *n*
1 [U] 危險：His life is in great *danger*. 他的生命危在旦夕。/ *Danger* is next neighbour to security. [諺] 危險是安全的近鄰（居安思危）。 **2** [C] 危險物；威脅：The mines are a *danger* to the

public. 那些地雷對老百姓是個威脅。/ I'm well aware of the *dangers* involved. 對可能遇到的各種危險我很清楚。

◇ **in danger of** 有…的危險： Am I *in danger of* losing my job? 我有失去工作的危險嗎？/ **out of danger** 脫離危險

❶ risk

❷ safety

dan·ger·ous /'deɪndʒərəs/ *adj*
危險的： a *dangerous* place 危險的地方

❶ risky

❷ safe

Dan·ish /'deɪnɪʃ/

I *adj* 丹麥（人）的；丹麥語的

II *n* 丹麥語

dare /deə/

I *v aux* （過去式 dared）（後接不帶 to 的不定式，主要用於疑問、否定或條件句；第三人稱形式 dare）敢；竟敢： If it costs as much as I *dare* spend, I'll get it. 如果價錢不超過我敢花的數目，我就買了它。/ He *daren't* fight me. 他不敢跟我打架。/ How *dare* he say such things to his boss? 他竟敢對老闆說那些話？

II *vt* ❶ 敢： He would not *dare* to meet me. 他不敢來見我。 ❷ 敢於面對（承擔）： I will *dare* all the hardships. 我敢面對所有的艱難困苦。 ❸ 激勵（某人）： I *dare* you to do it! 量你也不敢！

◇ **I dare say** （作插入語）我敢說；恐怕： He is in trouble, I *dare say*. 他恐怕有麻煩了。

□ **dare-devil** *n, adj* 膽大妄為的（人）

dar·ing /'deərɪŋ/ *n, adj*
大膽（的）；勇敢（的）；魯莽（的）

❶ bold, brave, courageous

❷ cowardly

dark /dɑːk/

I *adj* ❶ 暗；黑夜的： a *dark* night 陰沉的天空 / It's getting too *dark* for me to read. 天太黑，我無法看書了。/ The *darkest* hour is that before dawn. [諺] 黎明前的時刻是最黑暗的。 ❷ 黑（色）的；淺黑的；深的： *dark* hair 黑髮 / *dark* blue 深藍 ❸ 陰暗的；隱晦的；隱秘的： a *dark* secret 隱秘的事 / There is a *dark* threat lurking behind. 這背後潛藏伏着可怕的威脅。 ❹ 邪惡的；壞的： *dark* deeds 壞事；見不得人的事

◇ **a dark horse** 實力難測的賽馬；[喻] 出人意料的競爭（獲勝）者，黑馬

II *n* [U] ❶ 黑暗；暗處： Cats can see in the *dark*. 貓在暗處能看見東西。/ He is afraid of the *dark*. 他怕黑。 ❷ 黃昏： at (before, after) *dark* 在天黑時（以前、以後） ❸ 茫然不知： keep (leave) sb in the *dark* 不讓某人知道 ▷ **darkly** *adv*

❶ dim, black

dark·en /'dɑːkən/ *vt, vi*
（使）變暗；（使）變黑；（顏色）變深；（表情）變得陰沉

dark·ness /'dɑːknɪs/ *n* [U]
黑暗；陰暗；秘密；蒙昧： forces of *darkness* 黑暗勢力

dar·ling /'dɑːlɪŋ/

I *n* 心愛的人；寶寶；寵愛之物： My *darling*! 親愛的（夫妻間的稱呼）；寶寶；乖乖（父母對兒女的愛稱）

II *adj* [口] 漂亮的；吸引人的

dart /dɑːt/

I *n* [C] ❶ 標槍；鏢 ❷ [darts，用作單] 投鏢遊戲 ❸ 突進；飛快的移動： The rabbit made a sudden *dart* across the road. 兔子突然竄到路對面。

II *vt, vi* (使) 急速移動；急速（突然）投（出）：The mouse *darted* away. 老鼠嗖地一下跑掉了。/ She *darted* an angry look at him. 她生氣地朝他瞪了一眼。

dash /dæʃ/

I ❶ *vt* **1** 猛衝；猛撞；猛擲；潑：He *dashed* the glass to the ground. 他把玻璃杯砸在地上。**2** 使粉碎；使破滅：His hopes were finally *dashed*. 他的希望最終破滅了。**3** 匆忙完成：*dash* off a note 匆忙寫成一張條子 **❷** *vi* 猛衝；猛擊：They *dashed* to safety. 他們衝到了安全的地方。

II *n* **1** 衝；撞；擊：make a *dash* for shelter 閃電躲進隱蔽處 / the 100-metre *dash* 一百米短跑 **2** 潑澆聲：He was met with a *dash* of cold water. 迎接他的是一潑冷水。**3** 少量攙和物：beer with a *dash* of water 攙了一丁點兒水的啤酒 **4** 破折號

◇ **at a dash** 一鼓作氣地；一氣呵成地 □ **dash-board** *n*（車輛的）擋泥板；（船的）遮水板 ▷ **dasher** *n* **1** 衝擊者；衝擊物 **2**（奶油）攪拌器

data /'deɪtə/ *n*

（datum 的複數，但 datum 及其原複數形式 datums 現均罕用）**1** 資料；材料：Have you collected the *data* for your paper? 你論文用的資料已收集好了嗎？**2** [用作單] 數據：The *data* is lost when you turn off the machine without saving. 你關機時不存檔，數據就會丟失。

□ **data bank** 數據庫 / **data processing** 數據處理

date /deɪt/

I *n* **1** 日期；日子：the *date* of an event 事件發生的日期 / What's the *date* today? 今天幾號？**2** 年代；時期：paintings of an early *date* 早期的繪畫 **3**（男女之間的）約會；約會對象：Is she his steady *date*? 她是他經常約會的對象嗎？

◇ **out of date** 過時的 / **to date** 到現時為止 / **up to date** 直到最近的；最新的；時新的：Bring your antivirus tools *up to date*. 要更新你殺病毒的軟件。

II ❶ *vt* **1** 注明⋯的日期：*date* a letter 在信上寫明日期 **2** 確定⋯的日期；顯示⋯的時代（時間）特徵：*date* the manuscripts 確定手稿的年代 **3** 與⋯約會 **❷** *vi* **1** 記有日期 **2** 屬（始）於（某一歷史時期）：the old castles *dating* from (back to) the fifteenth century 建築於十五世紀的古堡群 **3** 進行約會

□ **date line**〈天〉日界線 / **dateline** *n* 日期；電訊電頭 *vt* 注明電訊發稿日期和地點 / **datemark** *n* 日戳 ▷ **dated** *adj* 過時的；注有日期的 / **dateless** *adj*

da·tum /'deɪtəm/ *n*

（複 = datums, data）⇨ **data**

daugh·ter /'dɔːtə/ *n* 女兒

▷ **daughterly** *adj* 女兒似的 / **daughterhood** *n* 女兒（身份）時期

daugh·ter-in-law /'dɔːtəinlɔː/ *n* 媳婦

dawn /dɔːn/

I *n* **1** 黎明；拂曉：at *dawn* 在黎明 **2** 開端：the *dawn* of peace 和平的曙光 **II** *vi* **1** 破曉：The day was just *dawning* when he left Hong Kong. 他離

開香港時天剛破曉。 **2** 漸露端倪；漸被感知（意識）到： The truth began to *dawn* on him. 他開始明白了真相。/ It has just *dawned* on (upon) him that .... 他開始認識到… ▷ **dawning** *n* 黎明；開端

❶ daybreak

day /deɪ/ *n*

1 [U] 白晝；白天： What is done by night appears by *day*. [諺] 黑夜裏幹的事白天會曝光（要想人不知，除非己莫為）。 **2** [C]（一）天；（一）日： That'll be a *day's* work. 那將是一天的活。/ He is paid by the *day*. 他的酬金是按日計算的。 **3** [常作 days] 日子；時代： the present *day* 現時；當今 / in the *days* of Shakespeare 在莎士比亞時代 / We will see better *days*. 我們會過上好日子的。 **4** [只作單數，與物主代詞連用] 鼎盛時期；成功的歲月： She has had her *day*. 她有過輝煌的一段歲月。/ Every dog has its *day*. [諺] 人人都有得意的時候。 **5** 節日；重要日子： Christmas Day 聖誕節 **6** [the day] 競賽；勝利： The Brazilian team has carried the *day*. 巴西隊贏得了今天的比賽。

◇ **the day after tomorrow** 後天 / **the day before yesterday** 前天 / **day by day** 每日；逐日 / **day in, day out** 日復一日 / **one day**（過去或將來的）一天 / **the other day** 那天 / **some day**（將來的）某一天 / **this day week** 下（上）星期的今天 / **to a (the) day** 恰好；剛好；一天不差： five years ago *to the day* 一天不差恰好五年前 / **to this day** 直到現在；迄今

day·break /'deɪbreɪk/ *n* [U]

黎明；拂曉

day·light /'deɪlaɪt/ *n* [U]

1 日光；白晝： Can it be done in *daylight*? 天黑前這事能幹完嗎？ **2** 黎明： before *daylight* 黎明前 **3** 公開： The secret has been brought into *daylight*. 秘密被公開了。

day·time /'deɪtaɪm/ *n* [U] 白天；日間

daze /deɪz/

I *vt* 使發昏；使木然： She drank too much and was *dazed*. 她喝得太多，感到昏昏然。/ He looked *dazed* with drugs. 吸毒後他目光呆滯，神情木然。 **II** *n* 迷亂；茫然： in a *daze* 在迷亂中；神情茫然 ▷ **dazed** *adj* 迷亂的；呆滯的

daz·zle /'dæzl/

I *vt* 眩目；耀眼；使眩暈；使眼花繚亂： She is ill at ease in the *dazzling* limelight. 在晃眼的舞台燈光下，她很不自在。/ Such brilliant prospects almost *dazzled* the young girl. 光輝的前景使年輕的姑娘幾乎不能自已。 **II** *n* [U]（光的）炫耀 ▷ **dazzling** *adj* 晃眼的；使人眼花繚亂的

dead /ded/

I *adj* **1** 死的；無生命的： the dead（所有的）死者 / dead matter 無機物 / Another step forward and you are a *dead* man. 再朝前邁一步，你就甭想活了！ **2** 失去感覺的；麻木的： His right leg is *dead*. 他的右腿麻木了。 **3** 無動靜的；無生氣的： in the *dead* hours of the night 在夜深人靜時 **4** 熄滅了的；不發揮作用的；不流動的： *dead* water 死水 / a *dead* volcano 死活山 / a *dead* letter 死信 **5** 廢棄了的： a *dead* language 已無人使用的語言 **6** 突然的；完全的；絕

對的：a *dead* silence 徹底的沉靜 / a *dead* shot 神射手 / a *dead* failure 徹底的失敗

II *adv* 完全地；絕對地：I'm *dead* tired. 我累死了。

▷ **deaden** *vt* 悶抑（聲音）；使（衝擊）緩和；使失去性能等

dead·ly /'dedlɪ/
I *adj* **1** 致命的：*deadly* weapons 致命的武器 **2** 不共戴天的：*deadly* enemies 死敵 **3** 死一般的：*deadly* pallor 死白的臉色 **II** *adv* **1** 死一般地：*deadly* pale 死一般的蒼白 **2** 非常；極
● fatal

dead·weight /'dedweɪt/ *n*
1 重負 **2**〈商〉（船的）總載重量；（車身的）自重

deaf /def/ *adj*
1 聾：be *deaf* of an ear 聾了一隻耳朵 / None is so *deaf* as those who will not hear. [諺] 不願聽的人比聾子還聾。**2** 不（願）聽：She was *deaf* to all his prayers.（或 She turned a *deaf* ear to all his prayers.）她對他的懇求置若罔聞。

deaf·en /'defn/ *vt*
使聾；（聲音大過）致使聽不見：I was almost *deafened* by the noise. 噪聲幾乎把我的耳朵震聾了。▷ **deafening** *adj* 震耳欲聾的

deal¹ /diːl/ *n* [U]
量（主要用於習語）：a good (great) *deal* 大量；許多：It cost me a good *deal* of money. 這花了我很多錢。/ There is a great *deal* of difference between the two. 這兩者之間有很大的不同。/ The patient is a good *deal* better today. 病人今天好多了。/ They see each other a

great *deal*. 他們經常見面。

deal² /diːl/
I（dealt, dealing）**❶** *vi* **1** 對付；處理；對待（with）：He is a difficult man to *deal* with. 他是個難以對付的人。/ The victims were *dealt* with roughly. 受害者受到粗暴的對待。/ The book *deals* with birth control. 這本書寫的是控制生育的事。**2** 經營：He *deals* in finished goods. 他做成品生意。**❷** *vt* **1** 分發；給予；*deal* cards 發牌 / The bonuses must be *dealt* out fairly. 獎金必須公平地發放。**2** 使受打擊
◇ **deal well (badly) by sb** 待某人好（壞）/ **deal sb a blow, deal a blow at sb** 打某人一下；給某人帶來打擊（痛苦）：The news *dealt him* a severe blow. 這消息給了他沉重的打擊。

II *n* [C] **1** 買賣；交易：make a *deal* in coal 做一筆煤的交易 **2** 待遇：a raw *deal* 不公平的待遇 **3** [美] 政策：a new *deal* 新政
◇ **a big deal** [美口] 要人；重要事情 / **make (do) a deal with** 與⋯做生意；與⋯做交易

deal·er /'diːlə/ *n*
1 發牌者 **2** 交易商

deal·ing /'diːlɪŋ/ *n*
1 [U] 分發 **2** [U] 對待 **3** [C] 交易；來往：We have no *dealings* with that firm. 我們和那家公司沒有生意上的往來。

dealt /delt/ *vi, vt*
deal 的過去式和過去分詞

dean /diːn/ *n*
1（大學、學院的）院長；系主任；教務長；學監 **2**（基督教）教長

▷ **deanery** n 教長的職權（宅邸）

dear /dɪə(r)/

I adj **1** 親愛的（常用於稱呼中表示客氣、諷刺等）: *Dear* Sir (Madam) 親愛的先生（女士）/ My *dear* Mr Brown 布朗先生閣下 **2** 可愛的；可貴的: He is a *dear* friend of ours. 他是我們的好友之一。/ Life is *dear* to everybody. 生命對於每個人都是可貴的。 **3** （價格）貴的: A thing you don't want is *dear* at any price. [諺] 你不想要的東西，甚麼價你都嫌貴。

II n **1** 親愛的人: Come here, my *dear*. 來這兒，親愛的。 **2** （表示焦急、驚奇等）哎呀；呵: Oh, *dear*! 哎呀！

▷ **dearly** adv

◐ **expensive**

death /deθ/ n [C, U]

1 死（亡）: *Death* comes to all men. 凡人都難免一死。/ Better a glorious *death* than a shameful life. [諺] 苟且偷生不如壯烈一死。 **2** 滅亡；終結: the *death* of this enterprise 這家企業的垮台（毀滅）

◇ **at death's door** 生命危在旦夕 / **put sb to death** 將某人處以死刑

□ **deathbed** n 臨終時睡的床；彌留之際 adj 臨終的: a *deathbed* will 臨終的遺囑 / **death penalty** 死刑

de·bate /dɪˈbeɪt/

I n [C, U] 討論；爭論；辯論: a *debate* with sb 與某人的一場辯論 / The question under *debate* is .... 現在討論的問題是… / There has been much *debate* about abortion. 關於人工流產一直有不少爭論。 II vt, vi 討論；爭論；辯論: They are *debating* whether to apply

sanctions against Iraq. 他們正在辯論是否對伊拉克實施制裁。 ▷ **debater** n 辯論者（家）；爭論者；討論者

◐ **discuss, dispute, argue**

debt /det/ n [C, U]

1 債；債務；欠款: He paid his *debts* and felt relieved. 他還清了債，輕鬆了許多。/ You'll run into *debt* if you keep gambling like that. 再那樣賭下去，你會負債的。 **2** 情義（感情）債: I owe him a *debt* of gratitude. 我受惠於他，欠他的情。

◇ **a debt of honour** 法律上不承認的債務；賭債 / **get (run) into debt** 借債；負債 / **in debt to sb, in sb's debt** 欠某人的情；受某人的恩惠 / **out of debt** 不欠債；還清了債

debt·or /ˈdetə(r)/ n

1 債務人；欠債的人 **2** 〈會計〉借方

de·but /ˈdeɪbjuː/ n

1 [法] 初進社交界 **2** （演員）首次登台（演出）

Dec. abbr December 的縮寫

dec·ade /ˈdekeɪd/ n

十年；十年期: several *decades* 幾十年 / the last *decade* of the 20th century 二十世紀的最後十年（指從 1990 到 1999 年）

de·cay /dɪˈkeɪ/

I vi, vt （使）腐朽（腐爛）；（使）衰退（衰敗）；〈原〉（使）衰變: the *decayed* tooth 蛀牙；齲齒 / When did the empire begin to *decay*? 該帝國是甚麼時候開始衰敗的？

II n [U] 腐朽；衰退；衰敗；〈原〉衰變: There are no signs of *decay* in this tooth. 這顆牙沒有蟲蛀的跡象。/ He had seen the *decay* of great families. 他目睹了一些大家族的衰敗。

de·ceased /dɪˈsiːst/ *adj*
死去的；已死的：the *deceased* [單複數同] 新近死去的人；死者

de·ceit /dɪˈsiːt/ *n*
1 [U] 欺騙；欺詐 **2** [C] 欺騙（欺詐）行為；虛假行為

de·ceit·ful /dɪˈsiːtfl/ *adj*
欺詐的；騙人的

de·ceive /dɪˈsiːv/ *vt*
欺騙；誆騙：She *deceived* me by lies. 她撒謊，騙了我。/ Do not let us *deceive* ourselves about it. 這件事我們別再自欺欺人了。/ I was *deceived* into the belief that she was honest. 我受騙了，以為她是誠實的。▷ **deceiver** *n*
❶ cheat, fool

De·cem·ber /dɪˈsembə(r)/ *n*
十二月（略作 Dec.）

de·cent /ˈdiːsnt/ *adj*
1 正派的；莊重的；合乎禮儀的：*decent* behaviour 莊重的舉止 **2** 體面的；像樣的；相當好的：'I don't have *decent* clothes to wear,' she cried. "我沒像樣的衣服穿，" 她喊道。/ They live in *decent* conditions. 他們的生活過得挺不錯的。/ He left her a *decent* sum. 他給她留下了數目不小的一筆錢。
❶ proper, satisfactory
❶ improper, unsatisfactory

dec·i·bel /ˈdesɪbel/ *n*
〈物〉分貝（音量單位）

de·cide /dɪˈsaɪd/
❶ *vt* **1** 決定：Have you *decided* to quit? 你決定不幹了嗎？/ They couldn't *decide* how to punish him. 如何懲罰

他，他們定不下來。 **2** 解決；裁決；裁定；選定：*decide* a dispute 解決了一起糾紛 / Who *decides* the case? 誰來裁決這場官司？ **3** 使下決心；使決定：What *decided* you not to accept the job? 甚麼使你下決心不接受那份工作？
❷ *vi* 決定；決心；選定：It's hard to *decide* between the two. 兩者選一，真不好定。

◇ **decide against** 決定不做；做出對…不利的決定（裁決）/ **decide for** 作出對…有利的決定（裁決）/ **decide on sth** 決定（選定）某事（物）▷ **decider** *n* / **decided** *adj* 決定了的；堅決的
❶ determine

de·cid·ed·ly /dɪˈsaɪdɪdlɪ/ *adv*
下定決心地；毅然決然地

dec·i·mal /ˈdesɪml/
I *adj* 十進制的；以十作基礎的；小數的：the *decimal* system 十進制 / the *decimal* point 小數點 **II** *n* 〈數〉（十進）小數：recurring (repeating) *decimals* 循環小數 ▷ **decimalize** *vt* 使十進制化 / **decimally**

de·ci·sion /dɪˈsɪʒn/ *n*
1 [C, U] 決定；決心：come to (arrive at, reach) a *decision* 決定下來 / It's for you to make a *decision*. 得由你作出決定。 **2** [U] 果斷：a man of *decision* 果斷的人 **3** [C] 決議；裁決：That's a fair *decision*. 那是個公正的裁決。
❶ determination, resolution

de·ci·sive /dɪˈsaɪsɪv/ *adj*
1 決定性的：That'll be a *decisive* examination. 那將是一場決定性的考試。 **2** 明確的；果斷的：He seldom gives *decisive* answers. 他很少作出明確

的答覆。▷ **decisively** adv
❶ conclusive, resolute
❶ inconclusive, indecisive

deck /dek/
I n **1** 甲板；艙面：My cabin is below the main *deck*. 我的船艙在主甲板下。**2** 層面：You can take a *double-deck* train to Shanghai. 你可坐雙層火車去上海。**3** 一副紙牌
◇ **clear the decks 1**（戰艦）準備戰鬥 **2** 準備行動
II vt **1** 給（船）裝上甲板 **2** 裝飾；打扮：The square is *decked* with flags. 廣場用旗幟裝飾起來。
□ **deck chair**（甲板上的）躺椅；摺疊式躺椅 / **deckhand** n 艙面水手
▷ **decking** n **1** 裝飾 **2**〈建〉鋪面；蓋板 **3** 橋面板

de·cla·ra·tion /ˌdeklə'reɪʃn/ n
1 [U] 宣告；[C] 宣言：a *declaration* of war 宣戰公告 / the *Declaration* of Independence（美國）獨立宣言 **2** [C]（納稅品在海關的）申報：a customs *declaration* 報關單

de·clare /dɪ'kleə(r)/
❶ vt **1** 宣佈；宣告；聲明：The island will soon *declare* independence. 這個島不久將宣告獨立。/ The minister *declared* that the army was ready. 部長宣佈部隊已作好準備。**2** 斷言；發誓：I *declare* that I am innocent. 我發誓我是無辜的。**3** 申報（納稅品）：Have you anything to *declare*? 有物品要申報嗎？
❷ vi 表明態度（for, against）
▷ **declared** adj 公然宣稱（承認）的：his *declared* intention 他的公開意圖
◇ **declare against (for)** 表態反對（支

持）/ **declare off** 宣佈取消
❶ announce

de·cline /dɪ'klaɪn/
I **❶** vi **1** 下降；變弱；衰退；衰落：The sales are *declining*. 銷售額在下降。/ My health is *declining*. 我的健康越來越差。**❷** vt 謝絕；拒絕：*decline* an invitation 謝絕邀請 / He *declined* to make any comments. 他拒絕作任何評論。
II n [C] **1** 下降：a *decline* in price 物價的下跌 **2** 衰退；衰落：His strength is on the *decline*. 他的體力正在下降。
◇ **fall into a decline** 衰弱（如患消耗性疾病）
❶ refuse, reject; fail, worsen
❶ accept, consent; improve
⇨ 用法說明見 REFUSE

de·com·pose /ˌdiːkəm'pəʊz/ vt, vi
1〈化〉〈物〉（使）分解：A prism *decomposes* light. 棱鏡分解光。**2**（使）腐敗（爛）▷ **decomposable** adj

dec·o·rate /'dekəreɪt/ vt
1 裝飾；裝潢：He *decorated* his room with many pictures of HK film stars. 他用許多港星照片裝飾自己的房間。**2** 給…頒發獎章（勳章）：He was *decorated* with a medal. 他被授予一枚勳章。▷ **decorator** n

dec·o·ra·tion /ˌdekə'reɪʃn/ n [U] 裝飾；裝潢；[C] 獎（勳）章；[decorations] 裝飾品

de·crease /dɪ'kriːs/
I vt, vi 減少；減小：Exports have *decreased*. 出口已經減少。/ I shall have to *decrease* your salary. 我將不得不減少你的薪水。▷ **decreasingly** adv

II /ˈdiːkriːs/ *n* [C, U] 減少;減小: The production shows a *decrease*. 生產呈下降趨勢。/ In France there has been a *decrease* in population. 在法國,人口數量已下降。

🔵 diminish, reduce

🔵 increase, grow

de·cree /dɪˈkriː/

I *n* [C] **1** 法令;政令;命令: issue a *decree* 頒佈一項法令 **2** 〈法〉判決: a *decree* of divorce 離婚判決 **II** *vt, vi* 頒佈法令;發佈命令;(命運)注定: It has been *decreed* that …. 法令規定…

ded·i·cate /ˈdedɪkeɪt/ *vt*

1 把(時間、精力等)用於(獻給): *dedicate* one's life to a noble cause 為某項崇高的事業獻身 **2** 獻(給);供奉: The monument is *dedicated* to those who have died for their country. 這個紀念碑為那些為國捐軀的人而建。 **3** 題獻(著作) ▷ **dedicatee** *n* 受奉獻者;接受題詞者 / **dedicator** *n* 奉獻者;題獻者

🔵 devote

de·duce /dɪˈdjuːs/ *vt*

演繹;推斷: From the samples of meteorites, we can *deduce* the approximate age of the earth. 從隕石樣本我們可推斷出地球的大致年齡。

▷ **deducible** *adj*

de·duct /dɪˈdʌkt/ *vt*

扣除;減去: *deduct* five percent income tax from the income 從收入中扣除百分之五的所得稅 ▷ **deductible** *adj*

de·duc·tion /dɪˈdʌkʃn/ *n* [C, U]

1 減去;扣除(量) **2** 演繹;推斷

deed /diːd/ *n*

1 行動;行為: His *deeds* did not agree with his words. 他言行不一。/ You will be punished for your evil *deeds*. 你做了壞事,將逃不脫懲罰。 **2** 〈法〉契約

🔵 act

deep /diːp/

I *adj* **1** 深的;有…的深度的: a *deep* wound 深深的傷口 / a hole 10 feet *deep* 一個十英尺深的洞 / *Deep* rivers move in silence; shallow brooks are noisy. [諺] 河深水流靜,水淺水聲喧;滿瓶不響,半瓶叮噹。 **2** 縱深的: a *deep*-chested boxer 胸膛厚實的拳擊手 / a store with a narrow front but a *deep* hall 開間鋪面小但廳堂深的店鋪 **3** 深刻的;深奧的: a *deep* thinker 思想深刻的人 / a *deep* question 深奧的問題 **4** (聲音)低沉的;(顏色)深濃的: the *deep* note of a bell 渾厚的鐘聲 / *deep* red 深紅 **5** (程度)深的: *deep* sleep 沉睡 / take a *deep* breath 作一次深呼吸 / *deep* in debt 債台高築 **6** 深藏的;隱匿很深的: a *deep* secret 深藏的秘密 / a *deep* mystery 深不可測的迷

◇ **deep in** 埋頭於;深陷於: be *deep* in thought 沉思 / **in deep waters** 陷入困境

II *adv* 深深地: push it *deep* into the mud 把它深深地插入爛泥中 / work *deep* into the night 工作到深夜 / Still water runs *deep*. [諺] 水靜流深;人靜心深。

□ **deep-freeze** *vt* 速凍 / **deep fry** 油炸 / **deep-rooted** *adj* 根深蒂固的

🔵 intense, profound

🔵 shallow

deep·en /ˈdiːpən/ *vt, vi*

加深;深化: The canal has to be *deepened*. 這條運河得挖深。/ the

deepening crisis in economy 日益嚴重的經濟危機

deep·ly /'di:plɪ/ *adv*
深深地：He is *deeply* involved in the case. 他深深地捲入了這個案子。/ Talking with the professor, she felt her ignorance *deeply*. 在與教授談話中，她深深地感到了自己的無知。

deer /dɪə(r)/ *n*（複 = deer）鹿
⇨ 插圖見〈專題圖說 11〉

de·feat /dɪ'fiːt/
I *vt* **1** 戰勝；打敗：We *defeated* the enemy. 我們戰勝了敵人。 **2** 使受挫折：Mary was not so easily *defeated*; she decided to try again. 瑪麗可不那麼容易服輸，她決心再試一次。
II *n* **1** [U] 戰勝；擊敗 **2** [C] 失敗；挫折：They suffered a *defeat* for the first time. 這是他們第一次遭到失敗。/ the *defeat* of the Liberal Party in the election 自由黨在選舉中的失敗
◑ beat, overcome, overwhelm, conquer
◐ lose, surrender

de·fect /dɪ'fekt/
I *n* [C] 缺陷；欠缺：He has a *defect* in vision. 他的視力有個小毛病。/ Every man has the *defects* of his qualities. [諺] 人人都有美中不足之處。
II *vi* 叛逃；背叛；開小差：During her visit to Europe, she *defected* to the West. 出訪歐洲期間，她叛逃西方。
▷ **defection** *n* / **defector** *n* 叛逃者；背叛者；〈機〉探傷儀
◑ flaw, deficiency

de·fec·tive /dɪ'fektɪv/
I *adj* 有缺陷的；不完美的：be

defective in workmanship 工藝上有毛病的 / mentally *defective* 精神上有缺陷的
II *n* 身心有缺陷的人
▷ **defectively** *adv*
◑ imperfect, deficient, faulty
◐ flawless, perfect

de·fence, de·fense /dɪ'fens/ *n*
1 [U] 防禦；防備；防衛；保護：national *defence* 國防 / air *defence* 防空 / Offence is the best *defence*. [諺] 進攻是最好的防禦。/ in *defence* of the interests of the labour 為保護勞方的利益 **2** [C] 防務；防禦物；[defences] 防禦工事：the city's *defence* 該城的防務 / Mountains are a *defence* against the wind. 大山是防風的屏障。 **3** [C, U] 辯護；答辯：a speech in *defence* of the accused 為被告所作的辯護詞 / oral *defence*（論文）答辯 / *defence* meeting（論文）答辯會 ▷ **defenceless** *adj* / **defensive** *adj* **1** 防禦的；防衛的；處守勢的 **2** 辯護的

de·fend /dɪ'fend/ *vt*
1 保衛；防禦；保護：*defend* one's country 禦敵衛國 / The U.N. troops have been sent there to *defend* the refugees from massacre. 已派遣聯合國部隊前往那裏保護難民免遭屠殺。/ I got a gun to *defend* myself with. 我買了一支槍防身。 **2** 為…辯護：You have the right to *defend* yourself in the court. 在法庭上你有權為自己辯護。 ▷ **defender** *n* **1** 防禦者 **2** 辯護人 **3** 〈體〉（足球）守門員；錦標保持者
◑ protect, shield
◐ attack

de·fi·ance /dɪ'faɪəns/ *n* [U]

D

反抗；蔑視；抵制（規定、法令等）：It
was an act of open *defiance*. 這是公然
反抗的行為。

◇ **bid defiance to (sth)** 向…挑戰 / **in
defiance of** 無視；不顧：He went
swimming under the waterfalls *in
defiance of* the warning sign. 他無視告
示牌上的警告，去瀑布下游泳。/ **set ...
at defiance** 公然蔑視（反抗）：It will
get you nowhere if you *set* the law *at
defiance*. 如果公然反抗法律，你不會有
好結果的。

❶ disobedience

de·fi·ant /dɪˈfaɪənt/ *adj*
1 反抗的；挑釁的：be defiant of 蔑視
2 無禮的；目中無人的 ▷ **defiantly**
adv / **defiantness** *n*

❶ disobedient, rebellious
❷ timid, obedient

de·fi·cien·cy /dɪˈfɪʃnsɪ/ *n*
1 [C, U] 缺乏；不足；虧空：a disease
caused by *deficiency* of vitamin C 缺乏
維生素C引起的疾病 / make good (或
make up for) a *deficiency* 補足虧空 **2**
[C] 缺陷：*Deficiencies* of nature are
hard to cover up. 天生的缺陷難掩蓋。

❶ shortage, flaw, defect, short-
coming
❷ adequacy, abundance

de·fi·cient /dɪˈfɪʃnt/ *adj*
1 不足的；缺乏的：He is *deficient* in
courage. 他缺乏勇氣。 **2** 有缺陷的；不
完全的：a *mentally-deficient* person 精
神有缺陷的人

❶ inadequate, insufficient
❷ adequate, sufficient

de·fine /dɪˈfaɪn/ *vt*

1 為…立界限；限定；使明確：*define*
the powers of government officials 明確
限定政府官員的權力 / *define* the
boundaries between the two countries
劃定兩國間的邊界 **2** 給…下定義；說
明：That is an *ill-defined* concept. 那是
個沒有明確定義的概念。/ I found it hard
to *define* the English word in Chinese.
我覺得難於用漢語解釋這個英語單詞。

❶ specify, describe

def·i·nite /ˈdefɪnət/ *adj*
1 明確的；確定的：'Yes' or 'No',
you must give me a *definite* answer.
"是"還是"不是"，你必須明確回答。/
Nothing is *definite* at this stage. 目前這
個階段，甚麼都不明確。 **2** 肯定的；確
信的：She was *definite* about the
caller's message. 她轉達了來訪者的口
信，說保證準確無誤。

□ **the definite article** 〈語〉定冠詞
（在英語中為 the）

❶ precise, exact, sure, positive
❷ indefinite, undetermined, unclear,
uncertain

def·i·nite·ly /ˈdefɪnətlɪ/ *adv*
當然；一定；確定；（和否定詞連用）
決；絕對：'So you will go with me
tomorrow?' 'Definitely.' "這麼說你明
天和我一起去？""當然。" / He is not
at home, *definitely*. 他不在家，肯定不
在。

❶ exactly

def·i·ni·tion /ˌdefɪˈnɪʃn/ *n*
1 [C, U] 定義；解釋：I would rather
explain the word with an example than
give it a *definition*. 我寧可用例子來解釋
這個詞而不是給它下定義。 **2** [U] 限

定；界定 **3** [U]（輪廓等的）清晰度；鮮明性 **4** [U]（透鏡的）明晰度

de·flect /dɪ'flekt/ vt, vi

（使）偏斜；（使）偏轉；（使）偏移：A side wind could deflect the bullet you shoot from a gun. 側風會引起射出子彈的偏差。/ Due to navigational errors, our plane deflected from its right course. 由於導航的失誤，我們的飛機偏離了正常航線。▷ **deflexion, deflection** n / **deflector** n 偏導裝置；轉向裝置

❶ divert

de·fy /dɪ'faɪ/ vt

1 公然反抗（違抗）；蔑視；藐視；不顧：If you defy your boss, you may get into trouble. 要是你公然違抗你的上司，你會有麻煩的。/ defy death 置死亡於不顧 **2** 挑；激

❶ challenge, confront, resist

❶ support

de·gree /dɪ'ɡriː/ n

1 [C, U] 程度：a high degree of intensity 很高的強度 / To what degree are you involved in the matter? 這件事你捲入有多深？/ I'm not in the slightest degree tired. 我一點都不累。 **2** [C] 度；度數：an angle of 45 degrees 一個 45 度角 / Water boils at 100 degrees Centigrade (100°C). 水在攝氏 100 度時沸騰。 **3** [C] 學位：the degree of Ph.D 博士學位 **4**〈數〉次；冪 **5**〈語〉（形容詞或副詞的）級

◇ **by degrees** 漸漸地；逐步地：The craft is to be learnt by degrees. 這手藝得一步一步學。/ **in some degree** 在某種程度上；多少 / **to a certain degree**

相當

de·lay /dɪ'leɪ/

I ❶ vt 延遲；拖延；延誤：The flight to New York was delayed for bad weather. 飛往紐約的航班因天氣不好推遲了。/ The work delayed me at the office. 辦公室的工作把我給耽誤了。 **❷** vi 耽擱；耽誤

II n [C, U] 延遲；耽擱；拖延：without (any) delay 趕快；立刻；馬上 / A delay of three hours would mean a loss of thousands of dollars. 延誤三小時將意味着幾千元的損失。

▷ **delayer** n 延遲器；緩燃劑

❶ postpone, slow, suspend

❶ speed, hurry

del·e·gate /'delɪɡeɪt/

I n 代表；特派員；[美]（某些州的）眾議員 **II** vt 派⋯做代表；委任；委託：delegate sb to speak at the conference 委派某人在大會上發言 / delegate rights to sb 授權某人

❶ representative; entrust, assign

del·e·ga·tion /ˌdelɪ'ɡeɪʃn/ n

1 [U] 委任；委託 **2** [C] 代表團

de·li /'delɪ/ n

[美口]（delicatessen 的縮略）熟食店；熟食

de·lib·er·ate /dɪ'lɪbərət/

I adj **1** 故意的；蓄意的；經周密思考的：a deliberate insult 有意的羞辱 / The questions of the examiners were deliberate and difficult. 主考們的問題都經過慎密的準備，而且難度大。 **2** 審慎的；慎重的；從容的：be deliberate in one's speech 言談慎重 / deliberate in his manners 舉止從容不迫

d

II /dɪˈlɪbəreɪt/ ❶ *vt* 考慮；商議：
deliberate over (upon, on) sth 考慮某
事；商議某事 / They are *deliberating*
how to cope with the situation. 他們正
在商議如何應付局勢。❷ *vi* 思考

de·lib·er·ate·ly /dɪˈlɪbərətlɪ/ *adv*
故意地；蓄意地

de·lib·er·a·tion /dɪˌlɪbəˈreɪʃn/ *n*
■ [C, U] 深思熟慮：After long
deliberation, he decided to leave for
Canada. 經過深思熟慮後，他決定去加
拿大。■ [C, U] 商議 ■ [U] 慎重；沉着

del·i·ca·cy /ˈdelɪkəsɪ/ *n*
■ [U] 精美；精緻：We were quite
impressed with the *delicacy* of the
porcelain vase. 瓷花瓶的精美給我們留下
相當深刻的印象。■ [U] 嬌弱；脆弱：
Her *delicacy* always worries her parents.
她羸弱的體質一直使父母憂慮。■ [U]
微妙：He is faced with a situation of
great *delicacy*. 他面對的是一個極其微妙
的局勢。■ [U] 靈巧；優美：play the
violin with great *delicacy* 以嫻熟優美的
技巧演奏小提琴 ■ [C] 美味的食品：
There are so many *delicacies*! 有這麼多
好吃的東西！

del·i·cate /ˈdelɪkət/ *adj*
■ 精緻的；精美的：a *delicate* piece of
silk 一件精緻的絲織品 / *delicate*
workmanship 精美的工藝 / *delicate* skin
嬌嫩的皮膚 ■ 脆弱的；嬌氣的：She is
in *delicate* health. 她身體虛弱。/ Handle
the *delicate* model ship with care. 船模
易壞，小心輕放。■ 微妙的；敏感的；
棘手的：a *delicate* subject 一個敏感的
題目 / a *delicate* mission 一項棘手的使命
■ （色、光）柔和的；（香味）淡雅的：

delicate colours 素雅的顏色 / *delicate*
perfumes 淡雅的芳香 ■ （食品）鮮美
的：*delicate* dishes 美味的菜 ■ （感
覺、儀器）靈敏的 ▷ **delicately** *adv*
❶ exquisite, fine
❶ crude, coarse

de·li·ca·tes·sen /ˌdelɪkəˈtesn/ *n*
[美] 熟食店；熟食

de·li·cious /dɪˈlɪʃəs/ *adj*
美味的；芬芳的；美妙的：What a
delicious dish! 這道菜真好吃！/ Doesn't
it smell *delicious*! 這香味好聞極了！/
That's a *delicious* joke! 這笑話真是妙不
可言！
❶ tasty, delightful

de·light /dɪˈlaɪt/
I *n* ■ [U] 快樂；高興：Is there
anything that you do with *delight*? 你有
沒有做起來很開心的事呢？/ I take
delight in reading. 我從讀書中感到快
樂。■ [C] 樂事：Drawing is her chief
delight. 畫畫是她最喜歡的事。/ The
scenery in Canada is a great *delight* to
the eye. 加拿大的景色真是賞心悅目。
II ❶ *vt* 使高興；使欣喜：Music
always *delights* me. 音樂總是使我感到愉
快。/ We were *delighted* at the news. 聽
到這消息，我們很高興。❷ *vi* 喜歡：
It seems that you *delight* to annoy me.
你似乎存心惱我取樂。▷ **delighted** *adj*
高興的；快樂的
❶ pleasure, happiness, enjoyment, joy
❶ disappointment, displeasure

de·light·ful /dɪˈlaɪtfl/ *adj*
令人高興的；使人快樂的；討人喜歡
的：a *delightful* journey 快樂的旅行 / a

delightful girl 可愛的女孩子
➊ enjoyable, pleasant
➊ unpleasant

de·lin·quen·cy
/dɪˈlɪŋkwənsɪ/ *n* [C, U]
❶ 過失；犯罪：juvenile *delinquency*
〈法〉少年犯罪 ❷ 懈怠；失職

de·liv·er /dɪˈlɪvə(r)/ *vt*
❶ 投遞；傳送（郵件、口信等）；交
（貨）；送（貨）：*deliver* mail from
door to door 挨家挨戶遞送郵件 / *deliver*
the goods to this address 將貨物送至本
地址 ❷ 釋放；解救：*deliver* the
prisoners of war 釋放戰俘 / *deliver* the
refugees from starvation 使難民不至於
餓斃 ❸ 發表；表達：*deliver* a speech
發表講話 ❹ 給予（打擊）；發動：
deliver an attack 發動進攻 / *deliver* a ball
發球 ❺ 給（產婦）接生：*deliver* a
child 接生 / be *delivered* of a child 分娩
孩子
➊ transfer

de·liv·er·er /dɪˈlɪvərə/ *n*
遞送者；交付者；救助者

de·liv·er·y /dɪˈlɪvərɪ/ *n*
❶ [C, U] 投遞；運送；交貨：In Hong
Kong the next postal *delivery* is at four
o'clock. 在香港下一次郵件投遞時間是四
點。 ❷ [U] 釋放；救助：We thanked
God for our *delivery* from the enemy. 感
謝上帝，我們從敵人那兒被救了出來。
❸ [只用單] 講話風度；表達：He has a
good *delivery* in speech. 他善於辭令。
❹ 分娩
➊ transfer

del·ly /ˈdelɪ/ *n* = deli
del·ta /ˈdeltə/ *n*

❶ 希臘語第四個字母（△ · δ） ❷（河
流的）三角洲：the Yangtse *Delta* 長江
三角洲 ❸ 三角形物：a *delta-shaped*
flying object 三角形的飛行物

de·lu·sion /dɪˈluːʒn/ *n*
❶ [U] 欺騙 ❷ [C, U] 幻想；〈醫〉妄
想；錯覺：under the *delusion* that ...
有…的幻想（妄想、錯覺）

de·mand /dɪˈmɑːnd/
I *n* ❶ [C] 要求；請求：The workers'
demands are reasonable. 工人們的要求
是合理的。/ This work makes great
demands on my time. 這件工作需要我花
大量時間去做。 ❷ [U] 需求；[C] 需要：
supply and *demand* 供（應）與（需）
求 / The newly-created service meets a
demand. 新出現的服務行業滿足了一種
需要。 ❸ [C] 所要求的事物
II *vt* ❶ 要求：I *demand* my rights. 我
要求得到我的權利。/ He *demanded* to
be given an opportunity. 他要求給予一
次機會。 ❷ 需要：It *demands* your
immediate attention. 你必須立刻注意這
件事。 ❸ 要求知道；詢問：I
demanded his name. 我問他叫甚麼。/
'What's the meaning of this?' he
demanded. "這是甚麼意思？"他問
道。
▷ **demander** *n*
➊ require, need

de·moc·ra·cy /dɪˈmɒkrəsɪ/ *n* [C, U]
❶ 民主；民主政治；民主制度；民主政
體 ❷ 民主國家 ❸ 平等

dem·o·crat /ˈdeməkræt/ *n*
民主主義者；民主人士

dem·o·crat·ic /ˌdeməˈkrætɪk/ *adj*
❶ 民主的；民主主義的；民主政體的

2 平等的

de·mol·ish /dɪˈmɒlɪʃ/ vt

1 拆毀（建築物）；毀壞 **2** 破壞（組織）；推翻（制度）**3** 駁倒（論點）

▷ **demolition** n

◑ destroy, ruin

◐ build, create, restore

de·mon /ˈdiːmən/ n

1 惡魔 **2**〔口〕兇惡的人；精力過人的人：a demon for work 拼命工作的人

◑ devil, monster

◐ angel

dem·on·strate /ˈdemənstreɪt/

❶ vt **1**（用實例、實驗）說明；示範；演示；證明：The teacher demonstrated the chemical reaction. 老師用實驗演示了這一化學反應過程。/ The sales girl demonstrated how to use the food processor. 女售貨員示範如何使用食物料理機。**2** 表明；表現：The enthusiasm demonstrated by the youth moved us to tears. 年輕人所表現出來的熱情使我們感動得流淚。**❷** vi 示威：demonstrate against tyranny 示威反對暴政 ▷ **demonstrable** adj

◑ show, illustrate, prove

dem·on·stra·tion

/ˌdemənˈstreɪʃn/ n [C, U]

1 示範；表演；證明：A better way is to teach by demonstration. 更好的方法是用實例演示來教學。**2** 表明；表示 **3** 示威

◑ illustration, parade

dem·on·stra·tive

/dɪˈmɒnstrətɪv/ adj

1 感情外露的 **2** 示範的；論證的；證明的：a demonstrative lecture 示範講課 **3**〔語〕指示的：demonstrative pronouns 指示代詞

▷ **demonstratively** adv

den /den/ n

1 獸穴 **2** 賊窩；窩點 **3** 私室

de·ni·al /dɪˈnaɪəl/ n

1 [C, U] 否定；否認：denial of charges against him 否認對他的指控 **2** [U] 拒絕接受：denial of his application 不接受他的申請 / Death when it comes will have no denial.〔諺〕死到臨頭，想躲也躲不掉。

◑ rejection, refusal

de·nom·i·na·tion

/dɪˌnɒmɪˈneɪʃn/ n [C]

1 宗派（名）；派別：The Methodists belong to a Christian denomination. 衛理會是基督教的一個派別。**2**（度量衡等的）單位；（貨幣的）面額：The largest denomination of RMB is 100 yuan. 人民幣的最大面額是 100 元。

▷ **denominational** adj 宗派的；教派的

de·nom·i·na·tor

/dɪˈnɒmɪneɪtə(r)/ n

〔數〕分母：the least common denominator 最小公分母

de·note /dɪˈnəʊt/ vt

指示；表示；意味着：The green colour may denote life. 綠色可表示生命。/ What does this mark denote, can you guess? 這個符號表示甚麼，你猜得出來嗎？/ Smoke denotes fire. 煙意味着火。

◑ indicate, signal, signify, mark, mean

de·nounce /dɪˈnaʊns/ vt

1 譴責；痛斥：denounce sb as a spy 譴責某人當間諜 **2** 告發：denounce sb

to the police 向警方告發某人 **3** 通告廢
止（條約、協定等） ▷ **denunciation**
/dɪˌnʌnsɪˈeɪʃn/ *n*
◗ condemn, accuse
◖ commend, praise

dense /dens/ *adj*
1 （煙、氣等）濃密的；濃厚的： a
dense fog 濃霧 **2** （人口）稠密的；密
集的： a *dense* crowd 密密的一群人 / a
dense forest 密林 **3** 愚鈍的
▷ **denseness** *n*
◗ crowded, close, compact, thick
◖ dispersed

dense·ly /ˈdenslɪ/ *adv*
稠密地；密集地： Hong Kong is a
densely-populated city. 香港是一個人口
稠密的城市。/ *densely* wooded area 密
林覆蓋的地區

den·si·ty /ˈdensətɪ/ *n*
1 [U] 稠密；密集；濃厚： the *density*
of the population 人口稠密；人口密度
2 [C, U] 〈物〉濃度；密度；比重

dent·al /ˈdentl/
I *adj* **1** 牙齒的；牙科的 **2** 〈語〉齒音
的： *dental* sounds 齒音 **II** *n* 〈語〉齒
音；齒音字母 ▷ **dentalize** *vt* 使齒音
化

den·tist /ˈdentɪst/ *n* 牙醫

de·ny /dɪˈnaɪ/ *vt*
1 否認；否定；不承認： He *denied*
knowing anything about the scheme. 他
否認他知道這個陰謀。/ He *denied* that
to be true. 他否認那是真的。/ There is
no *denying* that .... 不容否認… **2** 拒絕
（要求）；拒絕給予： Do not *deny* my
request, please. 別拒絕我的請求。/ She
is *denied* nothing. 她要甚麼就有甚麼。

◇ **deny oneself** 自制；克己： After he
arrives in India, he must *deny himself*
many of the comforts in life. 到了印度之
後，他必須放棄生活上的許多享受。
◗ contradict, refute, refuse
◖ confirm, admit, acknowledge

de·part /dɪˈpɑːt/ *vi*
1 離開；（火車等）開出： The train
departs at 9:30. 火車九點半開。/
Misfortune comes on wings and *departs*
on foot. [諺] 倒霉事來如山倒，去如抽
絲。 **2** 違反；不合： What you have
done *departs* from our usual practice. 你
做的事與我們通常的做法不合。 **3** [古]
去世 ▷ **departed** *adj* 去世的： the
departed [單複數同] 死者
◗ go, leave
◖ arrive, remain, stay
⇨ 用法說明見 LEAVE

de·part·ment /dɪˈpɑːtmənt/ *n*
1 部門；（行政機構、企業的）部；
司；局；處： *Department* of Education
教育部 / the State *Department* [美] 國務
院 **2** （學校、學術機構的）系；學部；
室： the *department* of linguistics 語言
學系 **3** （法國等的）行政區
▷ **departmental** /ˌdiːpɑːtˈmentl/ *adj*

de·par·ture /dɪˈpɑːtʃə(r)/ *n* [C, U]
1 離開；出發；離站（港）班次： His
departure was unexpected. 他的出走是
始料不及的。/ the notices that show
departures and arrivals 顯示離站（港）
和到站（港）班次的佈告牌 **2** 背離；違
背；開始： a *departure* from the routine
違背常規 / a new *departure* in
astrophysics 天體物理學的新起點
◖ return, arrival

d

de·pend /dɪ'pend/ vi

1 依靠；依賴：They *depend* on charity for a living. 他們靠救濟生活。**2** 依…而定：The price *depends* on how much you want. 價格取決於你要多少。/ Our success will *depend* on the weather. 我們的成功將取決於天氣。**3** 相信；信任：You may *depend* on him to be there in time. 你盡可放心，他會及時趕到那兒。

◇ **That depends.** (或 **It all depends.**) 那要看情況而定。▷ **dependable** adj

● **rely, count**

de·pend·ence /dɪ'pendəns/ n [U]

1 依靠；依賴：I want to end this *dependence* upon my parents and start a business of my own. 我想結束對父母的依賴，自己創辦一個企業。**2** 信賴：Do not put too much *dependence* on him. 你別過分信賴他。**3** 依賴性：the *dependence* of the economic growth upon foreign investment 經濟增長對於外國投資的依賴性 / drug *dependence* 毒癮 **4** 從屬；隸屬

● **reliance**

de·pend·ent /dɪ'pendənt/

I adj **1** 依靠的；依賴的：I'm no longer *dependent* upon my parents. 我不再依賴我的父母。**2** 依…而定：Good health is *dependent* upon good food, exercise and enough sleep. 健康的身體取決於有營養的食品，鍛煉以及充足的睡眠。**3** 從屬的：*dependent* clauses 〈語〉從句 **II** n (= dependant) **1** 受贍養者；家屬 **2** 侍從

de·pict /dɪ'pɪkt/ vt

1 描繪：wall-paintings that *depict*

historical stories 敘述歷史故事的壁畫 **2** 描述；描寫 ▷ **depiction** n

● **describe**

de·pos·it /dɪ'pɒzɪt/

I vt **1** 放置；存放：*deposit* my computer with Peter 把我的電腦存放在彼得處 **2** 儲蓄；支付（保證金）：*deposit* money in a bank 把錢存入銀行 / *deposit* one third of the price 先付價格三分之一的款項 **3** 產（卵）；下（蛋）：Turtles *deposit* their eggs in the sand. 海龜在沙中下蛋。**4** 使沉澱；使淤積：Every year, the Yellow River *deposits* a lot of mud in its middle and lower reaches. 每年，黃河在中下游沉積了大量的泥沙。

II n [C] **1** 存款；保證金 **2** 沉澱；沉積物；〈礦〉礦床 ▷ **depositor** n **1** 存放者；儲戶 **2** 沉澱器

● **put, place**

dep·o·si·tion /ˌdepə'zɪʃn/ n [U] 沉澱（物）；沉積

de·pot /'depəʊ; 'diːpəʊ/ n

1 倉庫 **2**〈軍〉兵站 **3**〔美〕（火、電、汽）車站；航空站

de·pre·ci·a·tion /dɪˌpriːʃɪ'eɪʃn/ n [U]

1 價值跌落；貶值；折舊：*depreciation* of the equipment 設備折舊 **2** 貶低

de·press /dɪ'pres/ vt

1 按下；壓低：*Depress* one button or two and you start the machine. 只需按一、兩個鍵，你就可啟動機器。**2** 使沮喪；使壓抑：a *depressing* news 讓人沮喪的消息 / feel *depressed* 感覺悶悶不樂 **3** 使蕭條；使衰落：When business is *depressed*, there is an increase in unemployment. 經濟蕭條期間失業率上升。

□ **depressed area** 不景氣地區

▷ **depressible** adj

◑ press, dishearten, sadden

◐ hearten, increase

de·pres·sion /dɪˈprɛʃn/ n

■ [U] 壓抑；降低 ■ [U] 沮喪；抑鬱：Nothing but a job can cure my *depression*. 除非找到工作，甚麼都治不了我的抑鬱症。 ■ [C] 凹地；凹陷：They hid themselves in a *depression*. 他們躲在一個凹地裏。/ The road is full of *depressions*. 這條路到處都是坑坑窪窪的。 ■ [C] 蕭條時期

◑ decline, sadness, hollow

◐ boom, cheerfulness

de·prive /dɪˈpraɪv/ vt

剝奪；使失去：Poverty has *deprived* the children of schooling. 貧窮使這些孩子失學。 ▷ **deprived** adj 喪失了權利的；被剝奪…的 / **deprivation** n 剝奪；喪失：*deprivation* of rights 喪失了權利

depth /dɛpθ/ n [C, U]

■ 深度；縱深；厚度：What is the *depth* of the lake? 湖的深度是多少？/ To what *depth* can a man dive now? 現在人能潛入水中多深？ ■ 深奧；深刻：This book lacks *depth* of thought. 這本書缺乏思想深度。 ■ 深處；正中：in the *depth* of one's heart 在內心深處 / in the *depth* of the mountains 在大山深處 / in the *depth* of the night 深夜

◇ **in depth** 深入的（地）；深度為：explore the subject *in depth* 深入地探討這個題目 / The mud is two feet *in depth*. 爛泥有兩英尺深。/ **out of one's depth**

水深達到淹沒自己的程度；[喻] 超出了自己的理解能力（知識水平）：When you go swimming, do not go *out of your depth*. 你去游泳時，別去水深過頭的地方。/ When they talked about mathematics, I was *out of my depth*. 他們談論數學時，我就茫然了。

┌─────────────────────────────┐
用法説明：**Depth** 是深度，**length** 是長度，**width** 是寬度，三者可以用來描寫一個立體的長、高、寬。
└─────────────────────────────┘

dep·u·ty /ˈdɛpjʊtɪ/ n

■ 代理人；代表：Who will act as (a) *deputy* during his absence? 他不在時，誰來代理？ ■（用作定語）代理；副：*deputy* mayor 代理市長；副市長 ■（法國等的）議員

der·e·lict /ˈdɛrəlɪkt/ adj

■ 廢棄的；無主的：a *derelict* house 無人居住的房子 / *derelict* areas（礦石開採後）廢棄的地區 ■ [美] 玩忽職守的：be *derelict* of duty 玩忽職守

▷ **dereliction** n 廢棄；玩忽職守

◑ deserted, negligent

de·riv·a·tive /dɪˈrɪvətɪv/

I adj ■ 導出的；衍生的 ■ 派生的

II n ■ [C] 導出物；衍生物；派生物 ■〈語〉派生詞

de·rive /dɪˈraɪv/

❶ vt ■ 獲得；得到：Mothers *derive* great pleasure from bringing up their children. 母親們通過撫養孩子獲得極大的愉快。 ■ 追尋起源；導出：the English words that are *derived* from Latin 源自拉丁語的英語詞彙 ❷ vi 起源（於）；派生：Formula 2 *derives* from Formula 1. 公式 2 由公式 1 導出。

D

▷ **derivation** *n*

◑ gain, obtain, originate

der·rick /'derɪk / *n*

1 人字起重機;(船用)起重機 **2** 鑽井架

de·scend /dɪ'send/

❶ *vi* **1** 下降;下傾:The cable-car *descended* swiftly towards the opposite hill. 纜車快速下降,向對面山頭滑去。/ The road *descends* steeply here. 這一段路是很陡的下坡。 **2** 傳下;遺傳:The script *descended* from his great-grandfather. 手卷是從他曾祖父傳下來的。 **3** 襲擊:*descend* upon the enemy 襲擊敵人 **4** 降低身份(人格):It's easier to *descend* than to ascend. [諺] 墮落容易上進難。 ❷ *vt* **1** 從…下來:She *descended* the stairs. 她走下樓梯。 **2** (be descended from) 是…的後裔:They are *descended* from an aristocratic family. 他們是一個貴族家族的後裔。

◑ fall, drop, pass

◐ ascend, climb

de·scend·ant /dɪ'sendənt/ *n*

後裔;從某一來源派生(傳下)的東西:She is said to be a *descendant* of the last Czar. 據說她是末代沙皇的後裔。

de·scent /dɪ'sent/ *n*

1 [C, U] 下降;下坡;斜坡:the *descent* of the balloon 氣球的下降 / a gradual *descent* into the valley 通至谷底的平緩斜坡 **2** [U] 血統;遺傳:He is of Chinese *descent*. 他祖籍中國。(他是華裔。) **3** [C] 襲擊:Their *descent* upon the Western flank took us by surprise. 他們對西部防線的襲擊使我們

措手不及。

◑ fall, drop, decline

◐ ascent, rise, climb

de·scribe /dɪ'skraɪb/ *vt*

1 描寫;描述:*describe* a scene 描繪一個情景 / Words cannot *describe* what I saw. 我所見到的一切難以用語言來描繪。 **2** 形容;評述:I'd *describe* it as a failure. 依我說,它是一個失敗。 **3** 畫(圖):*Describe* a circle with your compasses. 用你的圓規畫一個圓。

◑ depict

de·scrip·tion /dɪ'skrɪpʃn/ *n*

1 [C, U] 描寫;描述;形容;描繪:give a *description* of the accident 把事故描述一遍 / The scenery was beautiful beyond *description*. 景色美得難以形容。 **2** [C] [口] 種類:of every *description* 形形式式的;各種各樣的

de·scrip·tive /dɪ'skrɪptɪv/ *adj*

描述的;描寫的;據實說明的:*descriptive* linguistics 描述語言學

de·sert¹ /'dezət/

I *n* [C, U] 沙漠:the Sahara *Desert* 撒哈拉大沙漠 **II** *adj* **1** 沙漠的 **2** 荒蕪的;無人居住的

de·sert² /dɪ'zɜːt/

❶ *vt* **1** 丟棄;拋棄:The drug traffickers met in a *deserted* storehouse. 販運毒品的人在一座廢棄的倉庫碰頭。/ His courage *deserted* him. 他失去了勇氣。 **2** 遺棄:They *deserted* a newly-born baby during the war. 戰爭期間,他們遺棄過一個剛出生的孩子。 **3** (從…)開小差;擅離(職守):Come what may, I'll never *desert* my post. 不管發生甚麼事,我決不會擅離崗位。 ❷ *vi* 開

小差；擅離職守；逃亡：He deserted to the enemy. 他投敵了。▷ **deserted** adj 被拋（遺）棄的；廢棄的；空無一人的 / **deserter** n 遺棄者；逃亡者；逃兵

◑ leave, abandon

de·serve /dɪˈzɜːv /

❶ vt 應受到；該得；值得：The homeless deserve our sympathy and attention. 無家可歸的人值得我們同情和關注。/ You deserve to win. 你該贏。/ It deserves to be mentioned. 這事應該提一下。❷ vi 應受賞（罰）

▷ **deserving** adj 該受的；值得…的；該幫助的：the deserving poor 該得到幫助的窮人

◑ merit

de·sign /dɪˈzaɪn /

I n ❶ [U] 設計；[C] 設計圖：of the latest design 最新設計的 / The newly-built museum is excellent in design. 新建的博物館設計一流。❷ [C] 圖案；圖樣：Do you like the design on the wallpaper? 你喜歡壁紙上的圖案嗎？❸ [C, U] 計劃；企圖；謀劃：That woman has designs on Edward's money. 那女人圖謀愛德華的錢。

II ❶ vt ❶ 設計；繪圖：Who designed the first jet engine? 誰最先設計了噴氣式引擎？❷ 計劃；謀劃：This TV programme is designed to teach painting to the children. 這個電視節目旨在教孩子們繪畫。/ That was a trap designed specially for you. 那是專為你設置的圈套。❷ vi 計劃；打圖樣（for）

◇ **by design** 設計（安排）好的；故意的；蓄意的：Whether by accident or by design, he didn't show up that evening.

不知是出於偶然還是故意，他那晚沒露面。▷ **designed** adj 事先計劃好的；故意的 / **designing** n 設計；計謀

◑ draw, plan, conceive

des·ig·nate /ˈdezɪgneɪt / vt

❶ 指明；標示：designate boundaries 標明邊界 ❷ 把…叫做 ❸ 指定；選定；任命：designate the firm as their agent in Tokyo 指定該公司為他們在東京的代理商 / He was designated as commander-in-chief. 他被任命為總司令。▷ **designation** /ˌdezɪgˈneɪʃn / n 指定；任命；名稱；稱號

◑ specify, indicate, appoint

de·sign·er /dɪˈzaɪnə(r)/ n 設計者；謀劃者；陰謀者

de·sir·a·ble /dɪˈzaɪərəbl / adj ❶ 吸引人的；希望到手的 ❷ 理想的；稱心如意的：It is desirable that he should be present. 他最好能在場。

de·sire /dɪˈzaɪə(r)/

I n ❶ [C, U] 願望；慾望；情慾：I have little desire for wealth. 我對財富沒有甚麼慾望。/ Can you satisfy all their desires? 你能滿足他們所有的願望嗎？❷ [只用單] 要求；請求：at sb's desire 應某人的請求 ❸ [C] 希望得到的東西：To be heard was the desire of everyone present. 有人傾聽自己的意見是在場每個人的願望。

II vt ❶ 想要；意欲；希望；期望：No one can have all he desires. 沒人能得到想要的一切。/ He desires to be elected chairman. 他希望被選為主席。❷（正式文體）要求：I desire you to inform me that .... 請您通知我…

◑ wish, need, want, longing

desk /desk/ n

■ 書桌；寫字檯；辦公桌 ■ （賓館）服務檯：Please register at the *desk*. 請在服務檯登記。

des·o·late /'desələt/

I adj ■ 荒蕪的；荒涼的；無人煙的：a *desolate* area 渺無人煙的地區 ■ 孤寂的；淒涼的：a *desolate-looking* beggar 神情淒涼的乞丐 II vt ■ 使荒蕪；破壞 ■ 使孤寂；使淒涼 ▷ **desolately** adv

◑ bare, barren; sad, depressed

◐ cheerful, joyous

des·o·la·tion /ˌdesə'leɪʃn/ n [U]

荒蕪；荒涼；頹敗：the *desolation* that was caused by the civil war 內戰導致的頹敗景象

des·pair /dɪ'speə(r)/

I n [U] ■ 絕望：He committed suicide in *despair*. 在絕望中他自殺了。/ The fact that the ship was sinking fast drove the passengers to *despair*. 船在很快下沉，旅客們陷入了絕望。 ■ 令人絕望的人（事）；使競爭者望塵莫及的人：The child was the *despair* of his parents. 這個孩子使他的父母感到失望。/ He is the *despair* of all other violinists. 他使所有其他小提琴手自嘆不如。

II vi 絕望：The refugee *despaired* of ever seeing his family again. 那個難民對能否再見到家人感到絕望。

▷ **despairing** adj 絕望的：*despairing* cries 絕望的叫聲

◑ hopelessness

des·per·ate /'despərət/ adj

■ （因絕望而）不顧一切的；拼命的；亡命的：She became *desperate* in her attempts to rescue her child from the crocodile. 她拼命想從鱷魚口中奪回孩子。/ a *desperate* remedy 孤注一擲的措施 / *desperate* bandits 亡命的匪徒 ■ 危急的：The situation of the refugees was *desperate*. 難民們的處境十分危急。 ■ 極度渴望的；幾至瘋狂的：Unable to find a toilet nearby, he became *desperate*. 附近找不到廁所，他快發瘋了。

des·per·ate·ly /'despərətlɪ/ adv

拼命地；不顧一切地；絕望地

des·per·a·tion /ˌdespə'reɪʃn/ n [U]

絕望；拼命：Do not drive me to *desperation*. 你別逼得我走投無路。

de·spise /dɪ'spaɪz/ vt

鄙視；看不起：He who *despises* small things seldom grows rich. [諺] 不屑去做小事的人極少有發財的。

◑ scorn, detest

◐ admire, respect

de·spite /dɪ'spaɪt/ prep

不管；儘管；任憑：*Despite* their suggestion that she stay away, she showed up. 儘管他們示意她別來，她還是來了。

⇨ 用法說明見 ALTHOUGH

de·spot /'despɒt/ n

專制君主；暴君；惡霸

des·sert /dɪ'zɜːt/ n

（正餐的最後一道）水果；甜食；甜點心

des·ti·na·tion /ˌdestɪ'neɪʃn/ n

目的地；終點：reach one's *destination* 到達目的地 / The *destination* of this letter is not clear. 信的寄達地址不詳。

des·tine /'destɪn/ vt

（常用被動語態）注定；指定；預定：Am I *destined* to learn the craft? 我注定

要學這門手藝嗎？/ He was *destined* to succeed to the throne. 他被指定繼承王位。/ The plane is *destined* for Singapore. 這架飛機飛往新加坡。

des·ti·ny /'destɪnɪ/ n

[U] 天數；[C] 命運：put one's own *destiny* in one's own hands 掌握自己的命運 / Marriage comes by *destiny*. [諺] 婚姻命定。/ It was perhaps her *destiny* to become deaf and dumb. 她變得又聾又啞，或許命中注定。

❶ fate, fortune

de·stroy /dɪ'strɔɪ/ vt

❶ 毀壞；破壞：The storm *destroyed* their crops. 暴風雨摧毀了他們的莊稼。/ The power station was *destroyed* by the enemy. 發電站被敵人破壞了。❷ 打破（希望等）；使失敗：Gambling *destroyed* his life. 賭博毀了他的一生。❸ 消滅：Mad dogs must be *destroyed*. 瘋狗務必消滅。

❶ ruin

❶ preserve, make, construct

用法說明：Destroy、ruin、spoil 都有"毀壞"的含義。Destroy 意為"消滅"或"毀壞得無法修復"，如：The city was destroyed in war. (那城市毀於戰火。) Ruin 和 spoil 都指原物雖然還在，但已被破壞或損壞，其中 spoil 的破壞程度更弱一些，如：Too many cooks will spoil the broth. (廚師太多會煮壞肉湯。) Overwork ruined his health. (過度工作損害了他的身體健康。)

de·stroy·er /dɪ'strɔɪə(r)/ n

❶ 破壞者；消滅者 ❷ 〈軍〉驅逐艦

⇨ 插圖見 SHIP

de·struc·tion /dɪ'strʌkʃn/ n [U]

❶ 毀壞；破壞；被毀壞物；廢墟：The *destruction* of the church by fire made the headlines in the local papers. 教堂遭大火焚毀的事成了當地報紙的頭條新聞。/ She wept at the sight of the *destruction*. 目睹遭劫後的情景，她哭了。❷ 消滅；撲滅：*destruction* of vermin 消滅害蟲 ❸ 毀滅（墮落）的原因：Drink will be his *destruction*. 酗酒將毀了他。

❶ ruin

❶ construction

de·struc·tive /dɪ'strʌktɪv/ adj

破壞（性）的：Is industrialization necessarily *destructive* to the environments? 難道工業化一定會破壞環境嗎？

▷ **destructively** adv

❶ constructive

de·tach /dɪ'tætʃ/ vt

❶ 分開；分離；拆下：*detach* the keyboard from the mainframe 從主機上卸下鍵盤 ❷ 派遣（調遣）小分隊

▷ **detachable** adj 可卸下的；可分離的：The lining is *detachable*. 內襯可拆下。/ **detached** adj ❶ 超然的；不偏不倚的：take a *detached* view of the matter 對事件持超然的態度 ❷ 分離的

❶ separate, disconnect

❶ attach, fasten, connect

de·tach·ment /dɪ'tætʃmənt/ n

❶ [U] 分開；拆開 ❷ [U] 派遣；[C] 分遣隊 ❸ 超然；不偏不倚

de·tail /'diːteɪl/

I n [C] 細節；詳情：Tell me all the *details* of your age, business and hobbies. 把你的年齡、職業、愛好等詳情都告訴我。

◇ in detail 詳細地

II vt 細説；詳述：He *detailed* his trip to Britain. 他詳細敘述了他的英國之行。

▷ **detailed** adj

de·tain /dɪˈteɪn/ vt

1 拘留：The police *detained* several suspects. 警察拘留了幾名可疑分子。 **2** 留住；耽擱：The teacher *detained* her after school. 放學以後老師把她留了下來。/ I was *detained* by a traffic jam in Kowloon. 我因九龍交通堵塞而耽擱。

◑ delay
◐ release

de·tect /dɪˈtekt/ vt

1 覺察；發現：He *detected* movement deep in the hole. 他發現洞的深處有動靜。 **2** 偵查；探測：*detecting* instrument 探測儀器 / *detect* mines 探測地雷 ▷ **detection** n

de·tec·tive /dɪˈtektɪv/

I n 偵探：Many *detectives* are working on the case. 有許多偵探正在努力偵破此案。 II adj 偵探的：a *detective* story 偵探故事

de·ten·tion /dɪˈtenʃn/ n [U]

1 拘留；〈軍〉禁閉：a house of *detention* 拘留所 / a *detention* cell (room) 拘留室；禁閉室 **2** 阻留；耽擱：The soldiers protested against the *detention* of pay. 士兵們抗議扣留軍餉。

◇ in detention 在拘留中

de·ter /dɪˈtɜ:(r)/ vt

1 威懾住；使不敢：The storm *deterred* the children from going out. 暴風雨嚇得孩子們不敢出門。 **2** 阻止；防止：*deter* rust 防鏽

de·ter·gent /dɪˈtɜ:dʒənt/ n

洗滌劑；去垢劑

de·te·ri·o·rate /dɪˈtɪərɪəreɪt/ vt, vi

1 (使) 惡化：The situation continued to *deteriorate*. 形勢繼續惡化。 **2** (使) 變壞；退化：His vision *deteriorated*. 他的視力越來越壞。/ The boy's grades *deteriorated*. 孩子的成績退步了。

▷ **deterioration** n

de·ter·mi·na·tion

/dɪˌtɜ:mɪˈneɪʃn/ n [C, U]

1 決定：come to a *determination* 作出決定 **2** 決心：The first element of success is the *determination* to succeed. [諺] 成功的第一要素是爭取成功的決心。

de·ter·mine /dɪˈtɜ:mɪn/

❶ vt 決意；決定：She *determined* to be the best student of the class. 她決意要成為班上最好的學生。/ The weather will *determine* whether we go swimming or not. 我們去不去游泳取決於天氣。 ❷ vi 決定；決心：They *determined* on an early start. 他們決定要早出發。

◑ decide

de·vel·op /dɪˈveləp/

❶ vt **1** 發展；開發：*develop* industry (agriculture) 發展工業 (農業) / *develop* natural resources 開發自然資源 **2** 培育：The farmer *developed* a new breed of cattle. 農民培育出新品種的牛。 **3** 養成；(逐漸) 產生：*develop* a habit 養成習慣 / *develop* an interest in sth 對…產生興趣 **4** 闡述；展開：*develop* a story 添油加醋地講故事 **5** 沖

洗（膠捲）: develop a film 沖洗膠捲
❷ vi ❶ 發展: Trade between the two countries develops rapidly. 兩國間的貿易發展很快。 ❷ 發育；成長: He has developed into a handsome young man. 他已經長成一個英俊的小夥子。

□ developing countries 發展中國家 / developed countries 發達國家
▷ developer n

de·vel·op·ment /dɪˈveləpmənt/ n
❶ [U] 成長；生長: A baby's development in the first few months is fast. 嬰兒在最初幾個月中長得很快。 ❷ [C, U] 發展；進展: research and development (R & D) 研究和發展（研發）/ a development project 研製計劃 / a development centre 研製中心 / a development zone in Shenzhen 深圳開發區 / They are waiting for the latest developments in the negotiations. 他們在等待談判的最新進展。

de·vice /dɪˈvaɪs/ n [C]
❶ 方法；手段: rhetorical devices 修辭手段 / legal devices 法律手段 ❷ 謀略；詭計: They used every device to dodge laws. 他們使用一切計謀來逃避法律。 ❸ 裝置；器械: a nuclear device 核裝置 / a mechanical device 機械裝置 / The boy invented a new device for catching rats. 這個男孩發明了一種抓老鼠的新裝置。

dev·il /ˈdevl/ n
❶ 魔鬼；惡人 ❷ [常作 the Devil] 魔王；撒旦
◇ between the devil and the deep sea 進退兩難 / give the devil his due 平心而論 / go to the devil 完蛋；滾開 / Talk of the devil (and he will

appear). 說到鬼鬼就到。(說到曹操，曹操就到。)

dev·il·ish /ˈdevəlɪʃ/
I adj ❶ 魔鬼似的；兇惡的 ❷ [口] 非常的；極度的 II adv [口] 非常；極度: It's devilish cold today. 今天極冷。

de·vise /dɪˈvaɪz/ vt
設計；發明；策劃: devise a method 想出一種辦法 / He devised a new lock. 他發明了一種新鎖。

de·vote /dɪˈvəʊt/ vt
❶ 奉獻: He devoted his whole life to education. 他把一生獻給了教育事業。 ❷ 把…專用於: Much of her time is devoted to housework. 她把大量時間用於家務。
◇ devote oneself to 獻身於；致力於
▷ devoted adj

de·vo·tion /dɪˈvəʊʃn/ n [U]
❶ 熱愛: His devotion for his old parents is well known. 他對年邁父母的愛心是人人皆知的。 ❷ 奉獻；忠心: devotion to peace and progress 對和平和進步事業的獻身精神

de·vour /dɪˈvaʊə(r)/ vt
❶ 狼吞虎嚥地吃: The boy devoured the cake. 這男孩一下子把蛋糕吃了個精光。 ❷ 吞沒；耗盡: The building was soon devoured by fire. 大樓很快被火吞沒了。

dew /djuː/ n [U]
露水: At night dew gathers on the grass. 夜間，露水積在草上。
□ dewdrop n 露珠 / dew point 〈物〉露點 ▷ dewy adj

di·ag·nose /ˈdaɪəgnəʊz/ vt, vi
❶ 診斷: The doctor diagnosed the

case as lung cancer. 醫生診斷該病為肺癌。 **2** 找出⋯的原因：The teachers *diagnosed* Tom's poor grades. 老師們分析了湯姆成績差的原因。

di·ag·no·sis /ˌdaɪəɡ'nəʊsɪs / *n*
（複 = diagnoses）
1 〈醫〉診斷：make a *diagnosis* 診斷 / make an erroneous *diagnosis* 誤診 **2** 分析；判斷：They made a correct *diagnosis* of the situation. 他們對形勢作了正確分析。

di·ag·o·nal /daɪ'æɡənl /
I *adj* 對角線的 **II** *n* 〈數〉對角線

di·a·gram /'daɪəɡræm / *n* [C]
簡圖；圖示；圖解：draw (make) a *diagram* 畫簡圖

di·al /'daɪəl /
I *n* 鐘（錶）面；刻度盤；標度盤；（電話機）撥號盤：turn the *dial* of a radio to get a proper station 轉動收音機的刻度盤以接收合適的電台 **II** *vt* 撥（電話號碼）：*dial* the phone 撥電話 / She *dial(l)ed* 911. 她撥了 911。

di·a·lect /'daɪəlekt / *n* [C, U]
1 地方話；方言：She can speak London *dialect*. 她能講倫敦方言。 **2** 某一階層的用語：The article is written in the athletic *dialect*. 這篇文章是用體育行話寫的。

di·a·log(ue) /'daɪəlɒɡ / *n*
1 [U] 對話體：be written in *dialogue* 用對話體撰寫 **2** [C, U] 對話；對白；（領導人等）交換意見：start *dialogue* 開始對話 / There is too much *dialogue* in the novel. 小説裏的對話太多。 / a *dialogue* between the two foreign ministers 兩國外長間交換意見

di·am·e·ter /daɪ'æmɪtə(r) / *n*
直徑：inside (outside) *diameter* 內（外）徑 / The circle has a *diameter* of 3 millimetres. 這圓的直徑是 3 毫米。 / The tree trunk is 1 metre in *diameter*. 樹幹的直徑是一米。

di·a·mond /'daɪəmənd / *n*
1 金剛鑽；鑽石：a *diamond* necklace 鑽石項鍊 **2** 菱形 **3** （紙牌中的）方塊
□ **diamond anniversary (jubilee)** 六十週年（有時指七十五週年）紀念 / **diamond wedding** 結婚六十年（有時指七十五年）紀念；鑽石婚
⇨ 插圖見〈專題圖説 14〉

di·a·ry /'daɪərɪ / *n* 日記
◇ **keep a diary** 寫日記

dic·tate /dɪk'teɪt / *vt, vi*
1 口授；讓人聽寫：The teacher *dictated* to the class. 老師讓學生聽寫。 / The manager *dictated* a letter to his secretary. 經理口授秘書一封信。 **2** 支配；命令：I will never be *dictated* to. 我決不聽任別人支配。

dic·ta·tion /dɪk'teɪʃn / *n* [U]
1 口授；聽寫：Let's have *dictation*. 我們來做聽寫練習吧。 **2** 命令；支配：She is tired of her husband's *dictation*. 她對丈夫的發號施令感到厭煩。

dic·ta·tor /dɪk'teɪtə(r) / *n*
1 獨裁者；專政者 **2** 口授者 **3** 發號施令者

dic·ta·tor·ship /dɪk'teɪtəʃɪp / *n*
獨裁；專政：establish a *dictatorship* 建立獨裁統治

dic·tion·ar·y /'dɪkʃənrɪ / *n*
詞典；字典：look up a word in a *dictionary* 查詞典 / consult a *dictionary*

查詞典 / a living (walking) *dictionary* 活詞典；知識廣博的人

did /dɪd/ **do** 的過去式

die /daɪ/ (died, dying) *vi*
1 死：*die* a natural death 自然死亡 / *die* young 夭折 / The hero *died* for the country. 英雄為國捐軀。/ Her father *died* of cancer. 她的父親死於癌症。**2** 枯萎；凋謝：Plants *die* without water. 植物因缺水而枯死。**3** 變弱；消失：The wind (fire) *died* down. 風勢減弱了。
□ **diehard** *n* 頑固分子；死硬分子 / **die-hard** *adj* 頑固的；死硬的
◑ **live**

die·sel /'diːzl/ (= Diesel) *n*
內燃機；柴油機：*diesel* oil 柴油 / a *diesel* engine 內燃機 / a *diesel* train 燒柴油的火車

di·et /'daɪət/ *n*
日常飲食；日常食物：Add fibre to your *diet*. 日常飲食中，多吃一點纖維食物。/ The doctor put the patient on a special *diet*. 醫生讓病人吃特定的食物。/ *Diet* cures more than pills. [諺] 注意飲食，勝服良藥。
◇ **be on a diet** 節食；限制飲食 / **go on a diet** 節食；限制飲食
◑ **food**

dif·fer /'dɪfə(r)/ *vi*
1 不同；相異：Tastes *differ*. [諺] 各人口味不同。/ His experience *differs* from mine. 他的經歷和我的不同。**2** 意見不同：He *differs* with me on this question. 他和我在這個問題上看法不同。
◑ **accord, agree**

dif·fer·ence /'dɪfrəns/ *n* [C, U]
1 差別；不同：cultural *differences* 文化差異 **2** 〈數〉差；差額：The *difference* between 10 and 3 is 7. 十和三的差是七。
◇ **iron out differences** 消除分歧 / **make a difference** 有區別；起作用

dif·fer·ent /'dɪfrənt/ *adj*
1 不同的；有差別的：This house is *different* from that one in style. 這棟房子和那棟房子的風格不同。**2** 各別的：*Different* people have *different* opinions. [諺] 人各有己見。▷ **differently** *adv*
◑ **various**

dif·fer·en·tial /ˌdɪfə'renʃl/
I *adj* **1** 差別的；級差的 **2** 獨特的；特殊的：*differential* qualities 特點 **3** 〈數〉微分的：*differential* equation 微分方程 **4** 〈物〉〈機〉差動的：*differential* instrument 差動儀錶 / *differential-pressure* device 差壓計
II *n* **1** 差別 **2** 〈數〉微分 **3** (工資) 級差：widen (narrow) wage *differentials* 擴大（縮小）工資級差 **4** 〈機〉差動；差速器

dif·fi·cult /'dɪfɪkəlt/ *adj*
1 困難的；艱難的：All things are *difficult* before they are easy. [諺] 萬事先難後易。/ It is *difficult* to run uphill. 跑着上山是很吃力的。**2** (人) 難弄的：She is a *difficult* woman to get along with. 她是個難以相處的女人。
◑ **hard**
◑ **easy, simple**

dif·fi·cul·ty /'dɪfɪkəltɪ/ *n* [C, U]
困難；艱難：overcome (surmount) *difficulties* 克服困難 / get into *difficulty* 遇到困難 / *Difficulty* is a severe

instructor. [諺] 困難是嚴師。/ The worker had much *difficulty* in starting his machine. 那個工人很難發動他的機器。

dif·fuse /dɪ'fjuːz/ *vt, vi*
1 （使）擴散：The machine has a special device for *diffusing* heat. 機器上有專門的散熱裝置。 **2** 傳播；散佈：*diffuse* knowledge 傳播知識 / *diffuse* rumour 散佈謠言 **3** 〈物〉（使）漫射：*diffused* light 漫射光 ▷ **diffusion** *n*

dig /dɪg/ (dug, digging)
❶ *vt* **1** 刨；掘：*dig* a well (a hole, a trench) 掘井（洞，溝） **2** 掘取：*dig* gold 淘金 / He is *digging* potatoes in the field. 他在地裏挖馬鈴薯。 **❷** *vi* **1** 刨；掘：*dig* with a shovel 用鏟掘 **2** 發掘；探究：*dig* for data 發掘資料
◇ **dig (oneself) in** 築壕據守 / **dig up** 掘起：*dig* up roots 掘起樹根 ▷ **digger** *n*
◑ bury

di·gest
I /dɪ'dʒest, daɪ'dʒest/ **❶** *vt* **1** 消化（食物）：I can not *digest* fat. 我吃了肥肉消化不好。 **2** 領會：*digest* the spirit of a report 領會報告的精神 **3** 做…的摘要：Those piles of materials were *digested* into a small handbook. 那幾堆材料已經彙編成一本小冊子。 **❷** *vi* 消化：Food will more easily *digest* when it is chewed well. 食物嚼細了比較容易消化。 **II** /'daɪdʒest/ *n* [C] 文摘；摘要：a *digest* of operation 作戰提要 / Reader's Digest《讀者文摘》

di·ges·tion /dɪ'dʒestʃən/ *n*
1 消化：be easy (hard) of *digestion*

（不）容易消化的 / have a good (weak) *digestion* 消化很好（不好）/ The doctor gave me some pills to aid *digestion*. 醫生給我幾片幫助消化的藥。 **2** 領悟

dig·it /'dɪdʒɪt/ *n*
（0 到 9 的任何一個）數字；數（位）：a *digit* counter 數字計數器 / *digit* check 數字校驗 / a four *digit* salary 四位數的薪金

dig·i·tal /'dɪdʒɪtl/ *adj*
數字的：*digital* clock 數字鐘 / *digital* command 數字指令 / *digital* communication 數字通訊 / *digital* computer 數字型電腦 / *digital* data 數字資料

dig·ni·fy /'dɪgnɪfaɪ/ *vt*
1 使有尊嚴；使變得莊嚴：be *dignified* in one's manner 神態威嚴 / The school is *dignified* by a tall flagpole on its playground. 操場上高高的旗杆使這所學校顯得十分莊嚴。 **2** 抬高…的身價：Tom *dignified* his old bike with the title of Flying Horse. 湯姆把他那輛舊自行車美其名為"飛馬"。

dig·ni·ty /'dɪgnətɪ/ *n* [U]
1 尊貴；高尚 **2** 尊嚴；莊重：The charter reaffirmed faith in the *dignity* of the human person. 憲章重申信仰人的尊嚴。/ preserve (lose) human *dignity* 保持（喪失）人的尊嚴

dike /daɪk/ *n* 堤；壩

dil·i·gence /'dɪlɪdʒəns/ *n* [U]
勤奮；用功：Success lies in *diligence*. [諺] 成功在於勤奮。

dil·i·gent /'dɪlɪdʒənt/ *adj*
勤奮的；用功的：a *diligent* student 用功的學生 / He is very *diligent* in his

work. 他工作很勤奮。▷ **diligently** *adv*
◑ **hard-working, industrious**
◐ **lazy**

di·lute /daɪˈljuːt/ *vt*
1 沖淡；稀釋：*dilute* milk with water 給牛奶攙水 **2** 減弱；削弱：*dilute* the punishment 減輕懲罰 / *dilute* the power 削弱權力

dim /dɪm/
I *adj* **1** 暗淡的；不明亮的：Don't read in the *dim* light. 別在暗淡的光線下看書。**2** 模糊的：The old man's sight is growing *dim*. 那老人的視力越來越模糊。/ Her eyes became *dim* with tears. 淚水模糊了她的眼睛。
II *vt, vi* （使）變暗淡；（使）變模糊：Suddenly, all the lights *dimmed*. 突然間，所有的燈都暗了下來。

dime /daɪm/ *n*
（美國和加拿大的）10 分硬幣；一角錢

di·men·sion /dɪˈmenʃn/ *n* [C]
1 尺寸；長度、寬度、高度：take the *dimensions* of 量⋯的尺寸 / What are the *dimensions* of the hall? 大廳的長、寬、高度各為多少？**2** 面積；大小；規模：The TV tower is a building of huge *dimensions*. 電視塔是一座巨大的建築物。**3** 範圍；特點；特性；方面；因素：His argument added a new *dimension* to the problem. 他的看法給問題增加了一個新的因素。**4** 〈數〉維；因次：of one *dimension* 一維的；線性的 / of two *dimensions* 二維的；平面的 / of three *dimensions* 三維的；立體的

di·min·ish /dɪˈmɪnɪʃ/ *vt, vi*
減小；減少：Arable land *diminishes*

with the advance of the sands. 隨着沙漠的推進，耕地漸漸減少。

dine /daɪn/
1 *vi* 吃飯；就餐：They *dine* at 6:30 every evening. 他們每晚六點半鐘吃晚飯。/ *dine* out 在外邊吃飯 **2** *vt* 招待⋯吃飯
◇ **dine and wine** 吃吃喝喝

din·er /ˈdaɪnə(r)/ *n*
1 吃飯的人；就餐者 **2** 餐車
□ **diner-out** *n* 在外邊就餐的人

din·ing /ˈdaɪnɪŋ/ *n* 吃飯；就餐
□ **dining car** 餐車 / **dining hall** （學校等的）食堂；餐廳 / **dining room** 餐室；餐廳 / **dining table** 餐桌

din·ner /ˈdɪnə(r)/ *n*
1 主餐；正餐：at *dinner* 在吃飯 / invite sb to *dinner* 請某人吃飯 **2** 宴會：a state *dinner* 國宴 / give a *dinner* in honour of sb 宴請某人；設宴款待某人
□ **dinner party** 宴會

di·no·saur /ˈdaɪnəsɔː(r)/ *n* 恐龍

Dinosaur 恐龍 / stegosaur 劍龍 / tyrannosaur 暴龍 / brontosaur 雷龍

d

di·ode /'daɪəʊd/ *n* 〈無〉二極管

di·ox·ide /daɪ'ɒksaɪd/ *n*
〈化〉二氧化物：carbon *dioxide* 二氧化碳 / *dioxide* bottle（充氣用）二氧化碳氣瓶

dip /dɪp/
I ❶ *vt* **1** 浸；蘸：He *dipped* his pen into the ink. 他用筆蘸墨水。 **2** 舀取：*dip* water from a well 從井裏取水 / *dip* out ice-cream with a spoon 用匙舀出冰淇淋 **❷** *vi* **1** 浸 **2** 舀 **3** 傾斜；下降；〈空〉急劇失去高度：The sun *dipped* toward the sea. 太陽沉向海裏。
II *n* [C] **1** 浸；浸泡：take (have) a *dip* in the sea 到海裏游泳 **2** 舀取 **3** 傾斜；下降；〈空〉急降

di·plo·ma /dɪ'pləʊmə/ *n*
1 畢業證書；文憑：high school *diploma* 中學文憑 / award sb a *diploma* 發給某人文憑 **2** 執照；許可證：a teaching *diploma* 執教許可證

di·plo·ma·cy /dɪ'pləʊməsɪ/ *n* [U]
1 外交：dollar *diplomacy* 金元外交 / secret *diplomacy* 秘密外交 / shuttle *diplomacy* 穿梭外交 **2** 外交手腕

dip·lo·mat /'dɪpləmæt/ *n*
1 外交官；外交家：a career *diplomat* 職業外交家 **2** 善於交際的人

dip·lo·mat·ic /ˌdɪplə'mætɪk/ *adj*
外交的：establish *diplomatic* relations 建立外交關係 / sever (suspend, resume) *diplomatic* relations 斷絕（中止，恢復）外交關係 / a *diplomatic* corps 外交使團 / Arrangements will be made through *diplomatic* channels. 將通過外交途徑作出安排。

di·rect /dɪ'rekt/
I *adj* **1** 徑直的；直接的：a *direct* road 直路 / *direct* current 直流電 / a *direct* train 直達列車；直通車 / *direct* speech 〈語〉直接引語 / *direct* object 〈語〉直接賓語 / *direct* proportion 〈數〉正比例 / Please make *direct* contact with the manager. 請與經理直接聯繫。 **2** 直截了當的；率直的：a *direct* reply (answer) 直截了當的回答 / He has a *direct* way of speaking. 他說話直率。
II *adv* 徑直地；直接地：A snake lay *direct* in my path. 一條蛇正好擋住我的去路。
III *vt* **1** 指導；指引：*direct* traffic 指揮交通 / *direct* a firm 經營公司 / Can you *direct* me to the post office? 你能為我指點去郵局的路嗎？ **2** 指示；命令：The commander *directed* his troops to stop at the ferry. 指揮員命令部隊停在渡口。 **3** 朝着…方向：All his anger was *directed* at me. 他的火都是朝我發的。 / The teacher asked the students to *direct* their attention to the blackboard. 老師讓學生們把注意力集中到黑板上。 **4** 導演；指揮：*direct* a film 導演電影 / *direct* an orchestra 指揮樂隊
▷ **directly** *adv*
◐ **lead**
◑ **indirect**
⇨ 用法說明見 LEAD

di·rec·tion /dɪ'rekʃn/ *n*
1 [C, U] 方向；方位：have a good (poor) sense of *direction* 善於（不善）辨別方向 / We walked on in the *direction* of the North Star. 我們朝着北極星的方向走去。 **2** [U] 指導；管理：Under his *direction*, the company made

huge profits. 在他的管理下，公司獲得了巨大的利潤。 **3** [directions] 指示；説明（書）：Read the *directions* before you use the camera. 使用照相機前先看看説明書。 **4** [U] 導演；指揮：under one's *direction* 在某人的導演（指揮）下

di·rec·tor /dɪ'rektə(r)/ *n*
1 指導者；局長；處長；主任；廠長：the *director* of an institute 研究所所長 / the *Director* of the Central Intelligence Agency [美] 中央情報局局長 **2** 經理；董事：a board of *directors* 董事會 / managing *director* 總經理 **3** （電影、戲劇）導演；（樂隊）指揮

di·rec·to·ry /dɪ'rektərɪ/ *n*
1 姓名地址錄：a telephone *directory* 電話簿 **2** 指南；使用説明

dirt /dɜːt/ *n*
泥土；污物：a *dirt* road 一條泥土路 / put some *dirt* into a flower pot 把土裝進花盆裏 / She swept the *dirt* from the window sills. 她抹去窗台上的塵土。
◇ **throw (fling) dirt at sb** 誹謗（臭罵）某人 / **treat sb like dirt** 把某人看得一錢不值

dirt·y /'dɜːtɪ/ *adj*
1 髒的：a *dirty* room (street) 骯髒的房間（街道）/ Go and wash your *dirty* face. 去洗洗你的髒臉。 **2** （天氣等）惡劣的：*dirty* weather 惡劣的天氣 **3** 卑鄙的：a *dirty* mind 骯髒的靈魂 / *dirty* tricks 卑鄙的伎倆
◑ **clean**

dis·a·ble /dɪs'eɪbl/ *vt*
使失去能力；使傷殘：a *disabled* athlete 殘廢運動員 / a *disabled* soldier 殘廢軍人 / a *disabled* veteran 殘廢退伍軍人

dis·ad·van·tage /ˌdɪsəd'vɑːntɪdʒ/ *n* [C]
不利；不利方面：Good as the place is, it has many *disadvantages*. 地方雖然不錯，但也有許多不利之處。 / It is a *disadvantage* not to be able to drive a car. 不會開車是個不利條件。
◇ **to sb's disadvantage** 對某人不利

dis·a·gree /ˌdɪsə'griː/ *vi*
1 不同意；不贊成：I *disagree* with you on that matter. 在那個問題上我不同意你的意見。 **2** 不一致；不相符：His statement *disagrees* with the fact. 他的話跟事實不相符。
▷ **disagreeable** *adj* / **disagreement** *n*

dis·ap·pear /ˌdɪsə'pɪə(r)/ *vi*
消失；失蹤：The boy watched the ship until it *disappeared*. 男孩望着那船，直到看不見為止。 ▷ **disappearance** *n*

dis·ap·point /ˌdɪsə'pɔɪnt/ *vt*
使失望；使受挫：She was greatly *disappointed* at her new skirt. 她對她的新裙子非常失望。 / They told him not to *disappoint* his old father. 他們讓他不要使他的老父親感到失望。 / We were *disappointed* that he could not come. 我們對他不能來感到失望。 ▷ **disappointed** *adj* / **disappointment** *n*
◑ **encourage**

dis·ap·prove /ˌdɪsə'pruːv/ *vt, vi*
不贊成；不批准：Parliament *disapproved* (of) the budget. 議會不批准這個預算。 ▷ **disapproval** *n*

dis·ar·ma·ment /dɪs'ɑːməmənt/ *n* [U]
裁軍：nuclear *disarmament* 核裁軍 /

universal *disarmament* 全面裁軍 /
unilateral *disarmament* 單方面裁軍 / a
disarmament conference 裁軍會議

dis·as·ter /dɪˈzɑːstə(r)/ *n* [C, U]
災難;禍患: natural *disasters* 自然災害
/ a *disaster* plan 救災計劃 / a *disaster*
relief operation 救災活動 / cause *disaster*
造成災害
 ◑ misfortune, catastrophe, calamity
 ◑ blessing

dis·as·trous /dɪˈzɑːstrəs/ *adj*
災難性的;造成慘重損失的: a
disastrous effect 災難性的影響 / The
floods are *disastrous* to the crops. 這些
洪水給莊稼造成慘重毀壞。

disc, disk /dɪsk/ *n*
1 圓盤;圓板 **2** 〈計〉磁盤: a soft
disc 軟盤 / a hard *disc* 硬盤 / *disc* drive
磁盤驅動器 **3** 唱片

dis·card /dɪˈskɑːd/ *vt*
丟棄;拋棄: *discard* old habits 拋棄舊
習慣

dis·cern /dɪˈsɜːn/ *vt, vi*
1 辨出;覺察: He *discerned* a boat on
the foggy sea. 他看到大霧迷漫的海上有
一條小船。 **2** 辨別: His right eye can
only *discern* between light and dark. 他
的右眼只能分辨明暗。

dis·charge /dɪsˈtʃɑːdʒ/
I ◑ *vt* **1** 解僱;免職: *discharge*
servants (employees) 解僱僕人(僱員)/
be *discharged* from service 退役 **2** 排
出;流出: The factory *discharges* its
waste water into a river. 工廠把廢水排入
河裏。 **3** 卸(貨);下(客):
discharge cargo 卸貨 / The train stopped
at the station to *discharge* passengers.

火車進站讓旅客下車。 **4** 履行;償還:
discharge one's duties 履行職責 /
discharge one's debts 償還債務 **5** 發射
(槍、炮): *discharge* a gun 開炮 **❷** *vi*
1 卸(貨) **2** (槍、炮)發射
II *n* **1** 解僱;免職: a *discharge*
certificate 退役證書 / get the *discharge*
遭解僱 **2** 排出(物);流出(物):
The scientists measured the electric
discharge. 科學家們測量了放電現象。
3 卸貨 **4** 發射(物)

dis·ci·pline /ˈdɪsɪplɪn/ *n*
1 [C] 紀律: army *discipline* 軍隊紀律 /
school *discipline* 學校紀律 / The school
maintains a rigid *discipline*. 這所學校保
持嚴格的紀律。 **2** 學科;科目

dis·close /dɪsˈkləʊz/ *vt*
揭發;泄露: *disclose* a secret to the
press 向新聞界透露一個秘密
 ◑ expose

dis·co /ˈdɪskəʊ/
I *n* (複 = discos) 迪斯科舞廳;迪斯科舞
會 **II** *vt, vi* 跳迪斯科舞: She *discoed*
the whole night away in Kowloon. 她在
九龍跳了一個晚上迪斯科。

dis·con·tent /ˌdɪskənˈtent/
I *n* 不滿: feel *discontent* with sth 對
…感到不滿 / stir up *discontent* 激起不滿
/ *Discontent* is the first step in progress.
[諺] 不滿足是進步的開始。
II *vt* 使不滿: be *discontented* with
one's position (job, pay, lot) 對自己的地
位(工作、工資、命運)不滿

dis·cord /ˈdɪskɔːd/
I *n* **1** [U] 不和: sow *discord* among
friends 在朋友中散佈不和 **2** [U] 不一
致: His book is in *discord* with the

religious doctrine. 他的書跟教義不一致。

II /dɪsˈkɔːd/ *vi* 不一致；不和：His behaviour *discords* with (from) the local customs. 他的表現與當地習慣相悖。

◑ harmony

dis·count /ˈdɪskaʊnt/

I *n* **1** 折扣：give (allow) 20% *discount* off (on) the price 按八折出售 **2** 〈商〉貼現（率）

◇ **at a discount** 打折扣；沒有銷路；不被重視：sell sth *at a discount* 削價出售某物

II *vt* **1** 打折扣：The store *discounts* children's books. 該店削價出售兒童書。 **2** 〈商〉把…貼現 **3** 看輕：His ability is not to be *discounted*. 他的能力不容小看。

dis·cour·age /dɪsˈkʌrɪdʒ/ *vt*

使灰心；使泄氣：Jack did not pass the examination, but he was not *discouraged*. 傑克考試不及格，但沒有泄氣。

dis·cov·er /dɪsˈkʌvə(r)/ *vt*

發現：Columbus *discovered* America in 1492. 哥倫布在 1492 年發現了美洲。/ She *discovered* that the skirt fit her well. 她發現她穿這條裙子很合身。

◑ find, invent

dis·cov·er·y /dɪsˈkʌvərɪ/ *n* [C, U]

發現：He made several important *discoveries*. 他有幾項重要發現。/ The farmer hid his gun in a hole without any risk of *discovery*. 農民把槍藏在洞裏，毫無被人發現的危險。

dis·crep·an·cy /dɪsˈkrepənsɪ/ *n* [C, U]

差異；不一致：Tell me the *discrepancy*

between religion and superstition. 請告訴我宗教和迷信的區別何在。

dis·cre·tion /dɪsˈkreʃn/ *n* [U]

1 謹慎 **2** 〈法〉自由裁奪；酌處權

◇ **at discretion** 隨意；任意 / **at the discretion of** 聽憑…處置 / **with discretion** 慎重地

dis·crim·i·nate /dɪsˈkrɪmɪneɪt/

❶ *vt* 區別；辨別：*discriminate* good books from bad ones 辨別好書和壞書 **❷** *vi* **1** 區別；辨別 **2** 歧視：*discriminate* against coloured peoples 歧視有色人種

dis·crim·i·na·tion /dɪˌskrɪmɪˈneɪʃn/ *n* [U]

1 分辨（力）：Mary showed great *discrimination* in the choice of friends. 瑪麗在選擇朋友時很有分辨能力。 **2** 歧視：race (racial) *discrimination* 種族歧視 / sex (sexual) *discrimination* 性別歧視

dis·cuss /dɪsˈkʌs/ *vt*

討論；商議：The plan was *discussed* in detail at the meeting. 會議詳細討論了該計劃。/ I'll *discuss* the problem with the teacher. 我要跟老師討論一下這個問題。

◑ argue, debate

dis·cus·sion /dɪsˈkʌʃn/ *n* [C, U]

討論；商量：have (hold) a *discussion* about (on) sth 召開關於某個問題的討論會 / arouse (cause) much *discussion* 引起廣泛議論 / The plan is still under *discussion*. 該計劃仍在討論之中。

dis·dain /dɪsˈdeɪn/

I *vt* 蔑視；不屑：He *disdains* those social climbers. 他瞧不起那些往上爬的人。/ She *disdained* to look at him. 她不

屑看他一眼。 **II** *n* [U] **蔑視**: have
disdain for 蔑視

dis·ease /dɪˈziːz/ *n* [C, U]
　　病；疾病: a common *disease* 常見病 /
　　a chronic (acute) *disease* 慢性（急性）
　　病 / a contagious *disease* 傳染病 / heart
　　disease 心臟病 / A *disease* known is half
　　cured. [諺] 確診病症，治癒一半。
　　🌓 sickness
　　🌗 health

> **用法說明**: **Disease** 和 **illness** 都可使用在
> 口語中，義為 "疾病"。**Disease** 是具體的
> 病，一般有醫學名稱，有特定的患病身體
> 部位，可以是急病，也可以是慢性病或傳
> 染病，如: a kidney disease （腎病）,
> infectious disease （傳染病）。Illness 通常
> 指 disease 所引起的病症和病程，如: He
> survived a long illness. （他長期患病後好轉
> 了。）His illness prevented him from
> work. （他因患病無法工作。）

dis·grace /dɪsˈɡreɪs/
　　I *n* **丟臉（的事）；恥辱**: It is a
　　disgrace to lie. 撒謊是一件丟臉的事。/
　　His conduct brought *disgrace* to (upon)
　　his family. 他的行為給他家裏人丟了臉。
　　II *vt* **使丟臉；使受恥辱**: Tom
　　disgraced himself by using drugs. 湯姆吸
　　毒使自己丟了臉。

dis·grace·ful /dɪsˈɡreɪsfl/ *adj*
　　丟臉的；不光彩的 ▷ **disgracefully** *adv*

dis·guise /dɪsˈɡaɪz/
　　I *vt* **1 喬裝**: He *disguised* himself as
　　an officer at the ball. 他在舞會上化裝成
　　一名軍官。 **2 掩飾**: *disguise* one's
　　feelings 掩飾自己的感情 / *disguise* one's
　　voice 用假嗓子（講話）

II *n* [C, U] **喬裝**: in *disguise* 喬裝 / He
travelled across Burma in the *disguise* of
a monk. 他喬裝成和尚周遊緬甸。
🌓 hide
🌗 expose

dis·gust /dɪsˈɡʌst/
　　I *vt* **使厭惡；使作嘔**: Bob's behaviour
　　disgusted all of us. 鮑勃的表現令我們大
　　家都感到厭惡。 **II** *n* **厭惡；憎惡**: feel
　　disgust at (for) sth 憎惡某事
　　▷ **disgusting** *adj*
　　🌓 dislike

dish /dɪʃ/ *n*
　　1 盤；碟: a porcelain (glass) *dish* 瓷
　　（玻璃）盤 / a microwave *dish* 微波爐用
　　的盤子 / Mother is clearing away the
　　dishes. 母親在收拾盤子。 **2 盤裝食物；**
　　一道菜: a cold *dish* 冷盤 / a favourite
　　dish 一道愛吃的菜 / a chicken *dish* 一盤
　　雞 / prepare a *dish* 做菜
　　□ **dishwasher** *n* 洗碗機

dis·il·lu·sion /ˌdɪsɪˈluːʒn/ *vt*
　　使幻滅；使醒悟；給…潑冷水: be
　　disillusioned with (about) 對…幻滅
　　▷ **disillusionment** *n*

dis·in·fec·tant /ˌdɪsɪnˈfektənt/ *n*
　　消毒劑

dis·in·te·grate /dɪsˈɪntɪɡreɪt/ *vt, vi*
　　(使)崩潰；(使)瓦解: The union
　　disintegrated. 聯盟解體了。/ The huge
　　rocks were *disintegrated* by centuries of
　　wind and rain. 多少世紀的風風雨雨使巨
　　石崩裂了。 ▷ **disintegration** *n*

dis·like /dɪsˈlaɪk/
　　I *vt* **不喜歡；討厭**: We *dislike* lazy
　　people. 我們不喜歡懶惰的人。/ He who
　　likes borrowing *dislikes* paying. [諺] 喜歡

D

借錢的人不喜歡還錢。 **II** *n* [C] 不喜歡；厭惡：take a *dislike* to 討厭

◗ like

disk *n* = disc

dis·mal /ˈdɪzməl/ *adj*

1 陰暗的；陰沉的：*dismal* weather 陰沉的天氣 **2** 令人憂鬱的：The tragedy reflected the *dismal* safety record of the mine. 這個悲劇反映了礦上令人沮喪的安全記錄。

dis·may /dɪsˈmeɪ/

I *vt* 使沮喪；使驚愕：be *dismayed* at 對…感到驚愕 **II** *n* [U] 沮喪；驚愕：They stared at each other in *dismay*. 他們用沮喪的目光互相望着。

dis·miss /dɪsˈmɪs/ *vt*

1 解僱；開除：The servant was abruptly *dismissed*. 僕人被突然解僱。 **2** 解散；遣散：The class is *dismissed*. 下課了。 **3** 不予考慮：Mother *dismissed* my idea with a wave of her hand. 母親擺了擺手，表示不考慮我的主意。 ▷ **dismissal** *n*

◗ fire, sack, discharge

◗ engage

dis·o·bey /ˌdɪsəˈbeɪ/ *vt, vi*

不服從；不順從：*disobey* orders 不服從命令 / The driver was punished for *disobeying* the traffic policeman. 司機因不服從交通警察而受到懲罰。

dis·or·der /dɪsˈɔːdə(r)/ *n*

1 [U] 混亂：The room is in total *disorder*. 房間裏亂七八糟。 **2** [C, U]（精神）錯亂；（機能）失調：suffer from mental *disorder* 患精神錯亂症

◗ confusion, chaos

dis·patch, des·patch /dɪsˈpætʃ/

I *vt* **1**（迅速）派遣；發送：A few helicopters were *dispatched* to rescue the victims. 派遣了幾架直升機去營救遇險的人。/ *dispatch* letters (telegrammes) 發出信件（電報） **2** 迅速了結：He *dispatched* quite a few things before he started out. 他出發前了結了不少事情。 **II** *n* **1**（迅速）派遣；發送 **2** 急件；電訊：news *dispatches* 新聞電訊 **3** 迅速：go through the shops with *dispatch* 匆匆逛了一遍商店

dis·pel /dɪˈspel/ *vt*

1 驅散；趕跑：Aliens were all *dispelled* from the country. 外國人都被逐出了這個國家。 **2** 消除：*dispel* one's fears 消除恐懼心理

dis·pense /dɪˈspens/ *vt*

1 分配；分發：Blankets were *dispensed* to the refugees. 給難民分發毯子。 **2** 配（藥） **3** 免除：*dispense* sb from an obligation 免去某人的義務

◇ **dispense with** 免除；無需：In learning English, a dictionary is not to be *dispensed with*. 學習英語時一本詞典是少不了的。/ Let us *dispense with* all the formalities. 讓我們免除一切禮節吧。

◗ distribute

dis·perse /dɪˈspɜːs/

❶ *vt* 使散開；驅散：The police *dispersed* the crowd. 警察驅散了人群。/ Jews are *dispersed* throughout the world. 猶太人散佈在世界各地。 **❷** *vi* 消散：The dark clouds have *dispersed*. 烏雲消散了。

dis·place /dɪsˈpleɪs/ *vt*

1 移置；移位：During the war, thousands of people were *displaced*. 在

戰爭中，成千上萬的人離開了自己的家園。**2** 取代：The U.N. troops were later *displaced* by the local police. 後來當地警察取代了聯合國部隊。**3** （船隻）排水：The warship *displaces* 30,000 tons. 這艘軍艦的排水量是三萬噸。

dis·place·ment /dɪsˈpleɪsmənt/ *n*
1 [U] 移置；移位：The floods resulted in the *displacement* of many people. 洪水使許多人背井離鄉。**2** 〈化〉取代（作用）；置換（作用）**3** 〈海〉排水量

dis·play /dɪˈspleɪ/
I *vt* **1** 展示；陳列：The store *displays* its goods in the windows. 商店把貨物陳列在櫥窗裏。**2** 顯露；表現：*display* talent in organization 表現出組織才能
II *n* [C, U] **1** 陳列；展覽：a fashion *display* 時裝展覽 **2** 顯露：*display* of fear 流露害怕的情緒
➊ show, exhibition
➋ conceal

dis·please /dɪsˈpliːz/ *vt, vi*
（使）不愉快；（使）生氣：The teacher was *displeased* with (at, about) my homework. 老師對我的家庭作業很不滿意。/ Bad weather *displeases*. 惡劣的天氣令人掃興。

dis·pleas·ure /dɪsˈpleʒə(r)/ *n* [U]
生氣；不滿：He showed his *displeasure* with (at) our decision. 他對我們的決定表示不滿。
➊ anger, rage

dis·pos·al /dɪˈspəʊzl/ *n* [U]
處置；支配
◇ **at sb's disposal** 由某人支配；供某人使用：He put the car *at his guest's disposal*. 他把汽車交給客人使用。

dis·pose /dɪˈspəʊz/
➊ *vt* **1** 配置；部署：They *disposed* hundreds of tanks along the border. 他們沿邊境部署了幾百輛坦克。**2** 處置；處理 **3** 使有意於：The teacher is *disposed* to tell us a story. 老師要給我們講故事。**➋** *vi* （常用 of）處置；處理；賣掉；吃光：How are you going to *dispose* of your old car? 你打算怎麼處理你那輛舊汽車？

dis·po·si·tion /ˌdɪspəˈzɪʃn/ *n* [C]
1 配置；部署：*disposition* in depth (width)〈軍〉縱深（橫寬）配置 / *disposition* of troops 兵力部署 **2** 處置；支配：at one's *disposition* 由某人支配 **3** 氣質；性情：a woman of a soft *disposition* 一個性格柔弱的女人 / a *disposition* to jealousy 愛妒忌的性情
➊ character

dis·pute /dɪˈspjuːt/
I ➊ *vi* 爭論：I *disputed* with them on that problem. 我跟他們爭論那個問題。**➋** *vt* **1** 爭論 **2** 對…有爭議：a *disputed* question 一個有爭議的問題 / His ability has been much *disputed*. 對他的能力大家一直很有爭議。
II *n* [C, U] 爭論；爭議：beyond *dispute* 無可爭議的 / settle *disputes* through negotiations 通過談判解決爭議
➊ argue, debate

dis·re·gard /ˌdɪsrɪˈɡɑːd/
I *vt* 不顧；無視：These symptoms must not be *disregarded*. 這些病症不容忽視。**II** *n* [U] 漠視：He acted in *disregard* of public opinion. 他不顧公眾輿論採取了行動。
➊ neglect

dis·sat·is·fy /ˌdɪs'sætɪsfaɪ/ vt
使不滿：be dissatisfied with 對⋯不滿意

dis·sect /dɪ'sekt/ vt
1 切開；解剖：a dissecting knife (table, room) 解剖刀（台，室）/ The students are dissecting a rabbit. 學生們在解剖兔子。**2** 仔細分析：The teacher dissected the mistakes. 老師分析了錯誤。▷ **dissection** n

dis·so·lu·tion /ˌdɪsə'luːʃn/ n [C, U]
1 溶解；分解 **2**（公司等）解散；消亡；崩潰

dis·solve /dɪ'zɒlv/
❶ vi 溶解；分解：This medicine does not dissolve in human blood. 這種藥在人的血液中不會溶解。**❷** vt **1**（使）溶解；（使）分解 **2** 解散：dissolve parliament 解散議會

dis·tance /'dɪstəns/ n [C, U]
距離；遠處：a long-distance runner 長跑運動員 / a long-distance call 長途電話 / The distance between my house and the bus stop is 100 metres. 我家和公共汽車站之間的距離是一百米。/ Mountains look beautiful from a distance. [諺] 遠看青山美。
◇ **in the distance** 在遠處 / **keep one's distance** [喻] 不與親近，保持疏遠 / **keep sb at a distance** 對某人冷淡；疏遠某人

dis·tant /'dɪstənt/ adj
1 遠方的；久遠的：a distant place 遙遠的地方 / in distant times 很久以前 **2** 遠房的：distant relatives 遠房親戚
❶ far, remote
❶ near

dis·til(l) /dɪ'stɪl/ vt, vi
蒸餾；提取：Liquors are distilled from grain. 酒是從糧食中提取的。

dis·til·la·tion /ˌdɪstɪ'leɪʃn/ n
1 蒸餾；蒸餾法 **2** [C, U] 餾出物

dis·tinct /dɪ'stɪŋkt/ adj
1（種類、性質等）不同的；截然不同的；獨特的：Apes are distinct from monkeys. 猿和猴屬不同種類。**2** 明顯的；清楚的：make distinct progress 取得明顯的進步 ▷ **distinctly** adv

dis·tinc·tion /dɪ'stɪŋkʃn/ n
1 [C, U] 區分；差別：lack distinction 沒有差別 / The girl could not tell the distinction between a donkey and a mule. 這女孩分不清驢和騾。/ Don't cling to unnecessary rank and title distinctions. 不要老是去考慮職別高低。**2** [C] 特性：the distinctions of Chinese culture 中國文化的特點 **3** [U] 卓著；盛名：a man of distinction 一個有名望的人

dis·tin·guish /dɪ'stɪŋgwɪʃ/
❶ vt **1** 區別；識別：distinguish good book from bad ones 區分好書和壞書 **2** 分類：Verbs are distinguished into regular and irregular ones. 動詞分成規則動詞和不規則動詞兩類。**3** 使傑出；使顯出特色：He distinguished himself by winning China's first gold medal at the Olympics. 他由於在奧運會上為中國贏得第一塊金牌而出名。**❷** vi 區別；識別：You can hardly distinguish between Mary and her twin sister. 你很難區分瑪麗和她的孿生妹妹。
▷ **distinguished** adj

dis·tort /dɪ'stɔːt/ vt

1 弄歪：His face was *distorted* with pain. 他痛得臉都歪了。 **2** 歪曲：*distort* facts 歪曲事實 ▷ **distortion** *n*

dis·tract /dɪ'strækt/ *vt*

使分心：The television *distracted* Bob from his homework. 電視使鮑勃無法專心做家庭作業。

◑ **attract**

dis·tress /dɪ'stres/

I *n* **1** 苦惱；悲痛：at the hour of *distress* 在悲痛的時刻 / Illness caused him much *distress*. 疾病給他帶來很大痛苦。 **2** 貧苦 **3** 危難；危急：*distress* call 遇險呼叫 / *distress* frequency 求救頻率 / *distress* signal 遇險信號 / *distress* signal rocket 遇險信號火箭 / be in *distress* 遇險 II *vt* **1** 使苦惱；使悲痛：be *distressed* to hear the news 聽到這個消息很悲痛 **2** 使貧苦：Relief was dispensed in the *distressed* areas. 在災區分發了救濟品。

◑ **sorrow, grief**

dis·trib·ute /dɪ'strɪbjuːt/ *vt*

1 分發；分配：The schoolmaster *distributed* medals to the winners. 校長向優勝者頒發了獎章。 **2** 分佈；散發：Relay stations are *distributed* all over the country. 無線電中繼站分佈在全國各地。

◑ **spread, scatter, disperse**

dis·tri·bu·tion /ˌdɪstrɪ'bjuːʃn/ *n* [C, U]

1 分發；分配：Ants chop up large pieces of food for *distribution* and consumption. 螞蟻把大塊食物咬碎進行分配和食用。 **2** 分佈；散發：*distribution* of leaflets 散發傳單

dis·trict /'dɪstrɪkt/ *n*

1 區；行政區：the *District* of Columbia 哥倫比亞特區（美國聯邦直轄區，即首都華盛頓） **2** 地區：urban (rural) *districts* 城市（農村）地區 / an industrial (a farming) *district* 工業（農業）地區

⇨ 用法説明見 AREA

dis·turb /dɪ'stɜːb/ *vt*

打擾；打亂：be mentally *disturbed* 心神不寧 / Don't *disturb* me when I am reading. 我看書的時候別來打擾我。/ The wind *disturbed* the newspapers on my desk. 風吹亂了我桌上的報紙。/ Don't *disturb* yourself to prepare breakfast for me. 別麻煩了，不用為我準備早餐。

◑ **trouble**

dis·tur·bance /dɪ'stɜːbəns/ *n*

1 [U] 打擾；干擾；〈無〉天電干擾：There is too much *disturbance* in the office. 辦公室裏干擾太大。 **2** [C] 騷亂：Several *disturbances* broke out in India. 印度發生了幾起騷亂。

ditch /dɪtʃ/ *n*

溝；溝渠：dig a *ditch* 挖溝

dive /daɪv/

I （dived 或（美口）dove, diving） **1** *vi* **1** 跳水；潛水：The children *dived* into the swimming pool. 孩子們跳入游泳池。 **2** （潛艇）下潛；（飛機）俯衝：The submarine *dived* under the water. 潛艇潛入水中。 **2** *vt* 使下潛；使俯衝

II *n* 跳水；潛水；（潛艇）下潛；（飛機）俯衝：John made a beautiful *dive* from the diving-board. 約翰優美地從跳板跳入水中。

□ **dive bomber** 俯衝轟炸機

▷ **diver** *n*

di·verse /daɪ'vɜːs/ *adj*

1 不同的：be *diverse* from 與⋯不同 **2** 多種多樣的：*diverse* topics (remedies) 各種各樣的題材（補救辦法）

● **various, different**

◑ **same**

di·ver·si·fy /daɪ'vɜːsɪfaɪ/ *vt*

使多樣化：*diversify* recreation 使文娛活動豐富多彩 ▷ **diversification** *n*

di·ver·sion /daɪ'vɜːʃn/ *n*

1 [C, U] 轉移；改變：the *diversion* of a river 使河流改道 **2** [C]〈軍〉牽制：a *diversion* mission 牽制性任務 / a *diversion* object 牽制性目標 **3** [C] 娛樂：He treats fishing as a *diversion*. 他把釣魚看成一種娛樂。

di·ver·si·ty /daɪ'vɜːsətɪ/ *n* [U]

多種多樣：Concerning the plan, there is great *diversity* of opinion. 關於這個計劃，有多種多樣的看法。

di·vert /daɪ'vɜːt/

❶ *vt* **1** 轉移；改變：*divert* one's attention (interest) 轉移注意力（興趣）/ The policeman *diverted* the traffic. 警察讓車輛改道行駛。 **2** 使得到消遣；給⋯娛樂：*divert* oneself 自我消遣 **❷** *vi* 轉移；轉向

● **distract, deflect**

di·vide /dɪ'vaɪd/

❶ *vt* **1** 分；劃分：A schoolday is *divided* into six periods of 50 minutes each. 一天的課分為六節，每節五十分鐘。 **2** 分隔；隔離：The Red Sea *divides* Asia and Africa. 紅海把亞洲和非洲分開。 **3** 分享；分配；分攤：She

divided a cake with the boy. 她和孩子分享蛋糕。/ *divide* the dividend 分配股息 **4** 使對立：Opinions are *divided* on that question. 在那個問題上意見有分歧。 **5**〈數〉除（盡）：Four will not *divide* nine. 四除不盡九。/ If you *divide* nine by three, the answer is three. 如果你用九除以三，商是三。 **❷** *vi* **1** 分開；分叉 **2**〈數〉除盡：Nine *divides* by three. 九能被三除盡。

● **separate, share**

◑ **join**

di·vis·i·ble /dɪ'vɪzəbl/ *adj*

1 可分的；可分割的 **2**〈數〉可除盡的：Twenty-one is *divisible* by seven. 二十一可以被七除盡。

◑ **indivisible**

di·vi·sion /dɪ'vɪʒn/ *n*

1 [C, U] 分；分割：a *division* of spoils 分贓 / a *division* of work 分工 / make a *division* of property 分財產 **2** [C] 分歧：*Divisions* arose over the bill. 對於該議案出現了分歧。 **3** [U]〈數〉除法 **4** [C] 部門（如科、處）；〈軍〉師：*division* commander 師長

□ **division sign** 除號

di·vorce /dɪ'vɔːs/

I *n* [C, U] 離婚：*divorce* rate 離婚率 / get a *divorce* 離婚 / The judge granted them a *divorce*. 法官准許他們離婚。

II *vt, vi* （使）離婚：The couple got *divorced*. 這對夫妻離婚了。/ He *divorced* his wife. 他跟他的妻子離了婚。

diz·zy /'dɪzɪ/ *adj*

1 暈眩的：feel *dizzy* 感到頭暈眼花 / Turning round makes you *dizzy*. 轉圈子

do /duː, dʊ, də, d/ (did, done, doing; 單數第三人稱現在式 does)

❶ *vt* **1** 做；幹：*do* homework 做家庭作業 / She *does* the cooking; I *do* the washing. 她做飯，我洗衣。 **2** 解答；算出：*do* a sum 做算術題 **3** 整理；使整潔：*do* the bed 整理床鋪 / *do* one's hair 梳頭髮 **4** 給予：It will *do* you no good. 這對你沒有好處。 **5** 製作；產生：*do* wonders 創造奇跡 **6** 學習；研究：She *does* history at the university. 她在大學攻讀歷史。 **7** 做事：What does your father *do*? He is a teacher. 你父親是幹甚麼的？他是教師。 ❷ *vi* **1** 做；行為 **2** 進展；生長：Everything *does* well. 萬事順利。 **3** 行；足夠：That will *do*. 行了（夠了）。 ❸ *v sub* 用於避免動詞重複：Use a book as a bee *does* flowers. [諺] 象蜜蜂利用花朵那樣利用書本吧。 ❹ *v aux* **1** 構成否定的助動詞：She *does* not sing well. 她歌唱得不好。/ They *did* not go to town yesterday. 昨天他們沒有進城。 **2** 構成疑問句的助動詞：*Does* it often snow here in winter? 這裏冬天常下雪嗎？ **3** 用作加強語氣的助動詞：Tom *did* lie. 湯姆確實撒了謊。

◇ **do away with** 廢除 / **do in** [俚] 殺死；累垮 / **do up** 整理；打扮：*do up* one's house 修房子 / **do with** 處置；忍受：What are you going to *do with* your old bike? 你打算怎麼處置你的舊自行車？/ **do without** 沒有…也行

dock /dɒk/

I *n* **1** 碼頭；船埠；船塢：a wet *dock* 濕塢 / a dry *dock* 乾塢 **2** [docks] 港區：the *docks* of London 倫敦港區 **3** 法庭的被告席：be (stand) in the *dock* 在法庭受審 II *vi* **1** 靠碼頭：The ship *docked* at Hong Kong. 船在香港停靠。 **2** （航天器）對接：The spaceship successfully *docked* with the space station in orbit. 飛船成功地與在軌道的太空站對接。 □ **dockyard** *n* 造船廠

doc·tor /ˈdɒktə(r)/ *n*

1 醫生：a family *doctor* 家庭醫生 / a school *doctor* 校醫 / see a *doctor* 看醫生 / send for a *doctor* 請醫生 **2** 博士（縮寫為 Dr.）：Dr. Smith 史密斯博士 / attain the degree of *Doctor* of Philosophy 取得哲學博士學位

❶ physician, surgeon

doc·trine /ˈdɒktrɪn/ *n*

1 教義；主義：the *doctrines* of Islam 伊斯蘭教教義 **2** 學説；原理：legal *doctrines* 法學原理 / economic *doctrines* 經濟學原理 **3** [美] 國際關係準則：the Monroe *Doctrine* 門羅主義

doc·u·ment /ˈdɒkjʊmənt/ *n*

文件；公文；文獻：official *documents* 官方文件 / historical *documents* 歷史文獻 / The secretary gathered up the confidential *documents*. 秘書收起保密文件。

doc·u·men·ta·ry /ˌdɒkjʊˈmentrɪ/

I *adj* **1** 文件的；文獻的：*documentary* evidence (proof) 文件證明 **2** 紀錄的：a *documentary* film 紀錄片 II *n* 紀錄影片

dodge /dɒdʒ/ *vt, vi*

1 躲開：The soldiers *dodged* several shells. 士兵們躲開了幾發炮彈。/ He

dodged to keep from being hit. 他躲閃一下，以防打着。 **2** 逃避；躲避： *dodge* laws 迴避法律 / *dodge* a question 迴避問題 / *dodge* the draft 逃避服兵役
◑ avoid

dog /dɒg/ *n*
狗；犬： Barking *dogs* seldom bite. [諺] 吠犬不咬人。
□ **dog days** 三伏天；大熱天 / **dogfight** [口] *n, vi* 混戰 / **doghouse** *n* 狗窩 / **dog-tired** *adj* 累極了
➡ 插圖見〈專題圖說 12〉

dog·ged /'dɒgɪd/ *adj* 頑強的；頑固的
▷ **doggedly** *adv*

doll /dɒl/ *n*
1 玩具娃娃；玩偶： The baby is playing with a *doll*. 嬰兒在玩布娃娃。
2 美麗而又頭腦簡單的姑娘
□ **dollhouse** *n* 放玩具的小屋；玩偶之家

dol·lar /'dɒlə(r)/ *n*
元（美、加等國的貨幣單位：符號為 $）： a million *dollars* ($1,000,000) 一百萬美元 / Hong Kong *dollars* 港幣

dol·phin /'dɒlfɪn/ *n* 海豚

dome /dəum/ *n*
1 圓屋頂；圓頂形的東西： the *dome* of a cathedral 教堂的圓頂 **2** [美俚] 腦袋

do·mes·tic /də'mestɪk/ *adj*
1 家庭的；家裏的： a *domestic* servant 家僕 / *domestic* science 家政學 / *domestic* jobs 家務活 **2** 國內的；內政的： *domestic* affairs 內政 / *domestic* products 國貨 **3** 家養的；馴養的： *domestic* fowls (animals) 家禽（畜）

dom·i·nant /'dɒmɪnənt/ *adj*

1 支配的；統治的： a *dominant* position 支配地位；統治地位 / Ants are among the *dominant* forces of our environment. 螞蟻是支配我們環境的力量之一。 **2** 居高臨下的： a *dominant* peak 居高臨下的山峰

dom·i·nate /'dɒmɪneɪt/ *vt, vi*
1 支配；統治： *dominate* the world market 佔領世界市場 / Nobody could *dominate* him. 沒有人能支配他。 **2** 高出於；俯瞰： Her window *dominates* the street. 她的窗戶俯瞰大街。

do·min·ion /də'mɪnɪən/ *n*
1 [U] 統治；管轄： *dominion* of the sea (air) 制海（空）權 / establish (exercise) *dominion* over 建立（實施）對…的統治 **2** [C] 領地： the British Empire and its overseas *dominions* 英國帝國和它的海外領地

dom·i·no /'dɒmɪnəu/ *n*
（複 = dominoes）
1 [dominoes, 用作單數] 多米諾骨牌遊戲： play the game of *dominoes* 玩多米諾骨牌遊戲 **2** 多米諾骨牌： the *domino* phenomenon 多米諾現象（一倒引起皆倒的現象）

don /dɒn/
I *n* **1** [Don] 先生（西班牙人名前的尊稱） **2** （英國牛津大學和劍橋大學的）學監 **II** *vt* 穿上；戴上： *don* one's Sunday suit 穿上最好的服裝

do·nate /dəu'neɪt/ *vt, vi*
捐贈： *donate* money 捐錢 / *donate* blood 獻血 / She *donated* her husband's kidneys to the hospital after he died. 她丈夫死後，她把他的腎獻給了醫院。

do·na·tion /dəu'neɪʃn/ *n*

[U] 捐贈；[C] 捐贈物：organ *donation* 人體器官捐贈 / He made a *donation* of $10,000 to the relief fund. 他向救災基金捐贈了一萬美元。

◗ gift

done /dʌn/

I *do* 的過去分詞 II *adj* 完畢的；完成的；結束的：My job is *done*. 我的活幹完了。/ Well *done*! 幹得好！/ The fish is not *done* yet. 魚還沒有燒好。/ What's *done* cannot be undone. [諺] 木已成舟。(生米已成熟飯。)

◇ **done for** [口] 完結的；完蛋的；累壞的：His business is *done for*. 他的生意完了。

don·key /'dɒŋkɪ/ *n*

❶ 驢 ❷ 笨蛋 ❸ [喻] 倔強的人；固執的人

◇ **do the donkey work** 幹苦活

⇨ 插圖見〈專題圖說 12〉

doom /duːm/

I *n* ❶ 厄運；滅亡：meet one's *doom* 死亡 ❷〈宗〉世界末日；最後的審判

II *vt* 注定；命定：His plan is *doomed* to failure. 他的計劃注定要失敗。

door /dɔː(r)/ *n*

❶ 門：the front *door* 前門 / the back *door* 後門 / a swing *door* 轉門 / a sliding *door* 拉門（滑門）/ open (close, shut) the *door* 開（關）門 / Please leave the *door* open. 請讓門開着。/ He came through the side *door*. 他從邊門進來。/ Lock the barn *door* after the horse is stolen. [諺] 失馬鎖廄。(馬後炮，為時已晚。) ❷ 通道；〈喻〉途徑：Where one *door* shuts, another *door* opens. [諺] 一扇門關了，另一扇門開了。(天無

絕人之路。)

◇ **behind closed doors** 秘密地 / **from door to door** 挨家挨戶 / **next door** 隔壁 / **show sb the door** 把某人攆走；下逐客令 / **slam the door in one's face** 拒絕某人進入；拒絕聽取某人意見

□ **doorbell** *n* 門鈴 / **door-hinge** *n* 門上的鉸鏈 / **doorkeeper** *n* 看門人 / **doorknob** *n* 門把 / **doorman** *n* 門衛 / **doormat** *n*（放在門口擦鞋底用的）門墊 / **doorsill** *n* 門檻 / **doorstep** *n* 門口的石階 / **doorway** *n* 門口

◗ gate

dor·mi·to·ry /'dɔːmɪtrɪ/ *n*

（多人住的）大寢室；集體宿舍；（美國大學的）學生宿舍

dose /dəʊs/

I *n*（藥的）劑量；一劑；一服：take three *doses* a day 一天服三劑

II *vt*（給…）服藥：The mother *dosed* her baby with cough syrup. 媽媽給嬰兒服止咳糖漿。

dot /dɒt/

I *n* ❶ 小點；小圓點 ❷〈音〉符點 ❸〈數〉小數點 ❹ [口] 句號

II *vt* 打點於；散佈；佈滿：The sea is *dotted* with islands. 海上島嶼星羅棋佈。

◇ **on the dot** 準時

dou·ble /'dʌbl/

I *adj* ❶ 兩倍的；加倍的：Your monthly income is *double* mine. 你每月的收入是我的兩倍。 ❷ 雙的；雙重的：a *double* agent 雙重間諜 / a *double* standard 雙重標準 / The word "tall" has a *double* L in it. "Tall" 這個詞裏有兩個 L 字母。 ❸ 雙人的：a *double* bed

雙人床 / a *double* room 雙人房間 **4** 兩面派的；虛偽的：play a *double* game 耍弄兩面手法
II *adv* 加倍地；雙重地
III *n* **1** 兩倍 **2** 極相似的人：*Doubles* for great men are often employed in movies. 電影裏常常使用長得與大人物相似的人。 **3** [doubles]（網球等）雙打：mixed *doubles* 混合雙打 / Let's play *doubles*. 我們打雙打吧。
IV **❶** *vt* 加倍；增加一倍：The landlady *doubled* the rent. 房東太太把房錢增加了一倍。 **❷** *vi* **1** 成兩倍：Productivity *doubled*. 生產力翻了一番。 **2** 兼任；兼作：The bedroom *doubles* as a study. 臥室兼作書房。
□ **double-barrel(l)ed** *adj*（槍、炮）雙管的 / **double-breasted** *adj*（外衣）雙排扣的 / **double-chinned** *adj* 雙下巴的 / **double-dealer** *n* 口是心非的人 / **double-dealing** *n* 兩面手法 / **double-decker** *n* 雙層汽車（火車）/ **double-digit** *adj* 兩位數的 / **double-edged** *adj* 雙刃的 / **double-faced** *adj* 虛偽的

doubt /daʊt/
I *n* [U] 懷疑；疑問；疑慮：arouse *doubt* 引起懷疑 / clear up (remove) *doubt* 消除懷疑 / *Doubt* is the key of knowledge. [諺] 疑惑是求知的鑰匙。
◇ **beyond doubt** 毫無疑問 / **in doubt** 感到懷疑；被懷疑 / **no doubt** 無疑/ **without doubt** 無疑
II *vt, vi* 懷疑；不能肯定：We *doubted* his ability as a manager. 我們懷疑他當經理的能力。/ I *doubt* if he will arrive in time. 我拿不準他能否準時到達。
❶ suspect

❶ trust
doubt·ful /'daʊtfl/ *adj* 懷疑的；疑惑的：We are *doubtful* if he will come or not. 我們難以預料他是否來。 ▷ **doubtfully** *adv*
doubt·less /'daʊtlɪs/ *adv* 無疑地：She will *doubtless* be able to help me. 她肯定能幫我的忙。
dough /dəʊ/ *n* [U] 生麵；生麵團似的東西：Mother rolled the *dough* for cakes. 媽媽揉麵做餅。
dove¹ /dəʊv/ dive 的過去式和過去分詞
dove² /dʌv/ *n* **1** 鴿 **2** 鴿派人物；溫和派人物
down /daʊn/
I *adv*（最高級 downmost） **1** 向下地：sit *down* 坐下 / lie *down* 躺下 / fall *down* 摔下來 / The sun went *down*. 太陽落山了。 **2** 在下面：*Down* in the well, there is a frog. 井底下有一隻青蛙。 **3** 往（在）南方：go *down* to Guangzhou and Hong Kong 南下去廣州和香港 **4** 自大至小地；自古至今地：Everyone from the President *down* to the beggar is equal before the law. 上起總統，下至乞丐，在法律面前人人平等。 **5** 寫下；抄下：I wrote *down* their names in my notebook. 我把他們的名字抄在筆記本裏。
II *adj*（最高級 downmost） **1** 向下的：the *down* pressure 向下的壓力 / press the *down* button 按（電梯的）"向下" 按鈕 **2** 下行的：a *down* escalator 下行的自動扶梯 / a *down* train 下行列車 **3** 現付的；初付的：a *down* payment 定金

III *prep* **1** 向下的；往下的 **2** 沿着
IV *vt* **1** 擊落（飛機）：Two planes were *downed*. 兩架飛機被擊落。 **2** 嚥下；喝下：She *downed* her wine in one gulp. 她一口喝乾了酒。 **3** 放下：He *downed* his tool and took a rest. 他放下工具，休息一下。

□ **downcast** *adj* 垂頭喪氣的 / **downfall** *n* 垮台 / **downhearted** *adj* 沮喪的 / **downpour** *n* 傾盆大雨 / **downstairs** *adv* 在樓下；往樓下 / **down-to-earth** *adj* 切合實際的；腳踏實地 / **downtown** *adv* 在城裏鬧區；往城裏鬧區：go *downtown* 進城
◑ **up**

down·ward /'daʊnwəd/
I *adj* 向下的：a *downward* movement 向下運動 / a *downward* path 下坡路
II *adv* 向下地：The car drove *downward* toward the Star Ferry Pier. 汽車往下朝天星碼頭駛去。

down·wards /'daʊnwədz/ *adv*
= **downward**

doze /dəʊz/
I *vi* 打瞌睡；打盹：*doze* off 打瞌睡
II *n* [C] 瞌睡；打盹：fall into a *doze* 打瞌睡 / take a *doze* 打一會兒盹

doz·en /'dʌzn/ *n*（複 = dozen(s)）
1 [與數字連用，單複數同] 十二個；一打：a *dozen* eggs 一打雞蛋 / three *dozen* pencils 三打鉛筆 **2** 十來個；許多：I have warned you a *dozen* times. 我已提醒過你多次。
◇ **dozens of** [口] 許多 / **half a dozen**（約）六個

draft /drɑːft/
I *n* [C] **1** 草稿；草案：make a *draft*

起草稿 / revise the *draft* of one's paper 修改論文草稿 **2** 匯票 **3** [美] 徵兵：escape (dodge) the *draft* 逃避徵兵
II *vt* **1** 起草：*draft* a decision 起草決議 **2** [美] 徵兵：Many young men were *drafted* into the army during the war. 戰時許多青年輕人被徵召入伍。

drag /dræg/ *vt, vi*
1 拖；拉：The ants *dragged* a dead fly into the hole. 螞蟻把一隻死蒼蠅拖進了洞。 **2** 拖長；拖沓地進行；延宕：The meeting *dragged*. 會議拖得很長。
◇ **drag on**（使）拖延 / **drag one's feet** 拖着腳走路
◑ **draw, pull**
◑ **push**
⇨ 用法説明見 PULL

drag·on /'drægən/ *n*
1 龍 **2** 兇暴的人

Dragon 龍

drag·on·fly /'drægənflaɪ/ *n* 蜻蜓

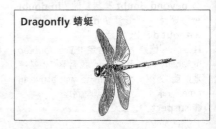

Dragonfly 蜻蜓

drain /dreɪn/
  I ❶ vt ❶ 排去（水等液體）：The doctor *drained* off the water from the patient's chest. 醫生排去病人胸腔裏的積水。❷ 耗盡：be *drained* of manpower (wealth, energy) 耗盡人力（財富，精力）❸ 喝乾：*drain* a glass of wine 乾上一杯酒 ❷ vi 滴乾；流乾：Put your raincoat on the balcony to *drain*. 把雨衣放在陽台上，讓水滴乾。
  II n ❶ 排水管；陰溝；下水道；〈醫〉排液管 ❷ 流失：the *drain* of gold 黄金外流 / the brain *drain* 人才流失 ❸ [口] 一點兒；一口（酒等）

drain·age /'dreɪnɪdʒ/ n [U]
  ❶ 排水 ❷ 排水系統 ❸ 排出的水；污水

dra·ma /'drɑːmə/ n
  ❶ [C] 戲劇；劇本；[the drama] 戲劇藝術：stage a *drama* 演戲 / a student of the *drama* 攻讀戲劇的學生 / classical *dramas* 古典戲 ❷ [C, U] 戲劇性的事件

dra·mat·ic /drə'mætɪk/ adj
  ❶ 戲劇的；劇本的：*dramatic* art 戲劇藝術 / *dramatic* criticism 戲劇評論 ❷ 戲劇性的；引人注目的：make *dramatic* progress 取得引人注目的進步

dram·a·tist /'dræmətɪst/ n
  劇作家；劇本作者

dram·a·tize /'dræmətaɪz/ vt
  ❶ 把…改編成劇本：Many classical Chinese novels have been *dramatized* for television. 許多中國古典小説已經改編成電視劇。❷ 使…戲劇化：She *dramatized* her sufferings. 她生動地描述了自己的苦難遭遇。

drank /dræŋk/ drink 的過去式

dras·tic /'dræstɪk/ adj
  激烈的；迅猛的；嚴厲的：take *drastic* measures 採取嚴厲措施

draw /drɔː/
  I (drew, drawn, drawing) ❶ vt ❶ 畫；繪製：*draw* a picture 畫一幅畫 ❷ 拉；拖：*draw* the blinds 拉上百葉窗 ❸ 提取；汲取；獲得：*draw* money from the bank 從銀行取錢 / *draw* a lesson 吸取教訓 / *draw* a conclusion 得出結論 ❹ 拔出：*draw* a sword (a gun) 拔劍（槍）/ *draw* lots 抽籤 ❺ 吸（入）；吸引：*draw* a breath 吸一口氣 / The exhibition *drew* lots of people. 展覽會吸引了許多人。❷ vi ❶ 拉；牽引 ❷（朝某一方向）移動：*draw* near 快到；靠近 / The sports meet *drew* to a close. 運動會結束了。❸ 打成平局：The two teams *drew*. 兩隊打成平局。
  II n ❶ 拉；拖 ❷ 有吸引力的人（或物）：The flower show is a great *draw*. 花展很吸引人。❸ 平局：The basketball match ended in a 66-66 *draw*. 這場籃球賽最後打成 66 比 66 平。

  □ **draw-bridge** n 吊橋
  ❶ attract
  ❶ push
  ⇨ 用法説明見 PULL

draw·er n
  ❶ /'drɔː(r)/ 抽屜：the upper (lower) *drawer* 上（下）面的抽屜 / a chest of *drawers* 有抽屜的櫥 ❷ /'drɔːə(r)/ 製圖員；（票據的）開票人

draw·ing /'drɔːɪŋ/ n
  圖畫；素描：make a pencil *drawing* 畫鉛筆畫 / in the *drawing* class 在繪畫課上

d

□ **drawing room** 客廳；起居室
◑ picture, photo

drawn /drɔ:n/ draw 的過去分詞

dread /dred/

　I vt 懼怕；擔心：The little girl *dreaded* crossing the road alone. 小女孩不敢一個人過馬路。

　II n [U] 畏懼；擔心：She dare not go out at night in *dread* of snakes. 她怕蛇，所以晚上不敢出門。

◑ fear

dread·ful /'dredfl/ adj

　❶ 可怕的；令人驚駭的：a *dreadful* accident 可怕的事故 / My confidence took a *dreadful* blow. 我的信心遭受可怕的打擊。❷ 可惡的；糟透的：What *dreadful* weather! 多麼糟糕的天氣！

◑ awful, frightful

dream /dri:m/

　I n ❶ 夢：have a *dream* 做夢 ❷ 夢想；理想：His *dream* has come true. 他的夢想實現了。II (dreamed 或 dreamt, dreaming) vi ❶ 做夢；夢見：*dream* about sth 夢見 ❷ 夢想；渴望：The boy *dreams* of becoming a doctor. 這男孩渴望當個醫生。▷ **dreamy** adj

dreamt /dremt/
　dream 的過去式和過去分詞

drear·y /'drɪərɪ/ adj

　❶ 沉悶的；陰郁的：*dreary* weather 陰郁的天氣 ❷ 單調的；枯燥無味的：Housework is considered a *dreary* thing. 家務勞動被認為是一種枯燥無味的事。

drench /drentʃ/ vt

　❶ 使浸透；使淋透：be *drenched* with rain 被雨淋透 / The man lay on the ground, *drenched* in blood. 那個人躺在地上，浸在血泊中。❷ 使充滿；使彌漫：His life is *drenched* with love. 他的生活裏充滿著愛。

dress /dres/

　I n ❶ [U]（外穿的）衣服；服裝：classical (national) *dress* 古典（民族）服裝 / be particular about *dress* 講究穿着 ❷ [C] 女服 II ❶ vt ❶ 給…穿衣：be *dressed* in white 穿着一身白色衣服 / The little boy could not *dress* himself. 這個小男孩不會自己穿衣服。❷ 裝飾；佈置：The shop windows are neatly *dressed*. 商店櫥窗佈置得很整齊。❸ 敷裹（傷口）：The nurse *dressed* his wounds. 護士包紮了他的傷口。❷ vi 穿衣

◇ **dress up**（給…）穿上盛裝

□ **dressmaker** n 做女衣的裁縫 / **dress rehearsal** 彩排

◑ clothes, costume

用法說明：**Put on** 指 "穿、戴" 某一具體的衣物，如：put on a coat / gloves / socks / a hat（穿外衣、戴手套、穿襪子、戴帽子）。一旦 **put on** 一件衣物以後，就是 **wear** 的狀態，如：The clown put on the cap and wore it in a funny manner.（小丑戴上帽子，很滑稽地戴着。）**Dress** 指 **put on** 所有該穿的衣服，如：I washed and dressed in the bathroom.（我在浴室裏洗澡和穿戴好。）**Dress up** 指穿戴好特定的衣物，或為某個特定場合穿戴起來，如：The children all dressed up for the party.（孩子們穿戴整齊，以便參加晚會。）

---

dress·er /'dresə(r)/ n

　❶ 食具櫃 ❷ [美] 梳妝檯；鏡檯

dress·ing /'dresɪŋ/ n

1 [U] 穿衣；梳妝；裝飾 **2** [C, U]〈醫〉敷裹；敷料 **3** [C, U] 調味品

□ **dressing gown** 晨衣 / **dressing room** 化妝室 / **dressing table** 梳妝檯

drew /druː/ **draw** 的過去式

drift /drɪft/

I *n* **1** [U] 漂流；飄游 **2** [C] 漂流物；飄游物：The truck ran into a snow drift. 卡車撞在雪堆裏。 **3** 趨勢；傾向：We should follow the new cultural drift. 我們應當跟上新的文化潮流。 **4** 〈空〉偏航；〈宇〉(導彈的) 航差

II ❶ *vi* **1** 漂流；飄游：Big flakes drifted with the wind like feathers. 絨毛般的大雪花隨風飛舞。 **2** 吹積：The snow drifted into a corner of the yard. 雪被吹積在院子的一個角落裏。 **3** 放任自流：Let the events drift. 讓事態自行發展。 **❷** *vt* 吹積：The wind drifted the fallen leaves into a pile. 風把落葉颳成一堆。

drill /drɪl/

I [C, U] *n* **1** 操練；訓練：Let's do some drill in grammar. 我們來做點語法練習吧。 **2** 鑽；鑽頭；鑽床：bore a hole with a drill 用鑽頭打洞 **II** *vt, vi* **1** 操練；訓練：The soldiers often drill in the meadow. 士兵們常在草地上操練。 **2** 鑽孔：drill for oil 鑽探石油

□ **drill ground** 練兵場；操場

◐ **exercise, practice, training**

drink /drɪŋk/

I (drank, drunk, drinking) **❶** *vt* **1** 喝；飲：drink water (milk, tea) 喝水 (牛奶，茶) **2** 舉杯祝賀：drink (to) one's health 為某人的健康乾杯 **❷** *vi* **1** 喝；飲 **2** 喝酒；酗酒：Do you

drink? 你喝酒嗎？ **II** *n* [C, U] **1** 飲料：soft drinks 軟性飲料 / strong drinks 烈性飲料 / iced drinks 冰鎮飲料 / hot drinks 熱飲料 **2** 酒；喝酒：have (take) a drink 喝一杯

drip /drɪp/

I *vt, vi* (使) 滴下：drip sweat 流汗 / Water is dripping onto the floor. 水滴到地板上。 **II** *n* 流滴；流滴聲：stop the drip in a tab 堵住水龍頭滴水

□ **drip-dry** *adj* 能滴乾的；用快速晾乾衣料做的

drive /draɪv/

I (drove, driven, driving) **❶** *vt* **1** 驅；趕：drive cattle 趕牛 **2** 駕駛；開車；用車送：drive a tractor 駕駛拖拉機 / drive sb to the station 開車把某人送到車站 **3** 驅使；逼迫：drive a mine out of business 迫使一個礦停業 **4** 把 (釘等) 打入：drive a nail into the wall 把釘子敲進牆裏 **5** 驅動；推動：These machines are driven by electricity. 這些機器是靠電來驅動的。 **6** 使成交：drive a bargain 討價還價 **7** 擊 (球)；抽 (球) **❷** *vi* 開車；趕車：She learned to drive at 16. 她十六歲學開車。

◇ **drive home** 使完全理解 / **drive sb mad (crazy)** 把某人逼瘋；使某人受不了 / **drive up (prices)** 抬高物價

II *n* **1** 驅趕 **2** 驅車；旅程：go out for a drive 出去開車兜風 / two hours' drive 兩小時的汽車路程 **3** 車道 **4** 擊球；抽球 **5** 動力；衝勁：lacking in drive 缺少幹勁 **6** [美] 運動；競賽：a safety drive 安全運動 / an arms drive 軍備競賽

□ **drive-in** n "免下車" 餐館（銀行、影院等）/ **driveway** n 車道

⬤ ride

driv·en /'drɪvn/ drive 的過去分詞

driv·er /draɪvə(r)/ n

司機；駕駛員：a taxi *driver* 出租車司機

□ **driver's license** 汽車駕駛員執照

drone /drəʊn/ n

1 雄蜂 **2** 遙控無人駕駛飛機；靶機 **3** [U]（發動機等的）嗡嗡聲

droop /druːp/

❶ vt 低垂：She *drooped* her head. 她垂下了腦袋。 **❷** vi 下垂；枯萎：The flowers *drooped* to the ground in the hot sun. 在灼熱的太陽下，花兒垂到地上。

drop /drɒp/

I n **1** 滴；[drops]〈醫〉藥劑：a *drop* of rain (blood, water) 一滴雨（血，水）/ eye (nose, ear) *drops* 眼（滴鼻，滴耳）藥水 **2** 滴狀物：fruit *drops* 水果硬糖 / ear-*drops* 耳墜 **3** 一點酒；一杯酒：The lonely old man had a *drop* too much. 那孤獨的老頭喝得太多了。 **4** 下降：a *drop* in birth rate 人口出生率下降 **5** 空投；空降：a *drop* area (zone) 空投地區；傘降地區

II **❶** vt **1** 使滴下，落下：*drop* bombs 投炸彈 **2** 遺漏：*drop* a stitch 漏了一針 **3** 丟棄；終止：*drop* a subject 不談某個題目 / *drop* smoking 戒煙 / *drop* a plan 放棄計劃 **4** 寄（信）；寫（信）：*drop* a line 寫一封短信 / *drop* a letter into a mail-box 把信投進信箱裏 **5** 無意中漏出：*drop* a hint 暗示 **6** 卸（人，貨）；空投；空降：Please *drop* me at the Time Square. 讓我在時代

廣場下車吧。 **❷** vi **1** 滴下；落下：The peach blossom began to *drop*. 桃花開始落了。 **2** 下降：The temperature *dropped* to 20 below. 氣溫降到零下20度。

◇ **drop behind** 落後 / **drop dead** 倒斃 / **drop in** 順便走訪 / **drop off** 睡着 / **drop out** 退出；退學 □ **dropout** n 退學；退學的學生

⬤ fall

drought /draʊt/ n [C, U]

乾旱；旱災

drove /drəʊv/ drive 的過去式

drown /draʊn/

❶ vi 溺死：The boy fell into the river and *drowned*. 男孩掉進河裏淹死了。 **❷** vt **1** 把…溺死：Tom *drowned* the cat in a pond. 湯姆把貓溺死在水塘裏。 **2** 淹沒；浸沒：The floods *drowned* several villages. 洪水淹沒了幾個村莊。 **3**（聲音）壓過：The applause *drowned* his voice. 掌聲壓倒了他的說話聲。

drow·sy /'draʊzɪ/ adj

昏昏欲睡的；使人欲睡的：*drowsy* weather 催人入睡的天氣 / feel *drowsy* 感到昏昏欲睡

drug /drʌg/ n [C]

1 藥品：a wonder *drug* 靈丹妙藥 / a poisonous *drug* 毒藥 **2** 麻醉藥品；毒品：use *drugs* 服用毒品 / a *drug* user 吸毒者 / a *drug* dealer 毒品販子 / *drug* abuse 濫用毒品

□ **drugstore** n 藥房；[美] 雜貨店

drum /drʌm/

I n **1** 鼓：beat a *drum* 打鼓 **2** 鼓狀物；圓桶 **3**〈解〉鼓膜；鼓室 II vi 打

鼓；咚咚地敲：The rain *drummed* on the roof. 雨咚咚地敲擊着屋頂。
□ **drumstick** *n* 鼓槌

drunk /drʌŋk/
I drink 的過去分詞 **II** *adj*（用作補語）**1** 醉的：get *drunk* 喝醉 / be dead *drunk* 爛醉如泥 **2** 陶醉的：She is *drunk* with praises. 她陶醉於一片讚揚聲中。

drunk·ard /'drʌŋkəd/ *n* 醉漢；酒鬼

drunk·en /'drʌŋkən/ *adj*
（用作定語）喝醉的；喝醉似的：The *drunken* man was frozen to death at the street corner. 那醉漢凍死在街角。

dry /draɪ/
I *adj* **1** 乾的；乾燥的：*dry* firewood 乾柴 / a *dry* well 乾涸的井 / as *dry* as sawdust 如鋸木屑一般乾燥（乾透）**2** 乾旱的：The *dry* weather has lasted three months. 已經三個月沒有下雨了。**3** 不用水的；無分泌物的：a *dry* cough 乾咳 / a *dry* shave 乾刮臉 / *dry* ice 乾冰 / a *dry* cell 乾電池 / *dry* cleaning 乾洗 / At the end of the story, there is not a *dry* eye in the room. 聽完故事以後，屋裏的人都淚汪汪的。**4**（酒）不甜的：*dry* wines 乾葡萄酒 **5** [口] 渴的：feel *dry* 感到口渴 **6** 乾巴巴的；枯燥的：a *dry* subject 乏味的題目
II *vt, vi*（使）變乾：*Dry* your clothes in the sun. 把你的衣服拿到太陽下晒乾。/ The road has *dried* up. 路面乾了。
□ **dry-clean** *vt* 乾洗
◑ **wet**

du·al /'djuːəl/ *adj*
雙的；二重的；複式的：a *dual* agent（為多國服務的）雙重間諜 / a *dual* lane highway 複式車行道公路 / He has *dual* nationality. 他有雙重國籍。
□ **dual-purpose** *adj* 兩用的

du·bi·ous /'djuːbɪəs/ *adj*
1 懷疑的；猶豫不決的：be *dubious* of (about) sth 對…沒有把握 **2** 可疑的；含糊的：The book is of *dubious* authorship. 這本書的作者不詳。

duch·ess /'dʌtʃɪs/ *n*
公爵夫人；女公爵

duck /dʌk/
I *n* [C] 鴨子；[U] 鴨肉：a roast *duck* 烤鴨 **II** *vt, vi* **1** 把…按入水中；潛入水中：*duck* (one's head) under water 潛入水中 **2** 迅速低頭（或彎腰）；閃避：*duck* hard issues 迴避難題 / The soldier *ducked* his head at the whistle of a bullet. 那個士兵聽到子彈的嘘聲連忙低下頭去。
□ **lame duck** 不中用的人；任期滿後未能重新當選的官員；無力還債的人
▷ **duckling** *n* 小鴨
⇨ 插圖見〈專題圖說 12〉

due /djuː/
I *adj* **1** 適當的；應當的：in *due* time 在適當的時候 / The girl got her *due* reward for helping others. 女孩幫助別人，因此得到了應有的報償。**2**（車船等）預定應到（開）的：The plane is *due* at 11 a.m. 飛機上午十一點鐘到達。**3** 到期的：Your gas bill is *due*. 你該付煤氣費了。/ When is the baby *due*? 孩子甚麼時候生呀？
◇ **due to** 由於
⇨ 用法說明見 OWING
II *adv*（方向）正：The plane flew *due* east. 飛機朝正東飛去。

III *n* **1** 應得物：give sb his *due* 給某人以應有的評價 **2** 應付款：harbour *dues* 入港費 / union *dues* 工會費

du·el /'dju:əl/ *n*
（兩人間用劍或槍）決鬥：fight a *duel* 決鬥 / settle quarrels by *duels* 通過決鬥解決爭端

dug /dʌg/ **dig** 的過去式和過去分詞

duke /dju:k/ *n* 公爵

dull /dʌl/ *adj*
1 單調的；乏味的：a *dull* story (book, party) 乏味的故事（書、聚會）**2** 陰沉的；暗淡的：*dull* weather 陰沉的天氣 / a *dull* colour 暗淡的顏色 / a *dull* sound 沉悶的聲音 **3** 鈍的：a *dull* knife 鈍的刀 **4** 遲鈍的；呆笨的：a *dull* student 遲鈍的學生 / be *dull* of understanding 理解遲緩的
① dreary, gloomy
① bright

du·ly /'dju:lɪ/ *adv*
適當地；按時地：The occasion was *duly* marked. 這個節日已進行了適當的慶祝。/ The plane *duly* arrived. 飛機按時到達。

dumb /dʌm/ *adj*
1 啞的：the deaf and *dumb* 聾啞人 **2** 不說話的；沉默的：remain *dumb* 默不作聲 / The news struck him *dumb*. 他聽到消息吃驚得說不出話來。

dum·my /'dʌmɪ/ *n*
I **1** 人體模型；人形靶 **2** 仿製品 **3** [英] 橡皮奶頭 **4** 笨蛋
II *adj* 假的；擺樣子的：a *dummy* aircraft 假飛機；飛機模型 / a *dummy* bomb 假炸彈；練習炸彈 / a *dummy* missile 導彈模型；練習導彈

dump /dʌmp/
I *n* **1** 垃圾場；垃圾堆 **2** 堆集處；（軍需物資）臨時堆集處：a lumber *dump* 木材堆集場 / an ammunition *dump* 彈藥臨時堆集處
II *vt* **1** 砰地放下 **2** 傾倒；拋棄：Where can I *dump* the rubbish? 我把這些垃圾倒在哪裏？**3** 傾銷：*dump* surplus goods on the world market 在世界市場上傾銷過剩物資
□ dumpcart, dumptruck *n* 垃圾車

dung /dʌŋ/ *n* [U]（家畜的）糞；糞肥
□ dunghill *n* 糞堆

du·pli·cate /'dju:plɪkət/
I *adj* 複製的；副的；完全一樣的：a *duplicate* key 複製的鑰匙
II *n* 複製品；副本；抄件；完全一樣的東西：make a *duplicate* of sth 複製
◇ in duplicate 一式兩份地
III /'dju:plɪkeɪt/ *vt* 複製；複印；複寫：*duplicate* a document 複印文件

du·ra·ble /'djʊərəbl/
I *adj* **1** 耐用的：*durable* goods 耐用品 **2** 持久的：a *durable* peace 持久的和平 / Things unreasonable are never *durable*. [諺] 不合理的東西決不能持久。
II *n* [durables] 耐用品（= durable goods）：consumer *durables* 耐用的消費品

du·ra·tion /djʊ'reɪʃn/ *n* [U]
持續；持續時間：of short (long) *duration* 短（長）期的 / He fought at the front for the *duration* of the war. 整個戰爭時期他一直在前線打仗。

dur·ing /'djʊərɪŋ/ *prep*
1 在…的整個期間：I often wrote home *during* my stay in Paris. 我在巴黎

逗留期間經常給家裏寫信。**2** 在…期間的某一時候：She sent me some medicine *during* my illness. 我生病期間她曾給我寄過藥。

用法説明：**During** 指一段時間，常與表示持續性時間的詞一起用，如：We are going to the seaside during the vacation.（假期中我們去海邊玩。）During the semester / the conversation / the lecture（在學期中、在交談過程中、在授課過程中）。如果談到某事持續了多少時間，並要明確表示時間的長度，一般就應該用 **for**，如：I was away for about a month.（我離開了大約一個月。）

---

dusk /dʌsk/ *n*

黃昏；暮色：at *dusk* 在黃昏時刻 / from dawn till *dusk* 從早到晚 / As *dusk* deepened, the lightning bugs came out. 隨着暮色漸濃，螢火蟲出來了。

dust /dʌst/

I *n* [U] **1** 灰塵；塵土：The *dust* settled on the grass. 塵土落在草上。 **2** 粉末；〈植〉花粉 **II** *vt* 去掉灰塵：*dust* the desks and chairs 撣掉課桌椅上的灰塵 / beat the *dust* from one's clothes 拍掉衣服上的灰塵

☐ **dustbin** *n* [英] 垃圾箱 / **dustman** *n* [英] 垃圾清理工 / **dustpan** *n* 畚箕

dust·er /'dʌstə(r)/ *n*

揩布；撣帚；塵拂；除塵器

dust·y /'dʌstɪ/ *adj*

滿是灰塵的；灰蒙蒙的：a *dusty* room 滿是灰塵的房間 / Trucks moved on the *dusty* road. 卡車在塵土飛揚的路上行駛。

Dutch /dʌtʃ/

I *adj* 荷蘭的；荷蘭人的；荷蘭語的
◇ **go Dutch** [口] 各自付賬
II *n* **1** [the Dutch] [總稱] 荷蘭人 **2** 荷蘭語

du·ty /'djuːtɪ/ *n*

1 [C, U] 義務；責任；本分：fulfil one's *duty* as a citizen 盡一個公民的義務 / Obedience is the first *duty* of a soldier. [諺] 服從是軍人的第一天職。 **2** 職務；勤務：the *duty* officer 值勤軍官 / the *duty* hour 值勤時間 **3** [C, U] 税；關税：a *duty-free* airport 貨運免税航空站；自由航港 / pay *duty* on sth 付…的關税

◇ **a duty call** 禮節性訪問 / **do one's duty** 盡職 / **off duty** 下班 / **on duty** 值班；上班

☐ **duty-free** *adj, adv* 免税的（地）
🔵 **obligation, responsibility**

dwarf /dwɔːf/

I *n* 矮子；矮小的植物（或動物）**II** *vt* 使矮小；使顯得矮小：These tall buildings are *dwarfed* by the surrounding hills. 四周的群山使這些高樓顯得矮小。

dwell /dwel/ *vi*

(dwelt 或 dwelled, dwelling) **1** 居住：The savages *dwell* in caves. 野蠻人住在山洞裏。 **2** 存在於：A sound mind *dwells* in a sound body. [諺] 健全的精神存在於健壯的體魄。

◇ **dwell on** 細想；詳述 ▷ **dweller** *n*

dwell·ing /'dwelɪŋ/ *n*

住處：a two-storey *dwelling* 一棟兩層樓的住宅

☐ **dwelling house** 住宅 / **dwelling place** 住處

dwelt /dwelt/
    dwell 的過去式和過去分詞
dye /daɪ/
    I *vt, vi* 染；把…染上顏色：She *dyed*
    her white dress red. 她把她的白色衣服
    染成紅色。 **II** *n* ┼C, U] 染料；染色：
    dyes for textiles 用於紡織品的染料
dy·ing /'daɪɪŋ/
    I die 的現在分詞
    II *adj* **1** 快死的；臨終的：a *dying*
    man 臨終的人 **2** 快消失的；快熄滅
    的：a *dying* fire 快要熄滅的火
dyke /daɪk/ *n* = dike
dy·nam·ic /daɪ'næmɪk/ *adj*
    1 力（學）的；動力（學）的；動態
    的：*dynamic* check 動態檢查 / a
    dynamic load 動載荷 / *dynamic* pressure
    動壓力 **2** 有活力的；有生氣的：an

economically *dynamic* country 一個經濟
上充滿活力的國家
dy·na·mite /'daɪnəmaɪt/ *n* 炸藥
dy·na·mo /'daɪnəməʊ/ *n*
    （複 = dynamos）
    1 發電機：a direct (an alternating)
    current *dynamo* 直（交）流發電機 / a
    hand *dynamo* 手搖發電機 **2** 充滿生氣
    的人：My wife, a restless *dynamo*,
    could never stay at home for more than
    two days. 我的太太是個精力異常充沛的
    人，她在家裏待不了兩天就要坐立不
    安。
dy·nas·ty /'dɪnəstɪ/ *n*
    王朝；朝代：the Ming *Dynasty* in
    China 中國明朝 / establish (found) a
    dynasty 建立一個王朝 / overthrow a
    dynasty 推翻一個王朝

E, e

E, e /iː; i/ 英語字母表的第五個字母
each /iːtʃ/
    I *adj* 各；各自的；每：*Each* person
    has a name. 每個人都有名字。
    ◇ **each and all** 全部；統統 / **each and
    every** 每個
    II *pron* 各；各自；每個：*Each* (of us)
    has a bicycle. （我們）每人都有一輛自行
    車。
    ◇ **each other** 互相；彼此
    III *adv* 各個地：I gave them an apple
    each. 我給他們每人一個蘋果。
    ◑ all, every

用法說明：**Each** 和 **every** 都義為 "每
個"。**Each** 的意義着重 "每一個，逐個"，
every 的意義着重 "全部，一個不漏"，
如：He answered each question carefully.
（他仔細地回答了每一個問題。）He
answered every question carefully.（他仔
細地回答了所有的問題）。**Each** 作主語時
通常與動詞單數連用，如：Each of us has
won a prize.（我們每個人都得了獎。）但
在隨意的口語中也見到用動詞複數形式，尤
其當主語與動詞之間插有較長的其它結構時
更是如此，如：Each of the scholars who

did something for the book were mentioned in the preface. (每一個對這本書有功的學者都在前言中提到了。) 如果 **Each** 和 **every** 指的人中有男也有女，那麼，相應的人稱代詞一般用複數形式，如：Each person must make up their own mind. (每個人都必須自己下決心。)

ea·ger /ˈiːɡə(r)/ adj
熱心的；急切的；渴望的：be eager to win 獲勝心切 / be eager for (after, about) knowledge 渴求知識
❶ keen, anxious

ea·ger·ly /ˈiːɡəlɪ/ adv
熱心地；熱切地；急切地：The children listened eagerly to the old man's story. 孩子們如飢似渴地聽老人講故事。/ She watched eagerly for the postman. 她急切地等待著郵遞員。

ea·ger·ness /ˈiːɡənɪs/ n [U]
熱心；急切；渴望：He opened the letter with eagerness. 他急不可待地把信拆開。

ea·gle /ˈiːɡl/ n [C] 鷹
⇨ 插圖見〈專題圖說 13〉

ear¹ /ɪə(r)/ n
❶ [C] 耳朵：The man seized the boy by the ear. 那人拽住小孩的耳朵。**❷** [C] 耳狀物 **❸** [U] 聽覺；聽力：I have an (no) ear for music. 我對音樂有（沒有）鑑賞力。/ The song is pleasant to the ear. 歌聲悅耳。

◇ **be all ears** 洗耳恭聽 / **close (stop) one's ears to** 對⋯掩耳不聞 / **give (lend an) ear to** 側耳傾聽 / **(have) a word in sb's ears** 私下跟人說句話 / **have (win, gain) sb's ear** 得到某人注

意或傾聽 / **in at one ear and out at the other** 一隻耳朵進一隻耳朵出；聽過即忘 / **turn a deaf ear** 置若罔聞 / **up to the (one's) ears** 深陷（債務等）

□ **earache** n 耳痛 / **eardrop** n 耳墜；耳飾 / **eardrum** n〈解〉耳膜；鼓膜 / **earphone** n 耳機；受話器 / **earpiece** n（頭戴式）耳機；眼鏡腳 / **earplug** n 耳塞 / **earring** n 耳環；耳飾
⇨ 插圖見 HEAD

ear² /ɪə(r)/ n [C]
（稻，麥，玉米等的）穗
◇ **be in (the) ear** 正在抽穗 / **come into ears** 抽穗

ear·ly /ˈɜːlɪ/
I adj **❶** 早的：an early train 早班火車 / The early bird gets (catches) the worm. [諺] 早起之鳥先得蟲。(捷足先登。) **❷** 及早的：We hope for an early reply. 期盼早覆。**II** adv 早；先；初：He arrived very early. 他到得很早。
◇ **earlier on** 在更早一些時候 / **early and late** 從清晨到深夜；一直；無論何時 / **early or late** 遲早

earn /ɜːn/ vt
❶ 賺得；掙得：He earns his living (bread, livelihood) by playing the piano. 他靠彈鋼琴謀生。/ A penny saved is a penny earned. [諺] 省一文等於掙一文。**❷** 贏得；博得；使得到：His novel earned him world fame. 他的小說使他聞名於世。**❸** 應得：We got our well-earned reward. 我們得到了應得的報酬。
⇨ 用法說明見 GAIN

ear·nest /ˈɜːnɪst/
I adj 認真的；誠懇的；誠摯的：an

earnest request 迫切要求 / an *earnest* student of ancient Chinese history 潛心研究中國古代史的學生 **II** *n* [U] 認真；誠摯：in *earnest* 認真；當真

◇ **in good (real, sad, serious) earnest** 一本正經地，鄭重其事地 ▷ **earnestly** *adv* / **earnestness** *n*

● sincere

ear·nings /ˈɜːnɪŋz/ *n* （複數）收入；工資；收益；利潤

● income

earth /ɜːθ/ *n*

1 [U] [the earth] 地球：The *earth* goes round the sun. 地球繞太陽旋轉。 **2** [U] 陸地；地面：The plane crashed to (the) *earth*. 飛機墜落在地上。 **3** [U] 泥土：fill a flower pot with *earth* 把花盆裝上土 / Six feet of *earth* makes all men equal. [諺] 六尺黃土使人人平等。（墓穴之中，人人平等。） **4** [C] 〈電〉接地

◇ **break earth** 破土動工 / **bring sb back to earth** 使某人回到現實中來 / **come back (down) to earth** 回到現實中來 / **on earth** 地球上；世界上；人世間；到底；究竟 □ **earth axis** 地（球）軸 / **earthnut** *n* 落花生 / **earth shaking** 震撼世界的；極其重大的 / **earthwork** *n* 土木工事；土方（工程）/ **earthworm** *n* 蚯蚓 ▷ **earthly** *adj* 地球的；現世的

● world, universe, globe

⇨ 用法說明見 LAND

earth·quake /ˈɜːθkweɪk/ *n* [C]

1 地震 **2** [喻] 大變革；大動亂

ease /iːz/

I *n* [U] **1** 安逸；舒適；悠閒；自在：*ease* of mind 心情舒暢 / a life of *ease* 舒適安逸的生活 **2** 容易；熟練：He passed the exam with *ease*. 他輕易地通過了考試。

◇ **at (one's) ease** 安逸；安心；自在；無拘束 / **ill at ease** 不安心；不自在 / **take one's ease** 使自己舒服；放鬆

II ❶ *vt, vi* （使痛苦、負擔等）減輕：The medicine *eased* him of his pain. 吃了藥他的痛苦減輕了。/ His pain has *eased* (off). 他的疼痛減輕了。 ❷ *vt* **1** 使舒適；使安心：*ease* sb's mind 使放心 **2** 小心慢慢挪動（笨重物體）：He *eased* the refrigerator into the kitchen. 他把冰箱小心地移到廚房裏。 ❸ *vi* 放鬆；放寬；放慢（常與 down 或 off 連用）：The driver *eased* off as he approached the crossroads. 駛近十字路口時司機放慢了速度。

● comfort, rest, leisure

◐ effort

eas·i·ly /ˈiːzəlɪ/ *adv*

1 容易地；不費力地：He lifted the stone *easily*. 他毫不費力地把石頭舉了起來。 **2** 無疑地：He is *easily* the best student in the class. 他無疑是班上最好的學生。 **3** 很可能；多半：He may *easily* fail again. 他很可能還會失敗。

east /iːst/

I *n* **1** 東（方）：A strong wind is blowing from the *east*. 颳着強勁的東風。/ The sun rises in the *east*. 太陽從東方升起。 **2** [the East] 東方；東部（指歐洲以東的國家，在美國稱 the Orient）；美國東部地區：the Far (Middle, Near) East 遠（中、近）東

◇ **to the east (of)** 在（…的）東面 / **in the east (of)** 在（…的）東部 / **on the east (of)** 在（…的）東面

II *adj* 東方的；東部的；朝東的；向東的；從東方來的： an *east* wind 東風 / an *east* road 向東的路

◇ **east of** 在…東面

III *adv* 在東方；朝東方；從東方： The house faces *east*. 房子朝東。/ The wind blew *east*. 颳東風。

⇨ 插圖見 COMPASS

East·er /ˈiːstə(r)/ *n*
〈宗〉（耶穌）**復活節**（在 3 月 21 日後或春分滿月後的第一個星期日，亦稱 Easter Day 或 Easter Sunday）

east·ern /ˈiːstən/ *adj*
1 東的；東方的；東部的： the *Eastern* Hemisphere 東半球 / *eastern* cultures 東方文化 **2** 朝東的： an *eastern* gate 東門 **3** 自東方來的： an *eastern* wind 東風

east·ward /ˈiːstwəd/
I *adj* 向東的；朝東的
II *adv* 向東；朝東

east·wards /ˈiːstwədz/ *adv*
= eastward

eas·y /ˈiːzɪ/
I *adj* **1** 容易的： an *easy* question 容易解決的問題 / It is *easy* to be wise after the event. [諺] 事後聰明並不難。 **2** 舒適的；安逸的： an *easy* life 安逸的生活 / an *easy* chair 安樂椅 **3** 安心的： Make your mind *easy*. 放心吧。 **4** 寬容的；友好的；隨和的；隨便的；不認真的： an *easy* teacher 隨和（不嚴）的老師 / an *easy* smile 友善的微笑 **5** 緩慢的；從容的；悠閒的： *easy* pace 緩緩的步子 / *easy* manners 從容自如的舉止 **6** （文筆、語言等）平易；流暢： an *easy* style of writing 流暢的文筆 **7** 寬鬆的；

寬適的： an *easy* fit 寬適合身的衣服

◇ **(as) easy as my eye** 極容易；易如反掌 / **as easy as pie** 〈俚〉極容易

II *adv* 容易地；慢慢地；悠然地： *Easy* come, *easy* go. [諺] (錢財等)易得則易失。（或：來得容易去得快。）/ *Easier* said than done. [諺] 説易行難。

◇ **go easy** 從容不迫 / **take it (things) easy** 不慌不忙；沉住氣；從容；放鬆；別緊張；不放在心上；不煩惱

❶ comfortable, simple, effortless, smooth
❶ hard, difficult

eas·y-go·ing /ˈiːzɪˌɡəʊɪŋ/ *adj*
1 悠閒的；從容的；輕鬆的 **2** 隨和的；隨便的 **3** 不嚴肅的；懶散的

eat /iːt/ （ate, eaten/ate, eating）
❶ *vt, vi* 吃；喝（湯）： *Eat* slowly and chew well. 細嚼慢嚥。/ You cannot *eat* your cake and have it. [諺] 兩者不可兼得。 **❷** *vi* 吃起來： It *eats* well. 這東西吃起來味道好。 **❸** *vt* 蛀；腐蝕；侵蝕： Acids *eat* metals. 酸腐蝕金屬。

◇ **eat away** 侵蝕；蠶食；繼續吃；盡情地吃 / **eat in** 在家吃飯 / **eat into** 腐蝕；侵蝕；逐漸耗盡（錢財）/ **eat off** 吃掉；腐蝕掉 / **eat one's words** 收回前言，認錯道歉 / **eat out** 在外面（指在飯店裏）吃飯；使生鏽；使腐爛 / **eat up** 吃光；耗盡；侵蝕

eaten /ˈiːtn/ **eat** 的過去分詞

ebb /eb/
I *n* [U] 落潮；退潮；衰落；衰退： *ebb* and flow 漲落；盛衰 / at a low *ebb* 在低潮時期；正在衰落

II *vi* 落潮；退潮；衰落；衰退： The tide began to *ebb*. 潮水開始退落。

ec·cen·tric /ɪk'sentrɪk/
I adj **1**（人、行為）古怪的；反常的 **2**〈數〉不同圓心的；〈天〉（軌道）不正圓的 II n [C] 怪人
▷ **eccentrically** adv
◑ strange, odd, queer

ech·o /'ekəʊ/
I n（複 = echoes）[C] **1** 回聲 **2** 應聲蟲 II ❶ vt, vi 發出回聲；反射（聲音等）: His words are still echoing in my ears. 他的話仍然在我耳邊回響。/ The cave echoed his shouts. 山洞傳回他的喊聲。❷ vt 重複；模仿: echo sb's words 重複某人的話

e·clipse /ɪ'klɪps/
I n〈天〉食；蝕: lunar (solar) eclipse 月（日）蝕 II vt **1** 使食；使蝕；遮蔽: The sun was totally eclipsed. 太陽全蝕了。**2** 使失色；超越: Beethoven eclipsed other musicians of his time. 貝多芬使他同時代的音樂家黯然失色。

e·col·o·gy /iː'kɒlədʒɪ/ n 生態學

ec·o·log·i·cal /ˌiːkə'lɒdʒɪkl/ adj 生態學的

ec·ol·o·gist /iː'kɒlədʒɪst/ n 生態學家

e·co·nom·ic /ˌiːkə'nɒmɪk/ adj 經濟（上）的；經濟學的: economic structure 經濟結構 / economic crisis 經濟危機
➪ 用法説明見 ECONOMY

e·co·nom·i·cal /ˌiːkə'nɒmɪkl/ adj
1 節儉的；節省的；經濟的；合算的: be economical of one's time (energy) 節省時間（精力）**2** 經濟學的；經濟上的
▷ **economically** adv
➪ 用法説明見 ECONOMY

e·co·nom·ics /ˌiːkə'nɒmɪks/ n

[用作單] 經濟學；（國家的）經濟情況
➪ 用法説明見 ECONOMY

e·con·o·mist /ɪ'kɒnəmɪst/ n [C] 經濟學家

e·con·o·my /ɪ'kɒnəmɪ/ n [C, U]
1 經濟: national economy 國民經濟 / market economy 市場經濟 **2** 節約（措施）；節省: practise (use) economy 實行節約 / make economies 節省 / economy of time 節約時間

用法説明: **Economy** 有兩個基本含義，一是 "經濟"，二是 "節省"。第一義的相應形容詞是 **economic** "（有關）經濟的"，研究經濟的學問就是 **economics** "經濟學"；第二義的相應形容詞是 **economical** "節省的"。但是 **economic** 和 **economical** 的副詞形式卻相同，都是 **economically**。

---

e·co·sys·tem /'iːkəʊsɪstəm/ n
〈生〉生態系（統）

edge /edʒ/
I n **1** [C] 邊；邊緣；棱: sit on the edge of a chair 坐在椅子邊上 **2** [C] 刀口；刀刃；鋒: a knife with no (sharp) edge 一把鈍（快）刀 **3** [U]（聲調等）尖鋭；尖利；強烈
◇ **be on a razor's edge** 在鋒口上；在危機關頭 / **give sb the edge of one's tongue** 痛罵某人 / **have an (the) edge on (over) sb (sth)** 勝過某人（某物）/ **on edge** 緊張不安；易怒；急切的；渴望的 / **on the edge of** 在…邊緣上；快要: on the edge of death 瀕於死亡 / **take the edge of** 使鈍；挫…的鋭氣（鋒芒）
II ❶ vt, vi 徐徐移動；側身移動: He edged his way through the crowd. 他從

人群中慢慢擠過去。/ We edged forward along the narrow passage. 我們順着狹窄的通道徐徐前進。❷ vt ❶ 使鋒利：to edge a knife 給刀開刃 ❷ 給…鑲邊：to edge a pond with trees 在池塘周圍栽樹

◑ border, margin

ed·it /ˈedɪt/ vt
❶ 編輯；修訂；校訂 ❷ 剪輯（影片、錄音等）

e·di·tion /ɪˈdɪʃn/ n [C]
版；版本：the first edition 第一版；初版 / a revised edition 修訂版

ed·i·tor /ˈedɪtə(r)/ n [C]
❶ 編輯；編者；校訂者：a chief editor (an editor in chief) 總編輯；主編 ❷（影片等）剪輯師；剪輯裝置

ed·i·to·ri·al /ˌedɪˈtɔːrɪəl/
I adj ❶ 編輯的；編者的：an editorial office 編輯室 / the editorial department 編輯部 ❷ 社論（性）的：an editorial article 社論 II n [C] 社論

ed·u·cate /ˈedʒukeɪt/ vt
教育；培養；訓練：educate oneself 自學；自修 / He was educated abroad. 他在國外受的教育。

⇨ 用法說明見 TEACH

ed·u·ca·tion /ˌedʒuˈkeɪʃn/ n [U]
❶ 教育；培養；訓練：compulsory education 義務教育 / pre-school (elementary, secondary, higher) education 學前（初等、中等、高等）教育 / Education begins at the mother's knees. [諺] 教育始於母親膝下。❷ 教育學

ed·u·ca·tion·al /ˌedʒuˈkeɪʃənl/ adj
❶ 教育（上）的：educational system 教育制度 / educational institution 教育機構 ❷ 有教育意義的：an educational experience 一次有教育意義的經歷

eel /iːl/ n [C] 鰻；鱔魚；[喻] 油滑的人

ef·fect /ɪˈfekt/
I n ❶ [C, U] 結果；後果：the effects of one's carelessness 粗心大意所帶來的後果 ❷ [C, U] 效果；作用；影響：the effect of noise on people 噪音對人的影響 / Bitter pills may have wholesome effects. [諺] 良藥苦口利於病。❸ [U] 意義；要旨

◇ **bring (carry, put) into effect** 實行；實施；貫徹 / **come (go) into effect** 開始實行；開始生效 / **give effect to sth** 實行；實施 / **have an effect on (upon)** 對…有影響（效果）/ **in effect** 實際上；在實施中 / **of no effect** 無效 / **take effect** 生效；見效 / **to the effect** 大意是：The cable is to the effect that... 電文的大意是… / The letter is to the following effect. 信的大意如下。/ **with (without) effect** 有（無）效地

⇨ 用法說明見 AFFECT

II vt 引起；導致；產生：effect a change 引起變化

ef·fec·tive /ɪˈfektɪv/ adj
❶ 有效的：effective measures 有效措施 ❷ 有力的；給人深刻印象的：an effective speech 令人難忘的講演 ❸〈軍〉有戰鬥力的；精銳的 ❹（用於表語）生效的；在實施中的：The law will be effective in three months. 該法律三個月後生效。▷ **effectively** adv / **effectiveness** n

◑ efficient

ef·fi·cien·cy /ɪˈfɪʃnsɪ/ *n* [U]
效率;效能;效力:to raise work *efficiency* 提高工作效率

ef·fi·cient /ɪˈfɪʃnt/ *adj*
1 (指人)有能力的;熟練的;能勝任的:a very *efficient* secretary 一個非常能幹的秘書 **2** (直接)有效的;效率高的:the most *efficient* method 最有效的方法
❶ effective

ef·fort /ˈefət/ *n*
1 [C, U] 努力;(艱苦的)嘗試:beyond human *effort* 為人力所不及 / make an *effort* (*efforts*) 努力 / make every *effort* 盡一切努力 **2** [C] 努力(嘗試)的結果;成就;成果:This novel was his maiden *effort*. 這部小說是他的處女作。
◇ **spare no efforts** 不遺餘力 / **without (any, an) effort, with little effort** 毫不費力地;輕而易舉地

e.g. /ˌiːˈdʒiː/ *abbr*
(for example, 源於〔拉〕exempli gratia)例如

egg /eg/ *n* [C]
1 蛋;雞蛋;卵:He eats three *eggs* a day. 他每天吃三個雞蛋。 **2** [俚] 炸彈;手榴彈;魚雷 **3** [俚] 人;傢伙:a bad *egg* 壞蛋;壞人
◇ **as sure as eggs is eggs** 確實無疑 / **break the egg(s) in one's pocket** 破壞某人的計劃 / **have (put) all one's eggs in one basket** 孤注一擲 / **in the egg** 在早期;未成熟的 / **lay an egg** 下蛋;[俚](飛機)扔炸彈 / **sit on eggs** 孵蛋 / **teach one's grandmother to suck eggs** 班門弄斧 / **tread (walk) upon eggs** 如履薄冰;小心翼翼;戰戰兢兢

□ **eggbeater** *n* 打蛋器 / **egg-shell** *n* 蛋殼 / **egg-plant** *n* 茄子

E·gypt /ˈiːdʒɪpt/ *n* 埃及(非洲國家名)

E·gyp·tian /ɪˈdʒɪpʃn/
I *adj* 埃及的;埃及人的;埃及語的
II *n* **1** [C] 埃及人 **2** [U] 埃及語

eh /eɪ/ *int*
(表示驚奇、疑問等)啊;嗯;呃:Eh? What was that? 呃?那是甚麼?

eight /eɪt/ *num* 八;八個(人或物)

eigh·teen /ˈeɪˈtiːn/ *num*
十八;十八個(人或物)

eigh·teenth /ˈeɪˈtiːnθ/ *num*
[the eighteenth] 第十八;十八分之一(的)

eighth /eɪtθ/ *num*
[the eighth] 第八;八分之一(的)

eight·i·eth /ˈeɪtɪəθ/ *num*
[the eightieth] 第八十;八十分之一(的)

eight·y /ˈeɪtɪ/ *num*
八十;八十個(人或物)

ei·ther /ˈaɪðə(r), ˈiː-/
I *adj* 兩者之一的;兩者中任何一個的:You can take *either* seat. (兩個座位中)你坐哪一個座位都行。
II *pron* 兩者之一;兩者中任何一個:*Either* (of them) will do. (他們兩個之中)隨便哪個都行。 / I don't like *either* of the films. 這兩部電影我都不喜歡。
III *adv* (用在否定語之後加強語氣)也(不):I don't know French, and I don't know Japanese, *either*. 我不懂法語,也不懂日語。
IV *conj* (either... or ...) 或…或…;不是…就是…;是…還是…:*Either* you or

he is correct. 不是你對就是他對。

e·lab·o·rate /ɪˈlæbəreɪt/
I *vt, vi* 精心製作；反覆考慮（推敲）；詳細闡述：*elaborate* a plan 精心製定（反覆考慮）一項計劃 / *elaborate* upon one's idea for a new airport in Hong Kong 詳細説明建造香港新機場的設想
II /ɪˈlæbərət/ *adj* 精心製作的；煞費苦心的；計劃周密的；詳盡的；複雜的：an *elaborate* design 精心的設計 / an *elaborate* plan 詳盡的計劃

e·lapse /ɪˈlæps/ *vi*
（時間）過去；消逝；消失：Three years have *elapsed* since we met last. 自從我們上次見面已三年過去了。

e·las·tic /ɪˈlæstɪk/
I *adj* **1** 有彈性的：an *elastic* band 橡皮筋 **2** 靈活的：an *elastic* principle 靈活的（有伸縮性的）原則
II *n* [C] 橡皮筋；鬆緊帶；橡皮圈

el·bow /ˈelbəʊ/
I *n* [C] 肘；（上衣的）肘部
◇ **at one's (the) elbow** 近在手邊，就在左右 / **be up to the elbows in** 忙於；埋頭於（工作等）
II *vt* 用肘擠（推）：He *elbowed* his way through the crowd. 他從人群中（用肘）擠過去。
⇨ 插圖見 BODY

el·der /ˈeldə(r)/
I *adj* （old 的比較級之一，但不能與 than 連用）**1** 年長的（一般用於家庭成員之間）：*elder* brother (sister) 哥哥（姐姐）/ He is the *elder* of the two children. 他是兩個孩子中年齡較大的一個。**2** 資格老的：an *elder* statesman 政界元老

II *n* [C] **1** 長者：He is my *elder* by five years. 他比我大五歲。**2** [常作 elders] 前輩；長輩：We ought to respect our *elders*. 我們應該尊敬長輩。
⇨ 用法説明見 OLD

eld·er·ly /ˈeldəlɪ/ *adj*
（old 的較為禮貌的説法）較老的；上年紀的；年長的

eld·est /ˈeldɪst/ *adj*
（old 的最高級之一，一般用於家庭成員）最老的；最年長的：one's *eldest* son (daughter) 長子（女）/ one's *eldest* brother (sister) 大哥（姐）

e·lect /ɪˈlekt/
I *vt* **1** 選舉：*elect* a person (to be) president 選舉某人為總統 / be *elected* to the committee 被選為委員會委員 **2** 選擇；決定：He *elected* to go alone. 他決定自己去。
II *adj* （放在名詞後）當選而尚未就任的：the president *elect* 已當選的總統
● choose, pick, select, prefer

e·lec·tion /ɪˈlekʃn/ *n* [C, U]
選舉；當選：a general *election* 普選；大選 / an *election* campaign 競選運動 / stand for *election* 做候選人 / carry an *election* 當選 / October is the month of the British general *election*. 十月是英國大選的月份。

e·lec·tor /ɪˈlektə(r)/ *n* [C]
選舉人；選民；有選舉權者

e·lec·tric /ɪˈlektrɪk/ *adj*
1 電的；發電的；電動的：*electric* current 電流 / *electric* generator 發電機 / *electric* bell 電鈴 **2** [喻] 令人激動的；驚人的；緊張的：an *electric* atmosphere 緊張的氣氛

e·lec·tri·cal /ɪˈlektrɪkl/ *adj*
電的 (electric)；電氣科學的：*electrical* energy 電能 / *electrical* industries 電氣工業 / *electrical* engineer 電機工程師

e·lec·tric·i·ty /ɪˌlekˈtrɪsətɪ/ *n* [U]
1 電；電力：static *electricity* 靜電 / be worked by *electricity* 電動的 **2** 強烈、緊張的情緒

e·lec·tro·mag·net /ɪˌlektrəʊˈmægnɪt/ *n* [C] 〈物〉電磁體；電磁鐵

e·lec·tron /ɪˈlektrɒn/ *n* [C]
〈物〉電子：*electron* telescope 電子望遠鏡 / *electron* tube 電子管 / *electron* microscope 電子顯微鏡

e·lec·tron·ic /ɪˌlekˈtrɒnɪk/ *adj*
電子的：*electronic* computer 電子計算機 / *electronic* music 電子音樂

e·lec·tron·ics /ɪˌlekˈtrɒnɪks/ *n*
電子學

e·lec·tro·plate /ɪˈlektrəpleɪt/
I *vt* 電鍍 **II** *n* [C] 電鍍物品

e·lec·tro·scope /ɪˈlektrəskəʊp/ *n* [C]
〈物〉驗電器

e·lec·tro·stat·ic /ɪˌlektrəˈstætɪk/ *adj*
靜電的：*electrostatic* generator 靜電發電機 / *electrostatic* printing 靜電印刷

el·e·gance /ˈelɪɡəns/ *n* [U]
（舉止、服飾、風格等）雅致；高雅；優美；漂亮：*elegance* of speech 談吐的高雅

el·e·gant /ˈelɪɡənt/ *adj*
雅致的；優雅的；優美的；漂亮的；講究的：*elegant* in taste 情趣高雅 / *elegant* manners 優雅的風度

el·e·ment /ˈelɪmənt/ *n* [C]
1 要素；成分：Determination is the first *element* of success. 決心是成功的首要因素。 **2** 生存的自然環境；活動範圍：Water is the natural *element* of fishes. 水是各種魚類的自然生存環境。 **3** 〈化〉元素 **4** [常作 elements] 原理；初步；基礎：the *elements* of musical theory 樂理基礎 **5** [常作 elements] 自然力；風雨：brave the *elements* 頂風冒雨
● component, constituent, factor

el·e·men·ta·ry /ˌelɪˈmentrɪ/ *adj*
1 初步的；初等的；基本的：an *elementary* school 小學 / *elementary* mathematics 初等數學 / *elementary* education 初等教育 / *elementary* knowledge 基本知識 **2** 元素的

el·e·phant /ˈelɪfənt/ *n*
〈動〉象：a white *elephant* 白象；[喻] 沉重的包袱或負擔
⇨ 插圖見〈專題圖說 11〉

el·e·vate /ˈelɪveɪt/ *vt*
1 提高；提升：*elevate* one's voice 提高嗓門 / *elevate* a person to a higher position 提升某人 **2** 使振奮；使鼓舞：*elevate* one's mood 使人心情舒暢 / *elevating* news 令人振奮的消息
● lift, raise
◐ lower

el·e·va·tion /ˌelɪˈveɪʃn/ *n*
1 [U] 提高；提升；晉級 **2** [C] 高度；海拔；高地；小山
● height

el·e·va·tor /ˈelɪveɪtə(r)/ *n* [C]
1 [美] 升降機；電梯 (= [英] lift) **2** 起重工人 **3** （飛機的）升降舵

e·lev·en /ɪˈlevn/ *num*
十一；十一個（人或物）

e·lev·enth /ɪˈlevnθ/ *num*
第十一；十一分之一（的）

e·lim·i·nate /ɪˈlɪmɪneɪt/ *vt*
1 排除；刪除；消除；消滅；淘汰：
eliminate poverty 消除貧困 / *eliminate*
all possible errors 消滅一切可能的錯誤 /
eliminate a person from a match 把某人
淘汰出比賽 **2**〈數〉消去
⬤ exclude
◐ admit, include

e·lim·i·na·tion /ɪˌlɪmɪˈneɪʃn/ *n* [U]
1 排除；刪除；消除；消滅；淘汰 **2**
〈數〉消去；消元法

el·lipse /ɪˈlɪps/ *n*〈數〉橢圓（形）

el·lip·ti·cal /ɪˈlɪptɪkl/ *adj*
橢圓（形）的

elm /elm/ *n*
1 [C] 榆樹 **2** [U] 榆木

el·o·quence /ˈeləkwəns/ *n* [U]
1 雄辯；口才：Facts speak louder
than *eloquence*. [諺] 事實勝於雄辯。 **2**
雄辯術

el·o·quent /ˈeləkwənt/ *adj*
1 雄辯的；有口才的：an *eloquent*
politician 善辯的政治家 / Silence is more
eloquent than words. [諺] 沉默比言詞更
善辯。 **2** 富於表情的

else /els/
I *adj*（常用在疑問代詞或不定代詞後）
其他的；別的；另外的；還：What *else*
do you want? Nothing *else*. 你還要別的
甚麼？不要了。/ Who *else* did you see
in King's Road? 你在英皇道上還看到誰
了？/ I took somebody *else's* hat by
mistake. 我錯拿了別人的帽子。
II *adv* **1**（常用在疑問副詞或其他副詞
後）另外；其他；此外：Where *else* did

you go? Nowhere *else*. 你還去了別的甚
麼地方？沒去別的甚麼地方。 **2** 否則；
要不然：Let's hurry, or *else* we'll be
late. 我們快點，要不就晚了。

else·where /ˌelsˈweə(r)/ *adv*
在別處；向別處

e·man·ci·pate /ɪˈmænsɪpeɪt/ *vt*
解放：Women are being *emancipated*.
婦女正在得到解放。 ▷ **emancipation**
/ɪˌmænsɪˈpeɪʃn/ *n* [U]
⬤ free, release, liberate
◐ restrain, confine, bind

em·bar·go /emˈbɑːgəʊ; ɪm-/
I *n*（複 = embargoes）[C, U] 封港；
禁止（船隻）出入港口；禁運；禁止貿易
◇ lay (put, place) an embargo on (a
ship) 禁止（船隻）出入；實行禁運 / lift
(take off, remove, raise) the
embargo on 對…解禁
II *vt* **1** 禁止（船隻）出入港口；禁運
2 徵用（船隻、貨物）

em·bark /emˈbɑːk; ɪm-/
❶ *vt* 搭載（客、貨）：*embark* cargoes
裝貨 **❷** *vi* **1** 上船；上飛機：*embark*
on a ship for Japan 登上去日本的船 **2**
着手；從事（on, upon）：*embark* on a
new project 開始一個新的項目

em·bar·rass /ɪmˈbærəs; em-/ *vt*
1 使窘迫；使為難：be (feel)
embarrassed in the presence of
strangers 在生人面前感到侷促不安 /
embarrass a person by awkward
questions 問一些棘手的問題令人感到難
堪 **2** 使陷入（經濟、財政）困難：be
embarrassed by debts 為債務纏身 **3** 妨
礙（行動）：be *embarrassed* by (with)
luggage 為行李所累而行動不便

em·bar·rass·ment
/ɪmˈbærəsmənt/ *n*
1 [U] 窘迫；困惑 **2** [C] 使人為難的人（物）；困難

em·bas·sy /ˈembəsɪ/ *n* [C]
1 大使館：the American *embassy* in China 美國駐中國大使館 **2** 大使館全體人員；使節

em·brace /ɪmˈbreɪs/
❶ *vt, vi* 抱；擁抱：He and his brother *embraced* warmly. (He *embraced* his brother warmly.) 他和弟弟熱烈擁抱。**❷** *vt* **1** 抓住（機會等）；接受；信奉（主義、信仰等）：*embrace* new ideas 接受新思想 / *embrace* Buddhism 信奉佛教 **2** 環繞；包圍：a pond *embraced* by trees 樹木環繞的池塘

◑ include, involve
◐ exclude

em·broi·der /ɪmˈbrɔɪdə(r)/ *vt, vi*
1 刺繡；繡花 **2** 渲染；修飾；潤色

em·broi·der·y /ɪmˈbrɔɪdərɪ/ *n* [U]
1 刺繡；繡花 **2** 渲染；修飾；潤色

em·bry·o /ˈembrɪəʊ/ *n* [C]
（複 = embryos）
1 〈動〉胚胎；〈植〉胚 **2** 〔喻〕萌芽時期；初期：a plan in (its) *embryo* 正在醞釀中的計劃 / man at the *embryo* stage 早期的人類

em·er·ald /ˈemərəld/ *n* [C, U]
〈礦〉祖母綠；綠寶石

e·merge /ɪˈmɜːdʒ/ *vi*
1 浮現；顯露：*emerge* from (out of) water 露出水面 / His talent didn't *emerge* until very late. 他很晚才顯露出才華。**2** 暴露；（真相）大白：The truth *emerged* gradually. 真相逐漸大白。

e·mer·gence /ɪˈmɜːdʒəns/ *n* [U]
浮現；顯露；出現：his *emergence* as a promising painter 他作為一個大有作為的畫家顯露頭角

e·mer·gen·cy /ɪˈmɜːdʒənsɪ/ *n* [C]
緊急情況；突發事件；非常時期：*emergency* measures 緊急措施 / Put aside some money for *emergencies*. 存些錢以備急用。
◑ crisis

em·i·grant /ˈemɪɡrənt/ *n* [C]
移居外國者；移民；僑民：*emigrants* from Europe 來自歐洲的移民 / an *emigrant* to the U.S. 移居美國的僑民

em·i·grate /ˈemɪɡreɪt/ *vi*
移居外國：to *emigrate* from England to America 從英國移居美國
◑ migrate
◐ immigrate

em·i·gra·tion /ˌemɪˈɡreɪʃn/ *n* [C, U]
移居外國；僑居；[總稱] 移民；僑民

em·i·nence /ˈemɪnəns/ *n*
1 [U] 顯赫；盛名；卓越：a man of social *eminence* 社會名人 / achieve *eminence* as a poet 成為著名詩人 **2** [C] 高處；高地

em·i·nent /ˈemɪnənt/ *adj*
著名的；卓越的；傑出的；突出的：an *eminent* chemist 著名化學家 / be *eminent* as a statesman 卓越的政治家
▷ **eminently** *adv*
◑ famous, distinguished
◐ unknown

e·mis·sion /ɪˈmɪʃn/ *n*
1 [U]（光、熱、聲音、氣味等的）散發；發射；放射 **2** [C] 發出物；發射

物；放射物

e·mit /ɪˈmɪt/ vt (emitted, emitting)
散發；發射（光、熱、聲音、氣味
等）：*emit* black smoke into the air 向
空中排放黑煙 / a awful smell *emitted*
from dead fish 死魚發出的臭味

e·mo·tion /ɪˈməʊʃn/ n
1 [U] 激動：with *emotion* 激動地 **2**
[C] 情緒；（強烈的）感情；情感：a
man of strong *emotions* 感情強烈的人 /
control one's *emotions* 控制感情
➊ feeling, passion, sentiment

e·mo·tion·al /ɪˈməʊʃnl/ adj
1 感情上的；情緒上的：*emotional*
problems 感情上的問題 **2** 易激動的；
易動感情的；感情脆弱的：an *emotional*
girl 易動感情的（感情脆弱的）姑娘 **3**
感動人的；激起感情的：an *emotional*
farewell speech 感人肺腑的告別演說

em·per·or /ˈempərə(r)/ n [C] 皇帝
➊ empress

em·pha·sis /ˈemfəsɪs/ n
（複 = emphases /-siːz/）[C, U]
1 強調；加強語氣：He raised his voice
for *emphasis*. 他提高聲音表示強調。**2**
重點；重要性：lay (put, place)
emphasis on (upon) 強調（重視）；把
重點放在

em·pha·size /ˈemfəsaɪz/ vt
強調；加強語氣：He *emphasized* the
importance of reading. 他強調閱讀的重
要性。

em·pha·tic /ɪmˈfætɪk/ adj
強調的；有力的；斷然的：an *emphatic*
denial 斷然否認 / be *emphatic* on
(about) a point 強調某一點

em·pire /ˈempaɪə(r)/ n [C]
帝國：the Roman *Empire* 羅馬帝國

em·pir·i·cal /ɪmˈpɪrɪkl/ adj
經驗主義的；以經驗為根據的：an
empirical science 實驗科學

em·ploy /ɪmˈplɔɪ/ vt
1 僱用：This factory *employs* ten
thousand workers. 這家工廠僱用一萬工
人。**2** 使用：*employ* one's leisure
time 利用閒暇 **3** 使忙於：*employ*
oneself (be *employed*) in business 忙於
經商
➊ use, utilize, apply

em·ploy·ee
/ˌemplɔɪˈiː; ɪmˈpleɪiː/ n [C]
受僱者；僱員；僱工

em·ploy·er
/ɪmˈplɔɪə(r); emˈpleɪə/ n [C]
僱用者；僱主

em·ploy·ment /ɪmˈplɔɪmənt/ n [U]
1 僱用；使用 **2** 職業；就業
◇ be in (out of) employment 就業
（失業）/ in sb's employment 受僱於某
人 / get (lose) employment 就業（失
業）/ take sb into employment 僱用
某人

em·press /ˈemprɪs/ n [C]
女皇；皇后
➊ emperor 皇帝

emp·ty /ˈemptɪ/
I adj 空的；空虛的；空洞的：an
empty room 空房子 / This sentence is
empty of meaning. 這個句子毫無意義。
II vt, vi （使）變空；流入：He
emptied his pocket. 他把口袋掏空了。/
The Yangtze River *empties* (itself) into
the East China Sea. 揚子江流入東海。
➊ vacant

◑ full

en·able /ɪˈneɪbl/ vt
使能夠：Their help *enabled* us to finish the work in time. 他們的幫助使我們得以按時完成工作。

en·act /ɪˈnækt/ vt
1 制定（法律）；通過（法案）；頒佈；規定 **2** 扮演；演出：*enact* a play (part) 上演一齣劇（扮演一個角色）

en·am·el /ɪˈnæml/ n [U]
1 搪瓷；琺琅 **2**（牙齒的）琺琅質 **3** 瓷漆

en·chant /ɪnˈtʃɑːnt; en-/ vt
1（用魔法或妖術）迷惑 **2** 使迷住；使陶醉；使喜悅：He was *enchanted* by (with) the beautiful scenery. 他被美景陶醉了。

◑ attract, charm, fascinate

en·chant·ment /ɪnˈtʃɑːntmənt/ n
1 [U] 迷惑；魅力；着迷；陶醉：He had a look of *enchantment* on his face. 他臉上露出着迷的神色。 **2** [C] 魅惑物；妖術：the *enchantments* of urban life 都市生活的吸引力

en·cir·cle /ɪnˈsɜːkl/ vt
環繞；包圍：The castle is *encircled* by (with) a moat. 城堡為一條壕溝所環繞。

en·close /ɪnˈkləʊz/ vt
1（用牆等）圍住：He *enclosed* his yard with a high wall. 他在院子周圍築起一道高牆。 **2**（隨函）封入；附寄：the *enclosed* 附件 / It is not allowed to *enclose* money in a letter. 不許在信內夾寄鈔票。

en·clo·sure /ɪnˈkləʊʒə(r)/ n
1 [U] 圍繞 **2** [C] 圍場；圍地；圍欄

圍牆 **3** [C] 附件

en·coun·ter /ɪnˈkaʊntə(r)/
I vt 遭遇；偶然相遇；邂逅：*encounter* difficulties in one's work 在工作中遇到困難 / *encounter* a friend in the street 在街上偶遇朋友 **II** n [C] 遭遇；遭遇戰；衝突：a close *encounter* with the enemy 與敵人短兵相接

◑ clash, engagement, action
⇨ 用法說明見 MEET

en·cour·age /ɪnˈkʌrɪdʒ/ vt
鼓勵；鼓舞；支持；助長；慫恿：*encourage* sb to work harder 鼓勵某人努力工作 / *encourage* sb in his laziness 慫恿某人懶惰

◑ inspire, excite

en·cour·age·ment /ɪnˈkʌrɪdʒmənt/ n [C, U]
（一種）鼓勵；鼓舞；支持：What he needs most is *encouragement*. 他最需要的是鼓勵。/ The victory was a great *encouragement* to the people in Hong Kong. 這一勝利對香港人是一個巨大的鼓舞。

en·cy·clo·p(a)e·dia /ɪnˌsaɪkləˈpiːdɪə/ n [C] 百科全書

end /end/
I n **1** [C]（物體的）端；尖；尾；梢；終點：the *end* of a corridor 走廊盡頭 / the *end* of a table 桌子一端 **2** [C]（時間上的）結束；完畢：the *end* of a year 年終 / Everything has an *end*. 萬事皆有終。 **3** [C] 極限；極點：be at the *end* of one's patience 忍無可忍 / be at the *end* of one's resources 智盡才窮 **4** [C] 結果；結局：The *end* crowns the work. [諺] 事情結束定全局。 **5** [C] 目的；目

標：The *end* justifies the means. [諺] 只要目的正當，可以不擇手段。/ To what *end* are you going there? 你們去那兒的目的是甚麼？ **6** [U] 死亡（death）：meet one's *end* bravely 視死如歸

◇ **(be) at an end** 結束；完成 / **at the end** 最後；終於 / **bring sth to an end** 使結束 / **come to an end** 結束；告終 / **end to end** 頭尾相接 / **from end to end** 從頭到尾，自始至終 / **in the end** 終於；最後 / **have sth at one's finger's (fingers', tongue's) ends** 對某事非常熟練（精通）/ **make an end of (to) sth** 停止；結束；了結 / **make (both) ends meet** 收支相抵，量入為出 / **on end** 豎着；不停地 / **put an end to** 停止；結束 / **set one's hair on end** 使毛骨悚然 / **to no end** 毫無結果；徒勞 / **without end** 無盡的；無窮的

II *vt, vi* （使）結束；（使）終止：He *ended* his lecture with a brief summary. 他簡要地總結了一下以此結束了演講。/ All is well that *ends* well. [諺] 結局好才算好。/ Good to begin well, better to *end* well. [諺] 善始固好，善終尤佳。

◇ **end off** 結束 / **end up with** 以…為結束 □ **endpaper** *n* （書籍的）襯頁 / **end-result** *n* 最終結果

❶ purpose, goal, aim; close, conclude, finish
❷ begin, start, commence

en·deav·o(u)r /ɪnˈdevə(r)/
   I *n* [C] 努力；試圖：When there is no hope, there can be no *endeavour*. [諺] 沒有希望就不會有努力。

◇ **do one's (best) endeavour(s)** 竭力；盡力 / **make every endeavour** 盡

一切努力，不遺餘力

   II *vi* 努力；力圖：They *endeavoured* to climb to the top of the mountain. 他們試圖爬到山頂。

◇ **endeavour after** 謀求；追求；爭取

❶ try, attempt, strive, struggle

end·ing /ˈendɪŋ/ *n* [C]
❶ 結局；結尾：a surprise *ending* 出乎意料的結局（結尾）/ A good *ending* is better than a good beginning. [諺] 好的結局勝過好的開端。**❷**〈語〉詞尾

end·less /ˈendlɪs/ *adj*
❶ 無盡的；無休的；無窮的；無限的：an *endless* discussion 無休止的討論 **❷** 環狀的：an *endless* chain 循環鏈

en·dow /ɪnˈdaʊ/ *vt*
❶ 捐贈（基金或財產）；資助：*endow* an institution 給一個機構捐贈基金 **❷** 賦於（常用被動語態）：be *endowed* by nature with beauty 天生麗質 / be highly *endowed* with music talent 具有很高的音樂天賦 ▷ **endowment** *n*

en·dur·ance /ɪnˈdjʊərəns/ *n* [U]
忍耐（力）；持久（力）；耐久（性）：have amazing *endurance* 具有驚人的忍耐力 / an *endurance* test 耐力測試

◇ **beyond (past) endurance** 忍無可忍 / **come to the end of one's endurance** 忍無可忍

❶ patience
❷ impatience

en·dure /ɪnˈdjʊə(r)/ *vt, vi*
❶ 忍耐；忍受；容忍：*endure* hardships 忍受艱難困苦 / What was bitter to *endure* may be sweet to remember. [諺] 令你難以忍受的事情可能令你有甜蜜的回憶。**❷** 持續；持久：as

long as life *endures* 有生之年；直到生命終止

❶ bear, suffer, tolerate, stand; last

en·e·my
/'ɛnəmɪ/ *n*（複 = enemies）[C]
1 仇敵；仇人；敵人：A thousand friends are few, one *enemy* is too many.
[諺] 千友不為多，一敵則為過。 **2** 危害物；大害；大敵：Laziness is an *enemy* to success. 懶惰是成功的大敵。 **3**（集合名詞）敵軍；敵國：*enemy* forces 敵軍 / The *enemy* was (were) wiped out. 敵人被消滅了。

❶ opponent, foe
❷ friend, ally

en·er·get·ic /ˌɛnəˈdʒɛtɪk/ *adj*
1 精力旺盛的；有活力的 **2** 積極的
❶ active, vigorous

en·er·gy /'ɛnədʒɪ/ *n* [C, U]
1 精力；活力；勁頭；活動力；能力：He's full of *energy*. 他精力充沛。 **2**〈理〉能；能量：nuclear *energy* 核能
❶ strength, power, force
❷ weakness

en·force /ɪnˈfɔːs/ *vt*
1 執行；實施（法律、命令等）：It is useless to pass a law but not to *enforce* it. 通過法律而不執行等於沒用。 **2** 強制：*enforce* obedience to an order 強制服從命令 / *enforce* obedience upon (on, from) sb 強迫某人服從

en·gage /ɪnˈgeɪdʒ/
❶ *vt, vi* **1**（使）從事於；（使）忙於：She actively *engages* in social work. 她積極參與社會工作。/ He is now *engaged* (in) writing a book. 他正忙於寫書。 **2** 與…交戰：*engage* (with) the enemy 與

敵人交戰 ❷ *vt* **1** 預定：*engage* a seat 預定座位 **2** 僱用；聘用：*engage* sb as a secretary 聘請某人為秘書 **3** 約定；約束；保證：*engage* oneself to (do) sth（自願）承諾（做）某事 / Can you *engage* that he is reliable? 你能保證他可靠嗎？ **4** 與…訂婚：*engage* oneself (to be *engaged*) to sb 與某人訂婚 **5** 佔用（時間等）；吸引（注意力等）：My spare time is fully *engaged*. 我的業餘時間全佔用了。/ The quarrel *engaged* my attention immediately. 爭吵聲馬上吸引了我的注意力。

en·gage·ment /ɪnˈgeɪdʒmənt/ *n* [C]
1 訂婚；婚約 **2** 約會；約定；保證 **3** 交戰
◇ break one's engagement 毀約 / enter into (make) an engagement with sb 與某人定約（立約）/ fulfil one's engagement 踐約
❶ clash, encounter, action

en·gine /'ɛndʒɪn/ *n* [C]
1 引擎；發動機：a jet *engine* 噴氣發動機 **2** 火車頭；機車 **3** 救火車

en·gi·neer /ˌɛndʒɪˈnɪə(r)/ *n* [C]
工程師；工程技術人員；輪船司機；火車司機：a chief *engineer* (an *engineer* in chief) 總工程師 / a mechanical *engineer* 機械師

en·gi·neer·ing /ˌɛndʒɪˈnɪərɪŋ/ *n* [U]
工程；工程學

Eng·land /'ɪŋglənd/ *n*
英格蘭；（廣義）英國

Eng·lish /'ɪŋglɪʃ/
I *n* **1** [U] 英語 **2** [the English] [總稱] 英國人 **II** *adj* 英格蘭的；英國的；英語的；英國人的

◑ British

Eng·lish·man /ˈɪŋglɪʃmən/ *n*
（複 = Englishmen /-mən/）[C]
英國人；英國男人

Eng·lish·wom·an /ˈɪŋglɪʃwʊmən/ *n*
（複 = Englishwomen /-ˌwɪmɪn/）[C]
英國女人

en·grave /ɪnˈgreɪv/ *vt*
1 雕（刻）上：engrave one's name on
a penholder (engrave a penholder with
one's name) 將名字刻在筆桿上 **2** 銘
記：be engraved in one's heart 被銘記
在心上

en·gulf /ɪnˈgʌlf/ *vt*
吞沒；吞食；將…捲入：be engulfed by
flames 被大火吞噬 / be engulfed in grief
[喻] 沉浸在悲痛之中

en·joy /ɪnˈdʒɔɪ/ *vt*
1 享…之樂；欣賞；喜愛：He enjoys
(reading) detective stories. 他喜歡看偵探
小説。/ If there were no clouds, we
should not enjoy the sun. [諺] 沒有陰
雲，就不覺陽光可愛。**2** 享受；享有：
enjoy freedom of speech 享受言論自由 /
enjoy good health 身體過度健康
◇ enjoy oneself 過得快樂
◑ appreciate, like, love, be fond of

en·joy·a·ble /ɪnˈdʒɔɪəbl/ *adj*
愉快的；快樂的；有趣的
◑ pleasant, pleasing, agreeable
◐ unpleasant, disagreeable

en·joy·ment /ɪnˈdʒɔɪmənt/ *n*
1 [U] 享樂：He takes enjoyment in
gardening. 他以園藝為樂。**2** [C] 樂
趣；樂事：Gardening is a great
enjoyment to him. 園藝是他的一大樂
趣。

◑ pleasure, delight, joy
◐ displeasure, sorrow

en·large /ɪnˈlɑːdʒ/ *vt*
1 擴大：He enlarged his yard. 他把院
子擴大了一些。**2** 放大（照片）
◑ expand, extend

en·large·ment /ɪnˈlɑːdʒmənt/ *n*
1 [U] 擴大；（照片的）放大 **2** [C] 擴
建部分；放大的照片

en·light·en /ɪnˈlaɪtn/ *vt*
啟迪；啟發；開導：Would you please
enlighten me on this subject? 請您在這
個問題上啟發我一下好嗎？

en·light·en·ment /ɪnˈlaɪtnmənt/ *n*
啟迪；啟蒙；啟發：the Enlightenment
（尤指歐洲十八世紀興起的）啟蒙運動

en·list /ɪnˈlɪst/
1 *vt, vi* 徵募；應募：enlist men for
the navy 招募海軍 / He enlisted in the
army at 18. 他十八歲時應招入伍。**2**
vt 獲得；得到…的支持（贊助）：He
enlisted his friend to help him. (He
enlisted his friend's help.) 他得到了朋友
的幫助。▷ enlistment *n* [C, U]

e·nor·mous /ɪˈnɔːməs/ *adj* 巨大的
▷ enormously *adv*
◑ immense, huge, tremendous,
gigantic

enough /ɪˈnʌf/
I *adj* 足夠的；充足的：They don't
have enough money. (They don't have
money enough.) 他們沒有足夠的錢。
II *n* [U] 足夠；充足：There's enough
to eat. 有足夠的東西吃。/ I've had
enough of his rudeness. 他的粗暴無禮我
受夠了。
III *adv* 足夠地；充分地：This room is

not large *enough*. 這房間不夠大。/ The boy is old *enough* to look after himself. 這孩子大了，可以自己照料自己了。

❶ sufficient, adequate
❶ deficient, inadequate

> 用法説明：**Enough** 使用時可置於形容詞或副詞之後，如：That's good enough. （那已是夠好的了。）She didn't explain the matter clearly enough. （她把事情解釋得不夠清楚。）也可以置於複數名詞或不可數名詞之前，如：enough people/money （足夠的人力／足夠的錢）。如果把 **enough** 置於名詞之後，語氣就顯得有些正式，如：There is food enough for all. （人人都有食物吃。）

en·quire /ɪnˈkwaɪə(r)/ *vt, vi* = inquire
en·quir·y /ɪnˈkwaɪərɪ/ *n* = inquiry
en·rich /ɪnˈrɪtʃ/ *vt*
使豐富；使富裕；使肥沃：Reading *enriches* the mind. 閱讀能豐富思想。/ The oil industry has greatly *enriched* the country. 石油工業使該國大大富裕了。/ Manure *enriches* soil. 肥料能使土壤肥沃。▷ **enrichment** *n* [U]
en·rol(l) /ɪnˈrəʊl/ *vt, vi*
登記；使入學（入會、入伍等）：He has *enrolled* himself in the Hong Kong Translators Society. 他已加入香港翻譯家學會。/ You must *enrol* your child before the term begins. 你必須在新學期開始前為你的孩子註冊。/ *enrol* (oneself) in the army 應徵入伍
▷ **enrol(l)ment** *n* [C, U]
en·sure /ɪnˈʃɔː(r)/ *vt*
保證：I can *ensure* I'll come on time. 我可以保證準時到。/ This will *ensure*

success to (for) you. (This will *ensure* you success). 這將保你成功。
en·ter /ˈentə(r)/
❶ *vt, vi* ❶ 進入：He *entered* (the yard) by the back door. 他從後門進入（院子）。❷（使）加入；（使）參加；報名參加：*enter* the army 參軍 / I *entered* (myself) for the exam. 我報名參加了考試。❷ *vt* 開始從事；開始進入：*enter* a profession 開始從事某一職業 / We are *entering* a new stage in our work. 我們的工作正在進入一個新階段。
◇ **enter into** 締結（條約等）；進入；開始 / **enter on (upon)** 開始；着手
en·ter·prise /ˈentəpraɪz/ *n*
❶ [C] 事業；企業：a private *enterprise* 私有企業 ❷ [U] 事業心；進取心：We need a man of *enterprise* to take the job. 我們需要一個有事業心的人來承擔這個工作。
en·ter·tain /ˌentəˈteɪn/ *vt*
❶ 款待；招待：They *entertained* us to dinner. 他們宴請了我們。/ We *entertained* the guests with music. 我們請客人聽音樂。❷ 使歡娛：His stories *entertained* the children very much. 他的故事使孩子們感到很有趣。❸ 懷着（信心、希望、懷疑等）
❶ amuse
❶ bore
en·ter·tain·ing /ˌentəˈteɪnɪŋ/ *adj*
有趣的；使人快樂的
en·ter·tain·ment /ˌentəˈteɪnmənt/ *n*
❶ [U] 款待；樂趣 ❷ [C] 招待會；文娛活動；聯歡活動
en·thu·si·asm
/ɪnˈθjuːzɪæzəm; -ˈθuː-/ *n* [U]

熱心；熱情；積極性：He shows no *enthusiasm* for sports. 他對體育活動不感興趣。/ He was received with great *enthusiasm*. 他受到熱情的接待。

🔊 passion, zeal

en·thu·si·ast /ɪn'θjuːzɪæst; -'θuː-/ *n* [C] 熱心者

🔊 fanatic

en·thu·si·as·tic /ɪnˌθjuːzɪ'æstɪk/ *adj* 熱心的；熱情的；熱誠的 ▷ **enthusiastically** /ɪnˌθjuːzɪ'æstɪklɪ/ *adv*

en·tire /ɪn'taɪə(r)/ *adj* 完全的；整個的；全部的：I spent the *entire* vacation there. 我整個假期都是在那兒度過的。

🔊 complete, full, total, whole

en·tire·ly /ɪn'taɪəlɪ/ *adv* 完全；全然：I *entirely* agree with you. 我完全同意你的意見。/ This is an *entirely* different matter. 這是一件完全不同的事。

en·ti·tle /ɪn'taɪtl/ *vt*
1 給… 權利（資格）：Everybody is *entitled* to education. 人人都有受教育的權利。/ You are *entitled* to use the library here. 你有資格使用這裏的圖書館。 **2** （書、文章等）以…為名：a book *entitled* 'Red and Black' 一本名為《紅與黑》的書

en·trance /'entrəns/ *n*
1 [C] 入口；門口：They blocked the *entrance* to the cave. 他們堵住了山洞的入口。 **2** [U] 進入；入場；進入權；（演員的）出場：a college *entrance* examination 大學入學考試 / He had no ticket, so he was refused *entrance*. 他沒有票，所以不讓他進。

en·tre·pot /'ɒntrəpəʊ/ *n* [C] [法] 倉庫；貿易中心；貨物集散地

en·try /'entrɪ/ *n* [C, U]
1 進入 **2** 入口；門口 **3** 進入權：We obtained (an) *entry* to the reading rooms of Hong Kong University of Science and Technology. 我們獲准進入香港理工大學的閱覽室。 **4** 登記；記載；詞條；條目

en·vel·op /ɪn'veləp/ *vt* 包；封；包圍：A thick fog *enveloped* the hills. 大霧籠罩了山嶺。

en·ve·lope /'envələʊp/ *n* [C] 信封；封套
⇨ 插圖見〈專題圖説 4〉

en·vi·ous /'envɪəs/ *adj* 妒忌的；羨慕的：be *envious* of sb's good luck (be *envious* of sb for his good luck) 妒忌（羨慕）某人的好運

en·vi·ron·ment /ɪn'vaɪərənmənt/ *n* [C, U]
1 環境：natural (social) *environment* 自然(社會)環境 / I prefer to live in a quieter *environment*. 我喜歡住在比較安靜的環境裏。 **2** 圍繞（物）

en·vi·ron·men·tal /ɪnˌvaɪərən'mentl/ *adj* 環境的：*environmental* pollution 環境污染

en·vi·ron·men·tal·ism /ɪnˌvaɪərən'mentəlɪzəm/ *n* [U] 〈生〉環境論；環境保護主義

en·vi·ron·men·tal·ist /ɪnˌvaɪərən'mentəlɪst/
I *n* [C] 環境論者；環境保護論者；研究環境問題的專家
II *adj* 環境論（者）的

en·vis·age /ɪn'vɪzɪdʒ/ *vt*

e

❶ 想像；設想：envisage a plan 設想一個計劃 / envisage sb as... 把某人想像為…… **❷** 展望：envisage the future 展望未來 **❸** 正視：envisage realities 正視現實

en·voy /ˈenvɔɪ/ n [C]
使者；公使；特使

en·vy /ˈenvɪ/
I n **❶** [U] 妒忌；羨慕：He did that out of envy. 他是出於妒忌才那樣做的。/ His envy at my success was obvious. 他妒忌我的成功，這是顯而易見的。 **❷** [C] 令人羨慕的人或物：She is the envy of the whole class. 她是全班羨慕的對象。
II vt 妒忌；羨慕：How I envy you (for) your knowledge! 我真羨慕你的學識！/ He envied my success. 他妒忌（羨慕）我的成功。

en·zyme /ˈenzaɪm/ n [C]
〈化〉酶，酵素：digestive enzyme 消化酶

ep·ic /ˈepɪk/
I n [C] 史詩；敘事詩：an epic about a national hero 一部關於一位民族英雄的敘事詩 II adj 史詩的；敘事詩的：an epic film 一部史詩般的影片 / an epic poem 敘事詩

ep·i·dem·ic /ˌepɪˈdemɪk/
I n [C] 流行病；傳染病
II adj 流行性的；傳染的

ep·i·sode /ˈepɪsəʊd/ n [C]
插曲；（小說、故事等的）一段情節；（一系列事件中的）一個事件
❶ occurrence, event, incident

ep·och /ˈiːpɒk; ˈepək/ n [C]
紀元；時代
❶ period, era, age

ep·och-mak·ing /ˈiːpɒkˌmeɪkɪŋ/ adj
劃時代的；開新紀元的；非常重要的；

破天荒的：epoch-making social changes 劃時代的社會變革

e·qual /ˈiːkwəl/
I adj 同等的；同樣的；平等的：Men and women enjoy equal rights in our country. 在我國，男女享有平等的權利。
◇ be equal to sth 等於；勝任；敵得過
II n [C] （地位、能力等）相等的人；相等的事物：without equal 無敵 / I'm not his equal in ability. 我能力不如他。
III vt **❶** 等於：Five and five equals ten. 五加五等於十。 **❷** 比得上：Nobody equals him in strength. 誰也沒有他力氣大。
❶ same, equivalent
❶ different

e·qual·i·ty /ɪˈkwɒlətɪ/ n [U]
同等；平等：equality between the sexes 男女平等 / equality in opportunities 機會平等
◇ be on an equality with 與……平等；和……同等地位

e·qual·ly /ˈiːkwəlɪ/ adj
相等地；平等地；平均地；公正地：This job is equally good as that one. 這個工作同那個工作一樣好。

e·qua·tion /ɪˈkweɪʒn; -ʃn/ n
❶ [U] 相等；平衡 **❷** [C] 〈數〉方程式；等式；〈化〉反應式

e·qua·tor /ɪˈkweɪtə(r)/ n 地球赤道

eq·ua·to·ri·al /ˌekwəˈtɔːrɪəl; ˌiː-/ adj
赤道的；赤道附近的

e·qui·an·gu·lar /ˌiːkwɪˈæŋɡjʊlə(r)/ adj 等角的

e·qui·dis·tant /ˌiːkwɪˈdɪstənt/ adj
等距的

e·qui·lat·er·al /ˌiːkwɪˈlætərəl/ adj

等邊的

e·qui·lib·ri·um /ˌiːkwɪˈlɪbrɪəm/ n [U]
1 平衡（性）；均衡（性）**2**（心境）平靜

e·quip /ɪˈkwɪp/ vt
（equipped, equipping）
裝備；配備；準備：He *equipped* himself with a bullet-proof jacket. 他穿上了防彈衣。/ We are fully *equipped* for the long voyage. 我們為遠航作好了充分準備。
◑ furnish, arm

e·quip·ment /ɪˈkwɪpmənt/ n [U]
裝備；設備：the necessary *equipment* for camping 野營必備之物 / laboratory *equipment* 實驗室設備

eq·ui·ty /ˈekwətɪ/ n [U]
1 公正；公平 **2**〈律〉衡平法
◑ justice

e·quiv·a·lence /ɪˈkwɪvələns/ n [U]
相等；相當；等效；等價；等值；等量

e·quiv·a·lent /ɪˈkwɪvələnt/
I adj **1** 相等的；相同的；相當的：These two words are exactly *equivalent*. 這兩個詞完全相同。/ A mile is *equivalent* to 1.609 km. 1 英里等於 1.609 公里。**2** 等效的；等價的；等值的；等量的 **II** n [C] 相等物：a Chinese *equivalent* of (for) an English word 某個英語詞在漢語中的對應詞
◑ same, identical, equal
◐ different

e·ra /ˈɪərə; ˈeə-/ n [C]
時代；紀元；〈地〉代：the Christian *era* 耶穌紀元 / the *era* of steam engine 蒸汽機時代
◑ period, epoch, age

e·rad·i·cate /ɪˈrædɪkeɪt/ vt
根除：Drug-taking has been *eradicated* in this area. 這個地區已根除了吸毒。
▷ **eradication** /ɪˌrædɪˈkeɪʃn/ n [U]

e·rase /ɪˈreɪz; -ˈreɪs/ vt
抹掉；除去：*erase* a pencil mark 擦去鉛筆記號 / *erase* an event from one's memory 把一個事件從記憶裏抹去
◑ delete

e·ras·er /ɪˈreɪzə(r)/ n [C]
消除工具；橡皮擦；黑板擦

e·rect /ɪˈrekt/
I adj 直立的：stand *erect* 直立
II vt 建立；樹立：They are *erecting* an office building. 他們正在興建一幢辦公樓。

e·rec·tion /ɪˈrekʃn/ n
1 [U] 建立；樹立 **2** [C] 建築物

e·rode /ɪˈrəʊd/ vt
腐蝕；侵蝕：Acids can *erode* certain metals. 酸能腐蝕某些金屬。

e·ro·sion /ɪˈrəʊʒn/ n [U] 腐蝕；侵蝕

err /ɜː(r)/ vi
犯錯誤：You *erred* in judgement. 你判斷有誤。/ To *err* is human. [諺] 人孰無過。

er·rand /ˈerənd/ n [C] 差事
◇ **go on an errand** 出差 / **run or go (on) errands** 跑腿 / **send sb on an errand** 差使某人

er·ro·neous /ɪˈrəʊnɪəs/ adj 錯誤的

er·ror /ˈerə(r)/ n [C]
1 錯誤；過失：He made a lot of spelling *errors*. 他出了許多拼寫錯誤。
2 誤差；差錯
◇ **in error** 弄錯了的；錯誤地 / **fall into error** 誤入歧途 / **lead sb into error** 把

某人引入歧途

❶ mistake, blunder, slip, fault

⇨ 用法説明見 MISTAKE

e·rupt /ɪˈrʌpt/ vi

（火山等）噴發；爆發；[喻] 突然發生：
This volcano *erupts* every year. 這個火山
每年都要噴發。/ Violence *erupted*. 發生
了暴力事件。

e·rup·tion /ɪˈrʌpʃn/ n [U]

噴發；爆發

es·ca·la·tor /ˈeskəleɪtə(r)/ n [C]

自動樓梯

es·cape /ɪˈskeɪp/

I ❶ vt, vi 逃脱；逃避：*escape* from
prison 越獄逃跑 / *escape* punishment 逃
避懲罰 ❷ vt 忘記；疏忽：His name
escapes me (my memory). 他的名字我記
不起來了。❸ vi 漏出：Gas *escaped*
from the broken pipe. 煤氣從破裂的管
道裏漏了出來。

II n [C, U] 逃脱；逃避：We had a
narrow *escape*. 我們幸免於難。/ He
made his *escape* while the guard was
asleep. 他乘哨兵熟睡時逃跑了。

❶ avoid, flee

es·cort /ɪˈskɔːt/

I vt 護衛；護送；陪同：He *escorted*
me home (to the concert). 他陪我回家
（去聽音樂會）。II /ˈeskɔːt/ n [C] 護衛
（隊）；護送（者）；陪同（者）：under
the *escort* of... 在…的護送下 / He
offered to be my *escort* to the cinema.
他提出陪我去看電影。

❶ accompany, attend

es·pe·cial /ɪˈspeʃl/ adj

特別的；特殊的：He examined the
instrument with *especial* care. 他檢查儀

器時特別小心。

❶ special, particular

es·pe·cial·ly /ɪˈspeʃəlɪ/ adv

特別；格外；尤其：He likes films,
especially Westerns. 他喜歡電影，尤其
是西部片。

用法説明：**Especially** 和 **specially** 都有
"特別地，尤其"的意思。**Especially** 指某
事物比其它事物份量重，因而更值得一
提，如：The beach is especially crowded
in summer. （海邊夏天人特別多。）I sleep
very little, especially in summer. （我睡得很
少，尤其在夏天。）**Specially** 指為某項目
的特別做的事情，如：I've prepared the
dinner specially for you. （我專為你準備了
晚餐。）兩個詞的形容詞形式都是
special。

---

es·say /ˈeseɪ/ n [C]

散文；小品文；隨筆；短論：Francis
Bacon is famous for his *essays*. 弗蘭西
斯·培根以其隨筆著稱。

❶ article, composition

es·say·ist /ˈeseɪɪst/ n [C]

散文家；小品文家；隨筆家；短論家

es·sence /ˈesns/ n [U]

本質；實質；精華：Mutual respect is
the *essence* of friendship. 互尊為友誼之
本。/ These questions are in *essence* no
different. 這些問題實質上沒有甚麼不
同。

es·sen·tial /ɪˈsenʃl/

I adj ❶ 必需的；必不可少的；必要
的：Exercise is *essential* to health. 鍛煉
是健康所必需的。❷ 本質的：There is
no *essential* difference between them.
它們沒有本質的區別。II n [常作

essentials] 本質；要素；精華：
essentials of success 成功的要素
➊ indispensable, necessary

es·sen·tial·ly /ɪˈsenʃəlɪ/ *adv*
本質上；實質上；基本上

es·tab·lish /ɪˈstæblɪʃ/ *vt*
１ 建立；創辦：Baylor university was *established* one hundred and fifty years ago. 貝勒大學創辦於一百五十年前。**２** 證實；確立：The police *established* his guilt (that he was guilty). 警方證實他是有罪的。**３** 使定居；使開業：He *established* himself in the country (as a physician). 他在鄉下定居（開業行醫）。**４** 制定；規定：*establish* traffic regulations 制定交通規則

es·tab·lish·ment /ɪˈstæblɪʃmənt/ *n*
１ [U] 建立；創辦；確立：the *establishment* of a hospital 醫院的創辦 **２** [C] 建立的機構（如公司、工廠、學校、商店、機關等）

es·tan·cia /esˈtɑːnsjɑː/ *n*
[西]（拉丁美洲的）大莊園（尤指大牧場）

es·tate /ɪˈsteɪt/ *n*
１ [C] 房地產；地皮：an industrial *estate* 工業區 / an *estate* agent 房地產經紀商 **２** [C, U] 財產；家產：He came into a large *estate* from his father. 他從父親手裏繼承了一大筆財產。

es·teem /ɪˈstiːm/
I *vt* **１** 尊重；珍重：He is much *esteemed* by his friends. 他倍受朋友們的尊重。/ He *esteems* money highly. 他把錢看得很重。**２** 認為：I *esteem* him too self-confident. 我認為他太自信了。
II *n* [C, U] 尊重；尊敬：I hold him in

great *esteem*. 我非常敬佩他。
◇ gain (get) the esteem of 受人尊敬 / **have a great esteem for** 對…大為敬佩 / **hold sb in esteem** 尊重（敬）某人
➊ appreciate, value, cherish; admire

es·ti·mate /ˈestɪmeɪt/
I *vt* 估計；評價：He is highly *estimated* among his fellow traders. 同行們對他評價很高。/ The loss was *estimated* at three million dollars. (It was *estimated* that the loss was three million dollars.) 據估計損失為三百萬美元。
II /ˈestɪmət; -meɪt/ *n* [C] 估計；評價：a rough *estimate* 粗略的估計
◇ by estimate 照估計 / **form an estimate of** 對…作出估計
➊ calculate, compute, count, reckon

es·ti·ma·tion /ˌestɪˈmeɪʃn/ *n*
１ [C] 估計；評價 **２** [U] 判斷；意見：In my *estimation*, he is the most suitable person for the position. 我認為他是這個職位的最佳人選。**３** [U] 尊重；尊敬：hold sb in *estimation* 尊重某人

es·tu·ar·y /ˈestʊərɪ/ *n* [C]
港灣；河口灣；三角灣

etc. *abbr* et cetera 的縮寫

et cet·er·a /ɪtˈsetərə/ [拉]
（指物）等等；及其他（略作 etc.）

e·ter·nal /ɪˈtɜːnl/ *adj*
永恆的；永存的；永遠的；沒完沒了的：God is said to be *eternal*. 據説上帝是永存的。/ Truth is *eternal*. 真理是永恆的。▷ **eternally** *adv*
➊ everlasting, lasting, immortal
➋ mortal

e·ter·ni·ty /ɪˈtɜːnətɪ/ *n*
１ [U] 永恆；永遠；無窮 **２** [C]（似乎）

無盡頭的一段時期：an *eternity* of waiting 無盡期的等待 **3** [U] 來世；來生：I don't believe in *eternity*. 我不相信來世。

e·ther /'iːθə(r)/ *n* [U]
〈化〉乙醚；〈物〉以太

Eu·rope /'juərəp/ *n* 歐洲
⇨ 插圖見 WORLD

Eu·ro·pe·an /ˌjuərə'pɪən/
I *n* [C] 歐洲人 **II** *adj* 歐洲的；歐洲人的

e·val·u·ate /ɪ'væljueɪt/ *vt*
1 評估；評價 **2** 〈數〉求…的值
▷ **evaluation** /ɪˌvæljʊ'eɪʃn/ *n*
❶ appraise, estimate, rate

e·vap·o·rate /ɪ'væpəreɪt/ *vt, vi*
（使）蒸發：Heat *evaporates* water. 熱使水蒸發。/ The water in the bottle has *evaporated*. 瓶子裏的水蒸發掉了。
▷ **evaporation** /ɪˌvæpə'reɪʃn/ *n*

eve /iːv/ *n* [C]
（節日事件等的）前夕；前夜：New Year's *Eve* 除夕 / the *eve* of a battle 戰役的前夕

e·ven[1] /'iːvn/
I *adj* **1** （表面）平的；平滑的；平坦的：The surface of the table is very *even*. 桌子的面很平滑。**2** （心氣）平靜；平穩：an *even* temper 性情溫和 **3** 同樣的；一致的：Their scores are *even*. 他們的得分相同。**4** 偶數的：an *even* number 偶數
◇ **be (get) even with sb** 報復某人 / **break even** 不輸不贏
II *vt* 使平坦；使相等；變平坦；變相等：The floor needs to be *evened*. 地板需要弄平。/ Jack's header *evened* the

score. 傑克的頭球把比分拉平了。
◇ **even out** 使平坦；使相等 / **even up** 使相等 □ **even-handed** *adj* 公正的 / **even-tempered** *adj* 性情平和的
❶ level, flat, smooth

e·ven[2] /'iːvn/ *adv*
甚至…也；連…（都）；更：It's very warm there *even* in winter. 在那裏甚至冬天也是很暖和的。/ *Even* a child can do this. 這個連小孩都會做。/ He's poor but I'm *even* poorer. 他窮我更窮。
◇ **even if (even though)** 即使…也；縱然 / **even so** 即使如此 / **never even** 連…也不

eve·ning /'iːvnɪŋ/ *n* [C]
傍晚；晚上；黃昏

e·vent /ɪ'vent/ *n*
1 [C] 事件；事情：The landing on the moon was quite an *event* in human history. 登月是人類歷史上一個重大事件。**2** 結果；結局：It's easy to be wise after the *event*. [諺] 事後聰明並不難。**3** 〈體〉（比賽）項目：The next *event* is high jump. 下一個比賽項目是跳高。
◇ **at all events (in any event)** 無論如何 / **in that event** 如果那樣 / **in the event of** 萬一；倘使
❶ occurrence, incident, accident

e·ven·tu·al /ɪ'ventʃuəl/ *adj*
最後的；結局的 ▷ **eventually** *adv*
❶ last, final, ultimate

ev·er /'evə(r)/ *adv*
1 曾經；任何時候：Have you *ever* been to Manila? 你去過馬尼拉嗎？/ He's working harder than *ever*. 他比以往任何時候都用功。**2** 常常；總是：A true

friend is for *ever* a friend. [諺] 真正的朋友永遠是朋友。/ They lived happily *ever* after. 他們後來過得一直很幸福。**3**（加強語氣）: Run as fast as *ever* you can. 盡可能快地跑。/ Where *ever* did you meet him? 你到底在哪裏見到他的？

◇ **ever after (afterwards)** 從那時以後；以後一直 / **ever and again** 時時；不時地 / **ever since** 從…以來 / **ever so** [口] [俚] 非常；很 / **ever such** [口] [俚] 非常…的；很…的 / **for ever (and a day)** 永遠 / **for ever and ever** 永遠 □ **ever-victorious** *adj* 常勝的

ev·er·green /'evəgri:n/
I *adj* 常綠的；常青的
II *n* [C] 常綠植物；常青樹；冬青

ev·er·last·ing /,evə'lɑ:stɪŋ/ *adj* 永久的；無窮的；冗長的；使人厭煩的：*everlasting* friendship 永恆的友誼 / I'm tired of your *everlasting* humming. 你那不停的哼哼聲使我感到厭煩。

ev·er·y /'evrɪ/ *adj*
1 每一的；每個的：*Every* couple is not a pair. (Not *every* couple is a pair.) [諺] 成雙未必能配對。/ In *every* country dogs bite. [諺] 天下惡狗都咬人。（或：天下烏鴉一般黑。） **2**（同數字、other 或 few 連用）每隔…的：I go shopping *every* two days (*every* second day, *every* other day). 我每隔一天（每兩天）去買一次東西。**3** 一切可能的；充分的：You have *every* reason to think so. 你完全有理由這樣想。/ Wish you *every* success. 祝你萬事如意。

◇ **every now and again (then)** 有時；時常 / **every so often** 時常；不時 / **every once in a while (way)** 時時；偶

然；間或 / **every time** 總是；每次；每當；每逢

◐ **each**
⇨ 用法説明見 EACH

eve·ry·bod·y /'evrɪbɒdɪ/ *pron*
每人；人人：*Everybody* has come. 大家都來了。/ A friend to *everybody* is a friend to nobody. [諺] 濫交者無友。

用法説明：**Everyone** 義為 "每人"，不能加任何修飾語。**Every one** 義為 "每個（人或物)"，意義中總是隱含着一個 of 短語的修飾語，如：Every one of his teeth is rotten.. (他的每顆牙齒都爛了。) There are two thousand students on the campus, and almost every one has got a bike. (學校裏有兩千學生，幾乎每人都有一輛自行車)。**Everybody** 意義和用法與 **everyone** 相同。但 **every body** 義為 "每具屍體"。

---

eve·ry·day /'evrɪdeɪ/ *adj*
每日的；日常的；平常的；普通的：*everyday* life 日常生活 / *everyday* English 常用英語 / *everyday* event 平常事

eve·ry·one /'evrɪwʌn/ *pron*
= **everybody**

eve·ry·thing /'evrɪθɪŋ/ *pron*
1 每件事；事事；萬物：*Everything* is good for something. [諺] 世上無廢物，各有各用途。（或：天生萬物皆有用。） / To know *everything* is to know nothing. [諺] 樣樣都想懂，樣樣都不懂。 **2** 一切；最重要的東西：Money means *everything* to him. 對於他來説錢就是一切。

eve·ry·where /'evrɪweə(r)/ *adv*
1 處處；到處 **2**（連詞用法）無論哪

裏：*Everywhere* you go, you'll find ads. 無論走到哪裏，你都會看到廣告。

e·vic·tion /ɪˈvɪkʃn/ *n* [C, U]
（租地、租房等的）收回；（租戶等的）**驅逐**

ev·i·dence /ˈevɪdəns/ *n*
1 [U] 證據；證明：Is there any *evidence* of (for) his guilt? 有證據證明他有罪嗎？ **2** [C] 跡象 **3** [U] 顯著；明顯
◇ **bear (give, show) evidence(s) of** 有⋯的跡象；表明 / **call sb in evidence** 叫某人作證 / **give evidence** 作證 / **in evidence** 明顯的；顯而易見的
◐ **proof**

ev·i·dent /ˈevɪdənt/ *adj*
明顯的；明白的：It is *evident* that you are wrong. 顯然你是錯的。
▷ **evidently** *adj*
◐ **apparent, obvious, clear, plain**

e·vil /ˈiːvl/
I *adj* (evil(l)er, evil(l)est) 邪惡的：an *evil* man (deed) 惡人（行）
II *n* **1** [U] 邪惡：The path down to *evil* is easy. [諺] 邪惡之路常易走。 **2** [C] 罪惡；弊病：Money is the root of all *evils*. 金錢是萬惡之源。
◇ **do evil** 幹壞事 / **return good for evil** 以德報怨
III *adv* 惡毒地：speak *evil* of sb 誹謗某人
□ **evildoer** *n* 作惡的人 / **evildoing** *n* 壞事 / **evil-minded** *adj* 惡毒的
◐ **bad, wicked, ill**
◑ **good, moral**

e·vo·lu·tion /ˌiːvəˈluːʃn, ˌev-/ *n* [U]
1 發展 **2** 演化；進化：the theory of *evolution* 進化論

e·volve /ɪˈvɒlv/ *vt, vi*
發展；演變；進化：He *evolved* a new theory. 他逐步形成了一個新理論。/ Man has *evolved* from the ape. 人是從類人猿進化而來的。

ewe /juː/ *n* [C] 母羊

ex·act /ɪɡˈzækt/ *adj*
1 準確的；精確的：What is the *exact* number? 確切的數字是多少？ **2** 精密的：the *exact* sciences 精密科學
◇ **to be exact** 確切地說
◐ **correct, accurate, precise**

ex·act·ly /ɪɡˈzæktlɪ/ *adv*
1 準確地；確切地：Please tell me *exactly* what the cost is. 請確切地告訴我費用是多少。 **2** 正；恰好：That's *exactly* what I want. 那正是我想要的。 **3** （用於會話）正是（yes）

ex·ag·ger·ate /ɪɡˈzædʒəreɪt/ *vt, vi*
誇張；誇大：He always *exaggerates*. 他總是誇大其詞。/ You're *exaggerating* his faults. 你在誇大他的缺點。
▷ **exaggeration** /ɪɡˌzædʒəˈreɪʃn/ *n* [C, U] 誇張；誇大

ex·am·i·na·tion /ɪɡˌzæmɪˈneɪʃn/ *n*
1 [C] 考試；測驗：an entrance *examination* 入學考試 / *examination* paper 試卷 **2** [C, U] 檢查；審查；調查；診察：a physical *examination* 體檢 / The doctor made a thorough *examination* of the patient. 醫生對病人進行了徹底檢查。
◇ **fail in an examination** 考試不及格/ **pass an examination** 考試及格 / **sit for an examination** 應試 / **take an examination** 參加考試 / **under examination** 在檢查中

ex·am·ine /ɪgˈzæmɪn/ vt
1 考試（學生等）: The students will be *examined* in maths next week. 學生下週考數學。 **2** 檢查；審查；調查；診察: The committee is *examining* the plan. 委員會正在審查該計劃。/ The doctor *examined* the baby. 醫生為嬰兒作了檢查。
❶ inspect

ex·am·ple /ɪgˈzɑːmpl; -ˈzæm-/ n [C]
1 例子；例證 **2** 範例；榜樣: A good *example* is the best sermon. [諺] 好榜樣是最好的說教。（或：身教勝於言教。）
◇ **for example** 例如 / **give (set) an example to sb** 給某人做出榜樣；以身作則
❶ instance; model, standard

ex·ceed /ɪkˈsiːd/ vt
超過；勝過: He was fined for *exceeding* the speed limit. 他因超速被罰了款。/ Jack *exceeds* the rest of the class in studies. 傑克的學習超過班上所有同學。

ex·ceed·ing·ly /ɪkˈsiːdɪŋlɪ/ adv
很；非常

ex·cel /ɪkˈsel/
❶ vt (excelled, excelling) 勝過；優於: He *excels* me in strength. 他力氣比我大。 **❷** vi 擅長；傑出: *excel* in painting 擅長繪畫 / He *excels* as a conductor. 他是位傑出的樂隊指揮。
❶ surpass, outdo

ex·cel·lence /ˈeksələns/ n
1 [U] 傑出；卓越；優秀；優良 **2** [C] 優點；美德

ex·cel·lent /ˈeksələnt/ adj
傑出的；卓越的；優秀的；極好的

▷ **excellently** adv

ex·cept /ɪkˈsept/ prep
除…之外（在整體中除去一部分）: We all went *except* him. 除他之外我們都去了。/ Your essay is good *except* that it's a bit too long. 你的文章很好，只是太長了些。
◇ **except for** 除…之外；只是
❶ besides, but

ex·cep·tion /ɪkˈsepʃn/ n [C]
例外；除外: Everyone has to come with the *exception* of Tom (but Tom is an *exception*). 除湯姆之外大家都要來（大家都要來，但湯姆例外）。
◇ **make an exception of** 把…作為例外 / **make no exceptions** 一視同仁

ex·cep·tion·al /ɪkˈsepʃənl/ adj
例外的；特殊的；異常的: Such warm weather is *exceptional* in this time of year. 在一年中這個時侯，這樣的暖和天氣是少見的。 ▷ **exceptionally** adv

ex·cess
I n [U] **1** 過度: His health failed quikly because he smoked and drank to *excess*. 由於煙酒無度，他的健康迅速惡化。 **2** [常與 an 連用] 過量；過剩: an *excess* of generosity 過分大方 **3** （常與 an 連用）超過（數量）: an *excess* of supply over demand 供大於求
◇ **go (run) to excess** 走極端 / **in excess of** 超過
II adj 過量的；超過限額的: *excess* baggage 超重行李

ex·ces·sive /ɪkˈsesɪv/ adj
過分的；過度的；極端的
▷ **excessively** adv

ex·change /ɪksˈtʃeɪndʒ/

I *vt* 交換；調換；兌換：*exchange* greetings 互致問候 / *exchange* seats (with sb) （與某人）換座位 / *exchange* Chinese money for English money 把中國幣兌換成英國貨幣

II *n* **1** [C, U] 交換；交流：an *exchange* of opinions 交換意見 / cultural *exchange* 文化交流 **2** [U] 兌換；匯兌：foreign *exchange* 外匯 **3** [C] 交易所 **4** [C] 電話總局交換台

◇ **in exchange for** 以…作交換 / **make an exchange** 進行交換

ex·cise /'eksaɪz/ *n* [C, U] （對國內徵收的）貨物稅；消費稅；執照稅

ex·cite /ɪk'saɪt/ *vt*
1 使興奮；使激動；刺激：The good news *excited* us. 這個好消息使我們很興奮。 **2** 引起；喚起：His words *excited* my interest. 他的話引起了我的興趣。
❶ stimulate, encourage, inspire

ex·cit·ed /ɪk'saɪtɪd/ *adj*
興奮的；激動的：The boy was too *excited* to go to sleep. 這孩子激動得難以入睡。 ▷ **excitedly** *adv*

ex·cite·ment /ɪk'saɪtmənt/ *n* [U]
興奮；激動；刺激：His speech caused great *excitement* among the audience. 他的演講使聽眾極為興奮。

ex·cit·ing /ɪk'saɪtɪŋ/ *adj*
令人興奮的；使人激動的

ex·claim /ɪk'skleɪm/ *vt, vi*
大聲說；呼喊；驚叫：People *exclaimed* in astonishment. 人們驚呼起來。

ex·cla·ma·tion /ˌekskləˈmeɪʃn/ *n* [C, U]
呼喊；驚叫；感嘆：He gave an *exclamation* of joy at the news. 聽到這個消息他高興地喊了起來。 / *exclamation* mark (point) 感嘆號

ex·clude /ɪk'skluːd/ *vt*
拒絕；把…排除在外：They *excluded* Mike from the football team. 他們拒絕邁克參加足球隊。 / We cannot *exclude* that possibility. 我們不能排除那種可能性。 ▷ **exclusion** /ɪk'skluːʒn/ *n* [U]
❶ eliminate
❶ admit, include

ex·clu·sive /ɪk'skluːsɪv/ *adj*
1 除外的；排外的；排他的：The exhibition will remain open from Monday to Friday *exclusive*. 展覽會從星期二到星期四開放。 **2** 獨佔的；專有的：a story *exclusive* to a newspaper 一家報紙的獨家新聞 **3** 高級的
▷ **exclusively** *adv*

ex·cur·sion /ɪk'skɜːʃn/ *n* [C]
短途旅行；遊覽：go on a country *excursion* 到鄉下遠足 / make an *excursion* to the seaside 到海邊旅遊
❶ journey, trip, travel, voyage
⇨ 用法說明見 JOURNEY

ex·cuse /ɪk'skjuːz/
I *vt* **1** 原諒：Please *excuse* me for coming so late. (Please *excuse* my coming so late.) 請原諒我遲到了。 / *Excuse* me, can you tell me the time? 請問幾點了？ **2** 免除：May I be *excused* from attending the meeting? 我可以不參加會議嗎？

◇ **excuse oneself for** 替自己辯解 / **excuse oneself from** 借故推託

II /ɪk'skjuːs/ *n* [C] 借口；理由；辯解：Idle folks lack no *excuses*. [諺] 懶人借口多。 / Can you give me your *excuses*

for being late? 你能說明遲到的理由嗎？
◇ **in excuse of** 為…辯解 / **make an excuse (for)**（為…）辯護 / **without excuse** 無故
● pardon, forgive

用法說明：在美國英語中，道歉的用語通常是 **Excuse me** 或 **Pardon me**。在英國英語中，人們在道歉時通常說 **I'm sorry** 或 **sorry**，還能聽到比較正式的用語 **I beg your pardon**。

ex·e·cute /'eksɪkjuːt/ *vt*
1 處決：The criminal will be *executed* soon. 罪犯不久就要處決。 **2** 實行；執行；履行；實施；貫徹：The order was strictly *executed*. 命令得到了嚴格執行。
● perform, do, accomplish, fulfil

ex·e·cu·tion /ˌeksɪ'kjuːʃn/ *n*
1 [C, U] 處決 **2** [U] 實行；執行；履行；實施；貫徹
◇ **be in execution** 在執行(實行)中 / **carry (put) into execution** 實行；實施

ex·ec·u·tive /ɪg'zekjutɪv/
I *adj* 執行的；行政（上）的：an *executive* committee 執行委員會
II *n* [C] **1** 行政人員；行政官 **2** [the executive] 行政部門

ex·ec·u·tor /'eksɪkjuːtə(r)/ *n* [C]
1 執行者；實行者 **2** /ɪg'zekjutə(r)/〈律〉指定的執行遺囑的人

ex·empt /ɪg'zempt/
I *vt* 豁免；免除：He was *exempted* from paying income tax. 他被免交所得稅。 **II** *adj* 被豁免的；被免除的：be *exempt* from military service 免服兵役

ex·er·cise /'eksəsaɪz/
I *n* **1** [U] 運動；鍛煉：Jogging is good *exercise*. 慢跑是很好的運動。 **2** [C] 體操；（一種）運動：We do morning *exercises* every day. 我們每天做早操。 **3** [C]〈軍〉操練；演習：The troops are having military *exercises*. 部隊正在操練（演習）。 **4** [C] 練習；習題：grammar *exercises* 語法練習 **II** *vt, vi* 鍛煉；運動；訓練：You need to *exercise* regularly. 你需要經常運動。/ He is *exercising* himself in golf. 他正在練習打高爾夫球。
● practice, drill, training

ex·ert /ɪg'zɜːt/ *vt*
盡力；發揮；行使：We must *exert* all our efforts. 我們必須盡全力。
▷ **exertion** /ɪg'zɜːʃn/ *n* [C, U]

ex·hale /eks'heɪl/ *vt, vi*
呼（氣）：*exhale* air from the lungs 從肺裏呼氣 / He is having difficulty in *exhaling*. 他現在呼吸困難。
▷ **exhalation** /ˌekshə'leɪʃn/ *n* [U]
● inhale

ex·haust /ɪg'zɔːst/
I *vt* **1** 使筋疲力盡：We were all *exhausted* after a day's hard work. 一天辛勞後我們都筋疲力盡了。 **2** 用盡；耗盡：Our money is *exhausted*. 我們的錢花光了。 **3** 詳盡討論：We have *exhausted* the topic. 這個話題我們已經談透了。 **II** *n* [C, U] 排出；排氣；排氣裝置；排出的廢氣

ex·haus·tion /ɪg'zɔːstʃən/ *n* [U]
筋疲力盡；衰竭；用盡

ex·hib·it /ɪg'zɪbɪt/
I *vt* **1** 展覽：Hong Kong Art Centre is *exhibiting* some Chinese paintings. 香港藝術中心正在展出一些中國畫。 **2** 顯

出；表現：He *exhibits* no manliness. 他沒有男子氣概。

II *n* [C] 展覽品；展覽會

◑ show, display, expose

ex·hi·bi·tion /ˌeksɪˈbɪʃn/ *n* [C]

1 展覽 **2** 展覽品 **3** 展覽會

ex·ile /ˈeksaɪl/

I *n* **1** [U] 流放；放逐 **2** [C] 被流放者

◇ **go into exile** 逃亡 / **send sb in exile** 放逐某人 **II** *vt* 流放；放逐

ex·ist /ɪɡˈzɪst/ *vi*

1 存在：Does God really *exist*? 上帝真的存在嗎？ **2** 生存；生活：No life can *exist* without water. 沒有水甚麼生命都不能生存。

ex·ist·ence /ɪɡˈzɪstəns/ *n*

1 [U] 存在：Do you believe in the *existence* of God? 你相信上帝的存在嗎？ **2** [C, U] 生活：We are living a miserable *existence*. 我們過着悲慘的生活。

◇ **bring (call) into existence** 使產生；使成立 / **come into existence** 產生；成立 / **in existence** 現存的；存在的

ex·it /ˈeksɪt/

I *n* [C] **1** 出口；太平門 **2** 〈劇〉退場

◇ **make one's exit** 退場

II *vi* 〈劇〉退場

◐ enter

ex·pand /ɪkˈspænd/ *vt, vi*

擴大；膨脹：Metals *expand* when heated. 金屬受熱膨脹。/ Their business has been *expanded*. 他們的生意擴大了。

▷ **expansion** /ɪkˈspænʃn/ *n* [C, U]

◑ extend, stretch

◐ contract

ex·pect /ɪkˈspekt/ *vt*

1 預期；預料；料想；認為；以為：The work was not so difficult as I had *expected*. 工作沒有像我預料的那麼困難。/ I *expect* that he will come next week. 我想他下週會來。/ Will he come? I *expect* so. / I *expect* not. 他會來嗎？我想會的/我想不會。 **2** 盼望；等待：I'm *expecting* a letter from him. 我在等他的信。 **3** 指望；要求：Don't *expect* too much of him. 不要對他期望太高。/ You are *expected* to be punctual. 你應該準時。

◑ anticipate, hope, await

⇨ 用法説明見 WAIT

ex·pect·ant /ɪkˈspektənt/ *adj*

期待的；預期的；盼望的

ex·pec·ta·tion /ˌekspekˈteɪʃn/ *n*

1 [U] 期待；期望；預期 **2** [C] 期望的事物

ex·pe·di·ent /ɪkˈspiːdɪənt/

I *adj* **1** 方便的；適當的；得當的：It would not be *expedient* to refuse him. 拒絕他是不合適的。 **2** 權宜之計的

II *n* [C] 權宜之計；應急的辦法

◑ resource, resort

ex·pe·di·tion /ˌekspɪˈdɪʃn/ *n* [C]

1 遠征；探險：go on (make) an *expedition* (to a place) (到某地) 去遠征 (探險) **2** 遠征隊；探險隊

◑ trip, journey

ex·pel

/ɪkˈspel/ *vt* (expelled, expelling)

驅逐；開除；趕出：The pupil was *expelled* from school. 這個學生被開除了。 ▷ **expulsion** /ɪkˈspʌlʃn/ *n*

◑ dismiss

ex·pend /ɪkˈspend/ *vt*
花費（時間、金錢等）：He *expends* most of his money on books (in buying books). 他的錢大部分都花在買書上。

ex·pend·i·ture
/ɪkˈspendɪtʃə(r)/ *n* [U]
花費；支出；費用；經費；支出額

ex·pense /ɪkˈspens/ *n*
1 [U]（時間、金錢等的）花費；費用：He took a trip to Japan at his own *expense*. 他到日本自費旅行。 **2** [U] 損失；犧牲：He succeeded at the *expense* of his health. 他成功了，但身體卻受到了損害。 **3** [常作 expenses] 經費；開支：school *expenses* 學費 / travelling *expenses* 旅費
◇ **at sb's expense** 由某人付費；犧牲別人的利益 / **at the expense of** 以…為代價；犧牲 / **cut down one's expenses** 節省開支 / **put sb to expense** 使某人負擔費用 / **spare no expense** 不惜花費
◐ cost, price, charge

ex·pen·sive /ɪkˈspensɪv/ *adj*
費錢的；昂貴的；奢侈的
◐ costly, dear
◑ inexpensive, cheap

ex·pe·ri·ence /ɪkˈspɪərɪəns/
I *n* **1** [U] 經驗：*Experience* is the best teacher. [諺] 經驗是最好的老師。 **2** [C] 經歷；體驗：His stay in the country was an unforgettable *experience*. 他在鄉下的小住是一次難忘的經歷。
II *vt* 經歷；體驗：I have never *experienced* an earthquake. 我還從來沒有經歷過地震。

ex·pe·ri·enced /ɪkˈspɪərɪənst/ *adj*
有經驗的；老練的

◑ inexperienced

ex·per·i·ment /ɪkˈsperɪmənt; ekˈs-/
I *n* [C, U] 實驗；試驗：make (try, carry out) an *experiment* on (in, with) 做…實驗 / This has to be proved by *experiment*. 這要通過實驗加以證明。
II /ɪkˈsperɪment; ekˈs-/ *vi* 做實驗；進行試驗（on, in, with）
◐ trial, test

ex·per·i·men·tal
/ek͵sperɪˈmentl; ekˈs-/ *adj*
實驗（性）的；試驗性的；根據實驗的
▷ **experimentally** *adv*

ex·pert /ˈekspɜːt/
I *n* [C] 專家；內行：He is an *expert* on (at, in) eye diseases. 他是個眼病專家。 **II** *adj* 專家的；內行的；熟練的：an *expert* dentist 牙科專家 / He's *expert* at (in) repairing TV sets. 他修理電視機很內行。

ex·pire /ɪkˈspaɪə(r); ekˈ-/ *vi*
期滿：Our vocation *expires* tomorrow. 我們的假期明天結束。 / My driving licence *expires* next week. 我的駕駛執照下週到期。

ex·plain /ɪkˈspleɪn/ *vt*
1 解釋；說明：The teacher *explained* the new words to the students. 老師向學生解釋了新詞的意思。 / Can you *explain* how the machine is started? 你能說明一下機器是怎麼發動的嗎？ **2** 說明理由（原因）：I cannot *explain* his anger (why he was angry). 我不知道他為甚麼發火。
◇ **explain sth away** 為…辯護；通過解釋消除（誤解等）；搪塞 / **explain oneself** 為自己的行為解釋，交待清楚

◑ interpret

ex·pla·na·tion
/ˌekspləˈneɪʃn/ n [C, U]
解釋；說明：He added a few words by way of *explanation*. 他又補充了幾句作為說明。/ There are several *explanations* for the sentence. 這個句子有幾種解釋。

ex·plan·a·to·ry /ɪkˈsplænətərɪ/ adj
解釋的；說明的：*explanatory* notes 注釋

ex·plode /ɪkˈspləʊd/ vt, vi
(使) 爆炸；爆發：A bomb *exploded* in the subway station. 一顆炸彈在地鐵站裏爆炸了。/ The police found the bomb and *exploded* it. 警察發現了炸彈並把它引爆了。

ex·ploit /ɪkˈsplɔɪt/ vt
1 開發；利用：*exploit* natural resources 開發自然資源 **2** 剝削：the *exploiting* (exploited) class (被) 剝削階級

▷ **exploitation** /ˌeksplɔɪˈteɪʃn/ n [U]

ex·plo·ra·tion
/ˌeksplɔːˈreɪʃn/ n [C, U]
勘探；探險；探索；研究：space *exploration* 宇宙空間探索 / a journey of *exploration* 探險旅行 / the *exploration* of ocean depth 勘探海洋深度

ex·plore /ɪkˈsplɔː(r)/ vt, vi
勘探；探險

ex·plor·er /ɪkˈsplɔːrə(r)/ n [C]
勘探者；探險者；勘探器；探測器

ex·plo·sion /ɪkˈspləʊʒn/ n [C]
1 爆炸 (聲)；爆發 **2** 劇增

ex·plo·sive /ɪkˈspləʊsɪv/
I adj 爆炸 (性) 的：an *explosive* gas 爆炸性氣體 / an *explosive* temper [喻] 暴躁脾氣 **II** n [C, U] 爆炸物；炸藥

ex·po·nent /ɪkˈspəʊnənt/ n
1 [C] 闡述者；說明者；解說員；擁護者 **2** 〈數〉指數；冪

ex·port
I /ɪkˈspɔːt/ vt, vi 輸出；出口：China *exports* textile products to the U.S. 中國向美國出口紡織品。/ Japan *exports* to many countries. 日本向許多國家出口貨物。**II** /ˈekspɔːt/ n **1** [U] 輸出；出口 **2** [常作 exports] 出口商品
◑ import

ex·port·er /ekˈspɔːtə(r)/ n [C]
輸出國；出口商

ex·pose /ɪkˈspəʊz/ vt
1 使暴露；使遭受；使…受影響：*expose* oneself to the enemy 把自己暴露給敵人 / Photos fade quickly when they are *exposed* to the sun. 照片暴露在陽光下很快就會褪色。**2** 揭露；揭發：*expose* a murderer to the police 向警方揭發一個殺人犯 **3** 使 (膠片) 曝光；感光
◑ show, exhibit, display, disclose

ex·po·si·tion /ˌekspəˈzɪʃn/ n
1 [C, U] 解釋；說明：Can you give me an *exposition* of the matter? 你能向我解釋一下這件事嗎？**2** [C] 展覽會；博覽會

ex·po·sure /ɪkˈspəʊʒə(r)/ n
1 [U] 暴露；曝露 **2** [U] 揭露 **3** [C, U] 曝光

ex·press /ɪkˈspres/
I adj 特快的；快速的：an *express* train 快車 / You'd better send the letter by *express* delivery. 這封信你最好用快遞寄。**II** n **1** [C, U] 快遞；快件：send

a parcel by *express* 用快遞寄包裹 **2** [C] 快車：go by *express* 乘快車去 **III** *vt* 表達；表示：He cannot *express* himself clearly. 他不能清楚地表達自己的思想。
◐ utter, voice

ex·pres·sion /ɪk'spreʃn/ *n*
1 [U] 表達；表示；表現：He gave *expression* to his anger by slamming the door. 他用使勁關門來表示憤怒。 **2** [C] 表情：She wore a worried *expression* on her face. 她面露愁容。 **3** [C] 詞語；說法；表達方式：an idiomatic *expression* 習慣表達方式

ex·press·ly /ɪk'spreslɪ/ *adv*
1 明確地：I told him *expressly* that I didn't agree with him. 我明確地告訴他我不同意他的看法。 **2** 特地；專程地；專門地：I have come *expressly* to see you. 我是特地來看你的。

ex·press·way /ɪk'spresweɪ/ *n* [C]
高速公路；（部分立體交叉的）快速幹道

ex·qui·site /'ekskwɪzɪt; ek's-/ *adj*
精緻的；優美的；高雅的：an *exquisite* portrait 精美的畫像 / an *exquisite* work of art 高雅的藝術品
◐ delicate
◑ gross, crude, coarse

ex·tend /ɪk'stend/
❶ *vt, vi* （使）延長；（使）延伸；使擴大：The path *extends* as far as the woods. 小路一直延伸到樹林邊。 / He *extended* his stay by two days. 他把逗留時間延長了兩天。 / They *extended* the hospital. 他們擴建了醫院。 **❷** *vt* **1** 伸出：She *extended* her hand to me. 她向我伸出手來。 **2** 給予：He *extended* his welcome to us. 他向我們表示歡迎。

◐ lengthen, prolong, protract

ex·ten·sion /ɪk'stenʃn/ *n*
1 [U] 延長；延伸；擴大：He asked for an *extension* of his sick leave. 他要求延長病假。 **2** [C] 延長或擴建的部分 **3** [C] 電話分機

ex·ten·sive /ɪk'stensɪv/ *adj*
廣泛的；廣闊的；廣大的；大量的：*extensive* knowledge 廣博的知識
▷ **extensively** *adv*

ex·tent /ɪk'stent/ *n* [U]
範圍；程度：The desert is very vast in *extent*. 沙漠的範圍很大。/ They are trying to estimate the *extent* of the damage. 他們正在估計損失的程度。
◇ **to a certain (some, a great) extent** 在一定（某種，很大）程度上

ex·te·ri·or /ɪk'stɪərɪə(r)/
I *adj* 外部的；外表的；外界的 **II** *n* [C] 外部；外表；外觀
◐ interior

ex·ter·nal /ɪk'stɜːnl/ *adj*
1 外界的；外部的；外面的：the *external* world 外（部世）界 **2** 〈醫〉外用的：This medicine is for *external* use only. 這種藥僅供外用。
◑ internal

ex·tinct /ɪk'stɪŋkt/ *adj*
1 （火等）熄滅的：an *extinct* volcano 死火山 **2** （生物等）滅絕的；絕種的：The dinosaur is now *extinct*. 恐龍現已滅絕了。
◐ dead, lifeless
◑ alive, living

ex·tin·guish /ɪk'stɪŋgwɪʃ/ *vt*
撲滅；熄滅（火等）：It took them five days to *extinguish* the forest fire. 他們花

了五天才把森林大火撲滅。/ All his hope was *extinguished*. [喻] 他的一切希望都破滅了。

ex·tin·guish·er
/ɪkˈstɪŋgwɪʃə(r)/ *n* [C] 滅火器

ex·tra /ˈekstrə/
I *adj* **1** 額外的；附加的：He often works *extra* hours but he never asks for extra pay. 雖然他經常加班工作，但他從來不索取額外報酬。**2** 臨時的：*extra* hands 臨時工 II *adv* 特別地；非常地：He studies *extra* hard. 他學習特別用功。 III *n* [C] **1** 額外的東西 **2** 臨時工；臨時演員 **3** （報紙的）號外
◑ spare

ex·tract /ɪkˈstrækt/
I *vt* **1** 拔出；抽出：I had a tooth *extracted* yesterday. 我昨天拔了一顆牙。**2** 提取：*extract* oil from sesame 從芝麻中榨油 **3** 摘錄；選錄：*extract* an article from a magazine 從雜誌中選錄一篇文章 **4** 〈數〉開（方）；求（根）：*extract* the root 開方；求根
II /ˈekstrækt/ *n* **1** [C, U] 提取物；精華：beef *extract* 牛肉精 **2** [C] 摘要；節錄：*extracts* from the open letter 公開信的節錄
▷ **extraction** /ɪkˈstrækʃn/ *n* [C, U]

ex·traor·di·na·ry
/ɪkˈstrɔːdnrɪ; ˌekstrəˈɔːdɪ-/ *adj*
特別的；非常的；非凡的：He has *extraordinary* courage. 他有非凡的勇氣。
▷ **extraordinarily** *adv*

ex·trav·a·gance
/ɪkˈstrævəgəns/ *n* [U]
1 奢侈；浪費：People are growing tired of the *extravagance* of modern life. 人們厭倦了現代生活的奢侈。**2** 過分；過度：I felt ill at ease at the *extravagance* of his praise. 他的過分誇獎使我很不自在。
▷ **extravagant** *adj* / **extravagantly** *adv*

ex·treme /ɪkˈstriːm/
I *adj* **1** 盡頭的；末端的：the *extreme* northern end of the island 島的最北端 **2** 極端的；極度的：an *extreme* viewpoint 極端的觀點 / *extreme* pain 極度的痛苦
II *n* [C] 極端：*Extremes* are dangerous. 走極端是危險的。
◇ **in (the) extreme** 很；極端 / **go to extremes (run to an extreme)** 走極端
▷ **extremely** *adv*

eye /aɪ/
I *n* **1** [C] 眼睛；眼狀物：She has big *eyes*. 她長着一雙大眼睛。/ the *eye* of a needle 針眼 **2** [僅用單] 眼光；眼力；鑒賞力：He has an *eye* for beauty. 他有審美的眼光。
◇ **be all eyes** 注視；目不轉睛 / **before (under) one's very eyes** 當某人面；公開地 / **be up to the eyes in (with)** 忙於；埋頭於 / **catch sb's eye(s)** 引起某人注意 / **close one's eyes to sth** 對⋯視而不見 / **have an eye for** 對⋯有鑒賞力 / **have an eye to** 照看；照顧；對⋯有企圖 / **in the eyes of** 在⋯心目中；從⋯觀點（角度）來看 / **keep (have) an eye on** 照看；密切注意 / **lay (set) eyes on** 看見；望到 / **make eyes at** 向⋯送秋波 / **see eye to eye (with)** （與⋯）看法完全一致 / **turn a blind eye to sth** 對⋯熟

視無睹 / **with an eye to (on) sth** 着眼於；對…有企圖 / **with one's eyes open** 明知地；注意地

⟹ 插圖見 HEAD

II vt 注視；盯着看：He *eyed* me up and down. 他上下盯着我看。

□ **eye-catcher** n 引人注目的事物 / **eye-catching** adj 引人注目的 / **eyehole** n 眼窩 / **eye-opener** n 令人開眼界並感到十分驚奇的事物；很有啟發的事物 / **eye-opening** adj 令人十分驚奇的；很有啟發的 / **eye-shadow** n 眼影 / **eyeshot** n 眼界；視野 / **eyesore** n 醜陋的東西；刺眼的東西 / **eye-strain** n 眼睛疲勞 / **eyewash** n 洗眼藥水 / **eyewater** n 眼

藥水 / **eyewitness** n 目擊者；見證人

eye·ball /'aɪbɔːl/ n [C] 眼球

eye·brow /'aɪbraʊ/ n

[常作 eyebrows] 眉毛：raise one's *eyebrows* 揚起眉毛（表示吃驚等）

eye·glass·es /'aɪglɑːsɪz/ n（複數）眼鏡

eye·lash·es /'aɪlæʃɪz/ n（複數）睫毛

eye·lid /'aɪlɪd/ n [C] 眼瞼；眼皮

eye·lin·er /'aɪˌlaɪnə(r)/ n [U]（化妝用的）描眼膏；眼線筆

eye·sight /'aɪsaɪt/ [U]

視力：I have good (poor) *eyesight*. 我視力（不）好。

F, f

F, f /ef/

1 英語字母表的第六個字母 **2** [美]（學業成績）不及格（failure）的符號

fa·ble /'feɪbl/ n [C]

1 寓言：Aesop's *fables* 伊索寓言 **2** 傳說；神話

fa·bric /'fæbrɪk/ n

1 [C, U] 織物；纖維品：silk *fabrics* 絲織品 **2** [U] 結構；組織：the *fabric* of society 社會組織

fab·u·lous /'fæbjʊləs/ adj

1 寓言中的；傳說中的：The phoenix is a *fabulous* bird. 鳳凰是傳説中的鳥。 **2** 極好的；難以置信的：What a *fabulous* idea! 多好的想法！

◑ legendary

◑ real, true

face /feɪs/

I n **1** [C] 臉；面貌；表情：There is a scar across his *face*. 他臉上有一個傷疤。 / A good fame is better than a good *face*. [諺] 美名勝於美貌。 **2** 表面；正面：the *face* of a house 房子的正面 / The *face* of the earth is mostly covered by water. 地球表面大部分為水所覆蓋。 **3** [U] 臉面；厚臉皮：How can you have the *face* to come? 你怎麼還有臉來？

◇ **face to face** 面對面；當面 / **in (the) face of** 面臨；不顧 / **keep a straight face** 板着臉 / **look sb in the face (look in sb's face)** 直視某人 / **lose (one's)**

face 丟臉 / **make (pull) faces (a face)** 做苦臉；做鬼臉 / **put a good face on** 掩飾；對…裝作無事 / **save one's face** 保全面子 / **show one's face** 露面；出面 / **to sb's face** 當着某人的面

II ❶ *vt, vi* 面對；面向：My house *faces* north (Causeway Bay). 我的房子面朝北（面對銅鑼灣）。❷ *vt* 正視；大膽面對：You have to *face* this fact. 你必須正視這一事實。

◇ **face up to** 大膽面對 □ **face-saving** *n, adj* 保全面子（的）/ **face-to-face** *adj, adv* 面對面的（地）

face-off /'feɪsɒf/ *n* [U]
（冰上曲棍球）開球

fa·cil·i·ty /fə'sɪlətɪ/ *n*
1 [C] [常作 facilities] 設施；設備：sports *facilities* 體育設施 **2** [U] 容易；敏捷；熟巧：He spoke with great *facility*. 他講話非常流利。

fac·sim·i·le /fæk'sɪmɪlɪ/ *n* [C]
1 摹寫；複製；摹（真）本：That's not the original copy but a *facsimile*. 這不是原本而是摹本。**2** （通訊）傳真：*facsimile* telegraph 傳真電報

❶ copy, duplicate

fact /fækt/ *n* [C]
事實；真相：*Facts* speak louder than words. [諺] 事實勝於雄辯。/ Tell me the *facts*. 告訴我真相。

◇ **as a matter of fact** 事實上；實際上 / **in fact** 其實；實際上 / **in point of fact** 事實上 □ **fact-finding** *adj* 進行實地調查的

fac·tor /'fæktə(r)/ *n* [C]
1 因素；要素：You should take all possible *factors* into consideration. 你必須把所有可能的因素都考慮進去。**2** 〈數〉因子；因數

❶ element, constituent, component

fac·to·ry /'fæktərɪ/ *n* [C]
工廠；製造廠

❶ mill, plant, works, refinery

fac·ul·ty /'fækltɪ/ *n* [C]
1 才能：She has a *faculty* for singing and dancing. 她能歌善舞。**2** 官能：the *faculty* of hearing (seeing) 聽（視）力 **3** [常作 Faculty]（大學的）學院：The *Faculty* of Arts 文學院 **4** （高等院校的）全體教職員

❶ talent, gift, genius

fade /feɪd/
❶ *vt, vi* （使）褪色：The window curtains have (been) *faded* (by the sun). 窗簾已經（被陽光晒）褪色了。❷ *vi* **1** 凋謝；枯萎：The flowers have *faded*. 花謝了。**2** 消失；衰弱：The sound gradually *faded* (away). 聲音漸漸消失了。

□ **fadeaway** *n* 逐漸消失

❶ vanish, disappear

❶ appear, emerge

fail /feɪl/
I ❶ *vi* **1** 失敗：I tried to persuade him but *failed*. 我試圖説服他但是失敗了。**2** 減弱；衰弱：His health is *failing*. 他健康日衰。/ He's *failing* fast in eyesight. 他的視力迅速減弱。❷ *vt, vi* **1** （使）不及格；沒有通過考試：He *failed* (in) the examination. 他考試沒有及格。/ The teacher *failed* many students. 老師把許多學生評為不及格。**2** 不足；缺乏；使失望：His courage *failed* (him). (He *failed* in courage.) 他缺

乏勇氣。/ Words *failed* me at the moment. 我一時説不出話來。 ❸ *vt* (後接不定式)**不能;沒有;忘記**: He *failed* to come on time. 他沒有按時到。/ Don't *fail* to ring me up. 不要忘了給我打電話。 **II** *n* [U] **失敗**(failure): without *fail* 一定

◑ succeed

fail·ure /'feɪljə(r)/ *n*

❶ [U] **失敗**: *Failure* is the mother of success. [諺] 失敗乃成功之母。 ❷ [C] **失敗的人或事**: The party was a *failure*. 這個宴會開得不成功。/ He is a *failure* as an artist. 他是個不成功的藝術家。

◑ success

faint /feɪnt/

I *adj* ❶ **微弱的;不清楚的**: a *faint* sound (light) 微弱的聲音(燈光) ❷ **虛弱的;要昏暈的**: His health became very *faint*. 他的身體變得很虛弱。/ He feels *faint* at the sight of blood. 他看到血就發暈。 **II** *vi* **發暈;昏厥;暈倒**: He *fainted* from hunger. 他餓昏了。 **III** *n* [C] **昏厥**: He fell in a dead *faint*. 他昏了過去(完全不省人事)。

fair¹ /feə(r)/ *n* [C]

(定期)**集市;博覽會**: a trade *fair* 商品交易會 / a world *fair* 萬國博覽會

◑ market

fair² /feə(r)/

I *adj* ❶ **公平的**: *fair* play 公平比賽;公正的待遇 / We ought to be *fair* to both sides. 我們對雙方都要公平。 ❷ (天氣)**晴朗的**: *fair* weather 晴天 ❸ **尚好的;中等的;相當的**: His work is only *fair*. 他的工作僅僅一般。/ It's a *fair* journey to the station. 到車站有相當長

一段路。 ❹ **順利的**: Hoist your sail when the wind is *fair*. [諺] 啟帆要趁風順時。(意指: 做事莫錯過機會。) ❺ **女性的;美麗的;(頭髮)金色的;(膚色)白皙的**: the *fair* (sex) 女性 / She has *fair* hair. 她一頭金髮。/ a *fair* complexion 白皙的膚色 ❻ **清楚的;乾淨的**: a *fair* copy 清樣 / a *fair* name 清白的名聲 **II** *adv* **公平地**: play *fair* 公平地比賽或行事

□ **fair-haired** *adj* 金髮的 / **fair-minded** *adj* 公正的;無偏見的

◑ just, beautiful, lovely, handsome, pretty

⇨ 用法説明見 JUST

fair·ness /'feənɪs/ *n* [U]
公平;晴朗;美好;(皮膚)白皙

fair·ly /'feəlɪ/ *adv*

❶ **公平地;公正地**: We must treat others *fairly*. 我們必須公平待人。 ❷ **相當;還算;尚**: Your essay is *fairly* good. 你的文章相當好。

> 用法説明: **Fairly**、**pretty**、**quite**、**rather** 四個近義詞中,**fairly** 的語氣最輕,為 "剛夠,有點" 的意思,如: Bob got fairly good marks in history. (鮑勃的歷史科成績還算不錯。) **Quite** 和 **rather** 都是 "相當" 的意思,如: We are quite/rather disappointed with the result. (我們對結果相當失望。) **Pretty** 與 **quite** 和 **rather** 同義,但是個非正式用詞,常用在口語中,如: It is pretty hot today. (今天相當熱。)

fair·y /'feərɪ/ *n* [C] 小妖精;小仙女
fair·y·land /'feərɪlænd/ *n* [C]
仙境;奇境
faith /feɪθ/ *n*

1 [U] 信任；信仰；信心：I have *faith* in him (his ability). 我相信他（他的能力）。/ In spite of the setbacks, he has not lost his *faith*. 雖遭挫折，他並沒有喪失信心。 **2** [U] 宗教信仰：a strong *faith* 堅定的宗教信仰 **3** [C] 宗教：people of all *faiths* 各種宗教的信徒 / the Christian *faith* 基督教

◇ **have (no) faith in** （不）相信 / **in good (bad) faith** 誠意地（欺詐地）/ **keep (break) faith with** 守信（背信）/ **lose faith in** 對…失去信心 / **put one's faith in** 信任；相信

➊ trust, confidence, belief
➊ doubt, distrust, unbelief

faith·ful /ˈfeɪθfl/ *adj*
1 忠實的；忠誠的：He has always been *faithful* to his wife. 他始終忠實於妻子。/ A *faithful* friend is hard to find. [諺] 忠實朋友難尋覓。 **2** 如實的；正確的：a *faithful* translation 忠實於原文的譯文 / a *faithful* account of an event 對事件的如實的報導

▷ **faithfulness** *n* / **faithfully** *adv*
➊ loyal

fake /feɪk/
I *n* [C] 贋品；假貨；冒充者：This painting is a *fake*. 這幅油畫是件贋品。/ He said he was a doctor, but he was only a *fake*. 他自稱是醫生，其實只是個冒牌貨。 **II** *adj* 假的；造的：a *fake* doctor 冒牌醫生 / This diamond is *fake*. 這塊鑽石是贋品。 **III** *vt* 偽造；造；捏造：*fake* one's signature 偽造某人的簽名

➊ false, mock
➊ genuine, real

fal·con /ˈfɔːlkən; ˈfɔːkən/ *n* [C]

〈動〉隼；獵鷹

fall /fɔːl/
I *vi* (fell, fallen, falling) **1** 落下；降落；降臨：An apple *fell* from the tree. 從樹上落下一隻蘋果。/ A heavy snow was *falling*. 當時下着大雪。/ Night *falls*. 夜幕降臨。 **2** 跌倒；倒下；陣亡：She *fell* and hurt her leg. 她跌倒並摔斷了腿。/ Many soldiers *fell* heroically in the battle. 許多士兵英勇陣亡。 **3** 陷落；垮台：The castle *fell* to the enemy in the end. 城堡最終落入敵手。 **4** （溫度、價格等）下降；（聲音、風勢等）減弱；（情緒等）低落：The wind is *falling*. 風勢正在減弱。/ The temperature *fell* suddenly. 氣溫突降。 **5** 下垂：Her hair *falls* to her waist. 頭髮垂到她的腰間。 **6** （後接表語）陷入（某種狀態）；變成：*fall* ill 病倒 / They *fell* in love at first sight. 他們一見鍾情。 **7** （日期）適逢：Their wedding *falls* on Sunday. 他們的婚禮在星期天舉行。

◇ **fall apart** 崩潰；破裂 / **fall away** （數目）減少；疏遠；消失；（地勢）傾斜 / **fall back** 撤退；後退 / **fall back on** 求助於 / **fall behind** 落後；拖欠 / **fall down** 失敗；倒下 / **fall flat** 失敗；沒有達到預期效果 / **fall for** 受騙；愛上 / **fall in with** 碰見；同意；贊成；符合 / **fall off** （數量）減少；下降 / **fall on (upon)** 進攻；襲擊 / **fall out (with)** 與…爭吵 / **fall over oneself** 跌跤；渴望 / **fall short (of)** 不足；不合格 / **fall through** 失敗 / **fall to** 開始；着手

II *n* [C] **1** 落下；跌倒；陷落；滅亡：A *fall* into the pit, a gain in your wit. [諺] 吃一塹，長一智。/ the rise and *fall* of

Rome 羅馬的興亡 **2** 下降：a *fall* in price 降價 **3** [美] 秋季（autumn）：in the *fall* of 1999 在一九九九年秋季 **4** [常作 falls] **瀑布**：Niagara *Falls* 尼亞加拉瀑布

◖ decline, drop, sink

◖ climb, increase, lift, soar, grow

fallen /ˈfɔːlən/ *vi* fall 的過去分詞形式

fallow¹ /ˈfæləʊ/ *adj*

休耕的；休閒的；荒蕪的：*fallow* fields 休耕地；休閒地

fallow² /ˈfæləʊ/ *adj* 淡棕色的

false /fɔːls/ *adj*

1 假的；不真實的；不正確的：Is his story true or *false*? 他的故事是真的還是假的？ **2** 偽造的；人造的：a *false* passport 假護照 / *false* teeth 假牙 **3** 不忠實的；不老實的；無信義的：a *false* accusation 誣告 / Better an open enemy than a *false* friend. [諺] 寧要公開的敵人，不要虛偽的朋友。（意指：明槍易躲，暗箭難防。）

◖ artificial, fake, disloyal, unfaithful

◖ genuine, real, honest, loyal, sincere

false·hood /ˈfɔːlshʊd/ *n*

1 [U] 說謊：He's above *falsehood*. 他是不會說謊的。 **2** [C] 謊言：utter (tell) a *falsehood* 說謊 / They have told a number of *falsehoods*. 他們說了不少謊言。

◖ lie, untruth

fame /feɪm/ *n* [U]

名聲；聲譽；名望：come to *fame* 出名；成名 / Good *fame* is better than a good face. [諺] 美名勝於美貌。

◖ honour, reputation

用法說明：**Fame** 和 **reputation** 都是 "名譽" 的意思。**Fame** 指某人在某方面突出而獲得的知名程度：He is a writer of rising fame.（他是個名氣越來越大的作家。）**Reputation** 指別人對某人的看法：This doctor had an excellent reputation.（這位醫生名聲很好。）

famed /feɪmd/ *adj* 有名的；出名的

fa·mil·iar /fəˈmɪlɪə(r)/ *adj*

1 熟悉的；通曉的：He's *familiar* with English literature. 他通曉英國文學。 / This place seems *familiar* to me. 這個地方我好像熟悉。 **2** 親密的：a *familiar* friend 好朋友 **3** 過分親密的；親昵的；隨便的：You are being too *familiar* with that girl. 你對那個姑娘太親昵了。

▷ **familiarity** /fəˌmɪlɪˈærətɪ/ *n* [U]

◖ close, intimate

fam·i·ly /ˈfæməlɪ/ *n*

（複 = families）[C]

1 家庭；家人：There are three members in his *family*. 他家有三口人。 / My *family* are all fond of sports. 我全家都喜歡體育。 **2** 家族；氏族：He comes from a reputable *family*. 他出身名門望族。 **3** 子女：Have you any *family*? 你有兒女嗎？ / He has a large *family*. 他子女眾多。 **4** 〈動、植〉科；〈語〉語族：the cat *family* 貓科（動物）/ languages of the Germanic *family* 日爾曼語族的語言

◇ **in a family way** 如一家人；[美] 懷孕 / **in the family way** [英] 懷孕 / **family planning** 計劃生育

◖ home, house

fam·ine /ˈfæmɪn/ *n* [C, U]

極度缺乏；飢荒：Many people died during the *famine*. 有很多人死於飢荒。

fa·mous /'feɪməs/ *adj*
著名的：This place is *famous* for its grapes. 這個地方以其葡萄著稱。
▷ **famously** *adv*
◐ **well-known**
◑ **unknown**

fan¹ /fæn/
I *n* [C] 扇子；扇狀物 **II** *vt* (fanned, fanning) 扇：She *fanned* the child with a magazine. 她用雜誌給孩子扇了扇。

fan² /fæn/ *n* [C]
迷；狂熱愛好者：a football *fan* 足球愛好者

fa·nat·ic /fə'nætɪk/ *n* [C]
盲信者；狂熱者

fa·nat·ic(al) /fə'nætɪk(l)/ *adj*
盲信的；狂熱的

fan·cy /'fænsɪ/
I *n* [C] **1** (一時的) 愛好；嗜好：He has a *fancy* for (takes a *fancy* to) golf. 他喜歡上了高爾夫球。**2** 幻想；幻覺：I had a *fancy* that I was flying. 我幻想着自己在飛行。**3** [U] 想像力
◇ **after sb's fancy** 合某人意的 / **take a fancy to** 喜歡；愛好 / **take (catch) sb's fancy** 吸引；使喜愛
II *adj* **1** 空想出來的 **2** 花式的；花樣的：*fancy* cakes 花式糕點 / *fancy* diving 花樣跳水 **3** [美] (食品等) 昂貴的；高級的：a *fancy* restaurant 高級餐館 **III** *vt* **1** 喜愛；喜好：Do you *fancy* a cup of tea? 你想喝杯茶嗎？**2** (無根據地) 以為：He *fancies* himself (to be) very clever. 他自以為很聰明。/ I *fancy* that he is angry. 我想他是生氣了。**3** 想

像；設想 (表示驚訝等)：*Fancy* that! 真想不到！/ *Fancy* his being so rude! 真想不到他會如此無禮！

fan·tas·tic /fæn'tæstɪk/ *adj*
1 離奇的；古怪的；難以置信的：What a *fantastic* story! 多麼離奇的故事！**2** 極好的；精彩的：The flower show was simply *fantastic*! 花展簡直精彩極了！

fan·ta·sy /'fæntəsɪ/ *n*
1 [U] 幻想：He always indulges in *fantasy*. 他終日沉湎於幻想之中。**2** [C] 怪念頭；想像出來的東西：He was always having *fantasies* about becoming a millionaire. 他整天想入非非，幻想成為百萬富翁。

far /fɑ(r)/
I *adj* (farther, farthest; further, furthest) **1** (空間和時間上) 遙遠的；久遠的：a *far* land 遙遠的地方 / That happened in the *far* past. 那是發生在很久以前的事。**2** (兩者之中) 較遠的；那一邊的；另一：We still know very little about the *far* side of the moon. 對月球的另一面我們仍然知之甚少。
II *adv* **1** (時間和空間上) 遙遠地：If winter comes, can spring be *far* behind? 冬天到來，春天還會遠嗎？**2** 朝遠處：How *far* did you go? 你走了多遠？**3** (用在比較級前強調程度) …得多：He sings *far* better than I. 他唱歌比我好得多。
◇ **as far as** (表示距離) 遠至；直到；(表示程度和範圍) 在…內；只要；盡…(所能) / **far and away** 大大；遠遠；無疑地 / **far and near** 遠近；到處 / **far and wide** 到處 / **far from** 遠離；遠非；

非但不 / **so far** 到目前為止

III *n* [U] 遠處；遠方：from *far* 從遠方 / by *far*（用在比較級和最高級前強調程度）⋯得多

◐ distant, remote

◑ close, near

用法説明：**Farther** 和 **further** 是 **far** 的比較級形式；**farthest** 和 **furthest** 是 **far** 的最高級形式。它們都可以用來表示地點、距離或方向：They decided to go no farther/further.（他們決定不再往前走。）但在表示"外加的"或"進一步"的意思時，一般使用 **further** 和 **furthest**，如：Have you any further questions?（你們還有別的問題嗎？）

---

fare /feə(r)/

I *n* [C] **1** 車費；船費 **2** 乘客 **3** 伙食 **II** *vi* 進展；過活：How did you *fare* in your business? 你的生意如何？/ It has *fared* well (ill) with him. 他的情況很順利（不順利）。

⇨ 用法説明見 COST

fare·well /ˌfeə'wel/

I *int* 再見！ **II** *n* [C] 告別：make (say) one's *farewells* 告別；話別 / take one's *farewell* of sb 向⋯告別（辭行）/ *farewell* dinner 告別宴會

farm /fɑːm/

I *n* [C] 農場；農莊；飼養場：a chicken *farm* 養雞場 / He works on a state *farm*. 他在一個國營農場工作。

II *vt, vi* 耕種；種田；經營農場；從事畜牧：They *farm* ten acres. 他們耕種十英畝地。/ He *farms* and his wife teaches. 他種田；他妻子教書。

farm·er /'fɑːmə(r)/ *n* [C]

農夫；農場主；牧場主

用法説明：**Farmer** 指擁有或經營大片土地的"農民"或"農場主"，通常指英、美等發達國家的"農民"：The farmer hires 20 labourers.（那個農場主僱了 20 個工人。）**Peasant** 意為擁有小片土地並以此為生的"自耕農"，通常指發展中國家的"農民"：They are all peasants from that village.（他們都是那個村子的農民。）

---

farm·hand /'fɑːmhænd/ *n* [C]

農場工人；僱農；長工

farm·house /'fɑːmhaʊs/ *n* [C] 農舍

farm·ing /'fɑːmɪŋ/ *n* [U]

農業；耕作；畜牧

用法説明：**Farming** 和 **agriculture** 都解作"農業"。**Agriculture** 是普通用語，指在土地上栽種農作物的那項生產，與工業 (industry) 相對：Much of the central part of the United States is given to agriculture.（美國中部的許多地區用於農業。）**Farming** 則指具體的耕作、播種、收獲等活動：The local people are mainly engaged in farming.（當地人主要從事農業。）

---

farm·land /'fɑːmlænd/ *n* [U] 農田

farm·yard /'fɑːmjɑːd/ *n* [C] 農家庭院

far-off /ˌfɑː'ɒf/ *adj*

遙遠的；久遠的：a *far-off* country 遙遠的國家 / in the *far-off* years 在遙遠的歲月裏

farther /'fɑːðə(r)/（far 的比較級之一）

I *adv* **1**（時間和空間上）更遠地：I can't go any *farther*. 我再也走不動了。 **2** 更進一步（現常用 further）

II *adj* 較遠的：the *farther* side of the

mountain 山的另一邊
➪ 用法說明見 FAR

fas·ci·nate /'fæsɪneɪt/ *vt*
使入迷；強烈地吸引：The monkeys in
the zoo *fascinated* the children. 公園裏
的猴子使孩子們着了迷。

fas·ci·nat·ing /'fæsɪneɪtɪŋ/ *adj*
迷人的：*fascinating* scenery 迷人的景色

fas·ci·na·tion /ˌfæsɪ'neɪʃn/ *n* [C, U]
迷戀；魅力；強烈的吸引力；強烈的
愛好：Cartoons have a peculiar
fascination for small children. 卡通片對
小孩有一種奇特的吸引力。

fas·cism, Fas·cism /'fæʃɪzəm/ *n* [U]
法西斯主義

fas·cist, Fas·cist /'fæʃɪst/
I *n* [C] 法西斯主義者
II *adj* 法西斯主義的

fash·ion /'fæʃn/ *n*
1 [C] 樣子；方式；方法：He walks in
a strange *fashion*. 他走路的樣子很怪。
2 [C, U] 時尚；風氣；時髦；流行式
樣：the latest *fashion* in skirts 最時新的
裙子 / It's the *fashion* for people to study
a foreign language. 學習外語已成時尚。
◇ **after (in) a fashion** 馬馬虎虎；勉
強：不太好 / **after the fashion of** 模仿
/ **be in fashion** 流行；時髦 / **be out of
fashion** 不流行；不時髦；過時 / **follow
the fashion** 趕時髦
❶ manner, mode, form, style

fash·ion·a·ble /'fæʃnəbl/ *adj*
流行的；時髦的：a *fashionable* style 流
行式樣 / a *fashionable* girl 時髦女郎

fast¹ /fɑːst/
I *adj* **1** 快的：a *fast* train 快車 / The
clock is two minutes *fast*. 這個鐘快了兩
分鐘。**2** 緊的；牢的：Is the window
fast? 窗關緊了嗎？/ He made the boat
fast to a rock. 他把船緊緊拴在一塊石頭
上。**3** (顏色) 不褪的 **4** 忠實的；可
靠的
II *adv* **1** 快；迅速地：Ill news travels
fast. [諺] 壞消息，傳得快。(或：好事不
出門，壞事傳千里。) **2** 緊緊地；牢固
地；堅定地：They stood *fast* against
the enemy. 他們堅定對敵。
◇ **fast asleep** 酣睡 / **play fast and
loose** 出爾反爾，反覆無常
❶ rapid, swift, quick, speedy
❶ slow

fast² /fɑːst/
I *n* [C] 齋戒；絕食；節食：*fast* day
齋戒日 II *vi* 齋戒；絕食；節食

fas·ten /'fɑːsn; 'fæ-/ *vt, vi*
縛；拴；閂；扣；繫：He *fastened* his
horse to a post. 他把馬拴在一根柱子
上。/ Please *fasten* your seat-belts. 請繫
好安全帶。
◇ **fasten on (upon)** 抓住；堅持；盯住
不放
❶ bind, secure
❶ free, loosen

fast·food /'fɑːstfuːd/ *adj*
專門提供快餐服務的；不精細的

fat /fæt/
I *adj* 肥 (胖) 的；肥沃的；豐厚的：
She is growing too *fat*. 她太胖了。/ *fat*
soil 沃土 / a *fat* profit 豐厚的利潤
II *n* [U] 肥肉；脂肪
◇ **live on the fat of the land** 生活奢
侈 / **The fat is in the fire.** 事情搞糟了。
▷ **fatness** *n* [U]
❶ plump

◑ thin, lean

用法説明：**Fat**、**heavy**、**large**、**overweight** 四個近義詞中，**fat** 是普通用語，指身體 "肥胖的"：He has grown fat lately. (他最近長胖了。) **Overweight** 指就年齡、身高而言 "超過正常體重的"：Jim is overweight.(吉姆超過了正常體重。) **Large** 指 "骨骼很大的"，如：a man of large build (身材魁梧的人)。**Heavy** 則指 "身體笨重而又遲鈍的"。

fa·tal /'feɪtl/ adj
致命的；毀滅性的；災難性的：a fatal disease 不治之症 / He made a fatal mistake. 他犯了個致命的錯誤。
◑ deadly, mortal

fate /feɪt/ n [U]
1 命運；天命：Do you believe in fate? 你相信命運嗎？ **2** 厄運；毀滅；死亡：go to one's fate 送死
◑ destiny, fortune, lot, doom

fa·ther /'fɑːðə(r)/ n [C]
1 父親：Like father, like son. [諺] 有其父必有其子。/ The child is father of the man. [諺] 三歲看老。 **2** (天主教) 神父 **3** 創始人；奠基人

fa·ther-in-law /'fɑːðərɪnlɔː/ n
公公 (夫之父)；岳父 (妻之父)

fath·om /'fæðəm/ n
英尋 (測量水深的單位，合 6 英尺或 1.829 米)

fa·tigue /fə'tiːg/
I n [U] 疲勞：He felt heavy with fatigue. 他感到疲憊不堪。
II vt 使疲勞：He felt fatigued after the race. 賽跑後他感到很疲勞。

fat·ten /'fætn/ vt, vi
養肥；育肥；長肥 (常與 up 連用)：They are fattening up the ox. 他們正在讓這頭牛長肥。/ The ox is fattening up. 牛正在長肥。

fault /fɔːlt/
I n [C] **1** 錯誤；過失；過錯；責任：The accident was entirely your fault. 這次事故完全是你的錯。/ If nobody loves you, it is your own fault. 如果沒有人愛你，那是你自己的過錯。 **2** 缺點；毛病；〈機〉故障：Everybody has his merits and faults. 每人都有自己的優點和缺點。/ His chief fault is carelessness. 他的主要毛病是粗心。 **3** 〈地〉斷層
◇ **at fault** 不知所措；發生故障 / **find fault in** 看出…的缺點 / **find fault with** 挑剔；吹毛求疵 / **in fault** 有過錯；有責任 / **to a fault** 過分；過度；極端
II vt 挑剔：I ought not to fault him. 我不應該挑剔他。
◑ defect, error, mistake
⇨ 用法説明見 MISTAKE

fau·na /'fɔːnə/ n [C]
(複 = faunas 或 faunae) [the fauna] (某一地區或時期的) 動物群；動物誌

fau·nae /'fɔːniː/ n fauna 的複數形式

fa·vour, fa·vor /'feɪvə(r)/
I n **1** [U] 喜愛；寵愛；歡心：She easily won the favour of her boss. 她輕而易舉地討得了老板的歡心。 **2** [U] 偏愛；偏袒：We must be fair and show no favour to any side. 我們應該公平，不偏袒任何一方。 **3** [C] 恩惠；幫忙：Will you do me a favour? 請您幫我個忙好嗎？/ I have a favour to ask (of) you. 我想請您幫個忙。
◇ **in favour of** 支持；贊成 / **in sb's**

favour 得某人歡心；有利於某人 / **be in (out of) favour with** 得（失）寵

II vt **1** 喜愛；偏愛；支持；贊成：Do you *favour* his proposal? 你贊成他的建議嗎？/ Fortune *favours* the brave. [諺] 天佑勇者。**2** 賜於：Will you *favour* us with an early reply? 請早函覆。**3** 有利於；有助於：Plenty of snow *favours* the growth of wheat. 瑞雪有利於小麥的生長。/ Darkness *favoured* his escape. 黑暗為他的逃脫提供了有利條件。**4** [口] 像：Tom *favours* his father. 湯姆長得像他父親。

◐ advantage, gain, profit

fa·vo(u)r·a·ble /'feɪvərəbl/ *adj* **1** 贊成的：Is he *favourable* to our plan? 他贊成我們的計劃嗎？**2** 有利的；順利的：The situation is *favourable* to us. 形勢對我們有利。/ It was plain sailing because the wind was *favourable*. 由於順風，航行很順利。

▷ **favo(u)rably** *adv*

◑ unfavo(u)rable

fa·vour·ite, fa·vor·ite /'feɪvərɪt/

I *n* [C] 最喜愛的人或物：Of all the singers, Jackson is my *favourite*. 在所有的歌手中，我最喜歡傑克遜。/ The song is a *favourite* with young people. 這首歌最受青年人歡迎。

II *adj* 最喜愛的：Golf is my *favourite* sport. 高爾夫球是我最喜愛的運動。

fax /fæks/ *n* [C, U]

傳真；電視傳真畫面；摹真本；複印本（facsimile 的縮略詞）

fear /fɪə(r)/

I *n* [C, U] **1** 恐懼；害怕：The boy showed no *fear* of the dog. 這男孩不怕狗。**2** 擔心；憂慮：There is no *fear* of his being lost. 別擔心，他不會迷路的。

◇ **for fear of** 生怕；以免 / **for fear that...** 唯恐；為防…起見 / **from (out of) fear** 由於害怕（恐懼）/ **in fear of** 為…擔心

II **❶** vt 害怕：Do you *fear* snakes? 你怕蛇嗎？/ He *fears* to go out at night. 他怕夜晚出去。**❷** vt, vi 恐怕；擔憂：She *fears* for her son's safety. 她為兒子的安全擔憂。/ I *fear* (that) we'll be late again. 我們怕又要遲到了。/ Will you be able to come? I *fear* so. / I *fear* not. 你會來嗎？恐怕會。/ 恐怕不會。

◐ alarm, dread, fright, horror, terror
◑ calmness, courage

fear·ful /'fɪəfl/ *adj* **1** 嚇人的；可怕的：a *fearful* cry 嚇人的喊叫聲 **2** 害怕的；膽怯的：She feels *fearful* when she walks in the dark. 在黑暗中走路時她感到害怕。

◐ afraid, dreadful, awful
◑ brave, calm

fear·less /'fɪəlɪs/ *adj*

無畏的；勇敢的；大膽的：He is *fearless* of death. 他不怕死。

◐ bold, courageous, heroic
◑ afraid, cowardly, timid

feast /fiːst/

I *n* [C] **1** 盛宴：They held a *feast* for the guests at the Peninsula. 他們在半島酒店為客人舉行盛宴。**2** 節日 **3** 享受：The scenery was a *feast* for the eyes. 風景令人悅目。

II vt 設宴招待；使…歡樂：*feast* one's eyes on beautiful scenery 飽覽美景 / They *feasted* the guests in a restaurant.

他們在一家飯店裏宴請客人。

❶ ball, banquet, festival, party

feat /fi:t/ n [C] 技藝;絕技;功績

❶ act, deed, exploit, performance

feath·er /'feðə(r)/ n [C, U]

羽毛: The peacock has beautiful *feathers*. 孔雀有一身漂亮的羽毛。/ Fine *feathers* make fine birds. [諺] 佛靠金裝,人靠衣裳。

◇ in high (fine, good) feather 精神煥發;情緒高漲 / show the white feather 示弱

fea·ture /'fi:tʃə(r)/

I n [C] **1** [常作 features] 容貌;相貌: He has handsome *features*. 他相貌英俊。 **2** 特徵;特色: the geographical *features* of an area 一個地區的地理特徵 **3** 特寫;(電影)正片: a *feature* film 故事片

II vt 以…為特色;由…主演: The film *features* the most popular American actress. 這部影片由美國最走紅的女演員主演。

❶ characteristic, quality, trait

Feb. abbr February 的縮寫

Feb·ru·ar·y /'februərɪ/ n
二月 (縮略為 Feb.)

fed /fed/ v feed 的過去式和過去分詞

fed·er·al /'fedərəl/ adj
聯邦制的;聯邦政府的: the *Federal* Government of the U.S. 美國聯邦政府 / *Federal* Bureau of Investigation (FBI) 聯邦調查局

fed·er·a·tion /ˌfedə'reɪʃn/ n [C, U]
聯邦;聯盟;同盟;聯合會: World *Federation* of Trade Unions 世界工會聯合會

fee /fi:/ n [C]
酬金;費用: entrance *fee* 入場費 / university *fees* 大學學費

fee·ble /'fi:bl/ adj
虛弱的;微弱的;無力的: a *feeble* old man 身體虛弱的老人 / a *feeble* handshake 無力的握手

❶ weak

◐ strong, tough

feed /fi:d/ (fed, feeding)
❶ vt 喂(養);飼養;供養: She *feeds* the baby with a spoon. 她用湯匙喂孩子。/ She has six children to *feed*. 她要供養六個孩子。 ❷ vi 吃東西 (on): Cows *feed* on grass. 牛吃草。

◇ feed on 用…喂養;靠吃…過活 / be fed up (with) (對…)極其厭倦(厭煩)

feed·back /'fi:dbæk/ n [U]
〈電子〉〈生〉反饋;回授;反應;回覆

feed·er /'fi:də(r)/ n [C]
1 飼養員 **2** 進料器 **3** (河流的)支流;(鐵路、航空)支線

feel /fi:l/
I (felt, feeling) ❶ vt **1** 觸;摸: The mother *felt* the baby's head gently. 母親輕輕地撫摸着孩子的頭。 **2** 認為;想: I *feel* that he is dishonest. 我認為他不老實。/ I *feel* it my duty to help you. 我認為幫助你是我的責任。 ❷ vt, vi **1** 摸索: He *felt* his way to the door in the dark. 他在黑暗中摸到門口。/ He *felt* for the key in his pocket. 他在兜裏摸鑰匙。 **2** 感到;覺得: I *feel* hungry. 我覺得餓了。/ He *felt* pain in the stomach. 他感到肚子疼。 ❸ vi **1** 摸起來;給人…感覺: The cloth *feels* soft and smooth. 這布摸起來又軟又滑。/ This *feels* like ice.

這摸起來像冰。 **2** 有感覺：The dead cannot *feel*. 死人沒有感覺。

◇ **feel like** 好像；仿佛；想要

II *n* [僅用單] 感覺；觸覺

用法説明：**Feel、hear、see、smell、taste** 五個動詞用來表達動物的五種官能，即觸覺、聽覺、視覺、嗅覺和味覺：We see with our eyes, hear with our ears, smell with our noses, taste with our tongues, and feel / touch with any part of our bodies, but generally with our finger-tips.（我們用眼睛看，用耳朵聽，用鼻子嗅，用舌頭辨味，用身體某個部位，但通常用手指尖觸摸。）

---

feel·ing /'fi:lɪŋ/ *n*

1 [C, U]感覺；知覺；觸覺：I have no *feeling* in my arm. 我臂上沒有知覺。/ I have a *feeling* of cold. 我覺得有些冷。 **2** [C] 看法；印象；感想：I have a *feeling* that he is not quite himself today. 我覺得他今天不舒服。 **3** [C] 感受力；體會：He has a *feeling* for language. 他對語言的感受力強。 **4** [常作 feelings] 感情；情感；心情：a *feeling* of happiness 幸福的心情 / Your words have hurt her *feelings*. 你的話傷了她的感情。 **5** [U] 同情；溫情；體諒：He shows no *feeling* for others. 他對人沒有同情心。/ She has no *feeling* for her husband. 她不體諒她的丈夫。

◐ emotion, passion, sentiment

feet /fi:t/ *n* **foot** 的複數形式

fell¹ /fel/ *vi* **fall** 的過去式形式

fell² /fel/ *vt*

砍倒；砍伐；擊倒：He *felled* his opponent with a single blow. 他一拳就

把對手擊倒了。/ Little strokes *fell* great oaks. [諺] 水滴石穿。

fel·low /'feləʊ/

I *n* [C] **1** 小夥子；傢伙：He is quite a nice *fellow*. 他是個很不錯的小夥子。 **2** [常作 fellows] 同伴；同事：*fellows* at school (school *fellows*) 同學 **3** （大學中的）研究員；（學術團體的）會員

II *adj* 同類的；同事的：one's *fellow* countrymen 同胞 / *fellow* workers 一起工作的人

fel·low·ship /'feləʊʃɪp/ *n*

1 [U] 交誼；友誼 **2** [C] 團體；會；聯誼會 **3** （學術團體的）會員資格

felt¹ /felt/ *v*

feel 的過去式和過去分詞形式

felt² /felt/ *n* [U] 氈；氈製品

fe·male /'fi:meɪl/

I *adj* 女（性）的；雌的；牝的：a *female* driver 女司機 / a *female* bird 雌鳥

II *n* [C] 女子；雌性的動物或植物

◐ feminine

◑ masculine

fem·i·nine /'femənɪn/ *adj*

1 女性的；女人氣的：She is very *feminine*. 她女人味十足。 **2** 〈語〉陰性的

◐ female, womanish, womanly

◑ masculine

fence¹ /fens/

I *n* [C] 籬笆；圍欄：He put up a *fence* round the garden. 他繞花園修了一道籬笆。 **II** *vt* 用籬笆等圍起來：They *fenced* the yard with a wall. 他們築了一道牆把院子圍了起來。

fence² /fens/

I *n* [U] 擊劍術

II *vi* **1** 擊劍 **2** 搪塞；避免正面回答問題：*fence* with sb 搪塞某人 / *fence* with a question 迴避問題

fer·ment

I /fəˈment/ *vt, vi* （使）發酵；（使）激動；（使）騷動：In making black tea, the tea leaves must be *fermented*. 製紅茶時茶葉必須經過發酵。/ The dough is *fermenting*. 生麵團正在發酵。/ *ferment* trouble 惹麻煩

II /ˈfɜːment/ *n* **1** [C] 酵素 **2** [U] 激動；騷動：The whole country is in a state of *ferment*. 全國都處於騷動之中。

fer·men·ta·tion /ˌfɜːmenˈteɪʃn/ *n* [U] 發酵；激動；騷動

fern /fɜːn/ *n* [C, U] 〈植〉蕨；蕨類植物

fe·ro·cious /fəˈrəʊʃəs/ *adj* 兇猛的；兇惡的；殘忍的：a *ferocious* animal 兇猛的動物

● fierce, savage, wild
◗ gentle, harmless, timid

fer·ry /ˈferɪ/

I *n* [C] 渡船；渡口：We crossed the sea at Star *Ferry* Pier. 我們在天星碼頭乘渡船過海。/ Many people were waiting at the *ferry*. 渡口有許多人在等候。

II *vt, vi* 擺渡：The soldiers were *ferried* across the river. 士兵們被渡運過河。

□ **ferryboat** *n* 渡船 / **ferryman** *n* 渡船工人 / **ferry steamer** *n* 渡輪

fer·tile /ˈfɜːtaɪl; -tɪl/ *adj* 肥沃的；富饒的；豐富的：The land here is very *fertile*. 這兒的土地非常肥沃。/ He has a *fertile* imagination. 他具有豐富的想像力。

fer·ti·li·zer /ˈfɜːtəˌlaɪzə(r)/ *n* [C, U] 化學肥料

fes·ti·val /ˈfestəvl/

I *n* **1** 節日：the Spring *Festival*（中國）春節 **2** （定期舉行的）音樂節等：a drama *festival* 戲劇節 / a film *festival* 電影節 II *adj* 節日的；喜慶的：*festival* atmosphere 節日（喜慶）氣氛

● ball, banquet, feast, party

fetch /fetʃ/ *vt*

1 取來；請來；帶來：*fetch* a doctor 請醫生 / *Fetch* me some water, please. 請給我弄些水來。 **2** 賣得：The painting *fetched* $2000. 這幅畫賣了兩千元。

● bring, take, carry
⇨ 用法說明見 BRING

feud¹ /fjuːd/ *n* [C, U] 不和；世仇：There has been a *feud* between the two families for many years. 這兩個家族的不和已有多年。

feud² /fjuːd/ *n* [C] 封地

feu·dal /ˈfjuːdl/ *adj* 封建的；封地的：the *feudal* system 封建制度

feu·dal·ism /ˈfjuːdəlɪzəm/ *n* [U] 封建制度；封建主義

fe·ver /ˈfiːvə(r)/ *n* [U]

1 發熱；發燒：He has a high *fever*. 他在發高燒。 **2** 熱病 **3** 興奮：The spectators were in a *fever* of excitement. 觀眾極度興奮。

few /fjuː/

I *adj* [否定用法] 不多的；少數的：*Few* people came to the meeting. 很少人參加會議。

II *pron* [否定用法] 不多；少數：*Few* of the students could answer the

question. 沒幾個學生能回答這個問題。
◇ **a few**（肯定用法）幾個 / **a good few (quite a few)** 好幾個；相當多

用法說明：Few 和 **a few** 用來修飾可數名詞。**Few** 意為"很少幾個"，含否定意義：Few were present at the party.（很少幾個人出席了派對。）**A few** 意為"幾個"，含肯定意義：A few students have been there.（有幾個學生去過那裏。）**Little** 和 **a little** 的意思跟 **few** 和 **a few** 相似，但用來修飾不可數名詞：She knows little Russian.（她幾乎不懂俄語。）She knows a little French.（她懂一點法語。）

---

fi·ber, fi·bre /'faɪbə(r)/ n
■ [C] 纖維 ② [U] 性格；品格
fic·tion /'fɪkʃn/ n [U]
■ [總稱] 小說 ② 虛構；杜撰
◐ novel, story
fid·dle /'fɪdl/
I n [C] 小提琴 II vi ■ 拉小提琴 ②（毫無目的地）不停地擺弄：Don't fiddle with your pencil! 不要擺弄鉛筆！
field /fi:ld/ n [C]
■ 農田；牧場：They are working in the fields. 他們正在田裏幹活。 ② [常用於合成詞]（礦產）產地：an oil-field 油田 ❸ 場地：a football field 足球場 ❹ 領域；範圍；方面：That is not my field. 那不是我的本行。 ❺ 戰場：He died on the battle field. 他戰死在疆場。
fierce /fɪəs/ adj
■ 兇猛的；兇惡的：He looks fierce but he is really kind-hearted. 他看起來兇，其實心腸好。 ② 強烈的：fierce heat 酷熱 ▷ **fiercely** adv 兇猛地；強烈地

◐ ferocious, savage, wild
◑ gentle, harmless, timid
fi·er·y /'faɪərɪ/ adj
■ 火的；火一般的；火紅的：The woods turn fiery in autumn. 秋天樹林變成火紅色。 ② 暴躁的；烈性子的：He has got a fiery temper. 他脾氣暴躁。
fif·teen /ˌfɪf'ti:n/ num
十五；十五個（人或物）
fif·teenth /ˌfɪf'ti:nθ/ num
第十五；十五分之一（的）
fifth /fɪfθ/ num 第五；五分之一（的）
fif·ti·eth /'fɪftɪəθ/ num
第五十；五十分之一（的）
fif·ty /'fɪftɪ/ num
五十；五十個（人或物）
fig /fɪg/ n [C]
■〈植〉無花果 ② 毫無價值的東西
fight /faɪt/
I （fought, fighting）❶ vt, vi （與…）打仗；（與…）鬥爭；（與…）戰鬥；（與…）打架：They are fighting (against) the enemy. 他們正在同敵人作鬥爭。/ The two boys began to fight. 這兩個孩子開始打了起來。 ❷ vi 爭吵：Her parents are always fighting. 她父母整天吵架。
◇ **fight against** 向…作鬥爭 / **fight back** 抵抗；還擊；反擊 / **fight down** 克服；抑制；征服 / **fight for** 為…而爭 / **fight it out** 以鬥爭方式解決；一決雌雄；打到底 / **fight off** 擊退；竭力避開 / **fight shy of** 避開 / **fight with ... against...** 和…一道對…作戰
II n ■ [C] 戰鬥；鬥爭；打架：A fight broke out between them. 他們打了起來。 ② [U] 戰鬥精神；鬥志：He had

no *fight* left in him. 他鬥志全無。

◇ **put up a good fight** 英勇戰鬥 / **show fight** 顯示鬥志；不示弱

● battle, engagement

用法說明：**Fight with** 是 "跟…作戰（或鬥爭）" 的意思：Man keeps on fighting with nature. (人類不停地同自然作鬥爭。) **Fight against** 是 "向…作戰（鬥爭）" 的意思：They fought against heavy odds. (他們以寡敵眾。) **Fight for** 是 "為…作戰（或鬥爭）" 的意思：They are fighting for freedom. (他們在為自由而戰鬥。)

---

fight·er /ˈfaɪtə(r)/ n [C]

❶ 戰士 ❷ 戰鬥機 (= fighter plane)

⇨ 插圖見 AIRCRAFT

fight·ing /ˈfaɪtɪŋ/

I n [U] 戰鬥；鬥爭；搏鬥：*Fighting* went on all night. 戰鬥進行了一整夜。

II adj 戰鬥的；好鬥的；好戰的：a *fighting* cock 鬥雞；好鬥的人 / *fighting* spirit 鬥爭精神

fig·ure /ˈfɪɡə(r); -ɡjʊə(r)/

I n [C] ❶ 數字；[常作 figures] 計算：double *figures* 兩位數 / I'm not good at *figures*. 我不大會算賬。❷ [口] 價格：I bought the second-hand car at a very low *figure*. 我以很低的價格買了這部二手車。❸ 圖形；圖案：Squares and triangles are common geometrical *figures*. 正方形和三角形是常見的幾何圖形。❹ (人的) 姿態；體形；身影：I saw a dark *figure* in the distance. 我看到遠處有個人影。/ She has a good *figure*. 她風姿綽約。❺ 人物：He's an outstanding *figure* in politics. 他是政界一位傑出的人物。

◇ **cut (make) a figure** 露頭角 / **cut no figure** 無足輕重

II ❶ vt 估計；考慮：I *figure* that he will be late again. 我估計他還會遲到。❷ vi (在故事等中) 出現；扮演角色；露頭角：He *figures* largely in the story. 他在故事中佔有突出的位置。

◇ **figure out** 計算出；解決；了解；理解

● form, shape

fil·a·ment /ˈfɪləmənt/ n

❶ 細絲；絲狀體 ❷〈植〉花絲 ❸〈電〉燈絲

file¹ /faɪl/

I n [C] 文件夾；檔案；卷宗

II vt 把…歸檔：The secretary *filed* the documents alphabetically. 秘書按字母順序把文件歸檔。

file² /faɪl/

I n [C] 縱列：The soldiers marched in single *file*. 士兵們成一路縱隊行進。

II vi 排成縱隊行進：The students *filed* into the lecture hall. 學生魚貫進入演講廳。

file³ /faɪl/

I n [C] 銼 (刀)

II vt, vi 銼；銼平；銼光

fil·ing /ˈfaɪlɪŋ/ n [常作 filings] 銼屑

fill /fɪl/ vt, vi

(充) 滿；裝滿；填滿：The cinema *filled* quickly. 電影院很快就坐滿了。/ Her eyes *filled* with tears (Tears *filled* her eyes.) 她淚水盈眶。/ He *filled* the bottle with water. 他把瓶子裝滿水。

◇ **fill in** 填充；填滿；填寫 / **fill out** 使膨脹；使豐滿；使變圓；長胖 / **fill up** 填空；填寫；裝滿；堵塞

film /fɪlm/
  I n **1** [U] 膠卷；膠片 **2** [C] 影片；電影：a colour *film* 彩色電影 / a *film* studio 電影製片廠 **II** vt, vi 拍攝；把…拍成電影：*film* a novel 把小說拍成電影
  ⇨ 用法説明見 MOVIE

fil·ter /ˈfɪltə(r)/
  I n [C] **1** 過濾器；濾紙 **2** 〈物〉濾光器 **3** 〈無〉濾波器 **II** ❶ vt, vi 過濾；濾清：The water must be *filtered*. 這種水必須加以過濾。 / The liquid first *filters* into a tank. 液體首先濾入一個槽中。 ❷ vi 透過；滲入；(消息等) 走露：Light *filtered* through the curtain. 亮光透過窗簾。 / The news of his murder *filtered* out. 他被謀害的消息傳了出去。

filth·y /ˈfɪlθɪ/ adj
  1 污穢的 **2** 猥褻的

fin /fɪn/ n [C] 鰭；鰭狀物
  ⇨ 插圖見 FISH

fi·nal /ˈfaɪnl/
  I adj **1** 最後的；最終的：I'm writing the *final* draft of the essay. 我正在寫文章的最後一稿。 **2** 決定性的：This decision is *final*. 這是最後的決定。
  II n [C] **1** [常作 finals] 期末考試：We are taking our *finals* next week. 我們下週期末考試。 **2** 決賽：Two players entered the *finals*. 兩名運動員進入決賽。
  ▷ **finally** adv
  ❶ concluding, last, ultimate
  ❷ beginning, first, initial

fi·nance /ˈfaɪnæns; fɪˈnæns/
  I n **1** [U] 財政；金融；財政學：the Minister of *Finance* 財政部長 **2** [C] [常作 finances] 財源；收入；歲入

II vt 給…提供經費：The company will *finance* his trip to Europe. 公司將給他提供去歐洲的旅費。

fi·nan·cial /faɪˈnænʃl; fɪ-/ adj
  財政的；金融的：*financial* year 財政年度 / They are in *financial* difficulties. 他們遇上了財政困難。

fi·nan·ci·er /faɪˈnænsɪə(r); fɪ-/ n [C]
  財政家；金融家

find /faɪnd/
  I vt (found, finding) **1** 找到：I have *found* my pen. 我找到了我的鋼筆。 **2** 發現；發覺；感到；覺得：I *found* him (to be) rather lazy. (I *found* that he was rather lazy.) 我覺得他太懶了。 / I *find* it dull to talk with him. 我發現和他談話很乏味。 / When he woke up, he *found* himself (lying) in a hut. 他醒來時發現自己躺在一個棚屋裏。
  ◇ **find out** 找出；查明；發現；揭發 (壞人等) / **find sb out** 找出某人的缺點
  II n [C] 發現物
  ❶ discover

find·ing /ˈfaɪndɪŋ/ n [C]
  [常作 findings] 發現物；調查或研究的結果：The *findings* of their research were very significant. 他們的研究結果具有重大意義。

fine¹ /faɪn/
  I adj **1** (天氣) 晴朗的：I hope it'll be *fine* tomorrow. 我希望明天是晴天。 **2** 美好的；優秀的；精緻的：They had a very *fine* time on the journey. 他們旅途很愉快。 / *Fine* feathers make *fine* birds. [諺] 佛靠金裝，人靠衣裳。 **3** 〈織〉細的；精細的；細小的；細微的：*fine* thread 細線 / *fine* sand 細沙 / *fine* rain

細雨；毛毛雨 **4** 身體好的：I'm feeling *fine* today. 我今天感覺很好。

◇ **one fine day** 有一天 / **one of these fine days** 總有一天

II *adv* 令人滿意地；很好；精巧：This dress suits me *fine*. 這條裙子我穿起來很合身。

● graceful, polished, refined

◐ coarse, common, rough, vulgar

fine² /faɪn/

I *n* [C] 罰款：I paid a *fine* of 20 dollars for speeding. 我因超速被罰款 20 元。 **II** *vt* 處以罰款：He was *fined* 10 dollars for dropping litter. 他因亂扔雜物被罰款 10 元。

fin·ger /ˈfɪŋɡə(r)/ *n*

I *n* [C] 手指；指頭；指狀物：the *forefinger* 食指 / the middle (ring, little) *finger* 中（無名、小）指 / the *fingers* of a glove 手套的手指部分

II *vt* 用手指觸摸：He *fingered* the keyboard gently. 他用手指輕輕觸摸鍵盤。

◇ **be all fingers and thumbs** 笨手笨腳 / **have a finger in the pie** 插手；參與；染指 / **have sth at one's fingers' tips** 精通；熟悉 / **not lift a finger** 一點忙都不幫 / **put (lay) a finger on** 碰；觸；打 / **put (lay) one's finger on** 正確指出（錯誤等）

⇨ 插圖見 HAND

fin·ger·print

/ˈfɪŋɡəprɪnt/ *n* [C] 指紋

fin·ish /ˈfɪnɪʃ/

I *vt, vi* 完成；結束：Have you *finished* (reading) the book? 書看完了嗎？ / His speech *finished* at last. 他的講話終於結

束了。

◇ **finish by (up with)** 以…結束；最後有 / **finish off (up)** 完成；結束；吃光；用光；殺掉 / **finish with** 完成；結束；與…斷絕關係

II *n* [僅用單] 結束；終結；最後階段：The performance is coming to a *finish*. 演出就要結束了。

● close, complete, conclude, end, terminate

◐ begin, start, commence

fi·nite /ˈfaɪnaɪt/ *adj*

1 有限的：Man's energy is *finite*. 人的精力是有限的。 **2** 〈語〉限定的：a *finite* verb 限定動詞

◐ infinite, non-finite

fir /fɜ:(r)/ *n*

1 [C] 〈植〉冷杉；樅樹 **2** [U] 冷杉木；樅木

⇨ 插圖見〈專題圖説 7〉

fire /ˈfaɪə(r)/

I *n* **1** [U] 火：The *fire* was quickly put out. 火很快就撲滅了。/ *Fire* and water have no mercy. [諺] 水火無情。 **2** [U] 熱情；激情：People showed great patriotic *fire*. 人們表現出了極大的愛國熱情。 **3** [U] 炮火：They suddenly opened *fire* on the enemy. 他們突然向敵人開火。 **4** [C] 爐火等：light a *fire* 點火 / make (build, start) a *fire* 生火 / There is a *fire* in the bedroom. 臥室裏生着火。 **5** [C] 火災：A *fire* broke out last night. 昨天夜裏發生了火災。

◇ **catch fire** 着火 / **on fire** 着火；非常激動 / **set fire to sth (set sth on fire)** 放火燒東西 / **under fire** 遭到炮火射擊；受到批評（指責等）

II ❶ *vt* **■** （燃）燒；點燃：*fire* a house 放火燒房子 / Bricks are *fired* in a kiln. 磚是在窯裏燒的。**❷** 開除；解僱：Tom was *fired* (out) for being late. 湯姆由於遲到被解僱了。**❷** *vt, vi* 開槍（火）；射擊：*fire* a gun 開炮 / *fire* at (on, upon) the enemy 向敵人開火

> 用法說明：**Fire** 和 **light** 都可作 "點燃" 解釋，如：fire/light a cigar（點雪茄）。但 **fire** 還有 "放火燒" 的意思，相當於 set fire to，如：fire a house（放火燒房子）。**Light** 還有 "照亮" 的意思：The candle lighted the room.（蠟燭照亮了屋子。）

fire-en·gine /ˈfaɪəˌrendʒɪn/ *n* [C] 救火車

fire-man /ˈfaɪəmən/ *n* （複 = fire-men）[C] 消防隊員；司爐；燒火工

fire-place /ˈfaɪəpleɪs/ *n* [C] 壁爐

fireproof /ˈfaɪəpruːf/ *adj* 防火的；耐火的：*fireproof* materials 防火（耐火）材料

fireside /ˈfaɪəsaɪd/ *n* [C] **■** 爐邊：He likes to read at (by) the *fireside*. 他喜歡在爐邊看書。**❷** [喻] 家庭：*fireside* comfort 家庭之樂

fireworks /ˈfaɪəwɜːks/ *n* （複數）焰火；煙火；煙花

firm¹ /fɜːm/ *n* [C] 商號；公司

firm² /fɜːm/ *adj*
■ 牢固的；堅固的；穩固的：as *firm* as a rock 堅如磐石 / The ladder is not quite *firm*. 梯子不是太穩。**❷** 堅定的；堅決的：a *firm* refusal 堅決拒絕 / My reply to the request was a *firm* 'No!' 我對該

要求的回答是一個堅決的 "不！" 字。
❸ 嚴格的：She is very *firm* with her pupils. 她對學生很嚴格。▷ **firmly** *adv* / **firmness** *n* 堅固；穩固；堅定
◑ hard, solid, tough

first /fɜːst/
I *num* 第一；（每月的）一日
II *adj* **■** 最初的：the *first* immigrants to America 到美國的首批移民 **❷** 首要的；最重要的：The *first* wealth is health. 最重要的財富是健康。
III *adv* **■** 第一：He came in *first* in the race. 他在賽跑中第一個到達終點。**❷** 初次；首先：When did you see him *first*? 你初次見到他是甚麼時候？
IV *n* [C] **■** 第一個：He was the *first* to arrive. 他是第一個到的。**❷** [僅用單] 最初；開端
◇ at first 起初；當初 / **at first hand** 直接地；第一手地 / **first and foremost** 第一；首先 / **first and last** 始終；一貫 / **first of all** 第一；首先 / **for the first time** 第一次；初次 / **from first to last** 自始至終 / **from the first** 從頭；從開始起 / **in the first place** 首先

> 用法說明：**Firstly、first (of all)** 和 **in the first place** 都用於列舉，即 "第一"，後面必然還有 "第二"，"第三" 等。**To start/begin with** 意為 "首先"，也可用於列舉。**At first** 和 **in the beginning** 意為 "起初"，通常會有 "後來" 之語相隨：He felt the job difficult at first, but soon got used to it.（起初，他感到這工作很難，但很快就習慣了。）

first-class /ˈfɜːstˈklɑːs/
I *adj* 頭等的；一流的：There are many

F

first-class shopping centers in Hong Kong. 香港有許多一流的購物中心。

II *adv* 乘頭等車（艙等）: They decided to travel *first-class*. 他們決定乘頭等艙旅行。

first·ly /'fɜːstlɪ/ *adv*

第一；首先（列舉時用）: There are three reasons for the price rise. *Firstly...*, *secondly...*, and *thirdly (lastly)....* 物價上漲有三個原因。第一，…，第二，…，第三（最後），…。

fish /fɪʃ/

I *n* （複 = fish 或 fishes（指不同的種類）） **1** [C] 魚 : I caught a (a lot of) *fish* yesterday. 我昨天捕到一（許多）條魚。/ There are many *fishes* in the lake. 湖裏有許多種魚。/ Never offer to teach *fish* to swim. [諺] 不要教魚游泳。（意指：不要班門弄斧。） **2** [C] [口] 人；傢伙: What a queer *fish* he is！他可真是個怪人！ **3** [U] 魚肉 : We had *fish* for lunch. 我們午飯吃的是魚。

◇ **neither fish nor fowl** 非驢非馬；不倫不類 / **feel like a fish out of water** 如魚離水；感到不適應（不自在）/ **have other fish to fry** 另有他圖 / **feed the fishes** 葬身魚腹；暈船

II **❶** *vt, vi* （在…中）捕魚；釣魚: go *fishing* 去釣魚 / *fish* a pond 在池塘裏釣魚 **❷** *vi* **1** 摸索；尋找: He is *fishing* for his key in a drawer. 他在抽屜裏找鑰匙。 **2** 用暗示或間接方法獲取: He is always *fishing* for praise. 他總是沽名釣譽。/ When she said that, she was *fishing* for an invitation to the party. 她那樣説是在暗示她想應邀參加晚會。

◇ **fish in troubled waters** 混水摸魚

用法説明：**Fish** 作為名詞有兩種複數形式，即 **fish** 和 **fishes** : He caught three fish(es) that day. （他那天抓了三條魚。）**Fishes** 更經常用來表示許多種類的魚: Some fishes are covered with scales. （有些魚身上佈滿了鱗。）

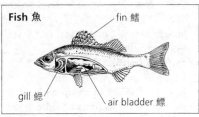

Fish 魚 — fin 鰭 — gill 鰓 — air bladder 鰾

fish·er·man /'fɪʃəmən/ *n* [C] （複 = fishermen）漁夫

fish·ing /'fɪʃɪŋ/ *n* [U] 釣魚；捕魚

fish·ing-rod /'fɪʃɪŋrɒd/ *n* [C] 釣竿

fish·kill /'fɪʃkɪl/ *n* （水污染引起的）魚殤；魚難

fis·sion /'fɪʃn/ *n* [U] 裂變；分裂: nuclear *fission* 核裂變 / *fission* bomb （裂變式）原子彈

fist /fɪst/ *n* [C] 拳頭

fit¹ /fɪt/

I *adj* （fitter, fittest） **1** 健康的: He exercised regularly to keep *fit*. 他經常鍛煉以保健康。/ I'm feeling very *fit*. 我感到身體很好。 **2** 合適的；恰當的；勝任的: This cap is no longer *fit* to wear. 這頂帽子不適合戴了。/ Survival favours the *fittest*. 適者生存。

◇ **fit to do sth** 幾乎要

⇨ 用法説明見 HEALTHY

II *n* 合適；合身: Your shirt is a good *fit*. 你的襯衣很合身。

III ① *vt, vi* (fitted, fitting) 合適;合身:This coat *fits* (me) very well. 這件外衣(我)很合身。**②** *vt* **①** 使適應;使勝任:You must *fit* your spending with your income. 你必須量入為出。/ The training will *fit* them for the new jobs. 這種訓練將能使他們勝任新的工作。**②** 安裝;配備:He *fitted* a chain on the door. 他在門上裝了個門鏈。/ He *fitted* his bicycle with a motor. 他給自行車裝個馬達。

◇ **fit in (with)**(與…)相適應;配合 / **fit on** 裝上;試穿 / **fit out** 裝備;配備;為…作準備 / **fit sb up with sth** 為某人提供某物 / **as fit as a fiddle** 身體非常健壯

◑ suitable, proper, appropriate
◑ unfit

用法説明:**Fit**、**match** 和 **suit** 三個動詞都有 "適合"、"符合" 的意思。但 **fit** 是個普通用語,尤指在形狀或大小方面相合:The shirt fits you well.(這件襯衣你穿正好。)**Suit** 多用於在趣味、意向方面相合:That arrangement suited him perfectly.(那種安排很中他的意。)**Match** 則強調在顏色、大小、地位、實力等方面 "相配":Her hat does not match the dress.(她的帽子跟衣服的顏色不配套。)

fit² /fɪt/ *n* [C]
發作:a *fit* of high fever 高燒的發作 / burst into a *fit* of laughter 爆發出一陣笑聲

fit·ness /'fɪtnɪs/ *n* [U]
適合;恰當;健康

five /faɪv/ *num* 五;五個(人或物)

fix /fɪks/
I *vt* **①** 使固定;安裝:He *fixed* the clock on the wall. 他把鐘裝在牆上。**②** 專注於;注視:He *fixed* his eyes on the magician. 他目不轉睛地盯着魔術師。/ She *fixed* me with an angry stare. 她怒視着我。**③** 安排:We have *fixed* (up) the meeting for next month. 我們把會議安排在下個月。**④** 修理:Can you *fix* the watch for me? 你能幫我修修錶嗎?

◇ **fix on (upon)** 固定;確定;決定;注視 / **fix on to** 把…附加於 / **fix one's attention on** 專心於 / **fix one's eyes on** 注視 / **fix up** 修理;解決;安頓

II *n* 困難;困境;麻煩
◇ **in a fix** 處於困境;進退維谷 / **out of fix**(身體)不適;(鐘錶)不準

◑ repair

fixed /fɪkst/ *adj*
固定的;不動的;不變的;固執的:a *fixed* price 固定的價格 / a *fixed* idea 固定觀念;固執觀念 / a *fixed* gaze 凝視

flag /flæg/ *n*
旗:the national *flag* 國旗
◑ banner

用法説明:**Flag**、**banner**、**standard** 都可解作 "旗"。**Flag** 為普通用語:The seaman waved flags to send messages.(水兵揮動旗子,發出信號。)**Banner** 指上面帶有文字或圖案的旗幟,常常帶有抽象意義:The flag of the United States is the Star-Spangled Banner.(美國的國旗是星條旗。)**Standard** 為軍旗,尤指騎兵的旗。

flake /fleɪk/
I *n* [C] 薄片:*flakes* of snow (= snowflakes) 雪片 **II** *vi* 剝落(away,

off）；雪片般落下：The plaster has *flaked* off the wall. 牆上的灰泥都剝落了。/ The faded flowers are *flaking* down. 凋謝的花紛紛落下。

flame /fleɪm/
　　I *n* **1** [C, U] 火苗；火焰：The straw burst into *flame*(s). 稻草呼地燒了起來。/ A bright *flame* came out of the stove. 明亮的火苗從火爐裏冒出來。 **2** [C] 熱情；激情：a *flame* of love 情火
　　II *vi* 燃燒；發光；火紅：The stove *flamed*. 爐火熊熊。/ In autumn, the maple leaves *flame* brightly. 在秋天，楓樹葉一片火紅。/ He *flamed* with anger. [喻] 他氣得面紅耳赤。

flank /flæŋk/
　　I *n* [C] 脇腹；側面；〈軍〉翼側：The north *flank* of the square. 廣場的北側。
　　II *vt* 位於…的側面；從側翼攻擊（包圍等）：We *flanked* the enemy forces. 我們從翼側攻擊（包圍）敵人。

flannel /'flænl/ *n* [U] 法蘭絨；絨布

flap /flæp/
　　I *n* [C] **1** 片狀垂下物（如袋蓋、帽邊、信封口蓋等） **2** 拍打（聲）；擺動（聲）；飄動（聲）：the *flap* of a flying flag 飄揚的旗幟發出的飄動聲
　　II *vt, vi* (flapped, flapping) 拍打；拍動；拍擊；飄動：The dove *flapped* its wings. 鴿子拍打翅膀。/ The flag *flapped* in the wind. 旗子在風中飄揚。

flare /fleə(r)/
　　I *vi* 閃爍；閃耀：A torch *flared* in the darkness. 火炬在黑暗中閃爍。
　　◇ **flare up** 突然燒起來
　　II *n* **1** [U] 閃爍；閃耀 **2** [C] 照明彈；照明燈

　　● blaze, flicker, glow, glare

flash /flæʃ/
　　I *n* [C] **1** 閃光；閃現：a *flash* of lightning 一道閃電 / a *flash* of hope 一線希望 **2** 閃光燈；手電筒
　　II ❶ *vt, vi* （使）閃光；（使）閃爍：Lightning *flashed* across the sky. 閃電劃過天空。/ The railway worker *flashed* a signal lamp. 鐵路工人晃動了信號燈。 ❷ *vi* 閃現；掠過：Cars *flashed* past one after another. 汽車一輛接一輛從旁閃過。

　　● gleam, sparkle, glitter, glisten
　　⇨ 用法説明見 LIGHT

flask /flɑːsk; flæsk/ *n* [C] 瓶；燒瓶

flat¹ /flæt/
　　I *adj* **1** 平的；平坦的；扁平的：a *flat* tyre 癟了的輪胎 / The hill has a *flat* top. 山頂平坦。 **2** 斷然的；直截了當的：a *flat* refusal 斷然拒絕 II *adv* 平伏地：to lie *flat* 平臥 III *n* [C] 平面；平地

　　● level, plane, plain, even, smooth

flat² /flæt/ *n*
　　（同一層樓上的）一套房間；一層樓房；公寓

flat·ter /'flætə(r)/ *vt*
　　1 奉承；諂媚：He *flattered* his girl friend to please her. 他奉承女友以讓她高興。 **2** 使高興：I feel greatly *flattered* by your invitation. 承蒙邀請，不勝榮幸。 **3** 勝過：Her photo *flatters* her. 她的照片比她本人好看。
　　◇ **flatter oneself that...** 自以為；自吹

flat·ter·y /'flætəri/ *n* [C, U]
　　奉承；諂媚：She was pleased by his *flattery*. 他的奉承使她很高興。

fla·vo(u)r /'fleɪvə(r)/

I *n* [C, U] **1** 味；風味：I don't like the bitter *flavour* of coffee. 我不喜歡咖啡的苦味。**2** 情趣；風韻：His prose has a rich poetic *flavour.* 他的散文有着濃郁的詩的風味。**II** *vt* 調味：He added a little pepper to *flavour* the soup. 他在湯裏放了一些胡椒調味。

flaw /flɔ:/ *n* [C]

缺點；缺陷；瑕疵：There is an obvious *flaw* in the diamond. 鑽石有一個明顯的瑕疵。

① defect

flax /flæks/ *n* [U] 亞麻；亞麻纖維

flea /fli:/ *n* [C]

跳蚤：*flea* market 跳蚤市場（西方國家城市街道上的廉價品市場）

fled /fled/ *v* **flee** 的過去式和過去分詞

flee /fli:/

❶ *vi* (fled, fleeing) 逃走；逃掉：The enemy troops *fled* (to the coast). 敵軍（向海岸）逃跑了。**❷** *vt* 逃離；逃避；避開：He *fled* his country into exile. 他離國流亡。/ *flee* a temptation 避開誘惑

fleece /fli:s/

I *n* [C, U] 羊毛；羊毛狀物

II *vt* **1** 剪（羊）毛：*fleece* a sheep 剪羊毛 **2** 詐取；搶奪：The gangsters *fleeced* the passengers of their money. 歹徒把乘客的錢搶走了。

fleet /fli:t/

I *n* [C] 艦隊；船隊；車隊；機群

II *vi* 飛逝；掠過

flesh /fleʃ/ *n*

1 [U] 肉（bone 之對）；食用肉（現多用 meat）**2** [the flesh] 肉體（soul 之對）

◇ flesh and blood 肉體；人性；親人

flew /flu:/ *v* **fly** 的過去式形式

flex·i·bil·i·ty /ˌfleksə'bɪlətɪ/ *n* [U]

柔性；柔度；靈活性；機動性

flex·i·ble /'fleksəbl/ *adj*

1 易彎曲的；柔韌的：This material is very *flexible*. 這種材料很柔韌。**2** 靈活的；可變通的：a *flexible* plan 靈活的計劃

① stiff, rigid

flick-knife /'flɪknaɪf/ *n* [C] 彈簧折刀

flight¹ /flaɪt/ *n*

1 [C, U] 飛翔；飛行：They made a non-stop *flight* across the continent. 他們進行了一次橫越大陸的不着陸飛行。**2** [C] 飛機的航程；班機：The *flight* from Beijing to Hong Kong is taking off soon. 從北京到香港的班機馬上就要起飛了。**3** [C]（在空中飛行或移動的鳥等）一群：a *flight* of doves 一群飛鴿 / a *flight* of arrows 一陣射箭 **4** [C] 一段樓梯：She climbed three *flights* (of stairs) without a rest. 她一口氣爬了三段樓梯。

◇ in flight 在飛行中 / **make (take) a flight** 飛翔；飛行

flight² /flaɪt/ *n* [U]

逃跑；潰逃

◇ take to flight 逃走；潰退 / **put sb to flight** 使逃跑：The HK policemen have quickly *put* those sneakers *to flight*. 香港警察已迅速把那些鬼鬼祟祟的人趕跑了。

fling /flɪŋ/

I (flung, flinging) **❶** *vt* 投；扔；擲；丟；拋：He *flung* a stone at the window. 他向窗戶扔去一塊石頭。/ Many people were *flung* into prison. 許多人被投入監獄。/ He *flung* his coat on

and hurried out. 他匆匆穿上衣服出去
了。❷ *vi* 猛衝；急行：He *flung* into
the room. 他突然衝進房間。
◇ **fling away** 拋棄；放棄；（憤然）離
開 / **fling off** 丟掉；衝出
II *n* 投；擲；猛衝
◇ **at one fling** 一舉；一口氣 / **have a
fling at** 試圖；嘲弄；攻擊
➊ throw, cast
flint /flɪnt/ *n* [C, U] 燧石；火石
float /fləʊt/
I ❶ *vt, vi* 浮；（使）漂浮；（使）漂
流：Some logs are *floating* down the
river. 有一些木頭順流而下。/ The boy is
floating a model boat in a basin. 這個男
孩正在臉盆裏放模型船。❷ *vi* 飄；飄
揚：A flag is *floating* on top of the
building. 樓頂上飄揚着一面旗。/ White
clouds are *floating* in the sky. 天上飄着
白雲。II *n* [C] ➊ 漂浮物；浮游物 ❷
浮子；浮球；浮標 ❸ 木伐
flock /flɒk/
I *n* [C]（鳥、牲畜、人等的）群：a
flock of sheep 一群羊
II *vt* 群集；成群地湧向：Birds of a
feather *flock* together. [諺] 物以類聚，
人以群分。/ Spectators *flocked* into the
stadium. 觀眾湧進了體育場。
flood /flʌd/
I *n* [C] ➊ 洪水；水災：The heavy rain
caused a serious *flood*. 大雨造成了嚴重
水災。❷ 大量；大批：a *flood* of tears
淚如泉湧 / A *flood* of letters poured in.
信件潮水般湧來。
◇ **at the flood** 處於高潮 / **in flood** 泛
濫
II ❶ *vt, vi* 淹沒；（使）漲滿：Many

areas in Hong Kong are *flooded* every
year. 在香港每年有許多地區被水淹沒。/
After the heavy rain, all the rivers (were)
flooded. 大雨過後，所有的河流都漲滿
了。❷ *vt* 湧向；充斥：Visitors *flood*
the parks on Sundays. 星期天遊人湧向
各個公園。/ Fakes are *flooding* the
market. 現在假冒商品充斥市場。
flood·light /'flʌdlaɪt/
I *n* [C] 泛光燈 II *vt* 泛光照明
floor /flɔː(r)/
I *n* [C] ➊（房間等）地板；地面：
They spread a thick carpet over the
floor. 他們在地板上鋪了一塊厚厚的地
毯。❷ 樓層：the first *floor* (= [美] the
second floor) 二樓 / We live on the top
floor. 我們住在頂樓。
II *vt* ➊ 在…上鋪地板：We *floored*
the bedroom with wood. 我們給臥室鋪
上木頭地板。❷ 打倒；難倒：He
floored his opponent with one blow. 他
一拳就把對手打倒了。/ Many students
were *floored* by the teacher's question.
許多學生都被老師的問題難倒了。

用法説明：**Ground** 泛指 "地面"：The
snow lay thick on the ground.（地上積雪
很厚。）**Floor** 指在地面上用木板鋪設的
"地板"，或用石頭或其它材料鋪設的表
層：My hat fell to the floor.（我的帽子掉
在地板上了。）

flour /'flaʊə(r)/ *n* [U] 麵粉
flour·ish /'flʌrɪʃ/
I ❶ *vi* 繁榮；茂盛；興旺：The crops
are *flourishing*. 現在莊稼長勢良好。/ His
business has been *flourishing* all these
years. 這些年來他的生意一直很紅火。

❷ *vt* 揮舞；炫耀：The madman *flourished* a club at passersby. 這個瘋子向過路人揮舞着棍子。**II** *n* [U] **❶** 繁榮；茂盛；興旺 **❷** 揮動；揮舞

❶ prosper, thrive

❶ slack

flow /fləʊ/

I *vi* **❶** 流（動）：All rivers *flow* into the sea. 百川歸大海。/ The traffic *flowed* slowly. 車輛緩緩而行。 **❷**（衣服、頭髮等）飄垂：Her hair *flows* down like a waterfall. 她的頭髮瀑布般飄垂下來。 **❸**（潮）漲：The tide is *flowing*. 正在漲潮。

II *n* [U] 流（動）：the *flow* of water (traffic) 水流（車流）

flow·er /ˈflaʊə(r)/

I *n* [C] 花（卉）：This tree has yellow *flowers*. 這棵樹開黃花。

II *vi* 開花：Most plants *flower* in spring. 大多數植物都是春天開花。

❶ bloom, blossom

⇨ 插圖見〈專題圖說 8〉

flow·er·bed /ˈflaʊəbed/ *n* [C]
花壇；花床；花圃

flown /fləʊn/ *v* fly 的過去分詞形式

flu /fluː/ *n* [U]
流行性感冒（influenza 的簡寫）

fluc·tu·a·tion /ˌflʌktʃʊˈeɪʃn/ *n* [C, U]
波動；起伏：*fluctuations* in prices 價格的波動

flu·en·cy /ˈfluːənsɪ/ *n* [U]
流利；流暢：He can speak several foreign languages with *fluency*. 他能流利地講幾種外語。

flu·ent /ˈfluːənt/ *adj*
流利的；流暢的：He is *fluent* in Hong

Kong dialect. 他能流利地講香港方言。/ She speaks *fluent* English. 她能講一口流利的英語。

▷ **fluently** *adv*

fluid /ˈfluːɪd/

I *adj* **❶** 流動的；流體的；液體的：This substance will become *fluid* when it is heated. 這種物質受熱就會變成液態。 **❷** 流暢的；優雅的：a *fluid* style 流暢的文體 / Her movements are very *fluid*. 她的動作非常優雅。 **❸** 變的；不固定的：a *fluid* plan 靈活易變的計劃

II *n* [U] 流體；液體

❶ liquid

❶ solid

flu·o·res·cent /ˌflʊəˈresnt/ *adj*
（發）熒光的：a *fluorescent* lamp 日光燈

flush¹ /flʌʃ/

I ❶ *vt, vi*（使）（臉）發紅：She (was) *flushed* with embarrassment. 她窘得滿臉通紅。 ❷ *vt* **❶** 使興奮：He was *flushed* with success. 他因成功而興奮。 **❷** 衝洗：*flush* a toilet 衝洗廁所 ❸ *vi* 奔流；湧

II *n* **❶** 臉紅；紅暈 **❷** 急流；衝刷：a great *flush* of water 水的奔瀉

flush² /flʌʃ/ *adj*
❶ 富裕的；充足的：He is now *flush* of (with) money. 他現在很有錢。 **❷** 和…齊平：The door is *flush* with the wall. 門和牆齊平。

flute /fluːt/ *n* [C] 長笛

flut·ter /ˈflʌtə(r)/

I ❶ *vt, vi* **❶**（旗等）飄動；飄揚；（鳥）拍翅：The flag *fluttered* in the wind. 旗子迎風飄揚。/ The Swan *fluttered* its wings and flew away. 天鵝振翅飛去。 **2** (使) 焦慮不安 **❷** *vi* (心臟、脈搏) 不規則跳動 **II** *n* [C] **1** 飄動；拍翅 **2** 焦慮不安：She was in a great *flutter* when she heard the news. 聽到消息時她異常焦慮不安。

fly¹ /flaɪ/ *n* [C] (複 = flies) 蒼蠅

fly² /flaɪ/ (flew, flown, flying) **❶** *vt, vi* **1** (使) 飛；(使) 飛行；飛越：An eagle is *flying* in the sky. 一隻老鷹在天上飛。/ Some children are *flying* kites. 有些孩子在放風箏。/ *fly* the Atlantic 飛越大西洋 **2** 逃跑；逃出 (過去式和過去分詞一般用 fled)：All are brave when the enemy *flies*. 敵人逃跑時，人人皆英雄。/ The criminal *fled* the country. 罪犯逃到國外去了。 **❷** *vi* **1** 乘飛機旅行：I'm *flying* to New York tomorrow. 我明天乘飛機到紐約去。 **2** (旗幟等) 飄揚：National flags are *flying* everywhere. 國旗到處飄揚。 **3** 飛跑；飛奔；(時間) 飛逝：Time *flies* (like an arrow). 光陰似箭。

◇ **fly at** 攻擊；撲向 / **fly into a rage (passion, temper)** 勃然大怒 / **fly off** 飛脫；飛離 / **let fly (at)** (向…) 發射 (射擊；攻擊)

fly·o·ver /ˈflaɪˌəʊvə(r)/ *n* [C] [英] 立交橋；立體交叉跨線橋；高架公路

foam /fəʊm/ **I** *n* [U] 泡沫：The beer has rich *foam*. 這啤酒泡沫豐富。 **II** *vi* 起泡；發泡：The sea *foams*. 海水泡沫洴濺。

fo·ci /ˈfəʊsaɪ/ *n* focus 的複數形式

focus /ˈfəʊkəs/ **I** *n* (複 = focuses 或 foci) [C] **1** 焦點：in (out of) *focus* 焦點 (沒有) 對準；圖像 (不) 清晰 **2** (注意、興趣等的) 集中點；焦點；中心：He became the *focus* of public attention. 他成了公眾注意的中心。

II *vt* (focus(s)ed, focus(s)ing) **1** 調焦距；定焦點：to *focus* a camera 調節相機的焦距 **2** 集中 (注意力等) 於某一點：The civil war *focused* world attention on this small country. 內戰使世界的注意力都集中到這個小國家。

fod·der /ˈfɒdə(r)/ *n* [U] 飼料

foe /fəʊ/ *n* [C] 敵人；危害物：friends and *foes* 敵友

❶ opponent, enemy
❶ friend, ally

fog /fɒg/ **I** *n* [U] **1** 霧：The dense *fog* caused many traffic accidents. 大霧導致了許多交通事故。 **2** 困惑；迷惑：in a *fog* 迷惑不解 **II** *vt* (fogged, fogging) 被霧籠罩：The airfield was *fogged* (up). 機場被霧所籠罩。

❶ mist, haze, smog

用法說明：**Fog**、**mist** 和 **haze** 三詞都是指由小水滴形成的一種自然現象，即 "霧"，但濃度依次遞減。**Fog** 是 "濃霧"：The little lake is enveloped in a thick fog. (小湖籠罩在濃霧之中。) **Mist** 是 "薄霧"：The sun dispels mist and darkness. (太陽驅散了晨霧和黑暗。) **Haze** 是 "霧靄"：The hills looked dull in a blue haze. (山丘在藍色的霧靄中看上去索然無味。)

fog·gy /ˈfɒgɪ/ *adj* 有霧的；多霧的：a *foggy* day 霧天

foil[1] /fɔɪl/ n **1** [U] 箔 **2** [C] 陪襯物

foil[2] /fɔɪl/ vt

擊敗；挫敗：They were *foiled* in their attempt. 他們的企圖被挫敗了。

➊ frustrate

foil[3] /fɔɪl/ n [C] 鈍頭長劍

fold[1] /fəuld/ n [C] 羊欄

fold[2] /fəuld/

I vt **1** 折迭（疊）：He *folded* (up) the letter and put it into an envelope. 他把信疊起來裝進信封。 **2** 交迭；合攏：He stood there with *folded* arms. 他交臂站在那兒。/ The eagle *folded* its wings and rested on a branch. 老鷹合上翅膀然後停在樹枝上。 **3** 抱；包：She *folded* the baby in her arms. 她把孩子抱在懷裏。 II n [C] 褶；褶痕

fo·li·age /'fəulɪdʒ/ n [U] [總稱] 葉子

fo·li·vore /'fəulɪvɔ:(r)/ n 食葉動物

folk /fəuk/

I n （複 = folk(s)） **1** 人們（現常用 people）：country *folk* 鄉下人 / young *folks* 年輕人 / Idle *folks* have the least leisure. [諺] 懶得懶嫂，閒暇最少。 **2** [folks] 家屬；親屬；家人：My *folks* like to eat garlic. 我們家喜歡吃大蒜。

II adj 民間的：*folk* songs 民歌

➊ person, people

folk·ster /'fəukstə(r)/ n [C] 民歌手

fol·low /'fɒləu/

➊ vt, vi **1** 跟隨；追趕：He went first and I *followed* (him). 他先走我後隨。/ A plague *followed* the flood. 水災過後發生了瘟疫。 **2** 聽懂：He spoke so fast that I couldn't *follow* (him). 他講得太快了我聽不懂。 **➋** vt **1** 沿着…走：He *followed* the path to the top of the hill.

他沿着小路走上山頂。 **2** 聽從；遵循：You should *follow* the doctor's advice. 你應該聽醫生的話。 **3** 從事（職業）：*follow* the profession of lawyer 當律師

◇ **as follows** 如下 / **follow after** 追求；追隨；模仿 / **follow on** 繼續下去 / **follow out** 貫徹；執行；探究到底 / **follow through** 完成；堅持到底 / **follow up** 追擊；跟蹤；貫徹到底 / **it follows (from...) that...** （從…）得出結論

➊ succeed

➊ precede

fol·low·er /'fɒləuə(r)/ n [C]

隨從；追隨者；擁護者；門徒；信徒

➊ supporter

fol·low·ing /'fɒləuɪŋ/

I adj **1** 接着的：on the *following* day 第二天 **2** 下述的：Pay attention to the *following* points, please. 請注意以下各點。

II n **1** [the following] 下面：The *following* is (are) the most important. 下一點（以下幾點）最為重要。 **2** （一批）追隨者；擁護者；隨行人員：He has a great *following* among blacks. 他在黑人中有一大批追隨者。

III prep 在…之後：*Following* the talk they signed an agreement. 會談後他們簽署了一項協議。

fol·ly /'fɒlɪ/ n

1 [U] 愚蠢：It will be *folly* to trust such a man. 信賴這樣的人是愚蠢的。 **2** [C] 蠢事；蠢行：What a *folly* you have done! 瞧你幹的蠢事！

fond /fɒnd/ adj

1 親愛的；慈愛的；多情的：a *fond*

mother 慈母 **2** 喜愛的；愛好的：I'm *fond* of ice cream. 我愛吃冰淇淋。/ He is exceedingly *fond* of fishing. 他非常喜歡釣魚。 **3** 不可能實現的（願望等）
▷ **fondly** adv / **fondness** n
● loving
⇨ 用法説明見 LIKE

food /fu:d/ n [U]

食物；食品；養料：I've had no *food* for two days. 我兩天沒吃東西了。/ *food* for thought 供思考的材料 / mental *food* 精神食糧
◇ **be (become) food for fishes** 葬身魚腹 / **be food for worms** 死

food·stuff /ˈfu:dstʌf/ n

[常作 foodstuffs] 糧食；食品

fool /fu:l/

I n [C] 傻瓜；笨人：A *fool's* heart dances on his lips. [諺] 傻瓜的心掛在嘴邊。（傻瓜多説真心話。）/ Is he *fool* enough to do so? 他會傻到去那樣做？/ He is no *fool*. 他才不傻呢！（他精明着呢）。
◇ **make a fool of oneself** 出醜；出洋相 / **make a fool of sb** 愚弄（欺騙）某人 / **play the fool** 裝傻；打諢
II ● vt **1** 欺騙；愚弄：*fool* sb out of sth 騙取某人的東西 / He tried to *fool* me into buying his fake. 他企圖騙我買他的假貨。 **2** 浪費：*fool* away one's time 浪費時間 ❷ vi **1** 遊蕩：Stop *fooling* about. 別再遊手好閒了。 **2** 幹蠢事；胡鬧；開玩笑
◇ **fool with** 瞎弄；玩弄；擺弄
● cheat, deceive

fool·ish /ˈfu:lɪʃ/ adj

1 蠢的；笨的；傻的：It is *foolish* of you to believe him. 你相信他真是太傻了。 **2** 可笑的：He looks *foolish* in that gown. 他穿那件長袍很可笑。
▷ **foolishly** adv / **foolishness** n
● silly, stupid, ridiculous

foot /fʊt/ n（複 = feet）[C]

1 腳；足：He fell and hurt his *feet*. 他跌倒傷了腳。 **2** 最下部；底部；足部：the *foot* of a hill 山腳 / the *foot* of a bed 床後（放腳的一頭） **3** 英尺：He is five *foot* (feet) ten inches tall. 他五英尺十英寸高。
◇ **at sb's feet** 在某人的腳下 / **fall on one's feet** 幸免於難；運氣好 / **get off on the wrong foot** 開頭不利 / **on foot** 步行 / **on one's feet** 站立着；（病後）康復；（經濟上）自立 / **put one's foot in it** 鬧笑話；説錯話；做錯事 / **rise to one's feet** 站起來 / **set foot on** 到達；踏上；進入

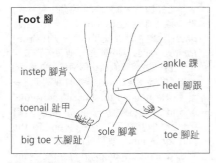

Foot 腳

instep 腳背
ankle 踝
heel 腳跟
toenail 趾甲
sole 腳掌
big toe 大腳趾
toe 腳趾

foot·ball /ˈfʊtbɔ:l/ n

1 （英國）足球；（美國）橄欖球：He bought a new *football* for his son. 他給兒子買了個新足球。 **2** 足球運動：association (American) *football* 英式（美式）足球 / a *football* field (pitch) 足球場

/ Boys like to play *football*. 男孩喜歡踢足球。

⇨ 插圖見 SPORTS

foot·step /ˈfʊtstep/ *n* [C]
腳步（聲）；足跡：I heard *footsteps* behind me. 我聽到身後有腳步聲。/ follow in sb's *footsteps* 步某人的後塵；繼承某人的志願

foot·wear /ˈfʊtweə(r)/ *n* [U] 鞋類

for /fɔː(r)/
I *prep* **1**（表示對象、用途、意圖等）給；與：Here is a letter *for* you. 這兒有你的一封信。/ He bought a birthday present in Sincere Company *for* his daughter. 他在先施公司給女兒買了件生日禮物。/ This shop sells shoes *for* children. 這家商店售童鞋。**2**（表示方向）向；往：He is leaving *for* Japan tomorrow. 他明天動身去日本。/ The train *for* London leaves at five. 往倫敦的火車五點鐘開。**3**（表示時間、距離等）計；達：They stayed there *for* two days. 他們在那兒住了兩天。/ He runs *for* five miles every day. 他每天跑五英里。**4**（表示等值和比例關係）交換：I paid $5 *for* the book. 這本書我花了五美元。/ He bought the house *for* 10,000 pounds. 他買這所房子花了一萬鎊。**5**（表示目的）為了：They went to the pub *for* a drink. 他們到酒館去喝一杯。/ The students are preparing *for* the exam. 學生們正在準備考試。**6**（表示代理、代表）代；替：I'm speaking *for* Mr. Wilson. 我代表威爾遜先生發言。/ X stands *for* an unknown number. X 代表未知數。**7** 贊成；支持：Are you *for* or against this plan? 你是支持還是反對

這個計劃？/ I'm all *for* it. 我完全贊成。**8** 因為；由於：He apologized *for* being late. 他為遲到而道歉。**9**（表示能力、愛好、特長、傾向、願望）對於：wish *for* peace 希望和平 / I've no ear *for* music. 我對音樂沒有欣賞能力。/ He has a liking *for* painting. 他喜愛繪畫。**10** 當作；作為：Many people mistake me *for* my brother. 許多人錯把我當成我弟弟。**11**（表示關聯）考慮到；就⋯而言：He is doing well enough *for* his age. 就他的年齡而言，他做得夠好了。**12**（表示讓步）雖然；儘管：*For* all his shortcomings he is a nice guy. 他雖然有這樣那樣的缺點，但人還不錯。**13**（用在不定式前引導邏輯主語）：It is very difficult *for* him to do all the work by himself. 要他自己幹完所有這些活是很困難的。**II** *conj* 因為：He must be ill, *for* he looks so pale. 他臉色那麼蒼白，一定是病了。

◑ because, as, since

for·bade /fəˈbeɪd/ *vt* **forbid** 的過去式
for·bad /fəˈbæd/ *vt* **forbid** 的過去式
for·bid /fəˈbɪd/ *vt* （forbade 或 forbad, forbidden, forbidding）
1 禁止；不許：He *forbade* me to enter. 他不讓我進去。/ The doctor *forbade* me wine. 醫生不讓我喝酒。/ Parking *forbidden*! 禁止停車！**2** 阻止；妨礙：The cold weather *forbade* children to play outdoors. 天冷使孩子們無法出去玩。

◐ prohibit, ban
◑ permit, allow

for·bid·den /fəˈbɪdn/
I *vt* **forbid** 的過去分詞 **II** *adj* 被禁止

的：Smoking is *forbidden* in public areas. 公共場所禁止吸煙。/ *Forbidden* fruit is sweet. [諺] 禁果分外甜。（指不讓得到的東西具有格外的誘惑力。）

force /fɔːs/
I n **1** [C, U] 力；力量：the *force* of the explosion 爆炸力 / the *forces* of nature 自然力 / the *force* of habit 習慣的力量 **2** [U] 武力；暴力；壓力：They took the man away by *force*. 他們強行把那個人帶走了。**3** [U]（法律等）效力；約束力：The new law will come into *force* next week. 新的法律下週生效。**4** [C] [the force；常用複；常大寫] 部隊；軍隊；兵力：the police *force* 警察 [總稱] / the armed *forces* 軍隊（陸海空三軍）
◇ **by force** 用暴力；用武力；強迫地 / **by force of** 通過；憑借；由於 / **come into force** 開始生效（實施）/ **in force** 有效的；在實施中 / **put... in (into) force** 實施；使生效
II vt **1** 強迫；逼迫；迫使：He was *forced* to go. 他是被迫去的。/ He *forced* a bundle of clothes into the suitcase. 他往皮箱裏硬塞進一包衣服。**2** 強取；強作；強加：to *force* an entry 強行進入 / to *force* a smile 強作歡笑 / to *force* one's opinions upon others 把自己的意見強加給別人 / Love cannot be *forced*. [諺] 愛情不能強求。
● power, strength, energy, compel, oblige

ford /fɔːd/
I n [C] 淺灘；（河中）可徒涉的地方
II vt, vi 徒涉；涉水；趟

fore·arm /'fɔːrɑːm/ n [C]（人的）前臂；（脊椎動物的）前肢下部

fore·cast /'fɔːkɑːst/（forecast 或 forecasted, forecasting）vt 預言；預測；預報：They *forecast* a wet winter this year. 據預報今冬多雨雪。/ He *forecast* that it would be fine the following day. 他預測第二天將是晴天。
II n [C] 預言；預測；（天氣）預報：The weather *forecast* says it's going to snow. 天氣預報説要下雪。
● foretell, predict

fore·fa·ther /'fɔːfɑːðə(r)/ n [常作 forefathers] 祖先；祖宗

fore·fin·ger /'fɔːfɪŋgə(r)/ n [C] 食指

fore·go·ing /'fɔːgəʊɪŋ/ adj 在前的；前述的：the *foregoing* remarks 前面的話
● previous, preceding, former
○ following

fore·head /'fɒrɪd/ n 前額
⇨ 插圖見 HEAD

for·eign /'fɒrən/ adj **1** 外國的：a *foreign* language 外語 **2** 對外的：*foreign* policy 對外政策 / the Ministry of *Foreign* Affairs 外交部 **3** 外國來的；外國產的：*foreign* visitors 外賓 / *foreign* goods 外國貨

for·eign·er /'fɒrənə(r)/ n [C] 外國人

fore·man /'fɔːmən/ n（複 = foremen）[C] 工頭；領班

fore·most /'fɔːməʊst/
I adj **1** 最初的；最前的 **2** 最重要的；最著名的；第一流的：He is among the *foremost* contemporary novelists in China. 他是中國當代最著名的小説家之一。II adv 在最前面；最重要地
◇ **first and foremost** 首先；第一

● chief, main, principal, leading

fore·saw /fɔːˈsɔː/ vt
foresee 的過去式

fore·see /fɔːˈsiː/ vt
(foresaw, foreseen, foreseeing)
預見；預知：He failed to foresee the difficulties in his work. 他沒有預見到工作中的困難。

fore·seen /fɔːˈsiːn/ vt
foresee 的過去分詞

fore·sight /ˈfɔːsaɪt/ n [U]
預見（的能力）；先見：Thanks to his foresight, we avoided many troubles. 多虧他有先見之明，我們避免了許多麻煩。

for·est /ˈfɒrɪst/ n [C] 森林
● jungle, woods

fore·tell /fɔːˈtel/ vt
(foretold, foretelling)
預言；預示：A timely snow foretells a bumper harvest. 瑞雪兆豐年。/ He boasted that he could foretell the future. 他誇口能未卜先知。
● forecast, predict

fore·told /fɔːˈtəʊld/ vt
foretell 的過去式及過去分詞

for·ev·er /fəˈrevə(r)/ adv
(= [英] for ever)
永遠；常常：I will remember you forever. 我會永遠記住你的。/ I hope we'll remain good friends forever. 我希望我們將永遠是好朋友。

for·feit /ˈfɔːfɪt/
I n [C] 沒收物；罰款；喪失物
II vt 被沒收；喪失；失去：He forfeited his health by smoking heavily. 他因吸煙過度而喪失了健康。/ He forfeited his property by his crime. 他因犯罪被沒收了財產。

for·gave /fəˈgeɪv/ v
forgive 的過去式

forge¹ /fɔːdʒ/
I n [C] 鍛爐；鍛工車間；鐵匠鋪
II vt ❶ 鍛造；打（鐵等）：The blacksmith forged a sword out of an iron bar. 鐵匠用一根鐵棍打了一把劍。❷ 偽造：He was arrested for forging money. 他因造假幣而被捕。

forge² /fɔːdʒ/ vi
穩步前進（ahead）：They are forging ahead with the project. 他們的工程穩步進展。

for·ger·y /ˈfɔːdʒərɪ/ n
❶ [U] 偽造（罪）❷ [C] 偽造品：This painting is only a forgery. 這幅油畫只是件贋品。

for·get /fəˈget/
(forgot, forgotten 或 forgot, forgetting)
❶ vt, vi 忘記：I've forgotten his address. 我忘記他的地址了。/ He forgot to post the letter for me. 他忘了替我寄信。（比較：He forgot posting the letter for me. 他幫我寄了信，但忘了這回事。）/ A man apt to promise is apt to forget. [諺] 輕諾易忘。❷ vt ❶ 遺忘：She is always forgetting things. 她總是丟東忘西。❷ 忽略：forget one's duties 玩忽職守
◇ **forget oneself** 忘我；忘乎所以；失去知覺
● neglect, omit, overlook, ignore, slight, disregard
◑ remember

for·get·ful /fəˈgetfl/ adj

健忘的；疏忽的

for·give /fəˈɡɪv/ *vt, vi*
（forgave, forgiven, forgiving）
寬恕；原諒：She *forgave* him his rudeness. 她原諒了他的無禮。/ I've *forgiven* him for breaking his promise. 我原諒了他背約。/ *Forgive* others but not yourself. [諺] 克己恕人。（嚴於律己，寬以待人。） ▷ **forgiveness** *n* / **forgiving** *adj*
◐ pardon, excuse
◑ blame

for·giv·en /fəˈɡɪvn/ *v*
forgive 的過去分詞

for·got /fəˈɡɒt/ *v*
forget 的過去式及過去分詞

for·got·ten /fəˈɡɒtn/ *v*
forget 的過去分詞

fork /fɔːk/
I *n* [C] **1** 餐叉；草叉；耙：Westerners eat with a knife and *fork*. 西方人用刀叉吃飯。 **2**（路、河等）分岔點；岔道；岔流：He turned left at the *fork*. 他在三岔路口向左拐。
II **①** *vi* **1**（路、河等）分岔：The river *forks* here. 那條河在這兒分岔。 **2**（人或車輛）走岔道：He *forked* left. 他轉向左走。 **②** *vt*（用叉）叉起（搬動）；耙（地）：He *forked* the hay onto a truck. 他把乾草叉上卡車。
▷ **forked** *adj*

form /fɔːm/
I *n* **1** [C] 形狀；外形；影子：This object has a strange *form*. 這個物體外形古怪。/ I saw a *form* in the distance. 我看到遠處有一個人影。 **2** [C] 種類；類型：There are various *forms* of cancer. 癌症有各種各樣。 **3** [C] 表格；格式紙：an application *form* 申請表 **4** [C] 年級：Tom is in the fourth *form*. 湯姆上四年級。 **5** [U]（固定）形式或方式：This is not the correct *form* to address an unmarried woman. 這不是稱呼未婚婦女的正確方式。/ It's purely a matter of *form*. 這純粹是個形式問題。
◇ **in form** 形式上 / **in great form** 精神煥發 / **in good form** 情緒好 / **in the form of** 以…的形式 / **take form** 形成 / **take the form of** 採取…的形式
II **①** *vt, vi* **1** 形成；構成：A little stream *formed* when the ice melted. 冰溶之後形成一條小溪。/ Can you *form* a sentence out of the words given? 你能用所給的詞造個句子嗎？ **2** 排列；編成：The students *formed* (themselves) into 4 groups. 學生分成四組。 **②** *vt* **1** 組織；建立：He's going to *form* a bridge club. 他打算成立一個橋牌俱樂部。 **2** 養成：He has *formed* the habit of getting up early. 他養成了早起的習慣。 **3** 想出；作出：*form* a plan 制定計劃 / *form* a conclusion 作出結論
◐ figure, outline, shape

for·mal /ˈfɔːml/ *adj*
1 形式上的；外形上的：There is a strong *formal* resemblance between them. 他們在外形上很相似。 **2** 正式的；禮儀上的：They paid a *formal* visit to the Governor of Hong Kong. 他們禮節性地拜訪了香港總督。 **3** 拘謹的：He is rather *formal* with girls. 他在女孩子面前很拘謹。 ▷ **formally** *adv*

for·mat /ˈfɔːmæt/ *n* [C]
（書籍、雜誌等）版式；開本

for·ma·tion /fɔːˈmeɪʃn/ *n*
1 [U] 形成；構成；組成 **2** [U]〈軍〉隊形；編隊 **3** [U]〈語〉(詞的) 構成 **4** [C] 形成物；構成物 **5** [C]〈地〉…層

form·er¹ /ˈfɔːmə(r)/ *n* [C]
1 形成者；構成者 **2** 中學生

form·er² /ˈfɔːmə(r)/ *adj*
1 從前的；以前的；前任的：one's *former* friends 昔日的朋友 / in *former* times 從前；以前 **2** [the former] (兩者之中) 前者 (對 latter)：Which of the two do you prefer, the *former* or the latter? 這兩個你喜歡哪一個，前者還是後者？ ▷ **formerly** *adv*
◐ previous, preceding, foregoing
◑ following

for·mi·da·ble /ˈfɔːmɪdəbl/ *adj*
1 可怕的：He looks *formidable* with that beard. 他長着鬍子顯得很可怕。 **2** 難克服的；難處理的；難對付的：a *formidable* task 艱巨的任務

for·mu·la /ˈfɔːmjʊlə/ *n*
(複 = formulas 或 formulae) [C]
1 公式；程式；方案 **2** 藥方；配方；〈化〉式 **3** 慣用語；套語：'Good morning' is a *formula* of greeting. "早上好" 是一個問候的慣用語。

for·mu·la·tion /ˌfɔːmjʊˈleɪʃn/ *n*
1 [U] 公式化 **2** [C, U] (系統的) 闡述

fort /fɔːt/ *n* [C] 堡壘；要塞

forth /fɔːθ/ *adv*
向前；向外：The dead dog is giving *forth* an awful smell. 死狗發出難聞的氣味。
◇ **and so forth** 等等 / **back and forth** 前前後後，來回地 / **from this day forth** 從今天起

forth·com·ing /ˌfɔːθˈkʌmɪŋ/ *adj*
即將發生的；即將到來的：the *forthcoming* holidays 即將到來的假期

for·ti·eth /ˈfɔːtɪəθ/ *num*
第四十；四十分之一 (的)

for·ti·fy /ˈfɔːtɪfaɪ/ *vt*
(fortified, fortifying)
1 築防禦工事於；設防於：They *fortified* the city against enemy attacks. 他們在市裏構築防禦工事以防敵人進攻。 / He *fortified* himself with an overcoat against the cold. 他披上大衣禦寒。 **2** 增強；加強：He *fortified* his argument with facts. 他用事實來加強自己的論點。
▷ **fortification** /ˌfɔːtɪfɪˈkeɪʃn/ *n*

for·ti·tude /ˈfɔːtɪtjuːd/ *n* [U]
堅忍；剛毅

fort·night /ˈfɔːtnaɪt/ *n* [C] [英] 兩週

for·tress /ˈfɔːtrɪs/ *n* [C] 要塞；堡壘

for·tu·nate /ˈfɔːtʃənət/ *adj*
幸運的：You are very *fortunate* to get this chance. 你得到這個機會真是太幸運了。 / It was *fortunate* that no one was killed in the accident. 所幸沒有人死於事故。 ▷ **fortunately** *adv*
◐ lucky

for·tune /ˈfɔːtʃən, -tʃuːn/ *n*
1 [U] 命運；運氣；好運：have good (bad) *fortune* 運氣好 (不好) / *Fortune* favours the brave. [諺] 天佑勇者。 **2** [C] 財產；財富：He fell heir to a large *fortune* from his father. 他從父親手裏繼承了一大筆財產。
◇ **make a fortune** 發財 / **marry a fortune** 跟有錢女子結婚 / **try one's fortune** 碰運氣 / **tell sb's fortune** 給某

人算命 □ **fortune-teller** 算命人

for·ty /ˈfɔːtɪ/ *num*

四十;四十個(人或物): Life begins at forty. [諺] 人生四十方開始。

for·ward /ˈfɔːwəd/

I *adj* **1** 向前的;前進的;前部的: a *forward* swing 向前的擺動 / the *forward* part of a train 火車的前部 **2** 早熟的;提早的: The wheat is *forward* this year because of the dry weather. 由於天氣乾燥今年小麥熟得早。

II *adv* (= forwards) **1** 向前: backward(s) and *forward*(s) 前後;來回 / He stepped *forward* to greet them. 他走上前去歡迎他們。 **2** 將來;今後: from this time *forward* 從今以後

III *n* [C] (足球、曲棍球等) 前鋒

IV *vt* **1** (郵件) 轉交;轉寄: I asked him to *forward* my mail to my new address. 我請他把我的郵件轉到我的新地址去。 **2** 促進: *forward* a project 推進一個工程的進展 **3** 寄送: We are *forwarding* your goods in two days. 我們兩天後就把你們的貨寄去。

⬤ advance, promote, further

fos·sil /ˈfɒsl/ *n* [C]

1 化石 **2** [口] 老頑固;守舊者

fos·ter /ˈfɒstə(r)/ *vt*

1 養育;撫養: She fostered three orphans. 她養育了三個孤兒。 **2** 鼓勵;助長;促進: You are *fostering* his laziness. 你在鼓勵他懶惰。 **3** 懷抱(希望等): *foster* hopes for success 抱着成功的希望

foul /faʊl/

I *adj* **1** 骯髒的;污穢的;難聞的: The washing sink smells *foul*. 洗碗池很

難聞。 **2** 邪惡的;不正當的;犯規的: *foul* language 下流話 / *foul* play 不公平比賽;犯規;欺詐;不正當行為 **3** (天氣) 惡劣的;險惡的: We have been having *foul* weather recently. 近來天氣一直很壞。

◇ **by fair means or foul** 用正當或不正當的手段;不擇手段

II *n* [C] (比賽中) 犯規

III **❶** *vt, vi* 犯規: to *foul* an opponent 對對手犯規 / He *fouled* twice in the first half time. 他在上半場犯規兩次。 **❷** *vt* 弄髒;玷污: *foul* sb's reputation 玷污某人的名聲 / It's an ill bird that *fouls* its own nest. [諺] 任何鳥都不願弄髒自己的巢。(家醜不可外揚。)

◇ **foul out** [美] (比賽中) 犯規超過限定次數被罰出場 / **foul up** 搞糟;弄亂

◗ dirty

◖ clean

found[1] /faʊnd/ *v*

find 的過去式和過去分詞

found[2] /faʊnd/ *vt*

1 建立;成立;創立: The United Nations was *founded* in 1945. 聯合國是一九四五年創立的。 **2** 以…為基礎(根據): His argument is *founded* on (upon) facts. 他的論點是以事實為根據的。

foun·da·tion /faʊnˈdeɪʃn/ *n*

1 [U] 建立;成立;創立: the *foundation* of a hospital 創辦一所醫院 **2** [C] 地基;基礎;根據: They are laying the *foundation*(s) of the house. 他們正在給房子打地基。 / His statement has no *foundation*. 他的話是沒有根據

的。 **3** [C] 基金（會）：the Ford *Foundation* 福特基金會

◑ base, basis

found·er¹ /ˈfaʊndə(r)/ *n* [C]

創立者；奠基人：Darwin was the *founder* of evolutionism. 達爾文是進化論的奠基人。

found·er² /ˈfaʊndə(r)/ *n* [C]

鍛造工；翻砂工

foun·tain /ˈfaʊntɪn/ *n* [C]

1 噴泉；噴水池：a drinking *fountain* 飲用噴泉 / *fountain* pen 自來水筆 **2** 源泉；根源：Greed for money is the *fountain* of all evils. 貪財是萬惡之源。

four /fɔː(r)/ *num*

四；四個（人或物）

◇ **on all fours** 匍匐；爬着

four·teen /ˌfɔːˈtiːn/ *num*

十四；十四個（人或物）

four·teenth /ˌfɔːˈtiːnθ/ *num*

第十四；十四分之一（的）

fourth /fɔːθ/ *num*

第四；四分之一（的）

fowl /faʊl/ *n* [C]

禽；家禽；鳥；雞：Hens, ducks and geese are all *fowls*. 雞鴨鵝都是家禽。/ She keeps *fowls* in her backyard. 她在後院養雞。

fox /fɒks/ *n* [C]

1 狐狸 **2** 狡猾的人

⇨ 插圖見〈專題圖説 11〉

frac·tion /ˈfrækʃn/ *n* [C]

1 小部分；一點兒：He took only a *fraction* of the money. 他只拿了一點兒錢。 **2** 〈數〉分數

fra·gile /ˈfrædʒaɪl/ *adj*

1 脆的；易碎的：Glass is *fragile*. 玻璃

易碎。 **2** 脆弱的；虛弱的：She looks pale and *fragile*. 她顯得蒼白虛弱。

◑ weak, feeble, frail

◐ tough, strong

frag·ment /ˈfrægmənt/ *n* [C]

碎片；片斷：The floor is covered with *fragments* of glass. 地板上都是玻璃碎片。

fra·grance /ˈfreɪgrəns/ *n* [U]

香氣；芳香；芬芳：The night is filled with the *fragrance* of flowers. 夜空飄着花香。

fra·grant /ˈfreɪgrənt/ *adj*

香的；芬芳的：*fragrant* flowers 芬芳的鮮花 / *fragrant* memories [喻] 甜蜜的回憶

frail /freɪl/ *adj*

虛弱的；脆弱的：The old man grew very *frail* after the illness. 老人病後非常虛弱。

◑ weak, feeble, fragile

◐ strong

frame /freɪm/

I *n* [C] **1** 構架；骨架：the metal *frame* of a hall 大廳的金屬構架 **2** 框架；框子：a window *frame* 窗框 / a picture *frame* 畫框；相片框 **3** （人或動物的）骨骼；骨架；體格：a girl of slender *frame* 身材苗條的姑娘 / a man with a heavy *frame* 體格粗壯的人 **4** 心情；心境：He is in a good *frame* of mind. 他心情好。

II *vt* **1** 給…裝框子：He *framed* his portrait. 他給畫像裝上框子。 **2** 建造；構造：They *framed* a hut with bamboos and straw. 他們用竹子和稻草蓋了一間小屋。 **3** 制定；設計；想出：He has *framed* a plan for the holiday. 他為假期定了個計劃。

frame·work /'freɪmwɜːk/ *n*
1 [C] 構架；框架；結構 **2** [C, U] 機構；組織

France /frɑːns; fræns/ *n*
法蘭西；法國（歐洲國家名）

fran·chise /'fræntʃaɪz/ *n*
1 [U] 選舉權 **2** [C] 特權；特許

frank /fræŋk/ *adj*
坦白的；坦率的；直率的；真誠的：to be *frank* (with you) 老實（對你）説 / He is a *frank* and honest man. 他是個坦率誠實的人。 ▷ **frankness** *n*
◑ open, outspoken

frank·ly /'fræŋklɪ/ *adv*
坦白地；真誠地：*Frankly* (speaking), I don't agree with you. 坦白説，我不同意你的觀點。

fra·ter·nal /frə'tɜːnl/ *adj*
兄弟（般）的：*fraternal* friendship 兄弟般的友誼

fra·ter·ni·ty /frə'tɜːnətɪ/ *n*
1 [U] 兄弟關係；友愛；博愛：The *fraternity* between us is unshakable. 我們之間的兄弟情誼是牢不可破的。 **2** [C] 同一行業、興趣或信仰的人；同人：the banking *fraternity* 銀行界 **3** [C] 兄弟會；[美]（大學生）聯誼會

free /friː/
I *adj* **1** 自由的；可自由行動的：set sb *free* 釋放某人 / You are *free* now. 你現在自由了。 **2** 不受拘束的；隨便的；任性的：*free* speech 言論自由 / be too *free* in one's behaviour 行為太隨便 / a *free* translation 意譯 / You are *free* to do what you like. 你想幹甚麼就幹甚麼。 **3**

大方的：be *free* with one's money 花錢大方 **4** 免費的；免税的：*free* medical care 公費醫療 / *free* goods 免徵進口税的貨物 **5** 免除的（of, from）：*free* of taxes 免税 / She's always *free* from care. 她總是無憂無慮。 **6** 不忙的；空閒的；空着的：I'll be *free* this afternoon. 我今天下午有空。/ There are no more *free* seats. 沒有空位子了。
◇ **for free** 免費 / **make free with** 擅用；對…放肆 / **of one's (own) free will** 出於自願 / **set free** 釋放
II *adv* 自由地；隨意地；免費地
III *vt* (freed, freeing) **1** 使自由；解放；釋放：All the political prisoners were *freed*. 所有政治犯都被釋放了。 **2** 使擺脱；解除（of, from）：*free* housewives from heavy housework 把家庭主婦從繁重的家務中解放出來
◑ release, liberate, emancipate
◐ restrain, bind, confine

free·bie, free·by /'friːbɪ/
I *n* [C] 免費贈品 **II** *adj* 免費的

free·dom /'friːdəm/ *n* [U]
1 自由：*freedom* of speech 言論自由 / give sb *freedom* 給某人以自由 **2** 免除：*freedom* from taxation 免税 / *freedom* from care 無憂無慮
◇ **with freedom** 自由地
◑ liberty, license
◐ repression, constraint

free·ly /'friːlɪ/ *adv*
1 自由地；隨意地 **2** 慷慨地；大方地；大量地 **3** 直率地；坦白地 **4** 免費地

free·way /'friːweɪ/ *n* [C] [美]
1 高速公路 **2** 免費高速公路

freeze /fri:z/

❶ *vt*, *vi* (froze, frozen, freezing) **1** (使) 結冰；(使) 凍結：The river *froze* (over) last night. 昨天河結 (滿) 了冰。/ The cold weather is *freezing* the pond. 寒冷的天氣正在使池塘結冰。 **2** (使) 愣住；(使) 僵硬；(使) 呆着不動：She *froze* when she saw the snake. 她看到蛇 (嚇得) 呆住了。/ His stern expression *froze* the child. 他的嚴厲表情把孩子嚇呆了。 ❷ *vi* (感到) 極冷：My legs are *freezing*. 我的腿快要凍僵了。/ It is *freezing*. 天氣冷極了。

◇ **freeze sb's blood (make sb's blood freeze)** 使人極其恐懼 / **freeze to death** 凍死 / **freeze up** (使) 凍結；(使) 呆住；(使) 僵硬

freight /freɪt/ *n* [U]

1 (運輸的) 貨物：a *freight* train 運貨火車 **2** 運費

French /frentʃ/

I *adj* 法國的；法國人的；法語的；法國式的 II *n* **1** [the French] [總稱] 法國人 **2** [U] 法語

◇ **take French leave** 不辭而別

French·man /'frentʃmən/ *n*

(複 = Frenchmen) [C] 法國人；法國男人

fre·quen·cy /'fri:kwənsɪ/ *n*

1 [C, U] 頻繁；(發生) 次數；出現率：Crimes are increasing in *frequency*. 犯罪越來越頻繁。/ In Kowloon the *frequency* of accidents is much higher this year. 九龍今年的事故率高得多。/ word *frequency* 詞 (的使用) 頻 (率) **2** [C] 〈物〉頻率；週率：high (low) *frequency* 高 (低) 頻 / *frequency* modulation 頻率調製；調頻

fre·quent

I /'fri:kwənt/ *adj* 頻繁的；經常發生的：Earthquakes are *frequent* in California. 加州經常發生地震。

II /frɪ'kwent/ *vt* 常去：He used to *frequent* that pub. 他過去經常到那家酒館去。

▷ **frequently** *adv*

fresh /freʃ/ *adj*

1 新鮮的；新到的；新來的：*fresh* flowers 鮮花 / He is *fresh* from college. 他剛大學畢業。 **2** 新穎的；不同的；未用過 (聽過、讀過等) 的：a *fresh* piece of paper 一張未用過的紙 / Is there any *fresh* news? 有甚麼新消息嗎？ **3** 清新的；涼爽的：I like the *fresh* air in the morning. 我喜歡早上的清新空氣。 **4** 健康的；有精神的：He looked *fresh* again after a rest. 休息一會後他又精神飽滿了。 **5** 淡的：*fresh* water 淡水

❶ new, novel, original

❶ old

fresh·man /'freʃmən/ *n*

(複 = freshmen) 大學一年級學生

fresh·wa·ter /'freʃ'wɔ:tə(r)/ *adj*

淡水的：*freshwater* fish 淡水魚

fric·tion /'frɪkʃn/ *n* [U]

1 摩擦 (力) **2** 摩擦；不和：There is some *friction* between them. 他們之間有些不和。

Fri·day /'fraɪdɪ/ *n* 星期五

friend /frend/ *n* [C]

朋友：He is a good *friend* of mine. 他是我的一個好朋友。/ A *friend* in need is a *friend* indeed. [諺] 患難之交友情真。

◇ **make friends (with)** (與…) 交朋友

friend·ly /'frendlɪ/ *adj*

友好的；友誼的；和氣的：a *friendly* match 友誼賽 / He's *friendly* to everybody. 他對大家都很友好。/ They have been *friendly* with each other for years. 他們之間的友誼已有多年了。

friend·ship /'frendʃɪp/ n [U] 友好；友誼；友情：The value of *friendship* is not known until it is lost. [諺] 友誼失去時方知其珍貴。

fright /fraɪt/ n [C, U] 驚嚇；恐怖：The cry gave me a terrible *fright*. 喊叫聲使我大吃一驚。

◇ **get (have) a fright** 受驚嚇 / **give sb a fright** 使某人吃驚 / **take fright (at sth)** (因某事或某物) 吃驚

❶ fear, dread, alarm, terror, panic

fright·en /'fraɪtn/ vt, vi 嚇唬；(使) 驚恐：I was greatly *frightened* at the sight. 那景象使我大吃一驚。/ I rarely *frighten*. 我很少害怕。

❶ scare, alarm, terrify

⇨ 用法説明見 BORE

fright·ful /'fraɪtfl/ adj ❶ 可怕的：a *frightful* scream 可怕的尖叫聲 ❷ 糟糕的：You've done a *frightful* job. 你幹得糟透了。

fringe /frɪndʒ/ n [C] ❶ 穗子；花邊：The carpet has a red *fringe*. 地毯鑲着紅花邊。❷ 穗狀物；流蘇；劉海：The girl wears a long *fringe*. 那個姑娘留着長長的劉海。❸ 邊緣：There is a cottage at the *fringe* of the woods. 林子邊上有一個茅屋。

friv·o·lous /'frɪvələs/ adj ❶ 輕薄的；輕浮的；輕佻的：*frivolous* behaviour 輕浮的行為 ❷ 瑣碎的；無意義的：Don't get caught in *frivolous* matters. 不要糾纏於瑣事。

fro /frəʊ/ adv 向後：(僅用於) to and *fro* 來回地

frock /frɒk/ n [C] 女上衣

frog /frɒg/ n [C] 蛙

from /frɒm/ prep ❶ (表示動作、時間、順序等的起點) 從：We work *from* 8 a.m. to 5 p.m. 我們從早上八點工作到下午五點。/ He has been living here *from* before the war. 他從戰前起就住在這兒。❷ (表示來源、材料、根據)：I've got a letter *from* my father. 我收到了父親的來信。/ This wine is made *from* grapes. 這種酒是用葡萄做的。/ He's *from* a peasant's family. 他出身於農民家庭。/ Judging *from* his accent, he must be *from* the north. 從他的口音來判斷，他一定是北方人。❸ (表示分離、間隔、差異、區別等)：He has been away *from* home for a long time. 他已離開家很長時間了。/ He is different *from* his brother. 他不同於他的弟弟。/ I cannot tell wheat *from* leek. 我分不清小麥和韭菜。❹ (表示變化)：The situation is going *from* bad to worse. 形勢每況愈下。❺ (表示原因、動機、理由)：He's suffering *from* a bad cold. 他在患重感冒。

front /frʌnt/ I n [C] ❶ 前面；前部；正面：the *front* of a house 房子的正面 / There is a fountain in *front* of the building. 大樓前面有一個噴水池。/ He marched at the *front* of the troops. 他走在隊伍的前面。❷ 前線；陣線；戰線：There is fierce fighting at the *front*. 前線戰鬥激烈。/ They formed a united *front*. 他們組成了

統一戰線。 **3** 臉面;外表: She put on a calm *front*. 她顯出鎮靜的樣子。 **4** (海或湖等的) 濱

II *adj* **1** 前面的;前部的;正面的: the *front* door 前門;正門 / He sat at the *front* row of the hall. 他坐在大廳的前排。

III *vt, vi* 朝向;面對 (on, upon, towards): The window *fronts* (towards) the bay. 窗戶朝向海灣。

fron·tier /'frʌntɪə(r); frʌn'tɪə(r)/ *n* [C]
1 邊境;國界: a *frontier* town (a town on the *frontier*) 邊境城鎮 / They crossed the *frontier* illegally. 他們非法越境。 **2** [常作 frontiers] (知識等) 尖端;新領域: the *frontiers* of natural sciences 自然科學的尖端

frost /frɒst/
I *n* **1** [U] 霜: The ground is covered with *frost*. 地上蓋滿了霜。 **2** [C] 降霜: There was a *frost* last night. 昨天夜裏下了霜。 **II** *vt, vi* (使) 結霜: The windows (were) *frosted* (over) in the night. 夜裏窗子上結滿了霜。

frost·y /'frɒstɪ/ *adj*
結霜的;寒冷的;冷淡的: *Frosty* weather is harmful to crops. 寒冷的天氣對莊稼有害。

frown /fraʊn/
I *n* [C] 皺眉: The boss gave her a *frown* of disapproval. 老板不滿地向她皺了一下眉。

II *vi* 皺眉: He *frowned* at his son. 他對兒子皺了皺眉。/ A friend that *frowns* is better than a smiling enemy. [諺] 朋友的苦臉勝過敵人的笑顏。

◇ **frown on (upon)** 對…表示不贊成

◑ smile

fru·gal /'fruːgl/ *adj*
節儉的: be *frugal* of one's money 節約錢財

◐ thrifty, economical
◑ wasteful

fruit /fruːt/
I *n* **1** [U] [總] 水果;果子;果實: He bought a lot of *fruit*. 他買了許多水果。 (比較: There are many *fruits* in the market. 市場上有許多種水果。) **2** [常作 fruits] 成果: the *fruits* of one's hard work 艱苦勞動的成果 **II** *vi* 結果: This tree *fruits* early. 這棵樹結果早。

⇨ 插圖見〈專題圖說 9〉

fruit·ful /'fruːtfl/ *adj*
果實纍纍的;富有成效的: They held a *fruitful* talk in Switzerland. 他們在瑞士舉行了富有成效的會談。

fruit·less /'fruːtlɪs/ *adj*
不結果實的;毫無成效的;無用的: a *fruitless* attempt 徒勞 / a *fruitless* discussion 毫無結果的討論

◐ vain, useless
◑ effective, fruitful

frus·trate /frʌ'streɪt; 'frʌ-/ *vt*
挫敗;使灰心喪氣: He felt *frustrated* by the repeated failures. 他由於屢次失敗而灰心喪氣了。

▷ **frustration** /frʌ'streɪʃn/ *n* [C, U]

frus·tum /'frʌstəm/ *n*
(複 = frustums / frusta)〈數〉平截頭體

frus·ta /'frʌstə/ *n* frustum 的複數

fry[1] /fraɪ/ *n* [用作單或複]
1 魚秧;魚苗 **2** 成群生活在一起的幼小動物 (如蜂、青蛙等)

fry[2] /fraɪ/ *vt* (fried, frying)

油煎（炸）：He *fried* some eggs for breakfast. 他煎了幾個雞蛋作早餐。/ Never *fry* a fish till it's caught. [諺] 逮到魚後再去煎。（意為：不要高興過早。）

fry·ing-pan /'fraɪŋpæn/ *n* [C]
煎鍋；長柄平鍋：jump out of the *frying-pan* into the fire 跳出油鍋又進火坑

fuel /fjuːəl/
I *n* [U] 燃料：solid *fuel* 固體燃料 / fossil *fuel* 礦物（化石）燃料
◇ **add fuel to the fire (flames)** 火上加油
II *vt, vi* (fuel(l)ed, fuel(l)ing) 加燃料：The plane *fuelled* before it took off. 飛機起飛前加了油。/ Have you *fuelled* the stove? 你給火爐添燃料了嗎？

ful·fil(l) /fʊl'fɪl/ *vt* (fulfilled, fulfilling)
1 完成；履行：They have not *fulfilled* the work yet. 他們還沒有完成任務。/ He rarely *fulfils* his duties. 他很少履行自己的職責。 **2** 滿足：No one here *fulfils* their requirements. 這裏沒人能滿足他們的條件。 ▷ **fulfil(l)ment** *n* [U]
❶ do, perform, accomplish, achieve

full /fʊl/
I *adj* **1** 滿的；充滿的：The cup is *full*. 杯子滿了。/ The hall was *full* of people. 大廳裏擠滿了人。 **2** 完全的；充分的；充足的：We waited for a *full* day. 我們等了整整一天。/ The car is going at *full* speed. 汽車全速前進。 **3** 豐滿的；圓胖的 II *adv* 完全地；充分地
❶ complete, total, whole, entire

full·time /'fʊl'taɪm/ *adj*
全部工作時間的；專職的；全日制的：a *fulltime* typist 專職打字員 / a *fulltime*

work 全日工作

ful·ly /'fʊlɪ/ *adv*
完全地；充分地：He was *fully* aware of his mistakes. 他充分認識到了自己的錯誤。

fume /fjuːm/
I *n* [常作 fumes] 煙（霧）；氣味：He likes the petrol *fumes* from a car. 他喜歡汽車排出的煙味。/ *Fumes* arose from the burning straw. 燃燒的稻草冒出了煙霧。 II *vi* 冒煙

fun /fʌn/ *n*
1 [U] 娛樂；樂趣；玩笑：We had a lot of *fun* in the Ocean Park. 我們在海洋公園玩得很痛快。 **2** [C] 有趣的人或物
◇ **for fun** 開玩笑地 / **make fun of** 開玩笑；嘲弄；取笑 / **poke fun at** 嘲弄；取笑

func·tion /'fʌŋkʃn/
I *n* [C] 功能；作用；職責：The *function* of this button is to start the machine. 這個按鈕的作用是啟動機器。 II *vi* **1** 起作用；運行；活動：The machine is not *functioning* very well. 機器的運行情況不太好。 **2** 行使職責

fund /fʌnd/ *n* [C]
1 資金；專款；基金：They are raising *funds* for the new airport. 他們正在為修建新機場籌措資金。 **2** [常作 funds] 現款；金錢：I need a typewriter but I don't have enough *funds*. 我需要一部打字機但是沒有足夠的錢。 **3** 儲備；蘊藏：There was a large *fund* of fuel for the winter. 為冬天儲備了大量的燃料。

fun·da·men·tal /ˌfʌndə'mentl/
I *adj* 基本的；根本的；十分重要的：a *fundamental* difference 根本區別 / Law

and order is *fundamental* to a society. 治安對於一個社會是十分重要的。
II *n* [C] [常作 fundamentals] **基礎**；（基本）原理；（基本）原則；綱要

fu·ner·al /ˈfjuːnərəl/ *n* [C]
葬禮：A lot of people attended his *funeral*. 許多人參加了他的葬禮。

fun·gus /ˈfʌŋɡəs/ *n*
（複＝funguses / fungi）**菌類；真菌**

fun·gi /ˈfʌŋɡaɪ; -dʒaɪ/ *n*
fungus 的複數

fun·nel /ˈfʌnl/ *n* [C]
漏斗；（火車、輪船等）**煙囪**

fun·ny /ˈfʌnɪ/ *adj*
1 有趣的；滑稽的；好笑的：The clown looked very *funny*. 小醜樣子很可笑。**2** 奇特的；稀奇古怪的：They heard a *funny* noise. 他們聽到一個古怪的聲音。
❶ interesting, laughable, amusing

fur /fɜː(r)/ *n*
1 [U]（動物）軟毛 **2** [C] 毛皮；皮子

fur·i·ous /ˈfjʊərɪəs/ *adj*
1 狂怒的；大怒的：be *furious* with sb (at sth)（因某事）對某人發怒 **2** 激烈的：a *furious* quarrel 激烈的爭吵
▷ **furiously** *adv*

fur·nace /ˈfɜːnɪs/ *n* [C]
爐子；火爐；熔爐；[喻] 極熱的地方

fur·nish /ˈfɜːnɪʃ/ *vt*
1 提供；供給：The sun *furnishes* us with light and heat. (The sun *furnishes* light and heat to us.) 太陽給我們提供光和熱。**2**（用傢具）佈置（房間等）：The room is richly *furnished*. 這個房間陳設豪華。
❶ equip

fur·ni·ture /ˈfɜːnɪtʃə(r)/ *n* [U] [總稱]
傢具：a piece (many pieces) of *furniture* 一件（許多件）傢具 / All his *furniture* is secondhand. 他的傢具都是別人用過的。

fur·ther /ˈfɜːðə(r)/ （far 的比較級之一）
I *adj* 更多的；另外的；進一步的：No *further* news was heard. 沒有再聽到更多的消息。**II** *adv* **1** 更遠；較遠地：I can't go any *further*. 我不能再往前走了。**2** 進一步地；深一層地：Your essay needs to be *further* polished. 你的文章需要進一步潤色。**III** *vt* 促進：Your support greatly *furthered* our work. 你的幫助大大促進了我們的工作。
❶ advance, promote, forward
❶ retard, check
➪ 用法説明見 FAR

fur·ther·more /ˌfɜːðəˈmɔː(r)/ *adv*
而且；此外

fu·ry /ˈfjʊərɪ/ *n*
1 [C, U] 狂怒；暴怒 **2** [U] 猛烈；激烈
◇ **fly into a fury** 勃然大怒 / **like fury** 猛烈地；激烈地
❶ anger, indignation, rage

fuse¹ /fjuːz/ *n* [C]
引信；導火線；導火索

fuse² /fjuːz/
I *vt, vi* （使）熔化；（使）熔合；（使）熔解 **II** *n* [C]〈電〉保險絲；熔絲

fu·sion /ˈfjuːʒn/ *n* [U]
1 熔化；熔合；熔解 **2**〈原〉核聚變

fuss /fʌs/
I *n* [U] [a fuss]（不必要的）激動或忙亂；大驚小怪：Don't make such a *fuss* about trifles. 不要小題大做。
◇ **make a fuss** 抱怨 / **make a fuss of**

sb 對某人過分照顧

II *vi* **1** 激動；忙亂；大驚小怪：Stop *fussing*. 別大驚小怪的。 **2** 過分關心體貼：It's harmful to *fuss* over one's children. 對孩子過分關心體貼是有害的。 **3** 過分講究：She *fusses* with her food and clothes. 她過分講究吃穿。

fus·sy /ˈfʌsɪ/ *adj*

大驚小怪的；過分注意細節的；過分講究的

fu·ture /ˈfjuːtʃə(r)/

I *n* [C, U] **1** 將來；未來：Don't worry so much about the *future*. 不要為將來如此擔憂。 **2** 前途：You have a bright *future* before you. 你的前途是光明的。 **3** 〈語〉將來時

◇ **in (the) future** 將來；今後 / **for the future** 在將來；從今以後（此語現在已比較少用）

II *adj* 將來的；未來的：the *future* world 未來的世界 / the *future* tense〈語〉將來時

G, g

G, g /dʒiː, dʒɪ/

英語字母表的第七個字母

gai·e·ty /ˈɡeɪətɪ/ *n*

1 [U] 快樂；高興 **2** [常作 gaieties] 狂歡；喜慶；歡樂

gai·ly /ˈɡeɪlɪ/ *adv* 快樂地

gain /ɡeɪn/

I ❶ *vt* **1** 獲得；贏得：*gain* a victory 獲得勝利 / A penny saved is a penny *gained*. [諺] 省一文等於掙一文。 **2** 到達：*gain* the destination 到達目的地 **❷** *vt, vi* 增加；漸增：*gain* speed 漸漸加速 / I've *gained* (six kg in) weight. 我的體重增加了（六公斤）。 / The clock *gains* (two minutes a day). 這鐘走得快（每天快兩分鐘）。 **❸** *vi* 獲利：You'll *gain* by (from) doing exercises regularly. 經常鍛煉你會獲益的。

◇ **gain on (upon)** 逼近；趕上；超過：In Happy Valley my horse *gained on* the first in the race yesterday. 昨日我的馬在跑馬地超過了第一匹馬。/ **gain sb over** 把某人爭取過來 / **gain time** (故意) 拖延時間；(鐘錶等) 走得快

II *n* **1** [C] 增加：a *gain* in weight (strength, experience) 增加體重 (力氣、經驗) / A fall into the pit, a *gain* in your wit. [諺] 吃一塹，長一智。 **2** [U] 利益；獲利：*gain* or loss 得失 **3** [常作 gains] 收益；得益；利潤：No *gains* without pains. [諺] 不勞則無獲。

❶ achieve, attain, get, obtain
❶ lose

用法説明：**Gain**、**earn**、**get**、**make** 和 **win** 幾個詞均有 "得到、獲得" 的意思。**Get** 為普通用語：Mary got some pocket-money from her father. (瑪麗從爸爸那裏得到一點零用錢。) **Gain** 和 **win** 都指 "通過努力而獲得"：gain/win respect

（贏得尊敬）。但 **win** 常用於比賽或戰爭，如：win a game / a battle（贏得一場比賽／一場戰役）；而 **gain** 常指"贏得優勢"：She gained her end.（她達到了目的。）**Earn** 指通過勞動或努力的獲得：He earns 50 dollars a week.（他一週賺 50 美元。）**Make** 的意思與 earn 相仿，只是通俗一點：Jack made a lot of money recently.（杰克最近掙了很多錢。）

gale /geɪl/ *n* [C]
1 大風 **2** （一）陣：a gale of wind 一陣風

gall /gɔːl/ *n* [U] 膽（汁）；惡毒

gal·ler·y /ˈgælərɪ/ *n* [C]
1 美術陳列室；美術館；畫廊 **2** 長廊；門廊；走廊

gal·lon /ˈgælən/ *n*（常縮寫為 gal.）（液量單位）加侖（英制＝ 4.546 升；美制＝ 3.7853 升）

gal·va·nom·e·ter
/ˌgælvəˈnɒmɪtə(r)/ *n* 電流計

gam·ble /ˈgæmbl/
I ❶ *vt, vi* 賭博；以…打賭：gamble at cards 賭紙牌 / They gambled (ten thousand dollars) in the horse race. 他們（以一萬元）賭跑馬。**❷** *vi* 投機；冒險：He used to gamble in gold. 他過去曾經投機黃金買賣。**❸** *vt* 賭掉；賭光 (away)：He has gambled away all his money. 他所有的錢都賭光了。
II *n* [C] 賭博；投機；冒險行為
● bet, chance, hazard, risk

gam·bler /ˈgæmblə(r)/ *n* [C] 賭徒

game /geɪm/
I *n* **1** [C] 遊戲；運動；玩耍：The children are playing a game of hide and seek. 孩子們在玩捉迷藏。**2** [C] 比賽：a game of basketball 籃球賽 **3** [C] [常作 games] 運動會：the Olympic Games 奧林匹克運動會 **4** [C]（比賽的）一局；一場；一盤：We won (by) three games to one. 我們三比一獲勝。**5** [C] 比分；得分；得勝：The game is 3-0. 比分是三比零。/ The game is ours. 我們得勝了。**6** [U]（總稱）野味；獵物
II *vi* 賭博；賭輸贏
● athletics, sports

gang /gæŋ/
I *n* [C] **1** （勞動者等的）隊；組；群 **2** （歹徒等的）幫；夥：The bank robbery was the work of a gang. 這宗銀行搶劫案是一夥匪徒所為。**II** *vi* 成群結隊；合夥行動：gang up on (against) sb [美俚] 聯合起來反對某人 / gang up with [美俚] 與…聯合起來一起行動

gang·ster /ˈgæŋstə(r)/ *n* [C] 歹徒；暴徒

gaol, jail /dʒeɪl/
I *n* [C, U] 監獄；監禁：be sent to gaol 入獄 / in gaol 在押；在監禁之中 / He works in the goal. 他在監獄工作。**II** *vt* 監禁：The dissident was gaoled for ten years. 那個持不同政見者被監禁了十年。

gaol·er, jail·er /ˈdʒeɪlə/ *n* [C] 監獄看守

gap /gæp/ *n* [C]
1 缺口；空隙；空白點：There is a gap in the fence. 籬笆上有個缺口。/ fill a gap in one's knowledge 填補知識上的空白 **2** 隔閡；分歧：generation gap 代溝 / There is a wide gap between their views. 他們的觀點存在巨大的分歧。**3**

差距：the *gap* between one's words and deeds 言行之間的差距

ga·rage /ˈɡærɑːʒ; ɡəˈr-/ *n* [C]
汽車庫；汽車修理廠

gar·bage /ˈɡɑːbɪdʒ/ *n* [U] 垃圾

gar·den /ˈɡɑːdn/
I *n* [C] **1** 花園；菜園；果園；園子：a vegetable *garden* 菜園 / He grows roses in his *garden*. 他在花園裏種月季花。 **2** [常作 gardens] 公園：The botanical *gardens* attract(s) a lot of visitors. 植物園吸引了眾多的遊人。
II *vi* 從事園藝（種花、種菜等）

gar·den·er /ˈɡɑːdnə(r)/ *n* [C]
園林工人；園丁

gar·den·ing /ˈɡɑːdnɪŋ/ *n* [U]
園藝（學）

gar·lic /ˈɡɑːlɪk/ *n* [C, U]
蒜（頭）：A *garlic* a day keeps everyone away. 每日一頭蒜，使人遠遠站。
▷ **garlicky** *adj* 有大蒜味的

gar·ment /ˈɡɑːmənt/ *n* [C]
1（一件）衣服 **2** [常作 garments] 服裝；衣着

gar·ri·son /ˈɡærɪsn/
I *n* [C] 衛戍部隊；警衛部隊；駐軍
II *vt* 駐防（某地）；守衛（城市等）；派兵駐防（城市等）

gas /ɡæs/ *n*
1 [C, U] 氣體：The air is filled with poisonous *gases*. 空氣中充滿了各種毒氣。 **2** [U] 可燃氣；煤氣：Are you using natural *gas* or coal *gas*? 你使用的是天然氣還是煤氣？ **3** [U] 毒氣 **4** [U] [美] 汽油（gasoline）：a *gas* station 加油站 / Yesterday Tokyo began rationing *gas*. 昨日東京開始限額購買汽油。

ga·se·ous /ˈɡæsɪəs/ *adj* 氣（體）的

gas·o·line, gas·o·lene
/ˈɡæsəliːn/ *n* [U]
[美] 汽油（petrol）

gasp /ɡɑːsp; ɡæsp/
I **1** *vi* 氣喘；喘息；透不過氣：After the race he was *gasping* for breath. 賽跑後他氣喘吁吁。 **2** *vt* 氣喘吁吁地説（out）：As he rushed out, he *gasped* out a few words. 他一邊向外跑一邊氣喘吁吁地説了幾句話。
◇ **be gasping for** 渴望 / **gasp one's life away (out)** 斷氣
II *n* [C] 氣喘；喘息；透不過氣
◇ **at one's last gasp** 在奄奄一息之時

gate /ɡeɪt/ *n* [C] 大門；城門
❶ door

gath·er /ˈɡæðə(r)/
❶ *vt, vi* （使）聚集；集合：People (were) *gathered* along the street to see the parade. 人們聚集在街道兩旁觀看遊行。 ❷ *vt* **1** 採集；搜集；收穫：*gather* flowers 採花 / *gather* information 搜集情報 / *gather* crops 收莊稼 **2** 增長；漸增：The car *gathered* speed. 汽車加快了速度。 **3** 推測；了解：I *gather* he is ill. 我想他是病了。
◇ **gather together** 集會；聚集 / **gather up** 收集；合攏
❶ collect, assemble

gath·er·ing /ˈɡæðərɪŋ/ *n* [C]
聚集；集合；集會

gauge /ɡeɪdʒ/
I *n* [C] （量）規；（量）計；（量）器；錶：a rain-*gauge* 雨量錶
II *vt* **1** 測量；測定：He *gauged* the strength of the wind. 他測量了一下風的

強度。 **2** 猜測;判斷: Can you *gauge* his age? 你能猜到他的年齡嗎?
❶ survey, measure

gaunt /gɔːnt/ *adj*
1 瘦削的;憔悴的 **2** 貧瘠的
❶ skinny, lean
❍ fleshy, fat

gauze /gɔːz/ *n* [U]
紗;羅;紗布;(金屬等的)網紗

gave /geɪv/ give 的過去式

gay /geɪ/
I *adj* **1** 快樂的;愉快的;歡快的: The children were *gay* and cheerful. 孩子們興高采烈。/ There were *gay* music and dance at the party. 晚會上有歡快的音樂和舞蹈。 **2** 鮮艷的;華麗的: *gay* colours (flowers) 鮮艷的顏色(花朵)
II *n* 同性戀者 ▷ **gaily** *adv*
❶ lively
❍ dull

gaze /geɪz/
I *vi* (由於吃驚、感興趣等) 凝視;盯: The child *gazed* at the spinning top. 孩子盯着旋轉的陀螺。
II *n* [僅用單] 凝視
❶ look, stare, glare, peek, peer

用法説明: **Gaze**、**look** 和 **stare** 三詞都可解作 "看"。**Look** 是普通用語: He looked at me. (她朝我看了一眼。) **Gaze** 為長時間地或認真地看,即 "凝視" 或 "盯": The little girl gazed at the doll in the window. (小姑娘盯着櫥窗裏的布娃娃。) **Stare** 則是目不轉睛地看,常帶有驚訝、害怕、渴望或深思等情感: The hungry boy stared at the food on the table. (那個飢餓的孩子望着桌上的食物。)

gear /gɪə(r)/
I *n* **1** [C, U] 〈機〉齒輪;傳動裝置;排檔: top (bottom) *gear* 高速(低速)(檔);頭檔(末檔) / change *gear* 換檔 **2** [U] 裝備;用具;工具: sports *gear* 體育用具(用品) / hunting *gear* 打獵用具 **3** [U] 衣服 **II** *vt* 使適合 (to): *gear* teaching to the needs of students 使教學適應學生的需要

geese /giːs/ goose 的複數形式

gem /dʒem/ *n* [C] 珠寶;寶石
❶ jewel, precious stone

gene /dʒiːn/ *n* [C]
〈生〉基因;遺傳原質

gen·er·al /ˈdʒenrəl/
I *adj* **1** 全體的;普遍的;總的: *general* election 普選;大選 / There is a *general* concern over the rise in prices. 人們對物價上漲普遍關注。 **2** 普通的;一般的;通用的;常有的: *general* knowledge 普通知識;常識 / *general* education 普通教育 / There is no *general* rule without some exception. [諺] 凡是常規,皆有例外。 **3** 概括的;籠統的: a *general* description 籠統的描述 / the *general* idea of an article 一篇文章的大意 **4** (用於頭銜) 總…;…長: a secretary-general (a *general* secretary) 總書記;秘書長
◇ **as a general rule** 一般地説;原則上
II *n* **1** [C] 將軍;將官 **2** [U] 一般;全體
◇ **in general** 一般地;大體上
❶ common, ordinary, familiar, popular, universal
❍ unusual, exceptional

gen·er·al·ly /ˈdʒenrəli/ *adv*

1 一般地；通常地；總的來說：
Diligent people are *generally* successful.
勤奮的人一般都是成功的。/ It is
generally rainy here in spring. 這兒的春
天通常是雨天。**2** 普遍地：His novel
was *generally* well received. 他的小說受
到了普遍的好評。

gen·er·ate /ˈdʒenəreɪt/ *vt*
1 生殖 **2** 產生；發生（電、熱等）：
generate electricity 發電 / *generate* heat
發熱 **3** 導致；引起：His remarks
generated a heated debate. 他的話引起
了一場激烈的辯論。

gen·er·a·tion /ˌdʒenəˈreɪʃn/ *n*
1 [U] 生殖；產生；發生（電、熱等）
2 [C] 一代（約 30 年）：He left home
a *generation* ago. 他大約三十年前離開
了家。**3** [C] 世代；一代人：the older
(younger) *generation* 老一輩人（青年一
代）/ *generation* gap 代溝 / They are the
present *generation* of college students
in Hong Kong. 他們是香港的現代大學
生。
◇ **from generation to generation** 世
世代代 / **generation after generation**
一代一代，世世代代

gen·er·a·tor /ˈdʒenəreɪtə(r)/ *n* [C]
發電機；發生器

gen·er·os·i·ty /ˌdʒenəˈrɒsəti/ *n*
1 [U] 大方；慷慨；寬宏大量 **2** [C] 寬
大（慷慨）的行為

gen·er·ous /ˈdʒenərəs/ *adj*
1 大方的；慷慨的：He's always
generous to (towards) others. 他對別人
總是很慷慨。/ He's *generous* with his
money. 他花錢很大方。**2** 寬宏大量
的：We should be *generous* and

forgiving. 我們應該寬宏大量。**3** 豐富
的；豐盛的：a *generous* meal 一頓豐盛
的飯 ▷ **generously** *adv*

gen·e·ses /ˈdʒenəsiːz/ *n*
genesis 的複數

gen·e·sis
/ˈdʒenəsɪs/ *n*（複 = geneses）
1 [the genesis] 開始；起源 **2** [the
Genesis]〈宗〉（聖經）創世紀

ge·net·ics /dʒɪˈnetɪks/ *n*
[用作單] 遺傳學

ge·ni·i /ˈdʒiːnɪaɪ/ genius 的複數

gen·ius /ˈdʒiːnɪəs/ *n*
（複 = geniuses 或 genii）
1 [U] 天才；才華：He showed a
genius for painting at an early age. 他早
年就顯露出繪畫的才華。/ Greatest
genius often lies concealed. [諺] 大才不
露。**2** [C]（一個）天才；英才：
Mozart was a great musical *genius*. 莫札
特是一個偉大的音樂天才。
◑ talent, gift

gen·tle /ˈdʒentl/ *adj*
1 溫和的；溫柔的；文雅的：Nurses
are generally *gentle* with patients. 通常
護士對病人都很溫柔。**2** 輕柔的；柔和
的：a *gentle* breeze 微風；和風 **3**（山
坡等）和緩的：a *gentle* slope 坡度不大
的斜坡 ▷ **gently** *adv*
◑ soft, mild
◐ harsh, rough

gen·tle·man /ˈdʒentlmən/ *n*
（複 = gentlemen）[C]
1 紳士；有教養的人；正人君子：It is
not the gay coat that makes the
gentleman. [諺] 君子在德不在衣。**2** 男
人

gen·try /ˈdʒentrɪ/ n [U]
[the gentry] [總稱] 紳士們；[英]（地位低
於貴族的）中上階層

gen·u·ine /ˈdʒenjʊɪn/ adj
1 真正的；名副其實的：Is this pearl
genuine or artificial? 這個珍珠是真的還
是人造的？ **2** 真誠的；誠實的：His
offer to help us was genuine. 他幫助我
們是誠心誠意的。▷ **genuinely** adv

ge·o·graph·ic /ˌdʒɪəˈgræfɪk/,
geographical /-kl/ adj 地理（學）的

ge·og·ra·phy /dʒɪˈɒgrəfɪ/ n [U]
地理（學）

ge·ol·o·gist /dʒɪˈɒlədʒɪst/ n [C]
地質學家；地質學工作者

ge·ol·o·gy /dʒɪˈɒlədʒɪ/ n [U]
地質（學）

ge·o·met·ric /ˌdʒɪəˈmetrɪk/ adj
幾何學的；幾何圖形的：geometric
progression 幾何級數；等比級數

ge·om·e·try /dʒɪˈɒmətrɪ/ n [U]
幾何（學）：analytical geometry 解析
幾何 / plane geometry 平面幾何 / solid
geometry 立體幾何

ge·o·sta·tion·ar·y
/ˌdʒiːəʊˈsteɪʃənərɪ/ adj
（地球衛星等）對地靜止的；對地同步
的：a geostationary satellite 同步衛星

germ /dʒɜːm/ n [C]
細菌；病菌；微生物

Ger·man /ˈdʒɜːmən/
I adj **1** 德國的；日爾曼的 **2** 德國人
的；日爾曼人的 **3** 德語的；日爾曼語的
II n **1** [C] 德國人：the Germans 全體
德國人 / two Germans 兩個德國人 **2**
[U] 德語

Ger·ma·ny /ˈdʒɜːmənɪ/ n

德國（歐洲國家名）

ges·ture /ˈdʒestʃə(r)/ n [C, U]
手勢；姿態；姿勢：make a gesture 做
手勢

get /get/
❶ vt（got, got 或 [古，美] gotten,
getting）**1** 得到；收到：I got a parcel
this morning. 我今天早上收到一個包
裹。 **2** 受到：He got a severe
punishment. 他受到嚴厲的懲罰。 **3** 獲
得；贏得：He got the respect of
everybody. 他贏得大家的尊敬。 **4** 買：
I'll go and get some envelopes. 我去買些
信封。 **5**（給某人）搞來；弄到：
Please get me some water. 請給我弄些
水來。 **6** 感染：I've got a cold. 我得了
感冒。 **7** 理解；懂：I couldn't get him.
我聽不懂他的話。 **8** (have got)（擁
有：She's got big eyes. 她長着一雙大眼
睛。 **9**（後接複合賓語）使得：He got
his leg broken yesterday. 他昨天把腿摔
斷了。/ You'll have to get things ready
by five. 你必須在五點之前把東西準備
好。/ Can you get the car out (of the
ditch)? 你能把車子（從溝裏）弄出來
嗎？ **10** 説服：Can you get him to stop
smoking? 你能説服他戒煙嗎？ **❷** vi **1**
變得：It's getting dark. 天黑下來。 **2**
到達：It takes an hour's walk to get to
the station. 走到車站要一個小時。

◇ **get about** 傳播；走動 / **get across**
被人瞭解（理解）/ **get ahead (of)** 進
展；進步；勝過 / **get along (with)**（在
…方面有）進展；（與…）友好相處 /
get at 到達；暗示 / **get away** 離開；逃
脫 / **get by** 走過；通過；應付；勉強過
活 / **get down** 吞下；咽下；寫下；記

下；（從⋯）下來／**get down to** 認真對待；認真考慮／**get off** 脫下（衣服等）；下（車等）；出發；起飛；免罰／**get on (with)** 上（車等）；進展；過活；接近；穿上（衣服等）；（與⋯）友好相處；（年齡）老起來／**get out** 出去；離開；逃避；泄露／**get over** 越過；恢復；克服；完成；結束／**get round** 說服；逃避；克服（困難等）／**get through** 完成（任務等）；（考試）及格；（電話）接通；通過（議案）／**get together** 聚集；會面／**get up** 起床；起立；增加（增強等）；安排；組織／**have got** 有／**have got to (do)** 不得不；必須

❶ acquire, attain, gain, obtain, reach
❍ lose
⇨ 用法說明見 GAIN

get·to·geth·er /'gettəgeðə(r)/ n [C]
（非正式的）聚會；聯歡會

ghast·ly /'gɑːstlɪ/ adj
1 可怕的；恐怖的：He heard a *ghastly* noise from the cellar. 他聽到地下室裏傳來一個可怕的聲音。 **2** 蒼白的：He looked *ghastly* with fear. 他嚇得臉色蒼白。 **3** 很壞的；糟糕的：What a *ghastly* shirt you've bought! 你買的襯衣真是糟糕！

ghost /gəʊst/ n [C]
1 鬼；幽靈：Do you believe in *ghosts*? 你相信有鬼嗎？ **2** 微量；一點兒：I haven't the *ghost* of an idea. 我一無所知。

ghost·ly /'gəʊstlɪ/ adj
鬼（一樣）的；死人般的；非常奇怪的

gi·ant /'dʒaɪənt/
I n [C] **1** 巨人；大力士：His bodyguard is really a *giant*. 他的保鏢真是個龐然大物。 **2** 能力（重要性等方面）特別大的人；偉人 **II** adj 巨大的

gift /gɪft/
I n [C] **1** 禮物：I've got a lot of birthday *gifts*. 我收到了很多生日禮物。／*Gifts* from enemies are dangerous. [諺] 敵人的禮物收不得。 **2** 天賦；天資：He has a *gift* for art. 他有藝術才能。
II vt 贈送；賦予（常用於被動語態）：be *gifted* with talents 有才能／This vase was *gifted* by a friend of mine. 這個花瓶是我的一個朋友送的。

❶ talent, genius, present

gift·ed /'gɪftɪd/ adj
有天賦的；有才華的：Mozart was a highly *gifted* musician. 莫札特是個極有才華的音樂家。

gi·gan·tic /dʒaɪˈɡæntɪk/ adj
巨大的；龐大的：The dinosaur was a *gigantic* creature. 恐龍是一種龐大的動物。／I had a *gigantic* meal in one of the restaurants in Causeway Bay tonight. 今晚我在銅鑼灣的一家飯店吃了一頓極其豐富的晚餐。

❶ enormous, immense, huge, tremendous

gig·gle /'gɪɡl/
I vi 傻笑；咯咯地笑：She just *giggled* without saying anything. 她一句話也不說，只是傻笑。
II n [C] 傻笑；咯咯地笑

❶ smile, laugh, grin, chuckle

gill¹ /gɪl/ n [常作 gills] 魚鰓
⇨ 插圖見 FISH

gill² /gɪl/ n （液量）及耳

gin /dʒɪn/ n

[U, C]（一杯）杜松子酒

gin·ger /'dʒɪndʒə(r)/
I n [U] 生薑；薑
II adj 薑黃色的；薑味的
⇨ 插圖見〈專題圖說 10〉

gi·raffe /dʒɪ'rɑːf; -'ræf/ n
（複 = giraffe(s)）[C] 長頸鹿
⇨ 插圖見〈專題圖說 11〉

gir·dle /'ɡɜːdl/
I n [C] 帶；腰帶 **II** vt 束住；環繞

girl /ɡɜːl/ n [C]
1 女孩子；姑娘 **2** 女朋友（girl-friend）
3 女職員；保姆：a shop-girl 女營業員

give /ɡɪv/（gave, given, giving）
❶ vt, vi 給；給予；授；贈：I gave a
book to him. (I gave him a book.) 我給了
他一本書。/ They gave him the first
prize. 他們授予他一等獎。**❷** vt **1** 產
生；帶來；引起：Hens give eggs. 母雞
下蛋。/ The child has given his parents a
lot of trouble. 這孩子給他的父母惹了很
多麻煩。**2** 付出：I gave ten dollars for
the tie. 這條領帶我花了十美元。**3** 舉
行；舉辦：They are giving a concert
next week. 他們下週舉辦音樂會。**4** 傳
染：He gave his cold to me. 他把感冒傳
染給了我。**5**（與表示動作的名詞連用
表示短暫的動作）：He gave the car a
push. 他把車推了一下。/ He gave the
door a kick. 他踢了一下門。**6** 貢獻；
獻出：give oneself to one's country 獻
身於祖國 / give one's spare time to
watching TV 把業餘時間花在看電視上
❸ vi 讓步；退讓；變弱；垮下：The
branch gave under the weight of the
fruit. 樹枝在果子的重壓下斷了。

◇ **give away** 送掉；泄露；放棄；出賣

/ **give back** 歸還；送回；報復 / **give
forth** 發出；放出；發表；公佈 / **give in
(to)** 屈服；讓步；投降；交上 / **give off**
放出；發出 / **give oneself up to** 犧牲自
己；專心於 / **give out** 分發；發表；發
佈；發出；用完；疲憊 / **give over** 交
給；停止；放棄 / **give up** 放棄；讓給；
停止；投降

❶ grant, present

giv·en /'ɡɪvn/ v give 的過去分詞形式

gla·ci·al /'ɡleɪsɪəl; -ʃl/ adj
1 冰的；冰河的 **2** 冰冷的

gla·cier /'ɡlæsɪə(r); 'ɡleɪʃə(r)/ n [C]
冰河；冰川

glad /ɡlæd/ adj（gladder, gladdest）
1 高興的；快樂的：Glad to meet you.
見到您很高興。/ Good children make
glad parents. [諺] 孩子乖，父母樂。**2**
使人高興的；使人快樂的：We spent a
glad holiday. 我們度過了一個令人愉快的
假期。

❶ happy, cheerful, joyful, merry,
pleased
◗ sad

glance /ɡlɑːns; ɡlæns/
I vi（粗略地）看一眼；看一下；一
瞥：He glanced at his watch. 他看一看
手錶。/ I glanced through (over) his
article. 我粗略地看了一下他的文章。
II n [C] 一眼；一看；一瞥：He took
(had, gave) a glance at the ad. 他看了一
眼廣告。

◇ **at a glance** 一眼就 / **at (the) first
glance** 第一眼就
❶ peep, glimpse
⇨ 用法說明見 LOOK

glare /ɡleə(r)/

I *vi* **1** 瞪眼；怒視瞪眼；怒視（at, on）：He *glared* at the gangster. 他怒視着歹徒。**2** 閃耀；炫耀：The sun *glared* down on us. 太陽灼照着我們。

II *n* **1** [C] 瞪眼；怒視：He looked at the boy with a *glare*. 他向小男孩瞪了一眼。**2** [U] 強烈的光；眩目的光；閃光：We were blinded by the *glare* of the sun. 在強烈的陽光下我們甚麼都看不見了。

◑ look, stare, gaze

glass /glɑːs; glæs/ *n*
1 [U] 玻璃：a piece of *glass* 一塊玻璃 / The bottle is made of *glass*. 瓶子是用玻璃做的。**2** [C] 玻璃杯：a *glass* of water 一杯水 **3** [C] 鏡子：She looked in the *glass*. 她照了照鏡子。/ A blind man will not thank you for a looking *glass*. [諺] 瞎子不謝贈鏡人。**4** [C] [常作 glasses] 眼鏡：a pair of *glasses* 一副眼鏡 / Many students are wearing *glasses*. 許多學生都戴着眼鏡。

◑ cup, mug

glass·house /'glɑːshaʊs; 'glæs-/ *n*
（複 = glasshouses /-haʊzɪz/）[C]
溫室；暖房

gleam /gliːm/
I *n* [C] 微光；閃光：the *gleam* of a distant light 遠處燈的閃光 / There is still a *gleam* of hope. [喻] 仍有一線希望。

II *vt*, *vi*（使）閃爍；（使）發微光：Stars *gleamed* in the night sky. 夜空星光閃爍。

◑ flash, sparkle, glitter, glisten

glide /glaɪd/
I *vi* **1** 溜；滑；悄悄地走：Fish were *gliding* in the lake. 魚在湖中輕快地遊動。/ Our boat is *gliding* over Victoria Harbour. 我們的小艇現在在維多利亞港輕快地航行。/ A car *glided* by. 一輛小汽車悄然駛過。**2**（時間）飛逝；流逝：Time *glided* on (by). 時光飛逝。

II *n* [C] 滑行；滑翔

◑ slide, slip

glid·er /'glaɪdə(r)/ *n* [C] 滑翔機

glimpse /glɪmps/ *n* [C]
瞥見；一瞥：I caught (got) a *glimpse* of him as he turned the corner. 他轉過拐角時我看見了他。

◑ peep, glance
⇨ 用法説明見 LOOK

glis·ten /'glɪsn/
I *vi*（濕的或擦亮的東西）閃光；反光：The dewy grass was *glistening* in the sun. 沾着露珠的草在陽光下閃着光。/ Tears *glistened* in her eyes. 她眼裏閃着淚花。**II** *n* [C] 閃光；反光

◑ flash, sparkle, glitter

glit·ter /'glɪtə(r)/
I *vi* 閃閃發光；閃耀：The diamond *glitters* in the sun. 鑽石在陽光下閃閃發光。**II** *n* [U] 閃光；光輝；燦爛

◑ flash, sparkle

glob·al /'gləʊbl/ *adj*
1 球形的 **2** 全球的；世界的：A *global* war broke out in 1914. 一九一四年爆發了世界大戰。**3** 總括的；普遍的：the *global* sum 總和；總計 / a *global* rule 普遍的規則

globe /gləʊb/ *n* [C]
1 球；球狀物 **2** 地球儀；天球儀 **3** [the globe] 地球

gloom /gluːm/ *n* [U]
1 陰暗；黑暗；朦朧：All looked

mysterious in the *gloom* of the night. 在
朦朧的夜色中一切都顯得很神秘。 **2** 陰
郁；憂愁：Nothing could chase his
gloom away. 甚麼都無法消除他的憂愁。

gloom·y /'gluːmɪ/ *adj*

1 陰沉的；黑暗的：a *gloomy* room 陰
暗的房間 **2** 陰郁的；愁悶的；無望的；
悲觀的：Don't be so *gloomy*. 不要那樣
悶悶不樂。

◑ dark, dim

◐ light, bright

glo·ri·ous /'glɔːrɪəs/ *adj*

1 光榮的：She died a *glorious* death.
她死得光榮。 **2** 輝煌的；壯麗的；壯觀
的：a *glorious* sunset 壯麗的落日 / We
won a *glorious* victory. 我們贏得了輝煌
的勝利。 **3** 令人愉快的；非常好的：
We had a *glorious* journey. 我們旅途非
常愉快。

◑ splendid

glo·ry /'glɔːrɪ/

I *n* **1** [U] 光榮；榮譽：They fought
for the *glory* of their country. 他們為祖
國的榮譽而戰。 **2** [U] 壯麗；壯觀：
The *glory* of the sunrise is beyond
description. 日出的壯麗難以形容。 **3**
[C] 榮耀的事；可讚頌（誇耀）的事物：
The Great Wall is a *glory* of the Chinese
nation. 長城是中華民族的驕傲。

II *vi* 誇耀；得意；自豪（in）：*glory*
in one's success 為自己的成功而自豪

gloss¹ /glɒs/ *n* [U]

（有時與 a 連用）光澤；虛飾

gloss² /glɒs/

I *n* [C] 註解；評註

II *vt, vi* 註解；評註

gloss·y /'glɒsɪ/ *adj*

有光澤的；光滑的：The table has a
glossy surface. 桌面很光滑。

glove /glʌv/ *n* [C]

手套：a pair of *gloves* 一副手套 / A cat
in *gloves* catches no mice. [諺] 戴手套的
貓逮不住老鼠。（意指：做事過分小心，
反難成功。）

◇ **fit like a glove** 非常吻合 / **be hand
and (in) glove with** 與⋯親密無間

⇨ 插圖見 CLOTHES

glow /gləʊ/

I *vi* **1** 發光；發熱；灼熱：The
charcoal *glowed* in the stove. 木炭在火
爐中燃燒。 **2**（因激動等）臉頰緋紅；
發熱：His cheeks *glow* with health. 他
紅光滿面。 **II** *n* [U] 發光；發熱；發紅

◑ blaze, flame, flicker, flare, glare

⇨ 用法説明見 LIGHT

glow·ing /'gləʊɪŋ/ *adj*

1 發光的；發熱的；熾熱的：*glowing*
metal 熾熱的金屬 **2** 容光煥發的：
glowing cheeks 容光煥發的雙頰 **3** 熱
情的；熱烈的：a *glowing* review of a
book 對一本書的好評 **4**（顏色等）鮮
艷的：*glowing* colours 鮮艷的顏色

glu·cose /'gluːkəʊs/ *n* [U] 葡萄糖

glue /gluː/

I *n* [C, U] 膠（水）：He stuck the
stamp on the envelope with *glue*. 他用
膠水把郵票貼到信封上。

◇ **stick like glue to sb** 同某人形影不
離；如膠似漆

II *vt* 黏貼；膠合：He *glued* two
pieces of paper together. 他把兩張紙黏
在一起。 / The boy's eyes were *glued* to
the balloon. 男孩的眼睛一眨不眨地盯着
氣球。

go /gəʊ/

I *vi* (went, gone, going) **1** 去：go to school 去上學 / go swimming 去游泳 **2** 走；離開；離去；消失：When does the train go? 火車甚麼時侯開？/ Easy come, easy go. [諺] 易得則易失。/ I'm going soon. 我馬上就走。/ Have a rest and your headache will go. 休息一會你的頭痛就會好的。 **3**（後接表語）變成；處於⋯狀態：go bad 變壞 / go hungry 捱餓 **4** 進行；活動：How are things going? 情況如何？/ Everything went well. 一切順利。 **5** 通到；達到：This path goes to the river. 這條小路通向河邊。 **6** 活動；運轉；開動：The clock won't go. 鐘不走了。 **7** 不行；死：His health is going. 他的身體不行了。/ His father is gone. 他父親過世了。 **8** 屬於；放置：Where do the papers go? 報紙放在甚麼地方？ **9** 流傳；傳播：The story goes that he's gone mad. 據説他瘋了。 **10** 發聲：The gun went bang. 槍砰的一聲。

◇ **as (so) far as it goes** 就目前情況來説；就此而論 / **be going to (do)** 就要；正打算 / **go about** 走來走去；流傳；着手；從事；盡力 / **go after** 追逐；追求 / **go against** 反對；不利於；違反 / **go ahead** 前進；進展；繼續下去 / **go all out** 鼓足幹勁，全力以赴 / **go along** 前進；進行 / **go along with sb** 陪伴某人；和⋯一道走 / **go at** 攻擊；從事 / **go away** 離去 / **go back** 返回；回顧；走向下坡 / **go between** 調停；奔走於⋯之間 / **go beyond** 超出；超過；勝過 / **go by** 過去；依照 / **go down** 下降；沉沒；被記下；（風等）平靜；屈服

/ **go down with** 為⋯所接受；為⋯所相信；為⋯所心服 / **go far** 效力大；耐久；持久 / **go for** 為⋯去；去請；去找；襲擊；贊成；支持 / **go in** 參與；加入；進入 / **go in for** 贊成；參加；從事 **go into** 進入；（門等）通到；參加；從事；提及；深入研究 / **go off**（槍炮）打出；（炸彈）爆炸；變壞；變質；離去；失去知覺；進行；發作 / **go on** 繼續；接下去；（工作）進行下去；（時間）過去；發生；過日子 / **go out** 出去；過時；熄滅；罷工 / **go over** 越；渡；參觀；溫習；仔細檢查；轉向 / **go round** 繞道走；繞⋯運行 / **go through (with)** 通過；經過；審查；經歷；完成 / **go together** 一起去；伴隨；調和；相稱 **go too far** 過火；走向極端 / **go under** 沉沒；失敗；破產；屈服 / **go up** 上升；增長；進步；爆炸 / **go with** 和⋯一道去；和⋯一致（和諧）；伴隨；配合；適合 / **go without** 沒有；沒有⋯也能過去 / **go wrong (with)**（機器等）出毛病；走錯路；（計劃等）失敗

II *n* **1** [U] [口] 精力：He is full of go. 他精力充沛。 **2** [C] [口] 嘗試 **3** [C] [口] 機會

◇ **at one go** 一次；一氣；一舉 / **be all (quite) the go** 風行一時 / **be on the go** 忙碌；活躍；在進行活動 / **have a go (at)** 試圖；嘗試

● depart, leave, quit

● come, arrive

goal /gəʊl/ *n* [C]

1（足球等）球門 **2** 進球；得分：The German team scored three goals. 德國隊進了三個球。 **3** 目標；目的：attain one's goal 達到目的

● intention, intent, purpose, aim, end

goal·keep·er /ˈɡəʊlˌkiːpə(r)/ n [C]
（足球等運動的）守門員

goat /ɡəʊt/ n [C] 山羊
● sheep, ram
⇨ 插圖見〈專題圖説 12〉

god /ɡɒd/ n
1 [God]（基督教等宗教中的）上帝 **2**
（神話或宗教中的）神

god·dess /ˈɡɒdɪs/ n [C]
1 女神 **2** 非凡的女子

god·fa·ther /ˈɡɒdˌfɑːðə(r)/ n [C] 教父

god·moth·er /ˈɡɒdˌmʌðə(r)/ n [C]
教母

gold /ɡəʊld/
I n [U] **1** 金子；黃金：The frame of
my glasses is made of gold. 我的眼鏡架
是金的。/ All that glitters is not gold.
[諺] 閃閃發光物未必盡黃金。 **2** 金幣
3 金色；金黃色
II adj **1** 金製的：a gold coin 金幣 **2**
金黃色的：a gold blanket 金黃色的地毯

gold·en /ˈɡəʊldən/ adj
1 金製的（現常用 gold） **2** 金色的；
金黃色的：Her hair is golden. 他的頭髮
是金黃色的。 **3** 金子般的；貴重的；良
好的：a golden chance 良機 / golden
rule 良好的行為準則 / Speech is silver,
silence is golden. [諺] 能言是銀，緘默是
金。

gold·fish /ˈɡəʊldfɪʃ/ n
（複 = goldfish(es)）金魚

gold-smith /ˈɡəʊldsmɪθ/ n [C]
金匠；金首飾商

golf /ɡɒlf; ɡɔːlf/ n [U]
高爾夫球：a golf match 高爾夫球比賽 /

He likes playing (at) golf. 他喜歡打高爾
夫球。
⇨ 插圖見 SPORTS

gone /ɡɒn/
I vi go 的過去分詞
II adj **1** 離去的：He's gone on
business. 他出差去了。/ Those days are
gone forever. 那樣的日子已一去不復返
了。 **2** 用光了的；喪失的：All our
money is gone. 我們的錢都用光了。 **3**
死了的：He is gone at last. 他終於死
了。

good /ɡʊd/
I adj（better, best）**1** 好的：
Diligence is the mother of good luck.
[諺] 勤奮乃好運之本。/ No road is long
with good company. [諺] 良友為伴，不
覺路遠。 **2** 愉快的：We had a good
time there. 我們在那兒玩得很愉快。 **3**
新鮮的：Is the milk good? 牛奶新鮮
嗎？ **4** 有益的：Fresh air is good for
the health. 新鮮空氣有益於健康。 **5** 善
良的；親切的：It is good of you to
come to see me. 你來看我真是太好了。/
He has always been good to me. 他對我
一向很親切。 **6** 完全的；充足的；實在
的：We walked for a good hour. 我們走
了足足一個小時。/ We had a good rest.
我們好好休息了一下。

◇ **as good as** 和…幾乎一樣；差不多 /
good at 善於；擅長 / **good for** 對…有
用(有效)；適於 / **hold good** 有效；適用
/ **make good** 賠償；補償；彌補；履
行；證明；保持；恢復

II n [U] **1** 好；善（良）；美德：good
and evil 善惡 / do good 行善 **2** 好處；
益處：Too much money will do you no

good. 太多的錢對你沒有甚麼好處。/ I'm saying this for your *good*. 我這樣說是為你好。

◇ **come to good** 有好結果 / **do... good** 對…有益（有效）/ **for good (and all)** 永遠地；一勞永逸地 / **for the good of** 為了…（的利益）/ **It is no good (doing sth)** …沒有用處（好處）

good·by(e), good-by(e)
/ˌɡʊdˈbaɪ/

I *int* 再見！**II** *n* [C, U] 告別：We said *goodbye* to him. 我們向他告別。

good-look·ing /ˈɡʊdˈlʊkɪŋ/ *adj*
漂亮的；美貌的：a *good-looking* girl 漂亮的女孩
⟹ 用法說明見 BEAUTIFUL

good·ness /ˈɡʊdnɪs/ *n* [U]
1 善良；美意；善行；美德：I thanked him for his *goodness*. 我感謝了他的好意。**2**（用於感嘆句）：For *goodness'* sake! 看在老天爺面上！/ *Goodness* knows! 天曉得！天知道！/ Thank *goodness*! 謝天謝地！

goods /ɡʊdz/ *n*（複數）
1 商品：consumer *goods* 消費品 / textile *goods* 紡織品 **2** 貨物：a *goods* train 貨車 **3** 財產：Ill-gotten *goods* never prosper. [諺] 不義之財，難傳三代。

good·will /ˈɡʊdˈwɪl/ *n* [U]
1 友好；親善：Handshaking is an expression of *goodwill*. 握手是友好的表示。**2** 信譽：The firm is trying to build up its *goodwill*. 該公司正設法樹立其信譽。

goose /ɡuːs/ *n*（複 = geese）
1 [C] 鵝；雌鵝：All his *geese* are swans. [諺] 他自己的鵝都是天鵝。（或：敝帚自珍。）**2** [U] 鵝肉

◇ **kill the goose that lays the golden eggs** 殺雞取蛋 / **make a goose of sb** 愚弄（欺騙）某人
⟹ 插圖見〈專題圖說 12〉

gorge /ɡɔːdʒ/
I *n* [C] 峽谷：the Yangtze *Gorges*（中國）長江三峽 **II** *vt* 塞飽；貪吃；狼吞虎嚥：He *gorged* himself on fruit. 他大吃水果。/ The tourists *gorged* themselves on museums in Beijing. 遊客們飽覽了北京的博物館。

gor·geous /ˈɡɔːdʒəs/ *adj*
1 燦爛的；絢麗的；華麗的：the *gorgeous* feathers of a peacock 孔雀的絢麗的羽毛 **2** 令人愉快的；極好的：I had a *gorgeous* time at the party. 我在晚會上玩得很痛快。
◐ splendid, glorious

go·ril·la /ɡəˈrɪlə/ *n* [C] 大猩猩
⟹ 插圖見 APE

gos·pel /ˈɡɒspl/ *n*
[Gospel]（基督教）新約聖經四福音書之一

gos·sip /ˈɡɒsɪp/
I *n* **1** [C] 閒談；聊天：He had a *gossip* with a friend in the pub. 他在酒館裏和一個朋友聊了一會兒。**2** [C] 愛說閒話的人 **3** [U] 流言；閒話：The old lady is fond of *gossip*. 這個老婦人愛說閒話。
II *vi* **1** 說短道長，說閒話：She loves to *gossip* about her neighbours. 她愛說鄰居的閒話。**2** 閒聊：He spent the whole evening *gossiping* with a friend. 他整個晚上都在和朋友閒聊。

got /ɡɒt/ *v* get 的過去式和過去分詞

gov·ern /ˈɡʌvn/ vt

1 統治；管理；治理：Britain is governed by the parliament. 英國是由議會統治的。 **2** 指導；影響；支配：The wise man is always governed by reason. 智者總是受理智支配的。 **3** 抑制；克制：You should govern your passions. 你要克制情感。

● rule, administer

gov·ern·ment /ˈɡʌvənmənt/ n

1 [C] [常作 Government] 政府；[英] 內閣：the US Government 美國政府 / form a Government [英] 組閣 **2** [U] 政治；政體：democratic government 民主政治 **3** [U] 統治；管理：the government of a country 對一個國家的統治

gov·er·nor /ˈɡʌvənə(r)/ n [C]

州長；省長；總督

gown /ɡaʊn/ n [C]

長袍；長外衣；禮服：a dressing-gown 晨衣 / a wedding-gown 結婚禮服

gox /ɡɒks/ n 〈化〉氣態氧 (gaseous oxygen)

grab /ɡræb/

I vt, vi (grabbed, grabbing) 攫取；抓取；強奪；霸佔：grab a chance 抓住機會 / He told his son not to grab. 他告訴兒子不要搶奪。

◇ **grab at** (試圖) 抓住：She grabbed at the opportunity of going abroad. 她抓住這個機會出國。

II n [C] 抓取；強奪

● take, grasp, clutch, snatch

grace /ɡreɪs/ n [U]

1 優美；優雅；雅致：She danced with grace. 她舞姿優美。 **2** 恩惠；仁慈；寬大：by the grace of God 蒙上帝慈悲

◇ **with (a) good grace** 欣然地 / **with (a) bad grace** 勉強地；不情願地

● mercy, charity

grace·ful /ˈɡreɪsfl/ adj

優美的；優雅的 ▷ **gracefully** adv

gra·cious /ˈɡreɪʃəs/

I adj **1** 客氣的；有禮貌的；和藹的：It is gracious of you to come to see me. 你來看我真是太客氣了。/ She gave me a gracious smile. 她向我和藹地笑了一下。 **2** (上帝) 仁慈的 **3** 優美的；雅致的 **II** int (表示驚訝等)：Gracious!/ Good gracious!/ Gracious me!/ My gracious! 嗳呀！天哪！

▷ **graciously** adv

grade /ɡreɪd/

I n [C] **1** 等級；級別：sort sth into grades 把某物分級 / The radio broadcast says a seventh-grade wind is on the way to Hong Kong. 無線電廣播說有七級風要來香港。 **2** [美] 年級：I'm in the third grade now. 我現在上三年級。 **3** [美] 分數：Tom always got good grades. 湯姆的分數總是很高。

◇ **grade (graded) school** [美] 小學校 / **make the grade** 成功；達到理想標準

II vt 分級；分類；分等：The apples have to be graded. 蘋果必須分級。

gra·dient /ˈɡreɪdɪənt/ n [C]

1 坡度；陡度；斜率 **2** (斜) 坡

grad·u·al /ˈɡrædʒʊəl/ adj

逐漸的；逐步的：a gradual slope 緩坡 / There has been a gradual rise in temperature. 溫度在逐漸上升。

▷ **gradually** adv

grad·u·ate

I /'grædʒueɪt/ ❶ *vi* （大學）畢業；得學位：He *graduated* (in physics) from (at) Oxford. 他在牛津大學（物理專業）畢業。 ❷ *vt* [美] 准予畢業；授予學位：He was *graduated* from MIT. 他畢業於麻省理工學院。/ He was *graduated* with an M.A. degree. 他獲得了碩士學位。

II /'grædʒuət/ *n* [C]（大學）畢業生：a *graduate* in medicine 醫科畢業生 / high school *graduates* 中學畢業生

III /'grædʒuət/ *adj* 畢了業的；研究生的：a *graduate* student 研究生 / a *graduate* school [美]（大學）研究所（院）

grad·u·a·tion /ˌgrædʒu'eɪʃn/ *n*
1 [U]（大學）畢業；授學位 **2** [C] 畢業典禮；授學位典禮

graft¹ /grɑːft; græft/
I *vt, vi* **1** 嫁接 **2** 移植（皮膚等）
II *n* [C] **1** 嫁接；嫁接植物 **2** 移植；移植物

graft² /grɑːft/
I *n* [C, U] 貪污；受賄
II *vt, vi* 貪污；受賄

grain /greɪn/ *n*
1 [U] 穀物；穀類；穀類作物：*Grain* is grown in most areas of China. 中國大部分地區都種植穀類作物。 **2** [C] 穀粒；籽粒：*grains* of rice 稻粒 **3** [C] 顆粒；細粒：a *grain* of sand 一粒沙 **4** [C] 微量：There isn't a *grain* of truth in his words. 他一點真話也沒有。
◇ **go against the grain**（與某人的感情、願望等）格格不入的；違反意願
❶ corn, crop

gram·mar /'græmə(r)/ *n*

1 [U] 語法（學）；文法（學）：English *grammar* 英語語法 / be good at *grammar* 語法學得好 **2** [C] 語法書：an English *grammar* 一本英語語法書

gram·mat·i·cal /grə'mætɪkl/ *adj* 語法（上）的；符合語法規則的；與語法有關的

gramme, gram /græm/ *n* [C]（重量單位）克（縮略為 g. 或 gr.）

gram·o·phone /'græməfəʊn/ *n* [C] [主英] 留聲機

grand /grænd/ *adj*
1 雄偉的；堂皇的；宏大的：a *grand* monument 雄偉的紀念碑 / a *grand* occasion 盛大的場面 **2** 重大的；重要的；主要的：*grand* people 要人 **3** 偉大的；崇高的；高貴的：a *grand* character 崇高的性格 **4** 傲慢的；自負的 **5** [口] 極好的
❶ magnificent, imposing, stately, majestic

grand·child /'grændtʃaɪld/ *n*（複 = grandchildren）[C]孫子（女）；外孫子（女）

grand·chil·dren /'grændˌtʃɪldrən/ *n* grandchild 的複數

grand·daugh·ter /'grænˌdɔːtə(r)/ *n* [C]（外）孫女

grand·fa·ther /'grændˌfɑːðə(r)/ *n* [C]（外）祖父

grand·ma /'grændmɑː/ *n* [C] [口] 奶奶；姥姥；外婆（grandmother）

grand·moth·er /'grændˌmʌðə(r)/ *n* [C]（外）祖母

grand·pa /'grændpɑː/ *n* [C] [口] 爺爺；外公（grandfather）

grand·par·ent /'grændˌpeərənt/ *n*

[C](外)祖父(祖母)

grand·son /'grændsʌn/ *n* [C]
(外)孫子

gran·ite /'grænɪt/ *n* [U]
花崗岩;花崗石

grant /grɑːnt/
I *vt* **1** 准許;同意;給予:I granted
his request. 我答應了他的要求。/ I
granted him permission to leave. 我准許
他離開。 **2**(姑且)承認;假定:I
grant that he is wrong. 我承認他是錯
的。/ I grant his sincerity. 我承認他是誠
懇的。
◇ **take sth for granted** 認為某事理所
當然 / **Granting (Granted) that...** 假定
…
II *n* **1** [U] 准許;同意 **2** [C] 授予物
(如補助金、撥款等)
● give, present

grape /greɪp/ *n* [C]
葡萄:sour grapes 酸葡萄(源於《伊索
寓言》,指把得不到的東西說成是不好
的)

graph /grɑːf/ *n* [C]
(曲線)圖;圖形;圖解

graph·ic /'græfɪk/,
graph·i·cal /'græfɪkl/ *adj*
圖的;圖解的;圖示的
▷ **graphically** *adv*

grasp /grɑːsp/
I *vt* **1** 抓住;抓緊:She grasped the
child's hand. 她緊緊抓住孩子的手。/
Grasp all, lose all. [諺] 樣樣都要,樣樣失
掉。 **2** 理解:I can't grasp what you
are saying. 我聽不懂你的話。
◇ **grasp at** 想抓住
II *n* [常用單] 緊握;理解力;能力 /

Don't ask me to solve this problem; it is
out of my grasp. 不要叫我解答這個問
題;它不是我力所能及的。
◇ **beyond one's grasp** 為…力所不及 /
within one's grasp 為…力所能及的;
為…所能理解的
● take, grab, clutch, snatch

grass /grɑːs/ *n*
1 [C] 禾本科植物(如穀類、蘆葦等)**2**
[C, U] 草;牧草:Cattle feed on grass.
牛吃草。 **3** [U] 草地;牧場:The
children are playing on the grass. 孩子在
草地上玩。
◇ **let the grass grow under one's
feet** 閒待着;浪費時間

grass·hop·per /'grɑːsˌhɒpə(r)/ *n*
[C] 蚱蜢;蝗蟲

grass·land /'grɑːslænd/ *n* [U]
牧場;草地;草原

grass·y /'grɑːsɪ/ *adj*
長滿草的;如草的;草色的

grate·ful /'greɪtfl/ *adj*
感激的;感謝的:be grateful to sb for
sth 為某事感激某人 ▷ **gratefully** *adv*

grat·i·tude /'grætɪtjuːd; -tuː-/ *n* [U]
感激;感謝;感恩:a letter of gratitude
感謝信 / out of gratitude 出於感激 /
express one's gratitude (to sb) (for sth)
(為某事)(向某人)表達感激之情

grave¹ /greɪv/ *n* [C]
墳墓;墓:We shall lie all alike in our
graves. [諺] 一朝進墳場,人人都一樣。/
Life is a battle from cradle to grave. [諺]
人生是一場從生到死的戰鬥。
◇ **have one foot in the grave** 風燭殘
年 / **make sb turn in his grave** 使人死
不瞑目 / **secret as the grave** 守口如瓶

silent as the grave 死一般寂靜
❶ cemetery, tomb

grave² /greɪv/ *adj*
❶ 重大的;重要的: a *grave* decision 重大決策 **❷** 嚴重的;危險的: a *grave* situation 嚴峻的形勢 **❸** 嚴肅的;莊重的;陰沉的: a *grave* expression 嚴肅的表情 ▷ **gravely** *adv*
❶ serious, solemn, earnest

grav·el /'ɡrævl/ *n* [U]
礫;沙礫;石子

grave·yard /'ɡreɪvjɑːd/ *n* [C] 墓地

grav·i·ty /'ɡrævətɪ/ *n* [U]
❶ 重要性;嚴重性;嚴肅;莊重: the *gravity* of the situation 形勢的嚴重性 / You must behave with *gravity* at a funeral. 你們在葬禮上要嚴肅。 **❷** 〈物〉重力;引力;地球引力

gray /greɪ/ *adj* = grey

graze¹ /greɪz/ *vt, vi*
(牲畜) 吃草;放牧: *graze* cattle 放牛 / The cattle are *grazing* on the hillside. 牛在山坡上吃草。

graze² /greɪz/
I *vt* **❶** 擦過;掠過: The bullet *grazed* his shoulder. 子彈擦着他的肩膀飛過去了。 **❷** 擦破: He *grazed* his hand on the fence. 他在籬笆上把手擦破了。
II *n* [C] 擦破處: He got a *graze* on his hand. 他的手擦破了。

grease /griːs/
I *n* [U] **❶** 動物脂;油脂 **❷** 油膩
II /griːz/ *vt* 給…塗油: *grease* the wheels of a bike 給自行車輪子上油

great /greɪt/ *adj*
❶ 大的;較大的: a *great* lake 大湖 / a *great* city 大城市 **❷** 偉大的;卓越的:

a *great* man 偉人 / a *great* writer 名作家 **❸** 非常的;強烈的: *great* changes 巨大的變化 **❹** 美妙的;令人愉快的: That's *great*! 好極了! / What a *great* evening! 多麼美好的晚上! **❺** (數量、時間、程度等) 極大的;長久的;眾多的: a *great* deal 很多;大量 / a *great* many 許許多多 / a *great* number of 許多
▷ **greatly** *adv* / **greatness** *n*
❶ large, big
❶ small, little
⇨ 用法説明見 BIG

Greece /ɡriːs/ *n* 希臘 (歐洲國家名)

greed /ɡriːd/ *n* [U]
貪婪;貪心: *greed* for money 貪錢

greed·y /'ɡriːdɪ/ *adj*
❶ 貪吃的: He is not hungry; merely *greedy*. 他不是餓;貪吃而已。 **❷** 貪婪的;貪心的: be *greedy* of (for, after) fame and money 追名逐利 **❸** 渴望的: be *greedy* for knowledge 渴望知識
▷ **greedily** *adv* / **greediness** *n*

Greek /ɡriːk/
I *adj* **❶** 希臘的 **❷** 希臘人的 **❸** 希臘語的 **II** *n* **❶** [C] 希臘人 **❷** [U] 希臘語
◇ **It (That) is (all) Greek to me.** 我對此一竅不通。

green /ɡriːn/
I *adj* **❶** 綠的;青的: a *green* grass 青草 **❷** 生的;未熟的: The apple is too *green* to eat. 蘋果太生,不能吃。 **❸** 無經驗的;易上當的: He is a *green* hand. 他是個生手 (新手)。 / He is still *green* and easily fooled. 他還太嫩,容易上當。 **❹** 新鮮的: a *green* wound 新傷 **❺** (臉色) 發青的;蒼白的: He was *green* with anger. 他氣得臉發青。

g

II *n* **1** [C, U] 綠色；青色；綠色顏料 **2** [C] 草地：There is a *green* in the village. 村子裏有一塊草坪。/ Grass is always *greener* on the other side of the hill. [諺] 這山望着那山高。

green·gro·cer /ˈgriːnˌɡrəʊsə(r)/ *n* [C] [英] 蔬菜水果商

green·house /ˈgriːnhaʊs/ *n* [C] 溫室；暖房

Green·wich /ˈɡrɪnɪdʒ/ *n* 格林威治（或譯格林尼治）（英國倫敦東南一市鎮，為本初子午線所經過的地方）：*Greenwich* time 格林威治時 / *Greenwich* mean time 格林威治標準時間（略作 GMT）

greet /griːt/ *vt* **1** 打招呼；問候；向…致意；迎接；歡迎：He *greeted* us at the gate. 他在大門口歡迎我們。 **2** 對…作出反應：His suggestion was *greeted* with warmth. 對他的建議反應熱烈。 **3** 被感受到；呈現在面前：An awful smell *greeted* the nose. 臭氣撲鼻而來。
◑ address, salute, hail

greet·ing /ˈgriːtɪŋ/ *n* [C, U] 問候；致意；祝賀：Christmas *greetings* 聖誕祝賀 / a few words of *greeting* 幾句問候話

grey, gray /greɪ/
I *adj* **1** 灰色的；灰白（頭髮）的：He (His hair) is going *grey*. 他的頭髮正在變白。 **2** （天氣等）陰沉的；陰暗的；灰暗的
II *n* [C, U] 灰色；灰色顏料；灰色的光
III *vt, vi* （使）變成灰色（灰白頭髮）：He's *greying* now. 他的頭髮正在變白。

grew /gruː/ *v* grow 的過去式

grey·hound /ˈgreɪhaʊnd/ *n* [C] 靈提（一種善跑的獵狗）

grief /griːf/ *n*
1 [U] 悲痛；悲傷：He was lost in *grief*. 他沉浸在悲痛之中。/ Tears are the silent language of *grief*. [諺] 眼淚是悲傷的無聲語言。 **2** [C] 傷心事：To have money is a fear, not to have is a *grief*. [諺] 有錢使人憂，無錢使人愁。
◑ sorrow, sadness
◐ joy, happiness

griev·ance /ˈgriːvns/ *n* [C] 冤情；不滿；牢騷：He listened patiently to the *grievances* of the workers. 他耐心地傾聽工人訴説不滿意見。
◑ injustice, injury, wrong
◐ justice

grieve /griːv/ *vt, vi* （使）悲痛；（使）傷心：His son's death *grieved* him deeply. 他兒子的死令他十分傷心。/ He *grieved* for his dead son (over the death of his son). 他為死去的兒子（為兒子的死）而感到悲痛。

grim /grɪm/ *adj* (grimmer, grimmest) **1** 嚴峻的；嚴酷的；冷酷的；殘忍的：a *grim* reality 嚴酷的現實 / a *grim* struggle 冷酷無情的鬥爭 **2** 可怕的；可憎的；猙獰的：He looked *grim* today. 他今天的樣子很可怕。 **3** 堅強的；不屈的：*grim* determination 堅強的決心

grin /grɪn/
I *vi* (grinned, grinning) 咧嘴笑；露齒笑：The boy *grinned* broadly with delight. 男孩高興地咧着嘴大笑了起來。
II *n* [C] 咧嘴笑；露齒笑：They gave a

grin of delight. 他們高興地咧嘴笑了起來。

● smile, laugh, giggle, chuckle

grind /graɪnd/ *vt* (ground, grinding)
1 磨（碎）；碾；研：She was *grinding* wheat (into flour). 她正在磨麥子（把麥子磨成面粉）。**2** 磨快：He *ground* a knife on a grindstone. 他在磨刀石上磨刀。**3** 摩擦（常發出刺耳的聲音）：*grind* one's teeth 磨牙；咬牙切齒

grip /grɪp/
I *vt* (gripped, gripping) 緊握：He *gripped* the rope. 他緊緊握住繩子。/ The singer *gripped* the audience. [喻] 歌唱家牢牢地吸引住了觀眾。

II *n* [C] **1** 緊握：to have (take) a firm *grip* on sth 緊緊握住某物 **2** 理解：He had a good *grip* of the problem. 他對這一問題有深入的了解。

◇ **be at grips with** 與…搏鬥；勉力對付… / **come (get) to grips with** 與…搏鬥起來；開始勉力對付…

groan /grəʊn/
I *vi* **1** 呻吟；嘆氣：The patient *groaned* with pain. 病人痛苦地呻吟。**2**（東西因重壓等）發出聲音：The chair *groaned* under him. 椅子在他的重壓下嘎吱作響。

II *n* [C] 呻吟聲：He gave a *groan* of pain. 他發出痛苦的呻吟聲。

gro·cer /ˈgrəʊsə(r)/ *n* [C]
食品商；雜貨商

gro·cer·y /ˈgrəʊsərɪ/ *n*
1 [常作 groceries] 食品雜貨 **2** [美] 食品雜貨店

groom /gruːm/ *n* [C]
1 馬夫 **2** 新郎（bridegroom）

grope /grəʊp/ *vt, vi*
摸索；探索：She *groped* about in the dark for the torch. 他在黑暗中摸着找手電筒。/ We *groped* our way to the entrance of the cave. 我們摸到洞口。

gross¹ /grəʊs/
I *adj* **1** 嚴重的；明顯的：You've made a *gross* error. 你犯了一個嚴重的錯誤。**2** 粗俗的；粗魯的：*gross* language 粗俗的語言 **3** 總的：*gross* weight 毛重（對 net weight 淨重）**4**（身體）肥胖（不堪）的

II *n* [C] 總計；總額；大體；總體

● coarse, vulgar
◑ refined

gross² /grəʊs/ *n*
[單複同]（一）羅（12 打或 144 個）

ground¹ /graʊnd/
I *vt* grind 的過去式和過去分詞
II *adj* 磨過的；磨碎的

ground² /graʊnd/
I *n* **1** [U] 地面；土壤；土地：He lay down on the *ground*. 他躺在地上。/ The peasants were planting seeds in the *ground*. 農民在地裏播種。**2** [C] 場地：a *sports-ground* 運動場 / a football *ground* 足球場 **3** [C] [常作 grounds] 理由；根據：He had no *ground*(s) for saying that. 他那樣説是沒有根據的。

◇ **break ground** 破土；動工；創辦；犁田 / **cover ground** 涉及 / **gain ground** 進展；壯大；佔優勢；流行開來 / **give ground (lose ground)** 退卻；讓步 / **hold (stand, keep, maintain) one's ground** 堅守陣地；堅持立場（主張等）/ **lose ground** 退卻；讓步；失利 / **on the ground(s) of** 以…為理由；以

g

…為借口／**shift one's ground** 改變立場；改變主張

⤷ 用法説明見 FLOOR

II *vt* 以…為根據（基礎）：You must *ground* your argument on facts. 你的論點必須以事實為依據。

group /gruːp/

I *n* [C] 群；批；組；團體：a study *group* 學習小組／a folk *group* 民樂團（組）／A *group* of students asked to see the president of Hong Kong Polytechnic University. 有一群大學生要求見香港理工大學的校長。

II ❶ *vt, vi* 聚集：The children *grouped* (themselves) about the teacher. 孩子們聚集在老師周圍。**❷** *vt* 歸類；分組：The pupils were *grouped* according to their age. 學生們按年齡分組。

grow /grəʊ/

❶ *vi* (grew, grown, growing) **❶** 生長；發育：The crops are *growing* well. 莊稼長勢良好。／He has *grown* into a big boy. 他長成了大孩子。**❷** 增長；增大；發展：Production is *growing* very fast. 生產快速增長。／Their friendship *grew* as time went by. 隨着時間的流逝，他們的友誼逐步發展。**❸** 逐漸變得：It is *growing* dark. 天黑下來了。／True love never *grows* old. [諺] 真摯的愛情，永葆青春。**❷** *vt* 栽培；種植；留；養：*grow* roses 種月季花／*grow* beard (long hair) 留鬍子（長頭髮）

◇ **grow into** 長成／**grow on (upon)** 加深對…的影響；引起…的愛好／**grow out of** 由…產生；長得高大（衣服等）穿不上／**grow up** 長大

用法説明：Grow 和 **increase** 都表示數量、大小、規模等方面的"增加"，經常互用。它們的區別在於，**grow** 強調漸漸地或自然地增加，只用作不及物動詞：She has *grown* six inches.（她長高了 6 英寸。）而 **increase** 既可是漸漸地也可是突然地增加，不但用作不及物動詞，還用作及物動詞：The boss *increased* the workers' pay.（老板給工人們增加工資。）The population of this city *increases* rapidly.（本市的人口增加得很快。）

growl /graʊl/

I ❶ *vi* **❶**（狗等）嗥叫；咆哮：The dog *growled* at the stranger. 狗向陌生人嗥叫。**❷**（人）咆哮；怒吼：The officer *growled* at his men. 軍官向士兵們吼叫。**❸**（雷）轟鳴 **❷** *vt* 吼叫着説（out）：He *growled* out a command to his men. 他吼叫着向士兵發出命令。

II *n* [C] 嗥叫；怒吼：The dog gave a *growl*. 狗嗥叫了一聲。

grown¹ /grəʊn/ grow 的過去分詞

grown² /grəʊn/ *adj* 成長的；成熟的；長大的：a *grown* man 成年男子

grown-up /ˈgrəʊnˈʌp/

I *adj* 成熟的；成年人的

II *n* [C] 成年人

growth /grəʊθ/ *n* [U]

❶ 生長；發育 **❷** 種植：the *growth* of apples 種植蘋果 **❸** 發展；增加：the *growth* of tourism 旅遊業的發展

grudge /grʌdʒ/

I *vt* **❶** 不願（給）；吝惜：He *grudged* helping others. 他不願幫助別人。／He *grudged* his son pocket money. 他捨不

得給兒子零花錢。 **2** 妒忌： *grudge* sb his achievements 妒忌某人的成就
II *n* [C] 怨恨： He has (bears) a *grudge* against me. 他對我抱有怨恨。

grumble /ˈɡrʌmbl/
I ❶ *vi* **1** 抱怨；發牢騷： He *grumbled* about (at, over) his job. 他抱怨工作不好。 **2** (雷) 隆隆響 **❷** *vt* 抱怨地說 (out)
II *n* **1** [C] 怨言；牢騷 **2** [U] 隆隆響

grunt /ɡrʌnt/
I ❶ *vi* (豬等) 哼哼；呼嚕 **❷** *vt, vi* (人) 咕噥；嘀咕： He *grunted* that he didn't like to go. 他咕噥道他不想去。
II *n* [C] 哼哼聲；咕噥聲；嘀咕聲

guar·an·tee /ˌɡærənˈtiː/
I *n* [C] **1** 保修單；保修期： This *guarantee* is valid for three years. 這張保修單有效期為三年。 **2** 保證： Money is no *guarantee* of success. 錢並不能保證成功。 **3** 擔保人；擔保品
II *vt* **1** 擔保；保證： *guarantee* sb against loss 保證某人不受損失 / This TV set is *guaranteed* for six months. 這台電視機保用六個月。 **2** [口] 管保： I *guarantee* you'll like it. 我管保你會喜歡它的。

guard /ɡɑːd/
I ❶ *vt* **1** 守衛；保衛；警衛： A group of soldiers *guard* the Royal Palace. 有一隊士兵守衛皇宮。 **2** 看守；監視： *guard* a prisoner 看守犯人 **❷** *vi* 提防；防範： You must *guard* against grammar mistakes. 你必須防止語法錯誤。
◇ **guard against** 防止；提防；預防
II *n* **1** [U] 守衛；警衛 **2** [C] 看守人

員；警衛人員 **3** [英] 列車員 ([美] conductor)
◇ **off (one's) guard** 不提防；不警惕 / **on guard** 在崗上；在值班；在警戒 / **on (one's) guard (against)** 警惕；提防 / **stand (keep) guard** 站崗

guard·ian /ˈɡɑːdɪən/ *n* [C]
監護人；保護人；管理人；保管員

gue(r)·ril·la /ɡəˈrɪlə/ *n* [C]
1 [古] 遊擊戰 **2** [常作 guerrillas] 遊擊隊員

guess /ɡes/
I ❶ *vt, vi* 猜測；推測；猜中： *guess* a riddle 猜中一個謎語 / If you don't know the answer, just *guess* (at it). 如果你不知道答案，就猜猜看。 **❷** *vt* 認為；想： I *guess* he's over sixty. 我想他有六十多歲了。 **II** *n* [C] 猜測；推測： I made a *guess* at the result. 我猜測了一下結果。 / My *guess* is that he does not like it. 我猜他不喜歡它。
◇ **anybody's guess** 大家都拿不準的事 / **at a guess** 猜測；估計 / **by guess** 憑猜測

guest /ɡest/ *n* [C]
客人；賓客： a distinguished *guest* 貴賓 / a *guest* room 客房 / A lot of foreign *guests* have arrived in Hong Kong these days. 最近有很多外賓來到香港。
❶ **visitor, caller**

guid·ance /ˈɡaɪdns/ *n* [U]
指引；指導；領導

guide /ɡaɪd/
I *n* [C] **1** 向導；導遊 **2** 指南；入門；導遊 (guidebook)： a *guide* to English 英語入門 / a *guide* to the museum 博物館參觀指南 **3** 指導者；

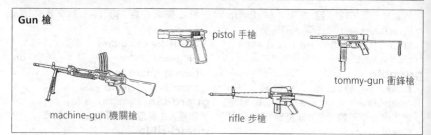

Gun 槍

pistol 手槍

tommy-gun 衝鋒槍

machine-gun 機關槍

rifle 步槍

Reason is the *guide* of life. [諺] 理智是人生的嚮導。

II *vt* **1** 指引;引導: He *guided* me to the cinema. 他把我領到電影院。 **2** 指導;領導: The employment agency *guide* people in their choice of jobs. 職業介紹所指導人們選擇職業。

◐ lead, pilot

◑ follow

⇨ 用法說明見 LEAD

guild /gɪld/ *n* [C]

1 (中世紀) 行會;同業公會 **2** 協會

guilt /gɪlt/ *n* [U]

內疚;罪過: A sense of *guilt* weighed on him. 一種負疚感使他心情沉重。/ No proof has been found for his *guilt*. 還沒有找到能證明他有罪的證據。/ Now the police in Hong Kong work day and night to prove his *guilt*. 現在香港警察正日以繼夜地找證據以證明他有罪。

guilt·y /'gɪltɪ/ *adj*

內疚的;有罪的;犯罪的;自覺有錯的: be *guilty* of... 有…的罪 / The jury found him *guilty*. 陪審團宣判他有罪。

guin·ea /'gɪnɪ/ *n*

畿尼 (舊時英國貨幣,合 21 先令)

gui·tar /gɪ'tɑː(r)/ *n* [C] 吉他;六弦琴

gulf /gʌlf/ *n* [C]

1 海灣: the *Gulf* of Mexico 墨西哥灣

2 [喻] 鴻溝;巨大的分歧;懸殊: the *gulf* between the rich and the poor 貧富的懸殊

gull /gʌl/ *n* [C] 〈動〉鷗

gum¹ /gʌm/ *n*

[常作 gums] 齒齦;牙床

gum² /gʌm/ *n*

1 [U] 膠水;樹膠 **2** [U] [美] 口香糖 (chewing-gum) **3** [C] 橡皮水果糖

gun /gʌn/ *n* [C] [通稱] 槍;(火) 炮

gun·pow·der /'gʌn,paʊdə(r)/ *n* [U] 黑色火藥;有煙火藥

gust /gʌst/ *n* [C]

1 陣風 **2** 突然一陣;迸發: a *gust* of hail 一陣冰雹 / a *gust* of rage 一陣大怒 / a *gust* of laughter 一陣笑聲

gut /gʌt/ *n* [C, U]

1 (動物) 腸;[常作 guts] 內臟 **2** (用於提琴等的) 腸線 **3** [常作 guts] [口] 勇氣;精神: He's got plenty of *guts*. 他勇氣十足。

gut·ter /'gʌtə(r)/ *n* [C]

1 檐槽;槽 **2** 溝;街溝;砌溝

guy /gaɪ/ *n* [C]

[美,口] 傢伙: He's quite a nice *guy*. 他是個很不錯的人。

gym /dʒɪm/ *n*

1 [口] 體育館 (gymnasium) **2** [口] 體操;體育 (gymnastics)

gym·na·sia /dʒɪmˈneɪzɪə/ n
gymnasium 的複數

gym·na·sium /dʒɪmˈneɪzɪəm/ n
(複 = gymnasiums 或 gymnasia) 體育館

gym·nas·tic /dʒɪmˈnæstɪk/ adj
體操的;體育的

gym·nas·tics /dʒɪmˈnæstɪks/ n
[用作單] 體操;體育: She is good at gymnastics. 她的體操不錯。

H, h

H, h /eɪtʃ/ 英語字母表的第八個字母

hab·it /ˈhæbɪt/ n [C, U]
習慣: a good (bad) habit 好(壞)習慣 / The fox changes his skin but not his habit. [諺] 狐皮可褪換,狐性不會改。(意指:江山易改,本性難移。)
◇ **be in the habit of** 有…的習慣 / **break sb (oneself) of a habit** 使某人(使自己)去掉某一習慣 / **form (acquire, cultivate, fall into) the (a) habit of** 養成…的習慣 / **get (sb) into (out of) the habit of** (使某人)養成(改掉)…的習慣 / **kick a habit** 戒掉某一習慣或嗜好 / **out of habit (from force of habit)** 出於習慣
❶ custom, practice

用法説明: **Habit**、**custom**、**practice** 和 **tradition** 都有"習慣"的含義。**Habit** 指個人的"習慣": The children formed the habit of brushing their teeth twice a day. (孩子們養成了一天刷兩次牙的習慣。) **Custom** 指許多人共有的習慣,即"習俗": Greeting friends by shaking hands is an old custom. (以握手的方式迎接朋友

是一種老習俗。) **Practice** 既可指"習慣",也可指"習俗",有時含有貶意: It is the practice to exchange gifts at Christmas time. (聖誕節有交換禮物的習俗。) **Tradition** 則指祖宗或古代傳下風格、制度、思想等,即"傳統",如: preserve the fine tradition of plain living and hard work (保持艱苦奮鬥的優良傳統)。

---

hab·i·tat /ˈhæbɪtæt/ n [C]
(動物的)棲息地;(植物的)產地

ha·bit·u·al /həˈbɪtʃʊəl/ adj
習慣性的;慣常的: He's a habitual thief. 他是個慣偷。/ He took his habitual walk after dinner. 他飯後經常散步。
❶ usual, customary, accustomed
❶ unusual, extraordinary

had /hæd; həd; əd; d/
have 的過去式和過去分詞

hail¹ /heɪl/
I n **1** [U] 冰雹: There was hail last night. 昨天夜裏下了冰雹。**2** [C] 一陣: a hail of arrows 一陣箭 / a hail of applause 一陣掌聲
II ❶ vi 下冰雹;(使)像冰雹般落下: It's going to hail. 要下冰雹了。❷

vt 使像冰雹般落下 (on, upon)：*hail blows (down) on sb* 把某人亂打一通

hail² /heɪl/

I *vt* **1** 招呼 (人、車輛、船隻等)：*hail a taxi* 叫一輛出租車 **2** 歡呼；歡迎；擁戴：*hail sb as a hero* 給某人以英雄式的歡迎 / *He was hailed (as) king.* 他被擁戴為王。 **II** *n* [C] 招呼；歡呼

◐ address, salute, greet

hair /heə(r)/ *n*

1 [U] (動物) 毛；(人) (全部) 頭髮：*His hair is turning grey.* 他的頭髮正在變白。/ *have one's hair cut* 理髮 **2** [C] 一根頭髮：*Father has got several grey hairs.* 父親有好幾根白頭髮。/ *There is a hair in my cup.* 我杯子裏有一根頭髮。

◇ **do one's hair** (女子) 做頭髮 / **get in sb's hair** [美俚] 惹惱某人 / **keep one's hair on** [俚] 保持冷靜，不發脾氣 / **lose one's hair** 脫髮；發脾氣 / **make sb's hair stand on end** 使人毛骨悚然 / **not turn a hair** 不動聲色 / **tear one's hair** 氣惱

⇨ 插圖見 HEAD

hair·cut /ˈheəkʌt/ *n* [C]

理髮：*I need a haircut.* 我該理髮了。

hair·dress·er /ˈheədresə(r)/ *n* [C]

(為女子理髮的) 理髮師

hair·pin /ˈheəpɪn/ *n* [C] 髮夾

hair·spray /ˈheəspreɪ/ *n* 噴髮定型劑

half /hɑːf/

I *n* (複 = halves) 半；一半：*an hour and a half* 一個半小時 / *Half of ten is five.* 十的一半是五。

◇ **by half** 一半；非常 / **by halves** 不完全；不徹底；半途而廢 / **go halves with sb in sth** 與某人平分某物 / **in half** 對半；平分

II *adj* **1** 半：*Half a loaf is better than no bread.* [諺] 半隻麵包總比沒有麵包強。/ *To know the disease is half the cure.* [諺] 瞭解了病情就等於治好了一半。 **2** 不完全的；部分的：*half knowledge* 一知半解

III *adv* 一半；部分地：*half past (after) five* 五點半 / *Well begun is half done.* [諺] 開頭好就等於一半成功。

◇ **half as much (many) as** 比⋯少一半 / **half as much (many) again as** 比⋯多一半 / **not half** [口] 一點也不；[英俚] 非常

half-time /ˌhɑːfˈtaɪm; ˈhɑːf-/ *n* [C, U] (足球等比賽的) 中場休息時間

half-way /ˌhɑːfˈweɪ/

I *adj* 中途的 **II** *adv* 中途；半路上：*We're half-way through the work now.* 我們現在完成了工作的一半。/ *We took a short rest half-way.* 我們中途稍事休息了一下。

hall /hɔːl/ *n* [C]

1 大廳；禮堂；會堂：*a concert hall* 音樂廳 / *the Great Hall of the People* (中國) 人民大會堂 / *the City Hall* 市政廳 **2** (大廈的) 門廳；穿堂；過道：*Leave your coat in the hall, please.* 請把上衣放在門廳裏。

halt /hɔːlt/

I *vt, vi* (使) 停止 (前進)；立定；站住：*He halted the car at the red traffic light.* 看到紅色信號燈他把車子停了下來。/ *The car halted at the signal.* 看到信號汽車就停了下來。

II *n* [C] (行進間的) 休息；停止：*The car came to a halt.* 汽車停了下來。

◇ **call a halt (to)** 結束;停止
● stop, cease, pause

halves /hɑːvz/ **half** 的複數

ham /hæm/ n [C, U]
火腿: a ham 一隻火腿 / a slice of ham 一片火腿

ham·bur·ger /'hæmbɜːɡə(r)/ n [C, U]
碎牛肉;牛肉餅;漢堡牛排;漢堡包

ham·let /'hæmlɪt/ n [C] 小村莊

ham·mer /'hæmə(r)/
I n [C] 鎚子 II vt (反覆)鎚擊;鎚打: hammer a nail into the wall 用鎚子把釘子釘進牆裏 / hammer an idea into sb's head [喻] 把某種思想灌輸給某人
⇨ 插圖見〈專題圖說 3〉

hand /hænd/
I n [C] **1** 手: The boy's hands are dirty. 男孩的手髒了。/ Wisdom in the mind is better than money in the hand. [諺] 心中之智慧勝過手中之金錢。**2** 人手;工人;船員: a green hand 新手;生手 / Many hands make light work. [諺] 人手多,幹活快。(或:眾人拾柴火焰高。) **3** (鐘表)指針: the minute (second) hand 分針(秒針) **4** 方面: on the one hand, on the other hand 一方面,另一方面
◇ **at hand** 在手邊;在附近;即將到來 / **at first hand** 直接的;第一手的 / **lend a hand** 幫助;參加 / **by hand** 用手;手工的 / **change hands** 易手;轉手 / **hand in hand** 手拉手地;聯合起來 / **Hands off!** 不許動手!不許插手!不許干涉! / **Hands up!** 舉起手來! / **have one's hands full** 忙碌 / **in hand** 在掌握中;正在進行 / **in the hands of** 掌握在⋯的手中 / **off hand** 無準備的;立即;

馬上 / **on hand** 在手頭上;現有;到場 / **out of hand** 立刻;難控制;不受約束
II vt 遞;給: Please hand me the salt shaker. 請把鹽瓶子遞給我。
◇ **hand down to** 往下傳給 / **hand in** 遞交;交出 / **hand on** 依次傳遞 / **hand out** 交給;分給;散發 / **hand over** 移交;交出 / **hand round** 分發

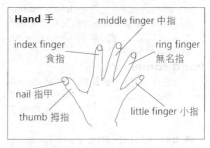

Hand 手

middle finger 中指

index finger 食指

ring finger 無名指

nail 指甲

little finger 小指

thumb 拇指

hand·bag /'hændbæɡ/ n [C]
手提包;旅行袋

hand·ful /'hændfʊl/ n
(複 = handfuls 或 handsful) [C]
1 (一)把: a handful of candies 一把糖果 **2** 一小撮;少數: a handful of gangsters 一小撮歹徒

hand·i·cap /'hændɪkæp/
I n [C] 不利條件;障礙;困難: Poor eyesight is a great handicap to him. 視力不好對於他很不方便。
II vt (handicapped, handicapping) 妨礙;使不利: be physically handicapped 有生理缺陷

hand·ker·chief /'hæŋkətʃɪf; -tʃiːf/ n
(複 = handkerchiefs 或 handkerchieves)
[C] 手帕;手絹

hand·ker·chieves
/'hæŋkətʃɪvz; -tʃiːvz/

handkerchief 的複數

han·dle /ˈhændl/
I *n* [C] 柄；把手 **II** *vt* **1** 觸摸；拿：
Please *handle* the vase with care. 花瓶請
輕拿輕放。 **2** 操縱；處理；管理；對
付；應付： *handle* a difficult situation
應付困難局勢 / A teacher must learn
how to *handle* a class. 教師必須學會如
何管理一個班級。/ The police *handle*
the traffic very efficiently. 警察把交通管
理得非常好。 **3** 對待： *handle* sb
roughly 粗暴地對待某人

hand·some /ˈhænsəm/ *adj*
（一般指男子）漂亮的；俊美的： a
handsome man 美男子 / Every mother's
child is *handsome*. [諺] 母親眼中孩子
靚。

◑ beautiful, pretty, good-looking,
lovely, fair
◐ ugly
➪ 用法說明見 BEAUTIFUL

hand·writ·ing /ˈhændˌraɪtɪŋ/ *n* [U]
筆跡；書法

hand·y /ˈhændɪ/ *adj*
1 手巧的： She is very *handy* round the
house. 她做家務活手很巧。 **2** 便利的；
有用的： This tin opener is very *handy*.
這把開聽刀很好用。 **3** 不遠的；在手邊
的： I always keep a dictionary *handy*
when I read. 我閱讀時手邊總放着一本字
典。

◐ clumsy, awkward

hang /hæŋ/
❶ *vt, vi* (hung, hanging) **1** 懸；
掛；吊： *Hang* your coat on that hook.
把上衣掛在那個鈎子上。/ The sweetest
grapes *hang* the highest. [諺] 最甜的葡

萄掛得最高。 **2** 垂下： She *hung* her
head (Her head hung down) in
embarrassment. 她窘得低下了頭。 **❷**
vt (hanged, hanging) 絞死；吊死：
That criminal was *hanged*. 那個罪犯被絞
死了。/ Little thieves are *hanged*, but
great ones escape. [諺] 小賊被吊死，大
盜脫身去。

◇ **hang about** 徘徊；在附近逗留 /
hang back 退縮；躊躇不前 / **hang
behind** 落後 / **hang off** 躊躇不前 /
hang on 堅持下去；纏住不放；取決於 /
hang over 掛在…上方；籠罩 / **hang to**
緊貼着 / **hang together** 團結一致 /
hang up 掛起；掛斷電話；拖延；中
止；擱置

hap·pen /ˈhæpən/ *vi*
1 （偶然）發生： What has *happened*
here? 這裏發生了甚麼事？/ Accidents
will *happen* in the best regulated
families. [諺] 家規再嚴，醜事難免。 **2**
碰巧： I *happened* to be there when he
needed me. 在他需要我時我碰巧在那
兒。/ It just so *happened* that I had no
money with me. 碰巧我沒帶錢。

◇ **happen on (upon)** 偶然碰見某人或
某物

◑ occur, take place
➪ 用法說明見 OCCUR

hap·pen·ing /ˈhæpənɪŋ/ *n* [C]
（偶發）事件

hap·py /ˈhæpɪ/ *adj*
1 幸福的；高興的；滿意的： There
was a *happy* smile on his face. 他臉上露
出幸福的笑容。/ *Happy* birthday to you!
祝你生日快樂！ **2** 樂意的： I'll be
happy to help you. 我會樂意幫助你的。

3 幸運的

▷ **happiness** n [U] / **happily** adv

● glad, cheerful, joyful

◑ sad

har·bo(u)r /ˈhɑːbə(r)/

I n [C] **1** （海）港；港口 **2** 避難所

II vt **1** 隱匿；窩藏（罪犯等） **2** 懷
有；懷着： He habours a great
ambition. 他懷有很大的野心。

● port

hard /hɑːd/

I adj **1** 堅硬的；堅固的： The ground
is too hard to dig. 地太硬了挖不動。 **2**
困難的；難懂的： His words are hard to
understand. 他的話不好懂。/ It is hard
to please all parties. [諺] 一人難稱百人
意。 **3** 痛苦的；艱難的；艱辛的： I
had a hard time as a child. 我的童年非常
艱辛。 **4** 嚴厲的；無情的： His father
is very hard on him. 他的父親對他非常
嚴厲。 **5** 激烈的；猛烈的： We gave
the enemy a hard blow. 我們給敵人以猛
烈打擊。

◇ **as hard as a brick** 極硬 / **be hard on
(upon)** 嚴厲對待；苛求 / **hard and fast**
嚴格的；不容變通的

II adv **1** 堅硬地；堅實地 **2** 艱難地
3 猛烈地；重重地 **4** 努力地

◇ **be hard up** 缺錢 / **go hard with** 使
某人為難或痛苦 / **hard by** 在附近

● difficult, laborious

◑ easy, simple

hard·en /ˈhɑːdn/ vt, vi

（使）變硬；（使）變冷酷： Clay
hardens when it is dry. 黏土乾後就變
硬。/ He's hardened to other people's
misfortune. 他對別人的不幸無動於衷。

hard·ly /ˈhɑːdlɪ/ adv

1 簡直不；幾乎不；僅；才；不十分： I
can hardly believe it. 我簡直不能相信。/
There was hardly anyone there. 那裏幾
乎沒有甚麼人。/ I hardly know him. 我
不太瞭解他。/ I had hardly (Hardly had I)
arrived when class began. 我剛到就開始
上課了。 **2** 嚴厲地；苛刻地： He was
hardly treated. 他受到了苛刻的待遇。

● scarcely

用法説明： **Hardly** 和 **scarcely** 都是 "幾
乎不、簡直不" 的意思，經常互相替用： I
could hardly/scarcely recognize her （我簡
直認不出她來了。）但 **hardly** 側重程度，
常和 **can**、**could**、**possible** 連用： He
could hardly speak. (他幾乎説不出話來。)
而 **scarcely** 側重數量： He was scarcely
ten years old at that time. (當時他還不到
10 歲。)

---

hard·ness /ˈhɑːdnɪs/ n [U]

堅硬；硬度： the hardness of stone 石
頭的堅硬 / hardness of heart 鐵石心腸

hard·ship /ˈhɑːdʃɪp/ n [C]

1 苦事；苦頭；苦處： She had a lot of
hardship in her life. 她一生吃了很多苦。
2 苦難；困苦；艱難： They went
through all kinds of hardships. 他們經歷
了千辛萬苦。

● difficulty, rigor

hard·ware /ˈhɑːdweə(r)/ n [U]

（總稱）金屬器皿；（小）五金

hard·work·ing /ˈhɑːdˌwɜːkɪŋ/ adj

勤勞的；努力工作的： a hardworking
nation 一個勤勞的民族

har·dy /ˈhɑːdɪ/ adj

1 強壯的；耐勞的；能吃苦的 **2** 勇敢

的；大膽的

hare /heə(r)/ n

野兔：If you run after two *hares*, you will catch neither. [諺] 同時追兩兔，一隻也難捕。（或：腳踏雙船必落空。）

◇ **(as) mad as a March hare** 像三月（想交尾）的野兔一樣瘋野

harm /hɑːm/

I n [U] 害；損害；危害：This will do you no *harm* (do no *harm* to you). 這對你不會有害。/ I meant no *harm*. 我沒有惡意。

◇ **come to harm** 受害；遭不幸 / **out of harm's way** 在安全的地方

II vt 傷害；損害；危害：It won't *harm* you to follow my advice. 聽我的勸告對你沒害處。

◑ injure, damage, hurt
⇨ 用法説明見 INJURY

harm·ful /ˈhɑːmfl/ adj

有害的：Smoking is *harmful* to health. 吸煙對健康有害。

harm·less /ˈhɑːmlɪs/ adj

無害的：*harmless* animals 不傷人的動物

har·mo·ny /ˈhɑːmənɪ/ n [C, U]

1 調和；和諧；一致 **2** 和睦；融洽：They have been living in perfect *harmony*. 他們一直和睦相處。

◇ **in (out of) harmony with** 與⋯（不）協調

har·ry /ˈhærɪ/ vt

1 掠奪；蹂躪 **2** （使）苦惱；折磨；煩擾；騷擾

harsh /hɑːʃ/ adj

1 粗糙的；（聲音）刺耳的；（味道）澀的；（顏色等）刺眼的：The noise was very *harsh* to the ear. 噪音非常刺耳。 **2** 嚴厲的；無情的；苛刻的：a *harsh* punishment 嚴厲的懲罰

◑ rough, uneven
◐ smooth

har·vest /ˈhɑːvɪst/

I n [C] **1** 收獲（物）；收成；收獲季節：a good (bumper, rich) *harvest* 豐收 / a bad (poor) *harvest* 歉收 **2** 後果；成果：reap the *harvest*(s) of one's carelessness 食粗心大意之惡果

II vt 收獲；收割：The peasants are *harvesting* wheat. 農民正在收麥子。

has /hæz; həz; əz; z/

have 的第三人稱單數現在式

hasn't /ˈhæznt/ has not 的縮寫形式

haste /heɪst/ n [U]

急速；匆忙：*Haste* makes waste. [諺] 草率造成浪費。/ More *haste*, less speed. [諺] 欲速則不達。

◇ **in haste** 急速地；匆忙；草率地 / **make haste** 趕緊；趕快

◑ hurry, speed
◐ slowness, delay

has·ten /ˈheɪsn/

❶ vt 催促；加速：I *hastened* him to go at once. 我催他馬上走。/ This measure *hastened* the development of the economy. 這項措施加快了經濟的發展。 ❷ vi 趕緊；趕快：He *hastened* to the station. 他趕到火車站。/ She *hastened* to add an explanation. 她趕緊補充解釋了一下。

hast·y /ˈheɪstɪ/ adj

1 急迫的；匆匆的；急忙的：He had a *hasty* breakfast. 他急匆匆地吃了早飯。 **2** 草率的；輕率的：a *hasty* decision 輕

率的決定 **3** 急躁的；性急的：A *hasty* man is seldom out of trouble. 急性人常出事。
❶ fast, rapid, swift, quick
❷ slow

hat /hæt/ *n* [C]（有邊的）帽子；禮帽
❶ cap, bowler

Hat 帽子

bowler 常禮帽　　　top hat 高頂禮帽

beret 貝雷帽　　　cap 鴨舌帽

sun hat 太陽帽　　　stetson 寬簷帽

hatch /hætʃ/ *vt, vi*
孵；孵出；（蛋）孵化；（小雞）出蛋：The hen has *hatched* five chicks. 母雞孵出了五隻小雞。/ The eggs have already *hatched*. 蛋已經孵化了。/ Do not count your chickens before they are *hatched*. [諺] 雞蛋還沒孵，不要數雞雞。（或：莫過早樂觀。）

hate /heɪt/
I *vt* **1** 怨恨；憎恨：I *hate* nobody. 我不怨任何人。**2** 不願；不想：I *hate*

troubling (to trouble) you. 我不願麻煩你。**II** *n* [U] 怨恨；憎惡
❶ dislike
❷ love, like

hate·ful /'heɪtfl/ *adj*
可恨的；可憎的：*hateful* behaviour 可憎的行為

hatred /'heɪtrɪd/ *n* [U]
[a hatred] 仇恨；憎恨；憎惡：have a *hatred* against (for, of) sb (sth) 憎恨（厭惡）某人（某物）/ in *hatred* of 憎恨…

haugh·ty /'hɔːtɪ/ *adj*
高傲的；驕傲的；目中無人的：a *haughty* look 高傲的神情
❶ proud, arrogant
❷ humble

haul /hɔːl/
I *vt, vi* 拖；拉；拽；扯：*haul* on a rope 拉繩子 / They use tractors to *haul* logs. 他們用拖拉機拖木頭。
II *n* [C] 拖；拉；拽；扯：He gave the rope a *haul*. (He gave a *haul* on the rope.) 他扯了一下繩子。
❶ pull, draw
❷ push, shove

haunt /hɔːnt/
I *vt* **1** [口] 常去（某個地方）：He used to *haunt* that pub. 他過去常去那個酒館。**2**（不愉快的事情）縈繞於心頭；纏住：Memory of that terrible accident *haunted* her. 她時常想起那次可怕的事故。**3**（鬼怪等）出沒於（某個地方）；鬧鬼：a *haunted* house 凶宅
II *n* [C] 常去的地方：That wood is his favourite *haunt*. 那個樹林是他經常喜歡去的地方。

have /hæv; həv; əv; v/

I *v aux* (had, having) 已經；曾經 (用以構成現在完成時、過去完成時、將來完成時、完成不定式和虛擬語氣)：I *have* told him about it. 我已經告訴他了。/ When I arrived, the meeting *had* already begun. 我到達時會議已經開始了。/ We shall *have* finished the work by five. 五點鐘我們就會完成工作了。/ He pretended not to *have* seen me. 他假裝沒有看見我。/ If I had been there, I would *have* met him. 我要是去了那兒就會見到他了。

II *vt* **1** 有：I *have* a lot of books. 我有許多書。/ *Have* you ([美] Do you *have*) any sisters? 你有姐妹嗎？ **2** 吃；喝；拿：What did you *have* for supper? 你早餐吃的甚麼？/ I usually don't *have* tea. 我平常不喝茶。/ You can *have* this book for reference. 你可以拿這本書去參考。 **3** 懷有；抱有：I *have* no idea who he is. 我不知道他是誰。 **4** 讓；使（表示有意識或無意識的被動行為）：I *had* my bike repaired yesterday. 我昨天（請人）修了自行車。/ He *had* his right arm broken last week. 他上週摔斷了右臂。 **5** （使役用法）使；叫：*Have* him come at once. 叫他馬上來。 **6** （與表示動作的名詞連用，表示短暫動作）：*have* a look 看一看 / *have* a walk 散散步

◇ **had best (better)** 最好：You *had* better take an umbrella. 你最好帶把雨傘。/ **had rather** 寧願；寧可 / **have got** 有 / **have got to** 不得不；必須 / **have it that** 表明；主張；說 / **have nothing to do with** 與⋯毫無共同之處；與⋯毫無關係 / **have only to** 只要 / **have sth on** 穿着；戴着 / **have to** 必

須；不得不 / **have to do with...** 與⋯有關；與⋯有往來

◐ hold, own, possess
◑ lack, want

> **用法說明：Have** 和 **have got** 都作 "有" 解釋：She has (got) a lot of money. （她有很多錢。）在跟動詞不定式的情況下，兩詞都作 "必須、不得不" 解釋：People have (got) to eat to keep alive. （人為了活着非得吃飯。）但是，在作這兩種解釋時，**have** 是美國用語，**have got** 是英國用語。

hawk[1] /hɔːk/ *n* [C] 鷹；隼
hawk[2] /hɔːk/ *vt, vi* 叫賣；吆喝
hawk·er /ˈhɔːkə/ *n* [C] 叫賣小販
hay /heɪ/ *n* [U] 乾草：In winter, cattle feed on *hay*. 冬天時，牛吃乾草。/ Make *hay* while the sun shines. [諺] 打鐵趁熱。

haz·ard /ˈhæzəd/ **I** *n* [C] 危險；風險：at the *hazard* of one's life 冒着生命危險 / Fog is a *hazard* for a pilot. 霧天對飛行員來說是個危險。 **II** *vt* 冒⋯危險：The brave *hazards* his life, but not his conscience. [諺] 勇敢的人拿生命而不是良心來冒險。

◐ danger, risk
◑ safety, security

he /hiː, iː; hɪ; ɪ/ **I** *pron* （複 = they）他：*He's* my brother. 他是我弟弟。 **II** *n* [C] 男人；雄性動物：Is the baby a *he* or a she? 嬰兒是男的還是女的？/ a *he-cat* 一隻公貓

head /hed/ **I** *n* [C] **1** 頭；頭部：A stone hit him

Head 頭

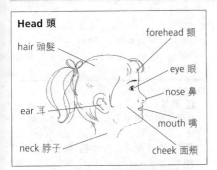

hair 頭髮
forehead 額
eye 眼
nose 鼻
ear 耳
mouth 嘴
neck 脖子
cheek 面頰

on the *head*. 一塊石頭砸在他的頭上。/ He is a *head* taller than I. 他比我高一頭。 **2** 頭狀物：the *head* of a nail 釘頭 / a *head* of cabbage 一棵捲心菜 **3** [僅用單] 頭腦；智力；理解力：Use your *head*. 要動腦筋。/ He has a *head* for philosophy. 他有哲學頭腦。 **4** 首腦；首長；領導：the *head* of a school 校長 / the *head* of state 國家元首 **5** 前部；頂端；上部；上端：the *head* of a bed 床頭 / the *head* of a river 河的源頭 / the *head* of a list 單子的最前部分 **6**（硬幣）正面：*Head* or tail?（用硬幣打賭時說）正面還是反面？

◇ **cannot make head or tail of it** 莫名其妙；對…摸不着頭腦 / **head first** 頭向前地；冒失地 / **head on** 迎面地 / **keep one's head** 保持鎮靜；不動聲色 / **put heads together** 開碰頭會；聚首商議 / **lose one's head** 慌張 / **take sth into one's head** 忽然想起；相信起來

II ❶ *vt* **1** 在…前頭；率領：The football team was *headed* by Mr. Wilson. 足球隊由威爾遜先生率領。 **2** 用頭頂：He *headed* the ball into the goal. 他把球頂進了球門。 **❷** *vi*（向…）出發；前進：The ship is *heading* for Japan. 船正向日本行駛。

◇ **head for** 向…前進 / **head off** 阻止；阻攔

head·ache /ˈhedeɪk/ *n* [C, U]
1 [C, U] 頭痛：have a *headache* 頭痛 / suffer from *headache*(s) 頭在痛 **2** [C] 令人頭痛的事或人：The boy is a *headache* for his parents. 這孩子讓父母傷透了腦筋。

head·ing /ˈhedɪŋ/ *n* [C] 標題；題目

head·line /ˈhedlaɪn/ *n* [C]
（報刊的）（大字）標題

head·long /ˈhedlɒŋ/
I *adv* 頭向前地；魯莽地；輕率地
II *adj* 頭向前的；魯莽的；輕率的

head·mas·ter /ˈhedˈmɑːstə(r)/ *n* [C]
（中學或小學的）男校長

head·mis·tress /ˈhedˈmɪstrɪs/ *n* [C]
（中學或小學的）女校長

head·quar·ters /ˌhedˈkwɔːtəz/ *n*
[用作單或複] 司令部；總部；本部

heal /hiːl/ *vt, vi*
（尤指傷口的）治愈；愈合：The wound will *heal* up (over) soon. 傷口很快就會愈合。/ When the wound is *healed*, the pain is forgotten. [諺] 好了傷疤忘了痛。/ Time *heals* most troubles. [諺] 時間消百愁。

❶ cure, remedy

health /helθ/ *n* [U]
健康（狀況）：be in good (poor, bad) *health* 身體（不）好 / *Health* is happiness. [諺] 健康就是福。/ The first wealth is *health*. [諺] 最重要的財富是健康。/ Your (good) *health* !（或 Good

health！或 To your *health*！）（敬酒用語）
祝你健康！/ drink (to) sb's *health* 為…的
健康乾杯

health·y /'helθɪ/ *adj*

健康的；有益於健康的：Fresh air is
healthy. 清新的空氣有益於健康。/ A
good *healthy* body is worth more than a
crown in gold. [諺] 健康的身體勝金冕。

◐ sound, well

◑ ill, diseased

用法說明：**Healthy**、**fit**、**well** 三詞都
是 "健康的" 意思。**Healthy** 是正式用
語：You look healthy.（你看上去很健康。）
Fit 更經常用於口語：He runs everyday to
keep fit.（他每天跑步，以保持身體健康。）
Well 常常對於 ill（生病）而言：She fell ill
last week, but she is much better now.（她
上星期病了，但現在身體已經好多了。）

---

heap /hiːp/

I *n* [C] **1** 堆：a *heap* of sand 一堆沙
子 **2** (heaps of) [口] 許多；大量：
There's still *heaps* of time. 還有大量時
間。/ I've read the book *heaps* of times.
這本書我已經讀過無數遍了。

II *vt* **1** 堆；堆積：I'll *heap* (up) the
sand. 我來把沙子堆起來。 **2** 裝滿；傾
瀉：*heap* a shelf with books (*heap*
books on a shelf) 將書架堆滿書

III [heaps] *adv* [口] 非常：It's *heaps*
hotter today. 今天熱得多。

◐ pile

用法說明：**Heap** 和 **pile** 都是 "堆" 的意
思。一般說來，把沙、石、草等散亂的東
西堆起來稱為 **heap**：We saw a heap of
gravel on the roadside.（我們看到路邊有

一堆礫石。）把木材、磚塊等有規則的東
西堆起來稱為 **pile**：The children put
their books in a neat pile.（孩子們把書放
成整齊的一堆。）

---

hear /hɪə(r)/ *vt*（heard, hearing）

1 聽見：I listened but *heard* nothing.
我聽了但是甚麼也沒聽到。/ None are
so deaf as those who will not *hear*. [諺]
聾莫過於不願聽的人。 **2** 聽說；得知：
When did you *hear* that? 你是甚麼時候
聽說那件事的？/ I *hear* that he's ill. 我聽
說他病了。 **3** 傾聽；聽取；審理：The
manager *heard* the customers'
complaints. 經理聽取了顧客的意見。/ A
judge *hears* court cases. 法官審理案件。

◇ **hear about (of)** 聽說 / **hear from** 收
到…的信

◐ listen

⇨ 用法說明見 FEEL

heard /hɜːd/ hear 的過去式和過去分詞

hear·ing /'hɪərɪŋ/ *n* [U]

1 聽覺；聽力：My *hearing* is very
poor. 我的聽覺很差。 **2** 聽距：within
hearing 在聽得見的地方 / out of
(beyond) *hearing* （在）聽不見（的地
方）

heart /hɑːt/ *n*

1 [C] 心；心臟；心狀物；（紙牌）紅
桃：He could hear his *heart* beating. 他
能聽見自己的心跳。 **2** [C] 內心；心
地；心腸；心情：She has a kind *heart*.
她心地善良。/ A light *heart* lives long.
[諺] 心胸開朗，使人壽長。 **3** [C] 中
心：the *heart* of a city 市中心 / the
heart of a problem [喻] 問題的實質 **4**
[U] 勇氣；熱情：They failed again and

again, but they didn't lose *heart*. 他們屢次失敗，但並沒有灰心喪氣。

◇ **after one's own heart** 稱心如意 / **at heart** 在內心裏 / **break one's heart** 使人傷心 / **from one's heart** 出於本心 / **heart and soul** 全心全意 / **in one's heart of (hearts)** 在內心深處 / **learn (know) sth by heart** 背誦；暗記 / **lose heart** 喪失信心；灰心 / **lose one's heart to** 傾心於 / **pluck up one's heart** 鼓起勇氣 / **put one's heart into** 專心於 / **set one's heart on** 專心於；渴望 / **with one's whole heart** 真心地；專心地

🔷 middle, center

↪ 用法説明見 MIDDLE

hearth /hɑːθ/ *n*

❶ 爐邊：sit by the *hearth* 坐在爐邊 ❷ [喻] 家庭

heart·y /ˈhɑːtɪ/ *adj*

❶ 衷心的；友善的；熱誠的；熱烈的；盡情的：a *hearty* welcome 熱烈的歡迎 / a *hearty* support 熱情的支持 ❷ 豐盛的：a *hearty* meal 盛餐 ❸ 胃口好的：a *hearty* appetite 好胃口

▷ heartily *adv* / heartiness *n*

🔷 sincere, heartfelt

🔘 false

heat /hiːt/

Ⅰ *n* [U] ❶ 熱；熱度：The sun sends out light and *heat*. 太陽發出光和熱。 ❷ 熱烈；激烈：in the *heat* of a debate 在辯論激烈的時候

Ⅱ *vt, vi* （使）變熱；（使）發熱：*heat* (up) milk 把奶燒熱 / The room soon *heated* up. 房間很快就熱了起來。

heat·er /ˈhiːtə(r)/ *n* [C] 加熱器；火爐

heath /hiːθ/ *n*

❶ [U] 〈植〉歐石楠屬；石楠 ❷ [C] [英] 石楠荒原

heat·ing /ˈhiːtɪŋ/

Ⅰ *n* [U] 加熱；供暖；暖氣（設備或裝置） Ⅱ *adj* 加熱的；供暖的：a *heating* system 供暖系統

heave /hiːv/

Ⅰ *vt, vi* （heaved 或 hove, heaving） ❶ 舉起；提起；拉：He *heaved* (the stone) with all his strength. 他用全力（把石頭）舉了起來。 ❷ （使）鼓起；（使）膨脹；起伏：Waves *heaved*. 波濤起伏。

Ⅱ *n* [C, U] 舉起；提起；拉；起伏

heav·en /ˈhevn/ *n*

❶ [常作 heavens] 天；天空 [the sky] ❷ [常作 Heaven] 〈宗〉天國；天堂

◇ **for Heaven's sake** 看在老天爺的面上 / **(Good) Heavens!** 天啊！ / **Heaven knows.** 天曉得。

🔷 sky

heav·en·ly /ˈhevnlɪ/ *adj*

❶ 天（空）的：a *heavenly* body 天體 ❷ 天國的 ❸ [口] 極好的：We had a *heavenly* time. 我們玩得很痛快。

heav·y /ˈhevɪ/ *adj*

❶ 重的：The load is too *heavy* for me. 擔子太重了，我挑不動。 ❷ 多的；大量的；有力的：deal the enemy a *heavy* blow 給敵人以沉重打擊 / a *heavy* smoker 大量抽煙的人 / There was a *heavy* fall of snow. 下了大雪。 ❸ （任務等）繁重的 ❹ （讀物等）難懂的；難讀的 ❺ （天空）陰沉的；（氣氛）沉悶的；（心情）沉重的；悲痛的 ❻ （人、動作等）遲鈍的；笨拙的；呆板的

▷ heavily *adv*

h

◖ weighty
◗ light

He·brew /ˈhiːbruː/
I n ❶ [C] 希伯來人 ❷ [U] 希伯來語
II adj 希伯來人的；希伯來語的

hec·tare /ˈhektɑː(r)/ n [C]
公頃（等於 100 公畝或 2.471 英畝，合
15 市畝；略作 ha.）

hedge /hedʒ/
I n [C] 樹籬 II vt 用樹籬圍住（隔
開）；包圍：hedge a garden（用樹籬）
把花園圍起來

hedge·hog
/ˈhedʒhɒg/ n [C]（刺）蝟

Hedgehog 刺蝟

heel /hiːl/ n [C]
腳（鞋、襪的）後跟
◇ at heel 接踵；尾隨 / at (on, upon)
one's heels 接踵；緊跟；尾隨 / kick
(cool) one's heels [口] 久等；等得不耐
煩 / head over heels 倒栽蔥
⇨ 插圖見 FOOT

height /haɪt/ n
❶ [C, U] 高；高度；海拔：The
mountain is about 2000 meters in
height. 這座山大約海拔兩千米。 ❷ [C]
[常作 heights] 高地；高處：fall from a
great height 從很高的地方落下 ❸ [U]
頂點；極點：in the height of winter 在
隆冬
◖ altitude

height·en /ˈhaɪtn/ vt, vi
增高；提高；增強；增大；加強

heir /eə(r)/ n [C]
繼承人：an heir to a large fortune 一大
筆財產的繼承人

heir·ess /ˈeərɪs/ n [C] 女繼承人

held /held/ hold 的過去式和過去分詞

hel·i·cop·ter /ˈhelɪkɒptə(r)/ n [C]
直升（飛）機
⇨ 插圖見 AIRCRAFT

hell /hel/ n
地獄：When war begins, then hell
opens. 戰爭一開始，地獄便打開。
◇ a hell of a... 糟糕的；極好的 / in
hell 究竟；到底 / like hell 拼命地 /
raise hell [俚] 喧鬧；怒斥

he'll /hiːl/ he will 或 he shall

hello /həˈləʊ; he-/
I int （表示問候、驚奇、驚訝或喚起注
意）喂！唉呀！
II n （複 = hello(e)s 表示問候（或驚
奇、驚訝、喚起注意等）的叫聲：Say
hello to your father for me. 代我向你父
親問好。

help /help/
I n ❶ [C, U] 幫助：This is a great help
to me. 這對我是個很大的幫助。/ Slow
help is no help. [諺] 遲助等於無助。 ❷
[C] 幫手；助手；傭人；傭工：We'll
have to hire a help. 我們得僱個幫手。
❸ [U] 挽救辦法：There's no help for it.
這可沒有甚麼辦法。
◇ be of help 有幫助；有用 / with the
help of 在…的幫助下；借助於
II ❶ vt, vi 幫助：Can I help you? 要
我幫忙嗎？/ I'll help you (to) do the
washing. 我來幫你洗東西。/ This book

does not *help*. 這本書沒用。 ❷ *vt* ∎
款待（客人）： Can I *help* you to some
more soup? 請您再喝些湯好嗎？/ *Help*
yourself, please. （主人對客人）請隨便
用。 ❷ 治療： This medicine will *help*
your headache. 這種藥能治好你的頭
痛。 ❸ [cannot help] 避免；阻止： She
couldn't *help* crying. 她不禁哭了起來。/
Don't stay there longer than you can
help. 儘量不要在那兒久呆。

❹ aid, assist

❹ hinder

> 用法説明： **Help**、**aid** 和 **assist** 均有
> "幫助" 之意。**Help** 是普通用語： Let's
> help each other. （讓我們互相幫助吧。）
> **Assist** 是較為正式的用語，語氣較強，並
> 有直接參與的意思： They assisted us in
> accomplishing the project. （他們幫助我們
> 完成工程。） **Aid** 指幫助一個群體，側重在
> 實物方面： We do what we can to aid the
> poor countries. （我們力所能及地援助貧窮
> 國家。）

help·er /'helpə(r)/ *n* [C]
助手；幫手；傭工

help·ful /'helpfl/ *adj*
有用的；有幫助的

help·less /'helplɪs/ *adj*
∎ 不能自助的 ❷ 無助的；無依無靠的

hem /hem/ *n* [C] （衣服等的）折邊

hem·i·sphere /'hemɪsfɪə(r)/ *n* [C]
半球： the Eastern (Western) *Hemi-sphere* 東（西）半球

hen /hen/ *n* [C]
∎ 母雞 ❷ 雌鳥

hence /hens/ *adv*
∎ 今後： two weeks *hence* 今後兩週

❷ 因此： *Hence* this name. 因此有了這
個名字。

her /hɜː(r); ɜː(r); hə(r); ə(r)/ *pron*
∎ 她（she 的賓格）： I met *her* in
Baker Street this morning. 今天早上我在
貝克街上碰到她。 ❷ 她的（she 的所有
格）： This is *her* room. 這是她的房間。

herald /'herəld/
I *n* [C] 預言者；先驅；先兆：
Swallows are a *herald* of the coming of
summer. 燕子是夏天到來的先兆。
II *vt* 預示…的來臨： Timely snow
heralds a bumper harvest. [諺] 瑞雪兆豐
年。

herb /hɜːb; ɜːb/ *n* [C]
草本植物；藥草；香草

herb·al /'hɜːbl; 'ɜː-/ *adj*
草本植物的；草本植物製的

her·bi·vore /'hɜːbɪvɔː(r); 'ɜː-/ *n*
（複 = herbivores 或 herbivora）食草動物

her·biv·o·ra /hɜː'bɪvərə; 'ɜː-/ *n*
herbivore 的複數

her·biv·o·rous /hɜː'bɪvərəs; 'ɜː-/ *adj*
食草的

herd /hɜːd/ *n* [C]
（牛馬等的）群： a *herd* of cattle 一群牛

herds·man /'hɜːdzmən/ *n*
（複 = herdsmen）牧民；牧主

herds·men /'hɜːdzmən/ *n*
herdsman 的複數

here /hɪə(r)/ *adv*
∎ 這裏；在這裏；向這裏： Come *here*,
please. 請過來。/ *Here* is the book you
want. 這是你要的書。/ *Here* comes the
bus. 公共汽車來了。（比較： *Here* it
comes. 它來了。） ❷ 這時；在這點
上： We differ *here*. 在這一點上我們有

分歧。/ Here he stopped for a rest. 這時他停下來休息一下。

◇ **Here!** 到！（點名時的回答）/ **here and now** 此時此地 / **here and there** 到處；各處 / **here, there and everywhere** 到處 / **neither here nor there** 不重要；與正題無關

her·it·age /'herɪtɪdʒ/ n [C]
世襲財產；遺產；傳統：historical and cultural heritages 歷史和文化傳統

he·ro /'hɪərəʊ/ n（複 = heroes）[C]
1 英雄 **2**（小說、戲劇等）男主人公；男主角

he·ro·ic /hɪ'rəʊɪk/ adj
1 英雄的；英勇的：heroic deeds 英勇行為 **2** 巨大的；宏偉的

her·o·in /'herəʊɪn/ n [U] 海洛因

her·o·ine /'herəʊɪn/ n [C]
1 女英雄 **2**（小說、戲劇等）女主人公；女主角

her·ring /'herɪŋ/ n [C, U]
（複 = herring(s)）
鯡魚（肉）：We caught three herring(s). 我們捕到三條鯡魚。/ They had herring for lunch. 他們午飯吃的鯡魚。

◇ **be packed as close as herrings** 裝得密密麻麻；擠得像罐頭裏的鯡魚

hers /hɜːz/ pron
（she 的名詞性物主代詞）她的（東西）：Is this book his or hers? 這本書是他的還是她的？/ Mary is a friend of hers. 瑪麗是她的一個朋友。

her·self /hɜː'self/ pron
1 她自己：She was proud of herself. 她為自己感到自豪。/ She is not quite herself today. 她今天不大舒服。**2** 她親自；她本人：Did you see the secretary herself? 你見到秘書本人了嗎？/ She did it herself. 她親自做的。

◇ **(all) by herself** 獨自地；獨力地

hes·i·tate /'hezɪteɪt/ vi
猶豫；躊躇：He hesitated to take (about taking) the job. 他對接受這項工作有些猶豫。/ He who hesitates is lost. [諺] 優柔寡斷者必失。（或：當機不斷，必受其患。）

hes·i·ta·tion /,hezɪ'teɪʃn/ n [U]
猶豫；躊躇：without hesitation 毫不猶豫地

hex·a·gon /'heksəgən/ n [C]
六邊形；六角形
⇨ 插圖見〈專題圖說 14〉

hey /heɪ/ int
嗨；嘿；喂（用以喚起注意或表示驚訝、喜悅、疑問等）

hi /haɪ/ int
1 [口] 嗨；嘿（= hello，表示問候）**2** 喂（用以喚起注意）

hid /hɪd/ v hide² 的過去式和過去分詞

hid·den /'hɪdn/
I hide² 的過去分詞形式 **II** adj 隱藏的；秘密的：a hidden danger 隱患

hide¹ /haɪd/ n [C] 獸皮

hide² /haɪd/
（hid, hidden 或 hid, hiding）vt, vi
隱藏；隱瞞；躲藏：He hid (himself) behind the tree. 他躲在樹後。/ Where did you hide it? 你把它藏在那裏了？
◐ conceal, bury
◑ reveal, expose

hide-and-seek /'haɪdn'siːk/ n [U]
捉迷藏：play hide-and-seek 玩捉迷藏

hid·e·ous /'hɪdɪəs/ adj
1 醜陋的：a hideous fellow 相貌醜陋

的傢伙 **2** 可怖的：a *hideous* shrill 可怖的尖叫聲

hi-fi /'haɪfaɪ/
I *n* **1** （收音、錄音設備等的）高保真度 (high fidelity) **2** 高保真度的音響設備 II *adj* 高保真度的

high /haɪ/
I *adj* **1** 高的：a *high* mountain 高山 **2** （程度、數量等）高度的；強烈的；很大的：a *high* wind 大風 / a *high* speed 高速度 **3** （等級等）高等的；高級的：*high* officials 高級官員 / *high* quality 高質量 **4** 高尚的；傲慢的：a *high* manner 傲慢的態度 **5** 奢侈的；昂貴的：a *high* life 奢侈的生活 **6** （聲音）尖的；高的：a *high* note 高音調 **7** （時間）正盛的；（時機）成熟的：*high* noon 正午 / It's *high* time for us to go. (It's *high* time that we went.) 我們該走了。
◇ **high and dry** 擱淺；孤立；落伍 / **high and low** 到處；高低貴賤（的人）
II *adv* **1** 高：He who climbs *high* falls heavily. [諺] 爬得高，摔得重。 **2** 奢侈地：live *high* 生活奢侈 **3** 高價地：pay *high* 付高價
◇ **aim high** 雄（野）心很大
◐ tall
◑ low, short

> 用法說明：**High** 和 **tall** 都解作 "高的"。**High** 一般指 "離開地面的距離"，因此可以說 a *high* mountain（高山），a *high* table（高的桌子），而 **tall** 指 "從上到下的高度"，因此可以說 a *tall* man（高個子），a *tall* building（高樓），a *tall* tree（高樹）等。

high-en·er·gy /'haɪ'enədʒɪ/ *adj*
〈物〉高能的；高能粒子的；高能物理

（學）的：*high-energy* particle 高能粒子
high·land /'haɪlənd/ *n* [常作 highlands] 高地；高原（地區）；山地；山岳地帶：the *Highlands*（英國）蘇格蘭高地
high·ly /'haɪlɪ/ *adv*
1 非常；很；高度地：praise sb *highly* 高度讚揚某人 **2** 讚賞地：speak (think) *highly* of sb 對某人評價很高
high·ness /'haɪnɪs/ *n* [U]
高；高度；高尚；高貴
high-rise /'haɪ'raɪz/
I *adj* （建築）多層的；高層的；高聳的：a *high-rise* building 一幢高層建築 II *n* [C] 高層建築
high-tech /'haɪ'tek/ *n*
（先進的、高度專業化的、尖端的）高技術（high technology）
high·way /'haɪweɪ/ *n* [C] 公路；大路
◐ road, street, avenue
hi·jack /'haɪdʒæk/ *vt*
1 劫持；綁架：A gangster *hijacked* a plane flying to Seoul. 一個歹徒劫持了一架飛往漢城的飛機。 **2** 攔路搶劫（車、人、物等）▷ **hijackee** *n* 被劫持者 / **hijacker** 劫持者
hill /hɪl/ *n* [C]
小山；丘陵；土堆
➪ 用法說明見 MOUNTAIN
hill·side /'hɪlsaɪd/ *n* [C]
（小山）山腰；山坡
hill·y /'hɪlɪ/ *adj*
多小山的；丘陵的：a *hilly* area 丘陵地帶
him /hɪm; ɪm/ *pron* （he 的賓格）
他：I haven't seen *him* for ages. 我很久沒有見到他了。
him·self /hɪm'self/ *pron*

h

1 他自己：He never talks about *himself*. 他從來不談他自己。/ He is not quite *himself* today. 他今天感覺不太舒服。 **2** 他親自；他本人：Did you see the manager *himself*? 你見到經理本人了嗎？/ He did it *himself*. (He *himself* did it.) 他親自做的。

◇ **(all) by himself** 獨自地；獨力地

hind /haɪnd/ *adj*
後面的；後部的；在後的：the *hind* legs of a horse 馬的後腿

hind·er /'hɪndə(r)/ *vt*
阻止；妨礙：Don't *hinder* him (in his work). 不要妨礙他（的工作）。/ The noise *hindered* my work (*hindered* me from working). 噪音妨礙了我的工作。
◑ obstruct, block
◐ advance, further

hin·drance /'hɪndrəns/ *n* [C]
妨礙（物）

Hin·du /'hɪnduː, ˌhɪn'duː/
I *n* [C] 印度人；印度教徒
II *adj* 印度人的；印度教的

Hin·du·ism /'hɪnduːɪzəm/ *n* [U]
印度教

hinge /hɪndʒ/
I *n* [C] 絞鏈
II ❶ *vt* 給…裝上絞鏈 ❷ *vi* 隨…而定；取決於（on, upon）：This *hinges* on the weather. 這要根據天氣情況來定。

hint /hɪnt/
I *n* [C] 暗示：give (drop) sb a *hint* 給某人暗示 / take a *hint* 領會暗示
II *vt, vi* 暗示；示意：He *hinted* at the possibility of failure. 他暗示了失敗的可能性。/ He *hinted* that I might be

wrong. 他暗示我可能錯了。
◑ suggest, imply

hin·ter·land /'hɪntələnd/ *n* [C]
內地；腹地

hip /hɪp/ *n* [C] 臀部

hip·po·pot·amus /ˌhɪpə'pɒtəməs/ *n*
（複 = hippopotamuses 或 -mi/-maɪ/）
河馬（略作 hippo）
⇨ 插圖見〈專題圖說 11〉

hire /'haɪə(r)/
I *vt* **1** 租借；租用：They *hired* a camera to take photos. 他們借了一部相機照像。 **2** 僱用：He *hires* helpers in busy seasons. 繁忙季節時他僱用幫手。 **3** 出租（常與 out 連用）：They *hire* out boats. 他們出租船隻。
II *n* [U] 租借；僱用：cameras for (on) *hire* 供租用的照相機
◑ let, rent, employ
⇨ 用法說明見 LET

his /hɪz, ɪz/ *pron*
1（he 的所有格）他的：That is *his* book. 那是他的書。 **2**（he 的名詞性物主代詞）他的（東西）：The pen is not *his*, but mine. 這支鋼筆不是他的，而是我的。

his·to·gram /'hɪstəgræm/ *n* [C]
（統計學）直方圖；矩形圖

his·to·ri·an /hɪ'stɔːrɪən/ *n* [C]
歷史學家

his·tor·ic /hɪ'stɒrɪk/ *adj*
歷史上著名的；有歷史意義的：a *historic* battle 有歷史意義的戰役 / a *historic* city 歷史名城

his·tor·i·cal /hɪ'stɒrɪkl/ *adj*
歷史（上）的；有關歷史的：*historical* novels 歷史小說 / *historical* researches

歷史研究 ▷ **historically** adv

his·to·ry /'hɪstrɪ/ n

1 [C, U] 歷史（學）: He is writing a history of English literature. 他正在寫一部英國文學史。/ History repeats itself. [諺] 歷史往往重演。**2** [C] 來歷: This cap has an interesting history. 這頂帽子有一段很有趣的來歷。

hit /hɪt/

I ❶ vt, vi (hit, hitting) **1** 打；打中；擊中: hit the mark(target) 擊中目標 / A brick hit me on the head. 一塊磚打中了我的頭。/ The fighter hit hard at his opponent but missed. 拳擊手向他的對手猛揍過去，但未擊中。**2** （使）碰撞: The car hit (against) a wall. 汽車撞到了牆上。/ He hit his head against the wall. 他用頭撞牆。**3** （偶然）找到；發現: He finally hit (on, upon) the right answer. 他終於找到了正確答案。**❷** vt 打擊；使遭受: The failure hit him hard. 失敗給他很大打擊。

II n [C] **1** 一擊；擊中 **2** 風行一時或成功的歌曲、電影等

◇ **hit against** 撞到…上 / **hit at** 打擊；瞄準 / **hit it** 説對；猜對 / **hit on (upon)** 碰見；忽然想出

❶ strike, knock, beat

hitch·hike /'hɪtʃhaɪk/ vi

搭乘他人的便車旅行；搭便車: They intend to hitchhike to Shenzhen. 他們想搭他人的便車到深圳。

hith·er·to /ˌhɪðə'tuː/ adv

迄今；到目前為止

hoarse /hɔːs/ adj （嗓子）嘶啞的

hob·by /'hɒbɪ/ n [C]

業餘愛好；嗜好: He has no hobby except collecting stamps. 除集郵外他沒有別的愛好。

hoe /həʊ/

I n [C] 鋤頭

II vt (hoed, hoeing) 鋤: hoe a garden 鋤花園 / hoe (up) weeds 鋤草

hog /hɒg/ n （複 = hog(s)) [C]

[美] 豬；[喻] 自私（貪婪、貪吃、骯髒）的人

hoist /hɔɪst/

I vt 升起；扯起；絞起: hoist a flag 升旗 / Hoist your sail when the wind is fair. [諺] 啟帆要趁風順時。（意指：做事莫錯過機會。）**II** n [C] 起重機；升降機；捲揚機

❶ lift, raise, elevate
❶ lower

hold /həʊld/

I ❶ vt (held, holding) **1** 握；拿；抱；夾: He's holding a book in his hand. 他手裏拿着一本書。/ She held her baby in her arms. 她懷裏抱着孩子。**2** 支持；固定；按住；握牢: They held his legs to prevent him from struggling. 他們抓住他的腿不讓他掙扎。**3** 容納；包含；裝得下: The classroom can hold 20 students. 這個課室可以容納二十個學生。**4** 舉行: hold a party 舉行晚會 **5** 擁有；佔有；掌握（權力等）；擔任（職位等）: He holds a lot of property. 他有很多財產。/ He holds an important position in the government. 他在政府中身居要職。**6** 認為；以為: He holds that he is the most suitable person for the job. 他認為自己是這項工作的最合適的人選。**7** 懷抱: hold a belief 抱有某種信念 / He held different opinions. 他持

有不同的見解。**8** **保持**：hold oneself erect 保持挺拔的姿勢 ❷ vi **1** **持續**：The hot weather won't *hold* long. 炎熱天氣不會持續多久。 **2** **有效；適用**：This rule does not *hold* in this case. 這條規則在這種情況下不適用。 **3** **經得住；耐久**：Will the rope *hold*? 這根繩子經得住嗎？

◇ **hold back** 退縮；阻止；隱瞞；克制 / **hold by (to)** 堅持；贊成 / **hold down** 壓制 / **hold good (true)** 有效；適用 / **hold in** 抑制；忍耐 / **hold on** 抓住；繼續；堅持 / **hold out** 守住；堅持到底；主張 / **hold together** 團結一致 / **hold up** 舉起；提出；推舉；阻擋 / **hold water**（理論、論點等）站得住腳；證明正確

II n [U] 把握；掌握；抓住

◇ **catch (seize, get, lay, take) hold of** 抓住；握住 / **have a hold on (over) sb** 能控制或支配某人 / **keep hold of** 抓住不放 / **lay hold on** 掌握；抓住 / **leave (lose) hold of** 鬆手；放棄

◐ contain, accommodate

hold·er /ˈhəʊldə(r)/ n [C]

1 持有人；佔有人 **2** 支持物（如座、架、托等）

hole /həʊl/

I n [C] 孔；洞；穴

II vt, vi 穿孔（於）；打洞（於）

hol·i·day /ˈhɒlɪdɪ/ n [C]

1 假日；節日：Sunday is a public *holiday*. 星期日是個公共假日。 **2** [主英] [常作 holidays] 假期；休假：The summer *holidays* begin next week. 暑假下週開始。

◇ **make holiday** 度假 / **on holiday** 在度假；在休假 / **take a holiday** 休假

用法說明：**Holiday**、**leave** 和 **vacation** 都可解作"假期"。**Holiday** 是英國用語，**vacation** 是美國用語，都是指法定"假日"：Christmas Day, Boxing Day, Easter and Whitsun are holidays in England.（聖誕節、節禮日、復活節和降靈節在英國都是假日。）Our summer vacation lasts two months.（我們有兩個月的暑假。）**Leave** 則是指經過允許之後離開工作崗位的時間：She is on sick leave.（她在休病假。）

Hol·land /ˈhɒlənd/ n

荷蘭（歐洲國家名）

hol·low /ˈhɒləʊ/ adj

1 中空的；空心的：The tree trunk is *hollow*. 樹幹空了。 **2** 凹陷的：*hollow* cheeks 凹陷的臉頰 **3** 空洞的；空虛的；虛偽的：*hollow* words 空話 / a *hollow* promise 虛偽的諾言；空頭支票

◐ vain, empty

ho·ly /ˈhəʊlɪ/ adj

神的；神聖的：the *Holy* Bible 聖經

home /həʊm/

I n [C] **1** 家；家鄉：Her *home* is at 25 Peace Street. 他的家在和平街 25 號。/ leave for *home* 回家 / East or west, *home* is best. [諺] 不論東與西，家裏最適意。（或：金窩銀窩不如自家草窩。） **2** 本國：at *home* and abroad 國內外 **3** 養老院；養育院；收容所：a nursing *home* 療養所

◇ **at home** 在家（鄉）；在國內；（定時）會客；熟悉的 / **be (feel) at home** 感到（像在家裏一樣）安適；自在；無拘束 / **make sb (oneself) at home** 使某人（自己）感到安適；自在；無拘束

II *adj* **1** 家（庭）的；家鄉的：*home life* 家庭生活 **2** 本國的：*home affairs* 內政/ *home* news 國內新聞
III *adv* **1** 在家（鄉）；回家（鄉）：He's going *home*. (He is on his way *home*.) 他正在回家的路上。/ stay *home* 呆在家裏 **2** 在本國；回本國：call sb *home* 把某人召回國
◑ house, family

home·less /'hǝʊmlɪs/ *adj* 無家可歸的

home·sick /'hǝʊmsɪk/ *adj* 想家的；患思鄉病的

home·work /'hǝʊmwɜːk/ *n* [U] 家庭作業；課外作業

hon·est /'ɒnɪst/ *adj*
1 誠實的；老實的；正直的：*honest in business (scholarship)* 老實做生意(學問) / *An honest man's word is as good as his bond.* [諺] 老實人說的話，不亞於他的保證書。 **2** 正當的：earn an *honest living* 以正當手段謀生 **3** 真實的；坦率的：an *honest reporting* 真實的報導 / an *honest opinion* 坦誠的意見
◇ **to be (quite) honest (about it)**（做插入語）老實說 ▷ **honestly** *adv*
◑ upright, just, hono(u)rable
◐ dishonest, unjust

hon·es·ty /'ɒnǝstɪ/ *n* [U]
誠實；老實；正直：*Honesty is the best policy.* [諺] 誠實為上策。
◑ hono(u)r, integrity
◐ dishonesty, deceitfulness

hon·ey /'hʌnɪ/ *n*
1 [U] 蜂蜜；蜜：*Honey is sweet, but the bee stings.* [諺] 蜜甜蜂蜇人。 **2** [C]（複 = honeys）[口] 親愛的；寶貝；可愛的東西：Good night, *honey*! 晚安，親愛的！/ Your car is a *honey*! 你的汽車真可愛！

hon·ey·comb /'hʌnɪkǝʊm/ *n* [C]
蜂窩

hon·ey·moon /'hʌnɪmuːn/
I *n* [C] 蜜月：on one's *honeymoon* 在度蜜月 **II** *vi* 度蜜月

hon·or·ar·y /'ɒnǝrǝrɪ/ *adj*
名譽的：*honorary president* 名譽主席

hon·our, hon·or /'ɒnǝ(r)/
I *n* **1** [U] 榮譽；光榮：win *honour* for one's country 為國爭光 / Better die with *honour* than live with shame. 寧要光榮而死，不要恥辱而生。 **2** [U] 尊敬；敬意：He was held in great *honour*. 他受到了極大的尊敬。 **3** [U] 榮幸：I have the *honour* to inform you that... 我榮幸地通知您… **4** [U] 自尊心；廉恥心；氣節；節操：He has no sense of *honour*. 他沒有廉恥心。 **5** [C] 光榮的人或事：He's an *honour* to our country. 他是我國的光榮。 **6** [C] [常作 honours] 表示敬意的儀式；榮典：the funeral *honours* 葬禮 **7** [C] [常作 honours] 優等成績
◇ **in honour of** 向…表示敬意；為紀念…；為了招待… / **on one's (word of) honour** 以名譽擔保 / **pay (give, do) honour to** 向…表示敬意
II *vt* **1** 尊敬：He was *honoured* for his devotion. 他的獻身精神受到了人們的尊敬。 **2** 給…以光榮（或榮譽）：A fair death *honours* the whole life. [諺] 死得體面，一生光榮。 / I feel greatly *honoured* to be invited. 承蒙邀請，不勝榮幸。
◑ fame, reputation

hon·o(u)r·a·ble /ˈɒnərəbl/ *adj*
  1 光榮的；榮譽的 **2** 值得尊敬的：an *honourable* man 可敬的人
  ◐ upright, just, honest
  ◑ dishonest, unjust

hood /hʊd/ *n* [C] 頭巾；兜巾；兜帽

hoof /huːf/ *n*（複 = hoofs 或 hooves）[C]（馬、牛、羊等的）蹄

hook /hʊk/
  I *n* [C] 鉤子；掛鉤：He hung his coat on a *hook*. 他把外衣掛在鉤子上。
  ◇ **by hook or by crook** 千方百計；不擇手段 / **get (sb) off the hook**（使某人）擺脫困境 / **on the hook** 陷入圈套；難以擺脫
  II *vt, vi* 鉤住；掛
  ◇ **hook up** 用鉤鉤住（鉤起）

hoop /huːp/ *n* [C]
  箍；鐵環；鐵圈；（籃球）籃圈

hop /hɒp/
  I ❶ *vi*（hopped, hopping）**1**（人）單腳跳 **2**（鳥、青蛙等）齊足跳 ❷ *vt, vi* 跳過：*hop* (over) a wall 跳過牆
  II *n* [C] **1** 單腳跳；齊足跳 **2**（長距離飛行中的）一段
  ◐ skip, jump, leap
  ⇨ 用法説明見 JUMP

hope /həʊp/
  I *n* **1** [C, U] 希望；願望；可能性：He has some *hope*(s) of success. 他有成功的希望。/ *Hope* is life and life is *hope*. [諺] 希望就是生命，生命就是希望。/ Great *hopes* make great men. [諺] 偉大的希望造就偉大的人物。 **2** [C] 被寄託希望的對象；所希望的事情：This is our last *hope*. 這是我們最後的希望了。
  ◇ **pin (lay) one's hope(s) on** 把希望寄

託在⋯身上 / **raise sb's hope(s)** 增強某人的希望 / **beyond (past) hope** 沒有希望 / **in hopes of** 懷着⋯的希望；期待着 / **in the hope that... (in the hope of)** 懷着⋯的希望；期待着
  II *vt, vi* 希望：I *hoped* to see him in Australia. 我希望在澳洲見到他。/ I *hope* (that) you'll be more careful. 我希望你更細心些。/ 'Do you think it'll rain?' 'I *hope* so / I *hope* not.' "你認為會下雨嗎？" "但願如此 / 希望不是如此。" / *Hope* for the best, prepare for the worst. [諺] 抱最好的希望，作最壞的準備。
  ◇ **hope against hope** 妄想
  ◐ desire, want, wish, expect, anticipate, await

> 用法説明：**Hope** 和 **wish** 都是 "希望" 的意思，但 **hope** 一般指希望有可能實現的事：We hope that Mary will be well soon.（我們希望瑪麗會很快康復。）**Wish** 一般指希望不大可能或不可能實現的事：I wish I were ten years younger.（我希望年輕十歲。）

hope·ful /ˈhəʊpfl/ *adj*
  1 抱有希望的：He's *hopeful* of success. 他抱有成功的希望。 **2** 有希望的：He's a *hopeful* young man. 他是個大有希望的年輕人。 ▷ **hopefully** *adv*
  ◐ hopeless, despairing, desperate

hope·less /ˈhəʊplɪs/ *adj*
  沒有希望的；絕望的；不可救藥的
  ◐ despairing, desperate
  ◑ hopeful, optimistic

ho·ri·zon /həˈraɪzn/ *n* [C]
  1 地平線 **2** [常作 horizons] 眼界；見識：a man of limited *horizons* 視野狹窄

的人

hor·i·zon·tal /ˌhɒrɪˈzɒntl/ *adj*
與地平線平的;水平的

horn /hɔːn/ *n* [C]
1 (牛、羊等的)觸角 **2** 角狀物 **3** 號角;(管樂器)號;管;喇叭:a French horn 法國號 / an English horn 英國管 **4** (汽車)喇叭
◇ **blow one's own horn** 自吹自擂

hor·ri·ble /ˈhɒrəbl/ *adj*
1 可怕的;恐怖的:a horrible accident 可怕的事故 **2** [口] 令人不愉快的;極討厭的;糟糕的:horrible weather 惡劣的天氣

hor·ri·fy
/ˈhɒrɪfaɪ/ *vt* (horrified, horrifying)
使恐懼;使震驚:I was horrified at the sight. 那情景使我感到恐怖。

hor·ror /ˈhɒrə(r)/ *n*
1 [C, U] 恐怖;極端厭惡:have a horror of sth 極端厭惡某物 / She shrieked in horror. 她嚇得尖聲叫喊起來。 **2** [C] 令人恐怖或厭惡的人或物:The noise is an absolute horror. 這噪音真是討厭透了。

horse /hɔːs/ *n*
1 [C] 馬:He knows how to ride a horse. 他會騎馬。/ You may take a horse to the water, but you cannot make him drink. [諺] 帶馬近水易,逼馬喝水難。 **2** [U] 騎兵:horse and foot 騎兵和步兵
◇ **put the cart before the horse** 本末倒置 / **talk horse** 吹牛 / **work like a horse** 辛苦地幹活
⇨ 插圖見〈專題圖說 12〉

horse·back /ˈhɔːsbæk/ *n*

馬背:[僅用於] on horseback 在馬上;騎着馬

horse·power /ˈhɔːspaʊə(r)/ *n*
(略作 h.p. 或 hp) [U]
〈物〉馬力(功率單位)

hor·ti·cul·ture /ˈhɔːtɪkʌltʃə(r)/ *n* [U]
園藝(學)

hor·ti·cul·tur·al /ˌhɔːtɪˈkʌltʃərəl/ *adj*
園藝的

hose /həʊz/ *n* [C, U]
1 軟管;水龍帶;橡皮管 **2** 長筒襪

hos·pi·ta·ble /hɒˈspɪtəbl/ *adj*
好客的;殷勤的

hos·pi·tal /ˈhɒspɪtl/ *n* [C] 醫院
◇ **in hospital** 在住院 / **go to hospital** 入院 / **out of hospital** 出院 / **take (send) sb to a hospital** 把某人送到醫院 / **walk the hospitals** 當實習醫生
⇨ 用法說明見 SCHOOL

hos·pi·tal·i·ty /ˌhɒspɪˈtæləti/ *n* [U]
好客;殷勤

host¹ /həʊst/
I *n* [C] **1** 主人:a hospitable host 好客的主人 / a host country 東道國 **2** (旅館等)老板 **II** *vt* 作主人招待;在…作主人:France hosted the conference. 法國作會議的東道主。

host² /həʊst/ *n* [C]
大量;許多:a host of visitors (hosts of visitors) 許多遊人

hos·tage /ˈhɒstɪdʒ/ *n* [C] 人質

hos·tel /ˈhɒstl/ *n* [C]
(校外)學生宿舍;招待所

host·ess /ˈhəʊstɪs/ *n* [C]
1 女主人 **2** (客機上的)女服務員 **3** (旅館等的)女老板

hos·tile /ˈhɒstaɪl; -tl/ *adj*

1 敵人的：a *hostile* army 敵軍 **2** 敵意的；敵對的：a *hostile* attitude 敵對態度 / be *hostile* to sb 對某人有敵意

hos·til·i·ty /hɒˈstɪlətɪ/ n [U]
　1 敵意；敵視 **2** [C] [hostilities] 戰爭；戰鬥：be engaged in *hostilities* 交戰

hot /hɒt/ adj (hotter, hottest)
　1 熱：a *hot* summer 炎夏 / *hot* soup 熱湯 / A little pot is soon *hot*. [諺] 壺小易沸，量小易怒。/ Strike while the iron is *hot*. [諺] 趁熱打鐵。 **2** 辣的：He likes *hot* food. 他喜歡吃辣東西。 **3** 激動的；性急的；發火的：a *hot* temper 急躁的脾氣 **4** 激烈的；熱烈的：a *hot* debate 激烈的辯論 **5**（消息等）最新的：*hot* news [口] 最新消息
　◇ **be in (get into) hot water** 陷入困境；受辱 / **blow hot and cold** 反覆無常

用法說明：**Hot** 和 **warm** 都可用來形容天氣、溫度、氣氛等，但存在程度上的差別。**Hot** 是 "熱的、炎熱的、非常暖和的"：Strike while the iron is hot.（趁熱打鐵。）**Warm** 是 "暖和的"：Spring is warm.（春天暖融融的。）

hot·dog /ˌhɒtˈdɒg/ n [C]
　小紅腸；紅腸麪包；熱狗

ho·tel /həʊˈtel/ n [C] 旅館

用法說明：**Hotel** 和 **inn** 都是 "旅館" 的意思。**Hotel** 是普通用詞，指現代意義上的旅館：We stayed at a large hotel when we went to Paris.（我們去巴黎的時候，住在一家大旅館。）**Inn** 指古色古香的小客棧：The travellers stopped for the night at an inn in the mountains.（旅客們在山裏一家小客棧過夜。）

hot·line /ˈhɒtlaɪn/ n [C]
　專用直線電話；熱線；直接聯繫的途徑

hound /haʊnd/
　I n [C] 獵狗 **II** vt 用獵狗打獵；追捕

hour /aʊə(r)/ n [C]
　1 小時：a quarter of an *hour* 一刻鐘 / One *hour* today is worth two tomorrow. [諺] 今天一小時，勝過明天兩小時。 **2** 鐘點；時刻：We got up at an early *hour*. 我們一早就起床了。/ The darkest *hour* is that before the dawn. [諺] 黎明之前最黑暗。 **3** [常作 hours]（工作、學習等）時間：office *hours* 辦公時間 / business *hours* 營業時間
　◇ **after hours** 在業餘時間 / **at all hours** 在任何時間；隨時 / **by the hour** 按鐘點（計算）/ **for hours** 好幾個小時 / **keep early hours** 早睡早起；早出早歸 / **keep good hours** 按時作息；早睡早起 / **of the hour** 目前的；迫切的 / **the small hours** 深夜（指夜裏十二時至四時的時間）/ **to an hour** 恰恰；恰好

house
　I /haʊs/ n（複 = houses /ˈhaʊzɪz/）**1** [C] 房子；住宅：He has just bought a new *house*. 他剛買了一座新房子。/ We put up a fence around our *house*. 我們在住宅周圍築起一道籬笆。 **2** [C] 家族 **3** [C] 議院：the two *Houses* of Congress（美國）上下兩院 **4** [C]（劇場）觀眾：a full *house*（劇場）客滿 **5** [C] 機構；所；社；商號：a printing *house* 印刷所 / publishing *house* 出版社 **6** [U] 家庭；家務：The wife is the key of the *house*. [諺] 妻子是一家之鑰。（或：妻賢一家興。）
　◇ **bring down the house** 博得滿堂喝

彩 / **from house to house** 挨家挨戶 /
keep house 管家；自立門戶 / **keep the
house** 足不出戶
II /haʊz/ vt 供宿；留宿；收藏：
house the travellers 給旅行者提供住房
◑ home, family

house·hold /ˈhaʊshəʊld/
I n [C] (一) 家；(一) 戶：the head
of a *household* 戶主 / How many people
are there in this *household*? 這一家有多
少人？
II adj ❶ 家庭的：*household* affairs 家
庭事務；家政 / *household* expenses 家
庭開支 ❷ 家常的；普通的：a
household word 家喻戶曉的詞或用語

house·keep·er /ˈhaʊsˌkiːpə/ n [C]
主婦；女管家；管家人

house·wife¹ /ˈhaʊswaɪf/ n
(複 = housewives) [C] 主婦

house·wife² /ˈhʌzɪf/ n
(複 = housewives /ˈhʌzɪvz/) [C]
針線盒

house·work /ˈhaʊswɜːk/ n [U]
家務勞動

hous·ing /ˈhaʊzɪŋ/ n [U]
❶ 住房供應：a *housing* problem 住房
問題 / The *housing* problem in Hong
Kong becomes more serious this year. 今
年香港的住房問題變得更嚴重。❷ [總]
房屋；住房

hov·er /ˈhɒvə(r); ˈhʌv-/ vi
❶ 盤旋；翱翔：An eagle was *hovering*
in the sky. 一隻鷹在空中翱翔。❷ 徘
徊；猶豫不決：He *hovered* between
leaving and staying. 他決定不了是去還
是留。
◑ fly

hov·er·craft /ˈhɒvəkrɑːft; -kræft/ n
[C] (單複同) 氣墊船

how /haʊ/ adv
❶ (疑問副詞) 如何；怎樣；怎麼：
How did you do it? 你是怎麼做的？/
How are things with you? 你的情況怎麼
樣？❷ (連接副詞) 怎樣；怎麼：I
don't know *how* to do it. 我不知道怎麼
做。❸ (修飾形容詞和副詞，作疑問副
詞或連接副詞)：*How* old are you? 你
多大了？/ It matters not *how* long we
live but how. [諺] 重要的不是活多久，而
是怎樣活。

how·ev·er /haʊˈevə(r)/ adv
❶ 不管怎樣；無論如何：*However* hard
the task may be, we'll try to finish it in
time. 無論任務多麼困難，我們都要按時
完成。❷ 怎樣；以甚麼方法 (how ever,
一般用以表示驚奇)：*However* did you
do it? 你到底怎麼做的？❸ 可是；但
是；不過：He was rather poor.
However, he was very honest. 他很窮，
但他很誠實。/ In the end, *however*, he
failed. 可是最終他還是失敗了。
⇨ 用法說明見 BUT

howl /haʊl/
I vi ❶ (狼、狗等) 咆哮；嚎叫 ❷ (風
等) 怒吼；怒號 ❸ (人) 怒吼；大笑
II n [C] 嚎叫；怒號；怒吼；大笑

hug /hʌg/
I vt (hugged, hugging) 緊抱；摟：
She *hugged* her son when he left home.
兒子離開家時，她緊緊擁抱着他。
II [C] 緊抱；擁抱

huge /hjuːdʒ/ adj
巨大的；龐大的：a man of *huge*
physical strength 身強體壯的人

▷ **hugely** adv
◑ enormous, immense, gigantic, tremendous

hull /hʌl/ n [C]
（穀物等的）殼；船身；機身

hum /hʌm/
I ❶ vi (hummed, humming)（蜜蜂等）發嗡嗡聲： A plane was *humming* in the distance. 飛機在遠處嗡嗡作響。 ❷ vt, vi 哼；哼曲子： He *hummed* (a tune) to himself while working. 他一邊工作，一邊哼着（小曲）。
II n [U] 嗡嗡聲；哼哼聲；嘈雜聲
III int 哼！

hu·man /'hju:mən/ adj
人（類）的： a *human* being 人 / To err is *human*. [諺] 人孰無過。
⇨ 用法說明見 MAN

hu·mane /hju:'meɪn/ adj
仁慈的；人道的；有人情的
▷ **humanely** adv

hu·man·i·ty /hju:'mænətɪ/ n [U]
❶ 仁慈 ❷ [總稱] 人類 ❸ 人性 ❹ [the humanities] 希臘拉丁文學；古典文學；人文學科（尤指文學、哲學、歷史）

hum·ble /'hʌmbl/
I adj ❶ 謙卑的；謙遜的： Knowledge makes one *humble*, while ignorance makes one proud. [諺] 知識令人謙虛，無知令人驕傲。 ❷ 地位低下的；卑賤的；低賤的： a man of *humble* birth 出身低賤的人 / a *humble* occupation 卑下的職業 II vt 使謙卑；貶低： *humble* oneself 自卑 ▷ **humbly** adv
◑ lowly, modest
◐ proud, conceited

hu·mid /'hju:mɪd/ adj

（潮）濕的；濕潤的： *humid* climate 潮濕的氣候
◑ wet, damp, moist
◐ dry

hu·mid·i·ty /hju:'mɪdətɪ/ n [U]
濕度；濕氣

hu·mil·i·ate /hju:'mɪlɪeɪt/ vt
羞辱；使丟臉： She felt *humiliated* by her son's rudeness. 她兒子的無禮使她感到丟臉。
▷ **humiliation** /hju:ˌmɪlɪ'eɪʃn/ n
◑ humble
◐ dignify

hu·mor·ous /'hju:mərəs/ adj
幽默的；詼諧的： *humorous* remarks 幽默詼諧的話語
◑ witty
◐ serious, solemn

hu·mo(u)r /'hju:mə(r)/ n [U]
❶ 幽默；詼諧： He has no sense of *humour*. 他缺乏幽默感。/ His remarks are full of *humour*. 他的話充滿了幽默。/ The English have a wonderful sense of *humour*. 英國人富有幽默感。 ❷ 心情；情緒： in a good (bad) *humour* 心情舒暢（心情不佳）/ not in the *humour* (be in no *humour*) for 無心做… / be out of *humour* 不高興；心情不好
◑ mood, temper

hu·mus /'hju:məs/ n [U]
腐殖質： *humus* soil 腐殖土

hun·dred /'hʌndrəd/ num
百： three *hundred* people 三百人 / several *hundred*(s) of people 好幾百人 / One father is more than a (one) *hundred* school-masters. [諺] 一個父親勝過一百個教師。

◇ **a hundred and one** 許多 / **by the hundred (by hundreds)** 以成百成百計 / **hundreds of** 數以百計的

hun·dredth /'hʌndrətθ/ *num*
■ 第一百（個）■ 百分之一（的）

hung /hʌŋ/ *v*
hang 的過去式和過去分詞形式之一

hun·ger /'hʌŋgə(r)/
I *n* [U] ■ 飢餓：Many people are still suffering from *hunger*. 許多人仍在挨餓。/ *Hunger* is the best sauce. [諺] 飢者口中盡佳肴。（或：飢不擇食。）■ [a hunger] [喻] 渴望：He has a great *hunger* for (after) knowledge. 他有很強的求知欲。
II *vi* 飢餓；渴望（for sth / to do sth）

hun·gry /'hʌŋgrɪ/ *adj*
■ 飢餓的：I'm feeling *hungry*. 我感到餓了。/ *Hungry* dogs will eat dirty puddings. [諺] 飢不擇食，餓狗搶屎。■ 渴望的：He is *hungry* for (after) knowledge. 他渴求知識。

hunt /hʌnt/
I *vt, vi* ■ 打獵；獵取：He used to *hunt* (tigers). 他過去常打獵（獵虎）。■ 追趕；追獲；搜索：*hunt* (for) a criminal 搜索罪犯
◇ **hunt down** 搜索直至找到 / **hunt for (after)** 追獵；尋尋 / **hunt high and low** 到處搜尋 / **hunt out** 搜出；尋出；逐出 / **hunt up** 搜索；尋找到
II *n* [C] 打獵；搜索；追逐：have a *hunt* for sth 搜尋某物

hunt·er /'hʌntə(r)/ *n* [C]
■ 獵人；獵馬；獵狗 ■ 追求者

hunt·ing /'hʌntɪŋ/ *n* [U]
狩獵；打獵；搜尋；搜索

hurl /hɜːl/
I *vt* 猛投；用力擲：He *hurled* a stone at the dog. 他向狗用力扔去一塊石頭。/ They *hurled* abuse at each other. [喻] 他們互相濫罵。II *n* [C] 投擲
➊ throw

hur·rah /hʊ'rɑː/
I *int* 烏拉！好哇！萬歲！
II [C] 歡呼聲 III *vt, vi*（向⋯）歡呼

hur·ray /hʊ'reɪ/ = hurrah

hur·ri·cane /'hʌrɪkən/ *n* [C] 颶風

hur·ried /'hʌrɪd/ *adj* 倉促的；慌忙的
▷ hurriedly *adv*

hur·ry /'hʌrɪ/
I ➊ *vi*（hurried, hurrying）趕緊；匆忙：You don't have to *hurry*; there's plenty of time. 你不用着急，時間還多。➋ *vt* ■ 使趕緊；催促：If you *hurry* him, he'll make mistakes. 你要是催他，他會出錯的。■ 急送；急運：They *hurried* the patient to the hospital. 他們把病人急送到醫院。
◇ **hurry along** 趕快向前走；催促 / **hurry away** 匆匆離去；（催人）趕快去 / **hurry up** 催促；趕緊
II *n* [U] ■ 慌忙；倉促；着急：Why all this *hurry*? 為甚麼這樣着急？/ In his *hurry* to leave, he forgot to close the door. 由於急着走，他忘了關門。■ 着急的必要：What's the *hurry*? 幹嗎這樣着急？/ There's no *hurry*. 不用着急。
◇ **in a hurry** 急忙；匆忙；立即
➊ haste, speed
➊ slowness, delay

hurt /hɜːt/
I ➊ *vt, vi*（hurt, hurting）刺痛；傷害；損害；危害：*hurt* sb's feelings 傷

害某人的感情 / He fell and *hurt* his leg. 他摔倒並傷了腿。/ It won't *hurt* (you) to take some money with you. 身上帶些錢沒甚麼壞處。❷ *vi* 痛；刺痛：My feet *hurts*. 我的腳痛。/ New shoes *hurt*. 新鞋使我腳痛。

II [C, U] 傷害；損害；創傷；損傷

◑ injure, harm, wound

hus·band /ˈhʌzbənd/ *n* [C] 丈夫

hush /hʌʃ/

I *vt, vi* (使)沉默；(使)靜下來：The teacher's arrival *hushed* the class. 老師一到，學生就安靜下來了。/ The teacher told the students to *hush*. 老師要學生安靜下來。

◇ **hush up** 瞞住；秘而不宣；靜下來

II *n* [C, U] (常與 a 連用) 沉默；寂靜

III /ʃː, hʌʃ/ *int* 噓！別作聲！

hus·tle /ˈhʌsl/

I ❶ *vt, vi* 硬擠；亂推：He *hustled* to the counter. 他硬擠到櫃台前。/ He was *hustled* about. 他被推來推去。❷ *vt* ❶ 硬逼：*hustle* sb into (doing) sth 強使某人做某事　❷ [口] 使匆匆做成 (up, through)

II *n* [U] 擠；推；努力

hut /hʌt/ *n* [C] 小屋；棚屋

hy·brid /ˈhaɪbrɪd/ *n* [C]
雜交種；混血兒；混合物

hy·drau·lic /haɪˈdrɔːlɪk/ *adj*
水力的；液力的；水壓的；液壓的

hy·dro·car·bon
/ˌhaɪdrəˈkɑːbən/ *n* [C, U]
〈化〉烴；碳氫化合物

hy·dro·chlo·ric /ˌhaɪdrəˈklɒrɪk/ *adj*
氯化氫的；鹽酸的

hy·dro·e·lec·tric
/ˌhaɪdrəʊɪˈlektrɪk/ *adj*
水力發電的；水電的：a *hydroelectric* power station 水電站

hy·dro·e·lec·tric·i·ty
/ˈhaɪdrəʊˌɪlekˈtrɪsətɪ/ *n* [U] 水電

hy·dro·gen /ˈhaɪdrədʒən/ *n* [U]
〈化〉氫 (符號 H)；氫氣

hy·drox·ide /haɪˈdrɒksaɪd/ *n* [U]
〈化〉氫氧化物

hy·giene /ˈhaɪdʒiːn/ *n* [U]
衛生 (學)：public *hygiene* 公共衛生

hymn /hɪm/ *n* [C] 讚美詩；聖歌

hy·poc·ri·sy /hɪˈpɒkrəsɪ/ *n* [C, U]
偽善；虛偽

hyp·o·crite /ˈhɪpəkrɪt/
I *n* [C] 偽君子；虛偽的人
II *adj* 偽善的；虛偽的

hy·pot·e·nuse /haɪˈpɒtənjuːz/ *n*
〈數〉弦；斜邊

hy·poth·e·sis /haɪˈpɒθəsɪs/ *n*
(複 = hypotheses /haɪˈpɒθəsiːz/)
假設；假說；〈邏〉前提

hys·ter·ic(al) /hɪˈsterɪk(l)/ *adj*
歇斯底裏的；(患) 病的
▷ **hysterics** *n* / **hysterically** *adv*

I, i

I, i¹ /aɪ/
1 英語字母表的第九個字母 **2** 代表羅馬數字的 1

I² /aɪ/ *pron* (複＝we)
(主格) 我：He said, 'I am here.' 他說："我在這兒。" / It is I. 是我。(僅見於寫作中，口語則用 It's me.)

ice /aɪs/
I *n* **1** [U] 冰；冰塊；冰層：*ice* on the lake in winter 冬天湖上的冰 **2** [C] 冰糕；冰淇淋；冰凍甜食：two strawberry *ices* 兩份草莓冰淇淋

◇ **break the ices** 打破僵局，開個頭 / **cut no ice (with sb)** [口] (對某人) 不起作用，沒影響 / **skate (walk) on thin ice** 在危險或困難的境況中；如履薄冰 **put (keep) sth on ice** 擱置；暫緩：Let's *put* that project *on ice*. 我們暫且將那個項目擱到一邊去。

II ❶ *vt* 冷凍；冷藏：You'd better *ice* the Champagne before serving. 你最好飲用香檳前先冰鎮一下。 ❷ *vi* 結冰 (up, over)：The water in the bottle has *iced* up.

ice·berg /'aɪsbɜːg/ *n* [C]
1 冰山；浮在海洋上的巨大冰塊 **2** [俗] 冷漠的人

ice-cream /ˌaɪs'kriːm/
I *n* [C, U] 冰淇淋：*ice-cream* cone 蛋卷冰淇淋 **II** *adj* **1** 含冰淇淋成分的 **2** 乳白色的；奶黃色的：an *ice-cream* suit 一套乳白色西裝

i·cy /'aɪsɪ/ *adj* (icier, iciest)
1 冰的；冰封的：the *icy* polar waters 冰封的北極海域 **2** 冰似的；寒冷的：an *icy* wind 寒風 **3** 冷若冰霜的；不友好的：an *icy* welcome 冷淡的歡迎 / give sb an *icy* stare 冷冷地盯了某人一眼
● cold, frosty; hostile, unfriendly
Ⓞ warm, friendly

i·dea /aɪ'dɪə/ *n*
1 [C, U] 思想；概念：I've got a good *idea* of what he wants. 我弄明白了他要甚麼。 **2** [C] 計劃；打算；辦法：a man full of *ideas* 足智多謀之士 **3** [C] 主見；看法；想法：He'll have his own *idea* about that. 對那個問題他有他的想法。

◇ **get ideas into one's head** 抱不切實際的想法 / **put ideas in sb's head** 使某人有奢望 / **the big idea** [美] [諷] 了不起的計劃；重要建議：What's *the big idea*? 甚麼高見啊？
● thought, view, opinion

i·de·al /aɪ'dɪəl/
I *n* [C] **1** 理想：the high *ideals* of the youth 年輕人的崇高理想 **2** 理想的人或事物；完美的典型；典範：He's her *ideal* of a man. 他是她理想中的男人。/ He considered the old man his *ideal*. 他將這位長者視為楷模。

II *adj* **1** 理想的；完美的：an *ideal* marriage 美滿的婚姻 / an *ideal* day for a picnic 外出野餐的理想天氣 **2** 想像的；

假設的；不切實際的
▷ **idealness** n
◐ **aim, goal, objective**

i·de·al·ism /aɪˈdɪəlɪzəm/ n [U]
1 理想主義 **2** 〈哲〉唯心主義；唯心論：subjective *idealism* 主觀唯心主義 / historical *idealism* 歷史唯心主義

i·den·ti·cal /aɪˈdentɪkl/ adj
1 同一的：Both events happened on the *identical* day. 兩件事發生在同一天。 **2** 相同的；完全一樣的：That is the *identical* pen I lost. 那和我遺失的筆完全一樣。

i·den·ti·fi·ca·tion
/aɪˌdentɪfɪˈkeɪʃn/ n [U]
1 認明；驗明；證明：*identification* of a dead body by the brother 由兄弟來認屍 **2** 身份證明（常略作 ID）

i·den·ti·fy /aɪˈdentɪfaɪ/
❶ vt **1** 認出；識別；鑒定：I *identify* my umbrella among those of the others at once. 我一眼就從眾多傘中認出了我的那把。 **2** 使同等於；認為…一致（with）：A good leader should *identify* the people's interest with his own. 一個賢明的領袖應該將人民的利益視為他自己的利益。 **❷** vi 一致；成為一致
◇ **identify oneself with** 參與；涉及；和…打成一片：He was unwilling to *identify himself with* any particular party. 他不願意跟任何派別攪在一起。
◐ **distinguish, know, recognize**
◑ **mistake**

i·den·ti·ty /aɪˈdentəti/ n
1 [C, U] 同一性；一致：*identity* of interests 利益的一致 / reach (an) *identity* of views 取得一致的看法 **2** [C] 身份；

本身；本體：an *identity* card 身份證

i·de·o·log·i·cal
/ˌaɪdɪəˈlɒdʒɪkl, ˌɪdɪ-/ adj
思想上的；意識形態的；空論的
▷ **ideologically** adv

i·de·ol·o·gy
/ˌaɪdɪˈɒlədʒɪ, ˌɪdɪ-/ n [C, U]
意識；觀念；思想（體系）：Marxist *ideology* 馬克思主義思想體系

id·i·om /ˈɪdɪəm/ n [C]
1 習語；成語；慣用法：'To be hard up' is an English *idiom* meaning to lack money. "To be hard up" 是英語裏的一個成語，意思是缺錢。 **2** （某一民族、國家、地區的）特殊語言；方言：He speaks in the familiar New York *idiom*. 他說的是一口為人所熟悉的紐約方言。

id·i·o·mat·ic /ˌɪdɪəˈmætɪk/ adj
1 慣用的；合乎習慣用法的；具有某一語言特色的：an *idiomatic* expression 習慣表達方式 / *idiomatic* usage 習慣用法
2 具有某種語言特色的：an *idiomatic* writer 有獨特語言風格的作家

id·i·ot /ˈɪdɪət/ n [C]
1 白痴 **2** 極蠢之人；糊塗蟲：What an *idiot* I have been! 我真是愚蠢極了！
▷ **idiotic** adj
◐ **fool, imbecile**
◑ **genius**

i·dle /ˈaɪdl/
I adj **1** 不工作的；閒置的；停頓的：*idle* men 閒散人員 / a lot of *idle* machinery 大量閒置設備 **2** 懶惰的；無所事事的：An *idle* youth, a needy age. [諺] 少壯不努力，老大徒傷悲。/ The tongue of an *idle* person is never *idle*. [諺] 閒人無閒嘴。 **3** 無用的；無益的；

徒勞的：I knew what would happen to her, but it was *idle* to warn her. 我知道將會對她發生甚麼事，但警告她也沒用。

II ❶ *vt* 虛度光陰（away）：Don't *idle* away your youth. 別虛度青春。 ❷ *vi* 閒逛：*idle* along the street 在街上閒逛

▷ **idleness** *n* / **idly** *adv*

❶ inactive, inert, lazy

i·dol /'aɪdl/ *n* [C]

❶ 偶像 ❷ 極受崇拜的人（或物）；紅人；寵兒：a singing *idol* 紅歌星

◇ **make an idol of sb (sth)** 把某人（某物）當作偶像崇拜；極度崇拜：Don't *make an idol of money*. 不要過於迷信金錢。

if /ɪf/

I *conj* ❶（表示條件）如果：If you wish, I will help you. 如果你真想要，我會幫你的。/ Return *if* undelivered. 無法投遞請退回原處。 ❷（表示假設）假如：*If* I were you, I would not go. 如果我是你，我就不去。 ❸（表示讓步）雖然，即使（常與 even 連用）：Even *if* he noticed the fact, he didn't care. 即使他注意到這一事實，他也不在乎。 ❹ 是否 [=whether]：Do you know *if* he is ill? 你知道他是否病了？ ❺（表示願望。後不跟條件句的結論）要是…就好：*If* I had been warned! 要是有人及早提醒我多好！

◇ **as if** 好像；仿佛 / **if any** 如果有的話，即便如此：He hasn't had much money left, *if any*. 即使他還留下一點錢，那也是很少。/ **if only** ❶ 只要：*If only* it clears up, we'll go. 只要天一晴，

我們就走。 ❷ 要是…就好：*If only* Dad could see me now! 要是爸爸現在能看到我，那該有多好！/ **if so** 要是這樣

II *n* ❶ 假設；條件：There are too many *ifs* in his statement. 他講話中太多假設。 ❷ 疑問

◇ **ifs and buts**（為故意拖延而作的）借口；託詞：I don't want any *ifs and buts*—take your medicine at once. 我不聽任何借口 —— 馬上把你的藥給吃了。

⇨ 用法說明見 WHETHER

ig·ne·ous /'ɪgnɪəs/ *adj*

❶ 火的；似火的 ❷〈地〉火成的：*igneous* rock 火成岩

ig·no·rance /'ɪgnərəns/ *n* [U]

愚昧；無知；不知（of）：*ignorance* of business 不懂生意 / keep sb in *ignorance* of sth 不讓某人知道某事

ig·no·rant /'ɪgnərənt/ *adj*

❶ 無知識的；愚昧的；不懂事的：That *ignorant* girl even doesn't know how to spell her own name. 那個無知的女孩竟不知道怎樣拼寫自己的名字。 ❷ 粗俗無教養的：an *ignorant* conduct (remark) 無教養的行為（話）

ig·nore /ɪg'nɔː(r)/ *vt*

不理睬；不顧；忽視：*ignore* rude remarks 不理睬無理的批評

❶ disregard, neglect, overlook

❶ acknowledge

ill /ɪl/

I *adj* ❶ 有病的；不健康的：He lies in bed because he is *ill*. 他因生病臥床不起。 ❷ 邪惡的；不吉利的：an *ill* deed 惡劣行為 / *Ill* news runs apace. [諺] 惡事傳千里。/ an *ill* omen 不祥之兆

◇ **be ill off** 貧困；不幸 / **ill at ease** 不

安；不自在 / **fall ill** 生病

II *adv* 壞地；不利地；惡劣地：speak *ill* of sb 說某人壞話

III *n* 罪惡；[ills] 災難；病痛

◑ sick, evil, wicked

◐ well, kind

⇨ 用法說明見 SICK

il·le·gal /ɪ'liːgl/ *adj*

不合法律的；違背規章的：an *illegal* trial 非法審判 / an *illegal* parking 違章停車 ▷ **illegality** *n* / **illegally** *adv*

il·lit·er·ate /ɪ'lɪtərət/

I *adj* 文盲的；一竅不通的；未開化的：He is *illiterate* about computer. 他對電腦一無所知。/ musically *illiterate* 對音樂一竅不通 / *illiterate* savages 未開化的野蠻人 **II** *n* [C] 文盲；無知的人：an *illiterate* of modern science 現代科盲

▷ **illiterateness** *n*

◑ ignorant, uneducated

◐ learned, literate

ill·ness /'ɪlnɪs/ *n* [U]

疾病；身體不適：*Illness* makes one weak. 疾病使人虛弱。

⇨ 用法說明見 DISEASE

il·lu·mi·nate /ɪ'luːmɪneɪt/ *vt*

1 照亮；照明；用燈光裝飾：The city was *illuminated* in celebration of the victory. 這座城市燈火通明，歡慶勝利。

2 闡明；解釋；啟發：*illuminate* difficult points in the text book 解釋教科書中的難點 ▷ **illuminating** *adj* / **illumination** *n*

◑ brighten, lighten, clarify, explain

◐ obscure

il·lu·sion /ɪ'luːʒn/ *n*

1 [C] 錯覺；幻覺；假象：an optical *illusion* 視錯覺 **2** [U] 幻想；錯誤的觀念：be under *illusion* about reality 對現實抱有幻想

il·lus·trate /'ɪləstreɪt/

1 *vt* **1** 舉例說明；圖解說明：The teacher *illustrated* the history lesson with pictures. 老師用圖片講解歷史課。 **2** 給（書、報等）作插圖；作圖解：The novel is well *illustrated*. 那本小說插圖豐富。 **2** *vi* 舉例說明

◑ explain, examplify

il·lus·tra·tion /ˌɪlə'streɪʃn/ *n* [C]

插圖；圖解；例證：a book with beautiful *illustrations* 一本帶有漂亮插圖的書 / He gave an *illustration* of his words. 他對他的話用例證說明。

im·age /'ɪmɪdʒ/

I *n* [C] **1** 像；畫像；塑像；影像；偶像：an *image* of his father 他父親的畫像 / an *image* of a Buddha 一尊佛像 / The *image* on the TV screen was very clear. 電視機屏幕上的影像很清晰。 **2** 形象；意象；典型：Poetry often contains *images*. 詩中常含有意象。/ the *images* of Australian soldiers 澳大利亞軍人的形象 / the *image* of good breeding 良好教養的典型 **II** *vt* **1** 畫…的像；造…的像 **2** 反映；照出：a face *imaged* in a mirror 映在鏡子裏的臉

i·mag·i·nar·y /ɪ'mædʒɪnərɪ/ *adj*

想像的；幻想的；虛構的：an *imaginary* character in the story 故事中虛構的人物

i·mag·i·na·tion /ɪˌmædʒɪ'neɪʃn/ *n*

1 [C, U] 想像；想像力：a writer of rich *imagination* 想像力豐富的作家/ Children are encouraged to use their *imagina-tions*. 鼓勵孩子們運用他們的想像力。

2 [C] 空想；幻覺：No one else is in the house. It is only your *imagination*. 屋裏沒有其他的人；只是你的幻覺而已。
▷ **imaginative** adj 富有想像力的；有創造力的

i·mag·ine /ɪˈmædʒɪn/
1 vt **1** 想像；設想：It is hard to *imagine* life without water. 無法想像無水怎麼生活。/ Can you *imagine* how happy I was? 你能想像我是多麼的快活？ **2** 估計；猜測；認為：I *imagine* that he will come in time. 我估計他會按時來。 **2** vi 想像起來；料想起來
◑ conceive, visualize, assume, suppose

im·i·tate /ˈɪmɪteɪt/ vt
1 模仿；模擬：His handwriting is difficult to *imitate*. 他的筆跡很難模仿。 **2** 仿製；偽造；冒充：Pearls are often *imitated* with plastic or glass beads. 塑料或玻璃珠子常被假充為珍珠。

im·i·ta·tion /ˌɪmɪˈteɪʃn/ n
1 [U] 模仿；摹擬；仿造；偽造：set sb a good example for *imitation* 為某人做出效仿的好榜樣 **2** [C] 仿製品；偽造物；贗品：Beware of *imitations*! 謹防假冒！ **3** （用作定語）假的；仿造的：*imitation* leather 人造革 / *imitation* marble 人造大理石

im·me·di·ate /ɪˈmiːdɪət/ adj
1 立即的；即刻的：give an *immediate* reply 立即答覆 / take an *immediate* action 採取緊急行動 **2** 直接的；最接近的；貼近的：one's *immediate* superior 頂頭上司 / in the *immediate* future 在最近的將來 ▷ **immediateness** n
◑ instant, prompt, sudden

◑ gradual

im·me·di·ate·ly /ɪˈmiːdɪətlɪ/
1 adv 立即；馬上：I would send him off *immediately*. 我馬上把他打發走。/ He arrived *immediately* after you left. 你剛走，他隨後就到了。
2 conj [主英] 一…（就）…：I'll return *immediately* I finish. 我一完成就回來。

im·mense /ɪˈmens/ adj
廣大的；巨大的；無限的：an *immense* ocean 無邊的海洋（浩淼的海洋）/ an *immense* improvement 巨大的進步 ▷ **immenseness** / **immensity** n
◑ enormous, huge, vast
◐ small, tiny

im·mi·grant /ˈɪmɪɡrənt/
1 n [C] **1** 移民：European *immigrants* in America 在美洲的歐洲移民 **2** 自他處移來的動（植）物 **2** adj （從國外）移來的；移民的；僑民的

im·mi·grate /ˈɪmɪɡreɪt/
1 vi 移居；移民入境：*immigrate* into mainland 到大陸定居 **2** vt 使移居境內：*immigrate* cheap labour 從國外引進廉價勞力

im·mi·gra·tion /ˌɪmɪˈɡreɪʃn/ n [U]
1 移居 **2** [總稱]（外來的）移民 ▷ **immigrational** adj / **immigratory** adj

im·mi·nent /ˈɪmɪnənt/ adj
臨近的；逼近的；迫在眉睫的：The danger is *imminent*. 禍到臨頭。
▷ **imminently** adv / **imminentness** n

im·mor·tal /ɪˈmɔːtl/ adj
1 不朽的；永世的：The poet died, but his poetry is *immortal*. 詩人死了，但其詩篇流芳百世。 **2** 神的；與神有關的

▷ **immortality** n / **immortally** adv

im·pact /ˈɪmpækt/ n [U]

❶ 撞擊；撞擊力；❷ 影響；效果：the *impact* of modern wars upon the society 現代戰爭對社會的影響

◐ effect, influence, consequence

im·pa·tience /ɪmˈpeɪʃns/ n [C, U]

不耐煩；急躁；急切；焦慮：She is burst with *impatience* to get the job. 她迫不及待想得到這份工作。/ He has a keen *impatience* with those dull people. 他對笨拙的人極不耐煩。

im·pa·tient /ɪmˈpeɪʃnt/ adj

❶ 不耐煩的；急躁的：We should not be *impatient* with slow learners 我們對學得慢的人不該不耐煩。❷ 急欲的；急切的：be *impatient* to try 迫不急待地想試試 ▷ **impatiently** adv

im·peach /ɪmˈpiːtʃ/ vt

❶ 控告；檢舉；彈劾：*impeach* sb with (of) a crime 控告某人犯罪 / The official was *impeached* for corruption. 這位官員被檢舉腐敗。❷ 指責；挑剔；懷疑：*impeach* one's motives 懷疑某人的動機 ▷ **impeachment** n

im·per·a·tive /ɪmˈperətɪv/

I adj ❶ 急需的；必要的；迫切的：It is *imperative* that I (should) go there. 我非去那兒不可。❷ 命令的；一定照辦的；專橫的：an *imperative* manner 一副專橫的姿態 II n [C] 〈語〉祈使語氣；祈使語氣動詞 ▷ **imperatively** adv

◐ critical, crucial, pressing

im·pe·ri·al /ɪmˈpɪərɪəl/ adj

❶ 帝國的；皇帝的；至尊的：His Imperial Majesty 國王陛下；皇上 / an *imperial* household 皇室 ❷（英國度量衡）法定標準的：the *imperial* gallon 英國標準加侖（=4.546 升）▷ **imperially** adv / **imperialness** n

im·pe·ri·al·ism /ɪmˈpɪərɪəlɪzəm/ n [U]

❶ 帝國主義 ❷ 霸業；帝制：the *imperialism* of Caesar 凱撒的霸業

im·pe·ri·al·ist /ɪmˈpɪərɪəlɪst/

I n [C] 帝國主義者 II adj 帝國主義的：an *imperialist* power 帝國主義國家

im·per·son·al /ɪmˈpɜːsənl/ adj

❶ 非人格化的；客觀的：Wind is an *impersonal* force. 風是一種自然力。❷ 冷淡的；無人情味的：His serious face shows his *impersonal* manner. 他嚴肅的表情表現出了他冷淡的態度。

▷ **impersonally** adv

im·ple·ment /ˈɪmplɪmənt/

I n [C] [常作 implements] 工具；器具：farming *implement* 農具 / gardening *implement* 園藝工具

II vt 履行；實施；完成；實現：*implement* one's ideas 實現某人的願望 / *implement* an agreement 履行協定

im·pli·cate /ˈɪmplɪkeɪt/ vt

❶ 牽涉；涉及：The case *implicates* many senior officials in the corruption. 這個案子牽涉到許多高級官員腐敗。❷ 含有…意思；暗示：What is *implicated* in your speech? 你的發言暗示了甚麼？

im·pli·ca·tion /ˌɪmplɪˈkeɪʃn/ n

❶ 牽涉；涉及：*implication* in a scandal 涉及一件醜聞中 ❷ [C] 含意；含蓄：What are the *implications* of his remarks? 他那些話的言外之意是甚麼？❸ [U] 暗示：He smiled, with the *implication* that he didn't believe me. 他

莞爾一笑暗示出他不相信我說的話。

im·ply /ɪmˈplaɪ/ vt

暗指；暗示；意指：His manner *implies* that he would like to come with us. 他的姿態表示他想跟我們一起去。/ Don't you *imply* that I am not telling the truth? 你的意思是不是說我沒講真話？

❶ suggest, intimate, denote, indicate

im·po·lite /ˌɪmpəˈlaɪt/ adj

不禮貌的；不客氣的；粗魯的

▷ **impolitely** adv / **impoliteness** n

im·port

I /ɪmˈpɔːt/ vt 進口；輸入；引入：toys *imported* from Japan 從日本進口的玩具
II /ˈɪmpɔːt/ n ❶ [U] 進口；輸入 ❷ [C] [imports] 進口貨

im·por·tance /ɪmˈpɔːtns/ n [U]

重要；重要性：This experiment is of great *importance*. 這一試驗非常重要。/ Do you realize the *importance* of oil to industry? 你認識到石油對工業的重要性嗎？

◇ **attach importance to** 重視

im·por·tant /ɪmˈpɔːtnt/ adj

重要的；重大的；顯要的：some *important* business 要事 / A prime minister is a very *important* person in the cabinet. 首相在內閣中是一位很顯要的人物。

❶ significant, notable, prominent, critical

im·pose /ɪmˈpəʊz/

❶ vt ❶ 徵（稅等）(on, upon)：A new tax has been *imposed* on wine. 對葡萄酒徵收新稅。❷ 把…強加：*impose* economic crisis upon small

countries 將經濟危機強加於小國 ❷ vi
❶ 利用（on, upon）：*impose* on the convenience of modern traffic 利用現代交通的便利 ❷ 欺騙（on, upon）：I'm not to be *imposed* upon. 我不會上當的。▷ **imposing** adj 給人深刻印象的；莊嚴的

❶ dictate, force upon, inflict

im·pos·si·ble /ɪmˈpɒsəbl/ adj

❶ 不可能的：the *impossible* 不可能的事 / It is *impossible* for me to finish the work in time without your help. 沒你的幫助我不可能按時完成這件工作。❷ 不真實的；不可能發生：It is all *impossible* to me. 這件事對我來說完全是不可思議的。❸ 令人無法忍受的：an *impossible* person 令人無法忍受的人 / an *impossible* problem 棘手的問題 ▷ **impossibility** n 不可能性 / **impossibly** adv

im·press /ɪmˈpres/

I ❶ vt ❶ 印；壓印：*impress* a pattern on the clay pots before baking 在燒製前將圖案壓印到瓷罐上 ❷ 給人深刻印象；銘刻：They were deeply *impressed* by the high speed of economic development. 經濟的高速發展給他們留下了深刻的印象。❷ vi 給人印象；引人注目：He spoke so merely to *impress*. 他這樣講話僅為了嘩眾取寵。II n 印記；壓痕

❶ affect, influence

im·pres·sion /ɪmˈpreʃn/ n [C]

❶ 感想；印象：What's your *impression* of him? 你對他的印象如何？❷ 印；印痕：The thief left a foot *impression* in the garden. 小偷在花園中留下了一個腳

印。 **3** 〈印〉印刷；印數；印次；版：
the third *impression* of the second
edition 再版的第三次印刷
▷ **impressional** *adj*

im·pres·sive /ɪmˈpresɪv/ *adj*
給人深刻印象的；感人的：a very
impressive speech 感人至深的演講 / an
impressive scene 令人難忘的情景
▷ **impressively** *adv* / **impressiveness** *n*

im·pris·on /ɪmˈprɪzn/ *vt*
1 關押；監禁 **2** 限制；束縛：a bird
imprisoned in a cage 籠中的鳥

im·pris·on·ment
/ɪmˈprɪznmənt/ *n* [U]
1 關押；監禁：two years' *imprison-
ment* 關押兩年 **2** 禁錮；限制

im·prob·able /ɪmˈprɒbəbl/ *adj*
不大可能的；未必會（發生）的：an
improbable idea 不可能的想法 / an
improbable event 不會發生的事
▷ **improbability** *n* / **improbablely** *adv*

im·prove /ɪmˈpruːv/
❶ *vt, vi* 改進；改善；增進：*improve*
working conditions 改善工作條件 / He
tries hard to *improve* his English. 他努力
提高英語水平。/ His health is *improving*.
他的健康狀況正在好起來。❷ *vt* 利用
好：*improve* one's time 善用時間
◑ **better, enhance**
◐ **worsen**

im·prove·ment /ɪmˈpruːvmənt/ *n*
1 [C, U] 改進；改善：The teacher is
pleased with my *improvement* in study.
老師為我學習的提高感到高興。 **2** [C]
進步之處：We find a lot of
improvements in the city. 我們發現這個
城市在許多方面都改觀了。

im·pulse /ˈɪmpʌls/ *n* [C]
1 推動；推力；衝力：the *impulse* of a
wave 浪的衝力 / give an *impulse* to sth
推動某件事物 **2** 突然產生的願望；衝
動：an unexpected *impulse* to sing 情
不自禁想唱歌的衝動 / a man of *impulse*
好衝動的人
◑ **incentive, stimulus**

in /ɪn/ *prep*
1 （表地點）在⋯裏面：*in* a room 在房
間裏 / *in* the street 在街道上 **2** （表時
間）在⋯期間：*in* the nineteenth
century 在十九世紀 / early *in* the spring
在早春 **3** （表狀態）處於⋯中：*in*
good (poor) condition 情況良好（惡劣）
4 （表職業，地位）從事於：be *in*
business 經商 / *in* the army 從軍 **5** （表
方式、手段）用；以：speak *in* English
用英語說 / write *in* red ink 用紅墨水寫
◇ **be in for** 必定遭受 / **be in with sb**
與某人友好相處 / **have it in for sb** 對某
人懷有仇恨

in·ad·e·quate /ɪnˈædɪkwət/ *adj*
不適當；不充足的；不能勝任的：an
inadequate answer 不適當的回答 / The
food is *inadequate* for 14 people. 這些
食物不夠十四人吃。
▷ **inadequately** *adv* / **inadequateness**
n / **inadequation** *n*
◑ **deficient, insufficient, meager,**
incapable
◐ **sufficient, qualified**

in·au·gu·rate /ɪˈnɔːɡjʊreɪt/ *vt*
1 舉行就職典禮：A new president is
inaugurated every six year. 新總統就職典
禮六年一次。 **2** 為⋯舉行開幕式（落成
典禮）：*inaugurate* a new library 為新圖

書館舉行落成典禮 ▷ **inaugurator** n /
inauguratory adj

in·cen·tive /ɪnˈsentɪv/ n [C, U]
積極性；動力；刺激；鼓勵：material
incentives 物質刺激 / He has no (little)
incentive to take part in the campaign.
他沒有參加競選的積極性。

in·ces·sant /ɪnˈsesnt/ adj
持續不斷的；頻繁的：*incessant* rain 連
綿不斷的雨 / *incessant* noise 一刻不停的
噪音 ▷ **incessantly** adv / **incessant-
ness** n
● constant, continuous, persistent,
ceaseless
◑ sporadic

inch /ɪntʃ/
I n [C] 英寸；寸（略作 in.）：six
inches of rain 六英寸雨量 / She is 26
inches round the waist. 她的腰圍是二十
六英寸。/ Give him an *inch* and he'll
take a yard. [諺] 得寸進尺。
◇ **by inches** 逐漸地 / **every inch** 完全
地；徹頭徹尾地：He is *every inch* a
scholar. 他是一個十足的學者。/ **to an
inch** 精確地 / **within an inch of** 差點；
幾乎
II vi 緩慢移動：Prices are *inching* up.
物價在慢慢上漲。

in·ci·dence /ˈɪnsɪdəns/ n [C]
發生；發生率：There is a high
incidence of disease there. 那兒發病率
很高。

in·ci·dent /ˈɪnsɪdənt/ n [C]
❶ 發生的事；小事情：an *incident* of
my childhood 我童年的一件小事 ❷ 政
治事件；暴力衝突
● affair, event, occasion, occurrence

in·ci·den·tal·ly /ˌɪnsɪˈdentlɪ/ adv
❶ 附帶地；偶然地 ❷ 順便説及地；順
便提一句：*Incidentally*, I've received
your letter. 順便提一句，我已收到了你
的信。

in·cli·na·tion /ˌɪnklɪˈneɪʃn/ n [C]
❶ 傾斜；點頭；彎腰：He shows his
approval with an *inclination*. 他點頭同
意。❷ 趨勢；趨向（to）：an *inclination*
to grow fat 長胖的趨勢 ❸ 愛好；癖
好：have an *inclination* for hunting 愛
好打獵 ▷ **inclinational** adj

in·cline /ɪnˈklaɪn/
I vt ❶ 愛好；喜歡；傾向：I am
inclined to leave early. 我傾向早些離
開。❷ 傾斜；傾：*incline* one's head
(in greeting) 點頭（招呼）❸ 趨向；趨
勢（to）II n 斜坡；斜面：run down a
steep *incline* 跑下陡坡
● tend, trend

in·clude /ɪnˈkluːd/ vt
包含；包括：The price *includes* postage
charges. 價格已含郵費。
● contain, embrace, involve
◑ exclude, omit

in·clu·sion /ɪnˈkluːʒn/ n
❶ [U] 包括；內含 ❷ [C] 包括的東西

in·come /ˈɪŋkʌm/ n [C, U]
收入；受益：a net *income* 淨收入 /
income tax 所得税 / *Low-income* families
need government help. 低收入家庭要政
府的幫助。
● wage, earning, pay, salary
➷ 用法説明見 PAY

in·com·plete /ˌɪnkəmˈpliːt/ adj
不完全的；不完善的；未完成的 ▷
incompletely adv / **incompleteness** n

in·con·ven·ience /ˌɪnkən'viːnɪəns/ n
1 [U] 不便；麻煩；打擾：It is no inconvenience to me. 這對我并無不便。
2 [C] 不便之事；麻煩的事：The power cut brought us a lot of inconveniences. 停電給我們帶來了許多不便。

in·cor·po·rate /ɪn'kɔːpəreɪt/
❶ vt **1** 結合；包含；吸收：They incorporated his new ideas into their plan. 他們在計劃中吸收了他的新觀點。
2 組成公司（社團）：an incorporated company [美]〈商〉股份有限公司 **❷** vi **1** 合併；混合 (with) **2** 組成社團（公司）▷ **incorporation** n 公司
❶ affiliate, assimilate, merge, unite
❶ exclude

in·crease /ɪn'kriːs/
Ⅰ ❶ vt 增加；增長；增值：increase wages 增加工資 **❷** vi 增加；繁殖：The population of this town has increased. 這個鎮的人口增加了。
Ⅱ /'ɪnkriːs/ n [C] 增長；增值；增進：an increase in industrial and agricultural output 工農業產品的增加
◇ **on the increase** 正在增加
❶ enlarge, expand, multiply
❶ diminish, decline
⇨ 用法說明見 GROW

in·creas·ing·ly /ɪn'kriːsɪŋlɪ/ adv
漸增地；越來越多地：He's increasingly rude to me. 他對我越來越粗暴。

in·cred·i·ble /ɪn'kredəbl/ adj
難以置信的；驚人的：an incredible idea 奇想 / at an incredible speed 以難以置信的速度 ▷ **incredibility** n / **incredibleness** n / **incredibly** adv
❶ impossible, unbelievable, extraordinary
❶ believable, ordinary

in·deed /ɪn'diːd/
Ⅰ adv 真正地；確實：I was glad to hear the news indeed. 我確實很高興聽到這則消息。
Ⅱ int（表示驚訝、懷疑、諷刺、輕蔑等）哦；真的：'He left without finishing his work.' 'Did he, indeed?' "他沒幹完工作就離開了。""哦！是嗎？"

in·def·i·nite /ɪn'defɪnət/ adj
1 模糊的：an indefinite concept 模糊的概念 **2** 不確定的；無限定的：an indefinite period of time 不限定的時間 / indefinite article (a, an) 不定冠詞 (a, an)
▷ **indefiniteness** n
❶ ambiguous, general, indistinct, obscure, vague
❶ clear, specific

in·def·i·nite·ly /ɪn'defɪnətlɪ/ adv
1 無限定地：You can borrow the book indefinitely. 你可以無限期地借用這本書。**2** 含糊地：He expressed himself indefinitely. 他表意不清。

in·de·pen·dence /ˌɪndɪ'pendəns/ n [U]
獨立；自主；自立：Independence Day（美國）獨立紀念日（七月四日）
❶ freedom, liberation, self-reliance
❶ dependence, subjection

in·de·pen·dent /ˌɪndɪ'pendənt/
Ⅰ adj **1** 獨立的；自主的：an independent country 獨立國家 **2** 單獨的；自由的：Modern women are getting more and more independent. 現代女性越來越自由。
Ⅱ n [C] 無黨派人士

▷ **independently** *adv*

in·dex /'ɪndeks/

I *n* [C] （複 = indexes, indices /'ɪndɪsiːz/） **1** 索引：make an index 編索引 **2** 指標；標準；標志：the quality index 質量標準 **II** *vt* **1** 給⋯編索引 **2** 指出；表示出：Shabby clothes index poverty. 破衣爛衫表明貧窮。

▷ **indexer** *n* / **indexless** *adj*

In·dia /'ɪndɪə/ *n*

印度（南亞國家，首都為 New Delhi）

In·di·an /'ɪndɪən/

I *adj* **1** 印度（人）的；印度文化的 **2** 印第安人的；印第安人文化的 **II** *n* **1** [C] 印度人 **2** [C] 印第安人 **3** [U] 印第安語

□ **Indian corn** 玉米

in·di·cate /'ɪndɪkeɪt/ *vt*

1 指出；指示：A sign post indicates the way to the town. 一個路標指明去城裏的路。 **2** 表明；顯示：His face indicates his attitude to the suggestion. 他的臉色表明了他對建議的態度。

⬤ signify, show

in·di·ca·tion /ˌɪndɪ'keɪʃn/ *n* [C]

指示；表明；暗示：There are indications that weather is changing. 有跡象表明天氣在變。

in·di·ca·tor /'ɪndɪkeɪtə(r)/ *n* [C]

指針；指示物：revolution indicator 轉速指針 / indicators on a car 汽車上的指示燈

in·di·ces /'ɪndɪsiːz/ *n*

index 的複數形式

in·dif·fer·ence /ɪn'dɪfrəns/ *n* [U]

1 不關心；不感興趣；冷漠：He treats me with indifference. 他對我態度冷淡。

2 不重要；無足輕重：a matter of indifference 無關緊要的事

in·dif·fer·ent /ɪn'dɪfrənt/ *adj*

1 不感興趣；不關心；不在乎：Nobody would be indifferent to the suffering of these children. 誰也不會對那些孩子們的苦難無動於衷。 **2** 平庸的；平凡的；無足輕重的：It seems an indifferent book. 這似乎是一本平庸的書。 ▷ **indifferently** *adv*

⬤ careless, detached

◖ enthusiastic

in·dig·nant /ɪn'dɪgnənt/ *adj*

憤怒的；不平的：be indignant at (over, about) sth 對某事感到憤怒 / be indignant with sb 對某人感到氣憤

▷ **indignantly** *adv*

⬤ angry, offended

◖ pleased

in·dig·na·tion /ˌɪndɪg'neɪʃn/ *n* [U]

憤怒；義憤：I had to express my intense indignation at being unfairly dismissed. 我對不公平地被解僱不得不表示強烈的憤怒。

in·di·go /'ɪndɪgəʊ/ *n* [U]

（複 = indigo(e)s）

靛青；深紫藍色：an indigo sea 深藍的海

in·di·rect /ˌɪndɪ'rekt, -daɪ-/ *adj*

1 間接的；迂迴的；曲折的：an indirect road 迂迴曲折的路 / an indirect object 間接賓語 **2** 不直接了當的；不誠實的；不坦率的：an indirect answer 側面回答 / an indirect reference to sb 暗指某人 ▷ **indirectness** *n*

in·di·rect·ly /ˌɪndɪ'rektlɪ, -daɪ-/ *adv*

間接地；迂迴地；不坦率地

in·dis·pen·sa·ble

/ˌɪndɪˈspɛnsəbl/ adj

責無旁貸的；必不可少的；必需的（to, for）：Water is indispensable to life. 生命不可缺少水。/ an indispensable duty 不可推卸的責任 ▷ indispensability n

❶ essential, fundamental, necessary, vital

❷ superfluous

in·di·vid·u·al /ˌɪndɪˈvɪdjuəl, -dʒʊəl/

I adj ❶ 單獨的；特別的；各自的：Each individual city has its own problems. 每座城市都有它自己的問題。❷ 個人的；個體的；供一個人用的：individual possessions 個人財產

II n [C] 個人；個體：We leave together, but each individual buys his own ticket. 我們雖一起走，但各人買各自的票。

▷ individually adv

in·door /ˈɪndɔː(r)/ adj

在室內的；戶內的：indoor sports 室內運動 / indoor clothes 室內服裝

in·doors /ˌɪnˈdɔːz/ adv

在屋裏；進入室內：Keep (stay) indoors. 呆在家裏。

in·duce /ɪnˈdjuːs; ɪnˈduːs/ vt

❶ 引誘；勸使：What induced you to do such a foolish thing? 甚麼致使你幹這樣的蠢事？ ❷ 引產：induced abortion 人工流產

❶ encourage, cause

❷ discourage, prevent

in·dulge /ɪnˈdʌldʒ/

❶ vt 放縱；沉迷；縱情享受：He indulges his children too much. 他太放縱他的孩子們。 ❷ vi 縱情；沉迷；沉溺：He indulges in (smoking) tobacco. 他吸煙無度。

▷ indulger n / indulgingly adv

in·dul·gence /ɪnˈdʌldʒəns/ n [U]

任性；放肆；沉迷；着迷；愛好

in·dus·tri·al /ɪnˈdʌstrɪəl/ adj

❶ 工業的；實業的：the industrial area of a country 一個國家的工業區 ❷ 工業高度發達的：an industrial country 工業國 ▷ industrially adv

in·dus·tri·al·i·za·tion

/ɪnˌdʌstrɪəlaɪˈzeɪʃn/ n [U] 工業化

in·dus·tri·al·ize /ɪnˈdʌstrɪəlaɪz/

❶ vt 使工業化：an area which is highly industrialized 一個高度工業化的地區 ❷ vi 工業化

in·dus·tri·ous /ɪnˈdʌstrɪəs/ adj

勤奮的；發奮的：She is an industrious student. 她是一位勤奮的學生。 ▷ industriously adv / industriousness n

in·dus·try /ˈɪndəstrɪ/ n

❶ [C, U] 工業；產業；行業：The country is supported by industry. 國家由工業支持。/ heavy and light industries 重工業和輕工業 / film industry 電影業 ❷ [U] 勤奮；勤勞：His success was due to his industry and thrift. 他的成功歸於他的勤儉。

❶ business, commerce, trade

❷ diligence, energy, work

in·e·qual·i·ty /ˌɪnɪˈkwɒlətɪ/ n

❶ [U] 不平等的；不平均的：social inequality 社會不均 ❷ [C] 不相同的；互異；變化

in·ert /ɪˈnɜːt/ adj

❶ 無行動能力的；無生命的；不起化學反應的 ❷ 懶惰的；不活潑的；遲鈍的

▷ **inertly** adv / **inertness** n
❶ inactive, lifeless, motionless, static
❶ active, animated

in·er·tia /ɪˈnɜːʃə/ n [U]
❶ 慣性；慣量：inertia force 慣力 ❷ 不活動；惰性；遲鈍：a feeling of inertia on a hot summer day 炎熱夏日裏的一種困乏無力的感覺

in·ev·i·ta·ble /ɪnˈevɪtəbl/
I adj 不可避免的；必然發生的：Quarrel is inevitable between them because they don't like each other so much. 爭吵在所難免，因為他們彼此太沒好感了。**II** n [C] [the inevitable] 注定要發生的事；不可避免的命運
▷ **inevitability, inevitableness** n / **inevitably** adv
❶ certain, inescapable, unavoidable

in·ex·pe·ri·enced /ˌɪnɪkˈspɪərɪənst/ adj
無經驗的；不熟練的：an inexperienced girl 一位經驗不足的女孩
❶ amateur, fresh, green

in·fan·cy /ˈɪnfənsɪ/ n
❶ [C] 嬰兒期；幼年：a happy infancy 幸福的童年 ❷ [U] 初期；幼稚階段：Our plan is still in its infancy. 我們的計劃仍是個雛形。

in·fant /ˈɪnfənt/
I n [C] 嬰兒；幼兒
II adj 嬰（幼）兒的；初期的；幼稚的：an infant industry 幼稚工業 / an infant apple 未熟的蘋果

in·fect /ɪnˈfekt/ vt
❶ 傳染；傳播病菌於：infect an open cut 使敞露的傷口受到感染 ❷ 影響；感

染：The whole class was infected by her warmth. 整個班級都受到她的熱情感染。

in·fec·tion /ɪnˈfekʃn/ n [U]
❶ 傳染；感染：infection from impure water (by flies) 污水（蒼蠅）傳染 ❷ [C] 傳染病

in·fec·tious /ɪnˈfekʃəs/ adj
❶ 傳染性的；感染性的：Colds are infectious. 感冒會傳染的。❷ 易感染的；易傳播的：an infectious personality 一種容易感染人的個性

in·fe·ri·or /ɪnˈfɪərɪə(r)/
I adj ❶ 下級的；低等的：an inferior officer 下級軍官 ❷ 劣質的；差的：goods of inferior workmanship 做工低劣的貨物 **II** n [C] ❶ 晚輩；下屬；下級 ❷ 次品
❶ low-grade, secondary
❶ superior, excellent

in·fi·nite /ˈɪnfɪnət/ adj
無限的；無盡的；無數的：infinite large (small) 無限大（小）
❶ boundless, endless
❶ limited

in·fin·i·tive /ɪnˈfɪnətɪv/
I n [C]〈語〉原形（動詞）；不定式
II adj〈語〉不定式的；原形的：an infinitive construction 動詞不定式
▷ **infinitively** adv

in·fla·tion /ɪnˈfleɪʃn/ n [U]
❶ 充氣；膨脹 ❷ 通貨膨脹；物價飛漲：keep inflation under control 控制通貨膨脹 ▷ **inflationary** adj

in·flict /ɪnˈflɪkt/ vt
❶ 予以（打擊）；使遭受（痛苦）：inflict a blow (panic) upon sb 給某人帶

來打擊（痛苦）**2** 處（罰）；加（刑）：*inflict* the death penalty on the criminal 對罪犯處以極刑

◇ **inflict oneself (one's company) upon sb** 打擾某人 ▷ **infliction** *n*

in·flu·ence /ˈɪnfluəns/

I *n* **1** [C, U] 影響；作用：He has a strong *influence* over the girl. 他對那女孩有着強烈的影響。/ the moon's *influence* upon the earth 月亮對地球的影響 **2** [U] 權勢；勢力：use one's *influence* to get the job 利用某人的權勢得到那份工作 **3** 有影響（權勢）的人（事物）**II** *vt* 影響；對…有作用：be *influenced* by good examples 受到好的榜樣的影響

◑ authority, control, might, power

in·flu·en·tial /ˌɪnfluˈenʃl/ *adj*

有影響的；有勢力的：an *influential* decision (man) 有影響的決定（人）

▷ **influentially** *adv*

in·flu·en·za /ˌɪnfluˈenzə/ *n* [U]

流行性感冒；流感

in·form /ɪnˈfɔːm/

❶ *vt* 通知；向…報告；告發：He *informed* me that the meeting had been postponed. 他通知我會議延遲了。/ a well *informed* person 消息靈通人士 **❷** *vi* 告發；告密（against）

▷ **informer** *n*

◑ notify, tell

◐ conceal

in·for·mal /ɪnˈfɔːml/ *adj*

不拘禮節的；日常的：*informal* talks 非正事會談 / *informal* clothes 常服

▷ **informally** *adv*

◑ casual, simple, spontaneous

◐ formal

in·for·ma·tion /ˌɪnfəˈmeɪʃn/ *n* [U]

通知；消息；情報；信息；資料：Can you give me any *information* about this man? 你能跟我講講這個人的消息？/ firsthand *information* 第一手材料

▷ **informational** *adj*

> **用法説明：Information** 指任何 "情報" 或 "消息"，是普通用語：The newspaper has much information in it.（報紙上登了許多消息。）**Intelligence** 也可作 "消息" 解釋，但尤其指搜集到的關於敵對國家的 "情報"：military intelligence（軍事情報）、the Central Intelligence Agency（中央情報局）

in·gen·ious /ɪnˈdʒiːnɪəs/ *adj*

1 聰明的；有創造性的：an *ingenious* mind 機靈的頭腦 **2** 精巧的：an *ingenious* device 精巧的裝置

▷ **ingeniously** *adv* / **ingeniousness** *n*

◑ bright, brilliant, canny, clever

◐ slow, inept

in·ge·nu·i·ty /ˌɪndʒɪˈnjuːətɪ/ *n* [U]

心靈手巧；獨創性：The child shows *ingenuity* in making toys. 這個小孩在製作玩具上表現出了獨創性。

in·gre·di·ent /ɪnˈɡriːdɪənt/ *n* [C]

1（混合物的）組成成分；配料：Flour, eggs and fat are the *ingredients* in making cakes. 麵粉、雞蛋和脂油是做蛋糕的成分。**2** 因素；要素：Diligence is one of the *ingredients* of success. 勤奮是成功的因素之一。

in·hab·it /ɪnˈhæbɪt/ *vt*

居住於；棲息：a *highly-inhabited* district 人口稠密地區

▷ **inhabitable** *adj*
◑ dwell, live, reside, occupy
◐ abandon

in·hab·it·ant /ɪnˈhæbɪtənt/ *n* [C]
1 居民；住戶：local *inhabitants* 當地居民 / a village of five hundred *inhabitants* 一個有五百居民的村莊 **2** 棲息的動物：Birds are the only *inhabitants* of the island. 鳥是這座島上的唯一棲居者。

in·her·ent /ɪnˈhɪərənt/ *adj*
內在的；固有的；生來的：an *inherent* defect 固有的缺陷 / an *inherent* right 天賦權利 ▷ **inherently** *adv*
◑ inborn, innate, intrinsic, native
◐ foreign

in·her·it /ɪnˈherɪt/
❶ *vt* **1** 繼承（傳統、遺產、權利等）：The children *inherited* their father's land. 子女們繼承了父親留下的土地。 **2** 經遺傳而得（性格、特徵等）
❷ *vi* 接受遺產；成為繼承人
▷ **inheritor**
◑ acquire, get, receive

in·her·it·ance /ɪnˈherɪtəns/ *n*
1 [U] 繼承；承受：receive sth by *inheritance* 繼承得到的某物 **2** [C] 遺產；繼承權
□ **inheritance tax** [美] 遺產稅；繼承稅

i·ni·tial /ɪˈnɪʃl/
I *adj* 最初的；開始的；起首的：the *initial* letter of a word 一個詞的開首字母
II *n* [C] **1** 首字母 **2** 姓名的開頭字母（如 John Smith 的 J. S.）
◑ beginning, first, opening, original
◐ final

i·ni·tial·ly /ɪˈnɪʃəlɪ/ *adv*

最初；首先：*Initially*, she opposed the plan, but later she changed her mind. 她最初反對這計劃，但後來改變了主意。

i·ni·ti·ate /ɪˈnɪʃɪət, -eɪt/ *vt*
1 創始；發動；開始實施：*initiate* a conversation 開始交談 **2** 正式引入（介紹）：*initiate* sb into a club 介紹某人加入俱樂部

i·ni·ti·a·tive /ɪˈnɪʃɪətɪv; -ʃətɪv/
I *n* [C] 倡議；首創精神；主動；積極性：take the *initiative* in solving the problem 採取主動態度解決問題
◇ **have the initiative** 掌握主動權 / **on one's own initiative** 主動地
II *adj* 起始的；創造的；初步的
▷ **initiatively** *adv*
◑ ambition, drive, enterprise, motivation

in·ject /ɪnˈdʒekt/ *vt*
注射；注入：They are *injecting* him with new drugs. 他們給他注射新藥。
▷ **injector** *n*

in·jec·tion /ɪnˈdʒekʃn/ *n*
1 [C] 注射：give sb an *injection* of penicillin 給某人注射青黴素 **2** [U] 注射劑；針劑

in·jure /ˈɪndʒə(r)/ *vt*
傷害；損害：He was badly *injured* in a car accident. 他在車禍中嚴重受傷。/ *injure* one's pride 損害了某人的自尊心
◇ **add injure to insult** 侮辱之外又加傷害
◑ damage, harm, hurt, wound

in·ju·ry /ˈɪndʒərɪ/ *n* [C]
傷害：an *injury* to one's leg 腿部受傷 / do serious *injury* to one's health 使某人的健康受到嚴重的傷害

用法説明：**Injury**、**damage**、**harm** 和 **loss** 均有 "損害、損失" 的意思。**Injury** 主要指對人體的 "傷害"：The car race ended without an injury to any of the drivers.（車賽結束，沒有一個駕駛員受傷。）**Damage** 指對事物的 "損害"：The heavy frost did much damage to the crops.（嚴重的霜凍使莊稼遭受很大損失。）**Harm** 的意義和 **injury** 相當，但為較小的 injury，並且較口語化：Smoking does harm to health.（吸煙對健康有害。）**Damage** 為部分損害，而 **loss** 指較為徹底的損失：The loss of the dog caused Bob to be unhappy.（鮑勃失去了狗，心裏很不高興。）

in·jus·tice /ɪn'dʒʌstɪs/ n
■ [U] 非正義；不公正：There is always injustice in war. 戰爭中總存在着不公正。 ■ [C] 非正義（不公正）的行為：do sb an injustice 使某人受屈

ink /ɪŋk/
I n [U] 墨水；油墨：write one's homework in ink 用墨水寫作業 II vt 塗墨水（油墨）於；用墨水寫（畫）
□ **ink-bottle** n 墨水瓶 / **inkpad** n 印台

in·land /'ɪnlənd, -lænd/
I adj 內地的；內陸的：an inland country 內陸國家 / inland water 內陸水域 II adv 在內地；到內地：There are many mountains inland. 內陸有很多的山。

in·let /'ɪnlet, -lɪt/
I n [C] ■ 進口；入口：air inlet 氣門 / an inlet valve （水、氣、油等的）進給閥 ■ 小灣；小港：a small inlet of the sea 小海灣 II vt (inlet, inletting) ■ 引進

■ 嵌入；插入

in·let /'ɪnlet, -lɪt/ v
inlet 的過去式和完成式

inn /ɪn/ n [C]
小旅店；客棧；小酒館：an old country inn 一家古老的鄉村小客棧
□ **inn-keeper** n 小旅店老板；客棧掌櫃
⇨ 用法説明見 HOTEL

in·ner /'ɪnə(r)/ adj
內部的；內在的；內心的：an inner room 內室 / the inner feelings 內心感情 / inner peace 心靈的平靜
▷ **innerly** adv / **innerness** n

in·no·cence /'ɪnəsns/ n [U]
■ 無罪；清白：The prisoner proved his innocence. 犯人證明了自己無罪。 ■ 天真；單純；幼稚；簡單

in·no·cent /'ɪnəsnt/
I adj ■ 無罪的；清白的：He was proved innocent of the crime. 他被證明未犯此罪。 ■ 無害的；無惡意的：an innocent fun 無害的娛樂 ■ 單純的；坦率的：an innocent child 天真無邪的孩子 II n [C] 天真無邪的人（尤指小孩）
▷ **innocently** adv
◐ naive, simple, guiltless
◑ guilty, cunning

in·nu·mer·a·ble /ɪ'njuːmərəbl/ adj
無數的；數不清的 ▷ **innumerably** adv

in·put /'ɪnput/
I n [U] ■ 輸入電壓；輸入信息；輸入程序 ■ 投入資金（或物資）
II vt (inputted/input, inputting) 把（數據等）輸入計算機

in·quest /'ɪŋkwest/ n [C]
審問；審訊；驗屍：hold an inquest to find out the cause of one's death 舉行審

訊以查找某人死亡的原因

in·quire /ɪn'kwaɪə(r)/

❶ *vi* 詢問;查問;調查:I *inquired* of him about the news. 我向他打聽這則消息。 ❷ *vt* 問;打聽:*inquire* the girl's name and phone number 打聽那女孩的名字和電話號碼

◇ **inquire after** 問起(某人)的健康(或生活)情況 / **inquire for** 約見某人

❶ ask, question, investigate
❷ answer, explain
⇨ 用法説明見 ASK

in·quir·y /ɪn'kwaɪrɪ, 'ɪnkwɪrɪ/ *n* [C]

❶ 打聽;詢問;質問:Have they made any *inquiries* after me? 他們問起過我的情況嗎? ❷ 調查:hold an *inquiry* into a case 做案情調查

in·sane /ɪn'seɪn/ *adj*

❶ 精神失常的;瘋狂的:an *insane* action 瘋狂之舉 / go *insane* 發瘋 ❷ 愚蠢;荒唐的:an *insane* idea 極蠢的想法

▷ **insanely** *adv* / **insaneness** *n*
❶ crazy, mad
❷ sensible

in·scribe /ɪn'skraɪb/ *vt*

❶ 刻;雕:*inscribe* a name on a tombstone 在墓碑上刻名 ❷ 題獻;題贈(書、畫或照片等):an *inscribed* book (copy) 題贈之書 ▷ **inscribable** *adj*

in·scrip·tion /ɪn'skrɪpʃn/ *n* [C]

❶ 銘刻;題字;碑銘 ❷ (書或畫)題詞;獻詞:an *inscription* on the photograph 照片上的題詞

▷ **inscriptional**

in·sect /'ɪnsekt/ *n* [C]

昆蟲;蟲:Ants, flies, and mosquitoes are *insects*. 螞蟻、蒼蠅、蚊子都是昆

蟲。

in·sep·a·ra·ble /ɪn'seprəbl/ *adj*

不可分開的;相連的;常在一起的:*inseparable* friends 形影不離的朋友 / His name is *inseparable* from the history of the nation. 他的名字與這個國家的歷史密切相連。 ▷ **inseparability** *n*

in·sert /ɪn'sɜːt/

I *vt* 插入;嵌入:*insert* a key into a lock 將鑰匙插入鎖中 / *insert* a paragraph in an essay 在文章中添加一個段落 **II** *n* [C] 插入物;插頁

in·side /ɪn'saɪd, 'ɪn-/

I *adj* ❶ 內部的;靠裏面的:*inside* wall 內牆 / the *inside* diameter 內徑 ❷ 內線的;內幕的;秘密的:an *inside* man 內線 **II** *n* [U] 裏面;內部:You must see the *inside* of a house before you buy it. 你買房子前必須看看裏面的情況。 **III** *adv* 在裏面:Let's go *inside*. 咱們進去吧! **IV** *prep* 在…裏面;往…的裏面:the girl sitting *inside* the car 坐在車內的女孩

in·sight /'ɪnsaɪt/ *n* [C, U]

洞察(力);見識;悟性:Good managers should have remarkable *insight* into the market. 好的經理應該對市場有深刻而卓越的洞察力。/ give sb an *insight* into the problem 使人對該問題有一個深入的了解

in·sig·nif·i·cant /ˌɪnsɪg'nɪfɪkənt/ *adj*

小的;無足輕重的;無意義的;無價值的:a man of *insignificant-looking* 看上去無足輕重的人 / *insignificant* talk 廢話

▷ **insignificantly** *adv*

in·sist /ɪn'sɪst/

❶ *vi* 堅持;堅決主張;堅決認為(on,

upon）：I insist on my correctness. 我堅持我是對的。 ❷ vt 堅持；堅決主張；堅決認為：I insist that he is (be) innocent. 我堅持認為他無罪。

❶ maintain, persist, demand, urge

in·sist·ent /ɪnˈsɪstənt/ adj
1 堅持的；持續的：He was insistent on leaving earlier. 他堅持早些離開。 **2** 急切的；緊急的：the insistent demand of school for more funds 學校需要增加經費的緊急要求 ▷ **insistently** adv

in·spect /ɪnˈspekt/
❶ vt **1** 檢查；檢閱；審視：Susan inspected her ticket before she went out to catch the train. 蘇珊仔細檢查了票後就出門趕火車了。 / The general inspected the troops that had taken part in the exercise. 將軍檢閱了參加演習的部隊。 **2** 巡視；視察：Someone is said to inspect our school next week. 據說下週有人來校視察。 ❷ vi 檢查

❶ examine, investigate, study, survey

❶ overlook

in·spec·tion /ɪnˈspekʃn/ n [C]
調查；檢察；視察；檢閱：I gave the TV a thorough inspection before I bought it. 我仔細檢查了那部電視之後才買。 / on an inspection tour 在旅行視察中 / Inspection Denied! 謝絕參觀！

in·spec·tor /ɪnˈspektə(r)/ n [C]
檢查員；視察者；檢閱者；督察員

in·spi·ra·tion /ˌɪnspəˈreɪʃn/ n
1 [U] 靈感；啟示：Nature is always a rich source for the inspiration of an artist. 大自然總是藝術家靈感的豐富源泉。 **2** [C] 鼓舞人心的人（事物）：His

brave deeds will always be an inspiration to us. 他的英勇行為對我們來說總是一種鼓舞。 ▷ **inspirational** adj / **inspirationism** n 靈感論 / **inspirationist** n 靈感論者

❶ stimulus, encouragement

in·spire /ɪnˈspaɪə(r)/
❶ vt **1** 鼓舞；激勵：You inspire me to greater efforts. 你激勵我做出更大的努力。 **2** 給予靈感：The natural scenery of Scotland inspired Robert Burns to write poems. 蘇格蘭的自然景色賦予羅伯特·彭斯寫詩的靈感。 ❷ vi **1** 吸入 **2** 賦予靈感 ▷ **inspiring** adj

install /ɪnˈstɔːl/ vt
1 安裝；設置：install a system in a computer 在計算機中安裝系統 **2** 安置；使就職：install a college president 使一位學院院長正式就職 ▷ **installer**

❶ establish, plant

❶ remove

in·stal·la·tion /ˌɪnstəˈleɪʃn/ n
1 [U] 安裝；設置；任職 **2** [C] 設備；設施；裝置：heating installations 暖氣設備

in·stal(l)·ment /ɪnˈstɔːlmənt/ n [C]
1 分期付款：I buy a washing-machine and pay for it in twelve monthly installments. 我買一台洗衣機，在十二個月內分期付完款。 **2**（分期連載的）一部分：The story will appear in installments in the newspaper. 這個故事將分期發表在報紙上。

□ **installment plan** 分期付款購貨法

in·stance /ˈɪnstəns/ n [C]
例子；事例；實例：There are many instances of good people and good

behaviour. 好人好事的例子很多。

◇ **at the instance of** 應⋯之請；經⋯的提議 / **for instance** 例如 / **in the first instance** 首先；起初

❶ condition, example, illustration, situation

in·stant /ˈɪnstənt/

I *adj* **1** 立刻的；立即的：I feel *instant* relief after taking some medicine. 吃了藥我馬上就感覺好些。 **2** 速溶的；馬上可食用的：*instant* coffee 速溶咖啡

II *n* [C] 剎那；瞬間；頃刻：Come here this *instant*. 立刻過來！/ I shall be back in an *instant*. 我馬上就回來。

◇ **on the instant** 立即；即刻

❶ immediate, prompt, sudden minute, moment

❶ gradual

➪ 用法說明見 MOMENT

in·stant·ly /ˈɪnstəntlɪ/ *adv*
立即；馬上：come to my help *instantly* 馬上來找我幫忙

in·stead /ɪnˈsted/ *adv*
代替；頂替：There's some thing wrong with my bike, let's go by bus *instead*. 我的自行車壞了，我們只好坐公共汽車去。

◇ **instead of** 代替；而不是⋯：He will go *instead of* you. 他代你去。/ He has been working all afternoon *instead of* going to the cinema. 他整個下午都在工作，而不去看電影。

in·stinct /ˈɪnstɪŋkt/ *n* [C, U]
本能；直覺：act by *instinct* 憑直覺行動 / Most animals have an *instinct* to protect their young. 大多數動物都有保

護其幼仔的本能。 ➢ **instinctive** *adj*

in·sti·tute /ˈɪnstɪtjuːt; -tuːt/

I *n* [C] **1** 學會；協會；學院；研究院：the Foreign Literature *Institute* 外國文學研究所 **2** 會址；院址；所址

II *vt* 創建；設立；實行：*institute* a new society 建立新社團

❶ academy, university, college, society; begin, establish, found

in·sti·tu·tion /ˌɪnstɪˈtjuːʃn/ *n*
1 [C] 學會；機構；慈善機關；福利機構：an educational *institution* 教育機構 **2** [C] 制度；習俗：Sending gifts in the Spring Festival is an old Chinese *institution*. 春節送禮是中國老習俗。 **3** [U] 建立；設立；制定：the *institution* of new social system 新社會制度的建立 ➢ **institutional**

in·struct /ɪnˈstrʌkt/ *vt*
1 教；訓練；指導：My teacher *instructed* me how to drive a car. 老師教我怎樣開車。 **2** 命令；指示；吩咐：I was *instructed* to take the medicine three times a day. 叫我每天吃三次藥。

❶ educate, school, teach, train
➪ 用法說明見 TEACH

in·struc·tion /ɪnˈstrʌkʃn/ *n* [C]
1 指導；教授；教誨；指示：give *instructions* in mathematics 講授數學 **2** [instructions] 用法說明；操作指南：Read the *instructions* carefully before you use it. 使用前請仔細閱讀說明。 ➢ **instructional** *adj*

in·struc·tive /ɪnˈstrʌktɪv/ *adj*
有教育意義的；有啟發的；有益的：He brought me a book both *instructive* and interesting. 他給我帶來了一本既有教育

意義又有趣的書。▷ **instructively** adv
/ **instructiveness** n

in·struc·tor /ɪnˈstrʌktə(r)/ n [C]
教員；大學講師；教練；指導者： an
instructor in a mountain village 山村教
師 ▷ **instructorial** adj / **instructorship**
n [U] [美]（大學）講師職位（職務）

in·stru·ment
/ˈɪnstrʊmənt, ˈɪnstrə-/ n [C]
1 工具；器具；儀器： scientific
instruments 科學儀器 / *instrument* flight
〈軍〉儀表飛行 **2** 樂器： stringed
(wind) *instruments* 弦（管）樂器

◑ agent, means, tool, vehicle,
implement

in·stru·men·tal
/ˌɪnstrʊˈmentl, ɪnstrə-/ adj
1 起作用的；有幫助的： I was
instrumental in getting the job done. 我
對這項工作的完成是盡了力的。 **2** 儀器
的；器具的；樂器的： an *instrumental*
work 音樂作品 ▷ **instrumentally** adv

in·suf·fi·cient /ˌɪnsəˈfɪʃnt/ adj
不充分的；不足的；不適當；不勝任：
an *insufficient* supply of food 食物供應
不足 / a person *insufficient* to his
position 不能勝任職位的人
▷ **insufficiently** adv

in·su·late /ˈɪnsjʊleɪt; ˈɪnsə-/ vt
1〈物〉使絕緣；使隔熱；使隔音 **2**
使隔離；使孤立： Don't *insulate*
yourself from your friends. 不要將自己同
朋友們隔離。▷ **insulating** adj

in·su·la·tor
/ˈɪnsjʊleɪtə(r); ˈɪnsə-/ n [C]
〈物〉絕緣體；絕緣子；隔電子

in·sult /ɪnˈsʌlt/
I vt 侮辱；凌辱： He *insulted* me by
saying that. 他說那話來侮辱我。
II n [C] 侮辱；辱罵： an *insult* to sb
對某人的一種侮辱
◇ **add insult to injury** 傷害之外又加侮
辱；雪上添霜
◑ abuse, humiliate, offend

Instrument 樂器

harmonica 口琴

guitar 吉他

trumpet 喇叭

violin 小提琴

piano 鋼琴

electric organ 電子琴

accordion 手風琴

◗ flatter

in·sur·ance /ɪnˈʃɔːrəns/ n

1 [U] 安全保障；保證：insurance against old age 老年生活保障 / I installed another lock to my door as an insurance against thieves. 我在門上又裝了把鎖以防竊賊。 **2** [U] 保險；保險業：fire insurance 火險 / life insurance 人壽保險 / an insurance company 保險公司 **3** [C] 保險單

◗ guarantee, security, protection

in·sure /ɪnˈʃɔː(r)/ vt, vi

1 保險：have one's life insured 給自己保人壽險 **2** [美] 保證；確保：insure the sailing ships against storm 確保航行的船隻免遭風暴 ▷ **insurer** n 承保人

in·tact /ɪnˈtækt/ adj

完整的；未經觸動的；未受損的：keep sth intact 保存完整 / The delicate parcel arrived intact. 這個易損壞的包裹收到時完好無損。

◗ unbroken, undamaged, untouched

in·te·ger /ˈɪntɪdʒə(r)/ n [C]

1 整數 **2** 完整體；統一體

in·te·gral /ˈɪntɪgrəl/ adj

1 整的；整體的：an integral whole 一個整體 **2** 〈數〉整的；積分的：an integral equation 積分方程

▷ **integrality**

□ **integral calculus** 〈數〉積分（學）

in·te·grate /ˈɪntɪgreɪt/

❶ vt **1** (使) 成為一體；使併入；使結合：I integrated his suggestion into my plan. 我在我的計劃中吸收了他的建議。 **2** [美] 取消 (學校等) 種族隔離：an integrated school 兼收黑人與白人學生的學校 **3** 求…的積分 ❷ vi (與…) 結合起來 (with)；成一體

integrated circuit

〈電子〉集成電路

in·te·gra·tion /ˌɪntɪˈgreɪʃn/ n [U]

1 結合；綜合；集成；整體：The integration of races forms the U.S. people. 種族的匯集組成了美國民族。 **2** [美] 取消種族隔離 **3** 〈數〉積分 (法) ▷ **integrationism** n 取消種族隔離主義 / **integrationist** adj, n 主張取消種族隔離主義的人

in·teg·ri·ty /ɪnˈtegrətɪ/ n [U]

1 正直；誠實；廉潔：a man of integrity 正直的人 **2** 完整；完全：keep the territorial integrity of a nation 維護一個國家的領土完整

in·tel·lec·tu·al /ˌɪntɪˈlektʃʊəl, -tʃʊəl/

I adj **1** 智力的；用腦筋的：intellectual faculties 智力 / intellectual activity 智力活動 **2** 聰明的：an intellectual person 聰明人

II n [C] 知識分子

▷ **intellectualism** n 智力活動；〈哲〉唯理智論 / **intellectualist** n 過度強調智力活動的人；唯理智論者 / **intellectually** adv

◗ mental, rational, scholarly

in·tel·li·gence /ɪnˈtelɪdʒəns/ n [U]

1 智力；才智；intelligence quotient 智商 (縮寫 IQ) / an intelligence test 智力測驗 **2** 情報；情報機構：intelligence officer 情報官 / the Central Intelligence Agency of the U.S. 美國中央情報局 ⇨ 用法説明見 INFORMATION

in·tel·li·gent /ɪnˈtelɪdʒənt/ adj

聰明的；有靈性的；理解力強的：

Human beings are much more *intelligent* than animals. 人比動物聰明得多。
▷ **intelligently** *adv*

in·tend /ɪn'tend/ *vt*
1 意欲；打算；想要：I've *intended* to bring you with us. 我打算帶你跟我們一起去。**2** 給…用的；為…準備：This dictionary is *intended* for beginners. 這本辭典為初學者而編。
❶ aim, mean, plan, resolve

in·tense /ɪn'tens/ *adj*
強烈的；劇烈的；熱烈的：*intense* cold 嚴寒 / an *intense* girl 熱情的女孩
▷ **intensely** *adv* / **intenseness** *n*
❶ acute, extreme, powerful, strong, bright
❷ weak, subdued

in·ten·si·ty /ɪn'tensətɪ/ *n* [U]
強烈；緊張；極度；強度：the *intensity* of her face as she saw the snake 她看到蛇時的緊張表情 / labour *intensity* 勞動強度

in·ten·sive /ɪn'tensɪv/ *adj*
加強的；集中的；精深的；細緻的：*intensive* reading 精讀 / *intensive* care 精心照料
▷ **intensively** *adv* / **intensiveness** *n*

in·tent /ɪn'tent/
I *adj* 專注的；熱衷的；決心的：He's *intent* on his studies. 他一心想着學習。
II *n* [U] 意圖；目的：enter the house with *intent* to steal 進屋意圖行竊
◇ **to all intents and purposes** 實際上；實質上
▷ **intently** *adv* / **intentness** *n*

in·ten·tion /ɪn'tenʃn/ *n*
1 [C] 目的；意圖；意向：What's your *intention* of learning English? 你學英語的意圖是甚麼？/ Good acts are better than good *intentions*. [諺] 善言不如善行。**2** [U] 意義；意旨：The *intention* of the clause is very clear. 該條款的本意很明確。▷ **intentional** *adj*

in·ter·ac·tion /ɪntər'ækʃn/ *n* [U]
相互作用；相互影響：the *interaction* of earth and moon 地球和月球的相互作用 ▷ **interactional** *adj*

in·ter·cept /ɪntə'sept/
I *vt* 中途攔截：The enemy plane was *intercepted* by the missile. 敵機遭飛彈攔截。**II** *n* /'ɪntəsept/ **1** 攔截；截擊 **2** 竊聽：an *intercept* station 偵（竊）聽站 ▷ **interception** *n*

in·ter·change /ɪntə'tʃeɪndʒ/
I **❶** *vt* 交換；互換：*interchange* opinions (letters, gifts) 交換意見（信件、禮物）**❷** *vi* 交替發生；交換位置
II *n* /'ɪntətʃeɪndʒ/ **1** [C, U] 交換；互換 **2** [C] 互通式立體交叉樞紐

in·ter·com /'ɪntəkɒm/ *n*
通信聯絡系統

in·ter·con·ti·nen·tal /ɪntəkɒntɪ'nentl/ *adj*
洲際的：*intercontinental* trade 洲際貿易 / *intercontinental* ballistic missile 洲際彈道導彈

in·ter·course /'ɪntəkɔːs/ *n* [U]
1 交往；交流；往來：social *intercourse* 社交 / commercial *intercourse* 商業往來；通商 **2** 交媾；性交（=sexual intercourse）

in·ter·est /'ɪntrəst, 'ɪntər-/
I *n* **1** [C, U] 興趣；關注；偏愛：have *interest* in reading 愛好讀書 **2** [C] 嗜

好；愛好：Fishing is his only *interest* in life. 他平生的唯一愛好就是釣魚。 **3** [C] 利益；利害關係；權利：personal *interest* 個人利益 **4** 利息；息金；紅利：He lent me the money at 6% *interest*. 他以百分之六的利息借給我錢。
◇ **in the interest(s) of** 為了…的利益；為了 / **take (an) interest in** 愛好；熱心 **II** *vt* 使發生興趣；引起…的注意或關心：The painting *interests* him a lot. 這幅畫很吸引他。
□ **interest-free** *adj* 無息的 / **interest group** 利益集團
➊ hobby, pastime
➪ 用法説明見 BORE

in·ter·est·ing /ˈɪntrəstɪŋ, ˈɪntər-/ *adj* 有趣的；令人關注的：The class begins with an *interesting* anecdote about the author. 講課是從一則有關作者的有趣的逸事開始的。 ▷ **interestingly** *adv*
➊ absorbing, arresting, engaging, fascinating
➊ tedious
➪ 用法説明見 BORE

in·ter·fere /ɪntəˈfɪə(r)/ *vi* **1** 妨礙；打擾 (with)：Does the music *interfere* with your work? 那音樂是否妨礙了你的工作？ / The foggy day greatly *interfered* with driving. 霧天嚴重地妨礙駕駛。 **2** 干涉；干預；擾亂：*interfere* in internal affairs of the other country 干涉他國內政 / *interfere* in others' business 干預他人的事 ▷ **interferer** *n*
➊ disrupt, intervene, intrude

in·ter·fer·ence /ɪntəˈfɪərəns/ *n* [U] **1** 妨礙；干擾：I don't want any *interference* in my class. 我上課時不希望

有任何干擾。 **2** 干擾；干預；打擾

in·ter·im /ˈɪntərɪm/
I *n* [C] 間歇；過渡；期間：in the *interim* 在過渡期間
II *adj* 過渡時期的；臨時的；暫時的：an *interim* measure to help those in need 一項幫助困難者的臨時措施

in·te·ri·or /ɪnˈtɪərɪə(r)/
I *adj* **1** 內部的；裏面的：*interior* decoration 內部裝飾 **2** 內地的；內陸的：the *interior* lake 內陸湖 / an *interior* city (province) 內地城市（省份） **3** 國內的：*interior* trade 國內貿易 **II** *n* [C] 內部；內地；內務：go into the *interior* (of the country) 進入（某國）內地
▷ **interiorly** *adv*

in·ter·me·di·ate /ˌɪntəˈmiːdɪət/
I *adj* **1** 中間的；居間的：an *intermediate* stage 中間階段 / *intermediate* elements (forces) 中間分子（力量） **2** 中級的；中等的：*intermediate* English 中級英語 **II** *n* [C] 中間體；中間人；調解人 ▷ **intermediately** *adv* / **intermediation** *n*

in·ter·nal /ɪnˈtɜːnl/ *adj* **1** 內在的；內部的；內用的：*internal* monologue 內心獨白 / the *internal* combustion engine 內燃機 / the *internal* telephone 內部電話 / for *internal* use 內服用（藥） **2** 國內的；內政的：*internal* policy 對內政策
▷ **internally** *adv*
➊ inner, interior, domestic
➊ external, foreign

in·ter·na·tion·al /ɪntəˈnæʃnəl/ *adj* 國際的；世界的：*international* affairs 國際事務 / *international* conventions 國

際慣例 ▷ **internationally** adv

in·ter·pret /ɪnˈtɜːprɪt/
❶ vt ❶ 理解；領會：How can I interpret his strange behaviour? 我真無法領會他的古怪行為。 ❷ 解釋；説明；闡明：interpret difficult sentences 解釋難句 / interpret a policy 説明一項政策 ❷ vi 翻譯；口譯；當譯員：interpret for the foreign experts 給外國專家當翻譯 ▷ **interpretable** adj
❶ translate, explain

in·ter·pre·ta·tion /ɪnˌtɜːprɪˈteɪʃn/ n
❶ [C] 解釋；説明；闡明；詮釋：different people with different interpretations of life 有着對生活不同的解釋的不同的人 ❷ [U] 翻譯；口譯 ▷ **interpretational** adj

in·ter·pre·ter /ɪnˈtɜːprɪtə(r)/ n [C]
譯員；口譯者；詮釋者 ▷ **interpretership** n 譯員職務（或身份）/ **interpretress** n 女譯員；女詮譯者

in·ter·rupt /ˌɪntəˈrʌpt/
❶ vt ❶ 中斷；阻礙：The war has interrupted the friendly relationship of the two countries. 戰爭中斷了這兩國的友好關係。/ Traffic was interrupted by floods. 交通被洪水阻斷。 ❷ 打斷（講話）；打擾：interrupt conversations 打斷談話 / Please don't interrupt the speaker while he is talking. 演講人講話時，請勿打斷他。 ❷ vi 打斷；打擾：I don't want to interrupt. 不想打擾。 ▷ **interruptible** adj
❶ interfere, discontinue, stop

in·ter·rup·tion /ˌɪntəˈrʌpʃn/ n [C, U]
❶ 打岔；阻斷；中斷：without interruption 毫無間斷 / I hate interruptions when I am reading. 我讀書時討厭別人來打擾。 ❷ 休止；間歇

in·ter·sect /ˌɪntəˈsekt/
❶ vt 橫切；橫斷；和…交叉 ❷ vi 貫穿；橫穿；和…相交：The two roads intersect at the small town. 兩條路在小鎮交匯。

in·ter·sec·tion /ˌɪntəˈsekʃn/ n [C]
橫切；橫斷；交叉點；十字街口：I'll meet you at the intersection. 我將在十字街口和你踫頭。

in·ter·val /ˈɪntəvl/ n
❶ [C]（時間、空間的）間隔；間歇；空隙：There was a long interval before he replied. 他隔了很長時間才回覆。/ an interval of 200 miles between two cities 兩座城市相距二百英里 ❷ [英]（戲劇）幕間休息；（音樂會）中場休息
◇ **at intervals** ❶ 不時 ❷ 間隔；相隔一定的距離

in·ter·vene /ˌɪntəˈviːn/ vi
❶ 介入；插進；發生其間：Two weeks intervene between final examination and now. 現在離期末考試隔着兩週。 ❷ 斡旋；調停；干預：intervene in a dispute 調停爭端 ▷ **intervenor**, **intervener** n

in·ter·ven·tion /ˌɪntəˈvenʃn/ n [C, U]
介入；插手；干涉；斡旋；調停：military intervention 軍事干涉

in·ter·view /ˈɪntəvjuː/
I n [C] 會面；會見；會談；面試；採訪：an interview with the job applicant 同求職者的會談 / agree to give an interview to journalists 同意接受記者們的採訪 II vt 接見；會見（記者等）訪

問 ▷ **interviewee** n 被接見者；被採訪者 / **interviewer** n 接見者；記者
❶ conference, meeting

in·tes·tine /ɪnˈtestɪn/ n [C]
[常作 intestines] 腸：large *intestine* 大腸 / small *intestine* 小腸
⇨ 插圖見 ORGAN

in·ti·mate
I vt /ˈɪntɪmeɪt/ 暗示；提示：He *intimated* that he wanted to go by saying that it was too late. 他以天已晚為暗示表示想走的意思。 II adj /ˈɪntɪmət/ **1** 親密的；密切的：an *intimate* friend 親密的朋友 **2** 個人的；私人的：an *intimate* belief 個人的信念
◇ **be (get) on intimate terms with sb** 與某人關係親密 ▷ **intimately** adv / **intimateness** n
❶ imply, suggest; close, bosom, familiar

in·to /ˈɪntʊː, -tʊ, -tə/ prep
1 進入…之內；深入…之中：fall *into* difficulty 陷入困難之中 / come *into* the house 到屋裏來 **2** 成為；轉入：turn *into* a strong person 成為強壯的人 **3** 〈數〉除：2 *into* 20 equals 10. 二除二十等於十。

in·tol·er·a·ble /ɪnˈtɒlərəbl/ adj
不能忍受的；無法容忍的：The living condition in that area was quite *intolerable*. 那個地區的生活條件真無法忍受。 ▷ **intolerability** n / **intolerably** adv
❶ unbearable, unendurable

in·to·na·tion /ˌɪntəˈneɪʃn/ n [C, U]
語調；聲調：a rising (falling) *intonation* 升（降）調 ▷ **intonational** adj

in·tri·cate /ˈɪntrɪkət/ adj
錯綜複雜的；頭緒繁多的：a novel with an *intricate* plot 情節複雜的小説
▷ **intricately** adv

in·tro·duce /ˌɪntrəˈdjuːs/ vt
1 介紹；引薦：Let me *introduce* myself to you. 讓我向你作自我介紹。 **2** 傳入；輸入：*introduce* new technology into the factory 將新技術引入工廠
▷ **introducer** n 介紹人；傳入者

in·tro·duc·tion /ˌɪntrəˈdʌkʃn/ n
1 [U] 介紹：She is very shy at the first *introduction* to the society. 初次將她介紹給社交界時，她很害羞。 **2** [U] 引進；採用：The *introduction* of computer made working in the office easy. 採用計算機使辦公室的一切工作變得簡單。 **3** [C] 入門（書）："An *Introduction* to English Grammar"《英語語法入門》

in·trude /ɪnˈtruːd/
❶ vi 侵入；闖入；打擾（into, on, upon）：*intrude* upon one's room (privacy) 闖入某人的房間（私室） ❷ vt 把…強加於：*intrude* one's ideas into the argument 將某人的觀點硬塞進辯論
❶ invade, trespass

in·trud·er /ɪnˈtruːdə(r)/ n [C]
入侵者；夜盜者；不速之客

in·tru·sion /ɪnˈtruːʒn/ n [C]
侵入；闖入；打擾：armed *intrusions* 武裝入侵 ▷ **intrusional** adj

in·vade /ɪnˈveɪd/ vt
1 侵略（別國）；侵犯（權力等）：*invade* a country 侵略某國 / *invade* one's right 侵犯權力 **2** 擁入：The small town was *invaded* by large numbers of

tourists. 這座小鎮來了大批的旅遊者。
◐ assail, assault, attack, raid
◑ withdraw

in·vad·er /ɪnˈveɪdə(r)/ n [C]
侵略者；侵犯者

in·va·lid¹ /ɪnˈvælɪd/ adj
（猶指法律上）無效；作廢的：an
invalid election 無效選舉 / an invalid
cheque 作廢的支票 / an invalid will 無效
的遺囑
◐ disabled, frail, sick, defective
◑ well, valid

in·va·lid² /ˈɪnvəliːd; -lɪd/
I adj 有病的；病弱的；適用於病人的：
my invalid mother 我病弱的母親 / an
invalid diet 病人用的飲食 II n [C] 病
人；傷病員

in·var·i·a·ble /ɪnˈveərɪəbl/ adj
不變的；恆定的；一律的：It's my
invariable hobby to go fishing. 釣魚是我
一貫的愛好。▷ **invariability** n

in·var·i·a·bly /ɪnˈveərɪəblɪ/ adv
不變地；永恆地；總是：It's invariably
cold in the polar areas. 南北極地區總是
那麼寒冷。

in·va·sion /ɪnˈveɪʒn/ n [C]
1 入侵；侵略；攻擊：We are against
any kind of invasion in the international
affairs. 在國際事務中我們反對任何形式
的侵略。 **2** （疾病、有害物等的）擁
入；侵佔；侵襲：an invasion of locusts
蝗蟲的侵襲
◐ aggression, assault, attack, raid
◑ retreat

in·vent /ɪnˈvent/ vt
1 發明；首創：Who invented the first
steam engine? 誰發明了第一台蒸汽機？

2 捏造；虛構：The whole story was
invented. 整個故事都是編造的。
◐ create, devise, originate

in·ven·tion /ɪnˈvenʃn/ n
1 [U] 發明；創造；首創；創作 **2** [C]
創造物：The telephone is a wonderful
invention. 電話是種奇妙的發明。 **3** [U]
捏造；虛構：The whole story is pure
invention. 整個故事純屬虛構。
▷ **inventional** adj

in·ven·to·r /ɪnˈventə/ n [C]
發明家；創造者

in·verse /ˈɪnvɜːs, ˌɪnˈv-/
I adj 相反的；倒轉的；反向的：
inverse ratio 反比 / inverse proportion 反
比例 / The inverse number of 4 is 1/4. 四
的倒數是四分之一。
II n [C] 反面：Strong is the inverse of
weak. 強壯是虛弱的反面。
◐ opposite, reverse, inverted,
backward

in·verse·ly /ˈɪnvɜːslɪ, ɪnˈv-/ adv
相反地；反向地

in·vert /ˈɪnvɜːt/ vt
（使）反向；（使）倒置；（使）顛倒：
invert a glass 倒置杯子

in·vest /ɪnˈvest/
❶ vt **1** 投資；投入（時間、精力
等）：invest $100,000 in a growing
business 投資十萬美元於新興企業 **2** 籠
罩；披蓋；給…披上：The city was
invested with joy. 整個城市籠罩在歡樂
中。 ❷ vi 投資（in）：The country
invests heavily in basic industry. 國家對
基礎工業大量投資。▷ **investable** adj

in·ves·ti·gate /ɪnˈvestɪgeɪt/
❶ vt 調查；審查：investigate the

crime 調查罪行 / He has been *investigated* and found blameless. 他受到調查並發現無可指責。❷ *vi* 調查；調查研究 ▷ **investigative, investigatory** *adj* / **investigator** *n* ◑ examine, explore

in·ves·ti·ga·tion
/ɪnˌvestɪˈɡeɪʃn/ *n* [C]
調查；調查研究：do (make, open, conduct) an *investigation* on (into, of, about) sth 對某事著手調查 / scientific *investigation* 科學研究
▷ **investigational** *adj*

in·vest·ment /ɪnˈvestmənt/ *n* [C]
❶ 投資；投資的資金（財產）：make an *investment* of $100,000 in a project 在一項工程上投資十萬美元 ❷（時間、精力等）投入；花費：It is a wise *investment* of time and efforts in education. 花時間和精力辦教育是明智之舉。

in·ves·tor /ɪnˈvestə(r)/ *n* [C] 投資者

in·vis·ib·le /ɪnˈvɪzəbl/ *adj*
看不見的；無形的：There are still many *invisible* stars in the sky for people to discover. 天上仍有許多看不見的星星有待人們去發現。 ▷ **invisibility** *n* / **invisibly** *adv*
◑ concealed, hidden, unseen, veiled

in·vi·ta·tion /ˌɪnvɪˈteɪʃn/ *n*
❶ [U] 邀請；招待：at the *invitation* of sb 應某人邀請 ❷ [C] 請帖；請柬：He received several *invitations* from different universities to deliver lectures. 他收到好幾份從不同大學發出的講學邀請書。▷ **invitational** *adj*

in·vite /ɪnˈvaɪt/ *vt*

❶ 邀請；招待：We're going to *invite* several people to our party. 我們將邀請幾個人參加我們的聚會。❷ 引起；招致：some shops *invite* crime by making it easy to take goods. 有些商店招致犯罪，因為其貨物擺放得易被拿走。❸ 請求；徵求：*invite* sb to consider 請求某人考慮 ▷ **inviter** *n*

in·volve /ɪnˈvɒlv/ *vt*
❶（使）捲入；（使）陷入；專注於；專心於：be *involved* in difficulties 陷入困難之中 / be *involved* in one's work 專注於工作 ❷ 牽涉；影響：Building this road *involves* the interests of the citizens around. 修建這條路影響到周圍市民的利益。/ The research *involves* many subjects. 這項研究涉及許多學科。❸ 產生某種必然結果；適合：The war *involved* a great increase in the national debt. 戰爭使國債大為增加。/ Marriage *involves* many responsibilities. 婚姻意味着許多責任。
◑ comprise, include
◑ exclude, bore

in·ward /ˈɪnwəd/ *adj*
I *adj* ❶ 裏面的；內部的；體內的：an *inward* room 內室 ❷ 內心的；精神的：*inward* happiness 內心的喜悅 / *inward* peace 內心的平靜
II *adv* (= inwards) 向內；向中心：The door opens *inward*. 門朝裏開。
▷ **inwardly** *adv* / **inwardness** *n*

i·o·dide /ˈaɪədaɪd/ *n* [U]〈化〉碘化物

i·o·dine /ˈaɪədiːn/ *n* [U]
❶〈化〉碘 ❷ 碘酊；碘酒

i·on /ˈaɪən/ *n* [C]〈化〉離子

Ire·land /ˈaɪələnd/ *n*

愛爾蘭（歐洲地名）（不列顛群島的大島之一，除東北部屬英國外，其餘均屬愛爾蘭共和國。）

irides /ˈɪrɪdiːz, ˈaɪərɪ-/ n
iris 的複數形式

i·ris /ˈaɪərɪs/ n [C]
1 虹；彩虹；虹狀物 **2**〈解〉（眼球的）虹膜

I·rish /ˈaɪərɪʃ/
I adj 愛爾蘭的；愛爾蘭人語的
II n [U] **1** [the Irish] [總稱] 愛爾蘭人 **2** 愛爾蘭語

i·ron /ˈaɪən/
I n **1** [U] 鐵；鐵制品；鐵器：Strike while the iron is hot. [諺] 趁熱打鐵。 **2** [C] 熨斗；烙鐵：an electric iron 電熨斗
II vt 熨；燙（衣服等）：Your coat has already been ironed. 你的外套已經熨過了。
◇ **iron out** 消除分歧；解決（問題、爭紛）
⇨ 插圖見〈專題圖說 1〉

i·ron·ic /aɪˈrɒnɪk/,
i·ron·i·cal /aɪˈrɒnɪkl/ adj
冷嘲的；諷刺的；挖苦的；令人啼笑皆非的：ironical remark 諷刺的言辭；反話 / It's ironical to send nuts to a man without teeth. 將堅果（胡桃）送給沒牙的人吃真是個諷刺。
⬤ paradoxical, sarcastic, satiric

i·ro·ny /ˈaɪərəni/ n
反語；冷嘲；譏諷：There was obvious irony in his remarks. 他的話語中帶有明顯的譏諷。

ir·reg·u·lar /ɪˈregjʊlə(r)/ adj
1 不規則的；無規律的；不定期的：The coastline takes on an irregular pattern. 海岸線呈不規則形狀。 / He was irregular in his attendance at school. 他時常上課缺勤。 **2** 非正規的；非正式的：irregular troops 非正規軍
▷ **irregularly** adv

ir·rel·e·vant /ɪˈreləvənt/ adj
不相關的；不中肯的；離題的：His irrelevant remarks in the lecture made the students feel bored to death. 他課堂上不相關的話使學生們煩得要死。
▷ **irrelevantly** adv

ir·re·sist·i·ble /ˌɪrɪˈzɪstəbl/ adj
不可抗拒的；不能壓制的：an irresistible charming girl 叫人傾倒的迷人女郎
▷ **irresistibility** n / **irresistibly** adv

ir·ri·gate /ˈɪrɪgeɪt/ vt
灌溉：irrigate desert lands and make them fertile 灌溉沙漠土地使之成為良田

ir·ri·ga·tion /ˌɪrɪˈgeɪʃn/ n [U]
灌溉；水利：an irrigation project 灌溉工程 / bring the farmland under irrigation 使農田水利化
▷ **irrigational** adj

ir·ri·tate /ˈɪrɪteɪt/
❶ vt **1** 激怒；（使）惱火；（使）煩躁：She was irritated by his words. 她被他的話激怒了。/ be irritated against sb 對某人生氣 **2** 刺激；使不舒服；使疼痛：Smoke irritates my eyes to tears. 煙燻得我眼睛流淚。 ❷ vi 引起不愉快；引起惱怒
⬤ annoy, bother, vex, anger
⬥ please, calm

ir·ri·ta·tion /ˌɪrɪˈteɪʃn/ n
1 [U] 激怒；惱怒；生氣 **2** [C] 刺激物；惱人事：John was troubled by many irritations all these days. 約翰這些

天為許多惱人的事糾纏。

Is·lam /'ɪzlɑːm/ n

1 伊斯蘭教;回教 **2** [總稱] 伊斯蘭教徒;穆斯林 **3** (總稱) 伊斯蘭教國家;伊斯蘭世界

is·land /'aɪlənd/ n [C]

1 島;島嶼:The Philippines is a country made up of many *islands*. 菲律賓是由許多島嶼構成的國家。 **2** (公路與街道上的) 安全島;島形物:traffic *island* 安全島 ▷ **islander** n

isle /aɪl/ n [C]

島;小島:the British *Isles* 不列顛 (諸) 島

i·so·late /'aɪsəleɪt/ vt

1 (使) 隔離;(使) 孤立;(使) 脫離:Nowadays, many mountain villages are still *isolated* from the modern civilization. 如今許多山村仍同現代文明相隔離。/ an *isolated* patient 被隔離的病人 **2** 〈化〉使分解;使游離

i·so·la·tion /aɪsə'leɪʃn/ n [U]

隔離;孤立;脫離;分離:in *isolation* 處於隔離狀態 / an *isolation* hospital 一座隔離病院

i·so·therm /'aɪsəθɜːm/ n [C]

〈氣〉等溫線;恆溫線

i·so·ther·mal /aɪsə'θɜːml/ adj

等溫線的

Is·ra·el /'ɪzreɪl, -rɪəl/ n

1 以色列國 **2** 猶太民族;猶太人;希伯來民族

Is·ra·e·li /ɪz'reɪlɪ/

I n [C] 以色列人;猶太人 **II** adj 以色列的;猶太的;以色列人的;猶太人的

is·sue /'ɪʃjuː; 'ɪsjuː/

I n **1** [U] (血,水等) 流出;放出;排

放出:the *issue* of blood from the wound 從傷口中流出血 **2** [U] 發行:I bought the book the day after its *issue*. 這部新書發行那天我就買了。 **3** [C] 問題:political *issues* in the international affairs 國際事務中的政治問題

◇ **at issue** 爭議中的;尚待解決的 / **make an issue of** 挑起爭端 / **join issue** 與…爭辯 / **take issue** 持不同意見;不同意

II **❶** vt **1** 發行;發佈:The government will *issue* 1 billion new bonds this year. 政府今年將發行十億新公債。 **2** 分發;分配:*issue* guns to new soldiers 發槍給新戰士 **❷** vi 出來;發出;產生:a false notion *issuing* from prejudices 由偏見產生的錯誤觀念 ▷ **issuable** adj

❶ problem, question, point, matter

isth·mus /'ɪsməs/ n [C]

(複 = isthmuses)

地峽;地頸:the *Isthmus* of Panama 巴拿馬地峽

it /ɪt/ pron

1 它 (用作代名詞,一般指無生命的東西,有時指動物與嬰孩,第三人稱,單數,中性):I lost my book and one of my classmates found *it*. 我丟了書,一位同學幫我找到了它。 **2** 用作無人稱主語 (表時間、氣候、距離等):*It's* too late to start. 現在動身太晚了。/ *It* is raining now. 現在正在下雨。 **3** 用作形式主語或賓語等:*It* is fine that you come in time. 你能準時來太好了。/ We find *it* hard to catch the train. 我們覺得恐怕趕不上火車。 **4** 用作強調句引導詞:*It* is people that (who) are really strong. 真正

強大的是人民。

◇ **as it is (was)** 事實上；既然如此 / **as it were** 似乎；可以說是

I·ta·lian /ɪ'tælɪən/

I adj 意大利的；意大利（人）語的

II n 意大利人；意大利語

It·a·ly /'ɪtəlɪ/ n 意大利（南歐國家）

itch /ɪtʃ/

I n [U] 癢：suffer from *itch* 癢得難受

II vi 發癢：The wound *itches* all the time. 傷口總在發癢。

◇ **have an itching palm** 貪財

□ **itch mite** 〈動〉疥癬蟲；癢

i·tem /'aɪtəm/ n [C]

1 條款；項目：*items* of one's teaching program 某人教學計劃中的條款 **2**（新聞）一條；一則：There are many interesting *items* in today's newspaper.

今天報紙上有許多有趣的新聞。

❶ **article, piece, point**

its /ɪts/ pron

（it 的所有格）它的：The cat drank *its* milk and washed *its* face. 貓喝完奶洗臉。

it·self /ɪt'self/ pron

1（作加強語氣代詞用）自身；本身：The thing *itself* is not so important. 這事本身並不太重要。 **2**（作反身代詞用）它自己；它本身：The baby hurt *itself*. 這個嬰兒弄傷了自己。

◇ **by itself** 單獨地；孤零零地 / **in itself** 本身；實質上 / **of itself** 自行

i·vo·ry /'aɪvərɪ/ n

1 [U] 象牙 **2** 乳白色；象牙色 **3** [C] 象牙製品

J, j

J, j /dʒeɪ/

1 英語字母表的第十個字母 **2** 〈物〉焦爾（joule）的符號

jack /dʒæk/ n [C]

1 [Jack] John 的暱稱 **2** 普通人；男人：every man *jack* 人人；每個人 / *Jack* is as good as his master. [諺] 夥計不比老闆差。 **3** 傭人；雜工；水手；海員；船員 **4** [Jack]（紙牌中的）杰克 **5** 起重機；千斤頂

◇ **Jack of all trades and master of none** 雜而不精的萬能博士；三腳貓 / **the Union Jack** 英國國旗

jack·et /'dʒækɪt/ n [C]

1 短上衣；茄克衫：John wears a brown *jacket* today. 約翰今天穿了一件棕色茄克（短上衣）。 **2**（書籍的）護封；封面；包裝紙；（唱片的）護套：Small school boys tend to get the *jackets* of their books lost. 小學生常常將他們書的封面紙弄丟。 **3**（動物的）皮毛；（煮熟的）馬鈴薯的皮

◇ **dust (lace, thrash, trim) sb's jacket** 毆打某人 / **send in one's jacket** 辭職 / **warm sb's jacket** 打某人；辱罵某人

⇨ 插圖見 CLOTHES

jail /dʒeɪl/

I *n* [C, U] 監獄；牢房；看守所：be put (sent, thrown) into *jail* 投入監獄 / break *jail* 越獄 **II** *vt* 監禁；拘留；禁錮：The thief has been *jailed* for two years. 這個小偷曾坐過兩年牢。

□ **jail bird** *n* [口] 囚犯；慣犯 / **jail-break** *n* 越獄

❶ prison

jam¹ /dʒæm/ *n* [U]

果醬：Would you like some *jam* on your bread? 你要些果醬抹在麵包上嗎？

□ **real jam** [俚] 使人愉快的事物；樂事

jam² /dʒæm/

I (jammed, jamming) ❶ *vt* **1** 擠入；塞進；使堵塞：I can't *jam* anything into this bag. 這隻袋子裏我甚麼也塞不進了。/ The crowd *jammed* the street, and also the bus was *jammed* full. 街上堵滿了人，公共汽車也擠得滿滿的。 **2** 使發生故障：The brake was *jammed*. 剎車給卡住了。 **3** (無線電) 干擾：*jam* radio program 干擾無線電廣播節目 ❷ *vi* 堵塞；軋住 **II** *n* [U] 擁擠；塞滿：traffic *jam* 交通堵塞

□ **jam-packed** *adj* 塞得緊緊的

Jan. *abbr* **January** 的縮寫

Ja·nu·a·ry /'dʒænjʊərɪ/ *n*

一月（略作 Ja., Jan.）：Weather in *January* is very cold in the north. 北方元月份的天氣很冷。

Ja·pan /dʒəˈpæn/ *n*

日本（亞洲東部島嶼國）（全稱日本國）

Jap·a·nese /dʒæpəˈniːz/

I *n* **1** [C] [單複同] 日本人 **2** [U] 日語 **II** *adj* 日本的；日本人的；日語的

jar /dʒɑː(r)/ *n* [C]

罐子；壇子；廣口瓶：a *jar* of strawberry jam 一罐草莓醬

jaw /dʒɔː/ *n* [C]

頜；顎；下巴：He hit the thief on the *jaw*. 他猛打小偷的下巴。

□ **jawbone** *n* 頜骨；牙床骨

jazz /dʒæz/

I *n* [U] **1** 爵士音樂；爵士舞（曲）：Mary was totally indulged in *jazz*. 瑪麗對爵士樂簡直着了迷。 **2** [美俚] 無聊的談話；無用的東西：He spends money on drink, clothes, cars and all that *jazz*. 他把錢全花在喝酒、服裝、汽車等這類東西上。

II *vi* **1** 遊蕩（around） **2** 奏爵士樂

□ **jazzman** *n* 爵士音樂演奏者

jeal·ous /'dʒeləs/ *adj*

妒忌的；善妒忌的：be *jealous* of one's success 對某人的成功感到妒忌

▷ **jealously** *adv* / **jealousness** *n*

❶ envious

jeal·ous·y /'dʒeləsɪ/ *n* [U]

妒忌；妒羨：*Jealousy* is one of human natures. 妒忌是人類的一種天性。

jean /dʒiːn, dʒeɪn/ *n*

1 [U] 〈紡〉三頁細斜紋布 **2** [C] [jeans] 工裝褲；牛仔褲

⇨ 插圖見 CLOTHES

jeans·wear /'dʒiːnzweə(r)/ *n* [U]

[總稱]（各種樣式的）牛仔褲；牛仔裝

jeep /dʒiːp/ *n* [C]

吉普車.；小型越野汽車：*Jeeps* were widely used in the war time. 戰時吉普車用得很廣泛。/ by *jeep* 乘吉普車

⇨ 插圖見〈專題圖説 6〉

jel·ly /'dʒelɪ/ *n* [C, U]

果凍；肉凍：an orange *jelly* 橙汁凍

□ **jellyfish** n 〈動〉水母；海蜇

jerk /dʒɜːk/

I n [C] **1** 急拉；急推：She pulled out the stuck knife with a *jerk*. 她猛地抽出卡在鞘裏的刀子。 **2** 猛地一動：The bus stopped with a *jerk*. 公共汽車緊急（猛然）制動。

◇ **in a jerk** 立刻；馬上 / **put a jerk in (into) it** [俚] 使勁地幹；賣力氣

II **❶** vt 猛抽；猛拉；猛拔：*jerk* a rope 把繩子猛地一拉 **❷** vi 急拉；猛拉

Je·ru·sa·lem /dʒəˈruːsələm/ n

耶路撒冷（巴勒斯坦著名古城，伊斯蘭教、猶太教和基督教的"聖地"）

Je·sus /ˈdʒiːzəs/ n

（基督教）耶穌：*Jesus* Christ 耶穌基督 / the Society of *Jesus* （天主教）耶穌會

◇ **beat (knock) the Jesus out of sb** [美俚] 把某人打得屁滾尿流

jet /dʒet/

I vt, vi (jetted, jetting)（汽，水，火焰等）噴射：The flame thrower *jets* (out) flames. 噴火器噴出火焰。/ Water *jets* out from the broken pipe. 水從破裂的管中噴出。 II n **1** [U] 噴射；噴出；噴注 **2** [C] 噴氣發動機；噴氣式飛機：travel by *jet* 乘噴氣式飛機旅行

□ **jet airplane** 噴氣式飛機 / **jet engine** 噴氣發動機 / **jet stream** 急流；氣流

jet·lag /ˈdʒetˌlæg/ n [U]

噴氣飛行時差綜合症（指乘坐噴氣式飛機作高速跨時區飛行後引起的生理節奏失調）

Jew /dʒuː/ n [C]

1 猶太人 **2** 猶太教徒：The *Jews* were cruelly persecuted during World War II. 第二次世界大戰期間猶太人受到了殘酷

的迫害。

◇ **rich as a Jew** 極富的 □ **Jew-baiter** n 迫害猶太人者

jew·el /ˈdʒuːəl/ n [C]

1 寶石 **2** 寶石飾物；貴重飾物：a *jewel* of great worth 一顆價值昂貴的寶石 ▷ **jewel(l)er** n 珠寶商；寶石商

jew·el·(l)ery /ˈdʒuːəlrɪ/ n [U]

[總稱] 珠寶；首飾：Her *jewellery* is worth 100,000 dollars. 她的首飾值 10 萬美元。

Jew·ish /ˈdʒuːɪʃ/ adj

猶太人的；有關猶太人的：the *Jewish* religion 猶太教 ▷ **Jewishly** adv / **Jewishness** n

job /dʒɒb/ n

1 [C] 工作；零活：Do a better *job* next time. 下次幹得更好些！ **2** [C] 職位；職業：One should work better to keep his *job*. 要想保住職位，就應更好地工作。 **3** 職責；任務；作用：It's your *job* to take good care of your child. 照顧好您的孩子是您的職責。

◇ **by the job** 按每件工作：be paid *by the job* 按件取酬 / **do a job on sb (sth)** [美俚] 損毀某人（某物）/ **lie down on the job** [口]不賣力；磨洋工 / **on the job** [俚]（專心）工作着；忙碌着

□ **jobholder** n 有職業者 / **job work** 包工

❶ chore, task, work

用法説明：**Job**、**work**、**post**、**position** 和 **occupation** 都可以作"工作"講，指為了謀生而做的事。**Job** 是普通用語：My father has a job as a postman.（我父親的工作是郵遞員。）**Work** 常指手

J

工勞動：My mother's work is in the home.（我母親幹家務勞動。）**Position** 跟 **job** 意思相同，專指某種工作，為正式用語：Tom has got a new position in the factory.（湯姆在工廠裏得到一個新的職位。）**Post** 指履行某種義務的地方，即"崗位"：He was found asleep at his post.（他被發現在崗位上睡着了。）**Occupation** 是比上述幾個詞更為正式的用語：Her occupation is teaching.（她的職業是教書。）

jock·ey /'dʒɒkɪ/
I n [C] **1** 賽馬的職業騎師：jockey club 賽馬俱樂部 **2** 駕駛員；（機器等的）操作者 II **❶** vt **1** 騎馬比賽；駕駛；操作 **2** 欺騙；誘使：jockey sb into believing sth 哄騙某人相信某事 **❷** vi 運用手段謀利益：jockey for good position 使用一切手段謀求好職位

join /dʒɔɪn/
❶ vt **1** 連接；結合；使結合：The two towns were joined by the railway. 這兩座城鎮由鐵路連接起來。 **2** 參加；加入；作…的成員：join the club 參加俱樂部 **3** 會面；與…會合：Please go first and we shall join you later. 你先走，過後我們與你會合。 **❷** vi **1** 聯合；相遇 **2** 參加；加入：join in 參加；同…一起 / join up 入伍；參軍
❶ connect, combine

用法說明：**Join** 和 **take part in** 均有"參加"之意。**Join** 指成為某某團體之成員，如：join the army/battle（參軍／參戰）。**Take part in** 常指參加某項活動：He did not take part in the discussion.（他沒有參加討論。）

joint /dʒɔɪnt/
I n [C] **1** 結合部；連接物：connect short pipes with joints 用套管將短管子接起來 **2** 關節：finger joints 手指關節 **3** 大塊肉；（牛羊等的）帶骨的腿肉
II adj 聯合的；合作的；合辦的：a joint venture 一家合資企業

joke /dʒəʊk/
I n [C] **1** 笑話；玩笑：He tells very good jokes. 他笑話說得很好。 **2** 笑柄；笑料：His irrational behaviour makes him a joke of the whole class. 他的非理智舉動使他成了全班的笑料。
◇ **make a joke about sb (sth)** 以某人（某事）為笑柄 / **play a joke on sb** 開某人的玩笑
II vi 開玩笑：He is only joking. 他只是開個玩笑。

jol·ly /'dʒɒlɪ/
I adj **1** 快活的；興高采烈的；有趣的：a jolly laugh 開心的笑 / a jolly person 快樂的人 **2** 好極的；令人愉快的：a jolly holiday (weather) 令人愉快的假日（天氣）
II adv 很；非常：a jolly good time 一段極快樂的時光 / You jolly well know it. 你知道得清清楚楚。
III vt （用好話、笑話）哄某人高興：She was jollied to go with us. 她被說服愉快地跟我們去。
❶ cheerful, happy, lively, merry
❷ gloomy

jot /dʒɒt/
I n [C] 一點兒；（最）小額；（最）少量：There is not a jot of truth in his words. 他的話沒有一點是真的。
II vt （jotted, jotting）草草記下：jot

down one's telephone number 草草記下某人的電話號碼

joule /dʒuːl, dʒaʊl/ n
焦耳（功、能量的絕對單位，等於 107 爾格）

jour·nal /'dʒɜːnl/ n [C]
1 日誌；日記：keep a *journal* 記日記
2 日報；定期刊物：a monthly *journal* 月刊
◐ diary, magazine, periodical

jour·na·list /'dʒɜːnəlɪst/ n [C]
新聞工作者；報紙（專欄等的）撰稿人

jour·ney /'dʒɜːnɪ/
I n [C] 旅行；旅程；歷程：I wish you a pleasant *journey*. 祝你旅途愉快！/ one's life *journey* 人生歷程
II vi 旅行：*journey* by air 坐飛機旅行
□ **journey man** n [C] 僱工；短工 / **journey work** n 短工的工作
◐ excursion, tour, trip, voyage

用法說明：**Journey**、**excursion**、**travel**、**trip** 和 **voyage** 都有"旅行"的意思。**Travel** 是普通用語，指的是長時間、遠距離的"旅行"：Travel broadens the mind.（旅行開闊眼界。）**Journey** 和 **trip** 相同，都是指旅行所花的時間和所走的距離：It is a long journey across the ocean.（這是一次遠程的越洋旅行。）We are going for a trip to Paris.（我們將去巴黎旅遊。）在海上或太空所作的旅行稱之為 **voyage**，即"航行"：I knew my wife on our voyage to Japan.（我是在去日本的航行途中認識我妻子的。）**Excursion** 則指的是短途的"郊遊"或"遠足"：Our class is going to go on an excursion to West Lake.（我們班將去西湖遠足。）

joy /dʒɔɪ/ n
1 [U] 歡樂；高興：His success brings us great *joy*. 他的成功給我們帶來巨大的歡樂。2 [C] 樂事；樂趣：My son is a great *joy* to me. 我的兒子是我的一大樂事。
◐ cheer, gaiety, delight, ecstasy
◑ sorrow

joy·ful /'dʒɔɪfl/ adj
高興的；欣喜的；充滿歡樂的：a *joyful* little school boy 一個高高興興的小學生 / a piece of *joyful* news 令人欣喜的消息
▷ joyfully adv / joyfulness n

judge /dʒʌdʒ/
I n [C] 1 法官；審判員：When the *judge* comes into the court, everyone must stand up. 法官進入法庭時，所有的人都必須起立。2 仲裁人；裁判員：a *judge* of a football match 一位足球賽裁判 3 鑒定人；鑒賞家
II ❶ vt 審判；判斷；評價：A person should be *judged* by his deeds, not his words. 評價一個人要看他做的，而不是聽他說的。❷ vi 下判斷；作出裁判：*Judge* by (from) one's appearance 從某人的外表判斷
◐ conclude, decide, assess, value

judg(e)·ment /'dʒʌdʒmənt/ n
1 [U] 審判；裁判；判決：He listened to the *judgement* against him. 他聽着對他敗訴的判決。2 [C] 判斷力；識別力：Mary has a very good *judgement* on people. 瑪麗對人有非常強的判斷力。
□ **Judgement Day** 〈宗〉上帝的最後審判日；世界的末日

ju·di·cial /dʒuːˈdɪʃl/ adj
司法的；法院的；審判（上）的：

judicial system 司法制度 / a *judicial* decision 法院的決定

ju·do /'dʒuːdəʊ/ n [C] (複 = judos) [日] 現代柔道；現代柔術

ju·do·ist /'dʒuːdəʊɪst/ n [C]
❶ 柔道家；柔道師 ❷ 練習柔道的人

jug /dʒʌg/ n [C]
❶ 大壺；罐子：a *jug* of milk 一罐牛奶 / a water *jug* 水壺 ❷ [俚] 監獄；牢房：He was just put into *jug*. 他剛被投入監獄。
□ **jughead** n [美俚] 笨蛋；傻瓜
▷ **jugful** adj

juice /dʒuːs/ n
❶ [C, U] （水果、蔬菜等的）汁；液：fruit *juice* 果汁 ❷ [U] 體內的分泌液 ❸ [U] 電；汽油；液體燃料：The car has run out of *juice*. 那輛小轎車耗盡了油。

juic·y /'dʒuːsɪ/ adj
❶ 多汁的：a *juicy* orange 多汁的桔子 ❷ 油水足的；利潤大的：a *juicy* project 一項有利可圖的工程 ▷ **juicily** adv / **juiciness** n

Jul. abbr **July** 的縮寫

Ju·ly /dʒuː'laɪ/ n
七月（略作 Jul.）

jump /dʒʌmp/
I ❶ vi ❶ 跳；躍；蹦：*jump* into the river and swim 跳到河裏游泳 / My heart *jumped* when I heard the news. 聽到這則消息我心裏直跳。❷ （價格）暴漲；突升；激增：The prices of oil *jumped* sharply in the early 70s. 七十年代初石油價格暴漲。❷ vt 跳過；越過；跳上：*jump* a bus 跳上一輛公共汽車
◇ **jump off** 開始；開始進行 / **jump sb out** 斥責某人

II n [C] 跳躍；跳躍運動：the long *jump* 跳遠 / the high *jump* 跳高
◇ **at a full jump** [美] 全速地（的）/ **be all of a jump** 在緊張狀態中 / **from the (first) jump** 從一開始 / **on the jump** 忙碌不停；迅猛地；急忙地

● bounce, leap, spring

用法説明：**Jump**、**hop**、**leap** 和 **spring** 都是 "跳" 的意思。**Jump** 是普通用語：The boy jumped off the boat. （男孩跳下船來。）單足跳或兩足同時離地的跳稱為 **hop**：Birds hop. （鳥兒跳。）距離較遠、落在異地的跳稱為 **leap**：The horse leaped over the fence. （馬跳過籬笆。）突然起跳稱為 **spring**：The cat sprang at a bird. （貓向鳥兒撲去。）

---

junc·tion /'dʒʌŋkʃn/ n [C]
❶ 結合；連接：the *junction* of two rivers 兩河的匯合 ❷ 接合點；交叉點；樞紐：This city is a busy *junction* of all railway lines from the country. 這個城市是全國各條鐵路線的繁忙的交匯點。

● crossroads, connection, joint
◑ separation

Jun. abbr **June** 的縮寫

June /dʒuːn/ n
六月（略作 Jun.）

jun·gle /'dʒʌŋgl/ n
❶ [C, U] 熱帶森林；密林：He ventured into the heart of the *jungle*. 他進入到密林深處探險。❷ [C] 亂七八糟的一堆：a *jungle* of tax laws 亂七八糟的苛捐雜税
□ **jungle law** 弱肉強食的原則

ju·ni·or /'dʒuːnɪə(r)/
I adj ❶ 年少的；較年幼的：my *junior* brother 我弟弟 / Tom Brown, *junior* 小湯

姆·布朗（父子同名時對兒子的稱呼）
2 職位低的；下級的：*junior* officer 下級軍官

II *n* [C] 較年幼者；年少者；晚輩

□ **junior miss** 少女；少女衣服尺寸

junk /dʒʌŋk/ *n*
1 [U] 廢棄的舊物；破爛貨；舊貨：The old woman makes her own living by collecting all kinds of *junk*. 那個老婦人靠拾破爛維生。 **2** [C] 偽劣產品；粗製濫造的東西 **3** [C] 平底中國帆船

□ **junk dealer** 廢舊品商人 / **junk heap** [美俚] 廢舊汽車 / **junk man** 廢舊品商人 / **junk shop (yard)** 廢品舊貨店（場）

⇨ 插圖見 SHIP

Ju·pi·ter /'dʒuːpɪtə(r)/ *n* 〈天〉木星

ju·ry /'dʒʊərɪ/ *n* [C]
1 陪審團：The *jury* decided that the suspect is guilty. 陪審團認定該嫌疑犯有罪。 **2** 評判委員會；專家評審團：the *jury* of the Best Singer Competition 最佳歌手比賽的評委會

◇ **hang the jury** [美] 使陪審團意見不一致而不能作出決定 □ **jury box** 陪審席 / **juryman** 陪審員 / **jurywoman** 女陪審員

just /dʒʌst/
I *adj* **1** 正義的；公平的；應得的：a very *just* judge 一位公正的法官 / a *just* punishment 一個應得的懲罰 **2** 合理的；恰當的；正當的：a *just* requirement 正當的要求

II *adv* **1** 剛巧；正好：That's *just* enough. 剛剛夠。 **2** 只是；僅僅：He is *just* a child. 他還只是個孩子。 **3** 剛才；方才：They've *just* arrived. 他們剛到。 **4** （與 only 連用）勉勉強強地，差

一點就不能：I *just* only caught the train. 我剛好趕上火車。

◇ **just about** 差不多；幾乎 / **just as** 正像；正當…的時候：*just as* you say 正如你說的 / **just now** **1** 剛才；不久以前：The traffic accident happened *just now*. 交通事故剛發生不久。 **2** 現在；眼下；即刻：I'm very tired *just now*. 我眼下累得很。 ▷ **justly** *adv* 公正地；正當地；應得地

◉ honest, fair, right

> 用法説明：**Just** 和 **fair** 都是 "公正" 的意思。**Just** 指按照法律或是非標準來説是 "公正" 的：The bad boy received just punishment. （那個壞孩子受到了應有的懲罰。）**Fair** 指不搞欺騙、按照對等原則來説是 "公正" 或 "公平" 的：He is always fair in playing games. （他在比賽中總是很公正的。）

jus·tice /'dʒʌstɪs/ *n* [U]
1 正義；正直；正義行為：*Justice* must overcome evils at last. 正義終將戰勝邪惡。 **2** 公平；合理：be treated with *justice* 受到公平對待 **3** 司法；審判：a court of *justice* 法院

◇ **bring to justice** 提交法庭 / **do justice to** 公平對待 / **do oneself justice** 充分發揮自己的能力 □ **justiceship** *n* 法官的職位；法官任期

◉ equity, fairness, right, truth
◐ inequity

jus·ti·fi·ca·tion /dʒʌstɪfɪ'keɪʃn/ *n* [U]
1 證明為正當；辯護；辯解：He tried to find out evidences in *justification* of his innocence. 他設法找出證據證明自己

的清白。 **2** 〈印〉整理版面

jus·ti·fy /'dʒʌstɪfaɪ/
❶ *vt* 證明…是正當的（有理的）；為
…辯護：How can you *justify* your rude
behaviour? 你怎樣為自己的粗魯行為解
釋呢？ **❷** *vi* 提出充分法律根據；證明
合法
◑ prove, verify, defend
◐ convict, accuse

jut /dʒʌt/ (jutted, jutting)
❶ *vi* 突出；伸出 (out, up)：The pier
juts out from the shore into the river. 碼
頭從岸上突出延伸到河中。 **❷** *vt* 使突
出；伸出

ju·ve·nile /'dʒuːvənaɪl, -nɪl/
I *adj* **❶** 少年的：a *juvenile* law
breaker 少年違法者 / *juvenile* book 少兒
讀物 **❷** 幼稚的；不成熟的：an *juvenile*
behaviour 幼稚的舉動 **II** *n* [C] 少年
□ **juvenile delinquency** 少年犯罪 /
juvenile delinquent 少年罪犯
▷ **juvenilely** *adv* / **juvenileness** *n*
◑ young, youthful
◐ adult, mature

K, k

K, k /keɪ/
1 英語字母表的第十一個字母 **2** 〈化〉
元素鉀（potassium）的符號（由拉丁名
kalium 而來） **3** 開、克拉（karat）的
符號 **4** 公斤、千克（kilogram）的縮寫

kan·ga·roo /ˌkæŋgəˈruː/ *n* [C]
（複 = kangaroo(s)）大袋鼠
⇨ 插圖見〈專題圖說 11〉

ka·ra·te /kəˈrɑːtɪ/ *n* [U]
[日] 空手道：He was very good at
karate. 他對空手道很在行。

Karate 空手道

kay·ak /'kaɪæk/ *n* [C]
愛斯基摩人的單人帶篷划子（小船）；單
人小划船

keen /kiːn/ *adj*
1 鋒利的；鋭利的：He appeared very
brave before the *keen* knife of the thief.
他在竊賊的鋒利匕首前表現得非常勇
敢。/ *keen* sarcasm 尖刻的諷刺 **2** 強烈
的；濃厚的；激烈的：*keen* interest 濃
厚的興趣 / *keen* jealousy 強烈的嫉妒心 /
a *keen* sense of self-consciousness 強烈
的自我意識 **3** 敏鋭的；敏捷的：a
keen observation 敏鋭的觀察 **4** 熱心
的；渴望的：a *keen* student 一個酷愛
學習的學生
◇ **be keen about** 喜愛；對…着迷：
Her son *is keen about* stamp collecting.
她兒子喜愛集郵。/ **be keen on** 喜愛；
渴望 ▷ **keenly** *adv* / **keenness** *n*

◐ sharp, acute
◑ blunt, dumb

keep /kiːp/

I （kept, keeping）❶ vt ❶ 保持；保存；擁有：keep one's job 保留某人的工作 / keep two cars (a house) 擁有兩輛汽車（一幢房子）❷ 保守；保管；隱匿：keep secrets 保守秘密 / Some people always keep old letters. 有些人愛保存舊信件。❸ 整理；料理：keep house 管理家務 ❹ 供養；撫養；照顧：work hard to keep a large family 努力工作以供養一個大家庭 ❺ 使保持某狀態；繼續執行：keep the fire burning 讓火不停燃燒 / keep sb waiting 讓某人久等 ❻ 拘留；留住：keep sb in custody 拘留某人 ❼ 阻止；妨礙；防止：keep sb from doing sth 阻止某人幹某事 / keep one's words 說話算數 ❷ vi 保持着某一狀態：In summer food won't keep long in the normal state. 夏天食物在一般狀況下不好保鮮。

◇ **keep at** 堅持（做）；使不停地做 / **keep hold of** 把握住 / **keep in** 抑制 / **keep one's feeling** 抑制感情 / **keep on** 繼續下去 / **keep out** （使）在外 / **keep out of** （使）置身於⋯之外 / **keep to** 堅持；保持；固守 / **keep to oneself** 保守秘密 / **keep under** 壓制；控制 / **keep up** （使）不低落 / **keep up one's courage** 鼓足勇氣 / **keep up with** 跟上

II n [U] 生計；衣食；飼料：The poor man works hard for his keep from morning till night. 那個窮人一天到晚為生計而努力工作。

◇ **earn one's keep** 掙口飯

◐ hold, reserve, retain
◑ release, desert, discontinue

kept /kept/ v
keep 的過去式和過去分詞

ker·o·sene, ker·o·sine /ˈkerəsiːn/ n [U]
煤油；火油：kerosene lamp 煤油燈

ket·tle /ˈketl/ n [C]
（燒水用）水壺；火鍋：Fill the kettle with water. 把水壺裝滿水。

◇ **a pretty kettle of fish** 難辦的事；一團糟 □ **kettledrum** n ❶ 銅鼓；定音鼓 ❷ 午後茶會

key /kiː/

I n [C] ❶ 鑰匙：a key to the door 門的鑰匙 ❷ （琴、打字機等的）鍵：You've to be familiar with every key on the piano. 你必須對鋼琴上的每個鍵都熟悉。❸ （解決問題的）答案；題解；線索；秘訣：Check your answers with the key at the back of the book. 將你的答案同書後面的題解核對一下。

◇ **get the key of the street** 被關在門外，無家可歸/ **hold the keys of** 控制；支配

II adj 主要的；極重要的；關鍵的：the key point of my thesis 我論文的主要觀點

□ **keyman** n （企業等的）中心人物；要人 / **keynote** n 基調；主音：keynote address (speech) （會議或討論的）基調發言 / **key ring** 鑰匙圈 / **key stone**〈建〉拱頂石；[喻] 基礎；基本原理

◐ answer, explanation, solution; basic, chief

key·board /ˈkiːbɔːd/ n [C]
（打字機、鋼琴、計算機等的）鍵盤

⇨ 插圖見〈專題圖說 5〉

key·hole /ˈkiːhəʊl/ *n* [C]
鎖眼；鑰匙孔：peep through the *keyhole* 從鎖眼朝裏窺視

kick /kɪk/
I *vt, vi* 踢：*Kick* the ball! 踢球！/ The boy *kicks* while walking. 那小孩邊走邊踢。
◇ **kick around** 粗暴而輕率地對待；仗勢欺人 / **kick in** ❶ 捐（款）；繳付 ❷ 死 / **kick oneself** 嚴厲自責 / **kick out** ❶ 開除 ❷ 把球踢出界 / **kick the bucket** [俚] 死；翹辮子
II *n* [C] 踢：give a *kick* at sth (sb) 踢某物（某人）
◇ **a kick in one's gallop** 異想天開 / **a kick in the teeth** 突然（很大）的挫折（失敗）□ **kickback** *n* 劇烈反應 / **kickoff** *n*（足球等的）開球；[喻] 開始 / **kickout** *n* 攆走；撤職；解僱 / **kickstand** *n*（自行車等的）撐腳架

kid¹ /kɪd/
❶ [C] 小山羊 ❷ [俚] 小孩；少年；兒童：The *kid* is very naughty. 這小孩很調皮。
❶ baby, child

kid² /kɪd/
I *vi, vt* (kidded, kidding) 欺騙：He is not really hurt; he's *kidding*. 他沒傷着，他在哄人。**II** *n* 欺騙

kid·nap /ˈkɪdnæp/
vt (kidnap(p)ed, kidnap(p)ing)
❶ 誘拐（兒童）❷ 綁架；劫持

kid·nap·(p)er /ˈkɪdnæpə/ *n* [C]
拐子；綁架者

kid·ney /ˈkɪdnɪ/ *n*
❶ [C]〈解〉腎；腎臟；腰子 ❷ [U] 個性；脾氣：I won't trust any one of that *kidney*. 我不會相信那種個性的人。
□ **kidney bean** 菜豆；腎形豆

kid·vid /ˈkɪdvɪd/ *n*
[美] 兒童電視節目 (= kid + video)

kill /kɪl/
I ❶ *vt* ❶ 殺死；宰（豬等）：Two men were *killed* in the accident. 兩個人在事故中喪身。❷ 扼殺；消滅；使喪失：The inability to type efficiently *kills* her chance for the job. 她因打字不熟練而喪失了得到這份工作的機會。❸ 破壞；毀壞；削弱：The shooting totally *killed* the quietness of the area. 槍聲完全破壞了這個地區的寧靜。❷ *vi* 殺死；（家畜等）適於屠宰
◇ **kill sb with kindness** 寵壞某人 / **kill time** 消磨時光 / **kill two birds with one stone** [諺] 一石雙鳥
II *n* [總稱] 獵物：There is plentiful *kill* in the forest. 森林中有很多獵物。
□ **killjoy** *n* 掃興的人 / **kill-time** *n* 用來消磨時間（或消遣）的事情

用法說明：Kill、murder 和 assassinate 都有"殺"的意思。Kill 為普通用語，可指"殺"任何東西：Grandfather killed a big rat.（爺爺殺死了一隻大老鼠。）Murder 指非法地、有預謀地"謀殺"：The governor was found murdered in the garden.（總督發現被人謀殺在花園裏。）而 assassinate 多指出自政治動機的"暗殺"：The president was soon assassinated.（沒過多久，總統被暗殺了。）

kil·ler /ˈkɪlə(r)/ *n* [C]
❶ 兇手；殺手；屠夫：The police were hunting the *killer* in the town. 警察在城

裏搜查兇手。**2** 屠殺機器；屠殺物

ki·lo /'kiːləʊ, 'kɪ-/ n（複 = kilos）
1 公斤；千克（= kilogram）**2** 公里；千米（= kilometre）

ki·lo·gram, ki·lo·gramme
/'kɪləgræm/ n [C]
公斤；千克（略作 kg., k., kilo）

ki·lo·me·ter, ki·lo·me·tre
/'kɪləmiːtə(r)/ n [C]
公里；千米（略作 km, kil.,kilo., kilom.）

ki·lo·watt /'kɪləwɒt/ n [C]
〈物〉千瓦（特）（功率單位；略作 kw）

ki·lo·watt-hour
/'kɪləwɒt'aʊə(r)/ n [C]
〈電〉千瓦（特）時；一度（電）（能量單位；略作 kwh 或 kwhr）

ki·mo·no /kɪ'məʊnəʊ/ n
（複 = kimonos）
1 和服 **2**（和服式）女晨衣

kin /kɪn/
I n [U] **1** [總稱] 家屬；親屬：He's no kin to me. 他跟我不沾親。**2** 家族；門第：He comes of noble kin. 他出身名門（貴族）。
◇ **be of kin 1** 有親屬關係 **2**（性格或性質上）相同
II adj 有親屬關係的 (to)
▷ **kinless** adj / **kinship** n
❶ clan, family, folk

kind¹ /kaɪnd/ adj
仁慈的；和藹的；友善的：A kind old man helped him out of difficulty. 一位仁慈的老人幫他走出困境。/ Would you be kind enough to close the door? 請你把門關上好嗎？
□ **kind-hearted** adj 仁慈的；好心的
❶ amiable, benign, gentle

用法說明：**Kind** 和 **kindly** 都有"和藹的"、"仁慈的"的意思。**Kind** 是普通用語：Our neighbors are very kind to us.（我們的鄰居對我們非常友好。）**Kindly** 尤指對小輩、下屬和弱者的和藹和友好態度：The policeman spoke in a kindly way to the lost little boy.（警察和藹地跟那迷路的小孩子說話。）

kind² /kaɪnd/ n [C]
種；類：He collected different kinds of stamps. 他收集各種不同的郵票。
◇ **kind of** 有點兒；有幾分：I am kind of tired. 我有點累了。
❶ sort, type, variety

用法說明：**Kind** 和 **sort** 都可表示"種類"。**Kind** 指同類的事物：They are different kinds of animals.（它們是不同種類的動物。）**Sort** 指相似的事物，有時含有輕蔑的意味：I don't like that sort of people.（我不喜歡那種人。）

kin·der·gar·ten /'kɪndə,gɑːtn/ n
幼兒園：Small children are usually sent to the kindergarten when both of their parents go to work. 當他們的雙親去工作時，小孩子通常被送到幼兒園。
▷ **kindergartener** n [C] 幼兒園教師；保育園

kind·ly /'kaɪndlɪ/
I adj 仁慈的；和藹的；友好的：a kindly smile 和藹的微笑
II adv **1** 溫和地；仁慈地；親切地：She spoke kindly to him. 她對他說話和藹。**2** 請（用於客套語）：Kindly tell me your name. 請告訴我你的名字。
▷ **kindlily** adv / **kindliness** n

⇨ 用法説明見 KIND

kind·ness /'kaɪndnɪs/ n
1 [U] 仁慈；好意；體貼：out of kindness 出於好意 **2** [C] 友好的行為；好事：He has done me many kindnesses. 他給我做了許多好事。
◇ **kill with kindness** 以溺愛害（人或動物等）；用過分的好意使人不知所措

ki·net·ic /kɪ'netɪk, kaɪ-/ adj
〈物〉運動的；運動引起的
□ **kinetic art** 動態藝術 / **kinetic energy** 動能

king /kɪŋ/ n [C]
1 國王；君主：the King of Spain 西班牙國王 **2** （某範圍內）最有勢力者；大王：an oil king 石油大王 / The lion is the king of the animals. 獅子是百獸之王。**3** （象棋）王；（撲克）老 K
□ **king-size(d)** adj 特大的；特長的

king·dom /'kɪŋdəm/ n [C]
1 王國：the United Kingdom 聯合王國 **2** 領域；範圍：Cook's kingdom is the kitchen. 廚師的天地就是廚房。**3** [Kingdom]〈宗〉天國
◇ **come into one's kingdom** [俚] 飛黃騰達；成為富翁
● country, domain, empire, realm

kins·man /'kɪnzmən/ n [C]
（複 = kinsmen）
1 （男性）家屬；（男）親屬 **2** 同一民族（種族、家族）的人

kins·men /'kɪnzmen/ n
kinsman 的複數形式

kiss /kɪs/
I ❶ vt 吻；接吻：She kissed her mother good-bye. 她跟她母親吻別。**❷** vi 接吻

◇ **kiss the book** 吻《聖經》宣誓 / **kiss the dust (ground)** 向征服者屈服；投降；被殺死
II n [C] 吻：He sent her a kiss at her cheek. 他吻她的面頰。
◇ **kiss of life** 口對口人工呼吸
▷ **kissable** adj / **kissably** adv

kit¹ /kɪt/ n
1 [U] （士兵、水手等的）整套裝具：Don't lose any of your kit. 別丟了你裝備中的任何物品。**2** [C] 整套工具；應用器具：welder's kits 焊工的用具
□ **kit bag** 長形帆布用具袋
● equipment, material, tools

kit² /kɪt/ n [C] 小貓；軟毛小動物

kitch·en /'kɪtʃɪn/ n
1 [C] 廚房；灶間：Dinner would be served in the kitchen. 將在廚房進餐。**2** [U] （全體）炊事人員；廚師 **3** [U] 全套炊具
□ **kitchen garden** 菜園 / **kitchen maid** 幫廚女工 / **kitchen-sink** n 廚房中的洗滌盆（水池）/ **kitchen unit** 一套廚具

kite /kaɪt/ n [C]
1 風箏：fly a kite 放風箏 **2** 〈動〉鳶

kit·ten /'kɪtn/ n [C]
小貓；小動物（如小兔等）
◇ **have a little of kittens** [俚] 發怒；生氣；擔憂；興奮 ▷ **kittenish** adj 小貓似的；嬉耍的
□ **kittenball** n [美] 壘球

knee /niː/ n [C]
1 膝；膝蓋；膝關節 **2** （褲子等的）膝部；（坐姿時）腿部：She put her child on her knees. 她把孩子抱到膝上。
◇ **bend one's knee to (bow the knee before)** 向…跪下；屈服 / **go on one's**

knees 跪下；祈禱
⇨ 插圖見 BODY

kneel /niːl/ *vi*
(knelt, [美] kneeled, kneeling)
跪下；跪着 (to, before, down)：He would rather die than *kneel* down. 他寧死不願跪下。
◐ bend, bow
◑ stand

knelt /nelt/ *vi*
kneel 的過去式和過去分詞

knew /njuː/ *v* know 的過去式

knife /naɪf/ *n* [C] (複 = knives)
刀；刀具；匕首：cut a rope with a *knife* 用匕首割繩子
◇ **be under the knife** 手術期間 / **before you can say knife** 説時遲那時快；突然 / **get one's (a) knife into sb** (惡毒地或報復性地) 傷害某人
□ **knife edge** 刀刃 / **knife grinder** 磨刀工人；磨刀石 / **knife machine** 磨刀機 / **knife rest** 刀架
◐ blade, dagger

knight /naɪt/ *n* [C]
1 (歐洲中世紀的) **騎士；騎馬的武士**
2 (近代英國的) **爵士** (其名前稱號用 Sir)

knit¹ /nɪt/ *vt*
(knitted / knit, knitting)
1 編織：*knit* wool into a sweater 將毛線織成毛衣 **2 皺起；皺緊**：knit one's brows 皺起眉頭 **3 結合；聯合**：The two families were *knitted* through marriage. 這兩家有着緊密的姻緣聯繫。
▷ **knitter** *n* [C] 編織者；編織機
□ **knit goods** 針織品

knit² /nɪt/ *v* knit 的過去式和過去分詞

knit·ting /ˈnɪtɪŋ/ *n* [U]
1 編織 (或針織) 法 2 [總稱] **編結物；針織品**
◇ **stick to (tend to, mind) one's knitting** 管自己的事，不管閒事
□ **knitting machine** 針織機 / **knitting needle** 手工編織用的針

knit·wear /ˈnɪtweə(r)/ *n*
[總稱] **針織品；毛線織物**

knives /naɪvz/ *n* knife 的複數形式

knob /nɒb/ *n* [C]
1 球形突出物；(樹幹等的) 節；瘤：a stick with a *knob* on the end 一根端頂上有節的棍子 **2** (抽屜、門的) **圓把手**：He opened the door by turning the *knob*. 他扭動圓把手打開門。**3** (收音機等的) **旋鈕；調節器**

knock /nɒk/
I ❶ *vi* **敲；擊；打**：Who is *knocking* at the door? 誰在敲門？**❷** *vt* **猛擊；使勁揍**：*knock* sb senseless on the head 猛擊某人的頭部將他打昏
◇ **knock about 1** [口] 流浪；漂泊 **2** 虐待 / **knock against** 偶然遇到 / **knock down 1** 擊敗 **2** 拆除 **3** 降低價格：I *knocked* him *down* to $3. 我跟他還價還到了 3 美元。/ **knock off** 擊倒；打敗；匆匆完成 / **knock together** 拼湊；湊成
II *n* [C] **1 敲擊；敲門聲 2 不幸；困難；挫折**：He's suffered quite a few *knocks* recently. 他近來連遭挫折。
◇ **get the knock 1** 喝醉 **2** 被解僱
◐ beat, hit

knot /nɒt/
I *n* [C] **1 繩結**：untie a *knot* in a rope 將繩上的結給打開 **2 木頭上的節瘤 3 困難；糾紛；疙瘩**：political and

financial *knots* in the country 國內政治經濟難題 **4** 〈物〉節（航速和流速單位；1節＝1海里/小時）

◇ **at a (the) rate of knots** 極迅速地；飛快地 / **cut the knot** 快刀斬亂麻 / **get into knots** 困惑不解

II *vt* 打結：*knot* a rope ▷ **knotless** *adj* / **knotlike** *adj* / **knotter** *n*

know /nəʊ/ （knew, known）

❶ *vt* **1** 知道；了解；懂得：We *know* the story is true. 我們知道這是個真實的故事。 **2** 熟悉；認識；記牢：I *know* him through his novel. 我是通過他的小說認識他的。 **3** 精通（語言）：He *knows* English very well. 他很精通英語。 **4** 認出；識別；分辨：Do you *know* the difference between the two brothers? 你能分辨這兩兄弟的不同之處嗎？ **❷** *vi* 知道；了解；懂得：I don't *know* about it. 對此我一無所知。

□ **know-how** *n* 技能；實際知識

❶ comprehend, grasp, perceive, understand

knowl·edge /'nɒlɪdʒ/ *n*

1 知識；學問；學識：*Knowledge* is power. 知識就是力量。 **2** 明白；理解；消息：I have no *knowledge* of what happened. 我對發生的事一無所知。

◇ **come to sb's knowledge** 為某人所得悉 / **to sb's knowledge** 據某人所知

❶ learning, wisdom, intelligence, information

❶ ignorance

known /nəʊn/ *v* know 的過去分詞

Ko·rea /kə'rɪə/ *n*

1 朝鮮半島（亞洲東部） **2** 朝鮮（朝鮮半島上國家）

Ko·rean /kə'rɪən/

I *adj* 朝鮮的；朝鮮族的；朝鮮語的

II *n* 朝鮮人；朝鮮語

L, l

L, l /el/

1 英語字母表的第十二個字母 **2** 羅馬數字的 50

lab /læb/ *n* [C]

[口] 實驗室；研究室（laboratory 的縮略）：Late as it is, he was still working in the chemistry *lab*. 雖然很晚了，他仍在實驗室裏工作。

la·bel /'leɪbl/

I *n* [C] **1** 標籤；籤條；標號；標記：Put *labels* on your luggage. 在你的行李上貼上標籤。 **2** 稱號；綽號

II *vt* 貼標籤於；用籤條標明：You have to *label* your trunk yourself. 你得自己往箱子上貼標籤。

❶ mark, tag

la·bor·a·tory /lə'bɒrətrɪ; 'læbrətɔːrɪ/ *n* （複 = laboratories）實驗室；研究室：*laboratory* school 實驗學校

▷ **laboratorial**

la·bour, la·bor /'leɪbə(r)/

I *n* **1** [U] 勞作；努力：The boy was

quite satisfied with the toy made by his own *labour*. 這個男孩對他通過努力做成的玩具感到非常滿意。/ hard *labour*（判處罪服的）勞役；苦役 **2** [U] [總稱] 工人；勞方；勞動力：*Labor* Day [美] 勞工節（九月的第一個星期）/ the *Labour* Party [英] 工黨 / *Labour* Leaders 工黨領袖；工會領導人士 / *labour* union [美] 勞工聯合會 (= trade union) / This country is rich of skilled *labour*. 這個國家熟練工人充足。**3**〈醫〉分娩；陣痛
◇ **lost labour (labour lost)** 徒勞 / **the labours of Hercules** 需要花巨大精力去完成的工作
II ❶ *vi* **1** 勞動；工作：*labour* in the fields 在田間勞動 **2** 努力爭取（for）；努力：*labour* for the difficult problems 苦苦思考難題 ❷ *vt* 使辛勤地工作
◇ **labour one's way** 吃力地前進 □ **labour cost** 人工成本 / **labour force** 勞動力 / **labour insurance** 勞動保險 / **labour market** 勞動力市場
❶ exertion, toil, job, work
❶ lesiure, rest

la·bour·er, la·bor·er
/'leɪbərə(r)/ *n* [C]
體力勞動者；工人：seasonal *labourers* 季節工人 / farm *labourers* 農場工人

lab·y·rinth /'læbərɪnθ/ *n* [C]
1 迷宮；曲徑 **2** 錯綜複雜；曲折；難以擺脱的處境

lace /leɪs/
I *n* **1** [C] 鞋帶；繫帶：She bent down to tie her shoe *laces*. 她彎下腰繫上鞋帶。**2** 花邊；飾帶：The curtain has *laces* round the edge. 窗簾飾有花邊。**II** *vt, vi* **1** 用帶子束縛 **2** 用花邊裝飾

◇ **lace into** [口] 打；鞭打；斥罵 / **lace sb's coat** [俚] 鞭打某人

lack /læk/
I ❶ *vt* **1** 缺乏；沒有：After the war, they *lacked* food and clothing. 戰後他們缺衣少食。**2** 短少；不足：She *lacks* experience in dealing with the case. 她處理這個案子經驗不足。❷ *vi* 缺乏；短缺；沒有：Nothing *lacks* for our plan. 我們的計劃不缺甚麼。
II *n* [C, U] 缺乏；短少；沒有（of）：The plants died for (through, from) *lack* of water. 植物由於缺少水而枯萎。
❶ deficiency, need, shortage, want

lad /læd/ *n*
1 [C] 男孩；少年；青年男子；小夥子：He's just a *lad*. 他還只是個孩子。**2**（表示親密的稱呼）傢伙；夥伴
❶ boy, youth

lad·der /'lædə(r)/ *n* [C]
1 梯子：go up the scaling *ladder* 爬雲梯 **2** 階梯；成功發跡的手段：a *ladder* of success (fame) 成功（成名）的階梯
◇ **kick down the ladder** 過河拆橋 / **see through a ladder** 看見顯而易見的東西

la·dy /'leɪdɪ/ *n*（複 = ladies）
1 [C] 女士；夫人；小姐：Ladies and gentlemen! 女士們，先生們！**2** [C] 貴婦人：She was a *lady* by birth. 她出身高貴。**3** 女子：the *ladies* singles championship 女子單打冠軍賽 **4** [Ladies，用作單] 公共女廁所（盥洗室）
▷ **ladyship** *n*
❶ female, woman
❶ man

la·dy·bird /'leɪdɪbɜːd/ *n* 瓢蟲

lag /læg/

I *vi* （lagged, lagging） **1** （behind）落後；延遲：The tired girl *lagged* behind. 那個疲勞的女孩落在了後面。**2** 衰弱；減弱：His interest in English began to *lag*. 他對英語的興趣開始慢慢地消失。

II *n* [U] 落後；滯後；延遲；延緩：The job must be finished without *lag*. 這項工作必須馬上完成。

◑ drag, linger

◐ overtake

laid /leɪd/ *vt* lay 的過去式和過去分詞

lain /leɪn/ *v* lie 的過去分詞

lake /leɪk/ *n* [C]

湖：The *lake* teems with fish. 湖裏有很多魚。

□ **the Great Lake** 大西洋 / **the Great Lakes** 北美洲五大湖

la·ma /ˈlɑːmə/ *n*

喇嘛（西藏和蒙古的佛教僧侶）

▷ **lamaism** *n* 喇嘛教 / **lamaist** *n* [C] 喇嘛教徒

lamb /læm/ *n*

1 [C] 羔羊；小羊；小羚羊：The little girl is as gentle as a *lamb*. 這個小女孩像隻小綿羊樣溫馴。**2** [U] 羔羊肉：Would you like some roast *lamb*. 你想來點烤羊肉嗎？**3** [C] 十分柔弱的人；（對孩子）寶貝兒；乖乖

◇ **as well be hanged for a sheep as (for) a lamb** [諺] 偷大偷小都是賊，一不做二不休 / **like a lamb** 馴順地；怯弱地

□ **lamb kin** 羔羊 / **lambskin** *n* 羔羊皮

lame /leɪm/ *adj*

1 跛的；瘸的；殘廢的：be *lame* in the left (right) leg 左（右）腳跛 **2** 站不住

腳的；有缺陷的：He gave us a *lame* explanation of his absence from the class. 他對自己的缺課向我們作了站不住腳的解釋。▷ **lamely** *adv* / **lameness** *n*

◑ crippled, disabled, maimed, handicapped

lamp /læmp/ *n*

1 [C] 燈：bedside *lamp* 床頭燈 / table *lamp* 台燈 **2** 發熱燈；發光物：an infrared *lamp* 紅外線燈

□ **lamplight** *n* 燈光 / **lamp-post** *n* 路燈柱 / **lampstand** *n* 燈台

◑ lantern, light

lance /lɑːns/

1 魚叉 **2** （舊時騎士用的）長矛

land /lænd/

I *n* **1** [U] 陸地；地面：The wind breezes gently over *land* and sea. 微風拂煦陸地和海洋。**2** [U] 土地；田地：Farmers work hard on the *land*. 農民們在田地辛勤勞作。**3** [C] 國家；國土：Wars between *lands* have never stopped recently. 近來國與國之間的戰爭從沒停止過。**4** [C]（複 = lands）地產；地皮；田產：He invests heavily in *lands*. 他在地產方面投資很大。

II ◐ *vt* **1** 卸貨；（飛機）送人：*land* cargo at a harbour 將貨物卸在港口 / *land* passengers in the national airport 將乘客運送到國家機場 **2** 得到；獲取：*land* a job 找到一份工作 ❷ *vi*（使）上岸；（使）登陸；（使）（飛機等）降落：The aeroplane *landed* on the nearby airport. 飛機在附近的機場降落。

◇ **land on** 責罵；責備 / **land (fall) on one's feet** 處於危險境地而幸獲安全

◑ ground, earth, country

用法説明：**Land** 指與海洋相對的 "陸地"：About one third of the earth's surface is land.（大約三分之一的地球表面是陸地。）**Land** 還有 "地產" 的意思，如：a piece of land（一塊地產）。**Earth** 指與天空相對的 "地面"：The space shuttle returns to earth.（航天飛機返回地面。）在帶定冠詞的情況下，**the earth** 意為地球。**World** 指 "我們生活的星球"，即 "世界"，與 **the earth** 同義。**Earth** 和 **soil** 都指可以生長植物的 "土"、"土壤"：The soil in our garden is black and rich.（我們花園裏的土壤又黑又肥。）但 **soil** 還有 "領土" 的意思，如：on Chinese soil（在中國國土上）。

land·ing /'lændɪŋ/ *n*
１ 着陸；降落；登陸；上岸：a soft *landing* 軟着陸 / an emergency *landing* 緊急着陸 **２** 樓梯平台 **３** 碼頭上裝卸貨物（旅客上下）的地方

land·la·dy /'lænd,leɪdɪ/ *n* [C]
１ 女房東；（旅店等的）女店主 **２** 女地主

land·lord /'lændlɔːd/ *n* [C]
１ 房東；（寄宿舍、客棧等的）店主 **２** 地主

land·mark /'lændmɑːk/ *n* [C]
１（顯而易見的）地標；路標：The light-tower on the cliff serves as a *landmark* for the boatmen for years. 多年來，懸崖上的燈塔一直被船員們認作陸標。**２** 紀念碑；里程碑：The invention of steam engine is a *landmark* in the history of industry. 蒸汽機的發明是工業史上的里程碑。

land·own·er /'lænd,əʊnə(r)/ *n* [C]
地主；土地所有者

land·scape /'lændskeɪp/
I *n* **１** [C] 風景（繪）畫；風景攝影 **２** [C] 風景；景色：They were deeply impressed by the mountainous *landscape* of the area. 他們對該地區的山區景色印象極深。**II** *vt* 美化（環境）：*landscape* a courtyard of a newly-built house 美化新建房屋的庭院
◑ scene, spectacle

lane /leɪn/ *n*
１ [C] 狹路；小巷：a winding *lane* 一條彎彎曲曲的小路 **２** [C] 航道；航線；飛行線；空中走廊 **３**〈體〉賽道；泳道
◇ It is a long lane that has no turning. [諺] 路必有彎（指事情必有轉機，用於安慰灰心喪氣的人等場合）
◑ alley, path, way

lan·guage /'læŋgwɪdʒ/ *n*
１ [U] 語言；語言文字：*Language* plays a very important role in human communication. 語言在人類交往中起着非常重要的作用。**２** [C] 使用語言的能力（風格）：the poet's *language* 那詩人的語言 **３**（語言之外的）表情達意的方法：gesture *language* 手勢語 / Barking is dog's *language*. 吠是狗語。/ computer *language* 計算機語言 **４** [U] 術語；行話：legal *language* 法律用語 / bad (strong) *language* 粗野的話；罵人的話
□ first language 第一語言（指母語）/ **language master** 語言教師（尤指外國教師）
◑ dialect, speech, tongue

lan·tern /'læntən/ *n* [C]
燈籠；提燈；信號燈：A *lantern* does

not only give off light but also hope to a man in the stormy night. 信號燈不僅給風雨交加的夜晚裏的人以光亮而且還有希望。

□ **lantern slide** 幻燈片

lap¹ /læp/ n [C]
（人坐着時）腰以下及大腿的前面部分：She put the child on her *laps*. 她把孩子抱在膝上。

lap² /læp/ n [C]
（跑道的）**一圈**：Peter won the race at the last *lap*. 彼得是在最後一圈時獲勝的。

lap³ /læp/ vt (lapped, lapping)
（兩部分）**互相交疊；互搭；搭接**(over)：The small boy drew two circles, one *lapping* over another. 這個小男孩畫了兩個相互交疊的圓圈。

lap⁴ /læp/
❶ vt (lapped, lapping) **舐；舐食**（液質食物）(up)：The cat *lapped* up milk spilt over the table by the naughty boy. 那隻貓將調皮男孩打翻在桌上的牛奶給舐乾淨了。 ❷ vi ❶ **舐** ❷（波浪）**拍打；潑濺**

large /lɑːdʒ/ adj
❶ **大的；巨大的**：Mr. Smith has a *large* family to support. 史密斯先生要供養一個大家庭。 ❷ **廣闊的；寬敞的；廣博的**：a man of *large* experience 見多識廣的人
◇ **at large** ❶（罪犯、野獸等）**自由的，不受約束的；逍遙法外的** ❷ **一般的；整個的**：the people *at large* 一般老百姓 / the country *at large* 整個國家 / **be large for** [美俚] 對⋯狂熱之至 / **by and large** 大體而言；一般而論 / **in (the)**

large ❶ 大規模地 ❷ 一般説來；大體上 ▷ **largeness** n
❶ enormous, giant, immense, grand, great
❶ little, small
⇨ 用法説明見 BIG

large·ly /ˈlɑːdʒlɪ/ adv
大半；大部分；主要地：His failure in the exam is *largely* due to his carelessness. 他考試失敗主要是由於他的粗心大意。

large-scale /ˈlɑːdʒˈskeɪl/ adj
❶ **大規模；大範圍的**：a *large-scale* devastation of the earthquake 地震造成的大規模破壞 ❷（地圖、模型等）**大比例尺的**

lark¹ /lɑːk/ n [C]
雲雀；百靈鳥
◇ **as gay (cheerful, merry) as a lark** 非常愉快 / **rise (be up) with the lark** 早起

lark² /lɑːk/
I vi **嬉戲；玩樂；玩笑**：Children are laughing and *larking* in the garden. 孩子們在花園裏又笑又鬧。
II n **嬉鬧；玩笑**：Boys are fond of having a *lark*. 男孩子們喜歡嬉戲打鬧。

lar·va /ˈlɑːvə/ n [C]
（複 = larvae, larvas）
〈動〉**幼蟲；幼體**：The maggot is the *larva* of fly. 蛆是蒼蠅的幼體。
▷ **larval** adj

lar·vae /ˈlɑːviː/ n larva 的複數形

la·ser /ˈleɪzə(r)/ n [C]
激光；激光器（為 light amplification by stimulated emission of radiation 的首字母縮合）：*laser* beam 激光束

lass /læs/ *n* [C]

1 小姑娘；少女 **2** 情侶 **3** [蘇格蘭] 女僕

last¹ /lɑːst/

I *adj* **1** 最後的；唯一剩下的：The teacher called up a student in the *last* row to answer the question. 老師將最後一排的一位學生點起來回答問題。 **2** 最近過去的；緊接前面的：*last* month 上個月 / *last* night 昨晚 **3** 唯一剩下的：You've the *last* chance to try. 你只剩下唯一嘗試的機會了。

II *adv* 最後；上一次：rank *last* in the competition 競賽中排在最後 / When did you see him *last*? 你最後一次見到他是甚麼時侯？

III *n* [C] 最後的人（物）：These are the *last* of my possessions. 這是我擁有的最後一點東西了。

◇ **at (long) last** 最後；終於 / **breathe one's last** 斷氣；死 ▷ **lastly** *adv*

● end, final end, former, preceding, previous

◑ first, initial

用法説明：Lastly 、at last 和 finally 都是 "最後"、"終於"的意思。Lastly 用於列舉條目、理由等，如：firstly...secondly...lastly 。At last 和 finally 意思相仿，但 at last 強調經過努力，克服重重困難，finally 側重最後結果：The lost purse was found at last. （丢掉的錢包終於找到了。）Finally, they won the game. （最後，他們取得了比賽的勝利。）

---

last² /lɑːst/

❶ *vi* 持續；支持；耐久：The lecture *lasted* for 3 hours. 講課持續了三小時。

❷ *vt* 經受；使得以維持下去：The boat *lasted* the storm. 小船經受住了風暴。/ The patient can hardly *last* the operation. 病人經受不住這次手術。

● continue, endure, keep

last·ing /'lɑːstɪŋ/ *adj*

持久的；永久的；耐久的：a *lasting* peace 永久的和平 ▷ **lastingly** *adv*

● durable, enduring, eternal

last·ly /'lɑːstlɪ; 'læstlɪ/ *adv*

最後一點；最後：*Lastly*, I shall send my special thanks to the hostess. 最後，我想向女主人表示特別的感謝。

late /leɪt/

I *adj* **1** 遲的：He has never been *late* for school. 他上學從沒遲到過。 **2** 晚的；晚期的：Mary worked at a *late* hour. 瑪麗工作得很晚。 **3** 新近的：Have you noticed his *late* changes? 你注意到他近來的變化嗎？ **4** 已故的；去世不久的：The *late* minister did a lot in charity. 已故牧師做了很多慈善工作。

II *adv* 晚；在晚期：*late* in spring 暮春

◇ **Better late than never.** [諺] 遲做總比不做強。/ **early and late** 從早到晚 / **It is never too late to mend.** [諺] 改過不嫌晚。/ **It is never too late to learn.** [諺] 活到老學到老。/ **of late** 近來；最近 / **sit up late** 深夜不睡 ▷ **lateness** *n*

● former, past; current, fresh, recent

◑ punctual, present

late·ly /'leɪtlɪ/ *adv*

近來；最近；不久前：I don't feel well *lately*. 近來我感覺不舒服。

la·tent /'leɪtnt/ *adj*

潛伏的；潛在的；隱而不見的：a *latent* infection 潛在的感染 / a *latent* period 〈醫〉潛伏期 ▷ **latently** *adv*

L

lat·er /ˈleɪtə(r)/

I adj **1** 較晚的；以後的；末期的：We shall discuss it in a *later* chapter. 我們將在以後的章節中討論這個問題。 **2** (時期) 下半葉；末期的：the *later* 19th century 十九世紀下半葉

II adv 後來；以後；過後：See you *later*. 回頭見！

◇ **for later** 供以後用 / **sooner or later** 遲早，總有一天

◐ afterward, following
◑ earlier, previous

lat·est /ˈleɪtɪst/ adj

最新的；最近的：the *latest* news 最新消息

◇ **at (the) latest** 至遲；最晚：I shall give you my answer within two days *at (the) latest*. 我最晚兩天內給你回覆。

◐ contemporary, current, newest
◑ dated

Lat·in /ˈlætɪn/

I adj **1** 拉丁的；拉丁語的；拉丁語系民族的；拉丁美洲的：the *Latin* countries 拉丁民族諸國 / *Latin* America 拉丁美洲

II n 拉丁語；拉丁系語言；拉丁字母表：*Latin* is a dead language now. 拉丁語現在已是死語言。

lat·i·tude /ˈlætɪtjuːd/ n

1 [U] 緯度：40 degrees north (south) *latitude* 北緯 (南緯) 四十度 **2** [C] 地方；地區 (尤指從溫度上而言)：low (high) *latitudes* 離赤道近 (遠) 的地方 **3** [U] (言論、行動等的) 自由：give sb relative *latitude* in managing the factory 給某人在管理工廠方面相應的自由

lat·ter /ˈlætə(r)/ adj

1 (兩者之間) 後者；後半部分：the *latter* half of the year 後半年 **2** 最近的；現今的：in the *latter* days 近些日子 ▷ **latterly** adv 後來；近來

□ **latter-day** adj 近代的；現代的

laugh /lɑːf/

I **1** vi (大) 笑；發笑；歡笑：All the children *laughed* when Jane slipped in the mud. 當珍妮在泥濘中滑倒時，所有的孩子都笑了。 **2** vt **1** 以笑表示：John *laughs* his approval. 約翰笑着表示贊同。 **2** 嘲笑：He was well-meaningly *laughed* for his innocence. 人們毫無惡意地笑他太單純。

◇ **He laughs best who laughs last.** [諺] 誰笑在最後，誰笑得最好。/ **laugh at** 嘲笑 / **laugh off** 用笑擺脫 (困境等)

II n [C, U] 笑；笑聲：burst into *laugh* 爆發出笑聲

◇ **have the last laugh** 笑在最後，獲得最後勝利 / **have the laugh on one's side** (先被人笑) 反過來笑別人

◐ giggle
◑ cry

laugh·ter /ˈlɑːftə(r)/ n [C]

笑；笑聲：He was filled with *laughter* to get the job. 得到這份工作他笑開了眼。

launch¹ /lɔːntʃ/

I **1** vt **1** 使 (船) 下水：Another new luxurious liner was *launched* recently. 另有艘豪華客輪最近下水了。 **2** 發射；投擲：*launch* a satellite 發射人造衛星 **3** 發動 (戰爭)；開展 (運動)：*launch* a campaign against sth 發起反對某事的運動 **2** vi 起飛；(船) 下水 II n 發射；(船) 下水

❶ thrust, propel, begin
❶ land, conclude

launch² /lɔ:ntʃ/ n [C]
汽艇；遊艇

laun·dry /'lɔ:ndrɪ/ n
❶ [C] 洗衣房；洗衣店：Tom never washes his own clothes himself, and he sends them to the *laundry* instead. 湯姆從不親自洗衣服，而是將衣服送到洗衣店去。❷ [U] 送往洗衣店的衣物
□ **laundry bag** (裝髒衣物送洗衣店的) 洗衣袋 / **laundryman** n 洗衣男工 / **laundry woman** 洗衣女工 / **laundry soap** 洗衣皂

la·va /'lɑːvə/ n [U] 〈地〉熔岩

lav·a·to·ry /'lævətrɪ; -tɔːrɪ/ n [C]
❶ 洗臉盆 ❷ 漱洗室；廁所

law /lɔː/ n [C]
❶ 法律；法令；法：It is the duty of the citizens to obey the *law*. 守法是所有市民的責任。❷ 法則；規律；原理；定律：a *law* of nature 一條自然法則 / *Laws* of Newton 牛頓定律 ❸ 規則；守則；慣例：a *law* of grammar 一條語法規則 / the *laws* of football 足球規則
□ **law-breaker** n 犯法的人 / **law office** 律師事務所 / **lawsuit** n 訴訟（案件）
❶ decree, rule, principle, code

law·ful /'lɔːfl/ adj
法定的；合法的：a *lawful* heir 法定繼承人 / a *lawful* marriage 合法婚姻
▷ **lawfully** adv / **lawfulness** n

lawn /lɔːn/ n [C]
草地；草坪；草場：The children are playing on the *lawn*. 孩子們正在草坪上嬉鬧。
□ **lawn mower** 割草機 / **lawn tennis**

草地網球
❶ grass, green

law·yer /'lɔːjə(r)/ n [C] 律師；法學家
❶ attorney, counselor

lay¹ /leɪ/ （laid, laying）
❶ vt ❶ 放置；擱；放下：*lay* emphasis (stress) on sth（注重）強調某事 ❷ 鋪設；敷設；砌（磚）：*lay* bricks 砌磚 ❸ 佈置；安排：*lay* mines 佈雷；埋雷 / *lay* the table（準備開飯時）擺好餐具 ❹ 把（懲罰、賦稅、負擔等）加於：*lay* heavy tax on cigarette 對捲煙徵收高稅 ❺ 提出（問題、計劃、主張、思想等）：*lay* a claim before the committee 把要求提交委員會 ❷ vi 產卵；下蛋：The hens aren't *laying*. 母雞沒在下蛋。

◇ **lay aside** 把…擱置起來；積蓄 / **lay down** 放下；交出；規定；制定（計劃、規劃、原則等）/ **lay in** 貯存 / **lay off** 休息；停工 / **lay on** ❶ 把（懲罰、賦稅等）加諸於人 ❷ 安裝（電話、水管等）/ **lay out** ❶ 擺開；展開 ❷ 安排；佈置 / **lay to**（把功、過）歸於；努力幹 / **lay up** 貯存；儲蓄
❶ put, set, place, rest, arrange

用法説明：**Lay** 和 **lie** 這兩個動詞都有"躺"和"放"的意思。但 **lay** 是個及物動詞：She laid her hands on the book.（她把手放在書上。）She laid herself on the bed.（她躺在床上。）**Lie** 是個不及物動詞：The book lies on the table.（書放在桌子上。）He lay on the floor and fell asleep.（他躺在地板上睡着了。）值得注意的是，**lie** 的過去式是 **lay**，因此很容易跟動詞 **lay** 的不定式混淆起來。

lay² /leɪ/ v lie 的過去式

lay·er /'leɪə(r)/ n [C]
1 層;階層;地層: The seeds must be covered with a *layer* of soil. 種子必須用一層土蓋上。 **2** 鋪設者;放置者: a brick *layer* 砌磚匠 **3** 下蛋的雞

lay·out /'leɪaʊt/ n [C]
1 佈局;安排;設計: The new factory has a well-planned *layout*. 這個新工廠有個安排合理的佈局。 **2** (廣告、書籍、報刊等的) 版面編排;版面設計
◑ arrangement, design, pattern, plan

la·zi·ness /'leɪzɪnɪs/ n [U]
懶惰;懶散: He was usually blamed for his *laziness*. 他常因懶惰而受到責罵。

la·zy /'leɪzɪ/ adj
1 懶惰的;懶散的: Don't be so *lazy*! 不要這樣懶惰! **2** 令人懶散的: a *lazy* afternoon 一個讓人昏昏欲睡的下午 **3** 緩慢的: a *lazy* river 水流緩慢的河流
□ **lazybones** n 懶漢;懶骨頭
▷ **lazily** adv
◑ idle, neglectful, inactive, sluggish
◐ industrious

lea /liː/ n [C] [詩] 草地;牧地

lead¹ /liːd/
I ❶ vt (led, leading) **1** 領導;率領;指揮: The guide *leads* us to the hotel. 向導把我們領到旅店。 **2** 牽引: *lead* a horse 牽馬 **3** 致使;誘使: Her careless spending *led* her into debt. 她亂花錢的結果使她債台高築。 **4** 過 (生活);使…過 (某種生活): *lead* a peaceful life 過一種安逸的生活 **❷** vi **1** 領導;領路 **2** 通向;導致
II n **1** 領導;榜樣: take the *lead* 帶

頭;做出樣子 **2** 領先者: gain (have) the *lead* in a race 在賽跑中領先 **3** (戲中) 主角;扮演主要演員
◑ conduct, command

用法說明: **Lead**、**guide** 和 **direct** 三詞都有"引領"的意思。 **Lead** 指走在前面引路,常轉義為"領導": A local girl led us through the forest. (一位當地姑娘帶領我們穿過森林。) **Guide** 指一邊引路一邊解說,用於向導對遊客的"導遊",老師對學生的"指導"等: The teacher guided the student into the right way. (老師引導學生走上正路。) **Direct** 指為人指明方向: The policeman directed me to the post office. (警察為我指明去郵局的路。)

---

lead² /led/ n [U]
鉛;鉛製品: as heavy as *lead* 沉重如鉛

lead·er /'liːdə(r)/ n [C]
1 領導人;首領: the *leader* of a country 一個國家的首領 **2** 率領者;領唱 (奏) 者: the *leader* of violin section in an orchestra 一個管弦樂隊裏的首席小提琴手
◑ boss, commander, superior

lead·er·ship /'liːdəʃɪp/ n [U]
1 領導;領導地位;領導權: He won the *leadership* of the Party. 他贏得了該黨的領導權。 **2** 領導才幹: The new Prime Minister shows his *leadership* in dealing with national affairs. 新首相在處理國內事務上顯示了領導才幹。 **3** [總稱] 領導人員;領導層

lead·ing /'liːdɪŋ/ adj
1 最重要的;主要的: take a *leading* role in the project 在該項計劃中起主要作用 **2** 首位的;引導的;前列的: the

leading runner 跑在最前面的人 / a piece of *leading* news 一條頭版消息

◑ chief, main, major

◐ insignificant, minor

leaf /liːf/ *n*（複 = leaves）

1 [C] 葉；花瓣：In the autumn, *leaves* of some trees turn yellow and fall down. 秋天有些樹的葉子變黃脱落。 **2** [C]（書刊等）一張（正反兩頁）：My text book has been torn off several *leaves*. 我的課本被撕掉了好幾頁。 **3** [U]（金屬）薄片

□ leafbud *n* 葉牙 / leaffat *n*（豬的）板油

▷ leafless *adj* / leaflike *adj*

leaf·let /ˈliːflɪt/ *n* [C]

1 傳單；小冊子；活頁 **2** 小葉；嫩葉

league /liːg/

I *n* [C] **1** 同盟；社團；協會：The youth united in a *league* of friendship. 年輕人聯合起來組成一個友誼的聯盟。 **2** 體育運動協會：The football game is *league* match. 這場足球賽是足協會員間的比賽。

◇ **in league (with)**（與⋯）聯合；（與⋯）結盟

II *vt, vi*（使）結盟；聯合

◑ alliance, association, union

leak /liːk/

I *vi* **1** 漏；滲；滲透：The house *leaks* when the storm comes. 暴風雨一來這個房子就漏。 **2** 泄密；走漏：The news has already *leaked* out. 這消息已經走漏出去。 **II** *n* 漏；漏洞；泄漏：There is a *leak* in the roof. 房頂上有個漏洞。/ an official *leak* of the accident 官方透露的這場事故的消息

◇ **A small leak will sink a great ship.**

[諺] 小洞能沉大船。（小洞不補，大洞吃苦。）

lean¹ /liːn/

I *vi* **1** 傾斜；傾向；靠：He *leaned* over to hear what she said. 他彎下身去聽她説甚麼。 **2** 依靠；依賴：Don't always *lean* on others for help. 不要老依靠別人的幫助。

II *n* [C] 傾斜；傾向：a post with a slight *lean* 一根稍有些傾斜的柱子

◑ recline, repose, rest, bend, incline, slant

lean² /liːn/ *adj*

1（人、家畜等）瘦的 **2** 貧乏的；貧瘠的；收益差的 ▷ leanness *n*

◑ bony, thin, meager

◐ fat, ample

⇨ 用法説明見 THIN

leap /liːp/

I *vi, vt*（leapt 或 leaped）跳；跳躍；越過：The child *leaped* over the ditch. 這小孩跳過一條溝。/ *leap* a horse over the ditch 縱馬躍過一條溝

II *n* [C] **1** 跳；跳躍：She left the school in *leaps*. 她蹦蹦跳跳地離開了學校。 **2** 迅猛增長：The production of iron and steel went up with a *leap* recently. 近來，鋼鐵生產飛速發展。

◇ **a leap in the dark** 冒險的行動；輕舉妄動 / **by leaps and bounds** 飛躍地；極迅速地 / **Look before you leap.** [諺] 深思熟慮而後行。 □ leap day 閏日（指 2 月 29 日）/ leapfrog *n* 跳蛙；（跳背）遊戲

◑ jump, bounce, spring, vault

⇨ 用法説明見 JUMP

leapt /lept/ *v*

leap 的過去式和過去分詞

learn /lɜːn/ (learned 或 learnt)
❶ *vt* **1** 學;學習:I'm trying to *learn* French. 我正下功夫學法語。 **2** 獲悉;知曉:I've never *learned* (learnt) he is a deaf. 我從不知他是個聾子。 **❷** *vi* 學習;學:The child is *learning* quickly. 這小孩學得很快。
◇ **I am (have) yet to learn.** 我不了解。/ **Soon learnt, soon forgotten.** [諺] 學得快,忘得快。

> 用法説明: **Learn** 和 **study** 兩個詞均是 "學習" 的意思。 **Learn** 指從不會到會的學習過程: Where did you learn your English?(你在哪裏學會英語的?) **Study** 側重閱讀、思考和實踐等學習的動作: He has been studying English for three years. (三年來他一直在學習英語。)

learn·ed /ˈlɜːnɪd/ *adj*
1 有學問的;博學的:a *learned* professor 一位學識淵博的教授 **2** 學術性的:a *learned* work 學術工作
□ **learned profession** 需要學問的職業(尤指牧師、律師、醫生等職業)
▷ **learnedly** *adv* / **learnedness** *n*

learn·ing /ˈlɜːnɪŋ/ *n* [U]
學問;學術;知識:A little *learning* is a dangerous thing. 知識淺薄,危害甚深。/ a man of *learning* 有學問的人
⦿ education, instruction, knowledge, schooling
⦿ ignorance

learnt /lɜːnt/ *v*
learn 的過去式和過去分詞

lease /liːs/
I *n* [U] 租借;租賃;租約;租賃物:take the land on *lease* 租賃這塊土地 / buy the *lease* 買下租借的東西
◇ **a new lease of life** 新生 / **by (on) lease** 以租借方式 / **put out to lease** 出租
II *vt* 出租;租用:*lease* the farm from sb 從某人處租用農場
□ **leasehold** *adj* 租來的

lease·hold·er /ˈliːsˌhəʊldə(r)/ *n* [C] 租賃人;租借人;承租人

least /liːst/
I *adj* (little 的最高級) 最小的;最少的;最不重要的:He wanted to spend the *least* money to buy the most things. 他想花最少的錢買最多的東西。/ The *least* person may do the great thing. 最平凡的人也許能做出偉大的事。 **II** *adv* (little 的最高級) 最少;最小:the *least* interesting job 最沒意思的工作 **III** *n* 最少量;最少物;最卑微者:That's the *least* of my worries. 那是我最不擔心的。
◇ **at (the) least** 至少;起碼 / **in the least** 一點;絲毫 / **say the least (of it)** 至少可以這樣説;退一步説

leath·er /ˈleðə(r)/
I *n* [U] 皮革;皮革製品:My jacket and shoes are made of *leather*. 我的夾克和鞋子是用皮革做的。 **II** *adj* 皮革製的;似皮革的:a pair of *leather* gloves 一副皮手套 ▷ **leatherlike** *adj*

leave¹ /liːv/
❶ *vt* (left, leaving) **1** 離開;出發:He's *leaving* Shanghai for Hong Kong. 他準備離開上海去香港。 **2** 留下:The mother *left* her son to her husband. 這位母親將孩子留給她丈夫。 **3** 遺忘;丟下:I *left* my watch in the sitting-room.

我把手錶忘在了客廳。 **4** 交給;委託: *Leave* your phone number and address with the secretary. 將你的電話號碼及地址交給秘書。 **5** 使處於某種狀態;聽任: *Leave* the door open. 把門開着。 **❷** *vi* 離去;動身;出發

◇ **leave about** 亂放;亂丢 / **leave alone** 不管;不理會;不惹動 / **leave behind** **1** 留下;忘帶 **2** 遺留 / **leave off** 停止: *leave off* talking 停止談話 / **leave out** 省去;略去 / **leave over** 留下;剩下: problems *left over* by history 歷史遺留問題

❶ depart, exit, retreat
❶ arrive

用法説明: **Leave**、**start** 和 **depart** 三個詞均有"出發"的意思。**Leave** 是普通用語: They *left* London for New York. (他們從倫敦出發去紐約。) **Start** 跟 **leave** 意義相同,但不如 **leave** 普通,而且是個不及物動詞: Bob *started* for Paris. (鮑勃出發去巴黎。) **Depart** 是正式用語,也是不及物動詞: He made a farewell speech before he *departed*. (他出發以前作了告別演説。)

leave² /liːv/ *n* [C]
1 許可;同意: The child asked *leave* of his mother to get the sweets. 這孩子請求他媽媽給他糖塊吃。 **2** 休假;准假: ask for *leave* 請假

◇ **by (with) your leave** [口] 請原諒;借光;勞駕 / **on leave** 休假 / **take French leave** 不辭而別 □ **leave-taking** *n* 告別
⇨ 用法説明見 HOLIDAY

leaves /liːvz/ *n* leaf 的複數形式

lec·ture /ˈlektʃə(r)/
Ⅰ *n* [C] **1** 演講;講座;講課: attend a *lecture* 聽講座 / We have *lectures* every morning. 我們每天早晨有課。 **2** 嚴責;長篇大論的教訓: give sb a *lecture* 給某人以訓誡
Ⅱ *vt* 向…講演;給…講課
❶ discourse, lesson, speech, talk

lec·tur·er /ˈlektʃərə(r)/ *n* [C]
1 講演者;講課者 **2** [英] (大學或學院的) 講師

led /led/ *v* lead 的過去式和過去分詞

lee /liː/ *n*
1 [U] 庇護;保護;庇護所;避風處: When the storm came, all the ships sailed into the harbor to get *lee*. 當風暴來臨時,所有的船都駛進了港口尋求庇護。 **2** (海) 下風;背風面
◇ **under (in) the lee of** 在…庇護之下

left¹ /left/ *v*
leave 的過去式和過去分詞

left² /left/
Ⅰ *adj* **1** 左邊的;左面的;左側的: I write with my *left* hand. 我用左手寫字。 **2** [常作 Left] 左翼的;持激進觀點的: He's very Left. 他很左。 **Ⅱ** *adv* 往左;向左;在左面: Turn *left* at the corner of the block. 在街區的拐角處朝左拐。 **Ⅲ** *n* [C] 左;左邊;左方: Come and sit on (at) my *left*. 來坐在我左邊。
◇ **have two left feet** 極其笨拙 / **over the left** [俚] 完全不是這樣,恰恰相反 □ **left wing** (政黨等的) 左翼

left-hand /ˈlefthænd/ *adj*
左手用的;左邊的: a *left-hand* table tennis player 左手乒乓球選手 / on the *left-hand* side of 在…的左邊

left-hand·ed /ˌleft'hændɪd/ adj
習慣用左手的;左撇子

leg /leg/ n [C]
❶ 腿: My *legs* could no longer support me. 我的腿再也站不住了。 **❷** (桌、椅等的) 腿: A table usually has four *legs*. 一張桌子通常有四條腿。 **❸** (接力賽、旅程或飛行中的) 一段行程: He ran his *leg* of relay in 12 seconds. 他僅用 12 秒就跑完了他的那段接力賽程。

◇ **be run off one's legs** 破產 / **get a leg in** [口] 得到…的信任 / **on one's last legs** 垂死;臨近結束 / **pull sb's leg** 愚弄某人

⇨ 插圖見 BODY

leg·a·cy /'legəsɪ/ n [C]
遺贈物;遺產: The four great inventions are the remarkable *legacy* of our ancestors to posterity. 四大發明是我們祖先留給後代的傑出遺產。

❶ heritage, tradition

le·gal /'liːgl/ adj
法律上的;合法的;法定的: the *legal* system 法制 / a *legal* act 合法行為 / a *legal* holiday 法定假日 ▷ **legally** adv

❶ lawful, authorized, legitimate
❶ illegal

leg·end /'ledʒənd/ n
❶ [C] 傳奇;傳說中的人 (事): Robin Hood and his stories are *legends* that especially fascinate small boys. 羅賓漢以及他的故事是特別令小男孩們着迷的傳說。 **❷** [C] (硬幣、獎章等上的) 鑄刻文字;銘文;(地圖、圖片、圖表等的) 說明;圖例

❶ epic, myth

le·gion /'liːdʒən/ n [C]
❶ 古羅馬軍團 (約有三千到六千名步兵,輔以騎兵) **❷** 軍團;大部隊 **❸** 眾多;大批;大量: a *legion* of admirers 大批的崇拜者 ▷ **legionary** adj 軍團的;部隊的;退伍軍人協會的

le·gis·la·tion /ˌledʒɪs'leɪʃn/ n [U]
❶ 立法;制定法律: Congress has the power of *legislation*. 國會擁有立法權。 **❷** 法規;法律: enact *legislation* 制定法律

le·gis·la·tive /'ledʒɪslətɪv, -leɪ-/ adj
❶ 立法的: *legislative* reforms 立法改革 **❷** 有立法權的;起立法作用的

□ **legislative assembly** (美國部分州的) 兩院制議會;兩院制的下院 / **legislative council** (一些英聯邦國家的) 議會上院

le·gis·la·ture /'ledʒɪsleɪtʃə(r)/ n [U]
立法機關;立法團體;議會

le·git·i·mate /lɪ'dʒɪtɪmət/ adj
❶ 合法的;正當的: a *legitimate* claim 合法的要求 **❷** 由合法婚姻所生的;嫡出的: a *legitimate* son 婚生子
▷ **legitimately** adv / **legitimation** n
❶ lawful, legal, licensed, authentic

lei·sure /'leʒə(r); 'liːʒə(r)/ n
❶ [U] 空閒;閒暇: I scarcely have *leisure* for sports. 我幾乎沒時間運動。 **❷** (常用作定語) 休閒;安逸: *leisure* clothes 休閒服 / *leisure* hours 休閒時刻 / *leisure* life 悠閒安逸的生活

◇ **at leisure** 閒着的;有空的 / **at one's leisure** 在空閒時;在方便時: Please come and visit us *at your leisure*. 在你有空時來看我們。

❶ relaxation, repose

lei·sure·ly /'leʒəlɪ/

I *adj* 從容的；慢慢的：*a leisurely* walk 漫步 **II** *adv* 從容地；慢慢地：The train *leisurely* travelled in the vast prairie. 列車在大草原上緩行。

▷ **leisureliness** *n*

lem·on /'lemən/ *n*

1 [C, U] 檸檬；檸檬樹 **2** [U] 檸檬汁：a glass of *lemon* 一杯檸檬汁

◇ **lemon-drop** *n* 檸檬糖 / **lemon squash** 檸檬蘇打水 / **lemon yellow** 檸檬色

⇨ 插圖見〈專題圖說 9〉

lem·on·ade /,lemə'neɪd/ *n* [U]
檸檬汽水

lend /lend/ (lent)

❶ *vt* **1** 借出；把…借給：Would you *lend* me your car? 你願意把車借給我嗎？ **2** 貸（款等）；出租（書等）：*lend* fund to sb 給某人貸款 **❷** *vi* 貸款

◇ **lend oneself to** 參與；有助於

▷ **lendable** *adj* 可供借（貸）的 / **lender** *n* 出借者；貸方

◑ loan, give

◑ borrow

⇨ 用法說明見 BORROW

length /leŋθ/ *n*

1 [U] 長度：the *length* of the room 房間的長度 **2** [U] 時間的長短；一段時間：the *length* of a vacation 假期的長短

◇ **at arm's length** 相當疏遠地；保持一定的距離 / **(at) full length** 挺直地，全身平伸地 / **at length 1** 最後；終於 **2** 詳細地：He spoke *at* (great, some, full) *length* about the subject. 他詳細地闡述了這個問題。/ **go (to) all lengths** 竭盡全力 / **keep at arm's length** 避免同…

親近

⇨ 用法說明見 DEPTH

length·en /'leŋθən/ *vt, vi*
（使）延長；（使）伸長：*lengthen* the article 加長文章 / The days get *lengthening* in March. 三月間白晝漸長。

lens /lenz/ *n* [C]

1 透鏡；鏡片 **2** （照相機、望遠鏡等的）鏡頭 ▷ **lensed** *adj* 有透鏡的 / **lensless** *adj* 無透鏡的

lent /lent/ *v* lend 的過去式和過去分詞

leop·ard /'lepəd/ *n* [C]
豹；美洲豹

◇ **The leopard cannot change its spots.** [諺] 本性難改。□ **leopard spot** 豹斑 ▷ **leopardess** *n* 母豹

⇨ 插圖見〈專題圖說 11〉

less /les/

I *adj* （little 的比較級）**1** 較少的；較小的：More haste, *less* speed. [諺] 欲速則不達。**2** 級別（地位）較低的；較次要的：a matter of *less* importance 次要的事情 **II** *adv* （little 的比較級）較小地；次要地：It is *less* expensive than I expected. 比我想的便宜。**III** *n*（單複同）較少數；較小量；較小的部分：He accepted *less* than I offered. 他收下的比我提供得少。

◇ **more or less** 或多或少 / **no less than** 多達 / **none the less** 仍舊；依然

less·en /'lesn/ *vt, vi*

1 變小；縮小；減輕：*lessen* tensions 緩和緊張局勢 / The pain in my neck *lessened* after I took the medicine. 吃過藥後我脖子痛減輕了。**2** 貶低；降低：*lessen* a person's achievement 貶低某人

的成就

● decrease, diminish, ease, reduce

◑ increase

less·er /'lesə(r)/ adj （只作定語）
較小的；更少的；次要的：lesser
writers 次要作家

les·son /'lesn/ n [C]

1 功課；課業：The teacher gives us a very good lesson. 老師給我們上了一堂非常好的課。**2** 教訓；經驗：The car accident taught me a lesson：it's dangerous to drive too fast. 這次車禍給了我教訓：開快車危險。

● lecture, class

lest /lest/ conj
唯恐；免得：Be careful lest you fail. 小心以免失敗。/ The rabbit ran desperately lest it be caught. 兔子拼命地跑生怕被捉住。

let¹ /let/
I ❶ vt (let, letting) **1** 讓；允許：The mother won't let her child play in the street. 母親不讓孩子在街上玩。**2** 使流出；放出：The chimney let out smoke. 煙囪排放出煙。**3** 出租：The room is let to a student. 這間房子租給一個學生。❷ vi 出租；租給

◇ **let alone** **1** 不打擾；任其自然：Let her alone. 隨她去！**2** 至於…更不必說了：He can't walk, let alone run. 他走都走不了，更甭說跑了。/ **let be** 聽任；不打擾：Let it be. 別理它。/ **let down** **1** 放下；放低：Please let the window down. 請放下窗子。**2** 使某人失望：I'll never let you down when you need my support. 如果你需要我的幫助，我一定不會讓你失望的。/ **let fly** 發

射；釋放 / **let go** 放開；釋放 / **let in** 讓…進來；放進 / **let loose** 釋放 / **Let me see.** 讓我想想看。/ **let off** 放掉（蒸汽等）；不懲罰 / **let oneself go** 盡情；情不自禁 / **let out** 泄露 / **let pass** 放過；不追究 / **let ride** 不管；放任…自流 / **let slip** 放走；錯過（機會等）

用法說明：Let、hire 和 rent 都是"租"的意思，但用法有所不同。一，表示短期租借的時候，在英國"租進"用 hire，"租出"用 hire out：I wish to hire a car for a day.（我想租用一天汽車。）在美國，"租進"用 rent，"租出"用 rent out：He rented a bike out to me.（他租給我一輛自行車。）二，表示比較長期租借的時候，在美國和英國"租進"都用 rent。三，表示租房子的時候，在兩國"租進"都用 rent，但在美國"租出"用 rent (out)：Last year, we rented our summer cottage to the Browns.（去年，我們把避暑別墅租給了布朗家。）在英國，"租出"用 let (out)：We have trailers to let.（我們有活動住房供出租。）

---

let² /let/ v let 的過去式和過去分詞

let·ter /'letə(r)/ n

1 [C] 文字；字母：There are 26 letters in the English alphabet. 英語字母表中有 26 個字母。**2** [C] 信；信件：I sent a letter to my mother. 我給我母親寄去了一封信。**3** [letters] [常作單] 文學；學問：a man of letters 文人

◇ **by letter** 以書信形式 / **to the letter** 按照字面；嚴格地 □ **letter bomb** 書信炸彈 / **lettercard** n 封緘信片 / **letter paper** 信紙 ▷ **lettered** adj 識字的；有文化的 / **letter box** **1** 郵政信箱 **2** 書

信保存盒

◗ message, note

let·tuce /'letɪs/ *n* [C]

1 萵苣；生菜 **2** [美俚] 紙幣：a lot of *lettuce* 大把鈔票

⇨ 插圖見〈專題圖說 10〉

lev·ee¹ /'levɪ/ *n* [C]

1 防洪堤 **2** 埠頭；碼頭

lev·ee² /'levɪ/ *n* （總統或其他高級官員舉行的）招待會

lev·el /'levl/

I *n* [C] **1** 水平面；水平狀態：The city is situated in an area 5,000 metres above sea *level*. 這座城市位於海拔五千米的地區。 **2** 水平；標準；級別：catch up with the advanced world *levels* 趕上世界先進水平 / social *levels* 社會地位

◇ **find one's (own) level** 獲得與自己才幹相當的地位（職業）/ **on the level** 公平；正直：He acted *on the level*. 他辦事公正。/ I don't think she is *on the level* with anyone. 我看她對任何人都不真誠。

II *adj* **1** 水平的；平的：The highway was fairly *level*. 公路相當平坦。 **2** 平均；平等：These children wanted to be *level* with the adults. 這些孩子要與成人平等。

◇ **do one's level best** 全力以赴

III *vt* (level(l)ed, level(l)ing) **1** （使）平坦；夷平；摧毀：The city was *levelled* by the war. 戰爭摧毀了這座城市。 **2** 舉（槍等）；瞄準（at）：*level* one's gun at the game 舉槍瞄準獵物

◇ **level down** 把…降低至同一水平 / **level off** （使）變得平坦（平整）/ **level**

up 把…提高到同一水平

le·ver /'liːvə(r); 'le-/

I *n* [C] 桿；撬棒；杠桿 **II** *vt, vi* （用杠桿）撬動 (along, away, out, over, up)：try to *lever* up the stone partly buried in the sand 設法將半埋在泥沙中的石頭撬起 ▷ **leverlike** *adj*

lev·y /'levɪ/

I *n* [C] **1** 徵稅；徵得：impose a *levy* of 10 percent on a commodity 對某商品徵收百分之十的稅 **2** 徵兵；招募人員：demand a *levy* of troops to meet the enemy 為對付敵人而要求徵集軍隊

II *vt* **1** 徵收（稅等）；收（捐款等）：*levy* a tax on tobacco 徵收煙稅 **2** 徵兵：*levy* war on (against) 對…發動戰爭

□ **levy en masse (levy in mass)** 國家戰時總動員

◗ duty, tariff, tax

li·a·bil·i·ty /ˌlaɪə'bɪlətɪ/ *n*

1 [C] 責任；義務：one's *liability* for the schooling of his child 負有讓其子女上學的責任 **2** [U] 傾向 (to)：*liability* to homesick 容易想家 **3** [liabilities] 負債；債務：assets and *liabilities* 資產與債務；[喻] 有利條件與不利條件

li·a·ble /'laɪəbl/ *adj*

1 有（法律）責任的；有義務的：He declared that he was not *liable* for his wife's debts. 他宣布他對他妻子的債務不負有任何責任 **2** 應受（罰）的；應付（稅）的；應服從的：be *liable* to the penalty 該受罰 **3** 易於…的；有…傾向的 (to)：We are all *liable* to make mistakes. 我們都可能犯錯誤。

▷ **liableness** *n*

li·ar /'laɪə(r)/ *n* [C] 騙子；說謊的人

lib·e·ral /ˈlɪbərəl/

I adj **1** 開明的；公允的：a *liberal* mind (thinker) 開明的思想（思想家）**2** 自由的；隨便的；開放的：a *liberal* education 自由式教育 **3** 慷慨的；大方的：a *liberal* supporter of the hospital 一位向醫院慷慨解囊者 **II** n [C]（西方國家）自由黨黨員；自由黨的支持者 □ **liberal arts** 大學文科 / **liberal education** 文科教育 ▷ **liberally** adv / **liberalness** n

lib·e·ral·ism /ˈlɪbərəlɪzm/ n

1 [U] 寬容；開朗；開明的思想（行為、原則等）**2** 自由主義

lib·e·rate /ˈlɪbəreɪt/ vt

解放；釋放：*liberate* sb from economic worries 把某人從經濟困擾中解放出來 / *liberate* the captive 釋放俘虜
◉ free, emancipate, release
◑ imprison

lib·e·ra·tion /ˌlɪbəˈreɪʃn/ n [U]

釋放；解放：the *liberation* of productive force 生產力的解放
▷ **liberational** adj / **liberationism** n 政教分離主義 / **liberationist** n 政教分離主義者

lib·er·ty /ˈlɪbətɪ/ n

1 自由；自由權：They fought for their *liberty*. 他們為自由而戰。**2** 釋放：The prisoner got his *liberty* after 3 years' imprisonment. 三年監禁之後，這個犯人獲得了釋放。**3** 許可；允准：You have the *liberty* to use my bike. 你可以使用我的自行車。

◇ **at liberty** 自由的；不受監禁的 / **take the liberty to do (of doing) sth** 冒昧做某事

◉ freedom, emancipation

li·brar·i·an /laɪˈbreərɪən/ n [C]

圖書館管理員 ▷ **librarianship** [U] 圖書館管理員的職位

li·bra·ry /ˈlaɪbrərɪ/ n

1 [C] 圖書館：*Library* is one of the main sources for the college students to obtain knowledge. 圖書館是大學生們汲取知識的主要源泉之一。**2** [U] 圖書館之收藏：I have a large *library* of reference books. 我收藏了大量的參考書。

□ **library card** 圖書證 / **library edition** 圖書館版 / **library science** 圖書館學

li·cense, li·cence /ˈlaɪsns/

I n **1** [U] 許可；特許：give sb *license* to do sth 准許某人做某事 / goods imported under special *license* 特許進口商品 **2** [C] 許可證；特許證；執照：a driving *license* 駕駛執照

II vt 准許；批准：*license* a lawyer to practice law 批准一位律師開業

□ **license plate, license tag**（汽車等的）牌照

◉ certificate, permit, warrant
◑ denial

li·chen /ˈlaɪkən/

I n [U] **1**〈植〉地衣；苔癬 **2**〈醫〉苔癬（病）**II** v 使生滿地衣
▷ **lichenology** n [U] 地衣學 / **lichenous** adj

lick /lɪk/

I vt **1** 舔；舔吃：The cat *licked* up the drops of milk on the floor. 貓將地板上的奶滴舔乾淨了。**2**（火舌）卷過；吞沒：The house was *licked* up by flames. 大火吞沒了房屋。

II *n* 舔：take a *lick* of 舔一下

◇ **give sb a lick with the rough side of one's tongue** 對某人出言粗魯；出言不遜

◐ **beat, thrash, whip**

lid /lɪd/ *n* [C]

1 蓋；蓋子：a teapot *lid* 茶壺蓋 **2** 眼瞼（=eyelid）：Her eye *lids* drooped and she dozed peacefully. 她合上眼皮安詳地打起了盹兒。

◇ **blow one's lid** 發脾氣；勃然大怒 / **blow the lid off** [美俚] 揭露醜事（罪惡）/ **flip one's lid** 大發脾氣 / **sit on the lid** 壓制 / **take the lid off** 揭開…的蓋子；揭露（醜事）

lie¹ /laɪ/ *vi* (lay, lain, lying)

1 躺；平躺：*lie* on the lawn 躺在草坪上 **2** 平攤開：my book *lying* open on the desk 我的書攤開在桌子上 **3** 處於某種狀態：The restaurant *lies* empty everyday. 這家餐館每天都無人光顧。 **4** 位於：Japan *lies* to the east of China. 日本位於中國的東面。

◇ **lie at sb's door**（過失、罪責）歸於某人 / **lie idle** 被擱置不用 / **lie on (upon)** 依靠 / **lie under** 受到；蒙受 / **lie up** 臥床不起

⇨ 用法説明見 LAY

lie² /laɪ/

I (lying) *vi, vt* 説謊；用謊話使得：You are *lying*. 你在撒謊。/ He *lied* himself out of difficulty. 他用欺騙的手段使自己擺脱困難。 **II** *n* [C] 謊話；謊言：tell a *lie* 説謊

□ **lie detector** 測謊器

lieu·ten·ant /lefˈtenənt; luːˈt-/ *n* [C] （陸軍、空軍、海軍陸戰隊）中尉；（海軍）上尉

□ **lieutenant colonel** 陸軍中校 / **lieutenant commander** 海軍少校

life /laɪf/ *n* (複 = lives /laɪvz/)

1 [U] 生命；性命：Where and how did *life* come from? 生命是從何處以何種方式產生的？ **2** [U] 生物：There is no *life* on the moon. 月亮上沒有生物。 **3** [C] 壽命：He lives a very long *life*. 他的壽命很長。 **4** [U] 生活；生存：*Life* is not a fun. 生活不是玩笑。 **5** [U] 一生；終生；一輩子：I spend all my *life* in the city. 我這一生都是在城市裏度過的。 **6** [U] 生命力：In spring the whole nature is full of *life*. 春天，整個自然界充滿了生命力。 **7** [C] 活人；活物：They lost several *lives* in the disaster. 在那場災難中他們失去了好幾個人。 **8** [U] 世事；人生：see much of *life* 見過世面

□ **life-or-death** *adj* 生死攸關的 / **life assurance** 人壽保險 / **life belt** 救生帶；安全帶 / **lifeboat** *n* 救生艇 / **lifelong** *adj* 畢生的 / **lifesaving** *n* 救生（術）/ **lifespan** *n* 壽命

◐ **creation, mankind, existence, breath**

◑ **death**

> 用法説明：**Life** 是名詞，意思是 "生命"：No life is found on the Mars. （火星上沒有發現生命。）**Living** 作形容詞使用時，意思是 "活着的"：Is his father still living? （他的父親還活着嗎？）**Live** 作形容詞使用時，意思也是 "活着的"，但只能用作定語，如：live fish（活魚）、a live mouse（活老鼠）等。

life·time /ˈlaɪftaɪm/ *n* [U]

一生；終生：spend one's *lifetime* in literature 畢生從事文學

◇ **all in a (one's) lifetime** 都是命中注定 / **of a lifetime** 終生難遇

lift /lɪft/

I ❶ *vt* **1** 提起；舉起：*lift* (up) the stone 舉起石塊 **2** 提高：*lift* prices 提高物價 **3** 空運 ❷ *vi* （雲霧等）消散：The clouds *lifted* and the sun came out. 雲霧消散後，太陽出來了。

II *n* [C] **1** 提；吊；升舉 **2** 升力；提升力 **3** 搭便車：Can you give me a *lift* to the station? 你能讓我搭個車去車站嗎？ **4** 電梯：There is something wrong with the *lift*. 電梯出了毛病。

◇ **give sb a lift** 讓某人搭車 □ **liftboy** *n* 開電梯的工人 / **lift truck** 起重機(或車輛)

● boost, elevate, hoist, raise

◐ drop

light¹ /laɪt/

I *n* **1** [U] 光；光線；光亮：The sun gives *light* and heat. 太陽發出光和熱。 **2** [C] 發光體；燈：turn on (off) the *light* 開（關）燈 **3** [C] 打火機；火花：Could you give me a *light*? 借個火。

◇ **before the lights** 在舞台上 / **between the lights** 在傍晚 / **by the light of nature** 本能地；自然而然地 / **expose sth to the light of day** 把某事暴露在光天化日之下 / **in the light of** 以⋯的模樣；根據；按照 / **stand in one's light** 擋住某人的光線；妨礙某人發跡

II *adj* **1** 明亮的：It's beginning to get *light* when the sun comes out. 太陽出來天開始變亮。 **2** 淺色的：*light* blue 淺藍色

III *vt* 點燃：*light* (up) a cigarette 點燃香煙

用法說明：**Light**、**flash**、**glow**、**shine** 四詞都和 "光" 有關。**Light** 是普通用語，指任何 "光"，如陽光、月光、燈光等：The sun gives light. (太陽發光。) **Flash** 指 "閃光"，如雷電、爆炸等發出的光：Lightning appears in flashes. (雷電以閃光出現。) **Glow** 指金屬、煤等加熱到一定時候以後發出的 "紅光"：We sat by the fire and watched the glow of the coals. (我們坐在火邊，望着煤發出的紅光。) **Shine** 的意思與 **light** 相同，是通俗用語，如：sunshine (陽光)、moonshine (月光)。

light² /laɪt/ *adj*

1 輕的：*light* industry 輕工業 **2** 微量的：a *light* rain 小雨 **3** 輕微的：a *light* touch 輕輕的一蹴 **4** 輕鬆的：*light* music 輕音樂

◇ **Light come, light go.** [諺] 來得容易，去得快。 / **light in the head** 頭暈 / **make light of** 輕視；蔑視 / **sit light on** 對⋯說來負擔不重

● delicate, gentle, easy

◐ heavy

light·er¹ /ˈlaɪtə(r)/ *n* [C]

打火機；引燃器：a cigarette *lighter* 香煙打火機

light·er² /ˈlaɪtə(r)/ *n* [C] 駁船

light·house /ˈlaɪthaʊs/ *n*

（複 = lighthouses）[C] 燈塔

light·ly /ˈlaɪtlɪ/ *adv*

1 輕輕地；輕微地：Kick the door *lightly*. 輕輕地踢門。 **2** 輕率地；輕易地；快樂地：He *lightly* gave up his position. 他欣然放棄了他的職位。 **3** 輕

蔑地；滿不在乎： think of sb *lightly* 蔑視某人 / think *lightly* of sb's achievement 對某人的成就淡然置之 / *Lightly* come, *lightly* go. [諺] 來得容易，去得快。

light·ning /ˈlaɪtnɪŋ/

I *n* [U] 閃電： The ship was struck by *lightning*. 這艘船遭到了雷擊。

◇ **(as) quick as lightning** 像閃電一般迅速 / **Lightning never strikes in the same place.** [諺] 同一災禍不會在同一場所重複發生。

II *vi* 閃電

□ **lightning arrester** 避 雷 器 / **lightning bug** [美] 螢火蟲 / **lightning rod** 避雷針 / **lightning war** 閃電戰

like¹ /laɪk/

I *vt* **1** 喜歡： She *likes* to play tennis. 她喜歡打網球。 **2** 希望；要；想： I would *like* you to go instead. 我倒希望換成你去。 **3** 願意： I don't *like* to trouble you. 我真不願意麻煩你。

◇ **as you like** 隨你的便；如你所好 / **How do you like?** 你覺得怎樣？/ **If you like** 如你高興的話 / **I'd like to...** 我倒要… / **like it or not**（常作插入語）不管你喜歡不喜歡

II *n* [likes] 愛好： We share the same *likes* and dislikes. 我們有相同的好惡愛憎。

🔴 want, enjoy, admire, prefer
🔵 dislike, disdain

用法説明： Like 、 love 和 be fond of 三詞在表示＂喜歡＂時，可以通用： She likes/loves/is fond of children.（她喜歡孩子。） Like 為普通用語，語氣較弱： I like ice-cream.（我愛吃冰淇淋。） Love 語氣

較強，尤指對異性的＂愛＂： He loves his wife dearly.（他深深地愛着他的妻子。） **Be fond of** 的語氣比 like 略強： Bob is fond of football.（鮑勃愛踢足球。）

like² /laɪk/

I *adj* 相同的；相像的： *Like* causes produce *like* results. 相似的原因產生相似的結果。/ The two brothers are very much *like*. 他兄弟倆長得很像。

II *prep* 像；像…一樣： He is quite strong just *like* a bull. 他像頭公牛一樣壯。

III *n* 同樣（同類）的人（事物）

◇ **Like attracts (draws to) like.** [諺] 物以類聚。/ **Like cures like.** [諺] 以毒攻毒。

⇨ 用法説明見 AS

like·ly /ˈlaɪklɪ/

（ more likely, most likely; likelier, likeliest）

I *adj* 很可能的： He's *likely* to come. 他很可能來。/ Take an umbrella with you in case of a *likely* rain. 你要帶上傘以防可能會下雨。 **II** *adv* 很可能： I would *likely* do it myself. 我很可能自己去幹。

◇ **as likely as not** 很可能： He will fail as *likely* as not. 他多半要失敗。

like·wise /ˈlaɪkwaɪz/ *adv*

1 同樣地；照樣地： Watch him and do *likewise*. 留心看他並且照着做。 **2** 也；又： A：I like strawberries. B：*Likewise*. A：我愛吃草莓。 B：我也是。

lik·ing /ˈlaɪkɪŋ/ *n* [C]

喜愛；愛好；嗜好： have a *liking* for 喜歡 / take a *liking* for (to) 對…產生好感 / to sb's *liking* 合某人的意；對某人的胃口

lil·y /'lɪlɪ/ n（複 = lilies）[C]
百合花
　◇ **gild (paint) the lily** 畫蛇添足 / **lilies and roses** 玉顏紅頰；美貌
　⇨ 插圖見〈專題圖説 8〉

limb /lɪm/ n [C]
　1 翼；翅膀；肢：The bird was wounded in the *limb*. 這隻鳥的翅膀受了傷。**2** 樹枝：cut off the dead *limbs* of a tree 砍去樹上的枯枝
　◇ **a limb of the devil (of Satan)** 頑童 / **a limb of the law** 律師；警察
　▷ **limbless** adj 無肢的；無枝叉的

lime¹ /laɪm/ n [U]
石灰；生石灰；熟石灰
　□ **lime pit** 石灰窯

lime² /laɪm/ n 酸橙
　□ **lime-juice** n 酸橙汁

lime·stone /'laɪmstəun/ n
〈地〉灰岩；石灰岩

lime·wa·ter /'laɪmˌwɔːtə(r)/ n [U]
石灰水；氫氧化鈣液（用作抗酸劑）

lim·it /'lɪmɪt/
　I n **1** [C] 限度；極限；限制：The car ran at the *limit* of its speed. 汽車跑到了其速度的極限。**2** [C] [limits] 範圍；境界：the city *limits* 市區範圍
　◇ **go beyond (over) the limit** 超過限度 / **off limits** 禁止入內 / **the (utmost) limit** 到頂點 / **within limits** 在一定範圍內 / **without limit** 無限（制）地
　II vt 限制；限定：We must *limit* our spending. 我們必須節約開支。
　▷ **limitable** adj 可限制的 / **limitless** 無限的
　❶ boundary, confines, edge, restriction

lim·i·ta·tion /ˌlɪmɪ'teɪʃn/ n [C, U]
限制；局限：Because of the *limitation* of his knowledge, he can hardly finish his work. 由於他的知識有限，他似乎完成不了他的工作。

lim·it·ed /'lɪmɪtɪd/ adj
有限的：*limited* power 有限的權力 / *limited* company 股份有限公司
　□ **limited war** 有限（局部）戰爭
　▷ **limitedly** adj / **limitedness** n
　❶ confined, fixed, restricted

lim·ou·sine /'lɪməziːn; lɪmə'z-/ n [C]
豪華高級轎車
　⇨ 插圖見〈專題圖説 6〉

limp¹ /lɪmp/
　I vi 一瘸一拐地走；跛行；蹣跚：The boy fell off the stairs and *limped* away. 這個小男孩從樓梯上跌下來，一瘸一拐地離去了。
　II n 跛行：walk with a *limp* 瘸着走路

limp² /lɪmp/ adj
　1 柔軟的 **2** 柔弱的；無力的
　▷ **limply** adv / **limpness** n

line /laɪn/
　I n **1** [C] 線；索；繩：a clothes (washing) *line* 曬衣繩 **2** [C] 線；線條：draw a straight *line* 畫一條直線 **3** [C] 電話線；線路；管線：*Line* engaged!（電話）佔線。/ hold the *line* 不掛斷電話；保持不變 / an oil *line* 油管 **4** [C] 交通線；航線：an air *line* 航空線 / a *line* of supply 補給線 **5** [C] 作業線；生產線：the assembly *line* 裝配線 **6** [C] 排；行列：a *line* of buses 一排公共汽車 **7** [C] 短信：Drop me a few *lines* of your present situation. 將你現在的情況寫封短信告訴我。

◇ **bring (get) into line** 使排齊 / **come (fall) into line** 使協調一致 / **hold the line 1** 堅定不移 **2** （打電話）等着不掛斷 / **in line** 成一直線；整齊 / **in line with** 跟…一致；符合 / **in sb's line** 與某人有關的 / **read between the lines** 體會字裏行間的意思 / **shoot a line** 吹牛；説大話 / **take one's own line** 幹自己的本行

II ❶ vt **1** 劃線於：line blank paper for writing 在空白紙上劃線以便書寫 **2** 沿…排列 **❷** vi 排隊；排齊 (up)

lin·e·ar /ˈlɪnɪə(r)/ adj
1 線的；直線的；直系的：a linear display of the production 生產的線形圖示 **2** 長條形的：a linear desk 長形課桌

□ **linear measure** 長度；長度單位；長途單位制 / **linear perspective** 直線透視（作圖）法

lin·en /ˈlɪnɪn/ n [U]
1 亞麻布；亞麻織品 **2** （尤指白色的）內衣褲；襯衣褲

lin·er /ˈlaɪnə(r)/ n
1 [C] 班船；班機：It's quite a pity that you miss the liner. 誤了這班機真遺憾。 **2** [C] 劃線的人；劃線的工具 **3** （化裝用）驗線膏；眼線筆

lin·ger /ˈlɪŋɡə(r)/ vi
1 逗留；徘徊：A hunger dog lingered around the dustbin and looked for food. 一隻餓狗在垃圾箱附近徘徊覓食。 **2** 繼續保留：The falling sun lingers over the west. 夕陽在西方遲遲落不下去。

❶ hesitate, loiter, remain, wait
❶ leave, hurry

lin·guis·tic /lɪŋˈɡwɪstɪk/,

lin·guis·ti·cal /-kl/ adj
語言的；語言學的：a linguistic analysis of the novel 從語言方面對小説的分析
▷ **linguistically** adv

lin·ing /ˈlaɪnɪŋ/ n
1 衣服的襯裏；襯料：an overcoat with a lining fur 一件皮毛襯大衣 **2** 機器的襯墊；襯套

link /lɪŋk/
I n [C] **1** 聯繫；連接：Is there any link between smoking and lung diseases? 抽煙與肺部疾病有聯繫嗎？ **2** 鏈環；鏈節 **II** vt 連接；結合；聯繫：The bridge links two villages on either side of the river. 橋將河兩岸的兩個村莊連接了起來。

□ **link verb**〈語〉聯繫動詞
❶ bond, connection, junction; combine, join, connect
❶ break

li·on /ˈlaɪən/ n [C] 獅子
◇ **beard the lion in his den** 太歲頭上動土 / **the lion's share (of)** 最大最好的部分 / **twist the lion's tail** 冒犯當局
⇨ 插圖見〈專題圖説 11〉

li·on·ess /ˈlaɪənɪs/ n 母獅

lip /lɪp/ n
1 [C] 嘴唇；口；嘴：upper (lower) lips 上（下）嘴唇 **2** 壺嘴；杯嘴；邊沿：the lip of a cap 杯子的邊沿
◇ **bite one's lips** 忍笑；抑制感情 / **on one's lips**（話）就在某人的嘴邊 / **on the lips of** 在…中流傳 / **shoot out (curl) one's lips** 撅嘴（表示輕蔑）/ **smack (lick) one's lips** 咂嘴唇（表示讚賞）□ **lip service** 口頭上説得好聽的話；口惠

lip·stick /'lɪpstɪk/ *n* 口紅；唇膏

liq·uid /'lɪkwɪd/
I *adj* **1** 液體的：*liquid* oxygen 液態氧 **2** 清澈的；明晰的：a *liquid* sky 明朗的天空 II *n* [C, U] 液體：Water is a *liquid*. 水是一種液體。
□ **liquid air** 液態空氣 / **liquid crystal** 液晶（體）/ **liquid diet** 流質食品
▷ **liquidly** *adv* / **liquidness** *n*

liq·uor /'lɪkə(r)/ *n* [U]
1 酒；含酒精的飲料；烈性酒 **2** 液；汁水：meat *liquor* 肉汁
◇ **have (take) a liquor** [口] 喝一杯酒 / **hold one's liquor**（可）保持不醉 / **in liquor** 醉酒
□ **liquor head** 醉漢；酒鬼
● **alcohol, spirits, cocktail, drink**

list /lɪst/
I *n* [C] 表；目錄單；名單：make a *list* of things to buy 將要買的東西開出清單 II *vt* 把…列入表中（名冊中）：*list* all one's books 把某人的所有書籍編入表中
□ **list price** 目錄價格；價目單定價

lis·ten /'lɪsn/ *vi*
聽；留神聽：*listen* to the radio 聽廣播 / *listen* to the criticisms of the people 傾聽人民的批評
◇ **listen in** 監聽；收聽

lis·ten·er /'lɪsənə(r)/ *n* [C] 聽眾

lit·e·ra·ry /'lɪtrərɪ/
I *adj* 文學（上）的；精通文學的：a *literary* history of the United States 美國文學史 / *literary* man 文學人士 II *n* [C] 文人 ▷ **literarily** *adv* / **literariness** *n*
□ **literary property**（作者的）著作權；版權

lit·mus /'lɪtməs/ *n* [U]〈化〉石蕊

li·tre, li·ter /'li:tə(r)/ *n*
升（米制容量單位，略作 l.）

lit·ter /'lɪtə(r)/
I *n* **1** [U] 亂丟的雜物；垃圾：The children get in order all the *litters* on the ground. 小孩子們將地板上扔得亂七八糟的東西歸整好。**2**（豬、狗等多產動物）一胎生下的小動物：a *litter* of kittens 一窩小貓
II *vt, vi* 亂扔；弄亂：*litter* a room 弄亂房間 / No *Littering*. 禁止亂扔髒物。
□ **litter-bin** *n*（街上等處的）廢物箱
● **garbage, refuse, rubbish; clutter, scatter, strew**

lit·ter·bag /'lɪtəbæg/ *n* [C]
[美] 廢物袋（汽車等處用來放果殼碎紙之類的小塑料袋或紙袋）

lit·tle /'lɪtl/
I *adj* (less, least) **1** 小的：a *little* house 小房屋 **2** 短暫的：a *little* period of time 很短一段時間 **3** 年幼的：a *little* school boy 學齡小男孩 **4** 次要的：*little* things 小事情 **5** 矮小的：a *little* man 矮個男人
II *adv* (less, least) **1** 微量；少許：a *little* known scholar 不怎麼出名的學者 **2** 毫不；一點也不：He cares *little* about the others. 他一點也不替他人着想。**3** 不常；難得：I go there very *little* now. 我現在難得去那兒。
III *n* **1** [U] 幾乎沒有；微少：*Little* is known about the author. 作者的情況鮮為人知。**2** [C] 短時間；一會兒：Please wait a *little*. 請稍等片刻。
◇ **little by little** 漸漸地；漸次地 / **not a little** 不少的；相當多的 / **think little of** 看不起；輕視；滿不在乎

▷ **littleness** n
◑ tiny, small, trivial, inadequate
◐ big, large

> 用法説明：**Little** 和 **small** 兩詞意義相近。**Small** 指體積、年紀、數量等方面不大，與 large 和 big 相對：A small boy went up to the policeman and asked for help. （一個小孩走到警察跟前，請求他幫忙。）**Little** 表示很小，而且經常帶有感情色彩，往往有 "小得可愛" 的意味：I love my little sister. （我很愛我的小妹妹。）

live¹ /lɪv/
　❶ vi ❶ 活；生存；生活：He *lives* on his own earnings. 他靠自己的收入生活。/ Nothing can *live* on earth without water. 沒有水地球上沒有甚麼能存活。❷ 居住：*live* in China 住在中國 ❸ 留在記憶中：*live* in one's mind 活在某人的心中 ❷ vt ❶ 過（生活）；度過：*live* a happy life 過幸福生活 ❷ 經歷：She *lived* a nightmare. 她經歷了一場惡夢。
　◇ **live and learn** 真是活到老學到老 / **live and let** 互相寬容；互不相擾 / **live by** 靠⋯過活 / **live fast** 放縱的生活 / **live it up** 狂歡一場 / **live off** 住在⋯之外；靠⋯生活 / **live through** 度過；經受住 / **live to oneself** 過孤獨的生活 / **live up to** 實踐（原則、誓言等）；做到 / **live well** 過着好生活 ▷ **liveable** adj
◑ exist, dwell, reside
◐ die

live² /laɪv/ adj
　[常作定語] ❶ 活的；有生命的：a *live* bird 一隻活鳥 ❷ 精力充沛的；充滿活力的：a *live* young man 生氣勃勃的年輕人 ❸ 實況播送的：a *live* television show 實況電視播送
　⇨ 用法説明見 LIFE

live·li·hood /'laɪvlɪhʊd/ n [U]
生活；生計：He earns his *livelihood* by teaching. 他以教書謀生。

live·ly /'laɪvlɪ/ adj
❶ 活潑的；充滿生氣的：a *lively* mind 活躍的思想 ❷ 生動的；真實的：a *lively* description 生動的描繪 ❸ 熱烈的；強烈的：a *lively* discussion 熱烈的討論 ▷ **livelily** adv / **liveliness** n
◑ active, brisk, vigorous, enthusiastic
◐ inactive, dull

liv·er /'lɪvə(r)/ n [C]
❶ 肝；肝臟 ❷ （可食用的）動物肝
　□ **liver-complaint** n 肝病
　⇨ 插圖見 ORGAN

lives /laɪvz/ n life 的複數形式

live·stock /'laɪvstɒk/ n [U] [總稱]
家畜；牲畜：a *livestock* farm 牧場

live·ware /'laɪvweə(r)/ n [U] [總稱]
〈計〉人件（指從事計算機工作的人員）

liv·ing /'lɪvɪŋ/
　I adj ❶ 活的；有生命的；活着的：the greatest *living* poet 在世的最偉大詩人 / *living* creatures 生物 ❷ 生活的；維持生計的：a *living* condition 生活條件
　II n [C] 生計：make (earn) a *living* by working 靠打工謀生 / the cost of *living* 生活開銷
　□ **living death** 活地獄般的生活 / **living wage** 能維持普通家庭生活的工資；最低生活工資
◑ alive, animate, existing, vital
◐ dead
⇨ 用法説明見 LIFE

living-room

1 起居室 **2** = living space

liz·ard /ˈlɪzəd/ n [C]

蜥蜴：a house *lizard* 壁虎

Lizard 蜥蜴

lla·ma /ˈlɑːmə/ n（複 = llama(s)）

〈動〉美洲駝；無峰駝

load /ləʊd/

I *n* **1** [C] 負擔；負荷：bear a heavy *load* on one's shoulders 挑重擔 **2** 車載之重量：a car *load* of people 一滿車人 **3** [U] 工作量：the teaching *load* 教學工作量 **4** [C] 大量；許多；一大堆：*loads* of friends 大批朋友

◇ **get a load of** [美俚] 仔細地看（聽）；打量；估量 / **have a load on** [美俚] 喝醉 / **take a load off one's feet** 坐下休息

II ❶ *vt* **1** 裝；裝載：*load* cargoes on to a truck 將貨物裝上卡車 **2** 將彈藥裝入（槍、炮）：*load* a gun 子彈上膛 **❷** *vi* 裝貨；上客：They *loaded* into the train. 他們上了火車。

□ **load displacement**（船）滿載排水量 / **load draught**（船）滿載吃水

❶ cargo, freight, goods, shipment

loaf¹ /ləʊf/ n（複 = loaves /ləʊvz/）

[C] 一條麵包；一隻麵包：a *loaf* of bread 一條麵包

◇ **Half a loaf is better than no bread.** [諺] 有總比沒有強。/ **loaves and fishes** 物質利益；私利

loaf² /ləʊf/ vi

1 遊蕩；閒逛 **2** 懶散地工作：*loaf* on the job 磨洋工 ▷ **loafer** *n* [C] 遊手好閒者；二流子

loan /ləʊn/

I *n* [C] **1** 貸款：a short-term interest free *loan* 短期無息貸款 **2** 借出；借出的東西：The book is a *loan*, not a gift. 這本書是借的，而不是禮物。

◇ **on loan**（被）暫借的

II *vt, vi* [美] 借出

▷ **loanable** *adj* 可借出的 / **loanee** /ləʊˈniː/ *n* 債務人 / **loaner** 債權人

❶ allow, lend, credit

❶ borrow

loaves /ləʊvz/ n loaf 的複數形

lob·by /ˈlɒbɪ/

I *n* [C] **1**（旅館、戲院等入口處的）穿堂；大廳；休息室：the hotel *lobby* 旅館休息廳 **2**（英國下院，美國參議院中的）民眾接待室 **II** *vi* 向（議員、政府官員）進行游說（或疏通）

□ **lobbyman** *n*（戲院、劇場等的）收票員

lobed /ləʊbd/ adj

1 〈解〉有葉的 **2** 〈植〉分裂的

lob·ster /ˈlɒbstə(r)/ n [C]

龍螯蝦；龍蝦

lo·cal /ˈləʊkl/

I *adj* **1** 地方的；當地的；本地的：*local* customs 當地的風俗習慣 / *local* news 本地新聞 **2** 局部的：a *local* war 局部戰爭 **II** *n* 當地居民

□ **local government** 地方自治；地方

政府 / **local veto** 地方表決
◖ native, provincial, regional, territorial
◗ national, general

lo·cal·i·ty /ləʊˈkælətɪ/ *n* [C]
1 地區：Water is a serious problem of the *locality*. 水是該地區的嚴重問題。 **2** (出事) 地點；現場：The criminal ran away from the *locality* of the crime. 罪犯逃離了犯罪現場。
◖ setting, place, site

lo·cal·ly /ˈləʊkəlɪ/ *adv*
1 在當地；在本地：The writer is only *locally* famous. 那位作家只在本地知名。 **2** 局部的；限於一些地方：The war broke out *locally*. 戰爭在局部範圍內進行。

lo·cate /ləʊˈkeɪt/
❶ *vt* **1** 確定⋯的地點 (或範圍)；使⋯座落於：Our university is *located* in a mid-sized town. 我們的大學座落於一座中等城市。 **2** 探出；找出：Can you *locate* London in the map? 你能在地圖上指出倫敦的位置嗎？ ❷ *vi* [美] 居住下來；定居
◖ discover, find, spot
◗ lose, move

lo·ca·tion /ləʊˈkeɪʃn/ *n*
1 [C] 位置；場所；地點：a suitable *location* for a camp 宿營的好地點 **2** (電影) 外景；外景拍攝地：be on *location* 在拍外景
⇨ 用法說明見 PLACE
◖ point, position, site, situation

loch /lɒk/ *n* [C]
[蘇格蘭] **1** 湖 **2** 狹長海灣

lock /lɒk/
I *n* [C] **1** 鎖：a key to a *lock* 一把鎖的鑰匙 **2** (運河等的) 船閘 **3** (交通的) 阻塞
◇ **lock, stock, and barrel** 完全；全部
II *vt* **1** 鎖；鎖上：*lock* a suitcase 鎖上皮箱 **2** 把⋯關起來：*lock* sb up in the prison 將某人關在監獄裏 **3** 挽 (臂)：*lock* arms 挽臂
◇ **lock away** 藏起來 / **lock horns** 鬥爭；爭論 / **lock the stable door after the horse has been stolen** [諺] 亡羊補牢 / **lock up** 關鎖起來

lock·er /ˈlɒkə(r)/ *n* [C]
有鎖的櫥櫃：I put my clothes in a *locker* when I took bath in a public bath. 我在公共浴室洗澡時，將衣服放在一隻小櫃子裏。
□ **locker paper** 冷藏包裝紙 / **locker room** 衣帽間；運動員的更衣室

lo·co·mo·tive /ˈləʊkəˌməʊtɪv; ˌləʊkəˈm-/
I *n* [C] 機車；火車頭 **II** *adj* 運動的；機動的；在運動中起作用的：*locomotive* capacity 運動能力

lo·cust /ˈləʊkəst/ *n* 〈昆〉蝗蟲；蚱蜢

Locust 蝗蟲

lodge /lɒdʒ/
I *n* [C] **1** 小屋；門房；傳達室：The gate keeper's *lodge* leaks when it rains. 天下雨看門人的小屋就漏雨。 **2** (山林中的) 小屋：There is a *lodge* in the

forest. 森林中有個小房子。

II *vt* **1** 寄宿；租房：The old lady *lodged* college students in her house. 老婦人出租家裏的房子給大學生。 **2** 容納

◐ board

lodg·ing /ˈlɒdʒɪŋ/ *n*

1 [U] 寄宿：provide board and *lodging* 提供食宿 **2** [C] 住所；寓所：seek for a *lodging* 找一住處

loft·y /ˈlɒftɪ; ˈlɔːf-/ *adj*

1 極高的；高聳的：the *lofty* building of the world 世界最高建築 **2** 崇高的；高尚的：the *lofty* ideal 崇高的理想 **3** 高傲的；傲慢的：a *lofty* appearance 高傲的樣子 / a *lofty* smile 傲慢的微笑

◐ elevated, high, tall, towering

◑ low, base, humble

log /lɒg; lɔːg/

I *n* [C] **1** 原木；圓材：They floated on a *log*-made raft. 他們坐在一隻原木紮成的筏子上漂流。 **2** 航海（飛行）日誌

II *vt* (logged, logging) 採伐（林木）：The large part of the trees has been *logged* off in the area. 該地區大部分林木被伐掉了。

□ **log cabin** （用圓木搭建的）小木屋

log·a·rith·m /ˈlɒgərɪðəm; ˈlɔːg-/ *n* [U] 〈數〉對數

log·ic /ˈlɒdʒɪk/ *n* [U]

邏輯（學）；邏輯（性）：deductive (inductive) *logic* 演繹（歸納）邏輯 / He is a man of little *logic*. 他是個邏輯性很差的人。

□ **logic chop** 強詞奪理地爭辯

log·ic·al /ˈlɒdʒɪkl/ *adj*

邏輯（上）的；符合邏輯的：*logical* reasoning 邏輯推理 / *logical* answer 符合邏輯的回答

◐ rational, reasonable, sensible, clear

log·ic·al·ly /ˈlɒdʒɪklɪ/ *adv*

邏輯（上）地；符合邏輯地：*Logically*, one should learn from his mistakes, but some people never do. 從邏輯上講，人們應該從錯誤中吸取教訓，但有些人卻從不這樣做。

lone·li·ness /ˈləʊnlɪnɪs/ *n* [U]

孤獨；寂寞；清靜：suffer from *loneliness* on a deserted island 在荒島上忍受着寂寞

lone·ly /ˈləʊnlɪ/ *adj*

孤獨的；寂寞的：She felt *lonely* when walking alone in the pale moon-light. 當她獨自在皎潔的月光下散步時，她感到很孤獨。 ▷ **lonelily** *adv*

◐ secluded, solitary, desolate

◑ popular, sociable

⇨ 用法説明見 ALONE

lone·some /ˈləʊnsəm/ *adj*

1 寂寞的；孤單的：The old lady was *lonesome* after her son had been called up. 這位老婦人在兒子應徵入伍後感到很寂寞。 **2** 人跡稀少的；荒涼的

◇ **(all) by (on) one's lonesome** 獨自；單獨 ▷ **lonesomely** *adv* / **lonesomeness** *n*

long¹ /lɒŋ/

I *adj* (longer, longest) **1** （長度、距離）長的：There is a *long* distance between two cities. 兩城相距很遠。 **2** 長時間的；長久的；長期的：a *long* friendship 長久的友誼 **3** 達到遠處的；長遠的：take a *long* sight 從長遠看

II *adv* (longer, longest) 長久；長期

地：How *long* would you like to stay? 你想逗留多久呢？

◇ **any long**（用於否定句）不再 / **before long** 不久以後 / **long since** 長久以來 / **So long** [口] 再見 / **so long as** 既然；由於

❶ lengthy, dragging, prolonged
❷ short, brief

long² /lɒŋ/ vi

渴望；渴念：*long* for home 渴望回家 / They're *longing* to see the movie star. 他們迫切想見到那位電影明星。

❶ yearn

lon·gi·tude /ˈlɒndʒɪtjuːd/ n [C, U]

經度：the east (west) *longitude* 東（西）經

long-term /ˈlɒŋtɜːm/ adj

長期的；長期生效的：a *long-term* credit (loan) 長期貸款 / a *long-term* project 長期工程

look /lʊk/

I vi ❶ 看；瞧：We *looked* at her dancing. 我們看她跳舞。❷ 看上去；顯得：He *looks* pretty weak. 他看上去相當虛弱。❸ 留心；注意；查明：You must *look* at the details of his speech. 你要留心他演講中提到的細節。❹ 朝…方向；面向：a house *looking* seaward (to the sea) 一幢面向大海的房子

◇ **look about** 環視 / **look after** 照料；照顧 / **look ahead** 向前看 / **look before you leap** [諺] 三思而後行 / **look down on (upon)** 看不起；輕視 / **look for** 尋找 / **look forward to** 盼望 / **look into** 調查 / **look out** 注意；留神 / **look up and down** 上下打量 / **look upon** 看作

II n ❶ [C] 看：take a *look* at sth 看一眼某物 ❷ 神色；容貌：He has the *look* of a winner. 他帶有種贏家的神色。

III int 喂；注意：*Look*, here comes the bus. 喂，公共汽車來了。

❶ see, watch, appear, seem

> 用法説明：**Look**、**glance**、**glimpse** 三詞可以是名詞，也可以是動詞。**Look** 是普通用語，表示"看"這個可長可短的動作：The stranger gave us a long look.（那個陌生人久久地看着我們。）**Glance** 表示眼睛的極快移動：Bill shot a glance at the teacher to see if she was watching him.（比爾瞥了老師一眼，看看她是否在望着自己。）**Glimpse** 表示短暫的看：Mother let us have a glimpse of her new watch.（媽媽讓我們瞥一眼她的新錶。）

loom¹ /luːm/ n [C] 織機

loom² /luːm/ vi

隱約地出現；赫然聳現：A figure *loomed* (up) out of the mist. 一個影子在霧中隱約出現。/ War *looms* ahead. 戰爭迫在眉睫。

◇ **loom large** 顯得突出（嚴重）：The prospect of a racial bloodbath *loomed large* in Bosnia. 在波斯尼亞一場種族大屠殺的前景赫然顯現。

loop /luːp/ n [C]

❶（線、繩、絲等）環；圈：lay a *loop* to catch the rabbit 設絲環逮兔子 ❷ 環狀物

◇ **knock for a loop** 猛打；打昏

loop·hole /ˈluːphəʊl/ n [C]

洞眼；槍眼；漏洞；空子：a *loophole* in the law 法律上的漏洞

loose /luːs/

I adj ❶ 鬆動的；鬆開的；自由的：

The sheep is *loose* in the field. 羊在田野中無拘無束。 **2** 不緊的；寬大的：*loose* clothing 寬大的衣服 **3** 不嚴格的；不精確的：a *loose* translation 不精確的譯文 **4** 散漫的；放蕩的：a *loose* tongue 饒舌的（慣於信口亂説）/ a *loose* woman 蕩婦

II *adv* 鬆散地；不嚴格地

III *vt* 釋放：a bird *loosed* from the cage 從籠中放出的鳥

IV *n* 放縱

◇ **(be) on the loose** 無拘束；逍遙法外 / **break loose** 掙脱出來 / **give (a) loose to** 放縱 ▷ **loosely** *adv* / **looseness** *n*

□ **loose-tongued** *adj* 饒舌的；隨口亂説的

❶ free, unfastened, untied, slack
❷ tight, secure, caught

loos·en /'luːsn/

❶ *vt* **1** 放開；解開：He didn't *loosen* his belt. 他沒有鬆開皮帶。 **2** 減輕（病痛）：a medicine that *loosens* his pain 一劑減輕痛苦的藥 **3** 放寬（限制）：*loosen* restrictions on international trade 放寬國際貿易間的限制 **❷** *vi* 變鬆；鬆開；鬆弛

◇ **loosen up** [美口] **1** 無顧忌亂説 **2** 鬆弛下來

lord /lɔːd/

I *n* [C] **1** 君王；君主；王：Lions are *lords* of the jungle. 獅子乃森林之王。 **2** 貴族；領主；上議院議員 **3**（基督教）上主 **II** *int* [Lord]（表示驚訝、惶惑、興奮等）主啊；天啊；哎呀：*Lord*, what a pity. 天啊，多麼遺憾啊！/ *Lord* bless me (my soul)!（表示驚訝、驚恐等）上帝保佑！/ my *lord* (Lord) 大人；閣下

□ **lord chancellor**（英國）大法官（兼任上議院議長）

❶ king, monarch, ruler
❶ subject

lord·ship /'lɔːdʃɪp/ *n* [U]

1 貴族的權力 **2** 閣下：Your *Lordship*. 閣下。

lor·ry /'lɒrɪ 'lɔː-/ *n* [C]

[英] 運貨汽車；卡車（美通常用 truck）：All the goods would be transported by *lorries*. 所有的貨物將用卡車運送。

⇨ 插圖見〈專題圖説 6〉

lose /luːz/ *vt*（lost）

1 失去；喪失：The wounded soldier didn't *lose* his love of life. 受傷士兵沒有失去對生活的愛。 **2** 丟失；遺失：I *lost* my pen in the street. 我在街上弄丟了筆。 **3** 未能趕上；錯過：We've just *lost* the train. 我們剛剛錯過了火車。 **4** 輸了：*lose* the game 比賽輸了 **5** 迷路：*lose* one's way 迷路 **6** [lose oneself] 使沉湎；使專注：She *lost* herself in the novel. 她沉溺於小説之中。

◇ **lose face** 丟臉 / **lose one's heart** 灰心；沮喪 / **lose sight of** 看不見 / **lose one's tongue** [口] 窘得説不出話來 / **lose time**（鐘錶）走慢；耽誤時間

▷ **losable** *adj*

loss /lɒs/ *n*（複 = losses）

1 [U] 喪失；丟失：*loss* of courage 失去勇氣 **2** [C] 損失；浪費：suffer heavy *losses* 遭受嚴重損失 **3** [C] 失敗；輸：the *loss* of the battle 戰敗

◇ **at a loss** 困惑；不知所措 / **for a loss** 處於苦惱中 / **without (any) loss of**

time 立即；馬上
◐ defeat, damage, destruction
◑ victory, gain
⇨ 用法説明見 INJURY

lost /lɒst/ v
lose 的過去式和過去分詞

lot /lɒt/
I n [C] **1** 籤；鬮；抽籤；拈鬮：draw (cast) lots 抽籤 **2** 命運；運氣：His lot has been a hard one. 他的命運很艱難。 **3** 許多；大量：a lot of friends 許多朋友 / a lot of money 許多錢
II vi 抽籤；抓鬮
◇ cast (throw) in one's lot with 與…共命運 / It falls to sb's lot (The lot falls to sb) to do sth 注定要某人去做某事
◐ plenty, much, abundance
◑ little
⇨ 用法説明見 MUCH

lot·te·ry /'lɒtərɪ/ n
1 [U] 抽彩給獎法：Mary has won a car in the lottery. 瑪麗抽獎中得了一輛汽車。 **2** [C] 難以預計的事：Life is a lottery. 生活是件很難預料的事。

loud /laʊd/
I adj **1** （聲音）響亮的；喧鬧的：a loud voice 響亮的嗓音 / a loud demand 大聲呼籲 II adv 大聲地；響亮地：Try to speak louder. 設法説得大聲點。

loud·ly /'laʊdlɪ/ adv
大聲地：shout loudly 大聲喊

loud·speak·er /'laʊd'spiːkə(r)/ n [C]
揚聲器；喇叭

lounge /laʊndʒ/
I vi **1** （懶洋洋地）倚；（懶散地）躺：lounge on a sofa 躺靠在沙發上 **2**
百無聊賴地消磨時間；混時間
II n **1** （劇場、旅館、機場等公共場所的）休息廊；休息室 **2** 躺椅
☐ lounge car （火車、客車上的）休息車廂 / lounge chair 躺椅 / lounge wear 家常便服 ▷ lounger n 閑蕩的人；吊兒郎當的人 / loungingly adv

lov·a·ble /'lʌvəbl/ adj
可愛的；討人喜歡的：a naughty but lovable pet 調皮但可愛的小寵物
▷ lovably adv
◐ adorable, charming, darling, dear
◑ contemptible

love /lʌv/
I n **1** [U] 愛；熱愛：a love for one's motherland 對祖國的愛 **2** [U] 喜愛；愛好：love of (for) sport 喜好運動 **3** [U] 愛情；戀愛；性愛：win one's love at first sight 一見鍾情 **4** [C] 招人喜愛的人（東西）：What a love of a clay doll! 多可愛的泥娃娃啊！
◇ be in love with （跟…）戀愛 / fall in love (with) 愛上（…）/ Love is blind. [諺] 愛情使人對缺點視而不見；情人眼裏出西施。/ make love to 向…求愛；與…發生性行為
II vt **1** 喜愛：love fresh air and sunshine 喜愛新鮮空氣和陽光 **2** 熱愛：He loves his mother intensely. 他非常愛他的母親。
☐ love affair 戀愛；風流事 / lovebird n [C] 情鳥 / love child 私生子 / love letter 情書 / love making 調情
◐ affection, passion
◑ hatred, disdain
⇨ 用法説明見 LIKE

love·ly /'lʌvlɪ/ adj

1 秀美動人的；可愛的：a *lovely* girl 可愛的姑娘 **2** 愉快的；有趣味的：have a *lovely* time 玩得痛快 ▷ **loveliness** *n*
◑ beautiful, charming
◐ ugly

lov·er /ˈlʌvə(r)/ *n* [C]
1 愛人；情人；[lovers] 情侶：She has many *lovers*. 她有許多情人。 **2** 愛好者；熱愛者：a *lover* of sports / sports *lover* 體育愛好者 ▷ **loverless** *adj* / **loverlike** *adj*

lov·ing /ˈlʌvɪŋ/ *adj*
愛的；表示愛的：a *loving* couple 恩愛的一對 / *loving* touch 充滿愛意的撫摸 ▷ **lovingness** *n*

low /ləʊ/
I *adj* **1** 低的；淺的：a *low* ceiling 低天花板 / a *low* river 淺河 **2** 低聲的；低音的：speak in a *low* voice 低聲講話 **3** 低微的；卑微的：a man of *low* birth 出身低微的人 **4** 沒精神的；情緒低落的：in *low* spirit 情緒低落 **5** 粗俗的；卑劣的：a *low* trick 卑鄙的手段
II *adv* **1** 低；向下：a plane flying *low* 低飛的飛機 **2** 低聲地：speak *low* 低聲說 **3** 卑微地；下賤地：fall *low* 墮落
◇ **at lowest** 至少；最低 / **bring low** (在身份、地位、財富、健康等方面) 使降低；使墮落 / **burn low** 快要燒完 / **lay low** 使倒下 / **lie low** 平躺
III *n* [U] (汽車) 低速；低速檔：drive at *low* 以慢速開
◇ **Low Countries** 低地國家 (指荷蘭、比利時、盧森堡三國) / **low grade** 劣等的；低級的 / **low key** 低調的；有節制的 ▷ **lowness** *n*

lower /ˈləʊə(r)/ *vt*
1 放下；降下：*lower* the sail 降下船帆 **2** 減低；減弱：*lower* voice 放低聲音 / *lower* prices 降低物價 **3** 貶低：I would not *lower* myself to apologize to him. 我不會降低自己的身份向他道歉。

low·land /ˈləʊlənd/ *n* [C]
1 [常作 lowlands] 低地 **2** [the Lowlands] (英國) 蘇格蘭低地

low·ly·ing /ˈləʊlaɪɪŋ/ *adj*
1 低窪的：*low-lying* land 低窪地 **2** 低的：*low-lying* clouds 低雲

loy·al /ˈlɔɪəl/ *adj*
忠誠的；忠貞不渝的：be *loyal* to one's country 對祖國忠誠 ▷ **loyally** *adv*
◑ faithful, true, devoted, dedicated
◐ unreliable

loy·al·ty /ˈlɔɪəltɪ/ *n* [U]
忠誠；忠心耿耿：a man of *loyalty* 忠貞之士

lu·bri·cate /ˈluːbrɪkeɪt/ *vt*
1 潤滑；加潤滑油於：This oil *lubricates* the machine. 這種油可潤滑機器。 **2** [美] 使順暢 **3** [美俚] 收買；行賄 ▷ **lubricative** *adj*

lu·bri·ca·tion /ˌluːbrɪˈkeɪʃn/ *n* [U]
1 潤滑作用；潤滑法；上油 **2** 潤滑；注油 ▷ **lubricational** *adj*

luck /lʌk/ *n* [U]
1 運氣；命運：We have good *luck* all week. 整整一週我們的運氣都不錯。 **2** 好運；幸運；僥倖：They won the game by *luck*. 他們僥倖贏了這場比賽。
◇ **be down on one's luck** [口] 倒霉 / **by (good) luck** 幸虧；僥倖地 / **in (out of) luck** 運氣好 (不好) / **for luck** 為了表示吉利
◑ chance, fortune

luck·i·ly /'lʌkɪlɪ/ adv

靠運氣;幸運的是;幸好: Luckily, no man was hurt in the accident. 幸運的是沒人在事故中受傷。

luck·y /'lʌkɪ/ adj

1 有好運的;幸運的: I was lucky enough to get the job. 能得到這份工作我真是夠幸運的。 **2** 僥倖的;踫巧的: It's lucky that I have the key. 踫巧我帶着鑰匙。 ▷ **luckiness** n

◑ blessed, fortunate, favoured, prosperous

lug·gage /'lʌgɪdʒ/ n [U]

[總稱] 行李: I need a porter to carry my luggage. 我需要個搬運工搬行李。

□ **luggage-rack** n(火車等的)行李架 / **luggage van** [英] 行李車

用法說明:**Luggage** 和 **baggage** 都解作 "行李"。**Luggage** 為普通用語,主要是英國用語: Mother is packing our luggage. (媽媽在收拾行李。) **Baggage** 一般指重的行李,為美國用語: On a long trip, we need several pieces of baggage. (作長途旅行的時候,我們需要帶幾件行李。)

lum·ber¹ /'lʌmbə(r)/ vi

笨拙地移動;緩慢吃力地走動: The pregnant woman lumbered in the street. 一位孕婦緩慢而吃力地在街上行走。

lum·ber² /'lʌmbə(r)/ n [U]

1 無用雜物;(家具之類)破爛 **2** 木材;木料;制材(如木條、木板等)

◑ boards, logs, timber, wood

lump /lʌmp/ n

1 [C] 團;塊; a lump of clay 土塊 / a lump of sugar 一小方塊糖 **2** [C] 大量;一大堆;多數;總共: a lump of money

一大筆錢 **3** 隆起;腫塊: She felt a lump in her left breast. 她感到左部乳房上有個腫塊。

lu·nar /'luːnə(r)/ adj

1 月球的;月亮的: a lunar landing 月球登陸 **2** 太陰的;以月球公轉測度的: the lunar calendar 陰曆

□ **lunar eclipse** 月食 / **lunar month** 太陰月 / **lunar year** 太陰年

lu·na·tic /'luːnətɪk/

I n 精神病患者;瘋人;狂人 **II** adj 精神錯亂的;瘋的;狂的: lunatic asylum 瘋人院 / a lunatic behaviour 瘋狂之舉 ▷ **lunatically** adv

◑ crazy, insane, mad

lunch /lʌntʃ/ n [C, U]

午餐;便餐: take (have, eat) lunch 吃午餐

◇ **out to lunch** **1** 過時的;不時興的 **2** 心不在焉的: Mary is just out to lunch today. 瑪麗今天有點心不在焉。 ▷ **luncher** n

lunch·eon /'lʌntʃən/ n

(正式用語)午餐;午宴;午餐聚會: a business luncheon 工作午餐

lung /lʌŋ/ n [C]

肺;肺臟: a disease of lungs 肺部疾病

◇ **at the top of one's lungs** 用盡量大的聲音 / **have good lungs** 聲音洪亮 / **try one's lungs** 把嗓門提得極高

⇨ 插圖見 ORGAN

lus·tre /'lʌstə(r)/ n [U]

1 光澤;光輝;光彩: the lustre of metals 金屬的光澤 **2** 榮耀;榮光: add lustre to (shed lustre on) 給…增光

lute¹ /luːt/ n

(十四至十七世紀的一種形似吉他的半梨

形撥弦樂器）詩琴；琵琶

lute² /luːt/
I *n* [U] **1** 封泥 **2** 起密封作用的橡皮圈 II *v* 用封泥封

lux·u·ri·ous /lʌɡˈʒʊərɪəs/ *adj*
1 豪華的；奢侈的；豐美的：a *luxurious* hotel 豪華飯店 / *luxurious* food 佳肴
▷ **luxuriously** *adv* / **luxuriousness** *n*
● lavish, costly, extravagant
◐ plain

lux·u·ry /ˈlʌkʃərɪ/ *n*

1 奢侈；奢華；奢侈的享受：He lives in *luxury*. 他過着奢侈的生活。 **2** 奢侈品；精美昂貴（或難得）的物品：A roasted goose is quite a *luxury* for the little match girl. 對於賣火柴的小姑娘來說，一隻烤鵝簡直是個奢侈品。

lymph /lɪmf/ *n* [U]
1 淋巴；淋巴液 **2** （淋巴液似的）漿；苗：vaccine *lymph* 菌苗；疫苗

lym·phat·ic /lɪmˈfætɪk/
I *adj* 〈醫〉（含）淋巴的：*lymphatic* gland 淋巴腺 II *n* 〈解〉淋巴管

M, m

M, m /em/
1 英語字母表的第十三個字母 **2** 羅馬數字的 **1,000**

ma·chine /məˈʃiːn/ *n* [C]
1 機器；機械：a washing *machine* 一台洗衣機 **2** 機構：the state *machine* 國家機器
□ **machine gun** 機槍 / **machine shop** 金工車間 / **machine tool** 機床

Machine 機器

sewing machine
縫衣機

ma·chin·e·ry /məˈʃiːnərɪ/ *n* [U]
1 [總稱] 機器；機械：The newly installed *machinery* is driven by electricity. 新安裝的機器靠電驅動。 **2** 機械裝置；機器的運轉部分：The *machinery* of the device is very complicated. 該裝置的機器部分非常複雜。 **3** 團體；機構；系統：the *machinery* of law 法律機構

mad /mæd/ *adj* (madder, maddest)
1 瘋的；神經錯亂的：She went *mad* after she lost her son. 自從她失去了兒子她就瘋了。 **2** 發狂的；極度激動的：be *mad* about (on) books 愛書若狂 / The girl was *mad* on going to dance. 這女孩對跳舞着了迷。 **3** 憤怒；狂怒；十分惱火的：He was *mad* at missing the train. 他因沒趕上火車而惱火。
◇ **drive (sb) mad** 逼瘋某人 / **like mad** 拼命地；極快地 / **mad as a hatter** 發瘋的；發狂的

l
m

❶ angry, furious; crazy, insane, lunatic

mad·am /'mædəm/ *n*

[常作 Madam] 夫人；太太；女士；小姐：Dear *Madam*（書信用語）尊敬的女士

made /meɪd/

I *v* **make** 的過去式和過去分詞

II *adj* ❶ 人工製造的；非天然的：a *man-made* pond 人工小湖 ❷ 捏造的；虛構的：a *made* story 虛構的故事

◇ **made for** 完全適合於…的 □ **made-up** *adj* 編好的；虛構的

mad·ness /'mædnɪs/ *n* [U]

❶ 瘋狂；狂；神經錯亂；精神失常：He killed his brother because of his *madness*. 他由於精神失常殺死了他的兄弟。 ❷ 狂怒；狂熱：drive sb into *madness* 逼某人發狂

mag·a·zine

/ˌmægə'zi:n, 'mægəzi:n/ *n* [C]

❶ 雜誌；期刊：Our library subscribes to 50 *magazines*. 我們圖書館訂閱了五十種雜誌。 ❷ 武器庫；彈藥庫

▷ **magazinist** *n* 雜誌撰稿人

❶ journal, periodical

ma·gic /'mædʒɪk/

I *n* [U] ❶ 魔法；法術；巫術：The stone was changed by *magic* into gold. 石頭被魔法變成了金子。 ❷ 戲法；魔術：perform *magic* 變戲法 ❸ 魅力；魔力；神奇作用：the *magic* of the medicine 藥的神奇作用

II *adj* [常作定語] 魔術的；魔力的：a *magic* lake 神奇的湖

□ **magic carpet** 魔毯（源出《一千零一夜》，人站在上面可飛行）/ **magic**

number〈數〉幻數

❶ enchanted, mystic, supernatural

ma·gi·cian /mə'dʒɪʃn/ *n* [C]

❶ 巫師；行妖術者 ❷ 魔術師；變戲法的人

ma·gis·trate /'mædʒɪstreɪt/ *n* [C]

地方行政官；執法官 ▷ **magistratical** *adj* / **magistrateship** *n*

mag·ne·si·um /mæg'ni:zɪəm/ *n* [U]

〈化〉鎂

mag·net /'mægnɪt/ *n*

❶ 磁體；磁鐵；吸鐵石：a horseshoe *magnet* 馬蹄形磁鐵 ❷ 有吸引力的人（物）：The singer is the *magnet* that attracts great audience. 這位歌手吸引了許多聽眾。

mag·ne·tic /mæg'netɪk/ *adj*

❶ 磁的；有磁性的：*magnetic* force 磁力 / *magnetic* tape 磁帶 ❷ 有吸引力的；有魅力的：a *magnetic* person 有感染力的人 ▷ **magnetical** *adj* / **magnetically** *adv*

□ **magnetic compass** 磁羅盤 / **magnetic field** 磁場 / **magnetic needle** 磁針 / **magnetic recorder** 磁錄音機 / **magnetic tape** 磁帶；錄音帶

mag·nif·i·cent /mæg'nɪfɪsnt/ *adj*

❶ 壯麗的；宏偉的；宏大的：the *magnificent* construction 宏偉的建築 ❷ 富麗堂皇的；豪華的；華麗的；華貴的：*magnificent* decoration 豪華裝飾 ▷ **magnificently** *adv* / **magnificentness** *n*

❶ glorious, grand, splendid, wonderful

mag·ni·fy /'mægnɪfaɪ/ *vt*

❶ 放大；擴大：*magnify* objects with a

microscope 用顯微鏡放大物體 **2** 誇
大；誇張：*magnify* the facts 誇大事實
◇ **magnify oneself against** 輕視；對
…盛氣凌人
⬤ amplify, enlarge, expand, increase
◗ reduce, lessen

ma·hog·a·ny /məˈhɒgəni/ *n*
1 [U] 紅木；桃花心木 **2** [C] 桃花心木
料的樹 **3** [U] 赤褐色；紅褐色

maid /meɪd/ *n* [C]
1 少女；年輕姑娘 **2** 侍女；婢女；女
僕；保姆：a house *maid* 女家僕 / a
kitchen *maid* 廚娘 ▷ **maidish** *adj* 少女
的 / **maidy** *n* 小女孩

maid·en /ˈmeɪdn/
I *n* [C] 少女；未婚女子；處女 **II** *adj*
1 少女的；適合少女（未婚女子）的：
maiden shyness 少女的羞怯 **2**（土地）
未開墾的：*maiden* land 未開墾的土地
3 首次的；初次的：*maiden* voyage
（船的）首航 ▷ **maidenship** *n*
⬤ girl, maid

mail /meɪl/
I *n* **1** [C] 郵件；信件；郵包：I've just
now sent a *mail* to my friend. 我剛給我
的朋友發了個郵件。 **2** [U] 郵政；郵遞
（制度）：Air *mail* is quicker than sea
mail. 航空郵遞比海上郵遞要快。
II *vt* 郵寄；把…投入郵筒：*mail* a
novel 寄走一本小說
☐ **mail bag** *n* 郵袋 / **mail carrier** 郵遞
員 / **mail day** 郵件截止日 / **mail plane**
郵政飛機 / **mail order** 郵購；函購

mail·box /ˈmeɪlbɒks/ *n* [C] [美]
1 投遞信件的郵筒 **2** 收信人的信箱

main /meɪn/
I *adj* 主要的；重要的；總的：Please

write down the *main* points of his
speech. 請將他發言的要點記下來。
◇ **by main force** 盡全力
II *n* [C] **1**（自來水、煤氣等的）總管
道；鐵路總幹線：cut off the gas
(water) *main* 切斷煤氣（自來水）管 **2**
（詩）大海；海洋；公海
◇ **in the main** 大體上；基本上 / **with
might and main** 盡全力
⬤ chief, dominant, leading, primary

> 用法說明：**Main**、**chief** 和 **principal** 均
> 可作 "主要的" 解釋。**Main** 的本意是
> "重要的"，通常用來指物：We eat our
> main meal at noon.（我們在中午吃主餐。）
> **Chief** 是普通用語，和 **principal** 相仿，都
> 是 "最重要的" 的意思，既可以指人，也
> 可以指物：The chief thing in Mary's life is
> her family.（瑪麗生活中最重要的東西是她
> 的家庭。）One of the principal reasons
> for going to school is to learn how to get
> along with other people.（上學的最重要
> 原因之一是學會怎樣跟別人相處。）

main·land /ˈmeɪnlænd/ *n* [C]
大陸（與小島和半島相對而言）：the
mainland of the United States 美國本土
▷ **mainlander** *n*

main·ly /ˈmeɪnlɪ/ *adv*
主要地；大部分地：His success
depends *mainly* on the help of his
friends. 他的成功主要靠他朋友的幫助。

main·tain /meɪnˈteɪn/ *vt*
1 維持；保持；維護：*maintain* world
peace and stability 維護世界和平與穩定
2 維修；養護；保養：*maintain*
machinery 維修機器 / *maintain* a house
保養房屋 **3** 撫養；負擔：He is too

m

poor to *maintain* a large family. 他太窮
養不起一大家人。 **4** 堅持；斷言；主
張： *maintain* one's position (opinion) 堅
持自己的立場（觀點）

◑ keep, preserve, sustain

◐ deny, abandon

main·te·nance /ˈmeɪntənəns/ *n* [U]

1 維持；保持： *maintenance* of order
維持秩序 **2** 維修；養護： *maintenance*
of device 裝置的維修 **3** 堅持；主張：
the *maintenance* of justice 主張正義 **4**
撫養；生活（費）；生計

□ **maintenance man** 維修工

maize /meɪz/ *n* [U]

[主英] **1** 玉蜀黍；玉米 **2** 玉米色；黃
色

⇨ 插圖見〈專題圖說 10〉

ma·jes·ty /ˈmædʒəsti/ *n* [U]

1 雄偉；壯麗；莊重；威嚴： the snow
mountains in their *majesty* 雄偉壯麗的
雪山 **2** 最高權力；權威；君權；尊嚴：
the *majesty* of law 法律的權威 **3**
[Majesty] 陛下（對帝王、王后等的尊
稱）： Your *Majesty* 陛下（直接稱呼時
用）/ His (Her) *Majesty* 陛下（間接提到
時用）

**◑ dignity, glory, magnificence,
splendour**

ma·jor /ˈmeɪdʒə(r)/

I *adj* **1** 較大的；較多的；較年長的；
較重要的： The *major* part of the town
was ruined in the war. 這座城的大部分
都在戰爭中毀掉了。 **2** 主要的： the
major cities of the world 世界主要城市

II *n* [C] **1**〈軍〉少校： *major* general
少將 **2** 法定成年人；長者 **3** 主修（專
業）課程： English is my *major*. 英語是

我的主修課。

III *vi* [美] 主修；專攻（in）： He
majors in physics. 他主修物理。

◑ chief, leading

◐ minor, secondary

ma·jor·i·ty /məˈdʒɒrɪti/ *n*

大多數；過半數；多數： The *majority*
of the smokers know smoking is
harmful, but they won't give it up. 大多
數煙民都知道吸煙危害身體，可他們卻
不肯戒煙。

◇ **in the (a) majority** 佔多數；屬多數
the great majority 大多數

◐ minority

make /meɪk/

I *vt* (made, making) **1** 做；製作；製
造： *make* a coat 縫製外套 / *make* tools
製作工具 **2** 構成；組成： The class is
made up of 20 students. 這個班由 20 名
學生組成。/ *make* the football team 組
成足球隊 **3** 作出…舉動： *make*
attempts to do sth 設法做某事 / *make*
efforts to do sth 盡力而為 / *make* great
contributions for the construction of the
country 為國家建設作出貢獻 **4** 發表；
説出： *make* a speech 發言 / *make* a
statement 發表一份聲明 **5** 交結；贏
得： *make* acquaintance with sb 與某人
結識 / *make* friends 交朋友 **6** 產生；引
起；導致： *make* trouble 搗亂 / *make*
no difference 沒甚麼區別 / *make* great
noise 大聲喧嘩 **7** 使；促使；勸使：
make me feel tired 讓我感覺疲勞 / *make*
sb look older 使某人看上去老氣 **8** 整
理；料理（床鋪等）；準備（飯菜等）：
make bed 鋪床 / *make* dinner 做飯 **9**
掙得；賺得；獲得： *make* money (one's

living) 賺錢（或謀生）

◇ make a fool of 愚弄 / make after 追求；追趕 / make against 反對；不贊成 / make a hit 大受歡迎；大出風頭 / make a match 作媒；撮合 / make a point of 強調；認為⋯重要 / make a scene 大鬧一番 / make do 將就使用 / make friends with 與⋯交友 / make much of 特別強調 / make out 辨認出 / make the best of 善於利用 / make up 彌補；補償 / make use of 利用

⇨ 用法説明見 GAIN

II n 1 製造；製造方法；構造：a watch of Chinese make 中國製造的手錶 2 式樣；型號；牌子：computers of all makes 各種牌子的電腦

🔵 build, create, manufacture

🔵 destroy

mak·er /'meɪkə(r)/ n

1 製造者；製造廠：a maker of automobiles 汽車製造商 / film maker 電影製片人 2 [Maker] 造物主；神；上帝 (= God)

mak·ing /'meɪkɪŋ/ n [U]

製造；製作；形成；產生：The making of a film is a very complicated process. 製作電影是一個很複雜的過程。

mal·a·dy /'mælədɪ/ n

1 疾病（尤指慢性病或痼疾）：an incurable malady 不治之症 2 [喻] 弊病；歪風：a social malady 社會歪風

🔵 disease, illness, sickness

ma·lar·i·a /mə'leərɪə/ n [U] 瘧疾

male /meɪl/

I n [C] 男子；雄性動物；雄性植物：In most cases, male is physically stronger than female. 在大多數情況下，男性在體格上比女性要強壯。 II adj 男（性）的；公的；雄的：male chauvinism 大男人主義 ▷ **maleness** n

mal·ice /'mælɪs/ n [U]

1 惡意；怨恨：out of malice 出於惡意 / stare sb with a touch of malice 眼中帶着一絲惡意盯着某人 2 蓄意害人（犯罪）；〈律〉惡意；惡謀

◇ bear malice to (towards, against) 對⋯懷有惡意 / stand mute of malice 〈律〉對被控罪名拒不答辯

ma·li·cious /mə'lɪʃəs/ adj

1 惡意的；惡毒的；懷恨的：malicious remarks 惡言毒語 2 蓄意謀害的；〈律〉惡意的 ▷ **maliciously** adv / **maliciousness** n

mall /mɔːl/ n [C]

1 林蔭路；散步場所 2 （車輛不得入內只限行人活動的）商店區；購物中心

mam·mal /'mæml/ n [C]

〈動〉哺乳動物 ▷ **mammallike** adj

mam·my /'mæmɪ/ n [C]

1 [英方] [兒] 媽媽 2 [美]（照看白人孩子的）黑人保姆；黑人女傭

man /mæn/

I （複 = men /men/） n [C] 1 （成年）男子；男人：The boy has in every sense become a man now. 這個男孩從各方面講現在已經長大成人。 2 （抽象的）人：All men are created equal. 人生而平等。 3 人類：Man will conquer nature. 人定勝天。 4 僱員；士兵；水手：He said his men would start work next day. 他説他的工人第二天開始工作。/ officers and men 官兵 5 男子漢；大丈夫；男子氣質；大丈夫氣概：Be a man! 拿點勇氣出來！

m

◇ **as a man** 從人的觀點而言 / **act the man** 勇敢起來 / **between man and man** 私下地；只在你我之間 / **Dead men tell no tales.** [諺] 死人不會告密 / **Man proposes, God disposes.** [諺] 謀事在人，成事在天。

II *vt* (manned, manning) 給…配備人員：The bus are under *manned*. 公共汽車上人員配備不足。

□ **man power** 人力 ▷ **manness** *n*
◑ male, gentleman, person

用法說明：**Man**、**human being** 和 **mankind** 均有 "人類" 的意思。**Man** 是總稱，為單數名詞：Man has invented many wonderful things. (人類已經發明了許多美好的東西。) **Mankind** 是男人和女人的總和，可以用作單數，也可用作複數：All mankind desire(s) peace. (全人類希望和平。) **Human being** 與 **animal** 相對，強調是人不是野獸：All men, women and children are human beings. (所有男人、女人和孩子都是人。)

---

man·age /ˈmænɪdʒ/
❶ *vt* **1** 管理；掌握；處理；經營：*manage* a hotel 經營一家旅店 / *manage* one's household 管理家務 / *manage* one's wife (naughty child) 駕馭妻子 (頑童) / the *managing* director 常務董事 (主管) **2** 設法做到；盡力完成：It is a difficult job, but I can *manage* it. 這份工作雖然很艱難，但我應能應付。 **3** 運用；操縱：*manage* the electronic computer well 擅長使用電子計算機 ❷ *vi* 處理；設法對付：I can *manage* without your help. 沒你的幫助我也能對付。
▷ **manageable** *adj* / **manageability** *n*
◑ control, handle, maneuver

man·age·ment /ˈmænɪdʒmənt/ *n* [U]
1 管理；經營：the *management* of the factory 工廠的管理 **2** 運用；操縱；駕馭：the *management* of the car (machine, tool) 汽車的駕駛 (機器的操縱，工具的使用) **3** (工商) 管理部門；資方：The workers are having talks with the *management*. 工人們正在同資方對話。

man·ag·er /ˈmænɪdʒə(r)/ *n*
1 (企業、商業等的) 經理 **2** 當家人；管家：She was a very good *manager* for so large a family with so little money. 她用這麼少的錢維持偌大一個家，確實是個好當家人。
◑ administrator, boss, director, supervisor
◐ employee

man·ga·nese /ˈmæŋgəniːz/ *n* [U]
〈化〉錳 ▷ **manganesian** *adj*

man·go /ˈmæŋgəʊ/ *n* [C]
(複 = mango(e)s)
1 〈植〉芒果；芒果樹 **2** 〈植〉燈籠椒
➪ 插圖見〈專題圖說 9〉

man·hood /ˈmænhʊd/ *n* [U]
1 (尤指男性的) 成年 (期)：reach *manhood* 達到成年 / Throughout his *manhood* he was the strongest man of his village. 他整個成年時期都是村裏最健壯的人。 **2** 大丈夫氣概 (如勇敢、剛毅、果斷等)

man·i·fest /ˈmænɪfest/
I *adj* 顯然的；明白無誤的；明瞭的：It's *manifest* that he is a coward. 很顯然，他是個懦夫。

II *vt* 顯示；表明：She *manifests* much interest in learning English. 她對學英語表現出很大的興趣

III *n* **1** 顯示；聲明；宣言 **2** 提貨單；貨物運單

▷ **manifestable** *adj* / **manifester** *n* / **manifestly** *adv* / **manifestness** *n*

◑ apparent, evident, obvious, plain

man·i·fold /'mænɪfəʊld/ *adj* 多種多樣的；多方面的：His hobbies are *manifold*. 他的愛好多種多樣。

□ **manifold paper** 複寫用的薄紙 / **manifold writer** 複寫器

▷ **manifoldly** *adv* / **manifoldness** *n*

◑ many, multiple, numerous, various

◑ few

ma·nip·u·late /mə'nɪpjʊleɪt/ *vt* **1** （熟練地）操作；使用：*manipulate* switches and knobs on the machine 操作機器上的開關和旋鈕 **2** （用權勢或手段）操縱；擺佈：*manipulate* the stock market 操縱股票市場 ▷ **manipulation** *n* / **manipulative** *adj*

◑ handle, manage, operate

man·kind /ˌmæn'kaɪnd/ *n* [U] **1** 人類：Thomas Edison's invention of telegraph benefits all *mankind*. 托馬斯·愛迪生發明的電報造福人類。 **2** [總稱]男子；男人

⇨ 用法説明見 MAN

man·ner /'mænə(r)/ *n* [C] **1** 方式；樣式；方法：The table should be laid in this *manner*. 餐桌應該這樣擺放。 **2** 舉止；態度：He treated her in a very rude *manner*. 他以一種非常粗暴的態度對待她。 **3** 習慣；風俗；生活方式：a novel of *manners* 社會風俗小説

◇ **by all manner of means** 盡一切辦法 / **by no manner of means** 決不；絕不 / **have no manner of right** 毫無權利 / **in a manner** 在某種意義上 / **in like manner** 同樣地 ▷ **mannerless** *adj*

◑ fashion, mode, style

man·or /'mænə(r)/ *n* **1** （封建領主的）采邑；領地；莊園 **2** 莊園主宅第；大宅邸

man·sion /'mænʃn/ *n* [C] **1** 大廈；大樓 **2** 宅第；官邸 **3** [常作 mansions] 大樓中的一套房

man·u·al /'mænjʊəl/ **I** *adj* 手工的；用手操作的；體力的：*manual* labour 手工；體力勞動 / *manual* worker 體力工人（= blue collar）

II *n* [C] 手冊；便覽；指南：Would you mind lend me your recorder *manual*? 你能將你的錄音機手冊借給我嗎？

▷ **manualism** *n* （對聾啞人的）手勢教法 / **manually** *adv* 人工地；手工地

man·u·fac·ture /ˌmænjʊ'fæktʃə(r)/ **I** *vt* （大量）生產；製造：Computers are mainly *manufactured* in highly industrialized areas. 電腦主要在高工業化地區製造。

II *n* **1** [U] （尤指大量的）製造；生產：the *manufacture* of furniture 傢具的生產 **2** [U] 產業：the glass *manufacture* 玻璃製造業 **3** [C] 產品：silk *manufactures* 絲織品

◑ make, produce

man·u·fac·tur·er /ˌmænjʊ'fæktʃərə(r)/ *n* [C] 製造商；工廠主；製造廠（公司）

ma·nure /məˈnjʊə(r)/
I n [U] 肥料;糞肥: apply *manure* to crops 給莊稼施肥
II vt 施肥於

manu·script /ˈmænjʊskrɪpt/ n [C]
手稿;打字稿;原稿;手寫本: The novel was first read in *manuscript*. 這部小説開始是以手稿形式傳閲的。

man·y /ˈmenɪ/
I adj (more, most) [後接可數名詞] 許多的;多的: *many* students 許多學生 / *many* good suggestions 許多好建議 / *Many* a little makes a mickle. [諺] 積少成多。
◇ **a great (good) many** 許多;極多: I have a *good many* books to read. 我有許許多多書要讀。/ **as many** 一樣多的;同樣數目 / **one too many** 多餘的;不需要的
II pron 許多: *Many* of them will pass the examination. 他們大多數人將會通過考試。
III n [the many,用作複] 許多人;群眾: the *many* and the few 多數和少數
● numerous, several, various
◐ few
⇨ 用法説明見 MUCH

map /mæp/
I n [C] ❶ 地圖: draw a *map* 繪製地圖 / weather *map* 氣象圖 / travel according to the *map* 按圖旅行 ❷ 天體圖;圖譜
◇ **off the map** 不重要的 / **wipe off the map** [美] 把⋯消滅掉
II vt (mapped, mapping) ❶ 繪制⋯的地圖;在⋯描繪: *map* the suspect in one's mind 在心中描繪嫌疑犯

用法説明:**Map**、**atlas**、**chart** 都可解作 "地圖"。**Map** 指一張張的地圖: On the wall is a *map* of Russia. (牆上掛着一幅俄國地圖。) **Atlas** 指由一張張地圖釘成的地圖冊: She bought an *atlas* yesterday. (她昨天買了一本地圖冊。) **Chart** 是顯示海岸、暗礁、港灣等的航海圖: Sailors are guided by charts in their sailings. (水手在航行中靠海圖指引。)

ma·ple /ˈmeɪpl/ n
❶ [C] 槭樹;楓樹 ❷ [U] 槭木

Mar. abbr **March** 的縮寫

mar·a·thon /ˈmærəθən; -θɒn/
I n ❶ [C] 馬拉松長跑 (全長 42.195 公里) ❷ (游泳、滑冰等) 長距離比賽
II adj 馬拉松式的;(時間、距離等的) 漫長的: a *marathon* negotiation 馬拉松式談判
▷ **marathoner, marathonian** n

mar·ble /ˈmɑːbl/
I n [U] 大理石;大理岩;雲石 II adj 大理石的: a *marble* statue 大理石雕像
▷ **marblelike** adj / **marbler** n / **marbly** adj

March¹ /mɑːtʃ/ n 三月 (略作 Mar.)

march² /mɑːtʃ/
I ❶ vi 行軍;進軍;前進: The troop *marched* in a cloudy night. 軍隊在陰沉的夜晚行軍。 ❷ vt 使行進;驅趕: *March* away that naughty boy. 把那個調皮的小男孩攆走。
II n ❶ [U] 行進;行軍: a forced *march* 急行軍 ❷ 步伐;步調: a quick (slow) *march* 快步 (慢步) 走 ❸ 進行曲: military *marches* 軍隊進行曲 / a funeral *march* 葬禮進行曲

◇ **on the march** 在行軍中；在進行中：They were seven days on the march. 他們行軍已七天了。

mar·gin /'mɑːdʒɪn/ n

1 [C] 頁邊的空白；白邊：make notes in the margin of the book 書的頁邊上寫筆記 **2** 邊緣：on the margin of a lake 在湖邊上 **3** （時間、花費方面保留的）餘地；餘裕：catch the train at a comfortable margin 從容地趕上火車 **4** 利潤；盈利 ▷ **margined** adj / **marginal** adj

● border, boundary, edge

mari·cul·ture /'mærɪˌkʌltʃə(r)/ n 海上養殖

ma·rine /mə'riːn/

I adj **1** 海的；海中的；海產的：marine geology 海洋地質（學）/ marine plants 海生植物 **2** 海上的；海員的；船舶的：marine power 海軍力量 / marine supplies 船具 **II** n **1** [the marine] （一個國家的）所有船舶（或艦隻）**2** 海軍陸戰隊士兵（軍官）

◇ **tell that (it) to the (horse) marines** [口] 說給鬼聽才相信

mar·i·ner /'mærɪnə(r)/ n [C] 海員；水手；航海者

□ **mariner's compass** 航海羅盤

mar·i·time /'mærɪtaɪm/ adj

1 海的；海上的；航海的；海事的：a maritime climate 海洋性氣候 / a maritime court 海事法庭 **2** 近海的；沿海的；濱海居住的：a maritime city (province) 沿海城市（省份）**3** 海員的：a maritime character 海員氣質

mark /mɑːk/

I n [C] **1** 痕跡；疤；斑；污點：His shirt has many grease marks. 他的襯衣上有許多油漬。**2** 標記；符號；記號：make a few marks in the text book 在課本上做記號 **3** 標籤；商標；印記；郵戳：a price mark 價格標籤 / a post mark 郵戳 **4** （考試等的）分數；（品行等）評價：get full (good, bad) marks in the exam 考試得滿（高、低）分

◇ **beyond the mark** 越出界限；過度；過分 / **get off the mark** 起跑；開始 / **have a mark on** 喜歡；愛好 / **make one's mark** 使自己出名

II vt **1** 留痕跡於；作記號於；標明：a suitcase marked with one's initials 標有某人名字縮寫的手提箱 **2** 標誌；表示…的特徵：mark a turning point 標誌一個轉折點 **3** 給…打分數；給…評等級：mark the exercise book 批改作業

● blemish, stain; score, grade

marked /mɑːkt/ adj

1 打上標記的；有記號的：a marked car 印有標記的車 **2** 顯著的；明顯的：make marked progress 取得顯著的進步 ▷ **markedly** adv / **markedness** n

mar·ket /'mɑːkɪt/ n

1 [C] 市場；商業中心：go to the market 去市場 **2** [C] 集市；集市日；集市場：There is a market this week. 這週有個集市。

◇ **at the market** 照市價 / **on the market** 出售 / **play the market** 在股票市場投機

mar·riage /'mærɪdʒ/ n [C, U]

1 結婚；婚姻；結婚儀式：a happy marriage 幸福的（美滿）婚姻 / The marriage is held by a priest. 婚禮是由牧師主持的。**2** 精密結合：Bionics is a *marriage* between biology and electronics. 仿生學是由生物學和電子學結合產生的學科。

◇ **by marriage** 通過姻親關係 / **give sb in marriage** … 嫁出 / **take sb in marriage** 娶某人 □ **marriage licence** 結婚登記證 / **marriage lines** [英] 結婚證書 / **marriage portion** 嫁妝

> 用法説明: **Marriage** 常指結婚的行為或狀態,也可指婚禮: Their marriage is not a happy one. (他們的婚姻並不幸福。) **Wedding** 常指 "婚禮" 或婚後的宴會: In the West, many weddings take place in church. (在西方,許多婚禮在教堂舉行。)

mar·ried /'mærɪd/ adj
1 已婚的;有配偶的: a *married* man (woman) 有婦之夫 (有夫之婦) **2** 婚姻的;夫婦的: They are leading a happy *married* life. 他們婚後過着美滿幸福的生活。

mar·row /'mærəʊ/ n
1 [U] 髓;骨髓;脊髓: be chilled (frozen) to the *marrow* 冷得徹骨 **2** 精華;精髓;實質: the *marrow* of the problem 問題的實質

mar·ry /'mærɪ/
❶ vt **1** 嫁;娶;和…結婚: He *married* an American girl. 他娶了一個美國姑娘。 **2** 把 (女兒) 嫁出;使結婚: The mother has *married* (off) all her daughters. 這位母親把女兒都嫁出去了。 / be *married* to sb 與某位結婚 **❷** vi 結婚;結合: They *married* on Christmas Day. 他們在聖誕日結了婚。

◇ **Marry in haste and repent at leisure.** [諺] 草率結婚後悔多。

> 用法説明: **Marry** 可有 "娶" 和 "嫁" 兩個意思,總稱結婚: They will marry / get married in June. (他們六月份結婚。) Mary married John. (瑪麗嫁給了約翰。) John married Mary. (約翰娶了瑪麗。)

Mars /mɑːz/ n
1 〈天〉火星 **2** 〈羅神〉馬耳斯 (戰神)

marsh /mɑːʃ/ n [C, U]
沼澤;濕地: a grass *marsh* 草澤
□ **marsh gas** 沼氣;甲烷 / **marsh land** 沼澤地區 ▷ **marshlike** adj
◑ bog, swamp

mar·shal /'mɑːʃl/
I n **1** [C] 元帥;陸 (空) 軍元帥;最高指揮官 **2** [C] (集會等的) 司儀;典禮官 **3** [C] 法警 **II** vt (marshal(l)ed, marshal(l)ing) **1** 排列;安排;整理: *marshal* troops 集結軍隊 **2** (講究禮節地) 引領: *marshal* the guests into the presence of the king 引導客人覲見國王 ▷ **marshal(l)er** n

mar·tyr /'mɑːtə(r)/
I n [C] **1** 烈士;殉難者: the *martyr* for freedom 為自由而獻身的烈士 **2** 殉道者;殉教者
◇ **make a martyr of oneself** (假裝) 犧牲自己利益 (願望等) 以博得信譽
II vt 折磨;使受巨大痛苦

mar·vel /'mɑːvl/
I n [C] 令人驚奇的事;奇跡: His survival from the storm is quite a *marvel* to me. 在我看來,他能戰勝風暴幸存下來真是個奇跡。/ do *marvels* 創造奇跡
II vt, vi (marvel(l)ed, marvel(l)ing) 驚異;驚奇 (at);對…感到驚異: They

marveled (*marvelled*) that he had succeeded. 他們對他的成功感到驚異。

▷ **marvelment** *n*

mar·vel·(l)ous /'mɑːvələs/ *adj*
奇異的；奇跡般的；驚人的；不可思議的：a *marvellous* performance of acrobatics 一個令人不可思議的雜技表演

▷ **marvel(l)ously** *adv*

🔵 fantastic, outstanding, remarkable, wonderful

🔴 terrible

Marx·ism /'mɑːksɪzəm/ *n* [U]
馬克思主義

Marx·ist /'mɑːksɪst/
I *n* [C] 馬克思主義者
II *adj* 馬克思主義的

mas·cu·line /'mæskjʊlɪn/ *adj*
1 男性的；男子的；男子氣概的：*masculine* charm 男性魅力 / the *masculine* courage 男子漢的膽量 **2** 〈語〉陽性；陽性詞的 ▷ **masculinely** *adv* / **masculineness, masculinity** *n*

🔵 male, manly

🔴 feminine

mask /mɑːsk/
I *n* [C] **1** 面具；面罩；假面具：wear a *mask* 戴假面具 **2** 罩；防護面罩；防毒面罩：a gas *mask* 防毒面罩 / a fence's *mask* 擊劍面罩 **3** 偽裝；遮蔽：He hid his dislike for his leader under a *mask* of smile. 他以笑臉來掩蓋他對領導的厭惡。
II *vt* **1** 戴面具 **2** 偽裝；掩飾：*mask* one's disappointment 掩飾失望的心情

🔵 masque, veil

ma·son /'meɪsn/
I *n* [C] **1** 磚石工；泥瓦工 **2** [Mason]
共濟會成員
II *vt* 用石料建造；用石加固

Mass, mass¹ /mæs/ *n*
彌撒（天主教的聖體聖事禮儀）

mass² /mæs/
I *n* **1** [C]（聚成一體的）團；塊；群；堆：a great *mass* of land 一大塊土地 / a *mass* of sand 一堆沙 **2** [C] 群眾；大批人群：There are *masses* of people in the hall. 大廳裏有很多人。 **3** [U]〈物〉質量：the law of conservation of *mass* 質量守恆定律
II *adj* **1** 群眾的；民眾的：a *mass* movement 群眾運動 **2** 大量的；大規模的：*mass* production 成批生產
◇ **be a mass of** 遍佈着…；遍體是… / **in the mass** 總體上；整個兒地 / **the (great) mass of** 大多數；大部分
III **1** *vt* 集中；集結：*mass* forces for action 集結兵力準備作戰 **2** *vi* 聚集起來：Dark clouds *massed*. 陰雲密佈。
□ **mass communication (medium)** 大眾媒體 / **mass number**（原子）質量數 / **mass-produce** *vt* 成批生產 / **mass selection**〈生〉混合選擇

用法説明：**Mass** 和 **mess** 詞形相似，但意思絕然不同，不可混淆。**Mass** 意為"大量"：He obtained a great mass of data.（他獲得了大量資料。）**Mess** 意為"混亂"：Everything is in a mess.（一切都是亂糟糟的。）

---

mas·sa·cre /'mæsəkə(r)/
I *n* [C] 大屠殺；殘殺：the *massacre* of Jews during WWII 第二次世界大戰期間對猶太人的大屠殺
II *vt* （大規模地）屠殺；殘殺：A

m

great number of Indians were *massacred* during the Westward Movement in the American history. 美國歷史上，許多印第安人在西進運動中慘遭屠殺。

◑ kill, slaughter

mas·sive /'mæsɪv/ *adj*

1 大而重的；厚實的；（面貌五官等的）粗大的：a *massive* dictionary of 2,000 pages 一冊兩千頁的大辭典 / a *massive* forehead 寬大的前額 **2** 大量的；巨大的；大規模的：We must make *massive* efforts to improve our study. 我們必須盡巨大的努力改進我們的學習。

▷ **massively** *adv*

◑ enormous, giant, immense, bulky
◐ small, slight

mast /mɑːst/

I *n* [C] **1** 桅桿；檣 **2** 桿；柱；天線桿：set up a *mast* 豎起桿子

II *vt* 在…上裝桅桿

mas·ter /'mɑːstə(r)/

I *n* [C] **1** （男）主人；主子；戶口；僱主；（商船的）船長：I like to be my own *master*. 我要自己做主。 **2** 師傅；能手；大師；名家：a *master* in literature 文學大師 / a chess *master* 名棋手 **3** [英] 男教師；（學院）院長：a physics *master* 物理教師 **4** [Master] 碩士：a *Master* degree of Art 文科碩士學位 **5** [Master]（用在人名前作稱呼）…少爺：*Master* Jones 瓊斯少爺

◇ **be master in one's own house** 不受外人干涉地處理自己的事 / **Like (Such) master, like (such) man.** [諺] 有其主必有其僕。

II *vt* 控制；掌握：*master* a horse 馴服馬 / *master* a foreign language 掌握一門

外語

mas·ter·piece /'mɑːstəpiːs/ *n* [C]

傑作；名作；傑出的事：'The Adventure of Tom Sawyer' is Mark Twain's *masterpiece*.《湯姆歷險記》是馬克·吐溫的傑作。

mat /mæt/

I *n* [C] **1** 地蓆；蓆子；蹭鞋墊；（花瓶、茶杯等的）襯墊 **2** 叢；團；簇：a *mat* of weeds 一簇野草 **3** [美]（海軍用語）地板；甲板

◇ **go to the mat** 參加一場（口頭或思想上的）激戰 / **hit the mat** 被打倒 / **leave sb on the mat** 拒絕接待某人 / **on the mat** [俚] 被上級訓斥

II （matted, matting） **❶** *vt* 給…鋪上（或蓋上）蓆子（或墊子）：The room is *matted*. 這房間鋪上地毯。 **❷** *vi* 纏結；編結

match¹ /mætʃ/ *n* [C]

（一根）火柴：a box of *matches* 一盒火柴 / strike a *match* 擦火柴

match² /mætʃ/

I *n* [C] **1** 對手；敵人：I'm good at tennis and I can't find a *match* in my school. 我擅長網球，在學校我沒有對手。 **2** 比賽；競賽：a football *match* 一場足球賽 **3** 相配物；相配的兩個人：The cap is a *match* for the coat. 帽子和上衣相配。 **4** 婚姻；（婚姻的）對象

◇ **make a match of it** 結婚 / **meet one's match** 棋逢對手（= find one's match）

II **❶** *vt* **1** 敵得過；比得上：They are equally *matched* in learning. 他們在學問上不分高低。 **2** 和…相配；和…相稱：His deeds doesn't *match* his words. 他的

言行不一致。**3** 使結婚 **2** *vi* 相配；相適合

◇ **Let beggars match with beggars.** [諺]龍配龍，鳳配鳳。 □ **matchmaker** *n* 媒人 ▷ **matcher** *n*

⇨ 用法說明見 FIT

mate /meɪt/ *n* [C]
1 夥伴；同事：work *mate* 工友 / school *mate* 同學 **2** （鳥、獸的）配對物；配偶 **3** 〈海〉（商船的）大副；助手：the chief (first) *mate* 大副

II *vt, vi* （使）配對；（鳥等）交配：the *mating* season （動物的）交配季節

◇ **go mates with** 成為…的夥伴；與…合夥 ▷ **mateship** *n*

ma·te·ri·al /məˈtɪəriəl/
I *n* **1** [C, U] 材料；原料；物質：raw *material* 原材料 / building *materials* 建築材料 **2** [U] 素材；資料：collect *material* for a thesis 為論文收集資料 **3** [C] 人才：He is a teacher *material*. 他是塊教書的料。

II *adj* **1** 物質的；實體的；有形的：the *material* world 物質世界 **2** 身體上的；肉體的：*material* needs 身體的需要（如衣、食等）**3** 重要的；實質性的：at the *material* time 在重要時刻

ma·te·ri·al·ism /məˈtɪəriəlɪzəm/ *n* [U]
1 唯物主義；唯物論 **2** 實利主義；物質主義

ma·ter·nal /məˈtɜːnl/ *adj*
1 母親的；母親般的：*maternal* love 母愛 **2** 母系的；母親一方的：one's *maternal* grandparents 外祖父母 **3** 母親的：Chinese is their *maternal* language. 漢語是他們的母語。

ma·ter·ni·ty /məˈtɜːnəti/ *n* [U]
1 母親身份；母性 **2** 產科醫院；產科病房

math·e·mat·i·cal /ˌmæθəˈmætɪkl/ *adj*
1 數學的；數學上的：a *mathematical* method 數學的方法 **2** 精確的；確定無誤的：a *mathematical* study on the subject 對該課題做精確的研究

math·e·mat·i·cian /ˌmæθəməˈtɪʃn/ *n* [C] 數學家

math·e·ma·tics /ˌmæθəˈmætɪks/ *n*
[常用作單] 數學：He is an expert at *mathematics*. 他是數學方面的能手（專家）。/ applied *mathematics* 應用數學 / pure *mathematics* 純數學

mat·i·nee /ˈmætɪneɪ/ *n*
[法] **1** 日間招待會 **2** 午後的演出；日戲

ma·tron /ˈmeɪtrən/ *n* [C]
1 妻子；夫人；主婦 **2** 女總管；女舍監；護士長；女負責人

mat·ter /ˈmætə(r)/
I *n* **1** [U] 物質：The earth is made of *matter*. 地球是由物質構成的。**2** [C] 問題；事情：I don't like talking about private *matters*. 我不喜歡談論個人問題。**3** [C] [the matter] 麻煩事；困難；毛病：What's the *matter*? 怎麼啦？**4** （文章、講話等的）內容；素材：His speech is devoid of *matter*. 他的發言缺乏內容。

II *v* （主要用於否定句和疑問句）有關係；要緊：It doesn't *matter* whether you come or not. 你是否來無關緊要。

◇ **a matter of course** 理所當然的事 / **as a matter of fact** 事實上；其實 / **for**

that matter (for the matter of that) 就此而言;至於那個 / **in the matter of** 在…上;就…而論 / **no matter how (what, when, where, whether, who)** 不管怎樣(甚麼,何時,何地,是否,誰)

● material, substance, content; affair, business

mat·tress /'mætrɪs/ *n*

1 [C] 褥墊;床墊: a cotton *mattress* 棉花床墊 **2** 氣墊

ma·ture /mə'tjʊə(r)/

I *adj* **1** 熟的;成熟的: *mature* grain 成熟的穀物 / a *mature* plan 成熟的計劃 **2** 成年人的: The boy is too *mature* for his age. 這個男孩過於早熟。 **II** *vt, vi* (使)成熟;成長: This kind of tree *matures* within a short period. 這種樹在短期內就可以成熟。 ▷ **maturely** *adv*

● adult, developed, grown, experienced, ripe

● juvenile, inexperienced

用法説明: **Mature** 和 **ripe** 都是 "成熟" 的意思。 **Mature** 通常指人因為長大、經驗豐富、更加理智而變得 "成熟": My son has reached the mature age. (我的兒子已經成年。) **Ripe** 常指水果、蔬菜等 "成熟": Peaches become ripe in late summer. (桃子在夏末成熟。)

ma·tu·ri·ty /mə'tjʊərəti/ *n* [U] 成熟;完善: Apples reach *maturity* in the late summer. 蘋果在晚夏時成熟。

max·i·ma /'mæksɪmə/ *n* maximum 的複數形式

max·i·mum /'mæksɪməm/

I *n* (複 = maximums, maxima) [C] 最大限度;最大量;最大值;頂點: The car runs at the *maximum* on the highway. 小汽車在公路上跑到了極限。 **II** *adj* 最高的;最大的;頂點的: *maximum* load 最大載重量 / *maximum* temperature 最高溫度 / the *maximum* range of a plane 一架飛機的最大航程

● greatest, supreme, utmost

● minimum

May /meɪ/ *n* 五月

may /meɪ/ *v aux* (might)

1 可以: May (Might) I ask you a question? 我可以問你個問題嗎? **2** 可能;也許: His story *may* be false. 他的故事也許是假的。 **3** 會: Who *may* help me? 誰會來幫我呢? **4** 祝;願: May (Might) you succeed! 祝你成功! **5** 能夠: I hope you *may* come in time. 我希望你能夠按時來。 **6** (與 well 連用,表示有充分理由)滿可以;完全可能: You *may* well say so. 你完全可以這麼説。

◇ **may as well** 還是…的好

⇨ 用法説明見 CAN

may·be /'meɪbi:/

I *adv* 或許;大概: I think the train *maybe* arrive earlier. 我想火車大概會提前到。 **II** *n* [C] 可能性;不確定性: There are *maybes* in this matter. 這件事有多種不定因素。

用法説明: **Maybe** 和 **perhaps** 意思十分相似,只是 **maybe** 語氣稍弱。 **Maybe** 是美國用語: Maybe she will come. (她或許會來。) **Perhaps** 是英國用語: Perhaps Father will be home late today. (父親也許今天回家要晚。)

mayor /meə(r),'meɪə(r)/ n [C]
市長 ▷ **mayoress** n 女市長；市長夫人
/ **mayorship** n

me /miː, mɪ/ pron
（I 的賓格）**1**（用作賓語）我：Help
me! 幫幫我！ **2** [口]（用作表語）我 (=
I)：A: Who's knocking at the door? B:
It's *me*. 甲：誰在敲門？乙：我。

mead·ow /'medəʊ/ n
1 [C] 草地；牧地 **2** [U]（河邊或湖邊）
肥沃的低草地；水草地

meal /miːl/ n [C]
膳食；一餐：have a *meal* 吃頓飯 / at
meals 在吃飯

mean¹ /miːn/ vt（meant, meaning）
1（詞語等）表示…的意思：What do
your words *mean*? 你說的是甚麼意思？
2 意指；意謂：I *mean* what I say. 我說
話算數。 **3** 意味着；就是：The red
traffic light *means* to stop. 交通紅燈意味
着停車。 **4** 意欲；打算；懷有：I don't
mean to hurt you. 我沒有意思要傷害
你。 **5** 具有意義：Your kindness
means a lot to us. 你們的好意對我們來
說太重要了。
● **denote, indicate, signify, suggest**

mean² /miːn/ adj
1 卑鄙的；自私的：a *mean* person 卑
鄙的人 **2** 吝嗇的：be *mean* about
money 在金錢問題上很小氣 **3** [口] 害
臊；不好意思：I feel *mean* bothering
him about a personal problem when I
know he is very busy. 我感到很不好意思
為了個人問題打擾他，因為我知道他非
常忙。
● **nasty, vicious; stingy**

mean·ing /'miːnɪŋ/ n [C, U]

意義；意思；含義：Explain the
meaning of this word. 請解釋這個詞的
含義 / What's the *meaning* of … 甚麼意
思…
● **significance, sense**

mean·ing·ful /'miːnɪŋfl/ adj
有意義的；富有意義的；意味深長的：a
meaningful life 有意義的生活 /
meaningful advice 語重心長的忠告 ▷
meaningfully adv / **meaningfulness** n

means /miːnz/ n
1 [常用作單] 方法；手段；工具：I will
try every *means* to finish the work. 我要
想盡一切辦法完成這份工作。 **2** 金錢；
財富；財產；收入：a man of *means* 富
有的人
◇ **all manner and means of** 各種各樣
的 / **by all means of** 盡一切辦法 / **by
fair means or foul** 不擇手段 / **by
means of** 用；依靠 / **by no means** 決
不；並沒有
● **method, mode, way**

meant /ment/ v
mean 的過去式和過去分詞

mean·time /'miːntaɪm/
I n 間隔（時間）；其時；其間：in the
meantime 在此期間；（與此）同時
II adv 在間隔時間裏；（與此）同時：
The train hasn't arrived yet. *Meantime*,
we'll have some drinks in the cafe. 火車
還沒到，我們可以在咖啡廳裏邊等邊喝
點飲料。

mean·while /'miːnhwaɪl/ n, adv
= meantime

mea·sure /'meʒə(r)/
I ❶ vt **1** 量；測量；計量：*measure*
sb for a new dress 量某人的尺寸做新衣

2 打量；估量；衡量：The girl *measured* the stranger with curious eyes. 這個女孩用好奇的目光打量着陌生人。**2** *vi* 量：The table *measures* three metres long. 這張桌子長三米。

◇ **measure up to** 合符；符合標準

II *n* **1** [U] (量得的) 尺寸；大小；分量 **2** [C] 計量制；度量法：the metric *measure* 公制；米制 / the official weights and *measures* 法定度量衡 **3** [C] 量具；量器：A ruler is a *measure*. 尺是一種量具。**4** [C] 措施；手段；步驟：Haven't you taken any strong *measures* against burglary? 你難道沒採取有力的措施防止盜竊？**5** 〈音〉拍子；小節；〈詩〉韻律；曲調

◇ **beyond measure** 無可估量；極度 / **in (a) great (large) measure** 大部分 / **measure for measure** 針鋒相對，以牙還牙 / **set measure to** 限制；約束 / **without measure** 過度；過分

▷ **measurable** *adj* / **measurably** *adv*

◑ assess, evaluate, gauge

mea·sure·ment /'meʒəmənt/ *n*
1 [U] 測量；衡量：the *measurement* of distance 測距 **2** [C] (量得的) 尺寸；大小；長度：the *measurements* of the land 這塊地的面積

meat /miːt/ *n* [U]
1 食用肉類：fresh (frozen) *meat* 鮮 (凍) 肉 / a piece of roasted *meat* 一塊烤肉 / There is not much *meat* on the bone. 骨頭上沒多少肉。**2** (蛋、貝、果子等的) 食用部分：the *meat* of a walnut 胡桃仁 **3** [喻] 內容；實質；要點：an argument full of *meat* 內容豐富的辯論

◇ **cry roast meat** 自吹自擂 / **jump on sb's meat** [美俚] 嚴厲責罵某人 / **make meat of sb** [俚] 殺死某人

Mec·ca /'mekə/ *n*
1 麥加 (伊斯蘭教徒的朝聖地，在沙特阿拉伯西部) **2** [亦作 mecca] 聖地；向往的目標

me·chan·ic /mɪ'kænɪk/
I *n* [C] 機 (械) 工；技工；機修工：a motorcycle *mechanic* 摩托車修理工
II *adj* = mechanical

me·chan·i·cal /mɪ'kænɪkl/ *adj*
1 機械方面的；用機械的：*mechanical* energy 機械能 / a *mechanical* problem 機械問題 **2** (行動等的) 機械的；呆板的；習慣性的：a *mechanical* answer to the dull question 對乏味問題的機械回答

▷ **mechanicalism** *n* / **mechanicalize** *v* / **mechanically** *adv*

me·chan·ics /mɪ'kænɪks/ *n*
[常用作單] **1** [U] 力學；機械學：He learnt *mechanics* in the college. 他在學院裏學機械。**2** [U] (機器等的) 結構；構成；(寫作) 技巧：Nobody knows the *mechanics* of the device. 誰也不知道該裝置的構造。/ the *mechanics* of writing 寫作的技巧

mech·a·nism /'mekənɪzəm/ *n* [C]
1 機械裝置：There is something wrong with the *mechanism* of the clock. 鐘錶的機械裝置出了些問題。**2** 機構；結構：the *mechanism* of the body 身體的結構

mech·a·nize /'mekənaɪz/ *vt*
使機械化；用機械設備：Much tiresome work can be *mechanized*. 許多繁瑣的工作可用機械來做。▷ **mechanizable** *adj*

M

/ **mechanization** n

med·al /'medl/ n [C]
獎牌；獎章；勳章；紀念章：award sb a prize medal 授予某人獎牌 / win a gold medal 贏得金牌
◇ **the reverse (the otherside) of the medal** 問題的另一面
◐ award, honour, prize

me·di·a /'miːdɪə/ n
medium 的複數形式

me·di·al /'miːdɪəl/ adj
1 中間的；中央的；居中的；向中央的：medial station 中間站 **2** 中等的；普通的；大小適中的：a medial-sized shirt 適合的襯衣 ▷ **medially** adv

me·di·an /'miːdɪən/
I adj **1** 中央的；當中的：The house is sold at median price. 這座房子以中等價出售。 **2** 〈數〉中線的；中點的 **II** n [C] 〈數〉中線；中點；中位數：median of a triangle 三角形的中線

me·di·a·per·son /'miːdɪəˌpɜːsən/ n [C] （新聞媒介的）記者；通訊員；報人

me·di·a·tor /'miːdɪeɪtə(r)/ n [C]
1 調解者；調停者；斡旋者 **2** 〈化〉〈生〉介體；介質；媒介

med·i·cal /'medɪkl/
I adj **1** 醫學的；醫術的；醫療的；醫用的：a medical student 醫科學生 / medical attendance 醫療護理 **2** 內科的：a medical ward 內科病房
II n [C] **1** 體格檢查：pass a medical 通過體格檢查 **2** 〈口〉醫科學生；醫生
□ **medical record** 病歷卡
▷ **medically** adv

med·i·cine /'medsn/ n
1 [C, U] 藥；藥物；藥劑（尤指內服藥）：take medicine 吃藥 **2** [U] 醫學；醫術；內科學：practice medicine 行醫
◇ **get a close (taste) of one's own medicine** 自食苦果，受到報應 / **take one's medicine** 接受應得的懲罰；接受教訓

me·di·e·val, me·di·ae·val /ˌmedɪ'iːvl; miː-/ adj
1 中世紀的；中古（時代）的：medieval history 中世紀歷史 / a medieval knight 中世紀騎士 **2** 古老的；過時的 ▷ **medievally** adv

Me·di·ter·ra·ne·an /ˌmedɪtə'reɪnɪən/
I n **1** 地中海 (= Mediterranean Sea) **2** 地中海地區的居民
II adj **1** 地中海的 **2** 地中海地區的

me·di·um /'miːdɪəm/
I adj 中間的；中等的；適中的：a man of medium height 中等身材的男人
II n （複 = mediums, media） [C] **1** 媒介物；傳導體：Copper is a good medium for electricity. 銅是導電的良好媒體。 **2** 手段；工具；方法：a traffic medium 交通工具 **3** 傳播媒介；新聞媒介：mass media 大眾傳播媒體
□ **medium frequency** 〈無〉中頻 / **medium wave** 〈無〉中波

meet /miːt/
I （met, meeting） ❶ vt **1** 遇見；遇到：I met him in the street by chance. 我碰巧在路上遇到了他。 **2** 迎接：meet sb at the station 到車站接某人 **3** 滿足；符合：The production of grain in the area can hardly meet the increasing public demand. 該地區的糧食生產幾乎滿足不了日益增長的公眾需求。 **4** 應

付；對付；反對：*meet* an emergency 應付緊急情況 **5** 匯合；加入：The Yangtze River *meets* the sea at Shanghai. 長江在上海匯入大海。 **❷** *vi* 相遇；相會；相識

◇ **make (both) ends meet** 使收支相抵，量入為出 / **meet sb halfway** 遷就某人 / **meet up** **1** 偶然相遇 **2** 趕上 **3** 符合（標準等）

II *n* [C] 集會；運動會：a sports *meet* 運動會

❶ confront, encounter, fulfill, satisfy

> 用法說明：**Meet** 指 " 會見 " ：I have never met the man. （我從來沒有見過那個人。） **Meet with** 指 " 意外遭遇 " ：He met with a car accident this afternoon. （他今天下午遇到了車禍。） **Come upon** 指 " 偶然碰見 " ：Mary came upon one of her old classmates in the street. （瑪麗在街上碰到了她的一個老同學。） **Encounter** 為正式用語，也是 " 遭遇 " 的意思：They encountered some trouble in studying English. （他們在學習英語的過程中遇到了一些麻煩。）

meet·ing /ˈmiːtɪŋ/ *n* [C]
1 會議；集會：hold (have) a *meeting* 開會 **2** 聚集；匯合；相會：They became friends at first *meeting*. 他們一見如故。

❶ assembly, conference, gathering

meg·a·byte /ˈmegəbaɪt/ *n* [C] 〈計〉兆字節（量度信息的單位＝ 100 萬字節）

mel·an·chol·y /ˈmelənkɒlɪ/
I *n* [C] 憂鬱；愁思 **II** *adj* 憂鬱的；憂思的；感傷的：The audience was deeply moved by her *melancholy* songs.

聽眾們為她的憂傷歌曲所打動。
▷ **melancholily** *adv*
❶ depression, despair, gloom
❶ joy, happy

mel·o·dy /ˈmelədɪ/ *n* [C]
1 美妙的音樂；悅耳的聲音：A good poem is a *melody*. 一首好詩是曲優美的音樂。 **2** 〈音〉旋律；曲調；歌曲：Negro *melodies* 黑人歌曲

mel·on /ˈmelən/ *n* [C]
1 瓜；甜瓜：water *melon* 西瓜 **2** [俚] 紅利；贓物；橫財：cut a *melon* [俚] 分紅；分肥

melt /melt/ *vi*
(melted, melted/molten, melting)
1 融化；熔化：Iron *melts* at high temperature. 鐵在高溫下熔化。 **2** 溶化；液解：Sugar *melts* in water. 糖溶解於水。 **3** （心腸或態度）變軟；軟化；（聲音）變得柔潤

◇ **melt away** （冰、雪等）融化掉；（使）消失；（使）減少 / **melt down** 熔化（金屬）

❶ dissolve, fuse, fade, vanish
❶ freeze

mem·ber /ˈmembə(r)/ *n* [C]
1 （團體、組織等的）成員；一分子；會員：a *member* of the committee 委員會成員 **2** （人體或動、植物的）一部分；器官：The head is a *member* of the body. 頭是身體的一部分。

mem·ber·ship /ˈmembəʃɪp/ *n* [U]
1 會員身份（資格、地位）；會籍；黨籍；團籍：a *membership* card 會員證 **2** [the membership] 全體會員：All of the *membership* of the committee was present. 委員會全體成員都到會了。

M

mem·o /ˈmeməʊ/ n（複 = memos）
[口] 備忘錄 = memorandum

mem·oir /ˈmemwɑː(r)/ n [C]
❶ 傳；傳記；傳略 ❷ 回憶錄；
[memoirs] 自傳：a memoir of WWII 第
二次世界大戰回憶錄 ❸ 學術論文；研究
報告

mem·ora·ble /ˈmemərəbl/ adj
值得紀念的；難忘的；值得注意的：a
memorable incident in my life 我一生中
難忘的一件事 ▷ **memorably** adv
◐ notable, outstanding,
unforgettable

me·mo·ri·al /məˈmɔːrɪəl/
I adj 紀念的；追悼的：a memorial
meeting 追悼會
II n ❶ [C] 紀念碑；紀念物；紀念日；紀
念館：a memorial to the people's heroes
人民英雄紀念碑 ❷ [C] 年代記；編年
史：memorials of the past age 年代史
⇨ 用法說明見 MONUMENT

mem·o·rize, mem·o·rise
/ˈmeməraɪz/ vt
記住；熟記；背熟：memorize the
address and the phone number 記住地
址和電話號碼 ▷ **memorisable** adj /
memorization n

mem·o·ry /ˈmemərɪ/ n
❶ [C, U] 記憶；記憶力：My memory
fails me. 我的記憶不行了。 ❷ [C] 回
憶；留在回憶中的人（事物）：a
memory of one's childhood 童年的回憶
❸ [C] 紀念：in memory of my beloved
teacher 紀念我尊敬的老師
◐ recollection, remembrance

men /men/ n man 的複數形式

men·ace /ˈmenəs/

I n ❶ [C, U] 威脅；威嚇：He spoke
with menace in his voice. 他說話的口氣
中帶有威脅。 ❷ [口] 討厭的人或東西：
You're a menace! 你這人真討厭。 II ❶
vt 威脅；威嚇：The gangster menaced
him with a knife. 小流氓用刀威脅他。
❷ vi 進行威脅；進行恐嚇
◐ threat

mend /mend/
I ❶ vt 修理；修補；縫補：mend
clothes (shoes) 修補衣服（鞋子） ❷ vi
改善；改進；轉好：It's never too late
to mend. 改過永遠不會晚。
II n [C] 修補；縫補；修補好的地方：
mends on the shirt 襯衣上的補丁
◇ **on the mend** 在改善之中

men·tal /ˈmentl/ adj
❶ 精神的；思想上的；心理的：mental
disease 心理疾病 ❷ 智力的；腦力的；
使用腦力的：a mental test 智力測驗 ❸
精神病的；治療精神病的：a mental
hospital 精神病院

men·ta·li·ty /menˈtælətɪ/ n
❶ [U] 智力；精神能力：a boy of weak
mentality 弱智兒童 ❷ [C] 精神；思想；
心理：I can't understand such a person
with so terrible mentality. 我真不理解帶
有這等可怕心理的人。

men·tal·ly /ˈmentəlɪ/ adv
內心裏；精神上；智力上：be mentally
weak 內心懦弱 / be mentally prepared
精神上準備

men·tion /ˈmenʃn/
I vt 提到；說起：He mentioned his
interest in birds. 他說到他對鳥的興趣。
◇ **Don't mention it**（答覆別人道謝等
時用語）不用客氣；不用謝 / **not to**

mention (without mentioning) 更不
必説;除…外(還)

II *n* **1** [U] 提及;説起: at the
mention of... 在提到…時 **2** [C] (戰報
等中對傑出事跡的)傳令嘉獎;通報表
揚

◇ **make mention of** 提及…

● **refer to, allude to; cite**

men·u /'menju:/ *n* [C]

1 菜單: The waiter handed each guest
a *menu*. 服務員遞給每位客人一份菜
單。 **2** 〈計〉(可顯示在熒光屏上的)項
目單;(功能)選擇單

mer·chan·dise /'mɜːtʃəndaɪz/

I *n* [U] (總稱)商品;貨物 **II** *vt* 推
銷;銷售: A new product needs to be
merchandised in order to make it sell
well. 一個新產品要想賣得好需要推銷。

● **commodities, goods, wares**

mer·chant /'mɜːtʃənt/

I *n* [C] 商人;(尤指外貿)批發商:
The *Merchant* of Venice 威尼斯商人

II *adj* 商人的;商會的: a *merchant*
guild 商人行會 / a *merchant* ship 商船

III *vt* 經營;買賣;推售

□ **merchant bank** 商業銀行;招商銀行
/ **merchant navy** 商船隊;(一個國家
的)商船總稱

● **dealer, trader, wholesaler**

◗ **consumer**

mer·ci·less /'mɜːsɪlɪs/ *adj*

冷酷無情的;殘忍的;毫無仁慈之心: a
merciless revenge 冷酷的復仇

▷ **mercilessly** *adv* / **mercilessness** *n*

mer·cu·ry /'mɜːkjʊrɪ/ *n* [U]

1 〈化〉汞;水銀 **2** 〈醫〉汞鹽 **3**
〈羅神〉[Mercury] 墨丘利 **4** 〈天〉

[Mercury] 水星

mer·cy /'mɜːsɪ/ *n*

1 [U] 慈悲;憐憫;仁慈;寬容: He
shows *mercy* to the poor. 他對窮人很慈
悲。/ give *mercy* to sb 寬恕某人 **2** 幸
運;僥幸: That's a *mercy*! 那真幸運!

◇ **at the mercy of** 在…支配中;任憑
…擺佈 / **have mercy on** 對…表示憐憫 /
without mercy 毫無憐憫;殘忍地

● **compassion, pity, kindness,
sympathy**

◗ **cruelty**

mere /mɪə(r)/ *adj*

1 只不過的;僅僅的: *Mere* two
persons are not enough to finish the job.
完成這份工作只有兩個人是不夠的。 **2**
純粹的: a *mere* nobody 十足的小人物

◇ **be no mere...** 絕非僅僅是一個…而
已

mere·ly /'mɪəlɪ/ *adv*

僅僅;只;不過: I *merely* want to
know the fact. 我只不過想知道事實。

merg·er /'mɜːdʒə(r)/ *n* [C]

(公司、企業等的)合併: The bigger
corporation is usually formed by the
merger of smaller companies. 大公司通
常靠兼併小公司組成。

me·rid·i·an /mə'rɪdɪən/

I *n* **1** [C] 〈天〉子午圈;子午線 **2** [C]
(太陽等天體在一日的運行中達到的)最
高點 **3** [C] 頂點;極點;全盛時期:
the *meridian* of one's life 壯年;盛午

II *adj* **1** 〈天〉子午圈的;子午線的 **2**
頂點的;絕頂的;全盛期的

mer·it /'merɪt/

I *n* [U] **1** 長處;優點;價值: Learn
from one's *merit*. 學習某人的長處。 **2**

[C] 功勞；功績：acquire *merit* 積德 / a *merit* of war 戰功 **II** *vt* 應得到；值得：The singer should *merit* the first-class prize. 這位歌手應該得一等獎。

◑ excellence, virtue

mer·maid /ˈmɜːmeɪd/ *n* [C]
1 （傳說中的）美人魚 **2** [美] 女子游泳健將

mer·ry /ˈmerɪ/ *adj*
1 歡樂的；愉快的；快樂的：A Merry Christmas. 祝聖誕節快樂。 **2** 輕快的；（音樂）悅耳的；優美的：at a merry step 踏着輕快的腳步 / merry music 輕鬆的樂曲

◇ **(as) merry as a cricket** 興高采烈；非常快活 / **make merry** **1** 盡情歡樂 **2** 嘲弄；嘲笑 ▷ **merrily** *adv*

◑ cheerful, happy, jolly, joyful
◐ melancholy

Mes·dames /meɪˈdɑːm/ *n*
Mrs. 的複數形式

mess /mes/
I *n* **1** [U] 凌亂；髒亂；混亂：We have to clear up the *mess* in the classroom. 我們必須清理乾淨教室。 **2** 困境：get in (into) a *mess* 陷入困境 **3** [C] 一份食品；雜食：a *mess* of porridge 一碗粥 **4** [美]（軍人）食堂：an officer's *mess* 軍官食堂

◇ **make a mess of** **1** 弄糟 **2** 打亂；毀壞

II *vt* 弄髒；搞亂；毀壞：The rain *messed* up our picnic. 大雨毀了我們的野餐。/ Don't *mess* my watch! 別弄壞了我的錶！

◇ **mess about (around)** 浪費時間；閑蕩 / **mess up** 搞亂；弄糟；弄髒 / **no**

messing [英口] 說真的，不是開玩笑
◑ chaos, disorder
◐ order
⇨ 用法說明見 MASS

mes·sage /ˈmesɪdʒ/ *n*
1 [C] 信息；信；文電；電報：radio (wireless) *message* 無線電訊 / telegraphic *message* 電報 / congratulatory (greeting) *message* 賀電；賀信 / pass a *message* 捎口信 **2** 啟示；教訓；寓意；要旨：the *message* of this book 這本書的中心思想 **3** 差事；使命：run *messages* for sb 為某人送信跑腿

◑ information, news, note

mes·sen·ger /ˈmesɪndʒə(r)/ *n* [C]
1 送信人；報信者；通信員；投遞員：Each day the *messenger* would send my newspaper at my door. 每天投遞員把報紙送上門。 **2** 先驅；信號；預兆：Smoking is a *messenger* of lung disease. 吸煙預示着得肺病。

Messrs /ˈmesəz/ *n*
1 [法] Messieurs **2** Mr. 的複數形式

met /met/ *v* meet 的過去式和過去分詞

met·al /ˈmetl/
I *n* **1** [C, U] 金屬；合金：Iron, silver, gold and brass are *metals*. 鐵、銀、金和銅都是金屬。 **2** [U] [英] 築路和修路用的碎石（= road metal）
II *vt* （metal(l)ed, metal(l)ing）**1** 用金屬包 **2** 用碎石鋪（路）
□ **metalware** *n* 金屬器皿（尤指家庭用的）/ **metal-work** *n* 金屬製品

me·tal·lic /mɪˈtælɪk/ *adj*
1 金屬（性）的；金屬質的；金屬製的；含金屬的：metallic coins 金屬硬幣

/ *metallic* products 金屬製品　**2**（光澤、音響等）有金屬特性的；像金屬的；金屬似的：a sharp *metallic* note 刺耳清脆的音調

met·a·mor·phic /ˌmetəˈmɔːfɪk/ *adj*
變形的；變性的；變質的：*metamorphic* rock 變質岩
▷ **metamorphically** *adv*

met·a·mor·pho·ses
/ˌmetəˈmɔːfəsiːz/ *n*
metamorphosis 的複數形式

met·a·mor·pho·sis
/ˌmetəˈmɔːfəsɪs/ *n*
（複 = metamorphoses）
1 變形；變質；變狀：Tadpoles become frogs by *metamorphosis*. 蝌蚪經蛻變成青蛙。　**2** 魔術引起的變形

me·te·o /ˈmiːtɪə/ *n* [U]
氣象學（= meteorology）

meth·od /ˈmeθəd/ *n* [C]
1 方法；辦法；教學法：adopt a scientific *method* to solve the problem 採用科學的解決問題的方法 / a *method* of language teaching 語言教學法　**2** 條理：a man of *method* 有條理的人
◑ manner, mode, system

me·tre, me·ter /ˈmiːtə(r)/ *n* [C]
（公制長度單位）米；公尺

met·ric /ˈmetrɪk/ *adj*
公制的；米制的：the *metric* system 公制；米制 ▷ **metrically** *adv*

me·trop·o·lis /məˈtrɒpəlɪs/ *n* [C]
1 首要城市（常指首都或首府）：Bangkok is the *metropolis* of Thailand. 曼谷是泰國的首都。　**2** 大城市；大都會：a busy *metropolis* 繁忙的大城市

me·trop·o·li·tan /ˌmetrəˈpɒlɪtən/
I *adj* **1** 大城市的；大都會的：the *metropolitan* flourishing 大都會的繁華　**2** 宗主國的；宗主城市的
II *n* [C] 大城市人；宗主國居民

Mex·i·can /ˈmeksɪkən/ *n*
I *n* [C] 墨西哥人；有墨西哥人和印第安人血統的人
II *adj* 墨西哥的；墨西哥人的

Mex·i·co /ˈmeksɪkəʊ/ *n*
1 墨西哥（拉丁美洲國家）（全稱墨西哥合眾國）　**2** = Mexico City（墨西哥城）

mice /maɪs/ *n* **mouse** 的複數形式

mi·cro·com·pu·ter
/ˈmaɪkrəʊkəmˈpjuːtə(r)/ *n* [C]
微型（電子）計算機

mi·cro·form /ˈmaɪkrəʊfɔːm/ *n*
1 [U] 縮微成像；縮微複製（指用照相或電子方法將印刷品等進行高度縮小複製的過程）　**2** [C]（印刷品等的）縮微版本

mi·cro·or·gan·ism
/ˌmaɪkrəʊˈɔːgənɪzəm/ *n* [C]
〈微〉微生物 ▷ **microorganic** *adj* / **microorganismal** *adj*

mi·cro·phone /ˈmaɪkrəfəʊn/ *n* [C]
擴音器；麥克風；話筒
▷ **microphonic** *adj*

mi·cro·scope /ˈmaɪkrəskəʊp/ *n* [C]
顯微鏡：examine bacteria under a *microscope* 顯微鏡下觀察細菌

Microscope 顯微鏡

M

mi·cro·scop·ic /ˌmaɪkrə'skɒpɪk/ adj
1 顯微鏡的；用顯微鏡的：a
microscopic examination 用顯微鏡檢查
2 微觀的；極小的；微小的：a
microscopic sculpture 微雕
▷ **microscopically** adv

mi·cro·wave /'maɪkrəweɪv/
I n [C] 微波（波長通常為 1 毫米至 30
厘米的高頻電磁波）
II adj 微波的：a *microwave* radar
微波雷達 / a *microwave* oven (cooker)
微波爐

mid /mɪd/ adj
1 中部的；中間的；中央的：She is in
her *mid* 20s. 她二十五歲左右。/ in a
cold *mid* winter night 在一個隆冬的夜晚
2 〈語〉央元音的：*mid* vowels 央元音
（如 set 中的 /e/）

mid·day /'mɪddeɪ/ n [U]
正午；日中；中午：at *midday* 在正午 /
the *midday* meal 午飯

mid·dle /'mɪdl/
I n [U] **1** 中部；中間；中央；當中：
in the *middle* of the garden 在花園中間 /
in the *middle* of the month 在月中 **2**
身體中部；腰部
◇ **in the middle** 夾在中間，左右為難 /
in the middle of nowhere 在偏僻的地
方 / **knock (send) sb into the middle
of next week** 痛打某人；把某人打得死
去活來
II adj 中間的；中部的；中等的：a
middle course (way) 中間路線；中庸之
道 / a *middle* school 中學 / a *middle* size
中等尺寸
□ **middle age** 中年 / **middle class** 中產
階級 / **Middle East** 中東

用法說明：**Middle** 和 **centre** 都是 "中心"
或 "中央" 的意思：The boy stood in the
centre/middle of the circle.（男孩站在圈子
中央。）但 **centre** 所指的位置要比 middle
確切，而且可以用在比喻的意義：At the
zoo, monkeys are usually the centre of
interest.（在動物園裏，猴子通常是興趣的
中心。）**Heart** 跟 **centre** 一樣，可以用在
比喻或非比喻意義，但它的原意是 "心
臟"，因此這種 "中心" 具有極其重要的地
位：the heart of the cabbage（菜心）、
the heart of the city（市中心）、The
engine is the heart of a car.（發動機是汽
車的關鍵部分。）

middle-aged /ˌmɪdl'eɪdʒd/ adj
中年；適合中年人的：a young man
with a *middle-aged* outlook 一位具有成
年人看法的年輕人

middle-class /'mɪdl'klɑːs/ adj
中產階級的：*middle-class* values 中產階
級的價值觀

mid·dle·man /'mɪdlmæn/ n [C]
（複 = middlemen /-men/）
經紀人；掮客；中間人；中人

mid·land /'mɪdlənd/
I n [U] （一國的）中部；中部地區；內
陸；內地：His parents lived in the
midland. 他父母住在內陸地區。
II adj 中部地區的；內陸的；內地的：
midland countries 內陸國家

mid·night /'mɪdnaɪt/ n [U]
半夜 12 點鐘；子夜；午夜；半夜：at
midnight 在午夜 / burn the *midnight* oil
開夜車；焚膏繼晷

mid·point /'mɪdpɔɪnt/ n [C]
1 （線等的）中點 **2** （時間、事件等進

m

程的）**一半**：reach the *midpoint* of the meeting 會開到一半

midst /mɪdst/

I *n* [U] **中間；當中；中央**：The enemy is in our *midst*. 敵人就在我們中間。**II** *prep* 在…之中

◇ **in the midst of** **1** 在…之中 **2** 正當…的時候

mid·sum·mer /ˌmɪdˈsʌmə(r)/ *n* [U]

1 仲夏 **2** 夏至期（六月二十一日左右）

mid·way /ˈmɪdweɪ/

I *adj* **中途的；中間的** **II** *adv* **之間；中間地；中途地**：The village lies *midway* between two towns. 村莊座落在兩城之間。/ They stopped *midway* for a meal. 他們途中停下來吃飯。

mid·wife /ˈmɪdwaɪf/ *n* [C]

（複 = midwives）

助產士；接生婆

▷ **midwifery** *n* 產科學；助產學

mid·wives /ˈmɪdwaɪvz/ *n*

midwife 的複數形式

might¹ /maɪt/ *n* [U]

1 **力量；威力；能力**：He tried with all his *might* to carry the rock away. 他使出全身的力將石頭搬走。**2** **強權；勢力**：*Might* is not right. 強權并非公理。

◇ **with might and main** 竭盡全力地

● **force, strength**

might² /maɪt/ *v aux*

1 may 的過去式和過去分詞 **2** **可能；也許；可以**（語氣比 may 更婉轉）：*Might* I use your pen? 我可以用一下你的鋼筆嗎？/ It *might* be late. 可能會遲到。**3**（用於表示與事實相反）**會；能**：I *might* have guessed it. 我本該猜到這一點的。

◇ **might (just) as well** 倒不如；（滿）

可以 / **might well** 很可能

⇨ 用法說明見 CAN

might·y /ˈmaɪtɪ/ *adj*

1 **強大的；強有力的**：*mighty* navy force 強大的海軍力量 / *mighty* nation 強大的國家 **2** **宏偉的；浩大的；重大的**：a *mighty* building 大廈 / a *mighty* achievement 巨大的成就

● **powerful, strong**

◑ **weak, small**

mi·grate /maɪˈgreɪt; ˈmaɪg-/ *vi*

1 **移民；遷居**：The ancestors of the white Americans *migrated* to America chiefly from Europe. 美國白人的祖先主要是從歐洲移民到美國的。**2**（候鳥等動物）**遷徙；移棲** ▷ **migrator** *n*

mi·gra·tion /maɪˈgreɪʃn/ *n*

1 [C] **遷移；移居**：War and famine always cause great *migrations* of people to safe and rich areas. 戰爭和饑荒往往造成人口大量流向安全和富裕的地區。**2**（鳥及動物的）**遷徙；移棲；**（魚類的）**洄游** ▷ **migrational** *adj*

mild /maɪld/ *adj*

1（性情等）**溫和的**：She has too *mild* a nature to get angry. 她性情溫存，不好生氣。**2**（天氣等）**溫暖的；暖和的**：*mild* breeze 和風 **3**（煙草、食物等）**味淡的**：a *mild* cigar 淡味雪茄 **4**（疾病、食物等）**輕微的；不嚴重的；寬大的**：The thief was given a *mild* punishment. 小偷受到了輕微的處罰。

◇ **as mild as a dove**（性情）非常溫和 / **draw it mild** 不要誇大 ▷ **mildness** *n*

● **moderate, gentle, soft**

◑ **violent, hot, strong**

mild·ly /ˈmaɪldlɪ/ *adv*

1 溫和地：speak *mildly* to the small girl 對小姑娘溫和地説話 **2** 適度地；稍微：I was *mildly* interested in the story. 我對這個故事有一點興趣。

mile /maɪl/ *n*

1 [C] 英里（= 5280 英尺，約合 1.609 公里）：They walked for *miles* without rest. 他們走了好幾英里沒有休息。 **2** 很大的距離（程度）：miss the target by a *mile* 遠遠射中目標；[喻]文不對題 / She feels *miles* better today. [口] 她今天感覺好多了。

mile·age /'maɪlɪdʒ/ *n*

1 [C, U] 哩數；哩程：The old car has run out of its designed *mileage*. 這部老爺車已經超過了它的設計行程。 **2** [U] 耗油 1 加侖所行駛的英里里程 **3** [C, U] 按英里計算的運費（旅費）

mile·stone /'maɪlstəʊn/ *n* [C]

1 里程碑；里程標 **2** [喻] 里程碑；重大事件；轉折點：The invention of steam-engine was a *milestone* in the industrial history. 蒸汽機的發明是工業史上的里程碑。

◐ landmark, turning point

mil·i·ta·ry /'mɪlɪtrɪ; -terɪ/

I *adj* **1** 軍事的；軍用的：*military* exercises 軍事演習 / *military* aircraft 軍用飛機 **2** 軍人的；軍隊的：one's *military* career 某人的戎馬生涯 / *military* police 憲兵 **3** 陸軍的：a *military* hospital 陸軍醫院

II *n* [U]（複 = military, militaries）[the military] [總稱] 軍人；軍方；陸軍

□ military service 兵役；軍役：be called up for *military service* 被徵召服兵役

mi·li·tia /mɪ'lɪʃə/ *n* [U] [the militia]

1 民兵組織；全體民兵 **2** 國民軍

□ militiaman *n* 男民兵 / **militia-woman** *n* 女民兵

milk /mɪlk/

I *n* [U] **1** 奶；牛奶；羊奶：*milk* powder 奶粉 **2** 乳液；乳汁；乳狀物：coconut *milk* 椰子汁

◇ bring sb to his milk [美口] 使某人清醒過來 / **It's no use crying over spilt milk.** [諺] 覆水難收，悔亦無益。/ **the milk of human kindness** 人類的惻隱之心（善良天性）

II ❶ *vt* **1** 擠…的奶：*milk* a cow 擠牛奶 **2** 榨取；勒索：*milk* one's money 勒索某人的錢財 **3** 套出（情報等）：The spokesman was too experienced to be *milked* by the newspaper men. 發言人經驗很豐富，沒讓記者套出任何消息。 **❷** *vi* 擠奶；出奶

milk·man /'mɪlkmən/ *n* [C]（複 = milkmen）賣（或送）牛奶的人

milk·men /'mɪlkmən/ *n* milkman 的複數形式

milk·y /'mɪlkɪ/ *adj*

1 乳的；乳狀的：*milky* coffee 加奶咖啡 **2** 乳白色的；白色的：The wall was painted *milky* white. 牆被粉刷成乳白色。 ▷ **milkily** *adv*

mill /mɪl/

I *n* [C] **1** 磨坊；碾磨廠；面粉廠 **2** 製造廠；工廠；製造機構：a cotton *mill* 棉紡廠 / a paper *mill* 造紙廠 **3** 磨（粉）機；碾磨機：a grain *mill* 磨粉機

◇ go (put) through the mill 經受磨練 / **in the mill** 在製造中 / **The mills of**

God grind slowly. [諺] 天網恢恢，疏而不漏。

II *vt* **1** 磨；碾：*mill* grain 磨谷物 **2** 攪拌；將…打成泡沫

□ **mill girl** 工廠女工；紗廠女工 / **mill hand** 工廠工人 / **millstone** *n* 磨石

mill·er /'mɪlə(r)/ *n* [C]

1 磨坊主；面粉廠主 **2** 碾磨工；銑工

◇ **Every miller draws water to his own mill.** [諺] 人人為己。 / **Too much water drowned the miller.** 過多招患，靡溢不損。

mil·li·me·tre, mil·li·me·ter

/'mɪlɪ,miːtə(r)/ *n* [C]

毫米（長度單位，＝ 1/1000 米；略作 mm） ▷ **millimetric** *adj*

mil·lion /'mɪljən/

I *n* [C] 百萬；百萬個：*Millions* of people died in WWII. 數百萬人在第二次世界大戰中喪身。

◇ **a million and one** [口] 許許多多 / **feel like a million** [口] 感到精力十分充沛 / **in a million** 千裏挑一，無與倫比

II *adj* 百萬；百個：a *million* pounds 一百萬英鎊

mil·lion·aire /,mɪljə'neə(r)/ *n* [C]

百萬富翁；大富翁 ▷ **millionaireship** *n* / **millionairess** *n* 女百萬富翁

mind /maɪnd/

I *n* **1** [C] 頭腦；精神；心（神）：I've formed an idea in my *mind*. 我頭腦中產生了一個主意。 **2** 意見；見解；願望：public *mind* 公眾意見 / change one's *mind* 改變了某人的主意 **3** 記憶：come to one's *mind* 回想起了 **4** 理智；智力；智能：He is out of his *mind*. 他精神失常了。 **5** 注意力；心思：Keep

your *mind* on your study. 專心學習。

◇ **absence of mind** 心不在焉 / **apply one's mind to** 專心於 / **bear (keep) in mind** 記住 / **be of one (a) mind** 同心協力，相一致 / **be out of one's mind** 精神不正常；發狂 / **make up one's mind** 下定決心 / **Out of sight, out of mind.** [諺] 眼不見心不煩。/ **to one's mind** **1** 根據某人的意見 **2** 合某人心願

II *vt* **1** 注意；聽從；留心；當心：*Mind* the wet paint! 當心，油漆未乾！ **2** 專心於；從事：*Mind* your own business! 別管閑事！ **3** 介意；反對：Would you *mind* my smoking here? 我在這兒抽煙你介意嗎？ **4** 關照：*mind* the baby 照看孩子

◇ **never mind** 不要緊

➊ brain, head, intellect, sense

mine¹ /maɪn/ *pron*

（物主代詞）我的（物或人）：a friend of *mine* 我的一位朋友 / Is this book yours or *mine*? 這本書是你的還是我的？ / I sat beside her and took her hands in *mine*. 我坐在她身邊，把她的手握在我的手裏。

mine² /maɪn/

I *n* **1** [C] 礦；礦山；礦井：a newly discovered *mine* 新發現的礦 **2** [C] 地雷；水雷：lay *mines* 佈雷

II *vt* **1** 開礦；採煤 **2** 佈雷

□ **mine detector** 探雷器 / **minefield** *n* 佈雷區 / **minelayer** *n* 佈雷艇 / **mine sweeper** *n* 掃雷艇 / **mine warfare** 地雷戰

min·er /'maɪnə(r)/ *n* [C]

1 礦工：a coal *miner* 煤礦工人 **2** 〈軍〉坑道工兵；佈雷手

min·e·ral /'mɪnərəl/

I *n* [C] **1** 礦物 **2**〈化〉無機物
II *adj* 礦物的;含礦物的;有礦物質的: *mineral* water 礦泉水

min·gle /ˈmɪŋgl/
❶ *vt* (使)混合;相混; *mingle* water with flour 用水和麵 / The gunman *mingled* with the crowd. 槍手混在人群中。**❷** *vi* 混合起來;相混合
● blend, combine, merge, mix
◐ separate

min·i·a·ture /ˈmɪnətʃə(r)/ *n* [C]
1 小畫像;袖珍畫 **2** 雛形;縮樣;小形物: a *miniature* of the Great Wall 微縮長城 **II** *adj* 小規模的;小型的: a *miniature* war 小規模戰爭 / a *miniature* radio 袖珍收音機

min·i·bike /ˈmɪnɪbaɪk/ *n* [C]
微型摩托車 ▷ minibiker *n*

min·i·bus /ˈmɪnɪbʌs/ *n* [C]
(複 = minibuses, minibusses)
中客車;小型公共汽車
⇨ 插圖見〈專題圖說 6〉

min·i·cal·cu·la·tor
/ˈmɪnɪˌkælkjʊleɪtə(r)/ *n* [C]
袖珍電子計算器

min·i·ma /ˈmɪnɪmə/ *n*
minimum 的複數形式

min·i·mum /ˈmɪnɪməm/
I *n* (複 = minimums, minima) [C] 最小量;最低額;最低限度;最低點: This is the *minimum* of the price. 這是最低價。/ The temperature dropped to the *minimum* of the area. 溫度降到了該地區的最低點。
II *adj* 最小的: the *minimum* income 最低的收入
● least, lowest, smallest

◑ maximum

min·ing /ˈmaɪnɪŋ/
I **1** [U] 採礦;礦業: copper *mining* 採銅業 **2** [U]〈軍〉佈雷
II *adj* 採礦的;(關於)礦業的: *mining* industry 礦業

min·is·ter /ˈmɪnɪstə(r)/
I *n* [C] **1** 部長;大臣: prime *minister* 總理;首相 / the *minister* of defence 國防部長 **2** 公使;(泛指)外交使節 **3** (基督教新教)牧師
II *vi* 伺候;照顧;給予幫助 (to): *minister* to the sick 照顧病人
▷ ministership *n*

min·is·try /ˈmɪnɪstrɪ/ *n*
1 [C](政府的)部;部辦公樓: the *Ministry* of Defence 國防部 **2** [C] [常作 Ministry] 內閣;(全體)部長: form a *ministry* 組閣 **3** [C](全體)牧師

mi·nor /ˈmaɪnə(r)/ *adj*
1 (數量、大小、程度等)較小的;較輕微的: She was left only a *minor* share of her father's wealth. 她只得到了她父親財產中的一小部分。**2** 不重要的;不嚴重的;無風險的: a *minor* accident 一場小事故 / a *minor* operation 小手術 **3** (大學學科)副修的: a *minor* subject 副修科
● slight small, trivial
◐ major, important

mi·nor·i·ty /maɪˈnɒrətɪ/ *n*
1 [C] 少數;少數派;少數票: in a *minority* 佔少數 / Only a *minority* of the country wants the war to continue. 該國只有少數派主張繼續戰爭。**2** [C] 少數民族: China is a country of 55 *minorities*. 中國有五十五個少數民族。

3 未成年；未達法定年齡

◇ **be in a minority of one** 孤家寡人；得不到任何人的支持

mint¹ /mɪnt/ n [C]

薄荷；薄荷糖；薄荷點心：*mint* tea 薄荷茶

mint² /mɪnt/

I n **1** [C] 鑄幣廠；[喻] 製造所 **2** [C] 巨額；巨大；富源：a *mint* of money 巨款 **II** vt **1** 鑄造（硬幣）：*mint* coins 鑄幣 **2** 造（字、句等）；臆造：*mint* a phrase 造句 ▷ **minter** n

□ **mintmark** n（硬幣上表示鑄造廠的）印記

mi·nus /ˈmaɪnəs/

I prep 減去；去掉：Twelve *minus* two is ten. 十二減去二等於十。**II** adj 負的；略差一點的：*minus* electricity 負電 / He got a A *minus* in composition. 他的作文得了 A- 成績。**III** n [C] 負號；減號；負數

min·ute¹ /ˈmɪnɪt/ n [C]

1 分（一小時或一度的六十分之一）：a ten-*minute* speech 十分鐘的發言 / The measurement of this angle is 30 degrees 10 *minutes*. 量得該角度為 30° 10″。**2** 一會兒；片刻；瞬間：Just a *minute*! 等一會兒！

◇ **(at) any minute** 隨時 / **in a minute** 馬上；立刻 / **just this minute** 剛才；方才 / **the minute (that)** 一…就（=as soon as）/ **up to the minute** 最新式的

□ **minute-hand**（鐘表的）分針 / **minuteman** n [美] 獨立戰爭時的民兵

◑ instant, moment

⇨ 用法説明見 MOMENT

mi·nute² /maɪˈnjuːt/ adj

微小的；細微的；不足道的：*minute* mistakes 小錯誤 / *minute* leakage 小漏縫

◑ small, tiny, trivial, unimportant

◐ enormous, important

mir·a·cle /ˈmɪrəkl/ n [C]

奇跡；非凡的事例；令人驚奇的人（事物）：do (work) *miracles* 創造奇跡 / It would be a *miracle* if the lazy boy passed the exam. 假如這個懶孩子能夠通過考試那才是奇跡。

◇ **to a miracle** 奇跡般地；（好得）不可思議地

◑ curiosity, marvel, mystery, wonder

mi·rac·u·lous /mɪˈrækjʊləs/ adj

神奇的；奇跡般的；不可思議的；令人驚奇的：a *miraculous* event 不可思議的事 / It was *miraculous* that the building survived the earthquake. 這棟樓經住了地震真是個奇跡。▷ **miraculously** adv / **miraculousness** n

◑ astonishing, extraordinary, spectacular, unbelievable

◐ expected, natural

mir·ror /ˈmɪrə(r)/

I n [C] **1** 鏡：The driver saw in his driving *mirror* that a police car was following him. 司機從汽車的後視鏡中看到一輛警車跟在他後面。**2** [喻] 反映；能反映真相的東西：a *mirror* of the time 時代的反映 **II** vt 反射；反映：The blue sky is *mirrored* in the lake. 湖水映照着藍天。▷ **mirrorlike** adj

mis·chief /ˈmɪstʃɪf/ n

1 [U] 淘氣；搗蛋；惡作劇：The little boy got into *mischief*. 小男孩胡鬧起來。**2** [C]（尤指人為的）損害；傷害；危害；毒害：The rats do a lot of *mischief*

M

to the crops. 老鼠對莊稼危害很大。

◇ **go to the mischief** 墮落 / He that mischief hatcheth, mischief catcheth. [諺] 害人害己。 / **make mischief (between)** (在…之間)搬弄是非 / One mischief comes on the neck of another. [諺] 禍不單行。

mis·chie·vous /ˈmɪstʃɪvəs/ *adj*
❶ (人、行為等) 惡作劇的；好搗亂的；愛搞鬼的：a mischievous child 淘氣的孩子 / a mischievous trick 惡作劇 ❷ 有害的；惡意中傷的：a mischievous influence on the children 對孩子有害的影響 ▷ **mischievously** *adv* / **mischievousness** *n*
❶ malicious, playful, impish, naughty
❶ obedient

mi·ser¹ /ˈmaɪzə(r)/ *n*
守財奴；財迷；吝嗇鬼；小氣鬼

mi·ser² /ˈmaɪzə(r)/ *n*
鑿井機；鑽探機

mis·e·ra·ble /ˈmɪzrəbl/ *adj*
❶ 痛苦的；悲慘的；可憐的：miserable life 悲慘的生活 ❷ 糟糕的；蹩腳的；粗劣的：a miserable living condition 糟糕的生活條件 ▷ **miserableness** *n*
❶ depressing, pathetic, wretched
❶ happy

mis·e·ry /ˈmɪzəri/ *n* [U]
痛苦；苦惱；苦難：There are still poor people who are homeless and living in misery. 仍有些窮人無家可歸，生活在苦難之中。

◇ **Misery loves company.** [諺] 同病相憐。
❶ pain, agony, sorrow, grief

❶ bliss, happiness

mis·for·tune /mɪsˈfɔːtʃuːn/ *n*
❶ [U] 不幸；晦氣；厄運；逆境：companions in misfortune 患難之交 / Their failure in the game was due not to misfortune, but to their carelessness. 他們這次比賽的失敗不是因為運氣不佳，而是由於他們粗心大意。 ❷ [C] 不幸事故；災難；災禍：Misfortunes never come singly. [諺] 禍不單行。

mis·lead /ˌmɪsˈliːd/ *vt*
(misled, misleading)
把…引入錯方向；給…帶錯路；把…引入歧途；把…帶壞：The troop was misled by the guide. 這支部隊被向導帶錯了路。/ a poor misled young girl 一個可憐的誤入歧途的年輕姑娘 / His statement is quite misleading. 他的說法使人極易誤解。 ▷ **misleader** *n*

mis·led /ˌmɪsˈled/ *v*
mislead 的過去式和過去分詞

miss¹ /mɪs/ *n*
❶ [Miss] (用於未婚女子的姓名之前) 小姐；(不與姓名連用) 小姐：Miss Jane Eyre 簡愛小姐 / A cup of coffee, Miss? 小姐，要杯咖啡嗎？ ❷ [Miss] (用在地名、運動項目或行業等名稱前指具有代表性的年輕女子) …小姐，…之王后：Miss World 世界小姐
❶ girl, maiden, young lady
⇨ 用法說明見 MISTER

miss² /mɪs/ *vt*
❶ 未擊中；未得到：miss the target 沒擊中目標 / miss the train 漏車 ❷ 未見到；未聽到；未領會：You shouldn't miss the first part of the speech. 你不該沒趕上聽報告的第一部分。 ❸ 遺失；缺

（勤）；缺（課）：Where did you *miss* your wallet? 你錢包在哪兒丟的？/ *miss* lecture 缺課 **4** 惦念；想念；懷念：I shall *miss* my hometown when I am away to the college. 當我出門上學時我很想念家鄉。

◇ **A miss is as good as a mile.** [諺] 錯誤再小，總歸是錯誤。

❶ error, failure, mistake

mis·sile /'mɪsaɪl; 'mɪsl/ *n* [C]

1 發射物；投擲物（尤指武器）**2** 導彈；飛彈：a land-to-air *missile* 一枚地對空導彈 / an intercontinental ballistic *missile* 洲際彈道導彈

miss·ing /'mɪsɪŋ/ *adj*

缺掉的；失去的；失蹤的；下落不明的：the *missing* child 失蹤的孩子 / the dead, wounded and *missing* in action 在作戰中陣亡、受傷和失蹤人員 / *missing* pages 缺頁

◇ **be among the missing** 缺席；失蹤 / **go (turn up) missing** 不知去向；失蹤

mis·sion /'mɪʃn/ *n* [C]

1 （外交）使團；代表團；使館：a Chinese trade *mission* to Europe 中國赴歐洲貿易代表團 **2** 傳教團；傳教機構 **3** 慈善機構；救濟機構 **4** 使命；任務；天職；〈軍〉戰鬥任務：Their *mission* was to bomb the enemy's radio station. 他們的任務是轟炸敵人的電台。

□ **mission school** 教會學校

❶ assignment, charge, duty, task

mis·sion·ary /'mɪʃənrɪ/

I *n* 傳教士

II *adj* 教會的；傳教的；傳教士的

mist /mɪst/ *n* [C, U]

1 薄霧；靄：The mountain top was

covered in the *mist*. 山峰藏在薄霧中。

2 （視線、鏡面等）模糊不清，朦朦朧朧：A *mist* seemed to come before her eyes. 她的視覺變得模糊。

◇ **cast (throw) a mist before sb's eyes** 蒙蔽某人

❶ fog, haze, steam, vapour

➪ 用法説明見 FOG

mis·take /mɪ'steɪk/

I *vt* (mistook, mistaken, mistaking) **1** 誤解；弄錯：He *mistook* her good will. 他誤解了她的好意。**2** 認錯 (for)：I *mistook* a stranger for my sister. 我把一個陌生人錯當我姐姐。

II *n* [C] **1** 錯誤；過失；失策：He who makes no *mistakes* makes nothing. [諺] 不犯錯誤的人必然一事無成。**2** 誤解；誤會

◇ **and no mistake** [口] 確確實實，一點沒錯 / **make no mistake about it** [口] 絕對如此

❶ error, blunder, fault, lapse

用法説明：Mistake、blunder、error、fault 都可解作 "錯誤"。Mistake 指道德、文字、計算等方面的 "錯誤"：John made two mistakes in the spelling test.（約翰在拼寫比賽中拼錯了兩個詞。）Error 通常指估計、計算、判斷等方面的 "差錯"：The accountant made some errors in calculation.（會計在計算中出了一些差錯。）Blunder 常指由於粗心、愚蠢等原因犯的錯誤，稱稱 a bad mistake：It is a fatal blunder.（這是一個致命的錯誤。）Fault 指 "過失"、"瑕疵" 等：Her greatest fault is talking too much.（她最大的缺點是説話太多。）

mis·taken /mɪˈsteɪkən/ v
mistake 的過去分詞

mis·ter /ˈmɪstə(r)/ n
1 [Mister] （常略作 Mr.或 Mr）先生：
Mr. David 戴維先生 **2** （稱呼語）先
生：Let me know it, Mister! 先生，請告
訴我。

> 用法説明：**Mr.**、**Mrs.**、**Miss** 和 **Ms.**都
> 用於稱呼中。**Mr.**是 Mister 的縮寫，意思
> 是 "先生"，如：Mr. Johnson（約翰遜先
> 生）；**Mrs.**是 Mistress 的縮寫，意思是
> "夫人" 或 "太太"，如：Mrs. Johnson
> （約翰遜夫人）；**Miss** 的意思是 "小姐"，
> 用於未婚女子的姓名或姓之前，如：Miss
> Johnson（約翰遜小姐）；**Ms.**的意思是
> "女士"，既可是 **Miss** 也可是 **Mrs.**，用於
> 婚姻狀況不明之女子的姓名前，如：Ms.
> Johnson（約翰遜女士）。

mis·took /mɪˈstʊk/ v
mistake 的過去式

mis·tress /ˈmɪstrɪs/ n [C]
1 女主人；主婦；女僱主：She felt
herself a mistress in her friend's house.
在朋友的家她感到自己像女主人一樣。
2 情婦；心愛的人 **3** 女教師：a
French mistress 法語女教師

mist·y /ˈmɪstɪ/ adj
1 霧的；有霧的；霧似的：a misty
night 霧夜 **2** 朦朧不清的；模糊的；糊
塗的：a misty mind 神志不清
▷ **mistily** adv / **mistiness** n

mis·un·der·stand /ˌmɪsʌndəˈstænd/ vt
(misunderstood, misunderstanding)
誤解；曲解：misunderstand one's
intentions 誤解某人的意圖
❶ confuse, misapprehend, mis-

interpret, mistake

mis·un·der·stand·ing
/ˌmɪsʌndəˈstændɪŋ/ n [U]
誤解；曲解：Quarrels are usually stirred
up because of misunderstanding. 爭執往
往是由於誤解造成的。

misunderstood /ˌmɪsʌndəˈstʊd/ v
misunderstand 的過去式和過去分詞

mix /mɪks/
❶ vt **1** 混合；攪和：It's difficult to
mix oil with water. 油和水很難溶合。**2**
調製；配製：Ask the doctor to mix
some medicine for you. 請醫生給你調製
點藥。**3** 相處；交往：He mixes well
in any company. 他跟誰都能相處得好。
❷ vi 相混合；相溶合：Water and
sugar mix well. 水和糖容易溶合。
◇ **be (get) mixed up in sth (with sb)**
與某事（某人）有（發生）牽連 / **mix it
up** [俚] 猛打 / **mix up** 攪勻；拌和
❶ combine, fuse, merge, mingle
❶ separate

mix·ture /ˈmɪkstʃə(r)/ n [C, U]
1 混合物；混合料：The bar is filled
with mixture of tobacco and alcohol. 酒
吧裏佈滿了煙和酒的混合味。/ Cocktail
is a mixture of wine and other drinks. 雞
尾酒是由葡萄酒和其他飲料混合而成。
2 混合；拌和：His play is a strange
mixture of comedy and tragedy. 他的劇
本融合了悲喜劇成分。
❶ blend, combination, compound,
union

moan /məʊn/
I n [C] 呻吟聲；嗚咽聲；（風、樹等）
蕭蕭聲：the moan of the sick 病人的呻
吟聲 / There was moans of west wind all

m

the night. 整個晚上西風蕭蕭。

II *vi* 呻吟;嗚咽;悲嘆:The old lady *moaned* for her dead son. 老婦人為她去世的兒子哀悼。

▷ **moanful** *adj* / **moanfully** *adv*
◑ groan, murmur, sigh

mob /mɒb/

I *n* **1** [C] 暴民;烏合之眾:The police had to drive away the *mob* gathering before the town hall. 警察不得不驅散聚集在市政廳前面的暴民。 **2** 一群人;一群犯人

II (mobbed, mobbing) **❶** *vt* 成群圍攻;成群圍住:The little pub was *mobbed* by a large crowd. 小酒館受到一大群人的圍攻。 **❷** *vi* 聚眾生事

▷ **moblike** *adj*
◑ crowd, horde, swarm

mo·bil·i·ty /məʊˈbɪlətɪ/ *n* [U] 流動性;機動性;移動性:increase the *mobility* of the army 提高軍隊的機動性 / the *mobility* of the capital 資本的流動

mock /mɒk/

I **❶** *vt* (尤指通過模仿進行的)嘲弄;愚弄:The naughty boy *mocked* the strange behaviour of the girl. 調皮小男孩嘲弄小女孩的古怪行為。 **❷** *vi* 嘲弄

II *n* 嘲笑;嘲弄 (at):make a *mock* at sb 嘲弄某人

◑ ridicule, scorn
◐ praise

mo·dal /ˈməʊdl/ *adj*
1 方式的;樣式的;外形的 **2** 〈語〉語氣的;情態的:a *modal* verb 情態動詞 ▷ **modally** *adv*

mode /məʊd/ *n* [C]
1 方法;做法;方式:the *mode* of life 生活方式 **2** 風氣;風尚;時尚:This kind of dress is quite out of *mode*. 這種式樣的衣服早就過時了。

◑ fashion, style

mod·el /ˈmɒdl/

I *n* **1** [C] 模型:The pilot presented us an airplane *model*. 飛行員向我們展示了一架飛機的模型。 **2** [C] 榜樣;模範:This young man is a *model* of hardworking. 這位年輕人是努力工作的典範。 **3** 款式:the latest spring *model* 春季最新款式 **4** 模特兒:a dress *model* 時裝模特兒

II *vt* **1** 做…的模型:*model* a steamboat 做汽艇模型 **2** 當模特兒:*model* for a painter 給畫家當模特兒

mod·e·rate /ˈmɒdərət/

I *adj* **1** 中等的;適度的:a *moderate* demand 適度的要求 **2** 溫和的:a *moderate* climate 溫和的天氣 **II** *n* **1** 溫和主義;溫和派 **2** 持溫和觀點的人 **III** *vt* 使緩和;減輕;減少:The driver *moderated* his car speed when he ran into a slop. 當進入陡坡後,司機減緩了車速。 ▷ **moderately** *adv* / **moderateness** *n*

◑ average, medium, modest
◐ excessive, extreme

mod·e·ra·tion /ˌmɒdəˈreɪʃn/ *n* [U]
1 緩和;減輕:There was little *moderation* of the temperature even if after rain. 下過雨後溫度仍不下降。 **2** 適度;節制:in *moderation* 適度地;有節制地

mod·ern /ˈmɒdn/ *adj*
現代的;近代的;新式的;時髦的:a *modern* girl 時髦女郎 / *modern* art 現代

藝術 / *modern* English 現代英語
▷ **modernly** *adv* / **modernness** *n*
◑ **contemporary, current, up-to-date**
◐ **old, obsolete, out-of-date**
⇨ 用法説明見 NEW

mod·ern·iza·tion
/ˌmɒdənaɪˈzeɪʃn / *n*
❶ [C] 現代化：The leaders plan for the *modernization* of the factory. 領導們籌劃着工廠的現代化。**❷** 現代化的事物

mod·ern·ize /ˈmɒdənaɪz /
❶ *vt* (使)現代化：The country made a twenty year program to *modernize* its industry. 該國制定了一項 20 年使之工業現代化的計劃。**❷** *vi* 現代化；用現代方法 ▷ **modernizer** *n*

mod·est /ˈmɒdɪst / *adj*
❶ 謙虛的；謙遜的；端莊的；有檢點的：He is very *modest* about his success on the stage. 他對自己舞台上的成功很謙遜。**❷** 適度的；不過分的：*modest* progress 一些進步 **❸** (事物)樸實無華的；樸素的；不虛飾浮誇的：*modest* furnishings 樸素的陳設
▷ **modestly** *adv*
◑ **humble, meek, reserved, moderate**
◐ **proud, confident, extravagant**

mod·es·ty /ˈmɒdɪstɪ / *n* [U]
❶ 謙虛；謙遜；謙恭：His *modesty* made him popular among his friends. 他的謙誠使他在朋友間很受得開。**❷** 適中；適度；端莊；正派：She retained her *modesty* in the party. 在晚會上她保持着端莊穩重。**❸** 樸素；樸實

mod·i·fi·ca·tion /ˌmɒdɪfɪˈkeɪʃn / *n*
❶ [C] 修改；更改；改造；改裝：The program needs *modifications* before it is adopted. 在採用這項計劃前須作些修改。**❷** [C] 緩和；減輕；降低：There is a *modification* of intense heat these days. 這些天高溫將會緩解。

mod·i·fy /ˈmɒdɪfaɪ / *vt*
❶ 修改；更改；改造；改變：The plan should be *modified* if they want to use it successfully. 假如他們想成功實現計劃，這項計劃應作修改。**❷** 緩和；減輕；降低：You had better *modify* your attitude. 你最好緩和一下你的態度。
◑ **adjust, alter, change, revise, vary**

moist /mɔɪst / *adj*
❶ 潮濕；濕潤的；多雨的：The sky was cloudy, and the air smelt *moist*. 天空陰雲密佈，空氣中很潮濕。**❷** (眼睛)含淚的；淚汪汪的：His eyes were *moist* with sadness. 他的眼裏嚙着悲傷的淚水。▷ **moistful** *adj* / **moistless** *adj* / **moistly** *adv* / **moistness** *n*
◑ **damp, humid, wet**
◐ **dry**

mois·ture /ˈmɔɪstʃə(r) / *n* [U]
潮濕；潮氣；濕氣：The cold dry wind blew up the *moisture* from the earth. 乾冷的風吹跑了地面上的水氣。
☐ **moistureproof** *adj* 防潮濕的

mo·lar /ˈməʊlə(r) /
I *n* [C]〈解〉磨牙；臼齒 **II** *adj*〈化〉(體積)克分子的；克分子(濃度)的

mole¹ /məʊl / *n* [C] 鼹鼠
◇ **as blind as a mole** 瞎的 / **mole out** 引出；誘出

mole² /məʊl / *n* [C]〈醫〉痣
mole³ /məʊl / *n* [C] 防波堤
mol·e·cule /ˈmɒlɪkjuːl(r) / *adj*

〈化〉分子的：*molecule* formula 分子式 / *molecule* structure 分子結構

▷ **molecularly** *adv*

mol·ten /'məʊltən/ *v*

melt 的過去分詞

mo·ment /'məʊmənt/ *n*

1 [C] 片刻；瞬間；刹那；時刻：He thought a *moment* and then replied. 他想了一會兒就答覆了。 **2** [U] 重要；重大：decision of great *moment* 重大決定

◇ **at any moment** 隨時 / **at the moment** 此時此刻 / **for the moment** 暫時；目前 / **in a moment** 立即；立刻 / **the moment (= as soon as)** 一…（就）；正當…的一刹那間

▷ **momentaneous** *adj*

> 用法説明：Moment、instant 和 minute 的意思十分接近，都可作 "瞬間"、"刹那" 解釋，但 moment 有 "持續" 的意味：I wonder what he is doing at this moment. （我不知道他此刻在幹甚麼。） Instant 則沒有：He stood up in an instant. （他突然站起身來。） Minute 則由 "一分鐘" 轉義而來：Please wait a minute. （請等一會兒。）

mo·men·ta /məʊˈmentə/ *n*

momentum 的複數形式

mo·men·ta·ry /'məʊməntrɪ/ *adj*

1 瞬間的；頃刻的；短暫的：*momentary* hesitation 刹那的猶豫 **2** 時時刻刻的；不停的：suffer from *momentary* stomach-ache 忍受着陣陣胃疼 ▷ **momentarily** *adv*

● brief, short, temporary, transitory

◗ lasting

mo·men·tum /məʊˈmentəm/ *n*

（複 = momentums, momenta）

1 [C, U] 〈物〉動量；（火箭發動機的）總衝量 **2** 衝力；勢頭；力量：The falling object is gaining *momentum*. 墜降物體越來越快。

mon·arch /'mɒnək/ *n* [C]

1 君主；最高統治者 **2** 王；大王：Lions are the *monarch* of the jungle. 獅子是叢林之王。

mon·ar·chy /'mɒnəkɪ/ *n*

1 [U] 君主政體；君主制：an absolute *monarchy* 君主專制制度 **2** [C] 君主國

mon·as·tery /'mɒnəstrɪ/ *n*

修道院；廟宇；寺院 ▷ **monasterial** *adj* / **monasterially** *adv*

● abbey, convent, church

Mon·day /'mʌndɪ/ *n*

星期一：He arrived on *Monday* and left on Wednesday. 他星期一到，星期三走。

mon·e·ta·ry /'mʌnɪtrɪ; -terɪ/ *adj*

〈經〉貨幣的；金融的；用貨幣的；金錢的：The *monetary* unit in the international trade is the U.S. dollars. 國際貿易中的貨幣單位是美元。

mon·ey /'mʌnɪ/ *n* [U]

1 貨幣（硬幣或紙幣）：I seldom carry *money* with me. 我很少隨身帶錢。 **2** 財富：Diligence may bring *money*. 勤奮能生財。/ make *money* 發財

◇ **Money makes the mare (to) go.** [諺] 有錢能使鬼推磨。/ **Money talks.** [口] 金錢萬能。

mon·i·tor /'mɒnɪtə(r)/

I *n* [C] **1** （學校的）班長；級長：Little Tom was chosen *monitor* of his class. 小湯姆被選為他們班的班長。 **2**

（對外國廣播、電話等的）**監聽員；監聽器；監控器** II vt **監聽**（外國廣播等）；**監視；監控**（電視、飛機等）：The radar station operates 24 hours a day to *monitor* the enemy planes. 雷達站一天 24 小時工作，監視敵人的飛機。
▷ **monitorship** n
❶ observe, oversee, supervise

monk /mʌŋk/ n [C]
修道士；僧侶：a Buddhist *monk* 和尚

mon·key /'mʌŋkɪ/ n [C]
❶ 猴；猿：as mischievous as a *monkey* 像猴子一樣調皮 ❷ 淘氣鬼；搗蛋鬼
◇ **a monkey with a long tail** 抵押 / **get one's monkey up** [英口] 生氣；發怒 / **make a monkey (out) of** [口] 使出丑；耍弄；愚弄

mon·o¹ /'mɒnəʊ/ adj
〈化〉一的；單的

mon·o² /'mɒnəʊ/ （複 = monos）
I n 單聲道放音 II adj 單聲道（放音）的：a *mono* record player 單聲道錄音機

mon·o·mial /mɒ'nəʊmɪəl/
I adj ❶〈數〉單項的 ❷〈生〉（分類名稱）由一個詞構成的
II n ❶〈數〉單項式 ❷〈生〉由一個詞構成的生物分類名稱

mo·nop·o·lize /mə'nɒpəlaɪz/ vt
壟斷；實行…的專賣；取得…的專利：*monopolize* the market 壟斷市場 / *monopolize* one's time 獨佔某人的時間
▷ **monopolization** n / **monopolizer** n
❶ command, control, dominate
❶ share

mo·nop·o·lise /mə'nɒpəlaɪz/ vt
[主英] = monopolize
▷ **monopolisation** n / **monopoliser** n

mo·nop·o·ly /mə'nɒpəlɪ/ n [C]
❶〈經〉壟斷；專賣：The state needs to secure its *monopoly* on tobacco. 國家需要穩固它的煙草專賣地位。 ❷ 壟斷者；專利者；壟斷企業

mo·not·o·nous /mə'nɒtənəs/ adj
（聲音）單調的；單調得令人厭倦的；毫無變化：a *monotonous* life 單調的生活 / *monotonous* greyness 單調的灰色
▷ **monotonously** adv / **monotonousness** n
❶ dreary, dull, tedious
❶ exciting

mo·nox·ide /mɒ'nɒksaɪd/ n [C, U]
〈化〉一氧化物

mon·soon /mɒn'suːn/ n [C]
季風；（印度等地的）雨季：a dry *monsoon* climate 乾季風氣候
▷ **monsoonal** adj / **monsoonish** adj
□ **monsoon forest** 季雨林 / **monsoon rain** 季風雨
❶ blizzard, gale, hurricane, storm

mon·ster /'mɒnstə(r)/ n
❶ [C] 怪物；怪獸：a sea *monster* 海怪 / That pig is really a *monster*. 那頭豬真是個怪物。 ❷ 巨人；巨獸；巨大的東西：Have you seen such a *monster* of turnip? 你見過這麼大的蘿蔔嗎？
▷ **monsterlike** adj

mon·strous /'mɒnstrəs/ adj
❶ 怪異的；醜陋的；可怕的：The giant put on a *monstrous* mask. 這個巨人戴上了一副醜陋的面罩。 ❷ 異乎尋常地大的：a *monstrous* investment 一筆巨額投資 ▷ **monstrously** adv / **monstrousness** n
❶ enormous, giant; abhorrent,

awful

month /mʌnθ/ n [C]

1 月：this (last, next) *month* 本（上、下）月／the *month* of April 四月 **2** 一個月的時間：a *month's* vocation 一個月的假期

◇ **a month of Sundays** [口] 很長的時間；很久（約 30 星期）／ **month after month** 一月又一月／ **month in, month out** 不斷地

month·ly /'mʌnθlɪ/

I adj 每月的；每月一次的：*monthly* payment 按月付款／a *monthly* meeting 每月舉行的一次會議 **II** n 月刊

mon·u·ment /'mɒnjumənt/ n [C]

1 紀念碑；紀念館；紀念性作品；紀念文：a *monument* to the people's hero 人民英雄紀念碑 **2** 遺跡；遺址：historic *monuments* 古跡；古址

用法説明：**Monument** 常指 "紀念碑"、"紀念塔"，為柱形建築物，如：the Washington Monument（華盛頓紀念塔）。**Memorial** 指 "紀念物"，可以是 "紀念館"、"紀念堂" 等，如：the Lincoln Memorial（林肯紀念堂）。

mood¹ /muːd/ n

1 [C] 心境；心情；情緒；（精神）狀態：He is in such a bad *mood* that he would quarrel with anybody who stands in his way. 他情緒極壞，誰妨礙他他就跟誰吵架。 **2** 基調；色調：The novel was in a melancholic *mood*. 這部小説的調子是憂傷的。 **3** 喜怒無常：a man of *moods* 喜怒無常的人

◇ **be in the mood to do sth** 有意做某事／ **be in no mood to do sth** 無意做某事

● humor, nature, temper

mood² /muːd/ n

〈語〉語氣：subjective *mood* 虛擬語氣

moon /muːn/ n

1 [C] 月亮；月球：The *moon* is a body that moves round the earth. 月亮是一個繞着地球運行的天體。 **2** [U] 月光：There was little *moon* that night. 那晚沒有月光。

◇ **bark at the moon** 空嚷／ **below the moon** 月下的；塵世的／ **cry for the moon** 渴望不可能的事物／ **promise sb the moon** 對某人作無法兑現的許諾

▷ **moonlike** adj

□ **moonbeam** n（一道）月光／ **mooncraft** n 月球探測器／ **moon month** 太陰月

moon·cake n 月餅（中國食品）

moon·light /'muːnlaɪt/ n [U]

月光：The *moonlight* on the calm mountain added to the beauty of the scene. 月光瀉在平靜的山上增加了這一景色的美。

moon·ship /'muːnʃɪp/ n [C]

〈空〉月球飛船；月球航天器

moor¹ /mʊə(r), mɔː(r)/ n [C]

[英] 荒野；沼澤

moor² /mʊə(r), mɔː(r)/

❶ vt **1**（使）停泊；繫泊；繫留（船隻、飛艇等）：*moor* a motorboat at the pier 將汽艇繫在碼頭上 **2**（用纜、索、鋼絲繩等）固定；繫住：*moor* a horse to the tree 將馬拴在樹上 ❷ vi 繫泊；繫留；固定；繫住

mop /mɒp/

I n [C] 拖把；洗碗刷

II vt（mopped, mopping）用拖把擦

洗：*mop* up the water spilled on the floor 用拖把擦乾潑在地上的水

mor·al /ˈmɒrəl/

I *adj* **1** 道德（上）的：In the society, one should live according to the *moral* standards. 在社會裏，人應按道德標準生活。 **2** 有道德的；有教育意義的：a *moral* book 一本有教育意義的書

II *n* [C]（由事件、故事、寓言等引出的）道德上的教訓；寓意：What's the *moral* can you read from the story? 你從故事中能讀出甚麼寓意？

用法説明：**Moral** 和 **morale** 詞形相似，但意思絕然不同。**Moral** 指 "道德"、"倫理"：She is a woman of loose morals. （她是個不大規矩的女人。）**Morale** 指 "風紀"，尤指軍隊的 "士氣"：The morale of the soldiers is high. （士兵們的士氣很高。）

mo·rale /məˈrɑːl/ *n* [U]

1 士氣；精神面貌：Surrounded by the flood, the men kept up their *morale* by encouraging one another. 在洪水圍困的情況下，人們互相鼓勵以保持士氣。 **2** 信心；信念 **3** 道德；道義

⇨ 用法説明見 MORAL

mo·ral·i·ty /məˈrælətɪ/ *n*

1 [U] 道德：His ways of doing business were quite against commercial *morality*. 他的經商方式很不符合商業道德。 **2** [C]（道德上的）教訓；寓意；説教

□ **morality play** 道德劇

more /mɔː(r)/

I *adj* （many, much 的比較級）更多的；較多的；更高程度的：I want *more* money. 我要更多的錢。/ Many people are for the plan, but *more* are against it. 許多人同意這項計劃，但更多的人反對它。/ More haste, less speed. [諺] 欲速則不達。

II *adv* （同兩音節以上的形容詞和副詞連用）更多；更：The question is *more* difficult than he expected. 這個問題比他預想的難。/ The *more* he explained, the less he was believed. 他解釋得越多，越不能讓人相信。

III *n* （單複同）更多；更大：I want some *more*. That is not enough. 那不夠，我想多要點。/ Tell me *more* about your family. 跟我多談談你家的事。

◇ **all the more** 越發；格外 / **more and more** 越來越（多） / **More is meant than meets the ear.** [諺] 意在言外。/ **more or less** 或多或少；左右 / **much more** 何況；更加 / **no more** 不再 / **no (not any) more than** 不過；僅僅 / **not more than** 至多；不超過 / **the more ..., the more ...** 越…越…

more·o·ver /mɔːˈrəʊvə(r)/ *adv*

而且；加之；再者；此外：I don't want to go fishing and, *moreover* it is cloudy. 我不想去釣魚，再者天又陰了。

用法説明：**Moreover** 和 **besides** 這兩個副詞都是 "而且" 的意思，但 **moreover** 是正式用語，而且後面的陳述要比前面的陳述更加重要：Mary didn't wish to go to the show; moreover, she didn't have enough money. （瑪麗不想去看戲；而且，她錢不夠。）**Besides** 只有簡單的 "另外" 的意思：I am too tired to go; besides, it is late. （我很累，不去了；另外，天也晚了。）

m

morn·ing /'mɔːnɪŋ/ n [C]
早晨；上午：on Friday *morning* 星期五
早晨 / get up early in the *morning* 早晨
早起 / from *morning* till night 從早到晚
地

mor·tal /'mɔːtl/ adj
1 不免一死的；死的；臨死的：all
mortal creatures 所有生靈 / Man is
mortal. 人總有一死。 **2** 致死的；致命
的：a *mortal* blow 致命一擊 **3** 世間
的；凡人的；人的；人類的：*mortal* life
現世生活 ▷ **mortally** adv

mor·ta·li·ty /mɔː'tælətɪ/ n [U]
1 必死性；致命性 **2** 死亡數；死亡
率：The *mortality* of traffic accidents
was increasing. 交通事故的死亡率不斷
在上升。

mor·tar /'mɔːtə(r)/ n
1 [C] 臼；研缽：He pounded garlic
with a *mortar* and pestle. 他用研缽和杵
把大蒜搗碎。 **2** [C]〈軍〉迫擊炮 **3**
[U] 灰漿；砂漿；灰泥

mort·gage /'mɔːgɪdʒ/
I n [C] 抵押；抵押借款：raise a
mortgage (on a house) from a bank（用
房子）向銀行抵押借款 / pay off the
mortgage 歸還抵押借款
II vt 抵押：He will *mortgage* his
house for a loan. 他用房子抵押借款。

mosque /mɒsk/ n [C] 清真寺

mos·qui·to /məs'kiːtəʊ/ n
（複 = mosquitoes）[C]〈昆〉蚊子
□ **mosquito craft** 快艇 / **mosquito
curtain** 蚊帳 / **mosquito hawk** 蜻蜓 /
mosquito net 蚊帳

moss /mɒs, mɔːs/ n [C, U]
蘚類植物；苔蘚；苔蘚樣植物（如地

衣、藻類、石松等）
◇ **A rolling stone gathers no moss.**
[諺] 滾石不出苔，轉業不聚財。/ **grow
moss** 變得古舊，老朽過時

most /məʊst/
I adj （many, much 的最高級）最多
的；大部分的：Those who have the
most need of money should get the
most part of it. 最需要用錢者應得到最大
的份額。
II n [U] 最大量；最多數；大部分：
We tried to make the room clean, but
the *most* we can do was to get
everything in order. 我們設法把房間收拾
乾淨，但最多只是把東西歸整一下。
III adv （much 的最高級，常和兩個音
節以上的形容詞和副詞連用）最：This
is the *most* difficult thing I have ever do.
這是迄今我做過的最難的一件事。
◇ **at (the) most** 至多；不超過 / **for
the most part** 多半；就絕大部分而言 /
make the most of 充分利用，努力去做

most·ly /'məʊstlɪ/ adv
主要地；大部分；多半；通常：
Passengers are *mostly* transported by
trains in China. 在中國旅客主要是乘火
車。/ *Mostly*, they did it by themselves.
一般情況下，他們自己動手做這事的。
◐ chiefly, largely, mainly, primarily

mo·tel /məʊ'tel/ n [C]
汽車旅館（設在公路旁，供自駕汽車的
旅客住宿，通常附有車庫或停車場）

moth /mɒθ/ n [C]
蛾；飛蛾；蛀蟲：The wood has been
eaten by *moth*. 這塊木料被蟲蛀了。

moth·er /'mʌðə(r)/ n [C]
1 母親；媽媽：His *mother* was a

heroine in the civil war. 他母親是內戰時期的英雄。 **2** (動、植物的) 母： a *mother* elephant 母象 **3** 根由；根源： Failure is the *mother* of success. 失敗是成功之母。/ Necessity is the *mother* of invention. 需要為發明之母。

◇ **become a mother** 做母親；(女子) 生孩子 / **every mother's son** 人人；所有的人 / **Like mother, like daughter.** [諺] 有其母必有其女。 □ **mother tongue** 本國語言；本民族的語言

mother-in-law /'mʌðərɪnlɔː/ n
(複 = mothers-in-law) [C]
1 岳母；婆母 **2** [英] 繼母

moth·er·land /'mʌðəlænd/ n [C]
1 祖國 **2** (殖民地的) 母國

mo·tion /'məʊʃn/
I n **1** [U] (物體的) 運動；動： The machine has been set in *motion*. 機器已開動。 **2** [C] 手勢；眼色；動作；姿勢： He made a *motion* with his hand to tell me keeping silence. 他做了一個手勢告訴我不要説話。 **3** [C] 提議；動議： propose a *motion* at the meeting 在會上提出了一項動議

II **❶** vi 打手勢；搖頭示意： He *motioned* to the little boy to leave instantly. 他示意小男孩馬上離開。 **❷** vt 向…打手勢；向…搖頭示意: *motion* sb to sit 示意某人坐下

◇ **go through the motions** [口] 佯裝樣子，做出姿態 / **set (put) sth in motion** 使某物開始運轉 (或工作) □ **motion picture** 電影

❶ movement, action, gesture
❶ stillness

mo·tive /'məʊtɪv/ n [C]
1 動機；主旨；目的： The police have questioned seven suspects who have the *motive* of stealing. 警察審問了七名帶有盜竊動機的嫌疑犯。 **2** (文藝作品的) 中心思想；主題 (= motif)

motor /'məʊtə(r)/
I n **1** [C] 發動機；引擎；馬達： The car is driven by a petrol *motor*. 這輛車是由汽油發動機驅動。 **2** [C] 汽車
II adj 機動的；汽車的： *motor* power 原動力 / *motor* fuel 汽車燃料

mo·tor-car /'məʊtəkɑː(r)/ n [C] 汽車

mo·tor·cy·cle /'məʊtəˌsaɪkl/ n [C] 摩托車

mo·tor·ist /'məʊtərɪst/ n [C]
(經常) 開汽車的人；(經常) 駕車旅行的人

mo·tor·way /'məʊtəweɪ/ n [C]
[英] 高速公路

mot·to /'mɒtəʊ/ n
(複 = mottoes) [C]
1 箴言；座右銘；格言 **2** 題詞；(書籍扉頁上或章節前所引用的) 警句
❶ maxim, saying, slogan

mould¹, mold /məʊld/
I n [C] 模子；模型；鑄模；鑄型： a casting *mould* 鑄型
II vt 用模子做；把…放在模子裏做： *mould* a figure in clay 用模子做泥塑人像
▷ **mouldable** adj

mould² /məʊld/ n [U] 霉；霉菌

mould³ /məʊld/ n [U]
耕作土壤；沃土

mount¹ /maʊnt/
❶ vt **1** 登；爬上；騎上馬： *mount* a ladder 爬梯子 **2** 安裝；配備： The submarine has *mounted* a nuclear

device. 潛艇安有核裝置。 ❸ 發動；開展；舉行；進行： *mount* an attack 發動進攻 / *mount* a painting exhibition 舉辦畫展 ❷ *vi* ❶ 登；爬上；騎上馬 ❷ 增加；上升： The prices are *mounting* rapidly. 物價正不斷上漲。

▷ **mountable** *adj* / **mountless** *adj*

❶ ascend, climb, scale

❶ descend, decrease

mount² /maunt/ *n* [C]

〈詩〉山；丘；峰： *Mount* Everest 埃佛勒斯峰（中國稱珠穆朗瑪峰）

moun·tain /'mauntɪn/ *n* [C]

❶ 山；山岳： climb *mountain* 爬山 / look down from the top of *Mountain* Tai 從泰山頂往下鳥瞰 ❷ 巨大如山的；大堆；大量： a *mountain* of waves 巨浪 / *mountains* of timber 大堆的木材

◇ **make a mountain of a molehill** 小題大作 / **move mountains** 竭盡全力 / **run mountains high**（浪）高如山，洶湧澎湃 ▷ **mountainless** *adj*

用法説明：**Mountain**、**mount** 和 **hill** 都是 "山"。一般説來，低矮的山稱為 **hill**，很高的山稱為 **mountain**；**mount** 則是 **mountain** 的一部分，常與專有名詞連用，略作 **Mt.**： Mt. Jolmo Lungma（珠穆朗瑪峰）。

---

moun·tain·ous /'mauntɪnəs/ *adj*

❶ 多山的；有山的： a region of attractive *mountainous* scenery 山景動人的地區 ❷ 如山的；巨大的： *mountainous* waves 巨浪

mourn /mɔːn/ *vi*

❶（對人的亡故等）感到悲痛；表示哀悼： *mourn* over one's death 對某人的

死感到悲痛 ❷（鴿子似地）咕咕低鳴

❶ grieve, lament, languish, sorrow

❶ rejoice

mourn·ful /'mɔːnfl/ *adj*

悲哀的；哀痛的；令人沮喪的： He looked *mournful*. 他神情憂傷。

▷ **mournfully** *adv* / **mournfulness** *n*

mouse /maus/ *n*（複 = mice）

❶ [C]〈動〉鼠；耗子 ❷ 膽小鬼；懦夫 ❸〈計〉鼠標器

◇ **like a drowned mouse** 像落水老鼠一樣狼狽 / **mouse and man** 一切生物；眾生 / **play cat and mouse with** 欲擒故縱 / **When the cat's away, the mouse will play.** [諺] 貓兒一跑耗子鬧。▷ **mouselike** *adj*

mous·tache, mus·tache

/mə'stɑːʃ/ *n* [U]

❶ 鬚；八字鬚 ❷（哺乳動物的）觸鬚

mouth /mauθ/

I *n*（複 = mouths）❶ [C] 嘴；口；口腔： keep your *mouth* shut and your ears open. [諺] 多聽少講。/ Keep your *mouth* shut and your eyes open. [諺] 多看少説。/ This sounds strange in your *mouth*. 這事出自你口，聽起來挺奇怪。❷ [C] 進出口；河口；容器口： at the *mouth* of the river 在河流的入海口 / the *mouth* of a bottle 瓶口

◇ **button up (close) one's mouth** 保持緘默 / **down in the mouth** [口] 垂頭喪氣 / **from mouth to mouth** 口口相傳 / **from the horse's mouth**（消息等）直接得來的 / **in the mouth of** 出於…之口 / **with open (full) mouth** 張口結舌地

II /mauð/ *vt* 説；讀；發…的音： He *mouthed* his criticism carefully. 他謹慎地

提出批評。

⇨ 插圖見 HEAD

mouth·ful /ˈmaʊθfl/ *n*

1 [C] 滿口；一口；少量；一點兒（食物）: take a *mouthful* of water 喝一口水 **2** 很長的詞句 **3** [俚] 妙語: You said a *mouthful*. 你説得真妙。

move /muːv/

I *vi* **1** 移動；搬動；使改變位置: The snake *moved* between rocks. 蛇在岩石間移動。 **2** 開動；使運行；前進: The train began to *move* slowly when I arrived at the station. 當我到達車站時，列車已經緩緩行駛了。 **3** 感動；激動: I was deeply *moved* by his heroic deeds. 我為他的英勇行為深深打動。

◇ **move about** 走來走去；老是搬家 / **move heaven and earth** 竭盡全力 / **move in on** 潛近 / **move off** 離去；走掉 / **move on** 繼續前進 / **move out** 搬出；搬走 / **move (sb) back** 退縮

II *n* **1** [C] 移動；搬動: If you make a *move* the bird would fly away. 你一動鳥就會飛走的。 **2** 搬動；遷移

◇ **get a move on** [俚] 運動起來

● drive, stir; affect, touch

move·ment /ˈmuːvmənt/ *n*

1 [U] 動；搖動；擺動；走動: I heard *movement* in the sitting-room. 我聽到客廳裏有動靜。 **2** [C] 動作；[movements] 舉止；風度: He's very old and his *movements* get slower and slower. 他很老了，動作也越來越緩慢。 **3** [C]（部隊及裝備等的）調動；調遣；輸送 **4** [C]（政治、社會或思想的）運動: a civil rights *movement* 民權運動

◇ **in the movement** 隨時勢潮流；與時代並進

● action, activity, motion, operation

mov·ie /ˈmuːvɪ/ *n* [C]

[美] 電影；電影院；電影業: a colour *movie* 彩色電影 / go to the *movie* 看電影去 / *movie* production 電影生產

● cinema, film, motion picture

> 用法説明: **Movie** 和 **film** 都是 "電影" 的意思。**Movie** 是美國用語，常常稱作 moving picture 或 motion picture，如: movie star（電影明星）、movie theater（電影院）。**Film** 是英國用語，如: film star（電影明星）、to shoot a film（拍電影）。在英國用語中，電影院是 cinema。

mow

I /maʊ/ *n* [U] 禾堆；谷堆；乾草堆

II /məʊ/（mowed, mowed 或 mown /maʊn/）*vt* 刈；割: *mow* the grass 刈草

◇ **mow down** **1** 刈倒（牧草或谷物） **2**（用槍炮）擊到；掃滅；殘殺

mown /məʊn/ *v* mow 的過去分詞

mow·er /ˈməʊə(r)/ *n* [C]

刈割者；割草機；收割機

Mr. /ˈmɪstə(r)/ *n*

（複 = Messrs /ˈmesəz/）

1 先生（mister 的縮寫） **2**（用在男子的姓、姓名或職務之前）先生: *Mr.* Johnson 約翰遜先生 / *Mr.* Chairman 主席先生 **3**（用在地名、運動項目或職業等之前）先生: *Mr.* football 足球先生

⇨ 用法説明見 MISTER

Mrs. /ˈmɪsɪz/ *n*

（複 = Mrs, Mesdames /meɪˈdɑːm/）

（用在已婚女子的夫姓之前）夫人；太太: *Mrs* White 懷特太太

⇨ 用法説明見 MISTER

m

Ms. /mɪz/ n

（用在婚姻狀況不明或不願提及婚姻狀況的女子的姓或姓名之前）**女士** [miss 及 mistress 的縮略]

⇨ 用法説明見 MISTER

much /mʌtʃ/

I *adj* (more, most) **許多；大量的；很大程度的**：There isn't *much* ink left in my pen. 我的鋼筆裏墨水不多了。/ *much* work 大量的工作

II (more, most) *adv* **非常；很**：Thank you very *much*. 非常感謝

III *n* **許多；大量**：*Much* of his story is not true. 他的故事絕大部分是假的。

◇ **as much** 同樣多少的 / **as much as** 盡…那樣多 / **be too much for** 非…力所能及 / **how much** 多少 / **much more** 更加；何況 / **too much** 過多；過度

> 用法説明：**Much**、**a lot** 和 **many** 都是 "許多" 的意思，但 **much** 只能用來修飾不可數名詞：This coat must cost much money. (這件衣服肯定要花很多錢。) **Many** 用來修飾可數名詞：Many people like to watch football matches. (很多人喜歡看足球賽。) **A lot** 既可修飾可數名詞，也可修飾不可數名詞：He has a lot of new books. (他有很多新書。) Our team has had a lot of luck recently. (我們隊最近運氣不錯。)

mud /mʌd/ [U] n

（軟）**泥；泥漿；泥淖**：A drizzling rain turned the dust of the road into *mud*. 蒙蒙細雨把道路上的塵土變成泥漿。

◇ **consider sb as mud** 輕視某人 / **fling mud at** 毀謗；中傷 / **stick in the mud** 陷入泥淖；落後保守 □ **mud apron**

（汽車等的）**擋泥板** / **mud bath** 泥浴

mud·dy /ˈmʌdɪ/ adj

1 **泥濘的；泥狀的**：a *muddy* path 泥濘小路 **2** **渾濁的；模糊的**：a *muddy* river 渾濁的小河 / a *muddy* image 模糊的印象 **3** **糊塗的**：He has a *muddy* head. 他是個糊塗蟲。

muf·fle /ˈmʌfl/

I *vt* **1** **包裹；裹住；蒙住**（某人）**的頭部（或眼睛）**：He went into the snow, *muffling* himself up well. 他裹得嚴嚴實實，走進風雪中。 **2** **抑住；壓抑**（聲音）**；捂住**：*muffle* drums (bells, etc) 以布蒙鼓（或鈴等），使聲音低沉

II *n* [C] **1** **圍巾；頭巾** **2**〈機〉**消聲器；減音器**

◐ cover, wrap

mug /mʌg/

I *n* **1** [C] **帶柄的大杯子**：a *mug* of coffee 一大杯咖啡 **2** [C] **臉；嘴；下頜**：What an ugly *mug*! 多丑的嘴臉啊！ **3** [C] **蠢才；笨蛋**：He looked like a *mug* standing there. 他站在那兒像個傻瓜。 II *vt* (mugged, mugging) **1** **對…行兇搶劫** **2** **拼命用功**

mul·ber·ry /ˈmʌlbrɪ/ n

1 [C] **桑屬植物；桑樹** **2** **桑葚；桑子**

⇨ 插圖見〈專題圖説 7〉

mule /mjuːl/ n [C]

1 **騾；馬騾** **2**〈口〉**笨蛋；頑固的人；執拗的人**：Don't be a *mule*. 別那麼固執。/ as stubborn as a *mule* 非常固執

mul·ti·na·tion·al /ˌmʌltɪˈnæʃnəl/ adj

多國的；在多國經營的；在多國有分支的：a *multinational* corporation 跨國公司 ▷ **multinationally** adv

mul·ti·ple /ˈmʌltɪpl/

I *adj* **1** 複合的；多樣；多重的：*multiple* choices 多重選擇 / a *multiple* function device 多功能裝置
II *n* **1** [C]〈數〉倍數：lowest (least) common *multiple* 最小公倍數 **2** [U]〈電〉並聯；複聯；多路系統

mul·ti·pli·ca·tion /ˌmʌltɪplɪˈkeɪʃn/ *n*
1 [U]（數量方面的）增加；增多；倍增：the *multiplication* of population 人口的成倍增長 **2**〈數〉乘法；乘法運算；相乘 ▷ **multiplicational** *adj*

mul·ti·ply¹ /ˈmʌltɪplaɪ/ *vt*
1 乘；使相乘：*Multiply* the length by the width to determine the area. 長乘寬以求出面積。 **2** 增加；增多：*multiply* our chances of success 增加我們成功的機會
◇ **multiply** the earth 增加世界人口
❶ enlarge, increase, magnify
❶ decrease

mul·ti·ply² /ˈmʌltɪplɪ/ *adv*
多樣地；多重地；多倍地；多次地

mul·ti·track /ˈmʌltɪtræk/ *adj*
（錄音磁帶等）多音軌的；複聲道的：*multitrack* recording 複聲道錄音

mul·ti·tude /ˈmʌltɪtjuːd/ *n* [C]
大批；大群；大眾；民眾：A *multitude* of cars crowded in the street. 街道上堵滿了汽車。/ the rights of the *multitudes* for equality 民眾要求平等的權力
◇ **in multitude** 大量地

mum¹ /mʌm/ *adj*
沉默的；緘默的：Keep *mum* about the secret. 保守秘密。

mum² /mʌm/ *n* [C]
1 [英] 媽媽（=[美] mon）**2** 女士；太太；小姐

mum·my¹ /ˈmʌmɪ/ *n*
1 [C] 木乃伊；乾屍 **2** 木乃伊似的人；乾癟的人 **3** 普魯士紅；褐色氧化鐵粉

mum·my² /ˈmʌmɪ/ *n*
[英] [兒語] 媽媽

mumps /ˈmʌmps/ *n*
1 [用作單或複]〈醫〉流行性腮腺炎 **2** [常用單] 慍怒；生氣

mu·ni·ci·pal /mjuːˈnɪsɪpl/ *adj*
1 市的；市政的；市立的：a *municipal* school 市立學校 / *municipal* construction 市政建設 **2** 自治城市的；地方自治的；地方（性）的

murd·er /ˈmɜːdə(r)/
I *n* [C, U] 謀殺；兇殺；謀殺案；謀殺罪：The suspects were accused of *murder*. 嫌疑犯被控謀殺。
II *vt* **1** 謀殺；兇殺；屠殺：a *murdered* man 受害者 **2** 扼殺（真理、藝術等）；糟蹋（語言、樂曲等）
◇ **cry (shout) blue murder** [口] 大聲驚呼 / **get away with murder** [俚] 做了壞事而未被發覺；逍遙法外 / **The murder is out.** 真相大白。
❶ assassinate, kill, slay
⇨ 用法說明見 KILL

murd·er·er /ˈmɜːdərə(r)/ *n* [C]
謀殺犯；兇手

mur·mur /ˈmɜːmə(r)/
I *n* [C] **1** 低沉而連續的聲音：the *murmur* of bees 蜜蜂的嗡嗡聲 **2** 咕噥；怨言；低語聲：He obeyed me without a *murmur*. 他毫無怨言地服從我。 **II** *vi* **1** 發出低沉連續的聲音：The wind *murmured* in the forest. 森林裏風在作響。 **2** 小聲抱怨；咕噥（against, at）：*murmur* at (against) the

treatment they receive 抱怨所受到的待遇 ▷ **murmurer** n / **murmuring** adj
❶ complain, grumble

mus·cle /'mʌsl/ n

❶ [C, U] 肌肉；〈解〉肌：exercise one's *muscles* 活動肌肉 ❷ [U] 體力；力量：He makes his own living by selling *muscle*. 他靠出賣體力維生。/ a man of *muscle* 大力士

◇ **not more a muscle** 一點不動彈；毫不動容

mus·cu·lar /'mʌskjʊlə(r)/ adj

❶ 肌肉的；〈解〉肌的：the *muscular* system 肌系統 / a *muscular* strain 肌勞損 ❷ 肌肉發達的；強健的；強有力的：a *muscular* sportsman 一位健壯的運動員

▷ **muscularity** n / **muscularly** adv

mu·se·um /mju:'zɪəm/ n [C]

博物館；博物院；展覽館：the British *Museum* 不列顛博物館 / the *Museum* of Modern Art 現代美術博物館

mush·room /'mʌʃrʊm/

I n ❶ [C] 蘑菇；食用傘菌；菌類植物 ❷ [C] 如蘑菇迅猛增長的（發展的）事物 II vi 蘑菇似地迅猛增長；雨後春筍般地發展：New buildings *mushroomed* all over the area. 該地區到處湧現出新建的高樓大廈。

◇ **Spring (shoot, pop) up like mushrooms** 如雨後春筍般湧現

▷ **mushrooming** n, adj / **mushroomlike** adj

⇨ 插圖見〈專題圖説 10〉

mu·sic /'mju:zɪk/ n [U]

音樂；樂曲；樂譜：pop *music* 流行音樂 / compose *music* 作曲 / I can't read *music*. 我不識樂譜。

◇ **face the music** [口] 勇於承擔自己行為的後果；接受挑戰；面對困難 / **set to music** 為…譜曲；為…配樂

mu·si·cal /'mju:zɪkl/ adj

❶ 音樂的；配樂的：*musical* instruments 樂器 / a *musical* performance 演奏 ❷ 音樂般好聽的；和諧的；悦耳的：the *musical* voice of a nightingale 夜鶯悦耳的聲音 ❸ 有音樂天賦的；愛好音樂的：The kid is really *musical*. 這孩子確實有音樂天賦。

▷ **musicalness** n
❶ harmonious, melodic, melodious

mu·si·cian /mju:(:)'zɪʃn/ n [C]

音樂師；樂師；作曲家 ▷ **musicianly** adj 有音樂鑒賞能力（或才能的）；音樂家似的

Mus·lim /'mʊzlɪm; 'mʌz-/

I n 穆斯林（即伊斯蘭教信徒；亦作 Muslem）
II adj 穆斯林的；伊斯蘭教的

mus·sel /'mʌsl/ n [C]

❶ 貽貝；殼菜；淡菜 ❷ 珠蚌；河蚌

must /mʌst, məst/

I v aux （無時態和人稱變化，後接不帶 to 的動詞不定式）❶ 必須；應當：You *must* arrive here on time. 你必須準時到。/ We *must* have water to live. 我們必須有水才能生存。❷ 一定要；堅持要；偏要：Why *must* you be so lazy. 你為甚麼偏要這麼懶。/ If you *must* go, at least stay till the day breaks. 如果你一定要去，至少等到天亮再説。❸ 很可能；諒必：This *must* be the person you are looking for. 這很可能是你要找的人。
II n 必須做的事；不可少的事物：A good dictionary is a *must* for a student.

一本好詞典是學生必備的東西。

◇ **needs must** 必須；不得不：She shall go, if *needs must*. 假如非去不可的話，她就去。/ *Needs must* when the devil drives. [諺] 情勢所迫，只好如此。

用法説明：**Must**、**have to**、**need**、**ought** 和 **should** 詞義相近。**Must** 表示"必須"，語氣很強：Most people must work in order to make a living. (大多數人為了生存必須工作。) **Must** 的過去時常用 **had to**：We had to go there on foot. (我們得走路去那裏。) 在回答含有 **must** 的問題時，肯定式用 **must**，否定式用 **needn't**：Must he go now? Yes, he must. No, he needn't. (他現在必須走了嗎？是的，他必須走了。不，不必。) **Have to**、**ought**、**should** 意思相近，但語氣比 **must** 婉轉：I have to go. (我得走了。) You ought to get up early so as to get to school on time. (你應當早起，這樣才能按時去上課。) You should drink more milk for health. (為了身體健康，你應當多喝牛奶。) **Ought** 和 **should** 雖然都作"應當"解釋，但 **ought** 含有"按照責任和義務"的意思，**should** 含有"按照道理"的意思。**Need** 則強調"按照需要"：We need fish for dinner. (我們吃飯需要有魚。) 另外，**must** 還可以表示猜測：You must be tired. (你肯定累了。)

---

mus·tard /ˈmʌstəd/ *n* [U]
1 〈物〉芥；芥子；芥末 **2** 熱情；增添趣味的東西；積極性；幹勁：have a lot of muscle and *mustard* 力氣大幹勁足
◇ **a grain of mustard seed** 有極大發展前途的小東西 / **as keen as mustard** 很起勁；很感興趣 □ **mustard gas** 芥子氣

mus·ter /ˈmʌstə(r)/
I *n* [C] 集合；聚集；[總稱] 被集合在一起的人員（物）；一群；一堆：There was a *muster* of the militiamen. 全體民兵進行了一次集合。**2** 檢驗；檢閱：stand *muster* 接受檢閱
◇ **pass muster** 通過檢查
II *vt, vi* 集合；召集；召集…點名：*muster* (up) one's courage 鼓起勇氣
◇ **muster in** 應召入伍 / **muster out** 使退伍
➊ collect, gather, assemble, summon
➋ disperse

mute /mjuːt/
I *adj* 緘默的；不出聲的；一時説不出話的；不以言語表達的：She smiled at him with *mute* thank. 她對他微微一笑以示無言的謝意。/ stare sb in *mute* threat 默默地瞪着某人進行威脅 **II** *n* 啞巴；沉默的人：a deaf *mute* 聾啞人
▷ **mutely** *adv* / **muteness** *n*
➊ reticent, silent, speechless

mu·ti·ny /ˈmjuːtɪnɪ/
I *n* [C, U] （水手、士兵等對上級的）反叛；嘩變；叛亂：A *mutiny* has taken place in the camp recently. 最近兵營裏發生了叛亂。
II *vi* 反叛；參加叛亂 (against)
➊ coup, revolt, uprising

mut·ter /ˈmʌtə(r)/
I *vt, vi* 輕聲低語；咕嚕；抱怨：He *muttered* insults. 他小聲咒罵。/ Don't *mutter* against your teacher. 不要抱怨你的老師。**II** *n* [C] 輕聲低語；抱怨：speak in a *mutter* 輕聲嘀咕地説
mut·ton /ˈmʌtn/ *n* [U]

羊肉：*mutton* chop 羊排
◇ **be (as) dead as mutton** 確已僵死了的／ **eat mutton cold** 受人白眼；被冷落／ **mutton dressed like lamb** [口] 作少婦打扮的老嫗／ **to return to one's muttons** [用作插入語] 回到本題；言歸正傳

mu·tu·al /ˈmjuːtʃuəl/ *adj*
1 相互的；彼此的；交互作用的：*mutual* interests 共同利益／ *mutual* understanding 相互理解 **2** 共同的；共有的：She is our *mutual* friend. 她是我們共同的朋友。▷ **mutually** *adv*

muz·zle /ˈmʌzl/
I *n* [C] **1** （動物的）凸出的口和鼻 **2** （動物的）口套；口絡 **3** 炮口；槍口
II *vt* **1** 給…套口套 **2** 使緘默；迫使…保持沉默 ▷ **muzzler** *n*

my /maɪ/ *pron*
（I 的所有格）我的：*my* home 我的家／ *my* brother 我兄弟／ *my* dear Mr. Brown 親愛的布朗先生

myr·i·ad /ˈmɪriəd/
I *n* [C] 無數；極大數量：*myriads* of stars 滿天繁星 **II** *adj* 各種各樣的；包羅萬象的：*Myriad* thoughts pass through her mind. 她思緒萬千。

my·self /maɪˈself/ *pron*
（複 = ourselves）
1 （反身代詞）我自己：I'm going to buy *myself* a new shirt. 我將替自己買件新襯衣。／ I'll do it *myself*. 我會自己做。

2 （用於 be, become, come to 等之後）我的正常情況（指健康、情緒等）：I'm not quite *myself* today. 今天我有點不舒服。
◇ **(all) by myself** 獨自地；獨立地

mys·te·ri·ous /mɪˈstɪəriəs/ *adj*
1 神秘的；不可思議的；難以理解的：the *mysterious* human body 奧秘的人體／ a *mysterious* character in the novel 小說中神秘的人物 **2** 愛賣弄玄虛的；詭秘的：He is quite *mysterious* about his study. 對於他的研究，他的態度十分詭秘。▷ **mysteriously** *adv* / **mysteriousness** *n*

mys·te·ry /ˈmɪstəri/ *n*
1 [C] 神秘的事物；不可思議的事物：His death is a *mystery*. 他的死真是件不可思議的事。 **2** [U] 神秘（性）；秘密：an air of *mystery* 神秘的氣氛 **3** [C] 疑案作品；推理（偵探）作品
◇ **be wrapped in mystery** 被神秘籠罩；神秘莫測／ **make a mystery of** 把…弄得很神秘，使神秘化
◖ puzzle, wonder, secret

myth /mɪθ/ *n* [C]
1 神話：The Greek *myths* 希臘神話 **2** 神話式的人（或事物） **3** 虛構的故事；荒誕的説法：Her wealth is a *myth*. 她的財富完全是編造出來的。
◖ fable, legend; fallacy, delusion
◖ truth, fact

M

N, n

N, n /en/
1 英語字母表的第十四個字母 **2** 〈化〉元素氮 (nitrogen) 的符號 **3** 〈數〉任意數的符號

nag·ging /'nægɪŋ/ adj
愛嘮叨的;盡找岔子的;使人煩惱不已的: a nagging headache 令人煩惱不已的頭痛事 / a nagging wife 愛嘮叨的妻子
▷ **naggingly** adv / **naggingness** n

nail /neɪl/
I n **1** 釘子;元釘;釘狀物: drive (knock) in a nail 釘釘子 / pull out a nail 拔釘子 **2** (手腳的) 指甲;(動物的) 趾甲
↪ 插圖見 HAND
◇ **as hard as nails 1** 身體結實 **2** 冷酷無情 / **drive a nail into one's coffin** (憂愁、煙酒等) 促使某人早死 / **hit the (right) nail on the head** 説得中肯;猜中 / **on the nail** [口] 立即;當場 / **right as nails** 絲毫不錯;十分正確 / **tooth and nail** 竭盡全力 / **to the nail** 極其;完全
II vt **1** 把…釘上: nail a board on the post 桿子上釘塊板 **2** 截住;攔住;捕獲: nail a rabbit with his first shot 第一槍就打中了野兔
◇ **nail down** 用釘子釘住 / **nail one's colours to the mast** 堅持到底 / **nail up** 把…釘牢 □ **nail brush** 指甲刷 / **nail clippers (scissors)** 指甲鉗;指甲刀 / **nail puller** 起釘鉗

na·ive /naɪ'iːv/ adj
1 天真的;幼稚的: The innocent child asked naive questions. 天真的孩子問些幼稚的問題。 **2** 樸素的;樸實的: naive theory 樸素的理論.
▷ **naively** adv / **naiveness** n
❶ ingenuous, simple-minded, unsophisticated
❷ wise

na·ked /'neɪkɪd/ adj
1 裸體的;光身的: naked skin 裸露的皮膚 / The children were naked when they swam in the river. 孩子們光着身子在河裏游泳。 **2** 無遮蔽的;無防護的;無防備的: a naked mountain 光禿禿的山 / a naked light 沒有燈罩的燈
◇ **as naked as when one was born** 赤條條;裸體 / **with naked fists** 赤手空拳 □ **naked eye** 裸眼;肉眼 ▷ **nakedly** adv / **nakedness** n
❶ bare, nude, stripped
❷ clothed

name /neɪm/
I n [C] **1** 名字;姓名;姓;名稱: What's your name? 你叫甚麼名字? **2** 名義: We will punish you in the name of God. 我們將以上帝的名義懲罰你。 **3** [常用作單] 名譽;名聲: The shop has a good name. 這家商店名聲很好。
◇ **by the name of** 名叫 / **call sb names** 謾罵某人 / **drag sb's name through the mire** 把某人搞臭 / **get**

(make) a name (for oneself) 成名;得到名聲 / **in the name of** 以…的名義;代表 / **take sb's name in vain** 濫用某人名字

II vt **1** 給…取名字;為…定名: The boy was *named* 'John'. 這孩子取名為"約翰"。 **2** 正確指出…的名字: Can you *name* this plane? 你能叫得出這架飛機的名稱嗎? **3** 任命;提名: *name* sb (as) manager 任命某人為經理

用法說明: **Name** 是普通用語,包括了"姓"和"名"。**Surname** 和 **family name** 是"姓";**first name**、**given name** 和 **Christian name** 是歐美人的"名"或"教名"。另外,還有 **pen name**(筆名)、**assumed name**(化名)和 **middle name**(歐美人名字中的中間名字)等等。In Louisa May Alcott, Louisa is the first (given/Christian) name, May, the middle name, and Alcott, the family name.(在"路易莎・梅・奧爾科特"這個名字中,"路易莎"是名,"梅"是中間名,"奧爾科特"是姓。)

---

name·ly /'neɪmlɪ/ *adv*
即;那就是: I can help you only in one way, *namely*, to give you advice. 我只能在一個方面幫幫你,即——做做參謀。

nap /næp/
I vi (napped, napping) 小睡;打盹: After lunch, I *napped* a while. 吃過午飯,我小睡了一會兒。 **II** n [C] 小睡;打盹: Mother always has a *nap* in the afternoon. 媽媽下午總要睡一會兒。
◇ **catch sb napping** **1** 發現某人打瞌睡 **2** 使某人措手不及

nap·kin /'næpkɪn/ n [C]

1 餐巾 **2** 小毛巾

nar·cot·ic /nɑː'kɒtɪk/
I adj **1** 麻醉(性)的;麻醉劑的: Opium is a *narcotic* drug. 鴉片是一種麻醉藥。/ a *narcotic* drink 麻醉飲料 **2** 吸毒成癮者的 **II** n **1** [C] 麻醉劑;致幻毒品: The use of *narcotics* is a serious social problem in many countries. 在許多國家吸毒是個嚴重的社會問題。 **2** [C] 吸毒成癮者 ▷ **narcotically** adv

nar·rate /nə'reɪt; 'næreɪt/ vt
1 敘述;講述: *narrate* one's life story 講述某人的生活經歷 **2** 給(電影、幻燈等)作解說 ▷ **narratable** adj
◑ **recount, relate, render, tell**

nar·ra·tive /'nærətɪv/
I adj 敘述的;敘事體的: a *narrative* writing style 敘事文體
II n [C, U] 記事;敘述;記敘文: a *narrative* of the accident 對事故的敘述
▷ **narratively** adv

nar·ra·tor /nə'reɪtə(r); 'næ-/ n [C]
1 敘述者;講述者 **2** (電影、幻燈等的)解說員

nar·row /'nærəʊ/ adj
1 狹的;狹窄的: a *narrow* street 狹道 **2** 狹隘的;目光短淺的;氣量狹小的: He has a *narrow* mind. 他心胸狹隘。 **3** 勉強的;(勝負間)相差小的: win the election campaign by a *narrow* majority 以微弱的多數贏得了選舉 **4** 仔細的;細微的: a *narrow* examination 仔細檢查
◇ **a narrow escape** 九死一生
□ **narrow-minded** 心胸狹隘的;氣量狹小的
II ❶ vt 縮小;瞇起眼睛: He has to *narrow* his eyes in the bright sunshine.

在強烈的陽光下他只得眯縫起眼來。 **❷**
vi 縮小；縮減：The river *narrows* at this point. 河流到此變窄了。

▷ **narrowness** *n*

◖ wide, broad

nas·ty /'nɑːstɪ/ *adj*
❶ 齷齪的；極髒的；猥褻的；下流的：There is a *nasty* smell in the room. 房間裏空氣很齷齪。/ a *nasty* smile 猥褻的笑 **❷** 使人難受的；（天氣等）非常惡劣的：*nasty* weather 惡劣的氣候 **❸** 兇惡的；非常有害的：a *nasty* look 一副兇相 / a *nasty* temper 壞脾氣

◇ **a nasty one ❶** 責罵 **❷** 使人一蹶不振的打擊 / **something nasty in the woodshed** 精神創傷；使心靈受到創傷的經歷 ▷ **nastily** *adv* / **nastiness** *n*

◖ dirty, filthy, foul

na·tion /'neɪʃn/ *n*
❶ [C] 國民：The whole *nation* stands up against aggression. 全體國民站起來反對侵略。 **❷** [C] 國家：the western *nations* 西方國家 **❸** 民族：The world is formed by different *nations*. 世界是由不同的民族組成的。 □ **nation-state** *n* 民族國；單一民族國家

◖ country, kingdom, land, state
⇨ 用法說明見 COUNTRY

na·tion·al /'næʃnəl/
I *adj* **❶** 國民的：the *national* economy 國民經濟 **❷** 國家的；國有的：*national* affairs 國家大事 / *national* anthem 國歌 / *national* boundaries 國界 / *national* park 國家公園 **❸** 民族的：the *national* independence and liberation 民族獨立和解放

II *n* [C] 國民；國人：Chinese *nationals* in Japan 旅居日本的中國僑民

na·tion·al·ism /'næʃnəlɪzm/ *n* [U]
❶ 民族主義 **❷** 國家主義 **❸** 民族特徵（或習慣、慣用語） **❹** 工業國有化主義

na·tion·al·ist /'næʃnəlɪst/
I *adj* 民族主義的（=nationalistic）：the *nationalist* party 民族主義黨 **II** *n* [C] 民族主義者；國家主義者

na·tion·al·i·ty /ˌnæʃəˈnælətɪ/ *n*
❶ [C, U] 國籍：They are of the same *nationality*. 他們具有相同的國籍。/ He lives in America but has British *nationality*. 他住在美國，但具有英國國籍。 **❷** [C] 民族；族：China is composed of 56 *nationalities*. 中國由五十六個民族組成。 **❸** [U] 民族主義

na·tion·wide /'neɪʃənwaɪd/ *adj*
全國範圍內的；全國性的：a *nationwide* campaign to increase production and practise economy 全國範圍內的增產節約運動 / a *nationwide* broadcast 全國廣播

na·tive /'neɪtɪv/
I *adj* **❶** 土生土長的；生在該地的：a *native* American 土生土長的美國人 **❷** 出生的；出生地（出生國）的：one's *native* country 祖國 / one's *native* language 本國語 **❸** 天生的：The ability to swim is *native* to fish. 魚天生會游泳。 **II** *n* [C] 本地人；本國人；土著：David Livingstone was a *native* of Scotland. 戴維·利文斯通是蘇格蘭人。

▷ **natively** *adv* / **nativeness** *n*

◖ foreign
⇨ 用法說明見 NATURE

nat·u·ral /'nætʃrəl/ *adj*
❶ 自然的；天然的：be deeply

impressed by the *natural* scenery of Mount Tai 深為泰山的自然景觀所打動 / *natural* colour of wood 木頭的天然色 **2** 自然狀態的；蒙昧的；野生的：Nowadays, a lot of animals can hardly survive in their *natural* state. 如今許多動物都無法在他們的自然狀態下存活。**3** 合乎自然規律的；正常的；慣常的：It's *natural* that one should be tired after such a long walk. 走了這麼遠的路自然會感到疲勞的。**4** 生身的；有血緣關係的：one's *natural* parents 生身父母 **5** 天生的；固有的；天賦的：*natural* rights of human beings 天賦人權

▷ **naturalness** *n*

用法説明：**Natural** 指 "自然的"，非人工造成的，如：natural resources（自然資源）、natural beauty（自然美）、natural disasters（自然災害）、natural phenomenon（自然現象）；而 **native** 指出生或生長在某地的，如：native Indians（當地的印第安人）、native speaker（講當地語的人）。

nat·u·ral·ist /ˈnætʃrəlɪst/ *n* [C]
1 自然主義者；自然主義作家（畫家）
2 博物學家（尤指直接觀察動物或植物者）

nat·u·ral·ly /ˈnætʃrəlɪ/ *adv*
1 自然地；天然地；天生地：Her cheeks are *naturally* red. 她天生就臉紅。/ Just smile *naturally* while I take a photograph for you. 給你拍照時笑得自然點。**2** 當然：*Naturally*, one would ask why. 人們當然要問為甚麼。

na·ture /ˈneɪtʃə(r)/ *n*
1 [U] 大自然；自然界；自然力：Man

has a very close relationship with *nature*. 人和自然有一種非常親近的關係。**2** [C, U] 性質；種類：What is the *nature* of this new chemical? 這種新化學品具有何種性質？**3** 本性：It's human *nature* to show pity to the poor. 憐憫窮人是人的天性。**4** 性格；性情；具有某種性格的人：a man of humorous *nature* 具有幽默性格的人 **5** 原始狀態；野生狀態：in a state of *nature* 處於原始狀態
◇ **against nature** 違反自然的（地）；奇跡般的（地）/ **(be) true to nature** 逼真 / **by nature** 天性；本性上 / **in nature** 實質上
◐ kind, type, sort, description; character, temper

naugh·ty /ˈnɔːtɪ/ *adj*
1 頑皮的；淘氣的；不聽話的：It was *naughty* of Tom to cheat his aunt. 湯姆很淘氣，竟騙他的嬸嬸。/ a *naughty* kitten 調皮的小貓 **2** 不規矩的；淫猥的；下流的：He cursed with *naughty* words. 他用下流話咒罵。
▷ **naughtily** *adv*

nau·sea /ˈnɔːsɪə; ˈnɒʒə/ *n* [U]
1 惡心；暈船：feel *nausea* 感到噁心 / be seized with *nausea* during the storm at sea 在海上風暴裏出現暈船現象 **2** 極端地憎惡（或厭惡）：be filled with *nausea* at the sight of sb 看到某人就怒火滿腔

na·val /ˈneɪvl/ *adj*
海軍的；軍艦的；船的：a *naval* force 一支海軍部隊 / a *naval* battle 海戰
▷ **navally** *adv*

nav·i·ga·ble /ˈnævɪɡəbl/ *adj*
1（河、海等）可通航的：a *navigable*

canal 可通航運河 **2**（船舶等）具備航行條件的；可操縱航向的：a *navigable* ship 可航行的船 ▷ **navigability** / **navigableness** n / **navigably** adv

nav·i·ga·tion /ˌnævɪˈɡeɪʃn/ n
1 航行；航海；航空：The compass is essential for *navigation*. 指南針是航行必備之物。 **2** 導航；領航：radar *navigation* 雷達導航

nav·i·ga·tion·al /ˌnævɪˈɡeɪʃənəl/ adj
1 航行的；航海的；航空的 **2** 導航的；領航的：a *navigational* system in the ship 船上導航系統

nav·i·ga·tor /ˈnævɪɡeɪtə(r)/ n [C]（船隻、飛機、宇宙飛船的）**領航員**

na·vy /ˈneɪvɪ/ n
[C] 海軍：a *navy* officer 海軍軍官 / the Department of the *Navy*（美國）海軍部

Na·zi /ˈnɑːtsɪ/ n [C]
1（德國）國社黨黨員；納粹分子 **2** [常作 n-] 法西斯分子

near /nɪə(r)/
I adv **1**（空間、時間）接近；近：He lives quite *near*. 他住得很近。 **2** 差不多；幾乎：She came *near* to tears. 她幾乎要哭起來。
II adj **1**（空間、時間）近的：I picked up the *nearest* route to the town. 我抄了條最近的路去城裏。 **2** 關係接近的；親近的：a *near* friend 親密的朋友 **3** 近似的；差不多的：My answer is very *near* the right one. 我的答案跟正確答案差不多。
III prep 靠近；接近；近似於：He is *near* twenty. 他快二十了。/ The farm is *near* the water power station. 農場在水電站附近。

◇ **a near escape** (go, touch, shave) 九死一生 / **far and near** 到處；四面八方 / **near and dear** 親密的；親愛的 / **near upon**（時間）將近

> 用法説明：**Near** 和 **nearby** 的意思幾乎一樣，都作 "附近"、"不遠" 解釋，但 **nearby** 比 **near** 更加鄰近。它們的用法略有不同，如可以説：in the near future，不能説：in the nearby future。另外，作形容詞使用時，**near** 可以有比較級和最高級，而 **nearby** 則沒有：How far is the nearest village?（最近的村莊離這兒有多遠？）

near·by /ˈnɪəˈbaɪ/
I adj 附近的：a *nearby* department store 附近的百貨商場
II adv 在附近：a football match being played *nearby* 在附近舉行的一場足球賽
III prep 在…的附近：The school is *nearby* the factory. 學校在工廠附近。

near·ly /ˈnɪəlɪ/ adv
幾乎；差不多；差點兒：He was angry *nearly* to death. 他幾乎要氣死了。
◇ **not nearly** 相差很遠：not nearly good enough 遠遠不夠好
⇨ 用法説明見 ALMOST

near-sight·ed /ˈnɪəˈsaɪtɪd/ adj
1〈醫〉近視的 **2** 目光短淺的：a *near-sighted* politician 一位目光短淺的政客 ▷ **nearsightedly** adv / **near-sightedness** n

neat /niːt/ adj
1 整潔的；簡潔的；整齊的：neat handwriting 工整的筆跡 **2** 勻稱的；簡樸雅致的：a *neat* description 簡潔的描繪 / a *neat* dress 簡樸雅致的女服 / a

neat figure 匀稱的身材 **3** 純的;淨的;不摻水的: a *neat* profit 淨利 / *neat* whisky 純威士忌酒 ▷ **neatness** *n*

◐ clean, orderly, tidy
◑ messy, awful

neat·ly /'ni:tli/ *adv*

整潔地;簡潔地;整齊地: He writes *neatly*. 他書寫工整。/ *neatly* dressed 穿着整潔

nec·es·sar·i·ly

/'nesəsərəli; nesə'serəli/ *adv*

1 必要地;必需地: You don't *necessarily* do it yourself. 你不必要親自去做。**2** 必定;必然地: Good-looking food doesn't *necessarily* taste good. 色鮮食物未必味美。

nec·es·sary /'nesəsəri/

I *adj* **1** 必要的;必需的;必須的: It's *necessary* to get the house repaired. 有必要將房屋維修一下。**2** 必然的;不可避免的: Death is the *necessary* end of life. 死亡是生命的必然結局。**II** *n* [常作 necessaries] 必需品: the *necessaries* of life 生活必需品 ▷ **necessariness** *n*

◐ essential, imperative, indispensable
◑ optional

nec·es·si·ty /nɪ'sesəti/ *n* [C]

1 需要;必要: There is no *necessity* for doing that. 沒有必要去那麼幹。**2** 必需品: Water is a *necessity* of lives on the earth. 地球上所有生物不可缺水。

◇ **be under the necessity of doing sth** 不得已而做某事 / **bow to necessity** 迫不得已而為之 / **by necessity of circumstances** 由於客觀情況的需要;為情勢所迫 / **make a virtue of**

necessity 把非做不可的事裝成出於好心才做的 / **Necessity is the mother of invention.** [諺] 需要乃發明之母。/ **Necessity knows (has) no law.** [諺] 情出無奈,罪可赦免。

neck /nek/ *n*

1 [C] (頭) 頸;脖子: Elsie wears a gold chain round her *neck*. 埃爾西脖子上帶着一條金項鏈。**2** [C, U] (動物的) 頸肉: the best end of the *neck* 頸肉最好的部分 **3** [C] (物的) 頸狀部分: the *neck* of a bottle 瓶頸 **4** [C] 狹窄地帶;隘口;地峽;海峽

◇ **break one's neck** 拼命工作 / **breathe down one's neck** 緊跟在某人的後面 / **get it in the neck** 遭殃;受嚴厲的申斥 / **harden the neck** 變得頑固 / **neck and crop** 乾脆;徹底 / **neck or nothing** 鋌而走險 / **on (over) the neck of** 緊跟在…後面 / **risk one's neck** 冒生命危險 / **save one's neck** 免於遭殃 / **shot in the neck** [美俚] 醉;半醉 / **stick (shoot) one's neck out** [俚] 招麻煩;惹禍殃 / **talk through (the back of) one's neck** 吹牛;講蠢話 / **tread on the neck of** 騎在…頭上;壓迫

▷ **necker** *n* / **neckless** *adj*
⇨ 插圖見 BODY

neck·lace /'neklɪs/ *n* [C]

項圈;項鏈: I bought my wife a jewel *necklace* as a birthday present. 我給我妻子買了條寶石項鏈作為生日禮物。

need /ni:d/

I *vt* **1** 需要: Plants *need* water and sun to grow. 植物生長需要水和陽光。/ We *need* help. 我們需要幫助。**2** 必須;定要: Do I *need* to attend the meeting? 我一定要參加會議嗎？

II v aux 須要；必須；必定：Nobody need worry about his own security in this area. 在該地區沒人須要對自己的安全擔憂。/ I don't think you need go. 我認為你不必去。

III n **1** [U] 需要；必要：children's need for milk 孩子對牛奶的需要 **2** [U] 缺少；欠缺：In the desert their need was fresh water. 在沙漠中他們缺少的是淡水。 **3** 缺衣少食；貧困：help the poor in their need 在窮人缺衣少食時幫助他們

◇ **at need** 緊急時 / **be in need of** 需要… / **have need to do sth** 必須做某事 / **Need makes the old wife trot.** [諺] 事急老嫗跑。□ **needs test** 經濟情況調查

● demand, lack, require
◑ have, wealth
⇨ 用法說明見 MUST

nee·dle /ˈniːdl/ n [C]

1 針；縫針；磁針：I sew my clothes with needle and thread. 我用針線縫衣。/ The needle of the compass shows that we're facing north. 指南針指示我們面向北方。 **2** 〈植〉針葉；針狀物：pine needles 松葉

◇ **(as) sharp as a needle** 目光犀利的；十分敏銳 / **set the needle** 被惹得心神不寧 / **give sb the needle** 激勵某人；挑逗某人 □ **needle lace** 針繡花邊 / **needle point** n 針尖；針繡花邊 / **needlewoman** n 縫紉女工

▷ **needlelike** adj / **needler** n

need·less /ˈniːdlɪs/ adj

不需要的；不必要的：Needless to say, I agree. 不用説，我同意。 ▷ **needlessly**

adv / **needlessness** n

nee·dle·work /ˈniːdlwɜːk/ n [U]

針線活；刺繡活；縫紉業
▷ **needleworker** n

need·y /ˈniːdɪ/ adj

貧困的：a needy country 窮國 / a needy family 貧困家庭
▷ **needily** adv / **neediness** n

neg·a·tive /ˈnegətɪv/

I adj **1** 否定的；否認的：a negative response to his proposal 對他提議的否定反應 **2** 反面的；消極的：a negative outlook on life 消極的人生觀 **3** 負的；陰性的；逆的；背的 **4** 〈攝〉底片
II n [C] **1** 否定詞；否定語 **2** 〈數〉負數

◇ **in the negative** 否定地：answer in the negative 回答説 "不"

● contrary, disapproving, opposing
◑ affirmative, positive

neg·a·tive·ly /ˈnegətɪvlɪ/ adv

否定地；消極地；反面地；逆方向地：He answered negatively to my request. 他對我的請求作否定回答。

ne·glect /nɪˈglekt/

I vt 忽視；忽略；疏忽；玩忽：The official neglected social criticism. 這名官員對社會批評充耳不聞。/ a neglected person 不為人注意的人 / neglect one's duties 玩忽職責
II n [U] 忽略；疏忽：the student's neglect of his assignment 學生對作業的怠慢

▷ **neglecter, neglector** n
● disregard, ignore, omit, overlook

neg·li·gi·ble /ˈneglɪdʒəbl/ adj

可以忽略的；微不足道的：a negligible

error 微不足道的錯誤 / The damage to my car is *negligible*. 對我的汽車的損壞無關緊要。 ▷ **negligibility** *n* / **negligibly** *adv*

ne·go·ti·ate /nɪˈɡəʊʃɪeɪt/
❶ *vt* ❶ 議定；議妥：*negotiate* a peace treaty 議定和約 ❷ 轉讓；兌現（票證等）：*negotiate* securities 洽兌證券 ❸ 順利通過；越過：The mountaineer *negotiated* the peak within three hours. 登山者在三小時內順利登上該山峰。 ❷ *vi* 談判；協商；議妥；議定：The trade union is *negotiating* with the employers to get a better settlement. 工會正在和僱主談判以圖更好的解決方案。 / The two countries are *negotiating* a lasting peace treaty. 兩個國家正在議訂一份永久性和約。
▷ **negotiator** *n*
❶ **bargain**

ne·go·ti·a·tion /nɪˌɡəʊʃɪˈeɪʃn/ *n* [C, U] 談判；協商：The agreement was finally reached after (a) long *negotiation*. 經過長期談判，協議終於達成了。 / be in *negotiation* with sb over sth 與某人協商某事

ne·gro /ˈniːɡrəʊ/
Ⅰ （複 = negroes） *n* [C] 黑種人（尤指非洲撒哈拉沙漠以南的黑種人）；黑人：African *negroes* 非洲黑人
Ⅱ *adj* 黑人的；似黑人的：a *negro* girl 黑人小女孩 / *negro* poems 黑人詩歌
▷ **negrohood** *n* / **negroness** *n*

neigh·bour, neigh·bor /ˈneɪbə(r)/
Ⅰ *n* [C] 鄰居；鄰人；鄰座；鄰國；鄰接 的 東西：He is my next door *neighbour*. 他是我隔壁鄰居。 / Vietnam is one of China's *neighbours*. 越南是中國的鄰國之一。 Ⅱ *vt* 與⋯為鄰；同⋯鄰接（鄰近）：Korea *neighbours* China to the east. 朝鮮同中國東部接壤。

neigh·bour·hood, neigh·bor·hood /ˈneɪbəhʊd/ *n* [C]
❶ 鄰接；鄰近；附近 ❷ 街坊；四鄰；地區：The whole *neighbourhood* is troubled by cockroaches. 整個街坊都受蟑螂困擾。 / a very wealthy *neighbourhood* 富人居住的地區 ❸ 鄰里情誼；鄰居的友善關係：good *neighbourhood* 鄰居關係和睦
◇ **in the neighbourhood of** 在⋯附近

neigh·bour·ing, neigh·bor·ing /ˈneɪbərɪŋ/ *adj* 鄰近的；附近的；接壤的：a *neighbouring* town 附近的城鎮 / *neighbouring* countries 鄰國

nei·ther /ˈnaɪðə(r); ˈniː-/
Ⅰ *conj* 也不：John doesn't smoke, *neither* do I. 約翰不會吸煙，我也不會。
◇ **neither... nor...** 既不⋯也不⋯：*Neither* my sister *nor* my brother knows it. 我妹妹和我弟弟都不知道這件事。
Ⅱ *adj* （與單數名詞或代詞連用）既非此又非彼的；（兩者）都不的：In *neither* case will he agree. 不論哪種情況他都不會同意。
Ⅲ *pron* 兩者中無一：*Neither* of the brothers knows English. 兄弟倆都不懂英語。

neph·ew /ˈnevjuː, ˈnef-/ *n* [C] 侄子；外甥

Nep·tune /ˈneptjuːn/ *n* 〈天〉海王星

nerve /nɜːv/ *n*

1 [C] 神經：the optic *nerves* 視神經 **2** [U] 精神力量；勇氣；魄力；膽量：a man of *nerve* 一個有膽量的人 **3** [C] 神經質；提心吊膽：be in a state of *nerves* 心神不定 **4** [C]（力量、行動等的）中樞；核心；命脈：the political and economic *nerve* of a nation 一國的政治經濟命脈 / He was the heart and *nerve* of the whole undertaking. 他是整個企業的核心人物。

◇ **be all nerves** 神經十分緊張 / **not know what nerves are** 從不緊張，從不知道憂慮 / **get on one's nerves** 使某人心煩；使某人不安 / **lose one's nerve** 變得緊張 / **strain every nerve to do sth** 竭盡全力做某事 □ **nerve cell**〈解〉神經細胞 / **nerve centre**〈解〉神經中樞 / **nerve gas** 神經毒氣 / **nerve-racking** 傷腦筋的；令人緊張的

ner·vous /'nɜːvəs/ *adj*
1 神經的；（有）神經細胞的：a *nervous* breakdown 神經衰弱症 / a *nervous* disease 神經疾病 **2** 神經質的；神經緊張的；（令人）情緒不安的：get *nervous* before a large crowd 在大群人面前變得緊張 ▷ **nervousness** *n*
❶ agitated, anxious, tense
❷ calm

ner·vous·ly /'nɜːvəslɪ/ *adv*
神經緊張地；情緒不安地：He waited *nervously* before the interview. 在面試前，他心神不寧地等候着。

nest /nest/ *n* [C]
1 鳥巢；鳥窩；（昆蟲、魚類、龜、兔等的）巢；窩；穴：a sparrow's *nest* 麻雀窩 / an ants' *nest* 蟻穴 **2**（盜、賊的）窟；（罪惡等的）淵藪；溫床：a *nest* of crime and vice 罪惡的溫床

◇ **a mare's nest** 幻想的東西，不存在的東西 / **bring (raise, arouse) a hornets' nest about one's ears** 捅馬蜂窩；惹麻煩 / **feather one's nest** 營私；自肥 / **foul (befoul) one's own nest** 説自己人壞話，家醜外揚 / **take a nest** 摸鳥巢

net¹ /net/
I *n* [C] **1** 網；羅網；網狀物：a fishing *net* 漁網 / a cargo *net* 吊貨網兜 **2** [喻] 網羅；束縛：The police has cast a *net* to catch the criminals. 警察已經撒開了網捕捉罪犯。 **3** 網狀系統；通信網：a radar *net* 雷達網 / communication(s) *net* 通訊網 **II**（netted, netting）❶ *vt* **1** 把…結成網 **2** 用網攔住；用網捕捉：*net* fish 捕魚 / *net* fruit trees 用網覆蓋果樹 ❷ *vi* 編網

net² /net/ *adj*
淨的；純的：*net* weight 淨重 / a *net* profit 淨利；純利 / *net* earnings (income, pay) 純收入

Neth·er·lands /'neðələndz/ *n*
[the Netherlands] [常用作單]
荷蘭（歐洲國家）(= Holland)

net·work /'netwɜːk/
I *n* **1** 網狀物；網狀系統（如道路網、運河網等）：a *network* of railways 鐵路網 **2** 廣播網；電視網；計算機網絡
II *vt* **1** 使成網狀 **2**（廣播網、電視網）聯播

neu·tral /'njuːtrəl/ *adj*
1 中立的；中立國的：a *neutral* nation 中立國 / I am *neutral* in the basketball match. I don't care who wins. 在這場籃球賽中我保持中立，我不在乎誰贏。 **2** 非彩的；略帶灰色的；與其他顏色都

相配的：*neutral* tints 不鮮明的色彩（如灰色、青灰色等）/ a *neutral* sky 灰蒙蒙的天空

▷ **neutrally** *adv* / **neutralness** *n*

neu·tral·ize /'njuːtrəlaɪz/ *vt*

1 使中立化；使中和：Switzerland was *neutralized* in 1815. 瑞士於 1815 年成為中立國。**2** 使無敵；抵消：High prices will *neutralize* increased wages. 高物價抵消了增長的工資。

▷ **neutralizer** *n*

neu·tron /'njuːtrɒn/ *n*〈物〉中子

nev·er /'nevə(r)/ *adv*

1 從不；從未；永不：I've *never* met him and I hope I will *never* meet him. 我不曾見過他，希望永不見他。/ *Never* shall I forget your kindness. 你的恩情我永誌難忘。/ Lightning *never* strikes twice in the same place. [諺] 福無雙至；事不成雙。**2** 不；沒有：*Never* fear. 別怕。/ He *never* showed any sign of approval during the meeting. 會議期間他沒流露出任何讚許的表示。

◇ **as never before** 前所未有地；空前地 / **do a never** [俚] 開小差；磨洋工 / **never mind** 勿操心；不在意；算了 / **never say die** 不要失望；絕不氣餒 / **never so**（常用於讓步從句）前所未有地；不管怎樣；即使 / **the Never, Never Land** 想像中的地方 / **Well, I never (did)!** 我從未聽到過（見到過）這類事！（表示驚訝）

nev·er·the·less /ˌnevəðə'les/

I *conj* 然而；不過：What you did means well to us, *nevertheless* it is rude. 你的舉動是為了我們好，不過還是魯莽了點。

II *adv* 仍然；不過：His attempts failed *nevertheless*. 不過他的嘗試還是失敗了。

new /njuː; nuː/ *adj*

1 新的：a *new* discovery 新發現 / a *new* car 新車 / a *new* era 新紀元 / a *new* element 新元素 / A *new* broom sweeps clean. [諺] 新官上任三把火。**2** 新鮮的；新近出現的：*new* bread 新鮮麵包 / *new* vegetables 時令蔬菜 **3** 重新的；更新的：Every *new* day, we have a *new* sun. 每新的一天，我們都有顆新的太陽。**4** 不熟悉的；不習慣的；沒經驗的：Though he is *new* to the work, he is doing it very well. 他雖然對這項工作不熟悉，卻幹得很出色。

▷ **newness** *n*

● **fresh, novel**

◑ **stale, old-fashioned**

用法說明：New 是普通用語，在形容事物的時候，表示剛剛存在不久的，如：a new school（新學校）、new clothes（新衣服）、a new student（新來的學生）等等。**Contemporary** 表示"屬於當今或不久以前的"，如：contemporary English（當代英語）、contemporary literature（當代文學）等等。**Current** 表示目前存在或流行的：These old traditions are still current in the town.（這些舊傳統在這個鎮子上現在仍很流行。）**Modern** 表示"現代存在的"、"剛剛制造或發明的"，持續的時間比 new 要長：Refrigerators, radios and aircraft are modern inventions.（冰箱、收音機和飛機都是現代發明。）**Recent** 形容不久以前發生或出現的：This is a recent book.（這是一本出版不久的書。）

new·com·er /'njuː,kʌmə(r)/ n [C]
新來的人；移民；新手：The
newcomers to America suffered terribly
when they first got on shore. 到美洲的
移民們，剛登陸時受了很多的苦。

new·ly /'njuːlɪ/ adv
1 新近；最近：a newly married couple
新婚夫婦 / a newly published novel 剛出
版的小說 **2** 重新；再次：a newly
painted door 重新漆過的門

news /njuːz; nuːz/ n [U]
1 新聞；新聞報道；新聞廣播；新聞節
目：I never miss the news broadcast at
7 o'clock. 我從沒漏過 7 點鐘播送的新聞
節目。**2** 消息；新情況：Is there any
news from him recently? 最近有他的消
息嗎？
◇ **at news of (at the news that)** 一得
到 … 的 消 息 / **Bad news travels
quickly.** [諺] 壞事傳千里。/ **No news is
good news.** [諺] 沒有消息就是好消息。
□ **news agency** 通 訊 社 / **news
conference** 記者招待會 / **news film** 新
聞短片
❶ dispatch, information

news·man /'njuːzmæn/ n
（複 = newsmen）
1 報刊經售人；送報刊人 **2** 新聞記
者；（報社的）編輯

news·pa·per
/'njuːs,peɪpə(r), 'njuːz-/ n [C]
1 報紙；報：a daily newspaper 日報
2 報社：I work for a newspaper. 我為
一家報社工作。

next /nekst/
I adj **1** 緊鄰的；貼近的：If you miss
the train, catch the next one please. 如

果你誤了這班火車，請趕下一班。**2** 居
後的；次於的：be next in line 在排列上
佔下一位 / the next city to Beijing in size
規模僅次於北京的城市
◇ **the next best** 第二好的 / **next door**
鄰居；隔壁：He lives next door to me.
他住在我家隔壁。▷ **nextness** n
II adv 接下去；然後：What comes
next? 接下去是甚麼呢？/ The restaurant
stands next to the department store. 餐
廳座落在百貨商店隔壁。
◇ **next to** 幾乎；差不多：next to
impossible 幾乎不可能
III prep 緊靠…旁邊；貼近：We sat
next each other when we studied in the
university. 我們在大學學習期間，挨着座
位坐。
❶ following, subsequent,
succeeding

nice /naɪs/ adj
1 美好的；合宜的；令人愉快的；和藹
的；友好的：a nice journey 令人愉快的
旅行 / a nice day 好天氣 **2** 有教養的；
貞潔的；正派的：a nice girl 好姑娘 **3**
精細的；精密的：a nice observer 細心
的觀察者 / a nice distinction 細微的差別
◇ **more nice than wise** 死要面子活受
罪 / **nice and...** 挺；很：The bus is
running nice and fast. 公共汽車跑得挺
快。/ It feels nice and soft. 這東西摸上
去很柔軟。▷ **niceness** n
❶ fine, delicate

nick /nɪk/
I n **1** [C] 刻痕；裂口；缺口：nicks in
the desk 課桌上的刻痕 / razor nick on
one's face 臉上的劃口 **2** [C] [俚] 監
獄：ten years in the nick 入獄十年

◇ **in the nick of time** 正是時候；正在關鍵時刻：He caught the baby *in the nick of time* before he fell down the stairs. 他在小孩跌下樓梯前正好抓住了他。

II *vt* **1** 刻痕於；弄缺（刀口等）**2** (恰好) 趕上；說中；猜中：*nick* it 猜中；說中

nick·el /'nɪkl/
I *n* **1** [U] 〈化〉鎳 **2** [C] (美國和加拿大的) 5 分鎳幣；5 分錢
◇ **Don't take any wooden nickels.** [美俚] (告別時叮嚀用) 當心別找麻煩。
II *vt* 把⋯鍍鎳

nick·name /'nɪkneɪm/
I *n* [C] 綽號；渾名：They gave Tom the *nickname* 'Fatty' because he was so fat. 他們給湯姆起了個綽號叫 "胖子"，因為他太胖了。**II** *vt* 給⋯起綽號 (或渾名)：We *nicknamed* the small white dog 'Fairlady' because it is so graceful. 我們給小白狗起了個 "仙后" 的綽號，因為它太漂亮了。
▷ **nicknamer** *n*

niece /niːs/ *n* [C]
1 侄女；甥女 **2** [婉] 教士的私生女

night /naɪt/ *n*
1 [C] 夜；夜間：The thief slipped into the house in the stillness of the *night*. 竊賊乘夜闖入靜時溜進了房屋。**2** [C, U] 黑夜；黑暗：The old man still remembered the *night* of Nazi rule. 這位老人仍對納粹統治的黑暗日子記憶猶新。**3** 黃昏 (= night fall)
◇ **all night (long)** 整夜 / **as black (dark) as night** 昏黑；漆黑 / **at night** 天黑時；在夜裏 / **by night** 在夜間；趁

黑夜 / **Good night!** 晚安！/ **have a good night** 一夜睡得好 / **night and day** 夜以繼日 / **under night** 乘黑夜；祕密 / **What is done by night appears by day.** [諺] 若要人不知，除非己莫為。/ **a white night** 失眠之夜；〈天〉白夜
□ **night blind** 夜盲症的 / **nightwork** 夜間工作；夜班工 (= night shift)

用法說明：In the night 和 during the night 相同，都是 "夜間" 的意思：The moon shines in the night/during the night. (月亮在夜間發光。) At night 除作 "夜間" 講外，還可指下午六點至午夜這段 "晚上"：It was at eleven at night that they reached that village. (他們在晚上十一點鐘才到達那個村莊。) By night 除作 "夜間" 講外，還有 "乘黑夜" 的意思：The thief fled by night. (竊賊乘着黑夜逃跑了。)

---

night·club /'naɪtklʌb/ *n* [C] 夜總會
night·gown /'naɪtgaʊn/ *n* [C] 睡服；睡衣 (= nightdress, night suit or night wear)
night·in·gale /'naɪtɪŋgeɪl/ *n* [C] 歌鴝；夜鶯；(泛指) 夜間鳴叫的鳥
night·mare /'naɪtmeə(r)/ *n* [C]
1 夢魘；惡夢：I woke cold and shaking from the *nightmare*. 我醒來一身冷汗，被惡夢嚇得發抖。**2** [C] 無法擺脫的恐懼；可怕的事物：the *nightmare* of one's years in prison 在監獄中度過的可怕歲月

nine /naɪn/
I *num* 九；九個 (人或物)：The small baby can count from one to *nine*. 這個小嬰兒可以從 1 數到 9。
◇ **A cat has nine lives.** [諺] 貓有九條

命。/ **a nine day's wonder** 轟動一時
（很快便被遺忘）的事物 / **nine tenths**
十之八九；幾乎全部

II *n* **1** [the Nine] 〈希神〉九個文藝女
神 **2** 九點鐘

◇ **to the nines** 完美：dressed up *to
the nines* 打扮得極為華麗

nine·teen /ˌnaɪn'tiːn/

I *num* 十九；十九個（人或物）

II *n* **1** 十九歲 **2** 十九點鐘

◇ **go (run, talk, speak) nineteen to
the dozen** 說個不停；喋喋不休

nine·teenth /ˌnaɪn'tiːnθ/

I *num* **1** 第十九（個） **2** 十九分之一
（的） **II** *n* （月的）第十九日

nine·ti·eth /'naɪntɪəθ/ *num*

1 第九十（個） **2** 九十分之一（的）

nine·ty /'naɪntɪ/

I *num* 九十；九十個（人或物）

II *n* 九十歲

◇ **ninety-nine out of a hundred** 百分
之九十九；幾乎全部

ninth /'naɪnθ/

I *num* **1** 第九（個） **2** 九分之一
（的） **II** *n* （月的）第九日

nit·rate /'naɪtreɪt/ 〈化〉

I *n* **1** 硝酸鹽；硝酸酯；硝化；硝酸
2 硝酸鹽類化肥 **II** *vt* 用硝酸處理；
（使）硝化

ni·tro·gen /'naɪtrədʒən/ *n* 〈化〉氮

no /nəʊ/

I *adj* **1** 沒有；不許：There is *no*
fishing in the pond. 池塘裏沒有魚。/ *No*
pains, *no* gains. [諺] 不勞則無獲。 **2** 並
非；決非：He is *no* VIP. 他並非重要人
物。

II *adv* 不；沒有：A: Do you want to

go with us? B: *No*, I would rather stay.
甲：你想跟我們去嗎？乙：不，我寧願
留下。

◇ **not take no for an answer** 不許否
定：堅持己見 / **say no (to)** 拒絕
（…）；不批准（…）；否認（…）

no·bil·i·ty /nəʊ'bɪlətɪ/ *n*

1 [U] 高貴；崇高 **2** [U] [the nobility]
（集合名詞）貴族（階層）

no·ble /'nəʊbl/ *adj*

1 貴族的；高貴的：a *noble* family 貴
族家庭 / a young man of *noble* birth 出
身高貴的青年 **2** 高尚的；崇高的；偉大
的：a man of *noble* mind 思想高尚的人
/ a *noble* deed 高尚的行為 **3** 壯觀的；
宏偉的；光輝的；卓越的：a *noble*
construction 宏偉的建築 / a *noble* view
壯觀的景象

❶ aristocratic; admirable, splendid,
fine

no·ble·man /'nəʊblmən/ *n*
（複 = noblemen）貴族

no·bod·y /'nəʊbədɪ/

I *pron* 沒有人；無人：*Nobody* is
there. 那兒沒人。/ *Nobody* dares. 誰也
不敢。/ I'll marry her or *nobody*. 我要麼
娶她，要麼就不結婚。 **II** *n* [C] 無足輕
重的人；小人物：He is a *nobody* in his
class. 他在班上是個無名小卒。

◇ **be nobody's fool** 不會輕易上當受騙

⇨ 用法說明見 NONE

nod /nɒd/

I （nodded, nodding） ❶ *vt* 點
（頭）；點頭表示：He *nodded*
agreement. 他點頭表示同意。 ❷ *vi* **1**
點頭：She *nodded* when she passed me
in the street. 她在街上從我身旁經過時向

我點了下頭。 **2** 打盹；瞌睡；犯錯誤：
She was *nodding* over her reading. 她邊
看書邊打盹兒。/ Homer sometimes
nods. [諺] 智者千慮，必有一失。

◇ **a nodding acquaintance** 點頭之交 /
be at (be dependent on) sb's nod 看
某人點頭而定；受某人支配

II *n* [C] **1** 點頭 **2** 打盹；瞌睡

noise /'nɔɪz/ *n*

1 [U] 聲音；響聲：the *noise* of the
machine 機器的聲音 / There is a strange
noise in the room. 房間裏有一種奇怪的
聲音。/ Don't make so much *noise*. 不要
大聲喧嘩。 **2** [C, U] 噪聲；雜聲；喧嘩
聲：There is much *noise* in the phone.
電話裏噪聲很大。/ far away from city
noises 遠離城市喧嘩

◇ **a big noise** [俚] **1** 聳人聽聞的聲明
2 有影響的人物 / **make a noise
(about sth)** （為某事而）吵吵嚷嚷 /
make a noise in the world 名噪一時

❶ clamour, din, row, racket

❷ silence

noise·less /'nɔɪzlɪs/ *adj*

1 無聲的；寂靜的：In 1958 the
human beings for the first time stepped
onto the surface of the *noiseless* moon.
1958 年人類首次登上了寂靜的月球表
面。 **2** 聲音很輕的；噪聲小的：a
noiseless electric fan 低噪聲電扇

▷ **noiselessly** *adv* / **noiselessness** *n*

nois·i·ly /'nɔɪzɪlɪ/ *adv*

嘈雜地；喧鬧地：They crowded into
the classroom *noisily*. 他們吵吵嚷嚷地擁
進教室。

nois·y /'nɔɪzɪ/ *adj*

1 嘈雜的；喧鬧的：a large *noisy*

audience 大群喧鬧的聽眾 / the *noisy*
workshop 嘈雜的車間 **2**（衣服、顏色
等）過分鮮艷的；過分渲染的

▷ **noisiness** *n*

no·mad /'nəʊmæd, 'nɒ-/ *n* [C]

1 游牧部落一員：the *nomads* of the
desert 沙漠中游牧部落成員 **2** 流浪者：
He became tired of being a *nomad*
wandering among cities. 他已厭倦了在
城市間流浪的飄泊生活。

nom·i·nal /'nɒmɪnl/

I *adj* **1** 名義上的；有名無實的；（數
量）微小的：a *nominal* manager of the
factory 一位掛名的工廠經理 / He only
paid a *nominal* fee for boarding there.
他寄宿在那裏只付了一點象徵性的費
用。 **2** 名字的；列名的：a *nominal* list
of the personnel 人員名單 **3**〈語〉名
詞性的：a *nominal* clause 名詞性從句
II *n* [C] 名詞性的詞（指名詞、形容
詞、代詞）

nom·i·nate /'nɒmɪneɪt/ *vt*

1 提名：be *nominated* for Mayor 被提
名為市長候選人 **2** 任命；指定；提議：
The president of the committee
nominated a young man (as/ to be) his
representative at the meeting. 委員會主
席指定一位年輕人為出席會議的代表。

❶ appoint, choose, designate, name

nom·i·na·tion
/ˌnɒmɪ'neɪʃn/ *n* [C, U]

1 提名；任命 **2** 提名權；任命權

non·a·chiev·er /ˌnɒnə'tʃiːvə(r)/ *n*

[美] **1** 不及格的學生；"開紅燈"的學
生 **2** 一無所成的年輕人

none /nʌn/

I *pron* 沒有人；沒有任何東西：None

of us would agree with you. 我們中沒有人會同意你。/ It's *none* of your business. 這事根本與你無關。

◇ **have none of** 不容許；拒絕

II *adj* （與 the 加比較級連用，或與 so, too 連用）一點也不：be *none* the wiser for 並不因…而有所開竅 / We are *none* so fond of the new teacher. 我們並不那麼喜歡新來的老師。

◇ **none but** 只有 / **none other than** 不是別人（或他物）而正是 / **none the less** 仍然；依然：For all his wounds, the soldier was *none the less* eager to fight on. 儘管多處受傷，這位士兵仍渴望繼續戰鬥。

用法說明：**None**、**no one** 和 **nobody** 都是"沒有人"的意思。**None** 是正式用語：None of my classmates came to see me. （沒有一個同學前來看望我。）**Nobody** 和 **no one** 是普通用語：Nobody/No one was late today. （今天沒有人遲到。）另外，**none** 可以指人或物：None of the biscuits is left. （一塊餅乾也沒有剩下。）**No one** 和 **nobody** 只能指人。**No one** 和 **nobody** 後面的動詞使用單數，**none** 後面的動詞可用複數，也可用單數，視意義而定。

---

non·earth·ly /ˌnɒnˈɜːθlɪ/ *adj*
來自地球以外的；存在於地球外的：People believed that UFO is *nonearthly* objects. 人們堅信飛碟是來自地球以外的物體。

non·sense /ˈnɒnsns/
I *n* **1** [U] 胡說；廢話；胡鬧：Let's stop that *nonsense* right now. 我們別再胡鬧了。/ talk *nonsense* 胡說八道 /

What (a) *nonsense*! 簡直是一派胡言！ **2** 無價值的東西；無用的裝飾品：Take all that *nonsense* of yours and get away. 收拾好你那些破爛，滾蛋！

II *int* 胡說！廢話！

noo·dle /ˈnuːdl/ *n* [常作 noodles]
1 麵條；雞蛋麵 **2** [俚] 腦袋瓜；笨蛋

noon /nuːn/ *n*
正午；中午：at *noon* 在正午 / a *noon* meal 中午飯

◇ **(as) clear as noon** 一清二楚 / **the noon of night** 午夜

nor /nɔː(r), nə(r)/ *conj*
1 也不；也沒有：He is not bright *nor* diligent. 他既不聰明又不勤奮。/ Neither a fly *nor* a mosquito was found here. 這裏既找不到蒼蠅也找不到蚊子。 **2** （用於肯定句後）也不；不：The day was bright, *nor* were there clouds above. 天氣晴朗，萬里無雲。

◇ **neither ... nor ...** 既不…也不…

nor·mal /ˈnɔːml/ *adj*
1 正常的；正規的；標準的：*normal* working hours 正常的工作時間 **2** 智力正常的；精神健全的：*Normal* people would not do such a thing. 正常人不會做出這種事的。 **3** 師範的：a *normal* college 師範學院

◇ **above (below) normal** 高於（低於）正常的（地）/ **at normal** 正常的（地）
▷ **normalness** *n*

nor·mal·ly /ˈnɔːməlɪ/ *adv*
正常地；正規地；按慣例：She can hardly behave *normally* before the audience. 她在觀眾面前不知如何是好。/ *normally* speaking 一般來說

north /nɔːθ/

I *n* [U] **1** 北；北方：a cold wind from the *north* 北方吹來的寒風 / situated in the *north* 位於北方 **2** [North] （一國或一地區的）北部：It is said the *North* in the country is less advanced than the South. 據說該國北方不如南方發達。 **II** *adj* 北的；北方的：*North* China 華北 / *north* polar regions 北極地區 **III** *adv* 向北方；在北方；自北方：sail *north* 向北航行

◇ **too far north** 精明的；不會受騙的
⇨ 插圖見 COMPASS

north·east /ˌnɔːθˈiːst/
I *n* **1** 東北 **2** [Northeast] （一國或一地區的）東北部 **II** *adj* 位於東北的；朝東北的：a *northeast* wind 東北風 **III** *adv* 在東北；從東北
⇨ 插圖見 COMPASS

nor·thern /ˈnɔːðən/
I *adj* 向北方的；來自北方的；（在）北方的；（在）北部的：a *northern* people 北方民族 / a *northern* city 北方城市 **II** *n* [C] [常作 Northern] 北方地區的人；北方人（尤指美國北部各州人）
▷ **northernly** *adv* / **northernness** *n*

north·land
/ˈnɔːθlənd/ *n* [常作 Northland] 北國；（一國的）北部地區；（世界的）北部地帶
▷ **northlander** *n*

north·ward /ˈnɔːθwəd/
I *adv* 向北方：travel *northward* 向北旅行 **II** *adj* 向北的：the *northward* flight of birds 群鳥的北飛 / the *northward* slope of the hill 山的北坡 **III** *n* 朝北的方向（地點、地區）

north·west /ˌnɔːθˈwest/

I *n* **1** 西北；西北方 **2** [常作 Northwest] （一國或一地區的）西北部
II *adj* **1** 在西北的；西北部的；向西北的；the *northwest* coast 西北海岸 / a *northwest* wind 西北風
III *adv* 向西北；在西北；自西北：sail *northwest* 向西北航行
⇨ 插圖見 COMPASS

north·west·ern /ˌnɔːθˈwestən/ *adj*
1 （在）西北的；向西北的：the *northwestern* countries 西北諸國 **2** 來自西北的：a *northwestern* gale 西北大風 **3** [常作 Northwestern] （一國或一地區的）西北部的

nose /nəʊz/

I *n* **1** [C] 鼻子；（動物的）鼻口部：aquiline *nose* 鷹鉤鼻 / blow one's *nose* 擤鼻子 / a handsome man with a high bridge of the *nose* 一位高鼻樑美男子 **2** [C] 嗅覺；覺察：a dog with a keen *nose* 嗅覺靈敏的狗 **3** [C] （對與己無關的事）探問；探看；干預：have *nose* in (into) everything 甚麼事都打聽 / Keep your *nose* out of my business. 不要干涉我的事。 **4** [C] 鼻狀物前端突出部；突出部分（如噴嘴、彈頭、船頭、飛機機頭、地角等）

◇ **(as) plain as the nose in your face** 一清二楚 / **bite sb's nose off** 氣勢洶洶地回答某人 / **can not see beyond (the length of) one's nose** 鼠目寸光 / **(in) spite of sb's nose** 不顧某人的反對 / **lead sb by the nose** 牽着某人的鼻子走 / **look down one's nose at** [口] 瞧不起 / **pay through the nose** 被敲竹槓 / **poke (push, thrust) one's nose into** 探聽；干涉（別人的事情） / **turn up** one's nose at 對…嗤之以鼻；瞧不起

II *vt, vi* **1** 用鼻子蹭（或擦、拱）；（小心翼翼地）行駛：The dog *nosed* the door open. 狗用鼻子把門給拱開。/ The little boat *nosed* carefully between the rocks. 小船在礁石間小心翼翼地穿行。**2** 探口；探看；尋找

⇨ 插圖見 HEAD

nos·tril /ˈnɒstrəl/ *n* [C]

鼻子孔；鼻孔內壁

not /nɒt/ *adv*

不；不會：I do *not* like getting up early. 我不喜歡早起。/ He told us *not* to litter in the park. 他告訴我們不要在公園亂扔廢物。/ A: Will they come tomorrow? B: I suppose *not*. 甲：他們明天會來嗎？乙：我想不會吧！

◇ **as likely as not** 很可能 / **as soon as not** 非常願意 / **not a little** 相當多；不少 / **not all that** 並不特別地 / **not at all** 一點也不 / **not but that (not but what)** 雖然 / **not dry behind the ears** 乳臭未乾的；無經驗的 / **not only ... but (also) ...** 不但…而且… / **not so much as** 甚至不 / **not that** 並不是說 / **not that ... but that ...** 不是（因為）…而是（因為）…

no·ta·ble /ˈnəʊtəbl/

I *adj* 值得注意的；顯著的；著名的；顯要的：a *notable* event 令人關注的事情 / a *notable* artist 一位著名的藝術家

II *n* 著名人物；重要人物：a dinner for the *notables* in the town 為鎮上顯要人物舉行的宴會

▷ **notableness** *n*

❶ conspicuous, remarkable, famous, renowned

◑ unknown

no·ta·bly /ˈnəʊtəblɪ/ *adv*

1 值得注意地；顯著地：sell at *notably* high price 以明顯的高價出售 **2** 特別是；尤其是：Many members were absent, *notably* the vice-chairman. 許多成員都缺勤了，尤其是副主席。

no·ta·tion /nəʊˈteɪʃn/ *n* [C]

1 記法；標誌；標誌法：The blind people have a special system of *notation* in their own language. 盲人的語言中有種特殊的記錄體系。**2**〈數〉記號；用號；記法：decimal *notation* 十進位記數法 **3**〈音〉樂譜；記譜法 **4** 注釋

▷ **notational** *adj*

note /nəʊt/

I *n* **1** [C] [常作 notes] 記錄；筆記；隨筆：lecture *notes* 課堂筆記 **2** 按語；評論；注釋：*notes* to the thesis 論文注釋 / the editor's *note* 編者按（語）**3** 短箋；便條：a *note* of invitation 請帖 **4**（外交上的）照會 **5** 票據；借據；紙幣：a ten-yuan *note* 一張十元鈔票 **6** 口氣；調子：There was a *note* of desperation in his speech. 他的講話中有種絕望的調子。**7** 符號；標記；〈音〉音符；音調

◇ **compare notes** 對筆記；交換意見 / **make (take) a note (notes) of** 把…記下來 / **strike (sound) a false note** 說（做）得不恰當 / **take note of** 注意到… / **take (make) notes** 記筆記

II *vt* **1** 記下；摘下：*note* down one's name 記下某人的名字 **2** 注意；注意到：Please *note* the red light at the crossroads. 在交叉路口時請注意紅燈。

note·book /ˈnəʊtbʊk/ *n* [C]

N

筆記簿;期票簿

not·ed /'nəʊtɪd/ adj

著名的;知名的: a noted poet 一位著名的詩人 / The island is noted for its scenery. 該島以美景而著稱。

▷ **notedly** adv / **notedness** n

noth·ing /'nʌθɪŋ/

I pron 沒有東西;無;零: There is nothing wrong with the machine. 機器沒有毛病。/ Nothing remained on the sea when the sail faded into the distance. 當船消失在遠處後,海面上一無所有。/ Nothing minus nothing equals nothing. 零減零等於零。/ Nothing ventured, nothing gained. [諺] 不入虎穴,焉得虎子。

II n 無關緊要的人(事物);微不足道的人(事物): She is a noted actress, but her husband is a nothing. 她是位著名的演員,然而她丈夫卻不名一文。

◇ **all to nothing** 百分之百的 / **be nothing to** 對⋯來説無足輕重 / **come to nothing** 失敗,沒有結果 / **for nothing** ① 免費 ② 徒然 / **have nothing in one** 不足道,無可取 / **have nothing to do with** 和⋯無關;和⋯不往來 / **make nothing of** 對⋯等閑視之 / **nothing but** 除了⋯以外甚麼也不;只有;只不過 / **There is nothing for it but to ...** 對此唯一能做的是⋯ / **think nothing of** 把⋯看成平常 / **say nothing of** 更不必説

III adv 並不;毫不: It's nothing surprising. 這毫不奇怪。

◇ **nothing less than** 和⋯一模一樣;完全是

▷ **nothingness** n

用法説明: **Nought**、**naught**、**nothing** 和 **zero** 都作 "零" 講,但使用場合不同。**Zero** 是正式用語: When the temperature is zero, water begins to freeze. (溫度是零度的時候,水開始結冰。) **Nought** 是英國用語,一般用於數學,如 0.6 可以讀作 nought point six;naught 是美國用語,200 可以讀作 two naught naught;**nothing** 跟 **nought** 的用法相同。

no·tice /'nəʊtɪs/

I n [C] **1** 通告;佈告;通知: A notice has been given that the building will be pulled down. 據通知,大樓將被拆除。**2** [U] 警告;預告: They have received notice of storms approaching. 他們接到了風暴來臨的警告。**3** [U] 注意: bring sb into public notice 使某人引起公眾注目

◇ **at short notice** 隨時;立即;一經通知(馬上就⋯): We had to start off at short notice. 我們一接到通知就得立刻出發。/ **be beneath sb's notice** 被某人認為不值得一顧 / **bring sth to sb's notice** 使某人注意某事 / **come into notice** 引起注意 / **give notice** 通知 / **take notice** 注意 / **take sb's notice** 得到某人的通知 / **without notice** 不預先通知地;不另行通知地

II vt **1** 注意到;看到: Have you noticed that new car I bought yesterday? 你見到我昨天買的新車了嗎? **2** 通告;通知: The liner was noticed to depart at 8 o'clock. 航班被通知在 8 點離港。

● **note, observe, remark**

no·tice·a·ble /ˈnəʊtɪsəbl/ *adj*
❶ 顯而易見的；顯著的：*noticeable* progress (improvement) 顯著的進步（改進）❷ 值得注意的；重要的：*noticeable* problems 值得注意的問題
▷ **noticeability** *n* / **noticeably** *adv*

no·ti·fy /ˈnəʊtɪfaɪ/ *v*
❶ 通知：I *notified* my friends of the change of my phone number. 我將電話號碼的更改通知我的朋友們。❷ 報告；宣告：Have you *notified* the police of your missing car? 你丟車之事報警了嗎？▷ **notified** *adj* / **notifier** *n*

no·tion /ˈnəʊʃn/ *n*
❶ [C] 觀念；概念；見解：We think ridiculous the old *notion* that the earth is square. 我們認為過去把地球當成四方形的觀念很荒唐。❷ 意圖；打算；（怪）念頭：a head full of silly *notions* 頭腦中充滿了蠢念頭 ▷ **notionless** *adj*
❶ concept, idea, opinion, thought

no·to·ri·ous /nəʊˈtɔːrɪəs/ *adj*
臭名昭著的；聲名狼藉的：a *notorious* politician 一名臭名昭著的政客
▷ **notoriously** *adv* / **notoriousness** *n*

not·with·stand·ing
/ˌnɒtwɪθˈstændɪŋ/
I *prep* 儘管：He insisted on working, *notwithstanding* the hot weather. 儘管天氣很熱，他仍堅持工作。
II *adv* 儘管；還是：Whatever you may say, they will do it, *notwithstanding*. 無論你怎麼說，他們還是要做。

noun /naʊn/ *n* [C]
〈語〉名詞：a collective *noun* 集合名詞 / a *noun* phrase 名詞性短語

nour·ish /ˈnʌrɪʃ/ *vt*
❶ 養育；滋養；施肥於：a well-*nourished* baby 喂養很好的嬰兒 / *nourish* soil 給土施肥 ❷ 懷抱（希望、仇恨等）：*nourish* the hope of a trip abroad 盼望着出國旅行
▷ **nourishable** *adj* / **nourisher** *n*

nour·ish·ment /ˈnʌrɪʃmənt/ *n* [U]
❶ 食物；滋養品；養料：The plants need *nourishment* in the soil. 植物需要土中的養分。/ take no *nourishment* all day until dinner 整天直到晚餐才吃點東西 ❷ 提供營養；營養狀況

Nov. *abbr* November 的縮寫

nov·el¹ /ˈnɒvl/ *adj*
新的；新奇的：a *novel* suggestion 一項新建議 / a *novel* design 一項新設計
▷ **novelly** *adv*
❶ fresh, innovative, original, unique
❶ old-fashioned, common, familiar

nov·el² /ˈnɒvl/ *n* [C]
（長篇）小說：I haven't enough time to finish Leo Tolstoy's *novel*, 'War and Peace'. 我沒有足夠的時間讀完列夫·托爾斯泰的小說《戰爭與和平》。

nov·el·ist /ˈnɒvəlɪst/ *n* [C]
（長篇）小說家

No·vem·ber /nəʊˈvembə(r)/ *n*
十一月（略作 Nov.）

now /naʊ/
I *adv* ❶ 現在；目前；直到現在：What time is it *now*? 現在幾點鐘了？/ We have got everything ready *now*. 現在我們一切都準備好了。❷ 立刻；馬上：You must talk with him *now*, or it will be too late. 你必須現在就跟他談，否則就太晚了。❸ 剛才；方才：I saw him

only *now*. 我剛才見過他。

◇ **now and then** 時而；不時 / **just now** 剛才 / **Now or never!** 機不可失！ / **now that** 既然；由於

II *n* [U] 現在；此刻：*Now* is the time to go. 現在是去的時侯了。

◇ **from now on** 從現在開始；今後 / **up to now** 目前為止

now·a·days /'nauədeız/

I *adv* 現今；現在（常用於將現在的風俗習慣等與過去相比時）：Young people *nowadays* are more open-minded than those of the past. 現在的年輕人比過去的要開放。

II *n* [U] 現今；現代；當今：the fashion of *nowadays* 現今的時裝

no·where /'nəuweə(r)/

I *adv* 任何地方都不：The key was *nowhere* to be found. 哪兒都找不到鑰匙。 **II** *n* 不存在的地方；無處：There is *nowhere* for the students to go during their last summer vocation. 去年暑假期間學生們無處可去。/ disasters from *nowhere* 禍從天降

nu·cle·ar /'nju:klıə(r)/ *adj*

1 核的；（使用）核能的；（擁有）核武器的：a *nuclear* power plant 核電站 / a *nuclear* weapon (device) 核武器（裝置） **2** 核心的；中心的：the *nuclear* part of the city 城市的核心部分

nu·clei /'nju:klıaı/ *n*

nucleus 的複數形式

nu·cle·us /'nju:klıəs/ *n* [C]

（複 = nucleuses, nuclei）

1 核；核心；中心：The young singer played the role of a *nucleus* in the club. 這位年輕的歌手在俱樂部裏起着核心作

用。**2** 〈生〉細胞核；核 **3** 〈原〉（原子）核：atomic *nucleus* 原子核

nui·sance /'nju:sns/ *n* [C]

討厭（有害）的東西（事情、行為等）；討厭（麻煩）的人：He is such a *nuisance* that nobody would like to get along with him. 他這人很討厭，沒人願意跟他相處。/ the *nuisance* of city traffic 令人煩惱的城市交通

◇ **Commit no nuisance.** 禁止小便！不准倒垃圾！ / **make a nuisance of oneself (make oneself a nuisance)** 被人討厭

num·ber /'nʌmbə(r)/

I *n* [C] **1** 數目；數字；〈數〉〈語〉數：cardinal (ordinal) *numbers* 基（序）數詞 / the *number* of the enrolled students 被錄取的學生數 **2** 號碼；編號：telephone *numbers* 電話號碼 / Room *Number* 102-105 102 至 105 房間號 **3** [numbers] 大批；數量上的優勢：a great *number* of students 大批的學生 / Visitors came in great *numbers*. 參觀訪問者蜂擁而來。**4** [常用作 numbers] 算術：The boy is good at *numbers*. 這男孩擅長算術。

◇ **a number of** 若干；許多 / **by number** 按數字；根據號碼 / **in number** 在數字上；總共 / **to the number of** 達到…的數目；合計數為… / **without number** 多得數不清

II *vt* **1** 把…編號 **2** 擁有；計有：The library now *numbers* more than 200,000 books. 圖書館計有二十多萬冊藏書。**3** 把…包括進；把…歸入：She was *numbered* among the ten best athletes. 她被列入十佳運動員。

$\triangleright$ **numberable** adj

⇨ 用法説明見 AMOUNT

nu·mer·al /'njuːmərəl/

I adj 數字的；示數的 **II** n [C] 數字：1, 2, 3, 4 etc. are Arabic numerals. 1、2、3、4 等是阿拉伯數字。/ the cardinal (ordinal) numerals 基（序）數詞 / fractional numerals 分數詞

$\triangleright$ **numerally** adv

nu·mer·i·cal /njuːˈmerɪkl/ adj

數字的；用數字表示的；數值的：in numerical order 按數字順序 / the numerical strength 人數；兵數

$\triangleright$ **numerically** adv

nu·me·rous /'njuːmərəs/ adj

為數眾多的；許多的；眾多的：numerous books 許多書 / a numerous family 子女眾多的家庭 / He has made a numerous acquaintance among businessmen. 他認識了不少商人。/ be too numerous to count 多得數不勝數

$\triangleright$ **numerously** adv / **numerousness** n

◐ countless, many, myriad

◑ few, scanty

nun /nʌn/ n [C] 修女；尼姑

nurse /nɜːs/

I n [C] ◼ 保姆；保育員 ◼ 護士；看護：a nurse in the hospital 醫院的護士

◇ **at nurse** ◼ （小孩）由別人帶的 ◼ （房產）交人照看的 / **play nurse to** 護理；照料

II vt ◼ 給（嬰兒、幼獸）餵奶；帶養；看顧 ◼ 看護；護理（病人、疾病等）：nurse a patient 護理病人

◇ **nurse along** 慢慢地喝（吃）

$\triangleright$ **nurselike** adj

nur·se·ry /'nɜːsərɪ/ n [C]

◼ 托兒所；保育室 ◼ 苗圃；溫床；滋生地：Slums are often nurseries of disease. 平民窟常是疾病的滋生地。

nut /nʌt/ n [C]

◼ 乾果（如核桃、栗子、橡子、榛子、花生等）；果仁；〈植〉堅果 ◼ [口] 難題；難事；難弄的人：the hard nut of traffic jam 難以解決的交通阻塞問題 ◼ 螺母；螺帽：screw a nut 擰緊螺帽 ◼ [美俚] 瘋子；傻瓜：a nut house 精神病療養院

◇ **a hard nut (to crack)** 難題；難事 / **do one's (the) nut(s)** 心煩意亂；發狂 / **for nuts** 一點也不；根本 / **not care a (rotten) nut** 毫不在乎 / **in a nut shell** 簡而言之；概括地説 ☐ **nut butter** 堅果醬（如花生醬）/ **nut crackers** 堅果鉗；核桃夾子 / **nut shell** 堅果殼

$\triangleright$ **nutlike** adj

nu·tri·ent /'njuːtrɪənt/

I adj 營養的；滋養的

II n [C, U] 營養物；滋養物；食物

nu·tri·tion /njuːˈtrɪʃn/ n [U]

◼ 營養；滋養：Good nutrition is essential for good health. 豐富的營養對健康的身體很重要。◼ 營養物；滋養物；食物

ny·lon /'naɪlɒn/ n

◼ [U]〈紡〉耐綸；尼龍；尼絨 ◼ 尼龍織品 ◼ [C] 尼龍長襪

O, o

O, o /əʊ/ 英語字母表的第十五個字母

O /əʊ/ *int*

啊！喲！哎呀！（表示驚訝、恐怖、痛苦、驚喜等感情，一般在詩歌或禱文中用於直接稱呼前）：*O* God on high! 啊，主啊！/ *O* mighty ocean! 啊，大海啊！

oak /əʊk/

　I *n* [C, U]〈植〉櫟；橡 **II** *adj* 櫟木的

oar /ɔː(r)/

　I *n* **1** 槳；櫓：row a boat with *oars* 用槳划船 **2** 划手；槳手：a practiced *oar* 有經驗的划手

　◇ **pull a good oar** 划一手好槳

　II *vt* 划：*oar* a boat forward 向前划船

o·a·ses /əʊˈeɪsiːz/ *n* oasis 的複數形式

o·a·sis /əʊˈeɪsɪs/ *n*（複 = oases）（沙漠中的）綠洲；（荒地中的）沃洲

oat /əʊt/ *n* [常作 oats]〈植〉燕麥

　□ **oatmeal** *n* 燕麥片；麥片粥

oath /əʊθ/ *n*（複 = oaths）

　1 誓言；宣誓：take (make, swear) an *oath* 發誓 / The new members are required to take an *oath* of allegiance. 新的成員要作效忠宣誓。 **2** 詛咒；咒罵語：grind out an *oath* 切齒詛咒

o·be·di·ence /əˈbiːdɪəns/ *n* [U]

服從；順從：teach a dog *obedience* 訓練狗服從命令 / blind *obedience* 盲從

　◇ **in obedience to** 遵照：*in obedience to* orders 服從命令

o·be·di·ent /əˈbiːdɪənt/ *adj*

順從的；恭順的：be *obedient* to 對⋯服從

　◐ **disobedient**

o·be·di·ent·ly /əˈbiːdɪəntlɪ/ *adv*

恭順地：Yours *obediently* (*Obediently* yours) 您的恭順的（公文末尾署名前的套語）

o·bey /əˈbeɪ/

　❶ *vt* 服從；聽話；遵守（命令、紀律等）：*obey* one's parents 聽父母的話 **❷** *vi* 服從；聽話：He that has learnt to *obey* will know how to command. [諺] 會服從者才善指揮。

　◐ **disobey**

ob·ject

　I /ˈɒbdʒɪkt/ *n* **1** 事物；物體；東西：a small *object* 小東西 **2** 目標；目的；宗旨；對象：an *object* of study 研究對象 / an *object* of love 所愛的人（或物） **3**〈哲〉客體；對象；〈語〉賓語：direct (indirect) *object* 直接（間接）賓語

　◇ **attain one's object** 達到目的 / **fail (succeed) in one's object** 追求目標失敗（成功）/ **set an object** 立志；樹立目標

　▷ **objectless** *adj* 沒有目標的

　II /əbˈdʒekt/ **❶** *vi* 反對；表示異議：I *object* to your doing that. 我反對你做那件事。/ I'll open the window if you don't *object*. 如果你不反對，我就打開窗子。 **❷** *vt* 提出反對的理由：I wanted to climb the hill, but Bill *objected* that he

was too tired. 我要爬山，比爾卻反對說他太累了。
● aim, purpose
◐ subject

ob·jec·tion /əb'dʒekʃn/ n
1 [C, U] 反對；異議；不喜歡： have an (no) *objection* to the plan 反對（不反對）這個計劃 / take *objection* to 對…表示反對　2 [C] 缺點；短處： The chief *objection* to the article is its great length. 這篇文章的主要缺點是冗長。

ob·jec·tive /əb'dʒektɪv/
I adj 1 〈哲〉客觀的；真實的；如實的： *objective* reality 客觀現實 / an *objective* law 客觀規律 / an *objective* description 如實的描述 / *objective* test 客觀題測驗　2 目標的　3 〈語〉賓格的　II n 1 目標；目的： the *objectives* of the course 課程的目的　2 〈光〉（顯微鏡的）物鏡　3 〈語〉賓語
▷ objectively adv / objectiveness n
◐ subjective

ob·li·ga·tion /ˌɒblɪ'geɪʃn/ n
1 義務；責任： the *obligations* of a citizen 公民的義務　2 〈律〉合同；債券　3 感恩；恩惠；人情
◇ **under an obligation to sb** 欠某人的情　▷ obligational adj

o·blige /ə'blaɪdʒ/ vt
1 強迫；迫使： The heavy snow *obliged* him to cancel his trip. 大雪使他不得不取消旅行。/ I felt *obliged* to leave. 我覺得不得不走了。　2 施恩於；（用被動語態）使感激： By doing so you will greatly *oblige* us. 你這樣做將對我們大有幫助。/ I'm *obliged* to you for your help. 我感激你的幫助。

o·bliv·i·ous /ə'blɪvɪəs/ adj
健忘的；無覺察的： *oblivious* of the past 忘卻過去 / *oblivious* to the enemy planes 沒察覺敵人的飛機
● unaware

ob·long /'ɒblɒŋ/
I n 長方形（的東西）；橢圓形（的東西）　II adj 長方形的；橢圓形的

ob·scene /əb'siːn/ adj
1 猥褻的；污穢的；下流的；黃色的： an *obscene* book 淫書　2 可憎的；令人厭惡的　▷ obscenely adv
● indecent

ob·scure /əb'skjʊə(r)/
I adj 1 黑暗的；朦朧的： an *obscure* corner 昏暗的角落 / an *obscure* view 朦朧的景色　2 不清楚的；含糊的；費解的；晦澀的： an *obscure* passage 難理解的篇章　3 無名的；低賤的： be of *obscure* birth 出身低微 / an *obscure* writer 不出名的作家
II vt 使黑暗；遮掩： The clouds *obscured* the moon. 雲遮住了月亮。
▷ obscurely adv / obscureness n

ob·ser·va·tion /ˌɒbzə'veɪʃn/ n [U]
1 觀察；瞭望；監視；觀測： keep sb under *observation* 監視某人；觀察某人　2 觀察力： a man of keen *observation* 觀察力敏銳的人
□ **observation balloon** 觀測氣球 / **observation plane** 〈軍〉偵察機 / **observation post** 〈軍〉瞭望哨 / **observation station** 觀測站；氣象台

ob·ser·va·to·ry /əb'zɜːvətrɪ/ n
1 瞭望台；觀測站　2 天文台；觀象台；氣象台

ob·serve /əb'zɜːv/ vt

O

1 遵守；奉行（法律、習俗、規章等）：observe safety rules 遵守安全規定 2 紀念；慶祝（節日、生日等）：observe Christmas 過聖誕節 3 觀察；觀測；看到；注意到：observe a suspected person 監視可疑的人 / observe the changes in weather 觀察氣候變化 4 評述；評論；說：He observed nothing on the subject. 關於這問題他沒發表意見。/ ' The crisis will be over soon,' he observed. "危機將很快過去，" 他說道。

ob·serv·er /əbˈzɜːvə(r)/ n [C]
1 觀察者；觀察員 2 發言者；評論者

ob·ses·sion /əbˈseʃn/ n [U]
着迷；纏住；困擾

ob·sta·cle /ˈɒbstəkl/ n
障礙（物）；妨礙者：Lack of education is an obstacle to success. 教育不足是成功的障礙。/ an obstacle to progress 進步的障礙 / obstacle race 障礙賽跑

ob·sti·nate /ˈɒbstənət/ adj
1 頑固的；固執己見的：an obstinate woman 固執的女人 / obstinate in disposition 脾氣固執 / be obstinate in argument 在辯論中固執己見 2 頑強的；倔強的：obstinate resistance 頑強的抵抗 3 （病痛等）難除的：an obstinate case 難治的病例 / an obstinate disease 頑症 ▷ **obstinately** adv

ob·struct /əbˈstrʌkt/ vt
1 阻塞；堵住：obstruct the road (traffic) 阻塞道路（交通） 2 妨礙；阻撓 3 遮擋；擋住：The high wall obstructed the view. 高牆擋住了視線。
▷ **obstructor (obstructer)** n

ob·struc·tion /əbˈstrʌkʃn/ n

1 [U] 阻塞；堵塞 2 [C] 障礙物 3〈體〉阻擋行為

ob·tain /əbˈteɪn/
❶ vt 獲得；得到；買到：obtain a reward 得到報酬 / obtain high marks 取得高分 ❷ vi （習慣等）流行；得到公認：These views no longer obtain. 這些觀點已經過時了。/ This obtains with most people. 這是多數人公認的。
▷ **obtainment** n
❶ get
❷ lose

ob·vi·ous /ˈɒbvɪəs/ adj
明顯的；顯著的；明白的；無疑的：an obvious error 明顯的差錯 / It is obvious that he is wrong. 他顯然錯了。
▷ **obviously** adv / **obviousness** n
❶ evident
❷ vague

oc·ca·sion /əˈkeɪʒn/
I n [C] 1 時節；時刻；場合；活動；盛會：on this (that) occasion 在這個（那個）場合 / on the present (last) occasion 在這次（上次） / on rare occasions 很少；不常 / on numerous occasions 無數次 / a great occasion 盛大的活動 2 時機；機會：choose one's occasion 選擇機會
◇ **as occasion serves** 一有時機 / **give occasion to** 引起 / **on occasion** 有時；間或 / **take occasion to** 利用機會：take occasion to say a few words 趁機講幾句話
II vt 引起：Your behaviour has occasioned us a lot of trouble. 你的行為給我們惹了許多麻煩。
❶ cause, induce

用法説明: Occasion、opportun-ity、chance 都表示有可能做某件事的時機,但略有區別。Occasion 指社交上從事某活動合適的或有利的時刻,例如: Our parents' birthdays are happy occasions in our family.(父母的生日是我們家的喜慶日子。) 它還常跟介詞 on 連用,如: on this/that occasion (在這個/那個場合)、on the occasion of her marriage (在她結婚之際)。Opportunity 特指對自己有利的機會,敦促行動。例如: I just thought it was too good an opportunity to miss.(我認為這是一個不可錯失的良機。) Chance 經常與 opportunity 交替使用,但 chance 常含有幸運或偶然的意思。例如: There is a chance that I'll see her in Hong Kong.(我可能在香港見到她。)

oc·ca·sion·al /ə'keɪʒənl/ *adj*
1 偶然的;不經常的: an *occasional* visitor 偶爾來訪的客人 **2** 臨時的;特殊場合的: an *occasional* licence 臨時執照
▷ **occasionally** *adv*

oc·cu·pa·tion /ˌɒkjʊ'peɪʃn/ *n*
1 [C] 職業;工作;行業: a poorly paid *occupation* 薪水不多的工作 / Teaching was his first *occupation*. 教書是他的第一職業。 **2** [U] 佔領;佔有;佔用: an army of *occupation* 佔領軍 / military *occupation* 軍事佔領
◖ **profession**
⇨ 用法説明見 JOB

oc·cu·pa·tion·al /ˌɒkjʊ'peɪʃnl/ *adj*
職業的;職業引起的: an *occupation* disease 職業病

oc·cu·py /'ɒkjʊpaɪ/ *vt*
1 佔領;佔用;佔有: His speech *occupied* nearly 3 hours. 他的發言佔用了將近三個小時。 / This seat is *occupied*. 這位子有人。 **2** 使忙碌;使從事: He was too *occupied* to visit his aunt. 他太忙了,沒能去看望姑媽。 / She *occupies* herself with collecting stamps. 她從事集郵。 **3** 擔任(職務): He *occupies* an important position in the Foreign Ministry. 他在外交部任要職。
▷ **occupier** *n*
◖ **hold, engage**

oc·cur /ə'kɜː(r)/ *vi*
(occurred, occurring)
1 發生: Frosts *occur* here in October. 這裏霜凍常在十月發生。 **2** 存在;被發現: Printing mistakes *occur* almost in every book. 幾乎每本書裏都有印刷錯誤。 **3** 想起: A good idea *occurred* to me. 我想出了一個好主意。 / It never *occurred* to me to phone you. 我從沒想到給你打電話。
◖ **happen, appear**

用法説明: Occur、happen、take place 都表示"發生",都是不及物動詞,不能用於被動語態中。Occur 較正式,不常用於口語裏。Happen 和 take place 常通用,但 happen 往往帶有"偶然性",即不在計劃或預計之內發生,take place 則多指有計劃的或預計到的。試比較: The court will decide what really occurred between them.(法庭將對他們之間究竟發生了甚麼事作出裁定。) All sorts of unexpected things might happen.(各種意想不到的事都可能發生。) The wedding will take place on the 8th of August next year.(婚禮將於明年8月8日舉行。)

oc·cur·rence /əˈkʌrəns/ n

1 [U] 發生；發現：be of frequent (rare) occurrence 時常（很少）發生 **2** [C]（偶發）**事件；事變**：a daily occurrence 日常發生的事

o·cean /ˈəʊʃn/ n

1 洋；海洋：the Pacific Ocean 太平洋 / the four oceans of the world 世界的四大洋 **2** 一大片；大量：an ocean of replies 大量回信 / oceans of doubts (worries, difficulties) 無數的懷疑（擔心，困難）

O·ce·an·ia /ˌəʊʃɪˈeɪnɪə/ n 大洋洲
⇨ 插圖見 WORLD

o·ce·an·ic /ˌəʊʃɪˈænɪk/ adj

1 海洋的；生活在海洋中的：oceanic fish 海魚 **2**（氣候）海洋性的：oceanic climate 海洋性氣候

o'clock /əˈklɒk/ adv
（of the clock 的縮寫，用於正點）…點鐘：It is ten o'clock. 現在十點鐘。/ at seven o'clock 七點鐘 / the eight o'clock train 八點鐘的火車

Oct. abbr October 的縮寫

oc·ta·gon /ˈɒktəɡən/ n
八邊形；八邊形物體 ▷ **octagonal** adj
⇨ 插圖見〈專題圖說 14〉

Oc·to·ber /ɒkˈtəʊbə(r)/ n
十月（略作 Oct.）

odd /ɒd/ adj

1 奇數的：an odd number 奇數 **2** 單隻的；不成雙的：an odd shoe 單隻的鞋 **3** 帶零頭的：three thousand odd 三千掛零 **4** 臨時的；不固定的：an odd job 臨時工作；零活 / odd hands 臨時工 **5** 奇怪的；偏僻的：He is an odd man. 他是個很古怪的人。/ How odd! 多

奇怪！/ He made a trip to the odd parts of the island. 他到島上一些人跡稀少的地方去旅行。 ▷ **oddly** adv 奇怪地：oddly enough（插入語）説來也怪
❶ peculiar, singular, queer
❶ usual

of /ɒv; əv/ prep

1（屬於）…的：a friend of mine 我的一個朋友 / profits of the company 公司的利潤 **2**（關於）…的：problems of the youth 青年問題 / stories of New York 有關紐約的故事 **3**（表示同位）：the month of May 五月 **4**（表示性質、狀況）：a thing of importance 重要的事 **5**（表示數量或種類）：a glass of beer 一杯啤酒 / five feet of cloth 五英尺布 / this sort of accident 這類事故 **6**（表示由…製成的）：shoes of cloth 布鞋 / The knife is of steel. 這把刀是鋼製的。 **7** 來自…的；從…：a man of low origin 出身卑微的人 / I often ask advice of him. 我常向他請教。 **8**（表示原因）：die of cancer 死於癌症 / do sth of necessity 做必要的事 **9**（表示對象）：love of nature 對自然的愛 / the ringing of bells 打鈴 **10**（表示時間）：The boy was born of a Monday. 男孩生於星期一。/ of recent years 近幾年 **11**（表示解除、免除、剝奪）：rob a person of his money 搶走一個人的錢 / cure him of a disease 治好他的病 / free of charge 免費 **12** 在…方面：be short of money 缺錢 / The old woman was blind of one eye. 那位老婦人瞎了一隻眼。 **13**（表示相似）：a great bull of a man 一個體壯如牛的男人

off /ɒf; ɔːf/

I *adv* **1** (離)開；隔開：Bob hurried *off*. 鮑勃匆匆離去。 **2**（表示時間或空間上的距離）離；距：Christmas is less than a week *off*. 離聖誕節不足一週了。/ The village is ten miles *off*. 那村子距此地十英里。 **3** 切斷；中止：turn the light *off* 關燈 **4** 不工作；休息：take two days *off* 休兩天假 **5** …掉；…下：The handle of the frying pan has come *off*. 煎鍋上的把手掉了。/ take *off* one's shoes 脫鞋 **6** 完；盡；全部地：clean *off* a drawer 騰出抽屜 / pay *off* one's debts 還還債務

◇ **off and on** 斷斷續續，不經常地：If you use English *off and on*, you will not make rapid progress. 你若不經常使用英語，進步就不會快。/ **off with**（用於祈使句）去；去掉：*Off with* your coat! 把外衣脫掉。

II *prep* **1** 從…離開；從…掉下：get *off* the bus 下車 / He dusted the snow *off* his coat before entering the house. 他進屋前把身上的雪拍打掉。 **2** 與…相距：two hundred miles *off* the island 離該島兩百英里 **3** 扣除；減掉：take ten percent *off* the price 打九折

III *adj* **1** 離開的；去遠的：*off* to America 去美國 **2** 停轉的；關着的：The power is *off*. 電源切斷了。 **3** 休息的；不工作的：*off* hours 休息時間 **4** 處於…境況的：be badly (well) *off* 生活拮据（富裕）

◑ **on**

of·fence, of·fense /ə'fens/ *n*
1 [C] 罪行；犯法行為；過錯：commit a military *offence* 違犯軍規 / a criminal *offence* 犯罪 **2** [U] 冒犯；觸怒：give (cause) *offence* to sb 觸犯某人 **3** [U] 進攻：The best defence is *offence*. 進攻是最好的防禦。

of·fend /ə'fend/
❶ *vt* **1** 冒犯；觸怒；傷害…的感情：I'm not afraid of *offending* anyone if I think I am right. 要是我認為自己對，我不怕得罪任何人。/ She is *offended* at his remarks. 他的話使她很生氣。 **2** 使厭惡；使不舒服：The government's cruelty *offends* many people. 政府的殘忍令人憎惡。 **❷** *vi* 違反；犯罪：*offend* against customs 違背習俗 / *offend* against the law 犯法
▷ **offending** *adj*
◑ **please**

of·fend·er /ə'fendə(r)/ *n*
1 冒犯者 **2** 犯法者；犯規者：a first (an old) *offender* 初（慣）犯

of·fen·sive /ə'fensɪv/
I *adj* **1** 冒犯的；無禮的：*offensive* behavior (language) 無禮行為（話） **2** 進攻的：*offensive* weapons 進攻性武器
II *n* 進攻；攻勢：a peace (propaganda) *offensive* 和平（宣傳）攻勢 / take the *offensive* 採取攻勢
◑ **defensive**

of·fer /'ɒfə(r), 'ɔːfə(r)/
I **❶** *vt* **1** 給予；提供；出示：He *offered* her a cup of tea. 他給了她一杯茶。/ He *offered* his library ticket. 他出示了借書證。 **2** 主動提出；表示想要（做某事）：*offer* to help her 主動提出幫助她 / *offer* advice 提出勸告 **3** 出價；開價：They *offered* me 200 dollars for my old car. 他們出價 200 美元想買我的舊車。 **❷** *vi* 出現：take the

opportunity when it *offers* 有機會就抓住

II *n* **1** [C] 提議；意圖：accept (refuse) an *offer* 接受（拒絕）建議 / make an *offer* to do sth 想做某事 **2** 出價：make an *offer* of $25,000 for the picture 出價 25,000 元買下此畫

◑ accept

of·fice /ˈɒfɪs, ˈɔːfɪs/ *n* [C]

1 辦公室；辦事處；營業所：go to office 去辦公 / open an *office* in New York 在紐約設辦事處 / a tax *office* 稅務所 **2** 辦事人員；全體職工 **3** 公職；官職：hold public *office* 擔任公職 / take (come into) *office* 上任 / leave (resign) *office* 離任（辭職）**4** [英] 部：the Foreign *Office* 外交部

□ **office boy**（辦公室的）勤雜員 / **office building** 辦公樓 / **office clerk** 職員 / **office copy** 正式文本 / **officeholder** *n* 官員 / **office hours** 辦公時間 / **office work** 辦公室工作

of·fi·cer /ˈɒfɪsə(r), ˈɔːfɪsə(r)/ *n*

官員；軍官；警官；辦事員：a press *officer* 新聞發佈官 / a customs *officer* 海關職員 / a Naval (an Army, an Air Force) *officer* 海（陸，空）軍軍官 / a commanding *officer* 指揮員；司令員

of·fi·cial /əˈfɪʃl/

I *adj* **1** 官員的；公務的：an *official* title 官銜 / *official* duties 公務 / an *official* letter 公函 **2** 官方的；正式的：an *official* body 政府部門 / an *official* language 官方語言 / news from *official* sources 官方消息 **II** *n* 官員；行政人員：government *officials* 政府官員

▷ **officially** *adv*

◑ **unofficial**

off·set /ˈɒfset/

I *vt*（offset, offsetting）補償；抵消：Much of the profit was *offset* by the loss. 大量利潤被損失抵消了。

II *n* **1** 補償；抵消：an *offset* to the losses 對損失的補償 **2** 停止；休止

off·shore /ˌɒfˈʃɔː(r)/

I *adj* **1**（風等）向海的；離岸的；近岸的：an *offshore* wind 離岸風 / *offshore* islands 近海島嶼 **2** [美] 國外的；海外的：*offshore* loans 國外貸款

II *adv* 向海；離岸

off·spring /ˈɒfsprɪŋ/ *n*

（複 = offspring, offsprings）

1 子女；子孫；後代 **2**（動物的）崽；（植物的）幼苗 **3** 結果；產物：the *offspring* of industrialization 工業化的產物

of·ten /ˈɒfn; ˈɒftən; ˈɔːfn/ *adv*

（oftener/more often; oftenest/most often）

經常；常常；通常：I *often* go to films. 我常看電影。

◇ **as often as not** 往往 / **how often** 多久；幾次：How *often* do you write home? 你多久給家裏寫一封信? / **more often than not** 往往；多半：More *often than not* the thief was not caught. 小偷多半抓不到。

oh /əʊ/ *int*

哦；啊；唉呀（表示驚訝、恐懼、痛苦等的感歎詞）：*Oh*, how wonderful! 啊！真妙啊！

ohm /əʊm/ *n*〈電〉歐姆（電阻單位）

oil /ɔɪl/

I *n* [C, U] 油；石油；油類：cooking *oil* 烹飪油 / *Oil* floats on top of water. 油浮在水面上。/ Petrol is made from *oil*.

汽油是用石油提煉出來的。

◇ **burn the midnight oil** 開夜車 / **pour oil on the flames** 火上澆油

II *vt* 給…加油；用油處理：*oil* the bike (furniture) 給自行車（傢具）上油

◇ **oil one's tongue** 説甜言蜜語；奉承

□ **oil field** 油田 / **oil-fired** *adj* 燃油的 / **oil painting** 油畫 / **oil-rich** *adj* 石油藏量豐富的 / **oilstove** *n* 煤油爐 / **oil tanker** 油輪；加油飛機 / **oil well** 油井

▷ **oiled** *adj* 上了油的 / **oilless** *adj*

oint·ment /ˈɔɪntmənt/ *n* [C, U] 〈藥〉油膏；軟膏

o·kay, O.K. /ˌəʊˈkeɪ/

I *adj, adv* [口] 對；好；可以

II *n*（複 = O.K.'s, OK's）同意

old /əʊld/

I *adj* **1** 老的；年老的；舊的；用久的：an *old* lady 老太太 / *old* houses 舊房子 **2** …歲的：The young man is only seventeen years *old*. 那小夥子才十七歲。 **3** 舊時的；過期的：an *old* boyfriend 先前的男朋友 / *old* newspapers 過期的報紙 / *old* customs 舊風俗 **4** 古老的；悠久的：*old* culture 古老的文化 **5** 老資格的；有經驗的：an *old* member 老資格成員

II *n* **1**（構成複合詞）…歲的人（或動物）：a *six-year-old* 六歲的孩子（或小動物） **2** [the old] 舊事物；老人們

◇ **of old** 從前（的）：castles *of old* 古代的城堡 / We have heard it *of old*. 我們早就聽説了。 □ **Old English** 古英語 / **old-fashioned** *adj* 老式的；守舊的 / **old liner** *n* 保守的人 / **Old Testament** 《舊約全書》/ **Old World** 舊世界（指歐、亞、非三洲，尤指歐洲）

用法説明：Old、aged、ancient、older 和 elder 都與 "老" 有關。**Old** 是與 young（年輕的）相對而言，年紀大的，不一定 "old"。例如：He is ten years old.（他十歲）。**Aged** 指上了年紀的，並有敬重之意，如：my aged parents（我年老的雙親）。**Ancient** 一般不用來形容人，多用來描寫歷史時期或過去的事物，如：an ancient city（一座古城）、ancient civilization（古老的文明）。**Older** 和 **elder** 都是形容詞 old 的比較級，**elder** 只用在比較一家人的長幼。如：He is my elder brother.（他是我的哥哥。）但 **elder** 不能與 than 連用，而要用 **older**，例如：My sister is one year older than I am.（我姐姐比我大一歲。）

ol·ive /ˈɒlɪv/

I *n* **1** 橄欖；青果；橄欖樹；橄欖木 **2**（象徵和平的）橄欖枝 **II** *adj* 橄欖的；橄欖色的：*olive* oil 橄欖油

□ **olive branch**（象徵和平的）橄欖枝 / **olive green** 橄欖綠色

O·lym·pic /əʊˈlɪmpɪk/

I *adj* 奧林匹克運動會的

II [the Olympics] 奧林匹克運動會

□ **Olympic flame** 奧林匹克聖火 / **Olympic Games** 奧林匹克運動會 / **Olympic village** 奧林匹克村（奧運會運動員住地）

o·men /ˈəʊmen/

I *n* [C, U] 預兆；徵兆：a happy (an ill) *omen* 吉兆（凶兆）/ an event of good *omen* 吉祥之事 **II** *vt* 預兆；預言

om·i·nous /ˈɒmɪnəs/ *adj*

1 不祥的；不吉的：*ominous* black clouds 不祥的烏雲 **2** 預兆的：be

ominous of disaster 預示着災難

▷ **ominously** adv

o·mis·sion /ə'mɪʃn/ n [C, U]

1 省略；刪除：A few *omissions* can be found in this book. 書中可發現幾處刪除（的地方）。 **2** 遺漏；疏忽：a grave (an intentional) *omissions* 嚴重（故意）遺漏 **3** 省略的東西；遺漏的東西

o·mit /ə'mɪt/ vt （omitted, omitting）

1 省略；刪除：*omit* a paragraph from the article 從文章中刪去一段 **2** 遺漏；疏忽；忘記：He *omitted* posting (to post) his letter. 他忘了寄信。

on /ɒn; ən/

I prep **1** 在…上：There is a book *on* the table. 桌子上有一本書。 **2** 在…旁；靠近…：a cottage *on* the lake 湖畔村舍 / a town *on* the border 邊境小鎮 **3** 處於…情況中；在從事…：*on* fire 着火 / *on* sale 出售 / *on* strike 罷工 / The manager is *on* the phone. 經理在打電話。 **4** 在…時候；在…後立即：*on* a Monday morning 在某個星期一上午 / *on* New Year's Day 元旦那天 / *On* entering the classroom, the teacher saw the students talking and laughing. 一進教室，老師發現學生們在説説笑笑。 **5** 向着；對着；朝…方向：*on* my left 在我左邊 / launch an attack *on* the enemy 向敵人發起進攻 **6** 根據；以…為基礎：His judgement is based *on* facts. 他的判斷是以事實為根據的。 **7** 關於；涉及；論及：a speech *on* current affairs 時事報告 / write a paper *on* Shakespeare 寫一篇有關莎士比亞的論文 / *on* study 論學習 **8** 以…方式：*on* foot 步行 / *on* a bicycle 騎自行車 / I heard the news *on*

the radio. 我從收音機裏聽到這個消息。

II adv **1** 放上；打開：Put *on* your coat. 把外套穿上。/ turn *on* the TV 打開電視 **2** 向前；繼續：march *on* 前進 / read *on* 繼續讀 **3** 以後：from now *on* 從今後 / from that day *on* 從那天起

◇ **on and off** 時斷時續地 / **on and on** 不停地

III adj 開着的；進行着的：Is the power *on*? 電源接通了嗎？/ What's *on* at the theatre? 劇院上演甚麼節目？

◑ off

⇨ 用法説明見 ABOVE

once /wʌns/

I adv **1** 一次；一回：He writes to his parents *once* a month. 他每月給父母寫一封信。 **2** 曾經；一度：The poor man *once* had much money. 這個窮漢曾經很有錢。/ a *once* rich family 一度富裕的家庭

◇ **more than once** 不止一次 / **not once** 一次也不；從不 / **once again** 再次 / **once and again** 一而再，再而三 / **once (and) for all** 一次性地；永遠地 / **Once bitten, twice shy.** [諺] 一次被咬，下次膽小。/ **once in a way** 偶而地 / **once in a while** 偶而；間或 / **once or twice** 一兩次 / **once upon a time** 從前

II adj 從前的；一度的：the *once* capital of the nation 國家的舊都

III conj 一旦…（就…）：*Once* you have passed the examination, you will have an opportunity to study abroad. 你一旦通過考試，就會有機會到國外留學。

IV n 一次；一回：I did it just this *once*. 我僅做了這一回。

◇ **all at once** 突然；同時 / **at once** 馬上；立即；同時：We must start out *at once*. 我們必須立即出發。/ **for this once** 僅此一例；下不為例

one /wʌn/

I *n* **1** （數目）一；（數字）1，I **2** 一個人；一件物：Is this the *one* you are looking for? 這就是你要找的那件東西嗎？ **3** 一次；一擊；一歲；一點鐘

II *pron* **1** 一人；一物：*One* of the boys must stay here. 一個孩子得留在這裏。/ *One* is enough. 一個就夠了。 **2** （代替上文中的名詞）：The pictures are fine *ones*. 這些照片很不錯。

◇ **one and only** 唯一的 / **all in one** 合為一體：After his wife died, John was like a father and a mother *all in one*. 妻子死後，約翰既當爹，又當娘。/ **become one** 結婚；成為一體 / **by ones and twos** 一次一兩個；三三兩兩地 / **one after another** 一個接一個地 / **one and the same** 完全一樣（的）/ **one another** 互相 / **one by one** 依次 / **one in a thousand** 千裏挑一 / **one too many** 多餘的一個

III *adj* **1** （任何）一個的；某一的；同一的：You two will share *one* book. 你倆合用一本書。/ They all went off in *one* direction. 他們向同一方向出發了。 **2** 第一的：book *one* 第一冊書

one·self /wʌn'self/ *pron*

1 （反身代詞）自己；本人：It's selfish to think of *oneself* only. 只考慮自己是很自私的。 **2** 親自

◇ **be oneself** （精神、身體等）處於正常狀態：He *is* not quite *himself* this morning. 今天上午他身體不太舒服。/

by oneself 獨自地 / **for oneself** 為自己；親自 / **of oneself** 自發地；自動地

on·ion /'ʌnɪən/ *n* [C, U]

洋蔥；洋蔥頭

⇨ 插圖見〈專題圖説 10〉

on·ly /'əʊnlɪ/

I *adj* **1** 唯一的；僅有的：the *only* way out 僅有的一條出路 / Tom lost his *only* pen. 湯姆丟了他僅有的一隻筆。 **2** （子女）獨生的：*only* son 獨生子 **3** 最好的；最合適的：the *only* man for the position 這個職位最合適的人選

II *adv* **1** 只；僅僅：The store opens *only* on Tuesday. 這家店鋪只在星期二營業。/ *Only* three people can the car hold. 這輛車只能乘三個人。 **2** 反而；不料：We tried hard, *only* to meet with failure. 我們非常努力，卻失敗了。

◇ **if only** （表示願望）只要；只要是；要是…多好：*If only* she could hear me now! 要是現在她能聽到我多好啊! / **not only...but also** 不但…而且 / **only if** 決不…除非：He goes to a film *only if* it is on Sunday. 他僅在星期日去看電影。/ **only too** 非常；太：He is *only too* pleased to accept the invitation. 他非常樂意接受邀請。

III *conj* 可是；不過：I would love to come, *only* I have to study. 我很想來，可是我得學習。

on·shore /'ɒnʃɔː(r)/

I *adj* **1** 向岸的：an *onshore* breeze 向岸微風 **2** 在岸上的；陸上的：an *onshore* patrol 陸上巡邏隊 **3** 國內的：the *onshore* market 國內市場

II *adv* 向岸；沿岸；陸上；在國內

on·to /'ɒntuː; 'ɒntə/ *prep*

到…之上；向…之上：step *onto* the platform 登上講台

on·ward /ˈɒnwəd/
　I *adj* 向前的；前進的：an *onward* march 前進 **II** *adv* = **onwards**
onwards /ˈɒnwədz/ *adv*
　向前地：move *onwards* 向前移動

o·pen /ˈəʊpən/
　I *adj* **1** 開着的：He left the door *open*. 他讓門開着。 **2** 敞開着的；無遮蓋的：an *open* car 敞篷車 / an *open* room 開着門的房間 **3** 空曠的；開闊的：the *open* field 曠野 **4** 公開的；開放的；可自由參加的：an *open* market 公開市場 / an *open* competition 公開賽 / an *open* letter 公開信 / the *open* sea 公海 **5** 空缺的：The position is still *open*. 這職位仍空缺。 **6** 開始營業的；活動着的：The shop is *open* from 9 to 9. 商店從上午九時到晚上九時開門營業。/ The museum is now *open*. 博物館現在開館。 **7** 開明的；不守舊的：A person with an *open* mind will listen to new ideas. 開明的人願意接受新思想。
　◇ **be open to** 樂意接受；易受到；對…開放：The meeting *is open to* everybody. 會議可自由參加。/ I *am open to* suggestions. 我樂意接受建議。/ **in the open** 露天的（地）；公開的（地）
　II ❶ *vt* **1** 開；打開；張開：*open* the door (window) 開門（窗）/ *open* one's eyes 睜開眼 / *Open* your textbook, please. 請打開課本。 **2** 開始；宣佈開幕：*open* negotiations 開始談判 / *open* the Olympic Games 宣佈奧運會開幕 **3** 開辦：*open* a new store 開一家新店 **4** 開放：Japan did not agree to *open* its

rice market to the world. 日本不同意向世界開放大米市場。 **5** 開墾；開鑿：*open* lands 開墾土地 / *open* a canal 開鑿運河 **❷** *vi* **1** 開；打開：The window *opened*. 窗開了。/ Flowers are *opening*. 花兒在開。/ The door *opens* to the south. 這門朝南開。 **2** 開始：School *opens* in September. 九月開學。
　◇ **open up** 打開；開始：*open up* resources 開發資源 □ **open-date** *n*（食品包裝的）開啟日；最後保鮮期
　▷ **openly** *adv* / **openness** *n*

用法說明：**Open**、**turn on**、**switch on** 都可譯成"開"。**Open** 與 close 或 shut 相對，指開啟一個閉合的東西，如：windows（窗）、doors（門）、mouth（嘴）、eyes（眼睛）、bottles（瓶）、boxes（盒）等。**Turn on** 或 **switch on** 跟 **turn off** 或 **switch off** 相對，用在打開電器時，可通用，如：turn/switch the radio on/off（開／關收音機）。**Turn on/off** 還用來開／關水和煤氣，如：turn the water/gas on/off。

---

o·pen·er /ˈəʊpnə(r)/ *n*
　1 開啟者；開啟工具：a bottle (tin) *opener* 開瓶（罐）器 **2** 開端；開場白：an *opener* of the speech 演說的開場白

o·pen·ing /ˈəʊpnɪŋ/
　I *n* **1** 張開；開啟：the *opening* of a flower 開花 **2** 洞；孔；入口：an *opening* in the wall 牆上的一個開口 / We saw the sun through an *opening* in the clouds. 我們從雲縫中看到太陽。 **3** 開始；開端；開幕：*opening* time 開業時間 / at the *opening* of a story 在故事

的開頭部分 / the *opening* of a new restaurant 一家新餐館的開業

II *adj* 開始的：*opening* remarks 開場白

◐ beginning

◑ closing

op·e·ra /ˈɒprə/ *n* [C]

1 歌劇：Beijing *opera* 京劇 **2** 歌劇藝術；歌劇院

□ **opera glasses** 觀劇望遠鏡 / **opera house** 劇院

op·e·rate /ˈɒpəreɪt/

❶ *vi* **1** 工作；運轉；活動：The machine isn't *operating* properly. 機器運轉不正常。/ Many factories *operate* day and night. 許多工廠日夜開工。**2** 起作用；見效；產生影響：The medicine gradually *operated*. 藥漸漸起了作用。**3** 操作；動手術：*operate* on sb 給某人動手術 **4** 作戰；軍事行動 **❷** *vt* **1** 操作；開動（機器等）：Can you *operate* this machine? 你能操作這台機器嗎？/ *operate* a car 開車 **2** 經營；管理：*operate* factories 經營工廠

◐ function, act, work

op·e·ra·tion /ˌɒpəˈreɪʃn/ *n*

1 [U] 操作；運轉；工序；手術：The doctor did an *operation* on the man's foot. 醫生給那人的腳動了手術。**2** [C] [常作 operations] 活動；工作：a rescue *operation* 救援活動 / building *operations* 建築工作 **3** 經營；業務；買賣：black market *operations* 黑市交易 **4** 作戰（行動）：military *operations* 軍事行動 / *Operation* Desert Storm 沙漠風暴行動

◇ **bring into operation** 實施；使（工廠）投產 / **come (go) into operation** 實行；開始運轉 / **in operation** 運轉

着；在進行中 / **put into (out of) operation** 使（停止）運轉

◐ action, exercise

op·e·ra·tor /ˈɒpəreɪtə(r)/ *n*

1 操作員；駕駛員 **2** 話務員；接線員 **3** （外科）手術者 **4** 經營者；經紀人

o·pin·ion /əˈpɪnjən/ *n* [C, U]

1 意見；評價：What's your *opinion* on this matter? 你對這個問題怎麼看？**2** 輿論：public *opinion* 公眾輿論

◇ **be of (the) opinion (that)** 認為…；持…意見 / **in sb's opinion** 據某人看來：*In my opinion*, the proposal is of great value. 在我看來，此提議十分寶貴。

◐ view, thought

o·pi·um /ˈəʊpɪəm/

I *n* [U] 鴉片：*opium* smoking 抽鴉片 **II** *adj* 鴉片的；關於鴉片的：*opium* traffic 鴉片買賣 / the *Opium* War 鴉片戰爭

op·po·nent /əˈpəʊnənt/

I *n* 對手；敵手：a political *opponent* 政敵 **II** *adj* 對立的；對抗的；對面的

op·por·tu·ni·ty /ˌɒpəˈtjuːnətɪ/ *n* [C, U]

機會；時機；良機：have no (little) *opportunity* to do sth 沒有（很少有）機會做某事

◇ **at every opportunity** 利用一切機會 / **at the first opportunity** 一有機會

◐ chance

⇨ 用法說明見 OCCASION

op·pose /əˈpəʊz/

❶ *vt* 反對；反抗；抵抗：The suggestion was bitterly *opposed* by the trade union. 工會極力反對這項建議。/

He little thought that I should have *opposed* him. 他絕沒想到我會反對他。/ They are *opposed* to his election. 他們反對他當選。❷ *vi* 阻礙；反對：The plan will soon be put into operation if no one *opposes*. 如果無人反對，這項計劃將很快付諸實施。
❶ resist
◗ support

op·po·site /ˈɒpəzɪt/
I *adj* ❶ 對面的；對立的：the *opposite* side of the street 街對面 ❷ 截然相反的；完全不同的：They walked in the *opposite* direction. 他們朝不同方向走去。❸ 對應的
II *n* ❶ 對立面；對立物：Black and white are *opposites*. 黑白是對立面。 ❷ 反義詞；'Big' is the *opposite* of 'small'. "大" 是 "小" 的反義詞。
◇ **just the opposite** 恰恰相反
III *prep* 在…對面：The girl stood *opposite* him. 那個女孩站在他的對面。/ We live *opposite* the railway station. 我們住在火車站對面。
◗ same

op·po·si·tion /ˌɒpəˈzɪʃn/
I *n* [U] ❶ 反對；抵抗：strong *opposition* 頑強抵抗 ❷ 對立；相反意見 ❸ [常作 the Opposition] 反對黨；反對派 II *adj* 反對黨的；對方的：an *opposition* leader 反對黨領袖 / *opposition* party 反對黨

op·press /əˈpres/ *vt*
❶ 壓迫；壓制：the *oppressed* people 被壓迫人民 ❷ 使（心情等）沉重；折磨：feel *oppressed* by disease 因生病而心情煩悶

op·pres·sion /əˈpreʃn/ *n* [C, U]
❶ 壓迫；壓制：struggle against *oppression* 反壓迫鬥爭 / under the *oppression* of 在…的壓迫下 ❷ 壓抑；苦惱：an *oppression* of spirits 心煩意亂 / a sense of *oppression* 壓抑感

op·tic /ˈɒptɪk/
I *adj* ❶ 眼的；視覺的 ❷ 〈物〉光學的
II *n* 光學儀器

op·tics /ˈɒptɪks/ *n* [用作單] 〈物〉光學

op·ti·mism /ˈɒptɪmɪzəm/ *n* [U]
樂觀；樂觀主義：a man of *optimism* 樂觀的人
◗ pessimism

op·ti·mis·tic /ˌɒptɪˈmɪstɪk/ *adj*
樂觀的；樂觀主義的：be *optimistic* about the future 對未來抱樂觀態度

or /ɔː(r); ə(r)/ *conj*
❶ （表示選擇）或；或者；還是：Which do you prefer, tea *or* coffee? 茶和咖啡，你喜歡哪一種？ ❷ （表示含糊）大約：two *or* three weeks 兩三個星期 / a month *or* so 一個月左右 ❸ 否則；要不然：Put on more clothes *or* you'll catch a cold. 多穿點衣服，否則會感冒。
◇ **either... or ...** 不是…就是…：*Either* you are wrong *or* I am. 不是你錯就是我錯。
⇨ 用法說明見 AND

o·ral /ˈɔːrəl/ *adj*
❶ 口頭的；口述的：an *oral* test 口試 ❷ 〈解〉口的；口部的：*oral* cavity 口腔 ▷ **orally** *adv*

or·ange /ˈɒrɪndʒ/
I *n* [C, U] ❶ 橙（樹）；柑（樹）；橘（樹） ❷ 橙色；赤黃色
II *adj* ❶ 橙的 ❷ 橙色的

□ **orange-coloured** adj 橙色的 / **orangewood** n, adj 橙木（的）

⇨ 插圖見〈專題圖說 9〉

orb /ɔ:b/ n 球；球體；天體

or·bit /'ɔ:bɪt/

I n **1** 〈天〉軌道：put a satellite into orbit 把衛星送入軌道 **2** 勢力範圍；活動範圍：social orbit 社交圈子 **3** 〈解〉眼窩；眼眶

II **1** vt **1** （繞軌道）運行：a satellite orbiting the earth 一顆繞地球運行的衛星 **2** 送入軌道：orbit a satellite 將一顆衛星送入軌道 **2** vi 繞軌道運行

□ **orbiting station** （人造衛星）軌道站

▷ **orbiter** n 繞軌道運行的東西

or·chard /'ɔ:tʃəd/ n [C]
果園；果樹林

or·ches·tra /'ɔ:kɪstrə/ n
管弦樂隊；管弦樂道的樂器

● band

or·ches·tral /ɔ:'kestrəl/ adj
管弦樂的：orchestral instruments 管弦樂器

or·deal /ɔ:'di:l/ n [C]
考驗；折磨

or·der /'ɔ:də(r)/

I n **1** [U] 順次序：The names are arranged in alphabetical order. 名字按字母順序排列。 **2** [U] 條理；秩序；狀況：Put the room in good order. 把房間收拾整齊。/ keep order 維持秩序 / The machine is in working order. 機器運轉正常。 **3** [U] 常規；法則：the order of nature 自然的規律 **4** [C] [常作 orders] 命令；指示；〈律〉決議：obey orders 服從命令 **5** 匯單；匯票：a money order 現金匯票 **6** [C] 定貨；定單；（點）菜

◇ **by order (of)** 奉…之命 / **call to order** 宣佈開會；請…安靜 / **in close order** 以密集隊形 / **in order** 按順序；整齊有序；處於良好狀態 / **in order that** 目的在於…；為了… / **in order to do sth** 為了（做某事）/ **in short order** 立即 / **on order** 定購（中）的 / **out of order** 次序顛倒；出故障；身體不適

II **1** vt **1** 整理；安排：order one's affairs 料理事務 **2** 命令；指示：order an advance 命令前進 / The general ordered that the army (should) retreat. 將軍命令部隊撤退。 **3** 定購；預定；點（菜、飯、飲料等）：order a suit 定做一套衣服 / order a dish of fish 點一盤魚 **2** vi 發命令；指揮

◇ **order around (about)** 不斷驅使：The big boy in our class often orders us around. 班上那個大孩子經常差遣我們幹這幹那。/ **order off** 勒令退出比賽

● instruct

or·der·ly /'ɔ:dəlɪ/

I adj **1** 整齊的；有條理的：The room is in orderly condition. 房間整齊清潔。 **2** 守秩序的；和平的：an orderly crowd 有秩序的人群 **3** 傳令的；值班的：an orderly man 值班員；傳令兵

II n **1** 傳令兵；勤務兵 **2** 護理員；勤雜工：a medical orderly 衛生員

III adv 依次地；有規則地

● disorderly

or·di·nance /'ɔ:dɪnəns/ n
1 法令；條例 **2** 〈宗〉儀式（尤指聖餐）

or·di·na·ry /'ɔ:dənrɪ/
I adj **1** 普通的；平常的；平凡的：

ordinary people 普通人 / 〈軍〉*ordinary* forces 常規部隊 **2** 平庸的：very *ordinary* novels 平庸的小説 **II** *n* 平常的人（或事物）；平凡 ◇ **out of the ordinary** 不尋常的；例外的；特殊的
◐ **common**
◑ **extraordinary**

ore /ɔː(r)/ *n* [C, U]
礦；礦石：iron *ore* 鐵礦

or·gan /ˈɔːgən/ *n*
1 器官：the *organs* of speech 發音器官 **2** 機構；機關：state *organs* 國家機構 **3** （黨派等的）機關報（刊物）**4** 管風琴；風琴：a pipe *organ* 管風琴 / a mouth *organ* 口琴

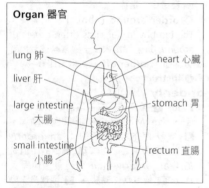

Organ 器官

lung 肺
liver 肝
large intestine 大腸
small intestine 小腸
heart 心臟
stomach 胃
rectum 直腸

or·gan·ic /ɔːˈgænɪk/ *adj*
1 器官的 **2** 有機體的；有機物的；〈化〉有機的：*organic* evolution 生物進化 / *organic* chemistry 有機化學

or·gan·ism /ˈɔːgənɪzəm/ *n* [C]
生物體；有機體

or·gan·i·za·tion, or·gan·i·sa·tion /ˌɔːgənaɪˈzeɪʃn/ *n*

1 [U] 組織工作 **2** [C] 組織機構；團體：a student *organization* 學生組織
◐ **association**

or·gan·ize, or·gan·ise /ˈɔːgənaɪz/
1 *vt* 組織：*organize* an army 組織隊伍 / *organize* an attack 組織進攻 / The composition is well *organized*. 這篇作文組織得很好。 **2** *vi* 建立組織；組織起來：They should *organize* effectively to improve their situation. 他們必須有力地組織起來以改善處境。 ▷ **organizer** *n* 組織者；工會組織人

o·ri·ent /ˈɔːrɪənt/
I *n* **1** [詩] 東方 **2** [the Orient] 東方；亞洲；遠東 **II** *adj* **1** [詩] 東方的 **2** 光輝奪目的；珍奇的

o·ri·en·tal /ˌɔːrɪˈentl/
I *adj* **1** [Oriental] 東方的；東方國家的；東方人的 **2** （珍珠等）優質的；珍貴的 **II** *n* [Oriental] 東方人（尤指中國人和日本人）

o·ri·en·ta·tion /ˌɔːrɪənˈteɪʃn/ *n*
1 向東；方向；方位；傾向性：the general *orientation* 大方向 / political *orientation* 政治傾向 **2** 定位；定向；方針的確定

or·i·gin /ˈɔːrɪdʒɪn/ *n* [C, U]
1 起源；起因：the *origin* of the species 物種起源 / the *origin* of languages 語言的起源 / the *origin* of a dispute 爭執的起因 **2** 出身；血統：be of noble (humble) *origin* 出身高貴（低賤）/ He is a German by *origin*. 他原籍德國。 **3** 〈數〉原點：*origin* of coordinates 坐標的原點
◐ **source, root**

o·rig·i·nal /əˈrɪdʒənl/

I *adj* **1** 最初的；原始的：the *original* meaning 原義 / the *original* plan 原計劃 **2** 新穎的；有獨創性的：an *original* idea 創新見解 / an *original* composer 有獨創性的作曲家 **3** 原作者的；原作品的 **II** *n* [the original] 原物；原作：read English novels in the *original* 讀英文小說的原著
▷ **originally** *adv*
◑ **primary**

o·rig·i·nal·i·ty /ə,rɪdʒə'næləti/ *n* [U] 獨創性；創見；創舉：a man of great *originality* 有創見的人

o·rig·i·nate /ə'rɪdʒɪneɪt/
❶ *vt* **1** 引起：Misunderstanding *originated* the quarrel. 誤解引起了這場爭吵。 **2** 創始；發明：Bob *originated* a new style of management. 鮑勃發明了一種新的管理方法。 **❷** *vi* 發源；發生：The fire *originated* in a warehouse. 火是從倉庫裏燃起的。 / The plan *originated* from his suggestion. 這計劃源自他的建議。

or·na·ment
I /'ɔ:nəmənt/ *n* **1** [C] 裝飾物品；增光的人（或物）**2** [U] 裝飾
II /'ɔ:nəment/ *vt* 裝飾；美化：*ornament* a hall with paintings 用畫裝飾大廳

or·phan /'ɔ:fn/
I *n* **1** 孤兒 **2** 失去母獸的幼小動物
II *adj* **1** 無父母的；孤兒的；（小動物）失去母獸的
III *vt* 使成為孤兒：He was *orphaned* in babyhood. 他幼時成了孤兒。
▷ **orphanhood** *n* 孤兒身份；孤兒狀態

or·tho·dox /'ɔ:θədɒks/

I *adj* **1**（尤指宗教方面）正統的；傳統的；保守的：*orthodox* ideas 正統觀念 **2** [Orthodox]〈宗〉東正教的
II *n* **1** 正統派 **2** [Orthodox] 東正教徒

os·cil·lo·scope /ɒ'sɪləskəup/ *n*〈物〉示波器

os·trich /'ɒstrɪtʃ/ *n* 鴕鳥
⇨ 插圖見〈專題圖說 13〉

oth·er /'ʌðə(r)/
I *adj* **1** 其他的；另外的：Are there any *other* problems？還有其他問題嗎？ **2**（兩者之中）另外一個的：Open your *other* eye. 睜開另一隻眼睛。
II *pron* **1** 另外的人（或事物）；其他的人（或事物）：She is taller than the *others*. 她比其他的人高。 **2**（兩者中）另外一個：help each *other* 互相幫助
III *adv* 另外地；不同地
◇ **other than** 不同於；除去：I bought some books *other than* pens. 我除了買筆以外還買了幾本書。 / There was nothing we could do *other than* wait. 除了等候，我們甚麼也不能做。

oth·er·wise /'ʌðəwaɪz/
I *adv* **1** 另外；不同：He thinks *otherwise*. 他不這樣認為。 **2** 要不然；否則：You'd better go now, *otherwise* you will miss the train. 你得走了，否則會誤了火車。 **II** *adj* 另外的；其他方面的
◑ **differently**

ought /ɔ:t/ *v aux*
（無詞形變化，後接帶 to 的不定式）
1（表示義務、責任、願望等）應該：We *ought* to carry out this task. 我們應該完成這項任務。 / 'Ought he to go?' ' No, he *ought* not (*oughtn't*).' "他該去

嗎？"　"不，他不該去。"

2（表示可能）**該**：It *ought* to be warmer inside. 屋裏應該暖和一點。**3**（後接不定式的完成式）**早該；本應**：You *ought* to have done it. 你早該做這件事了。

❶ must, should

➪ 用法説明見 MUST

ounce /aʊns/ *n*
　1 盎司 **2** 少量

our /ˈaʊə(r)/ *pron*
　（we 的所有格）**我們的**：*our* people 我們的人民 / *Our* daughter is in England. 我們的女兒在英國。

ours /ˈaʊəz/ *pron*
　（物主代詞）**我們的**（人或物）：These are your books, and those are *ours*. 這些是你們的書，那些是我們的書。/ *Ours* is a great country. 我們的國家是一個偉大的國家。

our·selves /ˌaʊəˈselvz/ *pron*
　（反身代詞）**我們自己；我們親自**：We saw *ourselves* on television. 我們在電視上看到了自己。/ We went to the post-office *ourselves*. 我們親自去了郵局。

◇ **(all) by ourselves** 我們獨自地；我們單獨地

out /aʊt/
　I *adv* **1** **出；在外**：The boys rushed *out*. 孩子們衝出來。/ have an evening *out* 在外過一夜 **2** **顯出來；暴露出來**：The moon will soon come *out*. 月亮很快就會出來。/ let a secret *out* 泄露秘密 **3** **徹底地；窮盡地**：put the fire *out* 把火熄滅 / feel tired *out* 精疲力竭 **4** **脱落地；漏掉地**：leave *out* a word 漏掉一個詞

　II *adj* **1** **不在家的**：My mother is *out*. 我媽媽出去了。**2**（燈等）**熄滅的**：All the lights in the building are *out*. 樓裏的燈都滅了。**3** **結束的；終了的**：Summer is *out*. 夏天過去了。

◇ **out and about**（病愈後）起身在外走動 / **out of** 從⋯裏面；出於；來自；缺乏：We are *out of* money. 我們錢用光了。/ He walked *out of* his room. 他從屋裏走出來。

　III *prep* **通過⋯而出**：run *out* the door 跑出門去

□ **out-of-date** *adj* 過時的 / **out-of-door** *adj* 室外的 / **out-of-the-way** *adj* 偏僻的；罕見

❶ in

out·back /ˈaʊtbæk/
　I *adv* 在內地 **II** *adj* 內地的

out·break /ˈaʊtbreɪk/ *n* [C]
　1（戰爭等）**爆發 2 暴動；起義**

out·come /ˈaʊtkʌm/ *n* [C]
　結果；後果：the *outcome* of the experiment 實驗結果

out·door /ˈaʊtdɔː(r)/ *adj*
　戶外的；露天的：*outdoor* sports 室外運動 / an *outdoor* theatre 露天劇場

❶ indoor

out·doors /ˌaʊtˈdɔːz/
　I *adv* **在室外；在戶外**：Children are playing *outdoors*. 孩子們在室外玩耍。
　II *adj* = outdoor

❶ indoors

out·er /ˈaʊtə(r)/ *adj*
　外部的；外側的：the *outer* skin 外皮 / *outer* space 外層空間

❶ inner

outing /ˈaʊtɪŋ/ *n*

遠足；短途旅遊： go for an *outing* 去遠足 / have an *outing* 去郊遊

out·law /ˈaʊtlɔː/
I *n* **1** 歹徒；亡命徒 **2** 被剝奪公民權的人 II *vt* 剝奪公民權；宣佈…為非法： The association was *outlawed*. 這個協會被宣佈為非法協會。

out·let /ˈaʊtlet/ *n* 出口；通路

out·line /ˈaʊtlaɪn/
I *n* **1** 輪廓；外形： We saw the *outline* of a building in the distance. 我們看見遠處大樓的輪廓。 **2** 略圖；大綱： an *outline* of the book 書的要點 II *vt* **1** 畫…輪廓；畫略圖： Mary *outlined* the ship in red. 瑪麗用紅筆畫出船的輪廓。 **2** 概括；簡述： John *outlined* his plan. 約翰簡述了他的計劃。
◑ sketch, draft

out·look /ˈaʊtlʊk/ *n*
1 景色；風光 **2** 觀點；看法： one's *outlook* on life 人生觀 **3** 展望；前景： There is a bright *outlook* for the textile industry. 紡織工業前景一片光明。

out·put /ˈaʊtpʊt/ *n*
產量；產品： The factory hopes to increase its *output*. 工廠希望增加產量。

out·rage /ˈaʊtreɪdʒ/
I *vt* 傷害；觸怒 II *n* **1** [C, U] 傷害；暴行 **2** [C] 駭人事件 **3** [U] 憤慨

out·ra·geous /aʊtˈreɪdʒəs/ *adj*
1 蠻橫的；殘暴的 **2** 無恥的；令人憎惡的

out·set /ˈaʊtset/ *n*
開端；開始： from the *outset* 從一開始 / at the *outset* of 在…開始時

out·side /ˌaʊtˈsaɪd/
I *n* **1** 外部；外面： Mother's purse is in leather on the *outside* and cloth on the inside. 母親的錢包是皮面布裹。 **2** 外表；外觀： Don't judge a thing from the *outside*. 不要從外表判斷事物。
II *adj* **1** 外面的；外表的： an *outside* wall 外牆 / an *outside* line（電話）外線 **2** 外部的： *outside* interference (assistance) 外部干涉（援助）
III *adv* 向外地；在外地
◇ **outside in** 裏外顛倒
IV *prep* 在…外；向…外： walk *outside* the house 走向屋外
◑ inside

out·skirt /ˈaʊtskɜːt/ *n*
[常作 outskirts] 郊區： on the *outskirts* of Hong Kong 在香港的郊區

out·stand·ing /ˌaʊtˈstændɪŋ/ *adj*
1 突出的 **2** 傑出的；顯著的： make *outstanding* contributions 作出卓越的貢獻

out·ward /ˈaʊtwəd/
I *adj* **1** 外面的；外表的 **2** 向外的： an *outward* movement 向外運動
II *adv* 向外： Boys, step *outward*. 男孩子們，向外走一步。
▷ **outwardly** *adv* 向外；外表上
◑ inward

out·wards /ˈaʊtwədz/ *adv*
= outward
◑ inwards

o·val /ˈəʊvl/ *adj* 卵形的；橢圓形的
⇨ 插圖見〈專題圖説 14〉

o·va·ry /ˈəʊvəri/ *n*
1〈解〉卵巢 **2**〈植〉子房

ov·en /ˈʌvn/ *n* 爐；灶
⇨ 插圖見〈專題圖説 1〉

o·ver /ˈəʊvə(r)/

I *prep* **1** 在…上方；高於…：There is a bridge *over* the river. 河上有一座橋。/ A plane flies *over* my head. 飛機在我頭上飛。 **2** 在…以上；超過：*over* 30 years 三十多年 / This dress cost me *over* 20 dollars. 這件衣服花了我二十多美元。 **3** 越過：climb *over* a mountain 爬過一座山 / The horse jumped *over* a fence. 馬跳過籬笆。 **4** 在…時；在…期間：*over* several years 在幾年中 / We'll talk about it *over* our dinner. 我們晚飯時談談這事。 **5** 全面；遍及：all *over* the world 在全世界 / There was mud all *over* his body. 他全身都是泥。

II *adv* **1** 倒下；翻倒：The bottle was knocked *over*. 瓶子被踫倒了。 **2** 結束；完：The meeting is *over*. 會議結束了。 **3** 越過；溢出：climb *over* 爬過去 / boil *over* 沸得溢出來 **4** 剩餘；多於：citizens of eighteen and *over* 十八歲以上的公民 / Is there any money *over*? 還有餘錢嗎？ **5** 遠處；在那邊：There is a blind man *over* there. 那邊有個盲人。/ He is *over* in America. 他遠在美國。 **6** 太；過分：He is *over* anxious. 他太焦急了。 **7** 轉手；轉交：take *over* a company 接管一家公司 / We handed the thief *over* to the police. 我們把小偷交給了警察。

⇨ 用法說明見 ABOVE

o·ver·all /ˈəʊvərɔːl/
I *n* [overalls] 工裝褲 **II** *adj* 全面的；綜合的 **III** /ˌəʊvəˈrɔːl/ *adv* 總體上；總的說來

overcame /ˌəʊvəˈkeɪm/
overcome 的過去式

o·ver·cast /ˌəʊvəˈkɑːst/ *adj* （被雲霧等）遮蓋的；〈氣〉多雲的；陰的：an *overcast* day 陰天

o·ver·coat /ˈəʊvəkəʊt/ *n* 大衣

o·ver·come /ˌəʊvəˈkʌm/
（overcame, overcome, overcoming）
❶ *vt* **1** 戰勝；克服：*overcome* the enemy 戰勝敵人 / *overcome* difficulties 克服困難 **2** （感情等）壓倒：She was *overcome* with grief. 她非常悲痛。 **❷** *vi* 得勝：We shall *overcome*. 我們必勝。
❶ conquer

o·ver·crowd /ˌəʊvəˈkraʊd/ *vt* 擠滿；擁擠：The hall was *over-crowded*. 大廳裏擠滿了人。/ an *overcrowded* street 擁擠的大街

o·ver·es·ti·mate /ˌəʊvərˈestɪmeɪt/ *vt* 過高估計 ▷ **overestimation** *n*
❶ underestimate

o·ver·flow /ˌəʊvəˈfləʊ/
❶ *vt* （使）漲滿；溢出：The river *overflowed* the banks. 河水從兩岸溢出。 **❷** *vi* **1** 泛溢；外溢：The basin is *overflowing*. 臉盆裏的水滿得溢出來。 **2** 充滿；洋溢：Her heart *overflowed* with joy. 她心裏充滿喜悅。

o·ver·head /ˈəʊvəhed/
I *adj* 在頭頂上；架空的：an *overhead* light 吊燈 / an *overhead* highway 高架公路 **II** /ˌəʊvəˈhed/ *adv* 在頭頂上；高高地：A plane flew *overhead*. 一架飛機飛臨上空。

o·ver·hear /ˌəʊvəˈhɪə(r)/ *vt, vi*
（overheard, overhearing）
1 無意中聽到 **2** 偷聽

o·ver·heat /ˌəʊvəˈhiːt/ *vt, vi*
過熱：an *overheated* room 暖氣開得過足的房間 / an *overheated* economy 過熱

的經濟

o·ver·joy /ˌəʊvəˈdʒɔɪ/ *vt* 使狂喜

o·ver·joyed /ˌəʊvəˈdʒɔɪd/ *adj*
狂喜的；非常高興的：We were *overjoyed* at the good news. 聽到這個好消息我們十分高興。

o·ver·land /ˈəʊvəlænd/
I *adj* 陸上的：an *overland* route 陸路
II *adv* 陸上；通過陸地

o·ver·lap /ˌəʊvəˈlæp/ *vt, vi*
與…重合；與…交疊：The two courses *overlap*. 這兩門課有重疊之處。

o·ver·look /ˌəʊvəˈlʊk/ *vt*
1 俯瞰：Our room *overlooked* the park. 我們的房間俯視公園。**2** 忽略；漏看：*overlook* an error 忽略一處錯誤
◑ neglect

o·ver·night /ˌəʊvəˈnaɪt/
I *adv* **1** 在夜間 **2** 突然；一下子：Tom became famous *overnight*. 湯姆一夜之間出了名。
II *adj* **1** 晚上的 **2** 突然的

o·ver·nu·tri·tion /ˌəʊvənjuːˈtrɪʃn/ *n*
〈醫〉進食過多；營養過度

o·ver·seas /ˌəʊvəˈsiːz/ *adv, adj*
國外（的）；海外（的）：the *overseas* Chinese 海外華僑 / *overseas* students 外國學生 / *overseas* colonies 海外殖民地 / live *overseas* 居住海外

o·ver·take /ˌəʊvəˈteɪk/ *vt*
（overtook, overtaken, overtaking）
1 追上；超過：We *overtook* the slow car. 我們追上了那輛慢車。**2**（風、雨等）突然襲擊：be *overtaken* by a storm 遭受暴風雨襲擊

o·ver·taken /ˌəʊvəˈteɪkən/
overtake 的過去分詞

o·ver·threw /ˌəʊvəˈθruː/
overthrow 的過去式

o·ver·throw /ˌəʊvəˈθrəʊ/ *vt*
（overthrew, overthrown）
推翻；打倒：*overthrow* a government (dynasty) 推翻政府（王朝）

o·ver·thrown /ˌəʊvəˈθrəʊn/
overthrow 的過去分詞

o·ver·took /ˌəʊvəˈtʊk/
overtake 的過去式

o·ver·whelm /ˌəʊvəˈwelm/ *vt*
1 壓倒；制服：*overwhelm* the enemy troops 打敗敵軍 **2** 使受不了：We were *overwhelmed* by the news. 我們聽到這個消息受不了。

o·ver·whelm·ing /ˌəʊvəˈwelmɪŋ/ *adj*
壓倒的；勢不可擋的：an *overwhelming* majority 壓倒多數

o·ver·work /ˌəʊvəˈwɜːk/
I *vt, vi*（使）勞累過度；（使）工作過多：The doctor told her not to *overwork*. 醫生吩咐她不要勞累過度。
II /ˈəʊvəwɜːk/ *n* 過分勞累；過度工作：He fell ill by *overwork*. 他勞累得病倒了。

owe /əʊ/ *vt*
1 欠；應給予：I *owe* you 20 dollars. 我欠你二十美元。/ I *owe* you an apology. 我該向你道歉。/ How much do I *owe* you? 我欠你多少錢？**2** 應把…歸功於：I *owe* it to you that I finished my work in time. 我能及時完成工作，多虧了你。/ The girl *owed* her life to the life guard. 多虧救生員那個女孩才活了下來。

ow·ing /ˈəʊɪŋ/ *adj* 欠着的；未償付的
◇ **owing to** 由於：Our arrival was

delayed, *owing to* the bad weather. 由於天氣不好，我們晚到了。

用 法 說 明 ： **Owing to** 、 **due to** 、 **because of** 三個短語都表示原因，只是文體上有區別。**Because of** 最常用，也最口語化。例如：I was late because of the storm. （我因為暴風雨遲到了。）**Owing to** 和 **due to** 較為正式，例如：Owing to the lack of funds, they decided to give up the project. （由於缺乏資金，他們決定放棄該計劃。）The game was postponed due to the storm. （比賽因暴風雨而延期。）**Due to** 還常用在動詞 to be 之後。如：The accident was largely due to his carelessness. （這次事故在很大程度上是由於他的粗心大意造成的。）**Owing to** 則不能。

---

owl /aʊl/ *n*

❶ 〈動〉鴟鵂；貓頭鷹 **❷** 夜間活動的人；夜貓子

➪ 插圖見〈專題圖說 13〉

own¹ /əʊn/

I *adj* （用在所有格後面，加強語氣）自己的：This book is not my *own*. 這本書不是我自己的。/ It was her *own* idea. 這是她自己的主意。

II *n* 自己的東西：This car isn't my *own*. 這輛車不是我自己的。

◇ **on one's own** 獨自地；獨立地：live *on one's own* 獨立生活 / I can carry this box *on my own*. 我能自己扛這個箱子。

own² /əʊn/

❶ *vt* **❶** 擁有：Do you *own* a bicycle? 你有自行車嗎？/ The boss *owned* several stores in the city. 老板在城裏擁有幾家店鋪。**❷** 承認：The man refused to *own* the child. 那人不承認是孩子的父親。/ He *owned* his mistakes. 他承認了自己的錯誤。**❷** *vi* 承認：The child *owned* to having told a lie. 孩子承認自己撒了謊。

◇ **own up** 坦白：I advise you to *own up* at once. 我勸你立即坦白。

⦿ possess

own·er /'əʊnə(r)/ *n*

佔有者；物主：Who is the *owner* of the house? 誰是房子的主人？

▷ **ownerless** *adj* 無主的

own·er·ship /'əʊnəʃɪp/ *n*

所有權；所有制：state (private) *ownership* 國（私）有制

ox /ɒks/ *n* （複 = oxen）牛

ox·en /'ɒksn/ ox 的複數形式

ox·ide /'ɒksaɪd/ *n* [C, U] 〈化〉氧化物

ox·y·gen /'ɒksɪdʒən/ *n* [U] 〈化〉氧；氧氣

oys·ter /'ɔɪstə(r)/ *n* 〈化〉牡蠣；守口如瓶的人

o·zone /'əʊzəʊn/ *n* [U] 〈化〉臭氧：the *ozone* layer （地球的）臭氧層

P, p

P, p /piː/ 英語字母表的第十六個字母

pace /peɪs/

  I *n* [C] **1** 步;步幅: She was only a few *paces* behind me. 她僅落後我幾步。 **2** 步速;速度: walk at a slow *pace* 以慢速步行 **3** 步態;步調

  ◇ **at a good pace** 相當快地 / **keep pace with** 跟上…的步伐

  II ❶ *vt* **1** 踱步: *pace* a room 在房間裏踱步 **2** 步測: *pace* off the hall 步測大廳的大小 **❷** *vi* 踱步

  ◑ step

pa·cif·ic /pəˈsɪfɪk/

  I *adj* **1** 和平的;溫和的 **2** [Pacific] 太平洋的: the *Pacific* Ocean 太平洋

  II *n* [the Pacific] 太平洋

  ◑ calm

  ⇨ 插圖見 WORLD

pack /pæk/

  I *n* [C] **1** 包;包裹: a *pack* of cigarettes 一包香煙 **2** (獸、禽等)一群: a *pack* of wolves 一群狼

  II *vt* **1** 包裝;打包: *pack* one's bags 打行李 / The workmen began to *pack* their tools into boxes. 工人們開始把工具裝進箱子裏。 **2** 擠滿;裝滿: The bus was *packed* with children. 公共汽車裏擠滿了孩子。/ a hall *packed* with people 擠滿人的大廳

  ◇ **pack up** 打包;收拾行裝: He *packed up* his few possessions and moved out. 他收拾好自己僅有的幾件東西,搬了出去。

  ◐ unpack

pack·age /ˈpækɪdʒ/

  I *n* [C] **1** 件;包;包裹: a *package* of books 一捆書 / a *package* of towels 一包毛巾

  II *vt* 打包: *package* food 包裝食品

  ◑ parcel

pack·et /ˈpækɪt/

  I *n* 小包;小捆: a *packet* of cigarettes 一包香煙

  II *vt* 把…打成小包

pact /pækt/ *n*

  合同;契約;條約;公約: a trade *pact* 貿易協定 / a military *pact* 軍事協定 / sign a *pact* with 與…簽署條約

pad /pæd/

  I *n* **1** 墊;襯墊: shoulder *pads* 墊肩 / a chair *pad* 椅子座墊 **2** 便箋簿: a writing *pad* 拍紙簿 **II** *vt* (用軟物)填塞;填襯: a *padded* coat 棉襖

pad·dle¹ /ˈpædl/

  I *n* 槳;槳狀物

  II *vt, vi* 划船;蕩槳: Jack *paddled* the boat across the river. 傑克划船過了河。

pad·dle² /ˈpædl/ *vi* 嬉水

pad·dock /ˈpædək/ *n*

  (用來放牧、馴馬的)圍場

page /peɪdʒ/ *n*

  1 頁(略作 p.): There is a picture on the next *page*. 下一頁有一幅畫。/ *page* 16 第十六頁 / the front *page* (報紙的)

頭版 / sports *page* 體育版 **2** [常作
pages] 紀錄：the *pages* of history 歷史
的紀錄

pag·er /'peɪdʒə(r)/ *n* 電子尋呼機

paid /peɪd/ **pay** 的過去式和過去分詞

pail /peɪl/ *n*
桶；一桶：a *pail* of water 一桶水

pain /peɪn/

I *n* [C, U] **1** 疼痛；痛苦：a *pain* in
the back 背痛 / He is in great *pain*. 他經
受着巨大的痛苦。**2** 刻苦；努力：No
pains, no gains. [諺] 不勞無獲。
◇ **spare no pains** 不遺餘力 / **take
pains** 盡力
II ❶ *vt* 使疼痛；使痛苦：It *pained*
me to have to leave. 不得不離開使我痛
苦。❷ *vi* 作痛：My tooth is *paining*.
我牙痛。
❶ **suffering**

pain·ful /'peɪnfl/ *adj*
引起疼痛的；使痛苦的：His foot is very
painful. 他的腳痛得厲害。/ *painful*
lessons 慘痛的教訓 / live a *painful* life 過
着痛苦的生活 ▷ **painfully** *adv*

paint /peɪnt/
I *n* [U] **1** 油漆：wet *paint* 油漆未乾
2 繪畫作品 **II** *vt* **1** 畫；描繪：*paint*
a picture 繪畫 **2** 油漆：*paint* the door
油漆門
◇ **paint sb black** 給某人抹黑

paint·er /'peɪntə(r)/ *n* 油漆工；畫家

paint·ing /'peɪntɪŋ/ *n* [C, U]
1 上油漆；着色 **2** 繪畫；畫法 **3** 油
畫；畫：traditional Chinese *painting*
(中國) 國畫

pair /peə(r)/
I *n* **1** 一對；一雙：a *pair* of shoes 一

雙鞋 / two *pairs* of trousers 兩條褲子 **2**
一對 (夫婦等)；搭檔：a happy *pair* 幸
福的一對 / a *pair* of dancers 一對舞蹈員
◇ **in pairs** 成對地；成雙地
II *vt, vi* (使) 成雙；(組) 成對

用法説明：**A pair** 指兩件一起使用的同類
東西，如：a pair of gloves, shoes,
scissors, jeans, etc. (一副手套、一雙鞋、
一把剪刀、一條牛仔褲等)。**A couple** 指
兩個或幾個同類的東西，如：She's found
a couple of slippers, but they aren't a pair.
(她找到了兩隻拖鞋，但不是成雙的。)
Couple 還用於兩個已婚的或關係較確定的
男女之間，如：a childless couple (一對
沒有子女的夫妻)。

---

pal·ace /'pælɪs/ *n* 宮殿；豪華建築

pale /peɪl/ *adj*
1 蒼白的：look *pale* 臉色蒼白 / The
frightened boy turned *pale*. 那孩子嚇得
臉色蒼白。**2** 淡的；暗淡的：*pale* blue
淡藍色 / a *pale* moon 暗淡的月亮

palm[1] /pɑːm/ *n* 手掌；手心

palm[2] /pɑːm/ *n* 棕櫚樹

palp /pælp/ *n* (昆蟲等的) 觸官；觸鬚

pam·pas /'pæmpəs/ *n* (複數)
南美大草原

pam·phlet /'pæmflɪt/ *n* [C] 小冊子

pan /pæn/ *n*
1 平鍋；盤子 **2** (天平的) 稱盤
□ **pancake** *n* 烙餅 ▷ **panful** *adj* 一滿
鍋的；一滿盤的

pan·da /'pændə/ *n* (大) 熊貓
⇨ 插圖見〈專題圖説 11〉

pane /peɪn/
窗玻璃；長方塊：window *panes* 窗玻
璃

pan·el /'pænl/
I n ■ 鑲板；嵌板；窗格 ② （女服上的）鑲片；飾條：Mary's skirt has *panels* in the front and back. 瑪麗的裙子上前後都有飾條。③ 專門小組：a fact-finding *panel* 調查小組 ④ 儀表板；操縱台 II （panel(l)ed, panel(l)ing） vt （用鑲板等）鑲嵌：*panel* a room with red wood 用紅木鑲嵌房間

pan·ic /'pænɪk/
I n [C, U] 驚慌；恐慌：The people were seized with *panic* when the fire started. 火災開始時，人們陷入恐慌。II adj 驚慌的；恐慌的 III （panicked, panicking） vt, vi （使）恐慌
□ **panic-stricken** adj 驚慌失措的

pan·icked /'pænɪkt/
panic 的過去式和過去分詞

pan·o·ra·ma /ˌpænəˈrɑːmə/ n
全景；概觀

pant /pænt/ vi
■ 氣喘；氣喘吁吁地説 ② 心劇跳 ③ 渴望

pants /pænts/ n （複數）
■ [美口] 褲子 ② [英] 短襯褲

papa /pəˈpɑː/ n [口] 爸爸

pa·per /'peɪpə(r)/
I n ■ [U] 紙：a sheet (piece) of *paper* 一張紙 ② [C] 文件；文章；論文；考卷：a term *paper* 學期論文 / an examination *paper* 考卷 ③ [C] 報紙：a morning *paper* 晨報 / an evening *paper* 晚報
◇ **on paper** 以書面形式；紙面上的 / **set a paper** 出考題
II adj 紙做的；紙面上的：a *paper* tiger 紙老虎

□ **paperboy** n 報童 / **paper clip** 回形針 / **paper currency** 紙幣 / **paper money** 紙幣 / **paper weight** 鎮紙

pa·per·back /'peɪpəbæk/ n
平裝本；紙面本

pa·py·ri /pəˈpaɪəriː/
papyrus 的複數

pa·py·rus /pəˈpaɪərəs/ n
（複 = papyri, papyruses）
紙莎草；紙莎草紙

par·a·chute /'pærəʃuːt/
I n 降落傘 II ❶ vt 用降落傘空投 ❷ vi 空降

pa·rade /pəˈreɪd/
I n [C, U] ■ 遊行；檢閱：hold a *parade* 舉行遊行 ② 展示；炫耀：make a *parade* of one's wealth 炫耀自己的財富 II ❶ vi ■ 遊行：*parade* through the street 沿街遊行 ② 接受檢閱：The soldiers were told to *parade* at noon. 士兵們被告知中午接受檢閱。❷ vt 展示；炫耀：Bob *paraded* his knowledge. 鮑勃炫耀他的知識。
❶ march, show

par·a·dise /'pærədaɪs/ n
■ [Paradise] 〈宗〉伊甸園；天堂 ② 樂園；天堂
◇ **a fool's paradise** 虛幻的樂園
❶ heaven
❶ hell

par·a·dox /'pærədɒks/ n
似非而是的論點；自相矛盾的話

par·a·graph /'pærəgrɑːf/ n [C]
（文章的）段；節

par·al·lel /'pærəlel/
I adj ■ 平行的；並行的：Railway lines are *parallel*. 兩條鐵軌是平行的。

2 〈電〉並聯的：a *parallel* circuit 並聯電路 **II** n [C] **1** 平行線 **2** 緯線 **3** 〈電〉並聯

□ **parallel bars** 〈體〉雙槓

par·al·lel·o·gram
/ˌpærəˈleləgræm/ n 〈數〉平行四邊形

par·a·lyze, par·a·lyse
/ˈpærəlaɪz/ vt
1 使麻痺；使癱瘓：The soldier's leg is *paralyzed*. 那士兵的一條腿癱瘓了。 **2** 使失去活動力（作用）：The traffic is *paralyzed* by the snowstorm. 大雪使交通陷入癱瘓。
▷ **paralysis** n / **paralysed** adj

par·a·me·cium /ˌpærəˈmiːsɪəm/ n
（複 = paramecia）〈動〉草履蟲

par·a·site /ˈpærəsaɪt/ n 寄生蟲

par·cel /ˈpɑːsl/
I n [C] 小包；包：a postal *parcel* 郵包 **II**（parcel(l)ed, parcel(l)ing）vt **1** 瓜分；分配 **2** 包起來

par·don /ˈpɑːdn/
I n [U] **1** 原諒；寬恕：She begged my *pardon* for her not arriving earlier. 她請我原諒她來晚了。 / *Pardon*?（沒聽清對方的話希望重複一遍時的用語）對不起？ / I beg your *pardon*.（用於道歉，請求讓路，希望對方把話重複一遍時）對不起，請原諒。 **2** 〈律〉赦免；〈宗〉赦罪 **II** vt 原諒；饒恕：*Pardon* me.（用於引起注意、向人道歉時）對不起。
▷ **pardoner** n 寬恕者
❶ excuse
❶ blame
⇨ 用法說明見 EXCUSE

par·ent /ˈpeərənt/ n
1 父親；母親；（複數）雙親：my

parents 我的父母 **2**（動、植物的）親本；母本

pa·ren·tal /pəˈrentl/ adj
1 父的；母的；父母的：*parental* care 父母（般）的照料 **2** 〈生〉親本的

Par·is /ˈpærɪs/ n 巴黎（法國首都）

par·ish /ˈpærɪʃ/ n 教區

park /pɑːk/
I n [C] **1** 公園：The children are playing in the *park*. 孩子們正在公園裏玩。 / a national *park* 國家公園 **2** 停車場 **II** vt, vi 停放（車輛等）：My car is *parked* over there. 我的車停在那邊。 / No *parking* here! 此處禁止停車！

park·ing /ˈpɑːkɪŋ/
I n [U] 停車 **II** adj 停車的
□ **parking lot** 停車場

par·lia·ment /ˈpɑːləmənt/ n [C] 議會；國會

par·lia·men·ta·ry
/ˌpɑːləˈmentrɪ/ adj 議會的；國會的

par·lo(u)r /ˈpɑːlə(r)/ n
1 客廳；起居室 **2**（旅館的）休息室

par·rot /ˈpærət/ n
1 鸚鵡 **2** 應聲蟲；學舌者
⇨ 插圖見〈專題圖說 13〉

part /pɑːt/
I n [C] **1** 部分；局部：the first *part* of the book 書的第一部分 / the upper *part* of the face 臉的上半部 **2** 本分；職責；作用：play an important *part* 起重要作用 **3**（劇中的）角色；台詞：Which *part* do you play? 你演甚麼角色？ / know one's *part* 背過台詞
◇ **for the most part** 就大部分而言；多半 / **on the most of** 就…而言；代表…一方 / **part and parcel** 重要的部分 /

play a part 扮演一個角色；起作用

II ❶ vt **1** 分開：part one's hair in the middle 從中間把頭髮分開 **2** 分手；分別；斷絕關係：The little boy wouldn't be parted from his pet dog. 這個小男孩不願與他心愛的小狗分開。**❷** vi **1** 分開：The clouds parted and the sun shone. 雲開日出。**2** 分手；分別；斷絕關係：We parted at the door. 我們在門口分了手。

◇ **part with** 離開；放棄：He would not part with his privileges. 他不願放棄特權。□ **part-time** adj 部分時間的；兼職的：a part-time job 非全日性工作 ▷ **partly** adv 部分地；在一定程度上 ◑ divide, separate

par·tial /ˈpɑːʃl/ adj
1 部分的；不完全的 **2** 偏袒的；不公平的 ▷ **partially** adv
◑ impartial

par·tic·i·pate /pɑːˈtɪsɪpeɪt/ vi
參與；參加：participate in the discussion 參加討論 ▷ **participation** n [U] 參加；參與

par·ti·ci·ple /ˈpɑːtɪsɪpl/ n
〈語〉分詞：a present (past) participle 現在（過去）分詞

par·ti·cle /ˈpɑːtɪkl/ n
1 〈數〉〈理〉微粒；粒子；質點 **2** 〈語〉小品詞

par·tic·u·lar /pəˈtɪkjʊlə(r)/
I adj **1** 特別的；特有的；異常的：a letter of particular importance 特別重要的信 / There's no particular reason. 沒有甚麼特別的理由。**2** 特定的；個別的：It happened on that particular day. 事情就發生在那一天。**3** 講究的；苛求的；

挑剔的：She's very particular about her food. 她很挑食。/ a particular customer 挑剔的顧客

II n **1** 細節；詳情 **2** 特點；特色
◇ **in particular** 尤其；特別：I noticed his eyes in particular, because they were very large. 我特別注意到他的眼睛，因為它們很大。
◑ general

par·tic·u·lar·ly /pəˈtɪkjʊləlɪ/ adv
特別；尤其：He is particularly clever. 他特別聰明。
◑ generally

par·ti·tion /pɑːˈtɪʃn/
I n **1** [U] 分開；分割 **2** [C] 隔開物；隔開部分 **II** vt 分開；隔開

part·ner /ˈpɑːtnə(r)/ n
1 夥伴；搭檔；合夥者；合股人：Mary and Tom were partners in the last dance. 瑪麗和湯姆上次跳舞時是舞伴。**2** 配偶（夫或妻）：a life partner 終身伴侶

part·ner·ship /ˈpɑːtnəʃɪp/ n [C, U] 夥伴關係；合股關係

par·ton /ˈpɑːtɒn/ n 〈核〉部分子

par·ty /ˈpɑːtɪ/ n
1 黨；黨派；政黨：join the party 入黨 / a party member 黨員 **2** 一批；一夥人；一行：a hunting party 狩獵隊 / the foreign minister and his party 外交部長及其一行 **3** 聚會：a dinner party 宴會 / a birthday party 生日聚會

pass /pɑːs/
I ❶ vt **1** 經過：I passed the park on my way home. 我回家途經公園。**2** 通過；批准：pass an examination 通過考試 / pass a law 通過一項法律 **3** 度過：How will you pass your holiday? 你怎樣

度過假日？ **4** 傳遞：Please *pass* the word to him. 請給他捎個信兒。/ *Pass* me the salt. 把鹽遞給我。**❷** *vi* **1** 經過；通過：Two cars *passed* a moment ago. 兩輛車剛開過去。**2** 通過；批准：The teacher didn't let me *pass*. 老師沒讓我及格。**3** 變化：Day *passes* into night. 白天變成了黑夜。**4** （時間）過去：A year has *passed* since we last met. 自從我們上次見面已經過去了一年。

◇ **pass away** 死亡；終止：The old man *passed away* this morning. 那位老人今天上午去世了。/ **pass for** 充作；被當作：With his long hair, the boy could *pass for* a girl. 那男孩留著一頭長髮，可以充作女孩了。/ **pass off** 停止；終止：The rain *passed off*. 雨停了。/ **pass on** 傳達；傳播：The teachers *pass on* their knowledge to their students. 老師把他們的知識傳授給學生。

II *n* [C] **1** 經過；通過 **2** 及格；合格：get a *pass* 及格 **3** 通行證；護照 **4** 關口；隘口

□ **passbook** *n* 銀行存摺 / **passkey** *n* 萬能鑰匙 / **Passover** *n*〈宗〉（猶太人的）逾越節 / **password** *n*〈軍〉口令

pas·sage /'pæsɪdʒ/ *n*

1 [U] 通過；經過；度過：the *passage* of a law 通過法律 / the *passage* of time 時間的消逝 **2** [C] 通道；過道 **3**（文章的）一段 **4** 航行：They had a stormy *passage* to London. 他們乘船去倫敦途中遇到風浪。

❶ corridor, path

pas·sen·ger /'pæsɪndʒə(r)/ *n*

乘客；旅客：How many *passengers* were on the train? 火車上有多少乘客？

□ **passenger car** 客車 / **passenger liner** 客運班機（輪）/ **passenger train** 客運列車

pas·ser·by /,pɑːsə'baɪ/ *n*

（複 = passersby）過路人；過客

pas·sion /'pæʃn/ *n* [C, U]

激情；熱愛：have a *passion* for 對⋯有強烈的感情 ▷ **passionless** *adj* 無感情的；無熱情的

❶ love, affection

pas·sion·ate /'pæʃənət/ *adj*

熱烈的；熱情的：a *passionate* woman 感情強烈的女人 /.a *passionate* speech 熱情洋溢的講話

pas·sive /'pæsɪv/ *adj*

被動的；守勢的；〈語〉被動的：His response was completely *passive*. 他的反應完全是被動的。/ *passive* voice 被動語態

□ **passive smoking** 被動吸煙

❶ active

pass·port /'pɑːspɔːt/ *n*

1 護照 **2** 保證；保障

past /pɑːst/

I pass 的過去分詞

II *adj* 過去的；〈語〉過去（時）的：in *past* years 在過去的年代裏 / for the *past* few days 在過去幾天中 / the *past* tense 過去時

III *adv* 經過：Children ran *past*. 孩子們跑了過去。

IV *n* 過去；往日：a glorious *past* 光榮的過去 / Grandfather told us stories of his *past*. 祖父給我們講關於他過去的故事。/ In the *past* he has been a teacher. 過去他一直做老師。

V *prep* **1** 經過：She walked *past* me without recognizing me. 她從我身邊走過，但沒有認出我來。 **2** （時間、數量、程度等）**超過**：It is half *past* three. 三點半了。/ She is past fifty. 她年過五十。

◑ previous

paste /peɪst/
I *n* [U] **1** （作糕點用的）**麵團** **2** 糊；醬：tooth *paste* 牙膏 **II** *vt* 黏貼：*paste* things together 把東西黏在一起

pas·time /ˈpɑːstaɪm, ˈpæstaɪm/ *n* [C] 消遣；娛樂：What is your favourite *pastime*? 你最喜歡甚麼娛樂活動？
◑ amusement

pas·try /ˈpeɪstrɪ/ *n* [C, U] 糕點

pas·ture /ˈpɑːstʃə(r)/ *n* [C, U] 牧場；牧草
◑ meadow

pat /pæt/
I *vt, vi* 輕拍；輕打
II *n* [C] 輕拍；輕打：She gave the dog a *pat*. 她輕輕地拍了一下狗。

patch /pætʃ/
I *n* **1** 補釘 **2** 小塊地：a potato *patch* 一塊馬鈴薯地 **II** *vt* **1** 補綴；修補：*patch* (up) clothes **2** 彌補；平息：*patch* up a quarrel 平息爭吵
◑ repair, mend

pa·tent /ˈpeɪtnt/
I *adj* 專利的；特許的：a *patent* right 專利權 / a *patent* medicine 專利藥品
II *n* [C] 專利；專利權；專利產品
III *vt* 給予專利；獲得專利：Father *patented* his new machine last month. 父親上月獲得了新機器的專利權。

pa·ter·nal /pəˈtɜːnl/ *adj*

1 父親的；父親般的：*paternal* love 父愛 / *paternal* care 父親般的關懷 **2** 父方的；父系的：one's *paternal* grandfather 祖父

path /pɑːθ/ *n* （複 = paths /pɑːðz/）路；小徑；人行道：a garden *path* 甬路 / walk on the *path* 在小徑上走
□ **pathway** *n* 小路；小徑 ▷ **pathless** *adj* 無路的
◑ lane, passage

pa·thet·ic /pəˈθetɪk/ *adj*
1 可憐的 **2** 悲哀的；憂傷的
▷ **pathetically** *adv*

pa·tience /ˈpeɪʃns/ *n* [U] 忍耐；耐心：with *patience* 耐心地 / lose *patience* 失去耐心
◇ **have no patience with** 不能容忍

pa·tient /ˈpeɪʃnt/
I *adj* 忍耐的；容忍的：be *patient* with sb 對某人有耐心 **II** *n* [C] 病人：*patient* records 病歷卡 ▷ **paiently** *adv*
◑ impatient

pa·tri·cian /pəˈtrɪʃn/
I *n* （古羅馬的）貴族 **II** *adj* 貴族的

pa·tri·ot /ˈpætrɪət/ *n* 愛國者；愛國主義者

pa·tri·ot·ic /ˌpætrɪˈɒtɪk/ *adj* 愛國的；愛國主義的

pa·tri·ot·ism /ˈpætrɪˈɒtɪzəm/ *n* [U] 愛國主義；愛國心

pa·trol /pəˈtrəʊl/
I *n* **1** [U] 巡邏：a soldier on *patrol* 在巡邏的戰士 **2** [C] 巡邏兵；巡邏隊
II *vt, vi* （patrolled, patrolling）巡邏：The soldiers *patrolled* the border. 士兵在邊境巡邏。

pa·tron /ˈpeɪtrən/ *n*

P

❶ 庇護人；保護人 ❷ 老顧客；主顧

pat·tern /'pætn/

I n [C] ❶ 式樣；（服裝的）紙樣；模型：a sentence *pattern* 句型 / Mother bought a *pattern* to make Mary a dress. 母親買了紙樣給瑪麗做衣服。❷ 模範；榜樣；樣品：Tom is a *pattern* for the other boys to follow. 湯姆是其他男孩的學習榜樣。II vt, vi 仿造；形成圖案：Mary's hat is *patterned* after Jane's. 瑪麗的帽子是根據簡的式樣做的。

pause /pɔːz/

I n ❶ 中止；暫停；停留：a *pause* in the conversation 談話中停頓一下 ❷ 停頓符號（如句號、逗號）；（詩中）節奏的停頓；〈音〉延長號

II vi 中止；暫停；停留

◗ stop, hesitate

pave /peɪv/ vt

鋪；築（路等）：*pave* a road 鋪路 / The discovery of electricity *paved* the way for many inventions. 電的發明為許多發明提供了條件。

pave·ment /'peɪvmənt/ n

❶ 路面；鋪過的路 ❷ [英] 人行道

◗ sidewalk

paw /pɔː/

腳爪；爪子：The cat is scraping the door with its *paws*. 貓在用爪子抓門。

pawn¹ /pɔːn/

I vt 當；抵押 II n ❶ [U] 典當；押：be at *pawn* 押出 ❷ [C] 當出物；抵押品

□ **pawnshop** n 當鋪

pawn² /pɔːn/ n

（國際象棋中的）兵；卒；爪牙

pay /peɪ/

I （paid）❶ vt ❶ 支付；付錢：How much did you *pay* for that shirt? 你買那件襯衣花了多少錢？/ *pay* the bill 付賬 ❷ 付報酬；還債：We get *paid* by the hour. 我們計時取酬。/ *pay* one's debt 還債 ❸ 有收益；有利：It won't *pay* you to argue with him. 與他吵對你沒有好處。❹ 給予；致以：*Pay* attention to what I'm saying. 注意聽我說話。/ Much respect was *paid* to the old man. 這位老人非常受人尊敬。❷ vi ❶ 付款：*pay* in advance 預先付款 ❷ 有收益；有利：It will *pay* to read that book. 讀那本書是值得的。

◇ **pay back** 償付；報答：It's high time he *paid* me *back* the 100 dollars he owes me. 他早該把欠我的 100 美元還給我了。/ **pay off** 付清；償清：When are you going to *pay off* your debt? 你打算甚麼時候還清債務？

II n [U] ❶ 支付；工資 ❷ 償還

□ **payday** n 發薪日 / **payoff** n 發工資；盈利 / **payroll** n 工資名單 ▷ **payer, payor** n

用法說明：**Pay**、**salary**、**wage**、**income** 四詞均指工作後收到的一筆錢，作為 "報酬" 或 "收入"。**Pay** 泛指工資、薪水，如：high/low pay（高／低工資）、a soldier's pay（軍餉）、pay-day（發薪日）。**Salary** 一般指月薪，通常指付給從事技術性工作的人。**Wage** 一般指週薪，通常指付給從事非技術性工作的人，並常用複數形式。而 **income** 則指任何定期的收入。

pay·a·ble /'peɪəbl/ adj

❶ 可支付的；應支付的 ❷ 可獲利的

pay·ment /'peɪmənt/ n [C, U]

■ 支付；支付的款 ■ 報償

pea /piː/ n [C]
豌豆；豆：new peas 新鮮豌豆 / green peas 青豆
◇ as like as two peas 一模一樣
➪ 插圖見〈專題圖說 10〉

peace /piːs/ n [U]
■ 和平；和平時期：a peace treaty 和約 / peace talks 和平談判 / world peace 世界和平 / peace-keeping force 維持和平部隊 ■ （社會）治安；和睦：live together in peace 和平相處 ■ 平靜；安寧：peace of mind 心靈的寧靜
◇ at peace 處於和平（平靜）狀態 / keep the peace 維持治安 / make peace (with) 與⋯講和 □ peace-loving adj 愛好和平的 / peacemaker n 和事佬 / peacetime n 和平時期
◐ calm
◑ war

peace·ful /piːsfl/ adj
■ 和平的；愛好和平的：peaceful coexistence 和平共處 ■ 安靜的；寧靜的：a peaceful harbour 寧靜的港口
▷ peacefully adv

peach /piːtʃ/ n
■ [C] 桃子；桃樹 ■ [U] 桃紅色
➪ 插圖見〈專題圖說 9〉

pea·cock /piːkɒk/ n
■ 孔雀 ■ 愛炫耀的人
◇ as proud as a peacock 非常高傲

peak /piːk/
I n ■ 山頂；山峰：The peaks are covered with snow all the year. 山頂終年被雪覆蓋。 ■ 最高點；頂端：reach a new peak 達到新高度 II adj 最高的：the peak output 最高產量

▷ peaked adj
◐ summit

pea·nut /piːnʌt/ n 花生

pear /peə(r)/ n [C] 梨子；梨樹
➪ 插圖見〈專題圖說 9〉

pearl /pɜːl/
I n [C] ■ 珍珠 ■ 珍品；傑出的人
◇ cast pearls before swine 明珠暗投
II adj 珍珠似的
□ Pearl Harbor （美國）珍珠港 / pearl powder 珍珠粉

peas·ant /peznt/ n 農民；鄉下人
◐ farmer
➪ 用法說明見 FARMER

peat /piːt/ n [U] 泥煤

peb·ble /pebl/ n 卵石；石子

peck /pek/
I vt, vi ■ 啄：hens pecking grain 啄食谷子的雞 ■ 鑿；連續敲擊
II n 啄；鑿

pe·cu·li·ar /pɪˈkjuːlɪə(r)/ adj
■ 特有的；獨具的：Language is peculiar to mankind. 語言是人類特有的。 ■ 特別的；特殊的：a matter of peculiar interest 有特殊意義的事情 ■ 奇怪的：This meat tastes peculiar. 這肉有怪味。 ▷ peculiarly adv
◐ odd

pe·cu·li·ar·i·ty /pɪˌkjuːlɪˈærətɪ/ n
■ 獨特性；特色 ■ 奇怪的東西

ped·al /pedl/
I n 踏板；踏腳 II vt, vi （pedal(l)ed, pedal(l)ing） 踩踏板；騎車
➪ 插圖見 BICYCLE

pe·des·tri·an /pɪˈdestrɪən/
I n 步行者；行人 II adj 徒步的；步行的

ped·lar, ped·ler /ˈpedlə(r)/ n
商販；（沿街叫賣的）小販

peel /piːl/
I n [U] 果皮；皮：orange *peel* 桔皮
II ❶ vt 剝皮；削皮：She *peeled* a banana. 她剝了一個香蕉。 **❷** vi 脫皮：The walls were *peeling*. 牆皮脫落下來。

peep /piːp/
I vi **❶** 偷看；窺視：*peep* through a keyhole 從鎖眼中窺視 **❷** 從隱蔽處出現；顯現：The moon *peeped* out from behind the clouds. 月亮從雲後露出來。
II n 偷看；一瞥：have a *peep* at sb 偷看某人一眼
□ **peepinghole** n 窺視孔；〈軍〉瞄準孔 / **peeping Tom** 偷窺者

peer¹ /pɪə(r)/ n
❶ 同等的人；同等地位的人：without a *peer* 無與倫比 **❷**（英國）貴族（公、侯、伯、子、男中任何一種爵位）

peer² /pɪə(r)/ vi
仔細看；凝視：She *peered* at her father's picture. 她凝視着父親的照片。

peg /peg/
I n 木釘；掛釘；栓；短樁
II vt 用木釘釘；（用短樁）固定：The tent rope was *pegged* to the ground. 帳篷繩子用木樁固定在地上。

pen¹ /pen/ n
❶ 筆；鋼筆 **❷** 筆法；寫作：live by one's *pen* 以寫作為生
□ **pen-friend** n 筆友 / **pen name** 筆名

pen² /pen/
I n（圍養禽畜用的）圈；欄
II vt 關進欄裏：The farmer *penned* his pigs. 農民把他的豬關進欄裏。

pen·al·ty /ˈpenltɪ/ n [C, U]
處罰；刑罰：the death *penalty* 死刑 / impose severe *penalty* on 對…施以重刑
□ **penalty area**（足球等的）罰球區

pence /pens/ n penny 的複數

pen·cil /ˈpensl/ n
❶ 鉛筆；畫筆：a red *pencil* 紅色鉛筆 / a hair *pencil* 繪圖毛筆 **❷**（畫家的）筆法；筆調

pen·du·lum /ˈpendjʊləm/ n
（鐘等的）擺：a simple *pendulum* 單擺

pen·e·trate /ˈpenɪtreɪt/ vt, vi
❶ 穿透；刺入：A shell *penetrated* the enemy's tank. 一發炮彈擊穿了敵人的坦克。/ The arrow *penetrated* through the target. 箭射穿了靶子。 **❷** 滲入；漫入：The mist *penetrated* into the house. 霧氣滲入屋內。 **❸** 看穿；識破：*penetrate* one's disguise 識破某人的偽裝
▷ **penetration** n

pen·i·cil·lin /ˌpenɪˈsɪlɪn/ n [U]
青霉素；盤尼西林

pen·in·su·la /pəˈnɪnsjʊlə/ n 半島

pen·knife /ˈpenaɪf/ n
（複 = pen-knives）小折刀

pen·ny /ˈpenɪ/ n
（複 = pennies, pence）便士
◇ **penny wise and pound foolish** 小事聰明，大事糊塗 □ **penny-wise** adj 小處聰明的

pen·sion /ˈpenʃn/ n
❶ 撫恤金；養老金：a retirement *pension* 退休金 **❷** 津貼

pen·ta·gon /ˈpentəgən/ n
❶ 五邊形；五角形 **❷** [the Pentagon] 五角大樓（美國國防部的辦公大樓）
⇨ 插圖見〈專題圖說 14〉

peo·ple /ˈpiːpl/ n

1 人;人們（用作 person 的複數）：Many *people* were at the meeting. 許多人參加了會議。 **2** [the people] 人民：serve the *people* 為人民服務 **3** [C] 民族;種族：The Chinese are a hard-working *people*. 中國人是一個勤勞的民族。

> 用法説明：People 是 person 最通用的複數形式，作 "人們"、"人民" 意義時，不必在詞尾加 -s，但用複數的動詞。如：Most people in our neighborhood drive to work. （我們這個地區大多數人開車去上班。）Persons 只是用於正式的文字裏。如：This elevator may only carry ten persons. （此電梯只准搭載十人。）

pep·per /'pepə(r)/ *n*
1 胡椒 **2** 辛辣的東西

per /pɜː(r); pə(r)/ *prep*
[拉] 每：*per* day 每日 / *per* pound 每磅

per cent, per·cent /pə'sent/ *n*
（符號為 %）百分之一：The restaurant has a 10 *percent* service charge. 該餐館收取百分之十的服務費。

per·cent·age /pə'sentɪdʒ/ *n*
1 百分比;百分率 **2** （全部中）所佔比例;部分

perch[1] /pɜːtʃ/
I *vt, vi* 棲息;放置：A bird *perched* on the fence. 一隻鳥在籬笆上棲息。
II *n* （鳥的）棲木;休息處

perch[2] /pɜːtʃ/ *n* （複 = perch）
〈動〉鱸

per·fect
I /'pɜːfɪkt/ *adj* **1** 完美的;極好的：He speaks *perfect* English. 他英語講得極好。 **2** 完全的;絕對的：in *perfect*

silence 鴉雀無聲 / a *perfect* stranger 完全陌生的人 **3** 〈語〉完成的：the *perfect* tense 完成時
II /pə'fekt/ *vt* 使完美;完善：He is working to *perfect* his model plane. 他在努力完善他的飛機模型。
▷ **perfectly** *adv* / **perfectness** *n*
◑ imperfect

per·fec·tion /pə'fekʃn/ *n* [U]
1 完美;完善：reach *perfection* 臻於完善 **2** 精確;熟練

per·form /pə'fɔːm/
❶ *vt* **1** 履行;執行;完成：He *performed* the task with success. 他成功地完成了這項任務。 / *perform* an operation 做手術 **2** 表演;演奏：*perform* an important part 扮演重要角色
❷ *vi* **1** 行動;運行：The new machine is *performing* well. 新機器運轉良好。 **2** 表演;演奏：*perform* on the piano 演奏鋼琴 / *perform* in a play 在劇中表演 / She will *perform* at the violin. 她將演奏小提琴。

per·form·ance /pə'fɔːməns/ *n* [U]
1 履行;執行;完成 **2** 行為;表現;成績：His *performance* in the examination was rather disappointing. 他的考試成績令人失望。 **3** 演出;演奏;表演：His *performance* was very good. 他的表演很精彩。/ There will be two *performances* of the play tonight. 今晚這齣戲要演兩場。

per·form·er /pə'fɔːmə(r)/ *n*
1 履行者;執行者 **2** 表演者;演奏者

per·fume
I /'pɜːfjuːm/ *n* [C, U] **1** 香味 **2** 香料;香水 **II** /pə'fjuːm/ *vt* 灑香水於;

使發香：The flowers *perfumed* the air.
花朵使空氣中充滿香氣。

per·haps /pə'hæps/ *adv*

也許；可能；大概：*Perhaps* he is in the office. 他可能在辦公室。/ 'Will he go with us?' '*Perhaps*.' "他會跟我們一起去嗎？""可能吧。"

⇨ 用法説明見 MAYBE

per·il /'perəl/ *n*

1 [U] 危險：The ship is in *peril*. 那船處境危險。**2** [C] 危險物：the *perils* of the sea 海上的危險

◇ **at one's peril** 由某人承擔風險 / **be in peril of** 冒着喪失…的危險：be in *peril of* one's life 有生命危險

pe·rim·e·ter /pə'rɪmɪtə(r)/ *n* [C]

周；周長：the *perimeter* of a circle 圓的周長

pe·ri·od /'pɪərɪəd/ *n*

[C] **1** 時期；期間；時代：a *period* of wet weather 一個時期的雨天 / We lived in London for a *period* of time. 我們在倫敦住了一段時間。/ the Victorian *period* 維多利亞時代 **2** 學時；一節課：We have four *periods* of English a week. 我們每週上四節英語課。**3** 週期；[常作 periods] 月經期：Are your *periods* regular? 你的經期正常嗎？**4** 句號；結束

◇ **come to a period** 終止；結束 / **put a period to** 使結束

⊕ era, age

pe·ri·od·i·cal /ˌpɪərɪ'ɒdɪkl/

I *n* 期刊；雜誌 **II** *adj* **1** 定期的；週期的 **2** 期刊的：a *periodical* room 期刊閱覽室 ▷ **periodically** *adv*

per·ish /'perɪʃ/ *vi*

1 滅亡；死去：The castle *perished* in fire. 城堡被火燒毀。**2** 枯萎；腐爛：Flowers *perish* in frost. 花遇霜枯萎。

⊕ die, ruin

per·ma·nent /'pɜːmənənt/ *adj*

永久的；持久的：*permanent* peace 持久和平 / a *permanent* address 永久地址 / a *permanent* member of the Security Council（聯合國）安理會常任理事國

▷ **permanently** *adv*

⊕ lasting

per·mis·sion /pə'mɪʃn/ *n* [U]

允許；同意：ask for *permission* 請求許可 / with (without) *permission*（未）經同意 / The teacher gave Mary *permission* to go to the library. 老師允許瑪麗去圖書館。

⊕ allowance

⊖ refusal

per·mit

I /pə'mɪt/（permitted, permitting）**❶** *vt* 允許；許可：Smoking is not *permitted* here. 此地不准吸煙。**❷** *vi* 容許；許可：Weather *permitting*, we'll go swimming tomorrow. 天氣許可的話，我們明天去游泳。

II /'pɜːmɪt/ *n* [C] 許可；許可證

⊕ allow

per·pen·dic·u·lar /ˌpɜːpən'dɪkjʊlə(r)/

I *adj* 垂直的；成直角的

II *n* [C, U] 垂直（線）

per·pet·u·al /pə'petʃʊəl/

I *adj* **1** 永遠的；永恆的 **2** 四季開花的 **II** *n* 多年生植物

per·plex /pə'pleks/ *vt*

困惑；難住：a *perplexing* problem 難題 / He was *perplexed* by the problem. 他被

這個問題難住了。

per·se·cute /'pɜːsɪkjuːt/ *vt*
迫害；殘害： be *persecuted* by the government 受到政府迫害

per·se·cu·tion /,pɜːsɪ'kjuːʃn/ *n* [C, U] 迫害；殘害

per·se·ver·ance /,pɜːsɪ'vɪərəns/ *n* [U]
堅持不懈： With *perseverance*, you will succeed. 只要堅持不懈，你就會成功。

per·se·vere /,pɜːsɪ'vɪə(r)/ *vi*
堅持；不屈不撓： *persevere* in one's studies 孜孜不倦地學習

Per·sian /'pɜːʃn/
I *n* 波斯人；波斯語
II *adj* 波斯的；波斯人的；波斯語的

per·sist /pə'sɪst/ *vi*
1 堅持；執意： *persist* in one's opinion (belief) 堅持自己的意見（信仰）/ They *persisted* in going there in spite of the bad weather. 儘管天氣很壞，他們還是堅持去那裏。 **2** 繼續： The bad weather will *persist* all over the country. 這種壞天氣將在全國各地持續下去。

per·sist·ent /pə'sɪstənt/ *adj*
1 堅持的；固執的： a *persistent* criminal 死不悔改的罪犯 **2** 持續的；永久的： a *persistent* headache 頑固的頭痛

per·son /'pɜːsn/ *n*
1 （複 = people, persons）人： You are just the *person* I wanted to see. 你正是我要見的人。 **2** 人體；容貌；風度： He is a fine *person*. 他很有風度。 **3** 〈語〉人稱： the first (second, third) *person* 第一（二、三）人稱
◇ **in person** 親自

⇨ 用法説明見 PEOPLE

per·son·al /'pɜːsənl/ *adj*
1 個人的；私人的： *personal* letters 私人信件 / a *personal* opinion 個人的意見 **2** 身體的；人身的： *personal* appearance 體貌 / make *personal* abuse 進行人身攻擊 **3** 親自的： Jack made a *personal* request to the teacher. 傑克親自請求教師。 **4** 〈語〉人稱的： a *personal* pronoun 人稱代詞

per·son·al·i·ty /,pɜːsə'næləti/ *n*
1 [C, U] 人格；品格： He has a strong *personality*. 他的個性很強。 **2** [C] 人物；名人

per·son·al·ly /'pɜːsənəli/ *adv*
1 親自地 **2** 個人地；就自己而言： *Personally*, I would rather have the picnic in the afternoon. 就我而言，我寧可在下午野餐。

per·son·nel /,pɜːsə'nel/ *n*
1 全體人員 **2** 人事部門

per·spec·tive /pə'spektɪv/ *n*
1 [C, U] 透視；透視圖 **2** [U] 眼力；觀點 **3** [C] 前景；遠景

per·suade /pə'sweɪd/
❶ *vt* **1** 勸説；説服： Can you *persuade* your father into lending us the car? 你能説服你的父親把汽車借給我們嗎？ / We finally *persuaded* her to postpone her departure. 我們最終説服她推遲行期。 **2** 使…相信： I *persuaded* him that it was true. 我使他相信這是真的。/ He *persuaded* us of his innocence. 他使我們相信他是無辜的。
❷ *vi* 被説服： He *persuades* easily. 他容易被説服。

per·sua·sion /pə'sweɪʒn/ *n* [U]

1 説服；勸説： She is good at *persuasion*. 她善於説服別人。 **2** 説服力： speak with great *persuasion* 講話很有説服力

per·sua·sive /pə'sweɪsɪv/ *adj*
有説服力的；勸導性的： a *persuasive* speaker 有説服力的演説者

pes·si·mism /'pesɪmɪzəm/ *n* [U]
悲觀；悲觀主義

pes·si·mist /'pesɪmɪst/ *n*
悲觀者；悲觀主義者

pes·si·mis·tic /,pesɪ'mɪstɪk/ *adj*
悲觀的；悲觀主義的

pest /pest/ *n* [C]
害蟲；有害動物；有害植物

pet /pet/
I *n* **1** 寵物；寶貝： She keeps a monkey as a *pet*. 她養了一隻猴作寵物。 **2** 受寵的人： Mary is her teacher's *pet*. 瑪麗是教師寵愛的學生。
II *adj* 寵愛的；寵物的： a *pet* dog 愛犬 / *pet* food 寵物食品
III *vt, vi* 愛撫： The old woman is *petting* her cat. 老婦人正在撫摸她的貓。
⬥ favourite

pet·al /'petl/ *n* 花瓣

pe·ti·tion /pə'tɪʃn/
I *n* [C] **1** 請願；申請 **2** 請願書
II *vt, vi* 請願；祈求： *petition* sb to do sth 請求某人做某事 / *petition* for sth 請求某事 ▷ **petitioner** *n*

pet·rol /'petrəl/ *n* [U] [英] 汽油

pe·tro·le·um /pə'trəʊlɪəm/ *n* [U]
石油： Organization of Petroleum Exporting Countries（縮寫 OPEC）石油輸出國組織

pet·ty /'petɪ/ *adj*
1 微小的；次要的： a *petty* offence 小過失 / a *petty* shopkeeper 小店主 **2** 低微的；下級的： a *petty* official 小官吏

phase /feɪz/
I *n* [C] **1** 階段；狀態： The new weapon is still in the experimental *phase*. 新武器還處於實驗階段。 **2**〈物〉相；相位： *phases* of the moon 月相
II *vi* 分階段進行
◇ **phase in** 逐步採用 / **phase out** 逐步結束

phe·nom·e·na /fə'nɒmɪnə/
phenomenon 的複數形式

phe·nom·e·non /fə'nɒmɪnən/ *n*
（複 = phenomena）
1 現象： a natural *phenomenon* 自然現象 **2** 奇跡；傑出人物

phi·los·o·pher /fɪ'lɒsəfə(r)/ *n*
1 哲學家；思想家 **2** 達觀者

phi·los·o·phy /fɪ'lɒsəfɪ/ *n* [C, U]
1 哲學；哲理 **2** 人生觀；哲人態度；達觀

phone /fəʊn/
I *vt, vi* [口] 打電話： I *phoned* him last night. 我昨晚給他打電話了。
II *n* 電話： You are wanted on the *phone*. 電話找你。 / He picked up the *phone*. 他拿起電話。
⇨ 用法説明見 TELEPHONE

pho·net·ic /fə'netɪk/ *adj*
〈語〉語音的；語音學的： *phonetic* exercises 語音練習 / the international *phonetic* alphabet 國際音標

pho·net·ics /fə'netɪks/ *n*
[用作單]〈語〉語音學

phos·phate /'fɒsfeɪt/ *n*

〈化〉磷酸鹽

phos·phor·ic /fɒsˈfɒrɪk/ *adj*
〈化〉磷的

pho·to /ˈfəʊtəʊ/ *n*（複 = photos）
[口] 照片：take a *photo* 拍照

pho·to·graph /ˈfəʊtəɡrɑːf/
I *n* [C] 照片：have one's *photograph* taken 請人給自己拍照 / I enclosed some *photographs* in my letter. 我在信裏夾了幾張照片。 **II** *vt, vi* 拍照

pho·tog·ra·pher /fəˈtɒɡrəfə(r)/ *n*
攝影師

pho·tog·ra·phy /fəˈtɒɡrəfɪ/ *n* [U]
攝影；攝影術

pho·to·syn·the·sis
/ˌfəʊtəʊˈsɪnθəsɪs/ *n* [U] 光合作用

phrase /freɪz/
I *n* [C] **1** 短語；詞組：a set *phrase* 固定詞組 / a noun *phrase* 名詞短語 **2** 措詞；用語 **II** *vt* 措詞：a neatly *phrased* report 措詞簡潔的報告
▷ **phrasal** *adj* 短語的；詞組的
🜛 **expression**

phreak /friːk/ freak 的變體

phys·i·cal /ˈfɪzɪkl/ *adj*
1 物質的；有形的：the *physical* world 物質世界 **2** 自然的；自然界的：*physical* environment 自然界 **3** 物理的：*physical* change 物理變化 **4** 身體的；體育的：*physical* education 體育 / *physical* exercises 體育活動
▷ **physically** *adv*
🜛 **material**
🜚 **spiritual**

phy·si·cian /fɪˈzɪʃn/ *n*
醫生；內科醫生

phys·i·cist /ˈfɪzɪsɪst/ *n* 物理學家

phys·ics /ˈfɪzɪks/ *n* 物理學

phys·i·o·log·i·cal /ˌfɪzɪəˈlɒdʒɪkl/ *adj*
生理學的；生理的

phys·i·ol·o·gy /ˌfɪzɪˈɒlədʒɪ/ *n* [U]
生理學

pi /paɪ/ *n* 希臘字母 π；圓周率

pi·an·ist /ˈpɪənɪst/ *n*
鋼琴家；鋼琴演奏者

pi·a·no /pɪˈænəʊ/ *n*
鋼琴：play the *piano* 彈鋼琴
□ **piano player** *n* 鋼琴演奏者

pick /pɪk/
I ❶ *vt* **1** 鑿；掘；挖：*pick* one's teeth 剔牙 **2** 摘；採；拔：*pick* apples 摘蘋果 / *pick* a fowl 拔禽毛 / The children went to *pick* flowers in the fields. 孩子們到田野裏採花。 **3** 挑選；選擇：The students have to *pick* three courses from a list of fifteen. 學生必須從十五門課中選修三門課。 **4** 偷竊：have one's pocket *picked* 被人掏包 ❷ *vi* **1** 鑿；啄；挖：The birds were *picking* at the bread. 小鳥在啄食麵包。 **2** （被）摘；採：Ripe apples *pick* easily. 熟了的蘋果容易摘。 **3** 挑選；選擇：He visited a lot of colleges, and finally *picked* on Stanford. 他參觀了許多學院，最後選中了斯坦福大學。
◇ **pick and choose** 挑挑揀揀 / **pick out** 選出；挑出：He *picked out* the biggest apple for the child. 他給孩子挑了一隻最大的蘋果。/ **pick up** 撿起；拾起；獲得；學會：He *picked up* information from all sources. 他從各種來源獲得消息。
II *n* **1** 鑿；掘 **2** 選擇；選出物

pick·pock·et /ˈpɪkpɒkɪt/ *n*

扎手；小偷

pic·nic /'pɪknɪk/

I *n* 郊遊；野餐：They went for a *picnic* in the country. 他們到郊外野餐。

II (picnicked, picnicking) *vi* 野餐：We *picnicked* by the river yesterday. 我們昨天在河邊野餐。

pic·nicked /'pɪknɪkt/

picnic 的過去式和過去分詞

pic·to·gram

/'pɪktəgræm/ *n* 象形文字

pic·to·ri·al /pɪk'tɔːrɪəl/

I *adj* 繪畫的；圖片的 II *n* 畫報

pic·ture /'pɪktʃə(r)/

I *n* **1** 圖畫；照片：a *picture* of a bridge 一幅橋的圖畫 / take a *picture* 照相 **2** 描述；描寫：The book gives a vivid *picture* of life in England. 這本書生動地描寫了英國的生活情況。 **3** [pictures] 電影 II *vt* **1** 畫 **2** 描繪；想像：I could not *picture* Bob as a soldier. 我想像不出鮑勃穿上軍裝是甚麼樣子。

□ **picture book** 畫書 / **picture card** (紙牌中的) 花牌 / **picture show** [美口] 電影；畫展

pic·tur·esque /ˌpɪktʃə'resk/ *adj*

1 (風景) 如畫的 **2** (語言) 生動的

pie /paɪ/ *n* [C, U]

餡餅；餅狀物：an apple *pie* 蘋果餡餅

piece /piːs/

I *n* 片；塊；段；件；條等：a *piece* of cake 一塊餅 / a *piece* of paper 一張紙 / a *piece* of news 一條新聞 / a *piece* of furniture 一件傢具 II *vt* 縫合；拼湊：The policeman tried to *piece* together the facts. 警察想把事實串起來。

❶ **part, bit**

用法説明： **Piece** 是英語中使用最廣泛的一個量詞，如：a piece of bread, wood, meat, chalk, paper, advice, information, furniture, etc. (一塊麵包、一塊木頭、一塊肉、一支粉筆、一張紙、一個忠告、一項信息、一件傢具等)，但又可用較具體的量詞替換。如：a slice of bread (一片麵包)、a bar of soap (一塊肥皂)。

pier /pɪə(r)/ *n*

1 橋墩；碼頭 **2** 〈建〉支柱；扶壁

pierce /pɪəs/ *vt, vi*

刺穿；刺破：Many women have got *pierced* ears. 許多婦女耳朵上穿了孔。/ A ray of light *pierced* the darkness. 一道亮光刺破黑暗。

pig /pɪg/ *n*

1 [U] 豬 **2** [C] 豬肉 **3** 豬一般的人

□ **pigskin** *n* 豬皮 / **pigsty** *n* 豬圈 / **pigtail** *n* 辮子

⇨ 插圖見〈專題圖説 12〉

pi·geon /'pɪdʒɪn/ *n*

鴿子：a homing *pigeon* 信鴿

Pigeon 鴿子

pile¹ /paɪl/

I *n* **1** 堆：a *pile* of books 一堆書 **2** 〈原〉反應堆 **3** [口] 大量

II ❶ *vt* 堆積；積累：The boys *piled* their books together. 孩子們把書堆在一起。 ❷ *vi* **1** 堆積；積累：Work has *piled* up during his absence. 他不在時工作堆積起來。**2** 擠;進: The students *piled* into the classroom. 學生們擠進教室。

◇ **pile up** 堆積
● heap, stack
⇨ 用法説明見 HEAP

pile² /paɪl/
I *n* [C] 樁;橋樁 **II** *vt* 打樁於

pil·grim /'pɪlgrɪm/
I *n* **1** 香客;朝拜聖地者 **2**（海外）流浪者 **II** *vi* 朝聖

pill /pɪl/ *n* [C] 藥丸;藥片

pil·lar /'pɪlə(r)/ *n*
1 柱子 **2** [喻] 棟梁

pil·low /'pɪləʊ/ *n* 枕頭
□ **pillowcase** *n* 枕套

pi·lot /'paɪlət/
I *n* **1** 領航員;舵手 **2** 飛行員 **3** 向導;領導人
II *vt* **1** 領航;引導 **2** 駕駛（飛機等）
III *adj* 引導的;導向的
□ **pilotlamp** *n* 指示燈;信號燈
▷ **pilotless** *adj* 無人駕駛的

pin /pɪn/
I *n* **1** 針;釘: a safety *pin* 安全別針 / a drawing *pin* 圖釘 **2** 銷;栓
II *vt* **1**（用針等）別住;釘住: *pin* papers together 把紙別在一起 **2** 使不能行動: be *pinned* down by a fallen tree 被倒了的樹壓住
◇ **not worth a pin** 一錢不值 / **on pins and needles** 如坐針氈 □ **pinhole** *n* 小孔;針孔

pinch /pɪntʃ/
I ● *vt* 捏;擰;擠壓: The shoe *pinches* me. 鞋子擠腳。/ She *pinched*

me on the arm. 她擰我的手臂。 ❷ *vi* 擠壓;緊
II *n* **1** [C] 捏;擰;夾;（物）收縮: She gave the child a *pinch* to wake him up. 她擰了一下孩子讓他醒來。 **2** 撮;少量: a *pinch* of salt 一撮鹽 **3** 匱乏;壓力: It's six months since he lost his job, so he's beginning to feel the *pinch*. 他失業已六個月,因此開始感到壓力。

pine /paɪn/ *n*
1 松樹;松木 **2** [口] 鳳梨;波羅
⇨ 插圖見〈專題圖説 7〉
□ **pine nut** 松果;松子 / **pinewood** *n* 松木

pine·ap·ple /'paɪnæpl/ *n* [C, U]
〈植〉鳳梨;波羅
⇨ 插圖見〈專題圖説 9〉

pink /pɪŋk/
I *n* **1**〈植〉石竹 **2** 桃紅色;粉紅色
◇ **in the pink** [口] 身體健康
II *adj* 粉紅色的
● rosy

pint /paɪnt/ *n*
品脱（液量單位,＝ 1/2 夸脱,略作 pt.）: a *pint* of milk 一品脱牛奶

pi·o·neer /ˌpaɪə'nɪə(r)/ *n*
1 開闢者;拓荒者 **2** 先鋒;先驅: Edison was a *pioneer* in the use of electricity. 愛迪生是使用電的先驅。

pi·ous /'paɪəs/ *adj*
1 虔誠的;信奉宗教的 **2** 虛偽的

pipe /paɪp/
I *n* **1** 管子;管道: a water *pipe* 水管 / lay *pipes* under the road 在路面下鋪設管道 **2** 煙斗: He is a *pipe-smoker*. 他抽煙斗。 **3** 管樂器;（管風琴的）管
II ● *vt* **1** 用管道輸送: Gas is *piped*

to all the houses. 用管道將煤氣輸送到各家。❷ 吹奏（管樂）❷ *vi* 吹奏管樂
□ **pipe organ** 管風琴

pipe·line /'paɪplaɪn/ *n*
❶ 管道：an oil *pipeline* 輸油管道 ❷ 傳送途徑

pi·rate /'paɪərət/
I *n* ❶ 海盜；掠奪者 ❷ 非法翻印者；侵犯版權者
II ❶ *vt* ❶ 掠奪 ❷ 非法翻印：*pirate* a book 盜印書 ❷ *vi* 做海盜

pis·tol /'pɪstl/ *n*
手槍：fire a *pistol* 開槍
⇨ 插圖見 GUN

pit /pɪt/
I *n* ❶ 坑；窪：They dug a *pit* to bury the gold. 他們挖坑埋金子。❷ 礦井；煤礦：a stone *pit* 採石場
II *vt, vi* （使）凹下；（使）變得坑坑窪窪
□ **pitfall** *n* 陷井

pitch¹ /pɪtʃ/
I ❶ *vt* ❶ 搭（帳篷）；紮（營）：*pitch* a tent 搭帳篷 / They *pitched* a camp by the river. 他們在河邊紮營。❷ 投擲；扔：*pitch* a spear 擲標槍 / He *pitched* the letter into the fire. 他把信扔進火中。❸〈音〉定高音；定調 ❷ *vi* ❶ 搭帳；紮營：They *pitched* on a mountain. 他們在山上紮營。❷ 投擲；扔
◇ **pitch into** 投入；投身於
II *n* ❶ 投擲；投擲物 ❷〈語〉〈音〉音高：a high (low) *pitch* sound 高（低）音 ❸ 前傾；傾斜 ❹ 程度；高度

pitch² /pɪtʃ/ *n* [U] 瀝青；樹脂

pit·y /'pɪtɪ/
I *n* ❶ [U] 憐憫；同情：out of *pity* 出

於同情 / feel *pity* for sb 同情某人 / have *pity* on (upon) 憐憫；同情 ❷ [a pity] 可惜；憾事：What a *pity*！真可惜！/ It's a *pity* you can't come to the party. 可惜你不能來參加聚會。
II ❶ *vt* 可憐；憐憫 ❷ *vi* 有憐憫心

piv·ot /'pɪvət/ *n*
❶ 樞軸；支點 ❷ 中樞；要點

place /pleɪs/
I *n* [C, U] ❶ 地方；地點；場所：time and *place* 時間和地點 / She has been to many *places*. 她去過許多地方。/ a *place* of amusement 娛樂場所 / *places* of interest 名勝 ❷ 座位；位置：Please take your *places*. 請入座。❸ 名次：John took first *place* in the examination. 約翰在考試中得了第一。/ give first *place* to sth 把某事放在首位 ❹〈數〉位：calculate to three decimal *places* 算到小數點後第三位
◇ **in place** 適當的；相稱的 / **in place of** 代替 / **in the first place** 首先；原先 / **make place for** 為…騰地方 / **out of place** 不合適的；不相稱的 / **take place** 發生；舉行：When did the story take *place*? 這個故事是甚麼時候發生的？/ **take the place of** 代替
II *vt* ❶ 放置；安排：He *placed* the books on the shelf. 他把書放在書架上。/ *place* homeless children 安置無家可歸的兒童 / *place* sb in a job 安排某人工作 ❷ 投資；訂（貨）：*place* an order for sth 訂購某種貨物 ❸ 得名：He was *placed* second in the contest. 他在比賽中得了第二名。
□ **place name** 地名
◑ position, situation

用法説明: **Position**、**place**、**location** 和 **spot** 都表示"地方"或"位置",但略有不同。**Place** 是最常用的詞,指某事物存在或發生的地方,如: the place where I was born (我出生的地方)。**Position** 指某事物的"位置"或"方位"。例如: From his position on the tower, he had a good view of the harbour. (從他在塔樓的位置,港灣的景色盡收眼底)。**Location** 是一個更正式的詞,指人活動或建築物建造的地方。如: The company has found a new location for its offices. (該公司找到了新的辦公地點。) **Spot** 則是一個不甚正式的詞,尤用於娛樂場所。例如: a nice picnic spot (野餐的好去所)、a well-known beauty spot (風景勝地)。

plague /pleɪg/
I n **1** 瘟疫;[the plague] 鼠疫;黑死病 **2** 天災;災害: a plague of rats 鼠災 / Europe suffered many plagues in the Middle Ages. 歐洲在中世紀遭受多次災害。
◇ **Plague on him!** 該死的!
II vt **1** 使染瘟疫;使遭受災害 **2** 折磨;使痛苦: He has been plagued by illness all his life. 他終生受到疾病的折磨。

plain /pleɪn/
I adj **1** 簡單的;樸素的;單純的: plain food 簡單的食物 / plain clothes 樸素的衣着 **2** 清楚的;明白的;容易的: Explain it in plain English. 用平易的英語解釋。 **3** 平常的;不好看的: The boy is plain, but honest. 這個孩子長相平常,但很誠實。 II n 平原;曠野
◑ simple, clear

plain·ly /ˈpleɪnlɪ/ adv
1 清楚地;明白地 **2** 樸素地;簡單地: plainly dressed 衣着樸素 **3** 顯然: The door is locked, so plainly they must be out. 門上了鎖,他們顯然出去了。
◑ clearly

plan /plæn/
I n **1** 計劃;打算: draw up a plan 制訂計劃 / according to plan 按計劃 **2** 方案;方法: the best plan to prevent diseases 預防疾病的最佳方法 **3** 設計;平面圖
II ❶ vt **1** 計劃;打算: We're planning to start next week. 我們打算下週動身。/ We've been planning this visit for months. 幾個月來我們一直在計劃這次訪問。 **2** 設計;製平面圖: It was she who planned the campus. 是她設計了校園。 ❷ vi 定計劃;想辦法: They planned for a picnic. 他們計劃去野餐。
◑ design, scheme

plane¹ /pleɪn/
I n **1** 平面 **2** 水平;程度
II adj 平的;平坦的: a plane surface 平坦的表面 / a plane angle 平面角

plane² /pleɪn/ n
飛機: a jet plane 噴氣式飛機 / It's quicker by plane. 乘飛機快些。

plan·et /ˈplænɪt/ n 行星

plan·e·tar·ia /ˌplænɪˈtɛərɪə/
planetarium 的複數形式

plan·e·tar·i·um /ˌplænɪˈtɛərɪəm/ n
(複 = planetariums, planetaria)
1 天象儀;太陽系儀 **2** 天文館

plank /plæŋk/ n
1 板;條: a small bridge made of planks 木板搭成的小橋 **2** [美] 政策;綱

領：the main *plank* on foreign policy 對外政策的要點

plank·ton /'plæŋktən/ *n* 浮游生物

plant /plɑːnt/
I *n* ◨ 植物；作物 ◩ 工廠；車間：a power *plant* 發電廠
II *vt* 栽種；播種：*plant* seeds 播種 / *plant* crops 種莊稼 / *plant* trees 種樹

plan·ta·tion /plæn'teɪʃn/ *n*
◨ 種植園；大農場：a cotton *plantation* 棉花種植場 ◩ 栽植；植樹 ◪ 移民；殖民

plant·er /'plɑːntə(r)/ *n*
◨ 種植者；栽培者 ◩ 種植園主；大農場主 ◪ 殖民者

plas·ma /'plæzmə/ *n*
◨〈解〉血漿 ◩〈生〉原生質 ◪〈物〉等離子區

plas·tic /'plæstɪk/
I *adj* ◨ 可塑的 ◩ 塑料的：a plastic bag 塑料袋
II *n* [常作 plastics] 塑料製品

plas·ti·cine /'plæstɪsiːn/ *n*
（塑像用的）橡皮泥

plate /pleɪt/
I *n* ◨ [C] 金屬板；片 ◩ [C] 盤子；（一）盤：a dinner *plate* 菜盤 / a plate of fruit 一盤水果 ◪〈電〉陽極；極板 ◫（攝影用）底片；感光板 II *vt* 電鍍：The ring was *plated* with gold. 這個戒指鍍了金。▷ **plateful** *adj* 滿盤的 ◑ dish

pla·teau /'plætəʊ/ *n*
（複 = plateaus, plateaux）高原

pla·teaux /'plætəʊz/ *n*
plateau 的複數形式

plat·form /'plætfɔːm/ *n*

◨ 平台；講台 ◩ 站台；月台：a *platform* ticket 站台票

plat·i·num /'plætɪnəm/ *n*
〈化〉鉑；白金

plau·si·ble /'plɔːzəbl/ *adj*
◨ 似乎有理的；合乎情理的 ◩ 花言巧語的 ▷ **plausibility** *n* / **plausibly** *adv*

play /pleɪ/
I ❶ *vt* ◨ 玩；玩耍：*play* small family 玩過家家遊戲 ◩ 進行體育活動；比賽：*play* chess 下棋 / *play* basketball 打籃球 / England is *playing* France at football tomorrow. 明天英格蘭隊將與法國隊進行足球比賽。◪ 開玩笑；玩弄：They *played* a joke on me. 他們跟我開了一個玩笑。◫ 演出；演奏；表演：*play* the violin 拉小提琴 / *play* a part 扮演一個角色 ◧ 放（唱片等）：*play* records (cassettes) 放唱片（錄音機）❷ *vi* ◨ 玩耍；遊戲：Children were *playing* in the park. 孩子們在公園裏玩。/ The cat was *playing* with a piece of string. 貓在玩弄一根線。◩ 進行體育活動；比賽：*play* at chess 下棋 ◪ 開玩笑；玩弄：*play* with fire 玩火 ◫ 演出；演奏；表演：*play* on the violin 拉小提琴 / What's *playing* at the theatre? 劇院在演甚麼戲？
◇ **play on** 利用；玩弄：They are *playing on* your generosity. 他們是在利用你的慷慨。/ **play with** 玩弄：a kitten *playing with* its tail 一隻玩弄自己尾巴的小貓
II *n* ◨ [U] 遊戲；玩耍：children at *play* 在玩耍的孩子們 ◩ [U] 運動；比賽 ◪ [C] 劇本；戲劇；表演：go to the *play* 去看戲

◇ **in play** 開玩笑的 □ **fair play** 公平比賽；公平對待 / **playmate** n 玩伴 / **plaything** n 玩具；玩物

play·er /'pleɪə(r)/ n

1 遊戲者 **2** 比賽者；選手 **3** 演員；演奏者 **4** 唱機

① performer, actor

play·ground /'pleɪgraʊnd/ n

操場；運動場；遊戲場

plea /pliː/ n [C]

1 〈律〉抗辯 **2** 懇求；請求 **3** 口實；辯解：under (on) the plea of a headache 借口頭痛

plead /pliːd/ vt, vi

(pleaded/pled, pleading)

1 辯護；抗辯：plead for sb 為某人辯護 **2** 懇求：plead sb for mercy 懇求某人寬恕 ▷ **pleader** n 抗辯人；辯護律師

pleas·ant /'pleznt/ adj

1 令人愉快的；舒適的；感覺好的：a flower with a pleasant smell 氣味宜人的花 / pleasant weather 舒適的氣候 **2** 友善的；讓人喜愛的：She seems a pleasant woman. 她看來是個令人喜愛的女人。 ▷ **pleasantly** adv / **pleasantness** n

① pleasing

① unpleasant

please /pliːz/

I ① vt 使高興；使滿意：He wasn't at all pleased. 他一點都不滿意。 / It pleased him to stay home. 他為呆在家裏而感到高興。 **②** vi **1** 高興；滿意：The film pleases. 這個電影令人滿意。 **2** 願意：Do what you please. 你願幹甚麼就幹甚麼。

◇ **if you please** 請：Come this way, if you please. 請這邊走。

II adv （表示禮貌）請：Please open the door. 請把門打開。/ Will you please be quiet? 請安靜好嗎？/ A cup of coffee, please. 請來一杯咖啡。

① delight

① displease

pleas·ing /'pliːzɪŋ/ adj

令人愉快的；合意的；可愛的：The wine is pleasing to the taste. 這酒味道不錯。/ a pleasing voice 悅耳的嗓音

pleas·ure /'pleʒə(r)/ n

1 [U] 愉快；高興；滿足 **2** [C] 樂事；樂趣：It's a pleasure to talk to you. 與你談話是一種樂趣。/ 'Thank you for helping me.' 'My pleasure.' "謝謝你的幫助。" "別客氣。" （意思是 "幫助你是我的樂趣。"）

◇ **for pleasure** 為了取樂；為了消遣 / **take pleasure in** 以…為樂；喜歡 / **with pleasure** 愉快地；願意地：He did the work with pleasure. 那件事他幹得很愉快。□ **pleasure trip** 觀光旅遊

pled /pled/ plead 的過去式和過去分詞

pledge /pledʒ/

I n [C, U] **1** 誓言；保證：They made a pledge to help us. 他們保證幫助我們。 **2** 信物；抵押品；典當：be in pledge 典當着；抵押着 **3** 祝酒；乾杯：drink a pledge to 為…舉杯

II vt **1** （使）發誓；保證：They pledged themselves never to tell the secret. 他們發誓永不泄密。 **2** 抵押；典當

ple·na·ry /'pliːnərɪ/ adj

1 全體參加的：a plenary session 全體會議 **2** 完全的；絕對的：plenary

power 全權

plen·ti·ful /ˈplentɪfl/ *adj*
富裕的；豐富的：Peaches are *plentiful* this year. 今年桃子很多。▷ **plentifully** *adv* / **plentifulness** *n*

plen·ty /ˈplentɪ/
I *n* 豐富；充足；大量：We have *plenty* of time. 我們有足夠的時間。/ There are good books in *plenty*. 好書很多。**II** *adj* 很多的；足夠的：She has *plenty* money. 她有很多錢。

plot /plɒt/
I *n* **1** 小塊土地：a vegetable *plot* 一塊菜地 **2** [C] 計劃；陰謀：a bomb *plot* 爆炸計劃 **3** 情節：a novel without *plot* 沒有情節的小說 **II ❶** *vt, vi* 密謀；策劃：*plot* a murder 策劃謀殺 **❷** *vi* **1** 密謀；策劃：*plot* for sb's assassination 策劃謀殺某人 **2** 劃分：*plot* out one's time 分配自己的時間

plough, plow /plaʊ/
I *n* **1** 犁 **2** 耕地 **3** 〈天〉北斗七星 **II** *vt, vi* 犁；耕：*plough* (up) the field 犁地

pluck /plʌk/
I ❶ *vt* **1** 採；摘；拔：*pluck* tea 採茶 / *pluck* apples 摘蘋果 / *pluck* feathers from a hen 拔雞毛 **2** 撥；彈：*pluck* the strings of a guitar 彈吉他弦 **3** 抓住：*pluck* a chance 抓住機會 **❷** *vi* 拉；想抓住：*pluck* at a chance 搶機會
◇ **pluck up** 拔起；鼓起；振作：*pluck up* one's courage 鼓起勇氣
II *n* **1** 拉；摘 **2** 採、摘的東西 **3** 撥彈器

plug /plʌg/
I *n* **1** 塞子；栓 **2** 〈電〉插頭 **3** 消防栓 **II** *vt, vi* （被）堵塞：*plug* up a hole 堵住一個洞
◇ **plug in** 插上插頭（接通電源）

plum /plʌm/ *n*
1 李；梅 **2** 葡萄乾
⇨ 插圖見〈專題圖説 9〉

plumb /plʌm/ *n*
鉛錘；垂球：out of *plumb* 不垂直的

plumb·er /ˈplʌmə(r)/ *n*
1 管子工 **2** [口]（防止政府人員泄密的）堵漏人員

plume /pluːm/ *n* 羽毛；羽狀物

plump /plʌmp/ *adj*
1 豐滿的 **2** 飽滿的

plun·der /ˈplʌndə(r)/
I *vt* 掠奪；搶劫：The enemy *plundered* the village. 敵人搶劫了村莊。**II** *n* [U] **1** 搶劫；劫掠 **2** 掠奪物；贓物

plunge /plʌndʒ/
I ❶ *vt* **1** 把…投入（插入）：*plunge* one's hand into water 把手插入水中 **2** 使陷入：*plunge* a country into war 使國家陷入戰爭 **❷** *vi* **1** 跳入：*plunge* into a swimming pool 跳入游泳池 **2** 陷入；投身：*plunge* into writing 專心寫作 **3** 猛衝：The children *plunged* out of the classroom when the bell rang. 鈴一響，孩子們衝出教室。
II *n* **1** 跳水：He took a *plunge* in the lake. 他跳進湖裏。**2** 投入；落下

plu·ral /ˈplʊərəl/
I *adj* 〈語〉複數的：a *plural* noun 複數名詞 / the *plural* form 複數形式
II *n* 〈語〉複數
◑ **singular**

plus /plʌs/

I *prep* 加;加上:Two *plus* three equals five. 二加三等於五。 **II** *adj* **1** 正的:the *plus* sign 正號;加號 **2** 標準以上的:get a B *plus* in English 英語得 B+ 的成績 **III** *n* 正號;加號

◑ minus

Plu·to /ˈpluːtəʊ/ *n* 〈天〉冥王星

pneu·mo·nia /njuːˈməʊnɪə/ *n* [U] 肺炎

pock·et /ˈpɒkɪt/

I *n* **1** 小袋;衣袋:a coat *pocket* 衣袋 / stand with one's hands in his *pockets* 手插在衣袋裏站着 **2** 錢袋;錢;財力:He paid for it out of his own *pocket*. 他用自己的錢付的賬。
◇ be in (out of) pocket 賺(賠)錢 / pick a pocket 扒竊;掏包
II *adj* 小型的;袖珍的:a *pocket* dictionary 袖珍詞典 / a *pocket* calculator 袖珍計算器
III *vt* **1** 裝入衣袋:He *pocketed* his wallet and keys. 他把錢包和鑰匙裝入衣袋。 **2** 侵吞;盜用
□ pocketbook *n* 小筆記本;[美] 皮夾;錢包 / pocket-knife *n* 折刀;小刀 / pocket money 零用錢 / pocket-size *adj* 袖珍的

pod /pɒd/

I *n* [C] **1** 豆莢 **2** 蠶繭
II **❶** *vt* 剝豆莢 **❷** *vi* 結莢;生莢

po·em /ˈpəʊɪm/ *n* [C]

詩;韻文:write a *poem* 寫詩 / a prose *poem* 散文詩

◑ verse

◑ prose

po·et /ˈpəʊɪt/ *n*

詩人:a romantic *poet* 浪漫主義詩人

▷ poetess *n* 女詩人

po·et·ic /pəʊˈetɪk/ *adj*

1 詩的;韻文的 **2** 詩人的;愛好詩的;有詩意的

po·et·ry /ˈpəʊɪtrɪ/ *n* [U]

1 [總稱] 詩;詩歌;詩集:Chinese *poetry* 中國詩歌 **2** 作詩技巧

point /pɔɪnt/

I *n* [C] **1** 尖;尖頭:the *point* of a needle 針尖 / a pen *point* 筆尖 / the *point* of the nose 鼻尖 **2** 〈數〉點;小數點;〈語〉標點:two *point* three 二點三(寫作 2.3) **3** 地點;位置:a strategic *point* 戰略點 / We stopped at different *points* along the road to buy food. 一路上我們在不同的地方停下來買吃的東西。 **4** 時刻:At one *point* in the meeting she nearly lost her temper. 會議期間,她一時幾乎要發脾氣。 **5** 分;分數:The judge gave her the highest *points*. 裁判給她打了最高分。 **6** 意義;目的:Jack sees no *point* in arguing with her. 杰克認為跟她爭吵沒有意思。
◇ a point of view 觀點 / in point 恰當的;中肯的 / off the point 離題 / to the point 中肯
II **❶** *vt* **1** 削尖;弄尖:*point* a pencil with a knife 用刀子削鉛筆 **2** 指向;指着:*point* a gun at a target 把槍指向靶子 / He raised his hand to *point* the way. 他抬起手指路。 **3** 加標點;加小數點
❷ *vi* 指出;指着:It's rude to *point* at another. 用手指着別人是不禮貌的。
◇ point out 指出:*point out* a mistake 指出一個錯誤

◑ direct

point·ed /ˈpɔɪntɪd/ *adj*
1 尖的 **2** 尖銳的；直截了當的
▷ **pointedly** *adv*

point·er /ˈpɔɪntə(r)/ *n*
1 指示者；指示物；指針 **2** 教鞭

poise /pɔɪz/
I *vt, vi* **1** （使）平衡；（使）均衡：
The dancer *poised* on her toes. 舞蹈者靠
腳尖站穩。 **2** （使）作好準備：*poise*
(oneself) for action 準備行動
II *n* [C, U] **1** 平衡 **2** 沉着；自信：
Mary has fine *poise* for one so young. 瑪
麗那麼小年紀就很沉着。

poi·son /ˈpɔɪzn/
I *n* [C, U] **1** 毒；毒藥：a bottle of
poison 一瓶毒藥 **2** 毒害 **II** *vt, vi* （使）
中毒；在…中放毒：a *poisoned* water
supply 被下了毒的水源 / Someone tried
to *poison* our cat. 有人想毒死我們的
貓。 **III** *adj* 有毒的：a *poison* plant 有
毒的植物 / a *poison* arrow 毒箭

poi·son·ous /ˈpɔɪzənəs/ *adj*
1 有毒的；有害的：*poisonous* weeds
毒草 **2** 惡毒的；惡意的：*poisonous*
words 惡語 ▷ **poisonously** *adv*

poke /pəʊk/
I *vt, vi* 戳；刺；捅；撥：*poke* the fire
撥火 / He *poked* me with his umbrella.
他用傘捅我。 **II** *n* 捅；刺；撥

pok·er[1] /ˈpəʊkə(r)/ *n* 撥火棒

pok·er[2] /ˈpəʊkə(r)/ *n*
撲克牌遊戲：play *poker* 打撲克

po·lar /ˈpəʊlə(r)/ *adj*
1 南極的；北極的；極地的：make a
polar expedition 作極地探險 **2** 〈物〉
〈化〉極的；極性的
□ **polar bear** 北極熊 / **polar circle** 極
圈

pole[1] /pəʊl/ *n*
桿；柱；篙：a flag *pole* 旗桿

pole[2] /pəʊl/ *n*
1 地極：the North (South) *Pole* 北（南）
極 **2** 〈物〉電極；磁極：the positive
(negative) *pole* 正（負）極
◇ **from pole to pole** 遍及世界 / **poles
apart** [口] 截然相反

po·lice /pəˈliːs/
I [單複同] *n* **1** [the police] 警察局；警
方 **2** 警察：two *police* 兩個警察
II *vt* 維持治安；警備
□ **police dog** 警犬 / **police officer** 警
官 / **police station** 警察局

po·lice·man /pəˈliːsmən/ *n* 警察
□ **policewoman** *n* 女警察

pol·i·cier /ˌpɒliˈsjeɪ/ *n* [法] 偵探片

pol·i·cy /ˈpɒləsɪ/ *n*
1 [C] 政策；方針：foreign *policy* 對外
政策 / economic *policy* 經濟政策 **2** [U]
策略；精明

pol·ish /ˈpɒlɪʃ/
I ❶ *vt* **1** 擦；擦亮；擦光：*polish* the
floor (furniture) 擦地板（傢俱） / Polish
your boots with a brush. 用刷子把靴子
擦亮。 **2** 使完美；改進：Your article
needs *polishing*. 你的文章需要潤色。 ❷
vi 發亮；光滑 **II** *n* [U] **1** 擦光劑；上
光油 **2** 擦亮：give one's shoes a *polish*
擦鞋 **3** 完美；優美 ▷ **polished** *adj* /
polisher *n*

po·lite /pəˈlaɪt/ *adj*
1 有禮貌的；溫和的：a *polite* answer
禮貌的回答 / Be *polite* to your parents.
對父母要有禮貌。 **2** 文雅的；有教養的
▷ **politely** *adv* / **politeness** *n*

◑ courteous
◐ rude, impolite

po·lit·i·cal /pəˈlɪtɪkl/ *adj*
政治的；政治上的：*political* power 政
權 / *political* theory 政治理論 / *political*
economics 政治經濟學 / *political* science
政治學 / a *political* party 政黨
▷ **politically** *adv*

pol·i·ti·cian /ˌpɒlɪˈtɪʃn/ *n*
1 政治家：a professional *politician* 職
業政治家 **2** 政客

pol·i·tics /ˈpɒlətɪks/ *n*
1 [用作單] 政治；政治學 **2** [用作複] 政
治活動；政治事務

poll /pəʊl/
I *n* **1** 人頭；一人：*poll* tax 人頭稅 **2**
民意測驗：conduct a *poll* 進行民意測驗
3 投票；選舉投票：go to *polls* 去投票
II ❶ *vt* **1** 對…進行民意測驗 **2** 獲得
…選票：He *polled* a million votes. 他獲
得一百萬張選票。❷ *vi* 投票：*poll* for
sb 投…的票
□ **polling place** 投票所 / **polling**
station 投票站

pol·len /ˈpɒlən/ *n* [U] 〈植〉花粉

pol·li·na·tion /ˌpɒləˈneɪʃn/ *n* 授粉

pol·lu·tant /pəˈluːtənt/ *n* [C, U]
污染物；排污者

pol·lute /pəˈluːt/ *vt*
1 污染：The river is *polluted* by
rubbish. 這條河已被垃圾污染了。**2** 玷
污；敗壞

pol·lu·tion /pəˈluːʃn/ *n*
1 污染：environmental *pollution* 環境
污染 / industrial *pollution* 工業污染 **2**
玷污；敗壞

po·lo /ˈpəʊləʊ/ *n*

〈體〉**1** 馬球 **2** 水球

pol·y·gon /ˈpɒlɪɡən/ *n*
〈數〉多邊形；多角形

pol·y·no·mi·al /ˌpɒlɪˈnəʊmɪəl/
I *adj* 〈數〉多項式的 **II** *n* 多項式

pol·y·tech·nic /ˌpɒlɪˈteknɪk/
I *adj* 工藝的；科技的 **II** *n* 工業大
學；工科學校

pol·y·thene /ˈpɒlɪθiːn/ *n*
〈化〉聚乙烯

pond /pɒnd/ *n* 池塘

pon·der /ˈpɒndə(r)/ *vt, vi*
默想；深思：*ponder* a question 深思一
個問題 / *ponder* over a matter 反覆思考
一件事

po·ny /ˈpəʊnɪ/ *n* 小馬；[口] 比賽用馬

pool[1] /puːl/ *n*
1 水塘；水池 **2** 小水坑 **3** 〈液體等〉
一灘；一片：a *pool* of blood (water) 一
灘血（水）

pool[2] /puːl/
I *n* **1** 彈子遊戲：play *pool* 玩彈子遊
戲 **2** 合夥經營；聯營 **II** *vt, vi* 合夥經
營；聯營：The children *pooled* their
money to buy a gift for mother. 孩子們
把錢湊起來給媽媽買一件禮物。

poor /pɔː(r), pʊə(r)/ *adj*
1 窮的；貧困的：a *poor* man 窮人 / a
poor family 貧困的家庭 **2** 缺乏的；缺
少的：a *poor* crop 歉收 / *poor* soil 瘠土
3 不好的；差的：a *poor* memory 不好
的記憶力 / in *poor* health 身體欠佳 **4**
可憐的：a *poor* fellow 可憐的傢伙 **5**
[the poor] 窮人；貧民

pop[1] /pɒp/
I *n* **1** 砰的一聲；爆破聲 **2** 一次射
擊；一槍 **II** ❶ *vt* **1** 使砰的一聲爆

開：*pop* rice (corn) 爆米（玉米）花 **2**
開槍：*pop* a rabbit 開槍打兔子 **3** 提出
（問題等）：*pop* a question at sb 冷不
防向…提問 **4** 迅速把…伸出：*pop* out
one's head 突然伸出頭 **❷** vi **1** 砰的一
聲爆開：The cork *popped* when it was
removed. 啪的一聲取開了瓶蓋。 **2** 開
槍：*pop* at a target 向靶子開槍
□ **popcorn** n 爆玉米花

pop² /pɒp/
I adj 流行的；普及的：*pop* music 流
行音樂 / *pop* singer 流行歌手
II n 流行音樂；流行歌曲
□ **pop-rock** n 流行搖滾樂

Pope /pəʊp/ n （羅馬天主教的）教皇

pop·u·lar /ˈpɒpjʊlə(r)/ adj
1 人民的；大眾的：*popular* opinion 民
意 **2** 流行的；受喜愛的：a *popular*
song 流行歌曲 / That teacher is very
popular with his students. 那位老師受到
學生的喜愛。 **3** 普及的；通俗的：
popular science readings 科普讀物 / a
popular edition 普及本

pop·u·lar·i·ty /ˌpɒpjʊˈlærɪtɪ/ n [U]
1 流行；普及 **2** 名望：enjoy high
popularity 享有很高聲望

pop·u·late /ˈpɒpjʊleɪt/ vt
居住於；生活於；向…移民：Some
pandas *populate* these woods. 一些大熊
貓棲息在這片林子裏。/ a densely
(sparcely) *populated* area 人口稠密（稀
少）地區

pop·u·la·tion /ˌpɒpjʊˈleɪʃn/ n
1 人口；居民總數：*population*
explosion 人口爆炸 / What is the
population of China? 中國有多少人口？
2 人數；數量：the student *population*

of a university 一所大學的學生人數 / the
elephant *population* of Africa 非洲的大
象數量

por·ce·lain /ˈpɔːsəlɪn/
I n [U] 瓷；瓷器 **II** adj 瓷的；瓷製的

porch /pɔːtʃ/ n
1 門廊；入口 **2** 走廊

pore¹ /pɔː(r)/ n
毛孔；氣孔；小孔：There are *pores* in
skin. 皮膚上有許多毛孔。 ▷ **pored** adj
有孔的

pore² /pɔː(r)/ vi
沉思；鑽研：*pore* over a problem 鑽研
一個問題 / *pore* over a book 專心看書

pork /pɔːk/ n [U] 豬肉
□ **porkpie** n 豬肉餅

po·rous /ˈpɔːrəs/ adj
1 多孔的；有氣孔或毛孔的 **2** 透水
的；透風的

por·ridge /ˈpɒrɪdʒ/ n [U]
粥：oatmeal *porridge* 麥片粥

port¹ /pɔːt/ n
港；港市：enter *port* 入港 / leave *port*
出港 / a free *port* 自由港 / a naval *port*
軍港 / a fishing *port* 漁港

port² /pɔːt/ n （船、飛機的）左舷
□ **porthole** n （船的）舷窗 / **portside**
n, adj 左舷（的）

port·a·ble /ˈpɔːtəbl/ adj
輕便的；手提的：a *portable* typewriter
手提打字機 / a *portable* television 便攜
式電視機

por·ter /ˈpɔːtə(r)/ n 搬運工；行李工

por·tion /ˈpɔːʃn/
I n 部分；一份：a large *portion* of the
products 大部分產品 / the first *portion*
of the book 書的前部 **II** vt 把…分成多

份： *portion* out food 分配食物
◐ part, share

por·trait /'pɔːtrɪt/ *n*
❶ 肖像；畫像；照片： a *portrait* painter 肖像畫家 ❷ 人物描寫
◐ picture

por·tray /pɔː'treɪ/ *vt*
❶ 畫；描述；描寫： *portray* a hero in a book 在書中描寫一位英雄 ❷ 扮演： *portray* a character in a play 在劇中扮演一個角色

pose /pəʊz/
I ❶ *vt* ❶ 使擺好姿勢： The photographer *posed* him carefully. 攝影師細心地給他擺好姿勢。 ❷ 提出；形成： *pose* a problem 提出問題 ❷ *vi* 擺好姿勢；擺出樣子： He *posed* for a photo. 他擺好姿勢照相。 II *n* 姿勢；姿態

po·si·tion /pə'zɪʃn/ *n* [C, U]
❶ 位置；方位： Can you determine the *position* of our ship? 你能確定我們船的方位嗎？ ❷ 地位；身份；職位： My uncle has a new *position* in the factory. 我叔叔在工廠裏有了一個新職位。 ❸ 姿勢；姿態： in a sitting *position* 坐姿 ❹ 主張；見解；態度： What's your *position* on this problem? 你對這個問題持甚麼態度？
◇ **(not) in a position to do sth** （沒）有條件；（沒）有資格做某事 / **in (out of) position** 在（不在）恰當的位置
◐ place
⇨ 用法說明見 JOB

pos·i·tive /'pɒzətɪv/
I *adj* ❶ 確定的；確信的；肯定的： a *positive* fact 確切的事實 / I am *positive*

about that. 我對此有把握。/ a *positive* reply 肯定的答覆 ❷ 積極的；有益的： *positive* help 有益的幫助 / *positive* factors 積極因素 ❸〈數〉〈物〉正的；陽性的： a *positive* number 正數 / *positive* charge 正電荷 / *positive* pole 正極 ❹〈攝〉正片的
II *n* ❶ 實在的事 ❷ 正面；〈物〉正極；陽極；〈數〉正數 ❸〈攝〉正片
▷ positively *adv*

pos·sess /pə'zes/ *vt*
❶ 具有；擁有： *possess* a house (a car) 擁有房子（汽車）/ The police asked me if I *possessed* a gun. 警察問我是否有槍。 ❷ 掌握；懂得： *possess* some English 懂得一點英語 ❸ 支配；控制；克制： *possess* oneself 耐着性子 / be *possessed* with an idea 一心想着一個念頭 / What *possessed* him to do such a thing? 甚麼使他做出這樣的事情？
◇ **be possessed of** 擁有；具有： be *possessed of* good health 擁有健康身體 / **possess oneself of** 取得；獲得
◐ have, control
◑ lose

pos·ses·sion /pə'zeʃn/ *n*
❶ [U] 所有（權）；擁有： He was found in *possession* of drugs. 他被發現擁有毒品。/ the information in his *possession* 他所擁有的信息 ❷ [常作 possessions] 所有物；財產： personal *possessions* 私有財產
◇ **come into possession of sth** 獲得某物 / **take possession of** 佔領；佔有
◐ ownership

pos·si·bil·i·ty /ˌpɒsə'bɪlətɪ/ *n*
❶ [U] 可能；可能性： Is there any

possibility of our getting there in time? 我們有可能準時趕到那裏嗎？ **2** [C] 可能的事；可能的情況： What are the *possibilities*? 有哪些可能發生的情況？

pos·si·ble /'pɒsəbl/

I *adj* 可能的： Few people thought before that it would be *possible* to send a man to the moon. 過去很少人認為能把人送上月球。/ It is *possible* that he will come here on time. 他準時到來是可能的。/ I will do everything *possible* to help you. 我將盡一切可能幫助你。

II *n* [C] 可能的人（或物）

◇ **as...as possible** 盡可能…： Come *as soon as possible*. 盡可能早點來。/ **if possible** 可能的話 ▷ **possibly** *adv*

🌑 probable, likely

🌓 impossible

post¹ /pəʊst/

I *n* 樁；柱；桿： door *posts* 門柱 / a distance *post* 路標 / a lamp *post* 路燈桿

II *vt* **1** 張貼（佈告等）： *Post* no bills! 禁止招貼！/ *post* up a notice 張貼告示

2 宣佈；公佈： The ship was *posted* missing. 那艘船已宣佈失蹤。/ The names of the members of the team will be *posted* up today. 隊員名單今天將公佈出來。

post² /pəʊst/

I *n* **1** 崗位；哨所；所： a command *post* 指揮所 / an observation *post* 觀察哨 **2** 職位；職守： a vacant *post* 空缺的職位 / at one's *post* 在崗位上；在職

II *vt* **1** 佈置；派崗： *post* sentries around the camp 在營地周圍佈崗 **2** 任命 ⇨ 用法説明見 JOB

post³ /pəʊst/

I *n* **1** 郵政；郵寄： send books by *post* 郵寄書籍 **2** 郵件： There is a heavy *post* today. 今天郵件很多。

II *vt* [主英] 郵寄： *post* a letter 寄一封信 / I must *post* off all my Christmas cards this week. 我必須把所有的聖誕卡在本週寄出去。

□ **postbox** *n* 信箱；郵筒 / **postcard** *n* 明信片 / **postman** *n* 郵遞員 / **postmark** *n* 郵戳 / **post office** 郵局 / **post-office box** 郵政信箱

post·age /'pəʊstɪdʒ/ *n* [U]

郵費；郵資： *postage* paid 郵資已付

post·er /'pəʊstə(r)/ *n*

1 標語；廣告 **2** 貼標語的人

pos·ter·i·ty /pɒ'sterətɪ/ *n* [U]

後代；子孫

post·pone /ˌpə'spəʊn/ *vt*

延緩；推遲： Let's *postpone* the meeting until next week. 我們把會議推到下週吧。/ The football game will be *postponed* until next Saturday. 足球賽將推遲至下星期六。

pos·tu·late /'pɒstjʊleɪt/

I *vt, vi* 〈數〉假設 II *n* **1** 〈數〉假設 **2** 必要條件

post·war /ˌpəʊst'wɔ:(r)/ *adj*

戰後的： in the *postwar* years 在戰後的年月

pot /pɒt/ *n*

1 鍋；盆；罐；壺： a flower *pot* 花盆 / a tea *pot* 茶壺 / a *pot* of coffee 一壺咖啡 / A little *pot* is soon hot. [諺] 壺小易熱，量小易怒。 **2** 獎品；獎金

◇ **keep the pot boiling** [口] 維持生計

po·tas·si·um /pə'tæsɪəm/ *n* [U]

〈化〉鉀

po·ta·to /pəˈteɪtəʊ/ n
（複 = potatoes）
土豆；馬鈴薯：sweet potato 甘薯
⇨ 插圖見〈專題圖説 10〉

po·ten·tial /pəˈtenʃl/
I adj 潛在的；〈物〉勢的：a potential danger 潛在的危險 / potential energy 勢能 II n [C] ❶ 潛勢；潛能；潛力 ❷〈物〉勢；位 ▷ **potentially** adv

pot·ter¹ /ˈpɒtə(r)/ n 陶工

pot·ter² /ˈpɒtə(r)/ vt, vi
閑蕩；消磨時光

pot·ter·y /ˈpɒtərɪ/ n [C, U] 陶器

poul·try /ˈpəʊltrɪ/ n
[常作 poultries] 家禽：a poultry farm 家禽飼養場 / The poultry are kept in the farm. 家禽養在飼養場裏。

pound¹ /paʊnd/ n
❶ 磅（重量單位，略作 lb.；合 0.454 公斤）❷ 英磅（貨幣單位，略作 £）：five pounds 五英磅

pound² /paʊnd/
I vt, vi 猛擊；敲打：pound nails into a board 把釘子敲入木板 / pound the door 用力敲門 / The waves pounded against the rocks. 海浪衝擊岩石。II n 重擊

pour /pɔː(r)/
I ❶ vt 倒；注：pour sb a cup of tea 給某人倒一杯茶 / Pour some wine into my glass. 在我杯裏倒些酒。❷ vi ❶ 傾注；傾瀉：Water is pouring out of the tap. 水從龍頭裏流出來。/ It is pouring. 大雨傾盆。/ It never rains but it pours. [諺] 不雨則已，一雨傾盆；禍不單行。❷ [喻] 涌出；涌入：Letters poured in from all quarters. 信件從四面八方涌來。/ Tourists pour into Hongkong during

the winter. 旅遊者在冬季涌入香港。
II n ❶ 倒；傾瀉 ❷ 傾盆大雨
◗ flow, flood

pov·er·ty /ˈpɒvətɪ/ n [U]
❶ 窮；貧困：live in poverty 過着貧窮的生活 ❷ 貧乏；缺少：poverty of thought 思想貧乏
◗ wealth

pow·der /ˈpaʊdə(r)/
I n [C, U] ❶ 粉末：milk powder 奶粉 / reduce sth to powder 把某物弄成粉 ❷ 香粉；〈醫〉藥粉；火藥 II ❶ vt 撒粉於；搽粉：Mother powdered her baby's skin. 媽媽在嬰兒身上搽粉。❷ vi 變成粉 ▷ **powdered** adj

pow·er /ˈpaʊə(r)/
I n [C, U] ❶ 力；力量：physical power 體力 / Knowledge is power. 知識就是力量。❷ 能力；本領：the power of speech 語言能力 / the power of vision 視力 / The doctor has done everything in his power for the patient. 醫生對病人已盡力而為。❸ 權力；勢力：a power struggle 權力鬥爭 / political power 政治力量 / come to power 上台掌權 ❹ 動力；電力；〈物〉功率：water power 水力 ❺ 有力量的人；大國；強國：an industrial power 工業大國 / world powers 世界大國 ❻〈數〉冪；乘方 ❼〈物〉（光學上的）放大率
II vt 提供動力：The plane is powered by a jet engine. 這架飛機由噴氣式發動機提供動力。
□ **powerhouse** n 發電站 / **power station** 發電站
◗ strength

pow·er·ful /ˈpaʊəfl/ adj

1 強有力的；強大的：a *powerful* army 強大的軍隊 **2** 效力大的；作用大的：*powerful* drugs 高效藥物

◐ powerless

prac·ti·ca·ble /'præktɪkəbl/ *adj*
可行的；行得通的：a *practicable* plan 切實可行的計劃 ▷ **practicably** *adv*

prac·ti·ca·bil·i·ty
/ˌpræktɪkə'bɪlətɪ/ *n* 可行性；實用性

prac·ti·cal /'præktɪkl/ *adj*
1 實踐的；實際的：*practical* work 實際工作 / a *practical* problem 實際問題 / She lacks *practical* experience. 她缺乏實踐經驗。 **2** 有實效的；實用的：Mother's dress is very *practical*. 媽媽的衣服很實用。/ He has many *practical* ideas. 他有許多可行的想法。

◇ **for (all) practical purposes** 實際上

◐ impractical, theoretical

prac·ti·cal·ly /'præktɪklɪ/ *adv*
1 實際上；事實上：*Practically*, such a view is wrong. 實際上，這種觀點是錯誤的。 **2** [口] 幾乎：The holidays are *practically* over. 假期幾乎要結束了。

◐ virtually, almost

prac·tice /'præktɪs/
I *n* **1** [U] 練習；實習；熟練：You need to get more *practice* before you take the driving test. 你在參加駕駛考試前，需要進行更多練習。 **2** [U] 實踐；實行：combine theory with *practice* 把理論與實踐相結合 **3** [C] 慣例；習俗：common *practice* 普遍做法 / a regular *practice* 習慣做法 / It is the *practice* to exchange gifts at Christmas time. 交換禮物是聖誕節的慣例。 **4** [C]（醫生、律師等的）業務：The doctor has a large

practice. 這個醫生有很多病人。

◇ **in practice** 實際上；開業中 / **out of practice**（因久不練習）生疏的 / **put into practice** 實施；付諸實踐：The plan was immediately *put into practice*. 計劃立即付諸實踐。

II *v* [美] = practise

◐ performance, custom

⇨ 用法説明見 HABIT

prac·tise /'præktɪs/
❶ *vt* **1** 練習；實習：*practise* running 練跑步 / *practise* a tune on the piano 在鋼琴上練習一支曲子 **2** 開業；從事：Fishing is widely *practised* in country streams. 在鄉村的小河裏，從事捕魚是很盛行的。 **3** 實踐；實行：He tells people that they should get up early; he *practises* it himself. 他告訴人們要早起，他自己也這樣做。 **❷** *vi* **1** 練習；實習；訓練：You'll never learn to ride a bicycle if you don't *practise*. 不經過練習永遠也學不會騎自行車。 **2** 從事：*practise* as a lawyer 當律師 / a *practising* doctor 開業醫生 ▷ **practised** *adj* 有經驗的；熟練的

◐ perform, exercise

prac·ti·tion·er /præk'tɪʃənə(r)/ *n*
1 開業者（醫生、律師等）**2** 從事者；實踐者

prai·rie /'preərɪ/ *n*
大草原：*prairie* fire 燎原大火

praise /preɪz/
I *n* [U] **1** 表揚；讚揚；讚美的話：Our work receives much *praise*. 我們的工作深受表揚。 **2**〈宗〉讚美

II *vt, vi* **1** 表揚；歌頌：The teacher *praised* her courage. 老師表揚她有勇

氣。/ One should not *praise* oneself. 人不該自誇。 **2** 〈宗〉讚美（神等）: *Praise* the Lord! 讚美上帝吧！

⊕ applaud

⊖ blame

pray /preɪ/ *vt, vi*

1 請求；懇求: Set me free, I *pray* you. 求求你，放了我吧。 **2** 〈宗〉祈禱；祈求: I *pray* to God to bless you. 我祈求上帝保佑你。/ He *prays* twice a day. 他一天做兩次禱告。

⊕ beg

pray·er¹ /preə(r)/ *n* [C, U]

1 祈禱；祈求: a morning *prayer* 早禱 / at *prayer* 在做禱告 / The old lady says her *prayers* every evening. 老太太每天晚上念禱文。 **|** 懇求

prayer² /preə(r)/ *n* 禱告者

preach /priːtʃ/ *vt, vi*

1 〈宗〉講道；說教: *preach* a sermon 佈道 / Christ *preached* to a large crowd. 基督對眾人講道。 **2** 鼓吹；說教: Mother *preaches* honesty to us every day. 媽媽每天向我灌輸為人誠實的思想。

preach·er /ˈpriːtʃə(r)/ *n* 傳道士；說教者

pre·ad·dict /ˌpriːəˈdɪkt/ *n* [美] 潛在的吸毒成癮者

pre·car·i·ous /prɪˈkeərɪəs/ *adj* 不穩定的；不安全的；危險的: make a *precarious* living 過着不穩定的生活 / Our financial situation is still *precarious*. 我們的經濟形勢還不穩定。

▷ **precariously** *adv*

pre·cau·tion /prɪˈkɔːʃn/ *n* [C, U] 預防；警惕: take *precautions* against

fire 注意防火

pre·cede /prɪˈsiːd/

❶ *vt* 先於；在…之前: The flash of lighting *preceded* the sound of thunder. 閃電在雷聲之前。/ He came in, *preceded* by his wife. 他在他妻子的後面進來了。 **❷** *vi* 居先；領先

▷ **preceding** *adj*

prec·e·dent

I /prɪˈsiːdənt/ *adj* 在前的；優先的

II /ˈpresɪdənt/ *n* [C] **1** 先例；〈律〉判例: establish (create, set up) a *precedent* for 為…開創先例 **2** 慣例: shatter (break) *precedent* 打破慣例

pre·cious /ˈpreʃəs/ *adj*

1 寶貴的；珍貴的: *precious* metals 貴金屬 / *precious* stones 寶石 / My time is *precious*. 我的時間很寶貴。 **2** 珍愛的；親愛的: my *precious* child 我的寶貝 / This toy is my most *precious* possession. 這件玩具是我最心愛的東西。

⊕ valuable

⊖ inexpensive

pre·cise /prɪˈsaɪs/ *adj*

1 精確的；準確的: *precise* calculations 準確的計算 / He speaks very *precise* English. 他的英語講得很準確。 **2** 明確的；確切的: give *precise* directions 作明確指示 / She is *precise* about her work. 她做事一絲不苟。 **3** 恰好的: at that *precise* moment 恰在那時

◇ **to be precise** （插入語）確切地講

⊕ exact

⊖ inexact

pre·cise·ly /prɪˈsaɪslɪ/ *adv*

1 精確地；明確地: speak *precisely* 說

話精確　**2** 正好；恰恰：The train leaves at eight o'clock *precisely*. 火車八時正開車。**3**（用於肯定回答）是；對 **⊕** exactly

pre·ci·sion /prɪ'sɪʒn/
　I *n* [U] 精確（性）；精密（度）：The information lacks *precision*. 這個消息不準確。**II** *adj* 精確的；精密的：a *precision* instrument 精密儀器

pred·e·ces·sor /'priːdɪsesə(r)/ *n*
　前輩；前任

pred·i·cate /'predɪkət/
　I *n* **1**〈語〉謂語 **2**〈邏〉謂項；謂詞 **II** *adj* 謂語的；謂項的

pre·dict /prɪ'dɪkt/ *vt, vi*
　預言；預告：He *predicted* a bright future for the child. 他預言這個孩子前程光明。

pre·dic·tor /prɪ'dɪktə(r)/ *n*
　預言者；預告者

pre·dic·tion /prɪ'dɪkʃn/ *n* [C, U]
　預言；預告：His *prediction* turned out to be correct. 他的預言被證明是對的。

pre·dom·i·nant /prɪ'dɒmɪnənt/ *adj*
　1 主要的；突出的：*predominant* colour 主色調 / *predominant* feature 主要特徵 **2** 處於支配地位的；佔優勢的
　▷ **predominantly** *adv*

pref·ace /'prefɪs/
　I *n* [C] 序言；前言：in the *preface* to this book 在本書的前言中 / write a *preface* to 給…寫前言 **II** *vt, vi*（給…）作序：*preface* a book 為一本書作序

pre·fect /'priːfekt/ *n*
　1（英國某些學校中的）級長；班長 **2** 地方行政長官

pre·fer /prɪ'fɜː(r)/ *vt*

（preferred, preferring）
　1 寧可；寧願；更喜歡：'Would you *prefer* coffee or tea?' 'Tea, please.' "你想喝咖啡還是茶？""我要茶。" / I *prefer* dogs to cats. 與貓相比，我還是喜歡狗。/ I should *prefer* you not to stay there long. 我倒希望你別在那裏久待。**2**〈律〉提出（控告等）：*prefer* a charge against sb 對某人提出控告
　⊕ favour

pref·er·a·ble /'prefrəbl/ *adj*
　更好的；更可取的：Poverty is *preferable* to ill health. 貧困總比多病好。▷ **preferably** *adv*

pref·er·ence /'prefrəns/ *n* [C, U]
　1 偏愛（物）；優先：I have a *preference* for the small car. 我更偏愛小型車。**2** 優先權；優惠：trade *preferences* 貿易優惠

pre·fix /'priːfɪks/ *n*
　1〈語〉前綴 **2**（人名前的）稱謂（如 Dr, Mr, Sir 等）

preg·nan·cy /'pregnənsɪ/ *n* [U]
　懷孕；孕期

preg·nant /'pregnənt/ *adj*
　1 懷孕的：She's six months *pregnant*. 她已懷孕六個月。/ She was *pregnant* with her first child. 她懷着第一個孩子。**2** 充滿的；富有的：His writings are *pregnant* of (with) poetry. 他的作品充滿詩意。

pre·his·tor·ic /ˌpriːhɪ'stɒrɪk/ *adj*
　史前的；有文字記載歷史以前的

prej·u·dice /'predʒʊdɪs/
　I *n* [C, U] **1** 偏見；成見：have a *prejudice* against sb 對某人有偏見 **2**〈律〉損害；侵害

II *vt* **1** 使抱偏見；使有成見： He is strongly *prejudiced* against me. 他對我很有偏見。 **2** 損害；不利於

pre·lim·i·nar·y /prɪ'lɪmɪnərɪ/
I *adj* 初步的；開始的；預備的： a *preliminary* examination 預考 / a *preliminary* hearing 初審 / *preliminary* remarks 開場白
II *n* **1** 預考；預賽 **2** 開端；起始

prel·ude /'prelju:d/
I *n* [C] 前奏；序幕；序曲
II *vt, vi* 作為序曲

pre·mier /'premɪə(r), 'pri:mɪə(r)/
I *n* 總理；首相 **II** *adj* 首位的；最前的；最先的： a matter of *premier* importance 頭等大事 / a *premier* product 主要產品 ▷ **premiership** *n*

prem·ise /'premɪs/ *n*
1 前提；先決條件： major (minor) *premise* 〈邏〉大（小）前提 / on the *premise* that 以…為先決條件 **2** [premises] 房屋；房產

pre·mi·um /'pri:mɪəm/ *n*
1 保險費： He pays monthly *premiums* on his insurance. 他每月交納保險費。
2 獎賞；獎金： The farmer received a *premium* for growing a new crop. 農民因種植一種新作物而得到一筆獎金。
◇ **at a premium** 在票面價值以上的； [喻] 非常珍貴 (的)

pre·oc·cu·pa·tion /ˌpri:ɒkjʊ'peɪʃn/ *n* [C, U]
1 搶先佔有；搶先奪取 **2** 全神貫注；入神

pre·oc·cu·py /pri:'ɒkjʊpaɪ/ *vt*
1 搶先佔有；搶先奪取 **2** 專心於；迷住： Her mind is *preoccupied* with

domestic cares. 她腦子裏全是家務事。

prep·a·ra·tion /ˌprepə'reɪʃn/ *n* [C, U]
1 準備；預備： mental *preparation* 精神準備 / He didn't do enough *preparation* for his exam. 他為考試所作準備不足。 **2** 製作；製劑： the *preparation* of samples 標本的製作 / a new *preparation* for cleaning the skin 一種新型皮膚清潔劑
◇ **be in preparation** 在準備中 / **make preparations for** 為…作準備

pre·pare /prɪ'peə(r)/
❶ *vt* **1** （使）準備；（使）預備： *prepare* one's lessons 準備功課 / *prepare* the students for the English exams 使學生為英語考試作準備 / be well *prepared* for sth 對某事有充分準備 **2** 作出；制訂： *prepare* plans for the coming battle 為即將進行的戰鬥制訂計劃 **3** 配製；調製： *prepare* a prescription 配藥 / *prepare* a meal 做飯 **❷** *vi* 作好準備： *prepare* for action 準備戰鬥 / *prepare* for the worst 作最壞的準備

prep·o·si·tion /ˌprepə'zɪʃn/ *n*
〈語〉前置詞；介詞

pre·scribe /prɪ'skraɪb/ *vt, vi*
1 命令；規定： a *prescribed* form 規定的格式 **2** 開（藥）： The doctor *prescribed* a new medicine for her. 醫生給他開了一種新藥。 / *prescribe* some pills for one's pain 開止痛片

pre·scrip·tion /prɪ'skrɪpʃn/ *n* [C, U]
1 命令；規定 **2** 藥方；處方： write out a *prescription* 開藥方

pres·ence /'prezns/ *n* [U]
1 出席；到場： Your presence is

requested at the meeting. 請您出席會議。/ We shall be very glad to have your *presence*. 有您出席我們會很高興。 **2** 面前；眼前：He never seemed at ease in my *presence*. 他在我面前總顯得不自在。/ speak in the *presence* of a large audience 在許多聽眾面前講話

◑ absence

pres·ent¹ /'preznt/

I *adj* **1** 現在的；目前的：at the *present* time 現在 / What's your *present* address? 你現在的地址是甚麼？ **2** 在座的；到場的；存在的：be *present* at a meeting 到會 / Small amounts of the gas are *present* in the atmosphere. 有少量這種氣體在空氣中存在。 **3** 〈語〉現在(時態)的：the *present* participle 〈語〉現在分詞 / the *present* perfect 〈語〉現在完成時 / the *present* tense 〈語〉現在時 **II** *n* 現在；目前；〈語〉現在時

◇ at present 當前；現在 / **for the present** 暫且 / **be present to** 出現在… / **up to the present** 至今 □ **present-day** *adj* 當前的；當代的：*present-day* English 當代英語

present² /prɪ'zent/ *vt*

1 贈送；給予：*present* a book to sb (*present* sb with a book) 送某人一本書 / Samples are *presented* free. 樣品免費贈送。/ *present* prizes 頒獎 **2** 提出；呈遞：*present* a report 呈遞報告 / Philips *presented* to the board a ten-point program. 菲利普斯向委員會遞交了一個十點方案。 **3** 呈現；描述；出示：*present* an invitation card at the entrance 在入口處出示請帖 / The book *presented* a faithful account of the event. 這本書忠實地描述了這一事件。 **4** 介紹；引見：May I *present* Mr. Brown? 我把布朗先生介紹一下，好嗎？ **5** 上演；播出

◇ present itself 出現；呈現：The problem *presents itself* for our solution. 這個問題等待我們去解決。/ **present oneself** 出席；到場：He *presented himself* for an examination. 他到場參加了考試。

present³ /'preznt/ *n* [C]

禮物：a birthday *present* 生日禮物 / exchange *presents* 互贈禮物

pres·en·ta·tion
/ˌprezn'teɪʃn/ *n* [C, U]

1 介紹；引見 **2** 贈送(儀式)；禮物：The *presentation* of prizes will begin at three o'clock. 頒獎儀式三點開始。 **3** 提出；呈遞：the *presentation* of a plan 提出一個計劃 **4** 表象；外觀；形式：the product's attractive *presentation* 迷人的產品包裝 / a man of solid *presentation* 外表壯實的人 **5** 上演；演出：the *presentation* of a new play 上演新劇 **6** 〈無〉圖像；掃描

pres·ent·ly /'prezntlɪ/ *adv*

1 一會兒；不久：I'm coming *presently*. 我一會兒就來。 **2** 現在；目前：The doctor is *presently* writing a book. 醫生正在寫一本書。

pres·er·va·tion /ˌprezə'veɪʃn/ *n* [U]

保存；保持；維護：the *preservation* of food 食品的保存 / the *preservation* of world peace 維護世界和平

pre·serve /prɪ'zɜːv/ *vt*

1 保護；維護：*preserve* one's eyesight 保護視力 / The old castle is well

preserved. 古堡得到很好保護。 **2** 維持： preserve order 維持秩序 **3** 保存；保藏： preserved fruit 果脯 / Salt preserves food from decay. 鹽能防止食物腐敗。 **II** n **1** [常作 preserves] 蜜餞；果醬；罐頭水果 **2** 禁獵地；禁區
▷ preserver n
● conserve

pre·side /prɪ'zaɪd/ vi
作會議的主席；主持： preside at (over) a meeting 主持會議 / preside over a radio programme 主持電台節目
▷ presider n

pres·i·dent /'prezɪdənt/ n
1 總統；國家主席： the President of France 法國總統 **2** 大學校長；院長；會長；社長；會議主席 **3** 銀行行長；董事長；總裁
□ president-elect n 當選總統

pres·i·den·tial /ˌprezɪ'denʃl/ adj
總統的；總統制的： a presidential election 總統選舉 / a presidential republic 總統制共和國

press /pres/
I ❶ vt **1** 壓；按；揿： Press the button to start the machine. 按這個按鈕開動機器。/ press the trigger of a rifle 扣步槍的扳機 **2** 壓榨；榨取；壓平： press the grapes 榨葡萄汁 / press a shirt 熨襯衫 **3** 催；逼迫；迫切要求： press sb for an answer 催促某人作出答覆 / She pressed her guests to stay longer. 她逼着客人多待一些時間。 **4** 使貼緊；緊握： The little boy pressed his nose against the window. 那個小男孩把鼻子緊貼在窗子上。/ press sb's hand 緊握某人的手 **❷** vi **1** 重壓；壓榨： Taxes press heavily on the people. 稅收沉重地壓在人民的頭上。 **2** 催；逼迫；迫切要求： press for an answer 催促作出答覆 **3** 擠着走： press forward 奮力向前
◇ be pressed for 缺少；缺乏 / press on with 加緊；繼續： Let's press on with our work. 我們加緊工作吧。
II n **1** 壓；按；榨；擠；熨： give sth a light press 輕輕按一下某物 **2** 擁擠；緊迫；繁忙： a press of people 擁擠的人群 / the press of work 工作的繁忙 **3** 新聞；新聞界；出版界；出版社： freedom of the press 新聞自由 / He is on the press. 他在報界工作。/ the Associated Press 美聯社
□ press-button n 按鈕 / press conference 記者招待會 / press proof 〈印〉清樣；機樣 / press release 新聞稿
▷ pressing adj
● print

pres·sure /'preʃə(r)/
I n [U] **1** 壓力；擁擠；緊迫： The eggs were broken by the pressure of other groceries. 雞蛋被別的食品壓破了。/ the pressure of affairs 事務繁忙 **2** 〈物〉壓力；壓強；電壓；大氣壓： blood pressure 血壓 / steam (water) pressure 氣（水）壓
◇ under pressure 受到壓力 / under the pressure of 在…的壓力下
II vt, vi 對…施加壓力；迫使
□ pressure-cook vt, vi 用壓力鍋煮 / pressure cooker 壓力鍋 / pressure gauge 壓力計；壓強計

pres·tige /pre'stiːʒ/ n [U]
威望；聲望： a man of high prestige 威望很高的人

pre·sum·a·bly /prɪˈzjuːməblɪ/ *adv*
據推測；大概；可能：*Presumably*, you have read this notice. 你大概看到了這個通知吧。

pre·sume /prɪˈzjuːm/ *vt, vi*
假定；猜想；相信：I *presume* that John will be back for dinner. 我想約翰會回來吃飯。/ You are Miss Smith, I *presume*? 你就是斯密斯小姐吧？

pre·sump·tion /prɪˈzʌmpʃn/ *n* [C]
假定；推測：The *presumption* is that he has lost his way. 據推測他是迷了路。

pre·tence, pretense
/prɪˈtens/ *n* [U]
■ 假裝；做作：He made a *pretence* of knowing much. 他裝作懂得很多。 ■ [C] 借口；託詞：under (on) the *pretence* of 以…為借口

pre·tend /prɪˈtend/
❶ *vt* ■ 假裝；借口：*pretend* sickness 裝病 / *pretend* to be asleep 假裝睡着了 / He *pretended* not to know me. 他裝作不認識我。 ■ 自稱；自封：He *pretends* to be a scientist. 他自封為科學家。 ❷ *vi* ■ 假裝；借口：He *pretends* as though he were innocent. 他假裝無罪。 ■ 自稱；自封：*pretend* to be talent 自稱有才能

pre·text /ˈpriːtekst/ *n*
借口；託詞：on (under) the *pretext* of 以…為借口 / The child didn't go to school under the *pretext* of a headache. 這個孩子以頭痛為借口沒去上學。

pret·ty /ˈprɪtɪ/
I *adj* ■ 漂亮的；標致的；秀麗的：a *pretty* garden 美麗的花園 / a *pretty* dress 漂亮的衣服 / She looks very *pretty*

with long hair. 她留着長髮看起來很漂亮。 ■ （諷刺語）好的；妙的：This is a *pretty* mess. 這可真是太"妙"了。
⇨ 用法説明見 BEAUTIFUL
II *adv* 相當；頗：*pretty* well 相當好 / *pretty* soon 不久 / It's *pretty* cold today. 今天相當冷。
⇨ 用法説明見 FAIRLY

pre·vail /prɪˈveɪl/ *vi*
■ 流行；普遍：This custom still *prevails* among some tribes. 在某些部族中這一習俗仍很流行。 ■ 勝過；優於；成功：Good *prevailed* over evil. 善戰勝了惡。
◇ **prevail on sb to do sth** 説服某人做某事：We could not *prevail on him to* marry the girl. 我們無法説服他娶那個姑娘。

pre·vent /prɪˈvent/
❶ *vt* ■ 防止；預防：*prevent* diseases 預防疾病 / His quick action *prevented* an accident. 他行動迅速，防止了一起事故。 ■ 阻止；制止：What *prevented* him from going? 甚麼事阻止了他去？ / They succeeded in *preventing* the fire from spreading. 他們成功地阻止了火勢的蔓延。 ❷ *vi* 阻止；妨礙：I'll come if nothing *prevents*. 如果沒有事情妨礙，我就來。 ▷ **preventive** *adj*

pre·ven·tion /prɪˈvenʃn/ *n* [U]
預防；阻止：*Prevention* is better than cure. 預防勝於治療。

pre·vi·ous /ˈpriːvɪəs/ *adj*
前面的；以前的：on the *previous* day 前一天 / in the *previous* page 在上一頁 / I have not had any *previous* experience. 我以前沒有過這方面的經驗。

◇ **previous to** 在…之前： Her grandfather died three days *previous to* her arrival. 她到達前三天她祖父就死了。 ▷ **previously** *adv*
● **prior**

prey /preɪ/
I *n* [U] **1** 被捕食的動物： The hawk is pursuing its *prey*. 鷹在追趕獵物。 **2** [喻] 犧牲品
◇ **fall a prey to** 成為…的犧牲品
II *vi* **1** 捕食： Cats *prey* on birds and mice. 貓捕食鳥和鼠。 **2** 折磨；損害： His failure *preyed* on his mind. 失敗使他感到苦惱。

price /praɪs/ *n* [C]
1 價格： set a *price* on sth 為某物定價 / Eggs are selling at a high (fair) *price*. 蛋正以高（平）價出售。/ *Prices* are rising (falling). 價格正上漲（下跌）。/ a selling (retail, wholesale) *price* 售（零售、批發）價 / a unit *price* 單價 **2** 代價： at the *price* of blood 以血的代價
◇ **at a price** 以高價 / **make a price** 開價 / **set a price on sb's head** 懸賞緝拿某人 □ **price list** 價格表 / **price tag** 價格標籤 ▷ **priced** *adj* 定價的
● **charge, cost**
⇨ 用法說明見 COST

prick /prɪk/
I ❶ *vt* **1** 刺穿；穿孔： *prick* holes in the paper 在紙上穿孔 / I *pricked* my finger with a needle. 我被針刺破了手指。 **2** 刺痛： Conscience *pricked* him. 良心刺痛了他。 ❷ *vi* 刺痛： The wound *pricks* badly. 傷口刺痛得厲害。
II *n* **1** 刺；穿孔 **2** 刺痛： I can still feel the *prick*. 我仍能感到刺痛。

▷ **prickly** *adj*
prick·le /ˈprɪkl/ *n*
（動植物的）刺；棘： Rose trees have many *prickles* on them. 玫瑰樹上有很多的刺。

pride /praɪd/ *n* [U]
1 自滿；驕傲： *Pride* goes before a fall. [諺] 驕者必敗。 **2** 自豪；自尊（心）： hurt sb's *pride* 傷了某人的自尊心 / They take great *pride* in their daughter. 他們為女兒感到十分自豪。/ false *pride* 虛榮心 / proper (honest) *pride* 自尊心 **3** 引以為豪的人（或物）： Grandfather's garden is his *pride*. 祖父的花園是他的驕傲。
● **arrogance**
◐ **modesty**

priest /priːst/ *n*
（宗教的）祭司；牧師；神父

pri·ma·ry /ˈpraɪmərɪ/
I *adj* **1** 首要的；主要的： a matter of *primary* importance 最為重要的事情 / the *primary* reason 主要原因 **2** 最初的；原始的；〈地〉原生的；〈植〉初生的： the *primary* stage of civilization 文明的初期 / a *primary* forest 原始森林 **3** 基本的；初級的；第一的： a *primary* school 小學 **II** *n* **1** 原色 **2** 初選
□ **primary colour** 原色 / **primary stress** 主重音 ▷ **primarily** *adv*
● **main, elementary**
◐ **secondary**

prime /praɪm/
I *adj* **1** 首要的；主要的；首位的： a matter of *prime* importance 頭等重要的事情 / the *prime* motive 主要動機 **2** 最好的；一流的： *prime* pork 上等豬肉 /

during the *prime* time（電視）在黃金時間 **3** 〈數〉質數的；素數的
II *n* **1** 青春；全盛時期：the *prime* of the year 春天 / in the *prime* of life 處在壯年期 **2** 〈數〉質數；素數
□ **prime meridian** 〈天〉本初子午線 / **prime minister** 總理；首相 / **prime number** 質數；素數 ▷ **primely** *adv*

prim·i·tive /ˈprɪmɪtɪv/ *adj*
1 原始的；遠古的：*primitive* society 原始社會 / *primitive* people 原始人 **2** 簡單的；粗糙的：*primitive* tools 粗糙的工具

prince /prɪns/ *n*
1 王子；親王 **2** 公爵；侯爵 **3** 君主；諸侯 **4** 〔喻〕名家；巨頭
◇ **the Prince of Peace** 耶穌
▷ **princedom** *n* 公國；侯國；王子的身份 / **princelike** *adj*

prin·cess /prɪnˈses/ *n*
1 公主；王妃；親王夫人 **2** 〔喻〕女巨頭；女名家

prin·ci·pal /ˈprɪnsəpl/
I *adj* **1** 主要的；首要的：*principal* food 主食 / *principal* source of income 主要收入來源 **2** 資本的；本金的
⇨ 用法說明見 MAIN
II *n* **1** 首；（中、小學）校長；負責人 **2** 主角 **3** 〈律〉主犯 **4** 〈經〉本金：*principal* and interest 連本帶利
▷ **principally** *adv*

用法說明：**Principal** 和 **principle** 兩詞發音相同，但意義不同。**Principle** 是名詞，指行為的規範、準則，如：live up to one's principles（按自己的準則行事）、a man of high principle（一個有節操的

人）。**Principal** 作名詞時，指學校、學院的領導人，在英國為大學、學院的校長、院長，在美國多指中學校長。**Principal** 也可作形容詞用，意為 "主要的"、 "首要的"。例如：My principal source of income is teaching.（我主要的收入來自教書。）

prin·ci·ple /ˈprɪnsəpl/ *n* [C]
1 原則；原理：the *principle* of free speech 言論自由的原則 / a matter of *principle* 原則問題 / These two machines work on the same *principle*. 這兩台儀器的工作原理是一樣的。**2** 道義；節操：moral *principle* 道義
◇ **in principle** 大體上 / **on principle** 按照原則
❶ rule, doctrine

print /prɪnt/
I ❶ *vt* **1** 印刷；刊印：*print* a book 印書 / The magazine was *printed* on a large press. 這本雜誌是由一台很大的印刷機印刷的。/ The book is poorly *printed*. 這本書印刷質量很差。**2** 印上；銘刻：His kindness is *printed* in my memory. 他的友好行為深深地印在我的記憶裏。**3** 〈攝〉複制；曬印 ❷ *vi* 印刷；刊印：The new machine *prints* rapidly. 新機器印刷很快。
II *n* [C, U] **1** 痕跡；印記：a finger *print* 指印 / a foot *print* 腳印 **2** 印刷；印刷字體：put an article into *print* 將文章付印 / in large (small) *print* 用大（小）號字印刷 **3** 圖片；照片
◇ **out of print** 已售完的 □ **printed matter** 印刷品 / **printshop** *n* 圖片店；印刷所 ▷ **printer** *n*
❶ press

print·ing /'prɪntɪŋ/ *n*
❶ 印刷；印刷業：*printing* press 印刷機 / *printing* ink 印刷油墨 ❷〈攝〉印象；複製

pri·or /'praɪə(r)/ *adj*
❶ 在先的；在前的 ❷ 優先的
◇ **prior to** 在…之前；優先於：He called me *prior to* his departure. 他出發前給我打了電話。

pri·or·i·ty /praɪ'ɒrɪtɪ/ *n*
❶ [U] 先；前：according to *priority* 按（時間等）次序 ❷ [U] 優先；重點：give *priority* to sth 優先考慮 ❸ [C] 優先考慮的事

prism /'prɪzəm/ *n*
❶〈數〉稜柱 ❷ 稜鏡；〈物〉光譜

pris·on /'prɪzn/ *n* [C, U]
監獄；監禁：go to *prison* 入獄 / be in *prison* 坐牢 / break *prison* 越獄 / The thief was sent to *prison* for a year. 小偷被監禁一年。

pris·on·er /'prɪznə(r)/ *n*
❶ 囚犯；被告；拘留犯 ❷ 俘虜：be taken *prisoner* 被俘 / a *prisoner* of war 戰俘

pri·va·cy /'praɪvəsɪ/ *n* [U]
❶ 清淨；獨居：live in *privacy* 獨居 ❷ 秘密：in *privacy* 私下裏 ❸ 隱私：There is not much *privacy* in these flats. 在這些公寓裏沒有多少隱私。

pri·vate /'praɪvɪt/
I *adj* ❶ 私人的；私有的：*private* affairs 私事 / *private* property 私人財產 / *private* ownership 私有制 / *private* secretary 私人秘書 ❷ 私下的；秘密的：a *private* conversation 密談
II *n*〈軍〉列兵；士兵

◇ **in private** 私下的（地）；秘密的（地）▷ **privately** *adv*
● **personal**
◑ **public**

priv·i·lege /'prɪvəlɪdʒ/ *n* [C, U]
特權；優惠：enjoy *privileges* 享有特權 / The city government gave us the *privilege* of using its data. 市政府特許我們使用它的資料。
● **right**

prize[1] /praɪz/
I *n* 獎金；獎賞：the first *prize* 頭等獎 / He won a *prize* in the school sports. 他在學校運動會上獲了獎。**II** *adj* 得獎的：a *prize* novel 獲獎小説 **III** *vt* 珍視：We *prize* the picture. 我們珍視這張照片。
□ **prizefight** *n* 職業拳擊賽 / **prizefighter** *n* 職業拳擊手 / **prizewinner** *n* 獲獎者

prize[2] /praɪz/
I *n* ❶ 捕獲 ❷ 戰利品 **II** *vt* 捕獲

prob·a·bil·i·ty /ˌprɒbə'bɪlɪtɪ/ *n* [C, U]
❶ 可能性；或然性：There is no *probability* of his coming. 他不可能來。❷ 可能的事或結果：A peace agreement is now a real *probability*. 現在看來，和平協議是很可能的事。❸ [U]〈數〉概率
◇ **in all probability** 很可能；多半

prob·a·ble /'prɒbəbl/ *adj*
或然的；很可能的：It is *probable* that he is wrong. 他很可能錯了。/ Illness is the *probable* reason for his absence. 他可能因為病了才沒來。▷ **probably** *adv*
● **likely**

◑ **improbable**

pro·ba·tion /prəˈbeɪʃn/ *n* [U]
❶ 試習（期）；試用（期）❷〈律〉緩刑 ❸ 檢驗；鑒定
◇ **on probation** 作為試用；察看；〈律〉緩刑：He went to work *on probation* in the factory. 他在工廠實習。

probe /prəʊb/
I *vt, vi* ❶ 探測；調查：*probe* a matter to the bottom 對一件事進行徹底調查 ❷ 用探針探查
II *n* ❶〈醫〉探針 ❷ 探查；調查

prob·lem /ˈprɒbləm/
I *n* [C] ❶ 問題；疑難：solve a difficult *problem* 解決一個棘手問題 / How to prevent forest fire is a *problem*. 怎樣防止森林火災是一個問題。❷〈數〉〈物〉習題；問題
II *adj* 成為問題的：a *problem* child〈心〉問題兒童

pro·ce·dure /prəˈsiːdʒə(r)/ *n* [C, U]
過程；程序：a matter of *procedure* 手續問題 / follow the necessary *procedures* 按照必要的程序

pro·ceed /prəˈsiːd/ *vi*
❶ 進行；繼續進行：*proceed* with one's work 繼續工作下去 / The lunch *proceeded* in silence. 午餐悄然進行。❷ 開始；着手：*proceed* to take off one's coat 開始脫衣服 / The trial may *proceed* now. 審判現在可以開始了。

proc·ess /ˈprəʊses/
I *n* [C] ❶ 過程；進程：the *process* of history 歷史的進程 / go through the same *process* again 重複同一過程 ❷ 工序；程序：What *process* is used in

making ice-cream? 製作冰淇淋用甚麼工序？❸（沿着特定的路線）前進：The old man *processed* down the highway. 老人沿着公路走下去了。
II *vt* 加工：food *processing* 食品加工 / *processed* leather 加工過的皮革
◑ **course, procedure**

pro·ces·sion /prəˈseʃn/ *n* [C, U]
❶ 隊列；隊伍：a *procession* of ants 一隊螞蟻 / a funeral *procession* 送葬行列 ❷（隊列）行進：walk in *procession* 列隊行進
◑ **parade**

pro·claim /prəˈkleɪm/ *vt*
宣佈；聲明：*proclaim* war 宣戰

proc·la·ma·tion /ˌprɒkləˈmeɪʃn/ *n*
宣佈；聲明

pro·duce /prəˈdjuːs/
I ❶ *vt* ❶ 生產；製造：The factory *produces* hundreds of tractors every week. 這家工廠每星期生產幾百台拖拉機。❷ 產生；引起：*produce* a sensation 引起轟動 / His speech *produced* a great effect on his listeners. 他的演講對聽眾產生了巨大影響。❸ 提出；出示：*produce* a library ticket 出示圖書證 / He suddenly *produced* a gun. 他突然拔出手槍。❹ 生育：The woman *produced* two fine daughters. 這個女人生了兩個好女兒。❷ *vi* 生產；製造：The oil well no longer *produces*. 這眼油井不產油了。
II /ˈprɒdjuːs/ *n* 產品；農產品：The farmer takes his *produce* to the market. 農民把自己產的東西拿到市場去賣。

pro·duc·er /prəˈdjuːsə(r)/ *n*
❶ 生產者；製造者 ❷（電影）製片人

prod·uct /'prɒdʌkt/ *n*
■ [C] 產品；產物：industrial *products* 工業產品 / the packing of *products* 產品包裝 ■ 結果；成果；作品：the *product* of one's labour 某人的勞動成果 ■ 〈數〉積：The *product* of 5 and 8 is 40. 五和八的乘積是四十。
● outcome

pro·duc·tion /prə'dʌkʃn/ *n*
■ [U] 生產；製作：go into *production* 投產/ be in mass *production* 在批量生產 / out of *production* 不再生產 / the *production* of paper 紙張的生產 / the *production* of several well-known films 幾部著名電影的製作 ■ [C, U] 產品；作品；產量：*Production* of cotton has increased in the last few years. 過去幾年裏棉花產量有所增長。

用法説明：**Production**、**produce**、**product** 三詞都和＂生產＂有關。**Production** 指生產的過程，如：mass production of computers（計算機的大規模生產）；**produce** 作名詞用時，一般指在農場生產的農產品，為不可數名詞，而 **product** 則多用於廠礦生產的產品，例如：The country's main products are timber, coal and time-pieces.（這個國家的主要產品是木材、煤和鐘錶）。

pro·duc·tive /prə'dʌktɪv/ *adj*
■ 生產的：the factory's *productive* capacity 工廠的生產能力 ■ 富饒的；多產的：*productive* soil 沃土 / a *productive* writer 多產作家
▷ **productively** *adv* / **productiveness** *n*

pro·duc·tiv·i·ty /ˌprɒdʌk'tɪvətɪ/ *n* [U]
■ 生產率 ■ 多產

pro·fes·sion /prə'feʃn/ *n* [C]
■ 職業：the teaching *profession* 教書的職業 / He is a lawyer by *profession*. 他的職業是律師。 ■ 聲明；表白：*professions* of loyalty 表忠心
● vocation

pro·fes·sion·al /prə'feʃənl/
I *adj* 職業的；專業的：*professional* knowledge 專業知識 / a *professional* footballer 職業足球運動員
II *n* 職業人員；專業人員
◑ amateur

pro·fes·sor /prə'fesə(r)/ *n*
（大學）教授；[美] 教師：*Professor* Smith 史密斯教授 / an associate *professor* 副教授

pro·fi·cient /prə'fɪʃnt/ *adj*
熟練的；精通的：a *proficient* typist 熟練的打字員 / She is *proficient* at (in) operating a computer. 她能熟練地操作計算機。

pro·file /'prəʊfaɪl/ *n*
■ 外形；形象；輪廓：the *profile* of a distant village 遠處村莊的輪廓 / keep a low *profile* 保持低姿態 ■ 側面（像）：She drew him in *profile*. 她給他畫了側面像。 ■ 傳略；人物簡介

prof·it /'prɒfɪt/
I *n* ■ 利潤：We sold our car at a *profit*. 我們賣車獲了利。/ net (gross) *profit* 純（毛）利 ■ [U] 利益；好處：What *profit* is there in doing this? 幹這件事有甚麼好處？
II *vt, vi* 有利（於）：She has certainly *profited* from spending a year in China.

她在中國呆了一年確實受益。/ A wise man *profits* from his mistakes. 聰明人從自己的錯誤中受益。

▷ **profitable** *adj*

❶ gain, benefit

❶ loss

pro·found /prəˈfaʊnd/ *adj*

❶ 深的；深刻的；深厚的：*profound* feelings 深厚的感情 / *profound* lessons 深刻的教訓 / a *profound* sleep 酣睡 ❷ 深奧的；淵博的：*profound* knowledge 淵博的知識 / a *profound* theory 深奧的理論

pro·gram(me) /ˈprəʊɡræm/

I *n* ❶ 節目；表演：a television *programme* 電視節目 ❷（計算機的）程序：write a *programme* 編程序 ❸ 教學大綱

II *vt, vi* ❶ 安排節目 ❷ 編制程序

❶ plan, schedule

prog·ress

I /ˈprəʊɡres/ *n* [U] ❶ 前進；進展：be in *progress* 在進行中 ❷ 進步；發展：He is not making much *progress* in his English. 他的英語進步不大。/ There has been much *progress* in the peace talks. 和平談判取得很大進展。

◇ **be in progress** 在進行中：The examination *is in progress*. 考試正在進行中。

II /prəʊˈɡres/ *vi* 前進；進步

❶ advance

pro·gres·sive /prəˈɡresɪv/ *adj*

❶ 先進的；進步的：*progressive* views 進步觀點 / a *progressive* thinker 進步思想家 ❷〈語〉進行（時）的：the *progressive* tense 進行時

pro·hib·it /prəˈhɪbɪt/ *vt*

禁止；阻止：Smoking is *prohibited* in this theatre. 本劇院禁止吸煙。/ be *prohibited* from riding bicycles on the sidewalk 被禁止在人行道上騎自行車

pro·hi·bi·tion /ˌprəʊhɪˈbɪʃn/ *n*

禁止；禁令

proj·ect

I /ˈprɒdʒekt/ *n* [C] ❶ 方案；計劃：draw up a *project* 制定方案 ❷ 工程；項目：key *projects* 重點工程

II /prəˈdʒekt/ ❶ *vt* ❶ 設計；計劃：our *projected* visit 我們計劃中的訪問 ❷ 發射；投擲：*project* a rocket into space 把火箭發射上天 ❸ 使凸出 ❷ *vi* 凸出；突出：The balcony *projects* over the garden. 陽台凸向花園。

❶ plan, design

pro·le·tar·i·an /ˌprəʊlɪˈteərɪən/

I *n* 無產者 II *adj* 無產階級的

pro·long /prəˈlɒŋ/ *vt*

延長；拖延：He *prolonged* his visit by one week. 他將訪問延長了一週。/ *prolong* a meeting 拖延會議時間

prom·i·nent /ˈprɒmɪnənt/ *adj*

❶ 突出的；傑出的：a *prominent* figure 傑出人物 ❷ 凸出的：a *prominent* chin 凸出的下巴

prom·ise /ˈprɒmɪs/

I *n* ❶ [C] 諾言；許諾：make a *promise* 許諾 / keep a *promise* 信守諾言 ❷ [U] 指望；出息：The crops are full of *promise*. 莊稼可望豐產。

II *vt, vi* ❶ 許諾；答應：She *promised* to come. 她答應來。/ He *promised* the reward to me. 他答應給我這份報酬。/ Be slow to *promise* and quick to perform. 允諾宜緩，履行宜速。 **2** 有指望；有前途： It *promises* to be a fine day. 有希望晴天。/ The boy *promises* to grow up to be a fine young fellow. 這男孩有希望長成個好青年。/ His plan *promises* well. 他的計劃大有希望。

prom·is·ing /'prɒmɪsɪŋ/ *adj*
有希望的；有出息的： a *promising* child 有出息的孩子 / *promising* crops 長勢好的莊稼

pro·mote /prə'məʊt/ *vt*
1 促進；提倡： *promote* understanding 增進了解 / *promote* what is right 提倡正確的東西 **2** 提升： The young man was *promoted* to captain. 這個年輕人被提拔為船長。
◑ advance
◐ hinder, impede

pro·mo·tion /prə'məʊʃn/ *n* [C, U]
1 促進；發揚 **2** 提升

prompt /prɒmpt/
I *adj* 敏捷的；快速的： a *prompt* reply 迅速答覆 / take *prompt* action 立即採取行動 / He is *prompt* in carrying out decisions. 他很快貫徹決定。
II *vt, vi* **1** 促使；鼓舞： What *prompted* you to do such a thing? 是甚麼促使你做這樣一件事情？ **2** 提示；提白： Don't *prompt* him when he is answering a question. 他回答問題時不要去提醒他。
▷ promptly *adv*

pro·noun /'prəʊnaʊn/ *n*
〈語〉代詞： personal *pronouns* 人稱代詞 / relative *pronouns* 關係代詞

pro·nounce /prə'naʊns/
❶ *vt* **1** 宣佈；斷言： The jury *pronounced* the man innocent. 陪審團宣佈此人無罪。 **2** 發音： How do you *pronounce* this word? 你怎麼念這個詞？ **❷** *vi* **1** 表態；發表意見 **2** 發音： *pronounce* distinctly 發音清楚
◑ declare

pro·nun·ci·a·tion /prə,nʌnsɪ'eɪʃn/ *n* [C, U]
發音： He has a good English *pronunciation*. 他的英語發音很好。

proof /pruːf/
I *n* [C, U] **1** 證據；證詞： Can you give *proof* that you own this car? 你有證據證明你擁有這輛車嗎？ **2** 證明；論證
II *adj* 不能穿透的： This room is *proof* against sound. 這間房子隔音。
□ **proof-read** *vt, vi* 校對 / **proof-reading** *n* 校對 / **proof sheet** 校樣 / **proof-test** *vt* 檢驗 **▷** proofless *adj* 無證據的
◑ evidence

prop /prɒp/
I *n* 支柱；支持者 **II** *vt* 支撐；支持： The fence is *propped* up with long poles. 籬笆用長竿支撐。/ *prop* a bicycle against a tree 把自行車靠在樹上

prop·a·gan·da /,prɒpə'gændə/ *n* [U]
宣傳： carry out *propaganda* on a large scale 大力宣傳

pro·pel /prə'pel/ *vt*
推進；推動： A sailing boat is *propelled* by wind. 帆船由風力推動。

pro·pel·ler /prə'pelə(r)/ *n*
螺旋槳；推進器

prop·er /'prɒpə(r)/ *adj*
1 適當的；恰當的： That's not the *proper* way to stop the machine. 這不是

停機的恰當方法。/ Do as you think *proper*. 你認為怎樣合適就怎樣辦。 **2** 特有的;專門的: a *proper* name 專有名稱 / a *proper* noun〈語〉專有名詞 **3** (用於名詞後) 嚴格意義上的;本身的: the dictionary *proper* 詞典正文 / the city *proper* 市區 ▷ **properly** adv

◑ **improper**

prop·er·ty /'prɒpətɪ/ n

1 [U] 財產;房地產: That machine is my *property*. 那台機器是我的財產。 **2** [C] 性質;特徵: Many plants have healing *properties*. 許多植物具有治療作用。/ physical (chemical) *properties* 物理 (化學) 性質 **3** (戲劇用的) 道具

◑ **possession**

proph·et /'prɒfɪt/ n 預言家;先知

pro·por·tion /prə'pɔːʃn/

I n **1** [U] 比率;比例: the *proportion* of men to women in the population 人口中的男女比例 **2** [C] 部分: A large *proportion* of the earth's surface is under water. 地球表面的大部分被水覆蓋。 **3** 均衡;勻稱: The statue lacks *proportion*. 這尊雕像比例失調。 **4**〈數〉比例;比例法

◇ **in proportion (to)** (與…) 成比例;相稱 / **out of proportion** 不成比例;不勻稱

II vt 使成比例;使勻稱: The designs in the rug are well *proportioned*. 地毯的圖案十分勻稱。

◑ **ratio, balance**

pro·por·tion·al /prə'pɔːʃənl/

I adj 成比例的 **II** n〈數〉比例項

pro·pos·al /prə'pəʊzl/ n

1 [C, U] 提議;建議 **2** 求婚: The girl accepted the young man's *proposal*. 姑娘接受了小夥子的求婚。

◑ **suggestion**

pro·pose /prə'pəʊz/

❶ vt **1** 提議;建議: *propose* a motion 提出一項動議 / We *propose* that the house be repaired. 我們提議對房屋進行修理。 **2** 求婚: *propose* marriage to sb 向某人求婚 **❷** vi **1** 提議;建議: Man *proposes*, God disposes. [諺] 謀事在人,成事在天。 **2** 求婚: The young man *proposed* to the girl. 小夥向姑娘求婚。 ▷ **proposer** n 提議者

◑ **suggest**

用法説明: **Propose** 和 **suggest** 兩詞在表示 "建議"、"提議" 時,有時可通用,但 **propose** 較正式,而且是經過思考後提出的,**suggest** 則可表示靈機一動為他人 "出個主意"。例如: At the meeting, the engineer proposed a new design for the building. (會上工程師對大廈提出一個新的設計方案。) As we came out of the theater, Julie suggested a Chinese meal. (我們從戲院出來時,朱莉建議去吃頓中餐。) 另外,注意 **suggest** 後面不能跟不定式 to,而要用動名詞或名詞,如: He suggested going there by bus / that we go there by bus. (他建議我們乘公共汽車去那裏)。不能説: He suggested to go there by bus。

---

prop·o·si·tion /ˌprɒpə'zɪʃn/ n [C] **1** 提議;建議 **2**〈數〉命題

pro·pri·e·tor /prə'praɪətə(r)/ n 業主;所有者

prose /prəʊz/

I n [U] 散文: a piece of *prose* 一篇散

文 **II** *adj* 散文的：*prose* poetry 散文詩

pros·e·cute /'prɒsɪkjuːt/

❶ *vt* **1** 從事；執行：*prosecute* a trade 從事一門行業 **2** 起訴：He was *prosecuted* for stealing. 他因偷竊被起訴。❷ *vi* 起訴

pros·pect /'prɒspekt/ *n* [C, U]

1 期望中的事：The *prospect* of getting a good job pleased her. 她很高興將要得到一份好工作。**2** 景色；視野：The *prospect* from our bedroom window is beautiful. 我們臥室窗外的景色很美。**3** [prospects] 前景；前途：open up broad *prospects* 開拓廣闊的前景 / a job with excellent *prospects* 有前途的工作

pros·per /'prɒspə(r)/ *vt, vi*

（使）繁榮；（使）昌盛：His business *prospered*. 他的生意興旺起來。

pros·per·i·ty /prɒ'sperətɪ/ *n*

繁榮；昌盛

pros·per·ous /'prɒspərəs/ *adj*

繁榮的；昌盛的：a *prosperous* businessman 富裕的商人 / make our country *prosperous* 使我國昌盛

pros·ti·tute /'prɒstɪtjuːt/ *n* 娼妓

pro·tect /prə'tekt/ *vt*

保護：*protect* the environment 保護環境 / *protect* the vegetables from the cold 保護蔬菜不受凍害 / *protect* the country against attack 保衛國家免受攻擊

◑ expose

pro·tec·tion /prə'tekʃn/ *n*

1 [U] 保護：consumer *protection* 對消費者的保護 / *protection* against the cold 防凍保護 / The job of the police is the *protection* of people from criminals. 警察的工作是保護人們不受罪犯傷害。**2**

[C] 防護物

pro·tec·tive /prə'tektɪv/ *adj*

保護的；防護的：take *protective* measures 採取保護性措施 / *protective* colouring〈生〉保護色

pro·tein /'prəutiːn/ *n* [C, U]

〈生化〉朊；蛋白質

pro·test

I /prə'test/ *vt, vi* **1** 抗議；反對：The crowd in the square is *protesting* against war. 廣場上的人群在抗議戰爭。/ When he began to speak, everyone *protested*. 他開始發言時，大家都表示抗議。**2** 聲言；表示：The accused man *protested* his innocence. 那人表示自己無罪。

II /'prəutest/ *n* **1** 抗議；反對：make a *protest* against 對…提出抗議 **2** 申明；斷言

◇ **under protest** 抗議着；存有異議

❶ object

◑ approval

Prot·es·tant /'prɒtɪstənt/

I *n*〈宗〉新教徒

II *adj*〈宗〉新教的；新教徒的

pro·ton /'prəutɒn/ *n*〈物〉質子

pro·to·plasm /'prəutəplæzəm/ *n* [U]

〈生〉原生質；細胞質

pro·tract /prə'trækt/ *vt*

延長；拖延：He *protracted* his stay for two days. 他多呆了兩天。/ a *protracted* argument 長時間的爭論

▷ **protraction** *n*

proud /praud/ *adj*

1 驕傲的；自大的：The *proud* boy boasted a great deal. 這個自負的孩子常說大話。**2** 自豪的；得意的：Tom is very *proud* of his new car. 湯姆為自己的

新車感到很得意。/ She was *proud* to be invited to speak. 她為被邀請講話而感到自豪。▷ **proudly** *adv*
- **◐ arrogant**
- **◑ humble**

prove /pruːv/
(proved, proved/proven, proving)
❶ *vt* ❶ 證實；證明：*prove* his innocence 證明他無罪 / She was *proved* to be right. 她被證明是正確的。/ *prove* oneself 顯示某人的能耐 ❷ 檢驗；試驗：*prove* a new weapon 試驗新武器 / *prove* sb's honesty 檢驗某人是否誠實 ❷ *vi* 表明是；證明是：The book *proved* (to be) useful. 這本書證明是有用的。

prov·en /ˈpruːvn/ **prove** 的過去分詞
prov·erb /ˈprɒvɜːb/ *n* 諺語；格言
pro·vide /prəˈvaɪd/
❶ *vt* ❶ 提供；供給：*provide* food and clothing for one's family 為全家提供衣食 / The letter *provided* us with all the information we needed. 這封信提供了我們所需要的一切信息。 ❷（法律等）規定：The rules *provide* that no one over 12 may enter the contest. 按規定，12歲以上的孩子不得參賽。 ❷ *vi* 作準備；預防：*provide* against accidents 預防事故 / They had to *provide* for their old age. 他們得攢錢防老。
▷ **provider** *n*
- **◐ supply**

pro·vid·ed /prəˈvaɪdɪd/ *conj*
假如：*Provided* (that) you leave no mess, you can camp in my field. 要是你們不弄亂七八糟，你們可以在我的地裏野營。

prov·i·dence /ˈprɒvɪdəns/ *n*

❶ 天意；天命 ❷ [Providence] 上帝
prov·ince /ˈprɒvɪns/ *n*
❶ 省：Shandong *province* 山東省 ❷ [provinces] 外地；鄉間 ❸ 領域；範圍：in the *province* of literary criticism 在文藝批評領域

pro·vin·cial /prəˈvɪnʃl/ *adj*
❶ 省的 ❷ 外省的；鄉間的

pro·vi·sion /prəˈvɪʒn/ *n*
❶ 供應 ❷ 條款；規定 ❸ [U] 預備；防備：make *provision* for the future 為將來作準備 ❹ [provisions] 糧食；給養：*Provisions* are plentiful. 糧食充足。

prov·o·ca·tion /ˌprɒvəˈkeɪʃn/ *n* [U]
❶ 挑釁；挑撥；激怒：military *provocation* 軍事挑釁 / resort to force on the slightest *provocation* 為一點小的緣由就動武 ❷ [C] 挑釁性的事

pro·voc·a·tive /prəˈvɒkətɪv/ *adj*
挑撥的；激怒的：*provocative* remarks 激怒人的話

pro·voke /prəˈvəʊk/ *vt*
❶ 挑撥；激怒：Bob's bad behaviour *provoked* the teacher. 鮑勃的不良表現使老師很生氣。 ❷ 挑逗；引起：*provoke* to smile 逗某人笑

pru·dent /ˈpruːdnt/ *adj*
謹慎的；慎重的

prune[1] /pruːn/ *n* 梅乾
prune[2] /pruːn/ *vt, vi*
❶ 修剪：*prune* roses 修剪玫瑰 / *prune* dead branches 剪去枯枝 ❷ 刪除；削減：*prune* a composition 刪改作文 / *prune* the budget 削減預算

psalm /sɑːm/ *n* 讚美詩；聖歌
psy·chi·a·try /saɪˈkaɪətrɪ/ *n* [U]
精神病學

psy·cho·log·i·cal
/ˌsaɪkə'lɒdʒɪkl/ adj 心理的；心理學的

psy·chol·o·gy /saɪ'kɒlədʒɪ/ n [U]
心理；心理學

pub·lic /'pʌblɪk/
I adj **1** 公眾的；公共的；社會的：
public affairs 公眾事務 / a *public*
telephone 公用電話 / a *public* library 公
共圖書館 / *public* life 社會生活 **2** 政府
的；公立的：a *public* document 政府文
件 / a *public* school 公立學校 **3** 公開
的：The scandal was made *public*. 丑事
公開了。**4** 知名的：a *public* figure 知
名人士 II n [the public] **1** 公眾；民眾
2 大眾；群體
◇ **in public** 公開地；當眾：The couple
quarrelled *in public*. 這對夫婦當眾吵
架。□ **public house** 小酒店 / **public
law** 公法 / **public opinion** 輿論；民意 /
public relations 公共關係；公關事業 /
public school 1 [英] 公學 **2** [美] 公立
學校
◐ **private**

pub·li·ca·tion /ˌpʌblɪ'keɪʃn/ n
1 [U] 發表；公佈；出版：the
publication of the election results 公佈選
舉結果 **2** [C] 出版物：a list of new
publications 新書目錄

pub·lic·i·ty /pʌb'lɪsətɪ/ n [U]
1 （公眾的）注意；名聲：The film
star's marriage got a lot of *publicity*. 影
星的婚事受到公眾的注意。**2** 宣傳；廣
告：give *publicity* to 公佈某事；宣傳某
事 / There has been much *publicity*
about this conference. 這次會議已經被
廣為宣傳。

pub·lish /'pʌblɪʃ/

❶ vt **1** 公佈；發表：*publish* an article
in the press 在報刊上發表文章 **2** 發
行；出版：When will this book be
published? 這本書甚麼時候出版？**❷** vi
發行；出版：The magazine *publishes* in
Hong Kong. 這本雜誌在香港出版。
◐ **issue**

pub·lish·er /'pʌblɪʃə(r)/ n
發行者；出版者；出版公司

puck /pʌk/ n 冰球

pud·ding /'pʊdɪŋ/ n [C, U]
布丁（西餐中一種松軟的點心）

puff /pʌf/
I vt, vi **1** 一陣陣地吹（或噴）：Don't
puff your smoke at me. 別朝我噴煙。**2**
噴着煙移動：The train *puffed* past the
station. 列車噗哧噗哧地駛過車站。**3**
喘息：After the race, he was *puffing*
hard. 賽跑完後，他氣喘吁吁。**4** 邊噴
邊吸（煙）：Father *puffed* at his pipe.
爸爸一口一口地抽着煙斗。
II n **1** （一）吹；（一）噴：a *puff* of
wind 一陣風 / a *puff* of steam 一股蒸氣
2 喘息 **3** 粉撲
◇ **out of puff** 氣喘吁吁地

pull /pʊl/
I **❶** vt **1** 拉；拖：The horse *pulled*
the cart up the hill. 馬把車拉上山。/
Mother *pulled* her son out of bed. 媽媽
拉兒子起床。/ Don't *pull* my hair. 別拉
我的頭髮。**2** 採；摘：*pull* flowers 採
花 / *pull* a tooth 拔牙 **❷** vi 拉；拖
◇ **pull apart** 拉開；撕成碎片 / **pull
away** 拉開；退走；逃跑 / **pull back** 把
…向後拉；退卻 / **pull down** 拉倒；拆
掉：They are going to *pull* that building
down. 他們要把那座建築物拆掉。/ **pull**

in 拉進；（車等）停下；進站：The train was just *pulling in* when we got to the station. 我們到車站時，火車剛進站。/ **pull into**（車等）到達 / **pull on** 拉緊；穿上；戴上 / **pull oneself up** 站起身來 / **pull through** 度過難關；恢復健康 / **pull together** 團結起來 / **pull up** 拔掉；根除；停下：We *pulled up* the weeds by the roots. 我們將草連根拔起。/ The car *pulled up*. 汽車停下來。

II *n* **1** 拉；拖；扯：give the door a *pull* 拉一下門 **2** 拉力；引力：the *pull* of the moon 月球的引力 **3** 一抽；一吸；一口：take a *pull* at the bottle 從瓶中喝一口（酒）

◑ draw
◐ push

用法說明：**Pull**、**drag**、**draw** 三詞均表示用力拉或拖某物，**pull** 用得最廣泛，如：pull a cart（拉車）、pull the plug out（把塞子拔出）；**drag** 多用於拉重物，摩擦力較大，如：drag the heavy chest across the floor（在地板上拖拉沉重的箱子）；**draw** 較正式些和文雅些，如：She drew me aside to whisper in my ear.（她把我拉到一邊跟我悄悄說話）。**Draw** 還常含有 "拉開" 或 "拉上" 的意思，如：draw the curtains open（拉開窗簾）。

pul·ley /ˈpʊlɪ/ *n* 滑輪
pulp /pʌlp/
 I *n* **1** 〈植〉果肉 **2** 紙漿
 II *vt, vi* 打成漿
pulse /pʌls/
 I *n* **1** 脈搏 **2** 〈物〉脈衝（波） **3** 〈音〉拍子；節奏
 ◇ **feel sb's pulse** 號脈

 II *vt, vi*（使）搏動；（使）跳動
pump /pʌmp/
 I *n* **1** 泵；抽機：a *pump* for drawing water from a well 用於從井裏取水的水泵 **2** 打氣筒：a bicycle *pump* 自行車打氣筒 II *vt, vi* **1** 抽吸：*pump* water from a well 從井裏抽水 **2** 打氣：*pump* air into a tyre 給輪胎充氣
pump·kin /ˈpʌmpkɪn/ *n* 南瓜
 ⇨ 插圖見〈專題圖說 10〉
punch¹ /pʌntʃ/
 I *vt* 用拳猛擊：One boxer *punched* the other. 一個拳擊手猛擊另一個拳擊手。 II *n* 拳打；一拳：give sb a *punch* on the nose 朝某人的鼻子打一拳
punch² /pʌntʃ/
 I *n* **1** 衝床；衝頭 **2** 打孔器
 II *vt* **1**（用衝床）衝 **2** 打孔：*punch* a hole in the ticket 在票上打孔
punc·tu·al /ˈpʌŋktʃʊəl/ *adj* 準時的；守時的：be *punctual* for a meeting 準時到會 ▷ **punctually** *adv*
punc·tu·a·tion /ˌpʌŋktʃʊˈeɪʃn/ *n* [U] **1** 標點符號 **2** 加標點
pun·ish /ˈpʌnɪʃ/ *vt, vi* 懲罰；處罰：The criminal was duly *punished*. 罪犯受到應有的懲罰。/ The shopowner was *punished* with a fine for selling smuggled goods. 店主因銷售走私品被罰款。
pun·ish·ment /ˈpʌnɪʃmənt/ *n* [C, U] 懲罰；處罰：a severe *punishment* 重罰 / capital *punishment* 死刑 / inflict a *punishment* on sb 處罰某人 / The criminals will not escape *punishment*. 罪犯逃脫不了懲罰。
pu·pil¹ /ˈpjuːpl/ *n* 小學生；學生

pu·pil² /'pju:pl/ *n* 〈解〉瞳孔

pup·pet /'pʌpɪt/ *n*

■ 木偶;玩偶 ■ 〈喻〉傀儡

□ puppet play (show) 木偶戲

pup·py /'pʌpɪ/ *n* 小狗;狗崽

pur·chase /'pɜːtʃəs/

I ❶ *vt* ■ 購買:*purchase* a car 購買一輛汽車 / *purchase* furniture 購買傢具 ■ 贏得;換取:Nothing truly valuable can be *purchased* without pains and labour. 不付出努力和勞動就得不到真正有價值的東西。 **❷** *vi* 購買東西:*purchasing* power 購買力

II *n* ■ [U] 購買;購置:the *purchase* of school books 買課本 / She made several *purchases* in the supermarket. 她在超級市場買了幾樣東西。 ■ [C] 所購物:fill the truck with *purchases* 把買來的貨物裝滿卡車 ▷ **purchaser** *n*

🔵 buy, obtain

pure /pjʊə(r)/ *adj*

■ 純的;淨的:*pure* gold 純金 / *pure* water 純淨的水 ■ 純潔的;清白的:*pure* motives 純潔的動機 / a *pure* young girl 純潔的女孩 ■ 完全的;十足的:It was a *pure* accident. 這完全是意外事故。 ▷ **purely** *adv*

🔵 spotless, perfect

🔴 impure

purge /pɜːdʒ/

I ❶ *vt* 清潔;淨化;清洗:*purge* water of its air 除去水中的空氣 / to *purge* one's soul from sin 清除思想中的罪惡 / *purge* a political party 清洗政黨 **❷** *vi* 清潔;淨化 **II** *n* 淨化;清洗

pu·ri·fy /'pjʊərɪfaɪ/ *vt, vi*

(使)純淨;(使)潔淨:*purify* water

(air) 淨化水(空氣)/ The salt has been *purified*. 這些鹽已經過淨化。

Pu·ri·tan /'pjʊərɪtən/

I *n* ■ (基督教新教的)清教徒 ■ 清教徒似的人

II *adj* ■ 清教徒的 ■ 清教徒似的

pu·ri·ty /'pjʊərətɪ/ *n* [U]

■ 純淨;潔淨;清白 ■ 〈化〉純度

pur·ple /'pɜːpl/

I *n* 紫色 **II** *adj* 紫色的

pur·pose /'pɜːpəs/ *n*

■ [C] 意圖;目的:What was your *purpose* in going to school? 你上學的目的是甚麼?/ The meeting took place for the *purpose* of selecting a new manager. 開會的目的是選一個新經理。/ Our *purpose* is to promote mutual understanding. 我們的目的是為了促進相互了解。/ have a *purpose* in life 有生活目標 ■ [U] 效果;意義:The book serves our *purpose*. 這本書對我們有用。 ■ [U] 意志;決心:a man of *purpose* 意志堅強的人

◇ for all practical purposes 實際上 / on purpose 故意:He did it *on purpose*. 他是故意這樣做的。/ to good purpose 有益地;有成效地 / to no (little) purpose (幾乎)無成效地

▷ **purposely** *adv*

⇨ 用法說明見 REASON

purse /pɜːs/

I *n* ■ 錢包;(女用)手提包 ■ 金錢;財力:That beautiful dress is beyond my *purse*. 那條漂亮的裙子我買不起。

II *vt, vi* 噘起:*purse* one's lips 噘起嘴唇

pur·sue /pə'sju:/

❶ *vt* **❶** 追趕；追捕：The police are *pursuing* an escaped prisoner. 警察在追捕逃犯。**❷** 進行；從事：*pursue* one's studies 從事研究 **❸** 追求；向…求愛 **❷** *vi* 追趕；追捕：The dog *pursued* after a rabbit. 狗追趕兔子。
◑ chase

pur·suit /pəˈsjuːt/ *n*
❶ [U] 追趕；追擊；追求：He worked hard in *pursuit* of happiness. 他努力追求幸福。**❷** [C] 事務；事業；職業：daily *pursuits* 日常事務 / engage in scientific *pursuits* 從事科學研究 / What's your father's *pursuit*? 你父親是幹甚麼的？

push /pʊʃ/
I **❶** *vt* **❶** 推；推動：*Push* the door; don't pull it. 推這門，別拉它。**❷** 推進；硬推：*push* one's way through the crowd 從人群中擠過去 **❸** 逼迫；促使：be *pushed* for time 感到時間緊迫 / If you *push* him too hard, he may make mistakes. 你如果對他逼得太緊，他可能會出錯。**❷** *vi* 推進；前行：*push* along 往前走
◇ **push on** 推動；推進：He *pushed on* with his work. 他努力推進自己的工作。/ **push over** 把…推到一邊 / **push through** 擠過去；促成：*push* a matter *through* 促成一件事
II *n* [C] **❶** 推；推動；推進：give the door a *push* 推一下門 **❷** 攻擊；進攻：make a *push* on the enemy 對敵人發起攻擊
□ **push button** 電鈕 / **push-button** *adj* 按鈕的 / **pushcart** *n* 手推車 / **pushup** *n* 〈體〉俯臥撐
◑ pull

put /pʊt/ *vt* (put, putting)
❶ 放；置：*put* a book on the desk 把書放到課桌上 / *Put* the chair near the window. 把椅子靠窗子放。**❷** 使得；迫使：*Put* your room in order. 把房間整理好。/ His boring lessons always *put* me to sleep. 他的乏味的課總使我入睡。**❸** 寫下；記上：*put* one's signature to a document 在文件上簽名 **❹** 表述；表達：*put* a sentence into English 把一個句子翻譯成英語 / His ideas are clearly *put*. 他的意思表達得很清楚。**❺** 拋；擲：*put* a shot 擲鉛球 / *put* a satellite into orbit 把衛星射入軌道
◇ **put down** 寫下；記下；鎮壓：*put down* a riot 鎮壓暴亂 / **put forward** 提出（建議等）：*put forward* a suggestion 提出建議 / **put off** 推遲：*put off* a meeting 推遲會議 / **put on** 穿上；戴上；裝出…的樣子；增加（體重）：She *put* her hat and coat *on*. 她戴上帽子，穿上外衣。/ **put out** 熄滅：*put* the fire *out* 把火撲滅 / **put through** 接通（電話）/ **put up** 樹起；舉起；貼出：*put up* your right hand 把右手舉起來 / **put up with** 忍受：How do you *put up with* that noise all day long? 你怎能忍受那終日不停的噪音？

puz·zle /ˈpʌzl/
I *n* [C] **❶** 難題；謎 **❷** 迷惑；困惑
II *vt, vi* （使）迷惑；苦思：The question *puzzled* me. 這個問題令我迷惑。/ I've been *puzzling* over the question. 我一直在思考這個問題。
◇ **puzzle out** 思索；想出：Have you *puzzle out* an answer to that riddle? 你想出謎底了嗎？

❶ trouble, question

Puzzle 疑難

pyg·my /'pɪgmɪ/ *n* 矮人；侏儒

py·ja·mas, pa·ja·mas
/pə'dʒɑːməz/ *n* （複數）
睡衣
⇨ 插圖見 CLOTHES

pyr·a·mid /'pɪrəmɪd/ *n*
1 金字塔 **2** 〈數〉稜錐體；角錐
⇨ 插圖見〈專題圖説 14〉

p

Q, q

Q, q /kjuː/ 英語字母表的第十七個字母

quad·rant /'kwɒdrənt/ *n*
1 四分之一圓周；九十度弧 **2** 扇形體

quad·rat·ic /kwɒ'drætɪk/
I *adj* 〈數〉二次的：*quadratic* equation 二次方程式 **II** *n* 二次方程式；二次項

quad·ri·lat·er·al /ˌkwɒdrɪ'lætərəl/
I *adj* 四邊的；四邊形的 **II** *n* 四邊形

qual·i·fi·ca·tion
/ˌkwɒlɪfɪ'keɪʃn/ *n* [C]
資格；合格證明：*qualifications* for a doctor 醫生的資格

qual·i·fy /'kwɒlɪfaɪ/
❶ *vt* **1** 使合格；使具有資格；取得資格：be *qualified* to do the work 勝任這項工作 **2**〈語〉限定；形容 ❷ *vi* 使合格；使具有資格；取得資格：*qualify* as a typist 取得打字員資格

qual·i·ty /'kwɒlətɪ/
I *n* [C, U] **1** 質；質量；優質：of good (poor) *quality* 質量好（差）/ products of *quality* 優質產品 **2** 品質：Jack's *qualities* are honesty and modesty. 誠實和謙虛是傑克的品質。**II** *adj* 優質的；高級的：*quality* shoes 高級鞋子

quan·ta /'kwɒntə/ **quantum** 的複數

quantity /'kwɒntətɪ/ *n*
1 數量；量：a great *quantity* 大量 **2** [常作 quantities] 大量：*quantities* of water pipes 大量的水管
❶ amount, sum
⇨ 用法説明見 AMOUNT

quan·tum /'kwɒntəm/ *n*
（複 = quanta）
1 量；定量；份額 **2**〈物〉量子

quar·rel /'kwɒrəl/
I *n* [C] 爭吵；不和：have a *quarrel* with sb about sth 因某事跟某人爭吵
II *vi* （quarrel(l)ed, quarrel(l)ing）爭吵；不和：*quarrel* with sb about sth 因某事跟某人吵架 / Bad workmen *quarrel* with their tools. [諺] 拙匠常怪工具差。
▷ **quarrel(l)er** 爭吵者
❶ dispute

quar·ry /'kwɒrɪ/ *n*
採石場：a marble *quarry* 大理石採石場

quart /kwɔːt/ *n*
夸脱（英美乾量或液量單位，1 夸脱 = 1/4 加侖或 2 品脱）

quar·ter /'kwɔːtə(r)/
I *n* **1** 四分之一；四等分：a *quarter* of a mile 四分之一英里 / three *quarters* of a mile 四分之三英里 **2** 一刻鐘：a *quarter* past two 兩點過一刻 **3** [quarters] 住宅；軍營：The troops moved into new *quarters*. 部隊搬進了新的營房。**4** 季度；三個月：during the first *quarter* 在第一季度 **5** 地區：We visited the poor *quarter* of the city. 我們參觀了這個城市的窮人區。
◇ **at close quarters** 逼近地
II ❶ *vt* **1** 把…四等分：Mother *quartered* the apple for her child. 媽媽替孩子把蘋果一切四份。**2** 供住宿；使駐

紮：That night I was *quartered* with a peasant. 那天晚上我住在一個農民家裏。❷ *vi* 住宿；駐紮

□ **quarter final** 四分之一決賽（的）/ **quarter hour** 一刻鐘 / **quarter note** 四分音符

quarterly /'kwɔːtəlɪ/
I *adj* 季度的 II *adv* 按季度：He pays his rent *quarterly*. 他按季付房租。III *n* 季刊

quay /kiː/ *n* 碼頭；埠頭

queen /kwiːn/ *n*
❶ 王后；女王；女首腦：Queen Victoria（英國）維多利亞女王 ❷ 女神；出眾的女人 ❸（紙牌中或國際象棋中的）王后

□ **Queen's English** 標準英語 / **queenlike** *adj* 女王般的 / **queen-size** *adj* 大號的 ▷ **queenly** *adj, adv*

queer /kwɪə(r)/ *adj*
❶ 奇怪的；神經不正常的：a *queer* fellow 怪人 / That's *queer*! 真怪！❷ 眩暈的；不服貼的：feel *queer* 覺得不舒服 ▷ **queerly** *adv* / **queerness** *n*
🕛 odd, strange
🕛 ordinary

que·ry /'kwɪərɪ/
I *n* 詢問；疑問：raise a *query* 提出疑問 II *vt, vi* ❶ 詢問；質問：*query* a witness 詢問證人 ❷ 對…提出疑問；懷疑：Nobody *queries* his ability to do the job. 沒有人懷疑他幹這項工作的能力。

quest /'kwest/
I *n* [C] 尋找；追求：in *quest* of truth 追求真理 II *vt, vi* 搜尋；追求

ques·tion /'kwestʃən/
I *n* ❶ [C] 問題；發問：a difficult

question 難題 / ask sb a *question* 問某人一個問題 / It's only a *question* of time. 這只是個時間問題。❷ 疑問；不確定：There is no *question* that he will come. 他肯定會來。❸〈語〉疑問句

◇ **call in question** 對…表示懷疑 / **in question** 正被談論的；可懷疑的 / **out of the question** 不可能的 / **without question** 毫無疑問

II *vt, vi* ❶ 詢問；審問：*question* a witness 審問證人 ❷ 懷疑：*question* the accuracy of the report 懷疑報導的準確性

□ **question mark** 問號
↪ 用法說明見 ASK

ques·tion·(n)aire
/ˌkwestʃə'neə(r)/ *n*
[法]（調查情況用的）問題單；調查表

queue /kjuː/
I *n* ❶ 辮子 ❷ 行列；隊伍：form a *queue* 排隊 / stand in a *queue* 排隊等候
◇ **jump the queue** 插隊
II *vt, vi* 排隊：*queue* up for tickets 排隊買票

quick /kwɪk/
I *adj* ❶ 快的；迅速的：Be *quick*! 快點！❷ 敏捷的；靈敏的：He is *quick* at figures. 他計算敏捷。❸ 性急的：a *quick* temper 脾氣急躁 II *adv* 快；迅速地：Run as *quick* as you can. 盡快跑。III *n* [U] ❶（尤指皮膚下或指甲下的）活肉 ❷ 要點；核心

◇ **to the quick** 觸及要害 □ **quick-eared** *adj* 聽覺靈敏的 / **quick-eyed** *adj* 眼睛尖的 / **quick-lunch** *n* 快餐 / **quick-tempered** *adj* 性急的；易怒的 / **quick-witted** *adj* 機智的 ▷ **quickly** *adv* /

quickness n
◑ fast, swift
◐ slow

quick·en /'kwɪkən/ vt, vi
加快：quicken one's steps 加快步伐 / His pulse *quickened*. 他的脈搏加快了。

quiet /'kwaɪət/
I adj **1** 寂靜的；靜止的：Be *quiet*! 別出聲！/ The class is *quiet*. 班裏一片寂靜。 **2** 肅靜的；不顯眼的：*quiet* clothes 樸素的衣服 **3** 暗中的；秘密的：Please keep it *quiet*. 請保密。 II n 寂靜；安靜 III vt, vi （使）平靜下來：The children soon *quieted* down. 孩子們很快安靜下來。
◇ on the quiet 秘密地 ▷ quietly adv / quietness n
◑ calm
◐ noisy

用法説明：Quiet、silent、calm 和 still 四詞都有"寂靜"、"寧靜"、"安靜"之意。在使用時要注意，quiet、silent、calm 三詞既可用來形容人，也可用來形容事物，但 still 一般只形容事物，如：a still night after a stormy day（一個風暴過後的寂靜的夜晚）。另外，這四個詞通常是指不具有某種品質，而不指具有某種品質。如：Be quiet! 靜一靜（意不要出聲！）、silent film 無聲電影（意影片沒有配音）、calm sea 寧靜的海洋（意沒有風浪）。

quilt /kwɪlt/ n 被子

quit /kwɪt/ vt, vi
（quitted / quit, quitting）
離開；退出；放棄：*quit* office 離職 / *quit* school 退學 / give sb notice to *quit* 通知某人離開
◑ leave, stop

quite /kwaɪt/ adv
1 頗；相當：It's *quite* hot today. 今天天氣相當熱。 **2** 完全；十分：Her performance was *quite* perfect. 她的演出十分完美。
⇨ 用法説明見 FAIRLY

用法説明：在英式英語中，quite 一詞可因重讀與否表達兩種不同的意思。以"She is quite beautiful."一句為例，若 quite 重讀，則表示"她不太漂亮"；若 quite 不重讀，則表示"她相當漂亮"。當 quite 與表示絕對的詞連用時，意為"完全"，不重讀，如：I quite agree with you.（我完全贊同你的意見。）

quo·ta /'kwəʊtə/ n 定額；限額

quotation /kwəʊ'teɪʃn/ n
1 引用；引證 **2** 引文；引語
□ quotation marks 引號

quote /kwəʊt/ vt, vi
1 引用；引述（他人的語言或文字）：He was *quoted* as saying he did not like the book. 據説他不喜歡這本書。 **2** 用引號把…括起來 ▷ quoter n

quo·tient /'kwəʊʃnt/ n
1〈數〉商 **2** 份額；應得的部分

R, r

R, r /ɑː(r)/ 英語字母表的第十八個字母

rab·bit /'ræbɪt/ n [C] 兔；野兔

race¹ /reɪs/

  I n [C] **1** （速度上的）**比賽**；**競賽**：a
horse (car) race 賽馬（車）/ arms race
軍備競賽 / a 1000-metre race 一千米賽
跑 **2** （河、海的）**急流**；**水道**

  II vt, vi **1** **與…比賽**：race with sb 與
某人比賽 / I will race you to the tree. 我
跟你比一比，看誰先到樹跟前。 **2** （使）
疾駛：Boats raced on the river. 船在河
上疾駛而過。

  □ **race course** 跑道；賽馬場 / **race
horse** 比賽用馬

  ◖ contest

race² /reɪs/ n [C, U]

  1 人種；民族：the white (black) race
白（黑）色人種 **2** （人、生物的）宗；
類：the human race 人類

ra·cial /'reɪʃl/ adj

  種族的；人種的：a racial problem 種族
問題 / racial discrimination 種族歧視

  ▷ **racialism** n 種族主義 / **racialist** n 種
族主義者 / **racially** adv

rack /ræk/

  I n [C] **架子**：a tool rack 工具架 / a
shoe (hat) rack 鞋（帽）架

  II vt **苦痛**；**折磨**：be racked with a
headache 受頭痛的折磨

ra·di·a·tion /ˌreɪdɪ'eɪʃn/ n [C, U]

  放射；輻射；發光；發熱：nuclear
radiation 核輻射

rad·i·cal /'rædɪkl/

  I adj **1** 根本的；基本的；徹底的：
radical principles 基本原理 / radical
reform 徹底的改革 **2** 〈數〉根的；〈化〉
基的；〈語〉詞根的 **3** 過激的；激進的

  II n **1** 根部；基本原理 **2** 〈數〉根
數；〈化〉基；〈語〉詞根 **3** 激進分
子；極端分子 ▷ **radicalism** n /
radically adv

ra·di·i /'reɪdɪaɪ/ radius 的複數

ra·di·o /'reɪdɪəʊ/

  I n **1** [U] 無線電；無線電話；無線電
報：send a message by radio 拍發無線
電報 **2** [U] 無線電台；無線電廣播：I
heard the news over (on, upon) the
radio. 我是從無線電聽到這條新聞的。
3 [C] 收音機：turn on (off) the radio 打
開（關上）收音機

  II vt, vi 發無線電報；用無線電通訊

  □ **radio receiver** 無線電接收機 / **radio
set** 收音機 / **radio station** 無線電台 /
radio wave 無線電波

ra·di·o·ac·tive /ˌreɪdɪəʊ'æktɪv/ adj

  〈原〉放射性的；放射引起的：
radioactive dust 放射性塵埃 / radioactive
element 放射性元素

ra·di·um /'reɪdɪəm/ n [U] 〈化〉鐳

ra·di·us /'reɪdɪəs/ n （複 = radii）

  1 半徑；半徑範圍 **2** 界限；範圍

raft /rɑːft, ræft/ n [C]

  木排；木筏；筏子：a log (rubber) raft
木（橡皮）筏

□ **raft-bridge** 筏橋；浮橋

rag /ræg/ n [C, U]

1 破布；抹布： clean the mirror with a *rag* 用抹布擦鏡子 **2** 碎片： flying *rags* of cloud 飄着的片片殘雲 **3** [rags] 破舊衣服

◇ **in rags** 穿着破舊衣服

rage /reɪdʒ/

I n [C, U] **1** 一陣大怒；憤怒： Jack was in a *rage* over the theft of his car. 傑克非常生氣，他的汽車被人偷走了。 **2** [C] 熱望： have a *rage* for (doing) sth 特別喜愛某事物（做某事）

◇ **fly into a rage** 勃然大怒

II vi **1** 大怒： *rage* at sb 對某人發怒 **2** （風）狂吹；（浪）洶涌： The storm *raged* for hours. 暴風颳了幾個小時。

rag·ged /ˈrægɪd/ adj

1 破舊的；襤褸的： a man in *ragged* clothes 穿着破舊衣服的人 **2** 不整齊的；蓬亂的

◑ **neat**

raid /reɪd/

I n **1** （突然）襲擊： an air *raid* 空襲 / We made a *raid* upon the enemy's camp. 我們襲擊了敵營。 **2** （警察等的）查抄；搜捕 **II** vt, vi **1** 襲擊；劫掠： The burglars *raided* a bank. 盜賊洗劫了一家銀行。 **2** 查抄；搜捕： The policemen *raided* the night club. 警察查抄了夜總會。 ▷ **raider** n

rail /reɪl/

I n [C] **1** 橫杆；欄杆： a towel *rail* 掛毛巾的橫杆 / The crib has *rails* round the sides. 嬰兒床四周有欄杆。 **2** 鐵軌；鐵路： a single (double) line of *rails* 單（雙）軌鐵路 / travel by *rail* 乘火車旅行

II vt 用欄杆圍住

◇ **off the rails** 出軌的；混亂的 / **on the rails** 順利進行的 □ **railman** n 鐵路工人

rail·road /ˈreɪlrəʊd/ n

[美] 鐵路；鐵道；鐵路部門

□ **railroad bridge** 鐵路橋 / **railroad station** 火車站

rail·way /ˈreɪlweɪ/ n

[主英] 鐵路；鐵道；鐵路部門： build a new *railway* 建新鐵路

□ **railway station** 火車站

rain /reɪn/

I [C, U] n **1** 雨；一場雨： a heavy (light) *rain* 一場大（小）雨 **2** （雨點般地）落下： a *rain* of bullets 一陣彈雨

II vt, vi **1** 下雨： It's *raining*. 下雨了。 / It never *rains* but it pours. [諺] 不雨則已，一雨傾盆。 **2** （使）雨點般地落下： Bits of coloured paper *rained* on the bride and groom. 彩色紙屑撒在新娘和新郎的身上。

□ **raincoat** n 雨衣 / **raindrop** n 雨點 / **rainfall** n 降雨量 / **rainstorm** n 暴風雨 ▷ **rainless** adj

rain·bow /ˈreɪnbəʊ/ n 虹；彩虹

rain·y /ˈreɪnɪ/ adj

下雨的；多雨的： a *rainy* day 雨天 / the *rainy* season 雨季

raise /reɪz/

I vt **1** 舉起；使升高： *raise* one's eyes 舉目看 / *raise* one's hat to sb 向某人舉帽致敬 / We all *raised* our glasses to our host. 我們共同為主人舉杯。 **2** 提高；增加；提拔： *raise* the living standards of the people 提高人民的生活水平 / *raise* one's voice 提高嗓門 **3** 提出；發

出：*raise* a question for discussion 提出問題供討論 / We don't want the subject to be *raised* again. 我們不希望再提出這個問題。 **4** 種植；飼養；養育：*raise* crops 種莊稼 / The farmer *raises* chickens and corn. 那個農民養雞並種玉米。/ The baby was *raised* on milk. 這個嬰兒是用牛奶喂大的。 **II** *n* **1** 舉起；升起 **2** 增加 ▷ **raised** *adj*

❶ lift
❶ lower

rai·sin /ˈreɪzn/ *n* 葡萄乾

ral·ly /ˈrælɪ/
I *n* 群眾集會 **II** *vt, vi* **1** 召集；團結：The officer *rallied* his troops after the defeat. 戰敗後軍官重整他的部隊。 **2** 振作（精神等）；恢復：*rally* one's spirits 振作精神

ram /ræm/
I *n* 公羊
◇ **milk a ram** 做徒勞無益的事
II *vt, vi* 猛擊：A truck *rammed* our car. 一輛卡車撞在我們車上。

ran /ræn/ **run** 的過去式

ranch /rɑːntʃ/ *n*
大牧場；大農場

ran·dom /ˈrændəm/ *adj*
1 隨便的；任意的：a *random* guess 瞎猜 / a *random* selection 任意選擇的東西 **2** 〈數〉隨機的：*random* number 隨機數
◇ **at random** 隨便地；任意的：shoot *at random* 胡亂射擊 ▷ **randomly** *adv*

rang /ræŋ/ **ring** 的過去式

range /reɪndʒ/
I *n* [C] **1** 範圍；區域；幅度：a wide *range* of choice 廣泛的選擇範圍 / His

knowledge is of wide *range*. 他的知識面很廣。 **2** 排；行；一系列：a *range* of buildings 一排房屋 **3** 山脈：a mountain *range* 山脈 **4** 〈軍〉射程；距離：out of *range* 射程以外
◇ **at close range** 在近距離；接近地 / **in (within) range** 在射程內：The bird came *in range* of my gun. 鳥進入我的射程。
II ❶ *vt* 排列：*range* books on the shelf 把書排在書架上 / *range* the pupils in a line 讓小學生排列成隊 ❷ *vi* **1** 漫遊；涉及：*range* through the woods 在森林裏來回走 **2** （在一定範圍內）變動；變化：The ages of the students *range* from 12 to 16 years old. 學生的年齡在十二到十六歲之間。
❶ sphere

rank /ræŋk/
I [C, U] *n* **1** 排；列；〈軍〉行列 **2** [ranks] 隊伍；軍隊；士兵：serve in the *ranks* 服兵役 **3** 地位；階層；〈軍〉軍銜：the *rank* of colonel 上校軍銜
◇ **the rank and file** 普通士兵（非軍官）；普通成員
II *vt, vi* **1** （把…）列隊；分等級：The students are *ranked* according to their marks. 把學生按分數排隊。/ Mary *ranks* second in her class. 瑪麗在班上名列第二。

ran·som /ˈrænsəm/
I *n* **1** 贖金 **2** 敲榨；勒索
II *vt* **1** 贖回 **2** 敲榨；勒索

rape /reɪp/
I *n* 強姦；強姦罪 **II** *vt, vi* 強姦；蹂躪

rap·id /ˈræpɪd/ *adj*
1 快的；迅速的：a *rapid* train 一列快

車 / a *rapid* worker 快手 **2** （斜坡）陡
的；險峻的
▷ **rapidly** adv / **rapidness** n
❶ quick, fast, speedy
❍ slow

rare /reə(r)/ adj
1 稀有的；罕見的：a *rare* metal 稀有
金屬 / It is *rare* for him to come here. 他
很少來這裏。 **2** 傑出的；珍貴的：a
rare book 珍本 ▷ **rareness** n
❶ unusual, uncommon
❍ common

rarely /'reəlɪ/ adv
1 很少；難得：We *rarely* go swimming
in winter. 我們冬天很少去游泳。/ *Rarely*
can we see this animal now. 我們現在難
得看到這種動物。 **2** 極好地

ras·cal /'rɑːskl/ n
1 流氓；無賴 **2** 小淘氣

rash /ræʃ/ adj
1 急躁的；性急的：a *rash* young man
性急的年輕人 **2** 輕率的 ▷ **rashly** adv
/ **rashness** n

rat /ræt/ n
1 老鼠；耗子 **2** 叛徒；密探

rate /reɪt/
I n **1** [C] 比率；率：a rising crime
rate 上升的犯罪率 **2** [C] 速度；速率：
The train is going at a *rate* of 60 miles
an hour. 火車正以每小時六十英里的速
度行進。 **3** 價格；費用：These apples
are sold at the *rate* of 2 dollars per
kilogram. 這些蘋果以每公斤 2 美元的價
格出售。
◇ **at any rate** 無論如何
II vt **1** 對…估價；對…評定 **2** 認
為；列為：He is *rated* fifth in the class.

他在班裏名列第五。

rath·er /'rɑːðə(r)/ adv
1 寧可；寧願：I would *rather* stay at
home. 我寧願待在家裏。/ I'd *rather*
travel by train than by bus. 我寧可坐火
車也不坐汽車。 **2** 相當；有點兒：It's
rather hot. 天有點兒熱。/ You've done
rather well. 你做得相當好。
◇ **rather than** 與其…（不如）：She is
a worker *rather than* a writer. 與其説她
是個作家，不如説她是個工人。
↪ 用法説明見 FAIRLY

rat·i·fy /'rætɪfaɪ/ vt
批准；認可：*ratify* an agreement 批准
一項協定

rat·ing /'reɪtɪŋ/ n
1 等級；級別 **2** 定額；額定值

ra·ti·o /'reɪʃɪəʊ/ n [C]
比；比率；〈數〉比例：in the *ratio* of 3
to 1 以三比一的比例

ra·tion /'ræʃn/
I n **1** （食物等的）定量 **2** 〈軍〉給養
II vt 配給；分發：Sugar and meat are
rationed during wartime. 食糖和肉在戰
時實行配給。

ra·tion·al /'ræʃnəl/
I adj **1** 有理性的；推理的；〈數〉有理
的：Man is a *rational* being. 人是有理
性的動物。 **2** 合理的；適度的：a
rational explanation 合乎情理的解釋
II n 〈數〉有理數 ▷ **rationalism** n /
rationalist n / **rationally** adv

rav·age /'rævɪdʒ/
I vt, vi 蹂躪；毀壞 **II** n **1** 蹂躪；毀
壞 **2** 破壞的結果

raw /rɔː/ adj
1 生的；未煮過的：*raw* fish 生魚 / eat

meat *raw* 生吃肉 **2** 未加工的；半加工的：*raw* cotton 原棉 / *raw* data 原始資料 **3** 不成熟的：a *raw* hand 生手

◑ crude

◑ cooked

ray /reɪ/ *n* [C]

1 光線；射線；輻射線：A *ray* of light shone through the keyhole. 鎖眼裏透過一縷亮光。**2** 光輝；一線光芒：a *ray* of hope 一線希望

◑ beam, radiation

ra·zor /'reɪzə(r)/ *n* 剃刀

◇ **as sharp as a razor** 極精明的

reach /riːtʃ/

I *vt, vi* **1** 抵達；到達；達到：When does the train *reach* Shanghai? 火車甚麼時候到達上海？/ The ladder won't quite *reach* the window. 梯子還夠不到窗子。**2** 伸出（手等）：*reach* out for the dictionary 伸手拿詞典 **3** 影響；起作用：This rule doesn't *reach* the case. 這條規則不適用於這種情況。

II *n* [C, U] **1** 伸；伸出：make a *reach* for sth 伸手拿某物 **2** 到達距離；能及的範圍：be out of the *reach* of the guns 在槍炮的射程以外 / The apple is within easy *reach*. 一伸手就能拿到蘋果。

用法說明：**Reach**、**arrive**、**get to** 三詞在表示"到達"時，**reach** 是及物動詞，後可直接跟到達的地點，如：He reached Shanghai at 10 pm. （他晚上 10 點鐘抵達上海。）**Arrive** 是不及物動詞，在地點前要加介詞 in 或 at，in 用於大的地方，at 用於較小的地方，如：arrive at the airport / the village （到達飛機場 / 村莊）：arrive in London / Canada （到達倫敦 / 加拿大）。**Get to** 在口語裏用得較多，如：You can get to the museum by bus. （你可以乘公共汽車到博物館）。

re·act /rɪ'ækt/ *vi*

1 起反應：She didn't *react* in any way. 她沒有任何反應。**2** 產生影響；起作用；起化學反應：They *react* upon each other. 他們相互影響。/ Acids *react* on metals. 酸對金屬起化學反應。

re·ac·tion /rɪ'ækʃn/ *n* [C, U]

1 反應；感應；意見；態度：What was his *reaction* to this film? 他對這個電影有甚麼看法？**2** 反作用：action and *reaction* 作用與反作用 **3** 反動

re·ac·tion·ar·y /rɪ'ækʃənrɪ/

I *adj* 反動的 **II** *n* 反動分子

re·ac·tive /rɪ'æktɪv/ *adj*

易起化學反應的；化學反應的；反動的

re·ac·tiv·i·ty /ˌrɪæk'tɪvətɪ/ *n*

1 反應；反動 **2** 〈化〉反應性；活動性

re·ac·tor /rɪ'æktə/ *n*

1 〈化〉反應器 **2** 〈原〉反應堆：nuclear *reactor* 核反應堆

read¹ /riːd/ （read, reading）

❶ *vt* **1** 讀；閱讀；朗讀：*read* a new book 讀一本新書 / Will you please *read* me this poem? 請你把這首詩讀給我聽好嗎？**2** 讀懂；理解；解釋：Can you *read* the staff? 你能看懂五線譜嗎？/ How do you *read* this sentence? 你怎樣解釋這個句子？**3** 攻讀；學習：He is *reading* history at college. 他在大學讀歷史。**❷** *vi* **1** 讀：learn to *read* and write 學會讀書和寫字 / She picked up a magazine and began to *read*. 她拿起來一本雜誌開始讀起來。 **2** (文章等) **內容是；讀起來**: The text *reads* as follows: ... 文章內容如下：... / The two copies *read* the same (differently). 這兩份材料內容（不）一樣。

◇ **read aloud** 朗讀 / **read out** 朗讀: The boy *read out* his lesson clearly. 那個男孩課文朗讀得很清楚。/ **read over** 重讀: *Read over* your written work before handing it in. 在上交書面作業前要再讀一遍。

read² /red/ read 的過去式和過去分詞

read·er /'riːdə(r)/ *n*

1 讀者；朗誦者 **2** 讀物；讀本: an English *reader* 英語讀本

read·i·ly /'redɪlɪ/ *adv*

1 樂意地 **2** 容易地: Jack can understand *readily* what he reads. 傑克能很快理解他所看的材料。

⊕ willingly

⊕ reluctantly

read·i·ness /'redɪnɪs/ *n* [U]

1 準備就緒: Everything is in *readiness* for the exam. 已為考試作好一切準備。 **2** 願意

read·ing /'riːdɪŋ/ *n*

1 [U] 讀；閱讀；朗讀: intensive *reading* 精讀 **2** [C] 讀物；閱讀材料: *readings* in Chinese literature 中國文學讀本 **3** [C] 〈物〉**讀數**: *readings* on the thermometer 溫度計的讀數

□ **reading lamp** 台燈 / **reading room** 閱覽室

read·y /'redɪ/ *adj*

1 (用作表語) **準備好的**: Are you *ready*? 你準備好了嗎？/ Lunch is *ready*.

午飯準備好了。 **2** **願意的；樂意的**: be *ready* to help 樂於幫助 **3** **快的；敏捷的**: a *ready* worker 熟練工人

◇ **get ready** (使) 準備好 / **make ready** 準備好 □ **ready-made** *adj* 現成的；預先制成的

re·al /rɪəl/ *adj*

1 **真的；真正的**: *real* knowledge 真知 / a *real* man 真正的人 **2** **現實的；實際的**; 〈哲〉**實在的**: in *real* life 在現實生活中 / *real* income 實際收入 / *real* number 〈數〉實數

□ **real estate** 不動產；房地產

① unreal

re·al·ism /'rɪəlɪzəm/ *n* [U]

1 (文藝的) 現實主義 **2** 〈哲〉唯實論

re·al·ist /'rɪəlɪst/ *n*

1 現實主義者；現實主義作家 **2** 〈哲〉唯實論者

re·al·is·tic /ˌrɪə'lɪstɪk/ *adj*

1 現實主義的 **2** 逼真的；實際的

re·al·i·ty /rɪ'ælətɪ/ *n* [C, U]

1 現實；實際存在的事物 **2** 真實；逼真 **3** 〈哲〉實在

◇ **in reality** 實際上；事實上

re·al·ize, realise /'rɪəlaɪz/ *vt*

1 **實現**: *realize* one's hopes (wishes) 實現某人的希望（願望） **2** **認識到；了解**: He didn't *realize* his mistake. 他沒有認識到自己的錯誤。/ I'm just *realizing* how hard it is to speak another language. 我開始認識到講另外一種語言是多麼困難。 ▷ **realization** *n*

re·al·ly /'rɪəlɪ/ *adv*

1 **真正地**: a *really* good man 一個真正的好人 / Do you *really* want to study English? 你真的想學英語嗎？ **2** **實在**

地;真實地: Did you *really* say that? 你真的説了那些話嗎?

🔊 **actually**

realm /relm/ *n*

❶ 王國;國土 ❷ 領域;範圍

reap /riːp/ *vt, vi*

收割;收獲: The farmer *reaps* his grain in autumn. 農民在秋季收獲糧食。/ You must *reap* what you have sown. [諺] 種瓜得瓜,種豆得豆。▷ **reaper** *n*

rear¹ /rɪə/

I *n* ❶ 後部;後面: The garden is at the *rear* of the building. 花園在建築物的後面。❷〈軍〉後方

II *adj* 後部的;後方的: the *rear* wheels of a car 汽車後輪

🔊 **back**

🔊 **front**

rear² /rɪə/ *vt*

❶ 撫養;培養: *rear* children 撫養孩子

❷ 飼養;栽培: *rear* crops 種莊稼 / *rear* cattle 飼養家畜

🔊 **raise**

rea·son /'riːzn/

I *n* ❶ [C, U] 理由;原因: Please give your *reason* for being late. 請講一下你遲到的理由吧。/ The *reason* why he didn't come is not known. 他不知甚麼原因沒來。❷ [U] 理智;理性: We must use *reason* to solve this problem. 我們必須用理智來解決這一問題。

◇ **in reason** 明智;合情合理 / **out of all reason** 無理的 / **with reason** 有道理 / **without reason** 沒有道理

II *vt, vi* ❶ 推理;推論;思考: teach the students to *reason* 教學生推理 / man's ability to *reason* 人類的思考能力

❷ 評理;勸説: There's no *reasoning* with him. 跟他毫無道理可講。

🔊 **cause**

用法説明: Reason、cause、purpose 三詞在作名詞表示"原因"時,要注意它們後面跟的介詞,**reason** 常跟 for,而 **cause** 後跟 of,**purpose** 常用 of 或 in。例如: I can see no reason for his behaviour/his behaving so. (我不理解他為甚麼這般表現); **reason** 還可跟 that 或 why 引出的從句: Is there any particular reason that/why she refused your suggestion? (她有甚麼特殊原因拒絕你的建議?) 試比較: He has no cause of complaint. (他沒有理由拒絕。) What is the purpose of the meeting / in holding this meeting? (舉行這次會議的目的是甚麼?)

rea·son·a·ble /'riːznəbl/ *adj*

❶ 通情達理的;有道理的;適當的: a *reasonable* man 通情達理的人 / a *reasonable* wish 合理的願望 ❷ (價格) 公道的: be sold at a *reasonable* price 售價公道 ▷ **reasonably** *adv*

reb·el

I /rɪ'bel/ *vi* 造反;反叛;反抗: The people *rebelled* against their foreign rulers. 人民反對外來統治者。

II /'rebl/ *n* 造反者;反抗者;反叛者: The *rebels* tried to overthrow the government. 叛亂分子想推翻政府。

re·bel·lion /rɪ'beliən/ *n* [C, U]

造反;叛亂;反抗

re·bel·lious /rɪ'beliəs/ *adj*

❶ 造反的;反抗的 ❷ 難管束的

re·buke /rɪ'bjuːk/

I *vt* 指責;非難;訓斥: The girl was

rebuked by his mother for lying. 那個女孩子因撒謊受到母親的責備。

II *n* [C] 指責；訓斥

re·call /rɪˈkɔːl/

I *vt* **1** 回想；（使）回憶：The sight *recalled* the days of my childhood. 那景象使我想到了童年。/ Can you *recall* your school days? 你能回憶起學生時代的情景嗎？ **2** 叫回；收回：*recall* an ambassador 召回大使 / The officer was *recalled* to the headquarters from the front. 這個軍官從前線被召回司令部。

II *n* [C, U] **1** 回想；回憶 **2** 召回；收回

🔵 recollect

re·cede /rɪˈsiːd/ *vi*

1 退去：The flood *receded*. 洪水退了。 **2** 收回；撤回：*recede* from an opinion 收回意見

re·ceipt /rɪˈsiːt/ *n*

1 [U] 收到 **2** [C] 收條；收據

re·ceive /rɪˈsiːv/

❶ *vt* **1** 收到；接到：*receive* a letter 收到一封信 / He *received* a present but he did not accept it. 他收到一件禮物但他不肯接受。 **2** 得到；受到：They *received* a warm welcome. 他們受到了熱烈歡迎。 **3** 接待；接見：*receive* foreign guests 接見外國客人 / The visitors were warmly *received*. 參觀者受到熱情接待。 **4** 容納；承受：The hotel can *receive* 1,000 guests. 這家旅店能接納一千位客人。 **5** 接收：We can not *receive* the radio station. 我們收聽不到這家電台。 **❷** *vi* 接待；接見：We do not *receive* on Sundays. 我們星期日不接待。

🔵 accept

re·ceiv·er /rɪˈsiːvə(r)/ *n*

1 收受者；收件人；接待人 **2** 接收機：a television *receiver* 電視機 **3** 電話聽筒：pick up the *receiver* 拿起聽筒 / hang up the *receiver* 掛斷電話

re·cent /ˈriːsnt/ *adj*

新近的；近來的：*recent* news 最近的消息 / a *recent* acquaintance 新相識

▷ **recently** *adv*

🔵 late

🔵 ancient

➪ 用法説明見 NEW

re·cep·tion /rɪˈsepʃn/ *n*

1 [C, U] 接待；歡迎：We are preparing for the *reception* of the foreign guests. 我們正在準備接待外賓。 / We were given a friendly *reception*. 我們受到友好接待。 **2** [C] 招待會；歡迎會：hold a *reception* 舉行招待會 **3** 收聽：The *reception* of signals on the radio is poor. 這家電台的收聽信號效果很差。

re·cep·tion·ist /rɪˈsepʃənɪst/ *n*

（旅館等的）接待員

re·cess /rɪˈses/ *n* [C, U]

休息；休會：take a ten-minute *recess* 休息十分鐘 / The court is in *recess*. 法庭暫停開庭。

🔵 interval

re·ces·sion /rɪˈseʃn/ *n*

1 後退；退回 **2** （工商業的）衰退；（價格的）暴跌：economic *recession* 經濟衰退

re·cip·ro·cal /rɪˈsɪprəkl/ *adj*

1 相互的；互惠的 **2** 〈數〉倒數的

re·cite /rɪˈsaɪt/

❶ *vt* **❶** 背誦；朗誦：The boy can *recite* many poems. 那男孩能背誦很多首詩。 **❷** 列舉；敘述 **❷** *vi* 背誦；朗誦
▷ **recitation** *n*
◑ repeat

reck·less /'reklɪs/ *adj*
不在意的；粗心的；不顧後果的：be *reckless* of consequences 不顧後果
▷ **recklessly** *adv* / **recklessness** *n*

reck·on /'rekən/
❶ *vt* **❶** 計算：*reckon* the days before New Year's Day 計算元旦前的天數 / Please *reckon* the cost of the trip before you start. 請在旅行前把費用計算一下。 **❷** 認為；把⋯看作：They *reckoned* him an experienced teacher. 他們認為他是一個有經驗的老師。/ He is *reckoned* a fine actor. 人們把他看作是位優秀演員。 **❸** 估計；推斷：I *reckon* that the building will be finished in August. 我估計這棟樓在八月份完工。 **❷** *vi* **❶** 計算：The child can *reckon* from 1 to 10. 這個孩子能從一數到十。 **❷** 估計：He will come soon, I *reckon*. 我估計他一會兒就到。

re·claim /rɪ'kleɪm/ *vt*
❶ （使）改造；感化（犯罪者等） **❷** 開墾；開拓 **❸** 回收

rec·la·ma·tion /ˌreklə'meɪʃn/ *n* [U]
❶ 改造；感化 **❷** 開墾；開拓 **❸** 回收

rec·og·ni·tion /ˌrekəg'nɪʃn/ *n* [U]
❶ 認出；識別：beyond *recognition* 認不出的 **❷** 承認；認可：the *recognition* of a new state 對一個新成立的國家的承認 **❸** 賞識；表彰：He received many honours in *recognition* of his bravery. 為表彰他的勇敢精神，他得到了很多榮譽。

rec·og·nize /'rekəgnaɪz/ *vt*
❶ 認識；認出：I *recognized* my old friend in the photograph. 我從照片上認出了舊時的朋友。/ He didn't *recognize* my voice over the telephone. 他在電話裏沒聽出我的聲音。 **❷** 承認；認可：I *recognize* that Smith is the best man for the job. 我承認史密斯是承擔這項工作的最佳人選。/ They refuse to *recognize* the new government. 他們拒絕承認新政府。
◑ acknowledge

rec·ol·lect /ˌrekə'lekt/
❶ *vt* 回憶；追憶；想起：I cannot *recollect* the exact words. 我記不起確切的話了。 **❷** *vi* 回憶：As far as I (can) *recollect*, his name is George. 我記得他的名字叫喬治。

rec·ol·lec·tion /ˌrekə'lekʃn/ *n*
❶ [U] 回憶；追憶 **❷** [C] [常作 recollections] 往事；回憶錄

rec·om·mend /ˌrekə'mend/ *vt*
❶ 推薦；介紹：The teacher *recommended* it as a reference book. 老師推薦它作為一本參考書。 **❷** 勸告；建議：The doctor *recommended* that she stay in bed several days. 醫生建議她臥床休息幾天。
◑ advise

rec·om·men·da·tion /ˌrekəmen'deɪʃn/ *n* [C, U]
❶ 推薦；介紹：a letter of *recommendation* 推薦信 **❷** 勸告：follow sb's *recommendations* 聽從某人的勸告

rec·on·cile /'rekənsaɪl/ *vt*
❶ 使和解；使合好；使復交：They had

a quarrel, but were soon *reconciled*. 他們吵了一架，但很快和好了。 **2** 調解；調停：*reconcile* differences 調解分歧

re·con·nais·sance
/rɪ'kɒnɪsns/ *n* [C, U]
〈軍〉偵察：a *reconnaissance* plane 偵察機

re·con·struc·tion /ˌriːkən'strʌkʃn/ *n*
1 重建；再建：under *reconstruction* 在重建中 **2** 重建物；複製

re·cord
I /'rekɔːd/ *n* [C] **1** 記錄；記載：He made a *record* of all the events during the war. 他記錄了戰爭期間所有重要事情。 **2** 履歷；經歷；成績：a man with an honourable *record* 一個有着光榮的履歷的人 / a school *record* 學習成績報告單 **3** 最高紀錄；最佳成績：set (break) a world *record* 創造（打破）一項世界紀錄 **4** 唱片：play a *record* 放唱片
◇ **go on record** 公開表明觀點 / **off the record** 非正式的；不供引用的 / **on record** 記錄在案的
II /rɪ'kɔːd/ **❶** *vt* **1** 記錄；記載：It is *recorded* in history that... 據歷史記載 ... / She *recorded* her impressions of the city in her diary. 她在日記裏記下了對這個城市的印象。 **2** 錄音；錄像：*record* a speech (an interview) 把演講（採訪）錄下來 **❷** *vi* 進行錄音
□ **record breaker** 破記錄者 / **record holder** 記錄保持者 / **record player** 電唱機
❶ register

re·cord·er /rɪ'kɔːdə(r)/ *n*
1 記錄者；記錄員 **2** 錄音機：a tape *recorder* 磁帶錄音機

re·cord·ing /rɪ'kɔːdɪŋ/ *n*
1 記錄；錄音：tape *recording* 磁帶錄音 **2** 唱片

re·cov·er /rɪ'kʌvə(r)/
❶ *vt* **1** 追回；尋回；收復：The police *recovered* the stolen bike. 警察把失竊的自行車找回來。 / I lost my purse, but I *recovered* it from the police station. 我丟了錢包，但從警察局領回來了。 **2** 恢復；康復：*recover* one's strength 恢復體力 / *recover* one's consciousness 恢復知覺 **3** 挽回；彌補：*recover* losses 挽回損失 / We worked hard to *recover* lost time. 我們努力工作以彌補損失的時間。 **❷** *vi* 恢復；康復：*recover* from fatigue 恢復疲勞 / I hope you will soon *recover*. 祝你早日康復。

re·cov·er·y /rɪ'kʌvərɪ/ *n* [U]
1 找回；復得：the *recovery* of a lost thing 失物的找回 **2** 恢復；痊愈：*recovery* from influenza 流感的痊愈

rec·re·a·tion /ˌrekrɪ'eɪʃn/ *n* [C, U]
消遣；娛樂：He looks upon writing as a *recreation*. 他把寫作當作一種消遣。

re·cruit /rɪ'kruːt/
I *vt, vi* **1** 吸收（新成員）；徵募（新兵）：*recruit* soldiers 招兵 / *recruit* new members into the party 吸收新黨員 **2** 補充：*recruit* supplies 補充給養
II *n* 新兵；新成員

rec·tan·gle /'rektæŋgl/ *n* [C]
〈數〉矩形；長方形 ▷ **rectangled** *adj*
⇨ 插圖見〈專題圖説 14〉

rec·tan·gu·lar /rek'tæŋgjʊlə(r)/ *adj*
〈數〉矩形的；長方形的；成直角的
▷ **rectangularly** *adv*

rec·tor /ˈrektə(r)/ n

1 (英、美聖公會的) **教區長** **2** (某些學院、大學的) **校長;院長**

re·cur /rɪˈkɜ:(r)/ vi

1 再發生;(疾病等) 復發: If the pain *recurs*, take these pills. 如果疼痛復發,就服下這些藥。 **2** (往事) 重現: The scene *recurs* to my memory. 那景象在我腦海裏重現。

re·cy·cle /ˌri:ˈsaɪkl/ vt, vi

(使) 再循環;回收利用: *recycle* empty tins 回收空罐

red /red/

I adj **1** 紅色的: a *red* flag 紅旗 **2** 流血的;暴力的: a *red* battle 血戰 **3** 赤熱的: *red* iron 燒紅的鐵

II n [C, U] **1** 紅色;紅染料 **2** 赤字;虧損: be in the *red* 虧損;負債

□ **Red Cross** 紅十字 (會) / **red-handed** adj 手沾滿血的;正在犯罪的 / **red heat** 赤熱;熾熱 / **red-hot** adj 赤熱的;惱怒的 / **red light** 紅燈;危險信號 / **Red Sea** 紅海

re·deem /rɪˈdi:m/ vt

1 買回;贖回: *redeem* one's mortgage 贖回某人的抵押品 **2** 重獲;挽回: *redeem* one's honour 挽回名譽 **3** 實踐;履行: *redeem* an obligation (a promise) 履行義務 (諾言)

▷ **redemption** n

re·duce /rɪˈdju:s/ vt

1 減少;減小;削減: He is trying to *reduce* his weight. 他在設法減肥。/ The price was *reduced* (by) 10 percent. 價格降低了百分之十。/ The doctor gave the patient pills to *reduce* the pain. 醫生給病人服藥片以減輕痛苦。 **2** 使降低;使

淪落: She was *reduced* to begging. 她落到要飯的地步。 **3** 使衰退;使瘦弱: He has been *reduced* to skin and bones. 他已瘦得皮包骨。 **4** 〈數〉約簡;〈化〉還原: Water can be *reduced* to oxygen and hydrogen. 水可還原為氧和氫。

◑ decrease

◐ increase

re·duc·tion /rɪˈdʌkʃn/ n [C, U]

1 減少;減小;縮減: A *reduction* was made in the price of computer. 電腦降價了。 **2** 〈數〉約簡;〈化〉還原

reed /ri:d/ n [C, U]

1 蘆葦 **2** 〈音〉簧 (或管) 樂器

reef /ri:f/ n

礁;暗礁: The ship struck a *reef*. 船撞在暗礁上。

reel¹ /ri:l/

I n **1** (電線、棉紗等的) **捲軸**: The boy winds his fishing line on a *reel*. 那男孩子把釣絲繞在捲軸上。 **2** (電影膠片、磁帶等的) **一盤** **II** vt **1** 捲;繞 **2** 收起或放出 (釣絲等): *reel* in (out) one's line 收起 (放出) 釣絲

reel² /ri:l/

I vt, vi (使) 旋轉: Tom was so sleepy that the room seemed to *reel*. 湯姆睏得覺得連房間都好像在旋轉。 **II** n 旋轉

re·en·trant /ri:ˈentrənt/ adj

(角等) 凹入的: a *reentrant* angle 凹角

re·ex·port

I /ˌri:ekˈspɔ:t/ vt 再輸出;再出口

II /rɪˈekspɔ:t/ n 再輸出;再出口;再出口的商品 ▷ **reexportation** n

re·fer /rɪˈfɜ:(r)/ vt, vi

1 談到;涉及: I'll *refer* to this point again. 我會再提到這一點。/ He often *refers* to his own experiences. 他經常提及自己的經歷。 **2** (使) 查閱；參考；引證：*refer sb to the dictionary* 讓某人查字典

🔴 relate, consult

ref·er·ence /'refərəns/ n [C, U]
1 參考；查閱：This is for your *reference* only. 僅供您參考。 **2** 引文；參考書 **3** 提及；涉及

□ **reference book** 工具書；參考書 / **reference library** (不供外借的) 參考書圖書館 / **reference room** 參考閱覽室

🔴 mention, relation

re·fine /rɪ'faɪn/ vt, vi
1 提煉；精製：*refine sugar (oil)* 提煉糖 (石油) **2** (使) 變優美；(使) 變文雅：The author *refined* the works of his youth. 作者修改了他年輕時的作品。

re·fine·ment /rɪ'faɪnmənt/ n [C, U]
1 精煉；精製 **2** 優美；文雅：lack of *refinement* 粗俗

re·flect /rɪ'flekt/ vt, vi
1 反射：A mirror *reflects* light. 鏡子反射光線。/ The sunlight was *reflected* from the water. 日光從水面上反射出來。 **2** 反映；表明：The article *reflected* public opinion. 這篇文章反映了民意。 **3** 思考；反省：*reflect upon a problem* 思考一個問題 / He has to *reflect* on what answer to give. 他得想想如何答覆。

🔴 mirror

re·flec·tion /rɪ'flekʃn/ n [C, U]
1 反射；反照：the *reflection* of heat 熱的反射 **2** 映像；倒影：We saw our *reflections* in the lake. 我們看到了在湖中的倒影。 **3** 思考；考慮；反省：On

further *reflection*, I decided to change my plan. 經進一步考慮，我決定改變計劃。/ be lost in *reflection* 陷入沉思

🔴 image

re·flex /'riːfleks/ n
1 反射；反射光 **2** 映像；倒影：the *reflex* of the moon in the water 水中月影 **3** 〈生〉反射 (作用)；[reflexes] 反應能力：conditioned (unconditioned) *reflex* 條件 (無條件) 反射

re·form /rɪ'fɔːm/
I ❶ vt **1** 改革；革新：a plan to *reform* the tax system 一項改革納稅制度的計劃 **2** 改造 ❷ vi 改過：Henry has completely *reformed*. 亨利徹底改過自新了。 **II** n [C, U] **1** 改革；改良：social *reforms* 社會改革 / democratic *reforms* 民主改革 **2** 改過；改造

□ **reform school** (少年犯罪等的) 教養院 ▷ **reformism** n / **reformist** n

re·frain /rɪ'freɪn/ vi
忍住；抑制；戒除：He could not *refrain* from laughing. 他忍不住笑了。/ Please *refrain* from smoking. 請勿吸煙。

re·fresh /rɪ'freʃ/
❶ vt **1** 使清新；使清涼：A swim in the lake *refreshes* one on a hot day. 熱天在湖裏游個泳使人感到涼爽。 **2** (使) 恢復精神；(使) 得到補充：She *refreshed* herself with a cup of coffee. 她喝了一杯咖啡提提神。 ❷ vi 恢復精神

◇ **refresh sb's memory** 喚起某人的記憶

re·fresh·ment /rɪ'freʃmənt/ n
1 [U] (精神上的) 恢復；爽快 **2** 使精力恢復的東西 **3** [refreshments] 茶點；便餐：Coffee and sandwiches were the

refreshments served at the party. 聚會上供應的茶點是咖啡和三明治。

re·frig·er·a·tor /rɪˈfrɪdʒəreɪtə(r)/ *n*
冰箱;冷凍機;冷藏室
⇨ 插圖見〈專題圖説 1〉

ref·uge /ˈrefjuːdʒ/ *n*
1 [U] 避難;庇護: give *refuge* to sb 庇護某人 **2** [C] 庇護者;避難所
◇ **seek refuge** 尋求庇護 / **take refuge** 躲避;避難

ref·u·gee /ˌrefjʊˈdʒiː/ *n*
避難者;難民

re·fus·al /rɪˈfjuːzl/ *n* [C, U]
拒絕: the *refusal* to an invitation 對邀請的拒絕 / give sb a flat (blunt) *refusal* 斷然拒絕某人

re·fuse
I /rɪˈfjuːz/ *vt, vi* **1** 拒絕: She *refused* his gift. 她拒收他的禮物。/ I asked him to come, but he *refused*. 我請他來,可他拒絕了。 **2** 拒不;不願: Jack *refused* to go with us. 傑克不願和我們一起去。
II /ˈrefjuːs/ *n* [U] 廢物;垃圾
❶ reject
❷ offer

用法説明: **Refuse**、**reject**、**turn down** 和 **decline** 都表示"拒絕"的意思,具體説來,既可表示"不同意"(not agree to),又可表示"不接受"(not accept)。它們後面都可直接跟名詞,如: invitation(邀請)、application(申請)、request(要求)等,但 **decline** 較為正式,而且較客氣,有"婉言謝絕"之意。例如: He declined all the invitations to dinners. (他婉言謝絕所有的宴請。)

---

re·fute /rɪˈfjuːt/ *vt*
駁斥;反駁: *refute* sb's lie 駁斥某人的謊言

re·gain /rɪˈɡeɪn/ *vt*
1 收回;恢復: *regain* one's health (consciousness, strength) 恢復健康(知覺、力氣) **2** 返回;回到: *regain* one's native country 返回故國

re·gard /rɪˈɡɑːd/
I *vt* **1** 看待;把…看作;認為: She is *regarded* as one of the best women writers in the country. 她被看作是國內最好的女作家之一。 **2** 注視;凝視: She *regarded* him with suspicion. 她懷疑地注視着他。 **3** 尊敬;尊重: He was highly *regarded* by all his colleagues. 他受到同事們的極度尊敬。
II *n* **1** [U] 注意;關心: The boy paid no *regard* to what his mother said. 這個男孩一點不聽他母親的話。 **2** [C] 尊重;尊敬: She is held in high *regard*. 她非常受人尊重。 **3** [C] 問候;致意: Please give my best *regards* to your parents. 請代我向你父母問候。/ with best *regards*(信尾用語)謹致問候
◇ **as regards** 至於;關於 / **in regard to (of)** 關於 / **with regard to** 關於

re·gard·less /rɪˈɡɑːdlɪs/ *adj*
不留心的;不注意的
◇ **regardless of** 不顧;不管;不注意

re·gime /reɪˈʒiːm/ *n*
1 政體;政權;社會制度 **2** 體制;體系

reg·i·ment /ˈredʒɪmənt/ *n* [C]
1 〈軍〉團: a tank *regiment* 一個坦克團 **2** 大量;大批;大群: a *regiment* of ants 大群螞蟻

re·gion /ˈriːdʒən/ *n* [C]
1 地區：a forest (mountainous) *region* 林（山）區 / They live in a cold *region*. 他們生活在寒冷地區。 **2** 政區：an autonomous *region* 自治區 **3** 領域；界；範圍：the *region* of art (science) 藝術（科學）領域
❶ district
⇨ 用法說明見 AREA

re·gion·al /ˈriːdʒənl/ *adj*
地區的；局部的：a *regional* custom 地方習俗 / a *regional* organization 地方組織 ▷ **regionalism** *n*

reg·is·ter /ˈredʒɪstə(r)/
I *n* [C] **1** 登記；注冊；（郵件的）掛號：a *register* office 登記處 **2** 登記簿；花名冊 **II** *vt, vi* **1** 登記；注冊：On the first day of school, 100 children *registered*. 在開學第一天，有 100 名兒童注冊。 / Their marriage was *registered* in the village government. 他們的婚姻在村政府登記過。 **2** （給郵件）掛號：a *registered* letter 掛號信

reg·is·tra·tion /ˌredʒɪˈstreɪʃn/ *n*
登記；注冊；（郵件的）掛號

re·gret /rɪˈgret/
I *vt, vi* **1** 因…後悔；感到後悔；悔恨：We have always *regretted* selling our house. 我們一直為賣掉房子感到後悔。 **2** 抱歉；遺憾：He *regrets* that he lost his pen. 他為丟了筆而感到遺憾。
II *n* **1** 悔恨；懷悔 **2** 抱歉；遺憾：express one's *regret* at sth 對…表示遺憾

reg·u·lar /ˈregjʊlə(r)/ *adj*
1 規則的；有規律的：The car runs at a *regular* speed. 汽車匀速行駛。 / His bowel movement is quite *regular*. 他大便很有規律。 **2** 定時的；固定的：*regular* flights 定期航班 / a *regular* customer 常客；老顧客 / a *regular* income 固定收入 **3** 正式的；正規的；合乎禮儀的：*regular* marriage 合法婚姻 / without a *regular* introduction 未經正式介紹 **4** 普通的；平常的：*regular* size 一般尺寸 / The *regular* place to keep a car is in a garage. 汽車通常停在車庫裏。 **5** 〈數〉等邊的；〈語〉規則的：*regular* verbs 規則動詞
□ **regular army** 正規軍
▷ **regularly** *adv*
❶ normal
❷ irregular

reg·u·late /ˈregjʊleɪt/ *vt*
1 管理；控制：*regulate* traffic 管理交通 **2** 調整；調節；校準：*regulate* the speed 調整速度 / *regulate* a clock(watch) 校正鐘（錶） / The tap *regulates* the water that comes from it. 水龍頭調節出水量。

reg·u·la·tion /ˌregjʊˈleɪʃn/ *n*
1 [C] 規則；規章：traffic *regulations* 交通法規 / school (factory) *regulations* 校（廠）規 **2** [U] 管理；調節；校準：the *regulation* of the temperature 調節溫度

re·ha·bil·i·ta·tion /ˌriːəˌbɪlɪˈteɪʃn/ *n*
1 恢復 **2** 修復；復興；更新

re·hears·al /rɪˈhɜːsl/ *n* [C, U]
1 排練；排演；彩排 **2** 練習

re·house /ˌriːˈhaʊz/ *vt*
給…安排新房子：When the projects starts, many people have to be *rehoused*. 這項工程上馬時，得給許多人安排新住處。

reign /reɪn/
　I *n* **1** (君主)**統治；統治（權）**：under the *reign* of 在…的統治之下 **2** (君主)**統治時期**：during the *reign* of Queen Victoria 維多利亞女王統治時期 **3** **支配；盛行**：the *reign* of law of nature 自然法則的支配
　II *vi* **統治；支配**：The king *reigned* over his people. 國王統治他的臣民。/ It is better to *reign* in hell than serve in heaven. [諺] 寧為雞口，不為牛後。
　❶ rule, control

re·in·force /ˌriːɪnˈfɔːs/ *vt, vi*
　增援；支援；加強：*reinforce* the army at the front 增援前線部隊

re·in·force·ment /ˌriːɪnˈfɔːsmənt/ *n*
　1 [U] **增援；支援；加強** **2** [C] **增援力量；[reinforcements] 援軍**

re·ject /rɪˈdʒekt/ *vt*
　1 **丟掉；拋棄**：*reject* old clothes 丟掉舊衣服 **2** **拒絕；抵制**：*reject* a request 拒絕請求 **3** **駁回；否決**：*reject* an appeal 駁回上訴 / *reject* a bill 否決議案
　▷ **rejection** *n*
　↪ 用法説明見 REFUSE

re·joice /rɪˈdʒɔɪs/ *vt, vi*
　(使)歡喜；(使)高興：I am *rejoiced* to be with you again. 我很高興再次和你在一起。/ Your great progress *rejoices* me. 你們的巨大進步令我高興。/ They all *rejoiced* over the good news. 他們聽到好消息都歡欣鼓舞。
　❶ delight
　❶ grieve

re·late /rɪˈleɪt/
　❶ *vt* **1** **講述；敘述**：Tom *related* to us the story of his first trip abroad. 湯姆

給我們講了他第一次出國的經過。/ He *related* some of his experiences in the countryside. 他講述了在農村的一些經歷。 **2** **有關聯；涉及**：Shoe is *related* to foot. 鞋子與腳相關。/ She says she is *related* to the royal family. 她説她與王室有親戚關係。 **❷** *vi* **有關聯；涉及**：He has collected many proverbs and popular sayings that *relate* to the weather. 他收集了許多有關天氣的諺語和俗語。

re·la·tion /rɪˈleɪʃn/ *n* [C, U]
　1 **關係；關聯**：Can you tell me the *relation* between A and B? 你能説説 A 與 B 之間的關係嗎？/ Crime has no *relation* to poverty. 犯罪與貧窮沒有關係。 **2** [relations] **關係；往來**：diplomatic (social, commercial) *relations* 外交（社會、商業）關係 / establish friendly (close, normal, personal) *relation* with ... 與…建立友好（密切、正常、個人）關係 **3** **家屬；親屬；親屬關係**：a near (distant) *relation* of his 他的一個近（遠）親 / He is no *relation* to me. 他不是我的親屬。
　◇ **in (with) relation to** 有關；涉及
　❶ connection

re·la·tion·ship /rɪˈleɪʃnʃɪp/ *n* [C, U]
　1 **關係；聯繫**：the *relationship* between teacher and student 師生關係 **2** **家屬關係；親屬關係**

用法説明：**Relationship** 和 **relation** 在表示 "親屬關係" 或 "關係、聯繫" 時經常可通用，但前者是抽象名詞，不用複數形式，後者可用作複數。它們後面都常與介詞 with、between 和 to 連用。試比

較：What kind of relationship does Diana have with Johnson?（戴安娜與約翰遜之間是甚麼關係？）What relation has temperature to humidity?（溫度對濕度是甚麼關係？）What's the relationship between temperature and humidity?（溫度和濕度之間是甚麼關係？）

rel·a·tive /ˈrelətɪv/

I *adj* ❶ 有關係的；相關的：facts *relative* to the problem 與該問題有關的事實 ❷ 相對的；比較的：*relative* truth 相對真理 II *n* [C] ❶ 親屬；親戚：near (distant) *relatives* 近（遠）親 ❷ 有關的事物

□ **relative motion**〈物〉相對運動 / **relative velocity**〈物〉相對速度

rel·a·tive·ly /ˈrelətɪvlɪ/ *adv*

相對地；比較地：*relatively* speaking 相對地説

rel·a·tiv·i·ty /ˌreləˈtɪvətɪ/ *n* [U]

相關性；相對性：the theory of *relativity* 相對論

re·lax /rɪˈlæks/ *vt, vi*

❶（使）放鬆；（使）鬆弛：When you sleep, your muscles are *relaxed*. 你睡覺時，肌肉就會放鬆。/ During hot weather the rules in school were *relaxed*. 天熱時，校規放寬了。/ The tension *relaxed*. 緊張空氣緩和了。❷ 休息；娛樂：Let's *relax* ourselves for a day. 我們休息一天吧。

re·lax·a·tion /ˌriːlækˈseɪʃn/ *n*

❶ [U] 放鬆；鬆弛：the *relaxation* of disciplines (rules) 放寬紀律（規章）❷ [C, U] 休息；娛樂：We swim for *relaxation*. 我們游泳是為了休息。/ You

need a little *relaxation*. 你要休息一下。

re·lay /ˈriːleɪ/

I *n* [C] ❶ 接替人員；替班：work in *relays* 輪班工作 ❷ 轉播；中繼：a *relay* station 轉播站；中繼站 ❸〈體〉（賽跑、游泳等的）接力賽

II /ˈriːleɪ; rɪˈleɪ/ *vt, vi* 分程傳遞；傳達；〈無〉轉播：The message was *relayed* to him by telephone. 消息是通過電話傳達給他的。/ The game will be *relayed* live. 比賽將作實況轉播。

⇨ 插圖見 ATHLETICS

re·lease /rɪˈliːs/

I *vt* ❶ 釋放；解放；放開：*release* war prisoners 釋放戰俘 / The woman *released* the child's hand. 那女人放開了孩子的手。❷ 解除；免除：*release* sb from his debt 免除某人的債務 / *release* sb from anxiety 使人不焦慮 ❸ 發佈；發行：*release* a news item 發佈一條新聞 / a recently *released* film 最近發行的電影 II *n* [C, U] ❶ 釋放；解放 ❷ 解除；免除 ❸ 發行；發佈；發佈的新聞：news *releases* 新聞稿

● free, discharge

rel·e·vance /ˈreləvəns/ *n*

關聯；中肯；恰當：have (no) *relevance* to 與…有關（無關）

rel·e·van·cy /ˈreləvənsɪ/ *n*

= relevance

rel·e·vant /ˈreləvənt/ *adj*

有關的；貼切的；中肯的：a problem *relevant* to our discussion 與我們的討論有關的問題

● irrelevant

re·li·a·ble /rɪˈlaɪəbl/ *adj*

可靠的；可信賴的；確實的：a *reliable*

friend 可靠的朋友 / news from *reliable* resources 來源可靠的消息
▷ **reliability** *n*
● **dependable**
◑ **unreliable**

rel·ic /'relɪk/ *n* [C]
❶ 遺物；遺風；遺俗：a *relic* of one's grandfather 祖父的遺物 ❷ 殘片；遺跡：*relics* of an old city 古城遺跡

re·lief /rɪ'liːf/ *n* [U]
❶ （痛苦、緊張等）緩解；解除；減輕：the *relief* of pain 痛苦的解除 / Medicine brings *relief* to the sick. 藥能緩解病人痛苦。 ❷ 輕鬆；寬慰：It is a great *relief* to me that he is out of danger. 他脫離危險是對我極大的寬慰。 ❸ 救援；救濟；救濟品：*relief* food 救濟糧 / *relief* troops 援兵 / send *relief* to the disaster area 向災區運送救濟品
● **aid, ease**

re·lieve /rɪ'liːv/ *vt*
❶ （使）減輕；（使）解除：This drug can *relieve* pain. 這種藥能止痛。/ I want to *relieve* myself. 我想上廁所。 ❷ 救濟；救援：*relieve* the poor and the needy 救濟窮人 / The government *relieved* the people in flood-stricken areas. 政府救濟了水災地區的人民。

re·li·gion /rɪ'lɪdʒən/ *n*
[C] 宗教；[U] 信仰：believe in *religion* 信仰宗教 / the Christian *religion* 基督教
◇ **enter into religion** 出家；修道

re·li·gious /rɪ'lɪdʒəs/ *adj*
❶ 宗教的：a *religious* believer 宗教信徒 ❷ 虔誠的
● **pious**

re·luc·tance /rɪ'lʌktəns/ *n* [U]

不願；勉強：do sth with (without) *reluctance* 不願（願意）做某事

re·luc·tant /rɪ'lʌktənt/ *adj*
不願的；勉強的：be *reluctant* to do sth 不願做某事 ▷ **reluctantly** *adv*

re·ly /rɪ'laɪ/ *vi*
❶ 依賴；依靠：You *rely* too much on others in your studies. 你在學習上太依賴別人了。/ *rely* on instinct (memory, judgement) 依仗本能（記憶、判斷） ❷ 信賴；信任：Mother *relies* on me to take good care of Grandfather. 母親相信我會照顧好祖父。/ You may *rely* on his word; he always tells the truth. 你可以相信他的話，他一向說實話。
● **trust, depend**

re·main /rɪ'meɪn/ *vi*
❶ 留下：*remain* in one's memory 留在記憶中 / They *remained* for lunch. 他們留下來吃午飯。 ❷ 剩餘：Few houses *remained* after the earthquake. 地震之後沒剩下幾所房子。 ❸ 保持不變；仍是：He *remains* in power. 他繼續當政。/ She *remains* as she was. 她仍是過去的她。/ The problem *remains* unsettled. 問題仍然沒有解決。

re·main·der /rɪ'meɪndə(r)/ *n*
❶ 剩下的人、事物或時間：the *remainder* of one's life 餘生 / Ten students in our class are girls and the *remainder* are boys. 我們班十人是女生，其餘的是男生。 ❷〈數〉餘數；餘項：Take 8 from 15 and the *remainder* is 7. 十五減八餘七。

re·mains /rɪ'meɪnz/ *n*
❶ 剩餘物；殘餘：the *remains* of a fortune 剩餘財產 / the *remains* of an

army 軍隊餘部 **2** 廢墟；遺跡；遺物：
the *remains* of ancient Rome 古羅馬遺跡
3 遺體

re·mark /rɪˈmɑːk/
I ❶ *vt* **1** 注意；看見：He *remarked*
the changes of his hometown. 他發現了
家鄉的變化。/ We *remarked* that she
was growing fat. 我們發現她在長胖。
2 評論；議論；説：'We are not going
there,' he *remarked*. 他説："我們不去
那兒。" **❷** *vi* 評論；議論；説：Don't
remark on her conduct. 別對她的行為品
頭論足。
II *n* **1** [U] 注意；看 **2** [C] 評論；議
論；話：make no *remark* 不加評論 /
make a few *remarks* 講幾句
❶ notice, observe
❶ disregard

re·mark·a·ble /rɪˈmɑːkəbl/ *adj*
引人注目的；非凡的；出色的：make
remarkable achievements 取得非凡成就
/ The boy's knowledge is *remarkable* for
his age. 這樣年紀的孩子懂那麼多，很了
不起。▷ **remarkably** *adv*
❶ notable, striking
❶ common

rem·e·dy /ˈremədɪ/
I *n* [C, U] **1** 治療；療法；藥物：a
good *remedy* for cancer 治癌症的良藥
2 補救法：be past *remedy* 不可救藥
II *vt* **1** 治療；醫治 **2** 補救；改善：
remedy a loss 補償損失 / *remedy* a
mistake 糾正錯誤
❶ cure, medicine

re·mem·ber /rɪˈmembə(r)/
❶ *vt* **1** 記得；想起：Do you still
remember the word? 你還記得那個詞

嗎？/ I *remember* telling him not to be
late. 我記得告訴他不要遲到。**2** 記住；
不忘：*Remember* that the meeting is at
five. 別忘了五點開會。/ He did his best
to *remember* the text. 他盡了最大努力
把課文背下來。**3** 代…致意；代…問
好：Please *remember* me to your
father. 代我向你父親問好。**❷** *vi* 記
得：You are from Britain, if I *remember*
correctly. 如果我沒記錯的話，你是英國
人。
❶ recollect
❶ forget

re·mind /rɪˈmaɪnd/ *vt*
提醒；使記起：The story *reminded* me
of my childhood. 這個故事使我想起了我
的童年。/ Please *remind* me to take my
medicine. 請提醒我吃藥。

rem·i·nis·cence /ˌremɪˈnɪsns/ *n*
1 回憶；懷舊 **2** 回憶的往事；回憶錄

rem·nant /ˈremnənt/
I *n* [C] 殘餘；殘跡：*remnants* of the
dinner 宴席的剩菜 / She made a hat
from a *remnant*. 她用剩布做了一頂帽
子。**II** *adj* 殘餘的；殘留的

re·mote /rɪˈməʊt/ *adj*
遙遠的；偏僻的；久遠的：the *remote*
mountain areas 偏遠山區 / a city *remote*
from the sea 遠離大海的城市 / in the
remote future 在久遠的未來
❶ distant
❶ near, close

re·mov·al /rɪˈmuːvl/ *n* [C, U]
1 移動；遷居：a *removal* to a new
house 遷入新居 **2** 除掉；切除：the
removal of a cancer 腫瘤的切除

re·move /rɪˈmuːv/

❶ vt ❶ 移動；搬遷：The factory was *removed* to the outskirts. 工廠搬到了郊區。❷ 脫掉；去掉：*remove* one's hat 脫帽 / The traveller *removed* his wet coat. 旅行者脫掉濕了的外衣。❸ 免職：be *removed* from office 被免職 ❷ vi 搬家：*remove* to a new city 搬入一個新城市

◖ restore

ren·ais·sance /rɪ'neɪsns/ n
❶ 復興；復活 ❷ [the Renaissance] 文藝復興

ren·der /'rendə(r)/ vt
❶ 使成為：War *rendered* many people homeless. 戰爭使許多人無家可歸。❷ 給予；提供：Thank you for the help you have *rendered* us. 感謝你給我們的幫助。❸ 演奏；表演：A few foreign tunes were *rendered* at the banquet. 宴會上演奏了幾支外國曲子。

re·new /rɪ'njuː/
❶ vt ❶ 更新；復原；恢復：*renew* one's health 恢復健康 ❷ 重新開始：*renew* an attack 重新發起進攻 / *renew* negotiations 重新開始談判 ❸ 更換；續訂；續借：*renew* a library book 續借圖書館的書 / I shall *renew* my subscription to the magazine. 我將續訂這本雜誌。/ *renew* one's library card 更換借書證 ❷ vi ❶ 更新 ❷ 重新開始

re·nounce /rɪ'naʊns/ vt
❶ 放棄；拋棄：*renounce* one's privilege (title) 放棄特權（頭銜）❷ 宣佈與⋯脫離關係；拒絕承認：The driver *renounced* responsibility for the accident. 司機不承認他對事故負有責任。❸ 與⋯脫離關係

ren·o·va·tion /ˌrenə'veɪʃn/ n [U]
❶ 革新；更新 ❷ 修復；恢復

rent /rent/
Ⅰ n [C, U] 租金；租：pay a high *rent* for a small flat 為小公寓付昂貴的房租
Ⅱ ❶ vt ❶ 租入；租用：*rent* a car (a house) 租一輛車（一棟房子）❷ 租出；出租：Last year we *rented* two of our rooms to the Johnsons. 我們去年把兩間房子租給了約翰遜家。❷ vi 租出：The bicycle *rents* at 2 dollars a day. 自行車每日租金兩美元。
□ **rent-free** adj, adv 不收租金的（地）
⇨ 用法說明見 LET

re·or·gan·ize /ˌriː'ɔːɡənaɪz/ vt, vi
改組；改編；改革 ▷ **reorganization** n

re·paid /rɪ'peɪd/
repay 的過去式和過去分詞

re·pair /rɪ'peə(r)/
Ⅰ vt ❶ 修理；修補；恢復：*repair* a watch (radio, shoes) 修理錶（收音機、鞋子）/ *repair* one's health 恢復健康 ❷ 彌補；補償：*repair* a damage (mistake) 彌補損失（過失）
Ⅱ n [U] ❶ 修理；修補：The house is badly in need of *repair*. 房子急需修理。❷ 維修狀況：out of *repair* 失修 / in (good) *repair* 狀況良好
◇ **beyond repair** 無法修理 / **under repair** 在修理中：The road is *under repair*. 公路在修理中。▷ **repairer** n 修理者

◖ mend

re·pay /rɪ'peɪ/ (repaid, repaying)
❶ vt ❶ 償還；補償：I will *repay* the money you lent me as soon as I receive my wages. 我一發工資就還借你的錢。

❷ 報答；回敬：*repay* a visit 回訪 /
repay sb for his kindness 報答某人的恩
惠 ❷ *vi* 補償；報復 ▷ **repayment** *n*

re·peal /rɪˈpiːl/
　　I *vt* 撤銷（決議等）；廢除（法令等）：
repeal a law (an act) 廢除法律（法令）
　　II *n* 撤銷；廢除

re·peat /rɪˈpiːt/
　　I *vt, vi* ❶ 重複；重做：*repeat* a
mistake 重犯一個錯誤 / We *repeated* the
experiment and got the same result. 我
們重做過這個實驗，結果一樣。 ❷ 重
說；背誦：*repeat* a sentence 重複一個
句子 / He *repeated* the story over and
over again. 他一遍又一遍地講述這個故
事。/ *repeat* a poem 背誦一首詩
　　II *n* 重複；重演；重播：There will be
a *repeat* of this programme next week.
下週將重播這個節目。

re·peat·ed·ly /rɪˈpiːtɪdlɪ/ *adv*
反覆地；重複地

re·pel /rɪˈpel/ *vt*
❶ 擊退；抵制：*repel* an attack 擊退進
攻 / *repel* a temptation 抵制誘惑 ❷ 使
厭惡：The story *repelled* me. 這故事使
我反感。

re·pent /rɪˈpent/
❶ *vi* 悔悟；後悔；〈宗〉懺悔：*repent*
of one's carelessness 對自己的粗心大意
感到後悔 ❷ *vt* 悔改：*repent* one's
crime 懺悔罪行

rep·er·to·ry /ˈrepətrɪ/ *adj*
❶ 倉庫；庫存 ❷（劇團可演出的）全
部節目

rep·e·ti·tion /ˌrepɪˈtɪʃn/ *n* [C, U]
❶ 重複 ❷ 背誦

re·place /rɪˈpleɪs/ *vt*

❶ 放回原處：Please *replace* the
dictionary on the shelf when you are
through with it. 用完以後，請把字典放
回書架上。 ❷ 取代；代替：We have
replaced the old computer with a new
one. 我們用一台新計算機代替了舊的。/
A young man *replaced* old John as
director of the factory. 一個年輕人取代
老約翰當了廠長。
◑ **return**

re·place·ment
/rɪˈpleɪsmənt/ *n* [C, U]
❶ 歸還 ❷ 取代；替換 ❸ [C] 替代物；
接替者

re·ply /rɪˈplaɪ/
　　I *vt, vi* 回答；答覆：Don't trouble to
reply to my letter. 不勞回信。/ The
government *replied* by sending an
airplane to help them. 政府作出的反應
是派一架飛機去幫助他們。
　　II *n* 回答；答覆：make no *reply* 不作
答覆 / What did you say in *reply* to his
suggestion? 你對他的建議是怎樣答覆
的？
◑ **answer, respond**
⇨ 用法説明見 ANSWER

re·port /rɪˈpɔːt/
　　I *n* ❶ [C] 報告；報告書：make a
report 作報告 / a school *report* 學生的成
績報告單 ❷ [C, U] 傳聞；報道：a
report of the traffic accident 關於這起交
通事故的報道 / The *report* goes that
Jack has been arrested. 據傳傑克被捕
了。
　　II ❶ *vt* ❶ 報告：He phoned to *report*
the fire. 他打電話報了火警。/ Not a few
people *reported* seeing a UFO in the

west. 不少人報告在西面見到了一個不明飛行物。 **2** 傳説；報道： The radio *reports* news three times a day. 電台每日三次報道新聞。/ It is *reported* that China has put another satellite into orbit. 據報道，中國又將一顆衛星送入軌道。 **❷** *vi* 傳説；報道： He *reports* for The Times. 他是《泰晤士報》的記者。
❶ tell

re·port·er /rɪˈpɔːtə(r)/ *n*
1 報告人 **2** 報道者；記者；通訊員： a news *reporter* 新聞記者

rep·re·sent /ˌreprɪˈzent/ *vt*
1 代表；象徵： A red cross on a background of white *represents* the Red Cross. 白底紅十字符號代表紅十字會。 **2** 代表；代理： He *represents* his country in the United Nations. 他是他的國家駐聯合國代表。 **3** 描述；描繪： His picture *represents* the story of the Three Kingdoms. 他的畫描繪了《三國演義》的故事。

rep·re·sen·ta·tion
/ˌreprɪzenˈteɪʃn/ *n*
1 [C, U] 描寫；表現；表示 **2** [U] 代表；代理

rep·re·sent·a·tive /ˌreprɪˈzentətɪv/
I *n* [C] **1** 代表；代理人： They chose her for their *representative*. 他們選他當代表。 **2** [美] 眾議員： the House of *Representatives* 眾議院 **3** 典型 **II** *adj* **1** 代表的；代理的： a *representative* assembly 代表大會 **2** 典型的： These pictures are *representative* of the artist's works. 這些畫是這位藝術家的代表作。

re·proach /rɪˈprəʊtʃ/
I *vt* **1** 責備；指責： *reproach* sb with carelessness 責備某人粗心
II *n* [C, U] 責難；指責： a look of *reproach* 責備的眼光

re·pro·duce /ˌriːprəˈdjuːs/ *vt, vi*
1 繁殖；生殖；再造 **2** 複製；複寫
❶ imitate
❶ initiate, originate

re·pro·duc·tion
/ˌriːprəˈdʌkʃn/ *n* [C, U]
1 繁殖；生殖 **2** 複製；複製品 **3** 再生產

rep·tile /ˈreptaɪl/
I *n* 爬行動物；爬蟲： Snakes and turtles are *reptiles*. 蛇和烏龜是爬行動物。 **II** *adj* 爬行動物的；爬行的

re·pub·lic /rɪˈpʌblɪk/ *n*
共和國；共和政體

re·pub·li·can /rɪˈpʌblɪkən/
I *adj* **1** 共和國的；共和政體的 **2** [Republican] [美] 共和黨的： the *Republican* Party 共和黨 / a *Republican* candidate 共和黨候選人
II *n* [美] 共和黨黨員

rep·u·ta·tion /ˌrepjuˈteɪʃn/ *n* [C, U]
名聲；名譽： have a good (bad) *reputation* 有好（壞）名聲 / He has a nationwide *reputation*. 他全國聞名。
⇨ 用法説明見 FAME

re·quest /rɪˈkwest/
I *vt* 請求；要求： Visitors are *requested* not to smoke. 參觀者請勿吸煙。/ Your presence is *requested* at a banquet to be given at Windsor Hotel at 7:30 of September 30. 茲訂於 9 月 30 日 7 時 30 分在溫莎酒店舉行宴會，敬請光臨。 **II** *n* [C, U] 請求；要求；要求的內容： make a *request* 提出要求 / You

r

shall have your *request*. 你會得到你要求的東西。

◗ demand

用法説明：**Request**、**ask (for)**、**beg** 三詞作動詞表示"請求某人做某事"時，**ask (for)** 是最通俗、最口語化的詞，**request** 較正式，主要用於通告或莊重的場合，**beg** 則含有謙恭的意思，如：He knew he had hurt her and begged her to forgive him.（他自知傷了她的心，央求她寬恕。）**Ask for** 常表示設法取得某物，如：ask for help / a pay increase（要求幫助 / 增加工資）。

---

re·quire /rɪˈkwaɪə(r)/ *vt*
1 需要：Babies *require* much sleep. 嬰兒需要多睡。/ Is there anything else that you *require*? 你還需要甚麼別的嗎？ **2** 要求；命令：All students are *required* to attend the meeting. 所有學生均須出席會議。/ The rule *requires* that all the clerks (should) arrive at the office by 8 o'clock. 規定要求全體職員八時以前到辦公室。

◗ demand

re·quire·ment /rɪˈkwaɪəmənt/ *n*
1 需要；需要的東西：meet the *requirement* 滿足需要 **2** 要求；必要條件

res·cue /ˈreskjuː/
I *vt* 援救；營救；挽救：*rescue* sb from danger 救某人脫險
II *n* [C, U] 援救；營救：come to sb's *rescue* 來營救某人

re·search /rɪˈsɜːtʃ/
I *n* **1** [U] 調查；研究：scientific *research* 科學研究 **2** [常作 researches] 科研工作；學術研究 **II** *vi* 調查；研究：*research* on a subject 研究一個課題
▷ **researcher** *n*

◗ study

re·sem·blance /rɪˈzembləns/ *n* [C, U]
相似；相似性：She bears a strong *resemblance* to her mother. 她與她母親很像。

re·sem·ble /rɪˈzembl/ *vt*
像；相似：He *resembles* his brother in appearance. 他與他兄弟長得像。

re·sent /rɪˈzent/ *vt*
怨恨；不滿：*resent* one's action 對某人的行為感到憤慨 / He *resents* being called a coward. 他對別人叫他膽小鬼感到氣憤。

re·sent·ment /rɪˈzentmənt/ *n* [U]
怨恨；不滿

res·er·va·tion /ˌrezəˈveɪʃn/ *n*
1 保留：We accept their offer without *reservation*. 我們完全同意他們的提議。 **2**（房間、座位等）預訂：Do you have a *reservation*? 你有沒有預訂？

re·serve /rɪˈzɜːv/
I *vt* **1** 儲備；保存；留出：We'd better *reserve* some strength for tomorrow's climb. 我們最好留點力氣準備明天爬山。/ All rights *reserved*. 版權所有。 **2** 預訂：*reserve* a room in a hotel 在旅館預訂房間 / We have *reserved* seats at the opera. 我們在歌劇院預訂了座位。
II *n* [C, U] 儲備；保存物：keep a great *reserve* of grain 儲備大量糧食

◗ retain

res·er·voir /ˈrezəvwɑː(r)/ *n* [C]

水庫；蓄水池

re·set·tle·ment /ˌriːˈsetlmənt/ *n* [U]
重新安居

re·side /rɪˈzaɪd/ *vi*
居住：*reside* in Hong Kong 居住在香港

res·i·dence /ˈrezɪdəns/ *n*
1 [U] 居住 **2** [C] 住宅；住處：We
have a new *residence* in New York. 我們
在紐約有一處新居。

res·i·dent /ˈrezɪdənt/
I *adj* 居住的；常住的：the *resident*
population of the town 城中的居民人口
II *n* 居民：the local *residents* 當地居
民

res·i·den·tial /ˌrezɪˈdenʃl/ *adj*
居住的；住宅的：a *residential* quarter
(area) 住宅區

re·sid·u·al /rɪˈzɪdjuəl/
I *adj* 剩餘的；殘留的
II *n* 剩餘；殘留物

re·sign /rɪˈzaɪn/
❶ *vt* 放棄；辭職：*resign* one's right
放棄權利 / *resign* one's position (job) 辭
去職務（工作） **❷** *vi* 辭職：*resign*
from office 辭職 / He has *resigned* from
the committee. 他辭去了委員會裏的職
務。

res·ig·na·tion /ˌrezɪɡˈneɪʃn/ *n*
1 [C, U] 放棄；辭職：the *resignation*
of one's rights 放棄權利 **2** [C] 辭職書；
辭呈：send in one's *resignation* 提交辭
職書

re·sist /rɪˈzɪst/ *vt, vi*
1 抵抗；反抗：*resist* aggression 抵抗
侵略 / We are ready to *resist* the enemy
troops. 我們已準備好抵抗敵軍。 **2** 抵
制；抗拒：The boy can't *resist*

chocolates. 這個男孩一見巧克力就要
吃。/ The temptation was great, but she
knows how to *resist*. 誘惑很大，但她知
道如何抵制。
◗ oppose

re·sist·ance /rɪˈzɪstəns/ *n* [U]
1 抵抗；反抗：make (no) *resistance*
（不）進行抵抗 **2** 抵抗力；阻力；〈電〉
電阻
◗ opposition

re·sist·ant /rɪˈzɪstənt/
I *adj* 抵抗的 **II** *n* 抵抗者

re·sis·tor /rɪˈzɪstə(r)/ *n*
〈電〉電阻器；電阻

res·o·lute /ˈrezəluːt/ *adj*
堅決的；果斷的

res·o·lu·tion /ˌrezəˈluːʃn/ *n*
1 [C, U] 堅決；決心；果斷：make a
resolution 下決心 / a man of great
resolution 極為果斷的人 **2** [C] 決定；
決議：pass a *resolution* 通過一項決議
3 [U] 分解；解體

re·solve /rɪˈzɒlv/
I **❶** *vt* **1** 決心；決意；決定：He
resolved to work harder. 他決心更加努
力工作。 **2** 解決；解答；消除：
resolve a dispute 解決爭端 / *resolve* all
doubts 消除疑問 **3** （使）分解；（使）
溶解：Water may be *resolved* into
oxygen and hydrogen. 水可以分解成氧
和氫。 **❷** *vi* 決心；決意；決定：Once
she has *resolved* on doing it, you won't
get her to change her mind. 她一旦決定
要做一件事，你無法說她改變主意。
II *n* [C, U] 決心；決意：make a
resolve to do sth 決意做某事
◗ determine

hesitate

re·sort /rɪ'zɔːt/

I vi **1** 求助;訴諸;採取: resort to force 訴諸武力 / She resorted to stealing when she had no money. 她沒錢時採取了偷的辦法。 **2** 常去: Visitors resort to that city in summer. 夏天遊客常去那座城市。

II n **1** [U] 求助;採取: have resort to force 訴諸武力 **2** [C] 常去之地;度假勝地: a summer resort 避暑勝地

◇ **in the (as a) last resort** 作為最後的手段

re·source /rɪ'sɔːs/ n

1 [C] [常作 resources] 資源;物力;財力: water-power (manpower) resources 水力(人力)資源 / financial resources 財力 / natural resources 自然資源 **2** [C] 智謀;辦法: a man of great resources 足智多謀的人 / at the end of one's resources 一籌莫展

means

re·spect /rɪ'spekt/

I n **1** [U] 尊敬;尊重: Have some respect for your parents. 對你父母要尊重點兒。 **2** [U] 考慮;關心: without respect to the results 不考慮後果地 / pay respect to the needs of the people 考慮人民的需要 **3** [respects] 敬意;問候: send one's respects to sb 向某人問候 **4** 方面: In what respect do you disagree with him? 你在哪方面不同意他的意見? / in many respects 在許多方面

II vt **1** 尊敬;尊重: He is respected by his students. 他受到學生的尊敬。 **2** 考慮;重視: I promise to respect your wishes. 我保證考慮你的意願。

◇ **in respect that** 鑒於;考慮到 / **pay one's last respect to** 向(死者)告別

scorn

re·spect·a·ble /rɪ'spektəbl/ adj

1 可敬的;應受到尊重的: a respectable old man 一位可敬的老人 **2** 高尚的;體面的: a respectable appearance 體面的外表

▷ **respectability** n / **respectably** adv

re·spect·ful /rɪ'spektfl/ adj

尊重人的;恭敬的: a respectful bow 恭敬的一鞠躬 ▷ **respectfully** adv

re·spec·tive /rɪ'spektɪv/ adj

各自的;各處的: The two friends said goodbye and went to their respective homes. 朋友倆道了別,回了各自的家。

re·spec·tive·ly /rɪ'spektɪvlɪ/ adv

各自地;分別地: I shall answer the two questions respectively. 我將分別回答這兩個問題。

res·pi·ra·tion /ˌrespə'reɪʃn/ n [C, U]

呼吸(作用)

re·spond /rɪ'spɒnd/ vi

1 回答;回報: respond to a question 回答問題 / respond with a smile 報以微笑 / How did you respond to the invitations? 你對那些邀請是怎樣答覆的? **2** 響應;有反應: Tom responded well to the medicine. 湯姆吃這種藥反應良好。/ The soldiers responded eagerly to the orders. 命令下達後,戰士們熱烈響應。

⇨ 用法説明見 ANSWER

re·sponse /rɪ'spɒns/ n

1 [C] 回答: make no response 沒有回答 / make a quick response 很快作出答覆 **2** [C, U] 響應

◇ **in response** 作為回答 / **in response to...** 作為對⋯的反應（響應）：He visited that country *in response to* an invitation. 他應邀訪問了那個國家。

re·spon·si·bil·i·ty /rɪˌspɒnsəˈbɪlətɪ/ *n*

1 [U] 責任；責任心：I take full *responsibility* for losing the money. 我承擔丟錢的全部責任。/ sense of *responsibility* 責任感 **2** [C] 職責；任務：The education of children is a grave *responsibility*. 教育孩子是一項重要任務。

❶ duty, obligation

re·spon·si·ble /rɪˈspɒnsəbl/ *adj*

1 有責任的；負責的：Who is *responsible* for this accident? 誰對這一事故負責？ **2** 負責任的；可靠的：a *responsible* teacher 負責任的老師

▷ **responsibly** *adv*

rest¹ /rest/

I *n* **1** [C, U] 休息；睡眠：Let's have(take) a *rest*. 我們休息一會兒吧。/ They stopped for a *rest*. 他們停下來休息片刻。 **2** 靜止；停止；〈音〉休止；休止符 **3** [C] 支架；座；墊：a rifle *rest* 步槍架

◇ **at rest** 休息；長眠；靜止；安寧

II ❶ *vi* **1** 休息；睡；安息：*rest* for a few minutes 休息幾分鐘 / May you *rest* in peace! 安息吧！ **2** 停止；靜下來：waves that never *rest* 永不平靜的波浪 **3** 依靠：His fame *rests* upon his plays more than on his novels. 他的聲望更多的是依靠他的戲劇而非小說。 **❷** *vt* 使休息；使安息：This pair of dark glasses *rests* my eyes. 這副墨鏡使我的眼睛得到

休息。/ May God *rest* his soul. 願上帝使他的靈魂安息。 **2** 使依靠：*rest* a ladder against a wall 把梯子靠在牆上

□ **rest day** 休息日 / **rest period** 〈植〉休眠期 / **rest room** （飯店、旅館等地的）公廁；洗手間

rest² /rest/ *n*

[the rest] 其餘；其餘的人或物

res·tau·rant /ˈrestrɒnt/ *n*

餐館；飯店

rest·less /ˈrestlɪs/ *adj*

1 得不到休息的：a *restless* night 不眠之夜 **2** 不平靜的；不安定的：a *restless* child 坐立不安的孩子

▷ **restlessly** *adv* / **restlessness** *n*

❶ uneasy

res·to·ra·tion /ˌrestəˈreɪʃn/ *n*

1 [U] 恢復；復位：the *restoration* of diplomatic relations 外交關係的恢復 **2** [C, U] 修復；復原：the *restoration* of the church 教堂的修復 **3** [U] 歸還：the *restoration* of the lost watch to its owner 失錶歸還原主

re·store /rɪˈstɔː/ *vt*

1 （使）恢復；（使）復位：His health is entirely *restored*. 他的健康完全恢復了。 **2** 修復；重建：*restore* an old painting 修復古畫 **3** 歸還：The stolen car should be *restored* to its owner. 失竊的自行車應歸還原主。

re·strain /rɪˈstreɪn/ *vt*

1 抑制；制止：I could hardly *restrain* my laughter. 我禁不住笑出聲來。/ *restrain* one's anger (tears) 控制住怒氣（眼淚）/ The mother could not *restrain* her child from doing mischief. 媽媽難以阻止孩子闖禍。 **2** 管束；限制：It is

r

hard for the rider to *restrain* his horse.
騎手難以管束他的馬。

re·straint /rɪ'streɪnt/ n [U]
1 抑制;制止 **2** 管束;限制
◇ **without restraint** 無節制地;無拘無
束地

re·strict /rɪ'strɪkt/ vt
約束;限制: The prisoners are
restricted in their movements. 囚犯的行
動受到限制。/ The drive is *restricted* to
30 miles an hour. 車速限制在每小時三十
英里之內。

re·stric·tion /rɪ'strɪkʃn/ n [C, U]
約束;限制: impose *restrictions* on the
import of cars 對汽車進口實行限制

re·sult /rɪ'zʌlt/
I n [C, U] **1** 結果;成果;後果:
Good marks are a *result* of hard work.
好成績是努力學習的結果。/ A bad thing
can often lead to good *results*. 壞事常常
可以引出好的結果。 **2** 比賽結果;比
分;〈數〉答案
◇ **as a result** 結果;因此 / **as a result
of...** 作為…的結果;由於 / **without
result** 毫無結果
II vi 導致;引起: His illness *resulted*
from eating too much. 他的病是過量進
食引起的。/ The accident *resulted* in
three deaths. 事故造成三人死亡。
◐ **outcome**
◑ **cause**

re·sume /rɪ'zjuːm/
❶ vt **1** 重新開始;繼續進行: *resume*
one's work 繼續工作 / *resume* reading
繼續讀下去 **2** 恢復;重新佔用:
resume one's seat 回到原座 ❷ vi 再開
始

re·tail /'riːteɪl/
I vt, vi 零售;零賣: *retail* socks at 3
dollars a pair 以三美元一雙的價格零售
襪子 **II** n [U] 零售;零賣: *retail*
prices 零售價 / *retail* shops 零售店

re·tail·er /'riːteɪlə(r)/ n 零售商

re·tain /rɪ'teɪn/ vt
1 保持;保留: *retain* one's position
(power) 保持地位(權力)/ Water
retains heat well. 水保熱性能好。 **2** 記
住: She can *retain* what she learns
well. 她能牢記所學的東西。

re·tell /ˌriː'tel/ vt (retold)
重述;複述: *retell* a story in English 用
英語複述故事

ret·i·na /'retɪnə/ n
(複 = retinas, retinae)〈解〉視網膜

re·tire /rɪ'taɪə(r)/ vi
1 撤退;離開: Both armies *retired*. 兩
軍都後撤了。 **2** 退休;退職;退役:
retire from service 退役 / My father
retired at the age of 60. 我父親 60 歲退
休。 **3** 就寢: The soldiers *retire* at 10
o'clock. 戰士們十點就寢。
◐ **leave, resign**
◑ **advance**

re·tire·ment /rɪ'taɪəmənt/ n [C, U]
1 退卻 **2** 退休;退職;退役

re·told /ˌriː'təʊld/
retell 的過去式和過去分詞

re·tort /rɪ'tɔːt/
I vt, vi 反駁;回嘴: She *retorted* that
it was all my fault. 她反駁說都是我的
錯。 **II** n [C, U] 反駁;回嘴

re·treat /rɪ'triːt/
I vi 退卻;後退: be forced to *retreat*
被迫退卻 / The enemy *retreated* hastily.

敵人倉促退卻。

II *n* [C, U] **1** 撤退；退卻；隱退：
one's *retreat* from reality 逃避現實 /
make a quick *retreat* 迅速撤退 **2** 隱退
處；休養所：a holiday *retreat* 度假勝地

re·turn /rɪ'tɜːn/

I ❶ *vt* **1** 送還；歸還：*return* a book
to the library 把書還給圖書館 / The lost
purse was *returned* to him by the police.
警察把他丟失的錢包歸還給他。**2** 回
報；報答：*return* a visit 回訪 / *return*
thanks 答謝 / She *returned* his greeting
with a friendly smile. 她對他的問候報以
友好的一笑。**❷** *vi* 回來；返回：
return from abroad 從國外返回 / When
are you *returning* to London? 你何時回
倫敦？

II *n* **1** 返回；歸程：one's *return* from
New York 從紐約回來 **2** 歸還；償還
3 報答；回報

◇ **in return** 作為回報 / **in return for** 作
為…的交換；作為…的報答

III *adj* **1** 返回的；回程的：a *return*
ticket [美] 回程票；[英] 往返票 **2** 回報
的；報答的：a *return* visit 回訪

◑ depart

re·veal /rɪ'viːl/ *vt*

1 揭示；泄露：*reveal* a secret 泄露秘
密 / *reveal* one's identity 暴露身份 /
reveal the truth 說出真相 **2** 顯示；展
現：Mary's voice *revealed* her nervous-
ness. 瑪麗說話的聲音顯示出她很緊張。

◑ disclose

◑ cover

rev·e·la·tion /ˌrevə'leɪʃn/ *n* [U]

1 展現；揭露 **2**〈宗〉啟示

re·venge /rɪ'vendʒ/

I *vt* 報復；報仇：*revenge* a defeat 為
失敗報復 **II** *n* [U] 報復；報仇：take
revenge on sb for sth 因某事報復某人

rev·e·nue /'revənjuː/ *n* [U]

稅收；收入：one's *revenues* 個人總收
入 / The government's *revenue* comes
from taxes. 政府的收入來自稅收。

re·verse /rɪ'vɜːs/

I *vt, vi* 顛倒；倒退：The positions are
reversed. 位置顛倒了。/ The car
reversed through the gate. 車倒開出大
門。

II *n* [C, U] 相反；反面：He did the
reverse of what we expected. 他做的事
與我們所期望的相反。

◇ **in reverse** 向相反方向

III *adj* 顛倒的；相反的：in *reverse*
order 順序顛倒地 / in the *reverse*
direction 往相反方向

re·vers·i·ble /rɪ'vɜːsəbl/ *adj*

可逆的；雙面的：a *reversible* reaction
〈化〉可逆反應

re·view /rɪ'vjuː/

I ❶ *vt* **1** 複習：*review* yesterday's
lessons 複習昨天的課程 **2** 審核；回
顧；〈律〉複審：*review* the situation 檢
討形勢 / The TV program *reviewed* the
week's events. 這個電視節目回顧了一週
大事。**3** 評論：*review* a new play 評
論一部新劇 **4** 檢閱：a *reviewing* stand
檢閱台 / The defence minister *reviewed*
the troops. 國防部長檢閱了部隊。**❷** *vi*
寫評論：Mr. Jones *reviews* for The New
York Times. 瓊斯先生為《紐約時報》寫
評論。

II *n* **1** 複習：*review* exercises 複習題
2 審核；檢討：under *review* 在審核中

3 [C] 評論：a book *review* 書評 **4** 閱
兵式：hold a *review* 舉行閱兵式
◑ examine

re·vise /rɪ'vaɪz/ *vt, vi*
1 修訂；校改：*revise* a dictionary 修訂
詞典 / After writing a composition, he
always *revises* it. 他寫完作文，總要進行
修改。**2** [英] 複習：Mary *revised*
English literature yesterday evening. 瑪
麗昨天晚上複習英國文學。

re·vi·sion /rɪ'vɪʒn/ *n* [C, U]
1 修訂；修改；修正 **2** 複習：*revision*
exercises 複習題

re·viv·al /rɪ'vaɪvl/ *n* [C, U]
1 蘇醒；復活 **2** 重新流行；復興

re·vive /rɪ'vaɪv/ *vt, vi*
1 （使）蘇醒；復活：The rose *revived*
after the rain. 玫瑰在雨後又活了。**2**
（使）復興：Some old customs have
revived. 一些舊的風俗再度興起。

re·volt /rɪ'vəʊlt/
I *vi* **1** 反抗；反叛；起義：*revolt*
against the rulers 反抗統治者 **2** 反感；
厭惡：My stomach *revolts* at such food.
看見這種食物我就反胃。**II** *n* [C, U]
1 反抗；起義 **2** 反感；厭惡

rev·o·lu·tion /ˌrevə'luːʃn/ *n* [C, U]
1 革命；變革：a *revolution* in modern
medicine 現代醫學中的變革 **2** 旋轉；
〈天〉公轉

rev·o·lu·tion·ary /ˌrevə'luːʃənərɪ/
I *adj* 革命的；大變革的 **II** *n* 革命者

re·volve /rɪ'vɒlv/ *vi*
旋轉：The earth *revolves* round the
sun. 地球繞太陽旋轉。

re·ward /rɪ'wɔːd/
I *n* [C, U] 報答；報償；酬金；獎賞：

She deserves a *reward* for her hard
word. 她工作勤奮，理應得到報償。/
The police offered a *reward* of £1,000
for information about the criminal. 警察
提出一千英鎊賞格要求提供罪犯線索。
II *vt* 報償；獎勵：He was *rewarded*
by promotion for his bravery. 他因勇敢
受到晉升的獎勵。
◑ punish

rhe·o·stat /'riːəstæt/ *n*
〈電〉變阻器；電阻箱

rhet·o·ric /'retərɪk/ *n* [U] 修辭學

rheu·ma·tism
/'ruːmətɪzəm/ *n* [U] 〈醫〉風濕病

rhom·bi /'rɒmbaɪ/ **rhombus** 的複數

rhom·bus /'rɒmbəs/ *n*
（複 = rhombuses, rhombi）
菱形；斜方形

rhyme, rime /raɪm/
I *n* [C, U] **1** 韻；韻腳；同韻的詞 **2**
押韻；韻文 **II** *vt, vi* **1** 作詩 **2** （使）
押韻：The words 'snow' and 'show'
rhyme. Snow 和 show 兩詞押韻。
◇ **in rhyme** 押韻的 / **without rhyme
or reason** 莫名其妙；毫無道理

rhythm /'rɪðəm/ *n* [U]
1 （詩的）韻律；節律 **2** 節奏；〈音〉
節奏；〈醫〉節律：the *rhythm* of
speech 語調的抑揚 / the *rhythm* of heart
心律 ▷ **rhythmless** *adj*

rib /rɪb/ *n*
（肉類）肋條；排骨；〈解〉肋；肋骨：
Many kinds of animals have *ribs*. 許多種
動物有肋骨。/ the *ribs* of an umbrella 傘
骨

rib·bon /'rɪbən/ *n* [C, U]
緞帶；絲帶；帶狀物

rice /raɪs/ *n*

稻；米；飯：a grain of *rice* 一粒米 / boiled *rice* 煮米飯

□ **rice bin** 米倉 / **rice flour** 米粉 / **rice paper** 宣紙

rich /rɪtʃ/ *adj*

❶ 富的；富裕的；有錢的：a *rich* man (family) 富人（戶）/ Times are hard for *rich* and poor alike. 富人和窮人都有難處。/ The *rich* get richer and the poor get poorer. 富人愈富，窮人愈窮。 ❷ 豐富的；多產的；肥沃的：a country *rich* in natural resources 自然資源豐富的國家 / *rich* soil 沃土 ❸ 貴重的；奢華的：*rich* gifts 貴重的禮品 ❹ （食物）重油的；味濃的：*Rich* soups are very nourishing. 濃湯很有營養。 ❺ （聲音）深沉的；（色彩）鮮艷的：Her dress is of a *rich* green colour. 她的衣服是鮮綠色的。

rich·es /ˈrɪtʃɪz/ *n*（複數）

財富；財寶；豐富

rid /rɪd/ *vt*（rid/ridded, ridding）

使擺脫；去掉：We are trying to *rid* the country of this disease. 我們想在國內消滅這種疾病。

◇ **be rid of** 擺脫；去掉 / **get rid of** 去掉；除去：You must *get rid of* smoking. 你必須戒掉吸煙的習慣。

❶ **free**

rid·den /ˈrɪdn/ **ride** 的過去分詞

rid·dle /ˈrɪdl/ *n* [C]

❶ 謎；謎語：ask a *riddle* 出謎 ❷ 謎一般的人或事物

ride /raɪd/

I （rode, ridden, riding）❶ *vt* 騎；乘（馬或車等）：*ride* a horse 騎馬 / Have

you learned to *ride* a bicycle? 你學會騎自行車了嗎？ ❷ *vi* 騎馬；乘車等：*ride* on a horse 騎馬 / *ride* in a train (boat, plane) 乘火車（船、飛機）

II *n* [C] 騎馬；乘車；乘坐：Shall we go for a *ride* in the car? 我們開車去兜風好嗎？/ It was a six-hour bus *ride*. 那是六個小時的汽車路程。

rid·er /ˈraɪdə(r)/ *n* 騎馬或乘車的人

ridge /rɪdʒ/ *n* [C]

❶ 〈動〉脊；脊梁 ❷ （山、屋、堤等的）脊；嶺：the mountain *ridge* 山脊

rid·i·cule /ˈrɪdɪkjuːl/

I *vt* 嘲弄；奚落 II *n* [U] 嘲弄；奚落

ri·dic·u·lous /rɪˈdɪkjʊləs/ *adj*

可笑的；荒謬的；滑稽的：What a *ridiculous* idea! 這主意真可笑！

▷ **ridiculously** *adv*

❶ **funny, absurd**

❶ **sensible**

ri·fle[1] /ˈraɪfl/ *n*

步槍；來復槍：an automatic *rifle* 自動步槍

➩ 插圖見 GUN

ri·fle[2] /ˈraɪfl/ *vt, vi*

搶劫；掠奪：The drawers had been *rifled*. 抽屜被撬。

right /raɪt/

I *n* ❶ [U] 正確；對：*right* and wrong 是與非 ❷ [U] 正義；公正：defend the *right* 維護正義 ❸ [C, U] 權利；法權：a *right* to vote 選舉權 ❹ 右；右邊：Keep to the *right*. 靠右邊。

II *adj* ❶ 正確的；對的：It's not *right* to tell lies. 撒謊是不對的。/ You were *right* to refuse. 你拒絕是對的。 ❷ 合適的；恰當的：You are the *right* man for the job. 你幹這工作正合適。 **3** 右邊的；右派的：the *right* hand 右手 **4** 垂直的；直角的：a *right* angle 直角

III *adv* **1** 對；正確地：They all guessed *right*. 他們都猜對了。/ He did not do it *right*. 他做得不對。 **2** 向右：turn *right* 向右拐彎 **3** 直接；立即：*right* after supper 就在晚飯後 / She is *right* behind you. 她就在你的後面。/ go *right* home 直接回家 / They will be *right* back. 他們就會回來。 **4** 正直地；公正地：It serves you *right*. 你活該。 **5** 是的；對的：'You're going to town tomorrow, aren't you?' 'Right.' "明天你進城，對嗎？" "是的。"

◇ **all right** 好；行；不要緊 / **put right** 糾正 / **right away (off)** 立刻；馬上 / **right now** 就在現在

IV *vt* 糾正；扶正：*right* an error 糾正錯誤

right·ly /'raɪtlɪ/ *adv*
1 正確地：I can not say *rightly* how far it is to the park. 我說不準到公園有多遠。 **2** 公正地；正當地

rig·id /'rɪdʒɪd/ *adj*
1 堅硬的：a *rigid* iron bar 堅硬的鐵棍 **2** 刻板的；嚴格的：*rigid* old habits 呆板的舊習慣 / the *rigid* army discipline 嚴格的軍隊紀律

rim /rɪm/
I *n* [C] 邊緣：the *rim* of a bowl 碗邊 / the *rims* of eye glasses 眼鏡框
II *vt* (rimmed, rimming) 裝邊於；把…圍起

ring¹ /rɪŋ/
I *n* [C] 環形物：a key *ring* 鑰匙環 / an ear *ring* 耳環 / a wedding *ring* 結婚戒指

/ a *ring* of light 光環 **II** *vt* 使成環形；包圍：*ring* in the enemy 包圍敵人
□ **ring finger** 無名指
● **circle**

ring² /rɪŋ/
I (rang, rung, ringing) **❶** *vi* **1** (鐘、鈴等) 響；鳴：The bell is *ringing* for class. 上課鈴在響。/ My alarm clock *rings* every morning at 6 o'clock. 我的鬧鐘每天早晨六點鐘響。 **2** 敲鐘；搖鈴：Someone is *ringing* at the door. 有人在門口按鈴。/ The patient *rang* for a nurse. 病人按鈴叫護士。 **❷** *vt* **1** 按 (鈴)；敲 (鐘)：*ring* a bell 按鈴 **2** [英] 打電話：I'll *ring* you back in ten minutes. 我十分鐘後給你回電話。

◇ **ring off** 掛斷電話 / **ring up** [英] 打電話：I was *rung up* by an old friend this morning. 今早有個老朋友給我打電話。

II *n* **1** 按鈴；打電話：give sb a *ring* 給某人打電話 / give the bell a *ring* 按一下鈴 **2** [C] 鐘聲；鈴聲
⇨ 用法說明見 TELEPHONE

ri·ot /'raɪət/
I *n* 暴亂；騷動 **II** *vi* 鬧事；騷亂

rip /rɪp/
I *vt, vi* 撕；撕裂：*rip* open a letter 撕開一封信 **II** *n* 裂口；裂縫

ripe /raɪp/ *adj*
1 (果子、莊稼等) 成熟的：These apples are not *ripe*. 這些蘋果還沒熟。 **2** (時機等) 成熟的；合適的：The problem is *ripe* for settlement. 解決問題的時機已經成熟。
⇨ 用法說明見 MATURE

rip·en /'raɪpən/ *vt, vi*
(使) 成熟：Tomatoes *ripen* in the sun

more quickly than in the shade. 西紅柿
在陽光裏比在背陰處熟得快。/ The sun
ripens the fruit. 太陽把水果催熟。

rip·ple /'rɪpl/
I *vt, vi*（使）起漣漪；（使）起細浪
II *n* [C] 漣漪；細浪

rise /raɪz/
I *vi*（rose, risen, rising）**1** 起床；直
立：She *rose* to greet her guests. 她站
起來迎接客人。/ She *rises* early in the
morning. 她早晨起得早。**2** 升起；上
升：The sun *rises* in the east. 太陽從東
方升起。/ The price of bread has *risen*
by 30%. 麵包價格上升 30%。**3** 起
義：*rise* up in arms 武裝起義
II *n* **1** [U] 上升；升起：at *rise* of sun
日出之時 **2** [C] 上漲；增長：a *rise* in
temperature 溫度升高 / a *rise* in the cost
of living 生活費用增長
◇ **give rise to** 引起；使發生

ris·en /'rɪzn/ **rise** 的過去分詞

risk /rɪsk/
I *vt* 冒…危險：*risk* one's life 冒生命危
險 / Do not *risk* crossing the river alone.
別冒險獨自過河。II *n* [C, U] 危險；
風險：at the *risk* of losing one's job 冒
失去工作的危險 / put one's life at *risk* 冒
生命危險
◇ **at all risks (at any risks)** 無論冒甚麼
危險 / **run (take) a risk** 冒險
● danger

risk·y /'rɪskɪ/ *adj*（riskier, riskiest）
危險的；冒險的：It's a *risky* thing to
drive too fast. 車開得太快是很危險的
事。▷ **riskily** *adv*

rite /raɪt/ *n* [C]
儀式；〈宗〉禮拜式：marriage *rites* 結

婚儀式 / funeral *rites* 殯葬儀式

rit·u·al /'rɪtʃʊəl/
I *n* [U] 儀式；宗教儀式
II *adj*（宗教）儀式的

ri·val /'raɪvl/
I *n* 對手；競爭者；匹敵者：defeat
one's *rival* 擊敗對手 / without a *rival* 無
敵的 II（rival(l)ed, rival(l)ing）*vt, vi* 與
…競爭：The girls *rival* each other in the
recitation contest. 姑娘們在朗誦比賽中
互爭高低。

ri·val·ry /'raɪvlrɪ/ *n* 競爭；敵對

riv·er /'rɪvə(r)/ *n*
江；河：the mouth of a *river* 河口 / the
Yellow *River* 黃河

riv·er·side /'rɪvəsaɪd/
I *n* 河岸 II *adj* 河岸的

road /rəʊd/ *n* [C]
1 路；公路：*road* accidents 交通事故
2 途徑：Hard work is the *road* to
success. 勤奮是成功之路。/ All *roads*
lead to Rome. [諺] 條條大路通羅馬。
◇ **by road** 由公路 / **in sb's road** 擋某
人的路 / **on the road** 在途中 □
roadblock *n* 路障

road·side /'rəʊdsaɪd/
I *n* 路邊：on the *roadside* 在路邊
II *adj* 路邊的：a *roadside* inn 路邊客
棧

roam /rəʊm/ *vt, vi*
漫遊；遊蕩：*roam* about the world 漫
遊世界
● wander

roar /rɔː(r)/
I **❶** *vi* **1**（獅、虎等）吼叫；（海、風
等）怒號；（雷、炮等）轟鳴：The lion
roared. 獅子怒吼一聲。/ The sea is

roaring. 大海在咆哮。 **2** 喊叫： *roar with pain* 痛苦地叫 / `'Come out!'` he *roared*. "出來！" 他喊道。 **❷** *vt* 叫喊 **II** *n* [C] 吼；叫喊；轟鳴： the *roar* of a crowd 人群的吼叫 / We heard the *roar* of the guns. 我們聽到隆隆炮聲。

➊ cry

roast /rəʊst/

I *vt, vi* 烘烤；炙： The beef is *roasting* in the oven. 牛肉在爐子裏烤着。/ *roast meat* 烤肉 **II** *adj* 烤過的： *roast Beijing ducks* 北京烤鴨 **III** *n* [C, U] **1** 烤炙 **2** 烤肉

➊ cook, bake

rob /rɒb/ *vt* （robbed, robbing）

1 搶劫；盜竊： *rob a bank* 搶銀行 / *rob a man of all his money* 洗劫人的錢財 / The supermarket was *robbed* last night. 超級市場昨晚被盜。 **2** 非法剝奪： *rob sb of his rights* 非法剝奪某人的權利 / The storm *robbed* the trees of their fruit. 暴風雨把樹上的果實打落了。

➊ steal, deprive

rob·ber /'rɒbə(r)/ *n* 強盜；盜賊

rob·ber·y /'rɒbərɪ/ *n* [C, U]

搶劫；盜取；搶劫案： The bank *robbery* took place at midnight. 銀行搶劫案發生在午夜。

robe /rəʊb/ *n* [C] 長袍；罩衣

ro·bot /'rəʊbɒt/ *n* [C]

機器人；自動機器

rock¹ /rɒk/ *n* [C, U]

岩石；石塊；[rocks] 礁石

rock² /rɒk/

I **❶** *vt* 搖；擺動： *rock a baby to sleep* 把嬰兒搖入夢鄉 **❷** *vi* **1** 搖擺： The boat *rocked* on the waves. 小舟在海浪裏顛簸。 **2** （使）動搖： *rock sb's beliefs* 動搖某人的信念 **II** *n* **1** 搖擺；搖動 **2** 搖滾樂；搖滾舞

➊ sway

rock·er /'rɒkə(r)/ *n*

1 搖的人；搖椅 **2** 〈機〉搖桿

rock·fest /'rɒkfest/ *n*

[美] 搖滾音樂節

rock·et /'rɒkɪt/

I *n* [C] 火箭；火箭發動機： launch a *rocket* 發射火箭 **II** *vi* 飛速上升

□ **rocket plane** 火箭飛機

rock·y /'rɒkɪ/ *adj*

1 岩石的；穩如磐石的： a *rocky* road 岩石路 **2** 冷酷的： a *rocky* heart 冷酷的心

rod /rɒd/ *n*

桿；棒： a fishing *rod* 釣魚桿 / Spare the *rod* and spoil the child. [諺] 孩子不打不成器。

rode /rəʊd/ ride 的過去式

role /rəʊl/ *n* [C]

1 角色： the leading *role* 主角 **2** 作用： play an important *role* 起重要作用

➊ part

roll /rəʊl/

I *vt, vi* **1** 使滾動： *roll a snow ball* 滾一個雪球 / A stone *rolled* down the hillside. 一塊石頭滾下山。 **2** 捲；繞： *roll a cigarette* 捲紙煙 / The wire *rolled* into a ball. 電線繞成一團。 **II** *n* [C] **1** （一）捲： a *roll* of film 一捲膠片 / a *toilet-roll* 衛生紙捲 **2** 名冊；檔案： an honour *roll* 光榮榜 **3** 麵包捲；捲餅

◇ **call the roll** 點名 □ **roll call** 點名

➊ list

roll·er /'rəʊlə(r)/ *n* [C]

1 滾動的人;滾動的東西 **2** 滾路機

□ **roller skate** 旱冰鞋;四輪冰鞋 / **roller-skate** *vi* 溜旱冰

Ro·man /'rəʊmən/

  I *n* **1** (古) 羅馬人: Do in Rome as the *Romans* do. [諺] 入鄉隨俗。 **2** [常作 roman] 羅馬字;正體字

  II *adj* **1** (古) 羅馬的;(古) 羅馬人的 **2** 羅馬體的;正體的: the *Roman* alphabet 羅馬字母 / the *Roman* Empire 羅馬帝國 / *Roman* letters 正體字 / *Roman* numerals 羅馬數字 (如 I, II, III 等)

ro·mance /rəʊ'mæns/ *n* [C]

  浪漫;傳奇

  ◑ **fiction**

ro·man·tic /rəʊ'mæntɪk/

  I *adj* **1** 浪漫 (主義) 的;傳奇的: *romantic* fiction 浪漫主義小説 / *romantic* adventures 傳奇故事 **2** 不切實際的;虛構的: *romantic* ideas 不切實際的想法 **II** *n* 浪漫的人;[常作 Romantic] 浪漫主義作家

  ▷ **romantically** *adv* / **romanticism** *n* [常作 Romanticism] 浪漫主義 / **romanticist** *n* [常作 Romanticist] 浪漫主義作家

Rome /rəʊm/ *n*

  1 羅馬 (意大利首都) **2** 〈史〉古羅馬;羅馬帝國

roof /ruːf/ *n*

  1 屋頂;家: without a *roof* 無家可歸 **2** 頂;頂部: the *roof* of a car 車頂

room /ruːm/ *n*

  1 [C] 房間;室;寓所: dining *room* 餐廳 / My *room* is on the second floor. 我的房間在三樓。 **2** [U] 空間;餘地: There is no *room* for the car. 沒有放車的

空間了。 / There is much *room* to be improved. 還有很大改進的餘地。

  ◇ **make room for sb (sth)** 給某人 (某物) 空出地方

root /ruːt/

  I *n* [C] **1** 根: the *roots* of a tree 樹根 / the *root* of a tooth 牙根 **2** 根本;本質: the *root* cause 根本原因 **3** 〈數〉根: square *root* 平方根 **II** ❶ *vt* **1** 使生根;扎根: The old habit is deeply *rooted*. 老習慣是根深蒂固的。 **2** 根除 ❷ *vi* 生根;生根於: This plant *roots* easily. 這種植物很容易成活。

  ◇ **take root** 生根 ▷ **rootless** *adj*

  ◑ **origin**

rope /rəʊp/

  I *n* [C, U] 繩;索: tie sth with a *rope* 用繩子捆某物

  II *vt* 捆;紮;拴: He *roped* his horse to a tree. 他把馬拴在樹上。

  ◑ **line, cable**

rose¹ /rəʊz/

  I *n* **1** 薔薇 (花);玫瑰 (花): a monthly *rose* 月季 / a red *rose* 紅玫瑰 / No *rose* without a thorn. [諺] 沒有無刺的玫瑰。(沒有完美的事情。) **2** 玫瑰紅 **II** *adj* 玫瑰花的;玫瑰紅的

  □ **rose-colour** *n* 玫瑰紅 / **rose-coloured** *adj* 玫瑰紅的

  ⇨ 插圖見〈專題圖説 8〉

rose² /rəʊz/ **rise** 的過去式

ros·y /'rəʊzɪ/ *adj*

  1 玫瑰紅的;紅潤的: *rosy* cheeks 紅潤的臉頰 **2** 光明的;美好的: The days ahead of us look *rosy*. 我們的前景是美好的。

rot /rɒt/

I *vi* 爛；腐敗：The potatoes remained on the wet ground so long that they *rotted*. 土豆在濕地上放得太久，結果爛了。**II** *n* [U] 腐爛；腐敗

ro·ta·ry /ˈrəʊtərɪ/ *adj*
旋轉的；轉動的：*rotary* movement 轉動

ro·tate /rəʊˈteɪt/ *vt, vi*
1 （使）旋轉；（使）轉動：The Earth *rotates* once every 24 hours. 地球每24小時自轉一週。**2** 使輪流；循環；〈農〉輪作：The farmer *rotates* his crops. 農民輪種作物。

ro·ta·tion /rəʊˈteɪʃn/ *n* [C, U]
1 旋轉；轉動；〈天〉自轉：the *rotation* of the Earth 地球的自轉 **2** 循環；交替；〈農〉輪作：a *rotation* of duties 輪流值班 / *rotation* of crops 輪作

rot·ten /ˈrɒtn/ *adj*
1 腐爛的：*rotten* fruit 爛果 / go *rotten* 腐爛 **2** 腐敗的；墮落的：The government is *rotten*. 政府很腐敗。**3** [俚] 討厭的；糟糕的：*rotten* weather 糟糕的天氣
◇ **rotten to the core** 爛到心
▷ **rottenness** *n*

rough /rʌf/ *adj*
1 不平的；粗糙的：a *rough* road 不平坦的路 / *rough* hands 粗糙的手 **2** 粗暴的；粗野的；粗俗的：a *rough* temper 粗暴的脾氣 / His proposal met with a *rough* refusal. 他的建議遭到粗暴拒絕。**3** 狂暴的：*rough* weather 嚴酷的氣候 / *rough* sea 波濤洶湧的海面 **4** 粗質的；簡陋的：The old man led a *rough* life. 那老人過着簡陋的生活。**5** 粗製的；不完善的：a *rough* drawing 草圖 /

a *rough* plan 計劃草案 ▷ **roughly** *adv* / **roughness** *n*
◐ **coarse**
◑ **fine**

round /raʊnd/
I *adj* **1** 圓的；球形的：The Earth is *round*. 地球是圓的。**2** 豐滿的：*round* red cheeks 紅潤豐滿的臉頰 **3** 大概的；大約的：a *round* guess 大致的猜測 / *round* figures 約數
II *adv* **1** 圍繞地：The children gathered *round* to hear the story. 孩子們圍攏來聽故事。**2** 在周圍；在附近：show sb *round* 陪某人參觀 **3** 朝反方向：He looked *round*. 他回頭看。/ He turned *round*. 他轉過身。/ the other way *round* 正好相反
◇ **all round** 在…周圍；在各處 / **round about** 在周圍；迂迴地 / **round and round** 不停旋轉地
III *n* **1** 圓形物 **2** 巡回；週期：She does a paper *round*. 她挨戶送報。**3** （比賽、談判等的）輪；回合；場；局：He was knocked out in the second *round*. 他在第二輪被擊倒。**4** （彈藥的）發：He has got two *rounds* left. 他剩兩發子彈。
◇ **go (make) one's rounds** 查房；出診；巡回
IV *prep* **1** 圍着；繞着：sit *round* the table 圍桌而坐 / travel *round* the world 環球旅行 **2** 在…附近；在…周圍；在各處：A teacher took us *round* the school. 一位老師領我們參觀了學校。
V *vt* **1** 使成圓形：*round* the lips 收圓嘴唇 **2** 環繞：The satellite *rounds* the earth twice a day. 衛星一天環繞地球轉

R

兩圈。 **3** 圍攏；圍捕： *round* up the cattle 圍攏牲畜 **4** 〈數〉把…四捨五入

□ **round-eyed** *adj* 瞪圓眼的 / **round-table** *adj* 圓桌的： a *round-table* conference 圓桌會議 / **round-the-clock** *adj* 晝夜不停的

> **用法説明**： **Round** 和 **around** 都可作介詞與副詞用。在表示"圍攏"、"周圍"時，美國英語多用 **around**，英國英語多用 **round**。例如： The satellite travelled right round / around the Earth. (這顆人造衛星正好繞着地球轉)。兩者都可用，用哪個取決於英國英語還是美國英語。美國人還喜歡用 **around** 替代 **about**，表示"附近"、"左右"、"大概"等意義。例如： Come around (about) nine o'clock and you'll find me in the office. (九點左右來，我準在辦公室。) I dropped the key somewhere around (about) here. (我把鑰匙掉在這兒附近了)。

round·a·bout /'raʊndəbaʊt/ *adj*
迂迴的；拐彎抹角： We took a *roundabout* way to the farm. 我們繞路去農場。

rouse /raʊz/
❶ *vt* **1** 喚醒；喚起： *rouse* sb from sleep 喚醒某人 **2** 激起；激怒： He is dangerous when *roused*. 他發起脾氣來是很危險的。 ❷ *vi* 醒來；覺醒
❶ **waken**

route /ruːt; raʊt/ *n*
路；路線；路程： This is the shortest *route* from London to Paris. 這是從倫敦到巴黎的最近路線。 / Which *route* do you take? 你走哪條路線？ / a bus *route* 公共汽車路線

□ **routeway** *n* 旅行路線
rou·tine /ruː'tiːn/
  I *n* 例行公事；常規；日常工作： the *routine* of housework 慣常的家務活 / break the *routine* 打破常規 / follow the *routine* 按常規辦事
  II *adj* 例行的；常規的；日常的： a *routine* report 例行報告 / a *routine* medical examination 例行體檢

row¹ /rəʊ/ *n*
(一) 排；(一) 行；(一) 列： a *row* of houses (trees, seats) 一排房屋 (樹、座位) / They were seated in the front (rear) *row*. 他們坐在前 (後) 排。
❶ **line**

row² /rəʊ/
  I *vt*, *vi* 划 (船)： Can you *row* a boat? 你會划船嗎？
  II *n* 划船： go for a *row* 去划船

roy·al /'rɔɪəl/ *adj*
1 王室的；王的： a *royal* family 王室；皇族 / a *royal* palace 王宮 **2** [Royal] (英國) 皇家的： the *Royal* Air Force 皇家空軍 / the *Royal* Society 皇家學會 **3** 盛大的；莊嚴的： They gave us a *royal* welcome. 他們隆重地迎接我們。

roy·al·ty /'rɔɪəltɪ/ *n* [U]
1 王權；王位 **2** 王族

rub /rʌb/
  I ❶ *vt* **1** 擦；摩擦： *rub* one's hands 搓手 / I *rubbed* the window with a cloth. 我用一塊布擦窗子。 **2** 擦；抹： *rub* oil on one's skin 在皮膚上抹油 ❷ *vi* 摩擦
  II *n* 摩擦： Give the lamp a *rub*. 把燈擦一下。

◇ **rub off (out)** 擦掉
rub·ber /'rʌbə(r)/ *n*

1 橡膠：a *rubber* plantation 橡膠園
2 橡皮
⇨ 插圖見〈專題圖說 4〉
□ **rubber stamp** 橡皮圖章

rub·bish /'rʌbɪʃ/ *n* [U]
1 垃圾；廢物 **2** 廢話

ru·by /'ruːbɪ/
I *n* [C, U] 紅寶石；紅寶石色
II *adj* 紅寶石的；紅寶石色的

rude /ruːd/ *adj*
1 粗野的；無禮的：Don't be so *rude* to your father. 別對你父親這樣無禮。**2** 粗糙的；簡陋的：They made a *rude* boat of some old boards. 他們用舊木板造了一條簡陋的船。▷ **rudely** *adv* / **rudeness** *n*
⬤ rough
◑ courteous

rug /rʌg/ *n* 小地毯

rug·ged /'rʌgɪd/ *adj*
1 不平的 **2** 結實的；強壯的

ru·in /'ruːɪn/
I *n* **1** [U] 破壞；毀滅；破產：The castle has fallen into *ruin*. 城堡已坍塌了。**2** [C, U] 倒毀的東西；[ruins] 廢墟：the *ruins* of ancient Rome 古羅馬遺跡 II *vt, vi* （使）毀滅；（使）破產：The storm *ruined* the crop. 風暴毀壞了莊稼。
⇨ 用法說明見 DESTROY

rule /ruːl/
I *n* **1** [U] 統治；管轄；支配：under the *rule* of sb 在某人的統治之下 **2** [C] 規則；章程：the *rules* of football 足球規則 / break (obey) the *rules* 違犯（遵守）規則 **3** [C] 標準；刻度尺：a carpenter's *rule* 木工尺

◇ **as a rule** 通常；一般說來
II **❶** *vt* **1** 統治；管轄；支配：The headmaster *ruled* the school with a stern discipline. 這位校長以嚴厲的紀律來管理學校。**2** 裁決：The chairman *ruled* the motion out of order. 主席裁決該動議不合程序。**3** 劃線：*rule* a straight line 劃一條直線 **❷** *vi* **1** 統治；管轄；支配：*rule* over a country 統治一個國家 **2** 裁決：The court will *rule* on the case. 法院將對此案作出裁決。

◇ **rule out** 劃去；取消：A sudden storm *ruled* the match *out*. 一場突如其來的暴風雨使比賽取消。
⬤ govern, reign

rul·er /'ruːlə(r)/ *n*
1 統治者；管理者 **2** 尺；直尺
⇨ 插圖見〈專題圖說 4〉

rum /rʌm/ *n* [U] 朗姆酒；糖酒

ru·mour, ru·mor /'ruːmə(r)/
I *n* [C, U] 謠言；謠傳；傳說：*Rumour* has it that Jane is getting married again. 據傳簡又要結婚了。
II *vt* 謠傳；據說：It's *rumoured* that the king is sick. 據說國王病了。
⬤ gossip

run /rʌn/
I （ran, run, running) **❶** *vi* **1** 跑；跑步：He *runs* very fast. 他跑得很快。/ You have to *run* to catch the bus. 你得跑才趕得上車。**2** 競賽；競選：*run* for office 競選公職 / He intended to *run* against Smith for mayor. 他要和史密斯競選市長。**3** （機器等）運轉；開動；（工作等）進行：The machine *runs* smoothly. 機器運轉平穩。**4** 流動；流

淌：Tears *ran* down. 眼淚流下來了。/ The river *runs* into a lake. 這條河流進一個湖裏。 **5** 變得；變成：*run* short 不足 **②** *vt* **1** 使跑：*run* sb off his legs 使某人疲於奔命 **2** 參加競賽；同…比賽：*run* a race 賽跑 **3** 開動（機器等）；進行（工作等）：*run* a taxi 開出租車 / *run* errands 替人跑腿 **4** 經營：*run* a store 開店 / He hasn't much experience in *running* a factory. 他沒有多少管理工廠的經驗。

◇ **run across** 偶然踫見：I *ran* across an old friend I hadn't seen for years. 我踫見一位幾年未見的老朋友。/ **run after** 追趕；追求：The policeman *ran* after the thief and caught him. 警察追趕小偷並抓住了他。/ **run away** 潛逃；私奔 / **run into** 撞到；偶然踫見：The car *ran* into the wall. 汽車撞到牆上。/ **run off** 逃跑；流掉 / **run out of** 用完

II *n* [C] **1** 跑；賽跑：a cross-country *run* 越野賽跑 / a five-mile *run* 五英里跑 **2**（機器等）運轉：a trial *run* 試車

◇ **in the long run** 從長遠觀點來看；最終 □ **runaway** *n* 逃亡者 / **runway** *n* 河道；跑道

rung¹ /rʌŋ/ ring 的過去分詞

rung² /rʌŋ/ *n*
（梯子的）橫檔；梯級

run·ner /ˈrʌnə(r)/ *n* 賽跑者
□ **runner-up** *n*〈體〉亞軍；第二名

run·ning /ˈrʌnɪŋ/
I *adj* **1** 奔跑的；賽跑的：*running* shoes 跑鞋 **2** 流動的；運轉的：*running* water 自來水
II *n* [U] **1** 賽跑；跑步 **2** 經營：the

running of a company 公司的經營

ru·ral /ˈrʊərəl/ *adj*
1 農村的：*rural* areas 農村地區 / *rural* life 農村生活 **2** 農業的：*rural* economy 農業經濟

rush /rʌʃ/
I **①** *vi* **1** 衝；闖；急走：*rush* into the room 衝進房間 **2** 倉促行動：*rush* to a conclusion 匆匆下結論 **②** *vt* **1** 使衝；使闖：*rush* sb to hospital 把某人火速送到醫院 **2** 倉促行動：*rush* the job 趕做工作 II *n* [C, U] **1** 衝；闖；急速 **2** 忙碌；急切 III *adj* 急需的；繁忙的：*rush* hours 車輛高峰時間 / the *rush* season 忙季

❶ dash, hurry

rusk /rʌsk/ *n*（甜）麵包乾；脆餅乾

Rus·sia /ˈrʌʃə/ *n* 俄羅斯；俄國

Rus·sian /ˈrʌʃn/
I *adj* 俄國的；俄羅斯的；俄國人的；俄羅斯人的；俄語的：*Russian* history 俄羅斯歷史
II *n* **1** 俄國人；俄羅斯人 **2** 俄語

rust /rʌst/
I *n* [U] **1** 銹；鐵銹 **2**（腦子）遲鈍
II *vt, vi* **1**（使）生銹；氧化：Your bicycle will *rust* if you leave it out in the rain. 你的自行車淋在雨裏會生銹的。 **2**（腦子）變遲鈍

rust·y /ˈrʌstɪ/ *adj*
1 生銹的；銹的：a *rusty* sword 生銹的劍 **2** 變鈍的：a *rusty* mind 遲鈍的頭腦

ruth·less /ˈruːθlɪs/ *adj*
無情的；冷酷的；殘忍的：a *ruthless* enemy 殘酷的敵人 ▷ **ruthlessly** *adv*

rye /raɪ/ *n* [U]〈植〉黑麥

S, s

S, s /es/ 英語字母表的第十九個字母

sack¹ /sæk/

  I *n* **1** 袋；包；麻袋 **2** （一）袋：a *sack* of rice (flour, cement) 一袋米（麵粉、水泥）/ It is good tying the *sack* before it is full. [諺] 不要等口袋滿了再紮口。（凡事適可而止。） **3** [口] 解僱；開除：get / be given the *sack* 被解僱

  II *vt* **1** 把⋯裝袋 **2** [口] 解僱；開除

  ◐ dismiss, fire

sack² /sæk/

  I *n* 劫掠；掠奪 II *vt* 劫掠；洗劫

sa·cred /'seɪkrɪd/ *adj*

  1 神的；上帝的；宗教的：*sacred* music 聖樂 **2** 聖的；莊嚴的；不可侵犯的：a *sacred* mission 神聖的使命 / a *sacred* cause 神聖的事業

sac·ri·fice /'sækrɪfaɪs/

  I *n* **1** [C, U] 犧牲；犧牲品：make *sacrifices* (a *sacrifice*) 作出犧牲 **2** 〈宗〉祭品；獻祭

  II *vt, vi* **1** 犧牲；獻出：*sacrifice* one's life 獻出生命 **2** 虧本賣出 **3** 〈宗〉獻祭；以⋯為祭品：They *sacrificed* several lambs. 他們宰了幾頭羊祭祀。

sad /sæd/ *adj*

  1 悲哀的；令人悲傷的：*sad* news 令人悲傷的消息 **2** （色彩）黯淡的 ▷ **sadly** *adv* / **sadness** *n*

  ◑ happy

sad·dle /'sædl/

  I *n* **1** 鞍子；馬鞍；（自行車等）座墊

  2 鞍狀物

  ◇ **in the saddle** 騎着馬；[喻] 當權

  II *vt* 給（馬等）裝鞍：The hunter *saddled* the horse and started off. 獵人給馬裝上鞍就出發了。

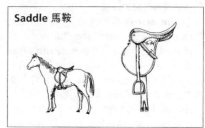

Saddle 馬鞍

safe /seɪf/

  I *adj* **1** 安全的；保險的：He is *safe* from danger who is on guard even when *safe*. [諺] 居安思危得平安。 **2** 無害的 **3** 可靠的 **4** 有把握的

  ◇ **safe and sound** 安然無恙：All his sons returned *safe and sound* from the war. 他的幾個兒子都安然無恙地從戰場回來了。 ▷ **safely** *adv*

  II *n* 保險箱

  ◐ secure

safe·guard /'seɪfgɑːd/

  I *n* **1** 保護措施：The law provides *safeguards* against tyranny. 法律提供了防止獨裁的保護措施。 **2** 安全裝置；防護器 **3** 護送者；警衛員

  II *vt* 保護；捍衛：*safeguard* one's position 維護自己的地位

❶ guard, protect

safe·ty /ˈseɪftɪ/ n [U]

安全：safety belt（飛機、汽車上的）安全帶 / safety device 安全裝置 / safety island（街道上的）安全島 / safety lamp（礦工等用的）安全燈 / safety pin 安全別針 / safety plug 安全插頭 / safety razor 保安刀片 / safety valve 安全閥 / safety zone 安全區

◇ **Safety first!** 安全第一！

❶ danger

said /sed/ say 的過去式和過去分詞

sail /seɪl/

I n ❶ [C] 帆：The sailors hoisted (lowered) the sails. 水手們揚（下）帆。❷ 帆狀物 ❸（複 = sail）船隻：a fleet of twenty sail 二十條船組成的船隊

◇ **set sail** 啟航

II ❶ vi ❶ 航行；乘船旅行：We shall sail by the 'Long Island'. 我們將乘"長島號"船去旅行。❷ 啟程；開船：The ship sails at five in the morning. 早晨五點鐘開船。❸（鳥等）翱翔 ❷ vt ❶ 駛過 ❷ 駕駛（船）

□ **sailboat** n 帆船

sail-off /ˈseɪlɒf/ n [美、加]

帆船冠軍賽

sail·or /ˈseɪlə(r)/ n 水手；海員；水兵

saint /seɪnt/ n

聖人；聖徒；聖徒似的人：All are not saints that go to church. [諺] 上教堂的並不都是聖人。

❶ sinner

sake /seɪk/ n 緣故

◇ **art for art's sake** 為藝術而藝術 / **for any sake** 無論如何 / **for the sake of sth (sb), for sth's (sb's) sake** 為…起見：for safety's sake 為安全起見 / for God's sake 看在上帝的面上；務必

sal·ad /ˈsæləd/ n [C, U]

色拉（沙律）；涼拌菜：chicken (vegetable) salad 雞肉（蔬菜）色拉

□ **salad dressing** 色拉調料 / **salad oil** 色拉油

sal·a·ry /ˈsælərɪ/ n [C]

薪金：cut (raise) salary 減（提）薪

❶ wage

⇨ 用法說明見 PAY

sale /seɪl/ n

❶ 出售：sales competition 銷售競爭 / sales promotion 促銷 / sales tax 營業稅 ❷ 拍賣；減價出售：Don't buy it now, wait for the sales. 現在別買它，等減價的時候再買吧。❸ 銷路；銷售額

◇ **for sale** 供出售的：The house is for sale. 這房子是供出售的。/ **on sale** 出售；上市：The new computer may be on sale in the new year. 新式電腦也許明年上市。□ **salesgirl** n 女售貨員 / **salesman** n 售貨員；推銷員

sa·li·va /səˈlaɪvə/ n [U] 唾液；口水

sal·ly /ˈsælɪ/

I n [C] ❶ 出擊；突圍 ❷（感情等）迸發 ❸ 遠足 II vi ❶ 突圍 ❷ 出發

salm·on /ˈsæmən/

I n（複 = salmon）❶〈動〉鮭；大馬哈魚 ❷ 鮮肉色；橙紅色

II adj 鮭肉色的；橙紅色的

salt /sɔːlt/

I n ❶ [U] 鹽：common (cooking, table) salt 食鹽 / sea (bay) salt 海鹽 / industrial salt 工業用鹽 / Exercise causes water and salt loss. 運動使人失去水分和鹽分。❷〈化〉鹽類；溴鹽；瀉鹽

◇ **the salt of the earth** 社會中堅；優秀分子

II *adj* 含鹽的；鹹的；腌的： a *salt* solution 鹽溶液 III *vt* 加鹽於；腌：*salt* meat (fish) 腌肉（魚）

□ **saltcellar**（餐桌上的）鹽瓶 / **salt field** 鹽田 / **salt mine** 鹽礦 / **salt spoon** 鹽匙 / **saltwater** *adj* 鹹水的；生活在鹹水中的 / **salt water** 鹽水；海水 / **saltwell** *n* 鹽井

salty /'sɔːltɪ/ *adj*

1 含鹽的；有鹽味的 **2** 鹹的： It tastes too *salty*. 味道太鹹了。

sa·lute /sə'luːt/

I *n* **1** 招呼；敬禮 **2** 禮炮： The president was given a 21-gun *salute*. 總統受到二十一響禮炮的歡迎。

II *vt, vi* 向⋯打招呼；向⋯致敬： The soldiers *saluted* the national flag. 士兵們向國旗致敬。

sal·va·tion /sæl'veɪʃn/ *n* [U]

1 救助；拯救 **2** 〈宗〉救世： the *Salvation* Army 救世軍（18 世紀創立於英國的一宗教性慈善組織）

same /seɪm/

I *adj* **1** 同一的： Tom and Jack crossed the finish line almost at the *same* time. 湯姆和傑克幾乎同時越過終點線。 **2** 同樣的： I feel the *same* today as I did yesterday. 我今天感覺和昨天一樣。 **3** 上述的

◇ **all the same** 還是；仍然 / **be all the same to...** 對⋯來說都一樣： 'Would you like to go by air or by train?' 'It is *all the same* to me.' "乘飛機還是火車去隨你的便？" "對我來說都一樣。" / **just the same** 完全一樣；依然故我 / **one**

and the same 同一個 / **same here** [口] 我也一樣

II *pron* 同樣的人（或物）

III *adv* 同樣地

sam·ple /'saːmpl/

I *n* [C] **1** 貨樣；樣品： blood *sample* 血樣 / The fruit grower showed us a *sample* of his pears. 果農讓我們看他的梨的樣品。 **2** 標本；實例 **3** 抽樣調查

II *vt* **1** 從⋯抽樣調查： *sampling* bottle 採樣瓶 / *sampling* rate 採樣率 / *sampling* ratio 抽樣比 **2** 嘗試： *sample* wine 品酒

sand /sænd/ *n*

1 [U] 沙： fine *sand* 細沙 / loose *sand* 鬆沙 / quick *sand* 流沙 **2** 沙色 **3** [sands] 沙粒；沙地；沙灘： The children are playing on the *sands*. 孩子們在海灘上玩。

◇ **be built on the sand** 建在沙上；建在很不牢固的基礎上 / **hide (bury) one's head in the sand** 逃避現實 □ **sandbag** *n* 沙袋 / **sandpaper** *n* 沙紙 / **sandstone** *n* 砂岩 / **sandstorm** *n* 沙暴

san·dal /'sændl/ *n*

涼鞋： plastic *sandal* 塑料涼鞋 / straw *sandal* 草鞋

sand·wich /'sænwɪdʒ/

I *n* [C] 三明治： chicken *sandwich* 雞肉三明治 / ham *sandwich* 火腿三明治 / make *sandwiches* 做三明治 II *vt* **1** 夾入： Our house is *sandwiched* between two tall buildings. 我家的房子夾在兩棟高樓之間。 **2** 把⋯做成三明治

sandy /'sændɪ/ *adv*

1 沙質的；多沙的： The seashore is *sandy*. 這裏的海灘是沙質的。 **2** 沙色的

❸ 流沙似的

san·i·tar·y /'sænɪtrɪ/
I adj **❶** 環境衛生的 **❷** 衛生的；清潔的：sanitary chinaware 衛生陶器 / sanitary facilities 衛生設備 / sanitary towel（婦女用）衛生巾 / sanitary ware 衛生器具（如浴缸、抽水馬桶等）
II n （帶衛生設備的）公共廁所

san·i·ta·tion /ˌsænɪ'teɪʃn/ n
❶ [U] 環境衛生 **❷** 衛生設備

San·ta Claus /ˌsæntə'klɔːz/ n
〈宗〉聖誕老人

sap /sæp/
I n [U] **❶** 樹液：rubber sap 橡膠樹汁 **❷** 體液（血、淋巴、精液等）；活力；元氣：the sap of youth 青春活力 **❸** 勤勞者；勤勞的人 II vt **❶** 使（樹）排出液汁 **❷** 使傷元氣；削弱

sap·ling /'sæplɪŋ/ n
❶ 樹苗；幼樹 **❷**〔喻〕年輕人

sar·casm /'sɑːkæzəm/ n
❶ [U] 諷刺；挖苦；嘲笑：biting (bitter) sarcasm 刻薄的挖苦 **❷** [C] 諷刺話；挖苦話

sar·dine /sɑː'diːn/ n
沙丁魚：be packed like sardines 擁擠不堪

Sa·tan /'seɪtn/ n
撒旦；魔鬼：Satan always finds work for idle hands. [諺] 魔鬼總會替懶漢找事幹。

sat·el·lite /'sætəlaɪt/ n
❶ 衛星；The moon is a satellite of the earth. 月亮是地球的衛星。 **❷** 人造衛星：a communications satellite 通訊衛星 / a weather satellite 氣象衛星 / a man-made satellite 人造衛星 / a manned satellite 載人衛星 / a satellite earth station 衛星地面站 / a satellite tracking station 衛星跟蹤站 / a satellite weather map 衛星氣象圖 / shoot up (launch) a satellite 發射衛星 / The game was relayed live by satellite. 比賽通過衛星實況轉播。 **❸** 衛星國；衛星城鎮：a satellite town 衛星城

sat·in /'sætɪn/
I n [U] 緞子：figured satin 花緞
II adj 緞子般的

sat·ire /'sætaɪə(r)/ n
❶ [U] 諷刺 **❷** [C] 諷刺作品：a political satire 政治諷刺作品

sat·is·fac·tion /ˌsætɪs'fækʃn/ n
❶ [U] 滿意；滿足 **❷** 樂事
◇ to the satisfaction of 使…感到滿意：He did the job to my satisfaction. 他做的工作使我感到滿意。

sat·is·fac·to·ry /ˌsætɪs'fæktərɪ/ adj
令人滿意的；令人滿足的；圓滿的：a satisfactory explanation (answer) 令人滿意的解釋（回答）/ Your work is satisfactory. 你的工作是令人滿意的。
▷ **satisfactorily** adv

sat·is·fy /'sætɪsfaɪ/ vt
❶ 使滿意：The composition does not satisfy me. 我對這篇作文不滿意。/ They are satisfied with my work. 他們對我的工作很滿意。 **❷** 滿足：satisfy one's demand 滿足某人的要求 / satisfy one's curiosity 滿足某人的好奇心

sat·u·rate /'sætʃəreɪt/ vt
❶ 使飽和：The water is saturated with salt. 水裏的鹽已經達到飽和程度。 **❷** 浸透；使充滿：The land is saturated with water. 土地被水浸透。 ▷ **saturated** adj

S

飽和的：*saturated* solution 飽和溶液 / *saturated* steam 飽和蒸氣

sat·u·ra·tion /ˌsætʃəˈreɪʃn/ n [U]
1 飽和；飽和狀態：*saturation* point 飽和點 **2** 浸透 **3** （火力）密集：*saturation* bombing 密集轟炸

Sat·ur·day /ˈsætədɪ/ n 星期六

Sa·turn /ˈsætən/ n 〈天〉土星

sauce /sɔːs/ n
1 [C, U] 調味汁；醬汁：Hunger is the best *sauce*. [諺] 飢餓是最好的調味品。 **2** [U] 增加趣味的東西
□ **saucepan** n 長柄平底鍋

saucer /ˈsɔːsə(r)/ n
1 茶托；淺碟：a cup and *saucer* 帶杯托的茶杯 **2** 淺碟形物

savage /ˈsævɪdʒ/
I adj **1** 野蠻的；原始的；未開化的 **2** 兇猛的；殘酷的 **II** n **1** 野蠻人：The travellers met several groups of *savages* on the island. 旅行者們在島上遇到了幾群野蠻人。 **2** 殘酷的人

savanna /səˈvænə/ n
1 （亞洲的）熱帶大草原 **2** （美國東南部的）無樹大平原

save[1] /seɪv/
❶ vt **1** 拯救：The firemen *saved* the child from the fire. 消防隊員把孩子從火裏救出來。 **2** 儲蓄 **3** 節約：She decided to *save* the bus fare and walk home. 她決定省下公共汽車費，走回家去。/ To *save* time is to lengthen life. [諺] 節約時間就是延長生命。 **4** 避免：The climbers put a rope round themselves to *save* them from falling. 攀登者在腰間繫着繩子，以免掉下來。 **❷** vi 積蓄；節省：*save* for old age 存錢防老

◇ **save up** 積蓄：He *saved up* money for his son's education. 他為兒子的教育存錢。

save[2] /seɪv/ prep
除…以外：Few, *save* the poor, feel for the poor. [諺] 除了窮人，很少有人同情窮人。

saving[1] /ˈseɪvɪŋ/ n
1 拯救；挽救 **2** 節約 **3** [savings] 存款；儲蓄：a *savings* bank 儲蓄銀行 / a *savings* account book 儲蓄存折 / keeps one's *savings* in the bank 把積蓄存在銀行裏

saving[2] /ˈseɪvɪŋ/ prep = save[2]

saw[1] /sɔː/ see 的過去式

saw[2] /sɔː/
I n **1** 鋸子 **2** 鋸狀器 **3** 鋸床
II vt 鋸；鋸開；鋸成
➪ 插圖見〈專題圖說 3〉
◇ **saw off** 鋸掉：The surgeon *sawed* off his leg. 醫生截掉了他的腿。 □ **sawblade** n 鋸條/ **sawdust** n 鋸末 / **sawmill** n 鋸木廠

say /seɪ/
I （said, saying） **❶** vt **1** 說；講：What did he *say* to you? 他跟你說了些甚麼？ **2** 報導；表明：The weather forecast *said* that it would rain tomorrow. 天氣預報說，明天將下雨。 **❷** vi 說；講；表達自己：Better to do well than to *say* well. [諺] 說得好不如做得好。

◇ **go without saying** 不言而喻 / **I dare say** 我想 / **That is to say** 也就是說；即：They are leaving in three days, *that is to say* next Friday. 他們三天後啟程，也就是說下星期五。
II n 要說的話；發言權：It would be

wiser to let others have their *say* today. [諺] 還是讓人現在把話講完好。

III *adv* 比如說；大概：Can you come tonight? *Say*, 8:30? 今晚你能來嗎？比如說八點半？

◐ tell, report

用法說明：Say、speak、talk 和 tell 都與 "說話" 有關，但是側重點和用法不同。**Say** 着重所說的話。如：What did Mary *say*? (瑪麗說了甚麼？) She said hello / good bye to her friends. (她向朋友們道聲 "好" ／ "再見"。) **Speak** 着重開口發聲，不着重說甚麼，一般用作不及物動詞。如：I did not *speak* at the meeting. (我在那次會上沒有吱聲。) 它也可作及物動詞，賓語只能是某種語言 (Chinese, English, etc.) 以及真話、話語 (truth, words) 等少數幾個詞。如：We believed that he had *spoken* the truth. (我們相信他講的是真話。)。He only *spoke* two words the whole evening. (他整個晚上只說了兩句話。) **Talk** 與 **speak** 意義相近，所不同是，**talk** 指兩人或兩人以上互相交談，而 **speak** 常用於指一人講大家聽：He went on *talking* for a long time, but he *spoke* so fast that few of us could catch what he *said*. (他滔滔不絕地講了老半天，但是說得太快，我們幾乎沒有人聽清他講的東西。) **Tell** 一般用作及物動詞，並總接兩個賓語。例如：He has told her the news. (他已把消息告訴她了。) Tell me what you need. (告訴我你需要甚麼。) He told me to wait for him. (他叫我等他一下。) 但 **tell** 也跟有的詞連用，作直接賓語，如：tell the truth / a lie / a story (講真話／說謊／講故事)。

---

scaf·fold /ˈskæfəʊld/
　I *n* [C] **1** 〈建〉腳手架；支架 **2** 斷頭台；絞架 **3** 骨架
　II *vt* 搭腳手架於

sca·lar /ˈskeɪlə(r)/
　I *adj* **1** 梯狀的；分等級的 **2** 數量的；標量的
　II *n* 數量；標量
　□ **scalar product** 數（量）積

scale¹ /skeɪl/
　I *n* **1** [C] 天平盤；秤盤 **2** [scales] 天平；磅秤：a pair of *scales* 一副天平秤
　◇ **turn (tip) the scales** 使平衡發生變化；扭轉局面
　II ❶ *vt* 用秤稱 **❷** *vi* 重（若干）

Scales 磅秤

scale² /skeɪl/
　I *n* **1** [C] 鱗；魚鱗 **2** [C] 鱗狀物；鱗片 **3** 鏽皮；齒垢 **4** 鱗癬
　II ❶ *vt* 剝鱗；去垢 **❷** *vi* （鱗片）脫落

scale³ /skeɪl/
　I *n* [C] **1** 標度；刻度；刻度尺：a folding *scale* 折尺 / a sliding *scale* 計算尺 **2** 比例；比例尺：proportional *scale* 比例尺 **3** 等級；級別 **4** 規模：on a large (vast, big, huge) *scale* 大規模地 / on a national (an international, a world) *scale* 在全國（國際、世界）範圍
　II *vt* 攀登：If you don't *scale* the mountain, you can't view the path. [諺] 不登高山，焉見路徑。

scalp /skælp/
I *n* **1** [C] 頭皮 **2** 戰利品
II *vt* 剝去…的頭皮：Red Indians used to *scalp* their enemies when they caught them. 印第安人以往俘獲敵人後常常剝去他們的頭皮。

scan /skæn/
I *vt* **1** 細看：He *scanned* the sky for enemy planes. 他仔細察看天空有沒有敵人飛機。 **2** [美] 瀏覽：*scan* the headlines of the newspapers 瀏覽報紙標題 **3** 掃描：*scanning* device 掃描裝置 / *scanning* method 掃描方法
II *n* 細看；瀏覽；掃描：Her brain *scan* was clear. 她腦部的掃描很清晰。
◐ see, view

scan·dal /'skændl/ *n*
1 [C, U] 醜事；醜聞：the Watergate *Scandal* 水門醜聞 **2** 恥辱：Those dirty streets are a *scandal*. 那些街道真髒，太不像話了。 **3** [U] 流言蜚語
◐ slander

scant /skænt/ *adj*
缺少的；不足的：She paid *scant* attention to my advice. 她不大重視我的勸告。

scan·ty /'skænti/ *adj*
1 缺乏的；不足的：Food becomes *scanty* for those animals. 那些動物的食物越來越少。 **2** 稀疏的：There is *scanty* growth in the desert. 沙漠裏植物稀少。

scar /skɑː(r)/
I *n* **1** 傷疤；痕跡：The cut left a *scar* on his face. 傷口在他臉上留下了一個疤。 **2** （精神上的）創傷
II *vi* 留下傷疤；結疤；（傷口）癒合：His wound began to *scar*. 他的傷口開始癒合。

scarce /skeəs/ *adj*
1 缺乏的；不足的：Flowers are *scarce* in winter. 冬天裏花兒很少。 **2** 稀有的；珍貴的：*scarce* animals (plants) 稀有動物（植物）/ *scarce* stamps (coins) 珍貴的郵票（硬幣）/ When the fruit is *scarcest*, the taste is sweetest. [諺] 稀有的水果味道最甜。
◐ rare

scarce·ly /'skeəslɪ/ *adv*
1 僅僅；剛剛：*Scarcely* had he entered the room when the telephone rang. 他剛進屋電話鈴就響了。 **2** 幾乎沒有；幾乎不：He could *scarcely* hear. 他幾乎聽不見。
⇨ 用法説明見 HARDLY

scar·ci·ty /'skeəsətɪ/ *n* [U]
缺乏；不足：labour *scarcity* 勞力不足 / food *scarcity* 糧食不足 / The *scarcity* of vegetables was caused by the floods. 洪水造成蔬菜供應不足。
◑ abundance

scare /skeə(r)/
I ❶ *vt* 使恐慌：The thunder *scared* the children. 雷聲嚇着了孩子們。 ❷ *vi* 受驚嚇：He *scares* easily. 他易受驚嚇。
II *n* [C] 驚恐；大恐慌
◐ alarm, frighten

scarf /skɑːf/
I *n* （複 = scarfs, scarves） **1** 圍巾；披巾 **2** 領巾；領結
II *vt* 圍（圍巾）；披（頭巾）
⇨ 插圖見 CLOTHES

scar·let /'skɑːlət/
I *n* **1** 猩紅色；鮮紅色 **2** 鮮紅色的布

II *adj* 猩紅的；鮮紅的

□ **scarlet fever** 〈醫〉猩紅熱

scat·ter /'skætə(r)/

I ❶ *vt* **1** 使分散；驅散： The police *scattered* the crowd. 警察驅散了人群。 **2** 散佈；撒播： My relations are *scattered* all over the country. 我的親戚散佈在全國各地。 **3** 〈物〉散射： *scattered* electrons 散射電子 / *scattered* light 散射光 **❷** *vi* 分散： The dark clouds *scattered*. 烏雲散了。

II *n* **1** 分散；消散 **2** 散佈；撒播

❶ spread, disperse

scene /si:n/ *n* [C]

1 景色 **2** 現場；發生地點： the *scene* of the accident 事故現場 **3**（電影的）一個鏡頭；（戲劇的）一場： Act II, *Scene* 3 第二幕第三場 / The curtain is lowered at the end of each *scene*. 演完一場幕就落下來。 **4** 佈景： The *scene* of the play is an orchard. 這齣戲的場景是在一個果園裏。

◇ **make a scene** 當眾吵鬧；大發脾氣

scen·er·y /'si:nəri/ *n* [U]

1 [總稱] 舞台佈景： the stage *scenery* 舞台佈景 **2** [總稱] 風景： natural *scenery* 自然風景 / From the window the *scenery* was beautiful. 從窗戶看去，風景很美麗。

sce·nic /'si:nɪk/ *adj*

1 舞台的；佈景的： *scenic* performance 舞台演出 **2** 風景的；景色優美的： *scenic* spots 風景點

scent /sent/

I *n* **1** [C, U] 氣味： The dogs easily picked up the *scent* of the thief. 那些狗一下就聞出了小偷的氣味。 **2** [U] 香水

3 嗅覺 **4** 跡象

II *vt* **1** 嗅；聞；嗅出： The cat *scented* a rat in the house. 那貓聞出屋裏有一隻老鼠。 **2** 發出味道： The room is *scented* with roses. 屋裏散發著玫瑰的香味。

scep·ti·cal /'skeptɪkl/ *adj*

懷疑的： be *sceptical* about (as to) sth 懷疑某事 / I am *sceptical* about his plan. 我對他的計劃有些懷疑。

sched·ule /'ʃedju:l; 'skedʒʊl/

I *n* [C] **1** 一覽表 **2** 計劃表： I have a crowded *schedule*. 我的日程表都排滿了。 **3** 時間表： a train *schedule* 火車時刻表 / a sailing *schedule* 航運時刻表

◇ **according to schedule** 按照計劃 / **ahead of schedule** 提前 / **behind schedule** 晚於計劃 / **on schedule** 準時： The plane landed on *schedule*. 飛機準時降落。

II *vt* [美] 安排： The meeting is *scheduled* for next Friday. 會議定於下星期五召開。

scheme /ski:m/

I *n* [C] **1** 計劃；方案： There are a variety of training *schemes* for skilled workers. 有各種培養技術工人的方法。 **2** 陰謀 **3** 大綱；示意圖；設計圖

II *vt* **1** 計劃；設計 **2** 策劃（陰謀）

schol·ar /'skɒlə(r)/ *n*

1（尤指人文學科的）學者： a noted Shakespeare *scholar* 著名的莎士比亞學者 **2** 獎學金獲得者 **3** 學生；學習者： Today is the *scholar* of yesterday. [諺] 今天是昨天的學生（昨天是今天的老師）。

schol·ar·ship /'skɒləʃɪp/ *n*

1 [C] 獎學金；獎學金資格： art

scholarship 藝術獎學金 / award *scholarship* 授予獎學金 / offer (provide) *scholarship* 提供獎學金 / John won (gained) a *scholarship* to Princeton. 約翰獲得了上普林斯頓大學的獎學金。 **2** [U] **學問 3** 學術成就

school¹ /skuːl/ *n*

1 [C] **學校**: adult *school* 成人學校 / boarding *school* 寄宿學校 / correspondence *school* 函授學校 / dancing *school* 舞蹈學校 / elementary (primary) *school* 小學 / evening *school* 夜校 / grammar *school* [英] 語法學校；普通中學 / junior (senior) high *school* 初 (高) 中 / middle (secondary) *school* 中學 / missionary *school* 教會學校 / professional *school* 職業學校 / public *school* [英] 公學；[美] 公立中學 / secondary modern *school* [英] 普通中學 / Experience is a *school* from which one can never graduate. [諺] 經驗是一所你永遠不能畢業的學校。 **2** 全校師生；全校學生 **3** (大學的) **學院**: graduate *school* 研究生院 / medical *school* 醫學院 **4** **上學**: There will be no *school* tomorrow. 明天不上學。 **5** **學派**

◇ **after school** 下課後；放學後 / **at school** 在學校；在上學: We learn not *at school*, but in life. [諺] 學習不在學校，而在生活。 / **begin (start) school** 開始上學 / **finish school** 結束學業 / **go to school** 上學 / **quit school** 退學 □ **schoolboy** *n* 學童；(小學或中學的) 學生 / **schoolchild** *n* 學童 / **schoolgirl** *n* 女學生 / **schoolhouse** *n* 校舍 / **schoolmate** *n* 同學，校友 / **schoolroom** *n* 教室

用法説明：當 **school**、**hospital** 等詞用作表示進行某種特殊活動的機構時，尤其與介詞連用時，前面不加定冠詞 the。例如：He went to school in Hong Kong. (他在香港上學。) 試比較：The parents went to the school to attend their daughter's graduation exercises. (這對父母去學校參加他們兒女的畢業典禮。) 後者強調建築物的所在地。**Hospital** 一詞亦然：He's coming out of hospital next Monday. (他下星期一出院)。He saw her coming out of the hospital. (他見她從醫院裏出來)。其他類似的詞還有 **church**、**class**、**prison**、**town**、**university** 等。

school² /skuːl/ *n* [C] (魚、海洋動物) **大群**: a *school* of fish 一群魚

science /'saɪəns/ *n*

1 [C, U] **科學**: laws of *science* 科學定律 / Science is organized knowledge. [諺] 科學就是條理化的知識。/ *science* fiction 科學幻想小説 **2** **自然科學**: natural *sciences* 自然科學 **3** **專門技巧；技術 4** **學科**: domestic *science* 家政學 / information *science* 信息學 / military *science* 軍事學 / political *science* 政治學 / social *science* 社會科學

scien·tific /ˌsaɪən'tɪfɪk/ *adj*

1 **科學的**: *scientific* research 科學研究 / *scientific* instruments 科學儀器 **2** **科學性的；精確的；系統的**

scien·tist /'saɪəntɪst/ *n* (自然) **科學家；科學工作者**

sci-fi /'saɪfaɪ/

I *n* 科學幻想小説 (science fiction)

II *adj* 科學幻想小説的: *sci-fi* writers

科幻小説作家

scis·sors /'sɪzəz/ *n*（複數）

剪刀：a pair of *scissors* 一把剪刀

⇨ 插圖見〈專題圖説 4〉

scold /skəʊld/

I *vt, vi* 責罵；訓斥：My mother will *scold* me for breaking the window. 我打破了窗戶，我媽會罵我一頓的。

II *n* **1** 責罵 **2** 愛罵人者；潑婦

scoop /skuːp/

I *n* [C] **1** 勺；戽斗 **2** 鏟斗；煤斗 **3** 一勺的量；一鏟的量：a *scoop* of ice cream 一勺冰淇淋 / a *scoop* of coal 一鏟煤 **II** *vt* **1** 勺舀：Mary is *scooping* ice-cream out of a bowl. 瑪麗正從一個碗裏舀冰淇淋吃。 **2** 挖出：The children *scooped* a deep hole in the sand. 孩子們在沙裏挖了一個很深的洞。

scope /skəʊp/ *n* [U]

1（活動等）範圍：beyond (in) the *scope* of 在…範圍以外（內）/ The matter does not fall within the *scope* of this book. 這個問題不在本書範圍以內。 **2** 機會；餘地：The job gave (offered) much *scope* for his abilities. 這個工作為發揮他的才能提供了很大餘地。 **3** 眼界 **4** 觀測設備

scorch /skɔːtʃ/

I *vt, vi* **1** 燒焦；烤焦：The hot iron *scorched* my shirt. 熨斗太燙，把我的襯衣都燒焦了。 **2**（使）枯萎：The summer sun *scorches* the young trees. 夏天的烈日把小樹都曬枯了。

II *n* 燒焦；焦痕；（草木）枯黃

score /skɔː(r)/

I *n* [C] **1** 痕 **2** 債務：settle old *scores* 結清舊帳 **3**（比賽中的）得分：

The *score* at the end of the game was ten to four against us. 最後我們以四比十的比分輸了這場比賽。 **4** 二十；[scores] 許多

II **1** *vt* **1** 刻痕於 **2** 獲得（勝利等） **3**（比賽中）得分；進球：Jack *scored* two goals for our team. 傑克為我們隊進了兩個球。 **2** *vi* **1**（比賽中）得分；進球：Has anyone *scored*? 有人得分了嗎？ **2** 記分：Let me *score* for this match. 讓我為這場球記分吧。

scorn /skɔːn/

I *n* [U] **1** 藐視：He looked at me with *scorn*. 他輕蔑地看了我一眼。 **2** 嘲笑 **3** 藐視（或嘲笑）的對象 **II** *vt* **1** 藐視：I *scorn* lazy people. 我瞧不起懶惰的人。 **2** 不屑做；擯斥：He *scorns* to do such a job. 他不屑幹這種活。

● despise

scor·pion /'skɔːpɪən/ *n* 蠍子

Scorpion 蠍子

Scot /skɒt/ *n* 蘇格蘭人

Scotch /skɒtʃ/

I *adj* 蘇格蘭（人）的

II *n* **1** 蘇格蘭人；蘇格蘭民族 **2** 蘇格蘭方言 **3** [U] 蘇格蘭威士忌

Scot·land /'skɒtlənd/ *n* 蘇格蘭

□ the Scotland Yard 倫敦警察廳（即 "蘇格蘭警場"）

Scots·man /'skɒtsmən/ *n*

（複 = Scotsmen）蘇格蘭男子

Scots·wom·an /'skɒtswʊmən/ *n*
（複 = Scotswomen）蘇格蘭女子

Scot·tish /'skɒtɪʃ/
I *adj* **1** 蘇格蘭（人）的 **2** 蘇格蘭方言的 **II** *n* **1** 蘇格蘭方言 **2** [the Scottish] 蘇格蘭人

scoun·drel /'skaʊndrəl/
I *n* 惡棍；流氓；壞蛋
II *adj* 惡棍（般）的

scout /skaʊt/
I *n* **1** 偵察；搜索 **2** 偵察員 **3** 偵察機 **3** 童子軍：Boy *Scout* 童子軍
II *vt, vi* 偵察；搜尋：The deer is *scouting* about for food. 鹿在覓食。

scram·ble /'skræmbl/
I ❶ *vi* **1** 爬行；攀登：*scramble* up a hill 爬山 **2** 爭奪：*scramble* for seats 爭奪座位 ❷ *vt* 炒（蛋）：*scrambled* eggs 炒雞蛋 **II** *n* **1** 攀登 **2** 爭奪

scrap /skræp/
I *n* **1** [C] 碎片；料頭；少許：Not a *scrap* of evidence supports the case. 這個案子沒有一點證據。 **2** [U] 廢品：They dismantled the machine and sold it as *scrap*. 他們把機器拆掉當廢品賣了。
II *adj* **1** 零碎的；剩餘的 **2** 廢棄的
III *vt* **1** 敲碎；拆毀 **2** 廢棄：He still did not want to *scrap* his old car. 他還不想丟掉他的舊車。

scrape /skreɪp/
I ❶ *vt* **1** 刮；擦：They *scraped* off the paint on the door. 他們刮去門上的漆。 **2** 擦傷 **3** 湊集：She could *scrape* $5,000. 她能湊集到五千元。 ❷ *vi* 擦出刺耳聲：The chair *scraped* on the floor. 椅子刮擦地板，發出刺耳的響聲。 **II** *n* **1** 刮；擦 **2** 擦傷：He fell on the ground and got a *scrape* on his elbow. 他摔倒在地，肘部擦傷了。

scratch /skrætʃ/
I ❶ *vt* **1** 抓；搔：He *scratched* his head thoughtfully. 他若有所思地搔了搔頭。 **2** 刮；擦：She *scratched* her hands while she picked cotton. 她在摘棉花時刮破了手。 **3** 塗寫；亂劃 ❷ *vi* **1** 搔；（用指甲）挖 **2** 抓；抓出沙沙聲：The cat is *scratching* at the door. 貓在抓門。 **II** *n* **1** 抓；搔 **2** [C] 抓傷：He didn't get a *scratch* in the fight. 他在戰鬥中沒有受一點兒傷。 **3** 亂劃 **4** 起跑線 **5** 零
◇ **start from scratch** 從頭開始；白手起家 / **up to scratch** 合乎要求：Is her job *up to scratch*? 她的活合乎要求嗎？

scream /skriːm/
I ❶ *vi* **1** 尖叫：She *screamed* when she saw a rat under her bed. 她看見床下有一隻老鼠，尖聲叫了起來。 **2** （汽笛等）發出刺耳響聲；（風）呼嘯 ❷ *vt* 尖聲地説 **II** *n* [C] 尖叫聲

screen /skriːn/
I *n* [C] **1** 屏風；幕；簾 **2** 掩護；掩蔽蔽曙 **3** （電視機等的）熒光屏；（電影等的）銀幕：The plane disappeared from the radar *screens*. 飛機從雷達屏幕上消失了。/ The President came up on the *screen*. 總統出現在電視屏幕上。 **4** 粗眼篩子
II *vt* **1** 放映（電影）；拍攝（電影等）；把…放映在銀幕上：These films were only *screened* in Shanghai. 這些電影只在上海上映。 **2** 掩蔽：The hills *screened* our planes from the enemy radar. 我們的飛機在群山的掩蔽之下不被

敵人雷達發現。 **3** 篩選；審查： The computers *screened* the candidates first. 電腦先把候選人作了篩選。

screw /skru:/
I *n* **1** 螺釘；螺絲 **2** 螺旋狀物 **3** 螺旋槳 **4** 旋轉 II **❶** *vt* **1** （用螺釘）釘住： He *screwed* two boards together. 他用螺釘把兩塊木板釘在一起。 **2** 擰緊： She *screwed* the lid on the bottle. 她把瓶蓋擰緊。/ Friends are like fiddle-strings, they must not be *screwed* too tight. [諺] 朋友猶如琴弦，不能擰得太緊。 **3** 振作；鼓舞： *screw* oneself up 振作起來 / *screw* up one's courage 鼓起勇氣 **❷** *vi* 擰上；轉動
□ **screw-driver** *n* 旋鑿；螺絲刀
⇨ 插圖見〈專題圖說 3〉

script /skrɪpt/ *n*
1 [C] 手稿 **2** [U] 手跡 **3** 劇本： a *script* writer 影劇本作者

scrip·ture /'skrɪptʃə(r)/ *n*
1 手稿；文件 **2** 〈宗〉聖經 **3** 聖經中的文句

scrub[1] /skrʌb/
I **❶** *vt* **1** 擦洗；擦淨： Mary *scrubs* the floor every day. 瑪麗每天擦洗地板。 **2** 〈化〉使（氣體）淨化 **❷** *vi* 擦淨 II *n* **1** 擦洗；擦淨： a thorough *scrub* 徹底擦洗 **2** 擦洗者

scrub[2] /skrʌb/
I *n* **1** [U] 矮樹；灌木；叢林地 **2** [C] 矮小的人（或動物）
II *adj* **1** 次等的 **2** 矮小的

scru·ti·ny /'skru:tɪnɪ/ *n* [C, U]
1 細閱；細看： The picture does not bear close *scrutiny*. 這張畫經不起仔細觀看。 **2** 仔細研究： The document

demands *scrutiny*. 這個文件需要仔細研究。

sculp·tor /'skʌlptə(r)/ *n*
雕刻家；雕塑家： The *sculptor* is making a figure of girl from stone. 那雕刻家正在用石頭雕一個女孩的像。

sculp·ture /'skʌlptʃə(r)/
I *n* **1** [U] 雕刻；雕塑 **2** [C, U] 雕刻品；雕塑品 **3** 〈地〉刻蝕
II *vt, vi* **1** 雕刻；雕塑 **2** 〈地〉刻蝕

scythe /saɪð/ *n* 長柄大鐮刀

sea /si:/ *n*
1 海；海洋： The ship sails on the *sea*. 船在海上航行。 **2** 內海： the East China *Sea*（中國）東海 / the Mediterranean *Sea* 地中海 **3** 海浪 **4** 大量： I looked out and saw a *sea* of people. 我向外看去，看到人山人海。
◇ **at sea** 在海上 / **by sea** 由海路；乘船： He went to New York *by sea*. 他乘船去了紐約。/ **go to sea** 當水手 □ **seabeach** *n* 海灘 / **seabed** *n* 海底 / **seacoast** *n* 海岸；海濱 / **seafight** *n* 海戰 / **seafood** *n* 海味 / **seagull** *n* 海鷗 / **sea level** 海平面： The Dead Sea is the lowest place on earth — 395 metres below *sea level*. 死海低於海平面 395 公尺，是地球上最低的地方。/ **seaman** *n* 海員；水手 / **seaplane** *n* 水上飛機 / **seaport** *n* 海港 / **sea power** 海上力量；海軍強國 / **searoute** *n* 海上航線 / **seashore** *n* 海邊；海濱 / **seasick** *adj* 暈船的 / **seaside** *n, adj* 海濱（的）；海邊（的）/ **seaway** *n* 航路 / **seaworthy** *adj*（船舶）適於出海的；耐航的

seal[1] /si:l/ *n* 海豹

seal[2] /si:l/

I *n* **1** 封口 **2** 圖章；印記

II *vt* **1** 封；糊住：He *sealed* the letter, and put it into a nearby mailbox. 他把信封好，投進了附近的信箱。 **2** 蓋章於：The manager signed and *sealed* the document. 經理在文件上簽了字，蓋了章。 **3** 決定：*seal* one's fate 決定…的命運 / *seal* a bargain 成交

seam /siːm/
I *n* [C] **1** 縫；接縫 **2** 裂縫
II *vt* 縫合；接合

search /sɜːtʃ/
I *vt, vi* 搜查；尋找：The security officer *searched* everybody for weapons. 安全官員搜查了每個人，看是否帶有武器。/ He who would *search* for pearls must dive below. [諺] 要找珍珠就得潛入水裏。 **II** *n* [C, U] 搜查；尋找
◇ **in search of** 尋找 □ **searchlight** *n* 探照燈
◐ look, seek

sea·son /ˈsiːzn/
I *n* [C] **1** 季；季節：There are four *seasons* in a year. 一年有四季。/ rainy *season* 雨季 **2** 旺季；當令期：Early summer is the *season* for shrimps. 初夏是產蝦的旺季。/ the football *season* 足球賽季
◇ **in season** 應時的：Strawberries are *in season* just now. 眼下草莓正當令。/ **out of season** 落令的；過時的 □ **season-ticket** *n* 季票；長期票
II *vt* **1** 使適應；使服水土：He is *seasoned* to such a hard life. 他已適應這種艱苦生活。 **2** 調味；加調料於：fish *seasoned* with peppern 加了胡椒的魚

sea·son·al /ˈsiːzənl/ *adj*

季節的；季節性的：Tourism is a *seasonal* trade. 旅遊業是一種季節性的行業。

seat /siːt/
I *n* **1** 椅子；座位：I can not find a vacant *seat*. 我找不到空位子。 **2** 底座：a chair with a leather *seat* 一張皮墊椅子 **3** 所在地；活動中心：The house is the *seat* of the club. 這棟房子是俱樂部的所在地。
◇ **keep one's seat** 坐着不動：Please *keep your seats* until the performance is finished. 演出結束以前，請不要離開座位。/ **take a seat** 就座；坐下 / **reserve a seat** 預定座位 □ **seat-belt** *n*（座位上的）安全帶
II *vt* 使坐下；使就座：They were *seated* for breakfast. 他們坐下吃早飯。/ Please be *seated*. 請坐。
⇨ 用法說明見 SIT

sec·ond[1] /ˈsekənd/
I *adj* **1** 第二的：He won the *second* place in the match. 他在比賽中得了第二名。 **2** 又一的；另一的：every *second* year (month, week, day) 每隔一年（月、週、日）/ She is having a *second* helping of icecream. 她再吃一客冰淇淋。 **3** 次等的；輔助的：John holds the *second* leading post in the company. 約翰在公司裏擔任第二把手。
II *n* **1** 第二名：Tom got a *second* in the recitation contest. 湯姆在背誦比賽中得了第二名。 **2** 另一個人（或物）：You had better take a *second* in case this coat gets wet. 你最好再帶一件衣服，萬一這件淋濕了呢。 **3** 副手：Greene is the *second* in command of the

fleet. 格林是艦隊的副司令。

III *vt* 支持；贊成：*second* one's views (a motion, proposal) 支持某人的意見（動議、建議）

□ **second-best** *adj* 第二好的：Mary is the *second-best* student in our class. 瑪麗是我們班上第二好的學生。/ **second-class** *adj* 二等的；二流的：*second-class* citizens 二等公民 / **second-hand** *adj* 用過的；二手的；間接的：*second-hand* books 舊書 / *second-hand* evidence 間接證據 / **second-rate** *adj* 二等的；二流的：a *second-rate* writer 二流作家 / **second thought(s)** 重新考慮：On *second thoughts* he decided not to go. 經重新考慮以後，他決定不去了。

▷ **secondly** *adv*

◑ back, support

sec·ond² /'sekənd/ *n*

1 秒：Sixty *seconds* make a minute. 六十秒為一分鐘。**2** 片刻：Please wait a *second*. 請稍等片刻。**3**（角度單位）秒

sec·on·dar·y /'sekəndrı/ *adj*

1 第二位的；次要的：a question of *secondary* importance 次要問題 **2** 中級的：*secondary* schools 中學

se·cret /'siːkrıt/

I *adj* **1** 秘密的；機密的：a *secret* treaty 一項秘密條約 **2** 隱蔽的

◇ **keep sth secret** 為某事保守秘密

II *n* **1** [C] 秘密；機密；內情 **2** [C] 奧秘；秘訣：There is no *secret* to success but hard work. 沒有成功的秘訣，只有努力工作。

◇ **in secret** 秘密地 / **keep a secret** 保守秘密 / **let sb into a secret** 使某人知

道秘密 □ **secret agent** 特工人員；特務 / **secret ballot** 無記名投票 / **secret police** 秘密警察 / **secret service** 特務機關 ▷ **secretly** *adv*

sec·re·tar·y /'sekrətrı/ *n*

1 秘書：the *Secretary* General of the United Nations 聯合國秘書長 / the manager's *secretary* 經理的秘書 **2** 書記：the general *secretary* of the party 黨總書記 **3** 部長；大臣：the *Secretary* of State [美] 國務卿 / the *Secretary* of Defence [美] 國防部長 / the Home *Secretary* [英] 內政大臣 / the Foreign *Secretary* [英] 外交大臣

◑ minister

sect /sekt/ *n* [C]

宗派；〈宗〉教派：Most of the main religions are divided up into a number of *sects*. 大多數的大教分成許多教派。

sec·tion /'sekʃn/ *n* [C]

1 剖面 **2** 部分：the garment *section* of a department store 百貨商店的服裝部分 **3** 地區：an urban *section* 城市地區 **4** 階層：people from different *sections* 各階層人士 **5** 部門；處；科：the finance *section* 財務處（科）

◑ part

sec·tor /'sektə(r)/ *n* [C]

1 〈數〉扇形 **2** 部分：After World War II, Berlin was divided into four *sectors*. 第二次世界大戰以後，柏林劃分成四個部分。

sec·u·lar /'sekjʊlə(r)/ *adj*

世俗的；非宗教的：*secular* affairs 世事 / *secular* schools 世俗學校；非教會學校

◑ religious

se·cure /sı'kjʊə(r)/

I *adj* **1** 安全的：a *secure* area 安全區 **2** 牢固的：The picture is now *secure*, for I have nailed it to the wall. 這幅畫現在牢固了，我已經用釘子把它釘在牆上了。**3** 安心的；無憂慮的：The old man felt *secure* with his pension. 老人有了退休金，心裏很踏實。**4** 有把握的：Our success is *secure*. 成功是有把握的。
II *vt* **1** 使安全；保衞：*secure* the city from (against) floods 使城市免受洪水侵犯 **2** 把 … 弄牢：*Secure* all the windows before you leave. 離開以前把窗戶關緊。**3** 獲得：*secure* a job 得到一份工作
♦ safe

se·cu·ri·ty /sɪˈkjʊərətɪ/ *n*
1 [C, U] 安全；治安：*security* measures 安全措施 / *security* forces 治安部隊 / a *security* zone 安全區 / the *Security* Council（聯合國）安全理事會 / The army looks after the *security* of the country. 軍隊負責國家的安全。**2** [C, U] 抵押品 **3** [常作 securities] 證券；債券
♦ safety

sed·i·ment /ˈsedɪmənt/ *n* [U]
沉澱；沉澱物：The *sediment* settled at the bottom of the bottle. 雜質沉澱在瓶底。

sed·i·men·ta·ry /ˌsedɪˈmentrɪ/ *adj*
沉澱的；沉積的

see /siː/（saw, seen, seeing）
❶ *vt* **1** 看；看見：We *saw* a village in the distance. 我們看見遠方有個村莊。**2** 理解；領會：I can't *see* what he is talking about. 我不明白他在説些甚麼。**3** 查看：Go and *see* if your father is back. 去看看你父親回來沒有。**4** 會

見；拜訪：*see* a doctor 看醫生 **5**（從報刊上）閲悉；得悉：I *see* in the paper that the president was assassinated. 我從報上知道總統遇刺。**6** 參觀；遊覽：Please come and *see* our city. 請來我們的城市遊覽。**7** 參閱：*See* page 3. 參閱第 3 頁。**8** 考慮：I'll *see* what is to be done next. 我考慮下一步怎麼辦。**9** 陪送；伴送：I *saw* my friend to the door. 我把朋友送到門口。**10** 經歷；目睹：The 20th century has *seen* two world wars. 20 世紀經歷了兩次世界大戰。**❷** *vi* **1** 看；看見：It is so dark in the room that I can not *see*. 屋裏很黑，我看不見。/ Bats can't *see* well. 蝙蝠視力不好。**2** 瞧；注意：Wait and *see*. 等着瞧吧。**3** 理解；領會：Now I *see*. 我現在懂了。**4** 考慮：Let me *see*. 讓我想一想。

◇ **see after** 照料 / **see into** 調查：The police are *seeing into* the accident. 警察正在調查這起事故。/ **see off** 送行：We *saw* him *off* at the airport. 我們去機場為他送行。/ **see through** 看穿；識破：He was telling lies; I could *see* right *through* him. 他在撒謊，我一眼就能識破。/ **see to** 照料；注意：You must *see to* your grammar. 你要注意你的語法。/ **see (to it) that** 注意：*See that* all the windows are closed when you leave the room. 離屋時要注意把窗戶關上。/ **see with** 同意：I can not *see with* you on this problem. 在這個問題上我不能同意你的看法。

♦ behold, view
⇨ 用法説明見 FEEL

seed /siːd/ *n*

1 種子：plant *seeds* 植物種子 **2** [口]（運動員）種子選手

seed·ling /'si:dlɪŋ/ n

1 秧苗 **2** 樹苗

seek /si:k/ (sought, seeking)

❶ vt **1** 尋找；徵求；追求：*seek* one's advice (opinion) 徵求某人的意見 / The storm is coming; let's *seek* shelter from it. 暴風雨就要來了，我們找個躲雨的地方吧。 **2** 試圖：John *sought* to grasp the drowning man. 約翰想要抓住那個落水的人。 **❷** vi 尋找；搜索

◇ **seek after** 追求：She loved to be *sought after*. 她喜歡有許多人追求她。/ **seek for** 尋找

❶ attempt, try, endeavour

seem /si:m/ vi

好像；似乎：You don't *seem* very happy tonight. 你今晚好像不大高興。/ He doesn't *seem* to like her. 他似乎不喜歡她。/ It *seems* (to me) that you are telling a lie. 看來你在撒謊。

▷ **seeming** adj / **seemingly** adv

seg·ment /'segmənt/ n

1 部分；切片 **2**〈數〉（線）段；弓形

seize /si:z/ vt

1 捉；逮捕；俘獲：The boy *seized* the bird by its wing. 男孩捉住了小鳥的翅膀。 **2** 奪取；佔領：*seize* power 奪權 **3** 沒收；扣押：All his property was *seized* by the Hong Kong government. 香港政府沒收了他的全部財產。 **4** 抓住（機會等）：*Seize* the opportunity when it comes. [諺] 機會來時要抓住。

❶ take, catch, grasp, arrest, capture

sel·dom /'seldəm/ adv

很少；難得：It *seldom* rains in the desert. 在沙漠地區很少下雨。/ *Seldom* has such a big snake been seen recently. 這樣大的蛇近來難得見到。

❶ often

se·lect /sɪ'lekt/

I vt 選擇；挑選：Jack *selected* a few nice apples for his mother in the market. 傑克在市場上為他母親挑選了一些好蘋果。/ You didn't *select* a proper frequency. 你沒有選一個合適的頻道。 **II** adj **1** 精選的；優等的：a few *select* schools 少數一流學校 / Only a few *select* guests were invited to the banquet. 只有少數精選的客人才被邀請參加宴會。 **2** 挑剔的；挑三揀四的：She is very *select* in her clothes. 她對穿的衣服十分挑剔。

❶ choose, pick

se·lec·tion /sɪ'lekʃn/ n

1 選擇；挑選：He has not yet made the final *selection*. 他還沒有作出最後選擇。 **2** 精選物；選手；文選：*selections* from Shakespeare 莎士比亞選集 **3**〈生〉選擇；淘汰：natural *selection* 自然選擇

❶ choice

self /self/ n

1 自己：She does not seem like her former *self*. 她好像不是從前的她了。 **2** 本性：reveal one's true *self* 露出真面目 □ **self-contained** adj 齊備的；自足的 / **self-government** n 自治 / **self-taught** adj 自學成才的；自修的

self·ish /'selfɪʃ/ adj 自私的

▷ **selfishness** n

sell /sel/ (sold, selling)

❶ vt **1** 賣；銷售：The shop sells a

variety of imported goods. 這家商店出售各種各樣的進口商品。 **2** 出賣；背叛：He would *sell* his soul for money. 他為了錢會出賣自己的靈魂。 **3** 推銷；促銷 **❷** *vi* 賣；有銷路：The product doesn't *sell*. 這種產品沒有銷路。

◇ **sell at/for** 以⋯價格出售 / **sell out** 售完 ▷ **seller** *n* 賣者；行銷貨

❶ buy

sem·i·cir·cle /'semɪsɜːkl/ *n* 半圓形

sem·i·con·duc·tor /ˌsemɪkən'dʌktə(r)/ *n* 半導體：*semiconductor* integrated circuit 半導體集成電路

sem·i·nar /'semɪnɑː(r)/ *n* **❶** 專題討論會；研討會 **❷** 研討式的課程：History is just a *seminar* course in this term. 這個學期的歷史只是一門討論課。

sen·ate /'senɪt/ *n* [C] **❶** [Senate] (美、法、加等國的) 參議院；上院：The American Congress consists of the *Senate* and the House of Representatives. 美國議會由參議院和眾議院組成。 **❷** 參議院會議廳

sen·a·tor /'senətə(r)/ *n* 參議員

send /send/ (sent, sending) *vt* **❶** 送；寄：*send* a letter (a telegramme) 寄信 (發電報) / Food and medicine were *sent* to the region of floods. 食品和藥品已送往水災區。 **❷** 派遣：*send* troops to the front 派遣部隊去前線 **❸** 發射；播送：The radio station *sends* out a series of signals. 電台發射出一系列信號。

◇ **send away** 驅逐 / **send for** 派人去請 (叫)：*send for* a doctor 派人去請醫生

/ **send forth** 發出：The sun *sends forth* light and heat. 太陽發出光和熱。/ **send in** 提交：Please *send in* your exercises before noon. 請在中午以前把練習交來。/ **send off** 送行 / **send on** 轉交；托運 (行李)：Have you *sent on* your luggage? 你的行李託運了嗎？/ **send out** 發出；放出：This flower *sends out* a pleasant smell. 這種花散出一種好聞的味道。/ **send up** 發射；上送：Another satellite was *sent up* this morning. 今天上午又發射了一顆衛星。

sen·ior /'siːnɪə(r)/ **I** *adj* **❶** 年長的 (常略作 Sen. 或 Sr.，置於姓名後)：John Kennedy, *Senior* (John Kennedy, Sr.) 老約翰·肯尼迪；大約翰·肯尼迪 (父或兄同名時的稱呼) / John is ten years *senior* to me. 約翰比我大 10 歲。 **❷** 高級的；資深的：*senior* high school [美] 高級中學 / a *senior* officer 高級軍官 **❸** [美] (四年制大學或中學裏) 四年級的

II *n* **❶** 年長者：Dick is the *senior* of the two brothers. 兄弟二人中迪克較年長。 **❷** 上司；長輩 **❸** [美] (四年制大學或中學裏的) 四年級學生；畢業班學生

❶ junior

sen·sa·tion /sen'seɪʃn/ *n* [C, U] **❶** 感覺；知覺：He has no *sensation* of pain in the left leg. 他的左腿已經失去痛的感覺。 **❷** 轟動；轟動一時的事物：The news created a *sensation* throughout the world. 這條消息轟動了全世界。

sen·sa·tion·al /sen'seɪʃənl/ *adj* **❶** 感覺的 **❷** 轟動一時的；聳人聽聞

的：His speech in San Francisco had a *sensational* effect on the audience. 他在三藩市的演説對聽眾具有轟動效應。**3** 驚人的；巨大的：The team won a *sensational* victory in the semi-finals. 該隊在半決賽中取得了驚人的勝利。

sense /sens/

I *n* **1** 官能：the *sense* of taste (sight, hearing, smell, touch) 味（視、聽、嗅、觸）覺 **2** 感覺；意識：a *sense* of humour (honour, responsibility, beauty) 幽默（榮譽、責任、審美）感 / He has lost his *sense* of shame. 他已經沒有羞恥感。**3** [U] 見識；情理：a man of *sense* 通情達理的人 / common *sense* 常識 **4** [C] 意義：in a broad (narrow) *sense* 在廣（狹）義上 **5** 理智；理性：She lost her *senses*. 她失去了理智。

◇ **bring to one's senses** 使醒悟；使甦醒 / **come to one's senses** 醒悟；恢復理智；甦醒：Three days later he *came to his senses*. 三天以後，他甦醒過來了。/ **in all senses** 從任何意義上説 / **in a sense** 從某種意義上説 / **in every sense** 從任何意義上説 / **in no sense** 決不 / **in one's (right) senses** 有理智的 / **make sense** 講得通；有意義：This sentence doesn't *make sense*. 這個句子講不通。/ **make sense of** 搞懂意思：Can you *make sense of* this paragraph? 你能弄懂這段話的意思嗎？/ **out of one's (right) senses** 失去理智的 / **talk (speak) sense** 説話有道理

II *vt* **1** 覺察；意識到：He has finally *sensed* the danger of his position. 他終於意識到自己的處境十分危險。**2** 領悟：It seemed she did not *sense* my meaning. 她似乎沒有領會我的意思。

sense·less /'senslıs/ *adj*

1 無知覺的：Yesterday I saw a man lying *senseless* on the road. 昨天我看見一個人躺在路上不省人事。**2** 愚蠢的；無意義的：It is *senseless* to write to him at this moment. 此時此刻給他寫信是毫無意義的。

sen·si·ble /'sensəbl/ *adj*

1 感覺得到的；可覺察的：There was a *sensible* change in his health. 他的健康發生了明顯的變化。**2** 意識到的；覺察到的：The rabbit was not *sensible* of the danger. 兔子沒有覺察到危險。**3** 明智的；明白事理的：a *sensible* woman 明白事理的女人 / He made a *sensible* choice. 他作出了明智的選擇。

sen·si·tive /'sensətıv/ *adj*

1 敏感的；神經過敏的：His wife is very *sensitive* to smoke. 他的妻子對煙味非常敏感。**2** 易生氣的：He is very *sensitive* to criticism. 他一聽批評就容易生氣。**3** 靈敏的：The scales of this kind are very *sensitive*. 這種天平非常靈敏。**4** 機密的；微妙的：*sensitive* documents 機密文件

sen·si·tiv·i·ty /ˌsensə'tıvətı/ *n* [U]

1 敏感（性）**2** 靈敏度：The antenna's *sensitivity* is poor. 天線的靈敏度不佳。

sent /sent/ **send** 的過去式和過去分詞

sen·tence /'sentəns/

I *n* [C] **1** 句子：a simple *sentence* 簡單句 / a compound *sentence* 複合句 **2** 判決

II *vt* 判決；宣判：The criminal was *sentenced* to five years in prison. 那個罪

犯被判處五年徒刑。

sen·ti·ment /ˈsentɪmənt/ n

1 [C, U] 情操： a man of lofty *sentiments* 一個有高尚情操的人 **2** [U] 感情；情趣： You had better learn to control your *sentiment*. 你最好要學會控制自己的感情。 **3** 意見；看法： What are your *sentiments* toward William? 你對威廉的看法如何？ **4** [貶] 多愁善感；感傷

◐ opinion, view

sen·ti·men·tal /ˌsentɪˈmentl/ adj

1 感傷的： *sentimental* novels 感傷小說 **2** 多愁善感的；感情用事的；易動感情的： She is a *sentimental* woman. 她是個多愁善感的女人。

Sep. abbr **September** 的縮寫

sep·a·rate

I /ˈsepəreɪt/ **❶** vt **1** 使分離；使分開；使分散： Korea is *separated* from China by the Yalu River. 鴨綠江把朝鮮和中國分開。 **2** 區分；區別： Can you *separate* a butterfly from a moth? 你能區分蝴蝶和蛾子嗎？ **3** 使分居 **4** 從…提取 **❷** vi **1** 分離；分散： After school the children *separated* in all directions. 放學以後，孩子們四散而去。 **2** 分居： The young couple has *separated* for many years. 這對年輕夫婦已經分居多年了。

II /ˈseprət/ adj **1** 分離的；相異的： These two matters are quite *separate*. 這兩件事是不大相干的。 **2** 分離的；獨立的 ▷ **separately** adv

◐ divide, part

◑ join, unite

sep·a·ra·tion /ˌsepəˈreɪʃn/ n

1 [C, U] 分離；分隔： *separation* of powers 三權分立 / *separation* of church and state 政教分離 / They met in Hong Kong after a long *separation*. 闊別很久以後，他們相會在香港。 **2** 分居

sepoy /ˈsiːpɔɪ/ n

舊時英國軍隊中的印度兵

Sep·tem·ber /sepˈtembə(r)/ n

九月（略作 Sep.）

se·quence /ˈsiːkwəns/ n

1 [C, U] 連續： a *sequence* of events 一系列事件 / Accidents happened in rapid *sequence*. 接二連三地出事故。 **2** 次第；順序： The names are arranged in alphabetical *sequence*. 名字按字母順序排列。 **3** 〈數〉序列

se·rene /sɪˈriːn/ adj

1 安祥的；沉着的： He gave a *serene* smile. 他安祥地一笑。 **2** 明朗的；晴朗的： the *serene* sky 晴朗的天空 **3** 平靜的；寧靜的： His grandfather led a *serene* life after he was retired. 他祖父退休以後過着寧靜的生活。

◐ quiet, peaceful, still, calm

serf /sɜːf/ n 農奴；奴隸

ser·geant /ˈsɑːdʒənt/ n

1 軍士 **2** 警官

se·ri·al /ˈsɪərɪəl/

I adj **1** 連續的；按順序的： *serial* number 編號；序號 **2** （在報刊上）連載的： Mr. Smith is working on a *serial* story. 史密斯先生在寫一部連載小說。

II n **1** 連載小說 **2** （連載作品的）一個部分

se·ries /ˈsɪəriːz/ （單複數相同） n

1 系列： We had a *series* of stormy days last month. 上個月，我們這裏一連

幾天下了暴雨。/ The two volley-ball teams are to play a three-game *series* next week. 這兩個排球隊下星期將一連進行三場比賽。 **2** 叢書；套；輯：the World Classic *Series* 世界古典名著叢書 **3** 〈電〉串聯 **4** 〈數〉序列 **5** 〈化〉系；系列

se·ri·ous /'sɪərɪəs/ *adj*
1 嚴肅的：a *serious* look 嚴肅的表情 / I want to have a *serious* talk with you. 我想嚴肅地跟你談一談。 **2** 認真的：Please be *serious*, this is no laughing matter. 認真一點，這不是開玩笑的事。 **3** 重要的：I was assigned a *serious* task. 指派給我一個重要任務。 **4** 嚴重的：The floods did *serious* damage to the crops. 洪水嚴重損壞了莊稼。
◑ grave

se·ri·ous·ly /'sɪərɪəslɪ/ *adv*
1 嚴肅地；認真地：You ought to deal with the matter *seriously*. 你應當認真地處理這件事。/ *Seriously*, do you believe in ghosts? 說真的，你信鬼嗎？ **2** 嚴重地：The soldier is *seriously* wounded. 這士兵傷勢嚴重。

ser·mon /'sɜːmən/ *n* [C]
1 〈宗〉佈道：preach *sermons* 佈道 / It is a silly goose that comes to the fox's *sermon*. [諺] 只有傻瓜才去聽狐狸佈道。 **2** 訓誡；說教：After the guests left, the children got a *sermon* on manners from their father. 客人走後，孩子們挨了父親一頓關於禮貌的教訓。
◑ lecture

ser·pent /'sɜːpənt/ *n*
1 大毒蛇 **2** 陰險的人

ser·vant /'sɜːvənt/ *n*

1 僕人；傭工 **2** 公務員：a civil *servant* 公務員 **3** 有用的工具：Money is a good *servant*, but a bad master. [諺] 錢是良僕，但係惡主（即：讓錢成為良僕，不要成為惡主）。
◑ master

serve /sɜːv/
I ❶ *vt* **1** 為…服務：She studies hard to *serve* her country well. 她努力學習，以便很好地為國效力。 **2** 替…幫傭：The gardener has *served* her for twenty years. 那園丁已經為她幹了二十年活。 **3** 招待；端上：The hostess began to *serve* tea. 女主人開始上茶。/ She is still waiting to be *served*. 她仍在等着來人侍候。 **4** 對…適用：The knife may *serve* this purpose. 這把小刀可以派此用場。 **❷** *vi* **1** 服務；服役（刑）：Carl has *served* for five years as a soldier. 卡爾已當了五年兵。/ He *served* ten years in prison. 他坐了十年班房。 **2** 供職；幫傭：Jane *serves* in a store. 簡在一家商店工作。 **3** 適用：This sofa can *serve* as a bed. 這張沙發可以用作床。 **4** 發球：Now it is your turn to *serve*. 現在輪到你發球了。

◇ serve out 1 分發：The waitress *served out* the second course. 女服務員分發第二道菜。 **2** 服滿刑期：Robert has *served out* his time in jail. 羅伯特已經在牢裏服刑期滿。

II *n* 發球：Whose *serve* is it? 該誰發球了？

serv·ice /'sɜːvɪs/ *n*
1 [U] 服務：*service* charge 服務費 / This hotel gives good (poor) *service*. 這家飯店服務周到（很差）。 **2** [C] 貢獻

3 [C] **幫助**：Will you do me a *service*? 你能幫我個忙嗎？ **4** [U] **服役**：on active *service* 服現役 / He entered the *service* last year. 他是去年參軍的。 **5** [C]（公用事業的）**公共設施**：an air *service* 航班 / a bus *service* 公共汽車運輸 / a phone *service* 電話通訊 / a postal *service* 郵政服務 **6** [C] **服務機構；服務機構的業務**：a news *service* 通訊社 / a travel *service* 旅行社 / a car-repair *service* 修車鋪 / domestic (home) *service*（電台）國內廣播 / overseas *service*（電台）對外廣播 / English news *service* 英語新聞節目 **7** [C] **軍種**：the three *services*, the armed *services* 海陸空三軍 **8** [C] **宗教儀式**：a marriage *service* 婚禮 / He attends two *services* every week. 他一星期做兩次禮拜。

◇ **at sb's service** 聽某人吩咐；任某人使用 / **be of service** 能幫忙的；有用的 / **do sb a service** 幫某人忙 / **in service** 在使用；在服役；當僕人：The old warship is still *in service*. 這條舊軍艦仍在使用。

ses·sion /'seʃn/ n

1 [C] **會議**：hold a special *session* 舉行特別會議 **2** **開會；開庭**：The supreme court will be in *session* tomorrow. 最高法庭明天開庭。 **3** **上課時間；[英] 學年；[美] 學期**：The morning *sessions* are over. 上午的課結束了。/ The spring *session* starts after Christmas. 春季的學期聖誕節以後開始。

set /set/

I（set, setting） **❶** *vt* **1** **放；擱置**：She *set* a kettle on the fire. 她把水壺放在爐子上。/ *set* the table for dinner 擺

上餐具準備開飯 **2** **安置；安裝**：The hunter *set* a trap for boars. 獵人安裝了一個捕捉野豬的夾子。 **3** **調整；調撥**：I *set* the alarm clock for 6 in the morning. 我把鬧鐘調到早上六點鐘。 **4** **規定；確定**：The volley-ball match is *set* for Saturday afternoon. 排球賽定於星期六下午進行。 **5** **樹立（榜樣）；創造（紀錄）**：*set* a good example for sb 為某人樹立了一個好榜樣 / Evans *set* a new world record in 100-metre race. 伊文思創造了 100 米賽跑的世界新紀錄。 **6** **佈置；分配（工作）**：The teacher *set* the students some homework. 教師給學生佈置了一些家庭作業。 **7** **點燃；放（火）**：The students *set* fire to the dry leaves. 學生們把乾樹葉點着了。 **8** **使處於某種狀態**：be *set* free 獲釋 / *set* the machine in motion 開動機器 / He *set* everything straight after he came. 他來了以後把一切都理得有條不紊。/ His advice *set* me thinking. 他的忠告使我深思。 **❷** *vi*（日、月）**沉落**：The sun rises in the east and *sets* in the west. 太陽從東方升起，西邊落下。

◇ **set about** 開始；着手：Jack *set about* writing a novel. 傑克着手寫一部小説。/ **set apart** 撥出；留出 / **set aside** 撥出；儲存：She *set* one dollar *aside* for holiday each week. 她每星期為假日存一元錢。/ **set back** 使受挫折：The accident would *set* the plan *back* several weeks. 這起事故會使計劃延誤幾個星期。/ **set forth** 闡明；陳述 / **set in** 來臨：Spring has *set in*. 春天已經來臨。/ **set off** 出發；動身 / **set out** 出發；動身：The travellers *set out* (off) early in the morning. 旅行者們一清早就出發了。/ **set to** 開始幹活;拼命工作: We all *set to* and soon planted 20 trees. 我們大家一齊大幹,很快就種下 20 棵樹。/ **set up** 建立: *set up* a school 建立一所學校

II *adj* **1** 決心的: We are *set* on finishing the task ahead of time. 我們決心提前完成任務。 **2** 固定的;既定的: a *set* policy 既定方針 **3** 準備停當的: The students are *set* for the examination. 同學們已經準備好考試。

III *n* [C] **1** 一套;一副: a *set* of tools 一套工具 / a *set* of rules 一套規章 / a *set* of furniture 一套傢具 / a *set* of stamps 一套郵票 **2** (無線電或電視機等的)接收機: a television *set* 一台電視機 / a radio *set* 一台收音機

□ **setback** *n* 挫折;倒退 / **setout** *n* 開始: at the first *setout* 最初 / **set-square** *n* 三角板 / **setup** *n* 組織;體制

set·ting /'setɪŋ/ *n* [C]

1 環境;背景: The novel has its *setting* in the countryside. 小説以農村為背景。 **2** (舞台等的)佈景

● background

set·tle /'setl/

● *vt* **1** 安頓: The new student was *settled* in our bedroom. 那個新同學被安排在我們宿舍。 **2** 使定居;殖民: The Englishmen *settled* Virginia in 1607. 英國人於 1607 年在弗吉尼亞建立殖民地。 **3** 解決;決定: *settle* differences 解決分歧 **4** 支付;結算: The account must be *settled* before the end of the month. 月底前必須把賬結清。 **5** 使沉降;澄清 **②** *vi* **1** 決定 **2** 移居;定

居: Her parents *settled* in Washington in 1993. 她的父母 1993 年在華盛頓定居。 **3** 沉降;澄清: When the wind stopped, the dust began to *settle*. 風停以後,灰塵開始沉落。

◇ **settle down** 定居;安下心來 / **settle on (upon)** 決定;選定: Have you *settled* on a name for the baby? 你給小孩選定名字沒有? / **settle up** 付清;了結: *settle up* debts 還清債務 / **settle with** 和…取得諒解

● decide, determine, resolve

set·tle·ment /'setlmənt/ *n*

1 解決;和解: The *settlement* of their disputes contributed to the friendship between the two countries. 爭端的解決有利於兩國的友誼。 **2** 結賬 **3** [C, U] 殖民;殖民地;新定居點: Then only a few *settlements* were set up west of the Mississippi. 那個時候,密西西比河以西只建立了幾個定居點。 **4** 沉澱(物)

set·tler /'setlə(r)/ *n*

1 定居者;殖民者;開拓者 **2** 〈化〉澄清器

sev·en /'sevn/ *n*

七;七個(人或物): the *seven* seas 世界七大海洋 / the *Seven* Wonders of the World 古代世界七大奇觀

sev·en·teen /ˌsevn'tiːn/ *n*

十七;十七個(人或物)

sev·en·teenth /ˌsevn'tiːnθ/ *adj*

1 第十七的 **2** 十七分之一

sev·enth /'sevnθ/ *adj*

1 第七的 **2** 七分之一

sev·en·ti·eth /'sevntɪθ/ *adj*

1 第七十的 **2** 七十分之一

sev·en·ty /'sevntɪ/ *n*

七十；七十個（人或物）

sev·er /'sevə(r)/ *vt, vi*

1 切斷；斷裂：His right arm was *severed* in an accident. 他的右手在一起事故中被切斷了。/ The rope *severed* and the boat drifted away. 纜繩斷了，船漂走了。**2** 斷絕；中斷；中止：*sever* diplomatic relations with ... 與…斷絕外交關係

❶ break

sev·er·al /'sevrəl/

I *adj* **1** 幾個的；數個的：*Several* cars were stolen last night. 昨晚幾輛汽車被竊。**2** 各別的：I warned you on *several* occasions. 我已經在幾個不同的場合提醒過你。

II *n* 幾個；數個：I guess *several* of us may not go tomorrow. 我估計我們有幾個人明天去不了。

se·vere /sɪ'vɪə(r)/ *adj*

1 嚴肅的：He said to me in a *severe* voice. 他嚴肅地對我說。**2** 嚴厲的；苛刻的：*severe* punishment 嚴厲的懲罰 / Difficulty is a *severe* instructor. [諺] 困難是一位嚴厲的老師。**3** 嚴酷的：a *severe* winter 嚴冬 **4** 嚴重的：a *severe* illness 一場大病 **5** 嚴峻的：a *severe* financial situation 嚴峻的財政形勢

▷ **severely** *adv*

sew /səʊ/ *vt, vi*

（sewed, sewn/sewed, sewing）

縫；縫製：Have you *sewn* the button on yet? 你把鈕扣縫上去了嗎？

◇ **sew up** 縫合：Mother *sewed up* the hole in her shirt. 媽媽把她襯衣上的洞縫合了。

sew·age /'suːɪdʒ/ *n*

1 污水；陰溝污物 **2** 下水道

sew·ing /'səʊɪŋ/ *n*

1 縫紉 **2** 縫紉物

□ **sewing machine** 縫紉機 / **sewing needle** 縫紉針

sewn /səʊn/ sew 的過去分詞

sex /seks/

I *n* **1** 性；性別：the male *sex* 男（雄）性 / the female *sex* 女（雌）性 / All people enjoy equality under law, regardless of race, age, or *sex*. 所有的人，不論其種族、年齡、性別，在法律上都是平等的。**2** [總稱] 男人；女人：the equality of the *sexes* 男女平等 **3** [U] [口] 性交：have *sex* with 與…性交

II *adj* 性的；與性有關的：*sex* discrimination 性別歧視 / *sex* education 性知識教育 / *sex* harassment 性騷擾

sex·u·al /'sekʃʊəl/ *adj*

1 性的；性別的：*sexual* equality 男女平等 / *sexual* organs 性器官 / *sexual* revolution 性革命 **2** 關於性關係的；性慾的：*sexual* attraction 性吸引 / *sexual* love 性愛 **3** 〈生〉有性的

sex·y /'seksɪ/ *adj*

1 性感的：The girl is very *sexy*. 那姑娘很性感。**2** 色情的：a *sexy* movie 色情電影

shab·by /'ʃæbɪ/ *adj*

1 破舊的；襤褸的：a *shabby* coat 一件破舊的大衣 **2** 破敗的；失修的：a *shabby* hut 一棟失修的小房子

shade /ʃeɪd/

I *n* **1** 蔭；陰涼處：the *shade* of trees 樹蔭 / Fruit does not ripen well in the *shade*. [諺] 背陰處的果子難成熟。**2** 遮光物；簾 **3** [C]（色彩的）濃淡：He used different *shades* of green in his picture. 他在畫中使用了深淺不同的綠色。 **4** [C] 細微差別

II *vt* 遮擋: He *shaded* his eyes with his hand. 他把手放在眼睛上擋住亮光。/ The path is *shaded* by trees. 小路有樹遮蔭。

shad·ow /ˈʃædəu/
I *n* **1** [C] 影子: the *shadow* of a lamp post 路燈桿的影子 **2** 陰影: I saw the *shadow* of a man in the darkness. 我看到在黑暗中有一個人影。 **3** 少許: beyond any *shadow* of doubt 毫無疑義 **4** 暗示;預兆: Coming events cast their *shadows* before them. [諺] 事情到來以前先投下影子。（事情發生以前必有先兆。） **5** 形影不離的人: He is John's *shadow*. 他跟約翰形影不離。
◇ **be afraid of one's shadow** 極其膽小 / **catch at shadows** 徒勞 / **under the shadow of** 在…的陰影（影響）下
II *vt* 跟蹤;盯梢: Someone was *shadowing* me. 有人在跟蹤我。
□ **shadow cabinet** 影子內閣 / **shadow show** 皮影戲

shad·y /ˈʃeɪdɪ/ *adj*
背陰的;陰暗的: The police found the thief hidden in a *shady* corner of the park. 警察發現小偷藏在公園的一個陰暗角落裏。

shaft /ʃɑːft/ *n* [C]
1 礦井 **2** 箭桿;矛桿 **3** 電梯井: a lift *shaft* 電梯井 **4** （屋頂上的）外煙囪 **5** （光的）一束: a *shaft* of sunlight 一束陽光 / a *shaft* of lightning 一道閃電

shake /ʃeɪk/ *vt, vi*
（shook, shaken, shaking）

1 （使）搖: *shake* hands 握手 / *shake* one's fist 揮舞拳頭 / *shake* one's head 搖頭 / *Shake* the bottle before taking the medicine. 服藥以前要搖動瓶子。 **2** （使）發抖: He *shook* with anger. 他氣得發抖。 **3** （使）震動: The explosion *shook* the whole city. 爆炸震動了全市。 **4** （使）震驚: I was greatly *shaken* at the sad news. 聽到這不幸的消息我深感震驚。
◇ **shake off** 抖掉;擺脫: She *shook* off the snow before entering the house. 她進屋前把雪抖掉。/ **shake up** 搖勻

shak·en /ˈʃeɪkən/ shake 的過去分詞

shall /ʃæl, ʃəl/ *v aux*
1 （用於第一人稱表示將來）將要: We *shall* take part in the English evening. 我們將參加英語晚會。 **2** （用於陳述句第二、第三人稱表示意圖、命令、決心等）必須;應該: The driver *shall* be criticized. 這個司機應當受到批評。/ You *shall* give the room a thorough cleaning. 你必須把房間徹底打掃乾淨。 **3** （用於陳述句第一、第三人稱）一定: We *shall* win. 我們一定會贏。 **4** （用於法規）必須: No one *shall* use drugs at school. 在學校裏任何人不得吸毒。 **5** （用於第一、三人稱在問句中徵求意見）: What *shall* I say when I meet him? 我見了他說些甚麼好呢?

shal·low /ˈʃæləu/
I *adj* **1** 淺的: *Shallow* streams make most din. [諺] 溪淺流水響。（喻學識淺薄的人愛高談闊論。） **2** 膚淺的: His talk is rather *shallow*. 他的談話很膚淺。
II *n* [shallows] 淺水灘: The ship ran aground in the *shallows* near the shore.

船在海灘附近的淺水灘上擱淺。
◑ **deep**

shame /ʃeɪm/ n

1 [U] 羞恥；慚愧：feel *shame* for 為⋯感到羞恥 **2** [U] 恥辱：His bad conduct brought *shame* on the whole class. 他的惡劣行徑給全班同學帶來恥辱。/ Better die with honour than live with *shame*. [諺] 與其可恥地活着，不如光榮地死去。 **3** （用不定冠詞）可恥的人（或事）：It is a *shame* to steal. 偷東西是一件可恥的事。 **4** （用不定冠詞）憾事：It is a *shame* that he can not come. 真遺憾，他不能來。

◇ **For shame!** 真丟臉！太不像話！ / **What a shame!** 多遺憾！

shame·ful /ˈʃeɪmfl/ adj
可恥的；丟臉的：*shameful* behaviour 可恥的行為 / It is *shameful* to depend upon silver and gold for a happy life. [諺] 依靠金銀財寶過好日子是十分丟臉的。

sham·poo /ʃæmˈpuː/
I n [C, U] **1** 洗髮膏（劑） **2** 洗髮；洗頭：I have just had a *shampoo*. 我剛洗過頭。 **II** vt 洗頭；洗髮：Will you *shampoo* my hair for me? 幫我洗洗頭髮，好嗎？

shape /ʃeɪp/ n
1 [C, U] 形狀；樣子：What is the *shape* of your schoolbag? 你的書包是甚麼樣子的？ **2** 明確的形式：put one's thoughts into *shape* 理清思路 **3** 健康狀況：She has been in the poorest of *shape* these years. 這些年來，她的健康情況糟透了。

◇ **in good (bad, poor) shape** 處於良好（不佳）狀態 / **in shape** 狀況良好；保持原樣：Keep your toy baby *in shape*. 別把你的布娃娃弄變形。 / **out of shape** 狀況不好；變樣；走樣：He looks pale; he must be *out of shape*. 他臉色蒼白，一定是健康不佳。 / **take shape** 成形：His plan is *taking shape*. 他的計劃漸漸成形了。 ▷ **shapeless** adj
◑ **form**
⇨ 插圖見〈專題圖說 14〉

share /ʃeə(r)/
I n [C] **1** 一份；一部分：the lion's *share* 大半 / do one's *share* 幹某人的分內工作 **2** 股票：He holds a hundred *shares* in that company. 他在那家公司裏有一百股。

II vt, vi 分享；均分；共同佔有：I *share* a room with Tom. 我跟湯姆住在一個房間裏。 / Joy *shared* with others is more enjoyed. [諺] 與人同樂，樂上加樂。

◇ **share and share alike** 平均分享
□ **shareholder** 股票持有人；股東
◑ **divide**

shark /ʃɑːk/ n
1〈魚〉鯊 **2** 勒索者：a loan *shark* 大耳窿；高利貸者

Shark 鯊魚

sharp /ʃɑːp/
I adj **1** 鋒利的：a *sharp* knife 快刀 **2** 尖的：a *sharp* needle 尖針 **3** 突然

的；急轉向的：There is a *sharp* bend ahead. 前面有個急轉彎。**4** 極冷的；刺骨的：There was a *sharp* frost last night. 昨晚霜凍嚴重。/ a *sharp* cold wind 刺骨的寒風 **5** 尖銳的；尖刻的：*sharp* criticism 尖銳的批評 **6** 分明的；明顯的：The two brothers form a *sharp* contrast in character. 這兩兄弟的性格截然不同。**7** 靈敏的；敏銳的：*sharp* ears 耳朵很靈 **8** 刺耳的：a *sharp* voice 刺耳的聲音 **9** 猛烈的：The statesman launched a *sharp* attack on his opponent. 政治家向對手發起猛烈的攻擊。**10** 急劇的：There was a *sharp* rise in the price of rice. 大米價格猛漲。

II *adv* 正；準時：It is now eight o'clock *sharp* in the morning. 現在是上午八時正。

▷ **sharply** *adv*

◑ **blunt**

sharp·en /ˈʃɑːpən/ *vt, vi*
1 磨快：You must have your knife *sharpened*. 你得把你的刀磨磨快。**2** （使）加劇：My pain in the left leg *sharpened*. 我的左腿痛得更厲害了。

sharp·en·er /ˈʃɑːpnə(r)/ *n*
磨具；捲筆刀

sharp·er
/ˈʃɑːpə(r)/ *n* （賭博中的）騙子

shat·ter /ˈʃætə(r)/ *vt, vi*
1 （使）粉碎：The huge rock was *shattered* to pieces. 那塊巨石被砸得粉碎。**2** 破壞；損害：a *shattering* blow 毀滅性的打擊 / Cancer *shattered* his health. 癌症毀壞了他的健康。

◑ **break, smash**

shave /ʃeɪv/

I *vt, vi* （shaved, shaved/shaven, shaving）
1 剃（毛髮）；刮（臉）：My brother *shaves* everyday. 我哥哥每天都刮臉。/ Your face needs *shaving*. 你的臉需要刮一刮。**2** 擦過：A car *shaved* me by an inch. 一輛汽車從我身邊擦過。

II *n* [C] **1** 修面；刮臉：The barber is giving Tom a *shave*. 理髮師在給湯姆修面。**2** 幸免於難：a close (near, narrow) *shave* 幸免脫身

□ **shaving brush** 剃鬚刷 / **shaving cream** 剃鬚膏 / **shaving soap** 剃鬚皂

shav·en /ˈʃeɪvn/ **shave** 的過去分詞

shawl /ʃɔːl/ *n* [C] 披肩；圍巾

she /ʃiː, ʃɪ/ *pron*
1 她：My sister works in a public library; *she* is a librarian. 我妹妹在公共圖書館工作，她是一名圖書館管理員。**2** （用於傳統上作為女性的事物，如國家、船等）她；它：*She* is a fine ship. 那是一條好船。

shed¹ /ʃed/ *n* 棚；工棚；小屋

shed² /ʃed/
I *vt, vi* （shed; shedding） **1** （使）流出：*shed* blood 流血 / *shed* tears 流淚 **2** （使）脫落；蛻（皮）：The peacock is *shedding* its feathers. 孔雀正在換毛。**3** 散發：These trees *shed* a special smell. 那種樹散發出一種特別的味道。

II *n* **1** 脫落之物 **2** 分水嶺

sheep /ʃiːp/ *n* （複 = sheep）
1 羊；綿羊：a flock of *sheep* 一群羊 **2** 馴服於別人的人

□ **black sheep** 敗類；害群之馬 / **lost sheep** 迷途的羊；誤入歧途者

⇨ 插圖見〈專題圖說 12〉

sheer /ʃɪə(r)/ *adj*

1 純粹的；絕對的：*sheer* nonsense (madness, ignorance) 完全是胡言亂語（發瘋、無知）/ a *sheer* waste of time 完全是浪費時間 / by *sheer* chance 完全出於偶然 / by *sheer* force 全靠武力 **2** 陡峭的：a *sheer* cliff 絕壁

sheet /ʃiːt/ n [C]

1 床單 **2** 一張（片）：several *sheets* of paper (glass) 幾張紙（幾塊玻璃）/ *sheet* metal 金屬板

◇ **as white as a sheet**（臉色）蒼白

shelf /ʃelf/ n （複 = shelves）

1 架子；擱板 **2** 擱板狀物；突出的岩石：There is a *shelf* of rock below the cliff. 懸崖下面有一塊突出的岩石。 **3** 暗礁 **4** 大陸架：continental *shelf* 大陸架

shell /ʃel/

I n [C] **1** 殼；貝殼；甲：crab *shell* 蟹殼 / egg *shell* 蛋殼 / turtle *shell* 海龜甲 / She picked up a few *shells* on the beach. 她在海灘撿到一些貝殼。 **2** 莢 **3** 外殼；（房屋的）框架：After the fire only the *shell* of the building remained. 大火過後，那棟樓房只剩下一個骨架。 **4** 炮彈：mortar *shell* 迫擊炮彈

II vt **1** 剝殼；脫粒：The women are *shelling* beans. 婦女們正在剝豆子。 **2** 炮擊

□ **shell-fish** n 貝；甲殼類

shel·ter /'ʃeltə(r)/

I n **1** [U] 遮蔽；庇護：take (find) *shelter* 躲避 **2** [C] 躲避處；避難所：We waited under a bus *shelter* around Causeway Bay until the rain stopped. 我們在銅鑼灣附近的一個公共汽車站候車棚下躲雨，一直到雨停。

II **1** vt 遮蔽；庇護：The airport is *sheltered* by the hills. 群山掩蔽了這個機場。 **2** vi 躲避：The boys *sheltered* from the rain under a big tree. 孩子們在一棵大樹下躲雨。

shep·herd /'ʃepəd/ n

1 牧羊人；羊倌 **2** 牧羊狗

sher·iff /'ʃerɪf/ n

1 [英] 郡長 **2** [美] 縣治安官

shield /ʃiːld/

I n [C] **1** 盾牌；護罩：spear and *shield* 矛和盾 **2** 屏障；保護物：The peasants built a high wall as a *shield* against the wind and sand. 農民們築起一堵高牆擋住風沙。

II **1** vt 保護；保衛：The mother *shielded* her baby from danger. 媽媽保護她的嬰兒不受危險。 **2** vi 起保護作用

⬤ defend, guard, protect

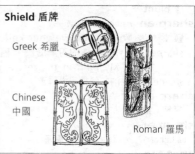

Shield 盾牌

Greek 希臘

Chinese 中國

Roman 羅馬

shift /ʃɪft/

I n **1** 改變；變化：I felt a *shift* in his attitude. 我感到他的態度變了。/ At noon there was a *shift* in the wind. 中午，風向變了。 **2** [C] 班；班次：on the night (day) *shift* 上夜（日）班

II vt, vi **1** 移動：Someone has *shifted*

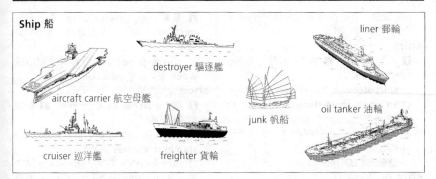

Ship 船

aircraft carrier 航空母艦

destroyer 驅逐艦

liner 郵輪

junk 帆船

oil tanker 油輪

cruiser 巡洋艦

freighter 貨輪

my desk. 有人移動了我的桌子。 **2** 改變
◐ change

shil·ling /'ʃɪlɪŋ/ n

先令（1971 年前英國貨幣單位，20 先
令為一鎊）

shine /ʃaɪn/

I （shone, shining） **❶** vi 照耀；發
亮：The sun *shines* over the forest. 太
陽照耀着森林。/ Her eyes *shone* with
excitement. 她的眼睛激動得閃閃發亮。
❷ vt **1** 使發光；使發亮：*Shine* the
candle over here. 把蠟燭往這兒照。**2**
（shined, shining）擦亮：Tom *shined*
shoes in front of the supermarket. 湯姆
在超級市場前面擦皮鞋。

II n **1** 光 **2** 光澤：The porcelain
vase has a *shine*. 這新的瓷花瓶頗有光
澤。**3** 擦（皮鞋等）：You should give
your bicycle a good *shine*. 你應當把你的
自行車好好擦一擦。

⇨ 用法説明見 LIGHT

shiny /'ʃaɪnɪ/ adj

1 發光的；閃耀的：There is a *shiny*
star in the northeastern sky. 東北方的天
空上有一顆閃亮的星。**2** 晴朗的：a

shiny day 晴朗的天氣 **3** 擦亮的：*shiny*
boots 擦亮的靴子 **4** 有光澤的：I saw
him ride a *shiny* new bicycle. 我見他騎着
一輛發亮的新自行車。

ship /ʃɪp/

I n **1** 船；艦：a passenger (cargo)
ship 客（貨）船 / The *ship* is bound for
Japan. 船朝日本駛去。/ Camels are
often called the *ships* of the desert. 駱駝
常被稱作沙漠之舟。 **2** [美] 飛船；飛機
3 全體船員

◇ **by ship** 乘船 / **on board ship** 在船上

II **❶** vt 用船運；運送：Thousands of
African slaves were *shipped* to the New
World. 成千上萬的非洲黑奴被運往新世
界。 **❷** vi 乘船：They *shipped* for
London yesterday. 他們昨天乘船去倫
敦。

□ **shipbuilding** n, adj 造船（的）/
shipload n 船貨；船的載貨量 /
shipowner n 船主 / **ship-repairing** n
船舶修理 / **shipyard** n 船塢；造船廠 /
shipwreck n 船舶失事；海難

▷ **shipment** n 裝運；裝運的貨物 /
shipping n 裝運；運輸；運輸業；[總

稱] 船舶：The port is full of *shipping*. 港內停滿了船。

shirt /ʃɜːt/ *n*

1 （男式）襯衣 **2** 內衣；汗衫：T-*shirt* 短袖圓領汗衫

□ **shirt-sleeve** *n* 襯衣袖子

◇ **in one's shirt-sleeves** 只穿襯衫的（未穿外衣）：Tom is cleaning his desk *in his shirt-sleeves*. 湯姆脫去上衣（即只穿着襯衫）在擦桌子。

⇨ 插圖見 CLOTHES

shiv·er /ˈʃɪvə(r)/

I *vi* **1** 發抖；顫抖：She *shivered* with cold. 她冷得發抖。 **2** 迎風拍動：The tree-leaves *shivered* in the cold wind. 樹葉在冷風中拍動。

II *n* **1** 發抖；顫抖 **2** [the shivers] 打顫：Every time he passes the graveyard, he has the *shivers*. 他每次經過墳場，總是不寒而慄。

shock /ʃɒk/

I *vt* **1** 使震驚：be *shocked* at sth 對…感到震驚 **2** 震動：The whole area was *shocked* when the earthquake happened. 地震發生的時候，整個地區都有動感。 **3** 使休克 **4** 使電擊

II *n* [C] **1** 震驚：I felt a *shock* at his conduct. 我對他的行為感到震驚。 **2** 震動 **3** 休克：be in a *shock* 處於休克中

4 電擊：Be careful of the wires or you'll get a *shock*. 當心電線，要不然會觸電。

□ **shock-proof** *adj* 防震的 / **shock wave** 衝擊波 ▷ **shocking** *adj*

shoe /ʃuː/ *n*

1 鞋：a pair of *shoes* 一雙鞋 **2** 鞋狀物 **3** 蹄鐵

◇ **stand in sb's shoes** 取得某人位置 / **step in sb's shoes** 接替某人位置

□ **shoe-brush** *n* 鞋刷 / **shoe-lace** *n* 鞋帶：He bent to tie his *shoe-laces*. 他彎下腰去結鞋帶。/ **shoe-polish** *n* 鞋油 / **shoemaker** *n* 製（修）鞋工人 / **shoestring** *n* 鞋帶

⇨ 插圖見 CLOTHES

sho·gun /ˈʃəʊɡən/ *n* [日語] 幕府將軍

shook /ʃʊk/ shake 的過去式

shoot /ʃuːt/

I (shot, shooting) **❶** *vt* **1** 發射；射中：*shoot* guns into the air 朝天鳴槍 / be *shot* dead 被開槍打死 **2** 放射；射出：The hunter *shot* an arrow at the bear. 獵人朝熊射了一箭。 **3** 投射：*shoot* a glance at sb 朝某人飛速瞥一眼 **4** 發問：*shoot* questions at sb 連珠炮似地向某人發問 **5** 拍攝：Southern California is an ideal site for *shooting* motion pictures. 加利福尼亞南部是拍電

Shoot 射

影理想地方。**6** 〈體〉（足球等）**射門**；**進球**：*shoot* a goal 射進一球 **❷** *vi* **1** 射出；飛馳：The car *shot* out of the garage. 汽車飛速開出車庫。**2** 發芽：The trees are *shooting* up. 樹正在發芽。

◇ **shoot at** 朝…射擊 / **shoot away** 連續射擊 / **shoot down** 擊落 / **shoot forth**（芽）抽出 / **shoot off** 飛快離去；擊毀；打掉 / **shoot up** 飛漲：Prices are *shooting up*. 物價暴漲。

II *n* **1** 狩獵 **2** 芽；嫩枝：bamboo *shoots* 竹筍

shop /ʃɒp/
I *n* **1** 商店；店鋪：A man without smiling face must not open a *shop*. [諺] 不能笑臉待人，就不應開店。**2** 車間；工場 **II** *vi* 買東西；採購：We usually go *shopping* on Sundays. 我們通常星期天去買東西。

□ **shop assistant** 店員 / **shopgirl** *n* 女店員 / **shopkeeper** *n* 店主 / **shopwindow** *n* 商店櫥窗 ▷ **shopper** *n*

shop·ping /ˈʃɒpɪŋ/ *n*
購物：Where do you usually do your *shopping*? 你通常去哪裏買東西？

□ **shopping bag** 購物袋 / **shopping cart**（超級市場裏的）購物手推車 / **shopping centre** 購物中心 / **shopping list** 購物單 / **shopping mall** 大型購物中心

shore /ʃɔː(r)/ *n* [C]
（河、湖、海等的）**岸**；**濱**
◇ **off shore** 離岸不遠：The island lies 10 miles *off shore*. 該島位於離岸 10 英里的地方。/ **on shore** 上岸；在陸地上：The travellers left the boat and went *on shore*. 旅客們離船上岸。

> **用法説明**：**Shore**、**coast**、**bank** 三詞都指水與陸地相連的部位，通稱 "岸"。**Shore** 指海、湖、大河等的 "岸"；**bank** 多指 "河岸"；**coast** 專指 "海岸"、"海岸線"，不能用以指河岸與湖岸。

short /ʃɔːt/
I *adj* **1** 短的；近的：It is a *short* journey from Hong Kong to Macao. 從香港到澳門路程不遠。**2** 矮的：He is too *short* to be a basketball player. 他個子太矮，不適合當籃球運動員。**3** 短暫的：Art is long; life is *short*. [諺] 藝術是持久的；生命是短暫的。**4** 短缺的；不足的：He is *short* of confidence. 他缺乏自信。

II *adv* 突然地：The car stopped *short*. 汽車突然停下來。

◇ **in short** 簡而言之 / **short of** 不及；缺乏；不足：The ship is running *short* of fresh water. 船上的淡水越來越不足。

□ **short circuit** 〈電〉短路 / **shortcut** *n* 捷徑：There is no *shortcut* in science. 科學無捷徑。/ **shorthand** *n* 速記：a *shorthand* clerk 速記員 / take notes in *shorthand* 用速記做筆記 / **short-lived** *adj* 短命的 / **short-range** *adj* 短程的：*short-range* missiles 短程導彈 / **shortsighted** *adj* 近視的；目光短淺的 / **short-term** *adj* 短期的：on *short-term* basis 短期 / **short wave** 〈無〉短波 / **shortwave** *adj* 短波的：*shortwave* radio 短波發射（接收）機

short·age /ˈʃɔːtɪdʒ/ *n* [C, U]
1 不足；缺乏：labour *shortage* 勞力不足 / Sometimes Hong Kong faces a severe *shortage* of water. 有時候香港面臨嚴重的缺水問題。**2** 不足額

S

◑ **excess**

short·com·ing /'ʃɔːtˈkʌmɪŋ/ *n* [C]
缺點；短處：overcome one's *short-
coming* 克服缺點

short·en /'ʃɔːtn/ *vt, vi*
縮短；減少：Will you *shorten* the shirt a
little for me? 請你把我的襯衣改短一點，
好嗎？/ Cheerful company *shortens* the
miles. [諺] 旅途有好伴，不覺路程遠。

short·ly /'ʃɔːtlɪ/ *adv*
1 立刻；不久：He will be back *shortly*.
他馬上回來。**2** 簡短地

shorts /ʃɔːts/ *n* 短褲

shot¹ /ʃɒt/ **shoot** 的過去式和過去分詞

shot² /ʃɒt/ *n*
1 [C] 射擊；射擊聲 **2**（複 = shot）子
彈；炮彈 **3** 射擊手 **4** [C] [美] 快照（=
snap shot）：I took three *shots* in the
park. 我在公園裏拍了三張快照。**5** [C]
〈體〉（足球的）射門；（籃球的）投籃
等：Jack scored several *shots* in this
game. 傑克在這場比賽中進了幾個球。

should /ʃʊd; ʃəd/ *v aux*
1（shall 的過去式）將：He said
definitely that he *should* come. 他肯定地
說，他會來的。**2**（表示假設）萬一：
If I *should* be late, please answer the
phone for me. 萬一我晚到，你替我接接
電話。/ *Should* it rain this afternoon, the
match would be postponed. 萬一今天下
午下雨，比賽就延期進行。**3**（表示推
測）可能；該：Tom *should* have arrived
in Beijing now. 湯姆此時該已到達北京
了。**4**（表示責任、義務等）應當：
Friendship *should* not be all on one side.
[諺] 友誼不應當總是單方面的。**5**（表
示驚訝、遺憾等）竟然會：He *should*

have told a lie. 他竟然會撒謊。**6**（表
示命令、建議等）必須；應當：Robert
proposed that we *should* go swimming
in the lake tomorrow. 羅伯特建議我們明
天去湖裏游泳。/ The commander
ordered that the attack *should* be
launched before dawn. 指揮員命令在拂
曉前發起進攻。**7**（表示目的和在由
lest 引出的從句中）可以；萬一：They
started early so that they *should* get
there ahead of time. 他們很早就出發
了，這樣可以提前到達那裏。/ Take an
umbrella with you lest it *should* rain. 帶
上雨傘，萬一天下雨呢。
➪ 用法說明見 MUST

shoul·der /'ʃəʊldə(r)/
I *n* **1** 肩；肩膀：broad *shoulders* 寬
肩 / shrug one's *shoulders* 聳肩膀 / The
little boy buried his head in his mother's
shoulder. 小男孩把頭伏在媽媽的肩膀
上。**2** 肩狀物
◇ **give sb the cold shoulder** 給某人冷
遇 / **shoulder to shoulder** 肩並肩地 /
square one's shoulders 挺直身子
➪ 插圖見 BODY
II ❶ *vt* **1** 挑起；承擔：Responsibility
must be *shouldered*; you can not carry it
under your arms. [諺] 責任要用肩膀承
擔，不能挾在腋下。**2** 用肩膀擠：He
shouldered his way through the crowd.
他用肩膀擠過人群。❷ *vi* 用肩膀擠

shout /ʃaʊt/
I *vt, vi* **1** 叫喊；呼喊：*shout* for help
喊救命 **2** 大聲說：The old lady is hard
of hearing, so I have to *shout* to her. 老
太太耳朵不靈，我得大聲跟她說話。
II *n* [C] **1** 呼喊：The soldiers gave a

shout and charged ahead. 士兵們大喊一聲，衝上前去。 **2** 叫聲

shov·el /ˈʃʌvl/
I *n* [C] **1** 鏟；鐵鍬 **2** 鏟狀物；挖掘機 **3** 一鏟量
II *vt* (shovel(l)ed, shovel(l)ing) **1** 鏟起：The children *shovelled* snow off the street. 孩子們把街上的雪鏟乾淨。 **2** 大量倒入：Tom *shovelled* some porridge into his mouth and left for school. 湯姆大口吃了點粥，就上學去了。
⇨ 插圖見〈專題圖說 3〉

show /ʃəʊ/
I (showed, shown, showing) **❶** *vt* **1** 給…看；出示：He *showed* me his new bicycle. 他給我看他的新自行車。 **2** 陳列；展覽：The store is *showing* and selling the latest fashions. 那家商店在展銷最新時裝。 **3** 指示：Can you *show* me the way to the railway station? 你能指點我去火車站的路嗎？ **4** 引導：The conductor *showed* me to my seat. 列車員把我領到我的座位上。 **5** 顯示：He *showed* no interest in literature. 他對文學沒有興趣。 **6** 演出：What films are *shown* in town? 城裏在上演甚麼電影？ **7** 闡明；表明：*show* one's sincerity 表明誠意 **8** (照片等)描繪：The picture *showed* a soldier with a gun. 照片上是一個拿着槍的戰士。 **❷** *vi* 顯現；露出：When I turned, a village *showed* in the distance. 我一拐彎，只見遠方出現一個村莊。
◇ **show around** 帶領參觀 / **show off** 賣弄：Stop *showing off* before the girls. 別在姑娘面前賣弄自己。/ **show round = show around** / **show sb the door** 把某人逐出門去 / **show up** 來到；露面：He did not *show up* for class. 他沒有來上課。
II *n* **1** [C] 展覽：a flower *show* 花展 **2** [C] 顯示：a *show* of force 顯示武力 **3** [C] 演出；節目 **4** [U] 賣弄；裝樣子：She wears glasses just for *show*. 她戴眼鏡只是裝裝樣子的。
◇ **on show** 在展出中 □ **show business** 娛樂行業 / **showcase** *n* 玻璃陳列櫃；顯示優點的事物；(電影試片)影院 / **showdown** *n* 攤牌 / **showhouse** *n* 劇院 / **show-off** *n* 賣弄；炫耀 / **show window** 櫥窗；窗口；樣板
❶ demonstrate, exhibit, display, reveal
❶ hide

show·er /ˈʃaʊə(r)/
I *n* [C] **1** 陣雨 **2** 陣雨般的事物：a *shower* of letters 一大批信件 / a *shower* of questions 一連串問題 / a *shower* of presents 一大堆禮物 / a *shower* of bullets 一陣彈雨 **3** 淋浴：take a *shower* 淋浴
II **❶** *vi* 下陣雨 **❷** *vt* **1** 陣雨般地落下 **2** 大量給予：On Christmas Day, my parents *showered* me with gifts. 聖誕節那天，父母給了我許多多多禮物。
□ **shower bath** 淋浴；淋浴器；淋浴間 / **shower head** 蓮蓬頭；噴頭 / **shower cap** 淋浴帽 / **shower-room** *n* 淋浴室
shown /ʃəʊn/ show 的過去分詞
shrank /ʃræŋk/ shrink 的過去式
shred /ʃred/
I *n* [C] **1** 碎片；碎條：be torn to *shreds* 被撕成碎片 **2** 少量：There is not a *shred* of truth in this article. 這篇

文章裏沒有一句真話。

II *vt* 撕碎;(用撕毀機)撕毀

shrewd /ʃruːd/ *adj*

機靈的;精明的;狡猾的:a *shrewd* businessman 精明的商人 / a *shrewd* politician 狡猾的政客

cunning, crafty

shriek /ʃriːk/

I *vt, vi* 尖聲喊叫;發出尖聲:He *shrieked* with pain when the nurse was giving him an injection. 護士給他打針的時候他痛得尖聲叫起來。

II *n* [C] 尖叫聲

shrill /ʃrɪl/ *adj*

尖聲的;尖叫的:With a *shrill* whistle, the train pulled into the station. 隨着刺耳的汽笛聲,火車進了站。

shrimp /ʃrɪmp/ *n* [C] 蝦;小蝦

shrine /ʃraɪn/ *n* [C]

1 聖壇;神龕 **2** 聖祠;神殿 **3** 聖地

shrink /ʃrɪŋk/

(shrank/shrunk, shrunk, shrinking)

1 *vi* **1** 收縮;皺縮:Washed with hot water, her woollen coat *shrank*. 她的毛料衣服用熱水洗了以後縮小了。**2** 畏縮:*shrink* from difficulty 遇到困難退縮

2 *vt* 使收縮;皺縮:The old man is *shrunk* to a mere skeleton. 那老頭萎縮成一副骨架子了。

shrub /ʃrʌb/ *n* [C]

灌木;灌木叢:Camels eat grass and *shrubs*. 駱駝吃草和灌木。

shrug /ʃrʌg/

I *vt, vi* (表示冷漠、懷疑等)聳肩:The boss *shrugged* his shoulders at her complaints. 老板聽了她的抱怨以後聳了聳肩。

◇ **shrug off** 不予理會;滿不在乎:He *shrugged* the whole matter *off*. 他對整件事情滿不在乎。

II *n* [C] 聳肩:with a *shrug* of one's shoulders 聳肩

shrunk /ʃrʌŋk/

shrink 的過去式和過去分詞

shrunk·en /ˈʃrʌŋkən/ *adj*

萎縮的;收縮的

shud·der /ˈʃʌdə(r)/

I *vi* 震顫;發抖:The hill *shuddered* when the bomb exploded. 炸彈爆炸時山都震動了。/ She *shuddered* with cold. 她冷得發抖。**II** *n* **1** 震顫;戰栗 **2** [the shudders] [口] 恐懼感:The thought of the accident gave him the *shudders*. 他一想到那起事故就害怕。

shut /ʃʌt/

I (shut, shutting) **1** *vt* **1** 關上:Please *shut* the windows. 請把窗戶關上。**2** 合攏:*shut* one's eyes 閉眼睛 / The students *shut* their books and left the classroom. 同學們合上書,離開了教室。**3** 關閉;使停止營業 **2** *vi* **1** 關上:The door won't *shut*. 這門關不上。**2** 停止營業:When does the shop *shut*? 那家商店甚麼時候關門?

◇ **shut down** 關閉:*shut down* the airport 關閉機場 / **shut out** 把…關在外面 / **shut up** [口](使)住口:*Shut up*! 別説話了!

II *adj* 關閉的:He slammed the door *shut*. 他把門砰地關上。

close

shut·ter /ˈʃʌtə(r)/ *n* [C]

1 百葉窗 **2** (照相機的)快門

shut·tle /ˈʃʌtl/

1 (織機的)梭；梭子 **2** (飛機等的)穿梭運行 **3** (穿梭運行的)交通工具 **4** 羽毛球；板羽球 **5** 航天飛機

□ **shuttle diplomacy** 穿梭外交 / **space shuttle** 航天飛機

shy /ʃaɪ/ adj

1 害羞的；靦覥的：My daughter is very *shy*; she seldom speaks to a stranger. 我的女兒很靦覥，很少跟生人說話。 **2** (動物)膽小的；易受驚的：a *shy* horse 一匹膽小的馬 / a *shy* deer 一頭易受驚的鹿 **3** 畏縮的；不喜歡⋯的：be *shy* of meeting reporters 怕見記者

sick /sɪk/ adj

1 有病的：be *sick* with a cold 患感冒 / Better be *sick* than tend the *sick*. [諺] 照顧病人不如自己生病。 **2** [英] (只作表語)噁心；要嘔吐：She felt *sick* on the first day of the voyage. 她在航行的第一天就暈船。 **3** 厭倦的：I am *sick* of the rainy weather. 我對雨天感到厭倦。 **4** 想望的：feel *sick* for home 想家

◇ **fall sick** 生病 / **sick as a dog** 病得厲害 □ **sickbed** n 病床 / **sick leave** 病假 / **sickroom** n 病房

◑ ill

用法説明：Sick、ill、not well、unwell 都可用作表示"身體不適"或"有病"。Sick 多用於美國英語，ill 多用於英國英語，not well 英語與美國英語通用，unwell 則為較正式用語。Be sick 在英國英語的口語中還作"嘔吐"解釋，相當於 vomit。Sick 還常常用在名詞前面，如：a sick person / animal / plant (患病的人／動物／植物)；ill 和 unwell 通常不用在名詞前。

---

sick·le /ˈsɪkl/ n 鐮刀

sick·ness /ˈsɪknɪs/ n

1 [U] 生病 **2** [C, U] 疾病：recover from a *sickness* 病愈 **3** [U] 嘔吐

◑ disease

◐ health

side /saɪd/

I n [C] **1** 邊；旁邊；側面：The bookshop is on the opposite *side* of the street. 書店在街的對面。 **2** (裏外、正反)面：You have put on your socks with the wrong *side* out. 你把襪子穿反了。 **3** (人體的)脅；側邊：I have a sharp pain in the left *side*. 我左脅痛得厲害。 **4** (動物的)半邊軀體；肋肉 **5** 身邊；旁邊：sit at sb's *side* 坐在某人身邊 **6** (對立面的)一方：Love should not be all on one *side*. [諺] 愛情不應該完全是單方面的。 **7** (山的)坡；(河、湖、海等的)岸；堤：on the *side* of the hill 在山坡上 **8** (問題等的)方面：There are two *sides* to every question. [諺] 一切問題都有兩個方面。 **9** 家系；血統：grandfather on one's mother's *side* 外祖父

◇ **by the side of** 在⋯旁邊；與⋯在一起比較：By the side of sickness health becomes sweet. [諺] 與疾病比較，方顯出健康的甜蜜。/ **change sides** 投向對方；改換門庭 / **hold one's sides with laughter** 捧腹大笑 / **on all sides** 在各方面：The city has mountains on all sides. 該市的四周都是山。/ **on the safe side** 穩妥；保險 / **side by side** 肩並肩地 / **take sides** 支持一方

II adj **1** 側面的；旁邊的：a *side* door 邊門 **2** 向(自)一側的：a *side* wind

側風 / a *side* blow 側擊 **3** 枝節的：a *side* issue 枝節問題

III *vi* 支持；與⋯站在一邊：I *side* with you on this question. 在這個問題上我支持你。

□ **side arms** 隨身武器 / **sideboard** *n* 餐具櫃 / **sideburns** *n* [美] 連鬢胡子 / **side effect** *n*（藥物的）副作用 / **sideline** *n* 副業；兼職 / **sidewalk** *n* [美] 人行道

sid·ed /'saɪdɪd/ *adj* 有（若干）邊的

side·way /'saɪdweɪ/

I *n* 小路；人行道 **II** *adj, adv* 橫着(的)；斜着(的)：look *sideway* 斜視 / A crab walks *sideway*. 螃蟹橫着走路。

side·ways /'saɪdweɪz/ *adj, adv*

= sideway (**II**)

siege /siːdʒ/

I *n* [C, U] 包圍；圍攻：lay *siege* to 對⋯實施包圍 **II** *vt* 包圍；圍攻

si·er·ra /sɪ'erə/ *n*

鋸齒山脊；山嶺：*Sierra* Nevada 內華達山脈

sieve /sɪv/

I *n* [C] **1** 篩子；濾網：I have a memory (head) like a *sieve*. 我的腦筋像篩子似的（記不住）。 **2** 嘴巴不嚴的人 **II** *vt* 篩；濾

sift /sɪft/

❶ *vt* **1** 篩；過濾：*sift* gold from sand 沙裏淘金 **2** 仔細審查：They *sifted* the evidence for the case. 他們仔細審查了這個案件的證據。 **❷** *vi* **1** 篩 **2**（通過縫隙）落下：Dust *sifted* in through the cracks in the walls. 灰塵穿過牆上的裂縫飄落進來。

sigh /saɪ/

I *n* [C] **1** 嘆息；嘆息聲：heave (utter) a *sigh* 嘆一口氣 / *sigh* a deep *sigh* 深深地嘆一口氣 / with a *sigh* of relief 鬆了口氣 **2**（風、樹等）嘯聲

II *vi* **1** 嘆息 **2**（風、樹等）呼嘯

sight /saɪt/

I *n* **1** [U] 視力；視覺：have long (short, near) *sight* 患遠（近）視 **2** [U] 看見：The *sight* of the old man reminded me of my grandfather. 看到那位老人使我想起了我的祖父。 **3** [U] 視界 **4** [C] 風景；情景：see the *sights* of Hong Kong 遊覽香港的名勝古跡 **5** [C] 瞄準器：He brought the wolf's head into his *sights*. 他瞄準了狼的腦袋。

◇ **at first sight** 一見之下：fall in love *at first sight* 一見鍾情 / **at (the) sight of** 一看見 / **catch sight of** 發現；瞥見：I caught *sight* of Mr. Smith in the crowd. 我在人群中發現史密斯先生 / **in (within) sight** 被見到 / **in (within) sight of** 在看得見⋯的範圍內 / **lose sight of** 不再看見 / **out of sight** 在視界以外 / **out of sight of** 在⋯看不見的地方：Put the knife *out of sight of* the child. 把刀子放在孩子看不見的地方。

II **❶** *vt* **1** 看見：The sailors *sighted* land. 水手們看見了陸地。 **2** 瞄準 **❷** *vi* 瞄準：He *sighted* on the boar and squeezed the trigger. 他瞄準野豬，扣動扳機。

□ **sightseeing** *n* 觀光；遊覽 / **sightseer** *n* 觀光者；遊客

sign /saɪn/

I *n* [C] **1** 符號：mathematical (chemical) *signs* 數學（化學）符號 **2** 標記；指示牌：traffic *signs* 交通標誌 / The *sign* brings customers. [諺] 招牌引來

顧客。**3** 跡象；預兆；〈醫〉病症：An evening red and a morning grey, is a *sign* of a fair day. [諺] 晚霞紅，曉色灰，一定是晴朗天。**4** 手勢：The policeman made a *sign* for me to stop my car. 警察示意我停車。

II ❶ *vt* **1** 簽字：*sign* a document (will, letter, agreement) 在文件（遺囑、信、協議）上簽字 **2** 示意：The teacher *signed* us to be quiet. 老師示意我們安靜下來。**❷** *vi* 簽名

□ **signboard** *n* 廣告牌 / **signpost** *n* 路標

❶ mark, indication

sig·nal /ˈsɪgnəl/

I *n* [C] **1** 信號；暗號：traffic *signals* 交通信號 / a *signal* of distress（船隻等）遇難信號 **2** 導火線：The accident was a *signal* for the 10-day strike. 這起事故是十天罷工的一個直接原因。**3** 發信號的工具

II ❶ *vt* **1** 發信號 **2** 以動作示意：The teacher *signalled* the boy to sit down. 老師示意男孩坐下。**3** 標誌着：Flashes of lightning *signalled* an approaching storm. 道道閃電標誌着暴雨的來臨。**❷** *vi* 發信號

□ **signal flag** 信號旗 / **signal gun** 信號槍 / **signallamp** *n* 信號燈 / **signalman** *n* 信號員

sig·na·ture /ˈsɪgnətʃə(r)/ *n* [C]

1 簽字；署名：The old man put his *signature* to the will. 老人在遺囑上簽字。**2**（電台節目開始或結束時的）信號曲：*signature* tune 信號曲

sig·nif·i·cance /sɪgˈnɪfɪkəns/ *n* [U]

1 意義；意味：The conference was of

historical (great, far-reaching) *significance*. 這次會議具有歷史（重要、深遠）意義。**2** 重要性：attach *significance* (to) 重視

❶ importance

sig·nif·i·cant /sɪgˈnɪfɪkənt/ *adj*

1 重要的；意義重大的 **2** 意味深長的：a *significant* smile 意味深長的微笑 **3** 相當數量的：A *significant* number of leaders were present at today's funeral. 相當數量的領導人出席了今天的葬禮。▷ **significantly** *adv*

sig·ni·fy /ˈsɪgnɪfaɪ/

❶ *vt* **1** 表示…的意思：What does the phrase *signify*? 這個短語是甚麼意思？**2** 表明；表示：The audience applauded to *signify* that they agreed with the speaker. 聽眾鼓掌，表示他們贊成講話人的看法。**3** 預示：The dark clouds *signify* the coming of a storm. 烏雲預示着暴風雨將要到來。**❷** *vi* 有重要性：The matter does not *signify*. 這件事並不重要。/ It *signifies* little (much). 這件事不重要（很重要）。

si·lence /ˈsaɪləns/

I *n* [U] **1** 寂靜 **2** 沉默；不作聲：listen in *silence* 靜靜地聽 / *Silence*, please! 請安靜！

◇ **break silence** 打破沉默（寂靜）/ **keep silence** 保持安靜

II *vt* **1** 使安靜：The mother tried to *silence* her crying baby with a toy. 母親想用玩具來制止嬰兒的啼哭。**2** 壓制：*silence* opposition (dissent, public opinion) 壓制反對意見（不同意見、公眾輿論）**3** 打啞（敵人炮火）

❶ noise

si·lent /'saɪlənt/ *adj*

1 寂靜的：fall *silent* 變得靜悄悄的 **2** 沉默的；不作聲的：keep *silent* 不說話 / The criminal remained *silent*. 罪犯仍然不開口。 **3** 無聲的：a *silent* movie 無聲電影 / Tears are the *silent* language of grief. [諺] 淚水是表達悲傷的無聲語言。

▷ **silently** *adv*

❶ mute, dumb

⇨ 用法說明見 QUIET

sil·i·con /'sɪlɪkən/ *n* [U]

〈化〉硅：the *Silicon* Valley 硅谷（美國舊金山東南聖克拉拉谷的別名，因微電子工業發達而聞名）

silk /sɪlk/

I *n* **1** [U] 絲；綢；絲織品 **2** [silks] 綢服 **II** *adj* **1** 絲綢的：a *silk* hat 綢帽 / *silk* stockings 長統絲襪 / a *silk* scarf 絲綢圍巾 **2** 像絲綢的

□ **silk moth** 蠶蛾 / **the Silk Road** 〈史〉絲綢之路 / **silkworm** *n* 蠶

sill /sɪl/ *n* [C]

1 窗台；門檻 **2** 〈建〉基石 **3** 〈地〉岩床

sil·ly /'sɪlɪ/ *adj*

1 傻的；愚蠢的；糊塗的：a *silly* boy 傻孩子 / Don't be *silly*! 別傻了。 **2** 無聊的：a *silly* novel 一本無聊的小說

si·lo /'saɪləʊ/ *n* (複 = silos) [C]

1 （導彈）發射井：*silo-launched* missiles 從發射井發射的導彈 **2** （圓柱形的）貯料倉

silt /sɪlt/

I *n* [U] 淤泥

II *vt, vi* （使）淤塞：The irrigation system is *silted* up. 這個灌溉系統已經被淤泥堵塞了。

sil·ver /'sɪlvə(r)/

I *n* [U] **1** 銀：*Silver* will have a silver sound. [諺] 是銀子就會發出銀子的聲音。 **2** 銀幣 **3** 銀器：table *silver* 銀餐具 **4** 銀白色 **5** 銀質獎章；銀牌：He won a *silver* at the Olympic Games. 他在奧林匹克運動會上獲得一枚銀牌。

II *adj* **1** 銀的；銀質的：a *silver* coin 銀幣 / a *silver* plate 銀盤 / *silver* spoons 銀匙 **2** 似銀的；銀白色的：a *silver-haired* professor 一位白髮蒼蒼的教授 **3** （聲音）清亮的

◇ **born with a silver spoon in one's mouth** 生在富貴人家 □ **silver grey** 銀灰色 / **silver screen** （電影的）銀幕 / **silversmith** *n* 銀匠 / **silver standard** （貨幣的）銀本位 / **silverware** *n* 銀器 / **silver wedding** 銀婚（結婚 25 週年紀念） ▷ **silvery** *adj*

sim·i·lar /'sɪmɪlə(r)/

I *adj* 相似的；類似的：Computers are somewhat *similar* to human brains. 電腦和人腦有點相似。

II *n* 相似的東西

▷ **similarly** *adv*

sim·i·lar·i·ty /ˌsɪmə'lærətɪ/ *n*

1 [U] 相似；類似：Do you notice the *similarity* of a cat to a tiger? 你注意到貓和老虎很相似嗎？ **2** [C] 相似點 **3** 〈數〉相似性

❶ likenss, resemblance

sim·i·le /'sɪmɪlɪ/ *n* [C, U]

明喻（常使用 as 或 like 等詞，例如：The cake is as hard as a brick. 這塊餅像磚頭一樣硬。/ He went like the wind. 他像一陣風似地走了。）

sim·ple /'sɪmpl/ *adj*

1 簡單的；簡易的：a *simple* sentence 簡單句 / Here is a *simple* way of solving the equation. 這裏有個解答這道方程題的簡單方法。 **2** 樸素的；簡樸的：live a *simple* life 過簡樸生活 **3** 頭腦簡單的；愚蠢的：The *simple* man is the beggar's brother. [諺] 頭腦簡單的人是乞丐的兄弟。

□ **simple equation** 〈數〉一次方程式 / **simple-minded** *adj* 頭腦簡單的

◐ plain

◑ complex

sim·plic·i·ty /sɪmˈplɪsəti/ *n* [C]

1 簡單；簡易：explain a question with *simplicity* 簡明地解釋問題 **2** 簡樸：I was deeply impressed by the *simplicity* of his life. 他的簡樸生活給我留下深刻的印象。 **3** 愚蠢；天真：The girl wears a look of *simplicity*. 那女孩露出一副天真的樣子。

sim·pli·fy /ˈsɪmplɪfaɪ/ *vt*

簡化；使易懂：the *simplified* version of *Oliver Twist*《霧都孤兒》的簡寫本 / *simplify* the operation of the computer 簡化電腦的操作過程

sim·ply /ˈsɪmplɪ/ *adv*

1 簡單地；簡明地 **2** 簡樸地：be dressed *simply* 穿着樸素 **3** 僅僅；不過：Huck is *simply* a boy. 赫克不過是個孩子。 **4** 簡直；完全：It is *simply* beyond my imagination. 我簡直不能想像。

si·mul·ta·ne·ous /ˌsɪmlˈteɪnɪəs/ *adj*

1 同時發生的；同步的；一齊的：*simultaneous* interpretation 同聲翻譯 / The two planes made a *simultaneous* landing. 兩架飛機同時降落。 **2** 〈數〉聯列的：*simultaneous* equations 聯列方程式 ▷ **simultaneously** *adv*

sin /sɪn/

I *n* **1** [C, U] 〈宗〉罪孽：confess one's *sins* to a priest 向神父懺悔罪孽 **2** [C] (違背道德的) 罪；罪惡：It is a *sin* to steal. 偷竊是一種犯罪。 **3** [C] (違反習俗等的) 過失；無禮：It is a *sin* to stay at home on such a fine day. 這樣的好天氣呆在家裏真是不應該。

II *vt, vi* **1** 違反教規 **2** 犯罪 **3** 犯過失

▷ **sinful** *adj* / **sinner** *n*

◐ offence

since /sɪns/

I *conj* **1** 自…以來：I haven't heard of him *since* he left. 自從他離開以後，我一直沒有聽到他的音訊。 **2** 因為；既然：*Since* this burden is rolled off, I can get my mind on my study again. 既然包袱已經卸掉，我又可以集中精力學習了。

II *prep* 自從：We have never met *since* 1980. 自 1980 年以來我們一直沒有見過面。

III *adv* **1** 從那時起：She left England in 1966 and has never returned ever *since*. 她於 1966 年離開英國，自那以後一直沒有回去過。 **2** 以前：The accident happened ten years *since*. 事故發生在十年以前。

sin·cere /sɪnˈsɪə(r)/ *adj*

1 (人) 真誠的；篤實的：a *sincere* friend 真誠的朋友 **2** (行為) 真摯的：Are you *sincere* in your promise? 你的承諾是真的嗎？

◐ frank, candid

sin·cere·ly /sɪnˈsɪəlɪ/ *adv*

S

真誠地；真摯地：*Sincerely* yours (Yours *sincerely*) 您忠誠的（信尾署名前的用語）

sin·cer·i·ty /sɪnˈserətɪ/ *n* [U]
1 真誠；誠意：The truest politeness comes from *sincerity*. [諺] 出於真誠的禮貌才是最真實的。**2** 真實

sine /saɪn/ *n* 〈數〉正弦
□ **sine-ratio** *n* 正弦率 / **sine-table** *n* 正弦表

sing /sɪŋ/ （sang, sung, singing）
❶ *vi* **1** 唱；唱歌：Mary *sings* to the electronic keyboard. 瑪麗和着電子琴唱歌。**2** 歌頌：The villagers *sing* of their happy life. 村民們歌頌他們的幸福生活。**3** （鳥等）啼鳴：The birds are *singing* in the trees. 鳥兒在樹上啼鳴。**4** 嗡嗡作響：The kettle is *singing* on the fire. 水壺在爐子上嗡嗡作響。**❷** *vt* **1** 唱（歌）**2** 歌頌

Sin·ga·pore /ˌsɪŋgəˈpɔː(r)/ *n*
1 （國名）新加坡 **2** （新加坡首都）新加坡

sing·er /ˈsɪŋə(r)/ *n* 歌手；歌唱家

sin·gle /ˈsɪŋgl/
I *adj* **1** 單一的；單個的：A *single* fact is worth a shipload of argument. [諺] 一個事實頂得上一船雄辯。**2** 獨身的；未結婚的 **3** 單人的：a *single* room 單人房間 / a *single* bed 單人床 **4** 單程的：a *single* ticket 單程車票
II *n* **1** 一個 **2** （乒乓球等）單打：men's (women's) *singles* 男子（女子）單打 / Shall we play *singles* or doubles? 我們是單打還是雙打？ **3** 單程票：a *single* to Shanghai 一張去上海的單程票 **4** [美] 單程男（女）子
III *vt* 挑選：They *singled* him out as

the presidential candidate. 他們挑選他作為總統候選人。
□ **single-breasted** *adj* （衣服）單排扣的 / **single-celled** *adj* 單細胞的 / **single-handed** *adj* 獨自的；單槍匹馬的 / **single-track** *adj* （鐵路）單軌的

sin·gle·hood /ˈsɪŋglhʊd/ *n*
單身；獨身

sin·gu·lar /ˈsɪŋgjʊlə(r)/
I *adj* **1** 單個的；無雙的：an event *singular* in history 歷史上獨一無二的事件 **2** 奇特的：be dressed in a *singular* way 穿着奇裝異服 **3** 非凡的：a man of *singular* ability (courage) 一個有非凡能力（勇氣）的人 **4** 〈語〉單數的："Goose" is the *singular* form of "geese". Goose 是 geese 的單數形式。
II *n* 〈語〉單數：Is this noun in the *singular* or in the plural? 這個名詞是單數還是複數？
◐ plural

sin·is·ter /ˈsɪnɪstə(r)/ *adj*
1 不吉的；凶兆的：a *sinister* symptom 凶兆 **2** 陰險的；凶惡的：a *sinister* face 一副凶相 / make a *sinister* plot 制定一個罪惡計劃

sink /sɪŋk/
I （sank, sunk, sinking）**❶** *vi* **1** 下沉；沉沒：The tanker *sank* during a storm. 油輪在暴風雨中沉沒。**2** （日、月）沉；沒：The sun is *sinking* in the west. 西邊的太陽快要落山。**3** 下陷；低落：Water *sinks* quickly into the sand. 水很快滲入沙裏。**4** 衰弱；消沉：My heart *sank* when I heard the news. 我聽到這個消息心裏涼了半截。/ His health is *sinking*. 他的健康在不斷惡

化。❷ *vt* ❶ 使下沉：Two warships were *sunk* in the battle. 兩艘軍艦在戰鬥中被擊沉。❷ 挖；刻：*sink* a well 挖井 II *n* [C] ❶ 洗滌槽 ❷ 陰溝

sir /sɜ:(r), sə(r)/
❶（對上級、長輩以及在公函中使用的尊稱）先生：I am at your service, *sir*. 我聽從您的吩咐，先生。❷（用於貴族的姓名或名字之前）爵士；勳爵：*Sir* Isaac Newton 艾薩克·牛頓勳爵

sire /ˈsaɪə(r)/ *n*
❶ 陛下；閣下 ❷（男性）祖先

si·ren /ˈsaɪərən/ *n*
汽笛；警報器：an air-raid *siren* 空襲警報器 / the police *sirens* 警笛

sis·ter /ˈsɪstə(r)/ *n*
❶ 姐；妹：elder (younger) *sister* 姐姐（妹妹）❷ 修女 ❸ 護士；護士長 ❹ 女好友；女同事 ❺ 同類事物：*sister* ships 姐妹船 / *sister* companies 姐妹公司
□ **sister-in-law** *n* 姑子；姨子；嫂子；弟媳

sit /sɪt/（sat, sitting）
❶ *vi* ❶ 坐：*sit* down 坐下 ❷ 位於；座落：The temple *sits* on a hill. 廟位於山上。❸ 開會；開庭：The court is now *sitting*. 正在開庭。❹ 當成員：My father *sits* on the committee. 我父親是委員會的成員。❺ 參加：*sit* for the entrance examination 參加入學考試 ❷ *vt* ❶ 使坐 ❷ 可供…坐：The auditorium can *sit* 1,000 people. 禮堂裏可坐一千人。
◇ **sit back** 往後靠着坐；不採取行動 / **sit by** 袖手旁觀 / **sit up** 坐起來；熬夜
□ **sitting duck** *n* 易被擊中的目標；容易上鈎的對象 / **sitting-room** *n* 起居室

用法說明：**Sit**、**be seated**、**seat** 都表示"坐"。**Sit** 是與 stand 相對的動作，所以一般常跟 down 連用，如：Please sit down!（請坐！）很少單獨使用 sit。Please be seated!（請入座！請入席！）是一種客氣和正式的表達方式，常用於正式的會議或宴會等場合。**Seat** 作及物動詞時，還可表示"有多少座位"、"可坐多少人"，如：a hall that seats 1000（可坐1000人的大會堂）。

site /saɪt/ *n* [C]
❶ 地點：select a *site* for an airfield 選擇一個建機場的地方 ❷ 場所；現場：a test *site* 試驗場 / a landing *site* 着陸場；登陸場 / a launch(ing) *site* 導彈發射場 ❸ 遺址：the *site* of an ancient palace 古代宮殿的遺址

sit·u·ate /ˈsɪtjʊeɪt/ *vt*
❶ 使位於：Hong Kong park is *situated* near the centre of the city. 香港公園位於市中心附近。❷ 使處於：be badly (awkwardly) *situated* 處境很糟（尷尬）

sit·u·a·tion /ˌsɪtjʊˈeɪʃn/ *n* [C]
❶ 地點；位置：The villa has a lovely *situation* near a lake. 別墅座落在湖邊，環境優美。❷ 處境：in a difficult *situation* 處境艱難 ❸ 形勢：The international *situation* is rather favourable to peace. 國際形勢對和平有利。
◐ place, position

six /sɪks/ *n*
六；六個（人或物）
◇ **at sixes and sevens** 亂七八糟

six·teen /ˌsɪkˈstiːn/ *n*
十六；十六個（人或物）

six·teenth /ˌsɪkˈstiːnθ/ *adj*

■ 第十六 ② 十六分之一

sixth /sɪksθ/ *adj*

■ 第六 ② 六分之一

six·ti·eth /'sɪkstɪəθ/ *adj*

■ 第六十 ② 六十分之一

six·ty /'sɪkstɪ/ *n*

六十；六十個（人或物）

size /saɪz/

   I *n* ■ [U] 尺寸；大小；規模：The city is growing in *size*. 城市的規模不斷擴大。/ a book the *size* of a matchbox 火柴盒般大小的書 ② [C]（服裝的）尺碼：The store sells all *sizes* of shoes. 這家商店出售各種號碼的鞋子。③ 大量：collect a *size* of foreign stamps 搜集大量外國郵票

   II *vt* 估計；判斷：*size* up the domestic situation 估計國內形勢 / *size* sb up 對某人作個判斷

skate /skeɪt/

   I *vi* ■ 溜冰；滑冰：go *skating* 去溜冰 / The children are *skating* on the frozen lake. 孩子們在結了冰的湖上溜冰。② 掠過 II *n* [C] ■ 冰鞋：a pair of *skates* 一雙冰鞋 / roller *skates* 旱冰鞋 ② 溜冰；滑冰：go for a *skate* 去溜冰

   □ **skateboard** *n* 滑板

skel·e·ton /'skelɪtn/ *n* [C]

■ 骨骼；骨架 ② 骨瘦如柴的人 ③（房屋等的）框架：The building was reduced to a mere *skeleton* by the big fire. 那棟房子被大火燒得只剩一個框架。④ 梗概：a *skeleton* of the story 故事梗概 ⑤ 醜事：a *skeleton* in the cupboard 不可外揚的醜事

skep·ti·cal /'skeptɪkl/ *adj*

[美] = **sceptical**

sketch /sketʃ/

   I *n* [C] ■ 草圖；草稿 ② 素描；速寫 ③ 概述

   II *vt, vi* ■ 畫草圖；畫素描 ② 概述

ski /skiː/

   I *n*（複 = ski, skis）■ 滑橇 ② 滑雪板

   II *vi* 滑雪：go *skiing* 去滑雪

skil·ful /'skɪlfl/ *adj*

■ 熟練的；靈巧的：He is not very *skilful* at operating the new machine. 他對操作這台新機器不大熟練。② 製作精巧的：a *skilful* basket 一隻製作精巧的籃子

skill /skɪl/ *n*

■ [C] 技巧；技藝：a man with a *skill* 有一技之長的人 ② [U] 熟練：Computers can handle information with speed and *skill*. 電腦處理信息又快又巧妙。

skilled /skɪld/ *adj*

■ 有技能的；熟練的：*skilled* workers 技術工人 ② 需要技術的：*skilled* work 需要技術的工作

skim /skɪm/ *vt, vi*

■ 撇去（液體表面的）浮物：*skim* the cream from the milk 撇去牛奶表面的奶油 ② （使）掠過：A swallow *skimmed* across the lake. 一隻燕子掠過湖面。③ 瀏覽；略讀：*skim* through the newspapers 瀏覽報紙

skin /skɪn/ *n*

■ [U] 皮；皮膚：a *skin* specialist 皮膚科醫生 / A frog can do some of its breathing through its *skin*. 青蛙能通過皮膚進行部分呼吸。② [C] 毛皮 ③ [C, U] 外殼：a banana *skin* 香蕉皮

   ◇ **skin and bones** 皮包骨頭   □ **skin-**

S

deep *adj* 表面的：Beauty is but *skin-deep*. [諺] 美麗只是表面的。/ **skin-divingpan** 潛泳

skip /skɪp/ *vt, vi*
1 跳；蹦：*skip* over a ditch 跳過溝去 **2** 跳繩 **3** 略讀：*skip* through the documents 粗略看文件 **4** 跳過；漏過：She *skipped* many dull chapters while reading the book. 她在讀這本書的過程中，跳過了許多乏味的章節。

skip·per /'skɪpə(r)/ *n*
1 (小商船的) 船長 **2** (球隊等的) 隊長 **3** [美] (飛機的) 機長

skir·mish /'skɜːmɪʃ/ *n* [C]
1 〈軍〉小規模衝突 **2** 爭論；爭執：have a *skirmish* with sb over sth 跟某人在某問題上發生爭執

skirt /skɜːt/
I *n* **1** 裙子 **2** 裙狀物 **II** *vt, vi* **1** 環繞；位於邊緣：A path *skirts* the village. 一條小路環繞着村子。 **2** 繞開；避開：You have to *skirt* round the park to get there. 你得繞過公園才能到達那裏。
⇨ 插圖見 CLOTHES

skull /skʌl/ *n* 顱骨；頭蓋骨

sky /skaɪ/ *n*
1 天；天空：a blue *sky* 藍色的天空 / A plane appeared in the *sky*. 天空中出現一架飛機。 **2** 天氣：The city seldom has sunny *skies*. 這城市很少有晴朗天氣。
◇ **praise sb to the skies** 把某人捧上天；極力吹捧某人 □ **sky blue** 天藍色；蔚藍色 / **sky-blue** *adj* 天藍色的；蔚藍色的 / **sky-high** *adj* 天一般高的 / **skylab** *n* 天空實驗室 / **skylight** *n* 天窗 / **skyline** *n* (城市等在天空的襯托下顯出的) 輪廓 / **skyrocket** *vt, vi* [口] (使)

(物價) 飛漲 / **skyscraper** *n* 摩天大樓 / **skyward** *adv, adj* 向着天空

slack /slæk/ *adj*
1 懶散的；懶惰的：a *slack* student 一個不用功的學生 **2** 鬆弛的；不緊的：The rope is *slack*. 繩子鬆了。 **3** 蕭條的：Winter is a *slack* season for tourism. 冬季是旅遊業的淡季。

slack·en /'slækən/ *vt, vi*
1 (使) 變鬆弛：The rope *slackened*. 繩子鬆了。 **2** (使) 減弱；(使) 減慢：The wind *slackened*. 風勢減弱了。/ The ship *slackened* its speed. 船減慢了速度。

slam /slæm/
I *vt, vi* 砰地關上；砰地放下：*slam* a door 砰地關上門 / A meteor *slammed* into our yard. 一塊殞石砰地落在我們的院子裏。 **II** *n* [C] 砰聲：close the window with a *slam* 砰地一聲關上窗戶 □ **slam-dunk** *vt, vi* 〈運〉扣籃

slan·der /'slɑːndə(r)/
I *n* [C, U] **1** 誹謗；詆毀：Truth fears not the flames of *slander* and injustice. [諺] 真理不懼誹謗和不公正的烈火。 **2** 〈律〉誹謗罪：bring a *slander* action against sb 控告某人的誹謗罪
II *vt* 誹謗；詆毀：*slander* sb's reputation 詆毀某人的名聲

slang /slæŋ/ *n* [U]
1 俚語：American *slang* 美國俚語 / *slang* expressions 俚語表達方式 / army *slang* 軍隊俚語 **2** 行話；黑話

slant /slɑːnt/
I *n* **1** 傾斜；斜坡；斜面；斜線：slip down a *slant* 從斜坡上滑下去 **2** 斜形物 **3** 斜線號 (即 "／") **II** *vt, vi* **1** (使)

傾斜：The building *slants* a little to the left. 這大樓稍稍向左傾斜。 **2** 斜投（於）：The sun *slanted* through the skylight. 陽光斜射進天窗。

slap /slæp/
I ❶ *vt* **1** 拍；摑；拍擊：*slap* sb on the cheek 打某人耳光 **2** 啪的一聲放（扔）下：*slap* the newspapers on the table 啪的一聲把報紙扔在桌上 **❷** *vi* **1** （用手）拍 **2** 拍擊：The waves *slapped* against the rocky shore. 海浪拍擊著岩岸。 **II** *n* [C] **1** 拍；摑 **2** 拍擊聲

slate /sleɪt/ *n*
1 [U] 板岩 **2** [C] （書寫用的）石板；板石

slaugh·ter /ˈslɔːtə(r)/
I *vt* **1** 屠宰：*slaughter* a lamb (pig) 宰羊（豬） **2** 屠殺
II *n* [U] **1** 屠宰 **2** 屠殺
□ **slaughterhouse** *n* 屠宰場 / **slaughterman** *n* 屠夫
◑ kill

slave /sleɪv/ *n*
1 奴隸：free *slaves* 解放奴隸 **2** 苦工 **3** 受控制的人：A man of wealth is a *slave* to his possessions. [諺] 多財的人反而受財富的約束。
□ **slave labour** 奴隸勞動；苦工 / **slave market** 奴隸市場 / **slavemaster** *n* 奴隸主 / **slaveowner** *n* 奴隸主

slav·er·y /ˈsleɪvərɪ/ *n* [U]
1 奴隸身份；奴役 **2** 奴隸制：abolish *slavery* 廢除奴隸制度
◑ liberty

slay /sleɪ/ *vt, vi* （slew, slain, slaying）殺；殺害
◑ kill

sled /sled/, **sledge** /sledʒ/
I *n* **1** 雪橇 **2** 摘棉機 **II** *vi* 乘雪橇

sleep /sliːp/
I *n* **1** [U] 睡眠：talk in one's *sleep* 説夢話 / have five hours' *sleep* 睡五個小時 **2** 冬眠 **3** 安息；死
◇ **go to sleep** 睡着 / **put sb to sleep** 使某人入睡
II *vi* （slept, sleeping） 睡覺：*sleep* well (badly) 睡得很好（不好）
□ **sleeping bag** 睡袋 / **Sleeping Beauty** 睡美人 / **sleeping car (carriage)** 卧車 / **sleeping pill** 安眠藥 / **sleep walking** 夢遊 ▷ **sleepless** *adj*

sleep·y /ˈsliːpɪ/ *adj*
1 想睡的；困乏的：feel *sleepy* 感到困乏 **2** 寂靜的：a *sleepy* mountain village 一個寂靜的山區村莊

sleet /sliːt/
I *n* 雨夾雪 **II** *vi* 下雨夾雪

sleeve /sliːv/ *n*
1 袖子：roll up one's *sleeves* 捲起袖子 **2** 〈機〉套筒
◇ **laugh up one's sleeve** 暗笑

slen·der /ˈslendə(r)/ *adj*
1 細長的；苗條的：a *slender* girl 一個苗條的姑娘 **2** 微薄的；不足的：live on a *slender* income 靠微薄的收入過活
◐ thin
◑ stout
➪ 用法説明見 THIN

slice /slaɪs/
I *n* [C] **1** 片；薄片：a *slice* of meat 一片肉 / a *slice* of melon 一片瓜 / cut the loaf into *slices* 把麵包切成薄片 **2** 部分：Jack got a big *slice* of the profit. 傑克得到很大一部分利潤。

II *vt* 切成薄片：The cook *sliced* up the potatoes. 廚師把土豆切成薄片。

slide /slaɪd/
I *n* **1** 滑行；滑落 **2** 滑道；（兒童）滑梯 **3** 幻燈片 **4**（顯微鏡的）載片 **5**（土、石等）崩塌
II *vi* (slid; sliding) **1** 滑動；滑落：The skiers *slid* down the slope. 滑雪者滑下坡去。 **2** 悄悄地走：Tom *slid* into the kitchen. 湯姆悄悄溜進了廚房。

slight /slaɪt/ *adj*
1 輕微的；微小的：a *slight* difference 細微的差別 / a *slight* headache (cold) 輕微頭痛（感冒）/ His *slightest* movement hurts. 他稍稍一動就痛。 **2** 細長的；苗條的：a girl with a *slightest* figure 身材瘦小的姑娘
◇ **not in the slightest** 一點兒也不
▷ **slightly** *adv*

slim /slɪm/
I *adj* **1** 細長的；苗條的：a girl with *slim* legs 長着兩條細腿的姑娘 / The woman lives on a diet to get *slim*. 那女人按規定進食，以便減肥。 **2** 微不足道的：There is not the *slimmest* evidence to prove it. 沒有一點兒證據能證明這件事。 **II** *vt, vi* 減肥
◑ thin
◐ chubby, stout
⇨ 用法説明見 THIN

slim·nas·tics /ˌslɪmˈnæstɪks/ *n*
（slim gymnastics）減肥操

sling /slɪŋ/
I *n* [C] **1** 吊帶；〈醫〉懸帶：His right arm hangs in a *sling*. 他的右臂用懸帶吊着。 **2** 投石器；彈弓 **3** 投；擲
II *vt* (slung; slinging) **1** 投；擲：

Don't *sling* stones at birds. 不要朝鳥擲石頭。 **2** 吊；吊掛：The boy left for school, with a schoolbag *slung* over his shoulder. 男孩背着書包，上學去了。

slip /slɪp/
I ❶ *vi* **1** 滑倒：*slip* on the ice 在冰上滑了一下 **2** 滑落；鬆脱：The pen tends to *slip* from my hand. 我的筆老是要從手裏滑掉似的。 **3** 溜走：*slip* out of the house 溜出屋 **4** 匆忙穿上：*slip* into one's shoes 匆忙穿上鞋子 ❷ *vt* **1** 使滑動 **2** 匆忙穿上（脱下）：*slip* one's coat on (off) 匆忙穿上（脱掉）外衣 **3** 塞入：He *slipped* a ten-pound note into his aunt's pocket. 他把一張十英鎊的鈔票塞進了他姑媽的口袋裏。
II *n* [C] **1** 滑倒 **2** 溜走 **3** 疏忽；錯誤：a *slip* of the pen (tongue) 筆（口）誤
❶ error

slip·per /ˈslɪpə(r)/ *n*
[slippers] 拖鞋；便鞋：a pair of *slippers* 一雙拖鞋

slip·per·y /ˈslɪpərɪ/ *adj*
1 滑的：The ground is *slippery*. 地上很滑。 **2** 易滑脱的：The fish is rather *slippery*. 魚滑得抓不住。 **3** 圓滑的；狡猾的：a *slippery* fellow 滑頭
◇ **as slippery as an eel** 油滑的

slo·gan /ˈsləʊgən/ *n* [C] 口號；標語

slope /sləʊp/
I *n* **1** [U] 傾斜；斜度；〈數〉斜率 **2** [C] 斜坡；斜面：mountain *slopes* 山坡
II *vt, vi*（使）傾斜：Our vegetable garden *slopes* down to a creek. 我們的菜園子朝着一條小溪傾斜。

slow /sləʊ/

I *adj* **1** 慢的；緩慢的： a *slow* train 慢車 **2** 慢於： Your clock is 3 minutes *slow*. 你的鐘慢了 3 分鐘。 **3** 遲鈍的： *slow* in action 行動遲緩 / *slow* of speech 説話遲鈍 / be *slow* at accounts 不善於算賬 **II** *adv* 慢慢地 **III** *vt, vi* （使）慢下來： The train *slowed* down. 火車放慢了速度。 ▷ **slowly** *adv*

slum /slʌm/ *n*
貧民窟： a *slum* area (district) （城市的）貧民區 / be brought up in a *slum* 在貧民窟裏長大

slum·ber /'slʌmbə(r)/
I *n* 睡眠；安眠： fall into a *slumber* 入睡 / be lost in *slumber* 酣睡 / in a deep *slumber* 熟睡 **II** *vi* 睡眠；安睡

sly /slaɪ/ *adj*
1 狡詐的： a *sly* fellow 一個狡詐的傢伙 **2** 偷偷的： take a *sly* look at sb 偷偷朝某人看一眼
◇ **on the sly** 偷偷地
❶ cunning, shrewd

smack /smæk/
I ❶ *vt* **1** （用掌）拍；打： He *smacked* his son. 他打了他的兒子一巴掌。 **2** 使劈啪作響 **3** 咂嘴： *smack* one's lips 咂嘴 ❷ *vi* **1** 咂嘴 **2** 劈啪作響： I heard a whip *smacking* in the distance. 我聽到遠方有抽打鞭子的劈啪響聲。 **II** *n* [C] **1** 拍擊（聲）；咂嘴（聲） **2** 猛擊 **III** *adv* **1** 劈啪一聲 **2** 猛烈地： The car ran *smack* into a stone wall. 汽車猛然撞在一堵石牆上。

small /smɔːl/ *adj*
1 小的；少的： a *small* room 小房間 **2** 年紀小的： a *small* boy 小男孩 **3** 小型的；瑣細的： *small* favours 小恩小惠 / a *small* farm 小型農場
□ **small arms** （隨身帶的）輕武器 / **small change** 零錢 / **small hours** 凌晨一、二點鐘 / **small letters** 小寫字母 / **small-minded** *adj* 小氣的；目光狹窄的 / **smallpox** *n* 天花 / **small-scale** *adj* 小規模的 / **small talk** 聊天；閒談
❶ tiny, little
❶ big, large
⇨ 用法説明見 LITTLE

smart /smɑːt/ *adj*
1 英明的；靈巧的： a *smart* pupil 聰穎的學生 / make a *smart* decision 作出一個英明的決定 **2** 漂亮的；瀟洒的： look very *smart* 看上去很瀟洒 / A *smart* coat is a good letter of introduction. [諺] 一套漂亮的衣服就是一封好的介紹信。
❶ clever
❶ foolish, stupid

smash /smæʃ/
I *vt, vi* **1** 打碎；粉碎： The cup fell and *smashed*. 杯子掉在地上破了。 **2** 擊潰；擊毀： The attack was soon *smashed*. 進攻很快被擊潰了。 **3** 猛撞： The lorry *smashed* into a wall. 卡車猛然撞在牆上。 **4** 扣球
II *n* [C] **1** 粉碎 **2** 猛撞；事故： a car *smash* 撞車事故 **3** 扣球 **4** 破碎聲
❶ break

smell /smel/
I *n* **1** [U] 嗅覺： Dogs have a fine sense of *smell*. 狗有很好的嗅覺。 **2** [C, U] 氣味： the *smell* of roses 玫瑰味 **3** 臭味： Money has no *smell*. [諺] 錢無臭味。 **4** 嗅；聞： Take a *smell* at your socks! 聞聞你的襪子！ **5** 氣息
II （smelled/smelt; smelling） ❶ *vt* **1**

聞到：I *smell* smoke. 我聞到煙味。 **2**
覺察：Do you *smell* something unusual? 你覺察到情況有點異常嗎？ **❷**
vi 散發氣味：A rose by any other name would *smell* as sweet. [諺] 玫瑰不論叫甚麼別的名字，味道一樣是香的。/ The air *smells* of the sea. 空氣裏有大海的味道。
❶ scent
➪ 用法說明見 FEEL

smell·y /ˈsmelɪ/ *adj* 臭的；有臭味的

smelt¹ /smelt/
  smell 的過去式和過去分詞

smelt² /smelt/ *vt*
  熔煉；精煉：This factory *smelts* copper. 這家工廠是煉銅的。

smile /smaɪl/
  I ❶ *vi* 微笑：*smile* at sb 朝某人微笑 / Fortune *smiles* upon the brave and frowns upon the coward. [諺] 幸運朝勇士微笑，朝懦夫皺眉。 **❷** *vt* 以微笑表示：*smile* one's thanks 以笑表示感謝
  II *n* [C] 微笑
  ◇ the smiles of fortune 好運
  ❶ frown

smith /smɪθ/ *n* 鐵匠；金屬工匠；鍛工

smog /smɒg/ *n* [U]
  煙霧 (smoke + fog)

smoke /sməʊk/
  I *n* **1** [U] 煙；煙塵：There is no *smoke* without fire. [諺] 無風不起浪。 **2** [C] 香煙：Have a *smoke*. 請抽煙。
  II ❶ *vi* **1** 冒煙：The volcano is *smoking*. 火山在冒煙。 **2** 抽煙：give up (quit) *smoking* 戒煙 / Do you *smoke*? 你抽煙嗎？ **❷** *vt* **1** 抽（煙）：*smoke* crack 吸毒 **2**（用煙）熏：People used to *smoke* meat in chimneys. 人們過去常

在煙囱裏熏肉。
  □ **smoke alarm** 煙霧報警器 / **smoke bomb** 煙幕彈 / **smoke room** 吸煙室 / **smoke screen** 煙幕 / **smoke signal** 煙霧信號 / **smokestack** *n* 大煙囱

smok·er /ˈsməʊkə(r)/ *n*
  吸煙者：a heavy *smoker* 煙癮厲害的人 / a chain *smoker* 一支接一支抽煙的人

smok·ing /ˈsməʊkɪŋ/ *n*
  1 冒煙 **2** 抽煙：No *Smoking*. 禁止吸煙。
  □ **smoking car (carriage)** 吸煙車廂 / **smoking room** 吸煙室

smooth /smuːð/ *adj*
  1 光滑的；平滑的：Silk feels very *smooth*. 絲綢摸上去很光滑。 **2** 平靜的：*Smooth* water runs deep. [諺] 靜水流深。 **3** 順利的：We had a *smooth* passage across the Pacific. 我們順利地橫渡了太平洋。 **4**（文章等）流暢的
  ▷ **smoothly** *adv*
  ❶ level, even
  ❶ rough

smudge /smʌdʒ/
  I *n* [C] 污跡 **II** *vt, vi*（被）弄髒

smug·gle /ˈsmʌgl/ *vt, vi*
  1 走私 **2** 偷帶：The old woman *smuggled* a knife into the prison. 那老婆子把一把小刀偷偷地帶進了監獄。
  ▷ **smuggler** *n*

snack /snæk/ *n* [C]
  1 快餐；小吃；點心：We stopped for a *snack*. 我們停下來吃了一頓快餐。/ have a midnight *snack* 吃夜宵 **2** 一份
  □ **snack bar (counter)** 快餐部

snail /sneɪl/
  I *n* **1** 蝸牛：at a *snail's* pace 速度很慢

2 行動緩慢的人

II vt 緩慢移動：The truck *snailed* forward along the mountain path. 卡車沿着山間小道緩慢前進。

Snail 蝸牛

snake /sneɪk/ n 蛇

□ **snakelike** adj 蛇形的 / **snakebite** n 蛇的咬傷 / **snake charmer** 弄蛇人

snap /snæp/

I vt, vi **1** 咬：The dog *snapped* (at) my hand. 狗咬了我的手。 **2** 折斷：Many twigs *snapped* off during the storm. 許多小樹枝在暴風雨中折斷了。 **3** （使）發脆聲：*snap* one's fingers 劈劈啪啪地捻手指（打"榧子"） **4** 厲聲説

II n [C] **1** 咬 **2** 突然折斷 **3** 劈啪聲

snatch /snætʃ/ vt

抓取；奪得：The thief *snatched* the camera out of his hand. 小偷從他手裏搶走了照相機。/ *snatch* half an hour's sleep 搶時間睡半個小時

◑ catch, grab

sneak /sniːk/ vt, vi

偷偷地走；潛行：The robber *sneaked* into the museum and stole two famous paintings. 強盜潛入博物館，偷走了兩幅名畫。

sneer /snɪə(r)/

I vi 譏笑；冷笑：*sneer* at sb 嘲笑某人

II n 譏笑；嘲笑：Ignore their *sneers*. 不要理會他們的嘲笑。

sneeze /sniːz/

I n [C] 噴嚏（聲） **II** vi 打噴嚏

sniff /snɪf/

I vt, vi **1** 吸氣 **2** 嗅；聞：The dog is *sniffing* (at) the trunk. 狗在嗅樹幹。 **3** 嗅出：The rabbit *sniffed* out danger. 兔子嗅出了危險。 **4** 蔑視：They *sniffed* at his threats. 他們對他的威脅嗤之以鼻。 **II** n **1** [C] 嗅；吸氣聲 **2** 蔑視

snob /snɒb/ n

1 勢利的人；趨炎附勢之輩 **2** 自命不凡的人

snob·ber·y /ˈsnɒbəri/ n [U]

1 勢利 **2** 勢利的行為（話語）

snob·bish /ˈsnɒbɪʃ/ adj

1 勢利的：a *snobbish* person 勢利小人 **2** 自命不凡的

snore /snɔː(r)/

I vi 打鼾 **II** n 打鼾；打鼾聲

snow /snəʊ/

I n **1** [U] 雪 **2** 雪狀物 **3** （電視等屏幕上的）雪花點 **II** vi **1** 下雪：Does it often *snow* here in winter? 冬天這兒經常下雪嗎？ **2** 像雪一般地落下

□ **snowball** n 雪球 / **snow-blind** adj 〈醫〉雪盲的 / **snow blindness** n 〈醫〉雪盲症 / **snow-capped** adj 有雪冠的：*snow-capped* mountains 有雪冠的群山 / **snowfall** n 降雪；降雪量 / **snowflake** n 雪片 / **snowstorm** n 雪暴 / **snow sweeper** 掃雪機 / **snowwhite** adj 雪白的

so /səʊ, sə/

I adv **1** 這樣；那樣；如此：The question is *so* difficult that I can not solve it. 這問題那樣難，我解決不了。 **2** 非常；很：His story is *so* interesting. 他的故事非常有趣。**3** 也；同樣：I am tired, so is she. 我累了，她也累了。**4** 因而；所以：Mary is honest and so reliable. 瑪麗很老實，因此是可靠的。

II *conj* **1** 因此；所以：It is getting dark, so I must leave. 天快黑了，因此我得告別了。**2** 為的是；以便：We started early so that we might arrive there in time. 我們很早就出發了，以便準時到達那裏。**3** 那麼：So you have heard the news. 那麼你聽到那個消息了。

III *pron* （在 hope, say 等動詞後面作賓語）這樣；那樣：I wish I had not said so. 我真希望沒有說過那樣的話。

◇ **and so on (and so forth, and so on and so forth)** 等等 / **or so** 左右；上下 / **so as to** 為的是；以便：He studies hard so as to make still greater progress. 他努力學習，以便取得更大的進步。/ **so...as to** 如此…以至：She was so foolish as to let the thief look after her bag. 她如此傻，竟然讓小偷去照管她的包。/ **so long as** 只要 / **so much the** 那就更：If you take part in our English evening, so much the better. 要是你參加我們的英語晚會，那就更好了。/ **so to speak (so to say)** 可以這麼說
□ **so-and-so** *n* 某某人；某某事 / **so-called** *adj* 所謂的 / **so-so** *adj, adv* 過得去；馬馬虎虎

soak /səʊk/
❶ *vt* **1** 浸；泡；使浸透：be soaked to the skin 渾身濕透 / She soaked her dirty linens in the water before washing. 她在洗前先把髒的襯衫泡在水裏。**2**

吸；吸收：This rock soaks up water. 這種岩石吸水。**❷** *vi* 浸；泡；濕透

soap /səʊp/ *n* [U]
肥皂：a cake (bar) of soap 一塊肥皂 / toilet soap 香皂 □ **soap-powder** *n* 肥皂粉

soar /sɔ:(r)/ *vi*
1 高飛；翱翔：The eagle is soaring in the sky. 鷹在空中翱翔。**2** （物價等）猛漲；劇增：Prices soar. 物價暴漲。

sob /sɒb/
I *vi* **1** 啜泣；嗚咽 **2** （風等）發出嗚咽聲 **II** *n* [C] 啜泣聲；嗚咽聲
◐ cry, weep
⇨ 用法說明見 CRY

so·ber /ˈsəʊbə(r)/ *adj*
1 清醒的；未喝醉的：As a driver, you must stay sober. 作為司機，你要節酒。**2** 認真的；嚴肅的
◑ intoxicated

soc·cer /ˈsɒkə(r)/ *n* 英式足球

so·cial /ˈsəʊʃl/ *adj*
1 社會的：social science 社會科學 / social customs 社會習俗 / social welfare 社會福利 / social reform 社會改革 / social system 社會制度 / social problems 社會問題 / social security 社會保障 / social order 社會秩序 **2** 社交的：a social gathering 社交集會 **3** 社會性的；〈動〉群居的：Man is a social animal. 人是一種社會性的動物。
▷ **socially** *adv*

so·cial·ism /ˈsəʊʃəlɪzəm/ *n* [U]
社會主義

so·cial·ist /ˈsəʊʃəlɪst/
I *n* 社會主義者 **II** *adj* 社會主義的

so·ci·e·ty /səˈsaɪətɪ/ *n*

1 [U] 社會：human *society* 人類社會 / modern (ancient) *society* 現代（古代）社會 **2** [C] 學會；團體 **3** [U] 交往；友誼：Everyone seeks his *society*. 人人都想跟他交往。 **4** [U] 上流社會；社交界：be introduced to *society* 被引進社交界 / His marriage became a *society* note. 他結婚成了社交界的一條新聞。

so·ci·o·lo·gy /ˌsəʊsɪˈɒlədʒɪ/ n [U]
社會學

sock /sɒk/ n
1 短襪：a pair of *socks* 一雙短襪 **2** 鞋內襯墊
⇨ 插圖見 CLOTHES

sock·et /ˈsɒkɪt/
I n **1** 孔；穴：eye *sockets* 眼窩 **2** 插座：push the plug into the electric *socket* 把插頭插進插座裏
II vt 把…插入插座

so·da /ˈsəʊdə/ n [U]
1 〈化〉碳酸鈉；小蘇打：*soda* biscuit 蘇打餅乾 **2** 蘇打水；汽水
□ **soda water** 蘇打水；汽水

so·di·um /ˈsəʊdɪəm/ n [U] 鈉

so·fa /ˈsəʊfə/ n 長沙發
□ **sofa bed** 坐臥兩用沙發

soft /sɒft/ adj
1 軟的；鬆軟的：The criminal left several footprints in the *soft* sand. 罪犯在鬆軟的沙土上留下幾個腳印。 **2** 柔滑的：Velvet feels *soft*. 天鵝絨摸上去很柔滑。 **3** （顏色等）柔和的：The walls were painted *soft* blue. 牆壁都漆成柔和的藍色。 **4** 輕微的；和緩的：a *soft* breeze (wind) 和風 **5** 軟弱的：a *soft* person 一個軟弱的人 **6** 溫和的；好心腸的：a *soft* line 溫和路線 **7** 不含酒精

的：*soft* drinks 軟飲料
□ **softball** n 壘球 / **soft currency** 軟通貨 / **softhearted** adj 心腸軟的 / **soft-land** vi 軟着陸 / **soft-landing** n 軟着落 / **soft science** 軟科學 / **soft-shelled** adj 〈動〉軟殼的 / **soft spot** 弱點 / **software** n （計算機）軟件
▷ **softly** adv
◑ **hard**

sof·ten /ˈsɒfn, ˈsɔːfn/ vt, vi
（使）變軟；（使）變溫和；（使）變柔和：The hot sun *softens* the tar-paved road. 灼熱的太陽使柏油路變軟。/ His tone evidently *softened*. 他的口氣明顯溫和下來了。

soil¹ /sɔɪl/ n [U]
1 土壤；泥土：fertile *soil* 沃土 / sandy *soil* 沙土 **2** 國土：foreign *soil* 外國國土 / Chinese *soil* 中國國土 / He longed to return to his native *soil*. 他渴望回到自己的故鄉。 **3** 滋生地：The pond provided the *soil* for mosquitoes. 那水塘是蚊子的滋生地。
⇨ 用法說明見 LAND

soil² /sɔɪl/ vt, vi
弄髒；弄污：Go and wash your *soiled* hands. 去把你的髒手洗一洗。

so·lar /ˈsəʊlə(r)/ adj
1 太陽的；日光的：the *solar* system 太陽系 / *solar* spectrum 太陽光譜 / *Solar* energy can only be collected during daylight hours. 太陽能只能在有日光的時間裏採集。 **2** 利用太陽光（或太陽能）的：*solar* cell 太陽能電池 / *solar* cooker (stove) 太陽灶
□ **solar glass** 茶色玻璃

sol·der /ˈsɒldə(r)/

I *n* [U] **1** 焊錫 **2** 結合物；聯接因素
II *vt, vi* **1** 焊；焊接 **2** （使）聯結在一起

sol·dier /ˈsəuldʒə(r)/ *n*
1 士兵；軍人：*Soldiers* must obey orders. 軍人必須服從命令。**2** 軍事家

sole¹ /səul/ *adj*
單獨的；唯一的；僅有的：Carelessness is the *sole* cause of the accident. 粗心大意是這起事故的唯一原因。
▷ **solely** *adv*

sole² /səul/
I *n* **1** 腳底 **2** 鞋底；襪底
II *vt* 給（鞋、襪）裝底：Your shoes need *soling*. 你的鞋子需要裝底。
⇨ 插圖見 FOOT

sol·emn /ˈsɒləm/ *adj*
1 莊嚴的；隆重的；神聖的：a *solemn* silence 肅默 / a *solemn* mission 神聖的使命 / *solemn* music 哀樂 / a *solemn* moment (occasion) 莊嚴的時刻（場合） / a *solemn* oath 莊嚴的誓言 **2** 嚴肅的：He looks *solemn*. 他神情嚴肅。

so·lic·it /səˈlɪsɪt/ *vt*
請求；懇求；徵求：She *solicited* John for help. 她懇求約翰幫忙。
● **beg**

so·lic·i·tor /səˈlɪsɪtə(r)/ *n*
1 請求者；懇求者 **2** 律師
□ **solicitor general 1** [美] 司法部副部長 **2** [英] 副檢察長

sol·id /ˈsɒlɪd/
I *adj* **1** 固體的：*solid* fuels 固體燃料 / When water freezes, it becomes *solid*. 水結凍以後就成為固體。**2** 實心的；純的：a plate of *solid* gold 一個純金盤子 **3** 堅固的；牢固的：lay a *solid*

foundation for mastering English 為精通英語打下牢固的基礎 **4** 可靠的；有根據的：*solid* arguments 可靠的論據 **5** 立體的；立方的：*solid* metres 立方米
II *n* [C] **1** 固體 **2** 固體食物：The patient can not take *solids*. 病人不能吃固體食物。**3** 立方體
◑ **liquid**

sol·i·dar·i·ty /ˌsɒlɪˈdærətɪ/ *n* [U]
團結；團結一致

so·lo /ˈsəuləu/
I *n* （複 = solos） **1** 獨唱（曲）；獨奏（曲）；單人舞：She played two piano *solos*. 她演奏了兩支鋼琴獨奏曲。**2** 單獨行動 **II** *adj* **1** 獨唱的；獨奏的：a *solo* singer 獨唱演員 **2** 單獨進行的：have one's first *solo* flight 作首次單飛
III *adv* 單獨地：fly *solo* 單飛

sol·u·bil·i·ty /ˌsɒljʊˈbɪlətɪ/ *n* [U]
1 〈化〉可溶性；溶度：The students are testing the *solubility* of salt in water. 學生們正在測試鹽在水中的可溶性。**2** （問題等的）可解決性

sol·u·ble /ˈsɒljʊbl/ *adj*
1 〈化〉可溶的：*soluble* substances 可溶物質 / This matter is *soluble* in oil. 這種物質在油中可以溶解。**2** （問題等）可解決的

sol·ute /ˈsɒljuːt/ *n* 〈化〉溶質；溶解物

so·lu·tion /səˈluːʃn/ *n*
1 [C, U] 解決；解決辦法：a *solution* to the problem 一個解決問題的辦法 **2** [U] 〈化〉溶液；溶體；溶解（作用）：The teacher lectured on the *solution* of sugar in water. 老師講述了糖在水中的溶解作用。**3** 〈數〉解；解法

solve /sɒlv/ *vt*

1 解決：No one has *solved* the puzzle. 至今沒有人能解決這個難題。 **2** 解答（數學題）：*solve* the equation 解方程題 **3** 溶解

sol·vent /ˈsɒlvənt/

　　I *n* [C]〈化〉溶劑：Water is a *solvent* for many things. 水能溶解許多東西。

　　II *adj* **1** 有溶解力的 **2** 有償還債務能力的

some /sʌm, səm/

　　I *adj* **1** 一些；若干；少量：*Some* children are playing in the garden. 有些孩子正在花園裏玩耍。/ There is still *some* fish left on the plate. 盤子裏還剩一點魚。 **2** 某一；某個：There is no general rule without *some* exception. [諺] 任何一般規律都有某種例外。 **3**（用於表示邀請等的疑問句中）一些；一點：Won't you have *some* wine? 喝點酒吧？

　　II *pron* **1** 有些人；有些東西：*Some* say yes and *some* say no. 有的贊成，有的反對。 **2** 一些；若干：*Some* of the apples are rotten to the core. 有些蘋果已經爛透了。

　　III *adv* 大約：The girl is *some* eighteen years old. 姑娘大約十八歲。

some·bod·y /ˈsʌmbədɪ/

　　I *pron* 某人；有人：*Somebody* is knocking at the door. 有人在敲門。

　　II *n* 重要人物：He is now a *somebody* in the business world. 他現在是實業界的重要人物。

　　◑ **nobody**

some·how /ˈsʌmhaʊ/ *adv*

　　1 由於某種原因；不知怎地：He feels restless today, *somehow*. 他今天不知怎

地感到坐立不安。 **2** 用某種方法；設法：They accomplished the task *somehow*. 他們設法完成了任務。

some·one /ˈsʌmwʌn/ *pron*

　　(= somebody) 有人；某人：*Someone* is peeping through the keyhole. 有人從鎖眼裏偷看。

some·thing /ˈsʌmθɪŋ/

　　I *pron* **1** 某事；某物：There is *something* in the grass. 草裏有甚麼東西。 **2**（表示模糊概念）若干；甚麼：She is called Elizabeth *something*. 她名字叫伊麗莎白甚麼的。/ He is twenty-*something*. 他二十來歲。

　　◇ **have something to do with** 與…有點關係 / **or something** 大概：He is a pilot *or something*. 他大概是個飛行員。/ **something else** 另外的事（或物）

　　II *n* 重要人物：Billy is now *something* in the football team. 比利現在是足球隊裏的重要人物。

　　III *adv* **1** 幾分；大約：The earth is shaped *something* like a pear. 地球的形狀有點像梨。 **2** 很；非常：I feel *something* discouraged. 我感到很洩氣。

some·time /ˈsʌmtaɪm/

　　I *adv* 在某個時候：We are going to have an English evening *sometime* next month. 我們將在下月某個時候舉行一次英語晚會。 **II** *adj* 以前的：He was the *sometime* leader of the volleyball team. 他以前是排球隊隊長。

some·times /ˈsʌmtaɪmz/ *adv*

　　有時；不時：Imagination is *sometimes* more vivid than reality. [諺] 想像有時比現實更生動。

some·what /ˈsʌmwɒt/ *adv*

有點；稍微：The two problems are *somewhat* different. 兩個問題稍有不同。

some·where /'sʌmweə(r)/ *adv*
❶ 在某地：The book must be *somewhere* in your room. 那書一定在你屋裏的甚麼地方。❷ 在附近；大約：The post office is *somewhere* about the railroad station. 郵局在火車站附近。

son /sʌn/ *n*
❶ 兒子：an only *son* 獨子 / the eldest *son* 長子 ❷ 子弟 ❸ 子孫；後裔 ❹ （長者對年輕男性的稱呼）孩子；年輕人
◇ **son of a bitch** 畜生；狗娘養的 / **the Son of God** 耶穌 □ **son-in-law** 女婿

song /sɒŋ/ *n*
❶ 歌；歌曲；歌詞：a *song* book 歌曲集 / write a *song* 寫一首歌 ❷ 詩歌 ❸ （鳥等）啼鳴：A bird may be known by its *song*. [諺] 甚麼鳥，鳴甚麼聲。

son·net /'sɒnɪt/ *n* 十四行詩

soon /suːn/ *adv*
❶ 不久：They arrived *soon* after three. 他們三點剛過就到了。❷ 很快：He will be back *soon*. 他很快會回來的。/ Hasty love is *soon* hot and *soon* cold. [諺] 匆忙的戀愛，熱得快，冷得也快。
◇ **as soon as** 一…就…：Disease, enemy, and debt — these three things must be cut off *as soon as* they begin to grow. [諺] 疾病、敵人、債務，這三樣東西一當出現，就要立即鏟除。/ **as soon as possible** 儘快（早）/ **no sooner...than** 一…就…：*No sooner* had he stepped into the house *than* it began to rain. 他一進屋天就下雨了。/ **sooner or later** 早晚：*Sooner or later*,

the truth will come to light. 真相早晚會大白的。

soot /sʊt/
I *n* [U] ❶ 煤煙；煙灰 ❷ 炭黑色
II *vt* 用煤煙燻黑

soothe /suːð/ *vt*
❶ 安慰；使平靜：*soothing* words 安慰話 / *soothe* one's nerves 使心平氣和 ❷ 緩和；減輕：*soothe* one's suffering 減輕痛苦

so·phis·ti·cat·ed /sə'fɪstɪkeɪtɪd/ *adj*
❶ 老練的；老於世故的：a *sophisticated* girl 老於世故的姑娘 ❷ （產品）技術複雜的；尖端的；高級的：*sophisticated* weapons 尖端武器 / *sophisticated* products 高級產品 ❸ 有經驗的：a *sophisticated* soldier 一個經驗豐富的士兵

soph·o·more /'sɒfəmɔː(r)/
I *n* （四年制大學、學院和中學的）二年級學生 **II** *adj* 二年級的；二年級學生的：The girl is in her *sophomore* year. 這個姑娘正在讀二年級。

sore /sɔː(r)/
I *adj* ❶ 痛的；酸痛的：a *sore* throat (knee) 咽喉（膝蓋）痛 / *sore* feet (eyes, ears) 腳（眼睛、耳朵）痛 / I have got *sore* arms. 我兩臂酸痛。❷ 悲傷的；傷心的：The failure made my heart *sore*. 失敗使我很傷心。❸ 使人痛苦的：a *sore* spot (point) 痛處；傷疤 / a *sore* subject 一個使人難堪的話題 ❹ 生氣的；惱火的：feel *sore* about 對…感到生氣
II *n* ❶ 痛處；瘡：The beggar has *sores* all over his body. 那乞丐渾身長滿了瘡。❷ 傷心事：She hates to reopen

these old *sores*. 她討厭重提那些傷心事。

sor·ghum /ˈsɔːɡəm/ *n* [U] 高粱

sor·row /ˈsɒrəʊ/ *n* [C, U]
1 悲傷；悲哀：feel *sorrow* at (for, over) 對⋯感到悲傷 **2** 傷心事；煩惱：Every heart has its own *sorrow*. [諺] 人人都有煩惱的事。 **3** 遺憾；懊悔：express deep *sorrow* for 對⋯深表遺憾
● distress, grief

sor·ry /ˈsɒrɪ/ *adj*
1 難過的；惋惜的：be (feel) *sorry* for (about) sth 對⋯感到遺憾 / I am *sorry* to hear the news. 我聽到這消息很難過。 **2** 對不起；抱歉的：I'm *sorry* for waking you up. 對不起，把你叫醒了。 / I am *sorry* to trouble you at this hour. 很抱歉在這個時候來打攪你。 **3** 可悲的：The old man is in a *sorry* state. 那老人的處境很可悲。
⇨ 用法説明見 EXCUSE

sort /sɔːt/
I *n* [C] **1** 種類；類型：What *sort* of music do you like? 你喜歡哪種音樂？ **2** 某一類人（或物）：He is an honest *sort*. 他是個老實人。 / It takes all *sorts* to make a world. [諺] 要有各種各樣的事物才構成世界。
II *vt* **1** 把⋯分類：*sort* the apples according to their sizes 把蘋果按大小分類 **2** 挑選；區分：The girl *sorted* out the foreign stamps from the Chinese ones. 女孩把外國郵票和中國郵票分開。
◇ **of a sort, of sorts** [貶] 勉強稱（算）得上的；較次的；極一般的：a singer of a *sort* 一個不怎麼樣的歌唱演員 / **sort of** [口] 有點兒；有幾分：Billy is *sort of*

crazy. 比利有點兒瘋了。
● kind
⇨ 用法説明見 KIND

soul /səʊl/ *n* [C]
1 靈魂：A true friend is one *soul* in two bodies. [諺] 一個真正的朋友，就像兩個身體一個靈魂。 / A good book is a light to the *soul*. [諺] 一本好書是心靈的一盞指路明燈。 **2** 精神；熱情：put one's heart and *soul* into sth 一心撲在⋯；全身心投入⋯ **3** 中心人物：Mrs. Smith is the *soul* of the club. 史密斯夫人是該俱樂部的核心人物。 **4** 人：Not a *soul* was seen in the village. 村裏一個人也看不到。 **5** 鬼魂

sound¹ /saʊnd/
I *adj* **1** 健康的；強健的：a *sound* constitution 強健的體質 **2** 明智的；正確的：His *sound* reasoning convinced everybody. 他的見解正確，使大家口服心服。 **3** 徹底的；完全的：be in a *sound* sleep 睡得很熟
II *adv* 徹底地；完全地：be *sound* asleep 睡得很熟；酣睡

sound² /saʊnd/
I *n* [C, U] **1** 聲音：the source of *sound* 聲源 / *Sound* travels slower than light. 聲音的傳播速度比光慢。 **2** 語音：a vowel (consonant) *sound* 元（輔）音 / a voiced (voiceless) *sound* 濁（清）音 **3** 噪音
II ❶ *vt* 使發聲：*sound* a gong 敲鑼 ❷ *vi* **1** 發聲：A cracked bell can never *sound* well. [諺] 破鐘敲不出好聲音。 **2** 聽起來：His accent *sounded* queer. 他的口音聽上去很怪。 / His plan *sounds* beautiful. 他的計劃聽起來挺不

錯。

□ **sound film** 有聲電影 / **soundproof** *adj* 隔音的 / **soundwave** *n* 〈物〉聲波

sound³ /saʊnd/ *vt*

1 探測：*sound* the lake 探測湖的深度 **2** 試探：They tried to *sound* him out on this question. 他們想試探他對這個問題的看法。

sound⁴ /saʊnd/ *n* [U] 海灣；海峽

soup /suːp/ *n* [U]

湯：chicken *soup* 雞湯

sour /ˈsaʊə(r)/ *adj*

1 酸的：*sour* grape 酸葡萄 **2** 酸腐的：Milk turns *sour* easily. 牛奶很容易變酸。**3** 脾氣壞的；乖戾的：He has a *sour* temper. 他的脾氣很壞。

🌓 acid, bitter

🌗 sweet

source /sɔːs/ *n* [C]

1（河的）源頭；水源：What is the *source* of the Mississippi? 密西西比河的源頭在哪裏？ **2** 來源；出處：natural *sources* of energy 天然能源 / a *source* of strength 力量的源泉 / according to historical *sources* of Hong Kong government 根據香港政府的史料 / The information came from official *sources*. 消息來自官方。

🌓 origin

south /saʊθ/

I *n* **1** 南；南方：China is to the *south* of Russia. 中國在俄羅斯之南。 **2** 南部：Guangdong Province is in the *south* of China. 廣東省在中國南部。

II *adj* **1** 南的；南方的：The bookstore is at the *south* end of the town. 書店在鎮的南端。 **2** 向南的：The room has

two *south* windows. 房間有兩扇朝南的窗戶。 **3** 來自南方的：a *south* wind 南風 **4** 南部的：*South* America 南美洲 / the *South* Pacific 南太平洋

III *adv* 在南方；向南方；來自南方：The plane flew *south*. 飛機飛向南方。

🌓 north

⇨ 插圖見 COMPASS

south·east /ˌsaʊθˈiːst/

I *n* **1** 東南 **2** 東南部

II *adj* 東南的；東南部的；向東南的；自東南的：*Southeast* Asia 東南亞 / a *southeast* wind 東南風

III *adv* 在東南；向東南；自東南

⇨ 插圖見 COMPASS

south·ern /ˈsʌðən/ *adj*

1 南方的；南部的：*Southern* Europe 南歐 / London is located in the *southern* part of England. 倫敦位於英格蘭的南部。 **2** 向南的；自南的 **3** 具有南方特徵的：He has a strong *southern* accent. 他有濃重的南方口音。

▷ **southerner** *n* 南方人

south·ward /ˈsaʊθwəd/ *adj, adv*

向南（的）：The ship sailed *southward* to Indonesia. 船向南朝印尼駛去。

south·west /ˌsaʊθˈwest/

I *n* **1** 西南 **2** 西南部 **II** *adj* 西南的；西南部的；向西南的；自西南的 **III** *adv* 在西南；向西南；自西南

⇨ 插圖見 COMPASS

sou·ve·nir /ˌsuːvəˈnɪə(r)/ *n*

1 [C] 紀念品；紀念物：He keeps a key ring as a *souvenir* of his visit to Atlantic City. 他保存着一個鑰匙圈，作為他訪問大西洋城的紀念品。 **2** 回憶；追憶

sov·er·eign /ˈsɒvrɪn/

I *n* 君主；統治者

II *adj* **1** 元首的；君主的；最高統治者的 **2** 擁有獨立主權的：China is a *sovereign* state. 中國是個主權國家。 **3** 最高的：*sovereign* power 最高權力

sov·er·eign·ty /'spvrəntɪ/ *n*

1 君權；統治權 **2** 主權：A nation's *sovereignty* is not to be violated. 一個國家的主權不容侵犯。 **3** 主權國家

sow¹ /səʊ/

(sowed; sown/sowed; sowing)

❶ *vt* **1** 播；播種：reap what one has *sown* 自食其果 **2** 散佈；煽起：*sow* discord 散佈不和 **❷** *vi* 播種：A farmer *sows* in spring and reaps in autumn. 農民是春播秋收。

sow² /saʊ/ *n* 大母豬

soy·a /'sɔɪə/ *n* [英] 大豆

□ **soyabean** *n* 大豆 / **soyamilk** *n* 豆漿 / **soya-sauce** *n* 醬油 / **soyacake** *n* 豆餅

spa /spɑː/ *n* 礦泉；溫泉區；遊樂勝地

space /speɪs/ *n*

1 [U] 空間；太空：time and *space* 時間和空間 / Travelling in *space*, a man feels as though he has no weight. 一個人在太空裏旅行時覺得他似乎沒有重量。 **2** [C, U] 空地；餘地；場地：This chair occupies too much *space*. 這張椅子太佔地方了。 **3** 間隔；空白

□ **space base** 航天基地 / **space biology** 航天生物學 / **spaceborne** *adj* 航天器上的 / **space centre** 航天中心 / **space communication** 航天通訊 / **spacecraft** *n* 宇宙飛船；航天器 / **space flight** 太空飛行 / **spacelab** *n* 太空實驗室 / **spaceman** *n* 航天員；宇航員 / **spaceprobe** 空間探索 / **space rocket** 宇

宙火箭 / **space science** 空間學 / **spaceship** *n* 宇宙飛船 / **space shuttle** 航天飛機 / **spacestation** 空間站 / **space suit** 宇宙飛行服 / **space vehicle** 航天器 / **spacewalk** *vi* 太空行走 / **space warfare** 外層空間戰爭 / **space weapon** 空間武器

spade /speɪd/ *n*

1 鏟；鍬 **2** （紙牌中的）黑桃

◇ **call a spade a spade** 直言不諱

⇨ 插圖見〈專題圖說 3〉

Spain /speɪn/ *n*（歐洲國名）西班牙

span¹ /spæn/ **spin** 的過去式

span² /spæn/

I *n* [C] **1** （橋墩的）墩距；跨度；孔：a bridge of three *spans* 一座三孔橋 **2** 持續時間：life *span* 生命期 / Our life is but a *span*. 人生瞬息。 **3** 全長：The bridge has a *span* of three hundred metres. 該橋全長 300 公尺。 **4** 指距；一拃寬（約 9 英寸或 23 厘米）

II *vt* **1** 跨越：Her life *spanned* more than a century. 她活了一個多世紀。 **2** 在…架橋：*span* the river with a bridge 在河上架一座橋

Span·iard /'spænjəd/ *n* 西班牙人

Span·ish /'spænɪʃ/

I *adj* 西班牙的；西班牙人（語）的 **II** *n* 西班牙語

spare /speə(r)/

I *vt* **1** 節省：*spare* troubles 省去麻煩 **2** 抽出（時間）；剩下：Can you *spare* me a few minutes? 你能為我抽出幾分鐘時間嗎？ **3** 饒恕：*spare* one's life 饒某人的性命 / He that *spares* the bad injures the good. [諺] 寬恕壞人就等於傷害好人。

◇ **spare no efforts (pains)** 不遺餘力
II *adj* 備用的：a *spare* tyre (room, key) 備用輪胎（房間、鑰匙）

□ **spare part** 備件 / **sparetime** *adj* 業餘的：a *sparetime* occupation 業餘愛好

spark /spɑːk/

I *n* [C] **1** 火花；火星；餘燼：A *spark* may consume a city. [諺] 星星之火可以焚毀一座城市。 **2** 生氣；活力；（才智的）煥發：Not a *spark* of life remains in the old man. 那老人已經毫無生氣。 **3** 〈電〉電花 **II** *vt, vi* （使）發光；激發；導致：His statement *sparked* off a hot debate. 他的話引起一場熱烈的辯論。

spar·kle /ˈspɑːkl/ *vi*
1 閃耀：The girl's eyes *sparkled* with excitement. 女孩興奮得眼睛閃閃發亮。 **2** （才智）煥發：The painting *sparkles* with his talent. 這幅畫閃耀着他的才智。

spar·row /ˈspærəʊ/ *n* 麻雀
⇨ 插圖見〈專題圖説 13〉

sparse /spɑːs/ *adj*
1 稀少的 **2** 稀疏的：*sparse* hair 稀疏的頭髮 ▷ **sparsely** *adv* 稀少地；稀疏地：The area is *sparsely* populated. 這一地區人口稀少。

spat /spæt/ **spit** 的過去式和過去分詞

spat·u·la /ˈspætʃʊlə/ *n*
1 抹刀；油漆刀；調色刀 **2** 〈醫〉壓舌板；調藥刀

spawn /spɔːn/
I *n* [U] **1** （魚等的）卵 **2** 〈植〉菌絲 **II** *vt, vi* （使）產卵；[喻] 滋生

speak /spiːk/ （spoke, spoken, speaking）
❶ *vi* **1** 説話；講話：The baby is learning to *speak*. 嬰兒在學説話。 **2** 發言；演説：He *spoke* for 20 minutes at the meeting. 他在會上作了二十分鐘發言。 **❷** *vt* 説；講：She can *speak* eight languages. 她能講八種語言。

◇ **generally (frankly) speaking** 總的（坦率）説 / **speak against** 發言反對 / **speak for** 表明；代表…説話：The fact *speaks* for itself. 事實本身就很説明問題了。/ **speak of** 談及；值得一提：He often *speaks* of you. 他經常談起你。/ **speak out (up)** 講響一點；表明意見：He has not the courage to *speak out*. 他沒有勇氣表明意見。

◐ **talk**
⇨ 用法説明見 SAY

speak·er /ˈspiːkə(r)/ *n*
1 説話人；演講者 **2** （美國眾議院、英國下議院的）議長 **3** (loudspeaker) 揚聲器：the *speaker* system 播音系統

spe·cial /ˈspeʃl/ *adj*
1 特別的；特殊的；專門的：a *special* pass 特別通行證 / *special* training 專門訓練 / make *special* mention of 特別提到… **2** 額外的；增加的：The railway company put on *special* trains during the festival. 鐵路公司在節日期間增加了列車班次。

□ **special agent** 特工人員；特務 / **special warfare** 特種戰爭
▷ **specially** *adv*

spe·cial·ist /ˈspeʃəlɪst/ *n*
1 專家：a *specialist* in weapons 武器專家 **2** 專科醫生：an eye *specialist* 眼科醫生

spe·ci·al·i·ty /ˌspeʃɪˈælətɪ/ *n* [C]
1 特性：What are the *specialities* of the helicopter? 這種直升機有甚麼特點？ **2** 專長；專業：Music is her

speciality. 音樂是她的專長。 **3** 特產：Bamboo-carvings are a *speciality* of the village. 竹雕是該村的特產。

spe·cial·ize /'speʃəlaɪz/ *vi*
專門研究；專攻：Mary *specializes* in maths. 瑪麗專攻數學。

spe·cies /'spi:ʃi:z/ *n* （複 = species）
1 種類：Waste is a *species* of crime. [諺] 浪費是一種犯罪。 **2**〈生〉種：The Origin of *Species*《物種起源》（達爾文的著作）/ a new *species* of butterflies 一種新的蝴蝶
◐ **kind, sort**

spe·cif·ic /spə'sɪfɪk/
I *adj* **1** 特別的：a *specific* style 一種獨特的風格 **2** 具體的；明確的：a *specific* reply 一個明確的答覆 **3**〈物〉比的：*specific* gravity 比重 **4**〈醫〉特效的：a *specific* medicine 特效藥 **5**〈動〉種的：the *specific* name of the animal 這類動物的種名
II *n* [C] **1** 特性 **2** 特效藥：Streptomycin is a *specific* for T.B. 鏈霉素是一種治療肺結核的特效藥。 **3** [specifics] 細節：the *specifics* of a plan 計劃的細節
▷ **specifically** *adv*

spec·i·men /'spesɪmən/ *n* [C]
1 標本；樣品：*specimens* of ore 礦石標本 / They have collected quite a number of insect *specimens*. 他們已經搜集到不少昆蟲標本。 **2**〈醫〉抽樣：He sent the doctor a *specimen* of his blood for testing. 他給醫生送去一份血樣進行化驗。

speck /spek/ *n* [C]
1 斑點；污點：You can not find a single *speck* in his character. 你在他的人格上找不出一個污點。 **2** 微粒：a *speck* of dust 塵粒 / a *speck* of stain 污點

spec·ta·cle /'spektəkl/ *n* [C]
1 場面；情景；壯觀：The New Year parade is a great *spectacle*. 新年遊行的場面非常壯觀。 **2** [spectacles] 眼鏡：a pair of *spectacles* 一副眼鏡 / *Spectacles* and gray hair are bad wares in love's market. [諺] 眼鏡和白髮在愛情的市場上是劣等貨。

spec·tac·u·lar /spek'tækjʊlə(r)/ *adj*
1 壯觀的；壯麗的：a *spectacular* flower show 一次壯觀的花會 **2** 引人注目的；驚人的：make *spectacular* progress 取得引人注目的進步

spec·ta·tor /spek'teɪtə(r); 'spekteɪtə(r)/ *n*
1 旁觀者：Don't be a *spectator* when others are cleaning the classroom. 別人在打掃教室，你不要袖手旁觀。 **2** 觀眾：Hundred of *spectators* stood round the basketball court to watch the game. 幾百名觀眾站在籃球場四周觀看比賽。

spec·u·late /'spekjʊleɪt/ *vi*
1 思索；推測：*speculate* about the consequences 推測後果 / John has been *speculating* on the extinction of the dinosaur. 約翰一直在探究恐龍滅絕的原因。 **2** 投機：*speculate* in oil shares 投機石油股票 ▷ **speculation** *n*

spec·u·la·tor /'spekjʊleɪtə(r)/ *n*
1 思索者 **2** 投機者；投機商

sped /sped/
speed 的過去式和過去分詞

speech /spi:tʃ/ *n*
1 [U] 說話；言語：Speech is the

picture of the mind. [諺] 言語是思想的寫照。/ He lost his *speech* in his illness. 他在病中喪失了說話能力。 **2** [C] **演說；發言**：make a *speech* 發言 **3** **詞類；用詞；引語**：parts of *speech* 詞類 / figures of *speech* 修辭法 / Please change the direct *speech* in the sentence into indirect *speech*. 請把句子中的直接引語變成間接引語。

❶ address

speed /spiːd/

  I n **1** [U] **快；迅速**：*Speed* is the soldier's asset. [諺] 兵貴神速。 **2** [C, U] **速度**：drive at a *speed* of 100 km an hour 以每小時一百公里的速度行駛

  II vt, vi (sped; speeding) **1** **（使）快速前進**：The train *sped* past. 火車疾駛而過。 **2** **加速**：We will be late if we do not *speed* up. 要不快一點，我們會遲到的。

  ◇ **at top (full) speed** 全速 □ **speed limit** 速度限制：break the *speed limit* 超過限定速度 / **speedway** n 快車道

speed·y /ˈspiːdɪ/ adj

  迅速的；快速的：make a *speedy* decision 快速作出決定 / *speedy* recovery 迅速康復

❶ quick, swift, rapid

spell¹ /spel/ (spelt/spelled, spelling)

  ❶ vt **1** **用字母拼；拼寫**：He has *spelt* the word wrongly. 這個字他拼錯了。/ How do you *spell* your name? 你的名字怎麼拼寫？ **2** **拼成**：T-E-N *spells* "ten." T-E-N 拼成 " ten "。 **3** **招致**：Carelessness often *spells* error. 粗心大意常常造成差錯。 **❷** vi **拼寫**：Learn to *spell* correctly. 要學會正確拼寫。

spell² /spel/ n [C]

  1 **一段時間**：a long *spell* of dry weather 很長時間沒有下雨 **2** **輪班；替換**：Mark and I took *spells* at the wheel. 馬克和我兩人輪流駕駛。

spell³ /spel/

  I n [C] **1** **符咒**：The fairy put a *spell* on the little girl and turned her into a lamb. 小精靈用符咒鎮住了小姑娘，使她變成了一頭羊羔。 **2** **魅力**

  II vt **用符咒鎮住；迷住**

spell·ing /ˈspelɪŋ/ n

  拼字；拼法；正字法：*spelling* bee 拼字比賽 / *spelling* pronunciation 按照拼寫發音 / The *spelling* of English words is sometimes puzzling. 英語單詞的拼法有時候是令人感到困惑的。

spelt /spelt/ spell 的過去式和過去分詞

spend /spend/ vt (spent, spending)

  1 **花錢**：How much did you *spend* on the new car? 你買這輛新車花了多少錢？ **2** **花費（時間、精力等）**：*spend* one's life pursuing money and fame 花一生時間追求名利 **3** **度過**：How do you usually *spend* your summer holidays? 你通常是怎樣過暑假的？

spent /spent/

  spend 的過去式和過去分詞

sperm /spɜːm/ n （複 = sperm, sperms)

  1 [C] **精子** **2** [U] **精液**

sphere /sfɪə(r)/ n

  1 **球；球體；球形** **2** **天體；行星**：The sun, the moon and the earth are all *spheres*. 太陽、月亮和地球都是天體。 **3** **地球儀；渾天儀** **4** **範圍；領域**：*sphere* of influence 勢力範圍 / *sphere* of interest 興趣範圍

S

⇨ 插圖見〈專題圖說 14〉

spice /spaɪs/

I *n* **1** [C, U] 香料；調味品：Spices were once as valuable as gold. 香料曾經一度跟黃金一樣貴重。**2** 香味 **3** 趣味；情趣：The novel lacks spice. 這部小說缺乏情趣。/ The spice of life is battle. [諺] 生活的樂趣在於拼搏。

II *vt* **1** 加調料：The food is highly spiced. 食品裏加料很多。**2** 添情趣

spi·der /'spaɪdə(r)/ *n*

蜘蛛：The spider weaves a web. 蜘蛛織網。

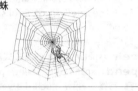

Spider 蜘蛛

spike /spaɪk/ *n*

1 尖鐵：People often place spikes on the top of the fences. 人們常在圍欄上面安裝尖鐵。**2** 大釘 **3** 鞋底釘

spill /spɪl/（spilt/spilled; spilling）

❶ *vt* **1** 使溢出；使濺出：He spilt some milk on the floor. 他把一些牛奶潑在地板上。/ Don't cry over the spilt milk. [諺] 錯誤鑄成，悲痛無益。/ Spilt wine is worse than water. [諺] 潑出的酒還不如水。**2**（馬車等）翻倒；（把人從車或馬上）摔落：The horse spilt the rider. 馬把騎手摔落下來。**❷** *vi* 溢出

spilt /spɪlt/ **spill** 的過去式和過去分詞

spin /spɪn/

（spun/span, spun, spinning）

❶ *vt* **1** 紡紗：spin cotton 紡棉花 **2**（蠶等）吐絲；（蜘蛛）結網：Silkworms spin cocoons. 蠶吐絲作繭。/ Spiders spin webs. 蜘蛛結網。**3** 編造：spin stories 編故事 **4** 旋轉：The referee decided which side should kick off by spinning a coin. 裁判員用旋轉硬幣的方法來決定哪方開球。**❷** *vi* **1** 紡紗 **2** 旋轉：Our earth spins like a top in space. 我們的地球像陀螺一樣在太空旋轉。

spin·ach /'spɪnɪdʒ/ *n* 菠菜

⇨ 插圖見〈專題圖說 10〉

spine /spaɪn/

1 脊柱；脊骨：chill one's spine 使某人感到毛骨悚然 **2** 脊柱形物 **3**〈植〉針；刺 **4**〈動〉刺；殼針

spi·ral /'spaɪərəl/ *adj*

1 螺旋形的；螺旋形上升的：a spiral staircase 螺旋形樓梯 / a spiral antenna 螺旋形天線 / The plane made a spiral climb. 飛機螺旋形地升空。**2**〈數〉螺線的

spir·it /'spɪrɪt/ *n*

1 精神；靈魂：body and spirit 肉與靈 / a man of spirit 精神飽滿的人 / The spirit is willing, but the flesh is weak. [諺] 心有餘而力不足。**2** [喻] 精神；潮流：the spirit of the times 時代精神 **3** 情緒；心情：in high (low) spirits 情緒高漲（低落）/ in good (bad) spirits 心境很好（壞）**4** 志氣；氣概：break (raise) sb's spirit 破壞（提高）某人的鬥志 **5** 神靈；幽靈；鬼怪：the Holy Spirit（基督教）聖靈 **6** 酒精；[spirits] 烈酒

◇ **out of spirits** 意氣消沉；沒精打采

□ **spirit lamp** 酒精燈 / **spirit level** 酒精水平儀 / **spirit stove** 酒精爐

◑ body, flesh

spir·i·tu·al /'spɪrɪtʃʊəl/ adj

1 精神的；靈魂的：spiritual life 精神生活 **2** 神聖的；宗教的：spiritual leaders 宗教領袖 / spiritual songs 聖歌 **3** 崇高的；脫離世俗的：The old monk wears a spiritual expression. 老和尚掛著一副脫俗的表情。

spit /spɪt/

I (spat, spitting) **❶** vt **1** 吐（痰等）；吐出：He spat out the core when he consumed the plum. 他吃完梅子後把核吐掉。 **2** 唾棄；唾棄地說 **3** 吐出火舌：The machine-guns are spitting fire. 機槍吐出火舌。 **❷** vi **1** 吐（痰）：No spitting. 不准吐痰。 **2** 爆出火花：The engine sometimes spits. 發動機有時爆出火花。

◇ **spit in one's face** 向某人吐唾沫；蔑視某人 / **spit and polish** 擦洗打掃；講究整潔

II n [U] 吐；唾液

spite /spaɪt/ n 惡意；怨恨

◇ **in spite of** 儘管；不顧：We held the sports meet in spite of rain. 儘管下雨，我們還是舉行了運動會。

⇨ 用法說明見 ALTHOUGH

splash /splæʃ/

I **❶** vt **1** 濺；潑：splash sb with water 向某人潑水 **2** 濺污：The mud splashed my trousers. 污泥濺髒了我的褲子。 **3** 濺著泥漿等走：They splashed their way through the rice field. 他們踩著水走過稻田。 **❷** vi 濺起（水等）；潑水：The children splashed and ducked in the swimming pool. 孩子們在游泳池裏時而潑水，時而潛入水中。

II n [C] **1** 濺；潑；飛濺 **2** 濺潑聲；飛濺聲 **3** 濺污的斑點

□ **splash area**（航天器）濺落區 / **splashdown** n（航天器）濺落

splen·did /'splendɪd/ adj

1 壯麗的；輝煌的：a splendid scene 壯麗的景色 / a splendid sunrise 壯麗的日出 / a splendid victory 輝煌的勝利 **2** [口] 極好的：What a splendid idea! 絕妙的主意！

splen·do(u)r /'splendə(r)/ n

輝煌；壯麗：the splendour and beauty of nature 大自然的壯麗 / the splendour of the royal wedding 王室婚禮的豪華

splin·ter /'splɪntə(r)/

I n 碎片：A splinter ran into his finger and his father helped him pull it out. 他的指頭插進了一根刺，他的父親幫他拔了出來。 **II** vt, vi （使）裂成碎片：splinter the rock with a hammer 用鎚子把石頭敲成碎片

◑ break

split /splɪt/

I vt, vi (split, splitting) **1** 劈開；裂開：split firewood 劈柴 **2** （使）分裂：be split into several groups 分成幾個小組 **3** 分擔；均分：The boys split the money. 孩子們把錢均分了。 **4** 〈化〉分解

II n [C] **1** 劈裂；裂開 **2** 分裂；分化 **3** 裂口；裂片

spoil /spɔɪl/

I (spoiled/spoilt, spoiling) **❶** vt **1** 損壞；糟蹋：The stain spoiled your skirt. 那污漬糟蹋了你的裙子。 **2** 溺愛；寵壞：a spoilt child 被寵壞的孩子 **3** 搶劫 **❷** vi （食物）變壞

II *n* **1** 掠奪物；臟物：the *spoils* of war 戰利品 **2** [美] 獲勝政黨得到的官位：the *spoils* system 政黨分贓制（指政黨在選舉獲勝後，將重要職位分給黨員或支持者的做法）
⇨ 用法説明見 DESTROY

spoilt /spɔɪlt/
spoil 的過去式和過去分詞

spoke /spəʊk/
speak 的過去式

spo·ken /'spəʊkən/
I speak 的過去分詞 **II** *adj* 口頭的；口語的：*spoken* English 英語口語

spokes·man /'spəʊksmən/ *n*
（複 = spokesmen）
發言人：a *spokesman* for the White House（美）白宮發言人

spokes·per·son /'spəʊks,pɜːsn/ *n*
發言人

sponge /spʌndʒ/ *n*
1 [C] 海綿 **2** 海綿狀物 **3**〈醫〉紗布；棉球
◇ **throw up the sponge** 認輸 □ **sponge biscuit** 鬆餅乾 / **sponge cake** 鬆糕；鬆蛋糕 / **sponge cucumber** 絲瓜

spon·sor /'spɒnsə(r)/
I *n* **1** 主辦人；發起人：the *sponsor* of the exhibition 展覽會的主辦人 / the *sponsor* country 發起國 **2**（電台或電視節目的）贊助人
II *vt* **1** 主辦；發起：Who *sponsored* the conference? 是誰倡議召開會議的？ **2** 贊助（電台或電視節目）：This programme was *sponsored* by the oil company. 這個節目是由石油公司贊助的。

spon·ta·ne·ous /spɒn'teɪnɪəs/ *adj*

1 自發的；自動的；自行的：make a *spontaneous* offer 主動提出 / The material is capable of *spontaneous* fire. 這種材料會自燃起火。 **2** 無意識的；不由自主的；自然而然的：a *spontaneous* answer 脱口而出的回答

spoon /spuːn/ *n*
1 匙；調羹：stir coffee with a *spoon* 用調羹攪動咖啡 **2** 匙狀物 **3** 一匙的量
□ **spoon-fed** *adj* 用匙喂的 / **spoon-feed** *vt* 用匙喂 ▷ **spoonful** *n*
◇ **make a spoon or spoil a horn** 孤注一擲

sport /spɔːt/ *n*
1 [U] 遊戲；娛樂：make *sport* of sb 取笑某人 **2** [U] 運動；[C] 運動項目：be keen on *sport* 喜歡運動 / winter *sports* 冬季運動項目 / indoor (outdoor) *sports* 室內（外）運動 **3** [sports] 運動會（= a sports meet）：the school *sports* 校運動會

sports /spɔːts/ *adj*
體育運動的：a *sports* magazine 體育雜誌 / *sports* equipment 運動設備 / a *sports* commentator 體育節目講解員
□ **sports car** 賽車 / **sports editor** 體育新聞編輯 / **sports ground** 運動場 / **sports jacket**（男）粗花呢茄克衫 / **sports medicine** 運動醫學 / **sports meet** 運動會 / **sports page**（報紙上的）體育版 / **sportswear** *n* 運動服

sports·man /'spɔːtsmən/ *n*
（複 = sportsmen）
1 運動員；運動家；愛好運動的人 **2** 具有運動家道德的人
□ **sportsmanship** *n* 運動家的品格

spot /spɒt/

Sports 運動

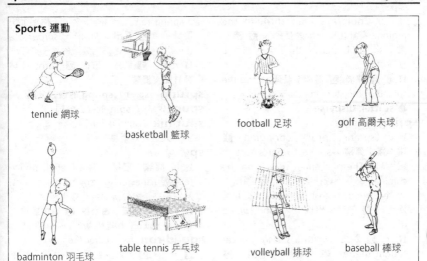

tennie 網球

basketball 籃球

football 足球

golf 高爾夫球

badminton 羽毛球

table tennis 乒乓球

volleyball 排球

baseball 棒球

S

I *n* [C] **1** 點;斑點: a tie with red *spots* 帶紅點的領帶 **2** 污點;疵點: There is not a *spot* in his reputation. 他的名聲沒有污點。 **3**（太陽的）黑子;（皮膚上的）粉刺 **4** 地點;場所: a beauty (scenic) *spot* 風景勝地 / a hot *spot* 熱點（易出事的地方）/ a historic *spot* 歷史名勝;古跡

◇ **a sore (tender) spot** 痛處（易傷感情的話題）/ **on the spot** 在現場;當場: be caught *on the spot* 當場被捉 / **an on-the-spot meeting** 現場會議

II *vt* **1** 點綴;弄污: The mud *spotted* his trousers. 污泥弄髒了他的褲子。 **2** 發現;認出: Mary *spotted* her classmate in the crowd. 瑪麗在人群中認出了她的同學。 **3** 準確定位: The scout *spotted* the enemy machine-gun nest. 偵察員確定了敵人機槍掩體的位置。

□ **spotlight** *n* 聚光燈 ▷ **spotless** *adj* ⇨ 用法説明見 PLACE

spouse /spaʊs/ *n* 配偶（丈夫或妻子）

sprang /spræŋ/ spring 的過去式

spray /spreɪ/

I *n* **1** [U] 浪花;水花;水霧: A cloud of *spray* rose. 升起一團水霧。 **2** [C, U] 用於噴灑的液體;霧狀物 **3** [C] 噴霧器

II *vt, vi* **1** 噴;灑: *spray* the car with fresh paint 給汽車噴一層新漆 **2** 掃射: *spray* the enemy position with machine-gun bullets 用機槍掃射敵人陣地

□ **spray gun** 噴槍 / **spray nozzle** 噴嘴 / **spray-paint** *vt* 噴漆

spread /spred/

I *vt, vi* (spread, spreading) **1** 伸開;展開: The eagle *spread* its wings and flew away. 老鷹展開翅膀飛走了。 **2** 傳播;蔓延: The news *spread*. 消息傳開

了。/ Cholera *spread* through the region. 霍亂在這一地區蔓延。 **3** 塗；撒：*spread* butter on the bread 把黃油塗在麵包上

II *n* **1** 伸展 **2** 傳播；蔓延：stop the *spread* of the story 制止謠言的擴散

◑ **scatter, disperse**

spring¹ /sprɪŋ/

I *vi*（sprang, sprung, springing）**1** 跳；躍；彈跳：*spring* to one's feet 一躍而起 / The policeman *sprang* on the criminal. 警察一躍撲向罪犯。**2** 湧出：Water *springs* out of the well. 水從井裏湧出。**3** 萌芽；出現：A wind *sprang* up. 起風了。

II *n* **1** 跳躍：With a *spring*, the cat caught the rat. 貓一躍捉住了老鼠。**2** 彈簧：The *spring* of the clock is broken. 鐘裏的彈簧斷了。**3** 泉；泉水：a hot *spring* 溫泉 / The *spring* bubbles out of the ground. 泉水湧出地面。

□ **springboard** *n*（跳水運動的）跳板；〔喻〕出發點；（為事業、活動提供機會的）跳板 / **spring lock** 彈簧鎖

⇨ 用法説明見 JUMP

spring² /sprɪŋ/ *n*

1 春天；春季：*Spring* has set in. 春天來了。/ *Spring* has a stepmother's face.〔諺〕春天長着後娘的臉。**2** 青春

□ **springtime** *n* 春天；青春時光；初期

sprin·kle /ˈsprɪŋkl/ *vt*

撒；灑：*sprinkle* the flowers with water 澆花 / *Sprinkle* water before you sweep the floor. 掃地以前先要灑水。

sprout /spraʊt/

I *vt, vi* **1**（使）發芽；（使）抽條：Leaves *sprout* quickly on the trees after

a *spring* rain. 一場春雨之後，樹葉很快發芽了。**2** 長出：Jack has *sprouted* a thick beard. 傑克長出濃濃的鬍子來了。

II *n* [C] **1** 新芽；嫩枝 **2** [sprouts] 球芽甘藍；湯菜

sprung /sprʌŋ/ **spring** 的過去分詞

spun /spʌn/ **spin** 的過去分詞

sput·nik /ˈspʊtnɪk/ *n*

〔俄〕人造地球衛星

spy /spaɪ/

I *n* 間諜；密探：The French police followed the foreign *spy* to the airport. 法國警察跟蹤外國間諜至機場。

II *vi* **1** 做間諜；當密探 **2** 暗中監視；偵查：*spy* on sb 監視某人

squad·ron /ˈskwɒdrən/ *n*

1 一群 **2**〔軍〕（空軍和海軍的）中隊；（陸軍的）騎兵中隊；[英]（工兵等）連：*squadron* commander（空軍）中隊長；（海軍）中隊司令

square /skweə(r)/

I *n* [C] **1** 正方形；方形物 **2**〔數〕平方：The *square* of eight is sixty-four. 八的平方等於六十四。/ What is the *square* of nine? 九的平方等於多少？ **3** 廣場；街區：Trafalgar *Square* [英] 特拉法加廣場 **4** 矩尺：a set *square* 三角板

⇨ 插圖見〈專題圖説 14〉

II *adj* **1** 正方形的：a *square* table 方桌 **2**〔數〕平方的：a *square* metre 一平方公尺 / China has a territory of 9.6 million *square* kilometres. 中國有九百六十萬平方公里領土。**3** 寬闊結實的：a man with *square* shoulders 一個長着寬闊肩膀的人 **4** 公正的：a *square* deal 公平交易；公平待遇

III *vt* **1** 弄成方形 **2** 作平方自乘；

Three *squared* is nine. 三的平方等於九。
3 結清（賬目）；拉平（比分）：
square accounts 結清賬目
□ **square-built** adj（身體）結實的 /
square measure 平方單位制 / **square-shouldered** adj 闊肩膀的
▷ **squarely** adv

squat /skwɒt/ vi
1 蹲着：The old man *squatted* at the fireside. 老人蹲在火爐邊。 **2**（動物）蹲伏 **3** 擅自佔地

squeeze /skwiːz/
I ❶ vt **1** 擠；榨：Mary *squeezed* some juice from the lemon. 瑪麗把檸檬擠出汁來。 **2** 緊握：*squeeze* sb's hand 緊握某人的手 **❷** vi 擠；壓：She *squeezed* through the crowd. 她擠着穿過人群。
II n [C] 擠；壓：She gave my arm a *squeeze*. 她擠了擠我的胳膊。

squir·rel /ˈskwɪrəl/ n
松鼠：A *squirrel* succeeds by climbing. [諺] 松鼠先爬樹，才能吃到松子。

stab /stæb/
I ❶ vt **1** 刺傷：*stab* sb with a knife 用刀刺傷人 **2**（感情上）刺痛：*stab* sb to the heart 刺痛某人的心 **❷** vi 刺：The thug *stabbed* at a policeman with a dagger. 歹徒舉起匕首朝警察刺去。
II n [C] **1** 刺；刺入：receive a *stab* in the back 背上挨了一刀 **2** 刺傷的傷口

sta·bil·i·ty /stəˈbɪlətɪ/ n [U]
穩定（性）；鞏固：improve the *stability* of an instrument 提高儀器的穩定性

sta·ble¹ /ˈsteɪbl/ adj

1 穩定的：a *stable* peace 持久和平 / His blood pressure (temperature) remains *stable*. 他的血壓（體溫）保持穩定。 **2** 堅定的；有恆心的：He studies English with a *stable* effort. 他學習英語持之以恆。

sta·ble² /ˈsteɪbl/ n
廄；馬廄：Close the *stable* door after the horse has been stolen. [諺] 賊去關門。（比喻出了事故才採取防範措施。）

stack /stæk/
I n [C] **1** 堆；垛：a *stack* of wood (hay, books) 一堆木柴（乾草、書） **2** 大量 **3** 煙囪；煙囪群
II vt 堆；堆積：The farmer *stacked* the firewood up to the ceiling. 農民把柴火一直堆到屋頂。

sta·di·um /ˈsteɪdɪəm/ n
大型露天體育場：Wembley *Stadium* （英國）溫伯利體育場

staff /stɑːf/
I n **1** 棍；棒；桿 **2** 全體工作人員：the White House *staff* 白宮全體工作人員 / the headmaster and his *staff* 校長和全體教師 / She is on the editorial *staff*. 她是一名編輯人員。 **3**〈軍〉參謀；參謀人員：a *staff* officer 參謀 / Chairman of the Joint Chiefs of *Staff* [美] 參謀長聯席會議主席 **II** vt 配備工作人員：The office is *staffed* by two secretaries. 辦公室配有兩名秘書。

stage /steɪdʒ/
I n **1** 舞臺 **2** 場所；活動舞臺：enter upon the political *stage* 登上政治舞臺 / The world is a *stage*, men and women are mere players. 世界是個舞臺，男女女不過是演員。 **3** 階段；時期：

Cancer is curable at its early *stage*. 癌症在早期是可以治好的。 **4** 級；層：a *three-stage* rocket 三級火箭

◇ **at this stage** 眼下；目前 / **go on the stage** 當演員 / **stage by stage** 逐步地

II *vt* **1** 上演： They plan to *stage* "Othello". 他們打算上演《奧賽羅》。 **2** 舉行；發動： *stage* a strike 舉行罷工

□ **stage box** 包廂 / **stagecoach** *n* 公共馬車 / **stage direction** （劇本中關於動作、佈景等的）舞臺說明；舞臺指示 / **stage effect** 舞臺效果 / **stage fright** （登臺時的）怯場

stag·ger /ˈstægə(r)/
❶ *vt* **1** 使搖晃 **2** 使吃驚： make *staggering* economic achievements 取得驚人的經濟成就 ❷ *vi* **1** 蹣跚： The drunken man *staggered* across the street. 醉漢搖搖晃晃地穿過街道。 **2** 猶豫；動搖： He *staggered* for a moment at the crossroads. 他在十字路口猶豫了片刻。

stag·nant /ˈstægnənt/ *adj*
1 停滯的；不流動的；污濁的；惡臭的： *stagnant* water 死水 / *stagnant* air 污濁的空氣 **2** 不景氣的；蕭條的： Business was *stagnant* in the United States last year. 去年美國生意蕭條。

stain /steɪn/
I *n* [C] **1** 污跡： a *stain* of ink 墨跡 **2** （名譽等方面的）污點： I can find no *stain* on his character. 我看不到他的品格上有甚麼污點。
II *vt* 玷污；弄髒： The floor is *stained* with paint. 地板被漆弄髒了。
□ **stained glass** 有色玻璃

stain·less /ˈsteɪnlɪs/ *adj*
1 無污點的 **2** 不鏽的： *stainless* steel 不鏽鋼

stair /steə(r)/ *n* [C]
樓梯： a flight of *stairs* 一段樓梯
□ **staircase** *n* 樓梯 / **stairway** *n* 樓梯 / **stair well** 〈建〉樓梯井

stake /steɪk/ *n* [C]
1 木椿；標椿： The peasant tied his ox to a *stake*. 農民把牛繫在木椿上。 **2** 賭注： play for low (high) *stakes* 下小（大）額賭錢 **3** 利害關係： have a *stake* in 與…有利害關係
◇ **at stake** 處於危險中

stale /steɪl/ *adj*
1 陳的；不新鮮的： The beer has gone *stale*. 這啤酒走味了。 **2** 陳舊的；過時的： a *stale* story 老故事 / *stale* news 過了時的消息

stalk /stɔːk/ *n* [C]
（草本植物的）主莖；花梗

stall /stɔːl/ *n*
1 馬廄；牛棚 **2** [英] 戲院正廳的前排座位 **3** 貨攤： book *stalls* 書攤 / fruit *stalls* 水果攤 **4** 小屋

stam·mer /ˈstæmə(r)/
I *vt, vi* **1** 口吃 **2** 結結巴巴地說
II *n* 口吃；結巴

stamp /stæmp/
I *n* **1** 郵票；印花： stick a *stamp* to a letter 在信上貼郵票 / collect *stamps* 集郵 **2** 圖章 **3** 標記： the *stamps* of care 操勞的痕跡 **4** 跺腳
II ❶ *vt* **1** 貼郵票於： Please *stamp* the letter. 請在信上貼上郵票。 **2** 蓋章於： *stamp* a contract 在合同上蓋章 **3** 跺腳；重跺： *stamp* out the fire 踩滅火

❷ vi 跺腳

□ **rubber stamp** 橡皮圖章（指沒有實權的機構）/ **stamp-album** n 集郵簿 / **stamp-collector** n 集郵者 / **stamp duty (tax)** 印花稅

stand /stænd/

I （stood, standing）❶ vi ❶ 站；站起：The man *stood* under the tree. 那人站在樹底下。❷ 位於：The castle *stands* at the top of the hill. 城堡位於山頂上。❸ 處於某種狀態：He *stood* high in the literary circle. 他在文學界地位很高。❷ vt ❶ 使站立；豎放：Jack *stood* his bicycle against a tree. 傑克把自行車靠在樹上。❷ 忍受：I can not *stand* the rainy climate here. 我無法忍受這裏多雨的氣候。

◇ **stand by** 袖手旁觀；等待；準備行動 / **stand by sb** 站在某人一邊；支持某人 / **stand for** 代表：What does "UN" *stand for*? "UN" 代表甚麼？/ **stand out** 突出；出色 / **stand still** 站着不動 / **stand up** 站起；起立 / **stand up for** 支持；擁護 / **stand up to** 經得起；面對：*stand up to* the test 經得起考驗

II n ❶ 站立；停住：make a *stand* at the ferry 停在渡口 ❷ 立場：What *stand* do you take on this issue? 你在這個問題上持甚麼立場？❸ 架；台；看台：a music *stand* 樂譜架 / a reviewing *stand* 檢閱台 ❹ 小攤

□ **standpoint** n 立場

stand·ard /'stændəd/

I n ❶ 標準；規格：the *standard* of living 生活水準 / by international *standard* 按照國際標準 / up to *standard* 達到標準 / raise academic *standards* 提

高學術水準 / moral *standards* 道德規範 ❷ 旗；軍旗：*standard-bearer* 旗手；掌旗兵 ❸ （貨幣）本位：the gold *standard* 金本位制

⇨ 用法説明見 FLAG

II adj 標準的：the *standard* weights and measures 標準度量衡 / a *standard* unit 標準單位 / the *standard* atmosphere 標準大氣 / the *standard* atmosphere pressure 標準大氣壓 / *Standard* English 標準英語 / *standard* time 標準時間 / *standard* weapons 制式武器

stand·still /'stændstɪl/ n

停止；停頓：come to a *standstill* 停下來 / be at a *standstill* 處於停止狀態 / The accident brought all the traffic to a *standstill*. 事故使所有交通都停頓下來。

stank /stæŋk/ **stink** 的過去式

sta·ple[1] /'steɪpl/

I n [C] 釘書釘 II vt 用釘書釘釘住

▷ **stapler** 釘書機

⇨ 插圖見〈專題圖説 4〉

sta·ple[2] /'steɪpl/

I n ❶ [C] 主要物產；重要商品：Pottery is the *staple* of the town. 陶器是鎮上的特產。❷ 原料 ❸ 主要成分；主題：the *staples* of daily conversation 日常談話的主要話題 ❹ [U] 纖維：cotton of long *staple* 長纖維棉花

II adj ❶ 主要的；基本的：*staple* food 主食 ❷ 大量生產的：the *staple* product 主要產品

star /stɑː(r)/

I n ❶ 星；〈天〉恆星：The *stars* twinkle in the sky. 星星在天空閃耀。/ the *Stars* and Stripes （美國）星條旗 ❷ 星狀物；（表示等級、質量的）星級：a *three-star* hotel 三星級旅店 / a *five-star* general 五星上將　**3** 明星；名角：a movie *star* 電影明星 / a football *star* 足球名將　**4** 命星；命運：The lucky *star* always shines over you. 你總是福星高照。/ Thank my *stars*. 謝天謝地。

II ❶ *vt* 用星狀物點綴：The meadow is *starred* with red flowers. 草地上星星點點開滿了紅花。❷ *vi* 擔任主角；主演：Mary *starred* in this film. 這部電影由瑪麗主演。

□ **stardust** *n* 星團；宇宙塵 / **starfish** *n* 〈動〉海星 / **starlight** *n* 星光 / **starlit** *adj* 星光照耀的 / **star map** 星座圖 / **star rank** 將級（軍官）/ **star shell** 照明彈
▷ **starless** *adj* / **starlet** *n* 小星
⇨ 插圖見〈專題圖說 14〉

starch /stɑːtʃ/
I *n* [U] **1** 〈化〉澱粉；澱粉類食品　**2** 漿糊　**3** 生硬；拘泥
II *vt* **1** 給（衣服）上漿：a *starched* shirt collar 上漿的襯衣領子　**2** 使拘泥：a *starched* manner 拘泥的態度

stare /steə(r)/
I *vi* 盯；凝視；瞪大眼睛看：*stare* at 盯着…看 / *stare* into the sky 凝視天空
II *n* 盯；凝視：She gave me an angry *stare*. 她憤怒地盯着我。
❶ gaze
⇨ 用法説明見 GAZE

star·ry /'stɑːrɪ/ *adj*
1 多星的：a *starry* night sky 繁星閃爍的夜空　**2** 明亮的：*starry* eyes 明亮的眼睛

start /stɑːt/
I ❶ *vt* **1** 開始；着手：The club has *started* its activities. 俱樂部已經開始活動。**2** 開動：*start* a car 發動汽車　**3** 創辦；開設：The village *started* two factories. 村裏辦了兩個工廠。❷ *vi* **1** 開始：The long vacation *starts* next week. 下星期開始度大假。**2** 動身；出發：We *started* early. 我們很早出發。**3** 吃驚；驚起：She *started* at a knock. 她聽到有人敲門嚇了一跳。
◇ **start from scratch** 從頭開始；白手起家 / **start off (out)** 動身；出發 / **start up** 驚起 / **start with** 以…開始 / **to start with** 開始時；首先
II *n* [C] **1** 開始；開端；起點：make a good *start* 開個好頭　**2** 出發　**3** 驚跳：The sudden scream of a cat gave him a *start*. 貓突然一聲尖叫把他嚇了一跳。
◇ **at the very start** 一開始 / **from start to finish** 自始至終
❶ begin, commence
❶ finish, end
⇨ 用法説明見 LEAVE

star·tle /'stɑːtl/ *vt*
使大吃一驚：be *startled* at (by) the news 聽到消息大吃一驚
▷ **startling** *adj*

star·va·tion /stɑːˈveɪʃn/ *n* [U]
飢餓；餓死：die of *starvation* 餓死 / suffer from *starvation* 挨餓

starve /stɑːv/
❶ *vi* **1** 挨餓；餓死：He would rather *starve* than go begging. 他寧可挨餓也不去要飯。**2** 渴望：*starve* for scientific knowledge 渴望得到科學知識　❷ *vt* **1** 使挨餓：Have I *starved* you for a single day? 我讓你挨過一天餓了嗎？**2** 用飢餓迫使：The policemen *starved* the criminal out of the cave. 警察用飢餓的

辦法迫使罪犯走出山洞。

state¹ /steɪt/

I n **1** 情況；狀態：proclaim a *state* of emergency 宣佈處於緊急狀態 / After the rain, the sports ground was in a muddy *state*. 下雨後，操場一片泥濘。 **2** 國家；政府：a head of *state* 國家元首 / China is an Asian *state*. 中國是個亞洲國家。 **3** （美國等的）州：The United States consists of 50 *states*. 美利堅合眾國由五十個州組成。 **4** 國務：the Department of *State* [美] 國務院 / Secretary of *State* [美] 國務卿 **5** 地位；尊嚴：live in *state* 過着奢華的生活 ◇ **in state** 隆重地；鄭重地 / **lie in state**（遺體）供人吊唁（或瞻仰）

II adj **1** 國家的；國務的；州的：*state* enterprises 國有企業 / *state* ownership 國有制 / a *state* visit 國事訪問 / a *state* funeral 國葬 / a *state* dinner 國宴 / a *state* government 州政府 / a *state* university 州立大學 / *State* Capitol [美] 州議會大廈 / [美] *state* bird (flower) 州鳥（花）**2** 禮儀上用的；禮儀上的：a *state* coach 御用馬車；貴賓車

□ **state of the art**（技術等）最新水平 / **state-of-the-art** adj 最新型的；最先進的 / **stateside** adj, adv 在（來自或去）美國大陸各州（的）▷ **statehood** n 國家（或州）的地位

❶ condition, situation, status

↪ 用法説明見 COUNTRY

state² /steɪt/ vt

陳述；闡明；聲明：*state* one's views 發表看法

state·ment /ˈsteɪtmənt/ n

1 [U] 陳述；表達：Pay attention to the clearness of *statement* when you write a composition. 寫作文的時候要注意表達清楚。 **2** [C] 聲明；〈律〉供述：issue a joint *statement* 發表聯合聲明 / The jury did not believe the criminal's *statement*. 陪審團不相信罪犯的供詞。 **3** [C] 財務報表：a bank *statement* 銀行（每月給客戶的）結單

states·man /ˈsteɪtsmən/ n

（複 = statesmen）

政治家：an senior *statesman* 政界元老 ▷ **statesmanlike** adj 政治家風度的 / **statesmanship** n 治理國家之才

stat·ic /ˈstætɪk/

I adj **1** 靜的；靜態的；靜力的：*static* energy 靜能 / *static* verb 靜態動詞 **2** 〈電〉靜電的：*static* electricity 靜電

II n [U] 靜電；天電；天電干擾

◑ dynamic

sta·tion /ˈsteɪʃn/

I n **1** （火車、汽車）站：a railway *station* 火車站 **2** 局；站：a fire *station* 消防站 / a police *station* 警察局 / a power *station* 發電站 / a ground *station* 地面站 / a filling (gas) *station* 加油站 **3** 電臺；電視臺：a radio *station* 廣播電臺 / a television *station* 電視臺

II vt 駐紮；安置：His division is *stationed* on the outskirts of the city. 他的師駐紮在該市郊區。

□ **station-master** n 火車站站長 / **station wagon** 小型客車

sta·tion·ar·y /ˈsteɪʃənrɪ/ adj

1 固定的：*stationary* cranes 固定式起重機 **2** 靜止的；不在移動的：The bus crashed into a *stationary* truck on the roadside. 公共汽車撞到停在路邊的一輛

卡車上。

◑ moving

sta·tion·er·y /ˈsteɪʃənrɪ/ *n* [U]

1 [總稱] 文具 **2** 信箋

⇨ 插圖見〈專題圖說 4〉

sta·tis·ti·cal /stəˈtɪstɪkl/ *adj*

統計的;統計學的: *statistical* figures 統計數字 / *statistical* data 統計資料 / *statistical* tables (charts) 統計表 / *statistical* experts 統計專家

▷ **statistically** *adv*

sta·tis·tics /stəˈtɪstɪks/ *n*

1 [用作單] 統計學 **2** [用作複] 統計數字;統計資料: The *statistics* show that the child death rate has declined in Macao. 統計數字表明,澳門的兒童死亡率已降低。

stat·ue /ˈstætʃuː/ *n*

雕像;塑像: A *statue* of Columbus stands in the park. 一尊哥倫布的雕像聳立在公園裏。/ I took a photo in front of the *Statue* of Liberty in New York. 我在紐約的自由女神像前拍了一張照。

stat·us /ˈsteɪtəs/ *n* [U]

1 地位;身份: a symbol of *status* 地位的標誌 / The award strengthened her *status* as a singer. 獲獎加強了她作為歌唱家的地位。 **2** 情況;狀態: a *status* report 狀況報告 / *status* of readiness 準備狀況 / alert *status* 待機狀態

□ **status quo** *n* 現狀: preserve (maintain) *status quo* 保持現狀 / **status-seeker** *n* 向上爬的人

stat·ute /ˈstætʃuːt/ *n* [C]

1 〈律〉法令;法規;成文法: the *statute* law 成文法 / The case is not specifically covered by the *statute*. 法規

並沒有涉及這一案例的具體文字。 **2** 規章;制度: the *statutes* of the corporation 公司規章

stat·u·to·ry /ˈstætʃʊtrɪ/ *adj*

1 法令的;成文法的: Law occurs in various forms, such as common law and *statutory* law. 法律以多種形式出現,例如判例法和成文法。 **2** 依照法令的

staunch /stɔːntʃ/ *adj*

1 堅定的;忠誠的: a *staunch* defender 忠誠的衛士 / a *staunch* ally 牢靠的盟友 / a *staunch* friend 忠實的朋友 **2** 牢固的: The soldiers built up a *staunch* defence line. 士兵們建立了一條牢固的防線。

stay /steɪ/

I ❶ *vi* **1** 逗留;暫住: John *stayed* in London for a month. 約翰在倫敦逗留了一個月。 **2** 停留;保持(某一狀態): The weather will *stay* fine for a week. 好天氣還會持續一個星期。 **3** 停住 **❷** *vt* **1** 制止;阻止: *stay* the spread of a disease 制止疾病的蔓延 **2** 堅持: *stay* the course 堅持跑完全程

◇ **stay in** 呆在家裏 / **stay out** 呆在外面 / **stay put** [口] 留在原地不動 / **stay up** 不睡覺

II *n* **1** 逗留: I enjoyed my *stay* with my aunt. 我在姑媽那裏過得很愉快。 **2** 制止;中止

◑ remain, keep

stead·fast /ˈstedfɑːst/ *adj*

1 不變的;不動搖的: The old temple was *steadfast* during the strong earthquake. 古廟在強烈的地震中巍然不動。 **2** 堅定的;堅信的: be *steadfast* to one's belief 對自己的信仰堅定不移

stead·y /'stedɪ/ *adj*
1 平穩的；穩固的：The little girl could not hold the cup *steady*. 小女孩拿不穩杯子。 **2** 穩定的：develop agriculture at a *steady* speed 穩步發展農業 **3** 堅定的；踏實的：a *steady* student 一個踏實的學生 **4** 不變的；恆定的：He reads with a *steady* purpose. 他看書有個固定的目的。
◇ **go steady** [口] 確定情侶關係；和…形影不離 ▷ **steadily** *adv*

steak /steɪk/ *n* [C, U]
1 牛排：She ordered a *steak* and a vegetable salad. 她要了一塊牛排和一份蔬菜沙律。 **2** 大塊肉（或魚）片：*cod-steaks* 魚片

steal /stiːl/ (stole, stolen, stealing)
1 *vt* 偷；竊取：A thief is a thief, whether he *steals* a diamond or a cucumber. [諺] 偷鑽石是賊，偷黃瓜也是賊。 **2** *vi* **1** 偷：He that will lie will *steal*. [諺] 會撒謊的人也會做賊。 **2** 溜：Tom *stole* into the kitchen. 湯姆溜進了廚房。

steam /stiːm/
I *n* [U] **1** 蒸汽；水汽：a *steam* engine 蒸汽機 / a *steam* locomotive 蒸汽機車 / The machine is powered by *steam*. 這臺機器是以蒸汽為動力的。 **2** 暖氣（設備）：Is the *steam* on? 暖氣開着嗎？ **3** [口] 精力；動力 **4** 輪船：travel by *steam* 乘輪船旅行
◇ **at full steam** 全速；開足馬力 / **put on steam** 使勁 / **under steam** （船）在行進中
II **1** *vi* **1** 冒蒸汽：The kettle is *steaming* on the fire. 水壺在爐子上冒蒸

汽。 **2** 行駛：Our ship *steamed* to Japan. 我們的船駛向日本。 **2** *vt* 蒸；煮：Mother *steamed* some buns for supper. 媽媽為晚飯蒸了些饅頭。
□ **steam bath** 蒸汽浴 / **steamboat** *n* 輪船 / **steam boiler** 蒸汽鍋爐 / **steam cylinder** 汽缸 / **steam pressure** 汽壓 / **steamroller** *n* 蒸汽壓路機 / **steamship** *n* 輪船 / **steam turbine** 汽輪機 / **steam whistle** 汽笛
◑ **vapour**

steam·er /'stiːmə(r)/ *n*
1 汽船；輪船 **2** 蒸汽機車；蒸汽機 **3** 蒸籠

steel /stiːl/
I *n* **1** [U] 鋼；鋼鐵：cast *steel* 鑄鋼 / alloy *steel* 合金鋼 / stainless *steel* 不鏽鋼 **2** 鋼製品：The tongue is not *steel* yet it cuts. [諺] 舌頭非鋼製，但能傷人。
II *adj* **1** 鋼的；鋼製的：a *steel* knife 鋼刀 / a *steel* pipe 鋼管 / a *steel* helmet 鋼盔 **2** 鋼鐵業的：the *steel* industry 煉鋼工業 / an iron and *steel* complex 鋼鐵聯合企業 **3** 鋼鐵般的；堅強的：a man of *steel* will 意志剛強的人
□ **steel ball** 鋼珠 / **steel blue** 鋼青色 / **steel grey** 青灰色 / **steelmaker** *n* 鋼鐵製造商 / **steelmaking** *n* 煉鋼 / **steel mill** 煉鋼廠 / **steel plate** 鋼板 / **steelwire** *n* 鋼絲 / **steelworker** *n* 煉鋼工人 / **steelworks** *n* 煉鋼廠

steep /stiːp/ *adj*
1 陡峭的；險峻的：a *steep* hill 險峻的山 / climb *steep* steps 爬陡峭的台級 **2** 急劇升降的：The fighter made a *steep* climb. 戰鬥機急劇爬高。
◐ **level**

stee·ple /'sti:pl/ n
（教堂的）尖塔；尖頂

steer /stɪə(r)/
❶ vt ■ 掌舵；駕駛：*steer* a motor boat 駕駛快艇 ■ 指導：He *steered* us clear of many obstacles. 他指導我們繞過許多障礙。❷ vi ■ 掌舵；駕駛：The plane *steers* easily. 這架飛機不難駕駛。■ 行駛；行進：The ship *steered* due south. 船朝正南方行駛。
□ **steering wheel** 舵輪；方向盤 / **steersman** n 舵手

stem /stem/
I n ■（樹）幹；（花）莖；（葉）梗：A rose has thorns on its *stem*. 玫瑰花的莖上長着刺。■（用具的）把；柄：a long-stemmed pipe 長柄煙斗 ■ 船頭：from *stem* to stern 從船頭到船尾 ■ 血統；家系 ■〈語〉詞幹："Hope" is the *stem* of "hopeful" and "hopeless"."Hope"是"hopeful"和"hopeless"的詞幹。
II vi 起源：His mistake *stemmed* from carelessness. 他的錯誤源於粗心大意。

step¹ /step/
I n ■ 腳步；步態；腳步聲：walk with big *steps* 大步走 / Knowledge advances by *steps* not by leaps. [諺] 知識是逐步而不是跳躍前進的。■ 步調；步伐：keep *step* 保持步伐一致 / in (out of) *step* 步調（不）一致 ■ 台階；梯級 ■ 步驟：take *steps* 採取步驟
◇ **follow (tread) in sb's steps** 踏着某人的足跡；效仿某人；步其人後塵 / **pick one's steps** 小心翼翼地走 / **step by step** 逐步地
II vi ■ 跨步；走路：*step* over a little stream 跨過一條小路 ■ 踩：*step* on a

snake 踩到一條蛇
◇ **step aside** 站到一邊；讓位 / **step down** 下車；下台；讓位 / **step in** 走進；插手 / **step up** 走近；登上；加緊：*step up* one's efforts to master English 加緊努力以精通英語 / **watch one's steps** 走路小心；做事小心 □ **step-by-step** adj 逐步的（地）/ **stepladder** 活梯 / **stepping-stone** n 踏腳石；進身之階 / **step rocket** 多級火箭

step² /step/ prefix
表示"繼"、"異"：*stepbrother* 同父異母（或同母異父）所生的哥哥（或弟弟）/ *stepchild* 妻子與前夫（或丈夫與前妻）所生的孩子；受到冷遇或不受重視的人 / *stepdaughter* 妻子與前夫（或丈夫與前妻）所生的女兒 / *stepfather* 繼父 / *stepmother* 繼母 / *stepparent* 繼父（母）/ *stepsister* 同父異母（或同母異父）的姐姐（或妹妹）/ *stepson* 妻子與前夫（或丈夫與前妻）所生的兒子

ste·re·o /'sterɪəʊ/
I n（複 = stereos）■ 立體聲音響；立體聲收音機（或唱機）■ 立體照相機；立體照片 ■ 立體聲
II adj ■ 立體的 ■ 立體聲的
□ **stereo camera** 立體照相機 / **stereometry** n 立體幾何 / **stereophone** n 立體聲耳機 / **stereo system** 立體聲音響 / **stereotape** n 立體聲磁帶

ster·ile /'sterail/ adj
■ 貧瘠的：*sterile* soil 貧瘠的土地 ■ 不育的；不結果的：a *sterile* woman 不育的婦女 / a *sterile* tree 不結果的樹 ■ 消過毒的：*sterile* surgical instruments 消過毒的外科手術器械

ster·ling /'stɜ:lɪŋ/ n

英國貨幣：*sterling* area 英鎊地區 / *sterling* bonds 英鎊債券

stern¹ /stɜːn/ *adj*
嚴厲的；嚴格的：be *stern* with 對…嚴格 / He stood up to the *stern* test. 他經受住嚴峻的考驗。

stern² /stɜːn/ *n* 船尾

stew /stjuː/
I *vt, vi* 燉；燜：*stew* a chicken 燉雞
◇ **stew in one's own juice** 自作自受
II *n* [C, U] 燉煮的菜肴；燉過的食品：Mother is preparing a *stew*. 母親在做一道燉菜。

stew·ard /ˈstjʊəd/ *n*
1 （飛機、輪船等的）乘務員；服務員 **2** （大戶人家的）管家；（大學、俱樂部等的）伙食管理員 **3** （賽馬、舞會等的）管事；籌備者

stewardess /ˈstjʊədes/
女乘務員；女服務員（尤指空中小姐）

stick /stɪk/
I *n* **1** 枝條；枯枝 **2** 棍棒；手杖：A *stick* is soon found to beat a dog. [諺] 要打狗，不難找到棍棒。/ walk with a *stick* 拄着手杖走路 **3** 條狀物：a *stick* of chalk 一支粉筆 / a *stick* of chocolate 一塊巧克力
II (stuck, sticking) **❶** *vt* **1** 刺；戳：The hunter *stuck* his knife into the boar's stomach. 獵人把刀刺進了野豬的腹部。 **2** 釘住；放置：She *stuck* a bunch of flowers in the vase. 她把一束花插在花瓶裏。 **3** 黏貼：*stick* a stamp onto an envelope 在信封上貼上郵票 **4** 伸出：'*Stick* out your tongue, please,' said the doctor. "請伸出你的舌頭，" 醫生說。 **❷** *vi* **1** 釘住；黏住：A thorn

stuck in my finger. 我手指扎進了一根刺。 **2** 陷住：The lock *stuck*. 鎖開不動了。/ The truck *stuck* in the mud. 卡車陷在泥濘裏。 **3** 堅持：The committee *stuck* to its decision. 委員會堅持它的決定。

stick·y /ˈstɪkɪ/ *adj*
黏的；黏性的：Candies become *sticky* in summer. 糖果到了夏天會變黏。

stiff /stɪf/ *adj*
1 硬的；挺的：a *stiff* collar 硬領 **2** 僵硬的；不靈活的：be dead and *stiff* 僵死 / My fingers are *stiff* with cold. 我的指頭凍得發僵。 **3** 拘謹的；不自然的

stiff·en /ˈstɪfn/ *vt, vi*
1 （使）變硬；（使）變挺：*stiffen* shirt-collars with starch 漿硬襯衣領子 **2** （使）發僵：He *stiffened* with cold. 他凍得身體發僵。 **3** 使強硬；變堅強：*stiffen* one's determination 變得更加堅定 / Their attitude *stiffened*. 他們的態度變得強硬。

sti·fle /ˈstaɪfl/ *vt*
1 （使）窒息；悶死：The baby was *stifled* while playing with a plastic bag. 嬰兒在玩塑料袋的時候悶死了。/ The air in the cave is *stifling*. 洞裏的空氣令人窒息。 **2** 抑制；撲滅：*stifle* laughter (a yawn) 忍住笑（呵欠）

stig·ma /ˈstɪgmə/ *n*
1 污名；污點：His conduct left a *stigma* on his family. 他的行為玷污了他家門庭。 **2** 〈植〉柱頭 **3** 〈動〉氣門

still /stɪl/
I *adj* **1** 靜止的；不動的：Beware of a silent dog and *still* water. [諺] 當心悶狗和靜水。 **2** 寂靜的：The night is so

still that you can hear a pin drop. 夜裏靜悄悄的，連針落地的聲音也聽得見。
II *n* **1** 寂靜：in the *still* of the night 在夜深人靜的時候 **2** [口] 靜物畫
III *vt, vi* （使）安靜；（使）靜止：She *stilled* the crying baby with a toy. 她用玩具制止了嬰兒的啼哭。
IV *adv* **1** 仍然；還：A man isn't poor if he can *still* laugh. [諺] 一個人還能笑，就不算窮。 **2** （修飾形容詞和副詞的比較級）更；還要：You must study *still* harder. 你必須更加努力學習。
V *conj* （雖然…）還是；不過：He is not very intelligent, *still* he can learn English well. 他雖然不大聰明，但還是能學好英語。
□ **stillbirth** *n* 〈醫〉死胎；死產 / **stillborn** *adj* 〈醫〉死後生下的；死產的 / **still life** 靜物畫 ▷ **stillness** *n*
❶ calm, quiet, silent, noiseless
⇨ 用法説明見 QUIET

stim·u·late /ˈstɪmjʊleɪt/ *vt*
刺激；促進：The initial success *stimulated* him to further efforts. 旗開得勝促使他更加努力。 / Music *stimulates* fowls to grow faster. 音樂刺激家禽更快長大。

stim·u·lus /ˈstɪmjʊləs/ *n* [C]
（複 = stimuli）
刺激物；促進因素：Physical exercise is a *stimulus* to blood circulation. 運動促進血液循環。

stim·u·li /ˈstɪmjʊlaɪ/ *n*
stimulus 的複數

sting /stɪŋ/
I （stung, stinging） ❶ *vt* **1** 刺；叮：A bee *stung* him on the back. 有隻蜜蜂在他背上螫了一下。 **2** 刺痛：The summer sunlight *stung* her eyes. 夏日的陽光刺痛她的眼睛。 ❷ *vi* **1** 叮；刺：Honey is sweet, but the bee *stings*. [諺] 蜂蜜是甜的，可是蜜蜂要螫人。 **2** 刺痛
II *n* **1** 〈動〉刺；螫針 **2** 〈植〉刺毛 **3** 刺痛：He feels a sharp *sting* in the arm. 他感到胳膊痛得厲害。

stink /stɪŋk/
I *vi* （stank/stunk, stunk, stinking）發臭：The room *stinks* of fish. 這房間裏有股魚腥味。 **II** *n* [C] 臭味：The fox smells his own *stink* first. [諺] 狐狸最先聞到自己的臭味。

stir /stɜː(r)/
I ❶ *vi* 搖動；抖動：The leaves are *stirring* in the breeze. 樹葉在微風中抖動。 ❷ *vt* **1** 攪拌：*stir* coffee with a spoon 用茶匙攪動咖啡 **2** 激起；激動；煽動：*stir* one's curiosity 激起某人的好奇心 / be deeply *stirred* 深受感動
II *n* **1** 激動；轟動：cause much *stir* 引起很大轟動 **2** 攪拌
❶ move

stitch /stɪtʃ/
I *n* **1** [C] （縫紉或編織的）一針：drop a *stitch* 漏織一針 / The doctor put eight *stitches* in my wound. 醫生在我的傷口上縫了八針。/ take *stitches* out of one's wound 給某人的傷口拆線 / A *stitch* in time saves nine. [諺] 及時一針，省得以後縫九針。（及時處理，事半功倍。） **2** 針法；編織法：learn a new *stitch* 學一種新的織法
◇ **without a stitch of clothing** 一絲不掛；赤身露體
II *vt, vi* 縫；縫合：She *stitched* up a

hole in her son's shirt. 她縫合了兒子襯衣上的破洞。

stock /stɒk/
I *n* **1** [C, U] 貯存;存貨: acquire a large *stock* of new expressions 掌握大量新的表達方式 **2** [U] 先祖;家系;血統: a woman of German *stock* 德國血統的女人 **3** [U] 家畜: raise *stock* 飼養家畜 **4** [C] 股份;股票: common *stock* 普通股 / preferred *stock* 優先股 / voting *stock* 選舉股 / Corporations raise capital by issuing *stocks*. 公司用發行股票的辦法來籌集資金。 **5** 公債: He put all his savings into government *stocks*. 他把所有的積蓄買了公債。 **6** 嘲笑對象: make a *laughing-stock* of oneself 使自己變成人們嘲笑的對象
◇ **in stock** 有貨 / **out of stock** 脫銷
II *adj* **1** 庫存的;現有的 **2** 陳腐的;平凡的: *stock* stories 老故事 **3** 股票的;證券的
III *vt, vi* 貯存: The store is *stocked* with all kinds of fashionable hats. 商店備有各種時髦的帽子。
□ **stockbroker** *n* 股票經紀人 / **stock certificate** 股票;證券 / **stock company** 股票公司 / **stock dividend** 紅利;股息 / **stock exchange** 證券交易所 / **stock farm** 畜牧場 / **stockholder** *n* 股票持有人;股東 / **stock market** 股票市場 / **stockroom** *n* 貯藏室

stock·ing /ˈstɒkɪŋ/ *n* [C]
長統襪: a pair of *stockings* 一雙長統襪

stole /stəʊl/ **steal** 的過去式

sto·len /ˈstəʊlən/ **steal** 的過去分詞

stom·ach /ˈstʌmək/ *n*
1 [C] 胃 **2** 腹部: lie on one's *stomach*

俯臥着 **3** 胃口;慾望: A good *stomach* is the best sauce. [諺] 好的胃口是最好的調料。/ have no *stomach* for doing sth 不想幹某事;對某事沒有興趣
◇ **turn sb's stomach** 使某人感到噁心
□ **stomachache** *n* 胃痛;肚子痛: have a *stomachache* 肚子痛
➪ 插圖見 ORGAN

stone /stəʊn/
I *n* **1** [C, U] 石;石頭: a *stone's* throw away (= within a *stone's* throw) 一石之遙;離…不遠 / A rolling *stone* gathers no moss. [諺] 滾石不生苔(意為:三心兩意,一事無成)。 **2** [C] 寶石: precious *stones* 寶石 **3** 〈醫〉結石: a gall (kidney) *stone* 膽(腎)結石 **4** 石(英國重量單位,等於 6.3 公斤) **5** 果核: peach (apricot, cherry, plum) *stones* 桃(杏、櫻桃、梅)核
◇ **kill two birds with one stone** 一石雙鳥(一箭雙雕) / **leave no stone unturned** 千方百計
II *adj* 石的;石製的: a *stone* wall 石牆 / a *stone* monument 石碑 / a *stone* bridge 石橋
□ **Stone Age** 石器時代 / **stone-hearted** *adj* 鐵石心腸的 / **stonemason** *n* 石匠 / **stoneware** *n* 石製品

ston·y, ston·ey /ˈstəʊnɪ/ *adj*
1 石質的;多石的: *stony* soil 多石的土壤 / a *stony* road 多石的路 **2** 無情的;冷酷的: a man with a *stony* heart 鐵石心腸的人
□ **stony-faced** *adj* 板着臉的 / **stony-hearted** *adj* 鐵石心腸的

stood /stʊd/
stand 的過去式和過去分詞

stool /stuːl/ n

1 凳子 **2** 廁所；馬桶；大便：He has not been to *stool* for three days. 他已經三天沒有大便。/ Are your *stools* regular? 你大便有規律嗎？

◇ **fall between two stools** 兩頭落空

⇨ 插圖見 CHAIR

stoop /stuːp/

I vi 俯身；彎腰：She *stooped* to pick up a needle from the ground. 她彎下腰去從地上撿起一根針。**II** n [C] 彎腰：walk with a *stoop* 彎着腰走路

stop /stɒp/

I ❶ vt **1** 停止；中止：He *stopped* his car when he saw the red light. 他看見紅燈就停了車。**2** 停止；停下來：You make the failure complete when you *stop* trying. [諺] 停止嘗試就等於完全失敗。**3** 阻攔；擋住：*Stop* thief! 捉賊！**4** 堵塞；塞住：*stop* the hole with a brick 用一塊磚頭把洞堵住 **❷** vi **1** 停止：The clock *stopped*. 鐘停了。**2** 停下來：He *stopped* to talk to me. 他停下來跟我説話。

◇ **stop by** 順便拜訪 / **stop off (over)** 中途停留；中途下車 / **stop short** 突然停止

II n [C] **1** 停止；中止：put a *stop* to sth 中止某事 / The train made a five-minute *stop* at the station. 火車在這個站停了五分鐘。**2** 車站：a bus *stop* 公共汽車站 **3** 逗留；歇宿

◇ **come to a stop** 停止 / **bring sth to a stop** 使某事中止 □ **stopcock** n〈機〉活塞 / **stoplight** n 交通燈 / **stopover** n 中途停留 / **stop valve**〈機〉節流閥 / **stopwatch** n 秒錶；跑錶

◐ cease, pause, halt

stop·per /ˈstɒpə(r)/ n 瓶塞；塞子

stor·age /ˈstɔːrɪdʒ/ n

1 [U] 貯藏；貯藏量：Farmers keep fruit and vegetables in cold *storage*. 農民們把水果和蔬菜冷藏起來。**2** 倉庫；棧房 **3**（電腦的）存儲器 **4**〈電〉蓄電：*storage* battery (cell) 蓄電池

store /stɔː(r)/

I n **1** 店鋪；百貨商店：a drug *store* 藥店 / a furniture *store* 傢具店 / a jewellery *store* 珠寶店 / a clothing *store* 服裝店 / a department *store* 百貨商店 / A new *store* is opened at the corner. 拐角上開了一家新店。**2** 貨棧；倉庫 **3** 貯存 **4** 貯藏品

◇ **in store** 貯藏着：The squirrel has much food in *store*. 松鼠貯藏了許多食物。/ **out of store** 耗盡；售完

II vt 貯藏；貯存：Computers can *store* information. 電腦可以貯存信息。

□ **storehouse** n 倉庫 / **storekeeper** n 店主 / **storeroom** n 貯藏室

sto·rey, sto·ry /ˈstɔːrɪ/ n [C] [英] 樓層：a 20-storied building 一棟二十層樓的房子 / the first *storey* 二樓

storm /stɔːm/

I n **1** 風暴；暴（風）雨；暴（風）雪：A *storm* is gathering. 一場暴風雨在醞釀之中。/ After a *storm* comes a calm. [諺] 雨過天晴。**2**（暴風雨般的）一陣：a *storm* of applause 一陣熱烈掌聲 **3**（政治、社會的）風暴；大動蕩

◇ **a storm in a teacup** 小範圍內的騷動；小題大做

II ❶ vi **1** 起風暴；下暴雨：It *stormed* all night. 下了一夜暴雨。**2** 暴

怒：*storm* at sb 對某人大發脾氣 **3** 橫
衝直撞：Jack *stormed* into the room. 傑
克怒氣衝衝地衝進屋子。**❷** *vt* 猛攻
□ **storm centre** 風暴中心 / **storm
cloud** 風暴雲 / **storm sign (signal)** 風
暴信號 / **storm troops** 強擊部隊 /
storm warning 風暴警報

storm·y /ˈstɔːmɪ/ *adj*
1 多風暴的；暴風雨的：a *stormy*
night 暴風雨之夜 / a *stormy* season 多風
暴的季節 **2** 暴躁的：He is of a *stormy*
temper. 他的脾氣很暴躁。**3** 激烈的：
a *stormy* debate 激烈的辯論 / a *stormy*
scene 激烈的場面 **4** 多風波的：He
leads a *stormy* life in Singapore. 他在新
加坡的生活是顛沛流離的。

sto·ry /ˈstɔːrɪ/ *n*
1 故事；小說；傳記：a true *story* 真實
的故事 / a ghost *story* 鬼故事 / tell
stories 講故事 / a short *story* 短篇小說
2 敘述：All the boys told the same
story. 孩子們都是那麼說的。**3** 經歷：
Everyone wept when she finished her
story. 聽她講完她的身世以後，大家都掉
眼淚了。**4** 情節：the *story* of a play
劇本的情節 **5** 內情：the inside *story*
內幕 **6** [美] 新聞；報導：a front-page
story 頭版新聞 / a feature *story* 特寫 **7**
傳聞：Do you believe the *story*? 你相信
這個傳聞嗎？**8** [口] 謊言：spin a *story*
編一套謊言 **9** 樓層 (= storey)
◇ **as the story goes** 據說 / **The story
goes that...** 據說 / **to make a long
story short** 長話短說；簡言之
□ **storybook** *n* 故事書 / **storyteller** *n*
講故事的人

stout /staʊt/ *adj*

1 強壯的；矮胖的；胖的：a *stout*
woman 矮胖的女人 / He is a bit *stout* for
his age. 像他這個年紀，長得胖了一些。
2 結實的；牢固的；堅定的；頑強的：
stout boots 結實耐穿的靴子 / *stout*
enemy 頑敵
◑ slender

stove /staʊv/ *n*
爐子：Mother lit the *stove* and made
supper. 媽媽點着爐子做晚飯。

straight /streɪt/
I *adj* **1** 直的；筆直的：a *straight* line
直線 / a *straight* road 直路 **2** 整齊的；
有條理的：Put the room *straight*. 把屋
子整理一下。**3** 正直的；誠實的：a
straight fellow 一個正直的人
II *adv* **1** 筆直地：You can not make a
crab walk *straight*. [諺] 你無法使螃蟹直
着走路。**2** 直接地：This road leads
straight to the station. 這條路直通車
站。**3** 坦率地：I tell you *straight* out.
我直截了當地告訴你。
◇ **go straight** 老老實實過日子；正正
經經做人 / **straight away (off)** 立刻；
馬上 / **straight from the horse's
mouth** 真實可靠的 □ **straight angle**
〈數〉平角 / **straight chain** 〈化〉直鏈
◑ crooked

straight·en /ˈstreɪtn/ *vt, vi*
1 (使) 挺直；糾正；改正：*straighten*
a wire 把鋼絲弄直 / *straighten* up and fly
right 改過自新，規規矩矩做人 **2** 整
頓；清理：*straighten* accounts 清理賬
目 **3** (使) 好轉；改進：The teacher
told the students how to *straighten* out
the sentence. 老師告訴學生怎樣改進這
個句子。

straight·for·ward /ˌstreɪtˈfɔːwəd/
I　adj　**1** 坦率的；直爽的：a straightforward reply 直爽的回答　**2** 容易的；簡單的：a straightforward job 簡單的工作 / a straightforward question 容易回答的問題
II　adv　直爽地；坦率地

strain¹ /streɪn/ n [C]
1 血緣；門第；〈動〉品種：a horse of rare (good) strain 特（良）種馬　**2** 氣質；性情：He has a heroic strain in his character. 他的性格裏有點英雄的氣質。**3** 詩；歌；曲調：a melancholy strain 哀傷的曲子

strain² /streɪn/
I　n　**1** [C, U] 拉緊；張力：The rope broke under great strain. 繩子在使勁拉的情況下斷了。**2** [U] 過度疲勞　**3** [C] 扭傷：I suffer from a strain in the leg. 我的腿扭傷了。
II　**❶** vt　**1** 拉緊：Help me strain the rope. 幫我把繩子拉緊。**2** 使緊張；使勁：We strained our ears to hear him. 我們使勁想聽清楚他在講些甚麼。**3** 扭傷：strain one's waist 扭傷腰　**❷** vi　努力；使勁：I strained to express myself clearly. 我努力表達清楚。

strait¹ /streɪt/
I　n　[常作 straits] 困境；窘迫：He is in desperate straits for money. 他急迫需要錢。II　adj　**1** [古] 緊的；狹窄的　**2** 困難的；窘迫的
□　**straitjacket** n （給瘋人穿的）緊身衣 / **strait-waistcoat** [英] = **straitjacket**

strait² /streɪt/ n
（與專有名詞連用，單複數皆可）
地峽；海峽：Taiwan Strait 台灣海峽 / Strait of Malacca 馬六甲海峽 / Strait of Magellan 麥哲倫海峽

strange /streɪndʒ/ adj
1 陌生的；不熟悉的：a strange face 陌生的臉 / a strange voice 陌生的聲音 / He is strange to this city. 他對這個城市不熟悉。**2** 奇怪的；不可思議的
◇　**strange to say** 說來奇怪
▷　**strangely** adv
❶ peculiar, odd, queer
❶ familiar

stran·ger /ˈstreɪndʒə(r)/ n
1 陌生人：He is a stranger to me. 我不認識他。**2** 異鄉人　**3** 門外漢；外行：I am no stranger to classic music. 我對古典音樂決不是外行。/ He is no stranger to misfortune. 他飽經不幸。

strap /stræp/
I　n　皮帶；帶子：get a dog on a strap 用皮帶拴住狗
II　vt　**1** 用帶子繫上：The woman strapped her baby to her back. 婦女用帶子把嬰兒繫在背上。**2** 包紮（傷口等）
□　**straphanger** n [口]（公共車輛上）拉着吊環站立的乘客

strat·e·gy /ˈstrætədʒɪ/ n [U]
1 戰略；兵法：strategy and tactics 戰略與戰術　**2** 策略；謀略：take... by strategy 用謀略攻佔…

straw /strɔː/
I　n　**1** [C, U] 稻草；麥稈　**2** 稻草（或麥稈）製品；草帽：a woman in a pink straw 戴着粉紅色草帽的女人　**3** [C] 吸管：drink milk through a straw 用吸管喝牛奶
II　adj　**1** 稻草（或麥稈）的；用稻草（或麥稈）製的：a straw hat 草帽 / a

straw mattress 草墊 / *straw* sandals 草鞋 / a *straw* rope 草繩 **2** 稻草色的

◇ **catch (grasp) at a straw** 撈救命稻草 / **draw straws** 抽籤 / **not care for a straw** 毫不在乎 / **the last straw** 最後一根稻草；最終一擊：*The last straw breaks the camel's back.* [諺] 加上最後一根稻草終於壓斷了駱駝的背。 □ **straw poll** [英] 測試民意的非正式投票 / **straw vote** [美] = straw poll

straw·ber·ry /ˈstrɔːbrɪ/ *n* 草莓
⇨ 插圖見〈專題圖說 9〉

stray /streɪ/
I *vi* 迷路；偏離：*Not one pair of our eyes strayed from the books.* 我們都全神貫注地看書。 **II** *adj* 迷路的；走失的：a *stray* horse 迷途的馬 / a *stray* child 迷路的小孩 **III** *n* 迷路者
● **wander**

streak /striːk/
I *n* [C] 條紋；紋理：*A streak of lightning lit the sky.* 一道閃電照亮了天空。 **II** *vt* 加上條紋；形成紋理：*My grandmother's hair is streaked with grey.* 我祖母的頭髮裏夾着絲絲白髮。

stream /striːm/
I *n* **1** 小河；溪流：*We rowed the boat with (against) the stream.* 我們順（逆）流划船。 **2** 一連串 **3** [英]（把學生按成績分成的）進度
II ● *vi* **1** 流出；湧出：*Tears streamed down his cheeks.* 淚水順着他的臉頰流了下來。 **2** 飄揚；招展：*The flag is streaming in the breeze.* 旗幟在微風中招展。 ● *vt* （將學生按成績）分進度：*Many schools stream pupils into different classes.* 許多學校按成績將學生分到不同的班級。

□ **streamline** *n* 〈物〉流線；流線型 / **streamlined** *adj* 流線型的

street /striːt/
I *n* 街；街道；馬路：*Be careful when you cross the street.* 過馬路要小心。
◇ **the man in the street** 普通人
II *adj* 街道的；街頭的：a *street* artist 街頭藝人 / a *street* band 街頭樂隊 / *street* cries 街頭叫賣聲
□ **streetcar** *n* 市內有軌電車 / **street door** 臨街的大門 / **street girl** 妓女 / **streetlamp** *n* 路燈 / **streetlight** *n* = streetlamp / **street map** 街道地圖 / **street sweeper** 街道清潔工

strength /streŋθ/ *n*
1 力；力量；力氣；實力：moral *strength* 精神力量 / physical *strength* 體力 / national *strength* 國力 / naval *strength* 海軍力量 / military *strength* 兵力 / *strength* of will 意志力 / summon all one's *strength* 竭盡全力 / Union is *strength.* [諺] 團結就是力量。 **2** 強度：The *strength* of the chain is in the weakest link. [諺] 鏈子的強度取決於最弱的一環。
● **weakness**

strength·en /ˈstreŋθn/ *vt, vi*
增強；加強：Difficulties *strengthen* the mind, as labour does the body. [諺] 勞動增強體質，困難增強精神。

stress /stres/
I *n* **1** [U] 壓力：in times of *stress* 在困難的時候 / under the *stress* of 迫於… **2** [U] 強調：Particular *stress* is laid on grammar. 特別強調語法。 **3** [C, U] 〈語〉重讀；重音：the primary (secondary)

stress 主（次）重音 / The *stress* falls on the first syllable. 重音在第一個音節上。

II *vt* **1** 強調 **2** 重讀：The word is usually *stressed* on the second syllable. 這個詞通常重讀第二個音節。

□ **stress-mark** *n* 重音符號

stretch /stretʃ/

I ❶ *vt* **1** 伸展；把⋯拉長：Help me *stretch* the rope tight. 幫我把繩子拉緊。**2** 伸肢體：*stretch* oneself 伸懶腰 ❷ *vi* **1** 伸展；延伸：The wire *stretches* when heated. 鋼絲受熱就伸長。/ The forests *stretch* for miles. 這些森林綿延數英里。**2** 平躺

◇ **stretch out** 伸展四肢躺着

II *n* **1** 伸展；伸肢體 **2** 大片；連綿：*stretches* of rice-fields 大片大片的稻田 **3** 一段時間：over a *stretch* of three years 三年來

◇ **at a stretch** 一口氣地；不停地

stretch·er /ˈstretʃə(r)/ *n* 擔架

□ **stretcher-bearer** *n* 擔架員

strick·en /ˈstrɪkən/ *adj* 受（疾病、災害等）侵害的：be *stricken* with fever 發高燒

□ **poverty-stricken** *adj* 貧窮不堪的 / **panic-stricken** *adj* 驚慌的

strict /strɪkt/ *adj*

1 嚴格的：be *strict* with sb 對某人嚴格 / The school has *strict* discipline. 學校有着嚴格的紀律。**2** 嚴謹的；確切的：in the *strict* sense of the word 嚴格說來

strict·ly /ˈstrɪktlɪ/ *adv*

嚴格地；確切地：*strictly* speaking 嚴格說來 / Smoking is *strictly* forbidden. 嚴禁吸煙。

stride /straɪd/

I *vt, vi* (strode, stridden, striding) **1** 大步走；邁進：The man *strode* along the street. 那人沿着街大步行走。**2** 跨；跨越：*stride* over a brook 跨越小溪

II *n* [C] 大步：walk with *strides* 大步行走 / make great *strides* 取得很大進步

strid·den /ˈstrɪdn/ *stride* 的過去分詞

strife /straɪf/ *n* [U]

鬥爭；衝突；爭吵：civil *strife* 內亂 / labour-management *strife* 勞資衝突

strike /straɪk/

I (struck, struck/stricken, striking) ❶ *vt* **1** 打；擊；撞擊；攻擊；擊中：*strike* sb with a stick 用棍子打某人 / *strike* a deadly blow 給予致命的打擊 / The building was *struck* twice by lightning. 大樓兩次被雷電擊中。**2** （鐘）敲響：The clock *struck* twelve. 時鐘敲十二下。**3** 劃（火柴）；打火：*strike* a match 劃一根火柴 **4** 感動；留下印象：Her sufferings *struck* us deeply. 她的苦難深深地感動了我們。❷ *vi* **1** 打；擊；攻擊 **2** 罷工：The workers *struck* for higher wages. 工人們為增加工資罷工。**3** （鐘）敲

◇ **strike back** 回擊 / **strike home** 擊中要害 / **strike off (down)** 劃去；刪掉 / **strike up** 開始演奏：The band *struck up* the wedding march. 樂隊開始演奏婚禮進行曲。

II *n* **1** 打；擊；進攻：carry out an air *strike* (against) 對⋯進行空襲 **2** 罷工：call a general *strike* 號召總罷工 / on *strike* 在罷工（課）

❶ **hit, beat**

strik·ing /ˈstraɪkɪŋ/ *adj*

明顯的；令人注目的：*striking* contrasts

明顯的差別

string /strɪŋ/
I *n* **1** [C, U] 線；細繩；帶子 **2** 一串；一列：a *string* of diamonds (beads) 一串鑽石（念珠）/ a *string* of questions 一連串的問題 **3** [C] 琴弦：adjust the *strings* of a violin 調小提琴的琴弦 / touch the *strings* of one's heart 觸動某人的心弦
◇ **have two strings to one's bow** 作好兩種準備
II （strung, stringing）**❶** *vt* （用繩）紮；縛；（用線）串：The shop assistant *strung* the parcel for her. 店員用繩子為她紮好包裹。**❷** *vi* 連成一串；排成一行：Trucks *strung* along the highway. 一輛接一輛的卡車在公路上行駛。
□ **string bag** 網線袋 / **string band** 弦樂隊 / **string bean** 菜豆

strip /strɪp/
I *n* [C] **1** 條；片；帶：a *strip* of paper 一片紙 / a *strip* of land 一片土地 **2** 連環漫畫：a comic *strip* 報刊上的連環漫畫 **3** 〈空〉簡易機場
II ❶ *vt* **1** 剝；剝去：strip tease 脫衣舞 / The mountains were *stripped* of trees. 山上的樹被砍伐乾淨。**2** 奪；剝奪：be *stripped* of every power 被剝奪一切權力 **❷** *vi* 脫去衣服：Tom *stripped* off and stepped into the tub. 湯姆脫掉衣服，走進浴缸。
□ **strip mine** 露天礦

stripe /straɪp/ *n* [C]
1 條紋；條子：A zebra has dark *stripes*. 斑馬身上有黑色的條紋。/ the Stars and *Stripes* 星條旗（美國國旗）**2** 制服上表示等級的條紋 ▷ **striped** *adj*

strive /straɪv/ *vi*
（strove/strived, striven/strived, striving）
1 努力：He *strove* to carry out his plan. 他努力貫徹他的計劃。**2** 競爭；反抗：strive against fate 與命運作鬥爭 / Two dogs *strive* for a bone, and a third runs away with it. [諺] 兩狗爭搶一根骨頭，另一狗銜了就走。（鷸蚌相爭，漁人得利。）
❶ try, attempt, endeavour

striv·en /ˈstrɪvn/ **strive** 的過去分詞

strob·o·scope /ˈstrəʊbəskəʊp/ *n*
1 〈物〉閃光儀 **2** 萬花筒

strode /strəʊd/ **stride** 的過去式

stroke¹ /strəʊk/ *n* [C]
1 一擊：The hunter killed the snake with one *stroke* of his axe. 獵人一斧頭砍死了蛇。**2** （游泳等的）一划；划法；（板球等的）一抽；打法：the back (breast, side) *stroke* 仰（俯、側）泳 / make a good *stroke* at cricket 板球抽得不錯 **3** （寫字等的）一筆：Mary finished the picture with a few *strokes*. 瑪麗只幾筆就完成了畫。**4** （鐘的）鳴聲：on the *stroke* of twelve 鐘敲十二點的時候 **5** 中風：have a *stroke* 中風 / A *stroke* took his life in Australia. 他在澳洲中風死了。
◇ **at one stroke** 一下（一舉）
❶ blow

stroke² /strəʊk/
I *vt* 用手撫摸：He *stroked* the cat. 他用手撫摸貓。**II** *n* [C] 撫摸

stroll /strəʊl/
I *n* [C] 散步；溜達：go for (have, take) a *stroll* 散步 **II** *vi* 散步；溜達

strong /strɒŋ/ *adj*

❶ 強健的；強壯的： One good head is better than a hundred *strong* hands. [諺] 一個聰明的腦袋勝過一百隻強壯的手。 **❷ 牢固的；堅實的：** The fence is *strong* enough to keep out wild animals. 籬笆很堅固，野獸進不來。 **❸ 濃烈的；濃厚的；烈性的：** a *strong* smell of fish 一股濃厚的魚味 / Do you like *strong* coffee? 你喜歡喝濃咖啡嗎？ **❹ 強大的；強有力的：** a *strong* wind 大風 / He is *strong* in maths. 他擅長數學。

□ **strongbox** n 保險箱 / **stronghold** n 堡壘 / **strong man** 大力士；實權人物；鐵腕人物 / **strongpoint** 強點；優點

▷ **strongly** adv

◐ powerful, sturdy

◑ weak

strove /strəʊv/ **strive** 的過去式

struck /strʌk/
strike 的過去式和過去分詞

struc·tur·al /ˈstrʌktʃərəl/ adj
結構上的；建築上的；組織上的： *structural* drawing 結構圖 / *structural* engineering 結構工程

struc·ture /ˈstrʌktʃə(r)/ n
❶ [U] 結構；組織： sentence *structure* 句子結構 / price *structure* 價格結構 / political (economic, social) *structure* 政治（經濟、社會）結構 **❷** [C] 建築物： a brick (wooden, marble, granite) *structure* 一棟磚（木、大理石、花崗岩）建築物

strug·gle /ˈstrʌgl/
I n [C] **❶** 鬥爭；奮鬥： The singer waged a *struggle* for recognition. 歌唱家為得到承認而奮鬥。 **❷** 掙扎： The rabbit died after a few minutes's

struggle. 兔子掙扎幾分鐘後死了。
II vi **❶** 鬥爭；努力： A *strong* man will *struggle* with the storm of fate. [諺] 堅強的人能與命運的風浪作鬥爭。 **❷** 掙扎： The drowning man *struggled* to the surface. 落水的人掙扎着游出水面。

◐ fight, battle

strung /strʌŋ/
string 的過去式和過去分詞

stub·born /ˈstʌbən/ adj
❶ 頑固的： a *stubborn* fellow 一個頑固的傢伙 / Facts are *stubborn* things. [諺] 事實是無法改變的東西。 **❷** 頑強的： They met with *stubborn* resistance. 他們遇到了頑強的抵抗。 **❸** 棘手的： a *stubborn* problem 棘手的問題 / a *stubborn* disease 頑疾

▷ **stubbornly** adv

◐ obstinate

stuck /stʌk/ **stick** 的過去式和過去分詞

stud /stʌd/ vt
散佈；點綴： The hillside is *studded* with flowers. 山坡上開滿了鮮花。

stu·dent /ˈstjuːdnt/ n
❶ 學生；大學生： a high-school *student* 中學生 / a university (college) *student* 大學生 / an undergraduate *student* 本科生 / a graduate *student* 研究生 **❷** 學者；研究者： a distinguished *student* of history 傑出的歷史學者

□ **student card** 學生證 / **student union**（大專院校中的）學生會

stu·di·o /ˈstjuːdɪəʊ/ n（複 = studios）
❶（藝術家的）工作室： The painter dreamed of having his own *studio*. 畫家夢想有自己的工作室。 **❷**（電台和電視台的）播音室；演播室： a recording

studio 錄音室 **3** 電影製片廠：a movie *studio* 電影製片廠

stud·y /'stʌdɪ/

I *n* **1** 學習；研究：Jane has made much progress in her *studies*. 簡在學習上取得了很大進步。/ make a careful *study* of the effects of aspirin 仔細研究阿斯匹林的作用 **2** 書房

II **❶** *vt* **1** 學習；研究：Mary *studies* medicine at the university. 瑪麗在大學裏攻讀醫學。/ *study* maths by oneself 自學數學 **2** 細想；細看：*Study* the street map before you go out. 出門以前先要仔細看一下街道地圖。 **❷** *vi* 學習

□ **study circle (group)** 專題研究小組 / **study hall** 學生自修室

⇨ 用法説明見 LEARN

stuff /stʌf/

I *n* **1** [C, U] 材料；東西：What *stuff* is it made of? 這是甚麼材料製成的？/ I don't like to read such *stuff*. 我不喜歡看這種東西。 **2** 呢絨；織物：a *stuff* hat 呢帽 / woollen *stuff* 毛織品 / silk *stuff* 絲織品 **3** 廢物；廢話：None of your *stuff*! 少廢話！

II *vt* **1** 填；塞：The bed is *stuffed* with straw. 床墊裏塞的是稻草。 **2** 製作（動物）標本：a *stuffed* tiger 老虎標本

stum·ble /'stʌmbl/

I *vi* **1** 絆腳；絆倒：*stumble* over a stone 絆着一塊石頭 / The best man *stumbles*. [諺] 聰明人也有失誤的時候。 **2** 蹣跚行走 **3** 偶然發現：*stumble* upon a rare stamp 偶然發現一枚珍貴郵票 **II** *n* [C] 絆腳；失足；錯誤：make a *stumble* 失足

□ **stumbling-block** *n* 障礙物；絆腳石

stump /stʌmp/

I *n* [C] **1** 樹樁：The tree is five feet in diameter near the *stump*. 這樹靠近樹樁地方的直徑是 5 英尺。 **2** 殘餘部分：a pencil *stump* 鉛筆頭 **3** [美]（發表野外演説的）樹樁講台 **II** *vi* **1** 以笨重的腳步走路 **2** [美] 巡迴作政治演説

stun /stʌn/

I *vt* **1** 使大吃一驚：be *stunned* at sth 對…大吃一驚 **2** 使暈眩；把…打暈：a *stunning* blow 把人打暈的一擊

II *n* [C] **1** 驚人的事 **2** 暈眩

stung /stʌŋ/

sting 的過去式和過去分詞

stunk /stʌŋk/

stink 的過去式和過去分詞

stu·pid /'stjuːpɪd/ *adj*

笨的；愚蠢的：a *stupid* boy 傻孩子 / a *stupid* idea 愚蠢的想法 / How *stupid* of you to make such a mistake! 你真愚蠢，竟會犯這樣的錯誤！

❶ foolish

❶ intelligent

stu·pid·i·ty /stjuː'pɪdətɪ/ *n* [C, U]

愚蠢；愚蠢的行為

stur·dy /'stɜːdɪ/ *adj*

1 健壯的：grow into a *sturdy* young man 長成個壯小夥子 **2** 堅強的；堅定的：make a *sturdy* defense of one's theory 堅定地為自己的學説辯護

❶ strong

style /staɪl/ *n*

1 [C, U] 作風；風格：improve one's working *style* 改進工作作風 / All the houses in the city are built in the traditional *style*. 該城的房屋都以傳統式樣建造。 **2** 文體：The story is written

in Hemingway's *style*. 這篇小説是以海明威的筆法寫成的。 **3** [C, U] 風度;時髦: live in grand *style* 過着豪華的生活 **4** [C] 式樣;類型: the *style* of hair 髮式 ▷ **stylish** *adj* / **stylist** *n*
⬦ fashion

sub·due /səb'dju:/ *vt*
征服;克制: He who overcomes his anger *subdues* his greatest enemy. [諺] 誰克制住火氣,誰就戰勝了強敵。

sub·ject /'sʌbdʒɪkt/
I *n* **1** 國民;臣民: a British *subject* 英國公民 **2** 題目;主題: discuss a *subject* from all aspects 從各個方面討論問題 **3** 學科;科目 **4** 〈語〉主語
II *adj* **1** 從屬的;隸屬的: a *subject* state 屬國 **2** 易受…的;常遭受…的: California is *subject* to earthquakes. 加利福尼亞經常發生地震。 **3** 依照的;順從的: My application is *subject* to the manager's approval. 我的申請須經經理批准。
III /səb'dʒekt/ *vt* **1** 使從屬;使順從: England *subjected* the island to its colonial rules. 英國使該島順從它的殖民統治。 **2** 使遭受: His conduct *subjected* him to severe punishment. 他的行為使他受到嚴厲懲罰。
□ **subject matter** 話題;論題

sub·junc·tive /səb'dʒʌŋktɪv/
I *adj* 〈語〉假設的;虛擬的: the *subjunctive* mood 虛擬語氣
II *n* 〈語〉虛擬語氣

sub·ma·rine /ˌsʌbmə'ri:n/
I *n* 潛艇: The *submarine* surfaced. 潛艇浮出水面。/ a *submarine* base 潛艇基地 / a nuclear-powered *submarine* 核潛艇 / *submarine-based* missiles 潛艇載的導彈 / *submarine-lauched* missiles 潛艇發射的導彈
II *adj* 海生的;海底的;海中的: *submarine* life 海生植物
III *v* 用潛艇襲擊;用潛艇擊沉

sub·merge /səb'mɜːdʒ/ *vt, vi*
(使)沒入水中;潛入水中: The island *submerges* at a high tide. 漲潮時小島沒入水中。/ The flood *submerged* many villages. 洪水淹沒了許多村莊。

sub·mis·sion /səb'mɪʃn/ *n*
1 [U] 屈服;順從: frighten (starve) sb into *submission* 用恐嚇(飢餓)的辦法使某人屈服 **2** [U] 謙恭: with all due *submission* 恭恭敬敬地 **3** [C, U] 遞呈;〈法〉提交公斷

sub·mit /səb'mɪt/
❶ *vt* **1** 使服從;使屈服: She would never *submit* herself to his direction. 她決不聽從他的指揮。 **2** 送呈;提交: be *submitted* for approval 提請批准 **❷** *vi* 服從;屈服: If you *submit* to one wrong you bring on another. [諺] 一錯不改,必然再犯。
⬦ subdue

sub·or·di·nate /sə'bɔːdɪnət/
I *adj* 下的;次的;從屬的: *subordinate* officials (officers) 下級官員(軍官) / *subordinate* units 下屬單位;下屬部隊 / a *subordinate* clause 〈語〉從句 / a *subordinate* conjunction 〈語〉從屬連接詞 **II** *n* 部下;部屬;下級

sub·scribe /səb'skraɪb/
❶ *vt* **1** 捐助: Mary *subscribed* twenty dollars to the relief fund. 瑪麗為救濟基金捐款 20 美元。 **❷** *vi* **1** 出資: We

all *subscribed* to buy a birthday present for her. 我們大家出錢為她買一件生日禮物。 **2** 預訂；訂閱：*subscribe* to (for) 訂閱 ▷ **subscriber** *n*

sub·scrip·tion /səbˈskrɪpʃn/ *n* [U] **1** 預訂；預訂費：Did you renew your *subscription* to 'The Times'? 你續訂《泰晤士報》了嗎？ **2** [C] 捐款；捐款額

sub·se·quent /ˈsʌbsɪkwənt/ *adj* 後來的；隨後的：the *subsequent* events 後來發生的事 ◇ **subsequent to** 繼⋯之後；在⋯以後：the decade *subsequent* to the Second World War 在第二次世界大戰後的十年裏 ▷ **subsequently** *adv*

sub·sid·i·ar·y /səbˈsɪdɪərɪ/ **I** *adj* 輔助的；次要的；附屬的：*subsidiary* readers 輔助讀物 / *subsidiary* coins 輔幣 / *subsidiary* business 副業 / The bus line is *subsidiary* to the subway system. 這一路公共汽車附屬於地鐵系統。 **II** *n* 輔助物；子公司

sub·si·dize /ˈsʌbsɪdaɪz/ *vt* 資助；補貼：The governemt *subsidizes* agriculture heavily. 政府大量補貼農業。

sub·si·dy /ˈsʌbsɪdɪ/ *n* [C] 補助金；資助金：The company gave a *subsidy* of 10,000 dollars to the football team. 該公司為足球隊資助了一萬美元。

sub·sist /səbˈsɪst/ *vi* 生存；維持生活：Squirrels *subsist* on the unlimited supply of nuts. 松鼠靠取之不盡的堅果生存。

sub·sis·tence /səbˈsɪstəns/ *n* [U] 生存；生活；給養：Tom earned a bare *subsistence* by selling newspapers in the streets. 湯姆靠在街頭賣報勉強維持生計。

sub·stance /ˈsʌbstəns/ *n* **1** [C, U] 物質：a chemical (mineral) *substance* 化學（礦）物質 / a liquid (solid) *substance* 液體（固體）物質 / Nuclear wastes are highly poisonous *substances*. 核廢料是極毒的物質。 **2** [U] 實質；本質：a matter of *substance* 實質性問題 **3** [U] 要旨 ◇ **in substance** 實質上

sub·stan·tial /səbˈstænʃl/ *adj* **1** 實質的；真實的 **2** 堅固的：This building is *substantial* enough to withstand earthquakes. 這棟樓非常堅固，能夠經受住地震。 **3** 大量的；充實的：a *substantial* meal 一頓豐盛的飯 ▷ **substantially** *adv*

sub·sti·tute /ˈsʌbstɪtjuːt/ **I** *n* 代替者；代用品：There are no sugar *substitutes* and no artificial colouring in this food. 這種食品裏沒有糖的代用品，也沒有人造色素。 **II** *vt* **1** 代替：Jack will be *substituted* for Tom in the match. 傑克將在比賽中代替湯姆。 **2** 〈化〉取代

sub·sti·tu·tion /ˌsʌbstɪˈtjuːʃn/ *n* [U] **1** 代替；替換：The *substitution* of plastics for wood is common nowadays. 如今，用塑料代替木材是很普通的事。 **2** 〈化〉取代作用；〈數〉代換；代入

sub·tle /ˈsʌtl/ *adj* **1** 精巧的；靈巧的：a *subtle* design 精巧的圖案 / *subtle* fingers 靈巧的手指 **2** 微妙的；難以捉摸的：a *subtle* change 微妙的變化 / a *subtle* distinction 細微的差別 **3** 敏銳的；善辨別的：a *subtle* observer 觀察敏銳的人

S

▷ **subtly** adv / **subtlety** n

sub·tract /səb'trækt/ vt, vi

減；減去；作減法運算：Subtract 3 from (out of) 10 and you get (have) 7. 10 減去 3，等於 7。/ What is the answer if you subtract 13 from 23? 23 減去 13 等於多少？

sub·trac·tion /səb'trækʃn/ n

減；減去；〈數〉減法：do addition and subtraction 作加減運算

□ **subtraction sign** 減號

sub·trop·i·cal /,sʌb'trɒpɪkl/ adj

亞熱帶的：subtropical plants 亞熱帶植物 / subtropical forests 亞熱帶森林 / subtropical climate 亞熱帶氣候

sub·urb /'sʌbɜːb/ n [C]

郊區；郊外：She lives in a fashionable Washington suburb. 她住在華盛頓一個上流人士聚居的郊區。

sub·ur·ban /sə'bɜːbən/ adj

郊區的；郊外的：a suburban train (bus) line 市郊列車（公共汽車）線路 / a suburban county 郊縣 / a suburban villa 郊區別墅 / a suburban farm 郊區農場 / John lives in suburban Sydney. 約翰住在悉尼郊區。

sub·way /'sʌbweɪ/ n [C]

1 地下人行通道：cross a street by the subway 從地下人行通道過馬路 **2** [美] 地下鐵道：take the subway 乘地下鐵道 / They went to Kowloon by subway. 他們乘地鐵到九龍。

suc·ceed /sək'siːd/

❶ vi **1** 成功：If at first you don't succeed, try again. [諺] 如果第一次不成功，再試一次。/ He succeeded in persuading her. 他成功地說服了她。**2**

繼承；接替：Mary succeeded to her father's wealth. 瑪麗繼承了她父親的財富。**❷** vt 接替：William succeeded Robert as prime minister of that country. 威廉接替羅伯特成為該國總理。

⇨ 用法説明見 WIN

suc·cess /sək'ses/ n

1 [U] 成功；成就：In success be modest. [諺] 成功的時候要謙虛。/ I wish you success. 祝你成功。**2** [C] 成功的事；取得成就的人：His book is an instant success. 他的書立即取得成功。/ Jack is a big success in the business. 傑克在實業上取得很大成就。

□ **success story** 發跡史；發家史

◑ **failure**

suc·cess·ful /sək'sesfl/ adj

1 成功的；發達的：The aircraft underwent a successful test flight. 飛機進行了成功的試飛。/ He is very successful in business. 他的事業很發達。**2** 有成就的：All successful men know how to hold their tongues. [諺] 有成就的人都知道説話要謹慎。

▷ **successfully** adv

suc·ces·sion /sək'seʃn/ n

1 [C] 連續：a succession of accidents 一連串事故 **2** [U] 繼承：He died three years after his succession to the throne. 他繼承王位三年後死了。

◇ **in succession** 連續地

suc·ces·sive /sək'sesɪv/ adj

連續的；相繼的：launch successive attacks 連續發起進攻 / It is the fourth successive match we have won. 這是我們連續贏得的第四場比賽。

suc·ces·sor /sək'sesə(r)/ n

繼承人；繼任者：Who will be the *successor* to the throne? 誰將繼承王位？

◑ predecessor

such /sʌtʃ/

I *adj* 這樣的；如此的：Glory, honour, wealth and rank, *such* things are nothing but shadows. [諺] 榮譽、財富和地位，這些東西不過是過眼煙雲。

II *adv* 那麼：I have never seen *such* tall trees. 我從來沒有見過那麼高的樹。

III *pron* 這樣的人（或物）：*Such* was the case. 情況就是這樣。

◇ as such 以這種身份 / such and such 某某；如此這般的：They told me *such and such* a person had come to see me. 他們對我說，有個如此這般的人來找過我。/ such as 例如 / such...that 如此…（以致）：His authority was *such that* his words decided the matter. 他的權力很大，他說了話就把事情定了。

suck /sʌk/

❶ *vt* ■ 吸；嗍；吮：The baby is *sucking* its thumb. 嬰兒在吮自己的大拇指。 ■ 吸收：The sand *sucked* up all the rain water. 沙地把雨水吸得乾乾淨淨。 ❷ *vi* 吸；吮

sud·den /'sʌdn/ *adj*

突然的；意外的：*sudden* death 猝死 / launch a *sudden* attack 發起突然進攻

◇ all of a sudden 突然地

▷ suddenly *adv*

sue /sjuː/ *vt, vi*

控告；起訴：*sue* sb for slander 控告某人進行誹謗

suf·fer /'sʌfə(r)/

❶ *vt* ■ 遭受；蒙受：*suffer* heavy losses 蒙受重大損失 ■ 忍受；容忍：The writer could not *suffer* criticism. 這位作家容不得批評。 ❷ *vi* 受痛苦；患病：*suffer* from cancer 患癌症

suf·fer·ing /'sʌfərɪŋ/ *n* 痛苦；遭難

suf·fi·cient /sə'fɪʃnt/ *adj*

充分的；足夠的：Poverty is not a *sufficient* cause of disgrace. [諺] 貧窮不足以丟臉。 ▷ sufficiently *adv*

◑ enough, adequate

suf·fix /'sʌfɪks/ *n* 〈語〉後綴；詞尾

suf·fo·cate /'sʌfəkeɪt/

❶ *vt* ■ 使人窒息：The silence *suffocated* me. 寂靜使我透不過氣來。 ■ 把…悶死：A number of pupils were *suffocated* by the fumes. 有些小學生被濃煙燻死。 ❷ *vi* 窒息；悶死

suf·frage /'sʌfrɪdʒ/ *n* [C, U]

選舉權；投票權：American women did not gain their *suffrage* until 1920. 美國婦女直到 1920 年才贏得選舉權。

sug·ar /'ʃʊgə(r)/ *n* [U]

糖：beet *sugar* 甜菜糖 / cane *sugar* 蔗糖 / raw *sugar* 粗糖 / refined *sugar* 精糖 / crystal *sugar* 冰糖 / cube *sugar* 方糖 / a lump of *sugar* 一塊方糖

□ sugar beet 甜菜 / sugarcane *n* 甘蔗 / sugar-coated *adj* 裹糖衣的 / sugar-coating *n* 糖衣 / sugar corn 甜玉米 / sugar crop 糖料作物 / sugarmill 糖廠 / sugar-refinery *n* 糖廠

sug·gest /sə'dʒest/ *vt*

■ 建議；提議：*suggest* a plan 提出一個計劃 / Bill *suggested* that everyone (should) buy a Hong Kong map. 比爾建議每人買一份香港地圖。 ■ 暗示；示意：Silence *suggests* agreement. [諺] 沉

默意味着同意。 **3** 使聯想;使想到:
An idea *suggested* itself to me. 我想到一
個主意。

⇨ 用法説明見 PROPOSE

sug·ges·tion /sə'dʒestʃən/ n

建議;提議: make a *suggestion* 提出建
議 / Tom's *suggestion* was that we
(should) have a walk. 湯姆建議我們應當
去散步。

su·i·cide /'suːɪsaɪd/

I n [C, U] 自殺

◇ **commit suicide** 自殺

II adj 自殺的: a *suicide* airplane 自殺
飛機 / a *suicide* attack 自殺性攻擊 / a
suicide pilot 自殺飛機飛行員 / a *suicide*
mission 自殺性任務 / a *suicide* squad 敢
死隊

suit /sjuːt; suːt/

I n **1** [C] 一套(衣服): a business
suit 一套西裝 **2** [C] 〈律〉訴訟: a civil
(criminal) *suit* 民事(刑事)訴訟 / She
won (lost) the *suit*. 她勝(敗)訴了。

⇨ 插圖見 CLOTHES

II ❶ vt **1** 適合;中…的意: The
climate here *suits* me perfectly. 這裏的氣
候非常適合我。 **2** (衣服等)合適:
The skirt *suits* her well. 她穿這裙子正合
適。 **3** 相稱: *Suit* the action to the
word. 〔諺〕要言行一致。 **❷** vi **1** 合適
2 相配: Your shoes do not *suit* with
your dress. 你的鞋子跟你的衣服不配
套。

⇨ 用法説明見 FIT

suit·a·ble /'suːtəbl; 'sjuːtəbl/ adj

合適的;適當的: Such films are not
suitable for children. 兒童不宜看這種電
影。 ▷ **suitably** adv

❶ proper, appropriate

suit·case /'suːtkeɪs; 'sjuːtkeɪs/ n

小提箱;衣箱: The woman's baggage
is made up of two *suitcases*. 那女人的行
李有兩個小提箱。

suite /swiːt/ n [C]

(一套)房間;(旅館的)套房;(一套)
傢具: a dining-room (bedroom) *suite*
一套餐廳(臥室)傢具 / She lives in a
suite of rooms in this apartment. 她住在
這個公寓的一套房間裏。

sulk·y /'sʌlkɪ/ adj

生氣的;慍怒的: wear a *sulky* face 繃
着臉 / be in a *sulky* mood 鬱鬱不樂
▷ **sulkily** adv

sul·len /'sʌlən/ adj

1 不高興的;慍怒的: look *sullen* 滿臉
不高興 **2** (天空)陰沉的: The sky
was *sullen* this morning. 今天上午天空
陰沉沉的。

sul·phate /'sʌlfeɪt/ n

〈化〉硫酸鹽

sul·phur /'sʌlfə(r)/ n

1 硫;硫黃 **2** 硫黃色

sum /sʌm/

I n **1** 總數;〈數〉和: 19 is the *sum*
of 11 and 8. 19 是 11 與 8 的和。 **2** 算
術題: Can you help me do the *sum*? 你
能幫我做這道算術題嗎? **3** 金額: a
big *sum* 一筆巨款

◇ **in sum** 簡而言之

II ❶ vt **1** 計算總數: *sum* up the
costs 計算成本總數 **2** 總結;歸納:
Will you please *sum* up the text in a few
words? 請你用幾句話把課文內容歸納一
下。 **❷** vi 共計: The costs *summed* up
to two million pounds. 成本共計二百萬

英鎊。

◇ **to sum up** 總而言之 □ **summing-up** n 總結 / **sum-up** n 總結
❶ amount, total, whole

sum·ma·rize /ˈsʌməraɪz/ vt
總結；歸納：The situation is well *summarized* in this report. 這個報告對形勢作了很好的總結。

sum·ma·ry /ˈsʌmərɪ/ n
概要；歸納：The student has given a clear *summary* of the article. 該學生已清楚地歸納了這篇文章的要點。

sum·mer /ˈsʌmə(r)/ n
夏天；夏季：a *summer* resort 避暑勝地 / *summer* holidays (vacation) 暑假 / One swallow does not make a *summer*. [諺] 一燕不成夏。

□ **summer school** 暑期學校；暑期班/ **summertime** n 夏天 / **summer time** 夏令時間

sum·mit /ˈsʌmɪt/
I n [C] 頂點；極點：hold talks at the *summit* 舉行最高級會談 / The temple stands at the *summit* of a hill. 廟宇座落在一座小山頂上。**II** adj 最高級的：a *summit* conference (meeting) 最高級會議 / *summit* talks 最高級會談
❶ zenith
❶ base

sum·mon /ˈsʌmən/ vt
❶ 傳喚；召集：The dying man *summoned* his sons to his bedside. 那個男人在臨終前把他的兒子們叫到床前。
❷ 振作（精神）；鼓起（勇氣）：*summon* up all one's energy 竭盡全力
❶ call

su·mo /ˈsuːməʊ/ n [日] 相撲

sum·o·to·ri /ˌsʌməʊˈtɔːrɪ/ n
[日] 相撲運動員

sun /sʌn/ n
❶ 太陽；日：The *sun* is a huge ball, a million times larger than the earth. 太陽是一個巨大的球體，比地球大一百萬倍。❷ 陽光；日光：draw curtains to keep out the *sun* 拉上窗簾，擋住陽光 ❸〈天〉恆星

◇ **in the sun** 在陽光下 / **under the sun** 天下；世界上：There is nothing sure *under the sun*. [諺] 天底下沒有萬全的事。/ **rise with the sun** 早起

□ **sunbath** n 日光浴 / **sunbathe** vi 洗日光浴 / **sunbeam** n 陽光 / **sunburn** n 曬黑 / **sunburnt, sunburned** adj 曬黑的 / **sundial** n 日規 / **sunflower** n 向日葵 / **sunglasses** n 墨鏡；太陽眼鏡 / **sun-god** n 太陽神 / **sunlight** n 陽光 / **sunray** n 陽光 / **sunrise** n 日出：at *sunrise* 日出時分 / **sunset** n 日落：at *sunset* 日落時分 / **sunshade** n（女用）陽傘 / **sunspot** n 黑子 / **sunstroke** n〈醫〉中暑 / **suntan** n 曬黑

Sun·day /ˈsʌndɪ/ n
星期日；（基督徒的）禮拜日：on *Sunday* 在星期日 / last (next) *Sunday* 上（下）星期日 / this *Sunday* 本星期日 / on *Sunday* afternoon 星期日下午 / On *Sunday* morning, I usually go to Hong Kong Park with my grandpa. 星期日早上，我常常跟我祖父去香港公園。

□ **Sunday best**（去教堂穿的）禮拜服；最好的衣服；節日盛裝 / **Sunday school**〈宗〉主日學校

sun·ny /ˈsʌnɪ/ adj
❶ 陽光充足的；晴朗的：It is a *sunny*

day today. 今天天氣晴朗。 **2** 快活的；
開朗的：a *sunny* smile 愉快的笑容

su·per /'su:pə(r)/
I *adj* **1** 很棒的：This is a *super*
school. 這所學校棒極了。 **2** 特大的；
超級的；威力極大的：a *super* plane 超
級飛機 / a *super* hydrogen bomb 超級核
彈 / a *super* carrier 超級航空母艦 / the
Super Bowl（美國橄欖球）超級杯比賽
II *adv* 非常；超級：*super-heavy*
artillery 超重型火炮 / *super-high*
frequency 超高頻

su·perb /su:'pɜ:b/ *adj*
1 壯麗的：a *superb* scene 壯麗的景色
2 豐盛的：a *superb* banquet 豐盛的宴
會 **3** 上等的；極好的：The children
gave *superb* performances. 孩子們的演
出非常精彩。

su·per·fi·cial /ˌsu:pə'fɪʃl/ *adj*
1 表面的；表皮的：a *superficial*
resemblance 外表相像 / a *superficial*
wound (burn) 表皮受傷（燒傷） **2** 膚淺
的；一知半解的：He has only a
superficial knowledge of Chinese
history. 他對中國歷史只知道一點皮毛。

su·per·in·ten·dent
/ˌsu:pərɪn'tendənt/ *n*
1 監督人；主管人；負責人 **2** [美] 警
長；[英] 較高級警官 **3** （軍校等的）校
長；廠長；所長

su·pe·ri·or /su:'pɪərɪə(r)/
I *adj* **1** 優越的；優良的：A vacuum
cleaner is *superior* to a broom for
cleaning the floor. 用吸塵器打掃地板比
用掃帚好。 **2** （數量上）較多的：
attack with *superior* forces 以優勢兵力
發起進攻 **3** 上級的：*superior* officers
上級軍官
II *n* 上級；長官：I must report this to
my *superiors*. 我須向上級報告此事。
◑ inferior

su·pe·ri·or·i·ty /su:ˌpɪərɪ'ɒrəti/ *n* [U]
優越性；優勢：We do not doubt the
superiority of this machine over the
others. 我們不懷疑這台機器比之其他機
器的優越性。/ establish air *superiority*
建立空中優勢

su·per·mar·ket /'su:pəmɑ:kɪt/ *n*
超級市場

su·per·pow·er /'su:pəpaʊə(r)/ *n*
超級大國

su·per·son·ic /ˌsu:pə'sɒnɪk/ *adj*
1 超聲的；超聲波的：*supersonic*
waves 超聲波 **2** 超音速的：*supersonic*
speed 超音速 / a *supersonic* plane 超音
速飛機 / a *supersonic* rocket 超音速火箭
/ *supersonic* flight 超音速飛行

su·per·star /'su:pəstɑ:(r)/ *n*
超級明星：a *superstar* in gymnastics 體
操運動的超級明星

su·per·sti·tion /ˌsu:pə'stɪʃn/ *n* [C, U]
迷信；迷信行為：*Superstition* is the
religion of feeble minds. [諺] 迷信是弱智
者的宗教。
□ the thirteen superstition 認為 13
是不吉利的迷信

su·per·sti·tious /ˌsu:pə'stɪʃəs/ *adj*
迷信的：The old woman is very
superstitious. 這老太太非常迷信。/ do
away with *superstitious* practices 廢除迷
信的做法

su·per·store /'su:pəstɔ:(r)/ *n*
大型商場；大型超級市場

su·per·vise /'su:pəvaɪz/ *vt*

監督；管理： The univeristy is *supervised* by a board of directors. 這所大學由一個董事會管理。

● manage, govern

su·per·vi·sion /ˌsuːpəˈvɪʒn/ [U]

監督；管理： The project is under the direct *supervision* of the government. 這項工程由政府直接監督。/ He works hard with or without *supervision*. 不論有沒有人監督，他同樣努力工作。

sup·per /ˈsʌpə(r)/ n

晚餐；晚飯： have (eat) *supper* 吃晚飯 / It is time for *supper*. 吃晚飯時間到了。

□ **the Last Supper** 〈宗〉（耶穌及其十二門徒的）最後的晚餐 / **the Lord's Supper** 〈宗〉聖餐（儀式）

sup·ple·ment

I /ˈsʌplɪmənt/ n [C] **1** 增補；補充： The monthly bonus is an important *supplement* to his income. 每月獎金是他收入的一項重要補充。 **2** 補遺；增補；副刊： the New York Times Literary *Supplement* 紐約時報文學副刊 **3** 〈數〉補角

II /ˈsʌplɪment/ vt 補充： She *supplements* her income by contributing to the local newspapers. 她向當地報紙投稿，以補充自己的收入。

sup·ply /səˈplaɪ/

I vt 供應；提供： The farm *supplies* fresh milk for the school. 農場向學校供應新鮮牛奶。/ The Red Cross *supplied* the refugees with food and clothes. 紅十字會向難民提供食品和衣服。

II n **1** 供給（量）；供應（量）： *supply* and demand 供需 / There is an inadequate *supply* of doctors in the region. 這個地區醫生不夠。 **2** [supplies] 供應品： military *supplies* 軍需品

◇ **in short supply** 供應不足

sup·port /səˈpɔːt/

I vt **1** 支持；支援；擁護： She *supported* me in my difficulty. 她在我困難的時候支持了我。 **2** 支撐： Four pillars *support* the roof of the hall. 四根柱子支撐着大廳的屋頂。 **3** 供養；養活： One father can *support* ten children, ten children cannot *support* one father. 〔諺〕一個父親能撫養十個孩子，十個孩子卻養活不了一個父親。

II n **1** [U] 支持；支援；擁護： a *support* force 〈軍〉支援部隊 / *support* fire 支援火力 / a *support* mission 支援任務 / With your *support* I will surely succeed. 有你的支持，我定會成功。 **2** [C] 支撐物

● help, assist, aid

sup·port·er /səˈpɔːtə(r)/ n

1 支持者；擁護者 **2** 供養者

sup·pose /səˈpəʊz/

● vt **1** 猜想；料想： I *suppose* she is right. 我想她是對的。/ We *suppose* him to be ill. 我猜他是病了。 **2** 假定： *Suppose* it rains, what shall we do? 要是下雨，我們怎麼辦？ ❷ vi 猜想；料想

◇ **be supposed to** 被期望；應該： The rocket *is supposed to* put the satellite into orbit. 那枚火箭將要把衛星送入軌道。 ▷ **supposition** n

sup·press /səˈpres/ vt

1 鎮壓；壓制： *suppress* public opinion 壓制公眾輿論 **2** 抑制；忍住： *suppress* a yawn (tears) 忍住呵欠（眼淚）

su·preme /suːˈpriːm/ *adj*
1 最高的；至上的：the *supreme* court 最高法院 / the *supreme* command〈軍〉最高司令部 / the *supreme* commander 最高統帥 / The constitution is the *supreme* law of a country. 憲法是一個國家的最高法。**2** 最大的：a matter of the *supreme* importance 最重要的事

sure /ʃɔː(r); ʃʊə(r)/
I *adj* **1** 確信的；肯定的：I am *sure* that you will have a good time. 我相信你們會玩得很開心。/ They are *sure* to come. 他們肯定會來。**2** 確實的；可靠的：The *surest* way to be happy is to be busy. [諺] 達到快活的最可靠辦法是忙碌。**II** *adv* [美口] 一定；的確
◇ **for sure** 確實；肯定地 / **make sure** 查明；弄確實 / **sure enough** 果然 / **to be sure** 固然；誠然：She is pretty, *to be sure*, but very selfish. 她固然長得漂亮，但很自私。

sure·ly /ˈʃɔːlɪ; ˈʃʊəlɪ/ *adv*
1 確實；必定：We will *surely* succeed. 我們肯定會成功。**2** 諒必：*Surely* you would not do such a foolish thing. 諒必你不會幹這種傻事吧。

sur·face /ˈsɜːfɪs/
I *n* [C] **1** 面；表面：A cube has six *surfaces*. 立方體有六個面。/ Water covers nearly three quarters of the earth's *surface*. 水覆蓋着地球表面的約四分之三。**2** 水面：The dolphin rose to the *surface*. 海豚游出了水面。**3** 外表：They only touched the *surface* of the matter. 他們只觸及到問題的表面。
◇ **on the surface** 表面上
II *adj* **1** 表面的；外表的：*surface* area 表面面積 / *surface* contact 表面接觸 / *surface* tension〈物〉表面張力 **2** 水面的；地面的：*surface* observation 海面觀測 / *surface* ships 水面艦艇 / a *surface* wind 地面風
III *vi* **1** 露出水面：The submarine *surfaced*. 潛艇露出了水面。**2** 呈現；顯露：The problems began to *surface*. 問題開始暴露出來了。
□ **surface-to-air** *adj* 地對空的：*surface-to-air* missiles 地對空導彈 / **surface-to-surface** *adj* 地對地的：*surface-to-surface* missiles 地對地導彈

sur·geon /ˈsɜːdʒən/ *n*
外科醫生：A good *surgeon* must have an eagle's eye, a man's heart, and a lady's hand. [諺] 一名好的外科醫生要有鷹的眼、男子漢的勇氣和女人的手。
□ **Surgeon General** [美] 衛生局局長；[美] 軍醫處處長；[surgeon general] [英] 陸軍軍醫

sur·ger·y /ˈsɜːdʒərɪ/ *n* [U]
1 外科；外科學 **2** 外科手術：undergo *surgery* 動外科手術

sur·name /ˈsɜːneɪm/ *n*
姓；姓氏：George Washington's *surname* is Washington. 喬治·華盛頓的姓是華盛頓。
⇨ 用法説明見 NAME

sur·pass /səˈpɑːs/ *vt*
超越；勝過：His achievement *surpassed* our expectation. 他的成就出乎我們的預料。

sur·plus /ˈsɜːpləs/
I *n* [C] 剩餘（物）；過剩；盈餘；順差：The country has a *surplus* of rice. 該國大米過剩。/ trade *surplus* 貿易盈餘

II *adj* 剩餘的；過剩的：*surplus* labor 剩餘勞動力 / *surplus* population 過剩人口 / *surplus* stock 剩餘存貨

◐ excess

◑ deficit

sur·prise /səˈpraɪz/

I *vt* **1** 使驚奇；使詫異：The news *surprised* everyone of us. 消息使我們大家都感到吃驚。/ We were *surprised* at his behaviour. 我們對他的表現感到吃驚。 **2** 突然襲擊：The battalion *surprised* the enemy position at night. 這個營乘夜突襲敵人陣地。

II *n* **1** [U] 驚奇；詫異 **2** [C] 使人驚奇的事：What a *surprise*! 多麼令人驚奇的事！

◇ **in surprise** 驚異地 / **take by surprise** 出奇兵攻佔；使驚奇：Their victory *took* us *by surprise*. 他們的勝利使我們感到意外。/ **to one's surprise** 令人吃驚

◐ astonish, amaze

sur·pris·ing /səˈpraɪzɪŋ/ *adj* 令人吃驚的；令人意外的：It is *surprising* that she should have said nothing about the matter. 她竟然對這個問題守口如瓶，真令人吃驚。

▷ **surprisingly** *adv*

sur·ren·der /səˈrendə(r)/

I ❶ *vt* **1** 投降；自首：The criminal *surrendered* himself to the police. 罪犯已向警察自首。 **2** 交出；放棄：The president refused to *surrender* his privileges. 總統拒絕放棄他的特權。 ❷ *vi* 投降；自首：The enemy *surrendered* without firing a shot. 敵人不放一槍就投降了。 **II** *n* 投降；放棄：un-

conditional *surrender* 無條件投降 / accept the *surrender* 接受投降

◐ yield, submit

sur·round /səˈraʊnd/ *vt* **1** 圍繞：The house is *surrounded* by (with) trees. 房子的四周都是樹。 **2** 包圍：The city is *surrounded* in a tight ring. 這個城市被團團包圍。

sur·round·ing /səˈraʊndɪŋ/

I *n* [surroundings] 周圍的事物；環境：The *surroundings* of the university are beautiful. 大學四周的環境很優美。

II *adj* 周圍的：plant trees on the *surrounding* mountains 在周圍的山上種樹 / *surrounding* circumstances 周圍環境

sur·vey

I /səˈveɪ/ *vt* **1** 檢查；調查：*survey* population growth 調查人口增長情況 **2** 觀察：She *surveyed* me from head to foot. 她從頭到腳打量了我一番。 **3** 測量：*survey* land 測量土地

II /ˈsɜːveɪ/ *n* [C] **1** 檢查；調查：The manager gave a *survey* of the year's work in his speech. 經理在講話中概述了一年的工作。 **2** 觀察 **3** 測量：A *survey* should be made of the land before we buy it. 我們買下這塊地以前，應先測量一下。

▷ **surveyor** *n* 測量員

◐ measure

sur·viv·al /səˈvaɪvl/ *n* [U] 幸存；生存：*survival* equipment 救生設備 / *survival* kit 救生包 / *survival* exercise 救生演習 / *survival* training 自救訓練 / struggle for *survival* 為生存而鬥爭 / *Survival* favours the fittest. 適者生存。

sur·vive /səˈvaɪv/

❶ *vt* ❶ 幸存；幸免於：The house *survived* the earthquake. 房子沒有在地震中倒塌。❷ 比⋯活得長：The old man *survived* his wife by two years. 老頭比他的妻子多活了兩年。❷ *vi* 幸存

sur·vi·vor /sə'vaɪvə(r)/ *n*

幸存者：There were few *survivors* from the accident. 事故中沒有幾個幸存者。

sus·pect

   Ⅰ /sə'spekt/ *vt* 懷疑；猜想：The police *suspected* the man of smuggling gold. 警察懷疑那人走私黃金。/ I *suspect* that it will rain before dark. 我們覺得天黑以前要下雨。

   Ⅱ /'sʌspekt/ *n* [C] 嫌疑犯；可疑分子

sus·pend /sə'spend/ *vt, vi*

❶ 吊；懸：The lamp is *suspended* from the ceiling. 那燈吊在天花板上。❷ (使)中止；(使)暫停：He was *suspended* for one game. 他被罰停賽一場。

sus·pense /sə'spens/ *n*

❶ [U] 懸而未決：The site for the next meeting is still in *suspense*. 下次會議的地點尚未決定。❷ [U] 擔心；掛慮；懸念：The story kept us in *suspense* from beginning to end. 這本小説從頭至尾使我們處於緊張狀態。

sus·pi·cion /sə'spɪʃn/ *n* [C, U]

懷疑；疑心；猜疑：raise (cause) *suspicions* 引起懷疑 / I have a *suspicion* that he is ill. 我猜想他是病了。

◇ **above suspicion** 無可懷疑

sus·pi·cious /sə'spɪʃəs/ *adj*

❶ 有懷疑的；疑心的：He felt *suspicious* of (about) her intentions. 他懷疑她的意圖。❷ 可疑的；奇怪的：a *suspicious* man (noise) 可疑的人(聲音)

▷ **suspiciously** *adv*

sus·tain /sə'steɪn/ *vt*

❶ 支撐：These poles could not *sustain* the tent. 這幾根竹竿支撐不起帳篷。❷ 維持；供養：There is enough food to *sustain* us for a month. 我們有足夠維持一個月的糧食。❸ 蒙受：He *sustained* a great loss by the death of his friend. 朋友的死使他蒙受重大損失。

swal·low¹ /'swɒləʊ/ *n*

燕子：*Swallows* and sparrows cannot understand the ambitions of swans. [諺] 燕子和麻雀無法理解天鵝的雄心壯志。

□ **swallow-tailed** *adj* 燕尾式的；燕尾形的：*swallow-tailed* coat 燕尾服(男式晚禮服)

⇨ 插圖見〈專題圖説 13〉

swal·low² /'swɒləʊ/ *vt*

❶ 吞嚥：*swallow* food 吞嚥食物 / *swallow* tears 嚥下眼淚 ❷ 吞沒：The city was *swallowed* up by smog. 煙霧吞沒了城市。

swam /swæm/ swim 的過去式

swamp /swɒmp/ *n* [C, U]

沼澤；沼澤地 □ **swampland** *n* 沼澤地

swan /swɒn/ *n*

❶ 天鵝：Have you seen the ballet "Swan Lake"? 你看過芭蕾舞《天鵝湖》嗎？/ Every man thinks his own geese *swans*. [諺] 人人都把自己的鵝看作是天鵝。❷ 天鵝般純潔美麗的人

⇨ 插圖見〈專題圖説 13〉

swarm /swɔːm/

   Ⅰ *n* [C] ❶ (昆蟲等)群：a *swarm* of bees 一群蜜蜂 ❷ 一大群人：a *swarm* of reporters 一大群記者 Ⅱ *vi* 蜂擁；群集：The children *swarmed* into the auditorium. 孩子們擁進禮堂。

sway /sweɪ/ *vt, vi*

搖動；(使)搖擺：The young trees *swayed* in the wind. 小樹在風中搖擺。

swear /sweə(r)/

(swore, sworn, swearing)

❶ *vt* **❶** 宣誓；發誓：She *swore* by God that she had told the truth. 她向上帝發誓，她說了實話。**❷** 詛咒；咒罵

❷ *vi* **❶** 發誓 **❷** 咒罵：The boss *swore* at his secretary. 老板把他的秘書臭罵了一頓。

◇ **swear in** 使宣誓就職：He was elected president and *sworn in* to the office. 他當選為總統並已宣誓就職。

sweat /swet/

I *n* [U] **❶** 汗水：be wet (soaked) with *sweat* 被汗水濕透 **❷** [C] 出汗；一身汗：in a *sweat* 滿身大汗

◇ **in a cold sweat** 發冷汗；處於恐懼之中 / **no sweat** [美俚] 不用擔心

II *vi* **❶** 出汗：She is *sweating*. 她在冒汗。**❷** 幹苦活；努力工作：To get to the Olympics, Mary was willing to *sweat*. 為了參加奧運會，瑪麗樂意刻苦訓練。

sweat·er /'swetə(r)/ *n*

運動衣；套頭衫

sweep /swiːp/

I (swept, sweeping) **❶** *vt* **❶** 掃；掃除：The students *swept* their classroom clean. 同學們把教室打掃乾淨了。**❷** 沖走；席捲：The floods *swept* the huts away. 洪水沖走了小屋。**❷** *vi* **❶** 打掃：If each one *sweeps* before his own door the whole street is cleaned. [諺] 如果人人都打掃自家門前，整條街道也就

乾淨了。**❷** 席捲

II *n* **❶** 掃除：give the room a *sweep* 打掃房間 **❷** 掃煙囪工人

sweet /swiːt/

I *adj* **❶** 甜的；甜味的：The mineral water tastes a bit *sweet*. 礦泉水帶有一點甜味。**❷** 芳香的：The handsomest flower is not the *sweetest*. [諺] 最好看的花不一定是最香的。**❸** 可愛的；悅耳的：a *sweet* voice 悅耳的嗓音 / a *sweet* smile 可愛的笑容

◇ **have a sweet tooth** 愛吃甜食

II *n* **❶** 甜食；[英] [sweets] 糖果（= [美] candy）**❷** 甜味

□ **sweetheart** *n* 情人；愛人 / **sweet potato** 甘薯 / **sweet-tempered** *adj* 性情溫和的 ▷ **sweetly** *adv*

◐ **bitter, sour**

swell /swel/

I *vt, vi* (swelled, swollen/swelled, swelling) **❶** (使)膨脹；(使)腫脹：The ball *swelled* as soon as air was pumped in. 一打氣，球就鼓了起來。/ My hand is *swelling* up. 我的手在腫起來。**❷** (使)增長；增大；增高；增強：The river *swelled* up with the rain. 雨後河水上漲。

II *n* **❶** 膨脹 **❷** 隆起處 **❸** [U] 浪濤

swept /swept/

sweep 的過去式和過去分詞

swift /swɪft/ *adj*

快的；迅速的 ▷ **swiftly**

◐ **slow**

swim /swɪm/

I *vi* (swam; swum; swimming) 游泳：go *swimming* 去游泳 / Could you *swim* across the river? 你能游過河去嗎？

II *n* 游泳：go for a *swim* 去游泳

　□ **swimsuit** *n* 女游泳衣　▷ **swimmer** *n*

swim·ming /'swɪmɪŋ/ *n* 游泳

　□ **swimming pool** 游泳池

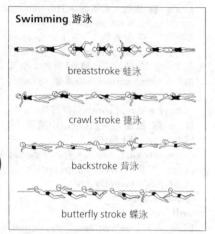

Swimming 游泳

breaststroke 蛙泳

crawl stroke 捷泳

backstroke 背泳

butterfly stroke 蝶泳

swing /swɪŋ/

I（swung; swinging）**❶** *vi* **1** 搖動；
搖擺：The pendulum *swings*. 鐘擺擺
動。**2** 旋轉：The door *swung* open.
門轉開了。**3** 懸掛：An electric bulb
swings from the ceiling. 天花板上掛着一
盞電燈。**❷** *vt* **1** 搖動：The teacher
swings the bell when it is time for class.
到了上課時間，老師就搖鈴。**2** 揮舞；
旋轉：The policeman *swung* a club at
the man. 警察朝那個人揮舞棍棒。

II *n* **1** [U] 搖擺　**2** [C] 鞦韆：The girls
play on a *swing*. 姑娘們蕩鞦韆。**3** [U]
節奏；[美] 搖擺舞音樂

◇ **in full swing** 活躍；全力進行　□
swing(ing) door 轉門 / **swing music**
搖擺舞音樂

switch /swɪtʃ/

I **❶** *vt* **1** 接通（切斷）電路：*switch*
on (off) the light (radio) 開（關）電燈
（收音機）**2** 轉變；改變：*switch*
tactics 改變策略　**❷** *vi* 改變；轉變：
Tom has *switched* to their side. 湯姆已轉
到他們一邊去了。

II *n* [C] **1** 開關　**2** 轉換；改變

　□ **switchboard** *n* 電話總機；交換機

swol·len /'swəʊlən/ swell 的過去分詞

sword /sɔːd/ *n* 劍；刀

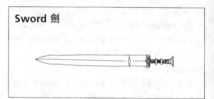

Sword 劍

swore /swɔː(r)/ swear 的過去式

sworn /swɔːn/ swear 的過去分詞

swum /swʌm/ swim 的過去分詞

swung /swʌŋ/
swing 的過去式和過去分詞

syl·la·ble /'sɪləbl/ *n* 音節

sym·bol /'sɪmbl/ *n* [C]

　1 象徵：The Great Wall is the *symbol*
of the Chinese nation. 長城是中華民族
的象徵。**2** 符號：chemical *symbols* 化
學符號 / phonetic *symbols* 音標

sym·bol·ize /'sɪmbəlaɪz/ *vt*

　象徵；代表：The 50 stars on the
American flag *symbolize* the 50 states of
the United States. 美國國旗上的 50 顆星
代表合眾國的 50 個州。

sym·me·try /'sɪmətrɪ/ *n* 對稱；勻稱

sym·pa·thet·ic /ˌsɪmpəˈθetɪk/ *adj*

　1 同情的；有同情心的：a *sympathetic*

teacher 有同情心的老師 / a *sympathetic* smile (look) 同情的微笑（目光）/ She feels *sympathetic* with the victims of Tokyo's subway incident. 她對東京地鐵事件的受害者十分同情。**2** 贊同的：be *sympathetic* to one's views 贊成某人的意見 **3** 〈物〉共振的；共鳴的：*sympathetic* resonance 共振 / *sympathetic* vibration 共鳴

sym·pa·thize /'sɪmpəθaɪz/ *vi*
1 同情：We *sympathize* with him over the loss of his father. 他失去了父親，我們表示同情。**2** 同感；贊成：*sympathize* with sb's opinion 贊成某人的意見

sym·pa·thy /'sɪmpəθɪ/ *n*
1 [U] 同情：feel *sympathy* for sb 對某人表示同情 / You have my *sympathy*. 我很同情你。**2** 同感；贊成 **3** 慰問：a letter (telegramme) of *sympathy* 慰問信（電）/ express *sympathy* for (with) sb 對某人表示慰問 **4** 〈物〉共振；共鳴

sym·pho·ny /'sɪmfənɪ/ *n* [C]
1 交響曲；交響樂 **2** 交響樂團

symp·tom /'sɪmptəm/ *n*
症狀；徵候：A hot skin is a *symptom* of fever. 皮膚發燙是發燒的症狀。/ The doctor examined all the *symptoms* before he wrote a prescription. 醫生檢查

了各種症狀後才開藥方。

syn·o·nym /'sɪnənɪm/ *n*
同義詞："Pardon" is the *synonym* of "forgive". Pardon 是 forgive 的同義詞。

syn·the·sis /'sɪnθəsɪs/ *n*
（複 = syntheses）〈化〉合成（法）

syn·thet·ic /sɪn'θetɪk/
I *adj* 合成的；人造的：*synthetic* leather 人造革 / *synthetic* fibre 合成纖維 / *synthetic* rubber 合成橡膠
II *n* [synthetics] 合成纖維織物

syr·up, sir·up /'sɪrəp/ *n*
糖漿；糖汁：She dosed her son with cough *syrup*. 她給兒子餵止咳糖漿。

sys·tem /'sɪstəm/ *n*
1 系統；體系：a computer *system* 電腦系統 / a railway (highway) *system* 鐵路（公路）系統 / the solar *system* 太陽系 / The bat has a very good radar *system*. 蝙蝠有個很好的雷達系統。**2** 制度；體制：a social *system* 社會制度 / an economic *system* 經濟體制 **3** 方式；方法：the traditional teaching *system* 傳統的教學方法

sys·tem·at·ic /ˌsɪstə'mætɪk/ *adj*
1 系統的；成體系的：He has made a *systematic* study of the animal. 他已經對這種動物作了系統研究。**2** 〈生〉分類（學）的 **3** 有步驟的；有條不紊的

S

T, t

T, t /ti:/

❶ 英語字母表的第二十個字母　❷ [T] T 字形物：a T-shirt 短袖圓領衫 / a T square 丁字尺

◇ **to a T (t)** 恰好；精確地：That job suited her *to a T*. 那件工作對她來説是再合適不過了。

ta·ble /'teɪbl/

I *n* ❶ [C] 桌子；台子；餐桌：a kitchen *table* 廚房用桌 / a dressing-table 梳妝台 / a tea-table 茶几　❷ [C] 表格；一覽表：a *table* of contents 目錄 / a time-table 時間表；時刻表

◇ **at table** 在進餐；席間 / **set the table** 擺好桌子準備用餐 / **turn the tables on sb** 扭轉局面；反敗為勝 / **under the table** 背地裏；私下的

II *vt* ❶ 把⋯製成表格　❷ [英] 提出（議案）；把⋯列入議事日程：*table* a motion (a bill) 一項動議

□ **table-cloth** *n* 桌布 / **table-spoon** *n* 大湯勺 / **table-tennis** *n* 乒乓球 / **tabletalk** *n* 席談；茶餘酒後之談 / **table-ware** *n* [U] [總稱] 餐具

tab·let /'tæblɪt/

n ❶ 藥片；小片；小塊：two *tablets* of aspirin 兩片阿司匹林 / a *tablet* of soap 一塊肥皂　❷ 碑；匾；（古代供刻寫用的）簡　❸ 便箋簿；拍紙簿

tack·le /'tækl/

I *n* ❶ [U] 裝備；用具：fishing *tackle* 釣具 / shaving *tackle* 剃鬚用具　❷ [C, U] 轆轤；滑車：block and *tackle* 滑車組　❸ （足球）鏟球；（橄欖球）擒抱

II ❶ *vt* ❶ （着手）解決；處理（問題）：*tackle* a problem 解決難題　❷ 向⋯交涉：*tackle* sb about (over) sth 為解決某一問題向某人交涉　❷ *vt, vi* （足球）阻截鏟球；（橄欖球）抱摔對方球員

tac·tics /'tæktɪks/ *n*

❶ [U] [用作單] 戰術；兵法：surprise *tactics* 突擊戰術　❷ [C] 策略；韜略；手段：The terrorist *tactics* are unlikely to help solve the matter. 恐怖手段無助於解決事情。

tag /tæg/

I *n* ❶ 標籤；標牌：Where are the airline *tags* on your luggage? 您行李上的航空公司標籤上哪兒去了？/ a price *tag* 價格標籤　❷ （衣服的）掛襻；（鞋帶的）金屬包頭　❸ 經常引用的詞句；口頭禪：biblical (Latin) *tags*《聖經》(拉丁) 語錄 / "Old sport" is one of his *tags*. "老夥計" 是他的口頭禪。❹〈計〉標識符；標牌

II (tagged, tagging) ❶ *vt* ❶ 加標籤：*tag* sth on (to) 給⋯加上標籤　❷ 添加；附加：That comment was actually *tagged* to the story. 這段評論實際上是附加在這個故事後的。❷ *vt, vi* [口] 尾隨

◇ **tag on to sb (tag along with sb, tag behind sb, tag after sb)** 尾隨；緊盯：*Tag along* with us if you like. 如果願意，就跟我們來吧。

tail /teɪl/

I *n* **1** 尾巴 **2** 尾狀物；音符尾：the *tail* of a kite 風箏尾 / wearing *tails* 穿（男子的）晚禮服 **3** 末尾；尾部：the *tail* of the waiting line 排隊的末尾 / the *tail* of a plane 飛機的尾部 **4** 隨從 **5** [常作 tails] 錢幣的反面：Heads or *tails*?（用擲硬幣來決定某事時說）你要正面還是反面？

◇ **at the tail of** 尾隨 / **have one's tail up** 趾高氣揚 / **turn tail** 拔足而逃 / **with one's tail between one's legs** 夾着尾巴；灰溜溜地

II *vt, vi* [口] 尾隨；跟蹤：*tail* (after) a person 跟蹤某人

□ **tail-board** *n*（卡車等的）後擋板 / **tail-coat** *n* 燕尾服 / **taillight** *n*（車輛的）尾燈；後燈

◑ **head**

tai·lor /ˈteɪlə(r)/

I *n*（尤指縫製男外套的）裁縫；成衣商：the *tailor's* 裁縫店

II *vt* **1** 裁製；剪裁：a well *tailored* suit 一套裁製合體的衣服 / *tailor* a coat 裁製一件外套 **2** 改編；改裝：*tailor* the story to the taste of the readers 改編故事以迎合讀者的口味

◇ **The tailor makes the man.** [諺] 佛靠金裝，人靠衣裝。□ **tailor-made** *adj* 裁縫做的；特製的 / **tailorship** *n* 裁縫業；成衣活

take /teɪk/

I（took, taken, taking）❶ *vt* **1** 拿；取；奪取：*take* sth in one's hands 把…拿在手中 / *take* two enemy fortresses 攻佔兩座敵堡 **2** 捕獲；抓：*take* sb prisoner 俘虜某人 / *take* a criminal 捉拿罪犯 **3** 攜；捎去；帶領：He *took* the book to the library. 他把書拿到圖書館去。/ He *took* me to a supermarket. 他帶我去了一家超市。 **4** 獲得：*take* (the) first place 得第一 / *take* cold 得感冒 / *take* one's leave 告辭 **5** 接受：*take* legal advice 作法律咨詢 / *take* things as they are 安於現狀；順其自然 **6** 承擔：*take* the blame 承擔過錯 / *take* the part of the heroine 扮演女主角 **7** 忍受：*take* no nonsense 不容許胡來 **8** 容納；吸收：the cloth that *takes* dye well 易染色的布 **9** 需要：It *takes* two to make a quarrel. 一個巴掌拍不響（或：有兩個人才能吵得起架。）。 **10**（後接名詞組成動賓結構，表示一次動作，意義與相應動詞同）：*take* a bath (a look, a rest, a walk) 洗澡（看一看、休息一下、散散步）**11** 吸引；誘惑：He is much *taken* with you. 他相當喜歡你。/ Don't let her *take* you with her eyes. 不要被她的眼睛迷住了。 **12** 取去；奪走：*take* a tenth 十分抽一 / Aids has *taken* many lives. 艾滋病奪走了許多人的生命。 **13** 理解；理會：You *take* me right. 你了解我。/ *take* a hint 會意 **14** 視為；以為：*take* them as spies 把他們當做間諜 / Don't *take* my patience as a sign of weakness. 不要將我的耐心看成是懦弱。 **15** 吃；喝；服（藥）；吸入：We usually *take* lunch at about twelve. 我們通常十二點左右吃午飯。/ *take* medicine 服藥 / *take* some fresh air 呼吸些新鮮空氣 **16** 就座：*Take* a seat, please. 請坐。 **17** 採取（行動）；挑選：*take* action 採取行動 / Here are different kinds of gloves, please *take* whatever you like. 這兒有各種各樣的手套，您喜歡甚麼樣的就挑甚麼樣的吧。 **18** 搭乘（交通工具）：*take* a bus (train, plane, boat, etc) 乘公共汽車（火車、飛機、輪船等） **19** 佔用；花費（空間、時間、精力等）：It won't *take* a lot of room in your suitcase. 這佔不了你手提箱多少地方。/ It *takes* a lot of labour. 這得費不少勁。/ It *takes* him half an hour to clean the room. 他花半個鐘點打掃房間。 **20** 測量；測定：*take* temperature 量體溫 / *take* a poll 做一次民意測驗 **21** 拍照；記錄：*take* a picture 拍照 / *take* notes 做筆記 **②** *vi* **1** 抓住：The catch cannot *take*. 這把鎖鎖不上。 **2** 起作用；有效果：The lesson will *take*, I'm sure. 我敢說這個教訓會被吸取的。 **3** 扎根；發芽：The seeds have *taken*. 種子發芽了。 **4** 拍照：How do I *take*? 我上不上照？

◇ **take aback**（常用被動語態）使吃驚 / **take advantage of** 利用 / **take after** 追逐；與⋯相像：She *takes after* her father in her looks and disposition. 她的長相和性格都像她父親。/ **take apart** 拆卸 / **take away** 拿走；移去 / **take back** 收回 / **take for**（誤）認為：I was *taken for* my brother. 我被當成了我哥哥。/ **take for granted** 視為當然：John *took* it *for granted* that he could pass the exam. 約翰認為自己一定能通過考試。/ **take in** 接受；領會；欺騙：Mary *took in* this homeless child. 瑪麗收留了這個無家可歸的孩子。/ The girl could not *take in* his meaning. 姑娘不能領會他的意思。/ If you trust him, you will be nicely *taken in*. 如果你相信他，

那你就大大地受騙了。/ **take it from me (take my word for it)** 相信我的話：He won't come, *take it from me* (or *Take it from me* that he won't come.). 他不會來的，相信我。/ **take off** 起飛；脫掉：The plane *took off* at four this afternoon. 飛機下午四點起飛了。/ Don't *take* your coat *off*, it is cold in the room. 別脫掉外套，屋子裏冷。/ **take on** 承擔；採用；僱用：Herbert *takes on* additional work in the evening. 霍伯特晚上還兼做其他工作。/ **take over** 接管；採用：Mr. Collins will *take over* my duties tomorrow. 柯林斯先生明天就會來接手我的工作。/ **take to** 開始；喜好；耽於：The little girl was so cute that my wife *took to* her at once. 這小女孩十分乖巧，我太太一下子就喜歡上了她。/ **take up** 開始；從事；佔用：I'll *take up* the matter right away. 我會馬上就着手處理這件事的。/ That bed *takes up* the major portion of the small room. 那張床佔去了這個小房間的大部分空間。/ **take up with** 致力於；醉心於：She *took up with* the idea of becoming a film star. 她一心想當個電影明星。

II *n* **1** 拿；取 **2** 收獲：the monthly *take* from overtime work 每月的加班收入 / a large *take* of fish 捕到許多魚 **3** 一次拍攝的鏡頭：select the best *takes* 挑選拍得最好的鏡頭

◑ seize, grasp, grab
◐ bring, give
⟹ 用法說明見 BRING

tak·en /ˈteɪkən/ take 的過去分詞

tale /teɪl/ *n*

1 [C] 故事；傳說：fairy *tales* 童話故事

/ *tales* of adventure 冒險故事 **2** 敘説；陳述：That is a true *tale* of the battle. 那是關於這場戰鬥的真實記事。**3** 謊言；流言：tall *tales* 騙人的鬼話

◇ **a tale of a tub** 無稽之談 / **old-wives' tales** 迷信故事 / **tell a tale** 暴露實情；説明問題 / **tell tales** 搬弄是非；背後説人壞話：Do not *tell tales* out of school. [諺] 切莫搬弄是非。/ **a twice-told tale** 老掉牙的故事；陳詞濫調 □ **tale bearer (carrier, teller)** *n* 搬弄是非的人

◑ story

tal·ent /'tælənt/ *n*

1 [C, U] 天資；天才；才幹：have a special *talent* for languages 具有語言的特殊天賦 / a rare *talent* 奇才 **2** 人才：He is a real *talent* in mathmatics. 他在數學方面真是個人才。/ a *talent* contest 發現歌壇、戲劇新秀等的選拔賽

◇ **hide one's talents in a napkin** 埋沒自己的才幹 ▷ **talented** *adj* 天才的；有才幹的：a *talented* young teacher 有才幹的年輕教師

◑ gift, aptitude, faculty

◐ inability

talk /tɔːk/

I ❶ *vi* **1** 談話；談論；講演：We *talked* for two hours. 我們交談了兩小時。/ He *talked* about Shakespeare this evening. 他今晚談論了莎士比亞。**2** 説長道短；説閑話：Don't do this, you know how people will *talk*. 別幹這事，你知道別人會怎麼説。**3** [口] 吐露秘密；招供：No one can make him *talk*. 誰也無法使他招供。**❷** *vt* **1** 講；説：You are just *talking* nonsense. 你是在説

胡話。**2**（用特定語言）講：*talk* English 説英語 **3** 談論；討論：*talk* poetry (politics, philosophy, etc.) 談論詩歌（政治、哲學等）

II *n* **1** [C, U] 講話；談話：have a serious *talk* with sb 和某人嚴肅地談一談 **2** [C]（尤指非正式的）講座：give a *talk* on... 就…開一個講座 **3** [常作 talks] 會談；會議：the summit *talks* 最高級會談 **4** 説閑話

◇ **big talk** 説大話；吹牛 / **Now you are talking.** 這才像話；這麼説就對了。/ **small talk** 閑聊；嘮家常 / **talk back** 頂嘴：Don't you *talk back* to me. 別跟我頂嘴。/ **talk over** 詳盡地商議：That's a good idea, let's *talk* it *over* this evening. 這個主意不錯，讓我們晚上討論一下吧。/ **talk sb into (out of doing) sth** 勸説某人（不要）幹某事 / **The fool talks, and the wise man thinks.** [諺] 蠢人高談，智者沉思。

◑ say, speak, tell

⇨ 用法説明見 SAY

tall /tɔːl/ *adj*

1（身材、物體）高的：a *tall* girl 高個子女孩 / a *tall* tree 高樹 / He is six feet *tall*. 他身高六英尺。**2** 誇大的；難以置信的：a *tall* story 令人難以置信的故事

◇ **A tall tree catches the wind.** [諺] 樹大招風。

◑ high

◐ short

⇨ 用法説明見 HIGH

tal·ly /'tælɪ/

I *n* **1** [C] 符木；計數的籤 **2** 記賬；記錄：keep a *tally* of the daily expense 記錄每天的花費

II *vi* (tally with) 清點；符合：The two lists do not *tally*. 這兩份單子不相符。

tame /teɪm/

I *adj* **1** （動物）馴服的；聽話的：a *tame* elephant 馴服的大象 **2** 溫順的；順從的：a *tame* husband 順從的丈夫 / a *tame* personality 溫順的性格

II **❶** *vt* **1** 馴服；馴養：*tame* a tiger 馴服老虎 **2** 控制；抑制：*tame* a strong urge 抑制某種強烈的衝動 **❷** *vi* 變得馴服；變得溫順：He refused to *tame* down. 他決不折服。

▷ **tamer** *n* 馴養員；馴獸大師 / **tamable** *adj* 可馴服的

❶ submissive, domesticated
❶ wild, fierce

tan /tæn/

I *n* **1** 鞣料樹皮 **2** （日曬後）棕褐色（的皮膚） II *adj* 棕褐色的；棕黃色的：*tan* gloves 棕黃色的手套 III *vt, vi* (tanned; tanning) （使）…曬黑：a *tanned* face 曬黑的臉 / Her skin is so white that it seems it can never *tan*. 她的皮膚真白，好像怎麼也曬不黑。

tang /tæŋ/ *n*

1 強烈的味道或氣味：the *tang* of the sea air 濃重的海上空氣 / a *tang* of onion in the salad 色拉裏一股洋蔥味兒 **2** 特性；風味：the African *tang* 非洲風味

tan·gent /ˈtændʒənt/

I *n* 〈數〉正切；切線
II *adj* 正切的；切線的

◇ **go (fly) off at a tangent** 突然改變原先的思路、行為等：The essay *went off at a tangent*. 文章突然跑了題。

tank /tæŋk/

I *n* **1** （裝液體、氣體的）箱；罐：a gasoline *tank* 汽油桶 / an auxiliary fuel *tank* （飛機的）副油箱 / a water *tank* 水箱 **2** 坦克：a heavy *tank* 重型坦克
II *vt* 把…放在箱（罐、桶等）內
▷ **tanker** *n* 油輪；運油車；加油飛機

tan·noy /ˈtænɔɪ/ *n* （亦作 Tannoy）坦諾依（一種牌子的擴音器）；擴音系統

tap¹ /tæp/

I *n* 水龍頭：*tap* water 自來水
II (tapped; tapping) *vt* **1** 在…開孔；打開旋塞（以將液體放出）：*tap* a barrel of beer 打開一桶啤酒 **2** 開發：*tap* natural resources 開發自然資源 **3** 竊聽：*tap* phones 竊聽電話

tap² /tæp/

I *vi* 輕拍；輕叩：*tap* on the door 叩門；敲門
II *n* **1** [C] 輕拍；輕叩：a *tap* on the window 在窗上輕叩一下 **2** 踢躂舞
❶ knock

tape /teɪp/

I *n* **1** [C, U] 帶子；狹帶 **2** 膠布；透明膠帶 **3** 錄音帶；磁帶
◇ **red tape** 官僚作風；繁文縟節
II *vt* **1** 用膠布封住（up）：She was *taped* up when brought in. 她被帶進來時，嘴上被膠布封着。 **2** 用磁帶錄音：have the song *taped* 把這首歌錄下來
□ **tape-recorder** *n* 錄音機 / **tape-recording** 磁帶錄音
⇨ 插圖見〈專題圖説 2〉

tar /tɑː(r)/

I *n* [U] 瀝青；柏油 II *vt* (tarred, tarring) 塗（澆）柏油於…
□ **tar-paved** （路面）鋪柏油的

tar·get /ˈtɑːgɪt/ *n*

1 目標；靶子：hit the *target* 擊中靶子

（目標）/ The power station was the *target* of the air strike. 發電站是這次空襲的目標。**2** 對象（for, of）: the *target* for criticism 批評對象 **3** 指標；目標: a production *target* 生產指標 / a project *target* 項目目標

◇ **an easy target** 容易擊中的目標；容易遭受批評（攻擊）的人: His bold suggestion turned him into *an easy target* for the opposition. 他的大膽建議使他成為反對派攻擊的目標。/ **target language** 目標語言；譯入語 / **off target** 偏離目標；不準確 / **target practice** 練習打靶

tar·iff /'tærɪf/

I *n* **1** [C] 關稅表；關稅；關稅率: a *tariff* barrier (= tariff wall) 關稅壁壘 **2** （旅館等的）價目表；收費表: the railroad *tariff* 鐵路運價表

II *vt* 對…徵收關稅

task /tɑːsk, tæsk/

I *n* [C] 任務；（尤指艱巨的）工作: He finds house-keeping quite a *task*. 他發現管理家務的確不容易。/ carry out a *task* 執行一項任務

II *vt* 給…派任務: He was *tasked* to work out a teaching plan for the next term. 他被指派制定下學期的教學計劃。

◑ chore, job, assignment

taste /teɪst/

I *n* **1** [C, U] 味道；味: a sweet *taste* 甜味 **2** 嘗一嘗: Just have a *taste* of this dish. 嘗嘗這個菜。**3** 體驗；經受: He has had a *taste* of sorrow. 他已經嘗到了悲哀的滋味。/ a *taste* of success 成功的體驗 **4** [U] 趣味；品味；鑒賞力: He has no *taste* for music. 他對音樂根本

沒有鑒賞力。/ a good (bad) *taste* 趣味高尚（低下）

II **❶** *vt* **1** 嘗；品嘗: Can you *taste* anything strange in this soup? 你能嘗出這湯裏有股甚麼怪味嗎？**2** 體驗；經受: *taste* the bitterness of life 嘗到生活的苦澀 **❷** *vi* 嘗起來: The biscuits *taste* good. 這餅乾味道不錯。/ The milk *tastes* sour. 這牛奶有股酸味。

◇ **A good medicine tastes bitter.** [諺] 良藥苦口。/ **to sb's taste** 合某人口味

▷ **tasteful** *adj* 有鑒賞力的；品味高雅的 / **tasteless** *adj* **1** 淡而無味的 **2** 俗氣的；無鑒賞力的

⇨ 用法説明見 FEEL

taught /tɔːt/

teach 的過去式和過去分詞

tav·ern /'tævən/ *n*

1 小酒館 **2** 小旅館

tax /tæks/

I *n* [C, U] 稅；稅款: levy a *tax* on 對…徵税 / the business *tax* 營業税 / import (export) *tax* 進口（出口）税

II *vt* **1** 對…徵税: *tax* tobacco (wine) 徵收煙（酒）税 **2** 繳納（車輛）牌照税: Have you *taxed* your new car? 你的新車繳過牌照税了嗎？

□ **tax-free** *adj* 免税的 / **taxman** *n* 收税員 / **taxpayer** *n* 納税人

tax·a·tion /tæk'seɪʃn/ *n*

1 [U] 徵税；税制: be exempt from *taxation* 免税 / the rate of *taxation* 税率 **2** 税款；税收

tax·i /'tæksi/ *n*

出租汽車；計程車；的士

□ **taxi-cab** *n* 出租汽車 / **taxi metre** *n* 出租車計程器

⇨ 插圖見〈專題圖説 6〉

T-dress /'ti:dres/ *n*
(可當外衣穿的) 長圓領衫（=T-shirt）

tea /ti:/ *n* [U]
茶葉；茶：a pot of strong (black, green) *tea* 一壺濃（紅、綠）茶 / afternoon *tea* 下午茶

teach /ti:tʃ/（taught, teaching）
❶ *vt* ❶ 教；講授：*teach* English 教英語 / *teach* music 教音樂 ❷ 教訓：*teach* sb a (good) lesson（好好）教訓某人 ❷ *vi* 教書；當教師：He *teaches* in Oxford. 他在牛津教書。
◇ **Don't teach your grandmother to suck eggs.** [諺] 不要班門弄斧。
◐ instruct, educate, train
◑ learn

用法説明：**Teach**、**instruct**、**train**、**educate** 四詞中，**teach** 用得最廣泛，可以指教授某一學科或技能，如：He teaches history at a community college. (他在一社區學院教歷史。) My father taught me to drive. (父親教我開車。) **Instruct** 指傳授實踐知識，並着重採用一套特殊的方法。如：He instructed the young workers in the use of the safety equipment. (他指導青年工人使用安全設備。) **Train** 是指使人獲得某種本領或技能，達到從事某工作的必要水平，如：train soldiers / airmen / a horse / a dog (訓練士兵／飛行員／馬匹／狗等)。**Educate** 則強調在知識和智力方面進行全面的培養，尤其通過學校的正規教育。

teach·er /'ti:tʃə(r)/ *n*
教師；老師；教員：a *teacher* of English 英語教師

◇ **Experience is the best teacher.** [諺] 經驗是最好的老師。
◐ student

teach·ing /'ti:tʃɪŋ/
I *n* [U] 教學；教書 **II** *adj* 教學的：*teaching* materials 教材

tea·cup /'ti:kʌp/ *n* 茶杯

team /ti:m/
I *n* 班；組；隊：a basketball *team* 籃球隊 / a rescue *team* 救援小組 / *team* spirit 團隊精神；集體精神 **II** *vt* 使編成一隊；使合作：*team* the old with the young 把老人和年輕人編成一組
□ **team-mate** *n* 隊友 / **team work** 協力；配合；協同工作

team-teach /'ti:m'ti:tʃ/ *vt*
小組協同教學（由一教師將各自所教課程進行合併教學）

tea·pot /'ti:pɒt/ *n* 茶壺

tear¹ /tɪə(r)/
I *n* [C] 眼淚；淚水：an outburst of *tears* 放聲大哭
◇ **in tears** 流着淚 / **shed tears** 流淚 / **without tears** 容易學的：To Mary, knitting can be learned *without tears*. 對瑪莉來説，織毛衣輕而易舉就能學會。
II *vi* 流淚：His eyes *tear* in the wind. 他的眼睛被風吹得流淚。
▷ **tearful** *adj* 哭泣的：*tearful* eyes 淚眼

tear² /teə(r)/（tore, torn）
❶ *vt* ❶ 撕開；撕破：He *tore* the letter into pieces. 他把信撕成碎片。 ❷ 撕掉；撕下：She *tore* a page from her exercise-book. 她從練習本上撕下一頁紙來。 ❸（常用被動語態）混亂；不安；苦惱：*torn* by grief 悲痛之至 / a

country *torn* by war 飽受戰亂的國家 ❷
vi **1** 被撕破：This kind of cloth *tears*
easily. 這種布很容易撕破。 **2** 飛奔；
疾馳：At the news, she *tore* away
excitedly. 一聽到這個消息，她便興奮地
飛奔而去。

◇ **torn between** 在⋯間難於選擇；左
右為難：I was *torn between* accepting
and rejecting her invitation. 我真不知道
是該接受她的邀請呢，還是拒絕。/ **tear
oneself away from** 忍痛離開：The
novel is so interesting that I can hardly
tear myself away from it. 這本小說太好
看了，我放都放不下。

◑ rip, rend

tease /tiːz/

❶ *vt* **1** 戲弄；逗弄；惹惱：She
teased her roommate about her hair
style. 她取笑同屋女孩的髮型。 **2** 挑
逗：She knows how to *tease* her boss
with her charms. 她知道怎樣用嫵媚來挑
逗她的老板。 ❷ *vi* 戲弄；逗弄：Don't
get offended, he is just *teasing*. 別生
氣，他只是逗逗你而已。 ▷ **teasing** *adj*
戲弄的 / **teasingly** *adv* 戲弄地

tech·ni·cal /'teknɪkl/ *adj*

1 技術上的；技巧方面的：*technical*
difficulties 技術上的困難 / a *technical*
error in the negotiation 談判中的技術性
錯誤 **2** 專門的；工藝的：This article is
too *technical*. 這篇文章技術性太強。/
technical terms 專門術語 / *technical*
knowledge 工藝知識

tech·ni·cian /tek'nɪʃn/ *n*
技術員；技師

tech·nique /tek'niːk/ *n*
1 [U] 技巧：the *technique* of creative

writing 創作技巧 **2** [C] 技術：
advanced *techniques* 先進技術

用法説明：**Technique** 作為可數名詞，指
做某件事或完成某項工作的具體方法、技
術、技巧，如：writing techniques（寫作
方法）；它也可用作不可數名詞，指技
藝，如：Her technique in painting is
superb.（她的繪畫技藝精湛絕倫。）
Technology 指科學技術知識的實際應用，
如：high technology（高科技）、recent
advances in medical technology（醫學技
術的新進展）。

---

tech·no·lo·gy /tek'nɒlədʒɪ/ *n* [U]
技術（學）：modern science and
technology 現代科學技術

◑ technique

te·dious /'tiːdɪəs/ *adj*
冗長的；囉嗦的；令人生厭的：a
tedious talk 冗長的講座（話）
▷ **tediously** *adv*

◑ boring

teem /tiːm/ *vi*
1 充滿；充足：Your letter is *teeming*
with misspellings. 你的信裏盡是拼寫錯
誤。 **2** 下大雨：It's *teeming* (with)
rain). 下傾盆大雨。

teen·age /'tiːneɪdʒ/ *adj*
十幾歲（指十三到十九歲）：a *teenage*
boy 十幾歲的男孩

teen·ag·er /'tiːneɪdʒə(r)/ *n*
（十三到十九歲的）青少年

teens /tiːnz/ *n*
十幾歲（年齡）：He is in his *teens*. 他
十幾歲。

teeth /tiːθ/ tooth 的複數

te·le·com·mu·ni·ca·tion

/'telɪˌkəmjuːnɪ'keɪʃn/ n

1 電信 **2** 電信學 [常作 telecom-munications]

te·le·con·fer·ence /'telɪˌkɒnfərəns/
I n （通過電話、電視等媒介進行的）電信會議 **II** vi 參加（召開）電信會議

te·le·fac·sim·i·le /ˌtelɪfæk'sɪmɪlɪ/ n
電話傳真（= telephone + facsimile）

te·le·gram /'telɪgræm/
I n [C] 電報 **II** vt, vi 向…發電報
◑ telegraph, telegraphy

te·le·graph /'telɪgrɑːf/
I n **1** 電報：by telegraph 用電報發送 **2** （一份）電報（= telegram）
II vt 用電報發送信息；打電報給：She telegraphed him the result. 她拍電報告訴他結果。

te·le·phone /'telɪfəʊn/
I n **1** [U] 電話：make a telephone call 打個電話 **2** [C] 電話機
◇ by telephone 通過電話：You can book your ticket by telephone. 你可以打電話訂票。/ **on the telephone** 在打電話：You're wanted on the telephone. 有電話找你。
II vt 打電話給：Please telephone me about your decision tomorrow. 明天請打電話告訴我你的決定。

用法説明：**Telephone**、**phone**、**call**、**ring** 四詞均可指"打電話"。**Telephone** 最為正式，現在一般只用在書面語言裏，**phone** 用得最普遍，**call** 次之，**ring** (up) 多用於英國英語。常用的表達方式有：phone sb up, ring sb up; give sb a phone/ring/call; have or receive a call/ring (NOT a telephone); on the phone。

---

te·les·cope /'telɪskəʊp/
I n 望遠鏡：a radio telescope 射電望遠鏡 / a binocular telescope 雙筒望遠鏡
II vt, vi 使疊縮；縮短：He telescoped his tripod. 他把三腳架縮了回去。

te·le·vi·sion /'telɪvɪʒn/ n
1 [U] 電視：watch television 看電視 / a television tower 電視塔 **2** [C] 電視機：a colour television 彩色電視機
⇨ 插圖見〈專題圖説 2〉

te·lex /'teleks/
I n 用戶直通電報；電傳
II vt, vi 發電傳

tell /tel/ (told, telling)
❶ vt **1** 講；説；告訴：tell a story 講故事 / tell a lie 説謊 **2** 吩咐；命令：Please do as you're told. 請照要求辦。
3 分辨；識別出；説出：Can you tell a real Rembrandt from a fake? 你能分辨出哪一幅是倫勃朗的真品，哪一幅是贗品嗎？ **❷** vi **1** 講述（of, about）：He told about his childhood yesterday. 昨天他談了自己的童年。 **2** 確切地説：It may be a good thing, who can tell? 也許這是件好事，誰知道呢？ **3** 説出；洩密：It's a secret between us, so please don't tell. 這是我倆的秘密，別説出去。
◇ Don't tell me (that) （表示驚訝、不相信）不可能吧！：Don't tell me that you failed in the final exam again! 你不會期末考試又不及格吧！/ **I'm telling you.** 我説的沒錯，相信我。/ **Tell not all you know, nor do all you can.** [諺] 話不可説完，力不可使盡。/ **tell on sb** 告發某人：You will not tell on me, will you? 你不會告發我吧？/ **You (one) can never tell.** 誰也説不清；很難説（預料）

/ **there is no telling** 很難説；不可預
料：*There is no telling* when he will
return. 説不上他甚麼時候會回來。/ **You
are telling me!** 不用你説，我早知道
了。
◐ relate, recount, narrate
⇨ 用法説明見 SAY

tel·ler /ˈtelə(r)/ *n*
1 講故事者 (= story teller) **2** （美國銀
行的）出納 **3** 計選票者

temp /temp/
I *n* （temporary 的縮略，用於口語）臨
時僱員；臨時秘書 **II** *vi* 當臨時僱員／
秘書 **III** *adj* 臨時的

tem·per /ˈtempə(r)/
I *n* **1** 心情；情緒；脾氣：be in a
good (bad) *temper* 心情好（不好）／ He
has a quick *temper*. 他脾氣急躁。 **2** 冷
靜：lose one's *temper* 發脾氣／ keep
one's *temper* 保持冷靜 **3** 怒氣：show
a fit of *temper* 發一通脾氣 **4** （金屬的）
硬度；強度；韌度
II *vt, vi* **1** 〈冶〉加強（鋼的）硬度；
使回火 **2** 鍛煉：be *tempered* in war
經受過戰爭的鍛煉 **3** 使緩和；使溫和：
justice *tempered* with mercy 量刑從寬
◐ disposition

tem·per·a·ment /ˈtemprəmənt/ *n*
[C, U] 氣質；性情：an artistic
temperament 藝術氣質／ The two sisters
have entirely different *temperaments*. 這
兩姐妹性格截然不同。
▷ **temperamental** *adj* 氣質的；性情的

tem·per·ate /ˈtemprət/ *adj*
1 溫和的；克制的：be *temperate* in
one's language 講話措辭溫和 **2** 節制
的：He is very *temperate* in drinking. 他

喝酒很節制。 **3** （氣候等）溫和的：a
temperate climate 溫和的氣候／ the
temperate zone 溫帶
▷ **temperately** *adv*
◐ moderate

tem·per·a·ture /ˈtemprətʃə(r)/ *n*
[C, U] **1** 氣溫；溫度：low (high)
temperature 低（溫）高 **2** 體溫：take
one's *temperature* 給某人量體溫 **3** 熱
度；發燒：She has a high *temperature*.
她發高燒。

tem·pest /ˈtempɪst/ *n*
1 風暴；暴風雨；暴風雪 **2** 騷動；風
潮：the *tempest* of the French Revolu-
tion 法國革命的暴風驟雨／ a *tempest* of
applause 一陣暴風雨般的掌聲
◇ **a tempest in a barrel (bucket,
teapot)** 大驚小怪

tem·ple[1] /ˈtempl/ *n*
1 廟；寺；神殿；教堂：the *Temple* of
Heaven（北京）天壇 **2** 殿堂；會堂：
a *temple* of arts 藝術殿堂

tem·ple[2] /ˈtempl/ *n* 太陽穴；鬢角

tem·po·rar·i·ly /ˈtempərəlɪ/ *adv*
暫時地；臨時地

tem·po·rar·y /ˈtempərɪ/ *adj*
暫時的；臨時的；短暫的：a *temporary*
bridge 便橋／ a *temporary* happiness 短
暫的幸福
◐ provisional, interim, acting
◑ permanent

tempt /tempt/ *vt*
1 引誘；誘使 **2** 吸引；引起：The
pickled vegetable can *tempt* appetite. 泡
菜能引起食慾。
◇ **An open door may tempt a saint.**
[諺] 聖徒也經不起引誘。 ▷ **temptable**

/'temptəbl/ *adj* 易被引誘的

temp·ta·tion /temp'teɪʃn/ *n*

1 [U] 誘惑；引誘：yield (resist) *temptation* 經不住（抵抗）誘惑 **2** [C] 誘惑物

ten /ten/ *num*

十；十個（人或物）

◇ **ten to one** 十之八九：It's *ten to one* that he will lose. 他十之八九會輸。

ten·ant /'tenənt/ *n*

1 租戶；佃戶；房客 **2** 居住者：the *tenants* of the mountains 山裏人

tend¹ /tend/ *vt, vi*

照顧；照料（常與 on, to 連用）：*tend* flowers 料理花木 / *tend* patients 護理病人 /She has to *tend* to many other patients. 她還要照料許多其他病人。

tend² /tend/ *vi*

1 易於；往往會（後接不定式）：He *tends* to pitch the ball too high. 他總是把球打得太高。 **2** 傾向於…（to, towards + 名詞）：In his speech, he *tends* to digressions. 他的講話常常離題。

ten·den·cy /'tendənsɪ/ *n*

1 [C] 傾向；趨向：What is the *tendency* in the world corn market? 國際玉米市場的趨向是甚麼？ **2** （性格上的）傾向；癖性：He has a *tendency* to drink too much. 他總喜歡喝得太多。

❶ trend, drift, tenor

ten·der¹ /'tendə(r)/ *adj*

1 嫩的；柔和的：*tender* beef 嫩牛肉 **2** 嬌嫩的；柔弱的：a *tender* flower 嬌嫩的花朵 **3** 溫柔的；溫情的；溫和的：*tender* affections 溫情 **4** 年輕的；未成熟的：child of *tender* years 幼兒

☐ **tender-hearted** *adj* 好心的

▷ **tenderly** *adv* 溫柔地 / **tenderness** *n*

❶ compassionate, sympathetic, warm, warm-hearted

ten·der² /'tendə(r)/ *n*

1 看管人；照料人 **2** 供應船；輔助艦

ten·der³ /'tendə(r)/ *vt*

1 提出；提供：*tender* an invitation 發出邀請 / *tender* a protest 提出抗議 **2** 償付：*tender* money in payment of a debt 償還債務

❶ offer

ten·nis /'tenɪs/ *n* [U]

網球（運動）：play *tennis* 打網球

⇨ 插圖見 SPORTS

tense¹ /tens/

I *adj* **1** 拉緊的；繃緊的 **2** （精神）緊張的：Take it easy and don't be *tense*. 放鬆些，別緊張。

II *vt, vi* （使）拉緊；（使）繃緊：The final examination *tensed* everybody up. 期末考試弄得人人緊張。

❶ tight

❶ relax

tense² /tens/ *n*

（動詞的）時式；時態：the past *tense* 過去時 / the progressive (or continuous) *tense* 進行時

◇ **at prime tense** 起初；立即

ten·sion /'tenʃn/ *n*

1 [U] 拉緊；繃緊 **2** （精神）緊張：He had a strong nervous *tension* before the match. 比賽前，他的神經十分緊張。 **3** （形勢）緊張：international *tension* 國際緊張局勢 **4** 〈物〉張力 **5** 〈電〉電壓：high (low) *tension* 高（低）壓

tent /tent/ *n*

帳篷：pitch a *tent* 搭帳篷

tenth /tenθ/ *num*

1 第十的：the *tenth* century 第十世紀
2 十分之一

term /tɜːm/

I *n* **1** [C] 一段時間；期：in the long (short) *term* 從長遠（近期）的觀點看 **2** 學期：a *term* course 一學期的課 **3** 專有名詞；術語：legal *term* 法律術語 **4** 詞語；用詞；措辭：a foreign *term* 外來詞 / That's exactly the *term* he used. 這正是他用的詞。 **5** [terms] 條款；條件：the *terms* of a contract 合同條款 **6** [terms] 關係：on good (bad) *terms* 關係好（壞）/ on speaking *terms* with （常指爭吵後）關係好；與⋯只是泛泛之交 **7** 任期：He has his second *term* as the president of this university. 他連任了這所大學的校長。

◇ **come to terms (with)** （與⋯）達成協議；妥協；讓步 / **in terms of 1** 用⋯措辭 **2** 根據；在⋯方面：He tends to think of everything *in terms of* money. 他往往甚麼都用金錢來考慮。

II *vt* 把⋯稱作；叫作：The proposal may be *termed* very useful. 這個建議可以說十分有用。

term·i·nal /ˈtɜːmɪnl/

I *adj* **1** 末端的；終點的；結尾的：*terminal* station 終點站 **2** 學期末的：*terminal* examination 期末考試 **3** （疾病等）晚期的；不治的：*terminal* cancer 晚期癌症

II *n* **1** （陸、海、空運輸路線的）終點 **2** 〈計〉終端機 **3** 〈電〉端子
◐ final, eventual, ultimate
◑ original

term·i·nate /ˈtɜːmɪneɪt/ *vt, vi*

停止；終止；結束：*terminate* a contract 終止合同 / Your contract will *terminate* in five days. 您的合同將在五天後終止。

term·i·na·tion /ˌtɜːmɪˈneɪʃn/ *n*

停止；終止；結束

ter·race /ˈterəs/

I *n* **1** 梯田；階梯：corn *terraces* 玉米梯田 **2** （外表相似並連在一起的）排屋 **3** 露台；太陽台 **4** [常作 terraces]（足球場的）階梯看台 **5** [Terrace] [英]（用作街名，略作 Ter(r)) 街：86 Olympic *Terrace* 奧林匹克街 86 號

II *vt* 使成階梯、平台：*terraced* houses 排屋 / *terraced* fields 梯田

ter·ri·ble /ˈterəbl/ *adj*

1 可怕的；可怖的：a *terrible* sight 恐怖的景象 **2** [口] 令人討厭的；糟糕的：a *terrible* smell 惡臭 / Her English is *terrible*. 她的英語糟腳透了。 **3** 厲害的；嚴重的：a *terrible* headache 劇烈的頭痛 / a *terrible* mistake 嚴重的錯誤

ter·ri·bly /ˈterəblɪ/ *adv*

1 可怕地；厲害地 **2** [口] 非常地：I'm *terribly* sorry. 我真是十分抱歉。

ter·rif·ic /təˈrɪfɪk/ *adj*

1 可怕的 **2** （表示程度）極度的：at a *terrific* speed 以極快的速度 **3** 極好的：That's a *terrific* idea! 這主意太棒了！

ter·ri·fy /ˈterɪfaɪ/ *vt*

使害怕；使恐怖：They tried to *terrify* her into talking. 他們企圖用恐嚇來迫她招供。

ter·ri·to·ry /ˈterətrɪ/ *n*

1 [C, U] 領土；版圖；領地：neutral *territory* 中立國 **2** [C] 地區：a mountainous *territory* 山區 **3** [U]（推銷員的）**推銷區**

▷ **territorial** *adj* 領土的；地區的：*territorial* air (sea) 領空（領海）

ter·ror /'terə/ *n*

1 [U] 恐怖：in great *terror* 驚恐萬分 **2** [C] 令人恐怖的人或事：This added to the *terrors* of those young girls. 這又給那些年輕姑娘增添了一份恐懼。

◇ **strike terror into sb** 使某人心驚膽戰 □ **terror-stricken, terror-struck** 心驚膽戰的 ▷ **terrorism** *n* 恐怖主義

➊ **dread, fear, fright**

➋ **calm**

ter·ro·rist /'terərɪst/ *n*

恐怖主義者；恐怖分子

ter·tia·ry /'tɜːʃərɪ/ *adj*

1 第三的 **2** 高等教育的：*tertiary* college 高等院校 **3** 第三產業的：*tertiary* industry 第三產業 **4** [Tertiary]〈地〉第三紀的 **5**〈醫〉第三期的；第三度的：*tertiary* burns 三度燒傷

tes·sel·late /'tesəleɪt/ *vt*

用小塊大理石地磚（或馬賽克）鋪設；把…鑲嵌成方格花紋狀

tes·sel·la·tion /tesə'leɪʃn/ *n*

嵌石花紋裝飾

test /test/

I *n* [C] **1** 試驗；檢驗：*test* pilot 試飛員 **2** 化驗：a blood *test* 驗血 **3** 考驗：The fire is the *test* of gold. 烈火見真金。 **4** 測驗；測試：English *test* 英語測驗

◇ **put sth (sb) to the test** 檢驗某事（某人）/ **stand the test** 經受考驗：*stand the test* of time 經受時間的考驗

II ➊ *vt* **1** 試驗；測試：*test* a new car 試驗新車 **2** 化驗：Have you been *tested* for hepatitis? 你查過肝炎嗎？ **3** 考驗：Adversity may *test* a man. 苦難可以考驗人。 ➋ *vi* 受試驗；受測驗：*test* for durability 接受耐久性的測驗

◇ **Misfortunes test the sincerity of friends.** [諺] 患難見真情。

➊ **experiment**

test·a·ment /'testəmənt/ *n*

1 [Testament]（基督教）聖約書：Old (New) *Testament*《聖經舊（新）約》 **2** [C] 遺囑：make one's *testament* 立遺囑 **3** 證明；證據：His success is a *testament* to his diligence. 他的成功證明了他的勤奮。

tes·ti·fy /'testɪfaɪ/ *vi, vt*

1 作證；證明（for, against, to, in favour of）：*testify* against sb 提供對某人不利的證詞 / She *testified* that he was the man near the bank at five. 她作證說他就是五點鐘在銀行附近的那個人。 **2** 表明；說明（to）：His outward violence *testified* to his inner weakness. 他表面的狂暴表明了內心的虛弱。/ He openly *testified* his disbelief in Christianity. 他公開聲明不相信基督教。

tes·ti·mo·ni·al /ˌtestɪ'məʊnɪəl/

I *adj* 證明的；作證的 **II** *n* **1** 介紹信；推薦信 **2** 證明；證據

tes·ti·mo·ny /'testɪmənɪ/ *n* [U]

1 證據；證詞：The witness's *testimony* is false. 證人作了偽證。 **2** 表明；證明：According to the *testimony* of statistics, the average life-span has been greatly prolonged. 根據統計表明，人均壽命有了大幅度的提高。

test-tube /'test tjuːb/ *adj*

試管的；人造的；人工培育的：*test-tube* baby 試管嬰兒

text /tekst/ *n*
1 [U] 正文 **2** [C] 文本；原文 **3** [C] 課本；教科書

text·book /'teksbʊk/ *n* 課本；教科書

tex·tile /'tekstaɪl/
I *n* **1** [C] 紡織品 **2** [textiles] 紡織業
II *adj* 紡織的：a *textile* factory (worker) 紡織廠（工人）

tex·ture /'tekstʃə(r)/ *n* [C, U]
1 （紡織品的）質地 **2** （材料等）結構；組織；紋理

than /ðæn; ðən/
I *conj* **1** （用於副詞或形容詞比較級後）比：He is older *than* I am. 他年齡比我大。/ It is better to do well *than* to say well. [諺] 說得好不如做得好。**2** （用於 else, other 等之後）除…外：I have never been to other countries *than* England. 除了英國，我哪個國家也沒有去過。/ He could do nothing else *than* say sorry. 他除了說對不起，就不知道幹甚麼好。
II *prep* 比：He is older *than* me. 他比我年齡大。/ He is more *than* eighty now. 他現在已經八十多了。
◇ **no more than** 僅僅：It is *no more than* a beginning. 這僅僅是個開端。/ **other than** 不是：They are adults *other than* parents. 他們是大人但不是父母。/ **no other than** （加重語氣）就是：He is *no other than* my brother. 他不是別人，就是我兄弟。/ **rather than** 與其…寧願：We will do what we can to help him *rather than* see him fail his examination. 與其看到他考試不及格，

我們倒寧願盡力幫他一把。

thank /θæŋk/
I *vt* 感謝；謝謝：*Thank* you for your beautiful birthday present. 謝謝你送來的漂亮生日禮物。/ No, *thank* you. （表示拒絕）不，謝謝。
◇ **Thank (god, goodness) heavens!** 謝天謝地！
II *n* [thanks] 感謝：*Thanks* a lot. 十分感謝。
◇ **thanks to** 由於；多虧：Mary and I were 20 minutes late, *thanks to* the bad weather. 由於天氣惡劣，瑪麗和我晚到了 20 分鐘。

thank·ful /θæŋkfl/ *adj*
感謝的；感激的：We are all *thankful* that he came back safely. 他總算安全回來了，我們都很欣慰。

thanks·giv·ing /θæŋksgɪvɪŋ/ *n*
1 感謝 **2** 〈宗〉感恩祈禱 **3** [Thanksgiving] 感恩節 (= Thanksgiving Day)

that /ðæt; ðət/
I *adj* （後接複數名詞時用 those）那；那個：This tie looks better, but *that* one is less expensive. 這條領帶好看些，但那條便宜些。/ Who is *that* man over there? 那邊的那個人是誰？
II *adv* **1** （修飾形容詞或副詞）：Is this *that* serious? 這有那麼嚴重嗎？/ I've never thought it could be *that* complicated. 我從來沒想到這會如此複雜。**2** （用作關係副詞，引導定語從句，相當於 when, where, why 等）：The moment (*that*) he appeared from his house, he was followed. 他一從家裏露面就被跟上了。/ *That's* the way (*that*) I did it. 這就是我做這件事的方法。/ This

couldn't be the reason (*that*) she came here. 這不可能是她來此的原因。

III *pron* (複 = those /ðəʊz/) **1** (指先前提到過的人或事) **那個;那**: What noise is *that*? 那是甚麼聲音? **2** (引導限定性定語從句。在從句中作賓語或表語時可省略,指人或事,相當於 who 或 which) **他(她);它**: Who is the man *that* talked to you this morning? 今天上午和你說話的人是誰?

◇ **at that 1** 就這樣,至此為止: I rushed through my composition, and the teacher had to let me go *at that*. 我匆忙寫完作文,老師也只好讓我如此。 **2** 此外;而且: He was offered a scholarship, and a full one *at that*. 他得到了一份獎學金,而且還是全獎。/ **for all that** 儘管;雖然: David worked all day in his lab and was very tired, but *for all that* he continued his work right after supper. 大衛在實驗室裏工作了一天,已經很累了,可儘管如此,他一吃過晚飯就又開始工作了。

IV *conj* **1** (引導名詞性從句,常可省略): He said (*that*) he would come. 他說過要來。 **2** (引導狀語從句,表示目的、結果、原因等): Bring it here (so) *that* everybody could see it. 把它拿過來以便大家都能看得到。

the /ðə; ðɪ; ðiː/
I *art* **1** (指特定的人或物): *the* man with a red nose 這個(或那個)紅鼻子的男人 / Mary said she had bought a beautiful red cap this morning. But where is *the* cap now? 瑪莉說她今早買了一頂漂亮的紅帽子。可那頂帽子現在在哪兒呢? **2** (指談話雙方都明白的特

定的人或事): Turn on *the* light, please. 請把燈打開。/ Have you finished *the* novel? 那本小說你讀完了嗎? **3** (用於江河湖海、山地、海峽、沙漠、半島、國家等名稱前): *The* Thames 泰晤士河 / *The* Alps 阿爾卑斯山(脈)/ *The* English Channel 英吉利海峽 / *The* Sahara 撒哈拉大沙漠 / *The* Balkan Peninsula 巴爾幹半島 / *The* United States 美國 **4** (指一個民族或國家的全體人): *The* Russians 俄國人 / *The* English 英國人 / *The* Chinese 中國人 **5** (指獨一無二的事物): in *the* world 在世界上 / *the* sun 太陽 / *the* moon 月亮 **6** (用於表示自然現象的名詞前): on *the* sea 在海上 / in *the* morning 早晨 / *the* west wind 西風(但當這些名詞被形容詞修飾時可用不定冠詞,如: a roaring sea 咆哮的大海 / a strong wind 大風) **7** (用於以普通名詞構成的表示商店、醫院、學校、建築物等名詞前): *The* Grand Hotel 大飯店 / *The* Friendship Store 友誼商店 / *The* University of California 加州大學(但以專有名詞加 University 或 College 構成的學校名稱前不加定冠詞,如: Beijing University 北京大學) **8** (用於名詞化的形容詞前): *the* unemployed 失業者 / *the* dead 死者 **9** (用於最高級形容詞前): *the* best way to get there 到達那裏的最佳路線 / She is *the* brightest girl in her class. 她是她那個班上最出色的女孩。 **10** (用於樂器名稱前): play *the* piano / violin 彈鋼琴 / 拉小提琴(注意在球類及遊戲項目前不用,如: play tennis / cards 打網球 / 牌等) **11** (指一個計算單位): My piano teacher is paid by *the* hour. 我的鋼琴老師以鐘點計酬。/ There are 3 feet to *the* yard. 三英尺合一碼。**12**（用於某些報紙、刊物、圖書等名稱前）: *The* Times《時代週刊》/ *The* Concise Oxford Dictionary《簡明牛津詞典》**13**（用於某個歷史時期、重大歷史事件、朝代等名詞前）: *The* Stone Age 石器時代 / *The* Second World War 二次世界大戰 / *The* Tang Dynasty 唐代 **14**（用於表示階級、黨派、集團等的名詞前）: *the* upper (middle, working) class 上層（中產、工人）階級 / *The* Democratic Party 民主黨 / *the* public 公眾

II *adv* （用於比較）: It will be all *the* easier. 這就更容易了。/ *The* more he has, *the* more he wants. 他得到的越多，想要的就越多。/ *the* sooner *the* better 越快越好

thea·tre, thea·ter /ˈθɪətə(r)/ *n*
1 戲院；劇院；影劇院: go to the *theatre* 去看戲 **2** 劇作；戲劇: the *theatre* of Shakespeare 莎士比亞戲劇 / a *theatre* academy 戲劇學院 **3** （發生重大事件的場所）: a *theatre* of war 戰場 **4** 階梯教室 **5** 〈軍〉戰區；戰場: the African *theatre* 非洲戰區

thea·tri·cal /θɪˈætrɪkl/
I *adj* **1** 劇場的；戲劇的: *theatrical* scenery 舞台背景 / a *theatrical* costume 戲裝 **2** 戲劇性的；誇張的；做作的: *theatrical* gestures 誇張的姿態
II *n* [theatricals] **1** 戲劇演出 **2** 舞台表演藝術 **3** 道具

theft /θeft/ *n* [C, U] 偷竊；失竊

their /ðeə(r)/ *adj*
他們的；她們的；它們的: This is *their*

house. 這是他們的房子。

theirs /ðeəz/ *pron*
他（她）們的東西: That house is *theirs*. 那房子是他（她）們的。

them /ðem, ðəm/ *pron*
（用作賓語）他們；她們；它們: Bill and Jeanie? Oh, I saw *them* yesterday. 比爾和珍妮？啊，昨天我見到他們了。

theme /θiːm/ *n*
（談話、文章、文藝作品等）題目；主題；主題思想: What was the *theme* of Professor Fiedler's speech this morning? 費德勒教授今天上午演講的主題是甚麼？

them·selves /ðəmˈselvz/ *pron*
1 [反身代詞] 他們自己；她們自己；它們自己: They fell and hurt *themselves*. 他們摔倒受了傷。 **2** （加強語氣）他們（她們、它們）親自: They finished the work *themselves*. 他們（她們）親自完成了工作。

then /ðen/
I *adv* **1** 那時；當時: I was in London doing my PhD *then*. 我當時在倫敦讀博士學位。 **2** 然後；接着；於是: I saw them off, *then* shut the door. 我把他們送走，然後關上了門。 **3** 那麼；如果是這樣的話: If you don't feel like coming along with us, *then* go home. 你如果不想跟我們來，那就回家吧。
II *n* （常用於介詞後）那時: since *then* 從那以後 / by *then* 到那時 / from *then* on 打那以後
III *adj* 當時的: the *then* Prime Minister 當時的首相

the·o·lo·gi·cal /ˌθɪəˈlɒdʒɪkl/ *adj*
神學的: a *theological* college 神學院

▷ **theologically** *adv*

the·o·lo·gy /θɪˈɒlədʒɪ/ *n*
神學；宗教學 ▷ **theologian** *n* 神學家；研究神學者

the·o·rem /ˈθɪərəm/ *n*
1 原理；定理 **2** 〈數〉定理

the·o·re·ti·cal /θɪəˈretɪkl/ *adj*
理論上的：a *theoretical* problem 一個理論上的問題 / *theoretical* knowledge 理論知識
◑ **practical**

the·o·re·ti·cal·ly /θɪəˈretɪklɪ/ *adv*
理論上地；理論上說：*theoretically* speaking 從理論上說

the·o·ry /ˈθɪərɪ/ *n*
1 [C, U] 理論：the *theory* of music 音樂理論 **2** [C] 學說：the Freudian *theory* about dreams 弗洛伊德關於夢的學說 **3** [C] 說法；看法；推測：His *theory* is that he failed because he hadn't worked hard enough. 按他的說法他沒有成功是因為努力不夠。
◑ **practice**

there /ðeə; ðə(r)/
I *adv* **1** 在那裏；到那裏：He went *there* again yesterday. 他昨天又去了那裏。/ I've never been *there*. 我從沒去過那裏。 **2** （與動詞或類似的繫動詞等連用，表示"有"或其他）：*There* are three bottles of wine on the table. 餐桌上有三瓶酒。/ *There* seems to be nothing wrong. 看上去似乎一切正常。 **3** （用於引起注意）：*There* goes the bell. 鈴響啦。/ *There* comes the bus. 公共汽車來啦。
II *n* （常用於介詞後）那個地方：from *there* 從那裏

III *int* （表示安慰、鼓勵、滿意、沮喪等各種感情）：*There, there*, don't cry. 行了，行了，別哭了。/ *There*, it's over at last. 好啦，總算完了。

◇ **There you are!** **1** 這就是你要的，拿去吧：*There you are!* A new novel by Sarah. 給你，莎拉寫的新小說。 **2** 你瞧，我說對了吧：*There you are!* I knew he wouldn't come. 你瞧，我早知道他不會來。
◑ **here**

there·af·ter /ˌðeərˈɑːftə(r)/ *adv*
[書] 以後；之後：He graduated last year and worked as a manager assistant *thereafter*. 他去年畢業，後來當了一名經理助理。

there·by /ˌðeəˈbaɪ/ *adv*
[書] 因此；從而

there·fore /ˈðeəfɔː(r)/ *adv*
因此；所以：I left earlier than usual and *therefore* didn't meet Sue. 我比往常走得早，因此沒能見着蘇。/ I think, *therefore* I am. 我思故我在。
◑ **hence, consequently, thus**
⇨ 用法說明見 THUS

there·of /ˌðeərˈɒv/ *adv*
[書] 在其中；由此；因此

ther·mal /ˈθɜːml/
I *adj* **1** 熱的；熱量的；保暖的：*thermal* baths 溫泉浴 **II** *n* 熱氣流

ther·mo·me·ter /θəˈmɒmɪtə(r)/ *n*
溫度計；體溫表

these /ðiːz/ *adj, pron* **this** 的複數形式

the·sis /ˈθiːsɪs/ *n*
（複 = theses /ˈθiːsiːz/ ）
1 論題；命題：a well-argued *thesis* 闡述透徹的論題 **2** 畢業論文；學位論文：

an MA thesis 碩士論文

they /ðeɪ/ *pron*

1 他們;她們;它們 **2** 人們: They don't write such kind of stuff nowadays. 人們現在已經不寫這些東西了。

thick /θɪk/

I *adj* **1** 厚的;寬的: This wall is 70 cm *thick*. 這堵牆 70 公分厚。 **2** 密集的;稠密的: a *thick* forest 茂密的樹林 **3** 稠的;濃的: *thick* soup 濃湯 / Blood is *thicker* than water. [諺] 血濃於水。 **II** *adv* 厚厚地;密集地: Leaves lay *thick* on the grass. 草地上蓋滿了樹葉。 **III** *n* 中心;最密集處;最激烈處: the *thick* of the forest 樹林深處

◇ **in the thick of** 在…最激烈時: *in the thick of* the battle 在戰鬥最激烈時 / **thick and fast** 頻頻;大量快速地: Reports about the casualties came *thick and fast* from the centre of the explosion. 關於人員死傷的報導接二連三地從爆炸中心傳來。

◑ close, compact

◐ thin

thick·en /ˈθɪkən/

❶ *vt* 加厚(或加深;加密;加濃;加粗): *thicken* a wall 加厚一堵牆 / *thicken* the paste with more flour 加點麵粉把麵糊調濃 **❷** *vi* 變厚(變深;變密;變濃;變粗): The soup *thickened*. 湯更濃了。 / The mist *thickened* in the afternoon. 下午霧更濃了。

thick·ness /ˈθɪknɪs/ *n*

1 [U] 厚度;粗: a *thickness* of 5 inches 五英寸的厚度 **2** [U] 密度;濃度;人口密度

thief /θiːf/ *n* (複 = thieves) 小偷;賊

◇ **The beggar may sing before the thief.** [諺] 光棍不怕偷。

◑ pickpocket

thigh /θaɪ/ *n* [C]

大腿;股 ▷ **thigh-bone** *n* 〈解〉股骨

thin /θɪn/

I *adj* (thinner, thinnest) **1** 薄的;瘦的;細的: *thin* ice 薄冰 **2** 稀的;淡的: *thin* gruel 稀粥 **3** 稀疏的;稀少的: *thin* hair 稀少的頭髮

II *adv* 薄薄地;稀少地;稀疏地: Have the meat cut *thin*. 讓人把肉切薄些。

III *vt* (thinned, thinning) (使)變薄(稀、疏、淡等): The plague *thinned* the population of the city. 瘟疫減少了該城市的人口。

◑ slender, slim, slight, rare

◐ thick

用法說明: **Thin**、**slim**、**slender**、**lean** 都可作 "瘦" 解。**Thin** 與 fat 相對,指人的體重低於標準,略帶貶義,有虛弱或不健康之意,如: She's gone terribly thin since her operation. (她動手術以後變得厲害。) **Slim** 和 **slender** 常指經過節食或鍛練減輕體重,保持身材苗條。如: I wish I was as slim/slender as you. (但願我能像你一樣苗條。) **Lean** 指瘦而肌肉發達的身材。

---

thing /θɪŋ/ *n*

1 東西;事物: What's that *thing* over there? 那個東西是甚麼? **2** 事情;事件: I heard a strange *thing*. 我聽到一件怪事。 / Saying and doing are two *things*. [諺] 說是一回事,做起來又是另一回事。 **3** [things] 財產;物品: I haven't started packing up my *things* yet. 我還沒開始打點行裝呢。 **4** [things] 形勢；情況；局勢：How're the *things* in the world grain market? 世界糧食市場的形勢怎樣？ **5** [the thing] 最合適（需要）的東西（事）：That's not the right *thing* to say at all. 說那話很不合適。/ This is exactly the *thing* I want. 這正是我要的東西。

◇ **all things considered** 通盤來看 / **among other things** 此外（還）/ **an understood thing** 心照不宣的事 / **first things first** 重要的事情先做 / **for one thing** 首先；舉個例說：It won't do. I've no money, *for one thing*. 這不行，首先我沒錢。/ **the real thing** 真貨；真品 / **the thing is** 問題是；需要考慮的是

❶ object, article

think /θɪŋk/

I *vt* (thought, thinking) **1** 想；思考；考慮：Wait a minute and let him *think*. 等等，讓他想一想。/ Great minds *think* alike. [諺] 英雄所見略同。/ *Think* twice before you jump. [諺] 三思而後行。 **2** 認為；以為：A: I *think* it's going to snow. B: I don't *think* so. 甲：我認為今天要下雪。乙：我認為不會。 **3** [常與 cannot, could not 連用] 想像；明白；弄懂：I just can't *think* why she doesn't like me. 我真弄不懂她為甚麼不喜歡我。

◇ **think about** 思考；考慮：That's not a bad idea, *think about* it. 這主意不壞，考慮考慮吧。/ **think aloud** 自言自語 / **think of** **1** 考慮；關心：I've a lot of things to *think of*. 我有許多事情要考慮。 **2** 打算；計劃：Paul is *thinking of* leaving for London. 保羅打算去倫敦。

3 記起；想起：To *think of* you makes me old. 思君催吾老。 **4** 認為；看法：What do you *think of* him? 你認為他怎樣？/ **think out** 想出：try to *think out* a plan 努力想出一個計劃 / **think over** 仔細考慮：Ok, I'll *think* it *over*. 行，我會仔細考慮的。/ **think up** 發明；想出：*think up* a pretext 編造藉口

II *n* 想法；意見：You've got another *think* coming. 你還會有別的主意的。

❶ conceive, imagine, fancy

thin·ker /ˈθɪŋkə(r)/ *n*

1 思考者 **2** 思想家

thin·king /ˈθɪŋkɪŋ/

I *adj* 思想的；好思考的

II *n* 思想；思考：It needs a lot of *thinking*. 這可得好好想想。

thi·o·sul·fate /ˌθaɪəʊˈsʌlfeɪt/ *n* 〈化〉硫代硫酸鹽（或酯）

third /θɜːd/

I *adj* 第三的：The *Third* World 第三世界 / March is the *third* month of the year. 三月是一年中的第三個月。

II *n* 第三（個、名、位）；三分之一

thirst /θɜːst/

I *n* **1** 渴；口渴 **2** 渴望；熱望：a *thirst* for knowledge 對知識的渴望

II *vi* **1** 感到口渴 **2** 渴望；熱望：*thirst* to learn 渴望學習

thirst·y /ˈθɜːstɪ/ *adj*

1 口渴的：I'm *thirsty*. 我口渴。 **2** 渴望：be *thirsty* for knowledge 渴望知識

thir·teen /ˌθɜːˈtiːn/ *num* 十三；十三個（人或物）

thir·teenth /ˌθɜːˈtiːnθ/ *num* 第十三的；十三分之一

thir·tieth /ˈθɜːtɪəθ/ *num*

第三十的；三十分之一

thir·ty /'θɜːtɪ/ *num*

三十；三十個（人或物）

this /ðɪs/

I *adj* **1** 這；這個（與 that 相對，複數是 these）：Come *this* way please. 請這邊走。/ Get *these* books out of here. 把這些書清理出去。 **2** （表示當前）今；本：*this* moment 此刻 / *this* morning 今天上午 / *this* year 本年

II *pron* **1** 這個；這：*This* is London. 這是倫敦。 **2** （與表示時間的詞組連用）剛過去的；即將到來的：We've been watching video *this* morning. 今天上午我們一直在看錄像。/ She is coming *this* Sunday. 她這個星期天要來。/ *This* is our house. 這是我們的房子。

◇ **for all this** 儘管如此

III *adv* （表示程度）這麼；這樣：I didn't expect you to be *this* late. 我沒想到你這麼晚來。

thorn /θɔːn/ *n*

1 [C] 刺：There is no rose without a *thorn*. [諺] 沒有無刺的薔薇。 **2** [C] 令人煩惱的事：a *thorn* in one's flesh (side) 經常讓人煩惱的事（東西）；眼中釘；肉中刺

▷ **thorny** *adj* **1** 多刺的 **2** 令人苦惱的：a *thorny* problem 麻煩事

thor·ough /'θʌrə; 'θʌrəʊ/ *adj*

1 徹底的；全面的：have a *thorough* cleaning of the room 給屋子來個大掃除 **2** 細緻的；仔細周到的：be *thorough* in one's work 對工作一絲不苟 **3** 徹底的；十足的：*thorough* nonsense 一派胡言亂語

◑ total, entire, complete

thor·ough·ly /'θʌrəlɪ; 'θʌrəʊ-/ *adv*

1 徹底地；仔細地 **2** 非常；絕對；完全：He is *thoroughly* reliable. 他這人絕對可靠。

◑ exhaustively, extensively

those /ðəʊz/ that 的複數形式

though /ðəʊ/

I *conj* **1** 雖然；儘管：*Though* it was dark he refused to turn on the light. 雖然天黑了，可他拒絕開燈。 **2** 即使；不過：*Though* I know I'll not likely win, I will still have a try. 儘管我知道自己不大會贏，可還是要試試。/ I think he'll not come *though* I'm not sure. 我想他是不會來的，雖然我不敢肯定。

II *adv* 但是；然而：Maybe he is wrong, you never know, *though*. 也許他是錯了，但誰知道呢。

◑ although, albeit

➭ 用法説明見 ALTHOUGH

thought¹ /θɔːt/

think 的過去式和過去分詞

thought² /θɔːt/ *n*

1 [U] 思想；想法：He told me his *thought* about this project. 他跟我説了他對這個項目的想法。 **2** [U] 思考；思維：be lost in *thought* 陷入沉思 **3** [U] 關心（for）：She is full of *thought* for her younger brother. 她對她的弟弟關懷倍至。 **4** [C, U] 打算；意圖；想法；主意：Sorry, but I had no *thought* of offending her at all. 對不起，不過我真沒打算惹她生氣。/ One wrong *thought* may cause a lifelong regret. [諺] 一失足成千古恨。

◇ **after much thought** 仔細考慮後 / **on (upon) second thoughts** 經再次考

慮後；繼而一想

thought·ful /ˈθɔːtfl/ *adj*
1 沉思的；思考的：a *thoughtful* look 若有所思的表情 **2** 經仔細考慮的：a *thoughtful* idea 考慮周詳的主意 **3** 周到的；體貼的：He is a very *thoughtful* host. 他是個十分周到的主人。/ It was very *thoughtful* of you to do this for me. 你為我做這事真是太周到了。
◑ careful, considerate
◐ thoughtless, careless, inconsiderate

thou·sand /ˈθaʊznd/
　I *n* 一千 **II** *adj* 一千的
　▷ **thousandth** *adj* 第一千的

thrash /θræʃ/
I ❶ *vt* **1** 摔打（麥、穀）；使脫粒（= thresh）**2** 抽打；狠打；鞭（棒）打：He *thrashed* that boy soundly. 他狠狠揍了那孩子一頓。**3** 打敗：The Union Team *thrashed* the visiting team. 聯隊大敗客隊。**❷** *vi* **1** 脫粒；打穀 **2** 痛打；狠打 **II** *n* 打穀；脫粒

thread /θred/
　I *n* **1** [C, U] 線；細絲：silk *thread* 絲線 / hang by a *thread* 千鈞一髮，岌岌可危 **2** 細絲；線狀物：a *thread* of light 一縷光線 / a *thread* of white smoke 一縷白煙 **3** [C] 思路；主線：lose the *thread* of conversation 談話走了題
　II ❶ *vt* **1** 穿針引線：*thread* a needle 穿針 **2**（用線）穿珠 **3** 穿過；通過：*thread* one's way through a crowd 擠過人群 **❷** *vi* 穿過；穿行：*thread* through a market-place 穿過市場

threat /θret/ *n*
1 [C] 威脅；恐嚇：the *threat* of death 死亡的威脅 **2** 構成威脅的人或事：a *threat* to national security 對國家安全的威脅 **3** 預兆；徵兆：There was a *threat* of rain in the gathering clouds. 雲層越來越厚，預示着要下雨。

threat·en /ˈθretn/ *vt*
1 威脅；恐嚇：He *threatened* to resign. 他揚言要辭職。/ *threaten* sb with sth 用⋯來威脅某人 **2** 預示：The clouds *threaten* rain. 烏雲預示着要下雨。
◑ menace

three /θriː/ *num*
　三；三個（人或物）

three-quar·ter /ˈθriːˈkwɔːtə(r)/ *adj*
　四分之三的

thresh /θreʃ/ *vt, vi*
　摔打（麥、穀等）；（使）脫粒

thresh·old /ˈθreʃhəʊld/ *n*
1 [C] 門檻；門口 **2** [喻] 開端；起點：She is on the *threshold* of her career. 她的事業剛剛開始。/ tax *threshold* 起稅點

threw /θruː/ **throw** 的過去式

thrice /θraɪs/ *adv*
1 三次 **2** 乘以三倍：*Thrice* five is fifteen. 五的三倍是十五。

thrift /θrɪft/ *n* [U] 節約；節儉

thrift·y /ˈθrɪftɪ/ *adj*
　節約的；節儉的：He is very *thrifty* though quite rich. 他雖然有錢，但還是十分節儉。

thrill /θrɪl/
　I *vt, vi*（使）激動；（使）緊張：We were *thrilled* to learn of the news. 聽到這個消息我們都非常激動。/ The girl *thrilled* with delight when the famous film star agreed to take a picture with

her. 當這個電影大明星答應同她合影時，姑娘高興得激動不已。

II n [C] 興奮；激動；緊張：I had quite a *thrill* watching the film. 這個電影讓我看得好緊張。

▷ **thriller** n **1** 引起激動的人或事 **2** 驚險小説（戲劇、電影）/ **thrilling** adj 令人激動的；驚險的；扣人心弦的：a *thrilling* moment 令人激動的時刻

thrive /θraɪv/ vt
(throve/thrived, thrived, thriving)
1 興旺；發達；繁榮：Since he took over, the company's business immediately *thrived*. 自從他接管後，公司的業務立即興旺起來。/ He that will *thrive* must rise at five. [諺] 五更起床，百事興旺。 **2** 茁壯成長：Children *thrive* on nutritious food. 孩子吃營養豐富的食品就長得好。

▷ **thriving** adj 興旺的；繁榮的；旺盛的：a *thriving* business 興隆的生意

throat /θrəʊt/ n
1 喉嚨；咽喉：a sore *throat* 喉嚨疼 **2** 喉頭

◇ **at each other's throat** 激烈爭吵；鬥毆 / **force (thrust) sth down sb's throat** 強迫某人接受（意見、觀點等）

throne /θrəʊn/ n
1 [C]（國王、王后等的）寶座；御座 **2** [the throne] 王位；王權：come to the *throne* 登上王位；即位

throng /θrɒŋ/
I n 一大群人；眾多：*throngs* of people 一大群的人
II vt, vi （在⋯）群集；（使）擁塞：These department stores are always *thronged* with people. 這些百貨商店總

是擠滿了人。/ The students *thronged* into the auditorium. 學生們擁進了大禮堂。

through /θruː/
I prep **1** 穿過；跨過：drive *through* the tunnel 開車穿過隧道 **2** 從開始到結束；從頭至尾：The child is too young to sit *through* the whole lecture. 這孩子太小，整整一堂課聽不下來。 **3** [美] 直至：Monday *through* Friday 週一至週五 **4** 憑借（手段）；因為；由於：I learnt of the position *through* a newspaper advertisement. 我是通過報上的廣告才知道這個位置的。
II adv **1** 穿過；跨過；從一端至另一端：The message couldn't get *through*. 信息傳遞不過去。 **2** 從頭至尾：He worked the whole day *through*. 他工作了一整天。
III adj **1** 直通的；直達的；全程的；聯運的：a *through* train 直達列車 / *through* ticket 聯運票 **2** 完成的；斷絕的（with）：Are you *through* with this book? 這本書你讀完了嗎？/ I'm *through* with him. 我跟他吹了。

through·out /θruːˈaʊt/
I prep 到處；遍及；自始至終：*throughout* the world 全世界 / *throughout* the country 全國
II adv 全部；到處；自始至終地：The woodwork of the house is rotten *throughout*. 這房子的木結構已全部腐朽了。

throve /θrəʊv/ thrive 的過去式
throw /θrəʊ/
I ❶ vt （threw, thrown, throwing） **1** 扔；投；擲：*throw* a stone at a bird 用

石投鳥 **2** 投射（光線等）；噴射：The moon *threw* a pool of cold light on the grass. 月亮在草地上瀉下一片冷光。**3** 猛（快速）地做：*throw* the door open 猛地推開門 **4** 使突然陷入：The border disputes *threw* the two countries into a war. 邊界爭端使這兩個國家陷入了一場戰爭。**5** 投入；傾注（into）：He *threw* all his energy into his work. 他把全部精力都投入到了工作中。**❷** *vi* 投；擲；發射；噴射

◇ **throw sth about** 亂扔；胡花錢：You must not *throw* the waste paper *about* in public places. 你不可以在公共場所亂扔廢紙。/ **throw sth together** 倉促拼湊：This thesis seems to have been *thrown together*. 這篇論文好像是倉促拼湊起來的。

II *n* **1** 投擲 **2** [C] 投擲距離（或高度）：They live a stone's *throw* away from here. 他們住得離此地不遠。

◇ **within a stone's throw (of)** 不遠；很近

❶ toss, cast, sling, hurl

❷ catch

thrown /θrəʊn/ *throw* 的過去分詞

thrust /θrʌst/

I（thrust, thrusting）**❶** *vt* **1** 猛插；猛推（塞、刺等）：He *thrust* the ball of paper into his pocket. 他把紙團使勁塞入褲兜。**2** 強使接受：*thrust* a neutral country into war 將一個中立國家強行推入戰爭 **❷** *vi* 推；插；擠；刺；戳：*thrust* past sb 擠過某人身邊 / *thrust* at sb with a dagger 用匕首刺某人

II *n* **1** [C] 猛插；猛推（塞、刺等）：With two quick *thrusts* of the sword, he

hit his rival. 他猛刺兩劍，擊中了對手。

2 [U]〈物〉推力；拉力；驅動力

❶ propel, push, shove

thumb /θʌm/

I *n* 拇指；拇指部分

◇ **under sb's thumb** 在某人的支配（控制）下：He is always *under the thumb* of his wife. 他對老婆言聽計從。

⇨ 插圖見 HAND

II *vt, vi* **1** 用拇指翻動；翻閱（through）：*thumb* through the pages of a novel 翻閱一本小說 **2** 用拇指示意：*thumb* a lift 豎起拇指要求免費搭乘

◇ **thumb down** 不贊同；反對；拒絕

thumb·tack /'θʌmtæk/ [美]

I *n* 圖釘〔英〕drawing pin〕

II *vt* 用圖釘釘住

thun·der /'θʌndə(r)/

I *n* **1** [U] 雷；雷聲 **2** [常作 thunders] 雷鳴般的響聲：*thunders* of applause 雷鳴般的掌聲

II **❶** *vi* **1** 打雷 **2** 雷鳴般地響；轟隆隆地響：The train *thundered* through the station. 火車轟隆隆地開過車站。**❷** *vt* 大聲喊；吼叫；怒喝：'Stop!' he *thundered*. "住手！"他怒喝道。

□ **thunder-struck** *adj* 驚詫；震驚：He was *thunder-struck* at the news. 他聽到這個消息後大為震驚。

thun·der·bolt /'θʌndəbəʊlt/ *n* **1** 雷電；霹靂 **2** 突發事件；晴天霹靂：The news about her son's death is doubtlessly a *thunderbolt* to her. 她兒子的死訊對她來說無疑是一個晴天霹靂。

thun·der·storm /'θʌndəstɔːm/ *n* 雷雨；暴風雨

Thurs·day /'θɜːzdɪ/ *n*

星期四；週四

thus /ðʌs/ *adv*

1 如此；這樣 **2** 因此；從而：I've already booked a table in the restaurant, and *thus* I must cancel it first. 我已在酒樓訂了一張桌子，這樣我就得先取消它。

◇ **thus far** 迄今為止：*Thus far*, we haven't heard anything from him. 迄今為止我們還沒有得到他的任何消息。/ **thus much** 就這些；到此為止

> 用法説明：**Thus**、**so**、**therefore**、**as a result** 和 **consequently** 都是表示"邏輯順序"的副詞。**Thus** 較古老，現多用於正式的語言中，**so** 用得最廣泛，尤在口語中。其他的幾個常用在句首，也都較正式。

tick /tɪk/

I *n* **1** [C]（鐘錶走時的）滴嗒聲 **2** (✓) 勾號 **3** [英口] 一瞬間；一會兒：I'll be with you in two *ticks*. 我馬上就過來。

II **1** *vi* 滴嗒作響；發滴嗒聲 **2** *vt* 打（劃）勾號；標記號：He *ticked* the books on the list. 他在單子上的書前打上勾號。

◇ **tick off** **1** 在…上打勾；標記號 **2** [英口] 責備；斥責：He got *ticked off* for being late for work. 他上班遲到挨了一頓訓。/ **tick away (by)**（分、秒、時間）滴嗒滴嗒地過去：The clock *ticked away* two hours. 時鐘滴嗒、滴嗒地走過了兩個小時。

tick·et /'tɪkɪt/ *n*

1 [C] 票；車票；入場券：a plane *ticket* 飛機票 **2**（標明價格、尺碼等的）標籤 **3** [美口] 違章通知單；罰款單：You'll get a *ticket* for parking here. 你把

車停在這裏會被罰款的。

□ **ticket-collector**（火車站）檢票員 / **ticket office** 售票處

tide /taɪd/ *n*

1 [C, U] 海潮；潮汐 **2** [C] 趨勢；潮流：How do you account for the present *tide* of international events? 你怎樣解釋目前國際事件的動向？

◇ **turn the tide** 扭轉潮流；改變形勢

ti·dy /'taɪdɪ/

I *adj* **1** 整齊的；整潔的：a *tidy* room 整潔的屋子 **2** 愛整潔的；愛整齊的：a *tidy* girl 愛整潔的姑娘

II *vt, vi* 弄整齊；弄整潔；收拾：Please *tidy* up the room before you leave. 離開前請先把屋子收拾乾淨。/ Don't forget to *tidy* up before you leave. 走以前別忘了打掃一下。

◑ trim, neat

◑ messy

tie /taɪ/

I *n* **1** [C] 領帶；領結 **2**（捆紮用的）繩；線；帶 **3** 聯繫；關係；紐帶：strengthen the *ties* between the two countries 加強兩國關係 **4** 平局；平分 **5** 〈音〉連結線

⇨ 插圖見 CLOTHES

II *vt* **1** 打結；捆紮；綁：The bandits *tied* up the two travellers. 土匪把兩個行路人綁了起來。 **2** 束縛；限制：He is *tied* to his work. 他工作脱不開身。 **3** 打成平局：The two teams *tied* in the match. 兩隊在比賽中打成平局。 **4**〈音〉用連結線連接（音符）

◇ **tie in** **1**（使）連在一起：The two lines *tie in* with each other. 這兩條線是連在一起的。 **2**（與…）相一致：

What he said didn't *tie in* with facts. 他說的和事實不相符。/ **tie up** **1** 捆綁；繫緊：*Tie up* your luggage. 把你的行李捆好。 **2** 阻礙；使停頓：The traffic was *tied up* by the accident. 交通因事故受堵。 **3** （工作等）把…纏住：I'll be all *tied up* until Tuesday. 週二前我一點空都沒有。

◐ **bind**
◑ **loose, release**

ti·ger /ˈtaɪɡə(r)/ *n*

老虎：paper *tiger* 紙老虎
⇨ 插圖見〈專題圖說 11〉

tight /taɪt/

I *adj* **1** 緊的；牢固的；結實的：The drawer is so *tight* that I can't open it. 抽屜太緊，我打不開。 **2** 密集的；（時間表等）安排得滿滿的：Make sure that the bag is packed *tight*. 務必把包塞滿了。/ a *tight* schedule 安排得滿滿的時間表 **3** 繃緊的；拉直的：a *tight* rope 拉緊的繩子 **4** （文風等）簡潔的；精練的；緊湊的 **5** 嚴格的；嚴厲的：*tight* control 嚴格的控制

II *adv* 緊緊地；牢牢地：Please hold *tight* to the rail. 請抓緊欄桿。

□ **tight-lipped** *adj* 緊閉嘴唇的；寡言少語的 / **tight-mouthed** *adj* 守口如瓶的
▷ **tightly** *adv*
◐ **taut, tense**
◑ **loose**

tight·en /ˈtaɪtn/ *vt, vi*

（使）變緊；繃緊；加固（up）：*tighten* a screw 上緊螺絲 / The wire needs *tightening* up. 電線須拉緊一些。

◇ **tighten one's belt** 勒緊褲帶（準備挨餓）

◐ **fasten**
◑ **loosen**

tile /taɪl/

I *n* 瓦；花磚 **II** *vt* 用瓦或花磚鋪蓋

till¹ /tɪl/ *n* （商店的）錢櫃

till² /tɪl/

I *vt* 犁地；耕地 **II** *n* [U] 耕作；耕地

till³ /tɪl/

I *conj* 直到…為止：Just keep walking *till* you come to the crossroads, then turn left. 一直往前走，到十字路口，然後向左拐。

II *prep* **1** 直到…為止：from eight am *till* eight pm 從早晨八點到晚上八點 **2** （用於否定句）直到…才；在…以前：I can't come *till* Friday. 我星期五以前來不了。

◐ **until**

用法說明：**Till** 和 **until** 都可用作介詞和連接詞，意義也完全一樣，只是 **till** 在口語中用得較多，**until** 在口語和正式文體中都使用。例如：I didn't learn to drive till/until I was fifty. （我直到五十歲才學開車。）I'll wait till/until I hear from you. （我將一直等到你來信。）The new timetable will remain in operation until January 2000. （新時刻表到 2000 年 1 月前將一直有效。）

tim·ber /ˈtɪmbə(r)/ *n*

1 [U] 木材；原木 **2** [U] 樹木；林木 **3** [C] 木料；木材；棟木；船骨

□ **timber-man** *n* 伐木工 ▷ **timbered** *adj* 有林木的：a *timbered* region 林區

time /taɪm/

I **1** [U] 時間：*Time* flies. 歲月如梭。/ *Time* and tide wait for no man. [諺] 歲月不饒人。 **2** [C] 一段時間：We have worked for a long *time*. 我們已經工作了很長時間。 **3** 時刻；時候：What *time* is it now? 現在幾點？ **4** 特定時間；規定時間：It's *time* for lunch. 是吃午飯的時間了。 **5** [C] 次；回：for the last *time* 最後一次 / Cowards die many *times* before their deaths. [諺] 膽小鬼在真正死以前已經死過多次了。 **6** [times] 乘以；倍：Five *times* five is twenty-five. 五乘五等於二十五。 **7** [常作 times] 時代；時期：in the ancient *times* 在古代 / in *times* of political crisis 在政治危機時期 **8** [a time] 經歷；所做的事：He really had a hard *time* in prison. 他在牢裏的確吃了不少苦。 / We've had an enjoyable *time* together. 我們在一起過得很快活。 **9** [U] 所需時間：record *time* 創記錄的時間 / We still have *time* to finish watching this film. 我們還有時間看完這部電影。 **10** 〈音〉拍子；節拍：three-quarter *time* 四分之三拍

◇ **ahead of time** 提前 / **all the time** 一直；始終：He talked *all the time*. 他一直滔滔不絕地説着。 / **at all times** 隨時；任何時候 / **(at) any time** 隨時；任何時候 / **at a time** 一次；同時：Do one thing *at a time*. 一次幹一件事。 / **at no time** 任何時候都不 / **at one time** 曾經；過去：*At one time* India was the colony of Great Britain. 過去，印度曾經是英國的殖民地。 / **at that (this) time** 那（這）時 / **at the same time** 同時 / **behind time** 遲於；晚於：The plane is two hours *behind time*. 飛機晚點兩小時。 / **every time** 每次；總是 / **for the time being** 暫時；眼下：*For the time being* I'll take a nap. 眼下我要小睡片

刻。 / **from time to time** 間或；不時；有時：We heard from our aunt *from time to time*. 我們不時收到姑媽的來信。 / **in time** **1** 及時；不太晚：If we take a taxi, we'll still be *in time*. 如果我們叫輛出租汽車還能來得及。 **2** 最終；遲早：You'll understand *in time*. 你遲早會明白的。 / **kill time** 消磨時光：I went to a nearby cinema, just to *kill time*. 我去了附近一家電影院，只是為了消磨時光。 / **once upon a time**（講故事的開頭語）從前 / **on time** 準時；按時：The plane landed *on time*. 飛機準時降落。 / **spare time** 業餘時間 / **take one's time** 不（用）着急；不（用）慌：It's still early, so just *take your time*. 還早呢，慢慢來（或不用着急）。 / **tell the time** ([美] **tell time**) 識鐘點：The boy is too young to *tell the time*. 那孩子太小還不識鐘點。 / **time after time (time and again)** 一次又一次；一再：I've told you *time after time* to be careful. 我一再告訴你要小心。 / **Time is money.** [諺] 一寸光陰一寸金。（或時間就是金錢。）

II *vt* **1** 安排時間：The examination is *timed* to begin at 8:30 tomorrow morning. 考試定於明早八點半舉行。 / His remark was well (ill) *timed*. 他這番話説得正合（不合）時宜。 **2** 測定（所花）時間：The boss *timed* all the typists to see who could type most quickly. 老板測算了所有打字員的速度，看誰打得最快。

□ **time-base** *n* 〈電子〉時基；掃描基線 / **time-bomb** *n* 定時炸彈 / **time-deposit** *n* 定期存款 ▷ **timeless** *adj* 不受時間限制的；永恆的

time·ly /'taɪmlɪ/ *adj*
及時的：*timely* support 及時的支援

time·ta·ble /'taɪmteɪbl/ *n*
1 時間表；課程表 **2** （火車、飛機等的）時刻表：a railway *timetable* 火車時刻表

tim·id /'tɪmɪd/ *adj*
害羞的；膽怯的：a *timid* girl 害羞的女孩 / as *timid* as a rabbit 膽小如兔
◑ cowardly
◐ bold

tin /tɪn/
I *n* **1** [U] 〈化〉錫；鍍錫鐵皮；馬口鐵 **2** [C] [英] 聽；罐頭（= [美] can）：a *tin* of mushroom 一聽蘑菇
II *vt* （tinned, tinning）[英] 把…裝聽（罐頭）：*tinned* meat 罐裝肉

tin·ned /tɪnd/ *adj*
1 鍍錫的 **2** 罐裝的；聽裝的（= [美] canned）：*tinned* vegetable (fruit) 罐裝蔬菜（水果）

ti·ny /'taɪnɪ/ *adj* 極小的；微小的
◑ small, little, minute
◐ big, large

tip¹ /tɪp/
I *n* **1** [C] 尖端；末端：*tip* of the tongue 舌頭尖 **2** 頂端的小附加物：cigarettes with *filter-tips* 過濾嘴香煙
◇ on the tip of one's tongue 就在某人嘴邊的；差一點就可以說得出的
II *vt* 在頂端加附加物

tip² /tɪp/
I *n* **1** [C] 小費；小賬；賞錢：a fat (generous) *tip* 豐厚的小費 **2** 提示；指點：Take my *tip*: don't talk about his former wife before his new one. 聽我的忠告，不要在他新太太面前談論他從前的太太。**3** （證券行情、賽馬等的）內部情報；秘密消息
II （tipped; tipping） **●** *vt* **1** 給小費；付小費：Linda *tipped* the porter two dollars before she turned to leave. 琳達在離去前給了行李員兩元小費。**2** 輕碰；輕觸：He *tipped* his hat to the mayor. 他用手輕碰帽沿，向市長打招呼。**②** *vi* **1** 給小費：He always *tips* generously. 他給小費出手總是很大方。

tip³ /tɪp/
I （tipped, tipping） **●** *vt* **1** 使傾斜；使傾翻：To see better, he *tipped* his head to the left side. 為了看得更清楚，他把頭歪向左邊。**2** 傾倒；傾卸：No rubbish to be *tipped* here! 此處不得傾倒垃圾！ **②** *vi* 傾斜；傾翻：The truck *tipped* into the ditch on the right. 卡車翻進右邊的溝裏。
◇ tip out 倒出：*tip* the water *out* of the basin 倒出臉盆的水 / **tip over** 傾翻：The boat *tipped over* and we all fell into the water. 小船翻了過來，我們全部都落入水中。
II *n* **1** 傾斜：a *tip* to the left 向左傾斜 **2** [英] 垃圾場

tip·ster /'tɪpstə(r)/ *n* [口]（靠提供證券行情、賽馬消息等生活的）情報販子

tip·toe /'tɪptəʊ/
I *n* 腳尖：walk on *tiptoe* 踮起腳尖走
II *vi* 踮起腳尖走路：He was seen to have *tiptoed* into the room. 有人見他踮着腳進了屋。

tire¹ /'taɪə(r)/ *vt, vi*
1 （使）感到疲勞：Too much reading *tires* one's eyes. 看書太多使眼睛感到疲勞。/ Recently I *tire* easily. 最近我一動就

感到疲勞。 **2** （使）感到厭煩（of）: His endless speech *tires* everyone. 他那沒完沒了的發言讓每個人都感到厭煩。/ He never *tires* of watching TV. 他看電視老也看不夠。

◇ **tire sb out** 使某人累垮: I'm *tired out*. 我累壞了。 ▷ **tireless** *adj* **1** 不知疲倦的；不覺得累的: a *tireless* worker 工作起來不覺累的人 **2** 堅持不懈的: *tireless* efforts 堅持不懈的努力

tire² /'taɪə(r)/ (= [英] tyre) *n* 輪胎

tired /'taɪəd/ *adj*
1 累的；疲勞的: He looked very *tired*. 他看上去很疲勞。 **2** 厭倦；厭煩（of）: I'm *tired* of your bossing me around. 我厭倦了被你指來指使去。
◇ **tired out** 累垮了的；筋疲力盡的
▷ **tiredly** *adv* / **tiredness** *n*
◐ **tireless**

tire·some /'taɪəsəm/ *adj*
使人勞累的；令人厭倦的: a *tiresome* journey 累人的旅行 / a *tiresome* lecture 令人厭倦的講課

tis·sue /'tɪʃuː/ *n*
1 [C, U] 〈生〉組織: nerve *tissue* 神經組織 **2** [C, U] 薄的織物: *tissue* paper 薄紙；綿紙 **3** 紙巾；手巾紙；衛生紙

tithe /taɪð/
I *n* **1** [C] 〈史〉（歐洲）向教會交納的宗教捐稅 **2** 十分之一；一點點: I cannot tell you a *tithe* of it. 這我一點也不能告訴你。
II *vt* 向…徵收十分之一的捐稅

ti·tle /'taɪtl/
I *n* **1** [C] 題目；標題 **2** [C] 稱號；稱呼；職稱；頭銜: the *title* of professor 教授的頭銜 **3** [C, U] 權利；資格（to）: What *title* has he to the presidency. 他有甚麼資格當校長？
◇ **title paper** 書名頁；標題頁；扉頁
II *vt* 給…加標題: a book *titled* 'Virgin Land' 一本叫做"處女地"的書

to /tuː, tʊ, tə,/
I *prep* **1** （表示方向）到；向；往: We drive *to* the beach. 我們開車去海灘。 **2** 給；對: I gave it *to* the doorkeeper. 我把它交給了守門人。 **3** （表示時間）直到；缺；差；在…之前: from morning *to* night 從早到晚 **4** （表示相互關係）屬於: Is this key *to* the box? 這把鑰匙是開這個箱子的嗎？ **5** （表示距離）離: 1000 metres *to* the square 離廣場 1000 米 **6** （表示程度、結果）: bleed *to* death 流血至死 **7** （表示數量、比例的關係）每: The rate now is two dollars *to* the pound. 現在的匯率是每英鎊兌兩美元。 **8** （表示比較）比: I prefer butter *to* margarine. 和麥淇淋相比我更喜歡黃油。 **9** （表示關聯）對於；關於: There is nothing *to* it. 這沒問題（不費事）。 **10** （表示合適，依據）與…一致；根據: *to* one's taste 合某人口味 **11** （表示目的）致使: Let's sit down *to* dinner. 讓我們坐下來吃飯。
II *adv* **1** （門窗等）關着: Pull the door *to*. 把門拉上 **2** 甦醒過來: He came *to*. 他甦醒了過來。
III （與原型動詞一起構成不定式）**1** （作主語）: *To* refuse the invitation would be rude. 不接受邀請會不禮貌的。 **2** （作表語）: The point is how *to* make her trust us. 問題是怎樣才能使她信任我們。 **3** （作賓語）: I didn't tell him *to* stay. 我並沒有叫他留下來。 **4**

（作定語）：He made no attempt *to* run away. 他沒有打算逃跑。 **5**（作狀語）：He came *to* help us. 他來幫我們。/ Eat *to* live, but not live *to* eat. [諺] 吃是為了活着，但活着不是為了吃。

◇ **to and fro** 來回地

◐ **towards**

◑ **from**

toad /təʊd/ *n* 〈動〉蟾蜍；癩蛤蟆

toast¹ /təʊst/

I *n* [U] 吐司；烤麵包片：two slices of *toast* 兩片烤麵包 **II** *vt* 烤（麵包片）：This bread is not *toasted*. 這麵包沒烤過。

□ **toaster** 吐司爐；烤麵包爐

toast² /təʊst/

I *n* [C] 乾杯；祝酒：propose a *toast* to sb's health 提議為某人的健康乾杯 **II** *vt* 為⋯祝酒（乾杯）：*Toast* the newly-weds. 為新婚夫婦乾杯。

to·bac·co /təˈbækəʊ/ *n* [U]（複 = tobaccos）煙葉；煙草

to·day /təˈdeɪ/

I *n* **1** 今天：*Today* is Tuesday. 今天是星期二。 **2** 當今；現代：the artists of *today* 當代的藝術家

◇ **Today is yesterday's pupil.** [諺] 今天是昨天的學生。（或：前事不忘，後事之師。）

II *adv* **1** 在今天：What are you going to do *today*? 今天你打算做甚麼？ **2** 當今；現代；現在：*Today*, many boys wear their hair long. 現在許多男孩留長髮。

toe /təʊ/ *n*

1 腳趾；足尖；（動物的）蹄尖 **2**（鞋襪的）足尖部

◇ **from top to toe** 從頭到腳，徹頭徹尾 / **on one's toes** 隨時準備行動的

⇨ 插圖見 FOOT

to·geth·er /təˈɡeðə(r)/ *adv*

1 一起；共同：go out *together* 一起出去 **2** 到一起；在一起：Put these sticks *together*. 把這些棍子放在一起。 **3** 同時；一齊：All the bad news seemed to come *together*. 所有的壞消息似乎都是同時來的。 **4** 連續不斷地：He talked for hours *together*. 他一連說了幾個小時。

◐ **alone; separately**

toil /tɔɪl/

I *n* **1** [U] 辛苦；勞累 **2** [U] 苦活；苦工；難事：It's a *toil* to read some of Joyce's books. 讀喬伊斯的某些書是件苦差事。 **II** *vi* 幹苦工；苦幹；辛苦從事（at, on）：*toil* at the work 辛苦工作

◇ **toil away** 長期苦幹

◐ **rest**

toi·let /ˈtɔɪlɪt/ *n*

1 廁所；衛生間：*toilet* paper 手紙；衛生紙 **2** 便池；抽水馬桶 **3** 梳妝；打扮：make a careful *toilet* 精心地梳妝打扮

to·ken /ˈtəʊkən/ *n*

1 [C] 標誌；象徵：This is a *token* of our friendship. 這是我們友誼的象徵。/ The enemy only offered a *token* resistance. 敵軍只是象徵性地抵抗了一下。 **2**（可在商店兌換指定商品的）禮券

◇ **in token of** 作為⋯的標誌（紀念，象徵）：He gave me a watch *in token of* our first meeting. 他給了我一隻手錶以紀念我們的初次相識。

told /təʊld/ **tell** 的過去式與過去分詞

tol·er·a·ble /ˈtɒlərəbl/ adj
1 可忍受的；可容忍的：a tolerable pain 可容忍的痛苦 **2** 尚好的；還可以的：The food in this restaurant is tolerable. 這家菜館的菜馬馬虎虎。 **3** 還算健康的：tolerable health 身體還行

tol·er·ance /ˈtɒlərəns/ n
1 忍耐力：My tolerance is not unlimited. 我的容忍不是無限的。 **2** [U] 忍受；容忍；寬恕：The stench is beyond tolerance. 惡臭不堪忍受。

tol·er·ant /ˈtɒlərənt/ adj
忍受的；容忍的：The commander is tolerant toward all the different opinions. 司令官容忍所有不同的意見。/ a tolerant boss 寬容的老板
◐ forbearing, lenient
◑ intolerant

tol·er·ate /ˈtɒləreɪt/ vt
忍受；容忍：His rudeness cannot be tolerated. 他的無禮是不能容忍的。
▷ **toleration** n [U] 忍受；容忍；默認

toll¹ /təʊl, tɒl/
I n **1** [C] (道路，橋梁，輪渡等的) 通行費 **2** 損失；傷亡人數：death toll 死亡人數 / heavy toll 重大傷亡 (損失)
II vt, vi **1** 徵收捐稅 **2** 收取 (橋梁、道口等的) 通行費
□ **toll-keeper** 收費員

toll² /təʊl/
I vt (莊嚴肅穆地) 敲鐘：toll a funeral knell 敲響喪鐘
II n [只用單] 敲鐘；鐘聲

to·ma·to /təˈmɑːtəʊ, -ˈmeɪ-/ n
(複 = tomatoes) [C]
蕃茄；西紅柿：tomato catchup 蕃茄醬

⇨ 插圖見〈專題圖說 10〉

tomb /tuːm/ n 墳墓；冢
□ **tomb-stone** 墓碑
◐ cemetery, grave

to·mor·row /təˈmɒrəʊ/
I n **1** 明天；明日 **2** 未來：Tomorrow's Hongkong will be more prosperous. 明天的香港會更加繁榮。
II adv **1** 在明天；明日：See you tomorrow. 明天見。 **2** 不久的將來
◇ **Never put off till tomorrow what you can do today.** [諺] 今日事今日畢。 / **Tomorrow comes never.** [諺] 明天不會來。(或：切莫依賴明天。) / **Tomorrow is another day.** [諺] 明天還來得及。

ton /tʌn/ n
1 噸；公噸 (= metric ton) **2** 裝載噸；容積噸
◇ **tons of** 大量 (= lots of)

tone /təʊn/
I n **1** [C] 語氣；口氣：a tone of sorrow 悲傷的語氣 **2** [C] 音調；音色：His voice has a full, clear tone. 他的嗓音洪亮清晰。 **3** [C]〈語〉語調；重音：the four tones of the Chinese language 漢語的四聲 **4** [用作單] 風氣；特性：The tone of the class is not very good. 這個班的風氣不太好。
II vt 給…定音調
◇ **tone down** (使) 柔和；緩和：He toned down his criticism in the article. 他降低了文章中批評的調子。

tongue /tʌŋ/ n
1 舌頭 **2** 語言：mother tongue 母語
◇ **hold one's tongue** 一言不發

to·night /təˈnaɪt/

I *adv* 今夜；今晚：It's cold *tonight*. 今晚真冷。**II** *n* 今晚；今夜：*Tonight* is New Year's Eve. 今晚是除夕。

ton·nage /ˈtʌnɪdʒ/ *n*
1 （船的）噸位 **2** （船載貨的）噸位

too /tuː/ *adv*
1 （用於形容詞或副詞前）太；過分：He's drunk *too* much tonight. 他今晚喝得太多了。/ Never *too* old to learn. [諺] 活到老，學到老。/ It is never *too* late to mend. [諺] 改過不嫌晚（或亡羊補牢，未為遲也）。 **2** 也；還；而且：Can I come, *too*? 我也能來嗎？/ You have to see her, and quickly, *too*. 你得去看看她，而且要快。 **3** [口] 很；非常：This is *too* good! 這太好了！/ I don't like seafood *too* much. 我不太喜歡吃海鮮。
◇ **all too** 太：The criticism was *all too* sharp. 這個批評十分尖銳。/ **too...to** 太…以至不能：She is *too* young *to* travel alone. 她還太小，不能一個人去旅行。
◑ **very**
⇨ 用法說明見 ALSO

took /tʊk/ **take** 的過去式

tool /tuːl/ *n*
1 工具；用具；刀具；器械 **2** 方法；手段 **3** 爪牙；走狗；傀儡：He was just a *tool* for the authority. 他只不過是當局的一個傀儡而已。
◑ **instrument**
⇨ 插圖見〈專題圖說 3〉

toot /tuːt/
I *n* [C]（短促的）喇叭聲；號角聲；汽笛聲 **II** *vt* 吹喇叭（號角等）

tooth /tuːθ/ *n*（複 = teeth /tiːθ/）牙；牙齒：a milk *tooth* 乳牙 / a false *tooth* 假牙

◇ **to the teeth** 完全地；徹底地：The bodyguard is armed *to the teeth*. 這個保鑣武裝到了牙齒。

tooth·ache /ˈtuːθeɪk/ *n* [只用單] 牙疼

tooth·brush /ˈtuːθbrʌʃ/ *n* 牙刷

tooth·paste /ˈtuːθpeɪst/ *n* 牙膏

tooth·pick /ˈtuːθpɪk/ *n* 牙籤

top¹ /tɒp/
I *n* **1** （常用定冠詞）頂端；頂部；山頂；頭頂：the *top* of a mountain 山頂 **2** 頂蓋；蓋子：the *top* of a jam jar 果醬瓶蓋 **3** 最高地位；最重要的人：the *tops* of the army 軍隊的高級將領 **4** 精華；最好的東西：the *top* of the world literature 世界文學精華
◇ **come (get) to the top** 出人頭地 / **from top to bottom** 從上到下 / **from top to toe** 從頭到腳；全身 / **on top of** **1** 在…上面 **2** 除…以外（還）：*On top of* tracheitis, he also has arthritis. 除了氣管炎外，他還有關節炎。
II *adj* **1** 最高的；頂端的：the *top* floor 最高一層樓 **2** 最好的；最優秀的；最大的：*top* speed 最高速 **3** 最高級的；最重要的：a *top* secret 最高機密
III *vt*（topped; topping）**1** 放在…上面：a cake *topped* with cream 上面有奶油的蛋糕 **2** 在…之上；居…之首：A lighthouse *tops* the hill. 山頂有座燈塔。/ She *tops* the whole class with her marks. 她的成績居全班之首。
□ **top-ranking** *adj* 最高級的：*top-ranking* officers 最高級軍官 ▷ **topless** *adj* 無頂的；袒胸的；穿袒胸衣的：a *topless* waitress 穿袒胸衣的女招待
◑ **bottom, foot**

top² /tɒp/ *n* 陀螺

◇ **sleep like a top** 睡得很沉

Top 陀螺

to·pic /'tɒpɪk/ *n* 話題；論題；主題

▷ **topical** *adj* **1** 題目的；主題的 **2** 有關時事的：*topical* news 時事新聞

❶ subject

top·soil /'tɒpsɔɪl/ *n* 表土

torch /tɔːtʃ/ *n*

1 火炬；火把 **2** [英] 手電筒

tore /tɔː(r)/ tear 的過去式

tor·ment

I /'tɔːment/ *n* [C, U] **1** 折磨；痛苦：the *torments* of jealousy 嫉妒的折磨 **2** 痛苦的人或事物：That boy is really a *torment*. 那孩子真讓人頭疼。

◇ **Love is a sweet torment.** [諺] 愛情是一種甜蜜的折磨。

II /tɔː'ment/ *vt* 折磨；使痛苦：He is now being *tormented* with jealousy. 他此刻正受着嫉妒的折磨。

torn /tɔːn/ tear 的過去分詞

tor·pe·do /tɔː'piːdəʊ/

I (複 = torpedoes) *n* 魚雷

II *vt* 用魚雷襲擊

☐ **torpedo-boat** *n* 魚雷快艇

tor·rent /'tɒrənt/ *n* [C]

1 洪流；急流 **2** (言語、感情等) 連發；爆發：a *torrent* of tears 淚水縱橫

▷ **torrential** /təˈrenʃl/ *adj* 奔流的；洪流的：*torrential* rain 傾盆大雨

tor·toise /'tɔːtəs/ *n* 龜；烏龜

◇ **The tortoise wins the race while the hare is sleeping.** [諺] 龜兔賽跑 —— 兔子睡覺，烏龜得勝。(或：驕傲使人落後。)

Tortoise 龜

tor·ture /'tɔːtʃə(r)/

I *n* **1** [U] 拷打 **2** [C, U] 折磨；痛苦：*tortures* from a headache 頭疼的折磨

II *vt* **1** 拷打 **2** 折磨；使痛苦：*torture* a prisoner / be *tortured* with insomnia 忍受失眠的痛苦

▷ **torturer** *n* 拷打者；折磨者

toss /tɒs/

I *vt* **1** 扔；拋：He *tossed* the ball to Tom. 他把球扔給了湯姆。 **2** 突然抬起；揚起；甩：*toss* one's head (輕蔑地) 把頭一甩 **II** *n* [C] **1** 扔；拋 **2** 猛然抬起

◇ **the toss of a coin** 擲錢幣決定事情 / **lose (win) the toss** 在擲錢幣中失敗 (獲勝) / **toss for sth** 擲錢幣決定事情

to·tal /'təʊtl/

I *adj* **1** 總的；總計的：*total* amount (number) 總數 (量) **2** 完全的；徹底的：a *total* failure 徹底的失敗

II *vt* (total(l)ed; total(l)ing) 總計；共計：All the costs *total(l)ed* 1,000 dollars. 所有費用共計 1,000 元。

III *n* 總數：a *total* of £500 總數 500 英鎊

◐ sum, whole

to·tal·ly /ˈtəʊtəlɪ/ *adv*

完全地；整個地：a *totally* new argument 一個完全新的論點

touch /tʌtʃ/

I *n* **1** [C] 觸；碰；觸摸：At the *touch* of my hand, the dog quieted down. 我用手摸了摸狗，它就安靜了下來。 **2** [U] 觸覺；觸感：tell by *touch* 靠觸覺分辨 **3** [C] (畫筆等的) 筆觸；修飾；潤色：He drew my picture with no more than a few *touches*. 他幾筆就勾勒出了我的畫像。/ finishing *touches* 最後一筆 (一步) **4** [C] 少許；一點點：a *touch* of irony 一點反諷意味 **5** [C] 風格；手法：the exquisite *touch* of a master 大師的精湛手法

◇ **at a touch** 一觸 (就) / **in touch** 聯繫；接觸：I'll be *in touch* with you. 我會和你聯繫的。/ **lose touch** 失去聯繫 / **Nelson touch** 當機立斷的本領

II *vt* **1** 觸摸；碰：Don't *touch* the exhibits, please! 請勿觸摸展品。 **2** (常與否定詞連用) 吃 (一點)；喝 (一點)；嘗 (一點)：It's half past two, and he hasn't *touched* his lunch yet. 現在兩點半了，可他的午飯還沒吃呢。 **3** 感動：She was deeply *touched* by this story. 這個故事深深打動了他。

◇ **touch on** 論及；提及：His report *touched on* the present world situation. 他的報告論及了當前的國際形勢。

☐ **touch-down** *n* (飛機等) 着落；觸地 / **touch-stone** *n* 試金石

▷ **touching** *adj* 動人的：a *touching*

story 一個動人的故事

tough /tʌf/ *adj*

1 健壯的；堅強的；能吃苦的 **2** 困難的；艱難的：a *tough* task 艱巨的任務 **3** 硬的；咬不動的：*tough* steak 咬不動的牛排 **4** 強硬的；固執的：a *tough* policy 強硬政策

tour /tʊə(r)/

I *n* **1** 旅行；觀光：a *tour* around the world 環球旅行 **2** 周遊；巡迴：a lecture *tour* 巡迴講課

II *vt, vi* **1** 旅行；觀光：*tour* North Europe 周遊北歐各國 / *tour* in China 在中國旅行 **2** 巡迴 (演出、比賽等)：*tour* a play 巡迴演出一齣劇

◐ journey, travel, trip, voyage

tour·ism /ˈtʊərɪzəm/ *n*

1 [U] 旅遊；觀光 **2** 旅遊業：*Tourism* is also called smokeless industry. 旅遊業亦被稱為無煙工業。

tour·ist /ˈtʊərɪst/

I *n* 旅行者；觀光客 **II** *adj* 旅遊的；觀光的：a *tourist* agency 旅行社 / a *tourist* hotel 旅遊飯店

tour·na·ment /ˈtɔːnəmənt; ˈtɜː-/ *n*

1 [C] 體育比賽；錦標賽：a tennis *tournament* 網球賽 **2** (中世紀騎士的) 馬上比武大會

tow /təʊ/

I *vt* 拖；拉；牽引：*tow* a damaged car into the garage 把損壞的車拖進汽車修理鋪 **II** *n* [C, U] 拖；拉；牽引

◇ **on tow** 被拖着：The boat was *on tow*. 小船被拖着行駛。

to·ward /təˈwɔːd; twɔːd/, **to·wards** /təˈwɔːdz; twɔːdz/ *prep*

1 朝;向: He walked *toward* me. 他向我走來。 **2** 接近;將近;大約: He didn't come back until *toward* dark. 他將近天黑才回來。 **3** 對;對待: an attitude *toward* life 對待生活的態度 **4** 用於;有助於: The boy saved HK$2 each day *toward* a birthday present for his mother. 這個男孩每天節省兩元錢用來給他母親買生日禮品。

tow·el /'taʊəl/ *n* [C] 毛巾

tow·er /'taʊə(r)/

I *n* 塔;塔樓: a TV *tower* 電視塔 / a church *tower* 教堂鐘樓

II *vi* 高聳;屹立

◇ **tower above (over)** 高出;超越: a mansion *towering above* the harbour 聳立在港口的大廈

town /taʊn/ *n*

1 鎮;市鎮 **2** (與農村相對的) 都市;都會: New York is a prosperous big *town*. 紐約是個繁華的大都市。 **3** (不用冠詞) 市內;市內商業中心: This is absolutely the best restaurant in *town*. 這無疑是市內最好的餐館了。

town·ship /'taʊnʃɪp/ *n*

1 小鎮 **2** 區;鄉 (美國及加拿大縣以下的行政區)

toy /tɔɪ/

I *n* **1** 玩具;玩物: a *toy* gun 玩具手槍 **2** 小玩藝兒;小擺設

II *vi* 玩弄;隨便對待 (with): *toy* with a pen 擺弄鋼筆 / She *toyed* with the idea of making a trip to the mountains by herself. 她打算獨自去山裏旅行,但只是想想而已。

trace /treɪs/

I *n* **1** [C] 痕跡;蹤跡;足跡 **2** 少許;微量: His English has *traces* of French. 他的英語帶點法國口音。

II ❶ *vt* **1** 追蹤;跟蹤: The police have *traced* the stolen car. 警方已查到那輛被盜的汽車。 **2** 追溯;查考: The event can be *traced* back to 1956. 這個事件可追溯到 1956 年。 **❷** *vi* 追溯

□ **trace element** 微量元素

▷ **traceable** *adj* 可查找的;可追蹤的

track /træk/

I *n* **1** [C] 足跡;蹤跡: follow the *tracks* left by a wolf on the snow 跟蹤狼在雪地上留下的足跡 **2** 鄉間小道;小徑 **3** 〈鐵〉軌道 **4** 跑道: a running *track* 跑道 **5** (電影膠片上的) 聲跡;(唱片上的) 聲槽;(錄音磁帶上的) 音軌 **6** 行進路線;行程: the *track* of a bullet 彈道 / the *track* of one's thought 思路

II *vt, vi* 追蹤;跟蹤: The police *tracked* the criminal through the forest. 警察追蹤罪犯穿過樹林。

◇ **beaten track** **1** 踏出來的路 **2** 常規;慣例: He is never off the *beaten track*. 他總是墨守成規。

trac·tor /'træktə(r)/ *n* 拖拉機;牽引車

Tractor 拖拉機

trade /treɪd/

I *n* **1** [U] 買賣;貿易;商業;生意: foreign *trade* 外貿 / fur *trade* 皮毛生意 **2** [C] 行業;職業: She is a doctor by

trade. 她的職業是醫生。 **3** 交換：
make a *trade* for sth 交換某物 **4** 同
行；同業；同人： the news *trade* 新聞
界 / Two of a *trade* never agree. 同行是
冤家。 **5** [總稱] 顧客；主顧： solicit
trade 招攬顧客

II **❶** *vi* 買賣；做生意 **❷** *vt* 交換；互換
◇ **Jack of all trades is of no trade.**
[諺] 樣樣皆通，樣樣稀鬆。

trade·mark /'treɪdmɑːk/ *n* 商標

tra·der /'treɪdə(r)/ *n*
1 商人 **2** 商船 **3** 交易人

trades·man /'treɪdzmən/ *n*
（複 = tradesmen）
1 商人 **2** 熟練工人；工匠

tra·ding /'treɪdɪŋ/ *n* 貿易；交易

tra·di·tion /trə'dɪʃn/ *n* [U]
1 傳統 **2** [C] 傳統習俗： It is a
tradition in America to eat turkeys on
Thanksgiving Day. 美國感恩節有吃火雞
的傳統。
⇨ 用法説明見 HABIT

tra·di·tion·al /trə'dɪʃənl/ *adj*
傳統的；習俗的；守舊的： *traditional*
ideas 傳統思想

traf·fic /'træfɪk/ *n*
1 [U] 交通： sea *traffic* 海上交通 /
traffic jam 交通堵塞 / *traffic* lights 紅綠
燈 / *traffic* police 交通警察 **2** （路上來
往的）車輛和行人： There's too much
traffic here each day. 這裏每天車輛行人
太多。

tra·ge·dy /'trædʒədɪ/ *n*
1 [C] 悲劇： *Hamlet* is a tragedy. 《哈姆
雷特》是一齣悲劇。 **2** 悲慘事件；災
難： The accident has brought about a
great *tragedy* in the family. 事故給這個

家庭造成了巨大災難。
◑ comedy

tra·gic /'trædʒɪk/ *adj*
1 悲劇的；悲劇性的 **2** 悲慘的；可悲
的： a *tragic* sight 悲慘的景象
◑ comic

trail /treɪl/
I *n* **1** [C]（動物、汽車等留下的）痕
跡；蹤跡： car *trail* 汽車輪跡 **2** 小道；
小徑；崎嶇小路

II **❶** *vt* **1** 跟蹤；追蹤： *trail* a
criminal 追蹤罪犯 **2** 拖；拉；曳： She
trailed her long skirt through the dust.
她拖着長裙在滿是灰塵的地面上走過。
3 跟隨；追隨： She was often *trailed*
by admirers. 她身後老是跟着一群崇拜
者。 **❷** *vi* **1** 拖；拉 **2** 慢走；無精打
采地走 **3** 跟隨；落後
◇ **off the trail** **1** 失去蹤跡 **2** 離題
▷ **trailer** *n* 拖車

train¹ /treɪn/ *n*
1 [C] 火車；列車： a through *train* 直
達列車 / an express *train* 特快列車 **2** 行
進的行列： a funeral *train* 出殯的行列
3 一連串；一系列： a *train* of ideas
(thoughts) 一連串的想法
◇ **in the train of** 隨…之後

train² /treɪn/ *vt, vi*
訓練；培養；為…學習： He is *training* a
dog for the show. 他正在訓練一隻狗
參加演出。/ He is *training* to become a
teacher. 他正在學習當教師。 ▷ **trainee**
n 受訓者；實習生
⇨ 用法説明見 TEACH

train·ing /'treɪnɪŋ/ *n*
訓練；教育；培養；鍛煉： physical
training 體育鍛煉

trai·tor /'treɪtə(r)/ *n* 叛徒；賣國賊

tram /træm/ *n* 有軌電車

tram·way /'træmweɪ/ *n*
1 [英] 電車軌道；有軌電車路線 **2** [英] 電車運輸系統

tran·sact /træn'zækt/ *vt, vi*
辦理；做交易；商談：*transact* some business 處理一些事務 / *transact* with sb 與某人商談
▷ **transaction** *n* **1** [U] 辦理；處理 **2** [C] （一筆）交易

trans·fer /træns'fɜ:(r)/
I *vt* (transferred; transferring) **1** 搬；移動：All the books in the English department were *transferred* to the library. 英語系的書全部移交給了圖書館。 **2** 改變；轉變：This place will be *transferred* to a tennis court. 這個地方將被改建成一個網球場。 **3** 調動：He was *transferred* to London last year. 他去年調去了倫敦。
II /'trænsfɜ:(r), 'trænz-/ *n* [C, U] **1** 轉移；轉賬 **2** 調動：a *transfer* student 轉學生

trans·form /træns'fɔ:m/ *vt, vi*
（使）變形；（使）改變；（使）轉換：*transform* a hotel into a hospital 將旅館改成醫院 / Water may be *transformed* into ice. 水可以轉變為冰。

trans·for·ma·tion
/ˌtrænsfə'meɪʃn/ *n* [C, U]
轉變；變化；變形

trans·for·mer /træns'fɔ:mə(r)/ *n*
1 改革者 **2** 〈電〉變壓器

tran·sis·tor /træn'sɪstə(r); -'zɪs-/ *n*
〈電子〉晶體管；晶體管收音機

tran·sit /'trænsɪt; -zɪt/
I *n* **1** [U] 運輸；運送：a *transit* lounge （飛機）中轉候機室 **2** 通過；中轉 **3** 轉變；過渡：*transit* from war to peace 從戰爭到和平的過渡 **II** **❶** *vt* 運送；（使）通過 **❷** *vi* 通過；經過
◇ **in transit** 在運送途中

tran·si·tion /træn'zɪʃn/ *n*
1 [C, U] 過渡（期）；轉變：a *transition* period 過渡時期 **2** （文章中上下連接的）轉折；轉折語句（或段落）

trans·late /trænz'leɪt/ *vt, vi*
1 翻譯：*translate* from French into Chinese 把法語譯成漢語 / In class, the professor asked her to *translate*. 課堂上，教授讓她翻譯。 **2** （用較簡單的話）重新説 **3** 解釋；猜出：How would you *translate* his low profile? 你怎樣解釋他這種低姿態？ **4** 使轉化：He has *translated* his ideal into action. 他已把理想付諸行動。
▷ **translator** *n* 譯者；譯員

trans·la·tion /trænz'leɪʃn/ *n*
1 [U] 翻譯 **2** [C] 譯文；譯本

trans·mis·sion
/trænz'mɪʃn/ *n*
1 [U] 傳送；輸送：*transmission* of electricity 輸電 **2** 傳染；傳播：*transmission* of disease 疾病的傳播 **3** 廣播；（電視等）傳送；播送；發射：the *transmission* of a TV programme 播送電視節目

trans·mit /trænz'mɪt/ *vt*
(transmitted, transmitting)
1 傳送；輸送：*transmit* a message 傳遞信息 **2** 傳染；傳播：Mosquitos can *transmit* disease. 蚊子可以傳播疾病。 **3** 播發；播送：The report has been

transmitted back to the headquarters. 這份報告已發回總部。

trans·pa·rent /træns'pærənt/ *adj*
❶ 透明的 ❷ 顯而易見的

trans·port
I /træns'pɔ:t/ *vt* 運輸：This company will be *transported* to Europe by boat. 這個連將被船運到歐洲。
II /'trænspɔ:t/ *n* [U] 運輸：the *transport* of troops 運送軍隊 / inland water *transport* 內河運輸
◑ carry, convey

trans·por·ta·tion /trænspɔ:'teɪʃn/ *n*
❶ [U] 運輸；運送 ❷ 公共交通；運輸業 ❸ [美] 運輸工具；交通車輛

trap /træp/
I *n* ❶ 陷阱；夾子；捕捉機：a mouse *trap* 老鼠夾 ❷ 圈套；陷阱：fall into a *trap* 陷入圈套 / It's easy to fall into a *trap*, but hard to get out again. [諺] 上賊船容易，下賊船難。
II (trapped; trapping) ❶ *vt* ❶ 設陷阱捕捉：*trap* a deer 設陷阱捕鹿 ❷ 使陷入圈套（或困境）：At the last minute he found himself *trapped* by the enemy. 在最後一刻他發現自己中了敵人的圈套。❷ *vi* 設陷阱捕捉
◑ arrest, catch, seize

trape·zium /trə'pi:zɪəm/ *n*
（複 = trapeziums）
❶ [英] 〈數〉梯形 ❷ [美] 〈數〉不規則四邊形

trav·el /'trævl/
I (travel(l)ed, travel(l)ing) ❶ *vi* ❶ 旅行；行進：*travel* to London 去倫敦旅行 / Light *travels* faster than sound. 光比聲音傳播快。❷ （眼睛）掃視：His eyes *travelled* over the hill. 他的雙眼掃視了一下山坡。❷ *vt* ❶ 在…旅行：*travel* the world 周遊世界 ❷ 經過；通過
II *n* [U] 旅行：sea *travel* 航海旅行 / *travel* agency 旅行社
◇ **III news travels fast.** [諺] 好事不出門，壞事傳千里。
⇨ 用法說明見 JOURNEY

trav·el(l)er /'trævlə(r)/ *n*
❶ 旅行者；旅客：*traveller's* cheque 旅行支票 ❷ 旅行推銷員

trawl·er /'trɔ:lə(r)/ *n* 拖網漁船

tray /treɪ/ *n* 托盤；碟

tread /tred/
I *vt, vi* (tred, trodden/trod, treading) 踩；踏（on, upon）：He accidentally *trod* on her foot in dancing. 跳舞時他不小心踩了她的腳。/ *tread* sth under 把…踩在腳下
◇ **tread water**（游泳時）踩水 / **tread down** 踐踏：Don't *tread down* grass! 不要踐踏草地！/ You have no right to *tread down* her feelings. 你沒有權利來踐踏她的感情。/ **One woe does tread upon another's heels.** [諺] 禍不單行。
II *n* ❶ 踩；踏 ❷ 步態；腳步聲：heavy *tread* 沉重的腳步聲

treason /'tri:zn/ *n* [U]
叛國罪；叛逆罪；不忠

trea·sure /'treʒə(r)/
I *n* ❶ [C, U] 寶藏；金銀財寶 ❷ 珍品
II *vt* 珍愛；珍視：I will *treasure* the memories of the time we spent together. 我將永遠記住我們在一起度過的美好時光。

trea·sur·er /'treʒərə(r)/ *n*
司庫；會計；出納

trea·sur·y /'treʒərɪ/ n
1 金庫；庫房；寶庫 **2** 名著；（詩文等的）集錦：a treasury of Tang poems 唐詩集錦 **3** [the Treasury] 財政部

treat /triːt/
I ❶ vt **1** 對待：He was treated with respect. 他受到尊敬。 **2** 把…看作(as)：They treated her suggestion as a joke. 他們把她的建議當做一個玩笑。 **3** 醫治：treat a disease 治病 **4** 請客；款待：My aunt treated me to some cakes she made herself. 我姑媽請我吃一些她自製的糕點。 **5** 討論；探討；表現：This subject has been treated thoroughly in this seminar. 在這次研討會上，這個問題已經得到了充分的討論。/ The theme in this book is treated powerfully. 這本書中的主題被表現得相當有力。 **❷** vi 討論；探討：His thesis treats of the situation in the Middle East. 他的論文探討了中東的形勢。
II n **1** 請客 **2** [C] 樂事；樂趣：It's a treat to go boating. 划船是件樂事。

treat·ment /'triːtmənt/ n
1 [C, U] 治療；醫治：medical treatment 醫療 / a new treatment of cancer 治療癌症的新方法 **2** 對待；待遇：cruel treatment 虐待 **3** 處理：What do you think of his treatment of this theme? 你覺得他對這一主題的處理如何？

trea·ty /'triːtɪ/ n [C]
條約；協定：a peace treaty 和約

tree /triː/ n
樹；樹木：an apple tree 蘋果樹
◇ **The tree falls not at the first stroke.** [諺] 一斧砍不倒大樹（或冰凍三尺，非一日之寒）。

⇨ 插圖見〈專題圖說 7〉

trem·ble /'trembl/
I vi **1** 發抖；哆嗦：She was trembling with fear. 她害怕得發抖。 **2** 搖動；晃動 **II** n **1** 發抖；哆嗦 **2** 搖動；晃動
● quiver, shake, shiver, shudder

tre·men·dous /trɪ'mendəs/ adj
1 巨大的；極大的：a tremendous effort 極大的努力 **2** 絕妙的；精彩的：It's a tremendous concert. 這是個精彩的音樂會。 ▷ **tremendously** adv
● monstrous, stupendous

trench /trentʃ/ n
1 [C] 壕溝；溝渠 **2**〈軍〉戰壕

trend /trend/
I n **1** [C] 傾向；趨向；動態；時尚：the international economic trend 國際經濟動態 / the new trend in men's apparel 男裝的新款式 **II** vi 趨向；傾向

tres·pass /'trespəs, -pæs/
I ❶ vi **1** 未經許可而進入私人領地；非法侵入(on, upon) **2** 打擾；妨礙：I don't want to trespass upon your valuable time. 我可不想佔用您的寶貴時間。 **❷** vt 逾越；違背；違反：He trespassed his own office. 他逾越了自己的工作本分。
II n **1** [U] 擅自進入 **2** [C] 冒犯；違背（行為）

tri·ad /'traɪæd/ n
1 三人組合；三件套 **2** [Triad]（中國清朝民間的秘密社團）三合會（或天地會）

tri·al /'traɪəl/ n
1 [C, U] 試驗：This sample will be kept for further trial. 這個樣品得留下來做進一步的試驗。 **2** [C, U] 審訊；審判：stand trial 受審判 **3** [C] 磨難；考驗：

He has borne many *trials* in life. 他經歷了生活的種種磨難。

tri·an·gle /'traɪæŋgl/ *n*
〈數〉三角；三角形；三角物體
⇨ 插圖見〈專題圖說 14〉

tri·an·gu·lar /traɪˈæŋgjʊlə(r)/ *adj*
三角（形）的

tri·bal /'traɪbl/ *adj*
部落的；宗族的：a *tribal* war 部落戰爭

tribe /traɪb/ *n*
❶ 部落；宗族：the Indian *tribes* 印第安人部落 ❷（一）幫；（一）夥

tri·bu·nal /traɪˈbjuːnl/ *n*
❶ [C] 法庭 ❷ [英] 特別法庭：industrial *tribunal* 勞資法庭

tri·bu·ta·ry /'trɪbjʊtrɪ/
I *n* ❶ 支流 ❷ 進貢者；進貢國
II *adj* ❶ 支流的 ❷ 進貢的；附屬的：a *tributary* nation 屬國

tri·bute /'trɪbjuːt/
❶ [C, U] 貢品；貢金 ❷ 頌詞；禮物：pay (a) *tribute* to sb 頌揚某人

trick /trɪk/ *n*
I ❶ [C] 詭計；騙局；計謀；花招：a dirty *trick* 卑鄙的伎倆 ❷ 技巧；竅門：He knows the *trick* of making apple pies. 他知道做蘋果派的竅門。❸ 惡作劇
II *vt, vi* 欺騙；哄騙（out of, into）：He *tricked* the child into telling the truth. 他騙小孩說出了真相。
◇ **play a trick on sb** 對某人耍手腕；開某人玩笑

tri·kle /'trɪkl/
I *vi* 細流；滴；淌：Tears *trikled* from her eyes. 她眼裏淌下淚水。
II *n* 涓涓細流；滴；淌

tri·cky /'trɪkɪ/ *adj*
❶ 詭計多端的 ❷ 難以捉摸的；難以對付的：a *tricky* problem 難題

tri·fle /'traɪfl/
I *n* ❶ 瑣事；微不足道的事 ❷ 一點點；少量 ❸ 小玩藝兒；不值錢的東西
II *vi* 輕視；玩弄（with）：Don't *trifle* with her feelings. 不要玩弄她的感情。

trig·ger /'trɪgə(r)/
I *n* 扳機 II *vt* ❶ 扣動扳機；扣動扳機開槍 ❷ 觸發；引起（off）：*trigger* off a tragic event 引起一起悲慘事件

tri·go·no·me·try /trɪgəˈnɒmetrɪ/ *n*
三角學
▷ **trigonometri(cal)** *adj*

trim /trɪm/
I *vt*（trimmed, trimming）❶ 使整齊；整理：*trim* up a room 整理房間 ❷ 修剪；修整：He *trimmed* his own beard. 他修剪了一下自己的鬍子。/ *trim* trees 修剪樹木 II *n* 修剪 III *adj* 苗條的：a *trim* figure 苗條的身材

tri·ni·ty /'trɪnətɪ/ *n*
❶ [the Trinity]（基督教的）三位一體（即聖父、聖子、聖靈）❷ 三合一

tri·no·mial /traɪˈnəʊmɪəl/
I *adj* 〈數〉三項式的
II *n* 〈數〉三項式

tri·o /'triːəʊ/ *n*（複 = trios）
❶ 三重奏；三重唱 ❷ 三人組；三件套

trip /trɪp/
I *n* [C] 旅行；旅遊
II *vi*（tripped; tripping）旅行；旅遊：*trip* to Hong Kong 去香港旅遊
⇨ 用法說明見 JOURNEY

tri·ple /'trɪpl/
I *adj* ❶ 三倍的；三重的；三方的
II *n* 三倍數；三個組

III *vt, vi* （使）增加至三倍

tri·ple-dig·it /ˈtrɪplˈdɪdʒɪt/ *adj*
[主美] 三位數的

tri·umph /ˈtraɪʌmf/
I *n* [C, U] 勝利；成功：return in *triumph* 凱旋 II *vi* 獲勝（over）：*triumph* over his rivals 戰勝他的對手
🔵 conquest, victory
🔵 defeat

tri·um·phant /traɪˈʌmfnt/ *adj*
❶ 勝利的 ❷ （因勝利而）喜悦的；洋洋得意的

tri·vi·al /ˈtrɪvɪəl/ *adj*
微不足道的；瑣碎的：*trivial* formalities 繁文縟節 / a *trivial* mistake 無足輕重的錯誤
🔵 paltry, petty
🔵 important

trod /trɒd/ **tread** 的過去式和過去分詞

trodden /ˈtrɒdn/ **tread** 的過去分詞

trol·ley /ˈtrɒlɪ/ *n*
❶ （裝有輪子的）小推車；（機場或超級市場的）手推車 ❷ [英] 無軌電車 ❸ [美] 有軌電車 (=streetcar)

troop /truːp/ *n*
❶ [troops] 軍隊；部隊：combat *troops* 戰鬥部隊 ❷ [C] 一群；一批：a *troop* of school children 一群小學生
🔵 army

tro·phy /ˈtrəʊfɪ/ *n*
❶ [C] （體育比賽的）獎品；獎杯 ❷ 戰利品

tro·pic /ˈtrɒpɪk/ *n*
❶ 〈地〉（南或北）回歸線；〈天〉（天球的）回歸線 ❷ [the Tropics] 熱帶

tro·pi·cal /ˈtrɒpɪkl/ *adj*
❶ 熱帶的 ❷ 回歸線的

trou·ble /ˈtrʌbl/
I *n* ❶ [C, U] 麻煩；打擾：Don't trouble *trouble* until *trouble* troubles you. [諺] 麻煩不找上門，就不要自找麻煩。❷ 煩惱；憂慮：a life full of *troubles* 充滿煩惱的生活 ❸ 令人煩惱的人或事：What's the *trouble*? 出了甚麼事？❹ [U] （所費的）工夫；力氣：It takes a lot of *trouble*. 這得花很大的力氣（工夫）。❺ 疾病；疼痛：a heart *trouble* 心臟病
II ❶ *vt* ❶ 使煩惱：She has a *troubled* look. 她看上去很煩惱。❷ 麻煩；打擾；費神：I'm sorry to *trouble* you. 對不起，麻煩您了。❸ 攪亂：It is good fishing in *troubled* waters. [諺] 混水好摸魚。❷ *vi* 費心；費神：I'm all right, please don't *trouble*. 我沒事，請不要麻煩。
◇ **ask (look) for trouble** 自討苦吃；自找麻煩 / **get into trouble** （使人）招致麻煩；陷入困境 / **in trouble** 有麻煩；倒霉 / **make trouble** 找麻煩；鬧事
□ **trouble-maker** *n* 鬧事者；搗亂者 / **trouble-shooter** *n* 解決問題的能手
▷ **troublesome** *adj* 令人煩惱的
🔵 soothe

trough /trɒf; trɔːf/ *n*
❶ 水槽；食槽 ❷ 小山槽；低谷

trou·sers /ˈtraʊzəz/ *n*
[只用複] 褲子：a pair of *trousers* 一條褲子
➪ 插圖見 CLOTHES

trout /traʊt/ *n*（複 = trout）
〈魚〉鱒魚；鮭魚

tru·ant /ˈtruːənt/ *n*
逃學者；曠課者

◇ **play truant** 逃學；曠課

truck /trʌk/ n

1 卡車；載重貨車 **2**（鐵路的）敞篷貨車（皮）**3** 四輪平台車；手推車

⇨ 插圖見〈專題圖說 6〉

true /truː/

I adj **1** 真實的；確實的：a true story 真實的故事 **2** 忠實的；忠誠的：a true friend 忠誠的朋友 **3** 真的；真正的：The frog is not a true reptile. 青蛙不是真正的爬行動物。 **4** 確鑿的；無疑的：a true sign 確鑿的徵兆 **5** 原本的：a true copy of a document 文件正本

◇ **be true of** 對…也一樣：The same is true of him. 這對他一樣。/ **come true** 成為現實：Her dream of becoming a doctor has come true eventually. 她想當醫生的夢想終於成為現實。

II adv 真實地；確實地：If you want to marry her, you must love her true. 你若想要娶她，就要真正地愛她。

◑ actual, real

◐ false, unreal

tru·ly /ˈtruːlɪ/ adv

1 真實地；確實地：You're now truly a soldier. 你現在已是個軍人了。 **2** 真誠地；忠實地 **3** 確切地；精確地：He cannot be truly described as an artist. 嚴格地說，他還算不上藝術家。 **4** 非常；很：It is truly terrible. 這太可怕了。

trum·pet /ˈtrʌmpɪt/ n 喇叭；小號

trunk /trʌŋk/ n

1 [C] 樹幹 **2**（人的）軀幹 **3** 象鼻 **4** 大旅行箱

trust /trʌst/

I n **1** [U] 信賴；信任（in）：I don't have any trust in him. 我不信任他。 **2** 信心；希望：have trust in the future 對未來有信心 **3** [U] 受託；受委託 **4** [C] 托拉斯；壟斷企業

II ❶ vt **1** 信賴；信任：You have to trust him. 你得信任他。 **2** 希望；想；相信：I trust that you are well. 我想你的身體好了吧。 **3** 託付；託交：I cannot trust my house to him. 我不能把房子託交給他。 **❷** vi 信任；信賴：She always trusts in his judgement. 她總是相信他的判斷。

◇ **Trust the ear less than the eye.** [諺] 耳聞不如目睹。

◑ believe

◐ distrust

trust·wor·thy /ˈtrʌstˌwɜːðɪ/ adj 可信賴的；值得信任的

◑ dependable, reliable

trus·ty /ˈtrʌstɪ/ adj 可信任的；可靠的：a trusty weapon 可靠的武器

truth /truːθ/ n（複 = truths /truːðz/）

1 [U] 真相；實情；真實性：I'm telling you the truth. 我在告訴你真相。 **2** [C] 真理：a universal truth 普遍真理 **3** [C] 事實：The report does not contain many truths. 報告並沒有提供多少事實。

◇ **to tell the truth** 說實話；老實說：To tell the truth, I forgot to bring the key. 說實話，我忘了帶鑰匙。/ **Truth and roses have thorns about them.** [諺] 真理和玫瑰都有刺（或忠言逆耳）。

◐ lie

try /traɪ/

I n **1** [C] 嘗試；試圖：Who will have a try? 誰來試一試？ **2**〈橄〉觸球

II vt **1** 嘗試；試用：This hotel is too

bad. Let's *try* that one. 這家飯店太差了，讓我們試試那一家。 **2** 試圖；企圖；努力： He *tried* to get into the house through the back door. 他試圖從後門進入房子。 **3** 審理；審判： He was *tried* for treason. 他以叛國罪受審。 **4** 考驗： Don't *try* my patience. 不要逼得我忍無可忍！

◑ attempt

T-shirt /'tiːʃɜːt/ *n* 短袖圓領衫；T恤衫 ⇨ 插圖見 CLOTHES

T-square /'tiːskweə/ *n* 丁字尺

tsu·tsu·mu /tsuːˈtsuːmuː/ *n* (日本的) 精美包裝術

tub /tʌb/ *n*
1 桶；木桶 **2** 浴缸；洗澡盆；大木盆 **3** 一桶的容量： a *tub* of water 一桶水

tube /tjuːb; tuːb/ *n*
1 管子；管： a glass *tube* 玻璃管 **2** [英] 地下鐵道 (= [美] subway)；地鐵列車 **3** 〈電子〉電子顯像管

tu·ber·cu·lo·sis /tjuːˌbɜːkjʊˈləʊsɪs/ *n* [U] (通常縮寫為 T. B.) 〈醫〉結核 (病)；肺結核

tuck /tʌk/
I *vt* **1** 掖；塞進；捲進： Tom *tucked* his shirt inside his trousers before going to school. 湯姆上學前把襯衣塞進褲腰裏。 **2** 塞進；把…夾入： He *tucked* the postcard in a book. 他把明信片夾進書裏。 **II** *n* [C] (衣服) 打褶

Tues·day /'tjuːzdɪ/ *n* 星期二

tug /tʌg/
I *n* **1** [C] 猛拉；猛扯： He gave me a *tug* at the sleeve. 他猛拉了一下我的袖子。 **2** 拖船 (= tugboat)

II (tugged, tugging) **1** *vt* **1** 用力拖；用力拉： He *tugged* the washing machine across the room. 他使勁把洗衣機拖到屋子另一端。 **2** (用拖船) 拖 **2** *vi* 使勁拖或拉： *tug* at sth 使勁拖 (拉)

tui·tion /tjuːˈɪʃn/ *n* [U]
1 學費： *tuition* fees (charges) 學費 **2** 教導；指導： have private *tuition* in English 請私人教師指導英語

tum·ble /'tʌmbl/
I *vi* **1** 跌倒；摔下： She *tumbled* off her horse. 她從馬背上摔下來。 **2** 倒塌： The building *tumbled* in an earthquake. 這幢建築物在一次地震中倒塌。 **3** 跌跌撞撞地走： He drank too much at the banquet and *tumbled* back home afterwards. 他在宴會上喝得太多，後來跌跌撞撞地摸回了家。 **4** 偶然發現 (on)： Tom *tumbled* upon the secret of her leaving. 湯姆意外地發現了她離去的秘密。

II *n* [C] **1** 跌跤；摔倒： have a nasty *tumble* 重重地跌了一跤 **2** 混亂： His thoughts were in a *tumble*. 他的思想一片混亂。

tu·na /'tjuːnə/ *n* (複 = tuna(s))
1 金槍魚；金槍魚肉 **2** 金槍仙人掌

tun·dra /'tʌndrə/ *n* [C] 〈地〉凍原；苔原

tune /tjuːn/
I *n* **1** [C] 樂曲；曲調： He played a cheerful *tune* on the piano. 他用鋼琴演奏了一首歡樂的曲子。 **2** [U] 音調；音高： She always sings out of *tune*. 她唱歌總走調。 **3** [U] 協調；一致： be in (out of) *tune* with one's surroundings 與周圍的環境 (不) 協調 **4** 語氣；語調

t

◇ **change one's tune** 變卦；改變調子

II *vt* **1** （樂器）調弦；定音：*tune a violin* 調小提琴弦 **2** 〈無〉（收音機的）調諧；調台；調頻率（頻道）

◇ **tune in** （收音機、電視機）調諧；收聽：*I tuned in to Radio 4.* 我調到無線電四台。/ **tune out** 關掉（收音機、電視機等）/ **tune up** 調弦；定音

tun·nel /ˈtʌnl/

I *n* 隧道；坑道；地道：*an undersea tunnel* 海底隧道 **II** *vt, vi* （tunnel(l)ed, tunnel(l)ing）掘隧道；挖地道

turf /tɜːf/ （複 = turfs, turves /tɜːvz/）

I *n* **1** [U] 草皮；草泥 **2** [C] （帶泥鋪草坪用的）草皮塊：*meadow turves* 鋪草坪用的草皮 **3** 賽馬場

II *vt* 用草皮覆蓋

tur·key /ˈtɜːkɪ/ *n* [C] 火雞

Tur·key /ˈtɜːkɪ/ *n* 土耳其

turn /tɜːn/

I *n* **1** 轉動；旋轉：*a turn of the wheels* 車輪轉動一下 **2** 擰動；轉動：*a turn of the screw* 擰一下螺絲 **3** 轉向；轉彎；轉身：*a left turn* 左轉彎 **4** 輪流；機會：*Sam drove for two hours, and then it was Tom's turn.* 山姆開了兩小時車，然後輪到湯姆。 **5** 變化；改變：*a turn in the weather* 變天

◇ **a turn of phrase** 措辭；表達方式 / **by turns** 交替；輪流 / **in turn** 依次地 / **take turns** 依次；輪流：*We take turns to watch.* 我們輪流站崗。

II ❶ *vt* **1** 使旋轉；使轉動：*Turn the hands of the clock to nine.* 把鐘的指針撥到九點。 **2** 擰；使旋轉：*Turn the knob to open the door.* 轉一下門把開門。 **3** 轉變；改變方向：*Turn your* face toward me. 把臉轉過來對着我。 **4** 翻動；翻轉：*turn the pages of a book* 翻書頁 **5** （使）改變；變化：*He turned the small room into a kitchen.* 他把這間小屋變成了廚房。 **6** 使變得；變成：*Anger turned his face red.* 他氣得滿臉通紅。 ❷ *vi* **1** 轉動；旋轉：*The wheels turned quickly.* 輪子飛快地轉動着。 **2** 擰動；轉動：*The key turned in the lock, and the door was opened.* 鑰匙在鎖裏轉了一下門就開了。 **3** 翻動；翻轉：*Please turn to page 56.* 請把書翻到 56 頁。 **4** 轉向；轉彎：*Turn left at the next crossroads.* 到下一個十字路口向左轉。 **5** 變化；轉變：*A comedy eventually turned into a tragedy.* 一個喜劇最終變成了一齣悲劇。 **6** （傾向、注意力等）轉移：*Then, our conversation turned to art.* 接着，我們的話題轉到了藝術上。

◇ **turn around** 轉身 / **turn back** 折回；往回走；翻起 / **turn down** **1** 拒絕：*Her suggestion is turned down.* 她的建議遭到了拒絕。 **2** 關小；調低：*Turn down the radio.* 調低收音機的音量。/ **turn off** 關掉：*Turn off the radio, please.* 請關上收音機。/ **turn on** 打開 / **turn out** **1** 熄滅；關掉：*Turn out the light.* 關燈。 **2** 結果；最後：*He eventually turned out to be the best student in the school.* 他最後成為學校的最優生。/ **turn over** **1** 移交；交託：*The little girl was turned over to the care of her grandmother.* 這小女孩交給她祖母照看。 **2** 仔細考慮：*I've been turning it over for hours.* 這件事我已考慮了好幾個小時了。/ **turn up** 出現；來

到：He *turned up* at the meeting. 他出現在會議上。

❶ revolve, rotate, circle, spin, whirl

tur·nip /'tɜːnɪp/ *n* [C] 蕪菁；蘿蔔

turn·o·ver /'tɜːnˌəʊvə(r)/ *n*
1 翻倒；翻轉 **2** 轉向；逆轉 **3**（貨物、人員等的）流動；吞吐

tur·pen·tine /'tɜːpəntaɪn/ *n* [U]
1 松脂 **2** 松節油

tur·tle /'tɜːtl/ *n* 海龜；甲魚

tu·tor /'tjuːtə(r)/
I *n* **1** 家庭教師 **2**（大學生的）指導老師；導師 **II** *vt* 教導；輔導；指導

T.V. /ˌtiːˈviː/ *n*（television 的縮寫）電視；電視機
↪ 插圖見〈專題圖説 2〉

twelfth /twelfθ/ *num*
第十二；十二分之一（的）

twelve /twelv/ *num*
十二；十二個（人或物）

twen·tieth /'twentɪəθ/ *num*
第二十；二十分之一（的）

twen·ty /'twentɪ/ *num*
二十；二十個（人或物）

twice /twaɪs/ *adv*
1 兩次：I told you *twice* to come early. 我對你説過兩次要你早些來。 **2** 兩倍：*twice* as much 兩倍之多

twig /twɪg/ *n* [C] 細枝

twi·light /'twaɪlaɪt/ *n* [U]
1 曙光；暮色 **2** 黎明；黃昏 **3** 微光

twin /twɪn/
I *n* 孿生兒之一；雙胞胎之一
II *adj* **1** 孿生的；雙胞胎的：*twin* brothers 孿生兄弟 **2** 成雙的；成對的：a plane with *twin* engines 雙引擎飛機

twin·kle /'twɪŋkl/

I *vi* 閃爍；閃耀；閃光：On a clear night we can see stars *twinkling* in the sky. 在晴夜我們可以看見天空中星星在閃耀。/ Her eyes *twinkled* with excitement. 她的雙眼興奮地閃閃發光。
II *n* **1** [U] 閃爍；閃耀；閃光：the *twinkle* of the stars 星星閃爍 **2** [C] 閃亮；高興（調皮等）神情：There was a *twinkle* of mischief in her eyes. 她的眼睛裏閃爍着調皮的神情。

twist /twɪst/
I ❶ *vt* **1** 用力旋轉；使轉動：*twist* a handle 轉動手柄 **2** 使盤繞；使曲折：*twist* a wire 彎曲一根鐵絲 **3** 搓；捻：*twist* a rope 搓一根繩 **4** 曲解；歪曲：Don't *twist* my words. 不要曲解我的話。 **5** 扭歪；扭傷：a *twisted* apple 扭曲的蘋果 / He had a fall, and *twisted* his ankle. 他摔了一跤，扭傷了腳脖子。 ❷ *vi* **1** 盤繞；曲折：A path *twisted* through the forest. 一條小徑彎彎曲曲地穿過樹林。 **2** 扭彎；扭曲：His face *twisted* with pain. 他的臉由於疼痛而扭曲。 **3** 扭動：His body *twisted* in uneasiness. 他侷促不安地扭動着身子。
II *n* [C] **1** 轉彎；彎曲：There are many *twists* in the road. 這條路上有許多拐彎處。 **2** 扭；扭傷：He gave the boy's arm a *twist*. 他扭了一下男孩的胳膊。 **3** 曲解；歪曲：It's a *twist* of the fact. 這是歪曲事實。

two /tuː/ *num*
二；兩個（人或物）

type /taɪp/
I *n* **1** [C] 種類；型號：a new *type* of house 一種新型房屋 **2** [C]（印刷或打字用的）鉛字；字體：large *type* 大號

字體 / set the *types* 排字

II *vt, vi* 打字：The letter was *typed* by his secretary. 信是他秘書打的。

◑ kind, sort

type·writ·er /'taɪpˌraɪtə(r)/ *n* 打字機

Typewriter 打字機

ty·phoid /'taɪfɔɪd/ *adj*
〈醫〉傷寒的；類傷寒的

ty·phoon /taɪ'fuːn/ *n* [C] 〈氣〉颱風

ty·pi·cal /'tɪpɪkl/ *adj*
1 典型的；有代表性的 **2** 獨特的：This is *typical* of him. 他這人就是這樣。

ty·pist /'taɪpɪst/ *n* 打字員

ty·ran·ny /'tɪrənɪ/ *n*
1 [C, U] 暴政；專制：live under *tyranny* 生活在專制下 **2** [C] 暴虐；專橫（行為）：The *tyrannies* of his reign will never be forgotten. 他統治時期的種種暴行決不會被忘卻。

ty·rant /'taɪərənt/ *n*
1 暴君；專制君主 **2** 暴君似的人；專橫的人

tyre /'taɪə(r)/ *n*
[英] 輪胎（= [美] tire）
⇨ 插圖見 BICYCLE

U, u

U, u /juː/
1 英語字母表的第二十一個字母 **2** [U] 〈化〉元素鈾（uranium）的符號

U-boat /'juːbəʊt/ *n*
德國潛水艇；潛水艇

UFO /ˌjuːef'əʊ; 'juːfəʊ/（複 = UFOS）
[縮] 不明飛行物（全寫 = unidentified flying object）

ug·ly /'ʌɡlɪ/ *adj*
1 難看的；醜陋的 **2** 醜惡的；邪惡的 **3** 可憎的；可怕的；討厭的（天氣）；陰沉的：an *ugly* smell 難聞的氣味 / *ugly* weather 陰沉的天氣

◇ **Ugly women finely dressed are the uglier for it.** [諺] 東施效顰，其醜益甚。（醜陋的女人身穿華服更形醜陋。）

◑ beautiful, handsome

ul·ti·mate /'ʌltɪmət/ *adj*
1 最終的；最後的：*ultimate* victory 最終的勝利 **2** 極點的；絕頂的：*ultimate* limits 極限 **3** 基本的；根本的：an *ultimate* principle 基本原理

ul·ti·mate·ly /'ʌltɪmətlɪ/ *adv*
最終地；最後地

ul·tra·vi·o·let /ˌʌltrə'vaɪələt/ *adj*
〈物〉紫外的；紫外線的

um·brel·la /ʌm'brelə/ *n*
1 傘；雨傘；陽傘 **2** 傘狀物；[喻] 保護；庇護

un·a·ble /ʌn'eɪbl/ *adj*

不能的；不會的；無能為力的：I'm sick and *unable* to come with you. 我病了，不能跟你去。

◑ able

u·nan·i·mous /juːˈnænɪməs/ *adj*
一致的；無異議的：a *unanimous* vote 全票（通過）

un·a·ware /ˌʌnəˈweə(r)/ *adj*
[作表語] 未曾察覺到的；未認識到的：She was *unaware* of his presence. 她未曾注意到他的出現。

◑ aware

un·bear·a·ble /ʌnˈbeərəbl/ *adj*
難以忍受的；無法容忍的：*unbearable* noises 難以忍受的噪音

un·breathed /ˌʌnˈbriːðd/ *adj*
1 （空氣）未經呼吸的 **2** （秘密等）未洩漏的

un·cer·tain /ʌnˈsɜːtn/ *adj*
1 不肯定的；未確定的：I'm still *uncertain* about the suggestion. 我對此建議還是沒把握。 **2** 難以預料的：The results of the experiment are still *uncertain*. 實驗的結果尚難以預料。 **3** 無常的；變幻不定的：an *uncertain* weather 變幻不定的天氣

◑ certain

un·cer·tain·ty /ʌnˈsɜːtntɪ/ *n*
1 [U] 不確定；難以預料 **2** [C] 不確定的（或難以預料的）事

un·changed /ʌnˈtʃeɪndʒd/ *adj*
未改變的；無變化的

un·cle /ˈʌŋkl/ *n*
1 伯父；叔父；姑父；舅舅；姨父 **2** [俗]（對男性年長者的稱呼）叔叔；伯伯；大叔

◇ **Uncle Sam** 山姆大叔（美國或美國政府的外號）

un·com·for·ta·ble /ʌnˈkʌmftəbl/ *adj*
1 不舒服的；不自在的；使人不快的：He is *uncomfortable* in tight shoes. 他的鞋太緊，穿着不舒服。 / an *uncomfortable* feeling 不自在（安全）的感覺

▷ **uncomfortably** *adv*

◑ comfortable

un·com·mon /ʌnˈkɒmən/ *adj*
不平常的；非凡的；傑出的

◑ unusual, remarkable

◑ common

un·con·scious /ʌnˈkɒnʃəs/ *adj*
1 失去知覺的；昏迷的：He was knocked *unconscious*. 他被打昏過去。 **2** 未意識到的；未察覺的：She is *unconscious* of the seriousness of the result. 她並未意識到結果的嚴重性。

◑ conscious

un·co·ver /ʌnˈkʌvə(r)/ *vt*
1 移去…的覆蓋物；揭開…的蓋子 **2** 揭露；發現：*uncover* a plot 揭露陰謀

un·der /ˈʌndə(r)/
I *prep* **1** 在…之下：*under* water 在水面下 **2** 少於；小於；低於：*under* age 小於法定年齡 / The temperature today is *under* 25°C. 今天的氣溫不到攝氏 25 度。 **3** 在…控制下；在…統治下：This company is *under* Captain Smith. 該連歸史密斯上尉指揮。 **4** 處於…期間；在…中：*under* repair 在修理中 / *under* control of 處於…控制中
II *adv* 在下面：go *under* 破產；失敗

◑ below, beneath

◑ over

用法説明：**Under** 和 **below** 都與 "下" 有關。**Under** 的反義詞是 over，**below** 的反義詞是 above：**under** 有 "垂直在下" 的意思，**below** 則表示 "低於"，也不一定直接在其下。如：There was a lake below the village. (在村子的下方有個湖。) We rested under a big tree. (我們在一棵大樹下休息。)

un·der·class /ˈʌndəklɑːs/
I n **1** 下層社會 **2** [underclasses] [美] (大學或中學的) 低年級
II adj [美] (大學或中學的) 低年級生的

un·der·de·vel·oped /ˌʌndədɪˈveləpt/ adj
1 不發達的；落後的：underdeveloped areas 不發達地區 **2** 發育不全的

un·der·es·ti·mate /ˌʌndəˈestɪmeɪt/ vt, vi
低估：Don't underestimate his abilities. 不要低估了他的能力。

un·der·go /ˌʌndəˈgəʊ/ vt
(underwent, undergone)
經歷；經受；遭受：undergo the trauma of war 經受戰爭的創傷

un·der·gone /ˌʌndəˈgɒn/
undergo 的過去分詞

un·der·grad·u·ate /ˌʌndəˈɡrædʒʊət/
I n 大學本科生 **II** adj 大學本科生的

un·der·ground /ˈʌndəɡraʊnd; ˌʌndəˈɡraʊnd/
I adv **1** 在地下 **2** 秘密地：The message will be delivered underground. 這個信息將被秘密傳遞。
II adj **1** 在地下的：an underground tunnel 地下隧道；地道 **2** 秘密的；地下的：underground resistance movement 地下抵抗運動
◇ **go underground** 躲起來；轉入地下 (活動)

un·der·line /ˌʌndəˈlaɪn/ vt
1 在⋯下劃線 **2** 強調：The political crisis underlined the problem that the government faces. 這場政治危機突出了政府所面臨的問題。

un·der·ly·ing /ˌʌndəˈlaɪɪŋ/
I underlie 的現在分詞 **II** adj **1** 在下面的 **2** 基本的；根本的：an underlying theme 基本主題

un·der·neath /ˌʌndəˈniːθ/
I prep **1** 在⋯下面：underneath the table 在桌子下面 **2** 在⋯裏面：She is wearing a T-shirt underneath her jacket. 她在茄克衫裏面穿着一件丁恤衫。
II adv **1** 在下面 **2** 在裏面：He wore an overcoat with nothing underneath. 他外面穿件大衣，裏面甚麼也沒穿。

un·der·pop·u·lat·ed /ˌʌndəˈpɒpjʊleɪtɪd/ adj 人口不足的

un·der·pop·u·la·tion /ˈʌndəˌpɒpjʊˈleɪʃn/ n 人口不足

un·der·stand /ˌʌndəˈstænd/
(understood, understanding)
❶ vt **1** 理解；明白：I can hardly understand him. 我很難理解他。 **2** 得知；聽説；獲悉：As I understand it, he didn't mean to come at all. 據我所知，他壓根兒沒打算來。 **3** 以為；猜想：We understand that he never thinks of coming back. 我們猜想他永遠也不打算回來了。 **4** 了解；意識到：You don't understand how bad my situation is. 你

不了解我的情況有多糟。**5** 諒解 **②** *vi* 理解；了解；懂得；諒解：You think he will ever *understand*? 你以為他會明白嗎？/ If you refuse, I can *understand*. 如果你拒絕，我會諒解的。

◑ know, learn

◐ misunderstand

un·der·stand·a·ble
/ˌʌndəˈstændəbl/ *adj* 可理解的

un·der·stand·ing /ˌʌndəˈstændɪŋ/ *n*
1 理解；明白：That's my *understanding* of the situation. 這是我對局勢的理解。**2** 理解力：It's almost beyond my *understanding*. 這幾乎超出了我的理解力。**3** 諒解；(非正式的) 協定

◐ misunderstanding

un·der·stood /ˌʌndəˈstʊd/
understand 的過去式和過去分詞

un·der·take /ˌʌndəˈteɪk/ *vt*
(undertook, undertaken, undertaking)
1 着手做；開始進行：*undertake* an attack 發動進攻 **2** 承擔；接受：*undertake* a project 承擔一個項目 / *undertake* responsibility 承擔責任 **3** 同意；答應：He didn't *undertake* to be our guide. 他並沒有答應做我們的向導。

un·der·tak·en /ˌʌndəˈteɪkən/
undertake 的過去分詞

un·der·took /ˌʌndəˈtʊk/
undertake 的過去式

un·der·wear /ˈʌndəweə(r)/ *n* [U]
[總稱] 襯衣；內衣

un·der·went /ˈʌndəwent/
undergo 的過去式

un·der·world /ˈʌndəwɜːld/ *n*
1 下層社會 **2** 黑社會

un·de·vel·oped /ˌʌndɪˈveləpt/ *adj*

1 未成熟的；發育不充分的 **2** 未充分開發的；不發達的：*undeveloped* country 不發達國家

un·did /ʌnˈdɪd/ undo 的過去式

un·do /ʌnˈduː/ *vt* (undid; undone)
1 解開；打開：*undo* a button 解開一粒鈕扣 **2** 取消；使無效：What is done can not be *undone*. [諺] 事已定局，無可挽回 (或：覆水難收)。

un·done /ʌnˈdʌn/ undo 的過去分詞

un·doubt·ed /ʌnˈdaʊtɪd/ *adj*
無疑的；肯定的

un·doubt·ed·ly /ʌnˈdaʊtɪdlɪ/ *adv*
無疑地；肯定地

un·eas·i·ness /ʌnˈiːzɪnɪs/ *n*
1 心神不安；擔心；憂慮

un·eas·y /ʌnˈiːzɪ/ *adj*
擔心的；憂慮的；不安的：She felt *uneasy* about her daughter's absence. 她對女兒沒在場感到不安。

un·em·ployed /ˌʌnɪmˈplɔɪd/
I *adj* 未被僱佣的；失業的：*unemployed* men 失業者
II *n* [the unemployed] [總稱] 失業者

un·em·ploy·ment
/ˌʌnɪmˈplɔɪmənt/ *n*
1 [U] 失業；失業狀態：mass *unemployment* 大批失業 **2** 失業人數：There was a lot of *unemployment* when these factories closed down. 那些工廠倒閉後出現了許多失業者。

un·e·ven /ʌnˈiːvn/ *adj*
1 不平坦的；凹凸不平的：an *uneven* road 高低不平的道路 **2** 不平衡的；不均等的：*uneven* race 不對等競賽

un·ex·pect·ed /ˌʌnɪkˈspektɪd/ *adj*
沒有想到；意外的：an *unexpected*

u

guest 不速之客

un·fold /ʌnˈfəʊld/ *vt, vi*

1 打開；展開；攤開：*unfold* a newspaper 打開報紙 **2** （計劃、意圖、故事等）披露；展現；挑明：*unfold* a secret 披露一個秘密 / The plan was beginning to *unfold* on newspapers. 該計劃開始在報上披露。

un·for·tu·nate /ʌnˈfɔːtʃɪnət/ *adj*

1 不幸的；倒霉的：an *unfortunate* event 不幸的事件 **2** 令人遺憾的：It's *unfortunate* that the concert was cancelled. 音樂會取消了，真令人遺憾。 **3** 不成功的：an *unfortunate* expedition 不成功的遠征

◑ lucky

un·for·tu·nate·ly /ʌnˈfɔːtʃənɪtlɪ/ *adv*

1 不幸地；倒霉地 **2** 可惜的是：*Unfortunately*, I was late. 可惜的是我遲到了。

◑ luckily

un·hap·py /ʌnˈhæpɪ/ *adj*

不幸福的；不愉快的；傷心的：an *unhappy* life 潦倒的一生

◑ sad
◑ happy

un·heard /ˌʌnˈhɜːd/ *adj*

1 沒被聽到的 **2** 不予理睬的：Her appeal went *unheard*. 她的呼籲沒有人理睬。

□ **unheard-of** *adj* 聞所未聞的

u·ni·fi·ca·tion /ˌjuːnɪfɪˈkeɪʃn/ *n* [U]

聯合；統一

u·ni·form /ˈjuːnɪfɔːm/

I *n* [C, U] 制服：in *uniform* 着制服 **II** *adj* 始終如一的；不變的：a *uniform*

temperature 恆溫

un·ion /ˈjuːnɪən/

I *n* **1** [C, U] 連接；結合 **2** 聯合；合併 **3** [U] 一致 **4** [C] 工會；聯合會 **5** [C] 結婚；婚姻 **II** *adj* 工會的

◕ alliance
◑ separation

u·nique /juːˈniːk/ *adj*

獨一無二的；獨特的；無與倫比的：a *unique* style 獨特的風格

u·nit /ˈjuːnɪt/ *n*

1 [C] （構成整體的）人；物；團體；單位：an administrative *unit* 行政單位 **2** （計量）單位：Kilogram is a *unit* of weight. 千克是重量單位。 **3** 〈軍〉部隊；小隊 **4** （機器等的）部件；元件；裝置：a *unit* of structure 構件 **5** 一套用具：a kitchen *unit* 一套廚房用具

u·nite /juːˈnaɪt/ *vt, vi*

（使）團結；（使）聯合；（使）統一

◕ combine, connect, join
◑ divide, separate

u·nit·ed /juːˈnaɪtɪd/ *adj*

聯合的；統一的；共同的：a *united* effort 共同努力

□ **United Kingdom** 聯合王國（大不列顛及北愛爾蘭聯合王國的簡稱，即英國） / **United Nations** **1** （用作單）聯合國 **2** （第二次世界大戰中的）同盟國 / **United States (of America)** 美利堅合眾國（即美國，〔縮〕USA, U.S.A.）

u·ni·ty /ˈjuːnətɪ/ *n*

1 [C, U] 團結；聯合；統一 **2** [U] （目標、行動等）堅定性；一貫性

u·ni·ver·sal /ˌjuːnɪˈvɜːsl/ *adj*

全體的；普遍的：a *universal* truth 普遍真理

❶ general, common

u·ni·verse /ˈjuːnɪvɜːs/ *n*
1 宇宙；天地萬物 **2** 世界 **3** [C] 星系；銀河系
❶ space

u·ni·ver·si·ty /ˌjuːnɪˈvɜːsətɪ/ *n*
（綜合性的）大學

un·known /ˌʌnˈnəʊn/ *adj*
1 不了解的；未知的；陌生的：His real name is still *unknown* to us. 他的真名仍不為我們所知。 **2** 默默無聞的：an *unknown* writer 不出名的作家

un·law·ful /ˌʌnˈlɔːfl/ *adj*
非法的；違法的；不正當的：*unlawful* business 非法營業

un·less /ənˈles, ʌn-/
I *conj* 除非；若不：You won't catch the plane *unless* you go right now. 除非你現在就走，否則就趕不上飛機了。
II *prep* 除非；除…以外：No one, *unless* John, can persuade him. 除了約翰，誰也説服不了他。

用法説明：**Unless** 和 **if...not** 的用法基本相同，如：Come tomorrow if I don't phone / unless I phone. (要是我沒有打電話，明天來好了。或除非我打電話，否則明天來好了。) **Unless** 不可用以指尚未發生之事情的結果，因而不能用於 "假想的" 條件句中，如：I'll be sorry if she doesn't come to the party. (要是她不來參加聚會，我會感到遺憾。) 另外，**unless** 常用以引導出補充剛説過的話，如：She hasn't got any hobbies — unless you call watching TV a hobby. (她沒有任何嗜好——除非把看電視也算作嗜好的話。) 這句句子中的 **unless** 不能用 **if... not** 替代。

---

un·like /ˌʌnˈlaɪk/
I *adj* 不相似的；不同的：The two brothers' characters are quite *unlike*. 這兩兄弟的性格完全不同。
II *prep* 不像；和…不同：It's *unlike* him to be rude. 他不像個粗魯的人。

un·like·ly /ˌʌnˈlaɪklɪ/ *adj*
不可能的；未必的：It seems *unlikely* that he is still in his office now. 他現在好像不可能還在辦公室。

un·load /ˌʌnˈləʊd/ *vt*
卸（貨）；從…卸下貨物：*unload* potatoes from a truck 從卡車上卸下土豆 / *unload* a cart 卸車

un·lock /ˌʌnˈlɒk/ *vt*
1 開…的鎖：*unlock* a door 開門鎖 **2** 開啟；釋放：*unlock* one's heart 敞開心扉

un·luck·y /ˌʌnˈlʌkɪ/ *adj*
1 不幸的；運氣不佳的；不走運的：He is very *unlucky* at the game. 他在這場比賽中運氣極差。 **2** 不吉利的；不吉祥的：That was an *unlucky* day. 那天是個不吉利的日子。 ▷ **unluckily** *adv*

un·na·tu·ral /ˌʌnˈnætʃrəl/ *adj*
不自然的；不正常的；不合常情的：an *unnatural* smile 不自然的笑 / It's *unnatural* that he refused to see his mother. 他拒絕見他母親，這是違反常情的。 ▷ **unnaturally** *adv*

un·nec·es·sar·y /ʌnˈnesəsrɪ; -serɪ/ *adj*
不必要的：*unnecessary* expenses 不必要的花費
▷ **unneccessarily** *adv* 不必要地；未必地：To be old is *unnecessarily* to be wise. 年齡大並不一定就明智。

u

un·of·fi·cial /ˌʌnəˈfɪʃl/ *adj*
非官方的；非正式的： an *unofficial* visit
非正式訪問

un·pleas·ant /ʌnˈpleznt/ *adj*
令人不愉快的；討厭的： *unpleasant*
sound 難聽的聲音

un·pop·u·lar /ˌʌnˈpɒpjʊlə(r)/ *adj*
不得人心的；不受歡迎的；不普及的：
The schoolmaster is *unpopular* with the
faculties. 這位校長在教職員工中不得人
心。▷ **unpopularity** *n* / **unpopularly**
adv

un·prec·e·dent·ed
/ʌnˈpresɪdentɪd/ *adj*
史無前例的；空前的

un·rea·son·a·ble /ʌnˈriːznəbl/ *adj*
❶ 不合理的；不講道理的；荒謬的：
unreasonable remarks 荒謬的言論 ❷ 過
高的；過分的： *unreasonable* demands
過分的要求 / *unreasonable* price 過高的
價格

un·seen /ʌnˈsiːn/ *adj*
未被看見的；未被發現的

un·til /ənˈtɪl/
I *prep* ❶ 直到…時（為止）： I will be
here *until* Sunday. 我要在此待到星期
天。 ❷（用於否定句）在…之前
（不）： I can't come *until* the end of this
month. 這個月底前我來不了。

II *conj* ❶ 直到…時（為止）： He ran
on and on *until* he was tired out. 他跑呀
跑，直到累得跑不動為止。 ❷（用於否
定句）在…之前（不）；直到…才： I
can't leave *until* I finish my work. 我幹完
活才能離開。
◐ **till**
⇨ 用法説明見 TILL

un·treat·ed /ˌʌnˈtriːtɪd/ *adj*
未經處理的

un·u·su·al /ʌnˈjuːʒl/ *adj*
不尋常的；異乎尋常的： He left
without saying goodbye, and that is
unusual. 他不辭而別，這是不尋常的。
◐ **usual**

un·wil·ling /ʌnˈwɪlɪŋ/ *adj*
不願意的；不情願的： He is rather
unwilling to obey his young boss. 他很
不情願服從他的年輕老板。
◐ **willing**

up /ʌp/ （最高級 uppermost）
I *adv* ❶ 向上地；從下往上地： The
breakfast will be sent *up* in a minute. 早
飯很快會送上來。 ❷ 起來；直立： We
all stood *up* when the guests came in.
客人進來時，我們都站了起來。 ❸ 起
床： get *up* 起床 ❹ 徹底地；完全地：
eat *up* 吃光 ❺ 向前；靠近： She came
up to me and said 'Hello'. 她走過來對
我説了聲 "你好"。 ❻ 向（一國的）北
方；在（一國的）北方 ❼ 向上游；向
發源地： follow the Yellow River *up* to
its source 沿黃河直上源頭 ❽（價格、
產量等）上漲；上升： Gold prices are
going *up* rapidly. 黃金價格猛漲。
◇ **up and down** 上上下下地；來來回
回地： The teacher was walking *up and
down* in the classroom. 老師在教室裏來
回走。/ **up to** ❶ 直到： *up to* now 直
到現在 / The water isn't very deep, just
up to my chest. 水不很深，只到我的胸
部。 ❷ [美] 取決於： It's *up to* you. 這
由你定。 ❸ 勝任；適合： This car isn't
up to a long journey. 這輛車不適合作長
途旅行。/ **What's up?** 怎麼啦？

II *prep* **1** 在高處；向⋯上面：climb *up* a mountain 爬山 **2** 沿着；順着：We walked *up* the street. 我們沿街而行。 **3** 向⋯的上游；逆⋯的方向：sail *up* a river 向河的上游行駛

III *adj* **1** 在上面的；豎直的：The sun is *up*. 太陽升起來了。 **2** 向上的；上行的 **3** 起床的；沒睡覺的：They are *up* already. 他們已經起床了。 **4** 完結的；耗盡的：Time is *up*. 時間到。

◑ **down**

up·date /ˌʌpˈdeɪt/ *vt*
更新：This dictionary must be *updated*. 這本詞典必須更新。

up·held /ˌʌpˈheld/
uphold 的過去式與過去分詞

up·hold
/ˌʌpˈhəʊld/ *vt* (upheld, upholding)
1 舉起；高舉：*uphold* a torch 高舉火炬 **2** 支持；贊成：We all *uphold* his decision. 我們都同意他的決定。

up·mar·ket /ˌʌpˈmɑːkɪt/ *adj*
[主英] 質優價高的；高檔的：an *upmarket* shop 高檔商店

up·on /əˈpɒn/ *prep*
在⋯上面；在⋯的時候；關於（意思與 on 同，較為正式，但在習語中常不可和 on 替換，如：*upon* my word 我向你保證 / once *upon* a time 從前）

◑ **on**

up·per /ˈʌpə(r)/ *adj*
1 較高的：on the *upper* floor 在上一層樓 **2**（地位、職務、出身等）較高的；高級：the *upper* classes 上流階層 / *upper* house（英議會的）上院；參議院 **3** 上游的；北部的：*Upper* Hudson 哈德遜河上游 / *upper* Washington State 華盛頓州北部

◑ **lower**

up·right /ˈʌpraɪt/
I *adj* **1** 垂直的；筆直的：an *upright* post 立柱 **2** 誠實的：an *upright* man 老實人 **II** *adv* 筆直地：to stand *upright* 站得筆直

up·roar /ˈʌprɔː(r)/ *n* [U]
（與不定冠詞連用）
吵鬧；喧鬧聲；騷亂：The place burst into (an) *uproar*. 全場嘩然。
▷ **uproarious** *adj* 喧鬧的；騷動的：an *uproarious* crowd 喧鬧的人群

up·root /ˌʌpˈruːt/ *vt*
連根拔起；滅絕：Many trees were *uprooted* after the typhoon. 颱風過後，許多樹被連根拔起。/ Their bad habits must be *uprooted*. 他們的壞習慣必須根除。

up·set /ˌʌpˈset/ (upset, upsetting)
I ❶ *vt* **1** 打翻；傾覆：The child *upset* his soup over the table. 孩子把湯弄翻在桌上。 **2** 使人不舒服；不適：Eating raw fish chips *upset* him (his stomach). 吃生魚片使他感到不舒服。 **3** 使心煩意亂：Tom was very *upset* when he heard about Jane's illness. 湯姆聽說簡病了心情很不好。 **4** 打亂；攪亂：*upset* a plan 打亂計劃 **❷** *vi* 打翻 **II** *n* **1** [C] 翻倒 **2** 不舒服；不適 **3** 心煩意亂 **4** 混亂；打亂：There was an *upset* in the office. 辦公室裏一片混亂。

up·side /ˈʌpsaɪd/
I *n* 上側；上部
◇ **upside down** 顛倒着；頭朝下：He could walk *upside* down. 他可以頭朝下

走路。

II *prep*（方向）在…一邊

up·side-down /ˌʌpsaɪd 'daʊn/ *adj*
顛倒的；混亂的：Mary angrily turned the room *upside-down*. 瑪麗氣憤地把屋子翻得個亂七八糟。

up·stairs /ˌʌp'steəz/
I *adv* 在樓上：go *upstairs* 上樓
II *adj* 在樓上的：an *upstairs* room 樓上的屋子
◑ **downstairs**

up-to-date /ˌʌp tə 'deɪt/ *adj*
時新的；新式的；現代的；最新的：*up-to-date* furniture 新潮傢具 / *up-to-date* information 最新信息

up·ward(s) /'ʌpwəd(z)/
I *adj* 向上的；上升的：an *upward* trend 上升趨勢
II *adv* 向上地：Don't look *upward*. 不要向上看。

U·ra·nus /'jʊərənəs/ *n* 〈天〉天王星

ur·ban /'ɜːbən/ *adj*
城市的；居住在城市的：*urban* life 城市生活

urge /ɜːdʒ/
I *n* **1** 驅策（力）**2** [an urge] 強烈的願望；迫切的要求：Susan had a strong *urge* to run away. 蘇珊一心要逃跑。
II *vt* **1** 力勸；驅策；敦促：The police *urged* the boy to tell the truth. 警察催促這孩子講出實情。**2** 極力主張；力陳；強調：The schoolmaster again *urged* the importance of this examination. 校長再次強調了這次考試的重要性。

ur·gent /'ɜːdʒənt/ *adj*
緊急的；急迫的：an *urgent* telegram 急電

ur·gent·ly /'ɜːdʒəntlɪ/ *adv*
緊急地；急迫地

u·rine /'jʊərɪn/ *n* [U] 尿；小便

us /ʌs/ *pron*（賓格）我們；咱們

u·sage /'juːzɪdʒ/ *n*
1 [U] 使用；處理：The personal computer was soon out of order due to rough *usage*. 這台電腦由於使用不當很快壞了。**2** [C, U] 用法；慣用法：a new *usage* 一種新用法

use /juːz/
I *vt* 用；使用；應用；利用：Can I *use* your phone? 我能借用你的電話嗎？/ You are just *using* him. 你只是在利用他。
◇ **can (could) use** 想要：I think I *can use* a beer. 我想來一杯啤酒。/ **use up** 用完；用光
II *n* /juːs/ **1** [U] 用；使用；利用：the *use* of tools 使用工具 **2** 用處；益處：What's the *use* (of) crying? 哭有甚麼用？**3** [C, U] 用途；作用；用法：A computer can have many *uses*. 電腦可有多種用途。
◇ **come into use** 開始被使用 / **make use of** 利用：How do you *make use of* your spare time? 你怎樣利用你的業餘時間？/ **out of use** 不再被使用 / **Use makes mastery.** [諺] 精通在於勤用（或：業精於勤）。
◑ **employ, utilize**

used¹ /juːst/ *vt*
過去常常；慣常於：I *used* to go swimming in that river. 過去我常去那條河游泳。

used² /juːzd/ *adj*
1 用過的；舊的：*used* clothes 舊衣服

❷ /juːst/ 習慣於（to）: He soon got *used* to the local food. 他很快習慣了當地的食品。

❶ unused

use·ful /ˈjuːsfl/ *adj*

有用的；有幫助的；有益的: This dictionary is very *useful*. 這本詞典十分有用。

use·less /ˈjuːslɪs/ *adj*

❶ 無用的: This recorder is broken and *useless*. 這台錄音機壞了，沒用了。**❷** 無益的；無效的: *useless* attempt 徒勞的嘗試

us·er /ˈjuːzə(r)/ *n* 使用者；用戶

ush·er /ˈʌʃə(r)/

I *n*（教堂，影劇院等的）引座員
II *vt* **❶** 引；領: The girl *ushered* the old couple to their seats. 姑娘引這對老夫婦入座。**❷** 迎接；宣佈…開始（in）: When was the computer age *ushered* in? 電腦時代始於何時？

u·sual /ˈjuːʒl/ *adj*

通常的；平常的: Tea is the *usual* drink of the Chinese people. 茶是中國人常喝的飲料。

◇ as usual 跟平常一樣；照例: I got up at six *as usual*. 我照例六點起床。

❶ unusual

u·sual·ly /ˈjuːʒəlɪ/ *adv*

跟往常一樣地；照例地

❶ always, often

u·ten·sil /juːˈtensl/ *n*

器皿；用具: kitchen *utensils* 廚房用具

u·ter·us /ˈjuːtərəs/ *n*

（複 = uteruses, uteri /ˈjuːtəraɪ/）
〈解〉子宮

u·til·i·ty /juːˈtɪlɪtɪ/ *n*

❶ [U] 功用；效用: What's the *utility* of that machine? 這台機器有甚麼功用？**❷** [C] 公共事業；公共事業設備

u·ti·lize /ˈjuːtəlaɪz/ *vt*

利用: *utilize* water power 利用水力

❶ employ, use

ut·most /ˈʌtməust/

I *adj* 最大的；極度的: the *utmost* limits 極限 / the *utmost* importance 最重要 **II** *n* [用作單] 極限；最大可能: do one's *utmost* 竭盡全力

ut·ter¹ /ˈʌtə(r)/ *adj*

完全的；徹底的: an *utter* failure 徹底的失敗

❶ partial, incomplete

ut·ter² /ˈʌtə(r)/

❶ *vt* 發出（聲音）；説；表達: *utter* a groan 發出一聲呻吟 / *utter* one's opinion 説出自己的觀點 **❷** *vi* 説；講；發表意見

ut·ter·ly /ˈʌtəlɪ/ *adv* 完全地；徹底地

ut·ter·most /ˈʌtəməust/ *adj, n* = utmost

U-tube /ˈjuːtjuːb/ *n*

（化學實驗等用的）U 形管

V, v

V, v /viː/
1 英語字母表的第二十二個字母 **2** [V]
表示勝利的符號 **3** 羅馬數字 5

va·can·cy /'veɪkənsɪ/ n
1 [U] 空;空白 **2** [C] 空缺;空位;空
職: There won't be any *vacancy* until
the present secretary leaves in May. 要等
現在的秘書五月份走了後才會有空職。
3 [C] (待租的) 空房: Is there any
vacancy in your hotel? 你們飯店有空房
嗎? **4** [C] (心靈、思想等) 空虛;無知

va·cant /'veɪkənt/ adj
1 空的;空白的;空着的: a *vacant*
space 空地 / a *vacant* seat 空座 **2** (職
位、工作等) 空缺的: a *vacant* job 空缺
的工作 **3** (心靈、思想等) 空虛;無
知: a *vacant* face 茫然若失的臉
◑ empty
◐ full

va·ca·tion /və'keɪʃn; veɪ-/ n
(多指大學中的) 休假;假期: summer
vacation 暑假
⇨ 用法說明見 HOLIDAY

vac·ci·nate /'væksɪneɪt/ vt, vi
給…接種牛痘 (疫苗);種牛痘

vac·ci·na·tion
/ˌvæksɪ'neɪʃn/ n [C, U]
種牛痘;接種疫苗;牛痘疤

vac·u·um /'vækjʊəm/ n
(複 = vacuums, vacua)
真空;空間: *vacuum* bottle (flask) 保溫
瓶;熱水瓶 / *vacuum* cleaner 真空吸塵器

/ *vacuum* tube (valve) 真空管
□ **vacuum-packed** adj 真空包裝的:
vacuum-packed food 真空包裝的食品

vague /veɪg/ adj
含糊的;不明確的;模糊的: a *vague*
answer 含糊其辭的回答
◑ obscure, ambiguous, equivocal
◐ clear, definite

vague·ly /'veɪglɪ/ adv
含糊地;模糊地

vain /veɪn/ adj
1 無用的;徒勞的;無結果的: They
made a *vain* effort to rescue him. 他們搭
救他的努力白費了。 **2** 自負的;愛虛榮
的: a *vain* woman 一個虛榮心強的女人
◇ **in vain** 徒勞;白費力: I hope we're
not working *in vain*. 我希望我們的工作
不會白費。 ▷ **vainly** adv / **vainness** n

val·iant /'vælɪənt/ adj
勇敢的;英勇的: a *valiant* attempt 一次
勇敢的嘗試
◑ brave, courageous, fearless
◐ coward, cowardly

val·id /'vælɪd/ adj
1 有根據的;正當的;確鑿的: a *valid*
evidence 確鑿的證據 **2** 有效的;具有法
律效力的: a *valid* method 有效的方法 /
a *valid* contract 具有法律效力的合同

va·lid·i·ty /və'lɪdətɪ/ n
1 [U] (法律) 效力;合法性 **2** 正當;
確實

val·ley /'vælɪ/ n

1 山谷;峽谷 **2** 流域: the Mississipppi *valley* 密西西比河流域

val·u·a·ble /'væljʊəbl/ *adj*
1 值錢的;貴重的 **2** 重要的;有價值的: *valuable* advice 寶貴的意見
◑ worthless

val·u·a·tion /ˌvæljʊ'eɪʃn/ *n*
1 [U] 定價;估價 **2** 評價: a high (low) *valuation* 很高(低)的評價 **3** [C] 估定的價值

val·ue /'vælju/
I *n* **1** 價值: What's the *value* of this antique jar? 這隻古甕值多少錢? **2** 用處;重要性: This book has no *value* for me. 這本書對我沒甚麼用。 **3** 估價;評價: set high *value* on sth 對…給予高度評價 **4** (貨幣、郵票)面值 **5** [用作複]價值觀念;社會準則 **6** 〈音〉時值
II *vt* **1** 給…估價、定價: How do you *value* the car? 你認為這輛車值多少? **2** 重視;尊重: We all *value* your suggestions. 我們都很重視您的建議。
◑ worth
⇨ 用法說明見 VALUE

valve /vælv/ *n* 〈機〉閥;活門;閘閥

van¹ /væn/ *n*
1 大篷貨車;運貨車;輕型車: a luggage *van* 行李車 **2** 有棚蓋的鐵路貨車

van² /væn/ *n*
1 前衛;前鋒;先頭部隊 **2** (運動;行列;事業等)先鋒;領導者 (vanguard 的縮寫)

van·ish /'vænɪʃ/ *vi*
消失;突然不見: Jane ran into the crowd and *vanished*. 簡跑入人群當中不見了。
◑ appear

van·i·ty /'vænətɪ/ *n* [U]
虛榮(心);自負;自大

va·por·ize /'veɪpəraɪz/ *vt, vi*
(使)汽化;(使)蒸發

va·po(u)r /'veɪpə(r)/ *n*
1 [U] 蒸汽;霧 **2** [C] 虛幻之物
◑ steam

var·i·able /'veərɪəbl/ *adj*
易變的;反覆無常的;可變的: *variable* weather 多變的天氣 / *variable* capacitor 可變電容器
◑ unsteady, inconstant
◑ invariable, steady, constant

var·i·a·tion /ˌveərɪ'eɪʃn/ *n*
1 [C, U] 變化;變更;變動(物) **2** 〈音〉變奏(曲)

va·ri·e·ty /və'raɪətɪ/ *n*
1 [U] 變化;多樣性 **2** [用作單]種種: a *variety* of personal computers 各種各樣的電腦 **3** [C] 種類: This kind of dog has several *varieties*. 這種狗有好幾個種種。 **4** 〈生〉品種;變種
◑ sameness

var·i·ous /'veərɪəs/ *adj*
各種各樣的;許多的: *various* reasons (excuses) 各種各樣的理由(借口)
▷ **variously** *adv*
◑ different
◑ uniform

var·y /'veərɪ/ *vt, vi*
(使)不同;(使)有變化: prices that *vary* with the season 隨着季節而浮動的價格

vase /vɑːz; veɪs, veɪz/ *n* [C]
(裝飾用的)花瓶: a flower *vase* 花瓶

vast /vɑːst/ *adj*

廣闊的；巨大的；浩瀚的：a vast expanse of grassland 廣闊無垠的草原 / vast sea 浩瀚的大海

◑ immense, huge, enormous

◐ limited

vast·ly /ˈvɑːstlɪ/ adv 廣闊地；巨大地

ve·gan /ˈviːgən/ n 嚴格的素食主義者

ve·gan·ism /ˈviːdʒənɪzəm/ n [U] 嚴格的素食主義

veg·e·ta·ble /ˈvedʒtəbl/
I n [C] 蔬菜；植物 II adj 蔬菜的；植物：vegetable oil 植物油
⇨ 插圖見〈專題圖說 10〉

veg·e·ta·tion /ˌvedʒɪˈteɪʃn/ n
1 [U] 植物的生長 **2** [U] 植物：tropical vegetation 熱帶植物

ve·hi·cle /ˈvɪəkl/ n
1 [C] 車輛；運載工具 **2** 傳播媒介；媒體；工具；手段：Music is a wonderful vehicle of expressing feelings. 音樂是表達情感的絕妙手段。
⇨ 插圖見〈專題圖說 6〉

veil /veɪl/ n [C] 面紗；面罩

vein /veɪn/ n
1 血管；靜脈 **2**〈植〉葉脈 **3**〈地〉礦脈

ve·loc·i·ty /vɪˈlɒsətɪ/ n
1 [U] 迅速；快速 **2** 速度：the velocity of light 光速

vel·vet /ˈvelvɪt/
I n [U] 絲絨；天鵝絨 II adj 天鵝絨製的；天鵝絨似的；柔軟的；光滑的
◇ an iron hand in a velvet glove 外柔內剛，棉裏藏針

ven·dor /ˈvendə(r)/ n 小販；攤販

venge·ance /ˈvendʒəns/ n [U]

報復；報仇：seek vengeance upon sb for... 為…向某人尋仇

ve·nom /ˈvenəm/ n
1 [U]（毒蛇等的）毒液 **2** 惡毒；歹毒 **3** 怨恨；痛恨
◑ poison

Ve·nus /ˈviːnəs/ n〈天〉金星

vent /vent/ n
1 通風孔；排放口 **2** [用作單] 排放；發洩：give vent to one's anger 發洩怒氣

ven·ti·late /ˈventɪleɪt/ vt
1 使通風；使空氣流動：ventilate a room 使屋子通風 **2** 把…公開

ven·ti·la·tion /ˌventɪˈleɪʃn/ n
1 [U] 通風 **2** 通風設備 **3** 公開討論

ven·tri·cle /ˈventrɪkl/ n
〈解〉室；心室；腦室

ven·ture /ˈventʃə(r)/
I vt, vi 冒…的危險；投機：venture large sums of money on horse racing 拿大筆的錢冒險賭賽馬 / venture on a perilous journey 冒險踏上危險的旅途
II n **1** [C, U] 冒險；冒險行為 **2** [C] 事業；企業：a joint venture 合資企業

verb /vɜːb/ n 動詞

ver·bal /ˈvɜːbl/ adj
1 文字上的：a verbal error 文字錯誤 **2** 口頭的：a verbal agreement 口頭協議 **3** 逐字逐句的，一字不差的：a verbal translation 逐字逐句的翻譯
◑ oral

ver·dict /ˈvɜːdɪkt/ n [C]
〈律〉（陪審團的）裁決；判定

verge /vɜːdʒ/
I n [C] 邊緣；邊
◇ on the verge of 處於…的邊緣；瀕

於：on the *verge* of death 瀕臨死亡
II *vt, vi* 處於⋯邊緣；瀕於（on,
upon）：This cooperation is *verging* on
bankruptcy. 這個公司已面臨破產。/ a
line of trees *verging* the road 路邊一行
樹

ver·i·fy /'verɪfaɪ/ *vt*
證實；證明；核實：These figures have
to be *verified*. 這些數字有待核實。

ver·sa·tile /'vɜːsətaɪl; -tɪl/ *adj*
1 多才多藝的：a *versatile* man 多面手
2 多用途的；多功能的：a *versatile*
plane 多用途飛機

verse /vɜːs/ *n*
1 [U] 韻文；詩 **2** [C] 詩行

ver·sion /'vɜːʃn/ *n* [C]
1 一種說法：There is another *version*
of the accident. 對這一事件還有另一種
說法。**2** 譯文 **3** 版本；改寫本：the
simplified *version* of The Hard Times《艱
難時世》的簡寫本

ver·sus /'vɜːsəs/ *prep*
與⋯相對：Did you see the volleyball
match this afternoon, China *versus*
Japan? 你看了下午的排球賽嗎，中國隊
對日本隊？

ver·te·brate /'vɜːtɪbreɪt/
I *adj* 有脊椎的；脊椎動物的
II *n* 脊椎動物

ver·tex /'vɜːteks/ *n*
（複 = vertexes, vertices）頂點；極點

ver·ti·cal /'vɜːtɪkl/ *adj*
垂直的：a *vertical* line 垂直線
● perpendicular

ver·ti·cal·ly /'vɜːtɪklɪ/ *adv* 垂直地

ver·y /'verɪ/
I *adv*（修飾形容詞、副詞、分詞等，用

以加強語氣）很；甚；非常：*very*
happy 很高興
II *adj* 正是那個；恰好的：Paul is the
very man I need. 保羅正是我要的人。
◇ **very good** 很好（表示同意，讚許）/
very well 好吧（表示同意，但較勉強）

ves·sel /'vesl/ *n*
1 [C] 船；艦 **2** 容器 **3** 血管：blood
vessel 血管

vest /vest/
I *n* [C] 背心；馬甲；內衣
II *vt* 賦予；授予（財產、權力等）：
vest sth in sb (*vest* sb with sth) 授予（給
予）某人某物
⇨ 插圖見 CLOTHES

vet·er·an /'vetərən/
I *n* **1** 老兵；[美] 退伍軍人 **2** 經驗豐
富的人；老手 **II** *adj* 老兵的；有戰爭經
驗的；退伍軍人的

vi·a /'vaɪə/ *prep*
1 經由；通過：a plane from Beijing to
New York *via* San Francisco 一架從北京
經由舊金山到紐約的飛機 **2** 憑借；通
過：send a letter *via* a friend 讓一位朋
友捎封信

vi·brate /vaɪ'breɪt, 'vaɪ-/ *vt, vi*
（使）震動；顫動；抖動：The house
near the railway *vibrates* whenever a
train passes. 每當火車通過，鐵路邊的這
所房子就震動起來。/ The clanging of
the church bell *vibrated* in the air. 教堂
清脆的鐘聲在空中迴蕩。/ *vibrate* with
joy 高興得激動起來

vi·bra·tion /vaɪ'breɪʃn/ *n* [C, U]
震動；顫動；抖動

vic·ar /'vɪkə(r)/ *n*
（英國國教的）教區牧師

vice¹ /vaɪs/ n

1 [C, U] 邪惡；惡行 **2** 不良習氣；缺點

vice² /vaɪs/ adj

副的；代替的：a vice president 副總統 / 大學副校長

vi·cin·i·ty /vɪˈsɪnətɪ/ n

1 [U] 週圍：the factories of the vicinity 週圍的工廠 **2** [C] 鄰近（地區）；附近

◇ **in the vicinity of** 在…附近；接近

vi·cious /ˈvɪʃəs/ adj

邪惡的；墮落的；習氣不良的

vic·tim /ˈvɪktɪm/ n

犧牲品；受害者；罹難者：a victim of war 戰爭受害者 ▷ **victimize** vt 使受害；使犧牲

vic·tor /ˈvɪktə(r)/ n 勝利者

vic·to·ri·ous /vɪkˈtɔːrɪəs/ adj

勝利的；獲勝的：a victorious nation 戰勝國

vic·to·ry /ˈvɪktərɪ/ n [C, U]

勝利；獲勝：win a victory 獲勝

◑ conquest, triumph

◐ defeat

vid·e·o /ˈvɪdɪəʊ/

I adj **1** 電視的 **2** 錄像的

II （複 = videos）n **1**（電視）圖象 **2** 錄像（節目）；錄像機：Turn on the video, please. 請打開錄像機。

vid·e·o·cas·sette /ˌvɪdɪəʊkæˈset, -kə-/ n 盒式錄像帶

vid·e·og·ra·pher /ˌvɪdɪˈɒɡrəfə(r)/ n 電視錄像製作人

vid·e·o·phone /ˈvɪdɪəʊfəʊn/ n 可視電話；電視電話

vid·e·o·re·cord·er /ˈvɪdɪəʊrɪˌkɔːdə/ n 磁帶錄像機

vid·e·o·tape /ˈvɪdɪəʊteɪp/ n 錄影帶；錄像帶

view /vjuː/

I n **1** [U] 看見；觀看；視域：Joe said he had had a clean view of UFO. 喬説他清清楚楚地看見了不明飛行物（或飛碟）。 **2** [C] 景色；風景；風景畫：a beautiful view 一個美麗的景色 **3** [C] 觀點；見解：He takes a different (similar) view about the plan. 他對該計劃抱有不同的（相同的）看法。

◇ **in view** 在看得見的地方：victory in view 勝利在望 / **in view of 1** 在…看得見的範圍：in view of the harbour 在港口週圍 **2** 鑒於；考慮到：in view of the difficulty of the budget 鑒於財政預算的困難

II vt **1** 觀看：view a landscape 觀賞風景 **2** 看待；考慮：How do you view this problem? 你怎樣看這個問題？

◑ opinion

view·point /ˈvjuːpɔɪnt/ n

(= point of view) 觀點；見解

vig·or·ous /ˈvɪɡərəs/ adj

1 精力充沛的；充滿活力的；茁壯的：a vigorous style 生氣勃勃的文體 **2** 有力的；強勁的：a vigorous action 有力的行動

vig·or·ous·ly /ˈvɪɡərəslɪ/ adv

精力充沛地；強勁有力地

vig·our, vig·or /ˈvɪɡə(r)/ n

1 [U] 體力；精力；活力；強壯 **2** 氣勢

vil·la /ˈvɪlə/ n 房屋；別墅；城郊小屋

vil·lage /ˈvɪlɪdʒ/ n 村莊

vil·lag·er /ˈvɪlɪdʒə(r)/ n 村民；鄉下人

vil·lain /ˈvɪlən/ n

惡棍；流氓；（小説、戲劇中的）反派角

色；反面人物

vine /vaɪn/ [C] 藤；藤蔓；葡萄藤

vine·yard /'vɪnjəd/ n [C] 葡萄園

vin·tage /'vɪntɪdʒ/ n
1 [C, U] 酒；佳釀酒（特指某葡萄名產地，某豐收年所釀造並標明窖藏年份的酒）：rare old *vintages* 陳年好酒 **2** [U] 採收葡萄釀酒的季節 **3** [C] 葡萄年產量；釀酒量

vi·o·late /'vaɪəleɪt/ vt
1 違背；違犯：*violate* the law 犯法 **2** 侵犯：*violate* human rights 侵犯人權 **3** 強姦

vi·o·lence /'vaɪələns/ n [U]
1 暴力；強暴：acts of *violence* 暴力行為 **2** 劇烈；猛烈；激烈：the *violence* of typhoon 猛烈的颱風 **3** 施暴；強姦
◇ **do violence to** 粗暴地對待；傷害
▷ **violation** n

vi·o·lent /'vaɪələnt/ adj
1 暴力的；強暴的 **2** 劇烈的；猛烈的；激烈的：a *violent* pain 劇痛 / a *violent* protest 強烈抗議
◑ **mild**

vi·o·lent·ly /'vaɪələntlɪ/ adv
強暴地；猛烈地
◑ **mildly**

vi·o·let /'vaɪələt/
I n **1** [C] 紫羅蘭 **2** [U] 紫色
II adj 紫色的

vi·o·lin /ˌvaɪə'lɪn/ n 小提琴

vi·per /'vaɪpə(r)/ n
1 〈動〉蛇 **2** 歹毒的人

vir·gin /'vɜːdʒɪn/
I n 處女；未婚女子
II adj **1** 處女的；童貞的 **2** 未開發的；原始的：*virgin* land (soil)（未開墾

過的）處女地 **3** 首次的；創始的：a *virgin* voyage 處女航
□ Virgin Mary 〈宗〉聖母瑪麗亞

vir·tu·al·ly /'vɜːtʃuəlɪ/ adv
實際上；事實上；差不多

vir·tue /'vɜːtʃuː/ n
1 [C, U] 德行；美德 **2** 優點；長處 **3** [U]（婦女的）貞操
◇ **by virtue of** 鑑於；借助

vi·rus /'vaɪərəs/ n [C] 〈微〉〈計〉病毒

vi·sa /'viːzə/ n [C] 簽證

vis·i·ble /'vɪzəbl/ adj
看得見的；可見的
◑ **invisible**

vis·i·bil·i·ty /ˌvɪzə'bɪlətɪ/ n [U]
可見性；能見度

vi·sion /'vɪʒn/ n
1 [U] 視力；視覺 **2** [C] 幻想；幻覺；想像 ▷ **visionary** adj 幻想的；空想的

vis·it /'vɪzɪt/
I **❶** vt **1** 參觀；訪問；逗留：I *visited* the Great Wall in China last year. 我去年參觀過中國的長城。 **2** 拜訪；探望：*visit* one's parents 探望父母 **❷** vi 參觀；游覽：*visit* in New York 在紐約參觀
II n 參觀；訪問；逗留；看望：make a *visit* to Hong Kong 去香港游覽 / pay a *visit* to sb 拜訪某人

vis·i·tor /'vɪzɪtə(r)/ n
參觀者；訪問者；來客
◑ **caller, guest**

vis·u·al /'vɪʒuəl/ adj
視力的；視覺的：*visual* arts 視覺藝術

vi·tal /'vaɪtl/ adj
1 （有）生命的；充滿生機的：*vital* energy 生命力 **2** 至關重要的；生死攸關的：wounded in a *vital* part 傷在要害

部位 / a *vital* blow 致命的一擊

vi·ta·min /'vɪtəmɪn; 'vaɪ-/ *n* [C]

維他命;維生素: *vitamin* A and *vitamin* B 維生素 A 和維生素 B

viv·id /'vɪvɪd/ *adj*

1 鮮艷的(光,色彩等): a *vivid* red coat 鮮紅的外套 **2** 生動的;逼真的: a *vivid* description of the event 對這一事件生動的描寫

vo·cab·u·lar·y /və'kæbjʊlərɪ/ *n*

1 [C, U] 詞匯(量): to increase (enlarge) one's *vocabulary* 增加(擴大)某人的詞匯量 **2** [C] 詞匯表

vo·cal /'vəʊkl/ *adj*

1 嗓音的: *vocal* organs 發聲器官 **2** 口述的;口頭的: *vocal* criticism 口頭批評

vo·ca·tion /vəʊ'keɪʃn/ *n*

1 [C] 職業;行業 **2** [用作單] 使命;天職: This is not only my profession, but also my *vocation*. 這不僅是我的職業,也是我的使命。 **3** (從事…的)素質;才能: He has no *vocation* for being an artist. 他沒有當藝術家的素質。

voice /vɔɪs/

I *vt* **1** [C, U] 嗓音;說話聲: They spoke at a low *voice*. 他們低聲說話。 **2** 發聲能力: He has lost his *voice*. 他嗓子不行了。 **3** 表達;發言權: She doesn't have any *voice* in her family. 她在家裏沒有發言權。

II *vt* 說話;表達;吐露: He *voiced* his disappointment with Sam. 他表達了對山姆的失望。

vol·can·ic /vɒl'kænɪk/ *adj*

火山的;火山似的

vol·ca·no /vɒl'keɪnəʊ/ *n*

(複 = volcanoes)火山

vol·ley·ball /'vɒlɪbɔːl/ *n*

排球運動;排球: play *volleyball* 打排球 ⇨ 插圖見 SPORTS

volt /vəʊlt/ *n* [C]

伏(特)(電壓單位,略作 V.)

volt·age /'vəʊltɪdʒ/ *n* 〈電〉電壓

volt·me·ter /'vəʊlt,miːtə(r)/ *n* 〈電〉電壓表

vol·ume /'vɒljuːm; -ljəm/ *n*

1 卷;冊: Where is the second *volume* of the book? 這本書的第二冊在甚麼地方? **2** [U] 量;音量: Turn down the *volume* of your radio, please. 請你把收音機關小些。 **3** [volumes] 大量;許多;大團: *volumes* of black smoke 大團黑煙

vol·un·tar·i·ly /'vɒləntrəlɪ; vɒlən'te-/ *adv*

1 自願地 **2** 自覺地;主觀能動地

vol·un·tar·y /'vɒləntrɪ/ *adj*

1 自願的;志願的: a *voluntary* army 志願軍 / *voluntary* service 自願服務 **2** 自覺的;主觀能動的

◐ involuntary

vol·un·teer /vɒlən'tɪə(r)/

I *n* 自願者;志願者

II *vt, vi* 自願(做): He *volunteered* to serve as the guide. 他自願來當嚮導。 / He *volunteered* for the difficult task. 他自願擔任這一艱難的任務。

vote /vəʊt/

I *n* **1** 投票;選舉;表決: cast one's *vote* 投票 **2** 投票權;選舉權: Do women have the *vote* in your country? 你們國家婦女有選舉權嗎? **3** 投票結果;選舉結果: What's the *vote* today?

今天的投票結果是甚麼？

II   *vt, vi* 投票；選舉；表決：*vote* a proposed bill 投票通過一項提出的議案 / He *voted* for the Labour Party. 他投了工黨的票。

◇ **vote down** 投票反對；否決 / **vote in** 選出；選舉

vow /vaʊ/

I   *n* 誓言；許願：make (take) a *vow* of 立誓… / break (perform) a *vow* 打破（履行）誓言

II   *vt* 發誓；立誓（做…）：*vow* revenge 立誓報仇 / *vow* to do sth 立誓做…

vow·el /'vaʊəl/   n

〈語〉元音；元音字母

voy·age /'vɔɪdʒ/

I   *n* 航海；航空；航行：take a sea *voyage* 作航海旅行

II   *vi* 航行；旅行：*voyage* through the Pacific 航海橫渡太平洋

◗ journey, travel, trip

⇨ 用法説明見 JOURNEY

vul·gar /'vʌlgə(r)/   adj

庸俗的；下流的；粗俗的：a *vulgar* gesture 下流手勢

vul·ner·a·ble /'vʌlnərəbl/   adj

易受傷的；脆弱的：We are not *vulnerable* to criticism. 我們經得起批評。

W, w

W, w /'dʌblju:/

英語字母表的第二十三個字母

wag /wæg/

I   *vt, vi*（wagged, wagging）搖動；擺動：The dog *wagged* its tail when he saw his young master. 這條狗見到它的小主人就搖頭擺尾。/ The dog's tail *wagged*. 狗搖動尾巴。/ The tail *wags* the dog. [諺] 小人物説了算。**II**   *n* 搖動；擺動：with a *wag* of the tail 搖尾

wage /weɪdʒ/

I   *n* 工資；工錢 **II**   *vt* 進行；開始：*wage* a war against 與…開戰 / *wage* a campaign 開展一場運動

◗ pay, salary

⇨ 用法説明見 PAY

wag·on /'wægən/   n

1 四輪馬車（牛車）**2** [英]（鐵路）貨車

wail /weɪl/

I   *vi* 嚎啕大哭；慟哭：She *wailed* for the loss of her baby. 她為失去自己的孩子而痛哭流涕。

II   *n* 嚎啕大哭；啼哭：the *wails* of a newborn baby 新生嬰兒的啼哭

waist /weɪst/   n 腰；腰部

⇨ 插圖見 BODY

wait /weɪt/

I   *vt, vi* 等待；等：Just *wait* a minute, please. 請稍等。/ I couldn't *wait* to see her. 我急着要見她。/ Let's *wait* our opportunity patiently. 讓我們耐心等待時

機到來。

◇ **wait for** 等候;等待: Don't *wait for* me if you really have to go. 如果你實在要走就不必等我了。/ **wait on** 服侍

II *n* 等待;等候: a two-day *wait* 等候了兩天

用法說明: **Wait**、**await**、**expect** 和 **look forward to** 都有"等待、期待"的意思。**Wait** 和 **await** 區別在於,**wait** 是不及物動詞,與介詞 for 連用,**await** 是及物動詞,可直接跟賓語,另外 **await** 更正式,在口語中不常用。**Wait (for)** 與 **expect** 的區別在於,**wait for** 是為了強調耽誤之意,或強調時間的流逝,**wait** 是一個動作,為了等候,影響做其他事。例如: I had to wait twenty minutes for a bus this morning. (我今天早上等汽車等了 20 分鐘。) **Expect** 則與遲、早或耽誤等都無關,是一種心理狀態,表示相信某即將發生。例如: We're expecting a cold winter. (我們將要有一個寒冷的冬天。) I'll expect you at ten o'clock sharp. (我十點整時等你。) **Look forward to** 指期盼愉快的事情發生。如: I'm looking forward to seeing you. (我盼望見到你。) 注意這裏的 to 是介詞,不是不定式 to。

---

wait·er /ˈweɪtə(r)/ *n*
男招待;男服務員

wait·ress /ˈweɪtrɪs/ *n*
女招待;女服務員

wake¹ /weɪk/ *vt, vi*
(woke; woken) **1** 醒來 (up);喚醒 (up): I usually *wake* up at five in the morning. 我通常早晨五點醒來。/ The alarm-clock *woke* him up. 鬧鐘把他喚醒。**2** 認識 (到);意識 (到): It is

lucky that he finally *woke* to the facts. 慶幸的是他終於認識到了事實。/ His failure *woke* him to the impossibility of the matter. 他的失敗使他認識到這是一件不可能成功的事。

◐ **sleep**

wake² /weɪk/ *n*
1 (航行中的船留下的) 尾跡;船跡;尾波 **2** 餘跡;痕跡;行蹤;經過路線: the *wake* of a thunderstorm 暴風雨經過的路線

◇ **in the wake of** 緊隨;在…之後: The small sampan followed *in the wake of* a big ship. 這隻小舢舨跟在一隻大船後面行駛。

wak·en /ˈweɪkən/ *vt, vi*
1 醒來 (up);喚醒: She *wakened* at six. 她六點醒來。/ He was *wakened* by the alarm-clock. 他被鬧鐘喚醒了。**2** (使) 覺醒;醒悟: He is finally *wakened* from his dreams. 他終於從夢中醒悟過來。

Wales /weɪlz/ *n*
威爾士 (英國的一部分)

walk /wɔːk/
I **❶** *vi* 走;步行;散步: I prefer to *walk*. 我寧願步行。/ Learn to *walk* before you run. [諺] 要想跑,先學走。**❷** *vt* **1** 走遍;走在…上: *walk* the floor 在地板上踱步 **2** 護送: The old man is *walked* home. 老人被護送回家。/ The police *walked* him to the police station. 警察把他押送到警察局。

◇ **walk off with** 順手帶走;偷走: The thief *walked off with* a pack of cigarette when he passed a drug store. 這小偷經過一家雜貨店時順手偷走一包

香煙。/ **walk out** 突然離去；罷工：They *walked out* in protest. 他們突然離去以示抗議。/ **walk out on** [口] 拋棄；離開：It is said that Anderson *walked out on* his family without telling anyone. 據說安德遜突然離家出走，沒有告訴任何人。

II *n* [C] 走；步行；散步：take a *walk* (go for a *walk*) 去散步

wall /wɔːl/

I *n* 牆；壁；圍牆；城牆：the Great *Wall* 萬里長城

□ **wall-paper** *n* 牆紙

◇ **Walls have ears.** [諺] 隔牆有耳。/ **with one's back to the wall** 陷於絕境；以寡敵眾

II *vt* **1** 用牆隔開；圍住：*wall* off the garden from the road 用牆把花園和公路隔開 / The pond is *walled* in by trees. 樹木映掩的小潭。 **2** 把…關起來：The criminal is *walled* up in No. 2 Prison. 這個犯人被關在第二監獄。

wal·let /ˈwɒlɪt/ *n* 錢包；皮夾

wal·nut /ˈwɔːlnʌt/ *n* 胡桃；核桃；胡桃木

wand /wɒnd/ *n* **1** 棒；棍；竿 **2** 魔杖；權杖；指揮棒

wan·der /ˈwɒndə(r)/

I *vt, vi* 漫遊；閒逛；遊蕩：*wander* about the world 漫遊世界 / *wander* the street 在街上閒逛

II *n* 漫遊；閒逛：take a *wander* to the beach 到海灘走走

wan·der·er /ˈwɒndərə(r)/ *n* 漫遊者；閒逛者；流浪漢

want /wɒnt/

I ❶ *vt* **1** 要；想要：I *want* a glass of water. 我要一杯水。/ He *wants* to know our plan. 他想知道我們的計劃。 **2** 缺少：You *want* a good coach. 你缺少一位好教練。/ It *wants* a few more dollars. 這還缺幾塊錢。 **3** 需要：The old man *wants* a nurse to take care of him. 這位老人需要護士照料他。/ Your coat *wants* dry-clean. 你的外套該乾洗了。 **4** 追捕；緝拿：He is *wanted* by the police. 警方正在通緝他。 ❷ *vi* 缺少；缺乏 (for)：*want* for food 缺乏食物

II *n* **1** 缺乏：The accident victims are suffering for *want* of medical care. 事故遇難者因缺少醫治而痛苦。/ in *want* of food 需要食品 **2** [常作 wants] 必須品

war /wɔː(r)/

I *n* [C, U] **1** 戰爭；戰爭時期；鬥爭：a nuclear *war* 核戰 / during the World *War* II 二次世界大戰期間 **2** 爭鬥；衝突：a trade *war* 貿易戰 / a *war* of words 論戰

◇ **at war** 處於交戰狀態；不和 / **declare war on** 向…宣戰 / **go to war (with)** 與…交戰 / **to make (wage) war on (against)** 向…開戰 □ **war-cry** 戰鬥吶喊 / **war-god** 戰神 / **war-monger** 戰爭販子

II (warred, warring) *vi* 進行戰爭；打仗

◑ peace

ward /wɔːd/ *n* **1** 病房 **2** [主英] 牢房

ward·en /ˈwɔːdn/ *n* **1** [主美] 監獄長 **2** 看守人；門衛；管理員

ward·robe /ˈwɔːdrəʊb/ *n* 衣櫥；衣櫃

ware /weə(r)/ n

　■ （常用於構成複合詞）[總稱] 器皿；
物品： silver *ware* 銀器 / hard *ware* 硬件
　■ [常作 wares] 商品；貨物

ware·house /ˈweəhaʊs/ n

　■ 貨棧；倉庫　■ [主英] 批發店

war·fare /ˈwɔːfeə(r)/ n

　戰爭；戰爭狀態： commercial *warfare*
商戰

war·like /ˈwɔːlaɪk/ adj

　戰爭的；好戰的

war·lord /ˈwɔːlɔːd/ n

　軍閥；（統治某一地區的）軍閥式首腦

warm /wɔːm/

　I adj　■ 溫暖的；暖和的： *warm*
weather 溫暖的天氣　■ 熱情的；熱烈
的： a *warm* welcome 熱烈歡迎

　II vt, vi （使）暖和；暖： The dog
warms himself in the sun. 這條狗在曬太
陽取暖。/ The day began to *warm*. 天氣
開始變暖了。

　◇ **warm up** ■ 加熱；變暖： *warm* a
cold chicken *up* 把冷雞加熱　■ （比賽前
的）熱身；作準備活動　□ **warm-up** n
（比賽前的）準備活動；熱身活動

　◑ cold

　⇨ 用法說明見 HOT

warm·ly /ˈwɔːmlɪ/ adv

　溫暖地；熱情地： *warmly* welcome 熱
烈歡迎

warmth /wɔːmθ/ n [U]

　溫暖；暖和；熱情： We are received
with *warmth*. 我們受到了熱情的接待。

warn /wɔːn/ vt, vi

　警告；告誡；提醒 (of, against)： I
have been *warned* of this mission's
danger. 已經有人向我提醒過這次任務的

危險性。/ *warn* against littering 告誡不
要亂扔雜物

warn·ing /ˈwɔːnɪŋ/

　I adj 警告的： a *warning* look 警告的
眼神

　II n [C] 警報；警告；告誡；提醒： Let
this be a *warning* to you. 這就算是給您
提個醒吧。

war·rant /ˈwɒrənt/

　I n　■ [U] 授權；委託；批准： You
have no *warrant* to do so. 你無權這樣
做。　■ [C] 授權書；委託書　■ [C] 令
狀；逮捕令；搜查令： an arrest *warrant*
逮捕狀　■ （正當的）理由；根據： You
cannot accuse others without *warrant*.
你不能毫無根據地指責別人。

　II vt　■ 授權給；批准　■ 證明…為正
當的： Nothing can *warrant* his
interference. 沒有甚麼可以證明他的干涉
是正當的。　■ 保證： He will return the
money, I *warrant*. 他會還錢的，我保
證。

war·ri·or /ˈwɒrɪə(r)/ n

　戰士；武士；鬥士

war·ship /ˈwɔːʃɪp/ n 軍艦；戰艦

war·time /ˈwɔːtaɪm/ n, adj 戰時（的）

wa·ry /ˈweərɪ/ adj

　■ 謹慎的；小心的；警惕的： keep a
wary eye on 密切注視　■ (of, about) 謹
防的： be *wary* of intruders 謹防闖入者

wash /wɒʃ/

　I ❶ vt　■ 洗；洗滌；沖洗： *Wash*
your hands before eating. 吃東西前要洗
手。/ Don't *wash* your dirty linen in
public. [諺] 家醜不可外揚。　■ 沖掉；沖
走： to be *washed* overboard 被浪從船
舷沖入水中　❷ vi 洗衣；洗澡： He

likes to *wash* in cold water. 他喜歡在小溪裏洗冷水澡。

◇ **wash down** **1** 徹底沖洗 **2**（用水等）吞下：He *washed down* two tablets with a glass of water. 他用一杯水吞服下兩片藥。/ **wash one's hands (of sth/sb)** 洗手不幹；退出：If you insist, I can only *wash my hands*. 如果你再堅持，我只好不幹了。/ **wash up** **1** [美] 洗手洗臉 **2** [英] 刷鍋洗碗

II *n* **1** [用作單，前置不定冠詞] 洗；洗滌：I need a *wash*. 我要洗一下。 **2** [用作單] 要洗（或已洗好）的衣物：She has a lot of *wash* to do tomorrow. 她明天有一大堆東西要洗。

wash·ing /'wɒʃɪŋ/ *n*
1 [C] 洗；洗滌 **2** 要洗（或已洗）的衣物 □ **washing machine** 洗衣機

waste /weɪst/
I ❶ *vt* **1** 浪費；未充分利用：*waste* time (money) 浪費時間（金錢） **2**（使）衰弱；（使）耗盡精力：She is *wasted* by long years of hard labour. 她由於多年勞累而體弱力衰。 **3** 使荒蕪：land *wasted* by the war 由於戰爭而荒蕪的土地 ❷ *vi* **1** 浪費：Clean the table, and don't *waste*. 把桌上的食物吃光，不要浪費。 **2** 變衰弱；消瘦：Her strength is *wasting* away. 她的體力正日漸衰退。
◇ **Waste not, want not.** [諺] 不浪費，不愁缺。/ **waste one's words** 白費口舌
II *n* **1** [U] 浪費；糟蹋：*waste* of breath 白費口舌 **2** [U] 廢棄物；垃圾：industrial *waste* 工業垃圾
III *adj* 廢棄的：*waste* paper 廢紙 □ **waste bin** 廢物箱；垃圾箱
❶ save

waste·plex /'weɪstpleks/ *n*
廢物再循環聯合企業（由 waste + (com)plex 組成）

watch¹ /wɒtʃ/ *n*
手錶；懷錶：What time is it by your *watch*? 你的錶幾點了？

watch² /wɒtʃ/
I *vt* **1** 觀看；注視；監視：*watch* TV 看電視 **2** 看護；守衛；照看：Mary's mother came to *watch* her child for the weekend. 瑪麗的母親週末來替她看孩子。 **3** 小心；留意：*Watch* your language while talking to him. 跟他談話時要注意你的語言。
◇ **watch out for** 留心；提防
II *n* [U] 注視；警惕；監視：keep *watch* 放哨；看守
◇ **keep watch on** 注意 / **on the watch (for)** 提防
❶ look, see

watch·mak·er /'wɒtʃˌmeɪkə(r)/ *n* 鐘錶匠

watch·man /'wɒtʃˌmən/ *n*
看門人；警衛；巡夜人

wa·ter /'wɔːtə(r)/
I *n* **1** [U] 水 **2** [waters] 大片水域；領海：the lower *waters* of the Yellow River 黃河下游 / the Chinese *waters* 中國海域 **3** 水位；水深：high (low) *water* 水位高（低）
◇ **by water** 乘船；由水路：We went to Japan *by water*. 我們乘船去日本。/ **draw water with a sieve** [諺] 竹籃打水一場空（或幹蠢事）/ **hold water** 站得住腳：Your argument does not *hold water*. 你的論點站不住腳。/ **in deep water(s)** [俚] 處於困境之中 / **like water**

大手大腳地；大量地：spend money
like water 花錢大手大腳 / **make (pass)
water** 小便 / **pour (throw) cold water
on** 給…潑涼水：Don't *pour cold water
on* her enthusiasm. 不要對她的熱情潑涼
水。/ **Still water runs deep.** [諺] 水靜
河深，大智若愚。/ **Water afar cannot
quench fire.** [諺] 遠水不救近火，遠水
不解近渴。

II ❶ *vt* 澆水；灑水；喂水：*water* the
garden 澆園 / *water* a horse 飲馬 **❷** *vi*
1 流淚：eyes *water* 流眼淚 **2** 流口
水：The child's mouth *waters* at the
strawberry. 看到草莓，孩子的口水流了
下來。/ make one's mouth *water* 使人垂
涎

◑ **fire, land**

wa·ter·col·o(u)r /ˈwɔːtəkʌlə(r)/ *n*
水彩（顏料）；水彩畫

wa·ter·fall /ˈwɔːtəfɔːl/ *n* [C]
瀑布

wa·ter·mel·on
/ˈwɔːtəˌmelən/ *n* 西瓜

wa·ter·proof /ˈwɔːtəˌpruːf/ *adj*
防水的

wa·ter·way /ˈwɔːtəˌweɪ/ *n*
水路；航道：an inland *waterway* 內河
航道

watt /wɒt/ *n*
〈物〉（電力單位）瓦（特）：a lamp of
40 *watts* 一隻 40 瓦的燈

wave /weɪv/
I *n* **1** [C] 波浪；波濤：sea *waves* 海浪
2 [喻] 浪潮；高潮；一陣：a *wave* of
protest 抗議浪潮 / a *wave* of weakness
一陣眩暈 **3** 揮動：a farewell *wave* 揮
手告別 **4** 波狀物；波浪型；卷髮：a

permanent *wave* 燙髮 **5** 〈物〉（熱、
光、聲等的）波：radio *waves* 無線電波
II *vt, vi* **1** （使）波動；（使）起伏；
（使）飄動：The flag *waved* in the
wind. 旗幟迎風飄揚。**2** 揮動；晃動：
She *waved* a flag to show welcome. 她
晃動旗子以示歡迎。**3** 揮手示意：The
policeman *waved* the driver to stop. 警
察招手讓司機把車停下來。/ Mary
waved to me in the bus. 瑪麗在公共汽車
裏向我招手。

wax /wæks/ *n* [U] 蠟；蜂蠟；石蠟
□ **wax-work** *n* 蠟製品；蠟像

way /weɪ/
I *n* **1** 路；道路；街道 **2** 路線；路
途：on the *way* home 回家途中 **3** 方
向：This *way*, please. 請這邊走。**4** 方
法；手段；方式：in a friendly *way* 友好
地 / *way* of life 生活方式 **5** 方面；點：
This book is useful in many *ways*. 這本書
在很多方面都有用。**6** 距離；路程：
There's still a long *way* to go. 還有很長
的路要走。**7** 情況；狀況：The
business is not in a good *way*. 生意不太
好。**8** 出路：There seems to be no
way out. 似乎沒有甚麼出路了。/ This is
the *way* to success. 這是條成功之路。
II *adv* 遠遠地；非常：*way* down the
corridor 在走廊的盡頭

◇ **any way** 無論怎樣 / **by the way** 順
便說說；附帶說一下 / **by way of** 通過
…的方式 / **get (be) in the way** 擋住去
路；妨礙：Don't *get in my way*, please.
請不要擋我的路。/ **give way 1** 讓步；
屈服：He refused to *give way* to
threats. 他拒絕屈服於恐嚇。**2** 倒塌：
The old wall *gave way* to his push. 這堵

舊牆被他一推就倒塌了。**3** 讓路；讓開 / **go out of one's way** 特地；專程：It's very kind of you to *go out of your way* to help me. 您特意來幫我，真太感謝了。/ **in a way** 從某個程度上說；從某個方面說 / **in no way** 決不 / **in a family way** 懷孕 / **make a way (for)** (為…)讓路；騰出路來 / **no way** [美口] 決不；沒門 / **on the way** **1** 在進行中：The meeting was already *on the way* when she arrived. 她到達時會議早開始了。**2** 來到；接近：The typhoon is *on the way*. 颱風快來了。/ **under way** 在進行中：The project is already *under way*. 這項工程已經開始進行了。/ **Where there is a will, there is a way.** [諺] 有志者事竟成。

◑ manner, method; road, highway, route

we /wiː/ *pron*
(人稱代詞 I 的複數形式) 我們

weak /wiːk/ *adj*
1 弱的；虛弱的；軟弱的：After the long journey she felt very *weak*. 長途旅行後她感到十分虛弱。/ The boy is especially *weak* in mathematics. 這男孩在數學方面尤其弱。**2** 易碎的；不結實的：a *weak* bed 一張不結實的床 **3** 無說服力的；無力的：a *weak* argument 無力的論點

◑ feeble, frail, fragile
◐ strong

weak·en /'wiːkən/ *vt*
(使) 虛弱；變弱；減弱

weak·ness /'wiːknɪs/ *n*
1 [U] 虛弱；軟弱 **2** [C] 缺點；弱點

wealth /welθ/ *n*

1 [U] 財富；財產 **2** [用作單] 豐富；大量：a book with a *wealth* of illustrations 一本有大量插圖的書

◇ Wealth makes wit waver. [諺] 利令智昏。

wealth·y /'welθɪ/ *adj*
1 富有的；有錢的：a *wealthy* family 有錢人家 **2** 豐富的；大量的

◑ rich
◐ poor

weap·on /'wepən/ *n* 武器；兵器
◑ arms

wear /weə(r)/
I (wore, worn, wearing) **❶** *vt* **1** 穿；戴；佩帶：*wear* a uniform 穿制服 **2** (臉上) 呈現；面帶；面露：*wear* a smile 面帶微笑 **3** 磨損；用壞；用舊：The stones were *worn* by the constant flow of water. 由於水常年的沖刷，石頭被磨去了稜角。**4** 使疲倦；使厭倦：be *worn* with the day's hard work 幹了一天的活而疲倦 **5** 蓄；留 (鬍、髮等)：a man *wearing* a beard 一個蓄著鬍子的男人 **❷** *vi* **1** 穿破；磨破；用壞：The pair of shoes has *worn* in several places. 這雙鞋已經穿破好幾個地方了。**2** 耐用；耐穿；耐磨：This kind of shoe *wears* well. 這種鞋很耐穿。

◇ wear out **1** 耗盡；用壞 **2** 使疲乏：He was *worn out* when he came back last night. 他昨晚回來時累壞了。

II *n* **1** [U] 穿；戴：This jacket is suitable only for everyday *wear*. 這件茄克衫只適合平時穿穿。**2** (常用來構成複合詞) 衣服；服裝：children's *wear* 兒童服裝 **3** 磨損；磨破；用壞：This overcoat has signs of *wear*. 這件大衣已

有磨損的痕跡了。

⇨ 用法説明見 DRESS

wea·ry /'wɪərɪ/ adj

1 疲勞的；困乏的：a *weary* look 一副倦容 **2** 令人厭倦的：a *weary* talk 沉悶乏味的演講 ▷ **wearily** adv

weath·er /'weðə(r)/ n [C]

天氣；氣象：wet (rainy) *weather* 下雨天 / good (bad) *weather* 好（壞）天氣 ◐ climate

weath·er·cock /'weðəkɒk/ n

1 風標；風信雞 **2** 變化無常的人

weave /wiːv/

(wove, weaved; woven, wove, weaved; weaving)

❶ vt **1** 紡織；織布；編織；編製：*weave* a rug 織地毯 **2** 編造；編排：*weave* a story 編故事 **3** 組合；交織；插入：*weave* an additional plot into a novel 把一個額外的情節加入一本小説 **❷** vi **1** 編織；編製 **2** 編排；組合 ▷ **weaver** n 織布工；編製（造）者

web /web/ n [C] （蜘蛛）網；網狀物

wed /wed/ vt, vi

(wedded 或 wed, wedding)

與⋯結婚；舉行婚禮：They were *wedded* yesterday. 他們昨天舉行的婚禮。/ They *wedded* during the war. 他們是在戰爭期間結的婚。

wed·ding /'wedɪŋ/ n

婚禮；結婚：a *wedding* ceremony 婚禮 / golden (silver) *wedding* 金（銀）婚

□ **wedding-ring** 結婚戒指

⇨ 用法説明見 MARRIAGE

wedge /wedʒ/

I n 楔子；三角木

II vt, vi 楔入；擠入；插入

Wednes·day /'wenzdɪ/ n

星期三

weed /wiːd/

I n [C] 野草；雜草

II vt 除草：*weed* the vegetable garden 給菜園除草

□ **weed-killer** n 除草劑

week /wiːk/ n

1 星期；週 **2** 一週；一星期 **3** 工作週；工作日

week·day /'wiːkdeɪ/ n

週日；工作日；平日

week·end /wiːk'end, 'wiːk-/ n

週末：at (on) the *weekend* 在週末

week·ly /'wiːklɪ/

I adj **1** 一週的 **2** 每週的；一週一次的：a *weekly* magazine 週刊

II adv 一週一次地

III n 週刊；週報：local *weeklies* 地方週報

weep /wiːp/ vi (wept, weeping)

哭泣；流淚；悲嘆：There's not much point in *weeping* over what's past. 為過去的事哭泣是沒有多大意義的。

◐ cry, sob

◑ laugh

⇨ 用法説明見 CRY

weigh /weɪ/

❶ vt **1** 稱；稱⋯的重量：*weigh* tomatoes 稱西紅柿的重量 **2** 掂量；權衡；斟酌：*weigh* the gains and losses 權衡利弊 / *weigh* one's words 斟酌字句，謹慎言詞 **❷** vi 稱出重量：This apple *weighs* at least half a kilo. 這隻蘋果稱起來最少有半公斤重。

weight /weɪt/

1 [U] 重量；分量：What is your

weight? 你有多重？ **2** [C] 砝碼；秤砣 **3** [U] 重要性；影響： a man of considerable *weight* 舉足輕重的人物 **4** （常用以構成複合詞）重量級： a heavy-*weight* boxer 重量級拳擊手

◇ **carry weight** 重要；有影響：What he says *carries* much *weight* with the students. 他說過的話對學員影響很大。/ **give weight to (attach weight to)** 重視：We must *give weight to* his suggestions. 我們必須重視他的建議。/ **lose weight** 體重減輕；減肥：She is on a diet to *lose weight*. 她正在節食來減肥。/ **over weight** 過重；太重 / **put on weight (gain weight)** 增加體重

wel·come /'welkəm/

I *vt* **1** 歡迎；愉快地接受；贊成： *welcome* a friend (criticism, etc.) 歡迎朋友（或批評等）/ They *welcomed* my suggestion. 他們贊同我的建議。

II *n* [C] 歡迎： a warm (hearty) *welcome* 熱烈（衷心）的歡迎

III *adj* 受歡迎的；令人愉快的：A glass of ice-cold beer is *welcome* in a hot weather. 天熱時喝杯冰鎮啤酒很舒服。

◇ **You are welcome.** [美] 別客氣，不用謝。

⟪ unwelcome

weld /weld/

I *vt* **1** 焊接 **2** 使成一體（into）： *weld* an argument into a paper 把某個論點加入一篇論文中

II *n* 焊接點

wel·fare /'welfeə(r)/

I *n* [U] 福利；幸福： social *welfare* 社會福利

II *adj* 福利的： *welfare* services 福利機構 / *welfare* fund 福利基金

well¹ /wel/

I （better, best） *adv* **1** 好；令人滿意地：He did quite *well*. 他幹得相當不錯。 **2** 完全地；充分地：Beat the eggs *well* before cooking. 烹調前把雞蛋充分打勻。 **3** 很；相當；大大地： *well* past midnight 過了半夜很久 **4** 熟悉地：Let me take you there, I know the way *well*. 讓我帶你去吧，我很熟悉路。 **5** 友善地；讚許地： treat sb *well* 好好對待他 / They speak *well* of him at the office. 他在辦公室得到人家的好評。

◇ **as well as** 除 … 外還：This restaurant serves excellent food *as well as* good service. 這家餐館不光服務好，飯菜也是一流的。

II *adj* 好的；健康的：I was not very *well* last week, but now I'm *well* again. 上週我不太舒服，可現在又好了。

III *int* （表示驚訝、同意、責備、鬆口氣等）： *Well*, I never expected things would come to this. 哎呀，我真沒想到事情會變成這樣。/ *Well*, you can read this book. 哎，好吧，你就看這本書。/ *Well*, you don't have to shout at me. 唉，你不用對我叫喊。/ *Well*, I'm through with her at last. 好啦，我終於跟她分手了。

⟪ ill

⇨ 用法說明見 HEALTHY

well² /wel/

I *n* **1** 井；水井；油井：The frog in the *well* knows nothing of the great ocean. [諺] 井底之蛙，不知大洋的浩瀚（或不知天高地厚）。/ *well* water 井水

2 來源；源泉： a well of knowledge 知識源泉

II vi 湧上；流出；溢出： Tears welled into her eyes. 淚水湧入她的眼眶。

well-be·ing /'welbi:ɪŋ/ n [U]
康樂；安康

well-e·du·cat·ed
/ˌwel'edjʊkeɪtɪd; -dʒʊ-/ adj
受過良好教育的

well-in·formed /ˌwelɪn'fɔ:md/ adj
消息靈通的： according to a well-informed source 根據消息靈通人士説 / a well-informed man 見多識廣的人

well-known /ˌwel'nəʊn/ adj
著名的；有名的；眾所周知的： a well-known poet 著名詩人 / a well-known fact 一個眾所周知的事實
◑ famous

well-off /ˌwel'ɒf/ adj
富裕的；寬裕的： She is from a well-off family. 她來自有錢人家。

well-to-do /ˌweltə'du:/ adj
富有的： a well-to-do family 有錢人家

Welsh /welʃ, weltʃ/
I adj 威爾士的；威爾士人（語）的
II n 威爾士人 [the Welsh]；威爾士語

went /went/
go 的過去式

wept /wept/
weep 的過去式與過去分詞

west /west/
I n [用作單] 西；西方；西部
II adj 西方的；西部的： on the west coast 在西海岸 / a west wind 西風
III adv 向西方；在西方： travel west 向西旅行
◇ **in the west (of)** 在西部： Gansu

Province is in the west of China. 甘肅省在中國的西部。 / **to the west of** 在（⋯）西面： Pakistan is to the west of China. 巴基斯坦在中國的西面。
⇨ 插圖見 COMPASS

west·er·ly /'westəlɪ/ adj
西的；向西的；從西面來的： a westerly wind 西風

west·ern /'westən/
I **1** adj （在）西方的；向西方的；來自西方的： the western half of the country 該國的西半部 **2** [常作 Western] 美國西部的（描寫十九世紀下半葉美國西部牛仔和邊民生活的）： a Western cowboy 西部牛仔 **3** 西方國家的；歐美國家的： Western food 西餐
II n [常作 Western] 西方國家的人；西部電影（或小説，戲劇等）

west·ward /'westwəd/
I adv 向西
II adj 向西的： westward migration 向西遷移

wet /wet/
I adj （wetter, wettest）**1** 濕的；潮濕的： get wet 弄濕 / wet to the skin 濕透 / Wet paint! 油漆未乾！ **2** 下着雨的： a wet day 下雨天 / a wet season 雨季
II n **1** [U] 水分；潮濕；濕氣 **2** [the wet] 雨；下雨
III vt, vi （wet/wetted, wetting）（把⋯）弄濕；（把⋯）尿濕： wet one's throat 潤潤嗓子 / The child wetted the bed last night. 這孩子昨夜尿床了。
◑ damp, moist, humid
◐ dry

wet·ter /'wetə(r)/ wet 的比較級
wet·test /'wetɪst/ wet 的最高級

whale /weɪl/

　I *n* 鯨　II *vi* 捕鯨

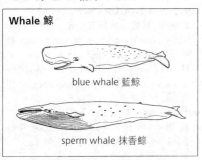

Whale 鯨

blue whale 藍鯨

sperm whale 抹香鯨

wharf /wɔːf/ *n*

（複 = wharfs, wharves）

碼頭；停泊處：a deep water *wharf* 深水碼頭

what /wɒt/

　I *pron* **1**（疑問代詞）甚麼；甚麼人（或事）：*What* happened? 出了甚麼事？/ *What* is this? 這是甚麼？**2**（關係代詞）那樣的事或人；無論甚麼：She is not *what* she used to be. 她已不是從前的她了。**3** 無論甚麼；不管甚麼：You can't do *what* you like. 你不能想幹甚麼就幹甚麼。

　II *adj* **1**（疑問形容詞）甚麼樣的：*What* book is this? 這是一本甚麼樣的書？**2**（關係形容詞）盡量的；…那樣的：We should give him *what* help we can. 我們應盡力幫助他。**3**（用於感嘆句）多少：*What* a fine weather! 天氣多好啊！

　III *adv* 在哪一方面：*What* does it matter? 這有甚麼關係？

　◇ **and what not** 諸如此類；等等：I asked him to bring with him a kitchen knife, a can opener, a bottle of wine, *and what not*. 我讓他帶一把廚刀、一個罐頭刀、一瓶酒還有一些其他東西來。/ **come what may** 不管怎樣 / **I'll tell you what** 聽我說，我要說的是… / **what about...?**（表示建議；征求意見）怎麼樣：*What about* having a cold drink? 來一杯冷飲怎麼樣？/ **what for** 為了甚麼（目的）/ **what if** 如果…怎麼辦？/ **what is more** 而且：He is a driver, and *what is more*, a good driver. 他是個駕駛員，而且是個好駕駛員。/ **What's up?** 出甚麼事了？怎麼啦？/ **What then?**（用以詢問後果）那會怎樣：If he tells the manager, *what then*? 如果他告訴經理那會怎樣？

what·ev·er /wɒtˈevə(r)/

　I *pron* 任何事物；不管甚麼：Do *whatever* you want. 想幹甚麼你就幹甚麼，隨你的便。**II** *adj* 任何的：*Whatever* job you do, you must do it well. 不管幹甚麼工作都要幹好。

what·so·ev·er
/ˌwɒtsəʊˈevə(r)/ *pron, adj*
= **whatever** 但語氣更強

wheat /wiːt/ *n* [U] 小麥

wheel /wiːl/

　I *n* 輪；車輪；機輪；方向盤；舵輪

　◇ **at (behind) the wheel** 在開車；在掌舵

　II *vt, vi*（使）旋轉；推（拉）動；轉彎：The sails of the windmill were *wheeling* round rapidly. 風車正飛速轉動。/ *wheel* a bicycle up the hill 把自行車推上山

when /wen/

　I *adv* **1**（疑問副詞）甚麼時侯：

When did you see her? 你甚麼時侯見到她的？ **2** （關係副詞）**是時候；其時**：He has reached the age *when* he could be independent. 他已經到了可以自立的年齡了。

II *conj* **1** **在…的時候；正當**：We were having dinner *when* Rob came in. 我們吃飯時羅伯走了進來。 **2** **既然；在…情況下**：How can I help her *when* she refuses to see anyone? 她誰都不見，我還怎麼幫她？ **3** **雖然**：Mike walked all the way home *when* he might take a taxi. 雖然麥克可以叫輛計程車，但他還是一路走了回去。

III *pron* （用於介詞後）**甚麼時候**：Since *when* has she been missing? 她是甚麼時候失蹤的？/ Till *when* can you stay? 你能住到甚麼時候？

when·ev·er /wen'evə(r)/
I *conj* **每當；無論何時**：They start quarrelling *whenever* they meet. 他們一見面就吵架。/ Come *whenever* you like. 你高興甚麼時候來就甚麼時候來。

II *adv* **無論何時**（=when ever）：Please let me know *whenever* she comes back. 她不管甚麼時候回來都告訴我一聲。

where /weə(r)/
I *adv* **1** （疑問副詞）**哪裏；在（到，從）哪裏**：*Where* do you live? 你住哪裏？/ *Where* are you from? 你從哪裏來（或你是哪國人）？ **2** （關係副詞）**在那裏**：This is the room *where* I live. 我就住在這個屋裏。 **3** **在…的地方**：This is *where* I met her for the first time. 我就是在這地方第一次見到她的。

II *conj* **哪裏；甚麼地方**：She goes

where her boyfriend goes. 她男朋友到哪裏，她就到哪裏。

where·a·bouts /'weərə,bauts/
I *adv* **靠近…的地方；在…一帶**：I'm not sure *whereabouts* he stays now. 我不清楚他目前住在甚麼地方。

II *n* [用作複或單] **行蹤；下落**：She will tell you his present *whereabouts*. 她會告訴你他現在在甚麼地方。

where·as /weər'æz/ *conj*
然而；但是：Some people love smoking, *whereas* most people hate it. 有些人喜愛抽煙，但大多數人厭惡抽煙。

where·by /weə'baɪ/ *adv* （關係副詞）**憑借**：He worked out a plan *whereby* he can save his company. 他製定出一個借此可以拯救公司的計劃。

wher·ev·er /,weər'evə(r)/
I *conj* **無論甚麼地方；無論在哪裏**：Sit *wherever* you like. 隨便坐。

II *adv* **無論甚麼地方**：You can go to Beijing, or *wherever*. 你可以去北京或其他甚麼地方。

wheth·er /'weðə(r)/
1 **是否**：I don't know *whether* he can come. 我不知道他是否能來。 **2** （與 or 連用，表示選擇）**是…（還是）；或者…（或者）**：She didn't know *whether* to go or to stay. 她不知道是該走還是該留下來。

用法説明：**Whether** 和 **if** 均可用來引導一個沒有疑問詞的問句。疑問句：Do you want a drink? （你們想喝點甚麼？）改為間接疑問句，可以説：The hostess asked whether/if we wanted a drink. （女主人問

我們是否要喝點甚麼。）**Whether** 和 **if** 基本通用，但也有一些不同。**Whether** 可用在介詞後，**if** 則不能。如：I haven't settled the question of whether (Not if) I'll go back home.（我是否回家，還沒有定。）**Whether** 可以帶有 to 的動詞不定式，**if** 則不能。如：I'm not sure whether (Not if) to resign or stay on.（我拿不準主意是辭職還是留任。）**Whether** 還可用以引導主語從句，如：Whether we can stay here is another matter.（我們是不是能住在這裏，則是另一回事。）再者，**whether** 後面可直接用 or not，**if** 卻不能。如：We had to decide whether or not to support this proposal.（我們必須作出決定，是支持還是不支持這個提議。）

which /wɪtʃ/

I *pron* **1** (疑問代詞) 哪一個；哪些：There are several Toms in this school. *Which* do you mean? 這個學校有好幾個湯姆，你指的是哪一個？ **2** (限定性關係代詞) 那個；那些：Where are the books *which* I brought home yesterday? 昨天我帶回家來的書在哪裏？ **3** (非限定性關係代詞) 那 (個)；這 (個)：He finished writing his first novel, *which* took a long time. 他寫完了第一部小説，費了不少時間。

II *adj* **1** (疑問形容詞) 哪個；哪些：*Which* colour do you prefer? 你喜歡哪種顏色？ **2** (關係形容詞) 那個；那些：I waited for the plane all day, during *which* time I read a novel. 我等了一整天的飛機，其間我讀了一本小説。

which·ev·er /wɪtʃˈevə(r)/

I *pron* 無論哪個；無論哪些：Here are two novels, take *whichever* you like. 這兒有兩本小説，你高興拿哪一本，就拿哪一本。

II *adj* 無論哪個；無論哪些：*Whichever* restaurants you go to will be OK with me. 你不管去哪家餐館我都無所謂。

while /waɪl/

I *conj* **1** 當…的時侯：I like listening to music *while* reading. 我喜歡邊聽音樂邊看書。 **2** 雖然；儘管；而：*While* she is wrong, you cannot treat her so. 盡管她錯了，你也不能這樣對待她。/ I like beer *while* he prefers champagne. 我喜歡啤酒而他喜歡香檳。

II *n* 一會兒；一段時間：We waited for a little *while*. 我們等了一會兒。

◇ **once in a while** 有時；偶爾：We used to see each other *once in a while*. 我們過去偶爾見見面。/ **worth sb's while** 值得 (花時間，精力等)：It'll be *worth your while* to talk to him. 跟他談談還是值得的。

whilst /waɪlst/ *conj* [主英] = while

whip /wɪp/

I *n* [C] 鞭子；鞭打

II *vt* (whipped, whipping) **1** 鞭打；鞭笞 **2** 攪打 (奶油、蛋等)

whirl /wɜːl/

I *vt, vi* **1** (使) 旋轉；打轉；捲走：*whirl* round the dance floor 在舞場旋轉起舞 / A gust of wind *whirled* the dry leaves around. 一陣風把枯樹葉颳得團團轉。 **2** (突然) 轉向：He *whirled* round to me. 他猛地轉過身來對着我。

II *n* [用作單] **1** 旋轉；打轉：the *whirl* of snow 紛紛揚揚的雪花 **2** 一連

串的事情：a *whirl* of accidents 事故一
個接一個

whis·ker /'wɪskə(r)/ *n*
1 [whiskers] 連鬢鬍子 **2** （貓、鼠等）
鬚

whis·key /'wɪskɪ/ *n* [C, U] (=whisky)
威士忌酒

whis·per /'wɪspə(r)/
I *vt, vi* 低聲説；耳語：She *whispered*
to me so that no one else could hear. 她
低聲對我説，以免週圍的人聽到。/
'You come with me,' she *whispered*.
"你跟我來，"她低聲説。
II *n* 低語；竊竊私語：They were
talking in *whispers*. 她們在竊竊私語。

whistle /'wɪsl/
I ❶ *vi* 吹口哨；吹哨子；鳴（汽）笛
❷ *vt* 用口哨吹：*whistle* a tune 用口哨
吹一首曲子
II *n* 口哨；哨子；（汽）笛

white /waɪt/
I *adj* **1** 白的；白色的 **2** 白皮膚的；
白種人的：a *white* man 白人
II *n* **1** [U] 白色：a woman in *white*
白衣女郎 **2** [C] 白種人 **3** [C, U] 蛋白
□ **white-collar** *adj* 白領階級的

who /huː/ *pron*
1 （疑問代詞，作賓語時可代替 whom）
誰：*Who* is she? 她是誰？/ Do you
know *who* called this morning? 你知道
今早是誰打來的電話？/ *Who* (whom)
are you talking about? 你在講誰？ **2**
（關係代詞，在定語從句中作賓語時可代
替 whom，作主語時可用 that 代替。）
那個人：He is the man *who* (that)
called this morning. 他就是早上打來電
話的那個人。/ My father, *who* (whom)

you saw this morning, hopes to talk to
you soon. 我父親，就是你今天上午見到
的那位，想盡快和你談一談。

who·ev·er /huː'evə(r)/ *pron*
1 （引導名詞從句）不管甚麼人；無論
是誰：*Whoever* broke the machine will
have to have it repaired. 不管是誰弄壞了
這台機器都必須把它修好。 **2** （引導副
詞從句）不管甚麼人；無論是誰：
Whoever comes, tell him I'm sick. 不管
誰來都説我病了。 **3** （用作疑問代詞）
到底是誰：*Whoever* told you this? 這到
底是誰告訴你的？

whole /həʊl/
I *adj* **1** 全部的；所有的：the *whole*
world 全世界 / the *whole* day 整整一天
2 完好無損的；整個的：The vase falls
onto the ground but remains *whole*. 花
瓶掉到了地上，但卻完好無損。
II *n* 整體；全部：the *whole* of a year
整整一年
◇ **as a whole** 作為一個整體來看：
take...*as a whole* 把…作為整體來看 / **on
the whole** 總的説來；大體上：Your
paper is good *on the whole*. 你的論文大
體來説寫得不錯。
◑ sum, total
◐ partial

whole·food /'həʊlfuːd/ *n*
（粗加工且不含任何添加劑的）營養食品

whole·sale /'həʊlseɪl/
I *n* 批發；批發商：*wholesale* prices 批
發價 / a *wholesale* dealer 批發商
II *adj* 批發的：Our business is
wholesale only. 我們只經營批發業務。
III *adv* 以批發價

whole·sal·er /'həʊlseɪlə(r)/ *n* 批發商

whole·some /'həʊlsəm/ adj
❶ 有益於健康的；健康的：wholesome food 有益於健康的食品 ❷ 生氣勃勃的：a wholesome look 健康的外表

whol·ly /'həʊlɪ/ adv
完全地；徹底地：a wholly new argument 一個完全新的觀點

whom /huːm/ pron
[who 的賓格] ❶ （疑問代詞）誰：Whom should I see? 我該見誰？ ❷ （關係代詞）那個人；他（她、它）；他們（她們、它們）：She is the girl whom we talked about yesterday. 她就是我們昨天談到的那個姑娘。/ The man, to whom you spoke yesterday, has just called you. 昨天跟你說話的那個人剛才給你打了個電話。

whore /hɔː(r)/ n
❶ 妓女；娼妓 ❷ 亂搞男女關係的女（男）人

whose /huːz/ pron
[who 的所有格] ❶ （疑問代詞）誰的：Whose book is this? 這是誰的書？ ❷ （關係代詞）那個（些）人的：Is he the man whose son was studying at Oxford? 他就是那個兒子在牛津大學讀書的人嗎？ ❸ （關係代詞）那一個的；那一些的；它的；它們的；其（= of which）：a sentence whose meaning is ambiguous 一句意思模棱兩可的話

why /waɪ/
I adv ❶ （疑問副詞）為甚麼：Why are you always late for school? 你為甚麼上學總遲到？ ❷ （關係副詞）為甚麼：There is no reason why he should turn down the job offer. 沒有理由說明他為甚麼要拒絕向他提供的這份工作。

II int （表示驚訝，不耐煩，不贊成等）哎呀；嗨：Why, just take it! 嗨，拿着吧！

wick·ed /'wɪkɪd/ adj
壞的；邪惡的；惡劣的：a wicked plan 惡毒的計劃 / She's got a wicked tongue. 她說話很刻毒。
▷ **wickedness** n [U] 惡毒：Wickedness does not go altogether unrequited. [諺] 惡有惡報。

wide /waɪd/
I adj ❶ 寬的；廣闊的：two inches wide 兩英寸寬 / a wide river 寬闊的河流 ❷ （差別）巨大的：wide differences 巨大的差別 ❸ 張大的：She stared at me with wide eyes. 她張大眼睛瞪着我。❹ 廣泛的：a wide knowledge 知識淵博 / a wide range of interests 興趣廣泛
◇ **Wide ears and a short tongue.** [諺] 多聽少說。
II adv 全部地；充分地；張大地：The office door was wide open last night. 昨天辦公室的門一直大開着。/ wide awake 完全醒着
▷ **wideness** n
◑ broad
◐ narrow, strait

wide·ly /'waɪdlɪ/ adv
❶ 廣泛地；普遍地：widely known 很有名氣的 ❷ 廣博地：a widely read man 博覽群書者

wid·en /'waɪdn/ vt, vi
加寬；拓寬；擴大；變闊：to widen a street 拓寬街面 / The road suddenly widens. 路面突然變寬了。

wide·spread /'waɪd'spred/ adj
❶ 完全展開：widespread wing 舒展的

翼 **2** 廣泛的；到處：widespread attention 廣泛的注意 / a widespread rumour 到處流傳的謠言

wid·ow /'wɪdəʊ/ n 寡婦；遺孀

width /wɪdθ/ n

1 [U] 寬闊；廣闊：a river of great width 寬闊的大河 / the width of mind 思想開闊 **2** [C] 寬度；闊度；有一定寬度的東西：a width of two metres 兩公尺寬 / the cloth of various widths 各種寬度的布

⇨ 用法說明見 DEPTH

wife /waɪf/ n（複 = wives /waɪvz/）妻子；夫人；老婆

wig /wɪg/ n 假髮

wild /waɪld/

I adj **1** 野的；野生的：wild plants 野生植物 **2** 不受約束的；無教養的；無節制的：He's having a wild life. 他過着放蕩不羈的生活。 **3** 發怒的；狂暴的：a wild bull 發怒的公牛 **4** 暴風雨的；猛烈的：wild winds 狂風 **5** 荒涼的；荒蕪的；未開墾的

◇ **be wild about sth/sb** 對…着迷；狂熱：These girls were wild about that rock singer. 這些女孩對那個搖滾歌手如痴如狂。/ **run wild** 失去控制（或約束）：We cannot let these children run wild. 我們不能對那些孩子放任不管。

II n **1** [常作 the wilds] 未開墾的土地；荒野：the wilds of Africa 非洲的荒蠻之地 **2** [U] 野生（狀態）；荒蠻：in the wild 在荒野中

◐ **mild, tame**

wil·der·ness /'wɪldənɪs/ n

荒野；曠野：in the wilderness 在野的；不當政的

wild·ly /'waɪldlɪ/ adv 狂熱地；胡亂地

will[1] /wɪl/（would）

1（表示將來）將；會：Will he come back tomorrow? 他明天會回來嗎？ **2**（表示意圖、決心等）要；願意；可以：I will talk to him if necessary. 如果需要的話，我可以找他談談。 **3**（委婉地提問）是否可以（願意）：Will you help me move the table to that room? 你能幫我把桌子移到那間屋去嗎？ **4**（表示義務、責任）一定；必須：You will leave as you are told. 你必須照吩咐離開。

will[2] /wɪl/

I n **1** [用作單] 意志；毅力：freedom of the will 自由意志 / strong will 堅強的毅力 / Where there is a will, there is a way. [諺] 有志者事竟成。 **2** 決心；主見：Everybody should have a will of his own. 每人都應該有自己的主見。 **3** 願望；目的：We all have a will to win. 我們都有獲勝的願望。 **4** 遺囑；遺書：make one's will 立遺囑 **5** 心意：good (ill) will 善（惡）意

◇ **against one's will** 不情願地；違心地 / **at will** 任意；隨意

II vt, vi 運用意志的力量：We cannot win the war merely by willing it. 光靠意志是打不贏這場戰爭的。/ win by willing 靠意志力量獲勝

wil·ling /'wɪlɪŋ/ adj

願意的；情願的：I'm always willing to help you. 我總是願意幫助你的。

▷ **willingly** adv 願意地

◐ **unwilling**

wil·low /'wɪləʊ/ n [C] 柳樹

⇨ 插圖見〈專題圖說 7〉

win /wɪn/ vt, vi（won, winning）

■ 贏；贏得；戰勝；獲勝：win a match 比賽獲勝 / who has won? 誰贏了？ ■ 達到；取得：win a diploma 取得文憑 / win a scholarship 獲得獎學金 / We will win through, I'm sure. 我們會成功的，我堅信。

◇ win over 說服；把…爭取過來

◑ lose

用法說明：Win 可用作不及物動詞，表示在競賽鬥爭中"打敗對方，取得勝利"，不用於表示一般的"成功"。如：We had a speech contest with Class 5 and won. (我們與五班舉行了一次演講比賽，我們勝了。) 在沒有明確的競爭對手時，則多用 succeed。如：It is an arduous task, but I believe you will succeed. (這是一個艱巨的任務，但我相信你會成功的。) Win 也可作及物動詞，如：win a game, race, competition, election, battle, victory 等，有時還可跟雙賓語，如：Those tactics won't win them any votes. (那些計謀不會給他們贏得任何選票。) Win 的反義詞是 beat 和 defeat。Beat 比 defeat 更口語化，二者後面都可跟人或隊、國家等名詞，如：We beat (Not won) their team by ten points. (我們贏了他們隊 10 分。) He defeated all his opponents. (他擊敗了所有的對手。)

wind¹ /wɪnd/ n
■ [C, U] 風 ■ 風聲；傳說：There is the wind that Mike is thinking of quitting before the finals. 有傳聞說麥克打算在決賽前退出。 ■ [C, U] (一件) 管樂器

wind² /waɪnd/ (wound, winding)
❶ vi 彎曲而行；迂回；繞行：The road winds up the mountain. 公路盤山而上。 ❷ vt ■ 繞；捲：wind a bandage around one's arm 在某人胳膊上纏繃帶 ■ 上發條；上弦：wind a clock 給鐘上發條

◇ wind up ■ 上發條：wind up a watch 發條 ■ 結束：He wound up his speech by thanking the audience. 他最後以感謝聽眾結束了演講。/ It's time for you to wind up. 你現在該結束了。 ■ (樂器) 調弦：wind up the strings of a piano 調緊鋼琴的弦

wind·mill /'wɪndmɪl/ n 風車；風磨

Windmill 風車

win·dow /'wɪndəu/ n
■ 窗；窗戶 ■ 櫥窗
□ window-shop vi 瀏覽商店櫥窗

wind·y /'wɪndɪ/ adj
颳風的；風大的：It's pretty windy up the hill. 山上風挺大。

wine /waɪn/ n [U]
葡萄酒；酒：a glass of wine 一杯酒
◇ There are lees to every wine. [諺] 凡酒皆有沉澱。(或：金無足赤，人無完人。) □ wine-press n 榨汁機

wing /wɪŋ/
I n ■ 翅膀；翼 ■ 廂房：the west wing 西廂房 II ❶ vt 給…安翅膀：Fear winged her steps. 害怕使她飛奔而去。 ❷ vi 飛行：A plane winged over

the hotel. 一架飛機飛過旅館上空。

◇ **add (give, lend) wings to** 使…加快速度 / **Words have wings, and cannot be recalled.** [諺] 言出如飛，不能追回。（或：一言既出，駟馬難追。）

wink /wɪŋk/

I *vt, vi* 眨眼；眨眼表示：Stars *wink* in the evening sky. 星星在夜空閃爍。/ She *winks* a warning to me. 她給了我一個警告的眼色。

II *n* 眨眼；眨眼示意：They exchanged a *wink*. 他們交換了一下眼色。

◇ **in a wink** 一眨眼的功夫

◐ blink

win·ner /ˈwɪnə(r)/ *n*

獲勝者；優勝者；獲得者：the *winner* of the Nobel Prize 諾貝爾獎得主

win·ter /ˈwɪntə(r)/ *n* 冬天；冬季

wipe /waɪp/ *vt, vi*

擦；擦拭：*wipe* blackboard 擦黑板

◇ **wipe off** 擦去；抹去 / **wipe out** ① 擦掉；擦淨 ② 消滅；徹底摧毀：That village was *wiped out* in the earthquake. 那個小村子在地震中被徹底摧毀了。

wire /waɪə(r)/

I *n* ① [C, U] 金屬絲；鐵絲：barbed *wire* 有刺鐵絲 ② 電（話）線；電纜：insulated *wire* 絕緣線 ③ [口] 電報：send a *wire* 拍份電報

II *vt, vi* [口] (給…) 打電報：He *wired* the news back to the headquarters. 他拍電報把這條消息發回總部。

wire·less /ˈwaɪəlɪs/

I *adj* 無線的 II *n* ① [U] 無線電報 ② 無線電；收音機

wire·man /ˈwaɪəmən/ *n*

（複 = wiremen）

架線工；線務員

wis·dom /ˈwɪzdəm/ *n* [U] 智慧

◇ **Wisdom is the wealth of the wise.** [諺] 智慧是智者的財富。

◐ stupidity

wise /waɪz/ *adj*

有智慧的；明智的；英明的：a *wise* choice 明智的選擇 / a *wise* saying 箴言

◐ clever

wise·ly /ˈwaɪzlɪ/ *adv* 明智地；英明地

wish /wɪʃ/

I ❶ *vt* ① 希望；想要：Where do you *wish* to study? 你想到哪裏去讀書？② 但願；要是…就好了：I *wish* I were young again. 我要是能返老還童就好了。③ 祝；祝願；道安：*Wish* you success. 祝你成功。/ He *wished* her good night (good-bye). 他向她道晚安（說再見）。❷ *vi* 盼望（for）：Let's *wish* for the best. 讓我們希望會有最好的事情發生。/ How he *wished* for a new car! 他多麼希望有輛新車啊！

II *n* ① [C, U] 希望；打算：Her *wish* is to visit Beijing. 她的願望就是去北京觀光。② 祝願：My best *wishes* to your family. 祝你全家萬事如意。/ with best *wishes* for a happy new year 祝新年快樂

▷ **wishful** *adj* ① 渴望的 ② 一廂情願的

◐ desire, hope, want

⇨ 用法說明見 HOPE

wit /wɪt/ *n*

① [用作單或複] 頭腦；理智：quick *wits* 急智 / *Wit* once bought is worth twice taught. [諺] 一次親身經驗勝過兩次老師教導（或：吃一塹長一智）。② [C] 風趣；風趣話：His lecture is full of *wit*. 他

的講課妙趣橫生。

◇ **at one's wits' end** 智窮計盡，束手無策 / **have (keep) one's wits about one** 處變不驚 / **live by one's wit** 靠耍小聰明（花招）過日子

witch /wɪtʃ/ *n* 巫婆；巫師

witch·craft /'wɪtʃkrɑːft/ *n* [U] 巫術

with /wɪð/ *prep*

1 和…一道；跟…一起：Mary lives *with* her father in New York. 瑪麗跟她父親一起住在紐約。**2** 擁護；贊同；站在…一邊：'He that is not *with* me is against me,' shouted the speaker. "不站在我一邊的人就是反對我的人，"演說者高聲叫道。**3** 具有；帶有；穿（戴）着：a girl *with* large eyes 大眼睛姑娘 **4**（表示同一方向；同時等）隨着：rise *with* the sun 日出即起 / A tree's shadow moves *with* the sun. 樹影隨着太陽移動。**5** 使用；憑借（手段、工具等）：She is cutting meat *with* a big slicer. 她用大切片刀切肉 **6** 由於；因為：His eyes watered *with* smoke. 他的雙眼由於煙燻而流淚。**7**（表示行為方式）：He spoke *with* excitement in his voice. 他說話時聲音很激動。**8** 對…；對於：She is quite happy *with* the result. 她對這個結果相當滿意。/ He has had no influence *with* me. 他並沒有給我甚麼影響。/ How are you getting along *with* your work? 你的工作進展如何？**9** 雖然；儘管；除了：*With* all the defects in her character, she is likable. 儘管她性格上有這樣那樣的缺點，她還是招人喜愛的。**10**（表示相對抗）：a fight *with* the enemy 與敵人作戰 / an argument

with sb 與某人爭辯

◑ **without**

with·draw /wɪð'drɔː/
(withdrew, withdrawn, withdrawing)

❶ *vt* **1** 抽開；拉開：*Withdraw* your shoes from the stove. 把你的鞋從爐子邊拿開。**2** 撤退；撤回：The company was *withdrawn* just before the battle began. 這個連隊就在戰鬥開始前被撤了下來。**3** 提取；取出：*withdraw* some money from the bank 從銀行取些錢 **❷** *vi* **1** 撤退：The enemy *withdrew* under our heavy attack. 在我們的猛烈攻擊下敵人撤退了。**2** 撤回（所說的話、聲明等）：He has promised to help us, and now he wants to *withdraw*. 他曾答應過要幫我們的，可現在又反悔了。/ *withdraw* from engagement 取消約會 **3** 戒毒：*withdraw* from heroin 戒掉海洛因

with·draw·al /wɪð'drɔːəl/ *n*
1 [U] 撤退；撤回 **2** 提取；取出 **3** 戒毒

with·drew /wɪð'druː/
withdraw 的過去式

with·drawn /wɪð'drɔːn/
withdraw 的過去分詞

with·er /'wɪðə(r)/ *vt, vi*
（使）萎縮；乾枯；枯萎（up）：The plants *withered* up with drought. 植物因乾旱而枯死。/ Tuberculosis is *withering* her body. 肺結核使她日漸憔悴。

with·held /wɪð'held/
withhold 的過去式與過去分詞

with·hold /wɪð'həuld/
(withheld, withholding)

❶ *vt* **1** 停止；阻擋 **2** 拒給；隱瞞：

He tries to *withhold* the bad news from his father. 他想向父親隱瞞這一壞消息。
❷ *vi* 克制（from）：*withhold* from crying 克制住不哭出來

with·in /wɪˈðɪn/
I *prep* ❶ 在…裏面；在…內部：*within* a city 在城裏 / *within* the company 在公司內 ❷ 在…之內；不出：*within* two hours 不出兩小時 / *within* two miles 不出兩英里 II *adv* 在裏面

with·out /wɪˈðaʊt/
I *prep* ❶ 無；沒有：I can do it *without* any difficulty. 我可以輕而易舉地做好這件事。/ He suddenly left *without* telling anybody. 他突然離去，跟誰都沒有打招呼。 ❷ 在…外面：*without* the city 在城外
II *adv* ❶ 在外面；外表上：The classroom is kept clean within and *without*. 教室的裏裏外外都保持乾淨。/ fair *without* and foul within 金玉其表，敗絮其中 ❷ 沒有：Water is something we can't do *without*. 我們不能沒有水。

wit·ness /ˈwɪtnɪs/
I *n* ❶ [U] 證據；證言：bear *witness* to sth 作證；表明… ❷ [C] 目擊者 ❸ [C] 證人；可作證據的東西
◇ **bear (stand) witness to** 證明；作證 / **call (take) sb to witness** 請某人作證 / **give witness** 作證：*give witness* on behalf of sb 為某人作證
II ❶ *vt* ❶ 目擊；目睹：I *witnessed* the accident. 我親眼目睹了這次事故。 ❷ 為…作證；證明：She *witnessed* his guilt. 她作證他有罪。/ Her pale face *witnessed* her fear. 她蒼白的面容表明了她的恐懼。 ❷ *vi* 作證；證明（against,

for）：*witness* for (against) sb in the court 在法庭上作有利（不利）於某人的證詞

wit·ty /ˈwɪtɪ/ *adj*
俏皮的；詼諧的；妙趣橫生的：a *witty* remark 俏皮話

wiz·ard /ˈwɪzəd/ *n*
男巫；術士；神漢；奇才；能手：a computer *wizard* 電腦怪傑

woke /wəʊk/ **wake** 的過去式

woken /ˈwəʊkən/ **wake** 的過去分詞

wolf /wʊlf/
I （複 = wolves）*n* ❶ 狼 ❷ 殘暴成性的人；貪婪的人
◇ **a wolf in sheep's clothing** 披着羊皮的狼，偽善的人，口蜜腹劍者 / **cry wolf** 喊"狼來了"（發假警報）/ **wake a sleeping wolf** 自找麻煩
➪ 插圖見〈專題圖說 11〉
II *vt* 狼吞虎嚥地吃（down）：*wolf* down one's dinner 狼吞虎嚥地吃完飯

wolves /wʊlvz/ **wolf** 的複數

wo·man /ˈwʊmən/ *n*（複 = women）
婦女；女人
▷ *womanish adj* 婦女的；像婦女的

wo·men /ˈwɪmɪn/ **woman** 的複數形式

won /wʌn/ **win** 的過去式與過去分詞

won·der /ˈwʌndə(r)/
I *n* ❶ [C] 奇跡；奇觀：the *wonders* of the world 世界奇觀 / It is a *wonder* that you can finish the whole book in an hour. 你一個小時就把這本書看完，真不可思議。 ❷ [U] 驚異：He stared at me in *wonder*. 他驚異地瞪着我。
◇ **do/work wonders** 創造奇跡：I don't think this pill can *work wonders*.

我認為這種藥片產生不了甚麼奇蹟。/ **for a wonder** 說來奇怪；意想不到 / **no (little, small) wonder that ...** 不足為奇；毫不奇怪

II *vt, vi* **1** 對…感到驚詫：I *wonder* he survived the aircraft crash. 他在空難中竟然能幸存下來，真不可思議。/ I *wonder* at his rashness. 對他這種魯莽我感到很驚異。 **2** 對…不了解；想知道：I *wonder* who that girl is. 我不知道那個姑娘是誰。/ Can she manage? I *wonder*. 她能對付得下來嗎？我懷疑。

□ **wonder-land** *n* 仙境；奇境

won·der·ful /ˈwʌndəfl/ *adj*
1 驚人的；奇妙的；了不起的：It's a *wonderful* novel. 這本小說相當精彩。 **2** 令人高興的：It's *wonderful* you can join us for the weekend. 你能來和我們一起過週末，真是太好了。
◑ **common, mediocre**

wood /wʊd/
I *n* **1** [U] 木材；木柴：chopping *wood* 劈柴禾 **2** [C] 樹林：an oak *wood* 橡樹林
II *vt* 植林於；使長滿樹木：an area *wooded* with birch trees 一片長滿白樺樹的地段
□ **wood-carving** *n* 木刻（物）；木雕（品）/ **woodwind** 木管樂器 / **wood-worm** *n* 木蛀蟲

wood·cut·ter /ˈwʊdkʌtə(r)/ *n*
伐木工；樵夫；木刻家

wood·en /ˈwʊdn/ *adj*
木頭的；木製的

wood·land /ˈwʊdlənd, -lænd/ *n*
林地；林區

wood·man /ˈwʊdmən/ *n*

（複 = woodmen）
1 伐木工 **2** 護林人

wood·peck·er /ˈwʊdˌpekə(r)/ *n*
啄木鳥
⇨ 插圖見〈專題圖說 13〉

wood·y /ˈwʊdɪ/ *adj*
多樹的；樹木茂盛的

wool /wʊl/ *n* [U] 羊毛；毛線

wool·len /ˈwʊlən/ *adj*
羊毛的；毛料的：a *woollen* sweater 毛衣 / *woollen* gloves 毛手套

word /wɜːd/ *n*
1 詞；單詞：a new *word* 生詞 **2** 話；談話：Excuse me, but I must have a *word* with you. 請原諒，但我必須和你說句話。/ Hard *words* break no bones, fine *words* butter no parsnips. [諺] 粗話無害，甘言無益（或空話不如行動）。 **3** [用作單，不加定冠詞] 消息：I had *word* from Paul that Susan had had a car accident. 我聽保羅說蘇珊出車禍了。 **4** [只用作單] 諾言；保證：I'll be true to (as good as) my *word*. 我會信守諾言的。 **5** [只用作單] 命令；指示：The commander gave the *word* to withdraw. 指揮官下令撤退。

◇ **a play on words** 雙關語；俏皮話 / **beyond words** 難以用言詞來表達 / **big words** 大話；吹牛 / **break (eat) one's word** 食言；失信 / **in a word** 簡言之；一句話：In a *word*, he is stupid. 總之，他是個笨蛋。 / **in other words** 換言之；也就是說 / **keep one's word** 守約；守信 / **say a good word for sb** 為某人進言（或說項）/ **take sb at his word** 相信某人說的是真話 / **There is many a true word spoken in jest.** [諺]

笑話之中有真理。/ **upon my word** 説
真的;我保證:*Upon my word*, I've
never trusted him. 説真的,我從來就沒
有信任過他。/ **waste one's words** 白費
口舌 / **word for word** 逐字逐句地:He
translated the essay into English *word
for word*. 他把這篇文章逐字逐句地翻成
英文。

▷ **wordy** *adj* 囉嗦的;冗長的

wore /wɔ:/ wear 的過去式

work /wɜːk/

I *n* **1** [U] **工作;勞動;作業**:hard
work 苦活 / home *work* 家庭作業 / All
work and no play makes Jack a dull boy.
[諺] 只工作不玩耍,聰明孩子也變傻。
2 [U] **事情;事**:I have a lot of *work*
for you to do. 我有很多事要讓你做。/
He always finds much *work* that needs
doing in his garden. 他發現花園裏總有
不少事要做。**3** [C] **作品**:The
Complete *Works* of William Shakespeare
《莎士比亞全集》/ a *work* of art 藝術品
4 [works] **工廠**:steel *works* 鋼廠 **5**
[works] **機械;活動機件**:the *works* of
a clock 鐘的機件

◇ **at work** 在工作;在運轉 / **get to
work** 開始(着手)工作:We've had
enough rest, now let's *get to work*. 我們
已經休息夠了,現在開始幹活吧。/ **out
of work** 失業;無工作:When the
factory closed down, a lot of workers
were *out of work*. 這家工廠倒閉後,許
多工人失了業。/ **set about one's work**
着手工作 / **the work of a moment** 立
刻就能做完的事,易如反掌的事

II **1** *vi* **1** **工作;幹活**:David *worked*
4 hours without a break. 大衛連續工作

了四小時。**2** **運轉;轉動**:The
recorder *works* well. 這台錄音機很好
用。**3** **從事職業;工作**:*work* as a
secretary 當秘書 **4** **起作用;有效**:Do
you think his method will *work*? 你認為
他的方法會起作用嗎?**5** **學習**:You
have to *work* very hard to pass the final
exam. 你得努力學習才能通過最後的考
試。**2** *vt* **1** **使幹活;使工作**:Don't
work us like an ox. 不要把我們當牛使
喚。**2** **使運轉;開動**:This device is
worked by electricity. 這個裝置是電動
的。

◇ **work against time** 抓緊幹活;拼命
幹活 / **work at** 幹⋯工作;從事⋯工作 /
work out **1** **想出;制定出**:*work out*
a plan 制定計劃 **2** **算出**:*work out* the
total cost of the travel 算出這次旅行的
總費用 **3** **解決;確定**:*work out* a
sum 做出一道算術題 **4** **弄懂;理解**:I
can't *work out* the meaning of this
paragraph. 我弄不懂這段話的意思。

◑ labour
◐ rest
⇨ 用法説明見 JOB

work·a·hol·ic /wɜːkə'hɒlɪk/ *n*
工作迷;工作狂

work·book /'wɜːkbʊk/ *n*
教學參考手冊;操作手冊

work·er /'wɜːkə(r)/ *n* 工人;勞動者

work·ing /'wɜːkɪŋ/
I *n* 工作;幹活;勞動
II *adj* 工作(用)的:the *working*
process 工作流程 / a *working* breakfast
(lunch, dinner) 工作早(午、晚)餐

work·man /'wɜːkmən/ *n*
(複 = workmen /'wɜːkmən/)

工人；工匠

work·man·ship /ˈwɜːkmənʃɪp/ n [U]
1 做工；工藝 **2** 手藝；技藝

work·shop /ˈwɜːkʃɒp/ n
1 作坊；車間；工場 **2** （文藝）創作室

work·wear /ˈwɜːkweə(r)/ n
[總稱] 工作服

world /wɜːld/ n
1 世界；地球；全人類：all over the world 全世界 / The world is his who enjoys it. [諺] 世界屬於能欣賞它的人。
2 （指一地區的）世界：the Western World 西方世界 / the New World 新大陸（指美洲）/ the Old World 舊大陸（指歐、亞、非洲）**3** [喻] 世界；領域：the Western World 西方世界 / the military world 軍界 / the world of sport 體育界 **4** 人世：this world 今世 / the next (other) world 來世 **5** 天體；星球：the war of the worlds 星球大戰
◇ **for all the world**（常用於否定）不管怎樣；無論如何（也不）/ **see the**

world 見世面；見多識廣：Though he is only 20, he has *seen* much of *the world*. 他雖然只有 20 歲，可已見過大世面了。▷ **worldly** adj **1** 塵世的；今世的：*worldly* knowledge 人情世故 **2** 世故的

◑ earth
⇨ 用法說明見 LAND

world·wide /ˈwɜːldˌwaɪd/
I adj 世界範圍的；全世界的
II adv 在世界各地

worm /wɜːm/ n
1 蚯蚓；蠕蟲；寄生蟲 **2** 小人物；可憐蟲
◇ **Even a worm will turn.** [諺] 如被逼太甚了，再溫順的人也會反抗。

worn /wɔːn/ **wear** 的過去分詞

wor·ry /ˈwʌrɪ/
I n **1** [U] 憂慮；擔心 **2** [C] 令人擔心或發愁的事；煩惱事：Tom has had enough *worries* about himself. 湯姆自己的煩惱已經夠多了。
II vt, vi **1** （使）發愁；（使）擔心：

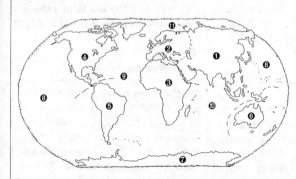

World 世界

❶ Asia 亞洲
❷ Europe 歐洲
❸ Africa 非洲
❹ North America 北美洲
❺ South America 南美洲
❻ Oceania 大洋洲
❼ Antarctica 南極洲
❽ Pacific Ocean 太平洋
❾ Atlantic Ocean 大西洋
❿ Indian Ocean 印度洋
⓫ Arctic Ocean 北冰洋

What's *worrying* you so much? 甚麼事情
讓你如此發愁？/ We still have time, so
don't *worry*. 我們還有時間，別擔心。
2 困擾；使不安寧：Stop *worrying* me
with your questions. 別老纏着我問問
題。/ Don't *worry* about those trifles. 不
要為那些小事不安。

◑ anxiety, concern

worse /wɜːs/
  I *adj* **1** （bad 和 ill 的比較級）更壞
的；更差的；更糟的：The food in this
restaurant is *worse* than that in any
other ones I know. 這家餐館的菜比我知
道的哪家都差。**2** （病）更重的；更糟
的：He is getting *worse* this evening. 他
的病情今晚更重了。
  II *adv* （bad, badly 和 ill 的比較級）更
壞；更糟；（病情）更重
  ◇ **worse and worse** 越來越糟；每況愈
下

wor·ship /'wɜːʃɪp/
  I *n* **1** [U] 崇拜；崇敬：hero *worship*
英雄崇拜 **2** 敬神；拜神：do *worship*
拜神 **II** （worshipped, worshipping）**❶**
vt **1** 崇拜；崇敬：A lot of youngsters
worship even second or third-rate pop
stars. 不少年輕人甚至崇拜二、三流的流
行歌星。**2** 信奉：*worship* God 信奉上
帝 **❷** *vi* 敬神；崇拜上帝

◑ scorn

wor·ship·(p)er /'wɜːʃɪpə(r)/ *n*
崇拜者

worst /wɜːst/
  I *adj* （bad 和 ill 的最高級）**1** 最壞
的；最差的；最惡劣的：the *worst*
flood for a hundred years 百年未遇的大
洪水 **2** （病情）最糟的；最重的：This

is the *worst* cold I've ever had. 我從來沒
有得過這麼重的感冒。
  II *adv* （bad, badly 和 ill 的最高級）最
壞地；最惡劣地：Jane and Susan did
badly, but I did *worst*. 簡和蘇珊幹得不
好，可我幹得最差。
  III *n* 最壞（差）的人（或事）：This is
the *worst* of the weather in winter. 這是
冬天最冷的天氣。
  ◇ **at (the) worst** 就最壞的看；充其量 /
get the worst of it 失敗；打敗 / **If the
worst comes to the worst...** 如果事情
到了壞得不能再壞的時候…

◑ best

worth /wɜːθ/
  I *prep* **1** 值…的；相當於…的價值：
This diamond is *worth* U.S.$40,000. 這
顆鑽石值四萬美元。**2** 值得；有…的價
值：This film is not *worth* seeing at all.
這部電影根本不值一看。
  II *n* [U] 價值；值一定金額的數量：a
book of little *worth* 一本沒甚麼價值的書
/ £.50 *worth* of silk 值 50 英鎊的絲綢
  ◇ **worth it** [口] 很值得：Don't explain
it to her, it's not *worth* it. 不用跟她解
釋，不值得。/ **The worth of a thing is
best known by the want of it.** [諺] 物
以稀為貴。

◑ value

◐ uselessness

用法說明：**Worth** 常用在動詞 to be 和表
示數量的詞後面，如：$ 100 worth of
damage（100 美元價值的損失）、a
week's worth of supplies（能維持一星期的
供應品）。作名詞用時，**worth** 的意義與
value 相同，但較過時並文氣些，如：the

value (Not worth) of life（生命的價值）；**worth** 作為形容詞用時，後面可接動詞的 -ing 形式。如：Is it worth running such a risk?（值得冒這樣的險嗎？）She's not worth getting angry with.（犯不上跟她生氣。）

worth·less /'wɜːθlɪs/ adj

1 無價值的；不值錢的   **2** 微不足道的；無用的：As a novelist he is worthless. 作為一個小説家，他不值一提。

◑ unworthy

worth·while /'wɜːθ'waɪl/ adj

值得的：It's worthwhile to read this book. 這本書還是值得一讀的。

worth·y /'wɜːðɪ/ adj

有價值的；值得的；配得上的：a worthy life 有意義的生活 / He is worthy of our respect. 他值得我們尊重。

◑ unworthy

would /wʊd/ v

1（will 的過去時，表示過去將來）將；會：He said he would leave for London tomorrow. 他説他明天去倫敦。 **2**（表示推測）大概；也許：If she promised to come, she would be here already. 如果她答應要求，那她也許已經在這裏了。 **3**（委婉表示意願）願意：I would like a cold beer. 我想來一杯冰鎮啤酒。 **4**（用於非真實條件句中，表示本來可能）：If you told me earlier I would have come. 如果你早些告訴我，我就會來了。 **5**（表示習慣）老是；總會：He would get up late Sundays. 星期天他總是晚起床。 **6**（表示婉轉的請求）請：Would you please open the door? 可以請您開一下門嗎？

◇ **would rather** 寧願；寧可：I would rather have a picnic. 我倒寧願去野餐。

wound¹ /wuːnd/

I n [C] 傷；傷口；創傷；損害：a bullet wound 槍傷 / dress a wound 包紮傷口 / psychological wounds 心理創傷 **II** vt, vi （使）受傷；傷害：He was wounded in the battle. 他在這次戰鬥中負了傷。/ She felt wounded in her honour. 她感到名譽受到了損害。

◑ harm, hurt, injure

wound² /waʊnd/

動詞 wind 的過去時與過去分詞

wove /wəʊv/ weave 的過去式

woven /'wəʊvən/ weave 的過去分詞

wrap /ræp/ vt

（wrapped, wrapping）

1 包；裹；包紮：a baby wrapped in a blanket 裹在毯子裏的嬰兒 **2** 籠罩；覆蓋：the mountain top wrapped in clouds 雲霧繚繞的山頂 **3** 包上；裹上

◇ **wrap up** **1** 包好；包起來 **2** 掩飾；隱藏

wreath /riːθ/ n

1 花環；花圈 **2** 環狀物：a wreath of smoke 裊裊輕煙

wreck /rek/

I n **1** [U]（船）失事；遇難 **2** [C] 遇難毀壞的船；沉船；（船）殘骸 **3** 毀壞的建築、車輛、健康：a car wreck 毀壞的車 / She is just a wreck of her former self. 她的身體大不如前了。 **II** vt, vi 毀壞；破壞；失事：a ship wrecked by storm on the sea 被海上風暴打沉的船 / The car wrecked on the freeway. 這輛車在高速公路上出事了。

▷ **wreckage** n [U]（船舶等失事後留下

的）殘骸

wres·tle /ˈresl/ *vt, vi*

1 與…摔跤（with）：*wrestle* a match 進行一場摔跤比賽 / *wrestle* with sb 與某人摔跤 **2** 搏鬥；鬥爭；全力對付：*wrestle* with one's conscience 與良心苦鬥 / *wrestle* with sums 努力做算術題

wretch·ed /ˈretʃɪd/ *adj*

1 不幸的；倒霉的；可憐的：The *wretched* woman lost her son not long after her husband's death. 這個不幸的女人在丈夫死後不久又失去了兒子。 **2** 極壞的；惡劣的：*wretched* housing (weather) 惡劣的住房（天氣）條件 / *wretched* health 極差的健康狀況

wrin·kle /ˈrɪŋkl/

I *n* **1** 皺紋：a face covered with *wrinkles* 一張布滿皺紋的臉 **II** *vt, vi*（使）起皺紋：*wrinkle* one's forehead 皺起眉頭 / Her face *wrinkled* with age. 她的臉隨着年齡的增長起了皺紋。

▷ **wrinkled** *adj* 有皺紋的

wrist /rɪst/ *n* 腕；腕關節

□ **wrist-watch** *n* 手錶

write /raɪt/

（wrote, written, writing）

❶ *vt* **1** 寫；書寫：He *wrote* his name on the blackboard. 他在黑板上寫下自己的名字。 **2** 寫信：Why didn't you *write* me? 你為甚麼不給我寫信？ **3** 寫作：*write* poems 寫詩 / *write* a novel 寫一本小說 **4** 填寫：*write* a cheque 開支票 **❷** *vi* **1** 寫；書寫：*write* in ballpen 用圓珠筆寫 **2** 寫信：He *writes* to me every month. 他每個月都給我寫信。 **3** 寫作：I don't *write* for money. 我不是為了錢才寫作的。

◇ **write back** 寫回信 / **write down** 記下；寫下：He *wrote down* my address in his notebook. 他把我的地址記在筆記本中。 / **write off** 取消；注銷；削減：*write off* a debt 注銷一筆債款

writ·er /ˈraɪtə(r)/ *n*

作家；作者；撰稿人

writ·ing /ˈraɪtɪŋ/ *n*

1 [U] 書寫；寫：*Writing* is slower than reading. 寫比讀慢。 **2** 書法；筆跡：Her *writing* is hard to read. 她的筆跡不好辨認。 **3** [writings] 著作；作品：the *writings* of Bernard Shaw 蕭伯納的作品

◇ **in writing** 以書面形式；文字

□ **writing-desk** *n* 寫字台；書桌

wrong /rɒŋ/

I *adj* **1** 壞的；不道德的；不法的：It's *wrong* to steal. 偷竊是不道德的行為。 **2** 錯誤的；不正確的：His decision may be *wrong*. 他的決定也許是錯誤的。 **3** 弄錯的：You've brought the *wrong* man. 你帶來的人不對。 **4** 有毛病的；不正常的：What's *wrong* with the machine? 這台機器出了甚麼毛病？ / There is something *wrong* with my stomach. 我肚子有點不舒服。

II *adv* 錯誤地；不正確地；不適當地：My name was spelt *wrong*. 我的名字給拼錯了。

◇ **go wrong** 走錯路；誤入歧途 / **right or wrong** 不管好壞

III *n* [U] 錯誤；壞事；不公正：I know what is right and what is *wrong*. 我知道甚麼是對甚麼是錯。 / He admitted that he was in the *wrong*. 他承認自己錯了。 / *Wrong* never comes right. [諺] 錯誤永遠不正確。（或：錯的

就是錯的。)

◇ **put sb in the wrong** 冤枉某人；誣陷某人

IV *vt* 不公正地對待；冤枉： to *wrong* sb 冤枉某人

 right

wrong·ly /'rɒŋlɪ/ *adv*
錯誤地；不正確地

wrote /rəʊt/ **write** 的過去式

writ·ten /'rɪtn/ **write** 的過去分詞

X, x

X, x /eks/
1 英語字母表的第二十四個字母 **2** 未知的人或事物： Ms. *X* 某某女士 **3** 羅馬數字 10 ： *xiii* 十三

X-ax·is /'eks æksɪs/ *n* （複 = X-axes）
〈數〉X 軸；橫坐標軸

Xe·rox /'zɪərɒks/
I *n* 〈商標〉全錄影印；靜電複印（件）
II *vt, vi* 複印： a *xeroxed* copy 複印件

X'mas /'krɪsməs, 'eksməs/ *n*
= Christmas

X-rated /'eks reɪtɪd/
[美]（電影等）X 級的；青少年禁看的；色情的

X-ray /'eksreɪ/
I *n* X 射線；X 光；X 光照片
II *vt* 拍光；照光

Y, y

Y, y /waɪ/ 英語字母表的第二十五個字母

yacht /jɒt/ n 快艇；游艇

Yan·kee /'jæŋkɪ/
[美] 美國新格蘭人；北方佬；美國內戰時期聯邦軍隊士兵

yard¹ /jɑːd/ n
（長度單位）碼（= 3 英尺或 0.9144 米）

yard² /jɑːd/ n 院子；庭院
❶ **court, courtyard**

yarn /jɑːn/
I n ❶ [U] 紗；紗線；纖維線 ❷ [口] 故事；趣事軟聞：spin a yarn 講故事
II vi 講故事：yarn about one's past 講述自己的過去

yawn /jɔːn/ vi 打呵欠；伸懶腰

Y-ax·is /'waɪ æksɪs/ n （複 = Y-axes）〈數〉Y 軸；縱坐標軸

year /jɜː(r)/ n
❶ 年：in the year 1970 在 1970 年 / next year 明年 ❷ 年歲：a 12-year old boy 一個十二歲的男孩 ❸ 一年（時間）：five years 五年 ❹ 年級：a first-year student 一年級學生
◇ **all (the) year round** 一年到頭 / **year after year** 年復一年；年年 / **year in year out** 一年又一年

year·ly /'jɜːlɪ/
I adj 一年的；每年的
II adv 一年一次地；每年

yearn /jɜːn/ vi
渴望；向往；思慕（for, after）：yearn for the hometown 思念故鄉 / yearn to visit the Three Gorges 渴望游覽三峽

yearn·ing /'jɜːnɪŋ/ n
懷念；嚮往；渴望：yearning for freedom 渴望自由

yeast /jiːst/ n [C] 酵母；酒母

yell /jel/ vi
❶ 叫喊；叫嚷 ❷ 叫喊着說：We yelled thanks to her. 我們向她高喊謝謝。

yel·low /'jeləʊ/
I n 黃；黃色；黃種人
II adj ❶ 黃（色）的 ❷ [口] 膽小的
□ **yellow card** 〈體〉（表示警告的）黃牌 / **yellow pages**（電話號碼簿中專載公司、廠商等號碼的）黃頁部分

yes /jes/
I adv ❶ （與 no 相對）是；是的；好：A: Have you seen my keys? B: Yes, here they are. 甲：你見到我的鑰匙了嗎？乙：見到了，在這裏。❷ （表示疑問、徵詢、好奇等，問句用升調）是嗎；真的嗎：A: I know why you don't want to invite her. B: Yes? 甲：我知道你為甚麼不邀請她。乙：是嗎？
II n 是；同意：My answer is yes. 我的回答是"行"。/ I nodded yes. 我點頭同意。
❶ **no**

yes·ter·day /'jestədeɪ/
I n 昨天 II adv 在昨天

yet /jet/
I adv ❶ （常用於否定或疑問）到目前為止；尚；還：A: Do you have any

questions? B: Not *yet*. 甲：你有問題嗎？乙：目前還沒有。**2**（常用於疑問句）已經：Have you finished your work *yet*? 你已經幹完活兒了嗎？**3** 還；仍然：I think we can get there in time—there is time *yet*. 我想我們還來得及趕到那裏，還有時間。**4** 再；還：Read the text *yet* another time, please. 請再讀一遍課文（此時已讀兩遍）。

II *conj* 但是；然而：He took the test, *yet* failed. 他參加了測驗，但沒有通過。

◇ **as yet** 迄今 / **not yet** 還沒有

yield /jiːld/

I ❶ *vt* **1** 生產出；長出：The orchard *yielded* a lot of apples this year. 這個果園今年結了許多蘋果。**2** 產生；給予：The negotiation *yielded* no result. 這次談判沒有產生任何結果。**3** 交出；放棄：The robber yielded his pistol to the police. 劫匪向警方交出手槍。**❷** *vi* **1** 出產：This mine *yields* well. 這個礦產量很高。**2** 屈服；讓步；順從（to）：She *yielded* to my persuasion. 她聽從了我的勸告。

II *n* [C, U] 產量；收成：wheat *yields* 小麥產量

yolk /yəʊk/ *n* [C, U] 蛋黃

you /juː/ *pron*

1 你；您；你們 **2**（泛指，相當於 one）你；任何人：*You* enter the park through that gate. 從那個門進公園。**3**（置於名詞前，作稱呼用）你這個（你們這些）：*You* bloody fool! 你這個大傻瓜！/ *You* girls! 你們這些姑娘們！

young /jʌŋ/ *adj*

年輕的；幼小的：a *young* man 年輕人 / a *young* bird 小鳥

◑ old

young·ster /ˈjʌŋstə(r)/ *n*

小孩；兒童；小夥子；年輕人

your /jɔː(r)/ *pron*

1 你的；你們的 **2**（泛指）任何人的

yours /jɔːz/ *pron*

1 你的（東西）；你們的（東西）：That book is *yours*. 那本書是你的。**2**（常作 Yours 信末署名前的套語）你的：*Yours* sincerely (faithfully, ever, etc) 你的真誠的（忠誠的，永遠是你的，等等）

your·self /jɔːˈself/ *pron*

（反身代詞，複 = yourselves）

1 你自己：Did you hurt *yourself* when you fell over? 你摔倒時傷着了沒有？**2** 你本人；你親自：You tell him *yourself*. 你自己去告訴他。

◇ **by yourself** 獨自地；單獨地：You live *by yourself*, don't you? 你獨自生活，對嗎？/ **for yourself** 你自己；你親自：You'd better come and see it *for yourself*. 你最好親自來看一看。

youth /juːθ/ *n*（複 = youths）

1 [U] 青春；青年時期 **2** [youths] 年輕人；小夥子；青年（男女）

youth·cult /ˈjuːθkʌlt/ *n*

（youth 與 culture 的縮合詞）青年文化

youth·ful /ˈjuːθfl/ *adj*

年輕的；青年的；青春的；具有青年人特徵的；朝氣蓬勃的

Z, z

Z, z /zed; ziː/
英語字母表的第二十六個字母

zeal /ziːl/ *n* [U]
熱情；熱忱：work with great *zeal* 熱情
工作 / *Zeal* without prudence is frenzy.
[諺] 不審慎的熱情只是狂亂。

zeal·ous /ˈzeləs/ *adj* 熱情的；熱心的
▷ **zealously** *adv* 熱情地

ze·bra /ˈziːbrə/ *n* 斑馬
□ **zebra crossing** 斑馬線；人行橫道
↪ 插圖見〈專題圖說 11〉

ze·ro /ˈzɪərəʊ/ *n*（複 = zeros）
1 零；0 **2**（刻度的）零度；零點

zig·zag /ˈzɪgzæg/
I *adj* 之字形的；彎曲的 **II** *adv* 之字形
地；彎曲地 **III** *vi*（zigzagged; zig-
zagging）呈之字形地移動；曲折而行：
A snake *zigzagged* along the path. 一條
蛇在小道上曲折而行。**IV** *n* [C] 之字形
線條（或道等）

zinc /zɪŋk/ *n* [U] 鋅

zip /zɪp/
I *n* [英] 拉鏈
II（zipped, zipping）**1** *vi* 發尖嘯聲行
進：The bullet *zipped* past. 子彈呼嘯而
過。**2** *vt*（拉鏈）拉上或拉開：*zip* up
one's coat 拉好上衣的拉鏈 / She *zipped*
her bag open. 她拉開包的拉鏈。
□ **zip code** [美] 郵政編碼（= post
code)

zone /zəʊn/ *n*
地帶；地區；範圍：a danger *zone* 危險
地帶 / military *zone* 軍事區 / parking
zone 停車區

zoo /zuː/ *n* 動物園

zo·o·log·i·cal /ˌzəʊəˈlɒdʒɪkl/ *adj*
動物的；動物學的

zo·ol·o·gy /zəʊˈɒlədʒɪ/ *n* [U] 動物學
▷ **zoologist** *n* 動物學家

附 錄

P. 817-853

1. 標點符號用法

apostrophe 撇號（'）：

1. 撇號（'）與 s 連用表示所有格。與單數名詞連用時撇號加在 s 前（例：father's day）；與複數名詞連用時，撇號加在該名詞詞尾（例：ladies' night）。複數名詞詞尾不是 s 時也用 's（例：children's toys）。除了少數慣例外，專有名詞以 s 結尾時，一般也加上 's（例：Frances's，the Lewis's）。

2. 撇號還用於縮約式表示省略了字母或數字（例：I'm, He didn't, the year of '99）。

brackets 括號（ ）：

括號（ ）用作分隔某些句子的部分。條件是省略括號的內容後，句子意思仍然完整，且標點用法亦不受括號部分影響，例：The girl in the room (singing loudly) is my classmate. 如果想在引文中加插己見或作修正補充，加插的部分則要用方括號。例：He [the Director] nearly lost his temper。

capital letters 大寫：

句子或引語的第一個字母要大寫；專有名詞、人物及機構的名稱、頭銜也要大寫，如 Christmas、Mr Chan、Dr Wong、Red Cross。假如名稱或頭銜含有 the 作為首字，這個 the 要大寫。

colon and semicolon 冒號（ : ）及分號（ ; ）：

二者用作表示比用逗號大，但比用句號小的分隔。

冒號用作驟然分隔兩個有關的陳述句，也用於引出一串詞語、引文或摘要。例：The contents included: a ball pen, a memo pad, and a digital organizer。如果接着的內容另起新行，冒號之後可加破折號。

分號可代替連詞連接兩句或句子的兩部分，例：I know she has the key ; I saw it.

comma 逗號（ , ）：

1. 逗號用作把句子斷開，或形成句子中的稍微停頓，例：East or west, home is best. ;

2. 逗號用作把一串名詞、形容詞或短語分成個別單元，例：She has bought two skirts, three handbags, and four scarves。在這串詞語中出現的最後一個逗號（即在 and 或 or 前的逗號）可以省略。在一串形容詞中的最後一個形容詞及後隨名詞之間，一般不加逗號，例：She is a humble, clever, young lady. 。

3. 正如破折號（dash）及括號（bracket）一樣，逗號也用作把一個詞或短語與主句分開，而該主句在語法上仍是獨立完整的。逗號表示稍微分隔；破折號表示的分隔有斷續意味；括號則表示明確的分隔。例如：

Looking up, I saw him enter.

This year — which has been dry — is bad for crops.

He hates to be left alone (especially at night) and therefore he begged his mother not to go to the cinema.

4. 當兩個短語由一個連詞連接起來，並表達對比時，常使用逗號，例：Hurry up, or you will be late.

5. 稱呼某人時，在名字或稱謂前後都加上逗號，例：Good morning, Mrs Li, how do you do?

exclamation mark 嘆號（**!**）：

嘆號用於表示驚訝、欣喜、憤怒等強烈感情，置於句子末尾。

full stop (period) 句號（**.**）：

1. 句號一般用於非問句或感嘆句的句子末尾。

2. 句號也用於縮略語及代表整個詞的首字母之後（如：abbr. 、e.g. 、N.Y.）。但由一個詞的首字母及其末字母構成的縮略語，通常都把句號省去（如：Mrs 、St 、R d）。一些常用的縮寫名稱，如：

NATO 、 AIDS 、 PRC 、 UFO ，也不用句號。

hyphen 連（字）號（**-**）：

複合詞如 blow-up 或 golden rule ，或附有前綴的詞，如 unpaid ，可用或可不用連（字）號。一般來説，新構成的複合詞帶有連(字)號；變舊或熟悉後，連(字)號可省去；而當複合形容詞放在一個名詞前，該複合形容詞應帶有連(字)號，以強調該詞的各組成部分不能獨立使用，如 a three-legged table 。

inverted commas (quotation marks) 雙／單引號（**" "**／**' '**）：

1. 雙引號用於直接引語，不用於間接引語。如果在主句中加插引語，通常該引語前後都帶逗號。

2. 單引號用於直接引語或一句話語內的稱謂／引語。例："Mother often says 'Do the right thing at the right time' ", Lisa said, "and I think it's quite right."

question mark 問號（**?**）：

問號只用於直接問句末尾，不用於間接問句末尾。

2. 不規則動詞表

Infinitive 不定式	Past tense 過去式	Past participle 過去分詞
abide	abided, abode	abided, abode
arise	arose	arisen
awake	awoke	awoken
be	was, were	been
bear	bore	borne
beat	beat	beaten
become	became	become
befall	befell	befallen
beget	begot	begotten
begin	began	begun
behold	beheld	beheld
bend	bent	bent
beseech	besought, beseeched	besought, beseeched
bet	bet	bet
bid	bade, bid	bidden, bid
bind	bound	bound
bite	bit	bitten
bleed	bled	bled
bless	blessed	blessed,blest
blow	blew	blown
break	broke	broken
breed	bred	bred
bring	brought	brought
broadcast	broadcast	broadcast
build	built	built
burn	burnt, burned	burnt, burned

burst	burst	burst
bust	bust, busted	bust, busted
buy	bought	bought
cast	cast	cast
catch	caught	caught
chide	chided, chid	chided, chid, chidden
choose	chose	chosen
cleave	cleaved, clove, cleft	cleaved, cloven, cleft
cling	clung	clung
come	came	come
cost	cost	cost
creep	crept	crept
crow	crowed, crew	crowed
cut	cut	cut
deal	dealt	dealt
dig	dug	dug
dive	dived, dove	dived
do	did	done
draw	drew	drawn
dream	dreamt, dreamed	dreamt, dreamed
drink	drank	drunk
drive	drove	driven
dwell	dwelt	dwelt
eat	ate	eaten
fall	fell	fallen
feed	fed	fed
feel	felt	felt
fight	fought	fought
find	found	found
flee	fled	fled
fly	flew	flown
forbear	forbore	forborne
forbid	forbade, forbad	forbidden
forecast	forecast, forecasted	forecast, forecasted
foresee	foresaw	foreseen

foretell	foretold	foretold
forget	forgot	forgotten
forgive	forgave	forgiven
forsake	forsook	forsaken
forswear	forswore	forsworn
freeze	froze	frozen
get	got	got
gild	gilded, gilt	gilded, gilt
gird	girded, girt	girded, girt
give	gave	given
go	went	gone
grind	ground	ground
grow	grew	grown
hang	hung, hanged	hung, hanged
have	had	had
hear	heard	heard
heave	heaved, hove	heaved, hove
hew	hewed	hewed, hewn
hide	hid	hidden
hit	hit	hit
hold	held	held
hurt	hurt	hurt
inlay	inlaid	inlaid
input	input, inputted	input, inputted
keep	kept	kept
ken	kenned, kent	kenned
kneel	knelt	knelt
knit	knitted, knit	knitted,knit
know	knew	known
lay	laid	laid
lead	led	led
lean	leant, leaned	leant, leaned
learn	learnt, learned	learnt, learned
leave	left	left
lend	lent	lent

let	let	let
lie	lay	lain
light	lighted, lit	lighted, lit
lose	lost	lost
make	made	made
mean	meant	meant
meet	met	met
mislead	misled	misled
misspell	misspelt, misspelled	misspelt, misspelled
misspend	misspent	misspent
mistake	mistook	mistaken
misunderstand	misunderstood	misunderstood
mow	mowed	mown, mowed
outbid	outbid	outbid
outdo	outdid	outdone
outgrow	outgrew	outgrown
output	output, outputted	output, outputted
outrun	outran	outrun
outshine	outshone	outshone
overbid	overbid	overbid
overcome	overcame	overcome
overdo	overdid	overdone
overdraw	overdrew	overdrawn
overhear	overheard	overheard
overrun	overran	overrun
oversee	oversaw	overseen
oversleep	overslept	overslept
overtake	overtook	overtaken
overthrow	overthrew	overthrown
pay	paid	paid
plead	pleaded, pled	pleaded, pled
prove	proved	proved, proven
put	put	put
quit	quit, quitted	quit, quitted
read	read	read

rebuild	rebuilt	rebuilt
redo	redid	redone
relay	relaid	relaid
remake	remade	remade
rend	rent	rent
repay	repaid	repaid
rerun	reran	rerun
reset	reset	reset
retell	retold	retold
rewrite	rewrote	rewritten
rid	rid	rid
ride	rode	ridden
ring	rang	rung
rise	rose	risen
run	ran	run
saw	sawed	sawn, sawed
say	said	said
see	saw	seen
seek	sought	sought
sell	sold	sold
send	sent	sent
set	set	set
sew	sewed	sewn, sewed
shake	shook	shaken
shave	shaved	shaved, shaven
shed	shed	shed
shine	shone	shone
shoe	shod	shod
shoot	shot	shot
show	showed	shown, showed
shrink	shrank, shrunk	shrunk
shut	shut	shut
sing	sang	sung
sink	sank	sunk
sit	sat	sat

slay	slew	slain
sleep	slept	slept
slide	slid	slid
sling	slung	slung
slink	slunk	slunk
slit	slit	slit
smell	smelt, smelled	smelt, smelled
smite	smote	smitten
sow	sowed	sown, sowed
speak	spoke	spoken
speed	sped, speeded	sped, speeded
spell	spelt, spelled	spelt, spelled
spend	spent	spent
spill	spilt, spilled	spilt, spilled
spin	spun, span	spun
spit	spat, spit	spat, spit
split	split	split
spoil	spoilt, spoiled	spoilt, spoiled
spread	spread	spread
spring	sprang	sprung
stand	stood	stood
stave	staved, stove	staved, stove
steal	stole	stolen
stick	stuck	stuck
sting	stung	stung
stink	stank, stunk	stunk
strew	strewed	strewed, strewn
stride	strode	stridden
strike	struck	struck
string	strung	strung
strive	strove	striven
swear	swore	sworn
sweep	swept	swept
swell	swelled	swollen, swelled
swim	swam	swum

swing	swung	swung
take	took	taken
teach	taught	taught
tear	tore	torn
tell	told	told
think	thought	thought
thrive	thrived, throve	thrived, thriven
throw	threw	thrown
thrust	thrust	thrust
tread	trod	trodden, trod
underbid	underbid	underbid
undergo	underwent	undergone
understand	understood	understood
undertake	undertook	undertaken
undo	undid	undone
uphold	upheld	upheld
upset	upset	upset
wake	woke	woken
wear	wore	worn
weave	wove, weaved	woven, weaved
wed	wedded, wed	wedded, wed
weep	wept	wept
wet	wet, wetted	wet, wetted
win	won	won
wind	wound	wound
withdraw	withdrew	withdrawn
withhold	withheld	withheld
withstand	withstood	withstood
work	worked, wrought	worked, wrought
wring	wrung	wrung
write	wrote	written

3. 度量衡表

公制

（括號內為計量單位的代號）

一、長度

微米 micron (μ)	= 1/1000000 米
忽米 centimillimetre (cmm)	= 1/100000 米
絲米 decimillimetre (dmm)	= 1/10000 米
毫米 millimetre (mm)	= 1/1000 米
厘米 centimetre (cm)	= 1/100 米
分米 decimetre (dm)	= 1/10 米
米 metre (m)	
十米 decametre (dam)	= 米的十倍
百米 hectometre (hm)	= 米的百倍
公里（千米）kilometre (km)	= 米的千倍

1 米　= 3 市尺　= 39.37 英寸（或 3.28 英尺）
10 米　= 3 市丈
1 公里　= 2 市里

二、重量（質量單位名稱同）

毫克 milligramme (mg)	= 1/1000000 公斤
厘克 centigramme (cg)	= 1/100000 公斤
分克 decigramme (dg)	= 1/10000 公斤
克 gramme (g)	= 1/1000 公斤
十克 decagramme (dag)	= 1/100 公斤
百克（千克）hectogramme (hg)	= 1/10 公斤
公斤 kilogramme (kg)	

公擔 quintal (q)　　　　　　　　　= 公斤的百倍
公噸 metric ton (M.T.); tonne (t)　　= 公斤的千倍
　　1 克　= 2 市分 = 15.432 格令（grains）
　　100 克 = 2 市兩
　　1 公斤 = 2 市斤 = 2.2046 磅（pounds）
　　1 公擔 = 2 市擔

三、容量

毫升 millilitre (ml)　　　　　　= 1/1000 升
厘升 centilitre (cl)　　　　　　= 1/100　升
分升 decilitre (dl)　　　　　　 = 1/10　　升
升 litre (l)
十升 decalitre (dal)　　　　　　= 升的十倍
百升 hectolitre (hl)　　　　　　= 升的百倍
千升 kilolitre (kl)　　　　　　　= 升的千倍
　　1 升　= 0.9081 乾量夸脱 (dry quart)
　　　　　= 1.0567 液量夸脱 (liquid quarts)
　　100 升 = 2.838 蒲式耳(bushels)
　　　　　= 26.418 加侖(gallons)

四、面積

平方毫米 square millimetre (mm²)　　= 1/100 平方厘米
平方厘米 square centimetre (cm²)　　= 1/100 平方分米
平方分米 square decimetre (dm²)　　= 1/100 平方米
　平方米 square metre (m²)
百平方米 square decametre (dam²)　　= 平方米的百倍
萬平方米 square hectometre (hm²)　　= 1/100 平方公里
平方公里 square kilometre (km²)
　　　1 平方公里 = 0.3861 平方英里

五、地積

1 平方米 square metre (m²)	= 1 公厘 centiare
公厘 centiare (ca)	= 1/100 公畝
公畝 are (a)	
公頃 hectare (ha)	= 100 公畝

　　　　1 平方米 = 1550 平方英寸
　　　　1 公畝　 = 119.6 平方碼
　　　　1 公頃　 = 15 市畝　 = 2.471 英畝

六、體積

立方毫米 cubic millimetre (mm³)	= 1/1000 立方厘米
立方厘米 cubic centimetre (cm³)	= 1/1000 立方分米
立方分米 cubic decimetre (dm³)	= 1/1000 立方米
立方米 cubic metre (m³)	

　　　　1 立方米 = 1.308 立方碼

英美制

一、常衡

16 打蘭 drams (dr.)	= 1 盎司 ounce (oz.)
16 盎司 ounces or 7000 格令 grains	= 1 磅 pound (lb.)
14 磅 pounds	= 1 英石 stone (st.)
112 磅 pounds（英制）	= 1 英擔 hundredweight (cwt.)
100 磅 pounds（美制）	= 1 短擔 short hundredweight
2000 磅 pounds	= 1 噸 ton or 短噸 short ton (s.t.)
2240 磅 pounds	= 1 長噸 long ton (l.t.)

　　　　1 盎司 = 28.3495 克
　　　　1 磅　 = 0.4536 公斤
　　　　1 短噸 = 907.18 公斤
　　　　1 長噸 = 1016.05 公斤

二、長度

12 英寸 inches (in. ; 符號 ")	= 1 英尺 foot (ft. ; 符號 ')
3 英尺 feet	= 1 碼 yard (yd.)
5 碼 yards or 16 英尺 feet	= 1 杆 rod (rd.) or pole (p.) or perch (p.)
40 杆 rods	= 1 浪 furlong (fur.)
8 浪 furlongs or 1760 碼 yards or 5280 英尺 feet	= 1 英里 mile (m. or mi.)
3 英里 miles	= 1 里格 (land) league

1 英寸 = 2.54 厘米
1 英尺 = 0.3048 米
1 碼 = 0.9144 米
1 英里 = 1.6093 公里

三、面積

144 平方英寸 square inches (sq. in.)	= 1 平方英尺 square foot (sq. ft.)
9 平方英尺 square feet	= 1 平方碼 square yard (sq. yd.)
平方碼 square yards	= 1 平方杆 square rod (sq. rd.) or square pole or square perch (sq. p.)
160 平方杆 square rods or 4840 平方碼 square yards or 43560 平方英尺 square feet	= 1 英畝 acre (A.)

1 平方英寸 = 6.452 平方厘米
1 平方英尺 = 929 平方厘米
1 平方碼 = 0.8361 平方米
1 英畝 = 40.4687 公畝 = 0.4047 公頃

四、地積

625 平方令 square links (sq. li.)	= 1 平方杆 square pole (sq. p.)
16 平方杆 square poles	= 1 平方測鏈 square chain (sq. ch.)
10 平方測鏈 square chains	= 1 英畝 acre (A.)
640 英畝 acres	= 1 平方英里 square mile (sq. mi.) or
	1 段 section (sec.)
36 平方英里 square miles	= 1 區 township (tp.)

1 平方英里 = 259 公頃　= 2.59 平方公里
1 區　　　 = 9324 公頃 = 93.24 平方公里

五、體積

1728 立方英寸 cubic inches (cu. in.)	= 1 立方英尺 cubic foot (cu. ft.)
27 立方英尺 cubic feet	= 1 立方碼 cubic yard (cu. yd.)

1 立方英寸 = 16.387 立方厘米
1 立方英尺 = 0.0283 立方米
1 立方碼　 = 0.7646 立方米

六、圓周

60 秒 seconds (")	= 1 分 minute (')
60 分 minutes	= 1 度 degree (°)
90 度 degrees	= 1 象限 quadrant
4 象限 quadrants or	
360 度 degrees	= 1 圓周 circle

七、海程

6 英尺 feet	= 1 英尋 fathom (f. or fm.)
100 英尋 fathoms	= 1 鏈 cable
10 鏈 cables	= 1 海里 nautical mile

（英制 1 海里為 6080 英尺，1 鏈為 608 英尺；美制 1 海里為 6080.2 英尺，1 鏈為 720 英尺或 120 英尋）

3 海里 nautical miles	= 1 海里格 sea league

60 海里 nautical miles = 1 度 degree

    1 英尋 = 1.829 米

    1 海里 = 1853.2 米（英制）；1853.248 米（美制）

八、乾量

2 品脱 pints (pt.)	= 1 夸脱 quart (qt.)
4 夸脱 quarts	= 1 加侖 gallon (gal.)
2 加侖 gallons	= 1 配克 peck (pk.)
4 配克 pecks	= 1 蒲式耳 bushel (bu.)

  〔英制 1 乾量夸脱等於乾美制 1.0320 乾量夸脱；

    1 加侖 =（英制）277.274 立方英寸，

        （美制）268.803 立方英寸〕

九、液量

4 及耳 gills (gi.)	= 1 品脱 pint (pt.)
2 品脱 pints	= 1 夸脱 quart (qt.)
4 夸脱 quarts	= 1 加侖 gallon (gal.)

  〔英制 1 液量夸脱等於美制 1.2003 液量夸脱；

    1 加侖 =（英制）277.274 立方英寸，

        （美制）231 立方英寸〕

4. 常見地名表

Afghanistan /æfˈɡænɪstɑːn/ 阿富汗
Africa /ˈæfrɪkə/ 非洲
Albania /ælˈbeɪnɪə/ 阿爾巴尼亞
Algeria /ælˈdʒɪərɪə/ 阿爾及利亞
America /əˈmərɪkə/ 美洲；美國→
　(the) United States (of America)
Andorra /ænˈdɔːrə/ 安道爾
Angola /æŋˈɡəʊlə/ 安哥拉
Anguilla /æŋˈɡwɪlə/ 安圭拉島
(the) Antarctic /ænˈtɑːktɪk/ 南極地區
Antigua / ænˈtiːɡə/ 安提瓜島
(the) Arctic / ˈɑːktɪk/ 北極地區
Argentina /ˌɑːdʒənˈtiːnə/, the Argentine
　/ˈɑːdʒəntaɪn/ 阿根廷
Armenia /ɑːˈtmiːnɪə/ 亞美尼亞
Asia /ˈeɪʃə/ 亞洲
Australasia /ˌɒstrəˈleɪʃə/ 澳大拉西亞
Australia /ɒˈstreɪlɪə/ 澳大利亞
Austria /ˈɒstrɪə/ 奧地利
Azerbaijan / ˌæzəbaɪˈdʒɑːn/ 阿塞拜彊
(the) Bahamas /bəˈhɑːməz/ 巴哈馬
Bahrain, Bahrein /bɑːˈreɪn/ 巴林
(the) Baltic /ˈbɔːltɪk/ 波羅的海地區
Bangladesh /ˌbæŋɡləˈdeʃ/ 孟加拉國
Barbados /bɑːˈbeɪdɒs/ 巴巴多斯
Belarus /bɪˌeləˈruːs/ 白俄羅斯
Belgium /ˈbeldʒəm/ 比利時
Belize /beˈliːz/ 伯利茲
Benin /beˈniːn/ 貝寧

Bermuda /bəˈmjuːdə/ 百慕大
Bhutan /buːˈtɑːn/ 不丹
Bolivia /bəˈlɪvɪə/ 玻利維亞
Bosnia - Herzegovina /ˌbɒznɪə ˌhɜːtsəɡəˈviːnə/
　波斯尼亞 - 黑塞哥維那
Botswana /bɒtˈswɑːnə/ 博茨瓦納
Brazil /brəˈzɪl/ 巴西
Britain /ˈbrɪtn/ 英國→ Great Britain
Brunei /ˈbruːnaɪ/ 文萊
Bulgaria /bʌlˈɡeərɪə/ 保加利亞
Burkina Faso /bɜːˌkiːnə ˈfæsəʊ/ 布基納法索
Burma /ˈbɜːmə/ 緬甸→ Myan.mar
Burundi /bʊˈrʊndɪ/ 布隆迪
Cambodia /kæmˈbəʊdɪə/（舊稱
　Kampuchea）柬埔寨
Cameroon /ˌkæməˈruːn/ 喀麥隆
Canada /ˈkænədə/ 加拿大
(the) Caribbean /ˌkærɪˈbiːən/ 加勒比
Central African Republic /ˌsentrəl ˌæfrɪkən
　rɪˈpʌblɪk/ 中非共和國
Ceylon /sɪˈlɒn/ 錫蘭→ Sri Lanka
Chad /tʃæd/ 乍得
Chile /ˈtʃɪlɪ/ 智利
China /ˈtʃaɪnə/ 中國
Colombia /kəˈlɒmbɪə/ 哥倫比亞
Commonwealth of the Independent States
　/ˈkɒmənwelθ əv ðɪ ˌɪndɪˈpendənt steɪts/
　獨立國家聯合體（獨聯體）
Congo /ˈkɒŋɡəʊ/ 剛果

Costa Rica /ˌkɒstə 'riːkə/ 哥斯達黎加

Croatia / krəʊ'eɪʃə/ 克羅地亞

Cuba /'kjuːbə/ 古巴

Cyprus /'saɪprəs/ 塞浦路斯

(the) Czech /tʃek/ 捷克

Denmark /'denmɑːk/ 丹麥

Dominica /də'mɪnɪkə, ˌdɒmɪ'niːkə/ 多米尼加

(the) Dominican Republic /dəˌmɪnɪkən rɪ'pʌblɪk/ 多米尼加共和國

Ecuador /'ekwədɔː(r)/ 厄瓜多爾

Egypt /'iːdʒɪpt/ 埃及

El Salvador /el 'sælvədɔː(r)/ 薩爾瓦多

England /'ɪŋɡlənd/ 英格蘭

Equatorial Guinea /ˌekwəˌtɔːrɪəl 'ɡɪnɪ/ 赤道幾內亞

Estonia /e'təʊnɪə/ 愛沙尼亞

Ethiopia /ˌiːθɪ'əʊpɪə/ 埃塞俄比亞

Europe /'jʊərəp/ 歐洲

Fiji /ˌfiː'dʒiː/ 斐濟

Finland /'fɪnlənd/ 芬蘭

France /frɑːns/ 法國

Gabon /gæ'bɒn/ 加蓬

Gambia /'gæmbɪə/ 岡比亞

Georgia /'dʒɔːdʒə/ 格魯吉亞

Germany /'dʒɜːmənɪ/ 德國

Ghana /'gɑːnə/ 加納

Gibraltar /dʒɪ'brɔːltə(r)/ 直布羅陀

Great Britain /ˌgreɪt 'brɪtn/ also 亦稱 (the) United Kingdom (of Great Britain and Northern Ireland) 英國；大不列顛及北愛爾蘭聯合王國

Greece /griːs/ 希臘

Grenada /grɪ'neɪdə/ 格林納達

Guatemala /ˌgwɑːtə'mɑːlə/ 危地馬拉

Guiana /gɪ'ɑːnə, gɪ'ænə/ 圭亞那地區

Guinea /'gɪnɪ/ 幾內亞

Guyana /gaɪ'ænə/ 圭亞那

Haiti /'heɪtɪ/ 海地

Holland /'hɒlənd/（亦稱 the Netherlands /'neðələndz/）荷蘭

Honduras /hɒn'djʊərəs/ 洪都拉斯

Hong Kong (SAR) /ˌhɒŋ 'kɒŋ es eɪ 'ɑː(r)/ 香港（特別行政區）

Hungary /'hʌŋgərɪ/ 匈牙利

Iceland /'aɪslənd/ 冰島

India /'ɪndɪə/ 印度

Indonesia /ˌɪndə'niːzɪə/ 印度尼西亞

Iran /ɪ'rɑːn/（舊稱 Persia）伊朗

Iraq /ɪ'rɑːk/ 伊拉克

(the) Irish Republic /ˌaɪrɪʃ rɪ'pʌblɪk/ 愛爾蘭（共和國）

Israel /'ɪzreɪl/ 以色列

Italy /'ɪtəlɪ/ 意大利

Ivory Coast /ˌaɪvərɪ 'kəʊst/ 象牙海岸

Jamaica /dʒə'meɪkə/ 牙買加

Japan /dʒə'pæn/ 日本

Java /'dʒɑːvə/ 爪哇

Jordan /'dʒɔːdn/ 約旦

Kampuchea /ˌkæmpʊ'tʃɪə/ → Cambodia

Kazakhstan /ˌkæzæk'stɑːn/ 哈薩克斯坦

Kenya /'kenjə/ 肯尼亞

Kirgyzstan /ˌkɪəgɪz'stɑːn/ 吉爾吉斯斯坦

Korea /kə'rɪə/ 朝鮮；韓國：North Korea 北朝鮮；South Korea 南韓

Kuwait /kʊ'weɪt/ 科威特

Laos /'lɑːɒs/ 老撾

Lativa /'lætvɪə/ 拉脫維亞

Lebanon /'lebənən/ 黎巴嫩

Lesotho /lə'suːtuː/ 萊索托

Liberia /laɪ'bɪərɪə/ 利比里亞

Libya /'lɪbɪə/ 利比亞

Liechtenstein /'lɪktənstaɪn/ 列支敦士登

Lithuania /ˌlɪθjʊ'eɪnɪə/ 立陶宛

Luxemburg /'lʌksəmbɜ:g/ 盧森堡

Macao (SAR) /mə'kaʊ es eɪ 'ɑ:(r)/ 澳門（特別行政區）

Macedonia /ˌmæsɪ'dəʊnɪə/ 馬其頓

Madagascar /ˌmædə'gæskə(r)/ 馬達加斯加

Malawi /mə'lɑ:wɪ/ 馬拉維

Malaysia /mə'leɪzɪə/ 馬來西亞

Mali /'mɑ:lɪ/ 馬里

Malta /'mɔ:ltə/ 馬爾他

Mauritania /ˌmɒrɪ'teɪnɪə/ 毛里塔尼亞

Mauritius /mə'rɪʃəs/ 毛里求斯

Mediterranean /ˌmedɪtə'reɪnɪən/ 地中海地區

Melanesia /ˌmelə'ni:zɪə/ 美拉尼西亞

Mexico /'meksɪkəʊ/ 墨西哥

Micronesia /ˌmaɪkrəʊ'ni:zɪə/ 密克羅尼西亞

Moldora / mɑl'dəʊvə/ 摩爾多瓦

Monaco /'mɒnəkəʊ/ 摩納哥

Mongolia /mɒŋ'gəʊlɪə/ 蒙古

Montserrat /ˌmɒntsə'ræt/ 蒙塞拉特

Morocco /mə'rɒkəʊ/ 摩洛哥

Mozambique /ˌməʊzæm'bi:k/ 莫桑比克

Namibia /nə'mɪbɪə/ 納米比亞

Nauru /'naʊru:/ 瑙魯

Nepal /nɪ'pɔ:l/ 尼泊爾

(the) Netherlands → Holland

New Zealand /ˌnju: 'zi:lənd/ 新西蘭

Nicaragua /ˌnɪkə'rægjʊə/ 尼加拉瓜

Niger /ni:'ʒeə(r)/ 尼日爾

Nigeria /naɪ'dʒɪərɪə/ 尼日利亞

North Korea → Korea

Norway /'nɔ:weɪ/ 挪威

Oman /əʊ'mɑ:n/ 阿曼

(the) Pacific /pə'sɪfɪk/ 太平洋地區

Pakistan /ˌpɑ:kɪ'stɑ:n/ 巴基斯坦

Palestine /'pæləstaɪn/ 巴勒斯坦

Panama /'pænəmɑ:/ 巴拿馬

Papua New Guinea /ˌpæpʊə ˌnju: 'gɪnɪ/ 巴布亞新幾內亞

Paraguay /'pærəgwaɪ/ 巴拉圭

Persia /'pɜ:ʃə/ 波斯→ Iran

Peru /pə'ru:/ 秘魯

(the) Philippines /'fɪlɪpi:nz/ 菲律賓

Poland /'pəʊlənd/ 波蘭

Polynesia /ˌpɒlɪ'ni:zɪə/ 波利尼西亞

Portugal /'pɔ:tʃʊgl/ 葡萄牙

Puerto Rico /ˌpwɜ:təʊ 'ri:kəʊ/ 波多黎各

Qatar（亦稱 Katar）/'kʌtɑ:(r)/ 卡塔爾

Romania /ru:'meɪnɪə/ 羅馬尼亞

Russia /'rʌʃə/ 俄羅斯

Rwanda /rʊ'ændə/ 盧旺達

Saudi Arabia /ˌsaʊdɪ ə'reɪbɪə/ 沙特阿拉伯

Scotland /'skɒtlənd/ 蘇格蘭

Senegal /ˌsenɪ'gɔ:l/ 塞內加爾

Serbia /'sɜ:bɪə/ 塞爾維亞

(the) Seychelles /seɪ'ʃelz/ 塞舌爾

Siam /saɪ'æm/ 暹羅→ Thailand

Sierra Leone /sɪˌerə lɪ'əʊn/ 塞拉利昂

Singapore /ˌsɪŋə'pɔ:(r)/ 新加坡

Slovakia /sləʊ'vækɪə/ 斯洛伐克

Slovenia /sləʊ'vi:nɪə/ 斯洛文尼亞

Somalia /sə'mɑ:lɪə/ 索馬里

South Africa /ˌsaʊθ 'æfrɪkə/ 南非

South Korea → Korea

Spain /speɪn/ 西班牙

Sri Lanka /ˌsri:'læŋkə/（舊稱 Ceylon）斯里蘭卡

Sudan /suːˈdɑːn/ 蘇丹

Sumatra /sʊˈmɑːtrə/ 蘇門答臘

Surinam /ˌsʊərɪˈnæm/ 蘇里南

Swaziland /ˈswɑːzɪlænd/ 斯威士蘭

Sweden /ˈswiːdn/ 瑞典

Switzerland /ˈswɪtsələnd/ 瑞士

Syria /ˈsɪrɪə/ 敘利亞

Tahiti /tɑːˈhiːtɪ/ 塔希提島

Taiwan /taɪˈwɑːn/ 台灣

Tajikistan /tæˌdʒiːkɪˈstɑn/ 塔吉克斯坦

Tanzania /ˌtænzəˈnɪə/ 坦桑尼亞

Thailand /ˈtaɪlænd/（舊稱 Siam）泰國

Tibet /tɪˈbet/ 西藏

Timor, East /ˌiːst ˈtiːmɔː(r)/ 東帝汶

Togo /ˈtəʊgəʊ/ 多哥

Tonga /ˈtɒŋə/（亦稱 /ˈtɒŋgə/）湯加

Trinidad /ˈtrɪnɪdæd/ and Tobago /təˈbeɪgəʊ/ 特立尼達和多巴哥

Tunisia /tjuːˈnɪzɪə/ 突尼斯

Turkey /ˈtɜːkɪ/ 土耳其

Turkmenistan /ˌtɜːkˌmenɪˈstɑːn/ 土庫曼斯坦

Uganda /juːˈgændə/ 烏干達

Ukraine /juːˈkreɪn/ 烏克蘭

(the) United States (of America) /juːˌnaɪtɪd ˌsteɪts əv əˈmerɪkə/ 美利堅合眾國

Uruguay /ˈjʊərəgwaɪ/ 烏拉圭

Uzbekistan /ʊzˌbekɪˈstɑːn/ 烏茲別克斯坦

Venezuela /ˌvenɪˈzweɪlə/ 委內瑞拉

Vietnam /ˌvjetˈnæm/ 越南

Wales /weɪlz/ 威爾士

Western Samoa /ˌwestən səˈməʊə/ 西薩摩亞

(the Republic of) Yemen /ˈjemən/ 也門（共和國）

Yugoslavia /ˌjuːgəʊˈslɑːvɪə/ 南斯拉夫

Zaire /zɑːˈɪə(r)/ 扎伊爾

Zambia /ˈzæmbɪə/ 贊比亞

Zimbabwe /zɪmˈbɑːbwɪ/ 津巴布韋

5. 常見英語人名（男）

[説明]：箭號 "→" 用以表示昵稱或簡稱的全稱，如："Bill→William"，Bill 是昵稱，全稱是William。

Aaron /'eərən/ 阿倫

Adam /'ædəm/ 亞當

Adrian /'eɪdrɪən/ 阿德里安

Alan /'ælən/ 艾倫

Albert /'ælbət/ 艾伯特

Alfred /'ælfrɪd/ 阿爾弗雷德

Alexander /ˌælɪg'zɑːndə(r)/ 亞歷山大

Alvin, Alwin, Alwyn /'ælvɪn/ 阿爾文

Amos /'eɪməs/ 阿摩司

Andrew /'ændruː/ 安德魯

Angus /'æŋgəs/ 安格斯

Ant(h)ony, Atonie /'æntənɪ/ 安東尼

Archibald /'ɑːtʃɪbɔːld/ 阿奇伯德

Arnold /'ɑːnəld/ 阿諾德

Arthur /'ɑːθə(r)/ 亞瑟

Aubrey /'ɔːbrɪ/ 奧布里

Baldwin /'bɔːldwɪn/ 伯德溫

Baron /'bærən/ 巴侖

Barry /'bærɪ/ 巴里

Bartholomew /bɑː'θɒləmjuː/ 巴梭羅繆

Basil /'bæzl/ 巴茲爾

Benjamin /'bendʒəmɪn/ 本傑明

Bernard /'bɜːnəd/ 伯納德

Bertrand /'bɜːtrənd/ 伯蘭特

Bill /bɪl/ 比爾 → William

Bob /bɒb/ 鮑比 → Robert

Boris /'bɒrɪs/ 鮑里斯

Brant /brænt/ 布蘭特

Bryan, Brian /'braɪən/ 布賴恩

Bruce /bruːs/ 布魯斯

Byron /'baɪrən/ 拜倫

Calvin /'kælvɪn/ 喀爾文

Carl /kɑːl/ 卡爾

Cecil /'sesl/ 塞西爾

Charles /tʃɑːlz/ 查爾斯

Christopher /'krɪstəfə(r)/ 克里斯托弗

Clark /klɑːk/ 克拉克

Clifford /'klɪfəd/ 克利福德

Clyde /klaɪd/ 克萊德

Cyril /'sɪrəl/ 西里爾

Dale /deɪl/ 戴爾

Daniel /'dænɪəl/ 丹尼爾

Darren /'dærən/ 達倫

David /'deɪvɪd/ 大衛

Den(n)is /'denɪs/ 丹尼斯

Derek /'derɪk/ 德里克

Dexter /'dekstə(r)/ 德克斯特

Dick /dɪk/ 迪克 → Richard

Dominic /'dɒmɪnɪk/ 多米尼克

Donald /'dɒnəld/ 唐納德

Douglas /'dʌgləs/ 道格拉斯

Duke /djuk/ 杜克

Dwight /dwaɪt/ 德懷特

Earl(e) /ɜːl/ 厄爾

Edgar /'edgə(r)/ 埃德加

Edmund /'edmənd/ 埃德蒙

Edward /'edwəd/ 愛德華

Elliot /'elɪət/ 艾略特

Elmer /ˈelmə(r)/ 埃爾默

Elton /ˈeltən/ 伊爾頓

Eric, Erick /ˈerɪk/ 埃里克

Ernest, Ernesto /ˈɜːnɪst/ 歐內斯特

Eugene /juːˈdʒiːn/ 尤金

Felix /ˈfiːlɪks/ 費利克斯

Ferdinand /ˈfɜːdɪnænd/ 費迪南德

Floyd /flɔɪd/ 弗洛伊德

Francis /ˈfrɑːnsɪs/ 弗朗西斯

Frank /fræŋk/ 弗蘭克，

Frederick, Frederic /ˈfredrɪk/ 弗雷德里克

Gabriel /ˈɡeɪbrɪəl/ 加布里埃爾

Gary /ˈɡærɪ/ 加里

Gaspar /ˈɡæspə(r)/ 加斯珀

Gavin /ˈɡævɪn/ 加文

Geoffrey, Jeffrey /ˈdʒefrɪ/ 傑弗里

George /dʒɔːdʒ/ 喬治

Gerald /ˈdʒerəld/ 傑拉爾德

Gilbert /ˈɡɪlbət/ 吉爾伯特

Godfrey /ˈɡɒdfrɪ/ 高弗里

Gordon /ˈɡɔːdn/ 戈登

Grant /ɡrɑːnt/ 格蘭持

Gregory /ˈɡreɡərɪ/ 格里高里

Gustave /ɡʌsˈtɑːv/ 古斯塔夫

Guy /ɡaɪ/ 蓋伊

Hale /heɪl/ 赫爾

Harold /ˈhærəld/ 哈羅德

Harry /ˈhærɪ/ 哈里 → Henry

Harvey /ˈhɑːvɪ/ 哈威

Henry /ˈhenrɪ/ 亨利

Herbert /ˈhɜːbət/ 赫伯特

Homer /ˈhəʊmə(r)/ 霍默

Horace /ˈhɒrɪs/ 霍瑞斯

Howard /ˈhaʊəd/ 霍華德

Hugh /hjuː/ 休

Humphrey /ˈhʌmfrɪ/ 韓福瑞，漢弗萊

Ian /ˈiːən/ 伊恩

Isaac /ˈaɪzək/ 艾薩克

Ivan /ˈaɪvən/ 伊凡

Jack /dʒæk/ 傑克 → John

Jacob /ˈdʒeɪkəb/ 雅各布

James /dʒeɪmz/ 詹姆斯

Jason /ˈdʒeɪsn/ 賈森

Jeremy /ˈdʒerəmɪ/ 傑里米

Jerome /dʒəˈrəʊm/ 傑羅姆

Jesse /ˈdʒesɪ/ 傑西

John /dʒɒn/ 約翰

Joseph /ˈdʒəʊzɪf/ 約瑟夫

Julian /ˈdʒuːlɪən/ 朱利安

Justin /ˈdʒʌstɪn/ 賈斯廷

Keith /kiːθ/ 基思

Kelvin /ˈkelvɪn/ 凱爾文

Kenneth /ˈkenɪθ/ 肯尼思

Kent /kent/ 肯特

Kevin /ˈkevɪn/ 凱文

Kirk /kɜːk/ 柯克

Kyle /kaɪl/ 凱爾

Lance /lɑːns/ 蘭斯

Lawrence, Laurence /ˈlɒrəns/ 勞倫斯

Leo /ˈliːəʊ/ 利奧

Leslie /ˈlezlɪ/ 萊斯利

Louis /ˈluːɪ/ 路易斯

Luke /luːk/ 盧克

Luther /ˈluːθə(r)/ 路德

Lynn /lɪn/ 林恩

Malcolm /ˈmælkəm/ 馬爾科姆

Manuel /ˈmænjʊəl/ 曼紐爾

Mark /mɑːk/ 馬克

Marlon /ˈmɑːlən/ 馬倫

Martin /ˈmɑːtɪn/ 馬丁

Matthew /'mæθjuː/ 馬修

Maurice /'mɒrɪs/ 莫里斯

Max /mæks/ 馬克斯

Melvin /'melvɪn/ 梅爾文

Michael /'maɪkl/ 邁克爾

Miles, Myles /maɪlz/ 邁爾斯

Morgan /'mɔːgən/ 摩根

Nathan /'neɪθən/ 內森

Neil, Niel, Neal /niːl/ 尼爾

Nicholas /'nɪkələs/ 尼古拉斯

Nigel /'naɪdʒl/ 奈傑爾

Noel /'nəʊəl/ 諾埃爾

Norman /'nɔːmən/ 諾曼

Oliver, Olivier /'ɒlɪvə(r)/ 奧利弗

Oscar /'ɒskə(r)/ 奧斯卡

Owen /'əʊɪn/ 歐文

Patrick /'pætrɪk/ 帕特里克

Paul /pɔːl/ 保羅

Percy /'pɜːsɪ/ 珀西

Peter /'piːtə(r)/ 彼得

Philip /'fɪlɪp/ 菲利普

Ralph /rælf/ 拉爾夫

Randolph /'rændɒlf/ 倫道夫

Raymond /'reɪmənd/ 雷蒙德

Richard /'rɪtʃəd/ 理查德

Robert /'rɒbət/ 羅伯特

Robin /'rɒbɪn/ 羅賓

Rock /rɒk/ 洛克

Rodney /'rɒdnɪ/ 羅德尼

Roger /'rɒdʒə(r)/ 羅傑

Roland /'rəʊlənd/ 羅蘭德

Ronald /'rɒnəld/ 羅納德

Roy /rɔɪ/ 羅伊

Rudolph, Rudolf /'ruːdɒlf/ 魯道夫

Russell /'rʌsl/ 拉塞爾

Samuel /'sæmjʊəl/ 塞繆爾

Scott /skɒt/ 斯科特

Sean /ʃɔːn/ 肖恩

Sebastian /sɪ'bæstɪən/ 塞巴斯蒂安

Simon /'saɪmən/ 西蒙

Spencer, Spenser /'spensə(r)/ 斯賓塞

Stanley /'stænlɪ/ 斯坦利

Stephen, Steven /'stiːvn/ 史蒂文

Steward, Stuart /'stjuːət/ 斯圖爾特

Sydney, Sidney /'sɪdnɪ/ 西德尼

Sylvester, Silvester/sɪl'vestə(r)/ 西爾維斯特

Terence, Terrence /'terəns/ 特倫斯

Theodore /'θiːədɔː(r)/ 西奧多

Thomas /'tɒməs/ 托馬斯

Timothy /'tɪməθɪ/ 蒂莫西

Todd /tɒd/ 陶德

Tom /tɒm/ 湯姆 → Thomas

Tony /'təʊnɪ/ 托尼 → Anthony

Tracy /'treɪsɪ/ 特雷西

Victor /'vɪktə(r)/ 維克托

Vincent /'vɪnsnt/ 文森特

Vivian, Vyvian /'vɪvɪən/ 維維安

Wallace /'wɒlɪs/ 華理士

Walter /'wɔːltə(r)/ 沃爾特

Warren /'wɒrən/ 沃倫

Wayne /weɪn/ 韋恩

William /'wɪlɪəm/ 威廉

Xavier, Javier /'zævɪə/ 塞維爾

6. 常見英語人名（女）

[説明]：箭號 "→" 用以表示昵稱或簡稱的全稱，如："Betty→Elizabeth"，
Betty 是簡稱，全稱是 Elizabeth。

Abigail /'æbɪgeɪl/ 愛比蓋爾
Ada /'eɪdə/ 埃達
Agatha /'ægəθə/ 阿加莎
Agnes /'ægnɪs/ 阿格尼絲
Alexandra /ˌælɪg'zɑːndrə/ 亞歷山德拉
Alice /'ælɪs/ 艾麗絲
Alison /'ælɪsn/ 艾莉森
Amanda /ə'mændə/ 阿曼達
Amelia /ə'mɪljə/ 艾米莉亞
Amy /'eɪmɪ/ 埃米
Andrea /'ændrɪə/ 安德烈亞
Angela /'ændʒələ/ 安傑拉
Ann, Anne /æn/ 安
Annabelle /'ænəbel/ 安納貝爾
Antonia /æn'təʊnɪə/ 安東尼婭
April /'eɪprəl/ 艾裴莉
Athena /ə'θiːnə/ 雅典娜
Audrey /'ɔːdrɪ/ 奧德麗
Barbara /'bɑːbrə/ 巴巴拉
Beatrice, Beatrix /'bɪətrɪs/ 碧翠絲
Betsy /'betsɪ/ 貝齊 → Elizabeth
Beryl /'berəl/ 貝麗爾
Betty /'betɪ/ 貝蒂 → Elizabeth
Brenda /'brendə/ 布蓮達
Bridget, Bridgit /'brɪdʒɪt/ 布麗奇特
Candice /'kændɪs/ 坎迪斯
Carol, Carroll /'kærəl/ 卡羅爾
Caroline /'kærəlaɪn/ 卡羅琳
Catherine, Katherine /'kæθrɪn/ 凱塞琳

Cecilia /sɪ'siːlɪə/ 塞西莉亞
Charlotte /'ʃɑːlət/ 夏洛特
Cheryl /'tʃerəl/ 謝麗爾
Chloe /'kləʊɪ/ 克洛伊
Christine /'krɪstiːn/ 克里絲廷
Claire, Clare /kleə(r)/ 克萊爾
Constance /'kɒnstəns/ 康斯坦絲
Crystal /'krɪstl/ 克莉絲多爾
Cynthia /'sɪnθɪə/ 辛西婭
Daisy /'deɪzɪ/ 黛西
Deborah /'debərə/ 德波拉
Denise, Denice /də'niːz/ 丹尼絲
Diana /daɪ'ænə/ 黛安娜
Dolores /'dɔlərəs/ 多洛里絲
Donna /'dɒnə/ 唐娜
Dora /'dɔːrə/ 多拉
Doris /'dɒrɪs/ 多麗絲
Dorothy /'dɒrəθɪ/ 多蘿西
Edith /'iːdɪθ/ 伊迪絲
Elaine /ɪ'leɪn/ 伊萊恩
Eleanor, Eleanore /'elɪnə(r)/ 伊琳諾
Elizabeth /ɪ'lɪzəbəθ/ 伊麗莎白
Ella /'elə/ 埃拉
Ellen /'elən/ 埃倫
Elsie /'elsɪ/ 埃爾西
Emily /'eməlɪ/ 埃米莉
Emma /'emə/ 埃瑪
Enid /'iːnɪd/ 安妮德
Eunice /'juːnɪs/ 尤妮絲

Eve /iːv/ 伊芙

Evelyn /ˈiːvlɪn/ 伊夫林

Fay, Faye /feɪ/ 費伊

Fiona /fɪˈəunə/ 菲奧娜

Flora /ˈflɔːrə/ 費洛拉

Florence /ˈflɒrəns/ 弗洛倫斯

Frances /ˈfrɑːnsɪs/ 弗洛西絲

Freda /ˈfriːdə/ 弗蕾達

Georgia /ˈdʒɔːdʒɪə/ 喬治婭

Gloria /ˈglɔːrɪə/ 格洛麗亞

Grace /greɪs/ 格雷絲

Hannah /ˈhænə/ 漢納

Harriet /ˈhærɪət/ 哈麗艾特

Hazel /ˈheɪzl/ 黑茲爾

Helen /ˈhelɪn/ 海倫

Hilary /ˈhɪlərɪ/ 希拉里

Hilda /ˈhɪldə/ 希爾達

Holly /ˈhɒlɪ/ 霍莉

Ida /ˈaɪdə/ 艾達

Ingrid /ˈɪŋgrɪd/ 英格里德

Irene /aɪˈriːn/ 艾琳

Iris /ˈaɪərɪs/ 艾里絲

Isabel, Isobel /ˈɪzəbel/ 伊莎貝爾

Ivy /ˈaɪvɪ/ 艾維

Jacqueline /ˈdʒækəlɪn/ 傑奎琳

Jane /dʒeɪn/ 簡

Janet /ˈdʒænɪt/ 珍妮特

Janice /ˈdʒænɪs/ 賈妮絲

Jean, Jeanne /dʒiːn/ 吉恩

Jennifer /ˈdʒenɪfə(r)/ 珍妮弗

Jessica /ˈdʒesɪkə/ 傑西卡

Joan /dʒəun/ 瓊

Joanne /dʒəuˈæn/ 喬安

Jocelyn /ˈdʒɒslɪn/ 賈思琳

Jodie /ˈdʒəudɪ/ 喬蒂

Josephine /ˈdʒəuzəfiːn/ 約瑟芬

Joyce /dʒɔɪs/ 喬伊絲

Judith /ˈdʒuːdɪθ/ 朱迪思

Judy /ˈdʒuːdɪ/ 朱迪

Julia /ˈdʒuːlɪə/ 朱莉婭

Juliet, Juliette /ˈdʒuːlɪət/ 朱麗葉

June /dʒuːn/ 朱恩

Karen /ˈkærən/ 卡琳

Katherine, Catherine /ˈkæθrɪn/ 凱瑟琳

Kathleen /ˈkæθliːn/ 凱思琳 → Catherine

Kay, Kaye /keɪ/ 凱伊

Kelly /ˈkelɪ/ 凱莉

Laura /ˈlɔːrə/ 勞拉

Lesley /ˈlezlɪ/ 萊斯莉

Lillian, Lilian /ˈlɪlɪən/ 莉蓮

Linda /ˈlɪndə/ 琳達

Lisa /ˈliːsə/ 莉薩 → Elizabeth

Lois /ˈləuɪs/ 洛伊絲

Lorraine /ləˈreɪn/ 洛琳

Louise /luːˈiːz/ 路易絲

Lucy, Lucille /ˈluːsɪ/ 露西

Lydia, Lidia /ˈlɪdɪə/ 莉迪亞

Lynn /lɪn/ 琳恩

Mabel /ˈmeɪbl/ 梅布爾

Madeleine /ˈmædəlɪn/ 馬德琳

Marcia /ˈmɑːsɪə/ 馬西婭

Mandy /ˈmændɪ/ 曼迪 → Amanda

Margaret, Marguerite /ˈmɑːgrɪt/ 瑪格麗特

Maria /məˈrɪə/ 瑪麗亞

Marian, Marion /ˈmærɪən/ 瑪麗安

Martha /ˈmɑːθə/ 馬莎

Mary /ˈmeərɪ/ 瑪麗

May /meɪ/ 玫

Michelle /mɪˈʃel/ 米歇爾

Miranda /mɪˈrændə/ 米蘭達

Molly /ˈmɒlɪ/ 莫莉

Monica /ˈmɒnɪkə/ 莫妮卡

Nancy /ˈnænsɪ/ 南希

Natalie /ˈnætəlɪ/ 納塔利

Nicola /ˈnɪkələ/ 妮可拉

Nina /ˈniːnə/ 妮娜

Noel, Noelle /ˈnəʊəl/ 諾埃爾

Nora /ˈnɔːrə/ 諾拉

Norma /ˈnɔːmə/ 諾瑪

Olivia /əˈlɪvɪə/ 奧利維亞

Pamela /ˈpæmələ/ 帕梅拉

Patricia /pəˈtrɪʃə/ 帕特里夏

Paula /ˈpɔːlə/ 葆拉

Pearl /pɜːl/ 佩兒

Peggy /ˈpegɪ/ 佩吉 → Margaret

Penelope /pəˈneləpɪ/ 佩妮洛普

Phoebe /ˈfiːbɪ/ 菲比

Phyllis, Phillis /ˈfɪlɪs/ 菲莉斯

Polly /ˈpɒlɪ/ 波莉

Priscilla /prɪˈsɪlə/ 普里西拉

Rachel /ˈreɪtʃl/ 蕾切爾

Rebecca /rɪˈbekə/ 麗貝卡

Rita /ˈriːtə/ 麗塔

Roberta /rəˈbɜːtə/ 羅波塔

Rose /rəʊz/ 羅絲

Rosemary /ˈrəʊzmərɪ/ 羅絲瑪麗

Roxanne /rɒkˈsæn/ 洛克仙妮

Sally /ˈsælɪ/ 莎莉

Samantha /səˈmænθə/ 薩曼莎

Sandra /ˈsɑːndrə/ 桑德拉 → Alexandra

Sarah, Sara /ˈseərə/ 莎拉

Selina, Selena /səˈliːnə/ 瑟琳娜

Sharon /ˈʃærən/ 雪倫

Sheila /ˈʃiːlə/ 希拉

Shirley /ˈʃɜːlɪ/ 雪莉

Sibyl, Sybil /ˈsɪbəl/ 西比爾

Silvia, Sylvia /ˈsɪlvɪə/ 西維亞

Sophia /səˈfaɪə/ 索菲婭

Stella /ˈstelə/ 斯特拉

Stephanie /ˈstefənɪ/ 斯蒂芬妮

Susan /ˈsuːzn/ 蘇珊

Tammy /ˈtæmɪ/ 泰米

Teresa, Theresa /təˈriːzə/ 特里薩

Thelma /ˈθelmə/ 塞爾瑪

Tiffany /ˈtɪfənɪ/ 蒂芙妮

Tina /ˈtiːnə/ 蒂娜

Toni /ˈtəʊnɪ/ 托妮 → Antonia

Tracy /ˈtreɪsɪ/ 特蕾西

Valentina /vælənˈtɪnə/ 維倫蒂娜

Valerie, Valery /ˈvælərɪ/ 瓦萊麗

Vanessa /vəˈnesə/ 瓦內莎

Vera /ˈvɪərə/ 薇拉

Veronica /vəˈrɒnɪkə/ 維朗妮卡

Victoria /vɪkˈtɔːrɪə/ 維多利亞

Violet /ˈvaɪələt/ 維奧萊特

Virginia /vəˈdʒɪnɪə/ 弗吉尼亞

Vivian, Vivien /ˈvɪvɪən/ 維維安

Wendy /ˈwendɪ/ 溫迪

Winifred /ˈwɪnɪfrɪd/ 溫妮費德

Yvonne /ɪˈvɒn/ 伊芳

Zoe /ˈzəʊɪ/ 佐伊

7. 親屬關係表

表一：約翰的家庭（男方稱呼）

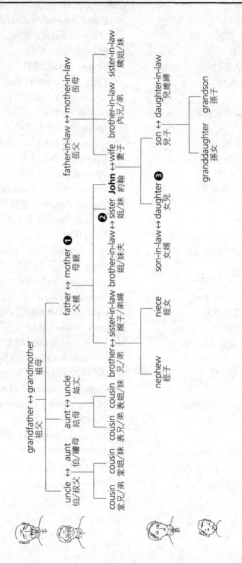

↔ = 夫妻關係

❶ 約翰母親的父母兄及弟姊妹之稱呼，同表二。

❷ 約翰姐妹的孩子稱呼同表二。

❸ 約翰女兒的孩子稱呼同表二。

表二：安娜的家庭（女方稱呼）

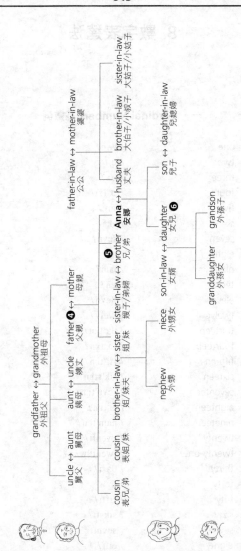

grandfather ↔ grandmother
外祖父　　　外祖母

uncle ↔ aunt　aunt ↔ uncle　father ❹ ↔ mother
舅父　舅母　姨母　姨丈　父親　　　母親

father-in-law ↔ mother-in-law
公公　　　　　　婆婆

cousin　cousin
表兄/弟　表姐/妹

brother-in-law ↔ sister　sister-in-law ↔ brother ❺ ↔ brother　brother-in-law　sister-in-law
姐/妹夫　姐/妹　嫂子/弟媳　兄/弟　　　　　兄/弟　大伯子/小叔子　大姑子/小姑子

husband　son ↔ daughter-in-law
丈夫　兒子　兒媳婦

nephew　niece
外甥　外甥女

son-in-law ↔ daughter ❻
女婿　　　女兒

Anna ↔ husband
安娜　　　丈夫

grandson
外孫子

granddaughter
外孫女

↔ = 夫妻關係
❹ 安娜父親的父母及兄弟姊妹之稱呼，同表一。
❺ 安娜兄弟的孩子稱呼同表一。
❻ 安娜兒子的孩子稱呼同表一。

8. 數字表達法

一、Cardinal Numbers 基數詞

1	one	/wʌn/	一
2	two	/tuː/	二
3	three	/θriː/	三
4	four	/fɔː(r)/	四
5	five	/faɪv/	五
6	six	/sɪks/	六
7	seven	/ˈsevn/	七
8	eight	/eɪt/	八
9	nine	/naɪn/	九
10	ten	/ten/	十
11	eleven	/ɪˈlevn/	十一
12	twelve	/twelv/	十二
13	thirteen	/ˌθɜːˈtiːn/	十三
14	fourteen	/ˌfɔːˈtiːn/	十四
15	fifteen	/ˌfɪfˈtiːn/	十五
16	sixteen	/ˌsɪkˈstiːn/	十六
17	seventeen	/ˌsevnˈtiːn/	十七
18	eighteen	/ˌeɪˈtiːn/	十八
19	nineteen	/ˌnaɪnˈtiːn/	十九
20	twenty	/ˈtwentɪ/	二十
21	twenty-one	/ˌtwentɪˈwʌn/	二十一
30	thirty	/ˈθɜːtɪ/	三十
40	forty	/ˈfɔːtɪ/	四十
50	fifty	/ˈfɪftɪ/	五十
60	sixty	/ˈsɪkstɪ/	六十
70	seventy	/ˈsevntɪ/	七十
80	eighty	/ˈeɪtɪ/	八十

90	ninety	/ˈnaɪntɪ/	九十
100	one hundred	/ˌwʌn ˈhʌndrəd/	一百
200	two hundred	/ˌtuː ˈhʌndrəd/	二百
1000	one thousand	/ˌwʌn ˈθaʊznd/	一千
10 000	ten thousand	/ˌten ˈθaʊznd/	一萬
100 000	one hundred thousand	/wʌn ˌhʌndrəd ˈθaʊznd/	十萬
1 000 000	one million	/ˌwʌn ˈmɪlɪən/	一百萬

二、Ordinal Numbers 序數詞

1st	first	/fɜːst/	第一
2nd	second	/ˈsekənd/	第二
3rd	third	/θɜːd/	第三
4th	fourth	/fɔːθ/	第四
5th	fifth	/fɪfθ/	第五
6th	sixth	/sɪksθ/	第六
7th	seventh	/ˈsevnθ/	第七
8th	eighth	/eɪtθ/	第八
9th	ninth	/naɪnθ/	第九
10th	tenth	/tenθ/	第十
11th	eleventh	/ɪˈlevnθ/	第十一
12th	twelfth	/twelfθ/	第十二
13th	thirteenth	/ˌθɜːˈtiːnθ/	第十三
14th	fourteenth	/ˌfɔːˈtiːnθ/	第十四
15th	fifteenth	/ˌfɪfˈtiːnθ/	第十五
16th	sixteenth	/ˌsɪkˈstiːnθ/	第十六
17th	seventeenth	/ˌsevnˈtiːnθ/	第十七
18th	eighteenth	/ˌeɪˈtiːnθ/	第十八
19th	nineteenth	/ˌnaɪnˈtiːnθ/	第十九
20th	twentieth	/ˈtwentɪəθ/	第二十
21st	twenty-first	/ˌtwentɪˈfɜːst/	第二十一
30th	thirtieth	/ˈθɜːtɪəθ/	第三十
40th	fortieth	/ˈfɔːtɪəθ/	第四十
50th	fiftieth	/ˈfɪftɪəθ/	第五十

60th	sixtieth	/'sɪkstɪəθ/	第六十
70th	seventieth	/'sevntɪəθ/	第七十
80th	eightieth	/'eɪtɪəθ/	第八十
90th	ninetieth	/'naɪntɪəθ/	第九十
100th	one hundredth	/ˌwʌn 'hʌndrədθ/	第一百
200th	two hundredth	/ˌtuː 'hʌndrədθ/	第二百
1 000th	one thousandth	/ˌwʌn 'θaʊznθ/	第一千
10 000th	ten thousandth	/ˌten 'θaʊznθ/	第一萬
100 000th	one hundred thousandth	/wʌn ˌhʌndrəd 'θaʊznθ/	第十萬
1 000 000th	one millionth	/ˌwʌn 'mɪlɪənθ/	第一百萬

三、 Fractions 分數

	$\frac{1}{8}$	an/one eighth	八分之一
	$\frac{1}{5}$	a/one fifth	五分之一
	$\frac{1}{4}$	a/one quarter	四分之一
	$\frac{1}{3}$	a/one third	三分之一
	$\frac{2}{5}$	two fifths	五分之二
	$\frac{1}{2}$	a/one half	二分之一
	$\frac{3}{4}$	three quarters	四分之三
	$1\frac{1}{3}$	one and a third	一又三分之一

四、 Decimals 小數

	0.125	nought point one two five	零點一二五
	0.2	nought point two	零點二
	0.25	nought point two five	零點二五

	0.33	nought point three three	零點三三
	0.4	nought point four	零點四
	0.5	nought point five	零點五
	0.75	nought point seven five	零點七五
	1.33	one point three three	一點三三

五、數字讀法示例

23	twenty-three	二十三
34	thirty-four	三十四
405	four hundred and five	四百零五
5 291	five thousand, two hundred and ninty-one	五千二百九十一
64 146	sixty-four thousand, one hundred and forty-six	六萬四千一百四十六
1 234 567	one million, two hundred and thirty-four thousand, five hundred and sixty-seven	一百二十三萬四千五百六十七

六、四則運算示例

4 + 3 = 7	four plus three equals seven	四加三等於七
9 − 6 = 3	nine minus six equals three	九減六等於三
5 x 2 = 10	five times two equals ten	五乘二等於十
6 ÷ 3 = 2	six divided by three equals two	六除三等於二

9. 時間表達法

`8:00` eight o'clock 八點

`9:10` ten past nine 九點十分
nine ten

`10:15` (a) quarter past ten 十點一刻
ten fifteen 十點十五分

`11:20` twenty past eleven 十一點二十分
eleven twenty

`12:30` half past twelve 十二點半
twelve thirty 十二點三十分

`13:40` twenty to two 一點四十分
one forty

`14:45` two forty-five 兩點四十五分

`15:50` ten to four 三點五十分
three fifty

a.m. 午前（從午夜至正午的時間）
School begins at 8 a.m. 學校 8 時上課。

in the morning 上午（從日出至中午的時間）
Tom gets up at 7 o'clock in the morning. 湯姆早上 7 點起床。

at noon 正午（中午十二點）
The train arrived at noon. 火車中午到達。

p.m. 午後（從正午至午夜的時間）
The library closes at 6 p.m. 圖書館下午 6 時關門。

in the afternoon 下午（從正午至日落的時間）
I have a music class at 3 o'clock in the afternoon. 我下午 3 點有音樂課。

in the evening 晚上（從日落至就寢的時間）
We have dinner at 8 o'clock in the evening. 我們晚上 8 點吃晚飯。

at night 夜間（天黑以後的時間）
She goes to bed around 11 o'clock at night. 她大約晚上 11 點就寢。

at midnight 午夜（晚上十二點）
He gave me a call at midnight. 他半夜打電話給我。

10. 日期表達法

一、 Years 年

1706 BC	seventeen o six BC	公元前一七零六年
1600 BC	sixteen hundred BC	公元前一六零零年
AD 1948	AD nineteen forty-eight	公元一九四八年
AD 2001	AD two thousand and one	公元二零零一年

I was born **in** 1984. 我生於 1984 年。

二、 Months 月

January	/ˈdʒænjʊərɪ/	一月
February	/ˈfebrʊərɪ/	二月
March	/mɑːtʃ/	三月
April	/ˈeɪprəl/	四月
May	/meɪ/	五月
June	/dʒuːn/	六月
July	/dʒʊˈlaɪ/	七月
August	/ˈɔːgəst/	八月
September	/sepˈtembə(r)/	九月
October	/ɒkˈtəʊbə(r)/	十月
November	/nəʊˈvembə(r)/	十一月
December	/dɪˈsembə(r)/	十二月

School opens **in** September. 學校九月開課。

三、Days 日

Sunday	/'sʌndeɪ/	星期日
Monday	/'mʌndeɪ/	星期一
Tuesday	/'tjuːzdeɪ/	星期二
Wednesday	/'wenzdeɪ/	星期三
Thursday	/'θɜːzdeɪ/	星期四
Friday	/'fraɪdeɪ/	星期五
Saturday	/'sætədeɪ/	星期六
weekend	/ˌwiːˈkʼend/	週末（指星期六和星期日）
weekday	/'wiːkdeɪ/	週日（指星期六和星期日以外的任何一天）

I met him **on** Monday. 我星期一碰見他。
Banks are open **on** weekdays. 銀行週日辦公。
Father has to work **at** weekends. 爸爸週末也要工作。

四、日期讀法示例

16 March 1998
16th March 1998
16/3/98

❶ the sixteenth of March, nineteen ninety-eight
❷ March the sixteenth, nineteen ninety-eight
（英式）

一九九八年三月十六日

March 16, 1998
March 16th, 1998
3/16/98

March sixteenth, nineteen ninety-eight
（美式）

11. 英美發音差異

英式英語和美式英語雖然在發音上存在着差異，但總的來説還是比較接近，以至英國人和美國人溝通時基本上不存在困難。除了少數詞語如schedule等差別較大外，英美發音主要有以下八大差異。

一、元音 /ɒ/ 讀作 /ɑ:/

英式英語讀作 /ɒ/ 的音節，美式英語往往讀作 /ɑ:/*，例如：

dog	英 /dɒg/	美 /dɑ:g/
hot	英 /hɒt/	美 /hɑ:t/
off	英 /ɒf/	美 /ɑ:f/
top	英 /tɒp/	美 /tɑ:p/

> * 有時也讀作 /ɔ:/，如 long，英式讀作 /lɒŋ/，美式讀作 /lɔ:ŋ/。

二、元音 /ɑ:/ 讀作 /æ/

英式英語讀作 /ɑ:/ 的音節，美式英語往往讀作 /æ/*，例如：

dance	英 /dɑ:ns/	美 /dæns/
fast	英 /fɑ:st/	美 /fæst/
half	英 /hɑ:f/	美 /hæf/
task	英 /tɑ:sk/	美 /tæsk/

> * 含輔音 -r 的 /ɑ:/ 音節，如 car，英式讀作 /kɑ:/，美式讀作 /kɑ:r/。

三、複合元音 /əʊ/ 單元音化

英式英語讀作 /əʊ/ 的音節，美式英語趨向單元音化，讀作 /o/*，例如：

boat	英 /bəʊt/	美 /bot/
cold	英 /kəʊld/	美 /kold/
own	英 /əʊn/	美 /on/
rose	英 /rəʊz/	美 /roz/

> * 此處以 K.K. 音標代表。所謂單元音化，只是相對於英式發音而言。

四、 字母 r 任何時候都發音

英式英語的 r 只在元音前才發音，美式英語則任何時候都發音，例如：

army	英 /'ɑːmɪ/	美 /'ɑːrmɪ/
cart	英 /kɑːt/	美 /kɑːrt/
lord	英 /lɔːd/	美 /lɔːrd/
tear	英 /teə(r)*/	美 /teər/

> * 括號內的 r 表示只在後接元音時才發音，如 tear off /teərɒf/。

五、 元音之間的 -t- 與 -d- 發音相同

以 medal 和 metal 兩詞為例，英式英語發音不同，美式英語則發音相同。

| medal | 英 /'medl/ | 美 /'medl*/ |
| metal | 英 /'metl/ | 美 /'medl*/ |

> * 此處的 /d/ 發音較平時輕快，但仍為不送氣音。

六、 輔音後的 /juː/ 讀作 /uː/

英式英語在 s, t, d, n* 後讀作 /juː/ 的音節，美式英語一般讀作 /uː/，例如：

suit	英 /sjuːt/	美 /suːt/
tulip	英 /'tjuːlɪp/	美 /'tuːlɪp/
duty	英 /'djuːtɪ/	美 /'duːtɪ/
news	英 /njuːz/	美 /nuːz/

> * 在其他輔音後，/j/ 不省略，如 few，英美同樣讀作 /fjuː/。

七、 詞尾 -ile 不讀 /-aɪl/

詞尾 -ile 英式英語讀作 /-aɪl/，美式英語弱化為 /-l/，例如：

| futile | 英 /'fjuːtaɪl/ | 美 /'fjutl/ |
| missile | 英 /'mɪsaɪl/ | 美 /'mɪsl/ |

八、 詞尾 -ary, -ery, -ory 多讀一個音節

以 -ary, -ery, -ory 結尾的多音節詞，美式英語多讀一個音節，例如：

secretary	英 /'sekrətrɪ/	美 /'sekrə,terɪ/
strawberry	英 /s'trɔːbrɪ/	美 /s'trɔːˌberɪ/
territory	英 /'terətrɪ/	美 /'terəˌtɔːrɪ/

專題圖說

P. 857-870

1. Electrical Appliances 家用電器

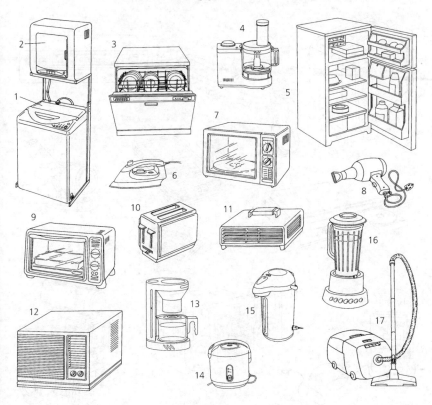

1. washing machine	洗衣機	10. toaster	烤麵包爐
2. dryer	烘衣機	11. electric radiator	電暖爐
3. dishwasher	洗碗機	12. air-conditioner	冷氣機
4. food processor	剁碎機	13. coffeemaker	咖啡機
5. refrigerator	冰箱	14. rice cooker	電飯鍋
6. iron	熨斗	15. electric vacuum flask	電熱水瓶
7. microwave oven	微波爐	16. blender	攪拌機
8. hair dryer	吹風機	17. vacuum cleaner	吸塵器
9. oven	烤爐		

2. Audio-visual Equipment 視聽器材

1. TV (television set)	電視機	8. tape cassette	卡式錄音帶
2. remote control	遙控器	9. video camera	攝錄機
3. VCR (video cassette recorder)	錄像機	10. walkman	隨身聽
4. videotape	錄像帶	11. headphones	耳機
5. CD player	雷射唱機	12. stereo system	立體聲音響
6. CD	雷射唱片	13. camera	照相機
7. tape recorder	小錄音機	14. flash	閃光燈

3. Tools 工具

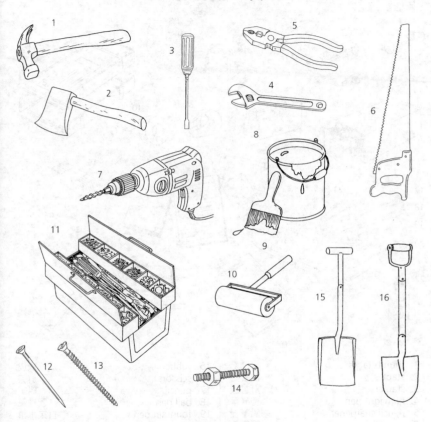

1. hammer	鐵錘	
2. hatchet	手斧	
3. screwdriver	螺絲起子	
4. wrench	扳手	
5. pliers	鉗子	
6. saw	手鋸	
7. electric drill	電鑽	
8. paint	油漆	
9. paintbrush	漆刷
10. (paint) roller	油漆滾筒
11. toolbox	工具箱
12. nail	釘子
13. screw	螺絲
14. nut	螺帽
15. spade	鏟
16. shovel	鐵鍬

4. Stationery 文儀用品

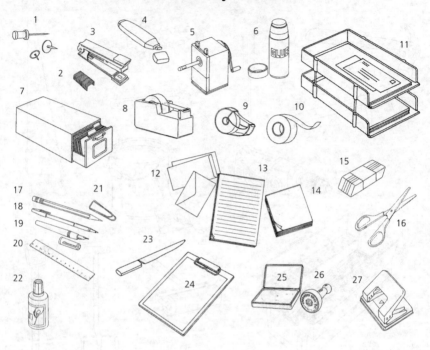

1. thumb tacks	圖釘	15. rubber	橡皮
2. staples	訂書釘	16. scissors	剪刀
3. stapler	訂書機	17. pencil	鉛筆
4. highlight pen	螢光筆	18. ball pen	圓珠筆
5. pencil sharpener	削鉛筆器	19. fountain pen	自來水筆
6. glue stick	漿糊棒	20. ruler	直尺
7. index card cabinet	索引卡片箱	21. paper clip	紙夾
8. tape dispenser	膠帶捲座	22. correction fluid	改錯液
9. Scotch tape	塑膠帶	23. letter opener	開信刀
10. masking tape	遮蔽膠帶	24. writing board	書寫板
11. desk tray	案頭文件盤	25. ink pad	印台
12. envelop	信封	26. chop	印章
13. letter pad	信紙	27. punch	打孔機
14. memo pad	記事紙		

5. Computer 電腦

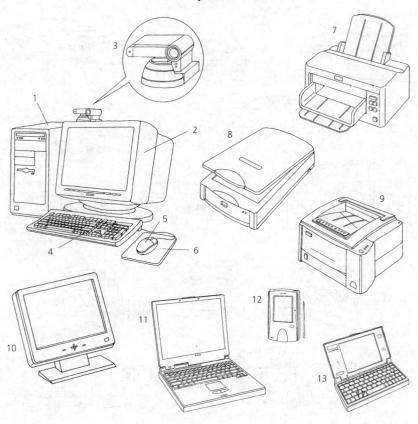

1. system unit	主機	8. scanner	掃描器
2. monitor	屏幕	9. laser printer	雷射打印機
3. video camera	攝錄機	10. LCD monitor	液晶體屏幕
4. keyboard	鍵盤	11. notebook	手提電腦
5. mouse	滑鼠	12. palm-size personal computer	
6. mouse mat	滑鼠墊		掌上型電腦
7. inkjet printer	噴墨打印機	13. mini notebook	微型手提電腦

6. Vehicles 車輛

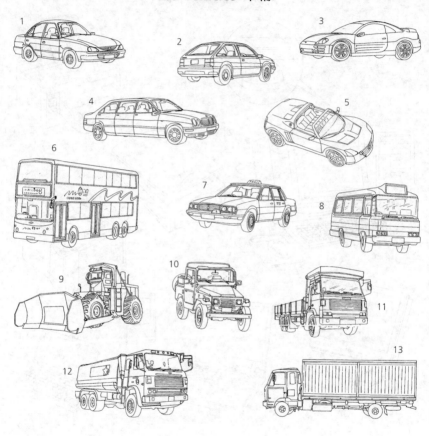

1. sedan	轎車	8. minibus	小型公共汽車
2. hatchback	艙蓋式轎車	9. bulldozer	推土機
3. sports car	跑車	10. jeep	吉普車
4. limousine	豪華轎車	11. lorry / truck	貨車
5. convertible	敞篷汽車	12. petrol tanker	運油車
6. double-decker	雙層公共汽車	13. container truck	貨櫃車
7. taxi	計程車		

7. Trees 樹

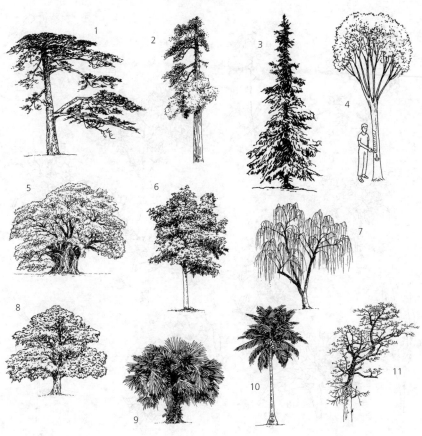

1. pine	松樹	7. willow	柳樹
2. cypress	柏樹	8. mulberry	桑樹
3. fir	冷杉	9. palm tree	棕櫚樹
4. rubber tree	橡膠樹	10. coconut tree	椰樹
5. banyan	榕樹	11. kapok	木棉
6. Chinese parasol	梧桐		

8. Flowers 花

1. plum blossom	梅花	7. peach blossom	桃花
2. orchid	蘭花	8. narcissus	水仙
3. chrysanthemum	菊花	9. tulip	鬱金香
4. lotus (flower)	蓮花	10. sunflower	向日葵
5. rose	玫瑰	11. morning glory	牽牛花
6. cherry blossom	櫻花	12. lily	百合花

9. Fruits 水果

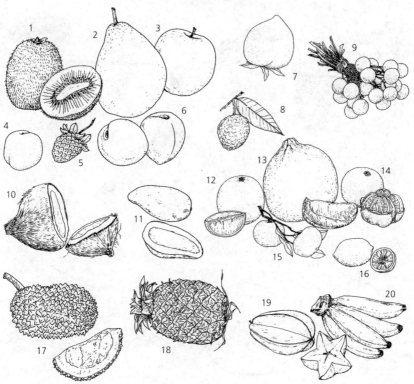

1.	kiwi fruit	奇異果 / 獼猴桃	11. mango	芒果
2.	pear	梨子	12. orange	橙
3.	apple	蘋果	13. pomelo	柚子
4.	apricot	杏子	14. mandarin orange	柑
5.	strawberry	草莓	15. tangerine	桔
6.	plum	李子	16. lemon	檸檬
7.	peach	桃子	17. durian	榴槤
8.	lychee	荔枝	18. pineapple	菠蘿
9.	longan	龍眼	19. star fruit	楊桃
10.	coconut	椰子	20. banana	香蕉

10. Vegetables 蔬菜

1. Chinese kale	芥蘭	11. turnip	蘿蔔
2. lettuce	生菜 / 萵苣	12. cabbage	捲心菜
3. celery	西芹	13. onion	洋蔥
4. spinach	菠菜	14. lotus root	蓮藕
5. broccoli	西蘭花	15. ginger	薑
6. cauliflower	椰菜花	16. potato	馬鈴薯
7. pumpkin	南瓜	17. wax gourd	冬瓜
8. maize/corn	玉米	18. tomato	蕃茄
9. pea	碗豆	19. cucumber	黃瓜
10. mushroom	蘑菇	20. eggplant	茄子

11. Wild Animals 野生動物

1. camel	駱駝	9. kangaroo	袋鼠
2. lion	獅子	10. bear	熊
3. zebra	斑馬	11. fox	狐狸
4. rhinoceros	犀牛	12. hippopotamus	河馬
5. tiger	老虎	13. elephant	象
6. leopard	豹	14. giraffe	長頸鹿
7. wolf	狼	15. deer	鹿
8. panda	(大)熊貓		

12. Domestic Animals 家畜及家禽

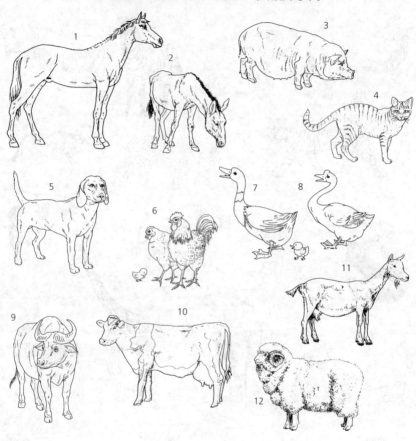

1. horse	馬		7. duck		鴨
2. donkey	驢		8. goose		鵝
3. pig	豬		9. ox		公牛
4. cat	貓		10. cow		母牛
5. dog	狗		11. goat		山羊
6. chicken	雞		12. sheep		綿羊

13. Birds 鳥

1. woodpecker	啄木鳥	8. flamingo	紅鶴
2. swan	天鵝	9. eagle	鷹
3. ostrich	鴕鳥	10. sparrow	麻雀
4. owl	貓頭鷹	11. crow	烏鴉
5. parrot	鸚鵡	12. penguin	企鵝
6. crane	鶴	13. pelican	塘鵝
7. kingfisher	翠鳥	14. swallow	燕子

14. Shapes 形狀

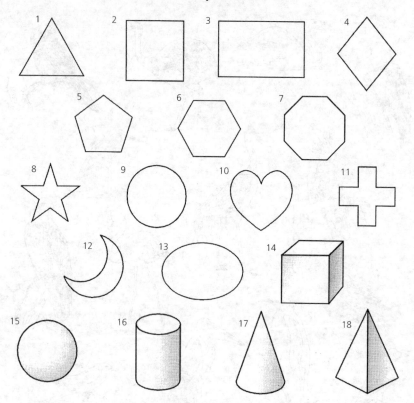

1. triangle	三角形	10. heart	心形
2. square	正方形	11. cross	十字形
3. rectangle	長方形	12. crescent	月牙形
4. diamond	菱形	13. oval	橢圓形
5. pentagon	五邊形	14. cube	立方體
6. hexagon	六邊形	15. sphere	球體
7. octagon	八邊形	16. cylinder	圓柱體
8. star	星形	17. cone	圓錐體
9. circle	圓形	18. pyramid	錐體

使用説明

詞目
以圓點區分音節

釋義
以黑體標示

複合詞
以 "□" 號帶出

詞 類
以斜體標示

示 例
全部英漢對照

派生詞
以 "▷" 號帶出

諺 語
語言藝術精華

插 圖
富趣味性與知識性

a·chieve·ment /əˈtʃiːvmənt/ *n*
1 [U] 達到；完成；實現：*achievement* of the goal 目標的實現 **2** [C] 成就；成績：great *achievements* in developing the country's economy 發展國家經濟中的偉大成就
□ **achievement test** 〈心〉成績測驗
ac·id /ˈæsɪd/
I *n* **1** [C, U] 酸性物質 **2** [U] 〈化〉酸：the *acid* test 酸性檢測；[喻] 嚴峻的考驗 **II** *adj* **1** 〈化〉酸的；酸性的：an *acid* solution 酸性的溶液 **2** 酸味的 **3** 尖刻的；譏諷的：She has an *acid* tongue. 她說話刻薄。/ *acid* satire 尖刻的諷刺
□ **acid rain** 酸雨 / **acid-tongued** *adj* 言語尖刻的 / **acid value** 〈化〉酸值
▷ **acidly** *adv* / **acidness** *n*
a·lone /əˈləʊn/
I *adj* **1** 單獨的；獨自的：It is better to be *alone* than in bad company. [諺] 與其結交損友，不如獨自一人。 **2** （用在名詞或代詞後面）單單；僅；只：One man *alone* can carry this box. 只要一個人就能搬這隻箱子。 **3** 獨一的；唯一的：I'm not *alone* in thinking so. 不只是我一個人有這種想法。

Aircraft 飛機

fighter 戰鬥機

helicopter 直升機